Spenden- und Gemeinnützigkeitsrecht in Europa

Spenden- und Gemeinnützigkeitsrecht in Europa

Rechtsvergleichende, rechtsdogmatische,
ökonometrische soziologische Untersuchungen

herausgegeben von
W. Rainer Walz †, Ludwig von Auer
und Thomas von Hippel

Mohr Siebeck

W. Rainer Walz (1942–2006); war Professor für Steuerrecht und Direktor des Instituts für Stiftungsrecht und das Recht der Non-Profit-Organisationen an der Bucerius Law School in Hamburg.

Ludwig von Auer ist Inhaber eines volkswirtschaftlichen Lehrstuhls an der TU Chemnitz.

Thomas von Hippel ist derzeit Vertretungsprofessor an der Universität Heidelberg.

ISBN 978-3-16-149135-1

Die Deutsche Nationalbibliothek verzeichnet diese Publikation in der Deutschen Nationalbibliographie; detaillierte bibliographische Daten sind im Internet über *http://dnb.d-nb.de* abrufbar.

© 2007 Mohr Siebeck Tübingen.

Das Werk einschließlich aller seiner Teile ist urheberrechtlich geschützt. Jede Verwertung außerhalb der engen Grenzen des Urheberrechtsgesetzes ist ohne Zustimmung des Verlags unzulässig und strafbar. Das gilt insbesondere für Vervielfältigungen, Übersetzungen, Mikroverfilmungen und die Einspeicherung und Verarbeitung in elektronischen Systemen.

Das Buch wurde von Gulde-Druck in Tübingen auf alterungsbeständiges Werkdruckpapier gedruckt und von der Buchbinderei Spinner in Ottersweier gebunden.

Vorwort

Das Thema gemeinnützigen Handelns im öffentlichen Raum hat in einer modernen Gesellschaft eine Vielzahl faszinierender Facetten. So wie der Einzelne nach dem Neuen Testament nicht vom Brot allein lebt, kann man vom Gemeinwesen sagen, es lebe nicht allein von den erzwungenen Steuerzahlungen seiner Bürger. Wenn über Spenden und gemeinnütziges Handeln nachgedacht wird, geht es nicht einfach um die Erforschung eines sozialen Sachverhalts, sondern auch um die Werte in der Gesellschaft, von denen Böckenförde gesagt hat, dass der moderne Verfassungsstaat sie nicht selbst hervorbringen kann, aber doch in bedeutendem Umfang von ihnen abhängt. Spenden und sonstige freiwillige Leistungen für andere Menschen, mit denen wir weder verwandt noch befreundet sind, auch Leistungen für unsere Umwelt, die Kunst und die Wissenschaft können als Zeugnis einer gemeinsamen akzeptierten Verantwortung des Menschen und Bürgers interpretiert werden. Dabei wissen wir, dass altruistische Gefühle selten im Reinzustand auftreten. Zugleich bleiben Stiften und Spenden ein transkulturelles Phänomen, zu dem die meisten Kultur- und Sozialwissenschaften etwas zu sagen haben, von der Theologie angefangen über die Philosophie, die Psychologie, die Soziologie, die Politologie, die Ökonomie und schließlich auch die Rechtswissenschaft.

Dieses Buch präsentiert die Ergebnisse eines interdisziplinären Projekts, das unter dem Arbeitstitel „Dotations- und Spendenrecht in Europa – Steuerrechtliche Behandlung privater Vermögenszuwendungen an Non-Profit-Organisationen" im Auftrag der Hamburger Stiftung zur Förderung der Wissenschaft und Kultur an der Bucerius Law School in Hamburg und der Otto-von-Guericke-Universität Magdeburg durchgeführt wurde.

Das Gesamtprojekt gliedert sich in ein ökonomisches und ein juristisches Teilprojekt und eine Reihe von Beiträgen zu Grundlagenfragen des Spenden- und Gemeinnützigkeitsrechts.

Koordinator des Gesamtprojekts und Leiter des rechtswissenschaftlichen Teilprojekts war W. Rainer Walz, Direktor des Instituts für Stiftungsrecht und das Recht der Non-Profit-Organisationen an der Bucerius Law School, Hamburg.

Mitverantwortlich für die Planung und Durchführung des Projekts war Thomas von Hippel, seinerzeit wissenschaftlicher Assistent am besagten Institut und Referent am Max-Planck-Institut für ausländisches und internationales Privatrecht, Hamburg, zur Zeit (Wintersemester 2006/2007) Lehrstuhlvertreter an der Ruprecht-Karls-Universität Heidelberg.

Als ökonomischer Teilprojektleiter fungierte Ludwig von Auer, seinerzeit Privatdozent und Lehrstuhlvertreter an der Otto-von-Guericke-Universität Magdeburg, mittlerweile Professor an der Technischen Universität Chemnitz.

Den Anstoß für das Projekt gab eine Rede von Jan Philip Reemtsma vor der Deutschen Akademie für Sprache und Dichtung zu den mangelhaften Rahmenbedingungen für mäzenatisches Handeln in Deutschland und seine Mahnung, von anderen Ländern zu lernen. Diese Rede veranlasste W. Rainer Walz, das Gespräch mit Jan Philip Reemtsma zu suchen. Dieser erklärte sich bereit, über die Hamburger Stiftung zur Förderung der Wissenschaft und Kultur ein interdisziplinäres Projekt zu finanzieren, das einerseits ökonomische Forschungsansätze zum Verhältnis von steuerlichen Anreizen und Philanthropie aufgreifen sollte, wie sie für Deutschland insbesondere in Arbeiten des Finanzwissenschaftlers Paqué (u.a. Philanthropie und Steuerpolitik 1986) vorlagen, und andrerseits rechtsvergleichende Grundlagen erarbeiten sollte. Die (die in den USA bereits weitentwickelte) ökonomische Perspektive sollte auch in Deutschland die Fragestellung präzisieren und erstmals zu belastbaren theoretischen Aussagen führen, zugleich sollte der Rechtsvergleich die rechtspolitische Phantasie für das praktisch Machbare erweitern.

Das ökonomische und das rechtsvergleichende Teilprojekt sollten durch soziologische und rechtswissenschaftliche Beiträge zum modernen Stellenwert des gemeinnützigen Sektors ergänzt werden. Um die Bezüge zu öffnen und Interdependenzen aufscheinen zu lassen, wurden daher Beiträge von Soziologen, Ökonomen, sowie von Verfassungs- Zivil- und Wirtschaftsrechtlern eingeworben. All dies zur Verbreiterung der Basis für die Phantasie, die rechtspolitische Debatte und für die Überzeugungskraft der Ergebnisse.

Die Lebendigkeit der Materie führte dazu, dass nach der Fertigstellung der Manuskripte im September wesentliche Ergänzungen vorzunehmen waren. Zu berücksichtigen war insbesondere die bedeutsame „Stauffer"-Entscheidung des EuGH vom 14. September 2006. Außerdem ist die aktuelle deutsche Reformdebatte begleitet worden, die ihren vorläufigen Höhepunkt in dem Referentenentwurf für ein Gesetz zur weiteren Stärkung des bürgerschaftlichen Engagements vom 14. Dezember 2006 gefunden hat.

Wir danken an dieser Stelle in vorderster Linie der Hamburger Stiftung zur Förderung der Wissenschaft und Kultur für die Finanzieren des Projekts. Als organisatorischen Trägern danken wir der Otto-von-Guericke-Universität Magdeburg und der Bucerius Law School in Hamburg, der hinter dieser stehenden Zeit-Stiftung Ebelin und Gerd Bucerius und dem das Institut für Stiftungs- und Non-Profit-Recht fördernden Stiftungsfonds der Deutschen Bank beim Stifterverband für die Deutsche Wissenschaft.

Im ökonomischen Teilprojekt hat sich Andreas Kalusche große Verdienste erworben, der zusammen mit Malte Schwab auch das Sachverzeichnis erstellt hat. Ferner seien hier an dieser Stelle auch die Übersetzer und Sprachkorrektoren dankend erwähnt, die die ausländischen Beiträge teils in druckfähiges

Deutsch ganz übersetzt oder doch sprachlich perfektioniert haben: Irene von der Heyde, Julia Runte sowie Hardy Fischer. Für die Erstellung der Druckvorlagen danken wir Markus Wever.

Hamburg, Juli/Dezember 2006

W. Rainer Walz/Thomas von Hippel/Ludwig von Auer

Nachtrag

Am 16. Juli 2006 ist W. Rainer Walz, kurz vor der Fertigstellung der Manuskripte, unerwartet beim Baden tödlich verunglückt. Wir gedenken seiner in Dankbarkeit: Er war der Initiator dieses Projekts. Seine Phantasie, Empathie und seine integrierende Kraft hat es ermöglicht, Vertreter aus verschiedenen Disziplinen und Ländern zur Mitarbeit an diesem und zahlreichen anderen Projekten zu gewinnen.

Hamburg, Dezember 2006

Thomas von Hippel/Ludwig von Auer/Jan Philipp Reemtsma

Inhaltsübersicht

Autorenverzeichnis XI
Abkürzungsverzeichnis XIII

Spenden- und Gemeinnützigkeitsrecht in Europa – eine Einführung
W. Rainer Walz/Thomas von Hippel 1

1. Teil: Das ökonometische Teilprojekt: Optimierung des Spenderverhaltens ... 11

Spendenaufkommen, Steueraufkommen und Staatsausgaben:
Eine empirische Analyse
Ludwig von Auer/Andreas Kalusche 13

2. Teil: Das rechtsvergleichende Teilprojekt: Gemeinsame Grundlagen,
rechtspolitische Vorschläge, Länderberichte 87

Rechtsvergleichender Generalbericht
Thomas von Hippel/W. Rainer Walz 89

Rechtspolitische Optionen zum deutschen Gemeinnützigkeits- und
Spendenrecht von A bis Z
Thomas von Hippel/W. Rainer Walz 215

Länderberichte 281

Gemeinnützigkeits- und Spendenrecht in Frankreich
Pierre Beltrame 283

Gemeinnützigkeits- und Spendenrecht in Großbritannien
Sabine Selbig 321

Gemeinnützigkeits- und Spendenrecht in Italien
Julia Runte/Thomas von Hippel 339

Gemeinnützigkeits- und Spendenrecht in den Niederlanden
Wino van Veen 367

Gemeinnützigkeits- und Spendenrecht in Österreich
Markus Achatz 395

Gemeinnützigkeits- und Spendenrecht in Schweden
Gustav Lindencrona 419

Gemeinnützigkeits- und Spendenrecht in der Schweiz
Thomas Koller 441

Gemeinnützigkeits- und Spendenrecht in Spanien
Carlos Palao Taboada 483

Gemeinnützigkeits- und Spendenrecht in Ungarn
Zoltan Csehi 511

Gemeinnützigkeits- und Spendenrecht in den USA
John D. Colombo 571

3. Teil: Interdisziplinäre, verfassungsrechtliche, europarechtliche und
komparative Grundlegung 611

Zur Soziologie des Spendens – Empirische Befunde und theoretische Ansätze
Frank Adloff 613

Vergleich der Aufgabenverteilung zwischen öffentlichem und privatem
Bereich – Spendenrecht im Spiegel der Staats- und Verfassungsrechts
entwicklung
Florian Becker 637

Non-Profit-Organisationen im Europäischen Zugwind
W. Rainer Walz 653

Steuerrechtliche Diskriminierung ausländischer gemeinnütziger Nonprofit-
Organisationen: ein Verstoß gegen die EG-Grundfreiheiten?
Thomas von Hippel 677

Die Zukunft der Finanzierung kirchlicher Arbeit durch die Kirchensteuer
Jens Petersen 715

Stiftungen im Iran
Reza Ranjbar 761

4. Teil: An den Grenzen des Altruismus ... 791

Zuwendungen an gemeinnützige Stiftungen und Erbrecht
Anne Röthel ... 793

Gemeinnützige Unternehmensstiftungen, Spenden, Sponsoring
Arndt Raupach/Dirk Pohl ... 813

Bewertung und steuerliche Behandlung von Sachspenden, unter besonderer Berücksichtigung von Immobilien, Unternehmensanteilen und Kunstsammlungen
Claus Koss ... 837

Sachregister ... 845

Autorenverzeichnis

Prof. Dr. Markus Achatz, Professor am Institut für Verwaltungsrecht und Verwaltungslehre, Leiter der Abteilung für Finanz- und Steuerrecht der Johannes Kepler Universität Linz.

Dr. Frank Adloff, Wissenschaftlicher Assistent am Institut für Soziologie, Abteilung Politische Soziologie und Sozialpolitik, der Georg-August-Universität Göttingen.

Prof. Dr. Ludwig von Auer, Inhaber eines volkwirtschaftlichen Lehrstuhls an der Technischen Universität Chemnitz.

Prof. Dr. Florian Becker, LL.M. (Cambridge), Sixth-Century Chair an der Aberdeen University Law School.

Prof. Dr. Pierre Beltrame, Honorar Dekan, Direktor des Instituts für Buchhaltung Studium, Direktor des Master „Öffentliche Finanz und Steuerrecht" und Inhaber des Lehrstuhls für Steuerrecht an der Universität Paul Cézanne- Aix-Marseille III.

Prof. John D. Colombo, Thomas M. Mengler Faculty Scholar, College of Law, University of Illinois at Urbana-Champaign.

Prof. Dr. Zoltán Csehi, LL.M., MA, Professor für Bürgerliches Recht an der Juristischen Fakultät der Eötvös-Lorand-Universität, Budapest.

Priv. Doz. Dr. Thomas von Hippel, Referent am Max-Planck-Institut für ausländisches und internationales Privatrecht in Hamburg und derzeit Vertretungsprofessor an der Ruprecht-Karls-Universität Heidelberg.

Dipl.-Vw. Andreas Kalusche, Wissenschaftlicher Mitarbeiter, Lehrstuhl für Internationale Wirtschaft an der Otto-von-Guericke-Universität, Magdeburg.

Prof. Dr. Thomas Koller, Ordinarius für Privatrecht und Sozialversicherungsrecht, unter Berücksichtigung des Steuerrechts, Vorsteher des Departements für Privatrecht an der Rechtswissenschaftlichen Fakultät der Universität Bern.

Prof. Dr. Claus Koss, Steuerberater und Professor für Betriebswirtschaftliche Steuerlehre und Wirtschaftsprüfung an der Fachhochschule Regensburg.

Prof. Dr. Gustaf Lindencrona, Professor emeritus im Steuerrecht, ehemaliger Rektor der Universität zu Stockholm, Schweden. Mitglied der Königlichen Schwedischen Akademie der Wissenschaften und Vorstandsmitglied vieler schwedischer Stiftungsvorstände.

Prof. Dr. Carlos Palao Taboada, Professor für Finanz- und Steuerrecht der Juristischen Fakultät der Universidad Autónoma de Madrid.

Dr. Jens Petersen, Leiter des Steuerreferates im Kirchenamt der Evangelischen Kirche in Deutschland, Hannover.

Dr. Dirk Pohl, Rechtsanwalt und Steuerberater, Partner der McDermott Will & Emery Rechtsanwälte Steuerberater LLP, München.

Dr. Reza Ranjbar, Rechtsanwalt in Hamburg.

Prof. Dr. Arndt Raupach, Rechtsanwalt und Fachanwalt für Steuerrecht, Of Counsel der McDermott Will & Emery Rechtsanwälte Steuerberater LLP, Honorarprofessor an der Ludwig-Maximilians-Universität, München.

Prof. Dr. Anne Röthel, Inhaberin des Lehrstuhls für Bürgerliches Recht, Europäisches und Internationales Privatrecht sowie Technikrecht an der Bucerius Law School, Hamburg.

Julia Runte, LL.M., Rechtsreferendarin, Doktorandin am Instituts für Stiftungsrecht und das Recht der Non-Profit-Organisationen an der Bucerius Law School, Hamburg.

Dr. Sabine Selbig, Richterin am Landgericht, Berlin.

Dr. Wino J.M. van Veen, Dozent an der Vrije Universiteit Amsterdam, Rechtsberater für notarielles Recht bei Baker&McKenzie Amsterdam.

Prof. Dr. W. Rainer Walz, LL.M., Direktor des Instituts für Stiftungsrecht und das Recht der Non-Profit-Organisationen und Inhaber des Lehrstuhls für Steuerrecht an der Bucerius Law School, Hamburg (†).

Spenden- und Gemeinnützigkeitsrecht in Europa
– Eine Einführung

W. RAINER WALZ/THOMAS VON HIPPEL

A. Standortbestimmung
B. Interdisziplinarität
C. Das ökonometrische Teilprojekt
D. Das rechtsvergleichende Teilprojekt
E. Beiträge zur interdisziplinären, verfassungsrechtlichen, europarechtlichen und komparativen Grundlegung
F. Beiträge zur Frage der Grenzen des Altruismus

A. Standortbestimmung

Politisch ist das Gemeinnützigkeitsrecht und mit ihm das Spendenrecht aus längerer Erstarrung in Bewegung gekommen. Eine Reform des Stiftungssteuerrechts im Jahr 2000 hat den Stiftungsgründungen in Deutschland neue Impulse verliehen. Die vom Deutschen Bundestag eingesetzte Enquetekommission „Zukunft des bürgerschaftlichen Engagements" legte im Juni 2002 neben ihrem Abschlussbericht[1] ein Gutachten vor, in dem Monika Jachmann für eine Reform des Gemeinnützigkeitsrechts eintritt und dabei auch auf das Spendenrecht eingeht[2]. Hinzuweisen ist auch auf die Ergebnisse der von der Bertelsmann Stiftung und dem Maecenata Institut einberufenen Expertenkommission zur Reform des Stiftungs- und Gemeinnützigkeitsrechts[3] und die beiden vom Bundesfinanzministerium in Auftrag gegebenen Gutachten: das Prognos Gutachten vom 31.5.2005 – „Unterstützung des freiwilligen bürgerschaftlichen Engagements – der Beitrag des Bundes bei der Gestaltung

---

[1] *Enquete-Kommission*, Bericht Bürgerschaftliches Engagements: auf dem Weg in eine zukunftsfähige Bürgergesellschaft, Opladen 2002.

[2] *Jachmann* in Igl, Rechtliche Rahmenbedingungen bürgerschaftlichen Engagements, S. 67 ff., Opladen 2002.

[3] *Bertelsmann Stiftung/Maecenata Institut für Dritter-Sektor-Forschung (Hrsg.)*: Expertenkommission zur Reform des Stiftungs- und Gemeinnützigkeitsrechts, Materialien, Gütersloh 2000.

gesetzlicher und finanzieller Rahmenbedingungen"[4] und das Gutachten des ifo-Instituts zur „Besteuerung von gemeinnützigen Organisationen im internationalen Vergleich"[5]. Zu erwähnen ist schließlich der Koalitionsvertrag zwischen CDU und SPD vom 11.11.2005, in dem Maßnahmen angekündigt werden, die die „Bürgergesellschaft" und die Bereitschaft zur Freiwilligkeit stärken sollen[6]. In Heft 2006/2 von Stiftung und Sponsoring wird über ein gemeinnützigkeitsrechtliches Reformprojekt berichtet, in dem die wichtigsten Spitzenverbände des Dritten Sektors (Entwicklungshilfe, Kultur, Sport, Stiftungswesen, Umweltschutz, Wohlfahrt) zusammen mit Vertretern der Rechtswissenschaft an der Modernisierung des Gemeinnützigkeitsrechts arbeiten[7]. Am 9.8.2006 hat der wissenschaftliche Beirat beim Bundesministerium der Finanzen ein ökonomisches Gutachten mit dem Titel „Die abgabenrechtliche Privilegierung gemeinnütziger Zwecke auf Prüfstand" erstellt[8], das sich – entgegen dem Wortlaut des Koalitionsvertrags – für eine Beschneidung der Steuerprivilegien ausspricht und in der Öffentlichkeit kontrovers diskutiert worden ist[9]. Allerdings hat sich der Bundesfinanzminister *Peer Steinbrück* (SPD) in einem Anfang November veröffentlichten Grußwort zur Mitgliederversammlung des Bundesnetzwerks Bürgerschaftliches Engagement (BBE) von dem Gutachten des Wissenschaftlichen Beirats distanziert[10]. Mitte Dezember 2006 ist vom Bundesfinanzministerium ein Referentenentwurf für ein „Gesetz zur weiteren Stärkung des

---

[4] *Prognos AG* (Auftraggeber: Bundesministerium der Finanzen, Berlin) Endbericht: Unterstützung des freiwilligen bürgerschaftlichen Engagements – der Beitrag des Bundes bei der Gestaltung gesetzlicher und finanzieller Rahmenbedingungen Forschungsauftrag Nr. 23/03 Basel, 31. März 2005 31- 6076, S. 107.

[5] *ifo Institut für Wirtschaftsforschung an der Universität München* - Die Besteuerung gemeinnütziger Organisationen im internationalen Vergleich - Projektnummer 04/04 Gutachten im Auftrag des Bundesministeriums der Finanzen von Peter Friedrich, Anita Kaltschütz, Chang Woon Nam, Rüdiger Parsche, Dietmar Wellisch, Mai 2005.

[6] Siehe Koalitionsvertrag CDU, SPD, CSU – 11.11.2006 unter Punkt 8, S. 109f. (abrufbar unter http://www.agsv.nrw.de/Aktuelles/Koalitionsvertrag/Download/05_11_11_Koalitionsvertrag.pdf).

[7] *Ballhausen/Walz*, Aus der Mitte des Dritten Sektors. Vorschläge zur Reform des Gemeinnützigkeits- und Spendenrechts, Stiftung&Sponsoring 2/2006, S. 28 f.

[8] *Wissenschaftlicher Beirat beim Bundesministerium der Finanzen*, Die abgabenrechtliche Privilegierung gemeinnütziger Zwecke auf Prüfstand, abrufbar unter http://www. bundesfinanzministerium.de.

[9] Siehe näher hierzu die Berichte in der SZ v. 10.8.2006, S. 21 („Aufruhr in der Zivilgesellschaft"); sowie in der WELT v. 10.8.2006 („Das große Grauen", „Wie ein Schlag ins Gesicht", „Geringer Missbrauch") und das dort erschienene Interview mit der parlamentarischen Staatssekretärin *Barbara Hendricks* („Wir wollen den Vereinen nicht ans Leder"), wonach das Gutachten darauf hingewiesen habe „was wir schon alles zur Förderung des bürgerschaftlichen Engagements tun. Denn es besteht auch kein finanzpolitischer Spielraum für die Ausweitung steuerlicher Begünstigungen. Leider ist nicht alles, was wünschenswert ist, auch förderfähig".

[10] „Ich teile die Auffassung des Beirats in dieser Frage [hinsichtlich der Reform des Gemeinnützigkeits- und Spendenrechts] nicht und werde seine Vorschläge nicht umsetzen". Trotz erheblicher Sparzwänge wolle er „keinen Euro Mehreinnahmen im Rahmen der Überarbeitung des Gemeinnützigkeits- und Spendenrechts bekommen".

bürgerschaftlichen Engagements" vom 14.12.2006[11] bekannt gemacht worden, der bemerkenswerte Ausweitungen der Steuervergünstigung für gemeinnützige Organisationen[12] und für ehrenamtlich Tätige[13] vorsieht, die vor dem Hintergrund der bisherigen, oft eher zurückhaltenden Stellungnahmen[14] nicht unbedingt zu erwarten waren. Freilich ist noch nicht absehbar, ob und inwieweit diese Vorschläge auch umgesetzt werden.

Wie fügt sich das vorliegende Buch in diese Diskussion ein? Es ist unverkennbar, dass zwar überall ein starkes Gefühl vorherrscht, der gegenwärtige Zustand des Gemeinnützigkeits- und Spendenrechts unbefriedigend sei, aber außer Aufforderungen zur Vereinfachung, zum Bürokratieabbau und der ständigen Mahnung, die steuerlichen Abzugsbeträge zu erhöhen, ist praktisch wenig geschehen, gerade weil auf staatlicher Seite – jedenfalls bis zur Veröffentlichung des Referentenentwurfs vom 14.12.2006 – die Überzeugung dominiert hat, in der augenblicklichen Haushaltslage seien steuerliche Zugeständnisse an den Non-Profit-Sektor nicht zu finanzieren. Die Ergebnisse des erwähnten Jachmann-Gutachtens zum Spendenrecht, des Prognos-Gutachtens und des Gutachtens des wissenschaftlichen Beirats beim Bundesminsterium der Finanzen sind ziemlich ernüchternd. Es muss deshalb darum gehen, die Regelungsphantasie zu erweitern und dafür einen wissenschaftlichen Rahmen zur Verfügung zu stellen, der verhindert, dass aus Phantasie unrealistische Fantastik wird.

B. Interdisziplinarität

Der erste Schritt hierzu ist es, für Interdisziplinarität zu sorgen, und so die einzelnen Disziplinen zu veranlassen, über ihren eigenen Horizont hinauszublicken und Fragestellungen und Antworten der anderen Fachdisziplinen zu berücksichtigen.

Einen solchen interdisziplinären Beitrag liefert das bereits erwähnte Gutachten des wissenschaftlichen Beirats beim BMF vom August 2006. Auch

---

[11] Referentenentwurf für ein Gesetz zur weiteren Stärkung des bürgerschaftlichen Engagements vom 14.12.2006, abrufbar unter http://www.bundesfinanzministerium.de/lang_de/DE/Aktuelles/ Aktuelle__Gesetze/Referentenentwuerfe/001__1,templateId=raw,property=publicationFile.pdf.

[12] Hierzu gehören insbesondere die Anhebung des Höchstbetrags für Zuwendungen an Stiftungen in § 10 b Abs. 1 a EStG von derzeit 307.000 € auf 750.000 € (verbundenen mit weiteren Änderungen), die Erweiterung der Möglichkeiten zum Vortrag von „Großspenden" (§ 10 b Abs. 1 Satz 3 EStG-E), und die Anhebung des Freibetrags des § 64 Abs. 3 AO von 30.678 € auf 35.000 €.

[13] Hierzu gehören insbesondere die Anhebung der sog. „Übungsleiterpauschale" von 1.848 € auf 2.100 € (§ 3 Nr. 26 EStG-E) und eine neu eingeführte Abschreibungsmöglichkeit von 300 € für ehrenamtlich Tätige, die im Kalenderjahr regelmäßig mit einem durchschnittlichen Aufwand von mindestens 20 Zeitstunden monatlich im Dienst und im Auftrag einer gemeinnützigen Organisation freiwillig und unentgeltlich alte, kranke oder behinderte hilfsbedürftige Menschen betreuen (§ 34 h EStG-E).

[14] Siehe beispielhaft die Stellungnahme der Staatssekretärin *Hendricks* oben in Fn. 9.

wenn dieses Gutachten anscheinend keine Rolle für die im Referentenentwurf enthaltenen Vorschläge gespielt hat, könnte ein wichtiges Verdienst dieses Gutachtens darin liegen, die Bereitschaft der einzelnen Disziplinen zu einer verstärkten Zusammenarbeit beim Gemeinnützigkeits- und Spendenrecht gefördert zu haben.

Inhaltlich gibt es gute Gründe, die Ergebnisse dieses Gutachtens kritisch zu hinterfragen[15]:

Dies gilt insbesondere für die fundamentale These des Gutachtens, nur diejenigen Handlungen seien steuerlich förderungswürdig, welche sich aus ökonomischer Sicht als „private Bereitstellung reiner Kollektivgüter" interpretieren lassen[16]. Wie der vorliegende Band zeigt, werden die Steuerprivilegien für gemeinnützige Organisationen in der interdisziplinären und internationalen Literatur höchst unterschiedlich gerechtfertigt[17]. Juristische Autoren betonen insbesondere die Entlastung des Staats und die Förderung der bürgerschaftlichen Teilhabe in einer pluralistischen Gesellschaft. Ökonomische Autoren nennen neben der Förderung reiner Kollektivgüter die Bekämpfung anderer Formen des Markt- oder Staatsversagens. Ein weiterer Ansatz sieht schließlich die Funktion des Nonprofit-Sektors darin, die Bildung sozial förderlichen Verhaltens („Sozialkapital") zu unterstützen. Das Gutachten des wissenschaftlichen Beirats beim BMF erwähnt diese Diskussion nur am Rande und klammert sie ohne hinreichende Begründung aus[18]. Die hiermit bewusst vorgenommene Verengung des Blickwinkels auf die private Bereitstellung von Kollektivgütern als einzigen Rechtfertigungsgrund – die in der Literatur sonst so nicht vertreten wird – ist eine der wesentlichen Weichenstellungen des Gutachtens. In der Tat hat eine solche Verengung Vorteile, weil sie eine klarere Überprüfung ermöglicht, inwieweit Steuerprivilegien diesem speziellen Grund dienen. Andererseits sind die Empfehlungen des Gutachtens, die Steuerprivilegien zu reduzieren, weil sie sich nicht mit diesem verengten Rechtfertigungsgrund erklären lassen, leicht angreifbar, weil das Gutachten keine überzeugende Erklärung für die Vernachlässigung der anderen (möglichen) Rechtfertigungsgründe liefert.

---

[15] Siehe zum folgenden näher *von Auer/von Hippel*, Stiftung&Sponsoring 6/2006, 16ff.

[16] *Wissenschaftlicher Beirat beim BMF* (Fn. 8), S. 17. Als Kollektivgut bezeichnet man Güter und Dienstleistungen, die von mehreren Personen konsumiert werden können, ohne dass der Konsum der einen Person den Konsum einer anderen Person einschränken würde.

[17] Siehe zum folgenden näher Generalbericht, A III, S. 104.

[18] *Wissenschaftlicher Beirat beim BMF* (Fn. 8), S. 17: Die Literatur befasse sich „relativ ausgiebig mit der positiv-theoretischen Fragestellung, warum die Bereitstellung bestimmter Güter in der Realität staatlich gefördert wird, diejenige anderer hingegen nicht. Gemeinnützige Zwecke werden aus diesem Blickwinkel mit dem Konzept meritorischer Güter in Verbindung gebracht. Auf entsprechende Ausführungen wird hier verzichtet, weil gemeinnützige Zwecke und die Frage ihrer staatlichen Förderung allein unter dem normativ-theoretischen Blickwinkel der Wohlfahrtstheorie erörtert werden sollen". Auch die These von *Robert Putnam*, dass dem Dritten Sektor eine wichtige Funktion bei der Bildung sozial förderlichen Verhaltens („Sozialkapital") zukommt, wird ausgeklammert (a.a.O. Fn. 35).

Auch die Erwägungen des Gutachtens zum Spendenrecht erscheinen allzu restriktiv: Das Gutachten stellt die Anreizwirkung der Steuervergünstigungen in Frage, weil Spendern wohl schon der Akt des Spendens als solcher Nutzen im Sinne eines „warm glow" oder der hiermit verbundenen sozialen Anerkennung verschaffe. Jedenfalls solle ein offensichtlicher Wettbewerb der Eitelkeiten nicht mit öffentlichen Mitteln unterstützt werden[19]. Ein solcher Maßstab wäre indessen viel zu restriktiv: In vielen Fällen sind Spenden nicht „rein" altruistisch, sondern enthalten oft auch ein gewisses Maß an „Egoismus". Ein allzu puristischer Maßstab wäre hier schwerlich praktikabel. Dies gilt insbesondere auch für die Empfehlung, die steuerliche Privilegierung einer Spende zu entziehen, wenn die Spende von der Namensnennung des Spenders abhängig gemacht wird[20]. Konsequent umgesetzt würde dieser Vorschlag den Wegfall der Steuerprivilegien für alle Stiftungen bedeuten, bei denen der Stifter erkennbar ist. Es deutet einiges darauf hin, dass gerade die Kombination aus Steuervorteilen und gewisser persönlicher Eitelkeit zur Gründung von gemeinnützigen Stiftungen beiträgt. Der ökonometrische Teil dieses Buchs folgt daher mit guten Gründen einem großzügigeren Ansatz[21].

Das Projekt hat es aber nicht bei dem Nebeneinander von Ökonomie und Rechtswissenschaft belassen, sondern sich auch bemüht, die soziologische Perspektive zu berücksichtigen (insbesondere im Beitrag von *Adloff*[22]) und in einer Art interkulturellem Vergleich die Entwicklung im Iran einzubeziehen[23]. Außerdem behandeln weitere (überwiegend juristische) Beiträge ausgesuchte Grundsatzfragen des Spenden- und Gemeinnützigkeitsrechts.

C. Das ökonometrische Teilprojekt

Das ökonometrische Teilprojekt im *1. Teil* dieses Bandes[24] geht von der (konservativ fiskalischen, aber durchaus herrschenden[25]) Vorstellung aus, dass der Staat Spenden deshalb steuerlich begünstigt, weil die Spender öffentliche Aufgaben finanzieren, die der Staat sonst selbst aufkommen müsste.

Das ökonometrische Gutachten geht zudem von der (nicht realistischen, aber modelltheoretisch zunächst notwendigen) Annahme aus, dass der Staat weiß, welche öffentlichen Güter zu welchem Preis er für unabdingbar erforderlich hält (was er im Rahmen der Staatsaufgaben für das gemeine Wohl für erforderlich hält). Im Rahmen der herrschenden Haushaltsknappheit möchte er, dass

---

[19] *Wissenschaftlicher Beirat beim BMF* (Fn. 8), S. 22f.
[20] *Wissenschaftlicher Beirat beim BMF* (Fn. 8), S. 51.
[21] Siehe *von Auer/Kalusche*, S. 13 ff.
[22] *Adloff*, S. 613 ff.
[23] *Ranjbar*, S. 761 ff.
[24] *von Auer/Kalusche*, S. 13 ff.
[25] Siehe Generalbericht, A III, S. 104.

von diesen öffentlichen Gütern möglichst viele durch private Spender finanziert werden, so dass für den Fiskus möglichst wenig an eigener Finanzierungslast übrig bleibt.

Der Staat hat dabei zu unterscheiden zwischen den Kosten der direkten Finanzierung und denen der Spendenabzugssubvention. Das bedeutet, dass auch im Fall von freiwilligen Spenden auf den Staat die Finanzierungslast für den Spendenabzug zukommt, die allerdings geringer ist, als wenn er alles direkt selbst finanzieren würde.

Wie muss ein Spendenrecht ausgestaltet werden, um die aus Eigenfinanzierung und Spendensubvention zusammengesetzte Finanzierungslast der öffentlichen Hauhalte zu minimieren und die privaten Beiträge zu maximieren? Die rechtspolitische Fragestellung hat damit erheblich an Präzision gewonnen, wenn man sie mit dem traditionellen, nicht unberechtigten Postulat vergleicht, bürgerschaftliches Engagement und Zivilgesellschaft zu fördern.

Aus Gründen größerer Spendengerechtigkeit spricht viel für einen Übergang von der Methode des Abzugs von der Bemessungsgrundlage zum Abzug eines Prozentsatzes der Spende direkt von der Steuer.

Die erste Frage ist deshalb die folgende: Wenn man den Spendenabzug nicht mehr von der Bemessungsgrundlage, sondern durch einen festen Abschlag von der Steuer bewerkstelligen würde, wie hoch müsste dann der prozentuale Steuerabschlag sein (wie viel Prozent der Spende muss man abziehen können), um den Beitrag, den private Spender zu der Finanzierung des Projekts beitragen, zu maximieren und die darauf gerichteten Ausgaben des Staates entsprechend zu minimieren?

Die zweite Frage ist: welche der beiden Abzugsmethoden ist aus fiskalischer Sicht (also im Hinblick auf den Beitrag der privaten Spender an der Finanzierung öffentlicher Güter) vorteilhaft. Ist der (als Reform vorgeschlagene) Steuerabschlag fiskalisch vorteilhaft, so spricht die Spendengerechtigkeit für einen Systemwechsel. Das dürfte wegen des Gewichts dieses Grundes auch noch dann der Fall sein, wenn der Systemwechsel rein fiskalisch neutral wäre. Anders wäre angesichts knapper Kassen allerdings zu entscheiden, wenn der Systemwechsel den Fiskus viel kosten würde.

Interessant ist auch, ob bestimmte Bevölkerungskreise in bestimmter Lage eher zum Spenden neigen als andere. Ist es richtig, dass wohlhabendere Menschen mehr spenden? Wenn etwa herauskäme, dass die Spendenneigung mit der Kinderzahl wächst, so könnte der Staat über eine Förderung des Kinderwunsches indirekt längerfristig den Anteil der Spenden an der Finanzierung öffentlicher Güter steigern. Auch auf diese Art von Fragen hat ein ökonometrisches Gutachten Antworten parat.

D. Das rechtsvergleichende Teilprojekt

Der *2. Teil*, der den Schwerpunkt dieses Bandes ausmacht, enthält die Ergebnisse des rechtsvergleichenden Teilprojekts. Es handelt sich um insgesamt 12 Beiträge: zehn Länderberichte[26], einen hierauf aufbauenden rechtsvergleichenden Generalbericht, der eine Bestandsaufnahme vornimmt[27], und einen Beitrag, der aus den gewonnenen Ergebnissen und Erfahrungen rechtspolitische Vorschläge zum Gemeinnützigkeits- und Spendenrecht formuliert[28].

Obgleich sich das ökonometrische Gutachten (aus guten Gründen) auf das Spendenrecht beschränkt, wurde früh deutlich, dass es wenig fruchtbar wäre, den Untersuchungsgegenstand des rechtsvergleichenden Teilprojekts entsprechend zu begrenzen und nur Spenden und die Vermögensausstattung von Stiftungen zu untersuchen[29].

Zum Spendenrecht gehört auch das Gemeinnützigkeitsrecht, also die direkten Steuerprivilegien für gemeinnützige Organisationen, die Spenden entgegennehmen, und die hiermit verbundene Frage, in welcher Weise diese Organisationen das gespendete Geld oder die Sachspenden zu verwenden haben. Daher ist neben dem Spendenrecht, das einen Schwerpunkt darstellt, auch das Gemeinnützigkeitsrecht insgesamt im Auge zu behalten.

Die Länderberichte dieses Bandes bemühen sich um eine systematisch-wissenschaftliche Aufarbeitung der Materie, die über eine bloße Darstellung hinausgeht. Dem Anspruch der Rechtsvergleichung genügt es nicht, einzelne Vorschriften zu vergleichen, vielmehr gilt es, System und Vorverständnisse zu berücksichtigen. Um Missverständnisse möglichst zu vermeiden, wurde für dieses Projekt ein Fragebogen entwickelt, der das jeweilige nationale Gemeinnützigkeitsrecht nach einer problemorientierter Systematik abfragt[30]. Nachdem die Länderberichterstatter diese Fragebögen ausgefüllt haben, wurde auf dieser Basis auf einer ersten Autorenkonferenz am 6. und 7. September 2004 eine gemeinsame Darstellungsstruktur besprochen und beschlossen.

Auf dieser gemeinsamen strukturellen Basis sind die zehn Länderberichte und der Generalbericht verfasst worden.

Ein wichtiges Ergebnis des rechtsvergleichenden Projekts ist, dass die strukturellen Übereinstimmungen im Spenden- und Gemeinnützigkeitsrecht deutlich stärker als im Zivilrecht (Vereinsrecht, Stiftungsrecht, Trustrecht) sind. Dies betrifft etwa die Konzeptionen zur Gemeinnützigkeit, zur wirtschaftlichen

---

[26] S. 279 ff.
[27] S. 89 ff.
[28] S. 215 ff.
[29] So kennt etwa das schwedische Recht keinen Spendenabzug, sondern nur direkte Steuerprivilegien für gemeinnützige Organisationen; näher hierzu *Lindencrona*, Schweden, B I, S. 424.
[30] Das Muster dieses Fragebogens ist abgedruckt im Rahmen des Länderberichtes von *Achatz* über Österreich, S. 393 ff.

Tätigkeit, zur Steuerbefreiung von Vermögensverwaltung, zur Behandlung von Mitgliedsbeiträgen bei Vereinen und vielem anderen.

Während zwischen kontinentaler und angelsächsischer Rechtstradition große Unterschiede bezüglich der Rechtsformen bestehen, in denen gemeinnützige Organisationen auftreten, so ist doch überall das Einzelindividuum und die Personengesellschaft als gemeinnützige Organisationsform ausgeschlossen – der Grenzfall ist häufig die Genossenschaft und der Verein, der seinen Mitgliedern ökonomischen Nutzen verschafft. Auch im Hinblick auf den Gemeinnützigkeitskatalog bestehen weite Übereinstimmungen; diese erstrecken sich auf das Merkmal der Förderung der Allgemeinheit mit seinen beiden Bedeutungskomponenten, dass der Kreis der Geförderten nicht klein sein darf und dass eine public-policy- oder ordre public-Grenze eingehalten sein muss (Beispiel: rassistischer Sportverein).

Zum Merkmal des Umfangs der geförderten Personen gibt es fast überall die gleiche Reihe von Ausnahmen – behinderte Personen oder Erforschung einer seltenen Krankheit werden fast überall genannt.

Universal ist das Verbot der Gewinnausschüttung an Mitglieder oder Leitungsstäbe inklusive alle Formen der verdeckten Ausschüttung, wobei die Grenzen zwischen akzeptabel und inakzeptabel teilweise verschieden gezogen werden. Manche Länder schließen eine marktübliche Vergütung der Leitungsstäbe aus, andere sind besonders streng bei mitgliedernützlichen Vereinsbeiträgen. In der Schweiz sind Vereinsbeiträge überhaupt nicht abzugsfähig mit der Begründung, sie beruhten auf vertraglicher Verpflichtung und seien deshalb nicht freiwillig.

Zur zeitgerechten Mittelverwendung gibt es keine einheitlichen Maßstäbe, und das mag rechtspolitisch die Frage provozieren, ob die aufwendige deutsche Regelung mit all ihren Ausnahmen ihren Preis wert ist.

Erstaunlicherweise findet man die deutsche Unterscheidung von vier Finanzierungsquellen (ideell, Vermögensverwaltung, Zweckbetrieb und wirtschaftlicher Geschäftsbetrieb) fast überall wieder – wichtige Ausnahme ist Frankreich. Was die Behandlung von Spenden angeht, so versagen einige wenige Länder den Abzug oder verfahren dabei sehr restriktiv. Die große Mehrheit lässt hingegen einen Abzug von der Bemessungsgrundlage mit unterschiedlichen Höchstgrenzen zu; Spanien und Frankreich praktizieren einen Abzug direkt von der Steuer. Was die Abzugshöchstgrenzen angeht, so sind die angelsächsischen Länder wesentlich großzügiger als Deutschland, sie verlangen dafür aber weit mehr an Rechnungslegung, Transparenz und Publizität. Dies hängt miteinander zusammen, denn nur bei größerem nachhaltigen Vertrauen ist der Souverän dauerhaft bereit, die Zivilgesellschaft großzügig zu fördern.

Wie sich im Verlauf des Projekts gezeigt hat, gehen die Übereinstimmungen so weit, dass fast jedes deutsche gemeinnützigkeitsrechtliche Problem seine Entsprechungen in anderen Rechtsordnungen hat.

Diese Erkenntnis ist für die Reformdiskussion und den Gesetzgeber interessant: Wenn Probleme (in verschiedenen Staaten) weitgehend nach denselben Konzepten angegangen werden, so zeigt dies, dass sich die einzelnen Rechte an der „Natur der Sache" orientieren. Die Rechtsvergleichung ist deshalb nicht nur ein Instrument für die rechtswissenschaftliche Analyse, sondern auch eine Basis für rechtspolitische Auseinandersetzung.

Deshalb erschien es angemessen, den Generalbericht, der rechtsvergleichende systematisch geordnete Bestandsaufnahme der Probleme und der verschiedenen Lösungen enthält, durch einen weiteren Beitrag zu ergänzen, der rechtspolitische Optionen zum deutschen Gemeinnützigkeits- und Spendenrecht behandelt, und Stellungnahmen zu ausgesuchten Problemen (vor dem Hintergrund der rechtsvergleichenden Erfahrungen) enthält[31].

E. Beiträge zur interdisziplinären, verfassungsrechtlichen, europarechtlichen und komparativen Grundlegung

Das ökonometrische und das rechtsvergleichende Teilprojekt werden ergänzt durch eine Reihe von Beiträgen zu Grundfragen zum Spenden- und zum Gemeinnützigkeitsrecht, die für das interdisziplinäre Gespräch von Interesse sind.

Der *3. Teil* (Interdisziplinäre, verfassungsrechtliche, europarechtliche und komparative Grundlegung) enthält sechs Beiträge.

Der soziologische Beitrag von *Adloff*[32] ergänzt die vom ökonometrischen Teilprojekt aufgeworfenen Fragen. Er untersucht, warum Menschen spenden, was für die Frage wichtig ist, welche Maßnahmen man gesetzgeberisch ergreifen sollte, um das Spendenverhalten der Bevölkerung zu optimieren.

Ein anderes wichtiges Grundlagenthema ist die Aufgabenverteilung zwischen dem öffentlichen und dem privaten Bereich. Der Beitrag von *Becker*[33] untersucht diese Frage aus Sicht der Staats- und Verfassungsrechtsentwicklung.

Die beiden folgenden Beiträge von *Walz*[34] und *von Hippel*[35] zeigen auf, dass das deutsche Gemeinnützigkeitsrecht viel stärker europarechtlichen Einflüssen unterliegt, als dies lange Zeit angenommen worden ist.

Der Beitrag von *Petersen*[36] widmet sich der Zukunft der Kirchensteuer, deren Aufkommen in Deutschland infolge von Kirchenaustritten und der demographischen Entwicklung abnimmt.

---

[31] S. 215 ff.
[32] S. 613 ff.
[33] S. 637 ff.
[34] S. 653 ff.
[35] S. 677 ff.
[36] S. 715 ff.

Schließlich behandelt *Ranjbar*[37] die einschlägigen Regelungen im Iran, die von den europäisch-westlichen Vorstellungen so stark abweichen, dass es angemessen war, diesen Bericht nicht dem rechtsvergleichenden Projekt zuzuordnen.

F. Beiträge zur Frage der Grenzen des Altruismus

Der *4. Teil* dieses Bandes enthält drei Beiträge, die sich mit der problematischen Grenze von Altruismus und Eigennutz beschäftigen.

Zunächst behandelt *Röthel*[38] Konflikte, die zwischen Zuwendungen an gemeinnützige Stiftungen und dem Erbrecht (insbesondere dem Pflichtteilsrecht) auftreten.

Sodann zeigen *Raupach* und *Pohl*[39] das Spektrum zwischen Altruismus und Eigennutz anhand der Beispiele der gemeinnützigen Unternehmensstiftung, der Spenden und des Sponsoring.

Schließlich thematisiert *Koss*[40] die Bewertung und steuerliche Behandlung von Sachspenden unter besonderer Berücksichtigung von Immobilien, Unternehmensanteilen und Kunstsammlungen.

---

[37] S. 761 ff.
[38] S. 793 ff.
[39] S. 813 ff.
[40] S. 837 ff.

1. Teil: Das ökonomische Teilprojekt: Optimierung des Spenderverhaltens

Spendenaufkommen, Steueraufkommen und Staatsausgaben: Eine empirische Analyse

LUDWIG VON AUER / ANDREAS KALUSCHE

Zusammenfassung
1 Einleitung
2 Theoretische Grundlagen
   2.1 Spenden aus konsumtheoretischer Sicht
   2.2 Spendenpreis, Preiselastizität und Einkommenselastizität
   2.3 Steuerliche Spendensubventionen und staatliche Nettoeinnahmen
   2.4 Steuerliche Spendensubventionen als Verzicht auf staatliche Verfügungsgewalt
   2.5 Fiskalischer Gesamteffekt der Spendenförderung
   2.6 Reformvorschlag
   2.7 Fiskalische Wirkungen des Reformsystems
3 Datenmaterial
   3.1 Datenquelle FAST 98
   3.2 Anonymisierung der Daten
   3.3 Definition eines Spenders
4 Spendenstruktur in Deutschland
   4.1 Grundstruktur der Spender
   4.2 Spendenstruktur und Lorenzkurven
   4.3 Höchstgrenzen des Spendenabzugs
   4.4 Auswirkungen der 5%-Höchstgrenze
   4.5 Auswirkungen der 10%-Höchstgrenze
5 Datenaufbereitung
   5.1 Relevante Variablen
   5.2 Weitere auszuschließende Steuerhaushalte
   5.3 Erfassung der Spenden
   5.4 Berechnung des verfügbaren Einkommens
   5.5 Berechnung des Spendenpreises
   5.6 Erfassung der sozioökonomischen Merkmale
6 Ökonometrische Schätzung
   6.1 Schätzgleichung
   6.2 Schätzmethode
   6.3 Schätzergebnisse und ihre Interpretation
7 Fiskalische Auswirkungen des Reformsystems
   7.1 Fiskalischer Gesamteffekt des bestehenden Systems
   7.2 Prognostizierte Spenden
   7.3 Optimaler Abschlag
   7.4 Fiskalischer Gesamteffekt des Reformsystems
8 Steuerpolitisches Fazit
Anhang A
Anhang B
Anhang C
Anhang D

Zusammenfassung

Angesichts der angespannten Lage der öffentlichen Haushalte suchen die verantwortlichen Finanzpolitiker nach Maßnahmen, die zu Kürzungen auf der Ausgabenseite oder aber zu Zuwächsen auf der Einnahmenseite führen. Umso erstaunlicher ist es, dass das finanzpolitische Instrument der steuerlichen Spendenförderung bislang nicht ernsthaft auf den Prüfstand gestellt wurde.

Das Kernelement der bundesdeutschen steuerlichen Spendenförderung ist die Abzugsfähigkeit von Spenden. Sie sieht vor, die Bemessungsgrundlage für die Einkommensbesteuerung um den Betrag der Spenden zu verringern und führt so beim Spender zu einer Steuerersparnis, deren Höhe davon abhängt, welchem Steuersatz der Spender unterliegt. Dieses steuerliche Anreizsystem ist wenig transparent und hat aufgrund des progressiven Steuertarifs den unerwünschten Nebeneffekt, dass jeder Euro, der von einem einkommensstarken Haushalt gespendet wurde, stärker steuerlich subventioniert wird als dies bei einem einkommensschwachen Haushalt der Fall ist.

Deshalb wird in dieser Studie ein alternatives System untersucht, welches die Abzugsfähigkeit durch eine Förderung ersetzt, die jeden gespendeten Euro zu einem für alle einheitlichen Prozentsatz subventioniert – so wie es im deutschen Steuerrecht bei Spenden an politische Parteien und Wählervereinigungen ohnehin bereits der Fall ist. Dort wird im Rahmen von bestimmten Höchstbeträgen eine für alle einheitliche Steuerermäßigung von 50% der geleisteten Spende gewährt.

Die Unsicherheit bezüglich der Wirksamkeit der steuerlichen Spendenanreize hat bislang eine kritische und wertneutrale Prüfung der Existenzberechtigung des Spendenabzugs erschwert wenn nicht sogar verhindert. Ganz anders ist die Situation in den USA. Dort wurden seit den späten 1960er Jahren verschiedene empirische Studien erstellt. In Deutschland wurden bis auf eine Arbeit von Paqué (1986) keine vergleichbaren Studien veröffentlicht.

Angesichts der angespannten Haushaltslage hat das genannte Reformsystem nur dann Chancen auf Umsetzung, wenn es für das staatliche Budget zumindest aufkommensneutral ist. Aus diesem Grund wurde in der vorliegenden Studie eine empirische Analyse durchgeführt, welche die fiskalischen Auswirkungen des Reformsystems prognostiziert. Datengrundlage waren die anonymisierten Steuererklärungen des Jahres 1998. Mit Hilfe dieser Daten konnten die Anpassungsreaktionen auf ein verändertes steuerliches Anreizsystem simuliert werden.

Es zeigte sich, dass aus fiskalischer Sicht eine einheitliche Förderung von 48% jeder geleisteten Spende optimal wäre. Ein solches System wäre wesentlich transparenter und einfacher als das bestehende System, es würde den Staatshaushalt noch stärker entlasten, als es ohnehin bereits der Fall ist und es würde allen Spendern eine einheitliche und großzügige Spendenförderung gewähren.

1 Einleitung

Der Staatshaushalt der Bundesrepublik Deutschland befindet sich seit Jahren in einer beträchtlichen Schieflage. Insbesondere die anhaltende Diskussion über die Einhaltung der Maastricht-Kriterien hat diese Tatsache verstärkt ins Bewusstsein der Öffentlichkeit gerückt. Im Zentrum des Interesses steht dabei zumeist das 3%-Kriterium des Stabilitätspaktes, wonach ein Defizit im Staatshaushalt nicht größer als 3% seines Bruttoinlandsprodukts sein darf. Das Defizit im deutschen Staatshaushalt war seit 2002 stets größer als 3%.

Angesichts der angespannten Haushaltslage suchen die verantwortlichen Finanzpolitiker nach Maßnahmen, die zu Kürzungen auf der Ausgabenseite oder aber zu Zuwächsen auf der Einnahmenseite führen. Umso erstaunlicher ist es, dass das finanzpolitische Instrument der steuerlichen Spendenförderung bislang nicht ernsthaft auf den Prüfstand gestellt wurde.

Das Kernelement der bundesdeutschen Spendenförderung ist die Abzugsfähigkeit von Spenden. Die Abzugsfähigkeit bedeutet, dass das zu versteuernde Einkommen (Bemessungsgrundlage) im Falle einer Spende genau um den Spendenbetrag reduziert wird. Die Spende führt also für den einzelnen Spender über die Reduzierung der Bemessungsgrundlage zu einer Verringerung der Einkommensteuerschuld. Das heißt aber gleichzeitig, dass der Staat im gleichen Ausmaß auf Steuereinnahmen verzichtet. Auf den ersten Blick wäre eine Abschaffung dieser steuerlichen Förderung somit ein geeigneter Weg, die Steuereinnahmen des Staates zu erhöhen und damit den Staatshaushalt ausgeglichener zu gestalten. Diese einseitige Betrachtungsweise lässt jedoch außer Acht, dass die Abschaffung der steuerlichen Spendenanreize einen Einbruch der Spendentätigkeit auslösen könnte. In der Folge wäre der Staat gezwungen, seine Ausgaben zu erhöhen, um ein existierendes Niveau der Versorgung mit öffentlichen Gütern sicherzustellen, welches zuvor nur mit Hilfe der geleisteten Spenden erreicht werden konnte.

Die Unsicherheit bezüglich der Höhe der eben genannten Effekte bzw. der Wirksamkeit der steuerlichen Spendenanreize hat bislang eine kritische und wertneutrale Prüfung der Existenzberechtigung des Spendenabzugs erschwert wenn nicht sogar verhindert. Ganz anders ist die Situation in den USA. Dort wurden seit den späten 1960er Jahren verschiedene empirische Studien erstellt. Die Pionierarbeiten stammen von Taussig (1967) und Feldstein (1975). Weitere wichtige Beiträge leisteten unter anderem Clotfelter (1980), Clotfelter und Steuerle (1981), Barrett (1991), Barret et al. (1997) und Auten et al. (2002). In Deutschland wurden bis auf eine Arbeit von Paqué (1986) keine vergleichbaren Studien veröffentlicht.

Ziel der vorliegenden Arbeit ist es, diese Erkenntnislücke mit Hilfe von Daten der Einkommensteuererklärungen des Jahres 1998 so weit wie möglich zu schließen. Es werden die Wirksamkeit der steuerlichen Spendenanreize und die aus einer Veränderung der Anreize zu erwartenden Folgen für den Staatshaushalt quantifiziert. Ferner wird für die steuerlichen Spendenanreize ein Reformsystem vorgestellt, welches gegenüber dem bestehenden System verschiedene Vorzüge aufweist. Ziel dieser Studie ist es, den Einfluss dieses Reformsystems auf den Staatshaushalt möglichst verlässlich zu prognostizieren.

Die nachfolgenden Ausführungen sind in acht Kapitel untergliedert. Im Kapitel 2 werden die theoretischen Grundlagen vermittelt. Kapitel 3 stellt das verwendete Datenmaterial vor. Auf Basis dieses Datenmaterials werden im Kapitel 4 vielfältige statistische Kennzahlen für die Spendenlandschaft in Deutschland vorgestellt. Die für die ökonometrische Analyse notwendigen Aufbereitungen des Datenmaterials werden im Kapitel 5 beschrieben. Kapitel 6 widmet sich der ökonometrischen Analyse. Es werden die verwendeten Schätzverfahren erläutert sowie die Schätzergebnisse vorgestellt. Gegenstand von Kapitel 7 ist das Reformsystem und seine Auswirkungen auf den Staatshaushalt. Die steuerpolitischen Konsequenzen werden im abschließenden Kapitel 8 diskutiert.

2 Theoretische Grundlagen

2.1 Spenden aus konsumtheoretischer Sicht

Nach § 10b EStG[1] sind abzugsfähige Spenden Ausgaben zur Förderung mildtätiger, kirchlicher, religiöser, wissenschaftlicher und der als besonders förderungswürdig anerkannten gemeinnützigen und kulturellen Zwecke. Die Zuwendung kann dabei sowohl in monetärer als auch materieller Form erfolgen, d.h. sowohl Geld- als auch Sachspenden sind abzugsfähig. Damit eine Zuwendung als abzugsfähige Spende anerkannt wird, muss sie folgende drei Kriterien erfüllen: wirtschaftliche Belastung des Spenders, Freiwilligkeit und Unentgeltlichkeit. Die Spende ist also derjenige Teil des Einkommens bzw. Vermögens, den der Spender, ohne einem äußeren Zwang zu unterliegen, aufgrund einer eigenen, freien Entscheidung abgibt, um einen der genannten Zwecke zu unterstützen. Der Spender erwirbt keinerlei Ansprüche auf etwaige Gegenleistungen.

Abzugsfähige Spenden werden, genau wie ein Teil der gezahlten Steuern, als Beiträge des Einzelnen zur Erstellung eines öffentlichen Gutes eingesetzt[2]. Wie die Spende zeichnet sich auch die Steuer u.a. durch fehlende Gegenleistung aus. Da sie jedoch im Gegensatz zur Spende eine Zwangsabgabe darstellt, besitzt der Einzelne keinen Einfluss auf ihre Verwendung. Dies ist durchaus beabsichtigt, denn in der Regel dient sie der Finanzierung von Aufgaben, zu

---

[1] Falls kein expliziter Hinweis auf eine bestimmte Fassung erfolgt, beziehen sich sämtliche Verweise in der vorliegenden Arbeit auf die 1998 geltende Fassung des Einkommensteuergesetzes (EStG).

[2] Der Begriff des öffentlichen Gutes ist hier umgangssprachlich und nicht im streng finanzwissenschaftlichen Sinne zu verstehen. Dort würde man von einem öffentlichen Gut nur dann sprechen, wenn für dieses Gut die Bedingungen der „Nichtausschließbarkeit" und der „Nichtrivalität" im Konsum erfüllt sind.

deren Umsetzung der Einzelne gar nicht oder nur in unzureichender Weise freiwillig beitragen würde.

Da sich die Spende jedoch im Gegensatz zur Steuer durch Freiwilligkeit auszeichnet, fällt die Entscheidung, ob überhaupt und wenn ja, in welcher Höhe und für welchen Zweck gespendet wird, komplett in den privaten Bereich. Aus einer Vielzahl an existierenden nutzenstiftenden öffentlichen Gütern wählt der Spender einige wenige Güter, zu deren Bereitstellung er beitragen möchte. Oft beschränkt sich diese Auswahl auf ein einziges öffentliches Gut.

Natürlich darf hierbei nicht übersehen werden, dass die spendengeförderten Zwecke in sehr unterschiedlichem Maße dem Charakter eines öffentlichen Gutes entsprechen. Eine Spende für den lokalen Sportverein erhöht den Nutzen eines relativ kleinen und klar abgegrenzten Personenkreises. Eine Zuwendung an die Kinderkrebshilfe dagegen wird sicher einem weitaus größeren Personenkreis einen Nutzenzuwachs bescheren. Oftmals fließen Spenden lokalen öffentlichen Gütern zu. Der Nutzen, den ein spendenfinanzierter öffentlicher Stadtpark den Bewohnern einer mehrere hundert Kilometer entfernt gelegenen anderen Stadt stiftet, ist sicherlich vernachlässigbar. Diese Differenzierung gilt jedoch in gewissem Maß auch für die aus Steuermitteln finanzierten öffentlichen Güter.

Bliebe man den Denkstrukturen einfachster ökonomischer Theorieansätze verhaftet, so müsste man Spenden als Verhaltensanomalien einiger exotischer Altruisten auffassen. Schließlich handeln spendende Individuen auf den ersten Blick irrational, wenn sie freiwillig zur Erstellung eines öffentlichen Gutes beitragen, von dessen Nutzung sie ohnehin nicht ausgeschlossen werden könnten. Altruismus wäre somit eine nahe liegende Erklärung für dieses Verhalten. Träfe dies in dieser Reinform zu, wäre die Studie allerdings an dieser Stelle beendet. Ein reiner Altruist würde sein Handeln sicherlich nicht von der persönlichen Steuerersparnis abhängig machen.

Es existiert jedoch eine Vielzahl von Arbeiten, die nachweisen, dass eine Spende immer auch einen individuellen Eigennutz befriedigt, welcher den Nutzen aus der Existenz bzw. der aufgrund der individuellen Spende gestiegenen Menge des öffentlichen Gutes nicht nur ergänzt, sondern teilweise stark dominiert[3]. Beim bereits oben erwähnten Fall der Spende an den lokalen Sportverein ist dies leicht nachvollziehbar, insbesondere wenn der Spender zugleich Mitglied des begünstigten Vereins ist. Weniger einsichtig ist dies bei Spenden zugunsten von Organisationen, deren Wirkungskreis kaum in der persönlichen Umgebung zu finden ist, z.B. „Brot für die Welt", oder Spendenwellen zugunsten von Opfern großer Naturkatastrophen auf anderen Kontinenten. Hier sei die große Spendenbereitschaft der deutschen Bevölkerung nach dem Tsunami Ende 2004 in Südostasien genannt.

Doch auch in diesen Fällen, die scheinbar Altruismus in Reinform repräsentieren, werden sich den Spendern auch egoistische Motive nachweisen lassen.

---

[3] Eine aktuelle Übersicht zu dieser Thematik findet sich bei Andreoni (2004).

Der Spender verspürt das gute Gefühl, sich selbst aktiv an der Hilfe beteiligt zu haben. Auch ein noch so kleiner Spendenbeitrag verhilft zu einer Abschwächung des schlechten Gewissens, welches den sich tatenlos Abwendenden beschleicht. Dieses angenehme Empfinden ist aus ökonomischer Sicht ein privates und kein öffentliches Gut. Man bezeichnet es in der Literatur auch als „warm glow"[4]. Die Spendenmotivation ist demnach keineswegs allein auf Altruismus zurückzuführen.

Die ökonomische Analyse geht fast immer von Individuen aus, welche ihre Entscheidungen danach ausrichten, ihr eigenes Wohlbefinden zu maximieren. Formales Vehikel für diese Art der Analyse ist die *Nutzenfunktion* des Individuums. Sie formalisiert in mathematischer Form die Beziehung zwischen den möglichen Handlungsalternativen eines Individuums und dem jeweils resultierenen Nutzenniveau. Die zu beobachtende Spendenbereitschaft bedeutet für die formalisierte ökonomische Analyse, dass die Individuen eine Nutzenfunktion maximieren, die nicht nur vom privaten Konsum und der Gesamtmenge des öffentlichen Gutes abhängt, sondern auch von der Höhe des eigenen freiwilligen Beitrags zum öffentichen Gut (warm glow)[5]. Es ist dem Individuum deshalb nicht gleichgültig, ob das öffentliche Gut durch seine Zwangsabgabe oder durch seine freiwillige Spende mitfinanziert wird, zumal es mit seiner Spende selbst bestimmen kann, welches öffentliche Gut finanziert werden soll.

Eine Spende ist freiwillig und sie kann in eigener Regie den eigenen Vorstellungen entsprechend eingesetzt werden, genauso wie Ausgaben für Nahrung, Miete oder Konsumgüter. Das Individuum wird sein verfügbares Einkommen so auf die verschiedenen möglichen Verwendungszwecke aufteilen, dass sein Nutzen daraus maximal wird. Zu diesen Verwendungszwecken gehört unter anderem auch das Leisten einer Spende, denn die Spende ist genauso wie jedes andere Konsumgut geeignet, einen individuellen Nutzen zu stiften. Aus ökonomischer Sicht ist die Spende deshalb als ein gewöhnliches Konsumgut zu betrachten, nach dem eine Nachfrage seitens der potenziellen Spender (die „Konsumenten") besteht. Statt beispielsweise ein „Wellness-Wochenende" zu kaufen, kann das Individuum den entsprechenden Geldbetrag auch für eine Spende verwenden, um auf diese Weise „warm glow" zu kaufen.

Die bisherigen Ausführungen versuchten ein Verständnis dafür zu schaffen, warum in der nachfolgenden Analyse eine Spende wie ein „herkömmliches" Konsumgut betrachtet wird und ein Spender wie ein Konsument von „warm glow" gesehen wird. Diese Interpretationen sind für die empirische Arbeit eine zwingende Notwendigkeit, denn erst sie ermöglichen es, eine Nachfrage nach Spenden zu unterstellen, die u.a. durch typische Größen wie Preis (einer Spende) und Einkommen des Käufers (Spenders) determiniert wird. In der Folge können dann anhand der vorliegenden Daten so genannte Nachfrage-

---

[4] Vgl. dazu Andreoni (1989), der das Modell des „impure altruism" entwickelt.
[5] Eine rein verbal gehaltene systematische Erläuterung der Beziehung zwischen Altruismus und ökonomischer Nutzentheorie findet sich in v. Auer (2005a).

elastizitäten geschätzt werden – konkret die *Einkommens-* und die *Preiselastizität* der Nachfrage nach Spenden. Im Folgenden wird vereinfachend von der Einkommens- und Preiselastizität der Spendentätigkeit gesprochen. Was versteht man unter diesen Elastizitäten und was kann man sich unter dem Preis einer Spende vorstellen? Der folgende Abschnitt ist der Beantwortung dieser Fragen gewidmet.

2.2 Spendenpreis, Preiselastizität und Einkommenselastizität

Welchen Preis besitzt eine Spende in Höhe von 1 €? Eine Spende bedeutet immer, dass der gespendete Geldbetrag dem Spender nun nicht mehr für den Kauf von anderen Konsumgütern zur Verfügung steht. Der Spender muss Konsumverzicht leisten. Wäre der Konsumverzicht identisch mit dem gespendeten Geldbetrag, dann könnte man tatsächlich sagen, eine Spende in Höhe von 1 € kostet genau 1 €.

Ob der Konsumverzicht genau der geleisteten Spende entspricht, hängt davon ab, ob der Spender Einkommensteuer zahlt oder nicht. Zahlt der Spender keine Einkommensteuer, so reduziert eine Spende über 1 € das individuelle Budget um genau diesen einen Euro. Der Konsumverzicht entspricht dem Spendenbetrag. Der Preis der Spende beträgt genau 1 € – eine gespendete Geldeinheit kostet eine Geldeinheit.

Ist der Spender jedoch einkommensteuerpflichtig, so profitiert er davon, dass Spenden als Sonderausgabe bei der Ermittlung des zu versteuernden Einkommens vom Gesamtbetrag der Einkünfte (GBE) abgezogen werden. Bei einer Spende von 1 € wird die Bemessungsgrundlage der Steuer um 1 € reduziert. In letzter Konsequenz führt dies zu einer verringerten Steuerschuld. Ein Individuum, dessen zu versteuerndes Einkommen so groß ausfällt, dass es sich dem derzeit geltenden Spitzensteuersatz von 42% gegenübersieht, verringert durch eine Spende über 1 € sein zu versteuerndes Einkommen um genau diesen Euro und damit seine Steuer um 42 Cent. Den Kosten der Spende in Höhe von 1 € steht somit eine Steuerersparnis von 0,42 € gegenüber, so dass der Spender netto nur einen Kaufpreis von 0,58 € zahlen muss. Der Preis der Spende beträgt also 0,58 € – eine gespendete Geldeinheit kostet 0,58 Geldeinheiten in Form von Konsumverzicht.

Ganz allgemein gilt also: Der Spendenpreis beträgt im deutschen Steuersystem immer 1 minus dem Grenzsteuersatz des Spenderhaushalts. Der Grenzsteuersatz m_h ist der Prozentsatz, mit dem die letzte Einheit des von Haushalt h zu versteuernden Einkommens besteuert wird. In Abhängigkeit vom eigenen Grenzsteuersatz m_h sieht sich also jeder Haushalt einem individuellen Spendenpreis von $P_h = 1 - m_h$ gegenüber.

Wäre die individuelle Nachfrage der Haushalte nach Spenden S_h allein vom Spendenpreis P_h abhängig, dann hätte die *Nachfragefunktion* folgende allgemeine Gestalt: $S_h = S_h(P_h)$. Kennt man diese Nachfragefunktion, so kann man die *Preiselastizität* der Spendentätigkeit bestimmen. Es handelt sich hierbei um ein aus der mikroökonomischen Konsumtheorie bekanntes Konzept. Die Preiselastizität ist ein dimensionsloses Maß für die Reagibilität der so genannten *erklärten Variable* (hier die Spendenhöhe S_h) bezüglich Veränderungen der so genannten *erklärenden Variable* (hier der Spendenpreis P_h).

Formal lautet die individuelle *Preiselastizität* eines Haushalts h:

(2.1) $$\varepsilon_h = \frac{dS_h}{dP_h} \cdot \frac{P_h}{S_h}$$

Dabei bezeichnet dS_h die Veränderung in der Spende. Entsprechend ist dP_h die Veränderung im Spendenpreis. Beides sind Beträge, die hier in Geldeinheiten gemessen sind. Die Preiselastizität der Definition (2.1) kann auch in folgender Form geschrieben werden:

$$\varepsilon_h = \frac{dS_h / S_h}{dP_h / P_h}$$

Im Zähler dieses Quotienten steht die prozentuale Veränderung der Spendenhöhe (dS_h / S_h) und im Nenner die prozentuale Veränderung des Spendenpreises (dP_h / P_h). Vereinfachend wird die Preiselastizität ε_h meist in der Form interpretiert, dass sie angibt, um wie viel Prozent sich der Wert der erklärten Variable (Spendenhöhe) als Folge einer 1%-igen Änderung der erklärenden Variable (Spendenpreis) ändert[6]. Der konkrete Wert von ε_h wird üblicherweise negativ ausfallen, was bedeutet, dass er angibt, um wie viel Prozent die Spende als Folge eines 1%-Preisanstiegs *sinkt*.

Existieren neben dem Preis weitere erklärende Variablen, werden die entsprechenden Elastizitäten analog der Vorgehensweise bei der Preiselastizität ermittelt und interpretiert. Die *Einkommenselastizität* der Spendentätigkeit misst demnach die prozentuale Veränderung in der Spendenhöhe, welche sich aus einer 1%-igen Erhöhung des Spendereinkommens ergeben würde[7].

Im Mittelpunkt der hier angestellten Betrachtungen steht jedoch die Preiselastizität und dabei insbesondere die Frage, ob diese Preiselastizität typischerweise größer oder kleiner als –1 ist. Ein Wert von –1 würde nämlich individuelle Kostenneutralität implizieren, was anhand der nachfolgenden Beispielrechnung veranschaulicht werden soll. Angenommen ein Haushalt h sieht sich auf Grund seiner individuellen steuerlichen Situation einem Spendenpreis von P_h^0 gegenüber, der zu einer geleisteten Spende von S_h^0 führt. Die Nettokosten

---

[6] Dies ist deshalb eine Vereinfachung, weil in die Berechnung der Elastizität die Ableitung der Funktion $S_h(P_h)$ einfließt. Folglich ist obige Interpretation bei gegebenem Preis strenggenommen nur für infinitesimale Änderungen gültig, es sei denn, der konkrete Wert der Ableitung ist eine Konstante.

[7] Zu beachten ist in jenen Fällen lediglich, dass es sich bei den verwendeten Ableitungen um die partiellen Ableitungen bezüglich der betrachteten Variable handelt.

C_h^0 dieser Spende betragen $C_h^0 = P_h^0 \cdot S_h^0$. Besitzt dieser Haushalt eine Preiselastizität von -1, so löst ein 1%-iger Preisanstieg von P_h^0 auf P_h^1 eine Verringerung der Spende um 1% von S_h^0 auf S_h^1 aus. Die neuen Werte lassen sich aufgrund der Kenntnis der Basiswerte auch folgendermaßen ausdrücken:

(2.2) $\qquad\qquad P_h^1 = 1{,}01 \cdot P_h^0 \quad \text{bzw.} \quad S_h^1 \approx (1/1{,}01) \cdot S_h^0$

In der neuen Situation ergeben sich folglich Nettokosten in Höhe von

(2.3) $\qquad C_h^1 = P_h^1 \cdot S_h^1 = 1{,}01 \cdot P_h^0 (1/1{,}01) \cdot S_h^0 = P_h^0 \cdot S_h^0 = C_h^0$,

wobei die Beziehungen (2.2) ausgenutzt wurden. Die Nettokosten bleiben demnach unverändert. Das gleiche Ergebnis stellt sich auch bei einem 1%-igen Preisrückgang ein.

Das bedeutet, dass ein Haushalt mit einer Preiselastizität von -1 auf geringfügige Preisänderungen derart in seiner Spendentätigkeit reagiert, dass seine Nettokosten nahezu konstant bleiben. Mit der Anpassung im Spendenverhalten wird die Auswirkung der Preisänderung auf die individuellen Nettokosten genau kompensiert.

Elastizitäten, die *betragsmäßig* kleiner als -1 ausfallen ($|\varepsilon_h| < 1$)[8], kennzeichnen *unelastische* Reaktionen der Spender, da die relative Änderung der Spende geringer ausfällt als die sie auslösende relative Preisänderung. Entsprechend handelt es sich bei Individuen, deren Spendenverhalten durch Elastizitäten beschrieben werden können, die betragsmäßig größer als -1 ausfallen ($|\varepsilon_h| > 1$), um *elastisch* reagierende Spender.

Individuelle Kostenneutralität ergibt sich allein bei einer Preiselastizität von -1. Im elastischen Bereich führt ein Preisanstieg zu einem überproportionalen Spendenrückgang mit der Folge, dass die individuellen Nettokosten sinken. Ein Preisrückgang hingegen regt die Spendentätigkeit dann so stark an, dass die Nettokosten des Spenders steigen. Das umgekehrte Bild liefert der unelastische Bereich. Ein Preisanstieg lässt hier die individuellen Nettokosten steigen, da die Spende nur in geringem Ausmaß sinkt. Ein Preisrückgang führt dagegen zu einem Kostenrückgang, da die Spende als Folge nur geringfügig steigt. Zusammenfassend lässt sich also festhalten: Im elastischen Bereich überkompensiert die Reaktion im individuellen Spendenverhalten die Wirkung der Preisänderung auf die Nettokosten. Im unelastischen Bereich hingegen ruft eine Preisänderung eine gleichgerichtete Reaktion der individuellen Nettokosten hervor, die durch das Spendenverhalten lediglich gedämpft wird.

---

[8] Die Betrachtung beschränkt sich auf den Normalfall $\varepsilon_h < 0$.

Tabelle 2.1 präsentiert diese Zusammenhänge im Überblick.

	$\varepsilon_h < -1$ (elastischer Bereich)	$\varepsilon_h = -1$	$-1 < \varepsilon_h < 0$ (unelastischer Bereich)
Preisanstieg	überproportionaler Spendenrückgang	Proportionaler Spendenrückgang	unterproportionaler Spendenrückgang
	Nettokosten sinken	Nettokosten konstant	Nettokosten steigen
Preisrückgang	überproportionaler Spendenanstieg	Proportionaler Spendenanstieg	unterproportionaler Spendenanstieg
	Nettokosten steigen	Nettokosten konstant	Nettokosten sinken

Tabelle 2.1: Preiselastizität, Spendennachfrage und Nettokosten.

Das Konzept der Preiselastizität ist immer auf den einzelnen Haushalt bezogen. Es existiert nicht *die* Preiselastizität der Spendentätigkeit. Es gibt nur die Preiselastizität des Haushalts h mit seiner spezifischen Situation (z.B. Einkommenssituation). Die verschiedenen Haushalte befinden sich jedoch in sehr unterschiedlichen Situationen. Es ist deshalb davon auszugehen, dass die Preiselastizität von Haushalt zu Haushalt unterschiedlich ist. Verändert der Staat beispielsweise die Grenzsteuersätze, so verändern sich die individuellen Spendenpreise der Haushalte, was zu einer individuellen Anpassung der Spendentätigkeit führen würde. Der Gesamteffekt auf die Spendenhöhe einerseits und die staatliche Einnahmeseite andererseits ergibt sich erst aus der simultanen Betrachtung sämtlicher Haushalte. Welche fiskalischen Gesamteffekte daraus für den Staatshaushalt erwachsen, ist Gegenstand der folgenden drei Abschnitte.

2.3 Steuerliche Spendensubventionen und staatliche Nettoeinnahmen

Im existierenden System werden Spenden durch ihre Abzugsfähigkeit vom zu versteuernden Einkommen gefördert. Der Staat stimuliert die Spendentätigkeit durch den Verzicht auf die Besteuerung des Spendenbetrags, obwohl dieser eigentlich Teil der steuerpflichtigen Einkünfte ist. Somit wird bewusst auf Einnahmen verzichtet in der Annahme, dadurch die Spendenfreudigkeit der Bevölkerung zu erhöhen. Dahinter steht wiederum die Annahme, dass die Spenden solchen Zwecken zufließen, welche ansonsten durch staatliche Zuschüsse mitfinanziert werden müssten.

Ob die steuerliche Förderung das Spendenaufkommen tatsächlich hinreichend erhöht, hängt wesentlich von der bereits vorgestellten Preiselastizität ε_h ab. Die Entscheidung darüber, ob Spenden durch das System der Abzugsfähigkeit subventioniert werden oder nicht, obliegt einzig und allein dem Staat.

Gleichzeitig legt er auch den konkreten Steuertarif fest. Damit besitzt er direkten Einfluss auf den Preis des von ihm geförderten Gutes „Spende". Er bestimmt über die Wahl des Grenzsteuersatzes m_h den subventionierten Anteil und damit auch den Spendenpreis. Reagieren die Individuen nur sehr schwach auf die steuerlichen Anreize, wird das Gesamtaufkommen an zusätzlichen Spenden tendenziell geringer ausfallen als die aus der Spendenförderung erlittenen Steuerausfälle. Im Extremfall von $\varepsilon_h = 0$ entstünden dem Staat maximale Kosten, da die Individuen überhaupt nicht auf den gesetzten steuerlichen Anreiz reagieren würden. Dem Einnahmeausfall stünden keinerlei zusätzliche Spenden gegenüber. Eine starke Reaktion auf die gesetzten preislichen Anreize hingegen kann tendenziell dazu führen, dass die zusätzlich generierten Spenden im Aggregat die Steuereinnahmen übersteigen, auf die der Staat verzichtet.

Auch in diesem fiskalischen Kontext kommt einer Preiselastizität von -1 eine besondere Rolle zu. Dies lässt sich anhand eines einfachen Beispiels veranschaulichen[9]. R bezeichne die Nettoeinnahmen des Staates $\sum S_h$, die Summe der individuellen Spenden über alle Haushalte, m_h den individuellen Grenzsteuersatz und P_h den individuellen Preis. Die aggregierten Steuereinnahmen T des Staates, welche bei fehlender staatlicher Spendenförderung entstünden, seien konstant. Die Nettoeinnahmen des Staates R ergeben sich in diesem einfachen Beispiel aus den Steuereinnahmen T abzüglich der Einnahmen $\sum m_h S_h$, auf die der Staat durch den gewährten Spendenabzug verzichtet. Es gilt also:

(2.4) $$R = T - \sum m_h S_h.$$

Da der Spendenpreis und der Grenzsteuersatz durch die Beziehung $P_h = 1 - m_h$ miteinander verknüpft sind, lassen sich die Nettoeinnahmen auch folgendermaßen ausdrücken:

(2.5) $$R = T - \sum (1 - P_h) S_h.$$

Im Anhang A ist gezeigt, dass im Falle einer Preiselastizität von -1 Gleichung (2.5) in die Beziehung

(2.6) $$dR = -\sum dS_h$$

überführt werden kann. Gleichung (2.6) bringt zum Ausdruck, dass im Falle einer Preiselastizität von -1 bei einer geringfügigen Erhöhung des Grenzsteuersatzes (also einer Senkung des Spendenpreises) das entgangene Steueraufkommen genau den zusätzlich geleisteten Spenden entspricht[10]. Nur bei elastischen Reaktionen seitens der Individuen sind die zusätzlichen Spenden größer als die Einnahmeverluste des Staates. Unelastisch reagierende Individuen generieren

---

[9] Vgl. dazu Clotfelter und Steuerle (1981), S. 405, Fußnote 7.
[10] Bei dieser vereinfachten Betrachtung werden die Steuereinnahmen T als konstant erachtet, obwohl sie eine Funktion des Steuertarifs und damit auch des Grenzsteuersatzes sind.

dagegen zusätzliche Spenden, die geringer sind als die staatlichen Einnahmeverluste.

2.4 Steuerliche Spendensubventionen als Verzicht auf staatliche Verfügungsgewalt

Der Staat fördert eine Spende S_h mit einer Subvention in Höhe von $m_h \cdot S_h$ bzw. $(1 - P_h) \cdot S_h$. Die Subvention beträgt also

$$m_h \cdot S_h = S_h - P_h \cdot S_h,$$

was sich auch als

$$m_h \cdot S_h = S_h - C_h$$

schreiben lässt, da der Term $P_h \cdot S_h$ genau den individuellen Nettokosten C_h entspricht. Umstellen liefert

$$S_h = C_h + m_h \cdot S_h.$$

Man kann demnach die individuelle, abzugsfähige Spende S_h auch als die Summe zweier Komponenten auffassen, nämlich dem vom Spender getragenen Teil C_h, also den individuellen Nettokosten, und dem darüber hinausgehenden Betrag $m_h \cdot S_h$, der staatlichen Subvention.

Da es sich bei der Subvention $m_h \cdot S_h$ um Steuereinnahmen handelt, auf deren Erhebung der Staat verzichtet, lässt sich diese Subvention als derjenige Teil des Steueraufkommens T auffassen, über dessen Verwendungszweck der Staat nicht mehr entscheidet. Stattdessen delegiert der Staat die Entscheidungsbefugnis über den Betrag $m_h \cdot S_h$ an die Spender, allerdings unter der Auflage, dass der Verwendungszweck der Spenden S_h den steuerrechtlich begünstigten Zwecken entspricht.

Weiterhin kommen die Spender nur in den Genuss dieser Entscheidungsgewalt, wenn sie den entsprechenden Teil des Steueraufkommens durch einen eigenen Beitrag, eben C_h, aufstocken. Dennoch handelt es sich um eine freiwillige Entscheidung seitens der Individuen, da bei gegebenem Steuertarif für jeden möglichen Spendenbetrag S_h die Höhe der notwendigen Aufstockung von vornherein bekannt ist. Zudem besteht keinerlei Zwang zum Spenden.

Eine Erhöhung des Grenzsteuersatzes m_h schlägt sich in einer Senkung des Spendenpreises nieder, denn $P_h = 1 - m_h$. Diese Absenkung führt wiederum zu einer Erhöhung der Spende S_h. Es kommt folglich zu einer Erhöhung der Spendensubvention $m_h \cdot S_h$ und damit jenes Anteils am Spendenaufkommen T, über welchen der Staat die Verfügungsgewalt an die Spender abgibt. Die Erhöhung fällt umso größer aus, je elastischer die Individuen auf die Veränderung des Spendenpreises reagieren.

Im Falle von $\varepsilon_h = -1$ bleiben die individuellen Nettokosten C_h von der Ausweitung der Spende unberührt. Der Haushalt erhält die Ausweitung seiner individuellen Verfügungsgewalt quasi zum Nulltarif. Das zusätzliche Spendenaufkommen wird letztlich aus dem Steuerverzicht (Subventionen) des Staates finanziert.

Bei unelastisch reagierenden Haushalten ($|\varepsilon_h|<1$) verringern sich sogar die individuellen Nettokosten. Der Haushalt kann freiwerdende Mittel für die Anschaffung anderer Dinge einsetzen. In diesem Fall ist die Ausweitung der Spenden und der Spendensubvention und damit auch das Ausmaß der übertragenen Verfügungsgewalt gering.

Umgekehrt verhält es sich bei elastisch reagierenden Haushalten ($|\varepsilon_h|>1$). Bei ihnen kommt es nach der Erhöhung des Grenzsteuersatzes zu einer Erhöhung der individuellen Nettokosten und damit zu einer Einschränkung der für andere Anschaffungen zur Verfügung stehenden Mittel. Es ergibt sich eine in Relation zur Preissenkung überproportionale Erhöhung der Spenden. Auch der Betrag, über den der Staat seine Verfügungsgewalt an die Spenderhaushalte abtritt, fällt hier größer aus als in den anderen beiden Fällen.

2.5 Fiskalischer Gesamteffekt der Spendenförderung

Die Betrachtungen des Abschnitts 2.3 haben sich ausschließlich der Einnahmeseite des Staates gewidmet. Das Problem des Staates besteht allerdings, wie in der Einleitung bereits erwähnt, im seit Jahren negativ ausfallenden öffentlichen Finanzierungssaldo, d.h. der negativen Differenz aus Staatseinnahmen und Staatsausgaben. Daraus ergibt sich die Notwendigkeit, letztere in die Betrachtungen zu integrieren.

Es sei vereinfachend unterstellt, die Kosten öffentlicher Güter belaufen sich auf den konstanten Geldbetrag X. Der öffentliche Finanzierungssaldo B lässt sich dann im existierenden System der Abzugsfähigkeit von Spenden folgendermaßen darstellen:

(2.7) $$B = T - \sum m_h S_h - (X - \sum S_h),$$

wobei die bekannten Variablen T, m_h und S_h verwendet wurden.

Gleichung (2.7) enthält die bereits bekannten Einnahmen ($T - \Sigma m_h \cdot S_h$). Die Kosten des öffentlichen Gutes betragen X. Die staatlichen Ausgaben für das öffentliche Gut sind geringer als die Kosten X, weil diese Kosten teilweise durch das Aufkommen an privaten Spenden gedeckt werden. Die nach Abzug der zugeflossenen Spenden noch notwendigen Ausgaben für das öffentliche Gut betragen ($X - \Sigma S_h$). Die Differenz aus den Einnahmen ($T - \Sigma m_h \cdot S_h$) und Ausgaben ($X - \Sigma S_h$) ist der öffentliche Finanzierungssaldo B.

Löst man unter Ausnutzung von $P_h = 1 - m_h$ die Klammern in Gleichung (2.7) auf, gelangt man zu:

(2.8) $$B = T + \sum P_h S_h - X$$

Gleichung (2.8) enthält neben den Konstanten T und X die Summe der individuellen Nettokosten $\Sigma C_h = \Sigma P_h \cdot S_h$. Diese Summe spiegelt letztlich den *fiskalischen Gesamteffekt* des Systems der Spendenförderung auf den öffentlichen Finanzierungssaldo wider. Aufgrund des positiven Vorzeichens sowie der Nichtnegativität der Spende und ihres Preises übt diese Summe zwangsläufig einen positiven Einfluss auf den Saldo aus. Ziel jeglicher Reformbemühungen sollte es also sein, diesen fiskalischen Gesamteffekt zu maximieren.

Ein maximaler fiskalischer Gesamteffekt erfordert, dass für alle Spender die individuellen Nettokosten der Spende maximiert werden. Der Ausdruck $C_h = P_h \cdot S_h$ findet genau dann sein Maximum, wenn die Preiselastizität den Wert −1 annimmt, was sich mit Hilfe der aus der mikroökonomischen Theorie bekannten Amoroso-Robinson-Relation nachweisen lässt. Der Staat müsste also jedem Spender einen individuellen Spendenpreis zuordnen, welcher gewährleistet, dass der Spender eine Elastizität von −1 aufweist.

An dieser Stelle ist eine einschränkende Bemerkung angebracht. Sämtlichen vorangegangen Ausführungen lag die implizite Annahme zugrunde, private Spenden zugunsten eines bestimmten öffentlichen Gutes und steuerfinanzierte Staatsausgaben zugunsten desselben Gutes wären äquivalent. Es wurde also bislang unterstellt, der Staat könne genauso effizient (oder ineffizient) wie eine durch Spendengelder finanzierte Organisation ein öffentliches Gut bereitstellen. Dies muss nicht zwangsläufig der Fall sein. Die zentrale Entscheidungsfindung seitens des Staates kann in Abhängigkeit von der Art des öffentlichen Gutes von Vor- oder Nachteil sein. Administrative Probleme können eventuell durch den Staat besser gelöst werden, gegebenenfalls aber auch unflexibler als durch private Organisationen.

Je kostengünstiger der Staat seinen Auftrag im Vergleich zu den privaten Organisationen erfüllen kann, umso mehr zusätzliche Spenden müssten durch den staatlichen Einnahmeverzicht generiert werden, damit sich die Spendenförderung positiv auf den Staatshaushalt auswirkt. Der Optimalwert der Elastizität läge nun nicht mehr bei −1, sondern darunter. Erforderlich wäre also $|\varepsilon_h| > 1$. Erweisen sich die privaten Organisationen hingegen als die kostengünstigeren Anbieter eines öffentlichen Gutes, so muss der Einnahmeverzicht des Staates nicht vollständig durch zusätzliche Spenden kompensiert werden. Der Optimalwert der Preiselastizität läge noch im unelastischen Bereich ($|\varepsilon_h| < 1$).

Dennoch wird hier und in den nachfolgenden Kapiteln die Annahme der perfekten Äquivalenz von staatlicher Finanzierung und Spendenfinanzierung aufrechterhalten. Zum einen sind keine hinreichenden Informationen zur jeweiligen Effizienz verfügbar, zum anderen existieren zahlreiche Fälle, bei denen diese Annahme trotz ihrer Restriktivität eine gute Annäherung an die Realität darstellt. Ein wichtiger Fall sind Steuergelder, die direkt zur finanziellen Unterstützung privater Organisationen ausgegeben werden, welche sich ebenfalls aus privaten Spenden finanzieren.

Es wurde erläutert, dass der Staat aus fiskalischer Sicht jedem Spender einen individuellen Spendenpreis zuordnen sollte, welcher gewährleistet, dass der Spender eine Elastizität von −1 aufweist. Da der Spendenpreis im bestehenden System unmittelbar vom Grenzsteuersatz abhängt und dieser wiederum vom Einkommen des Haushalts bestimmt wird, ist eine individuell optimierte Zuordnung von Spendenpreisen im bestehenden steuerlichen Anreizsystem nicht möglich. Diese Einschränkung bleibt allerdings auch bei anderen steuerlichen Anreizsystemen gültig. Lohnt es sich dann überhaupt, über einen Systemwechsel bei der steuerlichen Spendenförderung nachzudenken? Die Frage ist mit einem klaren Ja zu beantworten, selbst dann, wenn das bestehende und das Reformsystem zu den gleichen fiskalischen Ergebnissen führen würden. Wenn dieses fiskalische Ergebnis mit Hilfe eines transparenteren und womöglich „gerechteren" Systems erreicht werden könnte, spräche dies für eine Reform der bestehenden Förderpraxis. Die Gründe für eine solche Reform und die zu erwartenden fiskalischen Wirkungen werden im folgenden Abschnitt skizziert.

2.6 Reformvorschlag

Zunächst ist zu begründen, warum das existierende System als „ungerecht" erachtet werden könnte. Die systemimmanente Ungerechtigkeit ergibt sich daraus, dass der Staat jeden gespendeten Euro mit einer Subvention unterstützt, die dem Grenzsteuersatz des Spenderhaushalts entspricht. Das deutsche Steuersystem besitzt einen progressiven Einkommensteuertarif und erlaubt den Abzug der Spenden von der Bemessungsgrundlage. Je höher also das Einkommen, umso höher ist auch der Grenzsteuersatz und umso geringer ist somit der Spendenpreis. Dieses System hat die eigenwillige Nebenwirkung, dass Haushalten mit hohen steuerpflichtigen Einkommen eine größere Subvention je gespendetem Euro gewährt wird als einem sonst gleichen Haushalt mit geringerem steuerpflichtigem Einkommen. „Reiche" Haushalte werden also beim Kauf desselben Gutes stärker unterstützt als „arme" Haushalte – eine aus sozialpolitischer Sicht sehr ungewöhnliche Förderpraxis.

So man denn gewillt ist, dieses Verfahren als „ungerecht" zu charakterisieren, aber gleichzeitig an der prinzipiellen Förderung privater Spenden festhalten möchte, stellt sich die Frage nach einem „gerechteren" System. In diesem System sollte die steuerliche Spendenförderung derart gestaltet werden, dass der Spendenpreis unabhängig von der individuellen Einkommenssituation ist. Zur Realisierung dieses Grundgedankens existiert ein Vorschlag, der bereits von Paqué (1986) ausführlich diskutiert wurde, damals jedoch in seiner Wirkung auf den fiskalischen Gesamteffekt nicht empirisch untersucht werden konnte[11]. Dieser Vorschlag sieht vor, die einkommensabhängige Subvention $m_h \cdot S_h$ durch eine Steuerermäßigung in Höhe von $a \cdot S_h$ zu ersetzen. Für den *Steuerabschlagssatz a* an der Spende S_h gilt $0 < a < 1$, d.h. ein fester prozentualer Anteil der Spende (z.B. 50% bei $a = 0{,}5$) wird als Steuerermäßigung gewährt. Das Individuum kann also durch die Spende in Höhe von S_h seine Steuerschuld um den Betrag $a \cdot S_h$ reduzieren. Der Preis einer Spende beträgt in diesem System *für alle* Haushalte $P_h = P = 1 - a$.

Dieses Reformsystem besitzt drei wesentliche Vorteile. Der erste ist die Unabhängigkeit des Preises von der individuellen Einkommenssituation. Damit wäre „Gerechtigkeit" in dem Sinne sichergestellt, dass jeder steuerpflichtige Haushalt die gleiche Subvention erhielte, einkommensstärkere Spender also nicht mehr bevorzugt würden. Zudem kann der Staat, unter prinzipieller Beibehaltung der Förderung, das Ausmaß derselben nun wesentlich leichter verändern – einfach über eine Variation des Abschlagssatzes a. Eine solche Veränderung der Förderung ist im existierenden System praktisch ausgeschlossen, denn das Ausmaß der Spendenförderung ist dort durch die im Steuertarif verankerten Grenzsteuersätze fixiert. Der dritte Vorteil ist die gestiegene Transparenz. Im Reformsystem kennt jeder Spender von vornherein den für ihn und alle anderen gültigen Spendenpreis. Es ist nicht mehr nötig, den individuellen Grenzsteuersatz zu ermitteln, um die Kosten zu berechnen[12].

Dass es sich bei dem Reformvorschlag keineswegs um ein rein akademisches Gedankenspiel handelt, beweist unter anderem der Blick ins aktuelle deutsche Steuerrecht. Spenden zugunsten politischer Parteien und unabhängiger Wählervereinigungen verringern gemäß § 34g EStG die Einkommensteuerschuld im Rahmen von Höchstbeträgen um 50% der geleisteten Spende. Für derartige Spenden gilt demnach $P = 1 - a = 0{,}5$.

Allerdings sind noch Fragen zur konkreten Umsetzung des Reformvorschlags unbeantwortet geblieben: Wie groß sollte der Abschlag ausfallen? Gibt es aus fiskalischer Sicht einen optimalen Abschlag? Welche Auswirkungen besitzt ein etwaiger optimaler Abschlag auf die Staatsfinanzen?

2.7 Fiskalische Wirkungen des Reformsystems

Um die zuletzt gestellten Fragen zu beantworten, ist es hilfreich, sich noch einmal dem öffentlichen Finanzierungssaldo aus Gleichung (2.8) zu widmen. Die dort enthaltenen Konstanten T und X sind unabhängig von Existenz und Art der Spendenförderung. Der zu maximierende fiskalische Gesamteffekt $\Sigma P_h \cdot S_h$ wird zu $\Sigma P \cdot S_h$, weil der individuelle Preis P_h durch den allgemeingültigen Preis

---

[11] Vgl. dazu Paqué (1986), S. 343ff.

[12] Insbesondere bei monatlich stark schwankenden bzw. unregelmäßigen Einkommen stellt sich nicht mehr das Problem, bis Jahresende warten zu müssen, um die exakte Höhe des Jahreseinkommens zu kennen und auf dieser Basis den Grenzsteuersatz zu ermitteln.

P ersetzt wird. Das führt dazu, dass die Maximierung nun nicht mehr wie in Abschnitt 2.5 einfach mit Hilfe der Amoroso-Robinson-Relation durchgeführt werden kann. Ursache ist die zusätzliche Restriktion, dass der Preis nun für alle Individuen identisch sein soll. Im Anhang B ist gezeigt, dass man stattdessen zu folgender Optimalbedingung gelangt[13]:

$$(2.9) \qquad \sum [S_h / (\sum S_k)] \varepsilon_h = -1.$$

Gleichung (2.9) verlangt nicht, dass beim optimalen Preis P jedes Individuum über eine Preiselastizität von -1 verfügt. Stattdessen soll im Reformsystem beim optimalen Preis die *gewichtete Durchschnittselastizität* den Wert -1 annehmen. Die Gewichtung (also der Term in eckigen Klammern) erfolgt durch den individuellen Anteil des Haushalts h am gesamten Spendenaufkommen. Die Wahl des optimalen Abschlagssatzes orientiert sich damit stärker an den Spendern, deren Anteil überdurchschnittlich groß ausfällt. Bildlich gesprochen sollen diese Spender näher an den Idealwert von -1 gebracht werden als Spender, deren Spende vernachlässigbar gering ausfällt. Da einkommensstarke Haushalte tendenziell mehr Spenden leisten als einkommensschwache, erhalten erstere also ein höheres Gewicht bei der Abschlagsermittlung.

Nach der Herleitung und Interpretation der Optimalbedingung (2.9) ist nun die Empirie gefragt. Der einfachste Teil ist dabei die Berechnung des fiskalischen Gesamteffekts des bestehenden steuerlichen Anreizsystems. Notwendig ist aber auch die Schätzung der individuellen Preiselastizitäten. Erst in Kenntnis dieser Preiselastizitäten lassen sich für alternative Spendenpreise die Anpassungen im Spendenverhalten simulieren sowie die damit einhergehenden hypothetischen Preiselastizitäten ermitteln. Anhand jener hypothetischen Elastizitäten sowie der simulierten Spenden lässt sich für jeden beliebigen Spendenpreis P und damit auch für jeden beliebigen Abschlagssatz a überprüfen, ob die Optimalbedingung (2.9) erfüllt ist. Nachdem man auf diese Weise den optimalen Abschlagssatz ermittelt hat, wird der fiskalische Gesamteffekt berechnet und mit demjenigen des bestehenden Steuersystems verglichen. Erst nach Abschluss all dieser empirischen Arbeitsschritte ist eine objektive Bewertung des Reformvorschlags unter Abwägung der genannten Vorteile sowie eventueller fiskalischer Nachteile möglich.

---

[13] Der Index k in Bedingung (2.9) entspricht dem Index h, dient jedoch der mathematisch korrekten Notation, welche verlangt, dass eine Summe innerhalb einer Summe einen anderen Laufindex erhält.

3 Datenmaterial

3.1 Datenquelle FAST 98

Unabdingbare Voraussetzung für die zuletzt grob skizzierte empirische Vorgehensweise sind geeignete Mikrodaten. Im Gegensatz zu Makrodaten, die Werte von aggregierten Größen wie beispielsweise dem Bruttoinlandsprodukt enthalten, stellen Mikrodaten individuenbezogene Informationen bereit. Die Notwendigkeit einer solchen Datengrundlage ergibt sich schon allein aus der Optimalbedingung (2.9), die *individuelle* Spendenanteile und Preiselastizitäten enthält. Die Daten müssen die Berechnung der genannten Größen ermöglichen. Dazu sind Angaben über die individuelle Spende und ihren Preis, aber auch zu weiteren die Nachfrage nach Spenden bestimmenden Größen vonnöten.

Datengrundlage der vorliegenden Arbeit war FAST 98. Diese Abkürzung steht für „Faktisch *A*nonymisiertes Mikrodatenfile der Lohn- und Einkommensteuerstatistik 1998". Diese in elektronischer Form erfasste Lohn- und Einkommensteuerstatistik wird alle drei Jahre erhoben und umfasst die Einzelangaben aller knapp 30 Mio. Steuerfälle. Aus der Statistik des Jahres 1998 wurde vom Statistischen Bundesamt eine geschichtete Stichprobe gezogen, die nach Aufbereitung und Anonymisierung der Daten im Jahre 2004 der Wissenschaft als Mikrodatenfile zur Verfügung gestellt wurde[14]. Diese Stichprobe enthält die Angaben von 2.867.337 Steuererklärungen, wovon jede einzelne die Ausprägungen von 380 Merkmalen enthält. Eine Beobachtung repräsentiert also eine Steuererklärung, d.h. im Falle eines Ehepaares, welches die gemeinsame Veranlagung wählt, repräsentiert eine Beobachtung zwei Personen. Im Folgenden wird anstelle von Beobachtung (und Steuererklärung) immer einfach von „Steuerhaushalt" oder einfach nur von „Haushalt" gesprochen. Es kann sich also bei einem Haushalt je nach Veranlagungstyp um eine Einzelperson oder um ein Ehepaar handeln.

Die Vielzahl an Merkmalen soll eine genaue Abbildung des Besteuerungsprozesses ermöglichen, angefangen von der Ermittlung der Höhe der einzelnen Einkünfte in den sieben Einkunftsarten über die Bestimmung des zu versteuernden Einkommens bis zur Höhe der tatsächlichen Steuerschuld sowie des zugehörigen Solidaritätszuschlags. Eine solche Abbildung erfordert aber auch sozioökonomische Angaben, wie beispielsweise Alter, Geschlecht und Familienstand. Demzufolge sind sowohl quantitative, als auch qualitative Merkmale des individuellen Besteuerungsprozesses im Datensatz verfügbar. Der verwendete Datensatz hatte somit folgendes, vereinfacht dargestelltes, Aussehen:

---

[14] Die rechtlichen Grundlagen, die Schichtungsmerkmale sowie die konkreten Anonymisierungsmaßnahmen dieser Stichprobe werden in Merz *et al.* (2004) beschrieben.

	Merkmal 1	Merkmal 2	...	Merkmal 380
Haushalt 1				
Haushalt 2				
...				
Haushalt 2.867.337				

Tabelle 3.1: Stilisierte Darstellung des verwendeten Datensatzes FAST 98

Ein wesentliches Schichtungsmerkmal war der Gesamtbetrag der Einkünfte (im Folgenden durch GBE bezeichnet). Damit sollte sichergestellt werden, dass auch die hohen Einkommen in ausreichender Zahl in der Stichprobe vertreten sind. Um dies zu gewährleisten, hat das Statistische Bundesamt bei den Steuerhaushalten, deren GBE den Grenzwert von 200.000 DM erreicht oder überschritten hat, anstelle einer Stichprobe alle diese Haushalte in den Datensatz aufgenommen. Für diese Gruppe stellt der Datensatz also eine *Totalerhebung* zur Verfügung. Damit sind hohe Einkommen im verwendeten Datensatz überrepräsentiert. Für Haushalte mit einem GBE von weniger als 200.000 DM stellt der Datensatz eine 10%-Stichprobe der tatsächlich existierenden Steuerhaushalte zur Verfügung.

Wenn man die Haushalte der 10%-Stichprobe (also GBE < 200.000 DM) verzehnfacht und mit den Haushalten der Totalerhebung (also GBE ≥ 200.000 DM) zusammenführt, erhält man etwa 22.373.899 Steuerhaushalte. Diese zeichnen ein repräsentatives Bild der Steuerhaushalte in Deutschland. Bei 2,28% der Haushalte des vervielfältigten Datensatzes waren allerdings keine verwertbaren Angaben zum GBE enthalten. Diese wurden von der weiteren Untersuchung ausgeschlossen. Es verblieben somit 21.864.412 Haushalte im Datensatz. Davon entstammen 625.462 Haushalte der Totalerhebung (GBE ≥ 200.000 DM). Dies entspricht einem Anteil von 2,86%.

3.2 Anonymisierung der Daten

Aufgrund des hohen Informationsgehalts der Daten verlangt das Gesetz eine Anonymisierung. Damit sollen datenschutzrechtliche Vorschriften erfüllt werden. Da die formale Anonymisierung, d.h. das Entfernen des Namens und der Adresse, nicht ausreicht, um eine Identifikation des Steuerhaushalts auszuschließen, waren weitere Maßnahmen notwendig. Das Bundesamt hat deshalb die Daten in fünf Anonymisierungsbereiche eingeteilt, welche das Ausmaß der vorzunehmenden Datenlöschung festlegen. In den unteren drei Bereichen handelt es sich um für die Zwecke dieser Studie schadlose Anonymisierungsmaßnahmen. Beobachtungen, welche in die oberen zwei Bereiche fielen, wurden jedoch so stark anonymisiert, dass sie für die weitere Analyse nicht mehr nutzbar waren. Beispielsweise wurden hier alle Angaben zu den geleisteten Spenden, die auf der Steuererklärung deklariert wurden, gelöscht.

Entscheidendes Kriterium für die Einteilung einer Beobachtung in einen der fünf Anonymisierungsbereiche war, bis auf wenige Ausnahmen, der jeweilige Wert des GBE. Je höher dieser ausfiel, umso größer wurde das Identifikationsrisiko des Steuerhaushalts eingeschätzt. Die Grenzwerte, die über die konkrete Einordnung in einen Bereich entschieden, ergaben sich aus der Verteilung des GBE über die Steuerhaushalte.

Die beiden höchsten Anonymisierungsbereiche betrafen die Steuerhaushalte mit dem höchsten GBE. Der Grenzwert des GBE für die genannte Gruppe lag bei 1.897.513 DM. Bei diesen Spitzenverdienern liegen abgesehen vom GBE keine detaillierten Angaben über Spenden und andere Haushaltsmerkmale vor. Allerdings verfügen diese Steuerhaushalte über 5,5% des aggregierten GBE und tragen knapp 10% zum gesamten Einkommensteueraufkommen bei[15]. Eigene Hochrechnungen deuten zudem darauf hin, dass diese wenigen Haushalte deutlich mehr als 10% zum gesamten Spendenaufkommen beigetragen haben.

Neben den Spitzenverdienern kam es noch bei einigen anderen Haushalten zu einer solchen Anonymisierung. Insgesamt waren 33.150 der verbliebenen Steuerhaushalte (das sind 0,0015%) von dieser Anonymisierung betroffen. Bei den statistischen Auswertungen, welche in Kapitel 4 vorgestellt werden, stellte diese Anonymisierung noch kein größeres Problem dar. Anders verhält es sich allerdings bei der ökonometrischen Analyse des Kapitels 6, denn für deren Zwecke sind die anonymisierten Haushalte wertlos.

3.3 Definition eines Spenders

Um den vermeintlich eindeutigen Begriff des Spenders hinreichend zu definieren, ist an dieser Stelle eine genauere Beschreibung des Datensatzes bezüglich der dort erfassten Spenden angebracht. Der Datensatz enthält insgesamt sieben Spendenmerkmale.

Die ersten vier Merkmale erfassen die vom Steuerhaushalt in der Steuererklärung als Sonderausgaben geltend gemachten Spenden. Die Anzahl der Merkmale ergibt sich aus den verschiedenen Spendenzwecken. Im ersten Merkmal sind die Spenden für wissenschaftliche, mildtätige und als besonders förderungswürdig anerkannte kulturelle Zwecke zusammengefasst. Das zweite Merkmal umfasst die Spenden für kirchliche, religiöse und als besonders förde-

---

[15] Vgl. Merz et al. (2004), S. 1084, Tabelle 1.

rungswürdige gemeinnützige Zwecke[16]. Die Spenden für politische Zwecke bilden das dritte Merkmal und die Spenden zur Unterstützung von Wählervereinigungen das vierte Merkmal.

Die Angaben zu den drei weiteren Merkmalen werden vom Finanzamt hinzugefügt. Sie widmen sich den Auswirkungen dieser angegebenen Spenden. Eines der Merkmale enthält die tatsächlich als abzugsfähige Sonderausgabe nach § 10b EStG anerkannten Spenden. Die verbleibenden zwei Merkmale erfassen jeweils die Steuerermäßigungen nach § 34g Abs. 1 Nr. 1 bzw. Nr. 2 EStG. Diese Steuerermäßigungen ergeben sich aus den Merkmalen bezüglich geltend gemachter Spenden für politische Zwecke bzw. für Wählervereinigungen.

Solche Steuerermäßigungen werden gewährt für Spenden und Mitgliedsbeiträge an politische Parteien bzw. unabhängige Wählervereinigungen. Danach können Ledige für Zuwendungen von bis zu 3.000 DM[17] an unabhängige Wählervereinigungen und weitere 3.000 DM an politische Parteien eine Steuerermäßigung erhalten. Für zusammenveranlagte Ehegatten verdoppeln sich die entsprechenden Höchstbeträge. Die Steuerermäßigung liegt unabhängig von den individuellen Steuersätzen bei 50% und wird deswegen als tarifunabhängig bezeichnet. Es kommt hier also genau jenes Anreizsystem zum Einsatz, welches in Kapitel 2 als zentrales Element des Reformsystems genannt wurde.

Erst wenn die Zuwendungen an politische Parteien den Höchstbetrag von 3.000 DM (bzw. 6.000 DM bei zusammenveranlagten Ehegatten) übersteigen, kann der darüber hinausgehende Betrag als abzugsfähige Sonderausgabe (nach § 10b Abs. 2 EStG) geltend gemacht werden. Der Höchstbetrag liegt auch hier bei 3.000 DM für Ledige bzw. 6.000 DM für zusammenveranlagte Ehegatten. Dieser zusätzliche tarifabhängige Abzug nach § 10b EStG ist also nur bei Zuwendungen an politische Parteien möglich.

Insgesamt kann somit ein Lediger 9.000 DM als Zuwendung an politische Parteien und Wählervereinigungen geltend machen – 3.000 DM als Spende an politische Parteien nach § 34g Nr. 1 (führt zu 1.500 DM Steuerermäßigung), weitere 3.000 DM als Zuwendung an unabhängige Wählervereinigungen nach § 34g Nr. 2 (führt nochmals zu 1.500 DM Steuerermäßigung) sowie nochmals 3.000 DM als Zuwendung an politische Parteien nach § 10b Abs. 2 EStG (führt zu einer Verringerung der Bemessungsgrundlage um 3.000 DM). Für zusammenveranlagte Ehegatten ergeben sich entsprechend 18.000 DM. Die Steuerhaushalte besitzen allerdings kein Wahlrecht. Es muss zunächst die tarifunabhängige Steuerermäßigung ausgeschöpft werden.

---

[16] Der Datenkatalog zu FAST 98 beschreibt diese zwei Merkmale in ungenauer Weise. Eine Rückfrage beim Statistischen Bundesamt bestätigte jedoch die hier vorgestellte Merkmalsbeschreibung.

[17] Die gesetzlich verankerten Höchstbeträge ändern sich im Zeitablauf und sind in der jeweils aktuellen Fassung des Einkommensteuergesetzes nachzulesen. Die oben angegebenen Werte beziehen sich auf das Jahr 1998.

Da politische Spenden sich sowohl in der ihnen gewährten Förderung, als auch gelegentlich in der öffentlichen Wahrnehmung bezüglich ihrer Gemeinnützigkeit von den „herkömmlichen" Spenden unterscheiden, sind sie von den weiteren Betrachtungen ausgeschlossen. Um die Konsistenz dieser Entscheidung zu wahren, gilt dies auch für jenen, die Höchstbeträge aus § 34g überschreitenden, Teil, der eigentlich als Sonderausgabe nach § 10b abzugsfähig wäre. Die in der empirischen Untersuchung verwendete individuelle Spende entspricht folglich der Summe aus den ersten zwei der sieben beschriebenen Spendenmerkmale, also der Summe aus Spenden für wissenschaftliche, mildtätige, religiöse, kirchliche und als besonders förderungswürdig anerkannte kulturelle oder gemeinnützige Zwecke. Fällt diese Summe größer als Null aus, handelt es sich um einen Spender[18].

4 Spendenstruktur in Deutschland

4.1 Grundstruktur der Spender

Ein Spender ist in dieser Studie ein Haushalt, der 1998 eine Spende für wissenschaftliche, mildtätige, religiöse, kirchliche oder als besonders förderungswürdig anerkannte kulturelle oder gemeinnützige Zwecke geltend gemacht hat (siehe Abschnitt 3.3). Wie hoch ist der Anteil der Spender unter den insgesamt erfassten Haushalten? Für die Beantwortung dieser Frage mussten zunächst 19.413 der insgesamt 2.867.337 Haushalte der Stichprobe ausgeschlossen werden, da für sie keine hinreichenden Angaben zur Spende vorlagen (siehe Abschnitt 3.2). Das sind im Wesentlichen die Haushalte mit einem GBE von mindestens 1.897.513 DM.

Ferner wurde zuvor erläutert (Abschnitt 3.1), dass der verwendete Datensatz in zwei Teile zerlegt werden kann. Der erste Teil des Datensatzes umfasst die *10%-Stichprobe* der Steuerhaushalte mit einem GBE unter 200.000 DM. Unter den 2.122.125 Haushalten dieses Teils des Datensatzes finden sich 584.689 Spender. Es ergibt sich ein Spenderanteil von 27,55%. Den zweiten Teil bildet die *Totalerhebung*, welche sämtliche Haushalte mit einem GBE von mindestens 200.000 DM umfasst, wobei nun aber die Haushalte mit einem GBE von mindestens 1.897.513 DM nicht länger enthalten sind. Von den 610.004 Haushalten dieses zweiten Teils des Datensatzes haben 423.401 eine Spende geleistet. Dies entspricht einem Anteil von 69,41% (siehe Abbildung 4.1).

Um eine für Deutschland repräsentative Abschätzung des Spenderanteils zu erhalten, muss man bei der 10%-Stichprobe die Zahl der Haushalte und auch

---

[18] Berücksichtigt man den zuvor ausgeschlossenen, nach § 10b abzugsfähigen Teil einer politischen Spende erhöht sich die Spenderzahl sehr geringfügig. Ebenso verändern sich die im weiteren Verlauf präsentierten Ergebnisse praktisch nicht, wenn dieser spezielle Teil einer politischen Spende Berücksichtigung findet.

die Zahl der Spender mit dem Faktor zehn multiplizieren. Es ergeben sich auf diesem Wege 21.221.250 Haushalte. Von diesen Haushalten sind 5.846.890 Spender. Der Anteil der Spenderhaushalte innerhalb dieser Gruppe bleibt natürlich unverändert bei 27,55%. Die Vervielfältigung ist allein notwendig, um für Deutschland einen repräsentativen Anteilswert berechnen zu können, wobei Deutschland hier verstanden wird als der Zusammenschluss aus der zehnfach vervielfältigten 10%-Stichprobe (GBE < 200.000 DM) zuzüglich der Totalerhebung (200.000 DM $\leq$ GBE < 1.897.513 DM).

Addiert man zu den 21.221.250 Haushalten der vervielfältigten 10%-Stichprobe die 610.004 Haushalte der Totalerhebung, so ergeben sich insgesamt 21.831.254 betrachtete Haushalte. Die Gesamtzahl der Spender ergibt sich aus der Summe der 5.846.890 Spender der vervielfältigen 10%-Stichprobe und den 423.401 Spendern der Totalerhebung. Diese Gesamtzahl beträgt 6.270.291. In Beziehung gesetzt zu den 21.831.254 betrachteten Haushalten erhält man für Deutschland einen hochgerechneten Spenderanteil in Höhe von 28,72%. Auch dieser Wert ist in Abbildung 4.1 wiedergegeben.

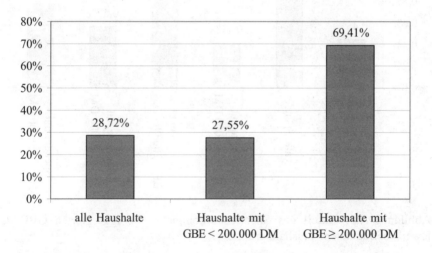

Abbildung 4.1: Anteil der Spender an der jeweils betrachteten Haushaltsgruppe.

Die in der empirischen Analyse verwendeten Haushalte verfügen insgesamt über einen GBE von 542,3 Mrd. €, wobei auch hier wieder berücksichtigt wurde, dass der GBE der 10%-Stichprobe mit zehn zu multiplizieren ist. Insgesamt leisten diese Haushalte Spenden in Höhe von knapp 2,414 Mrd. €, was einem Anteil von 0,45% des GBE entspricht (siehe Abbildung 4.2). Betrachtet man nur die Spender, verringert sich der aggregierte GBE auf knapp 255,1 Mrd. €. Der Anteil der Spenden beläuft sich nun auf 0,95%.

Interessant ist auch hier wieder eine separate Betrachtung der beiden Teile des Datensatzes. Für die 10%-Stichprobe ergibt sich ein hochgerechneter aggregierter GBE von 431,7 Mrd. €. Das hochgerechnete Spendenaufkommen erreicht 1,79 Mrd. €, woraus sich ein Spendenanteil von 0,41% ergibt. Die Spender in dieser Gruppe verfügen über einen aggregierten GBE von 175,5 Mrd. €, d.h. sie spenden im Aggregat 1,02% ihres GBE. Betrachtet man hingegen die Totalerhebung (200.000 DM ≤ GBE < 1.897.513 DM), so liegt der aggregierte GBE bei 110,6 Mrd. €, während sich die aggregierten Spenden auf 628 Mio. € belaufen. Daraus resultiert ein Spendenanteil von 0,57%. Bei ausschließlicher Betrachtung der Spender gelangt man zu einem aggregierten GBE von 79,6 Mrd. €, was zu einem Spendenanteil von 0,79% führt. Abbildung 4.2 liefert einen übersichtlichen Vergleich der genannten Anteilswerte.

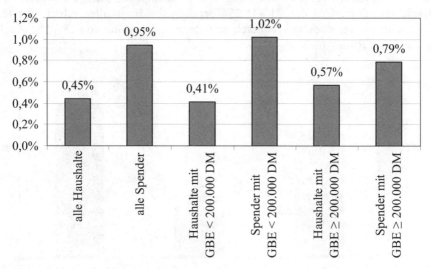

Abbildung 4.2: Anteil des Spendenaufkommens am aggregierten GBE der jeweils betrachteten Haushaltsgruppe.

Abbildung 4.1 legte nahe, dass die Spendenfreudigkeit unter den Beziehern hoher Einkommen deutlich ausgeprägter ist als unter Beziehern geringerer Einkommen. Über zwei Drittel der Haushalte der Totalerhebung leisten eine Spende, während unterhalb eines GBE von 200.000 DM nur etwa jeder Vierte spendet. Abbildung 4.2 zeigt allerdings, dass die Spender mit einem GBE von weniger als 200.000 DM einen höheren Anteil ihres GBE spenden, als dies bei Spendern mit einem GBE von mehr als 200.000 DM der Fall ist (1,02% gegenüber 0,79%). Folglich ist der Unterschied in den Anteilen, der sich bei Berücksichtigung aller Beobachtungen der jeweiligen Gruppe ergibt (0,41% gegenüber 0,57%), einzig und allein auf den deutlich höheren Anteil an

Nichtspendern in der Gruppe der Haushalte mit einem GBE von weniger als 200.000 DM zurückzuführen.

Im folgenden Abschnitt wird eine aus statistischer Sicht umfassendere Darstellung der Spendenstruktur gegeben. Zentrales Hilfsmittel ist dabei das Konzept der so genannten Lorenzkurve.

4.2 Spendenstruktur und Lorenzkurven

In einer Sozialen Marktwirtschaft wird mit Hilfe von Steuern versucht, die Verteilung der Einkommen gleichmäßiger zu gestalten, als sie es im Ergebnis eines reinen Marktprozesses wäre. Das verbleibende Ausmaß an Ungleichverteilung in den Einkommen wird je nach sozialpolitischem Standpunkt als vertretbar oder als vollkommen inakzeptabel angesehen. Ferner hat sich dieses Ausmaß über die Jahre verändert. Um solche Veränderungen genauer untersuchen zu können, muss jedoch zunächst geklärt werden, wie das Ausmaß der Ungleichverteilung gemessen werden kann. Ein weit verbreitetes grafisches Instrument ist die *Lorenzkurve*. Sie kann die Ungleichverteilung eines beliebigen statistischen Merkmals wie beispielsweise dem GBE grafisch veranschaulichen.

Zu diesem Zweck müssen die Merkmalsträger der Größe des Merkmals entsprechend gleichmäßig hintereinander geordnet werden, d.h. der Haushalt mit dem kleinsten GBE nimmt den ersten Platz in dieser Reihung ein (also die ganz linke Position) und der Haushalt mit dem höchsten GBE den letzten (die ganz rechte Position). Betrachtet man den Haushalt, der genau in der Mitte dieser Reihung ist, so weiß man, dass er die Gesamtgruppe der Haushalte in zwei Hälften teilt, wobei die einkommensschwächeren Haushalte links vom ihm und die einkommensstärkeren Haushalte rechts von ihm positioniert sind. Diese aufgereihten Haushalte bilden die horizontale Achse (Abszisse) einer Grafik. Als Achsenbeschriftung dienen die kumulierten Anteile an der Gesamtheit der Haushalte. Die Werteskala beginnt zwangsläufig bei 0 und endet bei 1. Genau in der Mitte der Achse liegt der Wert 0,5 (siehe Abbildung 4.3).

Beispielsweise lässt sich für die 25% aller Haushalte mit dem geringsten GBE ihr Beitrag zum gesamten GBE ermitteln. Wenn dieser Beitrag 5% beträgt, so hat man an der Abszissenposition 0,25 einen Punkt auf Höhe 0,05 einzutragen. Als Achsenbeschriftung der vertikalen Achse (Ordinate) benutzt man deshalb den jeweiligen Anteil am aggregierten GBE (hier 5% = 0,05). Die Werteskala reicht auch bei der Ordinate zwangsläufig von 0 bis 1. Für jede mögliche Abszissenposition kann der jeweilige Anteil am aggregierten GBE ermittelt und eingezeichnet werden. Die Gesamtheit dieser Punkte bildet die Lorenzkurve.

Als Datengrundlage konnten hier immerhin 2.749.357 der ursprünglich 2.867.337 Haushalte herangezogen werden, denn die Anonymisierung erstreckte sich nicht auf den GBE eines Haushalts. Verzehnfacht man von den Haushalten des verwendeten Datensatzes wieder diejenigen, die lediglich als 10%-Stichprobe enthalten sind, dann erhält man jene 21.864.412 Haushalte von denen in Abschnitt 3.1 die Rede war. Die resultierende Lorenzkurve des GBE nimmt die in Abbildung 4.3 wiedergegebene gekrümmte Form an. Man kann der Kurve beispielsweise entnehmen, dass die unteren 50% der Haushalte über 11,6% des aggregierten GBE verfügen. Die unteren 90% besitzen immerhin 53,4% des gesamten GBE. Das heißt im Umkehrschluss, dass die reichsten 10% der Steuerhaushalte 46,6% des gesamten GBE auf sich vereinen.

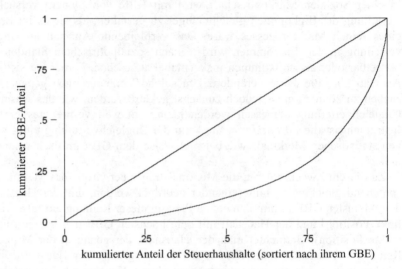

Abbildung 4.3.: Lorenzkurve der GBE-Verteilung

Die eingezeichnete Diagonale repräsentiert den hypothetischen Fall der vollkommenen Gleichverteilung. Dies wäre der höchstmögliche Verlauf der Lorenzkurve. Je stärker die Lorenzkurve „durchhängt", umso größer ist die Ungleichverteilung des betrachteten Merkmals, also in diesem Fall des GBE.

Es ist verlockend, Abbildung 4.3 als ein Abbild der Einkommensverteilung in Deutschland zu interpretieren. Dieser Verlockung sollte man aus mindestens zwei Gründen widerstehen. Zum einen ist das hier betrachtete Merkmal der GBE. Die eingezeichnete Lorenzkurve zeigt also eine Verteilung der Bruttoeinkommen und nicht die Verteilung der tatsächlich verfügbaren Nettoeinkommen. Zum anderen bezieht sich das GBE auf den Merkmalsträger Steuerhaushalte. Dabei blieb vollkommen unberücksichtigt, wie viel Personen in diesem Haushalt leben. Eine Studie, welche sich auf einen vergleichbaren Datensatz des Jahres 1995 stützt, aber speziell der Einkommensverteilung gewidmet ist, wurde von Merz (2001) vorgelegt.

Der Hauptzweck der Abbildung 4.3 bestand darin, das Konzept einer Lorenzkurve zu veranschaulichen. Dieses Konzept lässt sich nämlich auch für die Visualisierung der Verteilung der Spenden heranziehen. Die 21.864.412 Haushalte werden in diesem Fall nach der Höhe ihrer Spenden angeordnet. Die Nichtspender erscheinen ganz links und der Haushalt mit der höchsten Spende ganz rechts. Bei der Lorenzkurve der Spenden bietet sich das in Abbildung 4.4 wiedergegebene Bild.

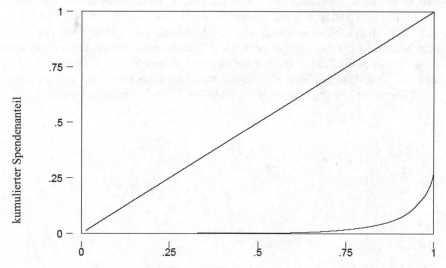

kumulierter Anteil der Steuerhaushalte (sortiert nach ihren Spenden)

Abbildung 4.4: Lorenzkurve der Spendenverteilung.

Die grafisch deutlich sichtbare größere Ungleichverteilung im Vergleich zu den Einkommen ist vor allem auf die große Zahl an Nichtspendern zurückzuführen. Ihr Anteil beträgt 71,2%. Dies führt dazu, dass die unteren 80% gerade einmal 1,5% der gesamten Spenden leisten. Außerdem gibt es einige wenige Haushalte mit sehr großen Spenden. Diese Konzentration des Spendenaufkommens auf relativ wenige Spender, wird unter anderem dadurch belegt, dass die 10% spendenfreudigsten Haushalte immerhin 93,4% des gesamten Spendenaufkommens tragen.

Man kann diese starke Konzentration auch durch einen Index ausdrücken – den so genannten *Gini-Koeffizienten*. Dieser Koeffizient ist der Anteil der Fläche zwischen der Gerade der Gleichverteilung und der Lorenzkurve an der insgesamt unter der Gerade der Gleichverteilung vorhandenen Fläche – diese beträgt automatisch 0,5, da das Rechteck die Fläche 1·1=1 besitzt. Bei Gleichverteilung wird der Anteil Null, denn die Gerade der Gleichverteilung und die Lorenzkurve verlaufen deckungsgleich, schließen also keine Fläche ein. Bei höchstmöglicher Konzentration (ein einziger Haushalt besitzt alles Einkommen oder leistet alle Spenden) beträgt der Anteil genau Eins, denn die von der Geraden der Gleichverteilung und der Lorenzkurve eingeschlossene Fläche entspricht genau der Fläche unter der Geraden der Gleichverteilung. Je größer der Gini-Koeffizient ausfällt, umso stärker ist die Konzentration bzw. die Ungleichverteilung. Die GBE-Verteilung besitzt einen Gini-Koeffizienten von 0,613, die Spendenverteilung hingegen einen Gini-Koeffizienten von 0,958.

Es besteht außerdem die Möglichkeit, die Merkmalsträger nach einem Merkmal zu sortieren, welches nicht jenem entspricht, dessen kumulierter Anteil auf der Ordinate abgetragen wird. Aufschlussreich war eine Sortierung der Haushalte nach dem GBE (also genau wie in Abbildung 4.3), während auf der Ordinate weiterhin der kumulierte Anteil am Spendenaufkommen angegeben wird (also wie in Abbildung 4.4). Anhand der so konstruierten „Lorenzkurve" lässt sich die Ungleichverteilung des Spendenaufkommens bezüglich des Einkommens darstellen. Es ergibt sich der in Abbildung 4.5 dargestellte Verlauf.

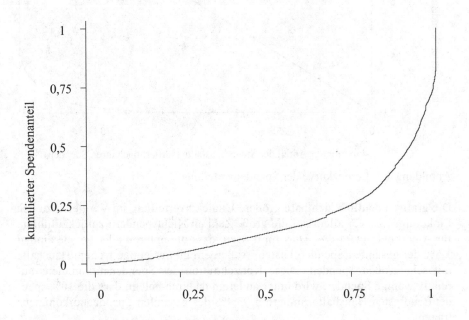

kumulierter Anteil der Steuerhaushalte (sortiert nach ihrem GBE)

Abbildung 4.5: Modifizierte Lorenzkurve der Spendenverteilung (Haushalte nach GBE sortiert).

Die grafische Darstellung bestätigt die üblichen Vermutungen, dass die höheren Einkommen deutlich mehr zum Spendenaufkommen beitragen. Die einkommensschwächere Hälfte aller Steuerhaushalte stellt lediglich 12,4% des Spendenaufkommens bereit. Das reichste Zehntel trägt hingegen 55,9% bei. Abbildung 4.5 steht mit Abbildung 4.1 im Einklang, bringen beide doch die Dominanz der hohen Einkommen beim Spenden zum Ausdruck.

Der folgende Abschnitt widmet sich einem Aspekt, der bislang unerwähnt blieb. Es handelt sich um die gesetzlich festgelegten Höchstgrenzen des Spendenabzugs.

4.3 Höchstgrenzen des Spendenabzugs

Laut EStG ist jede Spende zugunsten der gesetzlich festgeschriebenen Zwecke in Höhe von maximal 5% des GBE abzugsfähig. Allerdings gilt bei Spenden zugunsten wissenschaftlicher, mildtätiger oder als besonders förderungswürdig anerkannter kultureller Zwecke ein Höchstsatz von 10%. Das bedeutet jedoch nicht, dass man durch geschickte Wahl der begünstigten Zwecke insgesamt 15% des persönlichen GBE als abzugsfähige Spende geltend machen kann. Erreicht man mit seinen Spenden die generelle Grenze von 5% des GBE, kann man den abzugsfähigen Betrag mit Hilfe von Spenden zugunsten der genannten Zwecke auf *insgesamt* 10% des GBE aufstocken.

Ein Beispiel mag die Grundmechanik veranschaulichen. Ein Haushalt mit einem GBE von 50.000 € hat als 5%-Höchstgrenze 2.500 € und als 10%-Höchstgrenze 5.000 €. Wenn dieser Haushalt 4.000 € an Zwecke mit 5%-Höchstgrenze spendet, dann kann er nur 2.500 € davon steuerlich geltend machen. Leistet der Haushalt zusätzlich noch eine Spende von 2.000 € an Zwecke mit 10%-Höchstgrenze, so kann er diese vollständig geltend machen. Insgesamt kann der Haushalt also 4.500 € seiner Spenden in Höhe von 6.000 € steuerlich fördern lassen. Das 10%-Limit (5.000 €) kann er aufgrund des zu geringen Anteils der Spende, welche an Zwecke mit 10%-Höchstgrenze geleistet wurde, nicht voll ausschöpfen. Hätte es sich genau umgekehrt verhalten, also 2.000 € wurden für Zwecke mit 5%-Höchstgrenze und 4.000 € für Zwecke mit 10%-Höchstgrenze gespendet, dann wäre das steuerlich absetzbare Limit von 5.000 € voll ausgeschöpft worden.

Die folgenden Auswertungen beziehen sich weiterhin auf die 21.831.254 betrachteten Haushalte. Dabei wurde die 10%-Stichprobe wie gewohnt zehnfach gewichtet, so dass sie im Verbund mit den Spendern der Totalerhebung ein repräsentatives Bild der Wirklichkeit vermittelt. Wie zuvor bereits erwähnt, ergaben sich auf Basis dieses Ansatzes insgesamt 6.270.291 Spenderhaushalte.

Das gesamte Spendenaufkommen beträgt 2,414 Mrd. €. Das Aufkommen an Spenden, die lediglich zu höchstens 5% des GBE abzugsfähig sind, beläuft sich auf 1,648 Mrd. €. Dies ist mehr als das Doppelte des Spendenaufkommens zugunsten der mit höchstens 10% des GBE abzugsfähigen Spenden (766 Mio. €).

4.4 Auswirkungen der 5%-Höchstgrenze

Hier stehen allein die bis zu 5% des GBE abzugsfähigen Spenden im Mittelpunkt, also die Spenden zugunsten kirchlicher, religiöser und als besonders förderungswürdig anerkannter gemeinnütziger Zwecke. Von 1,648 Mrd. €, welche für diese Zwecke gespendet werden, stammen 1,373 Mrd. € von Haushalten, die ausschließlich für Zwecke mit 5%-Höchstgrenze spenden. Die restlichen 275 Mio. € werden von Haushalten beigetragen, die auch für Zwecke mit 10%-Höchstgrenze spenden.

323.969 Haushalte (das entspricht einem Anteil von 1,5% an der Gesamtzahl der Haushalte) überschreiten mit ihrer Spende zugunsten der genannten Zwecke den Höchstbetrag von 5% des GBE. Davon befinden sich 3.129 in der Totalerhebung und 320.840 in der vervielfältigten 10%-Stichprobe. Die daraus resultierenden Anteile sind in Abbildung C.1 des Anhangs C dokumentiert. Obwohl es sich um eine kleine Gruppe handelt, beläuft sich ihr Spendenaufkommen für Zwecke mit 5%-Höchstgrenze auf 602,8 Mio. €, was einem Anteil von 25,0% am gesamten Spendenaufkommen[19] bzw. 13,7% an ihrem aggregierten GBE entspricht.

9.454 Haushalte überschreiten mit ihrer Spende sogar den eigenen GBE, davon 14 aus der Totalerhebung und 9.440 aus der vervielfältigten 10%-Stichprobe. Diese außergewöhnlichen Spender seien im Folgenden als *XXL-Spender* bezeichnet. Widmet man sich ausschließlich diesen XXL-Spendern, stellt man fest, dass sie mit einem aggregierten GBE von 27,6 Mio. € über einen verschwindenden Anteil am gesamten GBE verfügen, aber mit ihren gespendeten 141,5 Mio. € (nur Zwecke mit 5%-Höchstgrenze) 5,9% zum gesamten Spendenaufkommen beitragen.

Die verbleibenden 314.515 Haushalte, deren Spende den Höchstbetrag, nicht jedoch ihren GBE überschreitet, werden hier als *M-Spender* bezeichnet. Von *S-Spendern* wird hier gesprochen, wenn ihre Spende den Höchstbetrag von 5% des GBE nicht überschreitet. Die *M-Spender* besitzen 0,81% des gesamten GBE, tragen aber mit ihren Spenden zugunsten der Zwecke mit 5%-Höchstgrenze 19,1% des gesamten Spendenaufkommens. Ihr durchschnittlicher gespendeter Anteil am GBE erreicht 10,52%.

Die Zahl der S-Spender beträgt 4.636.385. Ihre zahlenmäßige Dominanz relativiert sich allerdings, wenn man den Anteil der S-Spender am gesamten Spendenaufkommen betrachtet. Er liegt bei 43,3%.

Tabelle 4.1 listet die genannten Spendergruppen noch einmal auf. Die Spendenanteile summieren sich dort nicht zu 100%, denn das gesamte Spendenaufkommen umfasst auch jene Spenden, welche bis zu einem Höchstbetrag von 10% des GBE absetzbar sind.

---

[19] Das gesamte Spendenaufkommen umfasst nach wie vor Spenden, die der 5%-igen Höchstgrenze unterliegen zuzüglich der Spenden, die der 10%-igen Höchstgrenze unterliegen, also 2,414 Mrd. €.

Spendergruppe	Definition	Anzahl	Spendenanteil
XXL-Spender	Spende > GBE	9.454	5,9
M-Spender	5% des GBE < Spende ≤ GBE	314.515	19,1
S-Spender	Spende ≤ 5% des GBE	4.636.385	43,3
	gesamt:	4.960.354	68,3

Tabelle 4.1: Klassifizierung der Spender, die für Zwecke spenden, welche einen Abzug von bis zu 5% des GBE erlauben (Spendenanteil berechnet sich als Relation aus den Spenden für Zwecke mit 5%-Höchstgrenze und dem gesamten Spendenaufkommen).

Da der Höchstbetrag auch als Restriktion bei der Spendenbereitschaft wirken kann, stellt sich die Frage, wie stark die Auswirkung dieser Restriktion auf das Spendenverhalten ist. Dazu werden diejenigen Spender betrachtet, die mit ihrer Spende an den Höchstbetrag heranreichen oder nur wenig darunter bleiben. Es wurde ein Korridor von 4% bis 5% des GBE (jeweils einschließlich der genannten Werte) gewählt, in den die Spende fallen musste, um dieser Gruppe anzugehören. Zusätzlich musste die Spende auch den Pauschbetrag übersteigen. 88.649 Haushalte tätigen Spenden, welche beide Bedingungen erfüllen. Davon befinden sich lediglich 2.179 in der Totalerhebung, aber 86.470 in der vervielfältigten 10%-Stichprobe. Bei einem aggregierten GBE von knapp 2,032 Mrd. € und einer aggregierten Spende von 90,7 Mio. € ergibt sich ein durchschnittlicher Anteil der Spenden am GBE von 4,5%. Der Anteil der Spenden am gesamten Spendenaufkommen beläuft sich auf immerhin 3,8%.

Eine durchaus signifikante Anzahl an Spendern, die den Höchstbetrag nicht überschreitet, aber dennoch einen überproportional großen Beitrag leistet, scheint also durch den Höchstbetrag von weiteren Spenden abgehalten zu werden. Diese Aussage mag nicht für alle Spender zutreffen, deren Spende knapp unter 5% des GBE liegt, aber dass sie für keinen der betroffenen Spender gilt, ist mindestens ebenso unplausibel.

Es wurden bislang die Ergebnisse in Bezug auf die mit maximal 5% des GBE abzugsfähigen Spenden vorgestellt. Somit verbleiben die bis zu 10% des GBE abzugsfähigen Spenden, also die Spenden zugunsten wissenschaftlicher, mildtätiger oder als besonders förderungswürdig anerkannter kultureller Zwecke, die einer entsprechenden Analyse unterzogen werden müssen.

4.5 Auswirkungen der 10%-Höchstgrenze

In diesem Abschnitt werden die 1.812.298 Haushalte betrachtet, die für Zwecke mit 10%-Höchstgrenze gespendet haben. Etwa jeder vierte dieser Haushalte hat gleichzeitig für Zwecke mit 5%-Höchstgrenze gespendet. Diese Haushalte gingen bereits in die Analyse des vorangegangenen Abschnitts ein. Sie müssen aber auch hier wieder ausgewertet werden, denn auch für diese Haushalte kann die 10%-Höchstgrenze wirksam geworden sein[20]. Um dies zu untersuchen, muss man ihre Spenden für Zwecke mit 5%-Höchstgrenzen und 10%-Höchstgrenze gemeinsam berücksichtigen. Mit ihren Gesamtspenden decken sie 26,7% des gesamten Spendenaufkommens ab. Die Spenden der 1.310.501 Haushalte, welche einzig für Zwecke mit 10%-Höchstgrenze spenden, machen 16,4% des gesamten Spendenaufkommens aus.

Lediglich 47.074 Haushalte leisten eine Spende, die den erweiterten Höchstbetrag von bis zu 10% des GBE überschreitet. Davon befinden sich 814 in der Totalerhebung und 46.240 in der vervielfältigten 10%-Stichprobe. Die resultierenden Anteile sind in Abbildung C.2 des Anhangs C dokumentiert. Das Spendenaufkommen der 47.074 Haushalte für Zwecke mit 10%-Höchstgrenze beläuft sich auf 408,8 Mio. €, was einem Anteil von 16,9% am gesamten Spendenaufkommen entspricht. Da sie nur über einen GBE von 669,9 Mio. € verfügen, scheinen auch in dieser Gruppe XXL-Spender zu existieren.

Genauere Auswertungen zeigen, dass es sich dabei um 2.866 XXL-Spender handelt. Davon befinden sich 86 in der Totalerhebung und 2.780 in der vervielfältigten 10%-Stichprobe. Sie verfügen über einen aggregierten GBE von 39,7 Mio. €, was wiederum einem verschwindenden Anteil am gesamten GBE entspricht. Mit ihren für Zwecke mit 10%-Höchstgrenze geleisteten Spenden von 295,1 Mio. € decken sie aber 12,2% des gesamten Spendenaufkommens ab.

Die verbleibenden Beobachtungen wurden im Zusammenhang mit den bis zu 5% des GBE abzugsfähigen Spenden als M-Spender klassifiziert. Die steuergesetzlichen Absetzungsregelungen im Zusammenhang mit den bis zu 10% des GBE abzugsfähigen Spenden machen es aber notwendig, diese Gruppe in drei Untergruppen zu untergliedern. Unter den betroffenen 37.561 Haushalten befinden sich 651, deren Spende den Wert von 25.565 € (50.000 DM) erreicht oder überschreitet ohne den eigenen GBE zu überschreiten. Es besteht bei Spenden ab 50.000 DM die steuerrechtliche Möglichkeit, dass es sich um eine so genannte *Großspende* handelt. Großspenden im Sinne des Gesetzes sind Einzelzuwendungen, die nicht kleiner als 50.000 DM ausfallen. Da in diesen Größenordnungen die Gefahr des Überschreitens der Höchstbeträge besteht,

---

[20] Bei der 10%-Höchstgrenze handelt es sich in Wirklichkeit um eine variable Höchstgrenze, welche vom Umfang der Spenden für „5%-Zwecke" abhängt. Hat ein Spender ausschließlich Spenden zugunsten der „10%-Zwecke" geleistet, dann beläuft sich der Höchstbetrag tatsächlich auf 10% des GBE. Hat er jedoch bereits zugunsten von „5%-Zwecken" gespendet, so kann der tatsächliche Höchstbetrag bis auf ein Niveau von 5% absinken.

räumt das Gesetz nur für diese Großspenden die Möglichkeit des Vor- und Rücktrags der Spenden ein. Die Spende kann in ihrer steuerlichen Behandlung auf sieben Jahre verteilt werden. Sie ist somit anteilig im Rahmen der Höchstbeträge im jeweiligen Veranlagungszeitraum abzugsfähig. Voraussetzung ist allerdings, dass die Großspende einem wissenschaftlichen, mildtätigen oder als besonders förderungswürdig anerkannten kulturellen Zweck zugute kommt.

Bei den beschriebenen Großspendern kann man zwischen zwei weiteren Untergruppen unterscheiden, die hier als *XL-Spender* und *L-Spender* bezeichnet seien. Unterstellt man aus Vereinfachungsgründen, dass diese 651 Großspender im vergangenen Jahr und in den folgenden 5 Jahren über einen GBE derselben Höhe wie im aktuellen Jahr verfügen und sie in diesen Jahren keinerlei Spenden leisten, dann wäre die Großspende bis zu maximal 70% des vorliegenden GBE abzugsfähig[21]. Die XL-Spender sind jene 101 Haushalte, deren Spende 70% ihres GBE übersteigt, also nicht voll abzugsfähig ist. Die betroffenen 101 Haushalte erzeugen ein Spendenaufkommen von 11,3 Mio. €, d.h. sie tragen mit 83,4% ihres aggregierten GBE 0,5% zum gesamten Spendenaufkommen bei.

Die 550 L-Spender leisten Großspenden, die im Intervall von 10% bis 70% des GBE liegen, wobei sie einen Gesamtwert von 32,5 Mio. € erreichen. Dies entspricht einem Anteil von 1,3% am gesamten Spendenaufkommen. Dass sie durchschnittlich 26,2% ihres GBE spenden, deutet darauf hin, dass die erweiterten Abzugsmöglichkeiten keine Restriktion für sie darstellen.

Als letzte Gruppe der Spender, welche die Höchstgrenze überschreiten, verbleiben jene Steuerpflichtigen, deren Spende unter 50.000 DM, aber über 10% ihres GBE liegt. Diese 43.557 Spender werden hier als M-Spender bezeichnet. Sie erzeugen für Zwecke mit 10%-Höchstgrenze ein Spendenaufkommen von 70,0 Mio. €, das 2,9% des gesamten Spendenaufkommens und 14,2% ihres GBE ausmacht.

Die XXL-, XL-, L- und M-Spender sind alles Haushalte, welche mit ihrer Spende den abzugsfähigen Höchstbetrag überschreiten. S-Spender sind wie gehabt Spender, deren Spende unterhalb des Höchstbetrages liegt. Die 1.765.224 Haushalte dieser Kategorie leisten für Zwecke mit 10%-Höchstgrenze Spenden in Höhe von insgesamt 357,1 Mio €. Dies entspricht 14,8% am gesamten Spendenaufkommen. Unter den S-Spendern befinden sich auch 170 Großspender. Dies ist eine Erinnerung daran, dass die Einteilung der Spender immer in Bezug auf deren GBE erfolgte und nicht unmittelbar etwas über die Spendenhöhe aussagt. Tabelle 4.2 listet die genannten Gruppen nochmals im Überblick auf.

---

[21] Genau genommen handelt es sich um eine variable 70%-Höchstgrenze, die je nach Ausmaß der Spenden, die für Zwecke mit 5%-Höchstgrenze getätigt wurden, bis auf 65% absinken kann (siehe Fußnote 20).

Spender-gruppe	Definition	Anzahl	Spendenanteil
XXL-Spender	Spende > GBE	2.866	12,2
XL-Spender	Spende $\geq$ 50.000 DM und 70% des GBE[21] < Spende $\leq$ GBE	101	0,5
L-Spender	Spende $\geq$ 50.000 DM und 10% des GBE[20] < Spende $\leq$ 70% des GBE[21]	550	1,3
M-Spender	Spende < 50.000 DM und 10% des GBE[20] < Spende $\leq$ GBE	43.557	2,9
S-Spender	Spende $\leq$ 10% des GBE[20]	1.765.224	14,8
	gesamt:	1.812.298	31,7

Tabelle 4.2: Klassifizierung der Spender, die für Zwecke spenden, welche einen Abzug von bis zu 10% des GBE erlauben (Spendenanteil berechnet sich als Relation aus den Spenden für Zwecke mit 10%-Höchstgrenze und dem gesamten Spendenaufkommen).

Die Spendenanteile der Tabellen 4.1 und 4.2 addieren sich zu 100%. Es sei allerdings nochmals betont, dass viele Haushalte in beiden Tabellen enthalten sind. Beispielsweise könnten die sehr hohen für Zwecke mit 5%-Höchstgrenze geleisteten Spenden einen Haushalt in Bezug auf diese Spendenkategorie zu einem XXL-Spender machen, während die geringfügigen Spenden für Zwecke mit 10%-Höchstgrenze denselben Haushalt zu einem S-Spender in Bezug auf diesen zweiten Spendentyp machen.

Auch bei den Spenden für Zwecke mit 10%-Höchstgrenze wurde der Frage nachgegangen, wie stark die Auswirkung der Restriktion des Höchstbetrages auf das Spendenverhalten ist. Dazu wurden wiederum diejenigen Spender betrachtet, die mit ihrer Spende um nicht mehr als 1% unter ihrem Höchstbetrag bleiben. Dies trifft für 7.114 Beobachtungen zu, wovon 244 aus der Totalerhebung und 6.970 aus der vervielfältigten 10%-Stichprobe stammen. Ihr aggregierter GBE von 165,0 Mio. € führt bei einer aggregierten Spende (nur Zwecke mit 10%-Höchstgrenze) von 12,0 Mio. € zu einem durchschnittlichen Anteil der Spenden am GBE von 7,3%. Der Anteil Spenden am gesamten Spendenaufkommen fällt mit 0,77% gering aus. Somit besitzen diejenigen, die sich in ihrem Spendenverhalten von den Höchstbeträgen einschränken lassen, einen recht geringen Einfluss auf das gesamte Spendenaufkommen, noch dazu wo davon auszugehen ist, dass sich unter den 7.114 Haushalten 49 Großspender befinden, die ohnehin erweiterte Abzugsmöglichkeiten in Anspruch nehmen können.

Abschließend lässt sich also festhalten, dass sich im Kontext der Höchstgrenzenproblematik ein differenziertes Bild ergibt. Das Spendenaufkommen für Zwecke, die durch den Abzug eines Spendenbetrags von höchstens 5% des individuellen GBE gefördert werden, scheint durch diese Höchstgrenze künstlich beschränkt zu werden. Spendenzwecke, welche die erweiterten Abzugsmöglichkeiten (Großspende bzw. 10%-ige Höchstgrenze) nach sich ziehen, scheinen hingegen kaum von der Begrenzung betroffen. Indiz dafür war die Beobachtung, dass es einerseits kaum Individuen gibt, die sich knapp unterhalb der Grenze bewegen, also nur sehr wenige Spender die Grenze überhaupt erreichen, und andererseits Spender existieren, die sich von der Grenze nicht aufhalten lassen und weit darüber hinausgehen, wobei Letztere im Gegensatz zu den Erstgenannten einen beträchtlichen Teil zum Spendenaufkommen beitragen.

Der deskriptive Teil zur Spendenstruktur in Deutschland findet mit dieser Erkenntnis seinen Abschluss. Im folgenden Kapitel wird der Fokus auf die für die ökonometrische Analyse notwendigen Aufbereitungen und Transformationen der Daten gelenkt.

5 Datenaufbereitung

5.1 Relevante Variablen

Grundsätzlich liegt jeder ökonometrischen Schätzung die Annahme zugrunde, dass ein funktionaler Zusammenhang zwischen den verwendeten bzw. datentechnisch zur Verfügung stehenden Größen existiert. In der vorliegenden Studie wird eine Abhängigkeit der individuellen Spende (die erklärte Variable) vom Spendenpreis, dem Haushaltseinkommen und weiteren sozioökonomischen Größen, wie Alter oder Kinderzahl unterstellt (die erklärenden Variablen). Diese Abhängigkeit lässt sich folgendermaßen formalisieren:

(5.1) $$S_h = S_h(Y_h, P_h, z_{1h}, \ldots, z_{Kh})$$

Gleichung (5.1) besagt, dass die Spende eines Haushaltes h eindeutig durch sein Einkommen Y_h, seinen individuellen Spendenpreis P_h und K weitere Haushaltsmerkmale z_{kh} determiniert wird.

Eine wichtige Größe, welche ebenfalls die Spendentätigkeit beeinflusst, fehlt in Gleichung (5.1). Es handelt sich dabei um das Vermögen des Haushalts. Leider enthält die Datenquelle keine zuverlässigen Angaben zur Vermögenssituation des betreffenden Haushalts. Welche Konsequenzen sich aus dieser Datenlücke für die ökonometrische Schätzung ergeben, wird im Kapitel 6 eingehender erläutert.

Gleichung (5.1) gibt den Zusammenhang zwischen der Spendenhöhe und ihren erklärenden Variablen in sehr allgemeiner Form wieder. Sie sagt noch nichts darüber aus, ob ein höheres Einkommen zu einer höheren Spende führt und wie groß diese Erhöhung ausfallen würde. Welche genaue Auswirkung ergibt sich auf die Spendenhöhe, wenn der Spendenpreis um 10 Cent sinkt? Spendet jemand mit vielen Kindern mehr als jemand ohne Kinder? Um wie viel höher fällt seine Spende aus? Fragen dieser Art können mit Hilfe einer ökonometrischen Analyse beantwortet werden. Dies erfordert jedoch die Kenntnis der exakten Werte aller in der Beziehung (5.1) auftauchenden Variablen (S_h, Y_h, P_h, $z_{1h}, \ldots, z_{Kh}$), und zwar für jeden Haushalt.

Im nächsten Abschnitt wird erläutert, dass es aufgrund der Datenlage nicht für alle Haushalte möglich war, sämtliche Variablenwerte zu ermitteln. Deshalb konnte nur ein Teil der bislang im Datensatz verbliebenen Haushalte in die ökonometrische Analyse einfließen.

5.2 Weitere auszuschließende Steuerhaushalte

In die statistischen Auswertungen des Kapitels 4 gingen 2.749.357 Haushalte ein (21.864.412 Haushalte in der vervielfältigten Variante). Nicht alle diese Haushalte sind auch für die ökonometrischen Auswertungen geeignet. Es wurden zusätzlich solche Beobachtungen ausgeschlossen, bei denen Angaben fehlten, Erfassungsfehler auftraten oder die Steuerschuld nicht zuverlässig bestimmbar war. Da in jenen Fällen die Rolle der Spende und damit ihr Preis nicht klar waren, wurde auf derartige Steuerhaushalte gänzlich verzichtet. Darunter fielen unter anderem die in Abschnitt 3.2 besprochenen Spitzenverdiener-Haushalte, welche durch den hohen Grad der Anonymisierung nicht länger nutzbar waren.

Es verblieben 1.685.037 potenziell nutzbare Haushalte (ohne Vervielfältigung). Dies ist jedoch immer noch nicht die Anzahl der in der empirischen Arbeit letztlich verwendbaren Haushalte. Für die ökonometrischen Schätzungen mussten noch weitere Haushalte eliminiert werden, da auch bei ihnen die Höhe der Spende oder der Spendenpreis nicht zuverlässig bestimmbar waren.

Um diesen Ausschluss zu rechtfertigen, sollte man sich in Erinnerung rufen, dass der Steuerhaushalt in der Steuererklärung seine Sonderausgaben einzeln auflisten kann, damit sie dann von der Bemessungsgrundlage abgezogen werden. Zu den Posten, die in diese Kategorie fallen gehören beispielsweise Unterhaltsleistungen, Ausbildungs- und Weiterbildungskosten, Kirchensteuer und zusätzlich auch die geleisteten Spenden. Steuerhaushalte, welche ihre Sonderausgaben in dieser detaillierten Art geltend machen, werden in der englischsprachigen Literatur als *itemizer* bezeichnet[22].

Nicht jeder Steuerhaushalt schlüsselt seine Sonderausgaben in dieser Weise auf, da es auch den Sonderausgaben-Pauschbetrag gibt. Dieser Pauschbetrag belief sich 1998 auf 108 DM bzw. 216 DM für zusammenveranlagte Ehepaare. Steuerhaushalte, welche diesen Pauschbetrag in Anspruch nehmen, werden hier als „*Pauschbetragnutzer*" (engl.: *non-itemizer*) bezeichnet. Dazu gehören nicht nur diejenigen Haushalte, die nichts gespendet haben, sondern auch jene Spender, für welche die Inanspruchnahme des Pauschbetrags und der daraus resul-

---

[22] Dieser Begriff ist aus der englischen Formulierung „to itemize deductions" (seine Abzüge aufschlüsseln) abgeleitet.

tierende Abzug desselben die attraktivere Alternative darstellt, da ihre Spende kleiner als eben jene Pauschale ausfällt. Die Spendenhöhe der Pauschbetragnutzer ist demnach nicht bekannt. Diese Steuerhaushalte können deshalb nicht in die ökonometrische Analyse einfließen. Dies trifft auf 539.712 der bislang im Datensatz verbliebenen Haushalte zu.

Abschließend muss noch eine besondere Gruppe von Steuerhaushalten ausgeschlossen werden. Diese könnte man in Analogie zur bisherigen Terminologie als „*hypothetische Pauschbetragnutzer*" bezeichnen (engl.: *borderline-itemizer*). Es handelt sich dabei um *spendende* Steuerhaushalte, deren Sonderausgaben ohne ihre geleistete Spende unterhalb des Sonderausgaben-Pauschbetrags geblieben wären. Diese Haushalte wären in dieser hypothetischen Nichtspende-Situation Pauschbetragnutzer gewesen. Erst durch ihre Spende verließen sie diese Gruppe. Die Anzahl der hypothetischen Pauschbetragnutzer beläuft sich immerhin auf 106.089. Die Notwendigkeit ihres Ausschlusses ist schon länger bekannt und soll hier nicht weiter erläutert werden[23]. Es genügt an dieser Stelle der Hinweis, dass es bei der Anwendung ökonometrischer Schätzverfahren zu unerwünschten Verzerrungen der Ergebnisse kommen kann, deren Ausmaß nicht kontrolliert werden kann.

Es verbleiben demnach 1.039.236 für die empirische Analyse verwendbare Steuerhaushalte (d.h. Steuererklärungen). In dieser Gruppe befinden sich Spender und Nichtspender. Abbildung 5.1 zeigt noch mal im Überblick die Anteile sämtlicher in diesem Kapitel vorgestellter Gruppen an den im Datensatz FAST 98 insgesamt erfassten Steuerhaushalte. Alle nachfolgenden Ausführungen beziehen sich ausschließlich auf die Gruppe der „verwertbaren Haushalte".

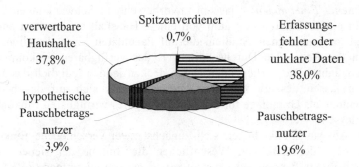

Abbildung 5.1: Anteile der verschiedenen Haushaltsgruppen an den insgesamt erfassten Steuerhaushalten.

---

[23] Vgl. hierzu Clotfelter (1980), S. 327/328.

In den nachfolgenden Abschnitten wird erläutert, wie die zu erklärende Variable S_h und die erklärenden Variablen Y_h, P_h, z_{1h}, ... , z_{Kh} genau erfasst und berechnet wurden.

5.3 Erfassung der Spenden

Zunächst benötigt man die von einem Haushalt geleistete Spende. Diese Variable wurde bereits im Rahmen der deskriptiven Analyse benötigt, d.h. die Variable S_h entspricht exakt der Spende, deren Definition Gegenstand des Abschnitts 3.4 war. Auf eine Darstellung der Art und Weise ihrer Erzeugung kann somit hier verzichtet werden. Es sei jedoch darauf hingewiesen, dass diese Variable zwangsläufig einen Teil der geleisteten Spenden eines Haushalts ausklammert – nämlich jene Spenden, über deren Erhalt vom Empfänger keine Bestätigung für das Finanzamt ausgestellt wird. In der Regel handelt es sich hierbei allerdings um geringe Summen, wie z.B. den Beitrag zum Klingelbeutel oder geringe Wechselgeldbeträge, die an den Kassen einzelner Warenhäuser in dafür vorgesehene Boxen karitativer Organisationen geworfen werden können. Die Vernachlässigung dieser Kleinstspenden ist unproblematisch, da derartige Spenden auch keinen steuerlichen Anreizen ausgesetzt sind.

5.4 Berechnung des verfügbaren Einkommens

Die Erzeugung der Einkommensvariable Y_h ist deutlich aufwändiger, aber auch interessanter. Die Variable soll das ökonomisch frei verfügbare Einkommen eines Haushalts repräsentieren. Das ideale Maß wäre eigentlich das so genannte *permanente Einkommen* – das um unvorhersehbare Schwankungen bereinigte und für einen längeren Zeitraum von einem Haushalt als konstant angesehene verfügbare Einkommen. Studien, die auf Paneldaten[24] zurückgreifen, verwenden in der Regel den Durchschnittswert des verfügbaren Einkommens über mehrere Jahre. Die vorliegenden Daten decken jedoch lediglich das Jahr 1998 ab und lassen deshalb keinerlei Alternative, als sich auf das beobachtete Einkommen als Grundlage für die Berechnung des verfügbaren Einkommens Y_h zu verlassen.

Als Ausgangspunkt bieten sich zunächst zwei verschiedene Einkommensmaße an – der GBE (im Wesentlichen die Summe der sieben gesetzlich fixierten Einkunftsarten) oder das zu versteuernde Einkommen (ZVE), welches im Wesentlichen dem um Sonderausgaben und außergewöhnliche Belastungen

---

[24] Ein Paneldatensatz der Steuerdaten würde für jeden Steuerhaushalt nicht nur die Angaben eines einzelnen Jahres enthalten (Querschnittsdaten), sondern die Angaben zu einer ganzen Sequenz von Jahren. Man könnte dann für jeden Steuerhaushalt genau nachvollziehen, wie sich seine Spenden, sein Einkommen, seine Steuerzahlungen und seine sozioökonomischen Charakteristika über die Jahre entwickelt haben.

gekürzten GBE entspricht. Ausschlaggebend für die Wahl eines der beiden Konzepte ist die theoretische Einordnung des Differenzbetrages zwischen beiden Begriffen, also der Sonderausgaben und außergewöhnlichen Belastungen. Werden diese als freie Einkommensverwendung (d.h. Konsumwahl aufgrund individueller, freier, rationaler Entscheidungen) interpretiert, dann wäre der GBE der passende Ausgangspunkt für die Berechnung des verfügbaren Einkommens. Wenn die Sonderausgaben und außergewöhnlichen Belastungen hingegen als notwendige Kosten der Einkommenserzielung bzw. als eine unabwendbare exogen auferlegte Last aufgefasst werden, dann sollte man das ZVE als Ausgangspunkt für die weiteren Berechnungen heranziehen[25]. Die Bandbreite sinnvoller Ausgangswerte wird somit durch das GBE als obere Grenze und das ZVE als untere Grenze abgesteckt.

Würde man unmittelbar das ZVE als Variable Y_h zur Erklärung der Spendenhöhe S_h heranziehen, so ergäbe sich in den ökonometrischen Schätzungen eine *Endogenitätsverzerrung*[26]. Die Ursache liegt in der steuerlichen Abzugsfähigkeit der Spenden, die dazu führt, dass das ZVE eine Funktion der Spende ist[27]. Der Ausweg besteht darin, nicht das ZVE als Einkommensvariable Y_h heranzuziehen sondern das ZVE zuzüglich der geleisteten Spende des betreffenden Haushalts. Dieses *hypothetische ZVE* (ZVE+Spende) ist das Einkommen, über welches frei verfügt werden kann, so lange noch nicht gespendet wurde.

Beide Einkommensmaße (GBE und ZVE+Spende) beschreiben an dieser Stelle das individuelle Bruttoeinkommen. Es bleibt somit noch die Frage nach den notwendigen Abzügen, um zu einem sinnvollen Maß für das tatsächlich *verfügbare Einkommen* zu gelangen. Zweifelsfrei gehört dazu die individuelle Steuerschuld. Ihr Abzug ruft aber wiederum die Gefahr der Endogenitätsverzerrung hervor, da die Steuerschuld durch die Spende verringert werden kann. Folglich wird eine *hypothetische Steuerschuld* abgezogen, die entstanden wäre, wenn das Individuum nicht gespendet hätte. Diese hypothetische Steuerschuld entspricht genau jener Steuerschuld, welche zum eben vorgestellten hypothetischen ZVE korrespondiert.

Außerdem muss der Solidaritätszuschlag[28] berücksichtigt werden. Dieser wurde seit 1995 zunächst in Höhe von 7,5% und seit 1998 in Höhe von 5,5% der Einkommensteuerschuld erhoben. Er wird jedoch nur fällig, wenn bei zusammenveranlagten Ehepaaren die Einkommensteuerschuld 3.672 DM übersteigt und bei allen anderen 1.836 DM. Da in der ökonometrischen Analyse

---

[25] Vgl. Paqué (1986, S. 163).

[26] Es handelt sich hierbei um eine unerwünschte Verzerrung der Ergebnisse ökonometrischer Schätzungen, welche durch eine (partielle) Abhängigkeit der eigentlich unabhängigen erklärenden Variable von der erklärten Variable ausgelöst wird.

[27] Je mehr ein Steuerhaushalt spendet, umso geringer fällt ceteris paribus sein ZVE aus.

[28] Rechtlich gesehen mag der Solidaritätszuschlag keine Einkommensbesteuerung darstellen. Ökonomisch betrachtet handelt es sich jedoch ganz eindeutig um eine Aufstockung der Einkomensteuerschuld.

wiederum die Gefahr von Endogenitätsverzerrungen besteht, wird nicht der tatsächlich entrichtete Solidaritätszuschlag abgezogen, sondern ein auf Basis der hypothetischen Steuerschuld ermittelter hypothetischer Solidaritätszuschlag. Auf die formale Darstellung soll an dieser Stelle verzichtet werden, da sie sich im Zusammenhang mit der Definition des Spendenpreises offenbart.

Um zum verfügbaren Einkommen Y_h zu gelangen, wird die Summe aus hypothetischer Steuerschuld und hypothetischem Solidaritätszuschlag vom Bruttoeinkommen abgezogen. Je nachdem, ob als Bruttoeinkommen der GBE oder das ZVE+Spende unterstellt wurde, ergeben sich unterschiedliche Werte für das verfügbare Einkommen. Damit stellt sich erneut die Frage, welchem Bruttoeinkommenskonzept der Vorzug gegeben werden soll.

Wie bereits erwähnt, unterscheidet sich das ZVE+Spende vom GBE durch den Abzug verschiedener Tatbestände, die in mehr oder minder ausgeprägter Weise freie Einkommensverwendung darstellen. Wären alle Tatbestände freie Einkommensverwendung, so wäre der GBE das geeignete Konzept. Eine differenzierte Betrachtung gelangt jedoch zu dem Schluss, dass eine eindeutige Zuordnung der Tatbestände oftmals nicht offensichtlich ist.

Ein möglicher Ausweg aus dieser Situation wäre die doppelte Durchführung aller ökonometrischen Schätzungen – einmal mit dem GBE als Bruttoeinkommen und einmal mit dem ZVE+Spende, da sie eine obere bzw. untere Grenze für den Bereich sinnvoller Einkommenskonzepte darstellen. Alternativ kann man versuchen, trotz der Schwierigkeiten eine individuelle Analyse der einzelnen Tatbestände durchzuführen. Diese Einzelfallbetrachtungen müssten für jeden Tatbestand zu einer abschließenden Bewertung gelangen, ob der Tatbestand als freie Verwendung von Einkommen angesehen werden kann, oder ob er unausweichliche exogen auferlegte Lasten repräsentiert, also vom GBE abzuziehen ist.

Eine solche Analyse wurde von Merz (2001) geleistet und auf einen mit dem hier vorliegenden Datenmaterial vergleichbaren Datensatz des Jahres 1995 angewandt. Das Ziel seiner Studie – wie auch der vorliegenden Studie – bestand darin, aus den verfügbaren Daten, die zwangsläufig steuerlichen Definitionen entspringen, zu einem möglichst ökonomisch ausgerichteten Einkommensbegriff zu gelangen[29].

Auf der ersten Stufe seines zweistufigen Verfahrens versucht er, über verschiedene Modifikationen bei der Berechnung der sieben gesetzlich festgelegten Einkunftsarten zu einer neu definierten Summe der Einkünfte zu gelangen, die das primäre Markteinkommen, also das tatsächlich erwirtschaftete Einkommen, abbildet. Dieses Markteinkommen stellt das Bruttoeinkommen dar, welches in der zweiten Stufe unter Berücksichtigung von Abgaben und staatlichen Transfers auf ein Nettoeinkommen reduziert wird, das als verfügbares Einkommen interpretiert werden kann. Grundlage seiner Überlegungen ist eine Einkommensdefinition, die auf dem Reinvermögenszugangs-

---

[29] Vgl. hierzu insbesondere Merz (2001, S. 26-38).

konzept basiert. Einkommen wird demnach als periodische Vermögensänderung verstanden[30].

Die erste Stufe seiner Einkommensermittlung unterscheidet sich von der steuerrechtlichen Einkommensermittlung vor allem durch die Nichtberücksichtigung der Freibeträge für Veräußerungsgewinne, der Werbungskosten, bestimmter Steuervergünstigungen für Unternehmen (z.B. Sonderabschreibungen) und bestimmter Abschreibungen und Steuervergünstigungen bei Einkünften aus Vermietung und Verpachtung.

Die bedeutendsten Positionen auf der zweiten Stufe, d.h. bei der Berechnung des Nettoeinkommens, stellen neben den empfangenen Transfereinkommen vor allem die fällige Einkommensteuer (inklusive Solidaritätszuschlag) und die Sozialversicherungsbeiträge dar. Letztere werden auf Basis des zuvor ermittelten Markteinkommens (allerdings ohne Lohn- und Einkommensersatzleistungen) unter Verwendung der gültigen Beitragssätze und Bemessungsgrenzen berechnet. Merz (2001, S. 38) fasst sein Konzept in folgendem Schema zusammen:

Land- und forstwirtschaftliche Einkünfte
+ Gewerbliche Einkünfte
+ Einkünfte aus selbständiger Arbeit
+ Einkünfte aus Kapitalvermögen
+ Einkünfte aus Vermietung und Verpachtung
+ Arbeitseinkünfte
+ Sonstige Einkünfte
   davon: Einkünfte aus Leibrenten
      + Lohn- und Einkommensersatzleistungen
      + Einkünfte aus Spekulationsgeschäften
      + steuerfreie Auslandseinkünfte
+ Steuervergünstigungen für Unternehmen
+ Abschreibungen und Steuervergünstigungen bei
+ Einkünften aus Vermietung und Verpachtung

= **Summe der Einkünfte neu** (primäres Markteinkommen)

---

[30] Man beachte, dass auch alternative Einkommensdefinitionen existieren, die durchaus plauibel sind, z.B. Einkommen ist der mögliche Ausgabenstrom, der das Kapital unverändert lässt oder Einkommen sind einfach die ständigen Einnahmen und Güterempfänge eines Wirtschaftssubjektes. Entsprechend herrscht auch keine Einigkeit über die angemessene Definition des allgemeinen Einkommensbegriffes.

+ Arbeitnehmer-Sparzulage und vermögenswirksame Leistungen
+ Kindergeld (berechnet)
+ Unterhaltsleistungen vom geschiedenen oder dauernd getrennt lebenden Ehegatten
 − festgesetzte Einkommensteuer
 − festgesetzter Solidaritätszuschlag
 − berechnete Sozialversicherungsbeiträge (für alle sozialen Gruppen)
 − Unterhaltsleistungen an den geschiedenen oder
  dauernd getrennt lebenden Ehegatten
 − Überbelastungsbetrag bei anerkannten außergewöhnlichen Belastungen
 − Freibetrag für Unterhalt an bedürftige Personen
 − Ausbildungsfreibetrag

= **Nettoeinkommen** (verfügbares Einkommen)

Bei der Aufbereitung der vorliegenden Daten aus dem Jahre 1998 wurde dieses Schema unter Berücksichtigung kleiner Modifikationen, die aus einem gegenüber 1995 leicht verändertem Datenkatalog sowie anderen Beitragssätzen und Beitragsemessungsgrenzen resultieren, bis auf eine wichtige Ausnahme vollständig überommen. Die Ausnahme war notwendig, um die bereits mehrfach angesprochenen Endogenitätsverzerrungen in den ökonometrischen Schätzungen zu vermeiden. Anstatt der tatsächlich festgesetzten Einkommensteuerschuld wurde die bereits oben vorgestellte hypothetische Steuerschuld für den Fall der Nichtspende verwenet. Entsprechendes gilt für den Solidaritätszuschlag.

Damit ist die Definition der Einkommensvariable Y_h abgeschlossen, so dass nun der Spendenpreis P_h ins Zentrum der Aufmerksamkeit rücken kann.

5.5 Berechnung des Spendenpreises

Aufgrund der unmittelbaren Abhängigkeit des Spendenpreises vom Grenzsteuersatzes ($P_h = 1 - m_h$), kommt der Ermittlung des Grenzsteuersatzes eine zentrale Bedeutung zu. Gesucht wird derjenige Grenzsteuersatz, dem sich der Haushalt gegenübersieht, bevor er die erste Spendeneinheit abgibt. Für die Ermittlung dieses Grenzsteuersatzes ist eine genauere Betrachtung des 1998 geltenden Steuertarifs unumgänglich.

Der Tarif der deutschen Einkommensteuer schrieb im Veranlagungszeitraum 1998 für die jeweiligen Kategorien des ZVE folgende Steuerbeträge in DM vor[31]:

bis 12.365 DM (Grundfreibetrag): 0
von 12.366 DM bis 58.643 DM: $(91{,}19 \cdot y + 2.590) \cdot y$
von 58.644 DM bis 120.041 DM: $(151{,}96 \cdot z + 3.334) \cdot z + 13.938$
von 120.042 DM an: $0{,}53 \cdot x - 22.843$

Dabei steht y für ein Zehntausendstel des 12.312 DM übersteigenden Teils des abgerundeten ZVE; z ist ein Zehntausendstel des 58.590 DM übersteigenden Teils desselben; x ist das abgerundete ZVE selbst.

Übersetzt in eine mathematische Funktion nimmt der deutsche Tarif die Form eines Polynoms zweiter Ordnung an:

(5.2) $$T(Y_{ZVE}) = aY_{ZVE}^2 + bY_{ZVE} - c,$$

wobei T die individuelle Steuerschuld und Y_{ZVE} das zu versteuernde Einkommen bezeichnen. Auf den Haushaltsindex h wurde hier aus Vereinfachungsgründen verzichtet. Die Koeffizienten a, b und c nehmen folgende Werte an:

$$a = \begin{cases} 0 & , wenn\ Y_{ZVE} < 12.366\ DM \\ 91{,}19 \cdot 10^{-8} & , wenn\ 12.366\ DM \leq Y_{ZVE} \leq 58.643\ DM \\ 151{,}96 \cdot 10^{-8} & , wenn\ 58.644\ DM \leq Y_{ZVE} \leq 120.041\ DM \\ 0 & , wenn\ Y_{ZVE} \geq 120.042\ DM \end{cases}$$

$$b = \begin{cases} 0 & , wenn\ Y_{ZVE} < 12.366\ DM \\ 0{,}2365453744 & , wenn\ 12.366\ DM \leq Y_{ZVE} \leq 58.643\ DM \\ 0{,}165333272 & , wenn\ 58.644\ DM \leq Y_{ZVE} \leq 120.041\ DM \\ 0{,}53 & , wenn\ Y_{ZVE} \geq 120.042\ DM \end{cases}$$

$$c = \begin{cases} 0 & , wenn\ Y_{ZVE} < 12.366\ DM \\ 3050{,}5773248064 & , wenn\ 12.366\ DM \leq Y_{ZVE} \leq 58.643\ DM \\ 965{,}34120324 & , wenn\ 58.644\ DM \leq Y_{ZVE} \leq 120.041\ DM \\ 22.843 & , wenn\ Y_{ZVE} \geq 120.042\ DM \end{cases}$$

---

[31] Vgl. § 32a EStG.

Die im Gesetzestext vorgesehene Rundungsregel, wonach das zu versteuernde Einkommen auf den nächsten durch 54 ohne Rest teilbaren vollen DM-Betrag abzurunden ist, wenn es nicht bereits durch 54 ohne Rest teilbar ist, wurde in den durchgeführten Berechnungen aus zwei Gründen nicht berücksichtigt. Zum einen enthalten die Daten sämtliche Angaben in Form von auf ganze Zahlen gerundeten €-Werten, so dass eine korrekte Anwendung der Rundungsregel nicht mehr möglich ist. Zum anderen bedeutet die Rundungsvorschrift, dass der deutsche Tarif streng genommen ein Stufenbetragstarif mit über 2000 Stufen und einer Stufenbreite von je 54 DM ist. Dies würde aber zu überflüssigen Komplikationen bei der Bestimmung des Grenzsteuersatzes führen.

Der für einen Haushalt gültige Grenzsteuersatz m_T (der Grenzsatz für den Solidaitätszuschlag wird die Bezeichnung m_S erhalten) hängt von seinem zu versteuernden Einkommen Y_{ZVE} ab. Formal ergibt sich dieser Grenzsteuersatz als die Ableitung des durch Gleichung (5.2) definierten Steuertarifs an der Stelle Y_{ZVE}. Diese Ableitung lautet:

$$(5.3) \qquad m_T = \frac{dT}{dY_{ZVE}} = 2aY_{ZVE} + b$$

Wie bereits ausgeführt, wird für die Zwecke dieser Studie der Wert der Variable Y_{ZVE} nicht durch das ZVE sondern durch das ZVE+Spende festgelegt. In Kenntnis dieses Wertes und der Gleichungen (5.2) und (5.3) scheint die exakte Identifizierung der hypothetischen Steuerschuld bzw. des hypothetischen Grenzsteuersatzes eine leichte Übung darzustellen. Ein genauerer Blick auf das deutsche Steuersystem belehrt einen aber schnell eines Besseren. Das Steuersystem kennt verschiedene Tatbestände, die einen wesentlichen Einfluss auf den Steuertarif und somit auf die hypothetische Steuerschuld und den Grenzsteuersatz ausüben. Zu diesen Komplikationen gehören das Splittingverfahren und die unter Progressionsvorbehalt fallenden Einkünfte. Ferner sind die Tarifbegrenzung nach § 32c EStG, die Steuersonderberechnung nach § 34 Abs. 2 und 3 EStG, und die außerordentlichen Einkünfte im Sinne des § 34c Abs. 4 EStG zu berücksichtigen. Eine ausführlichere Darstellung, wie in der vorliegenden Studie mit diesen Tatbeständen umgegangen wurde, findet sich im Anhang D.

Werden alle aufgelisteten Tatbestände in Gleichung (5.2) integriert, resultiert daraus eine sich über mehrere Zeilen erstreckende Gesamtformel, auf deren Darstellung hier verzichtet wird. Die umfassende Beschreibung des Tarifs erfordert allerdings mehr als diese Gesamtformel. Es ist eine Allgemeinformel mit acht Gleichungen notwendig, da Fallunterscheidungen getroffen werden müssen: Alleinveranlagter oder Splittingtarif; gewerbliche Einkünfte i.S.d. § 32c liegen vor oder nicht vor; Durchschnittssteuersatz auf das gesamte ZVE zuzüglich der unter Progressionsvorbehalt fallenden Einkünfte größer oder kleiner 47%. Diese drei Fallunterscheidungen mit je zwei möglichen Ausprägungen führen letztlich zu acht Grundgleichungen ($2^3 = 8$), welche den Tarif beschreiben.

Diese Gleichungen sind jedoch ungeeignet zur Erfassung jener Sonderfälle, in denen das gesamte ZVE vollständig aus einer Art von außerordentlichen Einkünften oder einem Mix dieser Einkünfte besteht. Es sind deshalb weitere Fallunterscheidungen notwendig, was letztlich zu weiteren 28 Gleichungen führt. Der deutsche Einkommensteuertarif kann demnach in seiner Gesamtheit erst durch 36 Gleichungen abgebildet werden. Die Grenzsteuersätze werden sogar durch insgesamt 43 Gleichungen beschrieben, da hier noch eine weitere Fallunterscheidung vonnöten ist. Sie wird relevant, wenn das gesamte ZVE aus verschiedenen außerordentlichen Einkünften besteht. Es ist dann entscheidend, welche die überwiegende Einkunftsart ist.

Abschließend erfolgt die Korrektur des Grenzsteuersatzes um die zusätzliche Belastung durch den Solidaritätszuschlag. Es handelt sich hierbei, wie oben bereits angedeutet, um eine Zuschlagsteuer, die fällig wird, sobald die festzusetzende Einkommensteuer, allerdings in leicht modifizierter Form, den Betrag von 1.836 DM bei Alleinveranlagten bzw. 3.672 DM bei zusammenveranlagten Ehepaaren übersteigt. Als Bemessungsgrundlage B für den Solidaritätszuschlag dient eine geminderte festzusetzende Einkommensteuer T, welche auf der Basis eines um die Kinderfreibeträge F verringerten ZVE ermittelt wird:

$$B = T(Y_{ZVE} - F).$$

Der Solidaritätszuschlag beträgt 5,5% der Bemessungsgrundlage, wobei sich allerdings an die Nullzone (das ist der Bereich, in dem die Bemessungsgrundlage den für die Erhebung notwendigen Mindestbetrag noch nicht überschritten hat) ein Übergangsbereich mit abgemilderter Ergänzungsabgabe anschließt. § 4 SolZGesetz von 1995 legt nämlich fest, dass der Solidaritätszuschlag nicht mehr als 20% der Differenz zwischen Bemessungsgrundlage und Freigrenze betragen darf. Formaler ausgedrückt, wird die 5,5%-Regel für die Festsetzung des Solidaritätszuschlags $Soli$ bei gegebener Bemessungsgrundlage B erst dann wirksam, wenn $0{,}055 \cdot B < 0{,}2\,(B - 1.836)$. Nach B auflösen liefert $B > 2532{,}41$ DM. Liegt B darunter, werden also statt $0{,}055 \cdot B$ die 20% der Differenz zwischen Bemessungsgrundlage und Freigrenze als Solidaritätszuschlag angesetzt.

Insgesamt ergibt sich für den Solidaritätsbeitrag somit folgender Tarifverlauf:

(5.4) $$Soli(B) = \begin{cases} 0 & ,\text{wenn } B \leq 1.836\ DM \\ 0{,}2 \cdot (B - 1.836), & \text{wenn } 1.837\ DM \leq B \leq 2.532\ DM \\ 0{,}055 \cdot B & ,\text{wenn } B \geq 2.533\ DM \end{cases}$$

Bei zusammenveranlagten Ehepaaren verdoppeln sich die Grenzen entsprechend.

Da die Bemessungsgrundlage B des Solidaritätszuschlags nichts anderes ist als die Steuerschuld $T(\cdot)$ auf ein um die Kinderfreibeträge F gekürztes ZVE, kann man auch schreiben:

$$Soli(B) = Soli(\,T(Y_{ZVE} - F)\,)\,.$$

Dabei ist $T(\cdot)$ die in Gleichung (5.2) beschriebene Steuertarifformel. Um für jeden Haushalt den hypothetischen Solidaritätszuschlag $Soli(B)$ zu ermitteln, mussten demnach vom Betrag des ZVE+Spende die relevanten Kinderfreibeträge subtrahiert werden, dann für den sich ergebenden Wert aus Gleichung (5.2) die Steuerschuld T berechnet werden und diese Steuerschuld als Bemessungsgrundlage B in Formel (5.4) angesetzt werden.

In Analogie zum Grenzsteuersatz m_T existiert auch ein Grenzsatz m_S des Solidaritätszuschlags. Er ergibt sich aus der Ableitung der Formel (5.4) nach Y_{ZVE}:

$$(5.5) \qquad m_S = \frac{\mathrm{d}Soli}{\mathrm{d}Y_{ZVE}} = \frac{\mathrm{d}Soli(T(Y_{ZVE} - F))}{\mathrm{d}T(Y_{ZVE} - F)} \cdot \frac{\mathrm{d}T(Y_{ZVE} - F)}{\mathrm{d}Y_{ZVE}}$$

Der Grenzsatz m_S beschreibt die Änderung des Solidaritätszuschlags resultierend aus einer marginalen Änderung des zu versteuernden Einkommens.

Betrachtet man nun die Gesamtsteuerschuld G eines Haushalts als Summe aus Einkommensteuer T und dem ebenfalls einkommensabhängigen Solidaritätszuschlag $Soli$, so wird deutlich, dass der zunächst besprochene Grenzsteuersatz m_T nur einen Teil (wenn auch den stark dominierenden) des tatsächlich anzuwendenden Grenzsteuersatzes m darstellt. Eine Spende beeinflusst durch die Reduzierung des ZVE nicht nur die Einkommensteuer T, sondern auch den Solidaritätsbeitrag $Soli$. Bei beiden Größen ergibt sich eine Absenkung, so dass sich der Spendenpreis P eines Haushalts aus

$$P = 1 - m \quad \text{mit} \quad m = m_T + m_S$$

ergibt.

Nachdem nun die aus politischer Sicht interessanten Variablen Spende, Einkommen und Spendenpreis definiert worden sind, kann man sich den in Gleichung (5.1) mit z_k bezeichneten haushaltstypischen Charakteristiken zuwenden.

5.6 Erfassung der sozioökonomischen Merkmale

Die sozioökonomischen Merkmale eines Haushalts können zwar vom politischen Entscheidungsträger nicht beeinflusst werden, besitzen aber dennoch Relevanz, da sie helfen, das individuelle Spendenverhalten zu erklären. In der Schätzung berücksichtigt wurden diese Merkmale mit Hilfe so genannter *Dummy-Variablen*. Es handelt sich hierbei um künstliche Hilfsvariablen, die herangezogen werden, um qualitative Merkmale in einfacher numerischer Form zu erfassen. Sie sind dichotom, d.h. sie können nur den Wert 0 oder 1 annehmen. Der Wert 1 tritt bei dem betrachteten Haushalt immer dann auf, wenn bei ihm das entsprechende qualitative Kriterium erfüllt ist. Ansonsten besitzt die betreffende Dummy-Variable den Wert 0.

Exemplarisch seien die „Altersdummies" betrachtet. Die Daten ermöglichten die Bildung von fünf Dummy-Variablen: *Alter30-39*, *Alter40-49*, *Alter50-59*, *Alter60-69*, *Alter>70*. Für jeden betrachteten Haushalt ergeben sich die Werte dieser fünf Dummy-Variablen aus der Altersklasse, welcher der Haushalt zuzuordnen ist. Handelt es sich beispielsweise um einen Haushalt, der in die Altersklasse der 30-39-Jährigen fällt, dann besitzt die Dummy-Variable *Alter30-39* den Wert 1, die anderen vier Dummy-Variablen hingegen den Wert 0. Analoges gilt für einen Haushalt der Altersklasse der 40-49-Jährigen. Seine Dummy-Variable *Alter40-49* besitzt den Wert 1, die anderen vier Dummy-Variablen hingegen den Wert 0. Mit der Dummy-Variable *Alter>70* wird angegeben, ob der Haushalt 70 Jahre oder älter ist.

Generell verwendet man in ökonometrischen Schätzungen immer eine Dummy-Variable weniger als Fallunterscheidungen für ein bestimmtes Merkmal vorliegen. Dies ermöglicht es, einen konkreten Fall als Referenz zu betrachten. Beispielsweise wurde bei den Altersdummies keine Dummy-Variable der unter 30-Jährigen definiert, denn diese Altersgruppe dient als Referenz. Bei einem Haushalt dieser Altersgruppe besitzen alle fünf Altersdummies den Wert 0.

Bei zusammenveranlagten Ehepaaren ergab sich gelegentlich das Problem, dass aufgrund des Altersunterschiedes der Ehepartner für eine Steuererklärung zwei Altersdummies mit dem Wert „1" auftauchten. Da eine Steuererklärung jedoch immer nur eine Beobachtung darstellt, läge eine unerwünschte Mehrdeutigkeit vor. Um dies zu vermeiden, wurde in jenen Fällen die Altersdummy auf der Basis des größeren Wertes gebildet. Dabei wurde implizit unterstellt, dass in der Regel der Mann der ältere der beiden Partner sowie der Hauptverdiener ist und deshalb einen tendenziell größeren Einfluss auf die Spendenentscheidung besitzt. Folglich sollte im Zweifelsfall sein Alter in die Schätzung einfließen.

Eine weitere Dummy-Variable, genannt *Ost*, zeigt an, ob der Haushalt seinen Wohnsitz in den neuen Bundesländern (einschließlich Berlin) hat. Die Referenz bilden hier also die in den alten Bundesländern ansässigen Haushalte.

Vier Dummy-Variablen dienten der Erfassung der Kinderzahl, wobei kinderlose Haushalte die Referenzgruppe bildeten. *Kinder1*, *Kinder2* und *Kinder3* nehmen jeweils den Wert 1 an, wenn es in dem Haushalt ein, zwei oder drei Kinder gab. *Kinder>3* dagegen nimmt dann den Wert 1 an, wenn vier oder mehr Kinder zum Haushalt gehören. Eine präzisere Erfassung der kinderreichen Haushalte war angesichts der Anonymisierungsmaßnahmen des Statistischen Bundesamtes nicht möglich.

Für den Familienstand wurden drei Dummy-Variablen verwendet. Die Referenz bilden hier die Ehepaare, die zusammen veranlagen. Die Variable *Mann* nimmt den Wert 1 an, wenn es sich bei dem entsprechenden Haushalt um einen alleinstehenden Mann handelt. Dies kann sowohl ein Lediger, als auch ein Witwer sein. Analog wird die Variable *Frau* interpretiert. Die Variable *VGV* (steht für *V*erheiratet, *G*etrennt *V*eranlagt) nimmt den Wert 1 an, wenn es sich bei dem Steuerhaushalt um eine verheiratete Person handelt, welche die getrennte Veranlagung wählt. Dieser Fall trifft nur auf 1,6% der Haushalte zu.

Damit sind alle notwendigen Variablen hinreichend definiert, so dass die Datenaufbereitung an dieser Stelle abgeschlossen ist und die eigentliche ökonometrische Analyse in Angriff genommen werden kann.

6 Ökonometrische Schätzung

6.1 Schätzgleichung

Eine ökonometrische Schätzung versucht immer den Einfluss einer oder mehrerer Determinanten auf eine bestimmte Größe zu quantifizieren[32]. Im vorliegenden Fall geht es also um die Frage, in welcher Weise die Spendenhöhe S_h eines Haushalts h durch den Spendenpreis P_h, das verfügbare Einkommen Y_h und die sozioökonomischen Variablen z_{kh} dieses Haushalts bestimmt wird. Dass eine Beziehung zwischen der Spendenhöhe und ihren erklärenden Variablen besteht, wurde durch Gleichung (5.1) bereits formalisiert. Für die Zwecke einer ökonometrischen Schätzung muss diese allgemeine Gleichung jedoch durch eine konkreter spezifizierte *Schätzgleichung* ersetzt werden. Dem Einfluss der erklärenden Variablen auf die Spendenhöhe muss eine formale Struktur gegeben werden.

Es wird in dieser Studie eine *lineare, parametrische* Struktur gewählt. Zum einen steht für eine solche Struktur ein umfangreiches statistisches Instrumentarium zur Verfügung, welches Komplikationen vielfältiger Art in angemessener Weise berücksichtigen kann, zum anderen erlaubt diese Struktur eine sehr unmittelbare Interpretation der berechneten Schätzergebnisse. Unter anderem können bei der hier gewählten Struktur die Preis- und Einkommenselastizitäten direkt aus den Schätzergebnissen berechnet werden, obwohl zugelassen ist, dass diese Elastizitäten von Haushalt zu Haushalt unterschiedlich ausfallen.

Unter den gegebenen Umständen erwies sich die bereits aus anderen Studien bekannte *Translogfunktion* als die optimale Wahl. Sie erlaubt es sowohl der Einkommens- als auch der Preiselastizität, sich in Abhängigkeit von Preis und Einkommen frei zu bewegen. Die in dieser Studie zur Anwendung gelangte Translogfunktion besitzt folgendes Aussehen:

---

[32] Eine Einführung in die Methoden der Ökonometrie bietet beispielsweise v. Auer (2005b).

(6.1) $\ln(S_h + 5) = \beta_0 + \beta_1 \ln P_h + \beta_2 \ln Y_h + \beta_3 \ln P_h \cdot \ln Y_h + \beta_4 (\ln P_h)^2 + \beta_5 (\ln Y_h)^2$
$+ \gamma_1 z_{1h} + \gamma_2 z_{2h} + \ldots + \gamma_{13} z_{13h} + \delta_1 d_1 + \delta_2 d_2 + \ldots + \delta_Q d_Q + u_h.$

Eine sich später als sehr nützlich erweisende Besonderheit von Translogfunktionen besteht darin, dass auf der linken Seite der Gleichung eine logarithmierte Variable steht und dass sämtliche stetigen erklärenden Variablen (also Spendenpreis und Einkommen) ebenfalls in logarithmierter Form erscheinen. Man benutzt im vorliegenden Fall also die logarithmierte Spendenhöhe $\ln S_h$, den logarithmierten Spendenpreis $\ln P_h$ und das logarithmierte Einkommen $\ln Y_h$ und nicht einfach nur S_h, P_h und Y_h.

Die vielen Nichtspender ($S_h = 0$) verursachen an dieser Stelle ein kleines Problem, denn der Logarithmus von Null ist mathematisch nicht definiert. Die relativ einfache Lösung bestand darin, zu jeder Spende und Nichtspende einfach 5 € als Sockelbetrag hinzuzählen. Hilfsweise kann man sich darunter die Summe der Kleinstspenden vorstellen, von denen angenommen wird, dass sie jeder Haushalt in irgendeiner Form irgendwann im Jahr leistet, aber nicht in der Steuererklärung angibt.

Gleichung (6.1) zeigt auf der rechten Seite die Variablen $\ln P_h$ und $\ln Y_h$ sowie ihre quadrierten Werte $(\ln P_h)^2$ und $(\ln Y_h)^2$ und einen so genannten Interaktionsterm $(\ln P_h) \cdot (\ln Y_h)$. Außerdem tauchen die besprochenen dreizehn Dummy-Variablen z_{1h} bis z_{13h} auf, die sämtliche sozioökonomischen Merkmale eines Haushalts erfassen (Alter, Familienstand, etc.). Hinzugekommen sind die Dummy-Variablen d_1 bis d_Q. Sie „neutralisieren" die Q Spender, welche als XXL-Spender (Haushalte, deren Gesamtspende größer als deren GBE war) bezeichnet wurden. Durch ihre eigenständige Motivationsstruktur würden diese Spender möglicherweise die Schätzergebnisse verzerren.

Der so genannte Störterm u_h dient der formalen Berücksichtigung nicht erfassbarer Variablen bzw. nicht vorhersehbarer äußerer Einflüsse auf das individuelle Spendenverhalten. Seine Zahlenwerte sind unbekannt. Bekannt sind allein die Werte der Variablen S_h, P_h, Y_h sowie der Dummy-Variablen z_{1h} bis z_{13h} und d_1 bis d_Q.

Folglich kennt man auch nicht die Werte der Koeffizienten β_0, β_1, ... , β_5 sowie der Koeffizienten γ_1 bis γ_{13} und δ_1 bis δ_Q. Es sind aber gerade die Koeffizienten, deren Zahlenwerte man wissen möchte, denn sie quantifizieren den Einfluss der jeweiligen Variable auf die (logarithmierte) Spendenhöhe. Beispielsweise steht der Koeffizient γ_{10} an der Dummy-Variable z_{10h}. Es handelt sich bei dieser Dummy-Variable um die Variable Ost. Sie zeigt an, ob es sich bei der Beobachtung um einen ostdeutschen Haushalt handelt. Ein negativer Wert des Koeffizienten γ_{10} würde besagen, dass ein ostdeutscher Haushalt weniger spendet als ein identischer westdeutscher Haushalt. Der genaue Wert des Koeffizienten gibt zugleich Aufschluss darüber, um wie viel weniger ein ostdeutscher Haushalt spendet. Ziel der ökonometrischen Analyse ist es deshalb, möglichst gut fundierte Schätzungen des „wahren" Wertes der Koeffizienten zu erhalten. Die geschätzten Koeffizienten werden üblicherweise mit einem Dach gekennzeichnet. Beispielsweise bezeichnet $\hat{\gamma}_{10}$ den Schätzwert von γ_{10}.

Auf Basis der geschätzten Koeffizienten lassen sich auch die geschätzten Preis- und Einkommenselastizitäten der einzelnen Haushalte ermitteln. Hilfreich bei dieser Berechnung ist die Tatsache, dass in der Translogfunktion nicht S_h sondern $\ln S_h$ erscheint. Dadurch lässt sich nämlich ausnutzen, dass bei einer stetigen Funktion $y(x)$ die Elastizität der Variable y in Bezug auf die Variable x gemäß

$$\varepsilon = \frac{dy}{dx} \cdot \frac{x}{y}$$

definiert ist und dies, wegen

$$\frac{d(\ln y)}{dy} = \frac{1}{y} \quad \text{und} \quad \frac{d(\ln x)}{dx} = \frac{1}{x},$$

auch in der Form

(6.2) $$\varepsilon = \frac{d(\ln y)}{d(\ln x)}$$

geschrieben werden kann. Gleichung (6.2) besagt, dass die Elastizität der zu erklärenden Variable y in Bezug auf die erklärende Variable x nach Logarithmierung der Funktion $y(x)$ einfach der Ableitung der logarithmierten Funktion nach der logarithmierten erklärenden Variable ($\ln x$) entspricht.

Die geschätzte Preiselastizität $\hat{\varepsilon}_h$ ergibt sich folglich direkt aus der Ableitung

(6.3) $$\hat{\varepsilon}_h = \frac{d(\ln(S_h + 5))}{d(\ln P_h)} = \hat{\beta}_1 + \hat{\beta}_3 \cdot \ln Y_h + 2 \cdot \hat{\beta}_4 \cdot \ln P_h$$

Analog ergibt sich die geschätzte Einkommenselastizität $\hat{\upsilon}_h$ gemäß:

(6.4) $$\hat{\upsilon}_h = \frac{d(\ln(S_h + 5))}{d(\ln Y_h)} = \hat{\beta}_2 + \hat{\beta}_3 \cdot \ln P_h + 2 \cdot \hat{\beta}_5 \cdot \ln Y_h$$

Aus den Gleichungen (6.3) und (6.4) lassen sich in Kenntnis der geschätzten Koeffizienten $\hat{\beta}_1$ bis $\hat{\beta}_5$ sowie des Spendenpreises P_h und des Einkommens Y_h für jeden Haushalt seine geschätzte Preis- und Einkommenselastizität berechnen. Es bleibt deshalb zu klären, wie aus der vorliegenden Datenbasis und der zugrunde gelegten Translogfunktion die Schätzwerte der Koeffizienten ermittelt werden.

6.2 Schätzmethode

Bei der Wahl der geeigneten Schätzmethode muss man die jeweiligen Besonderheiten des verwendeten Datensatzes beachten. Im vorliegenden Datensatz lassen sich die Beobachtungen in zwei große Gruppen unterteilen. Die Gruppe H_0 enthält alle Beobachtungen, deren Spendenvariable einen Wert von Null aufweist, während alle Haushalte, die eine Spende leisten, der Gruppe H_1 zugeordnet werden. Nimmt man zum Zwecke der Veranschaulichung vereinfachend an, der Spendenwunsch sei einzig durch das Einkommen Y_h determiniert, dann lässt sich die Datenlage anhand folgender Grafik visualisieren.

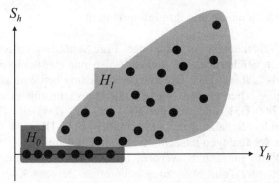

Abbildung 6.1: Stilisierte Darstellung der Beobachtungsgruppen H_0 und H_1.

Abbildung 6.1 veranschaulicht, dass die Spendenvariable keine negativen Werte annehmen kann. Diese Tatsache ist aber einzig und allein der Datenart geschuldet. Der Spendenwunsch eines Haushaltes kann durchaus negativ ausfallen, d.h. der Haushalt möchte, bildlich gesprochen, lieber Spendenempfänger als Spender sein. Die positiven Spendenwünsche sind unmittelbar beobachtbar, denn diese Individuen offenbaren ihren Spendenwunsch durch die tatsächlich geleistete Spende. Die Haushalte der Gruppe H_1 besitzen demnach einen positiven Spendenwunsch. Negative Spendenwünsche kann man hingegen nicht beobachten, denn sie resultieren in einer Spende von Null. Die Spendenvariable ist also an der Stelle Null *zensiert*. Die Gruppe H_0 umfasst die Haushalte, bei denen die Zensur der Spendenvariable wirksam geworden ist (und jene, bei denen der Spendenwunsch genau Null beträgt).

Verwendet man ein ökonometrisches Schätzverfahren, welches diese Besonderheit in den Daten nicht beachtet, resultieren daraus in aller Regel verzerrte Schätzergebnisse. Der für zensierte Daten adäquate Schätzansatz ist die so genannte *Tobit-Schätzung*. Sie nimmt eine Separation der Beobachtungen in die zwei oben genannten Gruppen vor und berücksichtigt dadurch auch die qualitative Komponente, die in den Daten enthalten ist, nämlich die Unterscheidung „Spender oder Nicht-Spender".

Dass sich durch die Logarithmierung der Daten und die Addition von 5 € die Lage der Punkte beider Gruppen in Abbildung 6.1 verändert, ist unproblematisch, da die Tobit-Methode auf jedwede Art zensierter Daten anwendbar ist. Der Grenzwert, an dem die Zensur erfolgt, liegt nun nicht mehr bei Null, sondern bei ungefähr 1,61, was dem natürlichen Logarithmus von 5 entspricht.

Auf die mathematische Herleitung der Schätzformeln kann an dieser Stelle verzichtet werden. Sie ist beispielsweise in Ronning (1998) dokumentiert. Auf Basis dieser Schätzformeln und der aufbereiteten Daten wurden die Schätzwerte sämtlicher Koeffizienten (β_0 bis β_5 sowie γ_1 bis γ_{13} und δ_1 bis δ_Q) ermittelt. Die Ergebnisse werden im nachfolgenden Abschnitt vorgestellt.

6.3 Schätzergebnisse und ihre Interpretation

Es wurden zwei getrennte Schätzungen vorgenommen. Eine Schätzung basierte auf den Daten der 10%-igen Stichprobe. Sie umfasste also nur Haushalte mit einem GBE von weniger als 200.000 DM. Die zweite Schätzung bediente sich der Daten der Totalerhebung. Hier gingen folglich nur Haushalte mit einem GBE von mindestens 200.000 DM (und weniger als 1.897.513 DM) ein. Die berechneten Werte der beiden Schätzungen unterscheiden sich. Dies ist ein Beleg dafür, dass getrennte Schätzungen tatsächlich angebracht waren.

Bevor die konkreten Werte präsentiert werden, muss noch darauf hingewiesen werden, dass die von der Tobit-Schätzung gelieferten „reinen" Koeffizienten noch nicht ganz den eigentlich gesuchten entsprechen. Die reinen Koeffizienten gelten für alle Haushalte gleichermaßen. Sie beschreiben den Einfluss der jeweiligen erklärenden Variable (z.B. Haushalt in Ostdeutschland) auf eine zu erklärende *latente* Variable (hier der Spendenwunsch), die prinzipiell keiner Zensur unterliegt (also auch negative Spendenwünsche zulässt). Um den Einfluss auf die zu erklärende *zensierte* Variable, im vorliegenden Fall also die Spende, zu erhalten, muss der reine Koeffizient mit einem Korrekturterm multipliziert werden, welcher der haushaltsspezifischen Wahrscheinlichkeit entspricht, ein Spenderhaushalt zu sein. Damit gelangt man aber zu einer Vielzahl an haushaltsspezifischen Koeffizienten.

Während also die reinen Koeffizienten einheitlich für alle Haushalte Gültigkeit besitzen, sind die korrigierten Koeffizienten haushaltsspezifische Werte. Ein Abdruck all dieser korrigierten Koeffizienten wäre natürlich unsinnig. Deshalb werden üblicherweise jene Werte der korrigierten Koeffizienten angegeben, die sich bei einem „durchschnittlichen" Haushalt einstellen würden, also bei einem Haushalt, dessen Spendenpreis dem durchschnittlichen Spendenpreis sämtlicher Haushalte entspricht und dessen Einkommen dem durchschnittlichen Einkommen sämtlicher Haushalte entspricht. Bei den Dummy-

Variablen beziffert dieser Durchschnittswert den prozentualen Anteil der Haushalte, die das betreffende Merkmal aufweisen. Auf Basis der Durchschnittswerte wird der Korrekturterm des Durchschnittshaushalts berechnet. Multiplikation dieses Terms mit den reinen Koeffizienten liefert die korrigierten Koeffizienten des Durchschnittshaushalts.

Allerdings ist bei den angegebenen Koeffizienten der Dummy-Variablen noch eine Besonderheit zu beachten. Der angegebene Koeffizient einer Dummy-Variable misst nicht den (marginalen) Einfluss ausgehend von dem Durchschnittswert dieser Dummy-Variable, sondern stellt einen hochgerechneten Wert dar, welcher den wesentlich aussagekräftigeren Einfluss angibt, der sich aus einer diskreten Änderung des Wertes der Dummy-Variable von Null auf Eins ergibt.

Diesen Konventionen folgend, werden jeweils in der zweiten Spalte der nachfolgenden zwei Tabellen die geschätzten korrigierten Koeffizienten präsentiert. Dabei bezieht sich Tabelle 6.1 auf die Ergebnisse der 10%-Stichprobe (GBE < 200.000 DM). Die Ergebnisse der Totalerhebung (GBE ≥ 200.000 DM) finden sich in Tabelle 6.2. Die Resultate bezüglich der Koeffizienten δ_1 bis δ_Q (also bezüglich der Dummy-Variablen, welche für die XXL-Spender aufgenommen wurden) sind inhaltlich uninteressant und werden deshalb nicht abgedruckt.

Variable	Koeffizient	Standardabweichung	p-Wert
Konstante	5,718	0,585	<0,001
lnP	-11,176	0,459	<0,001
lnY	-2,173	0,119	<0,001
(lnP)(lnY)	0,904	0,045	<0,001
$(\ln P)^2$	-0,871	0,056	<0,001
$(\ln Y)^2$	0,157	0,006	<0,001
Alter30-39	0,240	0,010	<0,001
Alter40-49	0,472	0,010	<0,001
Alter50-59	0,785	0,010	<0,001
Alter60-69	1,323	0,011	<0,001
Alter>70	1,844	0,012	<0,001
Kinder1	-0,019	0,007	0,004
Kinder2	0,108	0,008	<0,001
Kinder3	0,258	0,013	<0,001
Kinder>3	0,341	0,024	<0,001
Ost	-0,329	0,006	<0,001
Mann	-0,283	0,008	<0,001
Frau	-0,050	0,008	<0,001
VGV	-0,135	0,019	<0,001

Tabelle 6.1: Tobit-Schätzung der Haushalte mit einem GBE unter 200.000 DM.

Die Kerninformationen der Tabelle 6.1 finden sich in den ersten beiden Spalten. Die erste Zahl der zweiten Spalte besagt, dass der geschätzte korrigierte Koeffizient $\hat{\beta}_0$ den Wert 5,718 besitzt. Die viertletzte Zeile der zweiten Spalte zeigt an, dass der korrigierte geschätzte Koeffizient $\hat{\gamma}_{10}$ einen Wert von -0,329 aufweist. Der negative Wert dieser letzten Zahl bedeutet, dass ein ostdeutscher Haushalt weniger spendet als ein identischer westdeutscher Haushalt. Man kann mathematisch zeigen, dass die Koeffizienten von Dummy-Variablen eine noch genauere Interpretation zulassen: Der korrigierte Koeffizient $\hat{\gamma}_{10}$ = -0,329 sagt aus, dass ein ostdeutscher (und ansonsten durchschnittlicher) Haushalt mit einem Einkommen von weniger als 200.000 DM um 32,9% weniger spendet, als ein *identischer* westdeutscher Haushalt.

Die beiden rechten Spalten der Ergebnistabelle enthalten statistische Kontrollwerte, die man traditionell bei jeder Schätzung mit angibt. Es handelt sich dabei um die *Signifikanz* der Koeffizienten (*p*-Wert) und die *Standardabweichung*. Diese Zusatzinformationen sind notwendig, um einen Eindruck davon zu vermitteln, ob die geschätzten Koeffizienten eine reine Zufälligkeit des Datensatzes oder aber verlässliche Schätzwerte darstellen. Beispielsweise würde ein *p*-Wert von 0,01 Folgendes besagen: Die Wahrscheinlichkeit, dass der wahre Koeffizient den Wert 0 und nicht den in der Tabelle angegebenen Wert besitzt, wird nach Lage der verwendeten Daten auf lediglich 1% geschätzt. Ein solch kleiner *p*-Wert wird normalerweise als ein sehr starkes Signal dafür angesehen, dass die Schätzung des Koeffizienten hinreichend verlässlich ist. Bei fast allen Koeffizienten sind die *p*-Werte sogar kleiner als 0,1%. Dies ist ein Indiz für die Schätzgüte dieser Koeffizienten.

Bevor die resultierenden Preis- und Einkommenselastizitäten berechnet und besprochen werden, seien zunächst noch einmal die Koeffizienten der Dummy-Variablen genauer besprochen. Der geschätzte Koeffizientenwert 0,240 der Dummy-Variable *Alter30-39* sagt aus, dass ein Haushalt dieser Altersgruppe um 24,0% mehr spendet als ein in Bezug auf alle anderen Charakteristika (Spendenpreis, Einkommen, Kinderzahl, etc.) vollkommen identischer Haushalt der Referenzgruppe der unter 30-jährigen. Der geschätzte Koeffizientenwert 0,472 der Dummy-Variable *Alter40-49* besagt, dass ein Haushalt dieser Altersgruppe um 47,2% mehr spendet als ein identischer Haushalt der Referenzgruppe der unter 30-jährigen. Die steigenden Werte der Koeffizienten der Altersgruppen-Dummies signalisieren eine mit zunehmendem Alter steigende Spendenbereitschaft. Es ist allerdings zu vermuten, dass dieser Effekt nicht allein dem gestiegenen Lebensalter geschuldet ist, sondern auch weiteren die Spendenbereitschaft stimulierenden Variablen, deren Ausprägung sich erst mit zunehmendem Alter abzeichnet und die hier nicht erfasst werden können. An erster Stelle ist hier das persönliche Vermögen zu nennen, welches nicht explizit in Gleichung (6.1) auftaucht, da keine zuverlässigen Daten über das Vermögen zur Verfügung stehen.

Interessant sind auch die Koeffizienten der Dummy-Variablen, welche die Kinderzahl erfassen. Der Wert dieser Koeffizienten nimmt bis auf eine Ausnahme zu. Das heißt, dass die Anzahl der Kinder sich tendenziell positiv auf das Spendenverhalten auswirkt. Diese Beobachtung erscheint durchaus plausibel, denn die bewusste Entscheidung für Kinder, fällt im Durchschnitt umso leichter, je größer die vorhandene Bereitschaft ist, Verantwortung für das Wohl anderer Menschen zu übernehmen. Ferner dürfte die Existenz von Kindern dieses Verantwortungsgefühl weiter fördern. Menschen mit einem solchen Verantwortungsgefühl dürften normalerweise eine stärker ausgeprägte Spendenbereitschaft besitzen. Ob Eltern versuchen, mit ihren Spenden auch beispielgebend auf ihre Kinder zu wirken, ist weniger klar. Für diesen Zweck würden sich viele kleine Klingelbeutelgaben und der Groschen für den Leierkastenmann wahrscheinlich besser eignen.

Auffallend ist auch der bereits besprochene negative Koeffizient der Dummy-Variable *Ost*. Haushalte in den neuen Bundesländern spenden 32,9% weniger als identische Haushalte in Westdeutschland. Ursächlich könnte hier die unterschiedliche Vermögenssituation in Ost- und Westdeutschland sein. Im Jahr 1998 könnte auch noch ein gewisser Nachholbedarf an Konsum bestanden haben, so dass die Spendenbereitschaft von eigenen Konsuminteressen verdrängt wurde. Schließlich ist auch zu vermuten, dass aus historischen Gründen in den neuen Bundesländern eine schwächer ausgeprägte Spendentradition besteht.

Die Koeffizienten der Dummy-Variablen zur Erfassung des Familienstandes deuten darauf hin, dass zusammenveranlagte Ehepaare am spendenfreudigsten sind, wobei allerdings alleinstehende Frauen kaum weniger spenden. Verheiratete Personen, welche die getrennte Veranlagung wählen (VGV), spenden 13,5% weniger als zusammenveranlagte Ehepaare. Bei den alleinstehenden Männern beträgt der Abstand sogar 28,3%.

Am oberen Ende der zweiten Spalte der Ergebnistabelle finden sich auch die Werte der Koeffizienten $\hat{\beta}_1 (= -11{,}176)$ bis $\hat{\beta}_5 (= 0{,}157)$. Mit Hilfe dieser Koeffizienten werden auf Basis der Gleichungen (6.3) und (6.4) die Preis- und Einkommenselastizitäten berechnet. Da es sich wiederum um haushaltsspezifische Werte handelt, muss man auch hier wieder entscheiden, welche dieser Elastizitäten angegeben werden sollen. Verschiedene Varianten sind dabei denkbar. Hier wurden zunächst für alle Haushalte deren haushaltsspezifische Preis- und Einkommenselastizitäten berechnet und anschließend der (ungewichtete) Durchschnitt aus diesen individuellen Werten gebildet. Die geschätzte Preiselastizität $\hat{\varepsilon}_h$ liegt bei diesem Verfahren bei $-1{,}11$, die geschätzte Einkommenselastizität $\hat{\upsilon}_h$ bei 0,66. Demnach würde bei einem Haushalt mit den durchschnittlichen Elastizitäten eine Erhöhung des *Spendenpreises* um 1% zu einer Absenkung seiner Spende um 1,11% führen. Die Erhöhung seines *Einkommens* um 1% würde seine Spende um 0,66% erhöhen.

Die bislang präsentierten Schätzergebnisse bezogen sich auf die Gruppe der Haushalte mit einem GBE von weniger als 200.000 DM. Tabelle 6.2 zeigt die Ergebnisse der Schätzung, welche auf Basis der Haushaltsgruppe mit einem GBE von mindestens 200.000 DM durchgeführt wurde.

Variable	Koeffizient	Standardabweichung	p-Wert
Konstante	7,543	0,984	<0,001
lnP	8,787	0,579	<0,001
lnY	-1,104	0,158	<0,001
(lnP)(lnY)	-1,000	0,048	<0,001
(lnP)^2	-1,169	0,050	<0,001
(lnY)^2	0,047	0,007	<0,001
Alter30-39	0,208	0,042	<0,001
Alter40-49	0,664	0,041	<0,001
Alter50-59	0,993	0,041	<0,001
Alter60-69	1,166	0,041	<0,001
Alter>70	1,849	0,043	<0,001
Kinder1	0,218	0,009	<0,001
Kinder2	0,551	0,009	<0,001
Kinder3	0,939	0,013	<0,001
Kinder>3	1,194	0,022	<0,001
Ost	-0,519	0,013	<0,001
Mann	-0,503	0,013	<0,001
Frau	-0,055	0,018	0,003
VGV	0,093	0,028	0,001

Tabelle 6.2: Ergebnisse der Tobit-Schätzung auf Basis der Haushalte mit einem GBE von mindestens 200.000 DM.

Die Vorzeichen der Koeffizienten der Dummy-Variablen entsprechen bis auf zwei kleine Ausnahmen genau denjenigen der Tabelle 6.1. Ferner bestätigt sich auch hier wieder, dass die Spendenfreudigkeit mit der Altersgruppe und der Kinderzahl steigt. Bezüglich der Kinderzahl sind diese Effekte hier sogar noch klarer ausgeprägt als in Tabelle 6.1. Dies gilt auch für die geringere Spendenbereitschaft in Ostdeutschland. Ein kleiner Unterschied bei den Dummy-Variablen der beiden betrachteten Haushaltsgruppen betrifft die verheirateten getrennt veranlagten Haushalte (VGV). Sie sind hier spendenfreudiger als die verheirateten gemeinsam veranlagten Ehepaare. In Tabelle 6.1 ergab sich das umgekehrte Ergebnis.

Was lässt sich über die Preis- und Einkommenselastizitäten aussagen? Bei der Preiselastizität ergibt sich ein Wert von $\hat{\varepsilon}_h = -1{,}05$ und bei der Einkommenselastizität ein Wert von $\hat{\upsilon}_h = 0{,}69$. Zum Vergleich, die Elastizitäten bei den

Haushalten mit einem GBE von weniger als 200.000 DM betrugen $\hat{\varepsilon}_h = -1{,}11$ und $\hat{\upsilon}_h = 0{,}69$. Die Unterschiede sind demnach nicht gravierend.

Damit wären sämtliche relevanten Größen geschätzt, so dass nun wieder das eigentliche Ziel dieser Studie in den Mittelpunkt gerückt werden kann. Dieses Ziel bestand darin, den fiskalischen Gesamteffekt eines Reformsystems dem fiskalischen Gesamteffekt des bestehenden Systems gegenüberzustellen. Dieser Vergleich ist Gegenstand des folgenden Kapitels.

7 Fiskalische Auswirkungen des Reformsystems

7.1 Fiskalischer Gesamteffekt des bestehenden Systems

Um den fiskalischen Gesamteffekt des bestehenden Systems zu ermitteln, wäre keine ökonometrische Schätzung notwendig gewesen. Man benötigt lediglich für jeden Haushalt den Spendenpreis P_h und die Spendenhöhe S_h. Das Produkt $P_h \cdot S_h$ ist der fiskalische Effekt des Haushalts h. Bei einem Haushalt, der nicht spendet, ergibt sich ein fiskalischer Effekt von Null. Jeder positiv spendende Haushalt löst einen positiven fiskalischen Effekt aus.

Die Summe der fiskalischen Effekte aller Haushalte liefert den *fiskalischen Gesamteffekt* des bestehenden steuerlichen Anreizsystems. Auf Basis der zur Verfügung stehenden Daten, ergibt sich ein fiskalischer Gesamteffekt von 865,2 Mio. €. Dabei wurden, wie gewohnt, die fiskalischen Effekte der 10%-Stichprobe (Haushalte mit GBE < 200.000 DM) mit dem Faktor zehn hochgerechnet. Der positive fiskalische Gesamteffekt ist für sich genommen bereits ein wichtiges Resultat: Eine Abschaffung der Spendenförderung würde den Staat deutlich mehr kosten als es ihm an Ersparnissen bringt.

Die tatsächliche Entlastung des Staatshaushaltes ist sicherlich größer als die ermittelten 865,2 Mio. €, da die Berechnung dieses Betrages nur auf den in der Schätzung verwendeten Haushalten basiert. Wie eingangs beschrieben, wurden jedoch zahlreiche Haushaltsgruppen von der empirischen Analyse ausgeschlossen, darunter die extrem einkommensstarken Haushalte. Deren Spendenanteil ist jedoch signifikant, und entsprechend spürbar wäre auch deren Beitrag zum fiskalischen Gesamteffekt. Da die gleichen Haushaltsgruppen aber auch bei der Berechnung des fiskalischen Gesamteffektes des Reformsystems ausgeschlossen werden, bleibt der Vergleich der beiden Systeme und ihrer fiskalischen Gesamteffekte aussagekräftig.

Im bestehenden System ergeben sich *haushaltsspezifische* Spendenpreise P_h, denn der Spendenpreis wird unmittelbar durch den individuellen Grenzsteuersatz m_h des betreffenden Haushalts festgelegt. Das Reformsystem ist hingegen durch einen *einheitlichen* Spendenpreis P gekennzeichnet, dessen Höhe durch den einheitlichen Steuerabschlagssatz a festgelegt wird. Um den fiskalischen Gesamteffekt des Reformsystems zu berechnen, muss zunächst auf Basis der bisherigen Schätzergebnisse der optimale Abschlagssatz ermittelt werden. Dies ist Gegenstand der zwei nachfolgenden Abschnitte.

7.2 Prognostizierte Spenden

Zunächst ist es hilfreich, sich noch einmal die Optimalitätsbedingung aus Gleichung (2.9) in Erinnerung zu rufen. Sie lautete

(7.1) $$\sum [S_h / (\sum S_k)] \varepsilon_h = -1$$

Gesucht wird der für alle Haushalte identische Steuerabschlagssatz a (bzw. Spendenpreis $P = 1 - a$), bei dem sich Spenden S_h und Preiselastizitäten ε_h ergeben, für die obige Optimalbedingung (7.1) erfüllt ist. Um diesen Steuerabschlagssatz zu ermitteln, muss mit verschiedenen Abschlagssätzen experimentiert werden. Jeder Abschlagssatz generiert andere Spenden und Elastizitäten und damit einen neuen Wert auf der linken Seite der Gleichung (7.1). Ergibt sich dort der Wert -1, dann ist der aus fiskalischer Sicht optimale Abschlagssatz gefunden.

Welche Spenden sich bei welchem Abschlagssatz ergeben würden, kann mit Hilfe der in den Tabellen 6.1 und 6.2 aufgelisteten Werte der Koeffizienten prognostiziert werden. Die prognostizierte logarithmierte Spende wird mit der folgenden Gleichung berechnet:

(7.2) $$\ln(\hat{S}_h^{neu} + 5) = \ln(S_h + 5) + \Phi \cdot \Delta,$$

wobei S_h die im bestehenden System tatsächlich beobachtete Spende darstellt und die Faktoren Φ und Δ folgendermaßen definiert sind:

$$\Delta = \left\{ \hat{\beta}_1 \cdot (\ln P^{neu} - \ln P_h) + \hat{\beta}_3 \cdot \ln Y_h \cdot (\ln P^{neu} - \ln P_h) + \hat{\beta}_4 \cdot ((\ln P^{neu})^2 - (\ln P_h)^2) \right\}$$

$$\Phi = \Phi \left(\frac{\hat{\beta}_0 + \hat{\beta}_1 \ln P_h + \hat{\beta}_2 \ln Y_h + \hat{\beta}_3 \ln P_h \cdot \ln Y_h + \hat{\beta}_4 (\ln P_h)^2 + \hat{\beta}_5 (\ln Y_h)^2}{\hat{\sigma}} + \frac{\hat{\gamma}_1 z_{1h} + \hat{\gamma}_2 z_{2h} + \ldots + \hat{\gamma}_{13} z_{13h} + \hat{\delta}_1 d_{1h} + \hat{\delta}_2 d_{2h} + \ldots + \hat{\delta}_Q d_{Qh} - \ln 5}{\hat{\sigma}} \right)$$

Gleichung (7.2) besagt, dass die neue logarithmierte Spende $\ln(\hat{S}_h^{neu} + 5)$ der Summe aus der logarithmierten tatsächlich beobachteten Spende $\ln(S_h + 5)$ und dem Produkt $\Phi \cdot \Delta$ entspricht. Das Produkt $\Phi \cdot \Delta$ repräsentiert demnach die Veränderungen im Spendenverhalten des Haushalts, welche durch den neuen Spendenpreis ausgelöst wurden.

Bei dem Faktor Φ handelt es sich um eine Funktion. Diese Funktion stellt den bereits angesprochenen Korrekturterm dar, welcher aus der Schätzmethodik des Tobit-Ansatzes erwächst. Der Faktor Δ steht für die Anpassungen in der latenten Variable (Spendenwunsch) auf den veränderten Spendenpreis. Sowohl innerhalb des Faktors Δ als auch im Klammerterm (Argument) der Funktion Φ

tauchen die im Rahmen der ökonometrischen Schätzung ermittelten Koeffizienten der Tabellen 6.1 und 6.2 auf. Ihre Werte bestimmen folglich das Ausmaß der Anpassungen, welche der Haushalt in seinem Spendenverhalten angesichts des veränderten Spendenpreises vornimmt.

Nachdem die neue logarithmierte Spende $\ln(\hat{S}_h^{neu} + 5)$ prognostiziert ist, exponiert man beide Seiten der Gleichung (7.2) und zieht anschließend 5 € auf beiden Seiten ab. Es ergibt sich die für den neuen Spendenpreis prognostizierte Spende:

(7.3) $\qquad \hat{S}_h^{neu} = \exp(\ln(S_h + 5) + \Phi \cdot \Delta) - 5$,

wobei negative Werte von $\hat{S}_h^{neu}$ durch Null ersetzt werden.

7.3 Optimaler Abschlag

Auf Basis der Gleichung (7.3) kann man für jeden möglichen Preis P^{neu} und jeden Haushalt h seine individuelle Spende $\hat{S}_h^{neu}$ prognostizieren. Anschließend lässt sich durch Summierung über alle Haushalte ein prognostiziertes Spendenaufkommen ermitteln. Ferner liefert Gleichung (6.3) die neuen haushaltsspezifischen Preiselastizitäten $\hat{\varepsilon}_h^{neu}$, die sich unter sonst gleichen Bedingungen beim neuen Spendenpreis P^{neu} einstellen würden. Es ist also möglich, für jeden neuen Spendenpreis P^{neu} die Werte sämtlicher Variablen des Summenterms auf der linken Seite der Optimalbedingung (7.1) zu berechnen. Es muss nun lediglich noch überprüft werden, bei welchem Spendenpreis P^{neu} der Summenterm den Wert −1 annimmt, also die Optimalbedingung erfüllt. Dieser Spendenpreis stellt den *optimalen Spendenpreis* P^{opt} dar. Der entsprechende *optimale Steuerabschlagssatz* a^{opt} ergibt sich direkt aus $a^{opt} = 1 - P^{opt}$.

Angewendet auf den vorhandenen Datensatz lieferte diese Vorgehensweise einen optimalen Spendenpreis von 0,52. Dies entspricht einem optimalen Abschlagssatz von 48%. Bei den daraus resultierenden Preiselastizitäten ergibt sich gegenüber dem bestehenden System ein wichtiger Unterschied. Die durchschnittliche Preiselastizität der unteren Einkommensgruppe ist deutlich geringer als diejenige der oberen Einkommensgruppe ($\hat{\varepsilon}_h^{neu} = -0{,}72$ gegenüber $\hat{\varepsilon}_h^{neu} = -1{,}22$). Im bestehenden System war die Differenz weit weniger ausgeprägt ($\hat{\varepsilon}_h = -1{,}11$ gegenüber $\hat{\varepsilon}_h = -1{,}05$). Bei den durchschnittlichen Einkommenselastizitäten ergeben sich im Reformsystem ebenfalls deutliche Abweichungen zum bestehenden System. Für die untere Einkommensgruppe ergibt sich ein Wert von $\hat{\upsilon}_h^{neu} = 0{,}46$ und bei der oberen Einkommensgruppe ein Wert von $\hat{\upsilon}_h^{neu} = 0{,}62$. Im bestehenden System ergab sich $\hat{\upsilon}_h = 0{,}66$ gegenüber $\hat{\upsilon}_h = 0{,}69$.

7.4 Fiskalischer Gesamteffekt des Reformsystems

Oberstes Ziel dieser Studie war die Abschätzung der fiskalischen Auswirkungen des Reformsystems. Die Berechnung des optimalen Abschlagssatzes war dabei lediglich eine Zwischenetappe. Im Reformsystem beträgt der prognostizierte fiskalische Effekt eines einzelnen Haushalts $P^{opt} \cdot \hat{S}_h^{neu}$, wobei $\hat{S}_h^{neu}$ die zum Spendenpreis P^{opt} prognostizierte Spende des Haushalts ist. Die Summe der fiskalischen Effekte aller Haushalte entspricht wieder dem fiskalischen Gesamteffekt.

Auf Basis der verwendeten Daten und den daraus entwickelten Schätzungen und Prognosen ergab sich für das Reformsystem ein hochgerechneter fiskalischer Gesamteffekt in Höhe von 874,2 Mio. €. Gegenüber dem fiskalischen Gesamteffekt des bestehenden Systems bedeutet dies eine Verbesserung um 9,0 Mio. €. Dies entspricht einer Erhöhung um mehr als 1,0%. Das prognostizierte Spendenaufkommen im Reformsystem beträgt 1,68 Mrd. €. Im bestehenden System betrug das Spendenaufkommen 1,55 Mrd. €. In nachfolgender Tabelle 7.1 sind die empirischen Kernresultate der Studie nochmals zusammengefasst.

	Bestehendes System			Reformsystem		
Spendenpreis	abhängig vom Grenzsteuersatz			0,52		
Einkommensklasse	untere	obere	gesamt	untere	obere	gesamt
Durchschnitt der Preiselastizität	-1,11	-1,05	-1,11	-0,72	-1,22	-0,77
Durchschnitt der Einkommenselastizität	0,66	0,69	0,67	0,46	0,62	0,48
Spendenaufkommen (hochgerechnet)	1,55 Mrd. €			1,68 Mrd. €		
fiskal. Gesamteffekt (hochgerechnet)	865,2 Mio. €			874,2 Mio. €		

Tabelle 7.1: Kennzahlenüberblick

Es wurde wiederholt darauf hingewiesen, dass aufgrund der Anonymisierungsmaßnahmen des Statistischen Bundesamtes Haushalte mit einem GBE von über 1.897.513 DM nicht in die empirische Analyse einfließen konnten. Da ihr Anteil am gesamten Spendenaufkommen weit über 10% beträgt, lohnt es sich, darüber zu spekulieren, welche Ergebnisse sich unter Einschluss dieser Haushalte einstellen würden.

Auf der linken Seite der Optimalbedingung (7.1) würden die hinzugekommenen Haushalte mit großem Gewicht eingehen. Die Festlegung des optimalen Abschlagsanteils würde sich folglich stärker an den hohen und höchsten

Einkommensgruppen orientieren, als es bislang der Fall war. Ihre Preiselastizitäten müssen dichter an den Wert −1 herangeführt werden, als es ohne die Gruppe der Höchsteinkommensempfänger der Fall war. Die Preiselastizitäten der hohen Einkommensgruppen sind betragsmäßig im gegenwärtigen Optimum größer als −1 (siehe Tabelle 7.1). Simulationen auf Basis der Ergebnisse der Tobit-Schätzung zeigen, dass diese Preiselastizitäten bei fallendem Spendenpreis betragsmäßig ebenfalls fallen. Die Preiselastizitäten der hohen und höchsten Einkommensgruppen werden also durch eine *Absenkung des Spendenpreises* dichter an den Wert −1 geführt. Die Absenkung des Spendenpreises erfordert wiederum einen *erhöhten Abschlagssatz*. Im Ergebnis wird der optimale Abschlagssatz für das vollständige Spektrum der in Deutschland lebenden Haushaltsgruppen also größer als die bislang berechneten 48% ausfallen.

8 Steuerpolitisches Fazit

Das gegenwärtige System der staatlichen Förderung privater Spendentätigkeit vollzieht sich im Rahmen des Sonderausgabenabzugs der Einkommensteuerermittlung. Dieses System wurde im Rahmen dieser Studie mit einem Reformsystem verglichen, welches einen für alle Steuerhaushalte einheitlichen Steuerabschlagssatz vorsieht. Es wurde argumentiert, dass dieses Reformsystem allein schon aus Transparenz- und Gerechtigkeitserwägungen einen Fortschritt darstellen würde.

Die empirischen Schätzungen liefern klare Indizien dafür, dass das gegenwärtige Anreizsystem wirksam ist und beim Staatshaushalt zu einer spürbaren Nettoentlastung führt. Dies stellt eine hohe Hürde für jegliches Reformsystem dar, muss es doch, zumindest aus Sicht der Finanzpolitiker, vergleichbare Nettoentlastungen herbeiführen wie das gegenwärtige System. Die empirische Untersuchung hat gezeigt, dass das Reformsystem genau dies leistet. Bei einem einheitlichen steuerlichen Abschlagssatz von 48% ergibt sich eine gegenüber dem gegenwärtigen System erhöhte Nettoentlastung.

Angesichts der vielfältigen Vorzüge des Reformsystems wird hier empfohlen im EStG die Abzugsfähigkeit von Spenden durch einen Steuerabschlag auf die fällige Einkommensteuer zu ersetzen. Dieser Abschlag sollte etwa 48% der steuerlich geltend gemachten Spenden betragen. In der konkreten Ausgestaltung des Reformsystems ergeben sich allerdings noch einige grundsätzliche Fragen, welche in dieser Studie nicht explizit behandelt wurden. Drei dieser Fragen werden im Folgenden wenigstens kurz angesprochen.

Eine attraktive Eigenschaft des Reformsystems ist der einheitliche Spendenpreis. Würde man jedoch als Bemessungsgrundlage für den Solidaritätszuschlag jene Steuerschuld heranziehen, welche sich *nach* Abzug des durch Spenden entstandenen Steuerabschlags ergibt, dann wäre der Spendenpreis für einen Haushalt, welcher Solidaritätszuschlag zu entrichten hat, niedriger als für einen

Haushalt, für den kein Solidaritätszuschlag anfällt.[33] Um die Einheitlichkeit des Spendenpreises zu wahren, könnte man als Bemessungsgrundlage des Solidaritätszuschlags die Steuerschuld *vor* Abzug des Spenden-Steuerabschlags verwenden.

Die Frage der 5%-igen und 10%-igen Höchstbeträge stellt sich im Reformsystem genauso wie im gegenwärtigen System. Die wesentlichen Argumente für und gegen solche Höchstbeträge bleiben unverändert gültig. Es wurde in der vorliegenden Studie empirisch belegt, dass die im gegenwärtigen System bestehenden Höchstbeträge das Spendenaufkommen nicht unwesentlich einschränken. Dies gilt vor allem für die 5%-Höchstgrenze.

Würde man im Reformsystem keine Höchstbeträge vorsehen, wäre es möglich, dass der durch die Spenden ausgelöste Steuerabschlag eines Haushalts größer ausfällt als die gesamte Steuerschuld. Wenn man dieses als inakzeptabel erachtet, könnte man verschiedenen Verhinderungsstrategien folgen. Zum einen könnte man als Höchstbetrag des Steuerabschlags die Steuerschuld selbst definieren. Damit wäre allerdings das Prinzip des einheitlichen Spendenpreises für einige wenige Extremfälle aufgeweicht. Man könnte allerdings auch zulassen, dass der Teil des Steuerabschlags, der über die Steuerschuld hinausgeht und im laufenden Jahr deshalb nicht gewährt wird, von der Steuerschuld der Folgeperioden (oder auch der Vorperiode) abgezogen werden darf.

Ein Problem, welches alle durch Steueranreize geförderten Aktivitäten betrifft, stellt sich auch im Rahmen des Reformsystems. Jene Haushalte, die aufgrund ihres geringen steuerpflichtigen Einkommens keine Steuern zahlen müssen und oftmals im besonderen Maße staatlicher Unterstützung bedürfen, erhalten keine Anreize, den geförderten Aktivitäten nachzugehen. Der Spendenpreis im bestehenden System beträgt Eins und das bleibt er auch im Reformsystem. Dieses Problem wäre erst dann beseitigt, wenn man im Reformsystem noch einen Schritt weiter ginge als bislang angedacht und den Betrag des Steuerabschlags nicht als Steuerabschlag gewährte, sondern direkt als Spendensubvention auszahlte, vollkommen unabhängig davon, ob jemand Steuern zahlt oder nicht. Um den Verwaltungsaufwand zu senken, könnte eine solche Subvention auch an den *Spendenempfänger* entrichtet werden, der dann vom Spender nicht den vollen Spendenbetrag überwiesen bekommt, sondern nur 52% dieses Betrages (bei einem Subventionssatz von $a = 48\%$).

Unabhängig davon, ob man diesen zusätzlichen Schritt gehen möchte, also die Spendenförderung vollkommen aus dem Steuersystem herauslöst, scheint der Übergang auf ein System mit einem einheitlichen Spendenpreis eine attrak-

---

[33] Muss ein Haushalt keinen Solidaritätszuschlag abführen, so reduziert eine Spende von 100 € bei einem Steuerabschlagssatz von 48% die Einkommensteuerschuld des Haushalts um 48 €. Der Spendenpreis beträgt also 0,52 €. Muss der Haushalt hingegen den Solidaritätszuschlag abführen, dann kommt zu den eingesparten 48 € noch hinzu, dass die Bemessungsgrundlage für den Solidaritätszuschlag ebenfalls um 48 € gefallen ist und damit 5,5% · 48 € = 2,64 € zusätzliche Ersparnis anfallen. Der resultierende Spendenpreis beträgt 0,4936.

tive Reformvariante zu sein. Das Reformsystem zeichnet sich durch seine hohe Transparenz aus, bietet aus Gerechtigkeitserwägungen wenig Anlass zu Kritik, honoriert private Spendentätigkeit stärker als es bislang der Fall war und führt dennoch zu einer weiteren Entlastung des Staatshaushalts.

Anhang A

Es wird hier Beziehung (2.6) hergeleitet. Auflösen der Klammer der Gleichung (2.4) liefert:

(A.1) $$R = T - \sum S_h + \sum P_h S_h$$

Das totale Differential der Gleichung (A.1),

$$dR = dT - \sum dS_h + \sum dP_h \cdot S_h + \sum P_h \cdot dS_h,$$

lässt sich aufgrund von $dT=0$ vereinfachen zu:

(A.2) $$dR = \sum dP_h \cdot S_h + \sum P_h \cdot dS_h - \sum dS_h$$

Wenn die Preiselastizität ε_h einen Wert von -1 besitzt, dann gilt

(A.3) $$\frac{dS_h}{dP_h} \cdot \frac{P_h}{S_h} = -1.$$

Multiplikation beider Seiten der Definition (A.3) mit dem Term $dP_h \cdot S_h$ liefert $dS_h \cdot P_h = -dP_h \cdot S_h$. Ersetzt man entsprechend den zweiten Summanden auf der rechten Seite der Gleichung (A.2), gelangt man zu

(A.4) $$dR = \sum dP_h \cdot S_h - \sum dP_h \cdot S_h - \sum dS_h = -\sum dS_h$$

Anhang B

Im Folgenden wird die Optimalitätsbedingung (2.9) für den optimalen Spendenpreis des Reformsystems hergeleitet. Sie ergibt sich aus dem in Gleichung (2.8) vereinfacht dargestellten öffentlichen Finanzierungssaldo $B = T + \sum P_h \cdot S_h - X$. Da im Reformsystem $P = P_h$ gilt und die Spenden vom Preis abhängen, erhält man als Finanzierungssaldo B:

$$B = T + \sum P \cdot S_h(P) - X.$$

Um den Preis zu finden, der diesen Saldo maximiert, bildet man die Bedingung erster Ordnung:

$$\frac{dB}{dP} = \sum \left(S_h + \frac{dS_h}{dP} \cdot P \right) = 0$$

Dies lässt sich auch schreiben als:

$$\sum S_h + \sum \frac{dS_h}{dP} \cdot P = 0$$

bzw.

(B.1) $$\sum \frac{dS_h}{dP} \cdot P = -\sum S_h$$

Erweitert man die linke Seite von Gleichung (B.1) mit (S_h / S_h), gelangt man zu:

(B.2) $$\sum \frac{dS_h}{dP} \cdot \frac{P}{S_h} \cdot S_h = -\sum S_h$$

Da Gleichung (B.2) die individuelle Preiselastizität

$$\varepsilon_h = \frac{dS_h}{dP} \cdot \frac{P}{S_h}$$

enthält, steht dort eigentlich:

(B.3) $$\sum \varepsilon_h \cdot S_h = -\sum S_h$$

Schreibt man die Summe auf der linken Seite von Gleichung (B.3) in ausführlicher Form, erhält man:

(B.4) $$\varepsilon_1 S_1 + \varepsilon_2 S_2 + \ldots + \varepsilon_H S_H = -\sum S_h$$

Man bildet also für jeden Haushalt das Produkt aus individueller Spende und individueller Preiselastizität und summiert diese Produkte über alle Haushalte auf. Im Optimum muss diese Summe dann dem negativen Spendenaufkommen entsprechen. Dividiert man nun durch dieses Spendenaufkommen, erhält man auf der linken Seite der Gleichung (B.4) für jeden Haushalt das Produkt aus seinem individuellen Anteil am gesamten Spendenaufkommen und seiner Preiselastizität. Auf der rechten Seite der Gleichung (B.4) verbleibt lediglich – 1. In formaler Schreibweise ergibt sich:

(B.5) $$\varepsilon_1 \frac{S_1}{\sum S_h} + \varepsilon_2 \frac{S_2}{\sum S_h} + \ldots + \varepsilon_H \frac{S_H}{\sum S_h} = -1$$

Schreibt man Gleichung (B.5) mit Hilfe von Summenzeichen in kompakter Form, erhält man die Optimalbedingung (2.9):

$$\sum [S_h /(\sum S_k)] \varepsilon_h = -1$$

Anhang C

Dieser Anhang präsentiert zusätzliche statistische Kennzahlen zur Höchstgrenzenproblematik, welche Gegenstand des Kapitels 4 war. Bei der Interpretation der Abbildung C.1 ist zu beachten, dass der dort auftauchende Begriff „Spender" nur jene Haushalte beinhaltet, die Spenden zugunsten der genannten Zwecke leisten. Beispielsweise besagt der dort eingetragene Wert von 6,96%, dass 6,96% der Haushalte mit einem GBE von weniger als 200.000 DM, die für einen Spendenzweck mit 5%-Höchstgrenze gespendet haben, mit ihrer Spende diesen Höchstbetrag überschritten. Abbildung C.2 zeigt die entsprechenden Spenderanteile, welche sich bei den bis zu 10% des GBE abzugsfähigen Spenden ergeben.

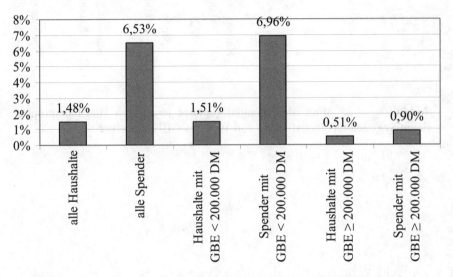

Abbildung C.1: Anteil der Spender (an der jeweiligen Haushaltsgruppe), deren Spende den Höchstbetrag von 5% des GBE überschreitet.

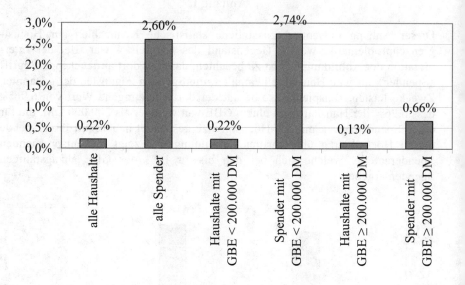

Abbildung C.2: Anteil der Spender (an der jeweiligen Haushaltsgruppe), deren Spende den Höchstbetrag von 10% des GBE überschreitet.

Anhang D

Dieser Anhang erläutert die notwendigen Fallunterscheidungen bei der Ermittlung des Grenzsteuersatzes. Das deutsche Steuersystem kennt verschiedene Tatbestände, welche den Steuertarif und somit die hypothetische Steuerschuld und den Grenzsteuersatz beeinflussen. Diese werden im Folgenden kurz vorgestellt, wobei jeweils nur die isolierte Wirkung auf den Tarif dargestellt wird.

1. Am bekanntesten ist das so genannte Splittingverfahren. Danach wird bei der Berechnung der Steuerschuld eines zusammenveranlagten Ehepaares das gemeinsame Einkommen halbiert, darauf der geltende Tarif angewendet und abschließend die sich ergebende Steuerschuld mit 2 multipliziert, d.h.

$$T^{Splitting} = 2 \cdot T\left(\frac{Y_{ZVE}}{2}\right),$$

wobei T die Tarifvorschrift aus Gleichung (5.2) bezeichnet. Die Steuerschuld eines Ehepaares ergibt sich also gemäß:

(D.1) $$T = 2 \cdot \left(a\left(\frac{Y_{ZVE}}{2}\right)^2 + b\frac{Y_{ZVE}}{2} - c\right) = \frac{1}{2}aY_{ZVE}^2 + bY_{ZVE} - c.$$

Für den Grenzsteuersatz gilt:

(D.2) $$m_T = \frac{dT}{dY_{ZVE}} = aY_{ZVE} + b.$$

Zu beachten ist dabei auch die Verdopplung der Grenzwerte der Tarifbereiche.

2. Ebenfalls von großer Bedeutung sind die unter Progressionsvorbehalt fallenden Einkünfte. Dabei handelt es sich um nicht in der steuerpflichtigen Bemessungsgrundlage enthaltene Einkünfte, die aber zur Ermittlung des für die steuerpflichtigen Einkünfte geltenden Steuersatzes herangezogen werden. Wenn also für das Einkommen Y eines Steuerhaushalts gilt $Y = Y_{ZVE} + Y_P$, wobei Y_{ZVE} das steuerpflichtige Einkommen und Y_P die steuerfreien, aber unter Progressionsvorbehalt fallenden Einkünfte bezeichnen, dann lässt sich unter Ausnutzung der Tatsache, dass der Durchschnittssteuersatz t allgemein definiert ist als $t(Y) = T(Y) / Y$, der Steuertarif folgendermaßen beschreiben:

(D.3) $$T(Y_{ZVE}, Y_P) = t(Y) \cdot (Y - Y_P) = t(Y_{ZVE}, Y_P) \cdot Y_{ZVE}$$

Anwendung des gegebenen Tarifs liefert:

(D.4) $$T(Y_{ZVE}, Y_P) = a(Y_{ZVE} + Y_P) \cdot Y_{ZVE} + b \cdot Y_{ZVE} - c \frac{Y_{ZVE}}{Y_{ZVE} + Y_P}$$

Da die Steuerschuld sowohl von Y_{ZVE} als auch von Y_P abhängt, existieren zwei mögliche Grenzsteuersätze. Entscheidend ist nun die Tatsache, dass Spenden als abzugsfähige Sonderausgaben das ZVE beeinflussen. Damit ergibt sich folgender Grenzsteuersatz:

(D.5) $$m_T = \frac{dT}{dY_{ZVE}} = a \cdot (2Y_{ZVE} + Y_P) + b + c \cdot \left(\frac{1}{Y_{ZVE} + Y_P} - \frac{Y_{ZVE}}{(Y_{ZVE} + Y_P)^2} \right)$$

3. Hinzu kommt bei der Berechnung des Grenzsteuersatzes die Tarifbegrenzung nach § 32c EStG.[34] Danach wird die Grenzbelastung gewerblicher Einkünfte auf maximal 47% begrenzt. Dies wird allerdings über einen umständlich zu berechnenden Entlastungsbetrag realisiert, der von der Höhe der gewerblichen Einkünfte abhängt und erst bei Überschreiten eines Mindestbetrages gewährt wird. Selbiger liegt bei 100.278 DM (bzw. 200.556 DM für Zusammenveranlagte) und entspricht somit genau dem Wert, an dem die Grenzbelastung 47% erreicht. Auch wenn hier nicht weiter ins Detail gegangen werden soll, so ist doch eine Anmerkung angebracht. Die Berechnung des Entlastungsbetrags basiert auf dem so genannten gewerblichen Anteil. Dieser Anteil ist laut Gesetz im Wesentlichen definiert als die gewerblichen Einkünfte oder in bestimmten Fällen auch als ZVE.[35] Dies ist bei der Ermittlung von m_T zu beachten.

4. Zu berücksichtigen ist auch die Steuersonderberechnung nach § 34 Abs. 2 EStG. Es handelt sich hierbei um Steuervergünstigungen, welche bestimmten außerrdentlichen Einkünften eingeräumt werden.[36] Die Steuerschuld auf die außerordentlichen Einkünfte i.S.d. § 34 Abs. 2 wird mit einem ermäßigten Durchschnittssteuersatz bestimmt, welcher folgendermaßen ermittelt wird: Der Durchschnittssteuersatz, welcher sich ergibt, wenn die ESt auf Basis des gesamten ZVE zuzüglich der dem Progressionsvorbehalt unterliegenden Einkünfte ermittelt wird, wird halbiert. Anschließend wird er auf die

---

[34] Dieser Paragraph ist seit 2001 abgeschafft.
[35] Eine detailliertere Erläuterung würde den begrenzten Rahmen dieser Studie sprengen.
[36] Eine genaue Definition dieser Einkünfte kann im Gesetzestext nachgelesen werden.

außerordentlichen Einkünfte angewendet, während das verbleibende ZVE auf die übliche Weise versteuert wird. Das Einkommen eines Individuums sei also $Y = Y_{ZVE} + Y_P$ mit $Y_{ZVE} = Y_{ZVER} + Y_{ao}$, wobei Y_{ao} die außerordentlichen Einkünfte nach § 34 Abs. 2 EStG darstellt und Y_{ZVER} das verbleibende ZVE nach Abzug jener außerordentlichen Einkünfte. Die gesamte Steuerschuld ergibt sich nun als folgende Summe:

$$(D.6) \qquad T(Y) = T_{Y_{ZVER}}(Y_{ZVE}, Y_P, Y_{ao}) + T_{Y_{ao}}(Y_{ZVE}, Y_P, Y_{ao})$$

Interessant ist nun vor allem der zweite Summand aus Gleichung (D.6). Diese Steuerschuld lässt sich auch so beschreiben: $T_{Y_{ao}}(Y_{ZVE}, Y_P, Y_{ao}) = (1/2) \cdot t(Y) \cdot Y_{ao}$. Einsetzen des Tarifs liefert schließlich:

$$(D.7) \qquad T_{Y_{ao}}(Y_{ZVE}, Y_P, Y_{ao}) = (1/2) \cdot [d \cdot Y + e - f \cdot (1/Y)] \cdot Y_{ao}$$

Die Koeffizienten d, e und f übernehmen die Aufgaben der bekannten Koeffizienten a, b und c, welche den Tarif des ersten Summanden aus Gleichung (D.6) beschreiben. Es ist also möglich, dass die beiden Summanden aus Gleichung (D.6) mit Hilfe unterschiedlicher Tarife bestimmt werden. Die Ursache liegt darin, dass die im ersten Summanden verwendeten Koeffizienten diejenigen sind, welche der Tarifbereich aufweist, in den $Y_{ZVER} + Y_P$ fällt, während d, e und f jenen Tarifbereich beschreiben, in den $Y = Y_{ZVER} + Y_{ao} + Y_P$ fällt.

Ersetzt man nun in Gleichung (D.7) Y, dann ergibt sich:

$$(D.8) \qquad T_{Y_{ao}}(Y_{ZVER}, Y_{ao}, Y_P) = \frac{1}{2}\left(d \cdot (Y_{ZVER} + Y_{ao} + Y_P) + e - f \frac{1}{Y_{ZVER} + Y_{ao} + Y_P}\right) \cdot Y_{ao}$$

Aus bekannten Gründen ist wiederum der Grenzsteuersatz bezüglich Y_{ZVE} gesucht. Dies ist im vorliegenden Fall dT/dY_{ZVER}, denn

$$m_T = \frac{dT}{dY_{ZVE}} = \frac{dT}{dY_{ZVER}} \cdot \frac{dY_{ZVER}}{dY_{ZVE}} \quad \text{mit} \quad \frac{dY_{ZVER}}{dY_{ZVE}} = 1.$$

Es wird nur der Grenzsteuersatz der außerordentlichen Einkünfte bezüglich des ZVE betrachtet, also die Ableitung des zweiten Summanden aus Gleichung (D.6) bzw. die Ableitung von Gleichung (D.8):

$$\text{(D.9)} \qquad \frac{dT_{Y_{ao}}}{dY_{ZVER}} = \frac{1}{2}\left(d \cdot Y_{ao} + f \frac{1}{Y_{ZVER} + Y_{ao} + Y_P}\right) \cdot Y_{ao}$$

5. Weitere außerordentliche Einkünfte werden zudem in Absatz 3 desselben Paragraphen (§ 34) definiert. Ihre Versteuerung unterscheidet sich aber von jener der zuvor genannten außerordentlichen Einkünfte. Zunächst wird das zu versteuernde Einkommen um die außerordentlichen Einkünfte nach § 34 Abs. 2 und 3 gemindert. Zu diesem verbleibenden ZVE wird ein Drittel der außerordentlichen Einkünfte im Sinne des Absatzes 3 hinzugerechnet. Für diese Summe wird die Einkommensteuer ermittelt. Anschließend wird die Einkommensteuer für das zuvor ermittelte verbleibende ZVE bestimmt. Die Differenz der beiden Einkommensteuerbeträge wird verdreifacht und bildet die Steuerschuld auf außerordentliche Einkünfte im Sinne des § 34 Abs. 3. Unter Progressionsvorbehalt fallende Einkünfte werden hier nicht berücksichtigt. Wenn also das Einkommen Y eines Individuums $Y = Y_{ZVE} + Y_P$ sei, mit $Y_{ZVE} = Y_{ZVER'} + Y_{ao} + Y_{ao'}$, wobei Y_{ZVE} und Y_{ao} bekannt sind, $Y_{ao'}$ die außerordentlichen Einkünfte i.S.d. § 34 Abs. 3 EStG bezeichne und $Y_{ZVER'}$ das verbleibende ZVE nach Abzug der außerordentlichen Einkünfte im Sinne der Absätze 2 und 3, dann ergibt sich die individuelle Steuerschuld als folgende Summe:

$$\text{(D.10)} \quad T(Y) = T_{y_{ZVER'}}(Y_{ZVE}, Y_P, Y_{ao}, Y_{ao'}) + T_{y_{ao}}(Y_{ZVE}, Y_P, Y_{ao}, Y_{ao'}) + T_{y_{ao'}}(Y_{ZVE}, Y_P, Y_{ao}, Y_{ao'})$$

Die ersten beiden Summanden aus Gleichung (D.10) und die dazugehörenden Grenzsätze wurden bereits betrachtet, da sie den beiden Summanden aus Gleichung (D.6) entsprechen. Der dritte Summand lässt sich mit Hilfe folgender Tarifformel beschreiben:

$$\text{(D.11)} \qquad T_{y_{ao'}}(Y_{ZVE}, Y_P, Y_{ao}, Y_{ao'}) = 3 \cdot [T(Y_{ZVER'} + (1/3) \cdot Y_{ao'}) - T(Y_{ZVER'})]$$

Bei Einsetzen des Tarifs in (D.11) tauchen die Koeffizienten g, h, i bzw. j, k, l auf. Sie beschreiben den Tarif in jenen Tarifbereichen, in welchen ($Y_{ZVER'} + (1/3)Y_{ao'}$) bzw. $Y_{ZVER'}$ liegen. Die Versteuerung von außerordentlichen Einkünften i.S.d. § 34 Abs. 3 EStG erfolgt also gemäß der Vorschrift:

(D.12)
$$T_{y_{ao'}}(Y_{ZVE}, Y_P, Y_{ao}, Y_{ao'})$$
$$= 3 \cdot \left(g \cdot \left(Y_{ZVER'} + \frac{Y_{ao'}}{3} \right)^2 + h \cdot \left(Y_{ZVER'} + \frac{Y_{ao'}}{3} \right) - i - j \cdot Y_{ZVER'}^2 - k \cdot Y_{ZVER'} + l \right)$$

Analog der Argumentation aus Punkt 4 ergibt sich der gesuchte Grenzsteuersatz als Ableitung der Gleichung (D.12) nach $Y_{ZVER'}$. Er lautet also:

(D.13)
$$\frac{dT_{y_{ao'}}}{dY_{ZVER'}} = 3 \cdot \left[2gY_{ZVER'} + \tfrac{2}{3} gY_{ao'} + h - 2jY_{ZVER'} - k \right]$$

6. Als dritte und letzte Kategorie der in dieser Arbeit berücksichtigten außerordentlichen Einkünfte ist jene im Sinne des § 34c Abs. 4 EStG zu nennen. Die Einkünfte dieser Kategorie werden nach einem ermäßigten Durchschnittssteuersatz versteuert, welcher genau wie der unter Punkt 4 beschriebene ermittelt wird. Hinzu kommt im vorliegenden Fall jedoch noch eine Begrenzung auf maximal 23,5%. Auf die mathematische Darstellung soll hier verzichtet werden, da es sich um eine Wiederholung der im Punkt 4 aufgeführten handeln würde mit entsprechend angepassten Variablendefinitionen. Lediglich für den Fall, dass der Durchschnittssteuersatz auf das gesamte ZVE und die unter Progressionsvorbehalt fallenden Einkünfte größer als 47% ausfällt, ist außerdem noch die genannte Beschränkung zu beachten.

7. Die weiteren fünf Steuersonderberechnungen nach § 34 Abs. 3 Nummern 1 – 3c, welche ausschließlich den Fall außerordentlicher Einkünfte aus außerordentlichen Holznutzungen betreffen, werden nicht berücksichtigt, da die Anzahl der von einer oder mehrerer jener Steuersonderberechnungen betroffenen Steuerhaushalte mit 520 bei der Größe des vorliegenden Datensatzes verschwindend gering ausfällt, so dass die Aufnahme weiterer komplizierter Tarifvorschriften in die Gesamtformel zur Beschreibung des Tarifs letztlich nicht als nutzbringend erachtet wird.

Literatur

Andreoni, J. (1989), Giving with Impure Altruism: Applications to Charity and Ricardian Equivalence, Journal of Political Economy 97, S. 1447-1458.

Andreoni, J. (2004), Philanthropy, erscheint in Handbook of Giving, Reciprocity and Altruism, L.-A. Gerard-Varet, S-C. Kolm und J. Mercier Ythier (Hrsg.) in the series Handbooks in Economics, K. Arrow und M.D. Intriligator (Hrsg.).

Auer, L. von (2005a), Philanthropie in der ökonomischen Theorie, in W. R. Walz, H. Kötz, P. Rawert, K. Schmidt (Hrsg.), Non Profit Law Yearbook 2004, Köln: Carl Heymanns, S. 207-222.

Auer, L. von (2005b), Ökonometrie: Eine Einführung, Berlin: Springer.

Auten, G. E., H. Sieg, C. T. Clotfelter (2002), Charitable Giving, Income, and Taxes: An Analysis of Panel Data, American Economic Review 92 No. 1, S. 371-382.

Barrett, K. S. (1991), Panel-Data Estimates of Charitable Giving: A Synthesis of Techniques, National Tax Journal 44 No. 3, S. 365-381.

Barrett, K. S., A. M. McGuirk, R. Steinberg (1997), Further Evidence on the Dynamic Impact of Taxes on Charitable Giving, National Tax Journal 50 No. 2, S. 312 – 334.

Clotfelter, C. T. (1980), Tax Incentives and Charitable Giving: Evidence from a Panel of Taxpayers, Journal of Public Economics 13, S. 319-340.

Clotfelter, C. T., C. E. Steuerle (1981), Charitable Contributions, in H. J. Aaron und J. A. Pechman (Hrsg.): How Taxes Affect Economic Behavior, Washington, S. 403-437.

Feldstein, M. S. (1975), The Income Tax and Charitable Contributions, Part I: Aggregate and Distributional Effects, National Tax Journal 28 No. 1, S. 81-100.

Merz, J. (2001), Hohe Einkommen, ihre Struktur und Verteilung, Lebenslagen in Deutschland – Der erste Armuts- und Reichtumsbericht der Bundesregierung, Bundesministerium für Arbeit und Sozialordnung, Bonn 2001.

Merz, J., D. Vorgrimler, M. Zwick (2004), Faktisch anonymisiertes Mikrodatenfile der Lohn- und Einkommensteuerstatistik 1998, Wirtschaft und Statistik 10, S. 1079 -1091.

Paqué, K.-H. (1986), Philanthropie und Steuerpolitik – Eine ökonomische Analyse der Förderung privater Wohltätigkeit, Tübingen: Mohr-Siebek.

Ronning, G. (1998), Mikroökonometrie, Berlin: Springer.

Taussig, M. K. (1967), Economic Aspects of the Personal Income Tax Treatment of Charitable Contributions, National Tax Journal 20 No. 1, S. 1-19.

2. Teil: Das rechtsvergleichende Teilprojekt:
Gemeinsame Grundlagen, rechtspolitische
Vorschläge, Länderberichte

Rechtsvergleichender Generalbericht

THOMAS VON HIPPEL / W. RAINER WALZ

A. Grundlagen
  I. Einleitung
    1. Zur Notwendigkeit der Rechtsvergleichung im Gemeinnützigkeits- und Spendenrecht
    2. Funktionen des Generalberichts als Grundlegung eines „common framework".
    3. Gang der Untersuchung
  II. Steuersystem
    1. Einschlägige Steuern
    2. Föderale Unterscheidungen
    3. Besonderheiten bei der Umsatzsteuer
      a) Wirkungsweise der Umsatzsteuer
      b) Echte und unechte Befreiungen
      c) Europarechtliche Vorgaben
      d) Nationale Erstattungsregeln
      e) Befreiungen bei Zweckbetrieben und Vereinsmitgliedschaften
      f) Sonderregeln in einzelnen Ländern
  III. Rechtfertigung der Steuerprivilegien
B. Organisationsrechtliche Voraussetzungen für die Empfängerorganisation
  I. Rechtsformübergreifende Konzeption des Gemeinnützigkeitsrechts
  II. Zulässige Organisationsformen
    1. „Ideelle Organisationen" (Verein und Stiftung)
    2. Kapitalgesellschaften
    3. Genossenschaften
    4. Organisationsformen ohne Rechtspersönlichkeit
    5. Keine Einzelpersonen oder Personengesellschaften
    6. Körperschaften und Stiftungen öffentlichen Rechts
  III. Besonderheiten beim Spendenabzug und dem Schenkungs- und Erbschaftsteuerrecht
    1. Grundsatz: Keine Differenzierung nach der Organisationsform
    2. Sonderfall: Österreich
      a) Körperschaftsteuer
      b) Schenkungsteuer
      c) Spendenabzug
    3. Weitere Ausnahmen
  IV. Beschränkung auf inländische Organisationen
    1. Traditioneller Grundsatz: Steuerprivilegien nur für inländische Organisationen
    2. Europarechtswidrigkeit der nationalen Beschränkungen?
C. Gemeinnütziger Zweck
  I. Gesetzliche Definitionen des gemeinnützigen Zwecks
    1. Generalklauselartige Definition
    2. Beispielskataloge
    3. Abschließender Katalog
    4. Sonderfälle
  II. Erstes inhaltliches Element: Förderung des Allgemeininteresses
    1. Verbot der Förderung eines zu beschränkten Personenkreises
      a) Abgrenzungsfragen
      b) Grundsatz: Ausschließliche Förderung der Allgemeinheit
        aa) Erste Ausnahme Bedürftige Gruppe
        bb) Zweite Ausnahme: Zuwendungen für nicht-gemeinnützige Zwecke
        cc) Problemfall: Förderung mitgliedernütziger Zwecke
    2. Verbot der Förderung rechtswidriger oder aus politisch-sozialen Gründen inakzeptabler Zwecke
    3. Anzulegender Maßstab

III. Zweites inhaltliches Element: Selbstlosigkeit
IV. Sonderfragen
  1. Förderung im Ausland
  2. Verlust der Steuerbegünstigung wegen der Art und Weise der Einnahmeerzielung?
     a) Einnahmen aus unternehmerischer mittelbeschaffender Tätigkeit
     b) Holding-Fälle
V. Abweichungen beim Spendenabzug
VI. Abschließende rechtsvergleichende Analyse der Gemeinsamkeiten und Unterschiede hinsichtlich des gemeinnützigen Zwecks
  1. Kohärenz mit dem Katalog des ungarischen Non-Profit-Gesetzes
  2. Beispiele und umstrittene Grenzfälle
D. Vorgaben für die Mittelverwendung
  I. Ausschüttungen und Zahlungen
    1. Verfolgung des satzungsmäßigen gemeinnützigen Zwecks
    2. Gewinnausschüttungsverbot
       a) Verbot direkter Ausschüttungen
       b) Abgrenzung zwischen unzulässiger verdeckter Gewinnausschüttung und zulässiger Zuwendung
          aa) Zuwendungen an Vereinsmitglieder
          bb) Zuwendungen an Vorstandsmitglieder und Arbeitnehmer
  II. (Kein) Gebot der zeitnahen Mittelverwendung
    1. Einführung am Beispiel des deutschen Rechts
       a) Regelung des § 55 Abs. 1 Nr. 5 Satz 1 AO
       b) Behandlung der Holding-Fälle
    2. Feste Obergrenzen für die Rücklagenbildung
    3. Flexible Grenzen
    4. USA: Ausschüttungsgebot und Verbot beherrschender Unternehmensbeteiligungen für Private Foundations
       a) Begriff der „Private Foundation"
       b) Gesetzgeberische Motive für die Sonderregeln für Private Foundations
       c) Das Ausschüttungsgebot
       d) Verbot herrschender Unternehmensbeteiligungen
    5. Kein Gebot der zeitnahen Mittelverwendung
  III. (Kein) Unmittelbarkeitsgebot
  IV. (Besondere) zivilrechtliche Regelungen zur Mittelverwendung
E. Steuerbegünstigung für die empfangsberechtigte Organisation
  I. Unterschiedliche Besteuerung der verschiedenen Einkünfte
    1. Grundsatz: Trennung der vier Sphären des Einkommens steuerbegünstigter Organisationen
    2. Sonderfall: Trennung zwischen drei Sphären im französischen Steuerrecht
  II. Einkünfte aus dem ideellen Bereich
    1. Spenden
       a) Körperschaftsteuer
       b) Schenkungs- und Erbschaftsteuern
       c) Spendenabzug
    2. Mitgliedsbeiträge
    3. Subventionen
  III. Einkünfte aus Vermögensverwaltung (Passive Einkünfte)
  IV. Einkünfte aus Zweckbetrieb (aktive Einkünfte)
    1. Abgrenzung zur Vermögensverwaltung
    2. Abgrenzung zum wirtschaftlichem Geschäftsbetrieb
       a) Regelfall: Unterscheidung zwischen Zweckbetrieb und wirtschaftlichem Geschäftsbetrieb
       b) Abgrenzungskriterien
       c) Beispielskataloge
  V. Einkünfte aus wirtschaftlichem Geschäftsbetrieb (aktive Einkünfte)
    1. Grundsatz: partielle Besteuerung
    2. Verschärfende Ausnahme: Verlust der Gemeinnützigkeit (Geprägetheorie)
    3. Gemilderte Ausnahme: Freibetrag
  VI. Sonderprobleme bei Ausgliederungen
    1. Steuerrechtliche Behandlungen von Zahlungen der Tochtergesellschaft an die steuerbegünstigte Mutterorganisation auf der Ebene der Tochtergesellschaft

2. Steuerrechtliche Behandlung von Zahlungen der Tochtergesellschaft an die steuerbegünstigte Mutterorganisation auf der Ebene der Mutterorganisation
3. Notwendigkeit von Korrekturen wegen des Europarechts?
F. Steuerbegünstigung beim Zuwendenden (Spender, Stifter)
   I. Spendenabzug und sonstige Förderungsmaßnahmen
      1. Methode des Spendenabzugs
      2. Besondere Förderungsmaßnahmen
      3. Sonderprobleme
         a) Grenzüberschreitende Spenden
            aa) Grundsatz: Keine Abzugsfähigkeit von Spenden an ausländische Non-Profit-Organisationen
            bb) Ausnahmen
            cc) Liberalisierung durch Europarecht?
         b) „Zwangsspenden" und freiwillige Dispositionen
   II. Die Spende: Begriffs- und Abgrenzungsfragen
      1. Relevanz der Abgrenzung
      2. Begriffselemente der Spende
      3. Freiwilligkeit
      4. Endgültige Vermögenshingabe
         a) Steuerrecht: Missbrauchsbekämpfung
         b) Zivilrecht: Schutz des Willens des Spenders/Stifters
      5. Fehlen einer Gegenleistung
         a) Sponsoring
         b) Mitgliedsbeiträge
            aa) Keine Abzugsfähigkeit
            bb) Unterscheidung von „echten" und „unechten Mitgliedsbeiträgen
            cc) Strengere Behandlung infolge der neueren Rechtsprechung des EuGH?
         c) „Scheinspenden"
   III. Differenzierungen
      1. Differenzierung nach dem Spender (Einzelperson/ Unternehmen)
         a) Grundsatz: Keine Differenzierung
         b) Unterschiede im Einzelfall
            aa) Steuertechnische Unterschiede
            bb) Rechtspolitisch gewollte Unterschiede
      2. Differenzierung nach der empfangenden steuerbegünstigten Organisation
      3. Differenzierung nach dem geförderten Zweck oder der Widmung
         a) Grundsatz: keine Unterscheidung
         b) Sonderfälle
      4. Differenzierung nach dem zugewendeten Gegenstand: Geldspende und Sachspende
   IV. Sonderregelungen für Parteispenden (politische Spenden)
G. Verfahren, Kontrolle, Haftung
   I. Verfahren zur Erlangung des Status als steuerbegünstigte bzw. spendenbegünstigte Organisation
   II. Kontrolle
      1. Kontrollinstanz
      2. Kontrollmittel hinsichtlich der Organisation
         a) Vorgaben für die Satzung
         b) Informationspflichten
            aa) Steuererklärung
            bb) Rechnungslegung/Bilanz
            cc) Publizität und Steuergeheimnis
         c) Erhöhte Nachweise bei Mittelverwendungen im Ausland
         d) Anforderungen an den Nachweis des Spenders
      3. Kontrollintensität in der Praxis
   III. Sanktionen, Haftung
      1. Sanktionen bei Verstößen gegen das Gemeinnützigkeitsrecht
      2. Sanktionen bei Verstößen gegen das Spendenrecht
H. Reformen und Diskussionen
   I. Unterschiedliche Traditionen und politische Mentalitäten
   II. Reformen und rechtspolitische Vorschläge
      1. Verbesserungen der Rahmenbedingungen für gemeinnützige Non-Profit-Organisationen
         a) Ursachen
         b) Reformen in einzelnen Ländern

2. Verbesserung der Corporate Governance von Non-Profit-Organisationen
   a) Ursachen
   b) Reformen in einzelnen Ländern
      aa) USA
      bb) Europäische Staaten
III. Bedeutungszunahme der Selbstregulierung
   1. Allgemeines
   2. Einzelne Länder

A. Grundlagen

I. Einleitung

Der vorliegende Generalbericht fasst die zehn Länderberichte aus Europa und den USA zusammen. Er enthält Verweisungen auf die jeweiligen Länderberichte. Die Länderberichte sind ihrerseits wissenschaftlich verantwortete Texte der Berichterstatter.

1. Zur Notwendigkeit der Rechtsvergleichung im Gemeinnützigkeits- und Spendenrecht

Die hier behandelte Materie ist die des Gemeinnützigkeitsrechts, das als Teilgebiet des Steuerrechts wie dieses Rechtsgebiet selbst im Ruf steht, eher für den Tag gemacht, als auf feste, Dauer verleihende Rechtsprinzipien gebaut zu sein. Auch scheint der europäische Harmonisierungsbedarf auf den ersten Blick weniger dringlich zu sein als im Wirtschaftsrecht, durch das der europäische Binnenmarkt konstituiert wird. Die bestehenden Unterschiede zwischen den einzelnen Ländern scheinen deshalb bisher nicht zu stören und dass es an einem gemeinsamen wissenschaftlichen Gespräch und an einer gemeinsamen Terminologie fehlt, regt in der deutschen Praxis niemanden auf. Niemand hat moniert, dass die einschlägigen rechtspolitischen Auseinandersetzungen in Deutschland rein national blieben – abgesehen von punktuellen Hinweisen darauf, dass die steuerlichen Abzugsmöglichkeiten oder die Verbindung kommerzieller und gemeinnütziger Zwecke oder die Versorgung von Angehörigen in dem oder jenen Land großzügiger geregelt seien als in Deutschland.

Andererseits ist das Gemeinnützigkeitsrecht (wie schon im Abschlussbericht der Bundestags-Enquetekommission „Zukunft des bürgerschaftlichen Engagements" hervorgehoben[1]), ein rechtliches Zentralelement der modernen Zivilgesellschaft, des rasch expandierenden Dritten Sektors zwischen Staat und Wirtschaft. Angelsächsische Non-Profit-Organisationen haben beträchtlichen Einfluss auf das Organisations- und Steuerrecht der werdenden Zivilgesell-

---

[1] *Enquete-Kommission*, Bericht Bürgerschaftliches Engagement: auf dem Weg in eine zukunftsfähige Bürgergesellschaft (2002) [identisch mit der Bundestagsdrucksache 14/8900 vom 3. Juni 2002], S. 13 ff. und passim.

schaft in den neuen östlichen Mitgliedstaaten der EU genommen. Ein Ignorieren internationaler Entwicklungen ist heute schwerlich vertretbar.

Der Dritte Sektor ist in jüngster Zeit sowohl in den USA wie in den meisten europäischen Ländern Gegenstand eingehender juristischer Beschäftigung gewesen. In diesem Zusammenhang haben einige der für die Vorbereitung der Gesetzgebung zuständigen Ministerien Gutachten über die Praxis der Nachbarländer in Auftrag gegeben, deren Ergebnisse über ein bloßes Rosinenpicken deutlich hinausgehen. Zu nennen sind insbesondere das französische Gutachten des Conseil d'Etat[2] sowie das deutsche Gutachten des ifo-Instituts für Wirtschaftsforschung über „die Besteuerung gemeinnütziger Organisationen im internationalen Vergleich" von 2005, das vom Bundesfinanzministerium in Auftrag gegeben worden ist[3].

Hinzu kommt, dass der EuGH sich immer mehr mit gemeinnützigkeitsrechtlichen Sachverhalten beschäftigen muss. Beispiele sind die umstrittenen Fragen, ob und gegebenenfalls inwieweit Tätigkeiten nationaler steuerbegünstigter Organisationen gegen Entgelt (funktionaler Unternehmensbegriff) gegen die europarechtlichen Binnenmarktregeln verstoßen[4], ob die Steuerbegünstigung im Falle von Holdingstiftungen gegen Beihilferegeln verstoßen[5] und ob die Beschränkung der steuerlichen Abzugsmöglichkeiten für ausländische gemeinnützige Organisationen gegen die Kapitalverkehrsfreiheit verstößt[6].

Aus dieser europarechtlichen Diskussion ergeben sich zwangsläufig Folgefragen für die nationale Begrenzung der Gemeinnützigkeit überhaupt und für die diskriminierungsfreie Betätigung nationaler gemeinnütziger Organisationen im Ausland und ausländischer gemeinnütziger Organisationen im Inland.

Für die Antworten auf diese Folgefragen ist es von großer Bedeutung, ob die Gemeinnützigkeit in den beteiligten Ländern ähnlich oder verschieden verstanden wird und wie die Organisationen nach nationalem Recht strukturiert sind, ob also die im deutschen Gemeinnützigkeitsrecht bekannten Grundsätze der Selbstlosigkeit, Unmittelbarkeit, der Vermögensbindung oder der zeitnahen Mittelverwendung anderswo auch gelten, ob und gegebenenfalls inwieweit gemeinnützige Organisationen am wirtschaftlichen Verkehr steuerbegünstigt teilnehmen können und ob das Ausland, in das eine Spende fließt, seinen im Inland ansässigen Spendern überhaupt Abzugsmöglichkeiten gewährt.

Ein anderer Aspekt ergibt sich aus dem Standortwettbewerb, der auch im Dritten Sektor anfängt, eine Rolle zu spielen. Es ist keineswegs mehr gleich-

---

[2] Les documents de travail du Sénat, *série législation comparée*: L'encouragement du mécénat culturel, n° lc 120, mars 2003, Paris.

[3] *Friedrich/Kaltschütz/Nam/Parsche/Wellisch*, Die Besteuerung gemeinnütziger Organisationen im internationalen Vergleich, ifo Institut für Wirtschaftsforschung Forschungsbericht Nr. 24, (2005), im Folgenden zitiert als ifo-Abschlussbericht.

[4] Näher hierzu unten unter E IV 2 b, S. 152.

[5] Näher hierzu unten unter E IV 3, S. 157.

[6] Näher hierzu unten unter F I 3 a cc, S. 164.

gültig, wo die großen internationalen Umweltorganisationen, Spitzensportverbände oder Hilfsorganisationen ihren Hauptsitz haben. Dass solche Standorte internationale Finanzierung ermöglichen und Einschränkungen der Unmittelbarkeit im Verhältnis zu nationalen Untergliederungen hinnehmen werden, ist, wenn nicht zu rezipieren, dann doch zumindest zur Kenntnis zu nehmen.

2. Funktionen des Generalberichts als Grundlegung eines „common framework"

Vor diesem rechtspolitischen Hintergrund hat die Rechtsvergleichung und damit dieser Generalbericht eine mehrschichtige Aufgabe.

Er bildet das Mittelstück – sozusagen den wissenschaftlichen Filter – zwischen den Informationen aus den einzelnen Länderberichten[7] und dem auf ihn Bezug nehmenden rechtspolitischen Optionen[8].

Er soll folglich einmal durch Erarbeitung einer allseits annehmbaren Systematik – eines methodisch abgesicherten gemeinsamen Rahmens – ein internationales wissenschaftliches Gespräch erleichtern bzw. ermöglichen. Durch das Aufzeigen von Parallelen, die (wie sich erweisen wird) überraschende Dimensionen annehmen, kann die Internationalisierung des Gemeinnützigkeitssektors in verschiedene Richtungen erleichtert werden. Hingegen sind die zahlreich bestehenden Unterschiede Anlass zu der Frage, welche Rechtsordnung das gegebene Problem angemessener löst. In dieser Auseinandersetzung ist die Betonung der Systematik eine gewisse Garantie dafür, dass nicht übersehen wird, wenn der Anschein einer besonders günstigen Regelung an einer Stelle durch strengere Regelungen an anderer Stelle ausgeglichen wird. Wenn dies beachtet wird, so ist der Nachweis, dass bestimmte ins Auge gefasste Reformmaßnahmen ihre Bewährungsprobe in der Praxis in einem anderen Land bereits hinter sich haben, sicherlich gewichtig.

Nicht weniger bedeutsam ist die Erkenntnis, dass bestimmte Regelungsansätze nicht (wie bisweilen angenommen) ein Fiat des deutschen Gesetzgebers, sondern weitgehend internationales Gemeingut sind.

Damit spiegelt der Rechtsvergleich die Gemeinsamkeiten und Unterschiede der für das Gemeinnützigkeitsrechts angebotenen Problemlösungen. Der Nachweis weitgehender Parallelen gelingt auf steuerrechtlichem Gebiet auch dort, wo die zivilrechtlichen Organisationsstatute schwer überwindbare Unterschiede aufweisen, wie etwa zwischen den Ländern mit common law-Tradition und den kontinentaleuropäischen Rechtsordnungen.

Gleichzeitig wird der nationalen rechtswissenschaftlichen und rechtspolitischen Auseinandersetzung ein international anschlussfähiger Bezugsrahmen

---

[7] Siehe in diesem Band unter S. 282 ff.
[8] Siehe in diesem Band unter S. 215 ff.

angeboten, der sich an den in Deutschland gewohnten Aufbau des Rechtsgebiets anlehnt und der deshalb leichter zugänglich ist als der Neueinstieg in eine fremde Rechtsordnung. Angesichts vieler offener Auslegungsfragen des nationalen Rechts ist der Nutzen dieses Referenzrahmens auch für die Bearbeitung rein nationaler Rechtsfragen unseres Erachtens unübersehbar.

Schließlich werden durch das „common framework" Richtungen aufgezeigt, in die sich die Rechtsentwicklung unterschiedlicher Länder auf einander zu bewegen könnte, insbesondere im europäischen Rahmen. Wenn es aus heutiger Sicht auch unwahrscheinlich ist, dass die Mitgliedstaaten der Europäischen Union ihr Gemeinnützigkeitsrecht harmonisieren, so bleibt doch die Möglichkeit, dass eine engere Gruppe von Ländern künftig ein solches Vorhaben erwägt. Der gemeinsame Rahmen und die Regelungsparallelen könnten einem solchen Harmonisierungsprojekt als Ausgangsmodell dienen.

Der eigentlich rechtspolitische Nutzen der Gesamtbetrachtung wird in den Beitrag zu den „rechtspolitischen Optionen" erschlossen[9].

3. Gang der Untersuchung

Der folgende Bericht enthält eine den Länderberichten vergleichbare Struktur. Er beginnt mit allgemeinen Grundlagen (Steuersystem, Rechtfertigung der Steuerprivilegien)[10]. Es folgen die Voraussetzungen für die Steuerprivilegien hinsichtlich der begünstigten Organisationen[11], des Organisationszwecks[12] und für die Mittelverwendung[13]. Hieran schließen sich die einzelnen Privilegien für die gemeinnützige Organisationen selbst[14] und ihrer Spender bzw. Stifter[15] an. Abschließend wird über Fragen zum Verfahren, der Kontrolle und der Aufsicht[16] sowie über Reformen und rechtspolitische Diskussionen referiert[17].

Für das deutsche Recht, das in die Rechtsvergleichung selbstverständlich einbezogen ist, wurde kein eigenständiger Länderbericht erstellt. Daher nimmt dieser Generalbericht direkt auf die deutschen Vorschriften und die entsprechende Literatur Bezug. Der Verzicht auf einen eigenen deutschen Länderbericht schien angemessen, weil bereits mehrere ausführliche Darstellungen und wissenschaftliche Auseinandersetzungen mit dem deutschen Gemeinnützigkeitsrecht zur Verfügung stehen. Ohne Anspruch auf Vollständigkeit

---

[9] Siehe in diesem Band unter S. 215 ff.
[10] Siehe unter A II (S. 96 ff.) und A III (S. 104 ff.).
[11] Siehe unter B (S. 105 ff.).
[12] Siehe unter C (S. 113 ff.).
[13] Siehe unter D (S. 129 ff.).
[14] Siehe unter E (S. 145 ff.).
[15] Siehe unter F (S. 158 ff.).
[16] Siehe unter G (S. 181 ff.).
[17] Siehe unter H (S. 194 ff.).

seien hier genannt: das Teilgutachten von Monika Jachmann aus der Enquetekommission Zukunft des bürgerschaftlichen Engagements[18], das Handbuch von Schauhoff[19], diverse Kommentierungen der steuerrechtlichen Einzelgesetze[20] und Handbücher zum Zivil- und Steuerrecht der Stiftungen und Vereine[21], sowie aus der älteren Literatur das Gutachten von der Sachverständigenkommission aus dem Jahre 1988[22] und die Monographie von Hüttemann aus dem Jahre 1991[23].

Ein deutscher Länderbericht vom Umfang der übrigen Länderberichte hätte dem wenig hinzufügen können. Wo rechtspolitisch eigene Akzente gesetzt werden, kommt das ohnehin in den rechtspolitischen Optionen zum Ausdruck[24].

II. Steuersystem

1. Einschlägige Steuern

In allen untersuchten Ländern unterliegen die Erträge juristisch verselbständigter Organisationsträger grundsätzlich einer – selbständigen oder in die Einkommensteuer integrierten – Körperschaftsteuer, von der Befreiung erlangt werden kann.

Daneben gibt es in manchen Ländern eine Steuer auf Kapitalgewinne, die regelmäßig niedriger besteuert werden als laufende Gewinne, und eine Wertzuwachssteuer für unrealisierte Bodengewinne. In manchen Ländern kommen

---

[18] *Jachmann* in Igl, Rechtliche Rahmenbedingungen bürgerschaftlichen Engagements (2002), S. 67 ff.

[19] *Schauhoff* (Hrsg.), Handbuch der Gemeinnützigkeit, 2. Aufl. (2005).

[20] Vgl. die Kommentierungen zu §§ 51 ff. AO von *Tipke* in Tipke/Kruse; *Müller* in Pump/Leibner; *Scholtz* in Koch/Scholtz; *Spanner* in Hübschmann/Hepp/Spitaler; *Uterhark* in Schwarz. Zur Umsatzsteuer siehe die Kommentierungen von *Wagner* in Sölch/Ringleb, § 4a UStG; *Weymüller* in Sölch/Ringleb, § 4 Nr. 18 UStG; *Klenk* in Sölch/Ringleb, § 12 UStG, Rn. 400-418; *Heidner* in Bunjes/Geist, § 4 Nr. 18 UStG; *Heidner* in Bunjes/Geist, § 4a UStG und § 12 Nr. 8 UStG; *Vellen* in Reiß/Kraeusel/Langer, § 4a UStG; *Kraeusel* in Reiß/Kraeusel/Langer, § 12 UStG, Rn. 285 ff.; *Jülicher* in Troll/Gebel/Jülicher, § 13 ErbStG, Rn. 187 ff.; *Brandt* in Herrmann/Heuer/Raupach, § 10 b EStG, Rn. 25 ff.

[21] *Reichert*, Handbuch Vereins- und Verbandsrecht, 10. Aufl. (2005); *Stöber*, Handbuch zum Vereinsrecht, 9. Aufl. (2004); *Wallenhorst/Halaczinsky*, Die Besteuerung gemeinnütziger Vereine, Stiftungen und der juristischen Personen des öffentlichen Rechts, 5. Aufl. (2004); *Achatz*, Die Besteuerung der Non-Profit-Organisationen, 2. Aufl. (2004); *Märkle/Alber*, Der Verein im Zivil- und Steuerrecht, 11. Aufl. (2004); *Seifart/v. Campenhausen*, Handbuch des Stiftungsrechts, 2. Aufl. (1999); *Meyn/Richter*, Die Stiftung (2004); *Hof/Hartmann/Richter*, Stiftungen (2004); *Milatz/Kemcke/Schütz*, Stiftungen im Zivil- und Steuerrecht (2003); *Koss*, Rechnungslegung der Stiftung (2003).

[22] *Bundesministerium der Finanzen*, Gutachten der Unabhängigen Sachverständigenkommission zur Prüfung des Gemeinnützigkeits- und Spendenrechts (1988).

[23] Vgl. *Hüttemann*, Wirtschaftliche Betätigung und steuerliche Gemeinnützigkeit (1991).

[24] Siehe unten unter Rechtspolitische Optionen, S. 215 ff.

(Real-) Steuern auf Gewerbe und Berufsausübung (Gewerbesteuer, taxe professionelle) sowie auf Grundeigentum oder Nutzung von Gebäuden (*Großbritannien*) hinzu.

Reine Vermögenssteuern sind selten geworden. Besonderes Gewicht haben aber die Erbschafts- und Schenkungssteuern, soweit sie den begünstigten Empfänger belasten[25]. Dort, wo (wie in *Schweden*) die Erbschaft- und Schenkungsteuer abgeschafft wurde, entfällt ein bedeutender Anreiz zur Steuerersparnis durch Errichtung steuerbegünstigter Organisationen, was zum Nachdenken über Ersatzanreize geführt hat[26].

Eine besondere Gruppe bilden die Steuern, die rechtstechnisch am Rechtsverkehr (z.B. Kapitalverkehr, Immobilienerwerb) anknüpfen, z.T. aber wie die Umsatzsteuer den Verbrauch belasten sollen.

Schließlich sind noch sonstige Steuern, Zölle und Gebühren zu berücksichtigen, wobei die Abgrenzungen zwischen diesen Kategorien variieren.

2. Föderale Unterscheidungen

In Bundesstaaten (*Deutschland, Österreich, Schweiz, USA*) können die betroffenen Steuern auch nach der föderalen Ebene gegliedert werden, also nach Bundessteuern, Landes-, Kantonal- oder State-Steuern und Gemeindesteuern, und hier unter Umständen noch einmal unterschieden nach Gesetzgebungs-, Verwaltungs- und Aufkommenszuständigkeit für die Steuer.

Die Unterschiede in der steuerlichen Anknüpfung, wie auch die unterschiedlichen Steuersouveräne innerhalb eines Landes können es mit sich bringen, dass die Voraussetzungen einer gemeinnützigkeitsrechtlichen Voll- oder Teilbefreiung jeweils unterschiedlich festgelegt sind und dass sie durch verschiedene Behörden geprüft werden. Dies gilt z.B. dann, wenn (wie in der *Schweiz*) die Erhebung von Erbschaft- und Schenkungsteuer allein in der Hand der Kantone liegt[27] oder wenn (wie in den *USA*) Abweichungen zwischen der einzelstaatlichen Property and Sales Tax und der bundesstaatlichen Income Tax bestehen[28]. In *Spanien* und *Ungarn* gibt es im Rahmen des Körperschaftsteuergesetzes zwei unterschiedliche Gemeinnützigkeitsregime mit unterschiedlichen Voraussetzungen und verschiedenen Rechtsfolgen[29].

---

[25] In *Spanien* werden Schenkungen und Erbschaften bei juristischen Personen nicht von der Erbschaftsteuer, sondern von der Körperschaftsteuer erfasst (*Palao Taboada*, Spanien, C I, S. 493).

[26] Zumal *Schweden* keinen Spendenabzug kennt (*Lindencrona*, Schweden, D I, S. 433).

[27] *Koller*, Schweiz, A I b, S. 444.

[28] Hingegen sind die Umschreibungen der federal und der state income taxes weitgehend deckungsgleich; näher hierzu *Colombo*, USA, C I, S. 587.

[29] Siehe *Palao Taboada*, Spanien, C I, S. 494; *Csehi*, Ungarn, C IV 1, S. 539.

3. Besonderheiten bei der Umsatzsteuer

a) Wirkungsweise der Umsatzsteuer

Umsatzsteuerrechtliche Befreiungen wirken anders als Befreiungen von anderen Steuern. Letztlich soll durch die Umsatzsteuer der Verbrauch (also der nicht seinerseits unternehmerisch tätige Empfänger der Lieferung oder Leistung), belastet werden (z.B. Konsumenten, Patienten, Theaterbesucher, insbesondere aber auch sozialrechtliche Kostenträger). Zwar ist bei steuerbaren Umsätzen nicht der Verbraucher selbst steuerpflichtig. Die Erhebung der Steuer setzt aus steuertechnischen Gründen nicht beim Endverbraucher, sondern beim leistenden Unternehmer an, der seinem Abnehmer die Umsatzsteuer im Preis auferlegt und sie an das Finanzamt abführen muss. Er kann sich aber durch den Vorsteuerabzug (im Rahmen der von ihm an seine Lieferanten gezahlten Preise) von seiner eigenen umsatzsteuerlichen Belastung befreien. Wenn beispielsweise ein steuerpflichtiger Unternehmer ein Betriebsgebäude baut oder einen Betriebs-Pkw anschafft, so kann er die im Preis mitbezahlte Umsatzsteuer von der von ihm seinen Kunden in Rechnung gestellten und an das Finanzamt abzuführenden Umsatzsteuer abziehen. Letztlich wird also der Unternehmer steuerlich nur mit dem Mehrwert erfasst, den er selbst in der Leistungskette bis zum Verbraucher geschaffen hat[30]. Soweit der Wettbewerb es zulässt, wird er diese Belastung auf den Verbraucher überwälzen.

b) Echte und unechte Befreiungen

Die Funktionsweise der Umsatzsteuer führt dazu, dass Entlastungen auf der Ebene der leistenden gemeinnützigen Unternehmer an zwei Stellen ansetzen können: (1) bei der Belastung des Output durch vollständige oder teilweise Befreiung von der Umsatzsteuer und (2) bei der Entlastung des Input durch Vorsteuerabzug (Abzug der im Preis für bezogene Lieferungen und Leistungen mitbezahlten Mehrwertsteuer) oder durch Erstattung dieser bezahlten Vorsteuer durch den Staat.

Diese Befreiungsformen haben unterschiedliche Wirkungen:

Bei der im Regelfall geltenden *unechten Befreiung* werden zwar die Leistungen von gemeinnützigen Organisationen von der Umsatzsteuer befreit, es wird der Organisation aber gleichzeitig auch der Vorsteuerabzug verwehrt. Wenn ein gemeinnütziger Träger ein Krankenhaus baut, so braucht er demnach zwar für die Entgelte aus Krankenhausleistung keine Umsatzsteuer abzuführen, kann aber auch die vorher auf den Krankenhausbau bezogenen Vorsteuern nicht abziehen; mit dieser bereits bezahlten Vorsteuer bleibt er belastet, als wenn er

---

[30] Vgl. *Heidner* in Bunjes/Geist, § 15 UStG, Rn. 4.

ein Endverbraucher wäre[31]. Im Ergebnis muss er daher den Betrag, den er aufgrund des ihm verwehrten Vorsteuerabzugs nicht geltend machen kann, auf seine Abnehmer oder deren Kostenträger überwälzen, so dass die gemeinnützige Organisation im Ergebnis nur hinsichtlich des von ihr selbst geschaffenen Mehrwerts von der Umsatzsteuer verschont bleibt. Vergleicht man den so befreiten gemeinnützigen Träger mit einem normal steuerpflichtigen Unternehmen, so hat er (wenn erhebliche Vorleistungen in seine eigene Leistung einfließen) weniger Mittel zur Projektverwirklichung oder zur Reinvestition zur Verfügung. Da allerdings der Input durch abhängige Arbeit nicht durch Umsatzsteuer belastet ist, kann man sagen: je arbeitsintensiver die befreiten Tätigkeiten sind, desto stärker wirkt sich die steuerliche Entlastung beim gemeinnützigen Unternehmen und den Empfängern seiner Leistung aus. Bei hoher Vorsteuerbelastung kann die unechte Befreiung dagegen nachteilig sein.

Anders wirkt die *echte Befreiung*: in ihrer reinsten, aber seltenen Form besteht sie in einer Null-Belastung des Output (Zero-Tax-Rate) und einer trotzdem bestehen bleibenden Entlastung des Input durch vollständigen Vorsteuerabzug. Häufiger anzutreffen sind Teilbefreiungen, also eine Besteuerung mit ermäßigtem Steuersatz und vollem Vorsteuerabzug, wie sie in Deutschland in § 12 Nr. 8 UStG für die Lieferung und Leistungen gemeinnütziger Körperschaften vorgesehen ist.

Das Problem der echten Befreiung in Form der Zero-Rate besteht darin, dass sie nicht nur die gemeinnützige Aktivität entlastet, sondern über einen über den Vorsteuerabzug ausgelösten Kaskadeneffekt auch die nicht gemeinnützigen Vorstufen. Sie wird dadurch fiskalisch sehr teuer und wettbewerbsrechtlich fragwürdig. Wettbewerbsrechtlich neutraler wirkt eine Teilbefreiung des Output, die die verbleibende Belastung so bemisst, dass es regelmäßig nicht zu einer Erstattung von Vorsteuer kommt.

Die Konstruktion einer Zero-Rate hängt damit zusammen, dass es zu einem Vorsteuerabzug nur kommen kann, wenn ein umsatzsteuerbarer Vorgang überhaupt gegeben ist. Ein Vorsteuerabzug bei nicht steuerbarer Leistung ist bisher nirgends verwirklicht. Allerdings können außerhalb des Geltungsbereichs der Umsatzsteuer, also etwa für Gratis-Versorgung, nationale Regelungen einen Mechanismus für die Erstattung von im Preis mitgezahlten Vorsteuern vorsehen. Ein Konflikt mit der 6. EG-Richtlinie ist insoweit nicht zu befürchten, soweit nicht erfasste und befreite Aktivitäten mit hinreichender Sicherheit abgegrenzt werden können.

---

[31] Diese Lösung wird von der Literatur folgendermaßen begründet: Nicht jede im Zusammenhang mit gemeinnützigen Organisationen erbrachte Leistung solle in vollem Umfang von der Umsatzsteuer befreit werden, sondern nur der auf den dem Gemeinwohl dienenden Dienstleistungsanteil am Wert der an den Verbraucher erbrachten Gesamtleistung. Siehe dazu *Langer* in Reiß/Kraeusel/Langer, Art. 13 6. EG-RL, Rn. 13.

c) Europarechtliche Vorgaben

Die 6. EG-Richtlinie (Mehrwertsteuerrichtlinie)[32] hat das Umsatzsteuerrecht in den Mitgliedstaaten der EU weitgehend – aber nicht vollständig – harmonisiert[33]. Die Umsatzsteuer knüpft an der entgeltlichen Lieferung oder Leistung an. Für die Abgrenzung, was umsatzsteuerlich als steuerbarer Leistungsaustausch zu gelten hat und was als Schenkung oder Spende nicht steuerbar ist, sind nicht mehr die Nationalstaaten zuständig[34]. Sie bleiben aber zuständig für entgeltlose Leistungen, wie z.B. bei der Versorgung Minderbemittelter mit Lebensmitteln und Gütern des unmittelbaren Bedarfs.

Die 6. EG-Richtlinie sieht unechte Befreiungen vor; echte (Teil-)Befreiungen stellt sie den Mitgliedstaaten für bestimmte Aktivitätsbereiche anheim.

Art. 13 Teil A der 6. EG-Richtlinie bestimmt abschließend den möglichen Umfang der inländischen Steuerbefreiungen ohne Vorsteuerabzug. Art. 17 Abs. 2 der Richtlinie erlaubt den Abzug nur, wenn Lieferungen und Leistungen für Zwecke von besteuerten Umsätzen verwendet werden (sog. *unechte Befreiung*). Befreit sind u.a. (1) Krankenhausbehandlungen, (2) ärztliche Heilbehandlungen, (3) Dienstleistungen der Zahntechniker, (4) die mit der Sozialfürsorge und der sozialen Sicherheit sowie der Kinder- und Jugendbetreuung verbundenen Lieferungen und Dienstleistungen, (5) Dienstleistungen zur Erziehung, solche des Schul- und Hochschulunterrichts, der Aus- und Fortbildung einschließlich der Privatlehrer, (6) die Gestellung von Personal durch religiöse und weltanschauliche Einrichtungen, (7) Dienstleistungen sowie damit verbundene Lieferungen, die ohne Gewinnstreben auf politische, gewerkschaftliche, religiöse, patriotische, weltanschauliche, philanthropische oder staatsbürgerliche Ziele oder auf kulturelle und auf sportliche Zwecke gerichtet sind.

Eine vollständige Übereinstimmung in den Mitgliedstaaten ist nicht angestrebt, da es diesen bei einer Vielzahl von Befreiungsvorschriften überlassen bleibt, Umfang und konkrete Einzelheiten der Befreiung zu regeln. Allerdings müssen die nationalen Konkretisierungen den vorgegeben Rahmen streng beachten.

Anders wirken die Teilbefreiungen nach Anlage H von Art. 12 der 6. EG-Richtlinie, nämlich als eine Besteuerung mit ermäßigtem Steuersatz und vollem Vorsteuerabzug (*echte Befreiungen*). Die übrigen Mitgliedstaaten haben von

---

[32] Sechste Richtlinie 77/388/EWG des Rates vom 17. Mai 1977 zur Harmonisierung der Rechtsvorschriften der Mitgliedstaaten über die Umsatzsteuern - Gemeinsames Mehrwertsteuersystem: einheitliche steuerpflichtige Bemessungsgrundlage, ABl. L 145 v. 13.06.1977.

[33] Als Referenzmaterial für die Umsatzsteuer wurden nicht die nachfolgenden Länderberichte, sondern die bereits vorliegenden Ergebnisse des (bereits in Fn. 3 vorgestellten) ifo-Abschlussberichts genutzt.

[34] Das hat Auswirkungen auf die umsatzsteuerliche Abgrenzung zum Sponsoring und zwischen Mitgliedsbeiträgen mit mehr oder weniger eigennützigem Leistungsaustausch. Näher hierzu unten unter F II 5 (S. 168 ff.).

diesen Befreiungsmöglichkeiten nur spärlichen Gebrauch gemacht[35]. Nicht einmal partiell umgesetzt ist Anhang H der 6. EG-Richtlinie in den *Niederlanden*[36], *Italien*[37], *Spanien*[38], *Ungarn*[39] und *Schweden*[40]. Nach Art. 12 Abs. 4 der 6. EG-Richtlinie sind die ermäßigten Sätze so festzusetzen, dass es normalerweise möglich ist, von dem zu zahlenden Mehrwertsteuerbetrag die aufgewendete Vorsteuer voll abzuziehen. Es sollen also aus fiskalischen wie auch aus wettbewerbsrechtlichen Gründen[41] Vorsteuererstattungen vermieden werden[42].

Treffen vollständige Befreiung und ermäßigte Besteuerung zusammen, geht allerdings aus systematischen Gründen die vollständige Befreiung der ermäßigten Besteuerung vor, auch wenn letztere wegen des möglichen Vorsteuerabzugs für den Steuerpflichtigen günstiger wäre[43].

d) Nationale Erstattungsregeln

Für Lieferungen und Leistungen, die nicht der Umsatzsteuer unterliegen, können die Mitgliedstaaten, ohne gegen EG-Recht zu verstoßen, Erstattungen für die auf dem Input einer gemeinnützigen Organisation liegenden Belastung mit Vorsteuer vorsehen.

In *Deutschland* findet sich eine solche Regel in § 4 a UStG für die Fälle, in denen Decken, Zelte und andere im Inland gekaufte Materialien zwecks Hilfe für Drittlandgebiete im Rahmen humanitärer, karitativer oder erzieherischer Zwecke ausgeführt werden; hier kann auf Antrag eine Steuervergütung zum Ausgleich der Vorsteuer ausbezahlt werden[44]. *Spanien* befreit Lieferungen an anerkannte gemeinnützige Organisationen, die diese Gegenstände zur Verwirklichung ihres ideellen Zwecks ins Ausland transferieren (Befreiung des nichtgemeinnützigen Lieferanten)[45]. In *Großbritannien* unterliegt die Lieferung von gespendeten Gegenständen einem 0-Steuersatz (zero-rate), der den Vorsteuer-

---

[35] ifo-Abschlussbericht (Fn. 3), S. 23.
[36] ifo-Abschlussbericht (Fn. 3), S. 227 f.
[37] ifo-Abschlussbericht (Fn. 3), S. 183 f.
[38] ifo-Abschlussbericht (Fn. 3), S. 297.
[39] ifo-Abschlussbericht (Fn. 3), S. 325 f.
[40] International Bureau of Fiscal Documentation (http://www.ibfd.com) und ifo-Abschlussbericht (Fn. 3), S. 278.
[41] Vermeidung von Kaskadeneffekten auf den nicht gemeinnützigen Vorstufen.
[42] *Langer* in Reiß/Kraeusel/Langer, Art. 12 6. EG-RL, Rn. 5.
[43] *Heidner* in Bunjes/Geist, § 12 II Nr. 8 UStG, Rn. 4.
[44] Die herrschende Begründung lautet allerdings, es handle sich dem Wesen nach um einen Grenzausgleich, eine Entlastung von der Umsatzsteuer bei Verlassen des Inlands. Der Weg des Vorsteuerabzugs sei den Unternehmen verschlossen, weil sie die betreffenden Gegenstände nicht für ihr Unternehmen anschaffen; siehe *Heidner* in Bunjes/Geist, § 4a UStG, Rn. 2. Das ist zumindest zweifelhaft.
[45] ifo-Abschlussbericht (Fn. 3), S. 297

abzug nicht ausschließt[46]. Nach Auskunft der EU-Kommission[47] haben acht Mitgliedstaaten Erstattungssysteme für gezahlte Vorsteuer im Rahmen von nicht von der Umsatzsteuer erfassten Aktivitäten geschaffen (*Großbritannien, Schweden, Finnland, Portugal, Frankreich, Luxemburg, Österreich, Niederlande*). Gewisse Schwierigkeiten liegen in der Abgrenzung zwischen steuerbefreiten und nicht von der Steuer erfassten Tätigkeiten.

e) Befreiungen bei Zweckbetrieben und Vereinsmitgliedschaften

In *Deutschland* ist eine Teilbefreiung für Leistungen aus Zweckbetrieben gemeinnütziger Organisationen vorgesehen (§ 12 Abs. 2 Nr. 8 a UStG[48]). Zweckbetriebe liegen nach herrschender Ansicht vor, wenn Lieferungen oder Leistungen erbracht werden, die dazu dienen, die steuerbegünstigten satzungsmäßigen Zwecke der gemeinnützigen Organisation zu verwirklichen, und wenn die Zwecke nur durch einen solchen Zweckbetrieb erreicht werden können[49]. Gewinnerzielung dürfe zumindest nicht der Hauptzweck sein[50] und es dürfe durch die Freistellungen zu keinen Verzerrungen der bestehenden Konkurrenzsituation kommen, also insbesondere nicht zu Beeinträchtigungen der normalsteuerpflichtigen Unternehmen in diesem Bereich[51]. Die aus solchen Tätigkeiten erwirtschafteten Erträge sind streng zweckgebunden. Hier wie auch sonst gilt allerdings, dass wenn eine volle Steuerbefreiung vorliegt (§ 4 UStG; Art. 13 6. EG-Richtlinie) diese der Begünstigung in § 12 Nr. 8 UStG vorgeht (z.B. Krankenanstalten und Pflegeheime nach § 4 Nr. 16 UStG oder Verbände der freien Wohlfahrtspflege § 4 Nr. 18 UStG).

Die Vorstellung eines Zweckbetriebes ist bisher nicht europarechtlich verankert. Sie ist aber verwandt mit anderswo verwendeten Unterscheidungen: In *Österreich* unterscheidet man zwischen nicht unternehmerischen und unternehmerischen Tätigkeiten[52]. In *Italien* (Art. 10 DPR 633/1972) spricht man von der institutionellen Tätigkeit einer ONLUS oder anderen gemeinnützigen Einrichtung in den Bereichen der Ausbildung, Kultur, Sport, Religion usw[53].

---

[46] ifo-Abschlussbericht (Fn. 3), S. 353.

[47] GD Steuern und Zollunion, Unit D: Valuer Added Tax and Other Turnover Taxes, Leiter Rolf Diemer.

[48] § 12 Abs. 2 Nr. 8 a S. 2 UStG schließt wirtschaftliche Geschäftsbetriebe ausdrücklich von der Privilegierung aus.

[49] BFH BStbl. II 1986, 831; dazu *Heidner* in Bunjes/Geist, § 12 II Nr. 8 UStG, Rn. 6.

[50] Näher dazu *Tipke* in Tipke/Kruse, § 65 AO, Rn. 2; *Uterhark* in Schwarz, § 65 AO, Rn. 4.

[51] Näher dazu *Tipke* in Tipke/Kruse, § 65 AO, Rn. 4; *Uterhark* in Schwarz, § 65 AO, Rn. 7.

[52] Nicht unternehmerisch tätig sind Vereine, wenn sie nur in Erfüllung ihrer satzungsgemäßen Gemeinschaftsaufgaben tätig werden, ohne Einzelleistungen an die Mitglieder (oder Dritte) zu erbringen (VwGH, Urt. v. 3. 11. 1986, 86/15/0003).

[53] ifo-Abschlussbericht (Fn. 3), S. 183 f.

und meint damit ungefähr dasselbe. In *Ungarn*[54] und *Spanien*[55] sind die für Vereine üblichen oder typischen Geschäftstätigkeiten von der Steuer befreit. Sind dort die gemeinnützigen Organisationen neben den auf ihren ideellen Zweck gerichteten Aktivitäten zusätzlich noch gewerblich tätig, so unterliegen sie mit diesen Einkünften der allgemeinen Steuerpflicht (so auch *Niederlande*[56], *Italien*[57]). In *Italien* findet sich die Einschränkung, dass die gewerbliche Tätigkeit gewohnheitsmäßig ausgeübt werden muss[58]. In den *Niederlanden* bestehen Vergünstigungen für von Vereinen gelieferte Waren und erbrachte Dienstleistungen, wenn damit weder der Wettbewerb zu steuerpflichtigen Unternehmen verzerrt wird, noch das Gewinnstreben dominiert, sondern philanthropische, kulturelle oder sonstige gemeinnützige Ziele im Vordergrund stehen[59].

Werden Geldleistungen an gemeinnützige Organisationen erbracht und Werbeleistungen dafür erwartet, so handelt es sich im gesamten Bereich der EU um steuerbares Sponsoring[60]. Für werbewirksame Leistungen im Rahmen des Fundraising für die Organisation selbst wird häufig rechtspolitisch eine Ausweitung der Steuervergünstigung für richtig gehalten, sofern sie sich in einem üblichen Rahmen hält (*Schweden*)[61].

Bei Mitgliedsbeiträgen in Vereinen ist umsatzsteuerlich zu unterscheiden: soweit den Beiträgen eines Mitglieds Gegenleistungen des Vereins gegenüberstehen, handelt es sich um steuerbare Entgelte. Notfalls muss der Mitgliedsbeitrag aufgeteilt werden (so z.B. in *Österreich*[62]). In *Deutschland* waren nach der Verwaltungspraxis Mitgliedsbeiträge z.B. bei einem Tennisverein nicht steuerbar[63]. Im Gegensatz hierzu hat der EuGH[64] entschieden, dass die Zurverfügungstellung von Sportanlagen an die Mitglieder des Vereins auch dann eine Leistung ist, die mit dem Jahresbeitrag abgegolten wird, wenn das Mitglied die Anlage gar nicht nutzt.

In *Italien* wird Entgeltlichkeit bisher nur angenommen, wenn dafür ein spezifisches Entgelt entrichtet wird bzw. wenn Zuschläge speziell für die betreffende Leistung auf den Mitgliedsbeitrag erhoben werden. Der Mitglieds-

---

[54] ifo-Abschlussbericht (Fn. 3), S. 325 f.
[55] ifo-Abschlussbericht (Fn. 3), S. 297.
[56] ifo-Abschlussbericht (Fn. 3), S. 227 f.
[57] ifo-Abschlussbericht (Fn. 3), S. 183 f.
[58] Der ifo-Abschlussbericht (Fn. 3) verweist auf Art. 4 eines Dekrets des Präsidenten der Republik (DPR 633/1972).
[59] ifo-Abschlussbericht (Fn. 3), S. 227 f.
[60] Siehe für Italien ifo-Abschlussbericht (Fn. 3), S. 175.
[61] ifo-Abschlussbericht (Fn. 3), S. 278.
[62] ifo-Abschlussbericht (Fn. 3), S. 241 ff.
[63] Abschn. 4 UStR 2005.
[64] Urteil vom 21.3.2002 – Kennemer Golf & Country Club Rs C – 174/00; näher hierzu unten unter F II 5 b cc (S. 171).

beitrag für sich allein löst damit noch keine Mehrwertsteuerpflicht für die vom Mitglied in Anspruch genommenen Leistungen aus[65]. An der Verträglichkeit dieser (italienischen) Regel mit dem europäischen Recht sind seit dem soeben erwähnten EuGH-Urteil erhebliche Zweifel angebracht[66]. Das gleiche gilt für die italienische Regelung des Art. 261-7-1 CGI, wonach Leistungen dann nicht umsatzsteuerpflichtig sind, wenn sie nur für Mitglieder gedacht sind und ausschließlich dauernden Mitgliedern zugute kommen[67].

f) Sonderregeln in einzelnen Ländern

In *Frankreich* haben gemeinnützige Organisationen, die Aktivitäten betreiben, die von der Umsatzsteuer befreit sind, *Lohnsummensteuer* zu zahlen. Dabei handelt es sich um eine Steuer, die eigens dazu dient, Unternehmen und Organisationen, die – aus welchen Gründen auch immer – von der Umsatzsteuer befreit sind, anderweitig zu besteuern[68].

III. Rechtfertigung der Steuerprivilegien

In den meisten Ländern sind die theoretischen Grundlagen, warum gemeinnützige Organisationen Steuerprivilegien erhalten, nicht näher untersucht worden. Anders ist dies in den *USA*, wo diese Frage besonders intensiv diskutiert wird[69].

Bei direkten Steuervergünstigungen für gemeinnützige Organisationen behilft man sich typischerweise mit der Erwägung, der Staat werde hierdurch von seinen Aufgaben entlastet *(Deutschland*[70], *Frankreich*[71], *Schweiz*[72], *Schweden*[73], *Spanien*[74], sowie die in den *USA* vertretene „subsidy theory"[75]). Teilweise wird dieses Argument damit ergänzt, die Steuerprivilegien förderten die bürgerschaftliche Teilhabe in einer pluralistischen Gesellschaft (*Frankreich*[76], *Schweden*[77] sowie die in den *USA* vertretene „community benefit

---

[65] *Runte/von Hippel*, Italien, C I 2 a, S. 353.
[66] Siehe den Nachweis in Fn. 64.
[67] *Runte/von Hippel*, Italien, C I 2 a, S. 353.
[68] Bulletin Officiel des Impôts, Instruction du 15 septembre 1998, Annexe.
[69] *Colombo*, USA, A II, S. 573 ff.
[70] *Jachmann* in Igl, Rechtliche Rahmenbedingungen bürgerschaftlichen Engagements (2002), S. 67 (73 ff.).
[71] Siehe *Beltrame*, Frankreich, A II, S. 285.
[72] *Koller*, Schweiz, A II, S. 445.
[73] *Lindencrona*, Schweden, A II, S. 421 f.
[74] *Palao Taboada*, Spanien, A II, S. 485.
[75] *Colombo*, USA, A II, S. 573 ff.
[76] Siehe *Beltrame*, Frankreich, A II, S. 285.

theory"[78]). Vereinzelt werden die Vergünstigungen (außerdem) damit begründet, es fehle gemeinnützigen Organisationen an ihrer Leistungsfähigkeit *(Spanien*[79], in demselben Sinne auch die in den *USA* vertretene „tax base theory"[80]), es gehe um eine Privilegierung des Altruismus (*Spanien*[81]) oder darum, durch die Steuerbefreiung finanzieller Ressourcen zur Bewältigung des doppelten (Markt/Staats-)Versagens bereitstellen, das wiederum die gemeinnützigen Organisationen in die entstehenden Lücken springen lasse (so die in den *USA* vertretenen ökonomischen Ansätze[82]).

Noch unklarer ist die Rechtfertigung des Spendenabzugs. In vielen Länderberichten wird sie nicht angesprochen und scheint daher kein großes Gewicht zu haben. In den *Niederlanden* werden diese Vergünstigungen mit dem eher pragmatischen Argument erklärt, es sei politisch opportun, Spenden zu begünstigen, obwohl die theoretische Rechtfertigung fragwürdig sei[83]. Wohl am meisten diskutiert worden ist die Frage hingegen in den *USA*, wo insoweit die (bereits vorgestellten) unterschiedlichen theoretische Ansätze einander gegenüber stehen[84].

B. Organisationsrechtliche Voraussetzungen für die Empfängerorganisation

I. Rechtsformübergreifende Konzeption des Gemeinnützigkeitsrechts

In allen untersuchten Ländern lassen sich zwei Grundregeln feststellen: Das Gemeinnützigkeitsrecht ist rechtsformübergreifend ausgestaltet, so dass mehrere Organisationsformen steuerbegünstigt sein können[85]. Die steuerlichen Vergünstigungen werden jedoch nur gewährt, wenn die jeweilige Organisation bestimmten Anforderungen genügt. Diese Anforderungen finden sich gemeinhin im Steuerrecht, sind funktional aber oft eher gesellschaftsrechtlicher bzw. organisationsrechtlicher Natur. Typischerweise sind die Regelungen rechts-

---

[77] *Lindencrona*, Schweden, A II, S. 421.
[78] *Colombo*, USA, A II, S. 574.
[79] *Palao Taboada*, Spanien, A II, S. 485.
[80] *Colombo*, USA, A II, S. 573.
[81] *Palao Taboada*, Spanien, A II, S. 485.
[82] *Colombo*, USA, A II, S. 575.
[83] *van Veen*, Niederlande, A II, S. 370.
[84] *Colombo*, USA, A II, S. 576 f.
[85] In *Großbritannien* wird erwogen, die beabsichtigten Neuschaffung der „charitable incorporated organisation" (CIO) dadurch zu stärken, dass neue charities nur noch in der Rechtsform der CIO zuzulassen werden, noch weitergehende Überlegungen erörtern sogar eine Pflichtumwandlung der bestehenden charities; siehe *Selbig*, Großbritannien, B I, S. 324.

formübergreifend; nur vereinzelt finden sich Ansätze einer rechtsformspezifischen Unterscheidung[86].

II. Zulässige Organisationsformen

Relativ große Unterschiede bestehen bei der Festsetzung, welche Organisationsformen die Steuervergünstigungen erhalten dürfen, insbesondere ob es sich dabei um eine juristische Person handeln muss.

1. „Ideelle Organisationen" (Verein und Stiftung)

Alle kontinentaleuropäischen Länder erkennen (unter bestimmten Voraussetzungen) den Verein und die Stiftung als steuerbegünstigte Organisationsform an[87]. Auch in den Ländern, in denen weitere Organisationsformen gemeinnützig sein können, scheinen Verein und Stiftung in der Praxis die am häufigsten gewählten Organisationsformen zu sein. Beispiele sind *Deutschland*[88], die *Niederlande*[89] und die *Schweiz*[90]).

Anzumerken ist, dass manche Länder bereits auf der zivilrechtlichen Ebene zwischen verschiedenen Vereins- und Stiftungsformen unterscheiden: So unterscheiden das *französische* und das *spanische* Vereinsrecht zwischen normalen Vereinen und Vereinen, die durch die Verwaltung als „gemeinnützig" anerkannt sind, sofern sie bestimmte Erfordernisse erfüllen und schon seit einer gewissen Dauer bestanden haben[91]. In *Österreich* gibt es zwei in verschiedenen Gesetzen geregelte Stiftungsformen, die beide steuerbegünstigt sein können[92].

---

[86] Auf die Sonderfälle im *deutschen* Recht auf der Rechtsfolgenseite (höhere Steuervergünstigungen für Stiftungen in bestimmten Fällen) und im *schwedischen* Recht auf der Tatbestandsseite (unterschiedliche Zwecke im Vereins- und Stiftungsrecht) ist noch näher einzugehen; siehe unten unter B III 3 (S. 111) für Deutschland sowie unter C I 4 (S. 115) für Schweden.

[87] Dies gilt wohl auch für die *Schweiz*, obwohl das Kreisschreiben Nr. 12 zwar den Verein neben der Stiftung ausdrücklich als begünstigte Organisation nennt, aber auch verlangt, dass das Vermögen der juristischen Person im Falle einer Auflösung an eine andere steuerbefreite Körperschaft mit ähnlicher Zwecksetzung zu fallen hat, was durch eine entsprechende *unabänderliche* Bestimmung im Gründungsstatut festgehalten werden müsse, was in dieser Weise aus zivilrechtlichen Gründen gar nicht möglich ist; siehe *Koller*, Schweiz, B II 1 b, S. 448.

[88] Vgl. *Kulosa* in Herrmann/Heuer/Raupach, § 5 KStG, Rn. 200.

[89] *van Veen*, Niederlande, B I, S. 371.

[90] *Koller*, Schweiz, B II 1 b, S. 448.

[91] *Beltrame*, Frankreich, B III 1 a cc, S. 289; *Palao Taboada*, Spanien, B II b, S. 487.

[92] Nämlich (1) die traditionelle Stiftung nach dem BStFG und den entsprechenden Gesetzen der einzelnen Bundesländer, die bereits zivilrechtlich den Anforderungen des Gemeinnützigkeitsrechts zu entsprechen hat, sowie (2) die Stiftung nach dem Privatstiftungsgesetz (PSG) von 1993, die oft auch für privatnützige, nicht steuerbegünstigte Zwecke eingesetzt wird.

2. Kapitalgesellschaften

In manchen Ländern können auch Kapitalgesellschaften steuerbegünstigt sein.

Die entscheidende Vorfrage hierfür ist wohl, ob das Gesellschaftsrecht die Kapitalgesellschaft als eine zweckneutrale Rechtsform beschreibt, die auch durch entsprechende Satzungsbestimmungen einer „ideellen", nichtgewinnorientierten Organisation angeglichen werden kann, oder ob das Gesellschaftsrecht die Gewinnorientierung im Sinne des Leitbilds der Kapitalgesellschaften vorschreibt.

Beispiele für die erste Lösung (Kapitalgesellschaft als zweckneutrale Organisation) sind *Großbritannien*[93], *Deutschland*[94], die *Niederlande*[95] und *Österreich*[96]. In allen diesen Ländern kann eine Kapitalgesellschaft gemeinnützig sein. Allerdings wird in *Österreich* bezweifelt, ob auch die Aktiengesellschaft als gemeinnützig anzuerkennen ist (weil der Vorstand der Aktiengesellschaft im Hinblick auf die tatsächliche Geschäftsführung keinen Weisungen unterliegen darf)[97]. Im *deutschen* Recht (das insoweit vergleichbar ist[98]) ist eine solche Diskussion dagegen bislang unbekannt.

Beispiele für die zweite Lösung (Kapitalgesellschaft als gewinnorientierte Organisation) genannte Regelung sind *Frankreich*[99], *Schweden*[100] und *Spanien*[101]. Hier verwehrt das Steuerrecht ausdrücklich Kapitalgesellschaften den Status der Gemeinnützigkeit.

Eine vermittelnde Position nimmt die *Schweiz* ein, wo es an einer ausdrücklichen Regelung fehlt[102]: eine gemeinnützige GmbH wird für unzulässig gehalten, weil diese Rechtsform nur zu wirtschaftlichen Zwecken (d.h. zur Gewinnerzielung) gegründet werden darf (Art. 772 Abs. 3 OR). Demgegenüber ist die Aktiengesellschaft zweckneutral; allerdings ist die Zulässigkeit einer gemeinnützigen Aktiengesellschaft gleichwohl umstritten, weil Art. 23 Abs. 1 lit. f StHG insoweit eine „unabänderliche" Zweckbindung verlangt, die nach der zivilrechtlichen herrschenden Lehre bei keiner Körperschaft möglich ist[103], so

---

[93] *Selbig*, Großbritannien, B I, S. 324.
[94] Vgl. §§ 5 Abs. 1, Nr. 9, 1 Abs. 1 Nr. 1 KStG; näher dazu *Kulosa* in Herrmann/Heuer/Raupach, § 5 KStG, Rn. 200.
[95] *van Veen*, Niederlande, B I, S. 371.
[96] *Achatz*, Österreich, B I 3 c bb, S. 398.
[97] *Achatz*, Österreich, B I 3 c bb, S. 398.
[98] Siehe § 76 Abs. 1 AktG, näher hierzu *Hüffer*, § 76 AktG, Rn. 10 ff.
[99] *Beltrame*, Frankreich, B II 2 d, S. 288.
[100] *Lindencrona*, Schweden, B II, S. 423.
[101] *Palao Taboada*, Spanien, B II am Ende, S. 487.
[102] *Koller*, Schweiz, B II 1 c, S. 448.
[103] Siehe den Nachweis in Fn. 87. Auch im deutschen Zivilrecht ist ganz überwiegend anerkannt, dass der Zweck einer Körperschaft nicht dauerhaft festgelegt werden kann; siehe zur Unzulässigkeit sog. „Ewigkeitsklauseln" *Reuter* in Münchener Kommentar, § 33 BGB, Rn. 10; *Weick* in Staudinger, § 33 BGB, Rn. 6 – das Steuerrecht verlangt denn auch keine „unabänderliche" Zweck-

dass – bei buchstabengetreuer Auslegung des Gesetzes – nur noch die Stiftung als gemeinnützige Organisation in Frage käme. Diese strikte Auslegung wird aber nicht vertreten, denn Vereine sind als gemeinnützige Organisationen allgemein anerkannt.

Als einzige untersuchte Rechtsordnung trennt das *ungarische* Recht bereits auf der zivilrechtlichen Ebene zwischen der „gewinnorientierten" GmbH, die keine Steuervergünstigungen erhalten kann, und der „gemeinnützigen" GmbH[104].

3. Genossenschaften

Genossenschaften sind nur selten als gemeinnützige Organisationen zugelassen. Ähnlich wie bei den Kapitalgesellschaften ist anscheinend auch hier entscheidende Vorfrage, ob das Genossenschaftsrecht die vorrangige Förderung der Mitglieder verlangt, oder ob auch „ideelle" Genossenschaften, möglich sind, die vorrangig die Allgemeinheit fördern.

Zulässig sind steuerbegünstigte Genossenschaften in den *Niederlanden*[105], *Österreich*[106] und *Italien*[107]. In allen drei Ländern ist auch die ideelle Genossenschaft anerkannt.

Wegen des gesetzlich vorausgesetzten wirtschaftlichen Selbsthilfezwecks kann eine *französische* Genossenschaft nicht gemeinnützig sein[108]. Auch in *Großbritannien* können Genossenschaften nur ausnahmsweise steuerbegünstigt sein: nämlich nur in den Sonderfällen der gemeinnützigen Wohnungsbaugenossenschaften (Charitable Housing Associations), bei denen nur Bedürftige als Mitglieder zugelassen sind, oder im Falle der „Industrial and Provident Society", die auch als Zweck die Förderung der Allgemeinheit haben kann[109].

In der *Schweiz* ist die Rechtslage uneinheitlich: Nach ihrer Legaldefinition ist eine Genossenschaft nicht gemeinnützig, weil sie einen wirtschaftlichen Selbsthilfezweck verfolgen muss (Art. 828 Abs. 1 OR); das Handelsregisterrecht lässt hingegen auch gemeinnützige Genossenschaften zu, die die Allgemeinheit fördern[110].

Ähnliche Probleme bestehen im *deutschen* Recht. Traditionell muss eine Genossenschaft nach § 1 Abs. 1 GenG „die Förderung des Erwerbs oder der

---

bindung; eine Zweckänderung führt jedoch zum Verlust der Gemeinnützigkeit, wenn sie von den Voraussetzungen des Gemeinnützigkeitsrechts abweicht; siehe § 61 Abs. 3 AO.

[104] Nach einer Reform soll auch eine normale GmbH gemeinnützig sein können; siehe *Csehi*, Ungarn, B I 3, S. 522.

[105] *van Veen*, Niederlande, C I 4 b, S. 382.

[106] *Achatz*, Österreich, B I 3 b, S. 398.

[107] *Runte/von Hippel*, Italien, B I, S. 347.

[108] *Beltrame*, Frankreich, B II 2 c, S. 288.

[109] *Selbig*, Großbritannien, B I, S. 324.

[110] *Koller*, Schweiz, B II 1 e, S. 449.

Wirtschaft ihrer Mitglieder bezwecken", was sich mit dem steuerrechtlichen Kriterium der Förderung der Allgemeinheit schwerlich vereinbaren lässt[111]. Das am 21. Mai 2006 in Dritter Lesung beschlossene neue Genossenschaftsgesetz sieht vor, in § 1 Abs. 1 GenG zusätzlich auch die Förderung ideeller Zwecke (und zwar kultureller und sozialer Zwecke) zu erlauben, um insoweit die Genossenschaft dem Verein gleichzustellen[112].

4. Organisationsformen ohne Rechtspersönlichkeit

Im *angloamerikanischen* Recht sind steuerbegünstigte Organisationsformen ohne Rechtspersönlichkeit (charitable trust, unincorporated association) anerkannt und weit verbreitet[113].

In den kontinentalen Rechtsordnungen ist Lage uneinheitlich.

In der *Schweiz* können nur juristische Personen eine Steuervergünstigung erhalten[114].

In *Deutschland* sind auch ausdrücklich die nichtrechtsfähigen Steuersubjekte des Körperschaftsteuergesetzes als gemeinnützige Organisationen anerkannt[115]. Ähnlich ist die Lage in den *Niederlanden*, wo nach der Rechtsprechung auch nichtrechtsfähige Organisationen den Gemeinnützigkeitsstatus erhalten können[116]. In *Schweden* ist traditionell anerkannt, dass auch nichtrechtsfähige Stiftungen Steuervergünstigungen erhalten können[117].

In *Frankreich* und *Ungarn* können bestimmte Organisationen ohne eigene Rechtspersönlichkeit nur ausnahmsweise Steuervergünstigungen erhalten, nämlich in *Frankreich* die unselbständige „geschützte Stiftung"[118] und in

---

[111] Eine Sonderstellung hat insoweit die „gemeinnützige Genossenschaft", die auch nach Aufhebung des Wohnungsgemeinnützigkeitsgesetzes (WGG) (durch Art. 21 § 5 Steuerreformgesetz 1990, BGBl. I 1990, 1093) nach wie vor als Firmierung zulässig ist, wenn sich die Genossenschaft nach ihrer satzungsmäßigen Zielsetzung den Grundsätzen der gemeinnützigen Wohnungswirtschaft verpflichtet fühlt, was insbesondere die Verpflichtung zu einer „sicheren und sozial verantwortbaren Wohnungsversorgung" (§ 2 Abs. 1 Mustersatzung) und die Begrenzung der auf das Geschäftsguthaben entfallenen Gewinnausschüttung auf 4 % (so die aufgehobene Regelung des WGG) erfordert.

[112] Siehe näher zum Referenten-Entwurf *Pistorius*, DStR 2006, 278 (281).

[113] *Columbo*, USA, B II, S. 578.

[114] *Koller*, Schweiz, B II 1, S. 447.

[115] § 5 Abs. 1 Nr. 9; dazu näher *Herrmann/Klempt* in Herrmann/Heuer/Raupach, § 1 KStG, Rn. 39 ff.

[116] *van Veen*, Niederlande, B I, S. 371.

[117] Ob sich daran etwas durch die Kodifizierung des Stiftungsrechts im Jahre 1995 geändert hat, dass die Stiftung als juristische Person regelt, ist indessen bislang ungeklärt; siehe *Lindencrona*, Schweden, B II, S. 422.

[118] *Beltrame*, Frankreich, B II 1, S. 287.

Ungarn die sog. „gemeinnützige Verpflichtungsübernahme", die der unselbständigen Stiftung entspricht[119].

Das *österreichische* Steuerrecht erkennt ebenfalls Steuervergünstigungen für nichtrechtsfähige Organisationen an, differenziert insoweit allerdings zwischen den verschiedenen Steuern[120].

5. Keine Einzelpersonen oder Personengesellschaften

In keinem der untersuchten Länder sind Einzelpersonen oder Personengesellschaften als steuerbegünstigte Organisationsformen anerkannt. Begründung dürfte hierfür regelmäßig sein, dass Personengesellschaften regelmäßig kein Sondervermögen besitzen, sondern die einzelnen Gesellschafter das Steuersubjekt sind.

6. Körperschaften und Stiftungen öffentlichen Rechts

Manche Länder nennen außerdem ausdrücklich öffentlich-rechtliche Körperschaften im Gesetz[121], die hier nicht näher behandelt werden.

III. Besonderheiten beim Spendenabzug und dem Schenkungs- und Erbschaftsteuerrecht

1. Grundsatz: Keine Differenzierung nach der Organisationsform

Gemeinnützige Organisationen erhalten regelmäßig verschiedene Steuerprivilegien[122]. Manche Länder gewähren bestimmte Steuervergünstigungen (wie den Spendenabzug) nur unter zusätzlichen Voraussetzungen. Gemeinhin betreffen solche zusätzlichen Voraussetzungen aber den geförderten Zweck und nicht die (soeben behandelten) organisationsrechtlichen Voraussetzungen. Vereine, Stiftungen und andere zivilrechtliche Rechtsformen werden also gleichbehandelt[123].

---

[119] *Csehi*, Ungarn, B I, S. 516.

[120] Siehe näher unten unter *Achatz*, Österreich, B I 3 f, S. 399.

[121] Beispiele sind öffentliche Körperschaften in *Ungarn* sowie Sportverbände in *Ungarn* und *Spanien*; siehe *Palao Taboada*, Spanien, B II, S. 487; *Csehi*, Ungarn, B I 1 a, S. 517.

[122] Siehe näher hierzu sogleich unter E (S. 145 ff.).

[123] Auch die Einführung der neuen „spezialisierten" Rechtsform der charitable incorporated organisation (CIO) in *England* und *Wales* bedeutet nicht, dass die Steuerprivilegien von ihrer Übernahme abhängig gemacht wären. Charitable Trusts werden deshalb weiterhin eine zentrale Rolle spielen.

2. Sonderfall: Österreich

Ein Sonderfall ist *Österreich*, das anhand der Rechtsform zwischen drei verschiedenen Steuerprivilegien unterscheidet[124]: (a) Körperschaftsteuer, (b) Erbschaft- und Schenkungsteuer und (c) Spendenabzug.

a) Körperschaftsteuer

Hinsichtlich der Körperschaftsteuer gilt ein vergleichsweise großzügiger Maßstab, der in etwa dem *deutschen* oder *niederländischen* Recht entspricht.

b) Schenkungsteuer

Geringfügig enger ist der Kreis der Organisationen, die Steuervorteile hinsichtlich der Schenkungsteuer genießen. Es muss sich nämlich insoweit um eine juristische Person handeln, so dass nichtrechtsfähige Organisationsformen im Sinne des KStG ausgenommen sind (§ 15 Abs. 1 Z. 14 a ErbStG).

c) Spendenabzug

Sehr eng ist hingegen der Kreis der Organisationen, bei denen die Spender ihre Spende von ihrer eigenen Einkommensteuer absetzen dürfen. Gemäß § 4 Abs. 4 Z. 5 und 6 EStG 1988 handelt es sich um bestimmte, namentliche benannte Organisationen (z.B. die Österreichische Nationalbibliothek), um bestimmte öffentlich-rechtliche Körperschaften (z.B. Universitäten), sowie um juristische Personen, die ausschließlich wissenschaftliche Zwecke verfolgen[125].

3. Weitere Ausnahmen

In *Deutschland* werden (rechtsfähigen wie nichtrechtsfähigen) Stiftungen, nicht aber den sonstigen gemeinnützigen Organisationen, zusätzliche zu den allgemeinen steuerlichen Abzugsmöglichkeiten hinzutretende Abzugsbeträge gewährt und zwar nach § 10 b Abs. 1 Satz 3 EStG einmal ein Betrag von 20.450 € für Spenden und sodann bei Neugründungen nach § 10 b Abs. 1 a EStG ein Einmalbetrag von 307.000 € für Zuwendungen in den Vermögensstock. Begünstigt sind insoweit allerdings nur Zuwendungen, die bis zum Ablauf eines Jahres nach der Errichtung der Stiftung getätigt werden[126].

---

[124] *Achatz*, Österreich, B I, S. 396, B IV 1 a, S. 409 und B IV 1 b, S. 410.

[125] Die Differenzierung, die auf dieser Stufe primär anhand des Zweckes und nicht in erster Linie anhand organisationsrechtlicher Kriterien erfolgt, wird der Übersichtlichkeit halber hier gleichwohl miteinbezogen.

[126] Siehe zu weiteren Einzelheiten statt vieler *Crezelius/Rawert*, ZEV 2000, 421.

Die steuerlich höchst bedeutsame Unterscheidung in den *USA* zwischen Public Charities und Private Foundations betrifft entgegen dem ersten Anschein nicht in erster Linie die Organisationsform oder den Zweck (mit Ausnahme kirchlicher Zwecke), sondern Unterschiede in der Finanzierung und der Kontrolle der Organisation von außen[127].

IV. Beschränkung auf inländische Organisationen

1. Traditioneller Grundsatz: Steuerprivilegien nur für inländische Organisationen

Zwar ist ganz überwiegend anerkannt, dass auch eine Förderung im Ausland möglich ist[128].

Gleichwohl erhalten regelmäßig bislang nur inländische Organisationen (mit Sitz im Inland) die besagten Steuervergünstigungen. Dies gilt sowohl für die direkten Steuerprivilegien (für die Organisation selbst) als auch für die indirekten Steuerprivilegien (für Spender).

Eine Ausnahme hiervon ist bislang regelmäßig selbst dann nicht vorgesehen, wenn die ausländische Organisation (abgesehen von ihrem Sitz) alle Voraussetzungen des inländischen Gemeinnützigkeitsrechts erfüllt. Diese traditionelle Regel gilt in *Deutschland*[129], in *Frankreich*[130], in *Großbritannien*[131], in der *Schweiz*[132], in *Ungarn*[133] und in den *USA*[134].

Gewisse Lockerungen dieses Grundsatzes finden sich in *Spanien* (Ausnahme für in Spanien registrierte Niederlassung ausländischer Stiftungen)[135] und den *Niederlanden* (Ausnahmegenehmigung in bestimmten Sonderfällen möglich)[136].

In *Österreich* ist die Frage nicht ausdrücklich geregelt und bisher anscheinend nicht relevant geworden[137].

---

[127] Näher zu dieser Unterscheidung unten unter D II 4 a (S. 138).

[128] Siehe unten unter C IV 1 (S. 123).

[129] Näher hierzu in diesem Band *von Hippel*, S. 677 ff.

[130] *Beltrame*, Frankreich, B III 1 c, S. 290.

[131] *Selbig*, Großbritannien, B IV 1, S. 329.

[132] So jedenfalls die herrschende Ansicht zum Spendenrecht; siehe *Koller*, Schweiz, B III 1 d, S. 455 und D III 4, S. 472, wonach teilweise sogar Beschränkungen zwischen einzelnen schweizerischer Kantonen bestehen.

[133] *Csehi*, Ungarn, B II 1 d, S. 528.

[134] *Colombo*, USA, B II, S. 578 und B III 3, S. 580.

[135] *Palao Taboada*, Niederlande, E V 4, S. 505.

[136] Näher hierzu *van Veen*, Niederlande, D II 2 c, S. 386.

[137] Siehe *Achatz*, Österreich, C 1 e, S. 413, der darauf hinweist, dass die gesetzliche Konzeption eine Beschränkung auf nationale Organisationen nahe lege, jedoch eine Begünstigung für

2. Europarechtswidrigkeit der nationalen Beschränkungen?

Es spricht viel dafür, dass diese nationalen Beschränkungen jedenfalls bei den EG-Mitgliedstaaten nicht mehr allzu lange überdauern werden. Dies gilt zumindest für diejenigen ausländischen Organisation erfassen, die (abgesehen von ihrem Sitz) alle Voraussetzungen des jeweiligen inländischen Gemeinnützigkeitsrechts erfüllen. Der EuGH hat jüngst seinem Urteil in der Rechtssache „Stauffer" entschieden, dass die europäischen Grundfreiheiten eine solche Diskriminierung im Bereich der Vermögensverwaltung verbieten[138]. Es ist damit zu rechnen, dass der EuGH demnächst auch die entsprechenden Diskriminierungen im Spendenrecht für europarechtswidrig erklärt wird[139].

C. Gemeinnütziger Zweck

In allen Ländern muss die Organisation einen gemeinnützigen Zweck verfolgen, um den Status der Gemeinnützigkeit zu erhalten.

Die Darstellung beginnt mit den gesetzlichen Definitionen des gemeinnützigen Zwecks (I). Anschließend werden die prägenden inhaltlichen Elemente angesprochen, die sich aus dem Gemeinnützigkeitsbegriff ableiten lassen, nämlich die Förderung der Allgemeinheit (II) und die Selbstlosigkeit (III). Außerdem werden zwei Sonderfragen angesprochen (IV), nämlich (1) die Förderung im Ausland und (2) ob die Steuerprivilegierung wegen der Art und Weise der Einkunftserzielung verloren gehen kann.

Da in mehreren Ländern (wie bereits angedeutet) hinsichtlich der verschiedenen Steuerprivilegien zusätzliche Anforderungen an den gemeinnützigen Zweck gestellt werden, konzentriert sich dieser Abschnitt zunächst nur auf die allgemeinen Voraussetzungen, die für die (prinzipielle[140]) Befreiung der Einnahmen der Organisation von der Körperschaftsteuer verlangt werden. Hiernach werden die zusätzlichen Anforderungen an den gemeinnützigen Zweck behandelt, die in manchen Ländern für den Spendenabzug bestehen (V).

Abschließt werden nochmals die länderübergreifenden Gemeinsamkeiten und Unterschiede hinsichtlich des gemeinnützigen Zwecks analysiert (VI).

---

diejenigen ausländischen Organisationen für denkbar hält, welche die Anforderungen des österreichischen Gemeinnützigkeitsrechts erfüllen.

[138] EuGH, Urt. v. 14.9.2006 - Rs. 386/04, EuZW 2006, 625 ff.
[139] Näher hierzu in diesem Band *von Hippel*, S. 677 ff.
[140] Zum Sonderfall der partiellen Besteuerung siehe näher unten unter E V 1 (S. 154).

I. Gesetzliche Definitionen des gemeinnützigen Zwecks

In alle Rechtsordnungen fragt sich, wie der gemeinnützige Zwecks zu präzisieren ist. Bei der Gesetzestechnik zeigen sich insoweit unterschiedliche Ansätze, während in der Sache die Gemeinsamkeiten überwiegen.

1. Generalklauselartige Definition

Manche Länder haben es bewusst bei dem bloßen Begriff belassen und eine weitergehende Ausarbeitung der Definition der Finanzverwaltung und Rechtsprechung überlassen. Dies gilt z.B. für das *französische* und das *britische* Recht, das allerdings die gesetzliche Normierung eines von der Rechtsprechung entwickelten Beispielskatalogs vorbereitet[141]. Auch das *schweizerische* Recht belässt es bei der generalklauselartigen Formulierung, das Vermögen einer begünstigten Organisation müsse „ausdrücklich und unwiderruflich einem gemeinnützigen Zweck gewidmet sein"[142].

2. Beispielskataloge

Andere nationale Gesetzgeber haben versucht, durch einen Katalog der gemeinnützigen Zwecke für eine größere Klarheit zu sorgen. In der Regel handelt es sich dabei um einen beispielhaften Katalog mit einer Generalklausel (*Deutschland*[143], *Niederlande*[144], *Spanien*[145]).

3. Abschließender Katalog

Demgegenüber enthält das *ungarische* Recht einen abschließenden Katalog der gemeinnützigen Zwecke[146]. In der Praxis scheint dieser Katalog aber nicht besonders einengend zu wirken. Einmal ist der Katalog sehr umfangreich, zum anderen enthält er nur bestimmte Zielrichtungen, nicht aber Vorgaben für die konkrete Tätigkeit, wie diese Zielrichtung verfolgt werden soll[147]. Die

---

[141] *Selbig*, Großbritannien, B II, S. 325.
[142] *Koller*, Schweiz, B III 1 a aa, S. 450.
[143] Siehe § 52 AO.
[144] *van Veen*, Niederlande, B II 1, S. 372 f.
[145] *Palao Taboada*, Spanien, B III 1 a, S. 488.
[146] *Csehi*, Ungarn, B II 1, S. 523 f.
[147] Kritisch zur Unbestimmtheit *Csehi*, Ungarn, B II 1 a., S. 523 f.; siehe zum parallelen Problem der Unklarheit des Beispielskatalogs im *deutschen* Gemeinnützigkeitsrecht *Isensee* in Maurer (Hrsg.), Festschrift für Günter Dürig zum 70. Geburtstag (1990), S. 33 (59 ff.); *Jachmann* in Igl, Rechtliche Rahmenbedingungen bürgerschaftlichen Engagements (2002), S. 67 (206 ff.).

ungarischen Steuerbehörden und Gerichte pflegen die Zielbestimmungen weit auszulegen[148]. Auch der *deutsche* Referentenentwurf für ein Gesetz zur weiteren Stärkung des bürgerschaftlichen Engagements vom 14.12.2006 sieht nunmehr einen abschließenden, aber weit gefassten Katalog der gemeinnützigen Zwecke vor[149].

4. Sonderfälle

Besonderheiten gelten in den *USA*, *Italien* und *Schweden*.

Der Wortlaut der *US-amerikanischen* Regelung entspricht einem Beispielkatalog[150]. Die Finanzverwaltung, Rechtsprechung und Literatur verstehen das Gesetz dagegen so, dass die Grundsätze des althergebrachten *britischen* Charity-Law gelten, obwohl der gesetzliche Wortlaut „charitable purposes" nur als Unterfall des Katalogs steuerbegünstigter Zwecke nennt[151].

Eine Besonderheit des *italienischen* Rechts ist, dass es (im Gegensatz zu den anderen Rechtsordnungen) lange Zeit kein allgemeines Gesetz kannte, das einheitliche Voraussetzungen für steuerbegünstigte Organisationen im Allgemeinen und die Voraussetzung des gemeinnützigen Zwecks im Besonderen enthielt, sondern in verschiedenen Spezialgesetzen kasuistische Ausformulierungen dieser Grundsätze normierte[152]. Eine gewisse Vereinheitlichung ist durch das „ONLUS-Gesetz" erreicht worden[153]; allerdings gelten die älteren Spezialgesetze daneben fort.

Im *schwedischen* Recht gilt eine in den anderen Rechtsordnungen unübliche rechtsformspezifische Unterscheidung der zulässigen Zwecke bei Vereinen und Stiftungen[154]. Während Stiftungen nur einen abgeschlossenen Katalog bestimmter Zwecke fördern dürfen, der freilich relativ weit gefasst ist[155], können in

---

[148] So hat das ungarische Oberste Gericht entschieden, dass auch die Begabtenförderung der „Erziehung und Bildung" im Sinne des Non-ProfitG entspricht (No. EBH1999.179 - Offizielle Sammlung der Entscheidungen des Obersten Gerichtshof 1999/2); näher hierzu *Csehi*, Ungarn, B III 1 a, S. 524.

[149] Siehe § 52 Abs. 2 AO-E, der die bisher in § 52 Abs. 2 AO genannten Regelbeispiele und die in Anlage 1 zu § 48 Abs. 2 EStDV aufgeführten „besonders förderungswürdigen Zwecke" im Sinne des § 10 b Abs. 1 EStG zusammenführt und teilweise sprachlich neufasst. Eine inhaltliche Änderung der einzelnen (jetzt schon anerkannten) Zwecke ist grundsätzlich nicht beabsichtigt, sieht die Begründung des Referentenentwurfs, S. 23 ff.

[150] *Colombo*, USA, B III 1, S. 579.
[151] *Colombo*, USA, B III 2, S. 580.
[152] *Runte/von Hippel*, Italien, A I, S. 342.
[153] Näher hierzu *Runte/von Hippel*, Italien, A I 2 b, S. 344.
[154] *Lindencrona*, Schweden, B III 1 a, S. 423 (zu Stiftungen) und B III 1 a, S. 424 (zu Vereinen).
[155] Der Katalog enthält folgende Zwecke: „1. Fürsorge und Erziehung von Kindern zu fördern, 2. Beiträge zu Unterricht und Ausbildung zu leisten, 3. Hilfstätigkeit unter Bedürftigen zu betreiben, 4. Wissenschaftliche Forschung zu fördern, 5. Nordische Zusammenarbeit zu fördern, 6. Die

Vereinsform auch weitergehende Zwecke verfolgt werden: hier ist der Katalog nicht abschließend[156]. Wie die Rechtsprechung des Höchsten Verwaltungsgerichts belegt, kann diese Unterscheidung durchaus Konsequenzen haben: In bestimmten Fällen hängen demnach die Steuervergünstigungen davon ab, ob ein und derselbe Zweck durch einen Verein gefördert wird (dann steuerbegünstigt) oder durch eine Stiftung (dann nicht steuerbegünstigt)[157]. Kehrseite der erweiterten Zweckverfolgung in Vereinsform ist das sogenannte „Gebot der Offenheit", wonach der Verein nur bei sachlichen Gründen neue Mitglieder ablehnen darf (7 Kap. 13 §). Nach Ansicht des Höchsten Verwaltungsgerichts besteht z.B. kein sachlicher Grund dafür, nur Männern die Mitgliedschaft in einem Verein zu erlauben, während es zulässig ist, nur Personen als Mitglieder zu akzeptieren, die in Stockholm geboren worden sind, weil diese Personen eine besondere Verbindung zu Stockholm haben[158]. Diese Beschränkung gilt nicht nur für mitgliedernützige, sondern auch für altruistische Vereine. Offenbar ist es die ratio legis dieses „Offenheitsgebots", jedem interessierten Bürger die Beteiligung an der steuerlichen Privilegierung (bei einem mitgliedernützigen Verein) oder/und die Beteiligung an der Förderentscheidung (bei einem altruistischen Verein) zu ermöglichen.

II. Erstes inhaltliches Element: Förderung des Allgemeininteresses

Auch wenn es (wie soeben erörtert) alle untersuchten Länder vermeiden, den Begriff des „gemeinnützigen Zwecks" in präziser und abschließender Form zu definieren, zeigen sich doch weitgehende Parallelen, wenn man die Kriterien heranzieht, die im Gesetz genannt oder von der Finanzverwaltung, Rechtsprechung und Wissenschaft entwickelt worden sind.

Ein erstes (allgemein für notwendig gehaltenes) inhaltliches Element ergibt sich bereits aus dem Wortlaut („Gemeinnutz", „allgemeines Interesse"[159], charitable purpose[160], d'intérêt général[161]): es muss sich um einen Zweck handeln, der im Interesse der Allgemeinheit ist.

Verteidigung von Schweden in Zusammenwirkung mit Militärbehörden oder mit anderen Behörden zu stärken".

[156] z.B. religiöse, wohltätige, soziale, politische, künstlerische oder vergleichbare kulturelle Zwecke.

[157] Siehe einerseits die Entscheidung RÅ 1981 1:28 (Ablehnung des Gemeinnützigkeitsstatus für die Stiftung „Pauvres honteux", weil die Destinatäre nicht arm genug sind, um bedürftig zu sein), sowie andererseits die Entscheidung RÅ 1988 ref. 20 (Zuerkennung des Gemeinnützigkeitsstatus für den Verein „Freunde der pauvres honteux", mit Betonung der unterschiedlichen Rechtslage von Stiftungen und Vereinen).

[158] RÅ 1989 ref. 60 (Verein Stockholms-Gillet).

[159] *van Veen*, Niederlande, B II 2, S. 372; *Palao Taboada*, Spanien, B III 1 a, S. 488.

[160] *Selbig*, Großbritannien, B II, S. 325.

[161] *Beltrame*, Frankreich, B III 1 a, S. 288.

In der Praxis stellen sich hierbei namentlich zwei Probleme: Die Abgrenzung zwischen dem Interesse der Allgemeinheit und dem Interesse einer Personengruppe, die nicht die Allgemeinheit repräsentiert (a), und die Ausgrenzung von Zwecken, die als rechtswidrig oder aus politisch-sozialen Gründen für inakzeptabel angesehen werden (b).

1. Verbot der Förderung eines zu beschränkten Personenkreises

Im Grundsatz besteht länderübergreifend Einigkeit, dass eine Förderung im Interesse der Allgemeinheit nicht bedeutet, dass die gesamte Bevölkerung profitieren muss[162]. Einschränkungen in sachlicher oder regionaler Hinsicht sind zulässig. Andererseits darf der Kreis der Destinatäre auch nicht zu sehr eingeschränkt sein, weil die Förderung rein privater Interessen nicht mehr als Förderung der Allgemeinheit gilt. Die Abgrenzung ist naturgemäß schwierig[163].

a) Abgrenzungsfragen

In allen Ländern versucht man, anhand von Beispielen abzugrenzen, wann der Begünstigtenkreis noch groß genug ist, um von einer Förderung der Allgemeinheit zu sprechen. Bei den Kriterien, die durch Gesetzgebung, Finanzverwaltung, Rechtsprechung und Wissenschaft entwickelt worden sind, zeigen sich weitgehende Parallelen in den Grundzügen, auch wenn in den Einzelfällen durchaus Unterschiede denkbar sind.

So nennt die *schweizerische* Finanzverwaltung (die unter dem Kriterium des Allgemeininteresses einen offenen Destinatärkreis verlangt) als Beispiel für einen allzu engen Kreis die Begrenzung auf eine Familie, die Mitglieder eines Vereins oder die Angehörigen eines bestimmten Berufs[164].

Auf dieser Linie liegt auch die *niederländische Rechtsprechung*, die einen allzu engen Personenkreis annimmt, wenn er durch vertragliche, familiäre oder mitgliedschaftsbezogene Faktoren bestimmt ist[165].

Im *britischen* Recht sind die Abgrenzungen umstritten und historisch bedingt: die Einwohner einer Stadt oder eines Dorfes können Begünstigte eines gemeinnützigen Trusts sein, nicht jedoch die Angestellten eines bestimmten Unternehmens[166].

---

[162] *Achatz*, Österreich, B II, S. 400; *Palao Taboada*, Spanien, B III 1 b, S. 488.

[163] Beispielhaft sei auf das *US-amerikanische* Recht verwiesen, wonach der Begünstigtenkreis nicht „unbestimmt" sein muss, sondern nur „groß genug", um als im Interesse der Allgemeinheit (public benefit) angesehen werden zu können; näher hierzu *Colombo*, USA, B II 2, S. 580.

[164] KS Nr. 12 Ziff. II. 3 a in fine; näher hierzu *Koller*, Schweiz, B III 1 b aa, S. 452.

[165] HR 24. September 1997, BNB 1997/362; näher hierzu *van Veen*, Niederlande, B II 3, S. 373.

[166] Oppenheim vs. Tobacco Securities Trust Co. Ltd [1951], AC 297; näher hierzu *Selbig*, Großbritannien, B II, S. 327.

In *Frankreich* werden als Beispiele für einen allzu engen Kreis die Begrenzung auf eine Familie oder ein Unternehmen genannt[167]. Zweifelhaft ist allerdings, ob auch der Rechtssatz verallgemeinerungsfähig ist, dass Organisationen nicht die Allgemeinheit fördern, die versuchen, die Werke eines Künstlers oder eines Forschers bekannt zu machen[168].

Im *US-amerikanischen* Recht gilt der geförderte Kreis als zu klein, wenn nur eine bestimmte Person mit Medikamenten unterstützt wird; wohl aber darf der Kreis auf Personen beschränkt sein, die an einer bestimmten Krankheit leiden[169].

In *Ungarn* hat der oberste Gerichtshof im Rahmen des bereits durch das Zivilrecht verlangten Kriteriums der Förderung der Allgemeinheit einen großzügigen Maßstab angelegt: da das Non-ProfitG nicht näher festlege, welcher Personenkreis als Allgemeinheit anzusehen sei, habe das Registergericht nicht zu prüfen, ob die betreffenden Personen der Allgemeinheit entsprechen, oder nur eine engere Gruppe zeigen[170].

Besonders pointiert tritt das „Offenheitsproblem" im *schwedischen* Steuerrecht auf: Während für Stiftungen ein abgeschlossener Zweckkatalog besteht, dürfen Vereine auch weitergehende gemeinnützige Zwecke verfolgen[171]. Sie unterliegen jedoch dem Gebot der Offenheit, dürfen also einen Antrag auf Aufnahme als Mitglied nur verweigern, wenn hierfür sachliche Gründe bestehen[172].

In *Deutschland* ist hingegen bei altruistischen Vereinen anerkannt, dass der Mitgliederkreis beschränkt sein darf. Demgegenüber wird bei mitgliedernützigen Sportvereinen ein Aufnahmezwang diskutiert[173]. Ähnlich ist die Rechtslage in *Österreich*[174].

b) Grundsatz: Ausschließliche Förderung der Allgemeinheit

Grundsätzlich muss eine steuerbegünstigte Organisation ihre Finanzmittel *ausschließlich* für ihren satzungsmäßigen gemeinnützigen Zweck (und damit zum Wohle der Allgemeinheit) verwenden.

---

[167] *Beltrame*, Frankreich, B III 1 a bb, S. 289.

[168] *Beltrame*, Frankreich, B III 1 a bb, S. 289.

[169] *Colombo*, USA, B III 2, S. 580.

[170] EBH 2000.386 – Offizielle Sammlung der Entscheidungen des Obersten Gerichtshofes 2000/2; näher hierzu *Csehi*, Ungarn, B III 2, S. 529.

[171] Siehe oben unter C I 4 (S. 115).

[172] *Lindencrona*, Schweden, B III 1 c, S. 424.

[173] Vgl. BGH NJW 1969, 316 ff; *Friedrich*, DStR 1996, 750 ff. Zur steuerrechtlichen Frage, wann eine „Förderung der Allgemeinheit" i.S.v. § 52 Abs. 1 AO bei Sportvereinen fehlt, vgl. *Schauhoff* in Schauhoff (Hrsg.), Handbuch der Gemeinnützigkeit, 2. Aufl. (2005), § 5 Rn. 46, und *Gast-de Haan*, DStR 1996, 405 ff.

[174] Siehe VereinsRL 2001, Rz 19; näher hierzu *Achatz*, Österreich, B IV 1 b, S. 405.

Von diesem Grundsatz gibt es zwei Ausnahmen, nämlich einmal bei der Verwendung zugunsten einer bedürftigen Gruppe und zum anderen (in manchen Staaten) bei der Verwendung einer vergleichsweise geringe Summe.

aa) Erste Ausnahme Bedürftige Gruppe

In vielen Ländern wird ein gemeinnütziger Zweck auch dann anerkannt, wenn er zwar nicht die Allgemeinheit fördert (weil der geförderte Personenkreis zu eng bestimmt ist), aber dafür eine bedürftige Destinatärsgruppe gefördert wird. Beispiele hierfür sind *Deutschland* (das insoweit von „Mildtätigkeit" spricht)[175], *Großbritannien*[176] und *Italien* (Erfordernis der „sozialen Zielsetzung"[177]).

bb) Zweite Ausnahme: Zuwendungen für nicht-gemeinnützige Zwecke

Seltener sind die Fälle, in denen eine gemeinnützige Organisation eine „Zuwendung" (im Sinne einer Zahlung ohne Gegenleistung)[178] erbringen darf, obwohl hiermit zwar ein in der Satzung genannter Zweck, nicht aber ein gemeinnütziger Zweck erfüllt wird.

In *Deutschland* gilt eine Ausnahme vom sog. „Ausschließlichkeitsgrundsatz" für Stiftungen: sie dürfen „einen Teil, jedoch höchstens ein Drittel ihres Einkommens" dazu verwenden, „um in angemessener Weise den Stifter und seine nächsten Angehörigen zu unterhalten, ihre Gräber zu pflegen und ihr Andenken zu ehren" (§ 58 Nr. 5 AO), wobei ein Trend zu erkennen ist, die „Angemessenheit" nach eher strengen Maßstäben zu beurteilen[179].

Auch das *schwedische* Recht lässt eine Ausnahme zu[180]. Nach dem so genannten „Kriterium der Wirksamkeit" soll die Organisation „ausschließlich oder fast ausschließlich" gemeinnützige Zwecke fördern (7 Kap. 5 § IL). In der Rechtsprechung wird die Formulierung „fast ausschließlich" so verstanden, dass 5-10 % der Einnahmen auch für privatnützige Zwecke verwendet werden dürfen. Aus zivilrechtlichen Gründen ist es allerdings nötig, dass der nichtgemeinnützige Zweck ausdrücklich in der Satzung festgelegt ist.

---

[175] Siehe § 53 AO; näher hierzu *Fischer* in Hübschmann/Hepp/Spitaler, § 53 AO, Rn. 3 ff.; *Schauhoff* in Schauhoff (Hrsg.), Handbuch der Gemeinnützigkeit, 2. Aufl. (2005), § 5 Rn. 81-86.

[176] *Selbig*, Großbritannien, B II, S. 327.

[177] *Runte/von Hippel*, Italien, B II 2, S. 348.

[178] Eine andere Frage ist, inwieweit es Grenzen für andere Ausgaben gibt, die keine „Zuwendung" in diesem Sinne sind (z.B. Verwaltungskosten, Zahlungen im Zusammenhang mit der Anlage des Vermögens der gemeinnützigen Organisation). Diese Frage wird an späterer Stelle weiterverfolgt, siehe insbesondere zum Verbot verdeckter Ausschüttungen unten unter D I 2 b (S. 131 ff.).

[179] So jedenfalls eine Verfügung der OFD Magdeburg 18.5.2004, S 1900 - 22 - St 217/S 0171 - 155 - St 217 -, wonach eine Bedürftigkeit des Empfängers zu verlangen ist. Großzügiger hingegen wohl *Tipke* in Tipke/Kruse, § 58 AO, Rn. 6: „Kleinlichkeit liegt nicht im Sinne des Gesetzes".

[180] *Lindencrona*, Schweden, B IV 1, S. 426.

Anklänge hieran finden sich auch im *niederländischen* Recht, nach dem eine gemeinnützige Organisation neben dem allgemeinen Interesse auch die Realisierung eines privaten Interesses anstreben darf, sofern „primär dem allgemeinen Interesse bzw. ungefähr zu gleichen Teilen dem allgemeinen und einem privaten Interesse gedient wird."[181]

cc) Problemfall: Förderung mitgliedernütziger Zwecke

Bei der Förderung mitgliedernütziger Zwecke stellt sich die Frage, ob eine Förderung der Allgemeinheit vorliegt, in mehrfacher Hinsicht.

Einmal kann man darüber streiten, ob bestimmte mitgliedernützige Zwecke (z.B. Freizeitbeschäftigungen) überhaupt die „Allgemeinheit" fördern oder ob es sich in Wahrheit um eine „individuelle" Förderung der einzelnen Mitglieder handelt. Gemeinhin gilt dieses Problem jedoch als eines der Uneigennützigkeit (Selbstlosigkeit) und wird daher im Zusammenhang damit näher erörtert[182].

Zum anderen ist hierbei problematisch, ob die Förderung des Mitgliederkreises als (partielle) *Förderung der Allgemeinheit* angesehen werden kann. Dies ist zumindest dann problematisch, wenn die Aufnahme als Mitglied beschränkt ist. Teilweise gelten daher insoweit Regeln, wonach bei mitgliedernützigen Vereinen die Ablehnung der Aufnahme als Mitglied nur unter besonderen Bedingungen zulässig ist[183].

2. Verbot der Förderung rechtswidriger oder aus politisch-sozialen Gründen inakzeptabler Zwecke

Eine weitere Fallgruppe, die im Zusammenhang mit der Förderung der Allgemeinheit diskutiert wird, ist die Frage, ob bestimmte mitverfolgte Zwecke die Gemeinnützigkeit untergraben.

Allgemein bejaht wird dies für rechtswidrige (gesetzlich verbotene) Zwecke.

Problematischer sind dagegen Einschränkungen, die der „public policy" in dem Sinne widersprechen, dass sie aus politisch-sozialer Sicht inakzeptabel erscheinen. Dass die Anerkennung einer solchen Fallgruppe durchaus sachgerecht sein kann, zeigt sich etwa am Beispiel der Rassendiskriminierung (*USA*)[184]. *Deutsche* Beispiele wären die Förderung der arischen Rasse und Zwecke, die nationale Revanchebestrebungen unterstützen.

Im *englischen* Charity Law ist freilich diese Ausnahme insbesondere in der älteren Rechtsprechung soweit ausgedehnt worden, dass bereits das Plädoyer für eine Änderung des geltenden Rechts nicht mehr als „charitable" angesehen

---

[181] HR 13. Juli 1994, BNB 1994/280; näher hierzu *van Veen*, Niederlande, B II 3, S. 374.
[182] Siehe sogleich unter C III (S. 122).
[183] Siehe oben unter C II 1 a (S. 117).
[184] *Colombo*, USA, B III 2, S. 580.

worden ist: Der Staat könne keine Organisation unterstützen, die auf eine Änderung der staatlichen Regelung hinwirke[185]. Diese restriktive Interpretation wird von der Literatur stark angegriffen, und es gibt Anzeichen für eine allmähliche Liberalisierung[186].

3. Anzulegender Maßstab

Eine andere Frage ist, nach welchem Maßstab zu entscheiden ist, ob eine bestimmte Tätigkeit im Allgemeininteresse liegt.

In *Deutschland* (§ 52 Abs. 1 Satz 1 AO) und *Österreich*[187] konkretisiert das Gesetz die Gemeinnützigkeit dahingehend, die Tätigkeit müsse dem Gemeinwohl auf geistigem, kulturellem, sittlichem oder materiellem Gebiet nützen. In *Deutschland* zumindest wird durch diese Formulierung kaum etwas ausgegrenzt[188]. Beide Rechtsordnungen normieren außerdem eine exemplarische Aufzählung gemeinnütziger Zwecke (siehe § 52 Abs. 2 AO einerseits und § 35 Abs. 1 und 2 BAO andererseits). Allerdings haben sich im *deutschen* Recht infolge der Ausweitung des Beispielkatalogs gemeinnütziger Zwecke durch das Vereinsförderungsgesetz 1990 auf Zwecke, die deutlich freizeitmäßigen Charakter haben (z.B. Schach, Modellbau, Hundesport), zusätzliche Probleme hinsichtlich Systematik und Kohärenz der gemeinnützigen Zwecke ergeben[189].

Nach Ansicht der *schweizerischen* Finanzverwaltung, ist insoweit auf die jeweils maßgebende Volksauffassung abzustellen[190].

---

[185] Siehe z.B. *National Anti-Vivisection Society v. IRC* [1948] AC 31: Eine Organisation mit dem Zweck, Tierversuche abzuschaffen sei nicht „charitable", weil (1) Tierversuche der Allgemeinheit dienten und daher ihre Abschaffung nicht auch der Allgemeinheit dienen könne, (2) es sich hierbei um vorwiegend „politische" Ziele handle. In demselben Sinne auch die Aussage von Slade J in *McGovern v. A-G* [1982] Ch 321 at 366-367: „The court will not regard as charitable a trust of which a main object is to procure an alteration of the law of the United Kingdom for one or both of two reasons: first, the court will ordinarily have no sufficient means of judging as a matter of evidence whether the proposed change will or will not be for the public benefit. Secondly, even if the evidence suffices to enable it to form a prima facia opinion that a change in the law is desirable, it must still decide the case on the principle that the law is right as it stands, since to do otherwise would usurp the functions of the legislature". Siehe näher hierzu und weiteren Gerichtsentscheidungen *Picarda*, The Law and Practice relating to Charities (1999), p. 175 ff.
[186] *Selbig*, Großbritannien, D IV, S. 337 mit Verweis auf die derzeitige Reformdebatte.
[187] Siehe *Achatz*, Österreich, B II 2, S. 400.
[188] Siehe die Kritik in *Bundesministerium der Finanzen*, Gutachten der Unabhängigen Sachverständigenkommission zur Prüfung des Gemeinnützigkeits- und Spendenrechts (1988), S. 80 ff.; *Tipke* in Tipke/Kruse, § 52 AO, Rn. 2 ff. Für eine großzügige Auslegung des Begriffs der Allgemeinheit hingegen *Felix*, FR 1961, 236 ff.
[189] Siehe die Kritik von *Tipke*, StuW 1989, 165 ff.; *Seer* in Jachmann (Hrsg.), DStJG 26 (2003), S. 11 (46); *Uterhark* in Schwarz, § 52 AO, Rn. 48, 51.
[190] *Koller*, Schweiz, B III 1 b aa, S. 452.

III. Zweites inhaltliches Element: Selbstlosigkeit

In *Deutschland* lässt sich das in § 55 AO enthaltene Gebot der Selbstlosigkeit dahin auslegen, dass die objektive Gemeinwohlförderung auch durch die subjektive Gemeinnützigkeit ergänzt werden muss[191]: Objektiv gemeinnützig ist, was dem Gemeinwohl dient. Subjektiv gemeinnützig ist, was aus Sicht des Handelnden auf das Gemeinwohl (im Gegensatz zum Eigennutz) gerichtet ist[192].

Aus einer abstrakt-theoretischen Sicht leuchtet ein, dass eigennützige Handlungen grundsätzlich auch dann keine steuerliche Förderung verdienen, wenn sie nach außen als fremdnützige Einrichtungen verkleidet sind (z.B. in Fällen des sog. kollektiven Eigennutzes).

Andererseits überlagern sich regelmäßig Aspekte des Gemeinnutzens und Eigennutzens: Wenn jedes egoistische Motiv zur Versagung eines gemeinnützigen Zweck führen würde, gäbe es nur sehr wenige gemeinnützige Organisationen[193]. Der Gesetzgeber muss deshalb entscheiden, welches Maß an Eigennutz tolerabel ist, um dennoch einen gemeinnützigen Zweck (mit entsprechenden Steuerprivilegen) anzuerkennen[194].

Die Länderberichte belegen, dass es sich bei dem Prinzip der subjektiven Gemeinnützigkeit um ein länderübergreifend wichtiges gültiges Prinzip handelt, so dass es angebracht ist, die subjektive Gemeinnützigkeit als zweites inhaltliches Element des gemeinnützigen Zwecks neben die Förderung der Allgemeinheit zu stellen.

Allerdings wird die rechtsvergleichende Betrachtung des Selbstlosigkeitsprinzips dadurch erschwert, dass Terminologie[195] und Systematik in den einzelnen Rechten stark voneinander abweichen. Teilweise wird der Gedanke der Selbstlosigkeit nicht als eigenständiges Prinzip verstanden, sondern als Bestandteil des Begriffs der „Gemeinnützigkeit". Vor allem aber werden in manchen Rechtsordnungen aus dem Begriff der Selbstlosigkeit wiederum weitere Grundsätze abgeleitet, die in anderen Rechtsordnungen zwar oft ebenfalls existieren, aber nicht immer als Anwendungsfälle der Selbstlosigkeit (sondern als eigenständige Grundsätze oder in anderen Zusammenhängen). Beispiele sind insbesondere das Gewinnausschüttungsverbot, das Gebot der zeitnahen Mittelverwendung, und die Frage, ob und gegebenenfalls inwieweit ein Vermögensopfer für Mitglieder, Spender und Organisationsbeteiligte nötig ist.

---

[191] Vgl. *Wallenhorst/Halaczinsky*, Die Besteuerung gemeinnütziger Vereine, Stiftungen und der juristischen Personen des öffentlichen Rechts, 5. Aufl. (2004), S. 35 f.: Selbstlosigkeit ist ein subjektives Merkmal, während die anderen „sekundären" Voraussetzungen (ausschließlich, unmittelbar) objektiv sind.
[192] Vgl. *Fischer* in Hübschmann/Hepp/Spitaler, § 55 AO, Rn. 25.
[193] Vgl. *Tipke* in Tipke/Kruse, § 55 AO, Rn. 1.
[194] *Fischer* in Hübschmann/Hepp/Spitaler, § 55 AO, Rn. 26.
[195] In der *Schweiz* ist z.B. von „Uneigennützigkeit" die Rede; siehe *Koller*, Schweiz, B III 1 b bb, S. 453.

Wegen dieser terminologisch-systematischen Unterschiede ist es zwar nicht unmöglich, aber problematisch, so etwas wie einen länderübergreifend gültigen Begriff der Selbstlosigkeit zu formulieren.

Einfacher und für die Zwecke dieses Berichts sinnvoller ist es dagegen, die einschlägigen Fragen nicht im Rahmen des gemeinnützigen Zwecks und der Selbstlosigkeit zu diskutieren, sondern sie in anderem Zusammenhang (als Vorgaben zur Mittelverwendung[196] sowie als Spezialfragen des Spendenbegriffs[197]) einzuordnen und zu erörtern.

IV. Sonderfragen

Bei der Frage, ob ein Zweck gemeinnützig ist, stellen sich außerdem die beiden folgenden Sonderfragen: (1) Werden Förderungen im Ausland als gemeinnützig anerkannt, gegebenenfalls unter welchen Voraussetzungen? (2) Spielt es für die Gemeinnützigkeit eine Rolle, durch welche Tätigkeiten Einnahmen erzielt werden?

1. Förderung im Ausland

In den meisten Ländern wird auch eine Tätigkeit der Organisation im Ausland als Förderung des gemeinnütziger Organisationszwecks anerkannt, so in den *Niederlanden*[198], *Schweden*[199], und (mit einer gewissen organisatorischen Einschränkung) auch in den *USA*[200].

Jedenfalls im Grundsatz gilt dies auch für die *Schweiz* (in der allerdings mitunter kantonale Einschränkungen bestehen[201]) und für *Frankreich*, wo jedenfalls eine teilweise Tätigkeit im Ausland akzeptiert wird[202].

In *Österreich* setzte § 34 Abs 1 BAO bis zur Novelle BGBl 1980/151 voraus, dass die Förderung der begünstigten Zwecke zumindest überwiegend im Bundesgebiet erfolgen muss. Dieser generelle Inlandsbezug ist mit der

---

[196] Siehe unten unter D (S. 129 ff.).

[197] Siehe F II bis IV (S. 164 ff.).

[198] *van Veen*, Niederlande, B II 2, S. 373.

[199] Das Höchste Verwaltungsgericht hat auch in einem neuen Urteil (22. September 2004) festgestellt, dass eine Tätigkeit in *Schweden* keine Voraussetzung der Steuerbegünstigung ist (*Lindencrona*, Schweden, B III 1 d, S. 425).

[200] Siehe näher Revenue Ruling 63-252, 1963-2 C B. 101, sowie *Colombo*, USA, B III 3, S. 580.

[201] Siehe näher *Koller*, Schweiz, B III 1 d, S. 455.

[202] Siehe *Beltrame*, Frankreich, B III 1 c, S. 290: „Französische Vereine …, die Fonds sammeln, um ein humanitäres Programm oder französische Vereine organisieren, die einen Teil ihrer Tätigkeit im Ausland ausüben (Organisationen, die zur Verbreitung der Kultur, der Sprache und der französischen wissenschaftlichen Kenntnisse beitragen)".

genannten Novelle entfallen. Eine inländische Körperschaft kann somit auch dann abgabenrechtlich begünstigt sein, wenn sie ihren Zweck überwiegend im Ausland erfüllt[203].

In *Deutschland* schließlich geht die traditionelle Ansicht davon aus, dass auch eine Fördertätigkeit im Ausland möglich ist[204]. Hierfür spricht nicht zuletzt der Wortlaut des Beispielskatalogs in § 52 Nr. 1 AO, der u.a. ausdrücklich „Entwicklungshilfe" und „Völkerverständigung" enthält. Allerdings gibt es neuerdings (als Reaktion auf die europarechtliche Diskussion, ob gemeinnützige Organisationen anderer EU-Mitgliedsstaaten dieselben Steuerprivilegien wie inländische Organisationen erhalten müssen) gewisse Bestrebungen in der Finanzverwaltung und der Literatur, de lege ferenda oder sogar de lege lata den Kreis enger zu ziehen. Die Diskussion – auf die an anderer Stelle in diesem Buch näher eingegangen wird[205] – ist insoweit noch nicht abgeschlossen[206].

2. Verlust der Steuerbegünstigung wegen der Art und Weise der Einnahmeerzielung?

Prima vista liegt es nahe, das Erfordernis der Förderung eines gemeinnützigen Zwecks als ein Tatbestandsmerkmal anzusehen, das sich nur mit der Mittelverwendung beschäftigt und es daher (im Rahmen dieses Tatbestandsmerkmals) für unerheblich zu halten, auf welche Weise die Mittel hierzu erzielt werden.

Indessen gibt es in mehreren Ländern Tendenzen, bei einer besonders starken Verflechtung mit einem unternehmerischen Mittelbeschaffungsbetrieb den Status der Gemeinnützigkeit insgesamt in Frage zu stellen, wobei es wiederum eine terminologisch-systematische Frage ist, ob man diese Frage als eine der Verfolgung eines gemeinnützigen Zwecks ansieht oder als ein an anderer Stelle zu verlangendes Tatbestandsmerkmal.

In der Sache geht es um zwei Fälle: (1) gemeinnützige Organisationen, deren Einnahmen mehr oder minder aus unternehmerischen Tätigkeiten herrühren und (2) gemeinnützige (Mutter-)Organisationen, deren Vermögen vor allem aus herrschenden Beteiligungen an gewinnorientierten Tochterunternehmen besteht (sog. Holding-Fälle).

---

[203] *Achatz*, Bericht Österreich vom 4.2.2005, Stichwort Sonderproblem: Förderung im Ausland.
[204] Siehe ausführlich hierzu *Schäfers*, Die steuerliche Behandlung gemeinnütziger Stiftungen in grenzüberschreitenden Fällen (2005), S. 128 ff.
[205] Siehe hierzu die Beiträge in diesem Band von *Walz*, S. 663 ff. und *von Hippel*, S. 661 ff.
[206] Der Referentenentwurf für ein Gesetz zur weiteren Stärkung des bürgerschaftlichen Engagements vom 14.12.2006 geht auf diese Frage nicht weiter ein.

a) Einnahmen aus unternehmerischer mittelbeschaffender Tätigkeit

In allen Ländern dürfen gemeinnützige Organisationen grundsätzlich auch Einnahmen durch unternehmerische Tätigkeiten anstreben, die nichts mit dem gemeinnützigen Zweck zu tun haben (Mittelbeschaffungstätigkeiten), solange diese Einnahmen (gegebenenfalls ab einer gewissen Erheblichkeitsschwelle) partiell versteuert werden.

In manchen Ländern kann eine zu extensive derartige Betätigung aber den Status der Gemeinnützigkeit insgesamt gefährden (dieses Problem wird in *Deutschland* mit dem Begriff „Geprägetheorie" umschrieben[207]).

Auf diese Fragen wird – wegen des inhaltlichen Zusammenhangs – näher im Rahmen der Besteuerung der gemeinnützigen Organisation eingegangen[208].

b) Holding-Fälle

Mit der soeben angesprochenen Frage verwandt ist die Konstellation, dass das Vermögen einer gemeinnützigen Organisation (vor allem) aus herrrschenden Beteiligungen an einem gewinnorientierten Unternehmen (z.B. einer Aktiengesellschaft) besteht, wobei es sich (in Kontinentaleuropa) typischerweise um eine sog. „unternehmensverbundene Stiftung" handelt. Derartige Holding-Konstruktionen werfen sowohl aus zivilrechtlicher als auch aus steuerrechtlicher Sicht Probleme auf.

Zivilrechtlich stellen sich hier zumindest in manchen Ländern Probleme hinsichtlich des Gläubigerschutzes, der Publizität, dem Einsatz von Stiftungen als Abwehrmaßnahme gegen feindliche Übernahmen und dem Problem der Effizienz des Managements eines „eigentümerlosen" Unternehmens[209]. Gleichwohl sind unternehmensverbundene Stiftungen und vergleichbare Holding-Konstruktionen im Regelfall in allen Ländern insoweit anerkannt, wenn auch nicht unbestritten[210].

Uneinheitlicher wird die (im Rahmen dieser Untersuchung im Vordergrund stehende) *steuerrechtliche* Frage beantwortet, ob und gegebenenfalls inwieweit derartige Holding-Konstruktionen als gemeinnützige Organisationen Steuervorteile erhalten dürfen. Hier stellen sich insbesondere die folgenden Fragen, die sich inhaltlich miteinander überschneiden, und auf die (aus systematischen Gründen) an späterer Stelle näher eingegangen wird: (1) Verfolgt die gemeinnützige Mutterorganisation noch ihren gemeinnützigen satzungsmäßigen Zweck oder verfolgt sie die Bestandsinteressen des mittelbeschaffenden Unternehmens

---

[207] Näher hierzu unten unter E V 2 (S. 154).

[208] Siehe unten unter E V 2 (S. 154).

[209] Siehe näher hierzu rechtsvergleichend für Stiftungen *von Hippel/Hansen/Habersack* in Hopt/Walz/von Hippel/Then (eds.), The European Foundation (2006), p. 146 ff.

[210] Kritisch zu unternehmensverbundenen Stiftungen allerdings *Reuter* in Münchener Kommentar, Ergänzungsband, Vor § 80 BGB, Rn. 24; *ders.* in Kötz/Rawert/Schmidt/Walz (Hrsg.), Non Profit Law Yearbook 2002 (2003), S. 157 (163); ähnlich bereits *ders.*, DWiR 1991, 192 (197).

(die als solche regelmäßig kein gemeinnütziger Zweck sind und daher auch nicht als Zweck in der Satzung enthalten sein dürfen)?[211] (2) Unterliegen die Einnahmen des mittelbeschaffenden Tochterunternehmens dem (in manchen Ländern bestehenden) Gebot der zeitnahen Mittelverwendung und wenn ja, in welcher Weise?[212] (3) Liegt ein Verstoß gegen das Europäische Wettbewerbsrecht (Verbot wettbewerbswidriger Beihilfen) vor?[213] (4) Können die Gewinne der gewinnorientierten Tochtergesellschaft dadurch der Besteuerung entzogen werden, dass sie an die Holding gespendet werden?[214] (5) Handelt es sich auf der Ebene der gemeinnützigen Mutterorganisation bei den ausgeschütteten Dividenden um Spenden (steuerfrei), um passive Einkünfte aus Vermögensverwaltung (typischerweise steuerfrei) oder um aktive unternehmerische Einkünfte (grundsätzlich steuerpflichtig)?[215].

V. Abweichungen beim Spendenabzug

Die bisherigen Ausführungen konzentrierten sich auf die Frage, welchen Zweck eine gemeinnützige Organisation verfolgen muss, damit sie die für sie vorgesehenen Steuerprivilegien (auf die noch einzugehen ist), verlangen kann.

Eine andere Frage ist, ob und inwieweit von diesen Grundsätzen abgewichen wird, wenn der Spender (Zuwender) die von ihm erbrachte Spende von seiner Einkommensteuer absetzen will.

In manchen Staaten besteht insoweit (hinsichtlich des gemeinnützigen Zwecks) keinerlei Unterschied (z.B. in der *Schweiz*[216] und *Spanien*[217]). Im Ergebnis gilt dies auch für *Großbritannien*, wo allerdings die technische Besonderheit zu beachten ist, dass ein Wahlrecht des Spenders besteht, ob er die auf den Spendenbeitrag bereits gezahlten Steuern als eigenen Spendenabzug erstattet verlangen möchte oder ob die Finanzverwaltung diesen Spendenabzug zusätzlich der Charity auszahlen soll[218].

Andere Staaten schränken hingegen für den Spendenabzug die zulässigen Zwecke ein. Am strengsten ist insoweit *Schweden*, das überhaupt keine Steuerprivilegien für den Spender kennt. Abzüge sind dort nur im Falle des Sponsoring möglich, das wegen der erbrachten Gegenleistung der gemein-

---

[211] Näher hierzu unten unter D II 1 b (S. 134). Vgl. hierzu auch die Problemstellung bei der „Geprägetheorie" unten unter E V 2 (S. 154).
[212] Näher hierzu unten unter D II 1 b (S. 134).
[213] Näher hierzu unten unter D II 1 b (S. 134).
[214] Näher hierzu unten unter E IV 1 (S. 156)
[215] Näher hierzu unten unter E IV 2 (S. 157)
[216] *Koller*, Schweiz, B I, S. 447.
[217] *Palao Taboada*, Spanien, B III 1 d, S. 489.
[218] *Selbig*, Großbritannien, D I, S. 335.

nützigen Organisation nicht als Spende anzusehen ist[219]. Auch in *Österreich* bestehen (wie bereits erwähnt) für den Spendenabzug sehr eingeschränkte Voraussetzungen[220]. Großzügiger ist hingegen *Deutschland*, wenngleich auch hier nur Spenden an bestimmte gemeinnützige Organisationen abgesetzt werden dürfen[221].

VI. Abschließende rechtsvergleichende Analyse der Gemeinsamkeiten und Unterschiede hinsichtlich des gemeinnützigen Zwecks

1. Kohärenz mit dem Katalog des ungarischen Non-Profit-Gesetzes

Von den behandelten Ländern enthält nur das *ungarische* Recht einen ausführlichen Katalog, der versucht, alle gemeinnützigen Zwecke abschließend aufzuzählen[222].

Es bot sich daher an, den ungarischen Katalog als Grundlage zu nehmen, um die Autoren der anderen Länderberichte zu fragen, ob die dort genannten Zwecke auch nach ihrem Recht als gemeinnützig anerkannt würden.

Vergleicht man die direkten Steuervergünstigungen, so zeigen sich weitgehende Übereinstimmungen.

So würden bei einem *schwedischen* Verein wahrscheinlich alle Punkte des Katalogs anerkannt werden, während die Stiftung nur bestimmte Zwecke verfolgen darf[223].

Ebenso würden in der *Schweiz* die meisten Tätigkeiten des Katalogs anerkannt werden[224]. Problematisch sind allerdings die Förderung des Sports (§ 26 lit. n), die oft – insbesondere bei Sportvereinen – nicht gemeinnützig, sondern eigennützig (bzw. mitgliedernützig) ist. Etwas anderes gilt aber, wenn z.B. eine Stiftung den Breitensport oder den Jugendsport unterstützt. Zudem enthält die Förderung der euroatlantischen Integration (§ 26 lit. s) eine politische Zielsetzung. Als solche könnte sie durchaus als gemeinnützig betrachtet werden. Voraussetzung dafür wäre allerdings, dass die Zielsetzung nicht von einem Wirtschaftsverband in wirtschaftlichem Kontext verfolgt wird. Ausgeschlossen wären die Gemeinützigkeit und vor allem auch die Verfolgung eines zur Steuerbefreiung führenden öffentlichen Zwecks zudem, wenn es sich bei der Organisation, die sich diesem Ziel widmet, um eine politische Partei handelt. Denn im Recht der direkten Bundessteuer ist eine Steuerbefreiung

---

[219] *Lindencrona*, Schweden, D I, S. 433 und D I 4, S. 434.
[220] Siehe oben *Achatz*, Österreich, B II 1, S. 399.
[221] Siehe § 48 Abs. 4 Satz 2 EStDV. Näher hierzu *Kirchhof* in Kirchhof, § 10 b EStG, Rn. 13.
[222] Siehe *Csehi*, Ungarn, B II 1 a, S. 523 f.
[223] Nach Ansicht von *Lindencrona*, Schweden, B III 2, S. 425.
[224] Nach Ansicht von *Koller*, Schweiz, B III 2, S. 456.

politischer Parteien ausgeschlossen (während immerhin gewisse Kantone Spenden an politische Parteien steuerlich zum Abzug zulassen).

Auch im *spanischen* Recht zeigen sich weite Übereinstimmungen mit dem ungarischen Katalog[225]. Zwar findet sich im spanischen Katalog keine Förderung der „nationalen und ethnischen Minderheiten" (Satz m), aber vielleicht ließe sich ein solches Ziel als „Förderung der Toleranz", der „Kultur" oder sogar der „Pflege von Personen, die in Gefahr sind, aus kulturellen Gründen ausgeschlossen zu werden", verfolgen. Ebenso dürften Tätigkeiten, die dem „Schutz der öffentlichen Ordnung, u.s.w." (Satz o) dienen, im spanischen Recht als „Bürgerpflichten" oder „Erziehung" verstanden werden. Sogar die situationspolitisch bedingte „Förderung der euroatlantischen Integration" könnte, wenn der nötige Wille da ist, unter den Begriff „Bekräftigung der Institutionen" subsumiert werden. Organisationen, die das Ziel haben, eine „mit dem Hochwasserschutz verbundene" Tätigkeit zu üben, gibt es in Spanien nicht, möglicherweise, weil es in diesem Lande keinen Fluss gibt, der dieselbe Bedeutung wie die Donau in Ungarn hat. Aber im Falle einer schweren Überschwemmung[226] gäbe es vermutlich Möglichkeiten, den betreffenden Spender steuerlich zu privilegieren[227].

In *Frankreich* würden die meisten im Katalog enthaltenen Zwecke anerkannt[228]. Grenzen ergeben sich nur bei denjenigen Zwecken, die nach dem französischen Staatsverständnis durch den Staat wahrzunehmen sind (Minderheitenschutz (§ 27 Nr. 13); Förderung der euroatlantischen Integration (Nr. 19)[229], wohl auch Schutz vor Überschwemmungen (Nr. 21) oder die Entwicklung des Straßennetzes (Nr. 22)). Im übrigen darf eine Stiftung in Frankreich kein Ziel partisaner Politik verfolgen[230].

2. Beispiele und umstrittene Grenzfälle

Als Beispiele für umstrittene Grenzfälle nennen die Länderberichte insbesondere professionelle Fußballvereine (*Frankreich*[231], *Niederlande*[232], *Österreich*[233]) bzw. Baseballvereine (*USA*[234]), Reitzentren (*Frankreich*[235]), einen

---

[225] Nach Ansicht von *Palao Taboada*, Spanien, B III 2, S. 489.

[226] In bestimmten Regionen in Spanien sind Überschwemmungen möglich, z.B. bei den Flüssen Duero und Guadalquiri.

[227] Zum Beispiel, indem die Spende an den Staat, eine Provinz oder eine Gemeinde erfolgt (*Palao Taboada*, Spanien, B III 2, S. 489).

[228] *Beltrame*, Frankreich, B III 2, S. 291.

[229] Möglich sind aber Organisationen zur Völkerverständigung.

[230] Stellungnahme des Staatsrates 13. Juni 1978 n° 322894.

[231] *Beltrame*, Frankreich, B III 3, S. 292.

[232] *van Veen*, Niederlande, B II 4, S. 375 f.

[233] *Achatz*, Österreich, B II 2, S. 401.

[234] *Colombo*, USA, B III 4, S. 582.

Schießverein mit umfangreicher wirtschaftlicher Nebentätigkeit (*Spanien*[236]) sowie eine Theatergesellschaft (*Schweiz*[237]).

D. Vorgaben für die Mittelverwendung

I. Ausschüttungen und Zahlungen

1. Verfolgung des satzungsmäßigen gemeinnützigen Zwecks

Wie bereits ausgeführt, hat eine steuerbegünstigte Organisation in allen Ländern einen gemeinnützigen Zweck zu verfolgen[238]. Dieser ist als satzungsmäßiger Zweck niederzulegen und auch tatsächlich zu fördern (durch entsprechende Zahlungen). Üblicherweise ergibt sich die Pflicht, den Zweck in die Satzung aufzunehmen, schon aus dem Zivilrecht (z.B. *Schweden*[239], *Spanien*[240]) bzw. dem Charity Law (*Großbritannien*[241]). In manchen Ländern ist diese Pflicht gleichwohl auch im Steuerrecht normiert (z.B. in *Deutschland*[242]), in anderen Ländern wird sie stillschweigend als selbstverständlich vorausgesetzt (z.B. in *Österreich*[243]).

2. Gewinnausschüttungsverbot

Für die ideellen Organisationen (Verein und Stiftungen) ergibt sich das Gewinnausschüttungsverbot oft bereits aus dem Zivilrecht. Dies gilt etwa für *Frankreich*[244], *Schweden*[245], *Großbritannien*[246] und die *Niederlande*[247]. In praktisch

---

[235] *Beltrame*, Frankreich, B III 3, S. 292.

[236] *Palao Taboada*, Spanien, B III 3, S. 490.

[237] *Koller*, Schweiz, B III 3, S. 456.

[238] Siehe oben unter C (S. 113 ff). Auch hierbei handelt es sich um eine Vorgabe für die Art und Weise, wie das Vermögen der Organisation verwendet werden soll, die aber wegen ihrer besonderen Bedeutung vorweg behandelt worden ist.

[239] *Lindencrona*, Schweden, B IV 1, S. 427.

[240] Das Stiftungsgesetz sieht ausdrücklich vor, dass Stiftungen ihr Vermögen und Einkommen den Satzungszielen gemäß dem Gesetz und der Satzung tatsächlich widmen müssen (Art. 23, a) *Palao Taboada*, Spanien, B IV 1, S. 490.

[241] *Selbig*, Großbritannien, B III, S. 327.

[242] Siehe § 63 Abs. 1 AO; näher hierzu *Fischer* in Hübschmann/Hepp/Spitaler, § 63 AO, Rn. 4; *Tipke* in Tipke/Kruse, § 63 AO, Rn. 1.

[243] *Achatz*, Österreich, B II 1, S. 399 und B III 1, S. 402.

[244] *Beltrame*, Frankreich, B IV 2, S. 293.

[245] *Lindencrona*, Schweden, B IV 2, S. 427.

[246] *Selbig*, Großbritannien, B IV 2, S. 329.

[247] *van Veen*, Niederlande, B III 4, S. 377.

allen Ländern findet sich das Gebot (zusätzlich) im Steuerrecht, so etwa in *Deutschland*[248], *Frankreich*[249], *Österreich*[250], *Spanien*[251], *Ungarn*[252], und in den *USA*[253]). In der *Schweiz* ist das Gewinnausschüttungsverbot nicht ausdrücklich normiert, wird aber aus dem Grundsatz der Uneigennützigkeit abgeleitet[254].

a) Verbot direkter Ausschüttungen

Manche Länder konkretisieren den Inhalt des Gewinnausschüttungsverbots, indem die Zivilgesetze und/oder Steuergesetze ausdrücklich bestimmen, dass die Mitglieder der Organisation keine Gewinnanteile und in ihrer Eigenschaft als Mitglieder keine Zuwendungen aus Mitteln der Organisation erhalten dürfen (*Deutschland*[255], *Frankreich*[256], *Österreich*[257], *Spanien*[258], *USA*[259]). In anderen Ländern sind diese Grundsätze durch die Rechtsprechung entwickelt worden (*Schweiz*[260]).

Eine andere Frage ist, ob das Gewinnausschüttungsverbot auch nach einer (eventuellen) Auflösung fortbesteht. In vielen Ländern wird dies vom Steuerrecht ausdrücklich verlangt (*Deutschland*[261], *Österreich*[262], *Schweiz*[263], *Spanien*[264]). In *Großbritannien* findet sich eine entsprechende Regelung nicht im Steuerrecht, sondern im Charity Law[265]: Mittel, die einmal gemeinnützigen Zwecken gewidmet worden sind, müssen weiter zu solchen Zwecken verwendet werden. Mitglieder, Spender etc., die eine solche Ausschüttung erhalten, müssen diese nicht nur versteuern, sondern (auf Aufforderung der Charity

---

[248] § 55 Abs. 1 Nr. 1 Satz 2 AO.

[249] *Beltrame*, Frankreich, B IV 2, S. 293.

[250] *Achatz*, Österreich, B IV 1 a, S. 403.

[251] *Palao Taboada*, Spanien, B IV 2, S. 490.

[252] *Csehi*, Ungarn, B IV 2 S. 532.

[253] *Colombo*, USA, B IV 1, S. 582.

[254] *Koller*, Schweiz, B IV 2, S. 458.

[255] § 55 Abs. 1 Nr. 1 Satz 2 AO.

[256] *Beltrame*, Frankreich, B IV 2, S. 293.

[257] *Achatz*, Österreich, B IV 1 a, S. 403.

[258] *Palao Taboada*, Spanien, B IV 2, S. 490.

[259] *Colombo*, USA, B IV 1, S. 582.

[260] *Koller*, Schweiz, B IV 2, S. 458.

[261] § 55 Abs. 1 Nr. 4 AO; näher hierzu *Uterhark* in Schwarz, § 55 AO, Rn. 33.

[262] *Achatz*, Österreich, B IV 1 a, S. 404.

[263] *Koller*, Schweiz, B IV 7, S. 462. Siehe aber zum Problem der „Unabänderlichkeit" oben unter B II 2 (S. 107).

[264] *Palao Taboada*, Spanien, B IV 2, S. 490.

[265] Das Charity Law wird aus den Regeln gebildet, welchen alle „Charities", unabhängig von ihrer Rechtsform, unterliegen.

Commission bzw. des Office of the Scottish Charity Regulator (OSCR)) wieder herausgeben[266].

Es gibt aber auch Ausnahmen: Dies gilt für den *schwedischen* Verein, bei dem das verbleibende Vereinsvermögen unter den Mitgliedern verteilt werden darf (die diese Ausschüttung allerdings versteuern müssen)[267], die *ungarische* Stiftung, bei der der Stifter sich das Recht vorbehalten kann, dass das Vermögen nach Auflösung der Stiftung wieder an ihn fällt[268], sowie im *US-amerikanischen* Trustrecht (in den Sonderfällen des „charitable remainder trusts" und „charitable lead trust")[269].

b) Abgrenzung zwischen unzulässiger verdeckter Gewinnausschüttung und zulässiger Zuwendung

Es versteht sich von selbst, dass das Gewinnausschüttungsverbot auch die Umgehung durch verdeckte Ausschüttungen (durch überhöhte Vergütungen oder Veräußerung unterhalb des Wertes) verbietet. Theoretisch ist es einfach, zwischen der verdeckten Ausschüttung (ohne angemessene Gegenleistung) und der zulässigen Zuwendung (mit angemessener Gegenleistung) zu unterscheiden. Gleichwohl ist die Abgrenzung in der Praxis alles andere als einfach.

aa) Zuwendungen an Vereinsmitglieder

Besonders problematisch sind mitgliedernützige Freizeitvereine, die in *Deutschland* zwar teilweise ausdrücklich im Katalog der gemeinnützigen Zwecke genannt sind[270], aber gleichwohl mit den beiden im Rahmen des gemeinnützigen Zwecks genannten inhaltlichen Kriterien (Förderung der Allgemeinheit, Selbstlosigkeit) in Konflikt stehen.

α) Ob die Förderung der Mitglieder als (partielle) *Förderung der Allgemeinheit* angesehen werden kann, ist zumindest dann problematisch, wenn der Verein die Aufnahme neuer Mitglieder verweigern darf. Teilweise gelten daher insoweit Regeln, wonach bei mitgliedernützigen Vereinen die Ablehnung der Aufnahme als Mitglied nur unter besonderen Bedingungen zulässig ist[271].

β) Noch problematischer ist die Frage, ob ein mitgliedernütziger Verein als „*selbstlos*" angesehen werden kann, weil Freizeitvereinigungen vor allem

---

[266] Es ist lediglich treuhänderisches Eigentum der jeweiligen Organisation, die es zugunsten der Allgemeinheit hält; siehe *Selbig*, Großbritannien, B IV 2, S. 329.

[267] *Lindencrona*, Schweden, B IV 3, S. 428.

[268] Freilich darf der Stifter – im Gegensatz zu den Vereinsmitgliedern – nicht die Auflösung der Stiftung beschließen (*Csehi*, Ungarn, B IV 3, S. 533).

[269] *Colombo*, USA, B IV 2, S. 583.

[270] Siehe insbesondere § 52 Abs. 2 Nr. 4 AO.

[271] Siehe oben unter C II 1 b cc, S. 120.

mitgliedernützig sind. Gleichwohl sind in allen Rechtsordnungen unter bestimmten Voraussetzungen auch Freizeitvereine (insbesondere Amateursportvereine), gemeinnützig. So werden in der *Schweiz* Sportvereine als altruistisch angesehen, wenn sie sich unter Einsatz von personellen oder wirtschaftlichen Mitteln der Förderung des Breitensports widmen[272]. Im *britischen* Recht ist Freizeitgestaltung nur in Ausnahmefällen steuerbegünstigt (z.B. Förderung der Jugend, der Alten oder der Armen). Seit kurzem werden aber auch Amateursportvereine (healthy sports) anerkannt[273]. Auch im *niederländischen* Recht findet sich diese Abgrenzung, wenn der Hoge Raad davon spricht, dass die Tätigkeit der Organisation dem allgemeinen Interesse „*unmittelbar*" dienen muss[274] und daher Organisationen ausschließt, die in den Bereichen Freizeit, Erholung oder soziale Kontakte für einen bestimmten Personenkreis tätig sind, weil sie lediglich privaten Interessen dienen.

γ) Sofern eine mitgliedernützige Organisation als gemeinnützig anerkannt ist, stellt sich gleichwohl die Folgefrage, ob und gegebenenfalls inwieweit geldwerte Zuwendungen an die Vereinsmitglieder den Status der Gemeinnützigkeit gefährden. Ein vergleichsweise großzügiger Maßstab gilt in *Schweden*. Obwohl zugestanden wird, dass die Mitgliedschaft in gewissen Vereinen ökonomisch sehr wertvoll sein kann, sind Vereine, die ihren Mitgliedern Kosten ersparen, sowohl erlaubt als auch steuerbefreit[275]. Das Gemeinnützigkeitsrecht erlaubt es den Mitgliedern sogar, nach Auflösung des Vereins das verbleibende Vermögen unter sich aufzuteilen, die Ausschüttung ist allerdings zu versteuern[276]. Strenger ist hingegen das *schweizerische* Recht: Die Rechtsprechung folgt hier aus dem Gebot der Uneigennützigkeit, dass gegenüber Vereinsmitgliedern keine marktmäßigen Transaktionen zulässig sind, sondern nur Transaktionen, bei denen die Leistungen dieser Personen das Entgelt deutlich übersteigen. Kein gemeinnützigkeitsschädlicher Vorteil ist allerdings gegeben, wenn ein Verein eine Mitgliederzeitschrift herausgibt[277]. Da in *Großbritannien* Freizeitvereine regelmäßig nicht gemeinnützig sind und Amateursportvereine erst seit kurzem bestehen, mangelt es bisher zu diesem Punkt an Erfahrungen. Grundsätzlich gibt es feste Regeln, welche geldwerten Vorteile Mitglieder genießen dürfen: nicht mehr als 2,5 % der Spende oder des Beitrags, höchstens 250 £[278]. Zulässig sind auch hier ausnahmsweise Mitgliederzeitschriften. In *Österreich* prüfen Finanzverwaltung und Rechtsprechung, ob noch von einer „unmittelbaren"

---

[272] *Koller*, Schweiz, B III 1 b bb, S. 453.

[273] *Selbig*, Großbritannien, B II, S. 326.

[274] HR 12. Oktober 1960, BNB 1960/296; HR 13. Mai 1970, BNB 1970/132; HR 17. Dezember 1980, BNB 1980/28 (*van Veen*, Niederlande, B II 2, S. 372).

[275] *Lindencrona*, Schweden, B IV 3, S. 427.

[276] Siehe oben unter D I 2 a, S. 131.

[277] *Koller*, Schweiz, B IV 3, S. 459.

[278] s. 25 (2) (e) Finance Act 1990; *Selbig*, Großbritannien, B IV 1, S. 328.

Förderung des gemeinnützigen Zwecks gesprochen werden kann, oder ob die wirtschaftlichen Interessen der Mitglieder im Vordergrund stehen[279]. In *Frankreich* ist die Erstreckung der Nutzungsmöglichkeiten auf Familienangehörige als Verstoß gegen die Uneigennützigkeit angesehen worden[280].

bb) Zuwendungen an Vorstandsmitglieder und Arbeitnehmer

Die meisten Länder lassen es zu, dass *Vorstandsmitglieder und Arbeitnehmer* eines Vereins oder einer Stiftung marktübliche Vergütungen erhalten (*Deutschland*[281], *Niederlande*[282], *Österreich*[283], *Schweden*[284], *USA*[285]). Dogmatisch wird dies damit gerechtfertigt, dass es sich nicht um eine Gewinnausschüttung handle, da eine angemessene Gegenleistung erfolge. Eine überhöhte Vergütung sei dagegen eine unzulässige verdeckte Gewinnausschüttung. Wie die intensive Diskussion in den *USA* zeigt[286], ist es freilich oft nicht einfach zu beurteilen, ob eine Vergütung marktüblich oder überhöht ist.

Andere Länder erlauben Leitungsorganen hingegen grundsätzlich nur den Ersatz ihrer Auslagen, während Arbeitnehmer eine marktübliche Vergütung beziehen dürfen. So müssen sich in der *Schweiz* Stiftungsräte und leitende Organe in aller Regel mit dem Ersatz ihrer Spesen begnügen. Ausnahmen werden in der Praxis gemacht, wenn ein Mitglied des Stiftungsrates oder Vereinsvorstandes mit Aufgaben betraut ist, die nicht in die eigentliche Vorstands- bzw. Stiftungsratstätigkeit (sondern eher in die Geschäftsführertätigkeit) fallen, wie z.B. die aufwendige Prüfung von unterstützungswürdigen Projekten[287]. Ebenso strikt ist das *spanische* Recht: Die Leitungsorgane dürfen auch hier nur den Ersatz ihrer Spesen verlangen, deren Höhe die einkommensteuerfreien Tagesgelder nicht übersteigen darf. Eine Vergütung darf aber ausnahmsweise geleistet werden, wenn das Leitungsorgan darüber hinaus zusätzliche Dienstleistungen erbringt[288]. Ähnliches gilt auch für das *britische* Recht. Grundsätzlich dürfen die „Charity trustees" (also die Entscheidungsträger einer gemeinnützigen Organisation) kein Entgelt erhalten. Ausnahmen, die von der Charity Commission genehmigt werden müssen, gelten dann, wenn

---

[279] *Achatz*, Österreich, B IV 1 b, S. 405.
[280] Siehe das „Golfclub"-Beispiel bei *Beltrame*, Frankreich, B IV 2, S. 293.
[281] § 55 Abs. 1 Nr. 3 2. Var. AO, näher hierzu *Uterhark* in Schwarz, § 55 AO, Rn. 31; *Tipke* in Tipke/Kruse, § 55 AO, Rn. 10.
[282] *van Veen*, Niederlande, B III 2, S. 377.
[283] *Achatz*, Österreich, B IV 1 b, S. 404.
[284] *Lindencrona*, Schweden, B IV 4, S. 428.
[285] *Colombo*, USA, B IV 1, S. 583.
[286] Näher zu Grenzfällen *Hopkins,* The Law of Tax-Exempt Organizations (2003), p. 494; sowie *DeGaudenzi*, 36 Cath. UL Rev. 203, 207 (1995).
[287] *Koller*, Schweiz, B IV 4, S. 459.
[288] *Palao Taboada*, Spanien, B IV 4, S. 491.

z.B. ein Rechtsanwalt zu einem der Trustees ernannt werden soll. Zuwendungen und Entgelt an den Trustees nahestehende Personen, auch Unternehmen, müssen im Jahresbericht ausgewiesen werden[289].

In *Frankreich* versucht man, das Problem durch Obergrenzen und die Anbindung an das Tarifrecht zu entschärfen.[290]

II. (Kein) Gebot der zeitnahen Mittelverwendung

Das Problem der zeitnahen Mittelverwendung ist auch in den anderen Rechtsordnungen bekannt, wird aber relativ unterschiedlich behandelt.

Im folgenden wird zunächst das *deutsche* Recht behandelt und hiernach die Lösungen in anderen Ländern analysiert.

1. Einführung am Beispiel des deutschen Rechts

a) Regelung des § 55 Abs. 1 Nr. 5 Satz 1 AO

Eine *deutsche* gemeinnützige Körperschaft muss gemäß § 55 Abs. 1 Nr. 5 Satz 1 AO „ihre Mittel grundsätzlich zeitnah für ihre steuerbegünstigten satzungsmäßigen Zwecke verwenden". Freie Rücklagen dürfen gebildet werden bis zu einem Drittel der Erträge aus Vermögensverwaltung und zusätzlich bis zu 10 % aus Spenden und Mitgliedsbeiträgen (§ 58 Nr. 7 a AO). Für bestimmte konkrete Projekte dürfen zusätzliche Mittel zurückgestellt werden (§ 58 Nr. 6 AO)[291].

b) Behandlung der Holding-Fälle

Ein (bereits erwähntes[292]) besonders virulentes Problem sind die sog. Holding-Fälle. Es handelt sich vor allem um gemeinnützige Unternehmensstiftungen, die Mehrheits- oder Alleinaktionär eines gewinnorientierten Mittelbeschaffungsunternehmens sind und auf eine Ausschüttung der in der Tochtergesellschaft erzielten Gewinne (weitgehend) verzichten, so dass die Gewinne innerhalb des Tochterunternehmens thesauriert oder reinvestiert werden.

Der BFH hat sich 1998 in einem vielbeachteten Urteil[293] mit diesem Problem am Beispiel einer mittelbaren Unternehmensstiftung beschäftigt, die aus betriebswirtschaftlichen Gründen im Tochterunternehmen hohe Rücklagen

---

[289] *Selbig*, Großbritannien, B IV 2, S. 329.

[290] *Beltrame*, Frankreich, B IV 4, S. 294.

[291] Siehe zu Einzelheiten *Schauhoff* in: Schauhoff (Hrsg.), Handbuch der Gemeinnützigkeit, 2. Aufl. (2005), § 8 Rn. 90; *Tipke* in Tipke/Kruse, § 58 AO, Rn. 7, *Fischer* in Hübschmann/Hepp/Spitaler, § 58 AO, Rn. 106 f.

[292] Siehe oben unter C IV 2 b (S. 125).

[293] BFH DStR 1998, 1710 ff.

gebildet hatte, anstatt sie an die Stiftung auszuschütten, und dadurch die Anwendbarkeit des gemeinnützigkeitsrechtlichen Gebots der zeitnahen Mittelverwendung (§ 55 Abs. 1 Nr. 5 AO) bereits im Vorfeld vermieden hatte.

Derartige Fälle können (wie bereits erwähnt[294]) unter verschiedenen Aspekten problematisiert werden. Zu entscheiden war hier, (1) ob eine solche Organisation wirklich die Allgemeinheit fördert (bzw. ob die Förderung selbstlos ist) oder ob sie in Wirklichkeit vor allem dem Interesse des Tochterunternehmens dient, und (2) ob es sich bei derartigen Thesaurierungen im Tochterunternehmen um Umgehungen des Gebots der zeitnahen Mittelverwendung handelt.

Der BFH hat im zu entscheidenden Fall eine Gewinnthesaurierung im wirtschaftlichen Geschäftsbetrieb anerkannt, wenn dies zur Sicherung der Existenz des wirtschaftlichen Geschäftsbetriebs betriebswirtschaftlich geboten ist[295]. Die Finanzverwaltung ist dem Urteil gefolgt und weicht nur insoweit ab, als etwas anderes gelten soll, wenn bei einer Gesamtbetrachtung (die auch die Tätigkeiten der Tochtergesellschaft einbezieht) die wirtschaftliche Tätigkeit der gemeinnützigen Organisation das Gepräge gibt (sog. Geprägetheorie)[296]. Auch die überwiegende Literatur hat sich dem Urteil angeschlossen[297].

Allerdings finden sich auch kritische Stimmen: Die Finanzgerichte seien mit der vom BFH verlangten kaufmännischen Fragestellung überfordert; Gründe für eine Thesaurierung würden sich so immer finden lassen; die Stiftung gehe dann leer aus[298]. Dies sei um so bedenklicher, als zu befürchten sei, dass die gemeinnützige Organisation dauerhaft nur geringe Dividenden erhalte und daher de facto einen Kredit unterhalb der marktüblichen Zinsen an das Unternehmen gebe[299], was möglicherweise eine aus europarechtlicher Sicht unzulässige (mittelbare) Beihilfe im Sinne des Art. 87 EGV bedeute[300].

Am 10.1.2006 hatte der EuGH in der Sache Cassa di Risparmio di Firenze[301] die sehr weittragende Frage zu entscheiden, inwieweit die steuerliche Begünstigung einer gemeinnützigen Stiftung, die ihre Erträge über die Dividenden aus einer Mehrheits- oder Kontrollbeteiligung an einem Unternehmen erwirtschaftet, als verbotene Beihilfe qualifiziert werden muss[302]. In dieser Entschei-

---

[294] Siehe hierzu näher oben unter C IV 2 b (S. 125).
[295] BFH DStR 1998, 1710 ff.
[296] Siehe *BMF*, Schreiben vom 15. 2. 2002 - IV C 4 - S 0174 - 2-01, DStR 2002, 449 (450); näher zur Geprägetheorie unten unter E V 2 (S. 154).
[297] Siehe etwa *Schiffer*, DStR 2002, 1206 (1206); *Orth*, DStR 2001, 325 (334).
[298] *Walz* in Hopt/Reuter (Hrsg.), Stiftungsrecht in Europa (2001), S. 197 (210); ähnlich *Bork*, ZSt 2003, 14 (17).
[299] *Walz* in Hopt/Reuter (Hrsg.), Stiftungsrecht in Europa (2001), S. 197 (211).
[300] *Walz* in Hopt/Reuter (Hrsg.), Stiftungsrecht in Europa (2001), S. 197 (212).
[301] EuGH v. 10.1.2006, Rs. C-222/04, EuZW 2006, 306 ff.; näher hierzu *Hüttemann*, DB 2006, 914 ff.
[302] Vgl. zuvor die Entscheidung der EG-Kommission in Sachen italienische Bankstiftungen v. 22.8.2002, Abl. EG 2003, Nr. L 55, 56 ff.

dung geht es um die großen italienischen Bankenstiftungen. Der EuGH führt aus, eine Stiftung, die nicht selbst operativ, sondern nur fördernd tätig sei, betreibe grundsätzlich kein Unternehmen. Auf sie seien deshalb die Beihilfevorschriften des EGV nicht anwendbar. Das ändere sich auch nicht dadurch, dass der Stiftung umfangreiches Beteiligungskapital als Finanzierungsquelle zur Verfügung stehe, sofern sich die Stiftung passiv verhält und nicht anders Einfluss nimmt als über die typischen Aktionärsrechte[303]. Sobald aber Kontrolle tatsächlich durch unmittelbare oder mittelbare Einflussnahme auf die Verwaltung der Gesellschaft ausgeübt wird, wird die Tätigkeit zur unternehmerischen und der Steuervorteil zur Beihilfe, die verboten ist, wenn sie nicht ausnahmsweise gerechtfertigt werden kann. Besonders brisant ist, dass der EuGH u.a. darauf abstellt, dass die Stiftung in der Lage ist, der Beteiligungsgesellschaft finanzielle Unterstützung zu gewähren, die bei Holdingstiftungen üblicherweise darin liegt, dass auf Ausschüttungen in großem Maße verzichtet wird.

2. Feste Obergrenzen für die Rücklagenbildung

Das *deutsche* Recht kennt (wie soeben behandelt) eine Obergrenze für die Rücklagenbildung von einem Drittel der Erträge[304].

Eine ähnliche Lösung besteht im *spanischen* Recht, wo 70 % der Erträge (jeweils innerhalb der folgenden vier Wirtschaftsjahre) für den Stiftungszweck verwendet werden müssen[305].

Dem entspricht das im *schwedischen* Recht geltende „Gebot der Wirksamkeit", wonach die Organisationen 75-80 % der laufenden steuerbegünstigten Einnahmen (z.B. Zinsen und Dividenden) für den Zweck der Organisation verwenden müssen[306]. Eine Durchschnittsberechnung während der letzten fünf Jahre ist gestattet. Stiftungen und Vereine können also 20 % der Einnahmen zurücklegen. Der Umstand, dass es zu dieser Frage eine umfangreiche und detaillierte Rechtsprechung gibt (z.B. zu der Frage, welche Ausgaben als

---

[303] Der EuGH, Urt. v. 10.1.2006, Rs. C-222/04 (Cassa di Risparmio di Firenze), Rz. 111, EuZW 2006, 306, 310, spricht von der „Ausübung der Rechte, die mit der Eigenschaft eines Aktionärs oder Mitglieds verbunden sind, und gegebenenfalls der Bezug von Dividenden einhergeht, die bloß die Früchte des Eigentums an einem Gut sind".

[304] § 58 Nr. 7 a AO.

[305] Gemäß Artikel 3 Nr. 2 des Gesetzes 49/2002, GNO müssen der Erreichung der gemeinnützigen Zwecke mindestens 70 % des folgenden Einkommens widmen: Unternehmensgewinne, Einkommen aus der Veräußerung von Gütern oder Rechte (wobei unter gewissen Umständen eine Ausnahme für den Veräußerungserlöses von Immobilien gilt), sonstige Gewinne; siehe *Palao Taboada*, Spanien, B IV 5, S. 491.

[306] *Lindencrona*, Schweden, B IV 5, S. 428.

Förderung für den gemeinnützigen Zweck anzusehen sind), zeigt die hohe praktische Relevanz dieser Regel[307].

3. Flexible Grenzen

Andere Länder versuchen die Problematik durch eine flexible, einzelfallbezogene Grenze zu lösen. Die Finanzverwaltung legt dabei anscheinend durchweg einen Maßstab an, der großzügiger als der gesetzliche Maßstab in den soeben behandelten Rechtsordnungen ist.

Ein Beispiel hierfür ist die *Schweiz*. Hier hat die Rechtsprechung entschieden, dass eine Stiftung, die nur 10 % ihrer Erträge für gemeinnützige Zwecke verwendete, nur eine teilweise Steuerbefreiung verlangen kann, weil der gemeinnützige Zweck tatsächlich verfolgt werden muss[308]. Die Finanzverwaltung gestattet aber auch die Bildung von Rücklagen, sofern diese in einem vernünftigen Verhältnis zu zukünftigen Aufgaben stehen (vgl. KS Nr. 12 Ziff. II. 2. d). In der Praxis wird anscheinend eher ein großzügiger Maßstab gewählt, so dass sich bisher kaum Probleme ergeben haben[309].

Wohl ähnlich ist die Lage in *Österreich*: Anders als im deutschen Recht (das dem österreichischen Recht sonst sehr ähnelt) besteht zwar kein ausdrückliches gesetzliches Gebot der zeitnahen Mittelverwendung. Die Verwaltungspraxis geht aber dennoch davon aus, dass das Horten von geschaffenen Vermögen anstelle des zweckorientierten Einsatzes keine begünstigte Zweckverwirklichung darstellt und konsequenterweise zum Verlust der abgabenrechtlichen Begünstigung führen kann (VereinsRL 2001, Rz 129). Allerdings verlangt die Finanzverwaltung nicht, dass alle Mittelzuflüsse sofort begünstigten Zwecken zuzuführen sind bzw. jedwedes Vermögen sofort zu verwerten ist[310], und vermeidet es bislang auch, das von ihr postulierte Gebot durch genauere Grenzen zu präzisieren. Dass eine solche Präzisierung (durch die Verwaltung oder Rechtsprechung) nicht notwendig geworden ist, spricht dafür, dass die Praxis im Ergebnis großzügiger ist als in *Deutschland*.

Auch in den *Niederlanden* wird traditionell eher großzügig verfahren. Zwar kann aus der Rechtsprechung abgeleitet werden, dass eine Einrichtung auch

---

[307] *Lindencrona*, Schweden, B IV 6, S. 429.

[308] Vgl. noch zum Recht der alten Bundessteuer BGE 120 Ib 374, 377/378 E 3: nur teilweise Steuerbefreiung, wenn bei einem Ertrag von 100.000 SFr. jährlich bloß rund 10.000 SFr für gemeinnützige Zwecke verwendet werden; siehe *Koller*, Schweiz, B IV 5, S. 460.

[309] Siehe *Koller*, Schweiz, B IV 5, S. 460, wonach die meisten kantonalen Steuerverwaltungen die entsprechende Frage in dem Fragebogen nicht beantwortet haben, und nur vereinzelt von Steuerverwaltungen ausdrücklich verlangt wird, die Bildung der Rücklagen zu begründen.

[310] Siehe ausdrücklich VereinsRL 2001, Rz. 217 für unentgeltlich erworbene Vermögenswerte, die sich nicht ohne weiteres in liquide Mittel umwandeln lassen (*Achatz*, Österreich, B IV 4, S. 408).

durch ihre Tätigkeit *faktisch* dem allgemeinen Interesse dienen muss[311]. Andererseits hat es die Rechtsprechung hingenommen, dass eine Stiftung etwa 14 Jahre lang sich ausschließlich mit Vermögensverwaltung befasst hatte, wenn ausreichende Sicherheiten dafür vorliegen, dass die verfügbaren Mittel in Zukunft dem allgemeinen Interesse dienen werden[312]. Allerdings scheint nunmehr die Finanzverwaltung einen strengeren Maßstab anlegen zu wollen, wenn die betreffende Organisation bereits über ausreichende Mittel für die Realisierung ihres Zwecks verfügt[313], wobei offen ist, ob die Rechtsprechung dieser Ansicht folgen wird.

Ebenfalls eher großzügig ist die Rechtslage in *Großbritannien*. Die Steuerbehörden sehen die Thesaurierung als „Mittelverwendung" an[314]. Die Charity Commission verlangt jedoch, dass jede charity einen Mittelverwendungsplan aufstellt, aus dem sich die Notwendigkeit der Rücklagenbildung im Hinblick auf ein bestimmtes Projekt ergibt[315].

In *Frankreich* ist das Problem der Thesaurierung erst vergleichsweise spät durch eine Verwaltungsanweisung von 1998 aufgegriffen worden, die versucht zwischen der (unzulässigen) Thesaurierung zu Anlagezwecken und der (zulässigen) Rückstellung für spätere Bedürfnisse und Projekte zu unterscheiden[316]. Ob sich diese Differenzierung in der Praxis überzeugend durchführen lässt, erscheint eher zweifelhaft. Im Ergebnis geht es darum, ob und gegebenenfalls wie man einerseits die Ernsthaftigkeit der behaupteten zukünftigen Projekte überprüfen kann, ohne andererseits die Flexibilität bei der mittel- und langfristigen Planung zu gefährden.

4. USA: Ausschüttungsgebot und Verbot beherrschender Unternehmensbeteiligungen für Private Foundations

Die wohl strengsten Regeln gelten im *US-amerikanischen* Steuerrecht für diejenigen Organisationen, die als Private Foundations anzusehen sind[317].

a) Begriff der „Private Foundation"

Zu beachten ist dabei zunächst, dass es sich bei der Private Foundation um eine rein steuerrechtliche Kategorie handelt (jede steuerbegünstigte Organisation ist

---

[311] HR 13. Juli 1994, BNB 1994/280 (*van Veen*, Niederlande, B II 1, S. 372).
[312] HR 29. November 1970, BNB 1973/36 (*van Veen*, Niederlande, B III 3, S. 377).
[313] Resolution vom 19. Januar 2005, Nr. CPP2004/1461M.
[314] *Selbig*, Großbritannien, B IV 6, S. 330.
[315] *Selbig*, Großbritannien, B IV 7, S. 331.
[316] *Beltrame*, Frankreich, B IV 5, S. 295.
[317] Siehe zum Folgenden *Colombo*, USA, B IV 4, S. 583 ff. sowie ausführlich demnächst *von Hippel*, Grundprobleme von Nonprofit-Organisationen, § 2 A I 2.

entweder eine „Private Foundation" oder eine „Public Charity"), die nicht der zivilrechtlichen Rechtsform der Stiftung in den kontinentaleuropäischen Ländern entspricht. Ob eine Organisation als Private Foundation anzusehen ist, bestimmt sich danach, wie sie sich finanziert: Eine Private Foundation liegt demnach vor, wenn die Organisation den Großteil ihres Vermögens von einer einzelnen Person oder einer bestimmten Familie erhalten hat, während eine Public Charity ihr Vermögen durch eine Vielzahl von Spendern (bzw. Stiftern) oder durch die öffentliche Hand erhalten hat[318].

b) Gesetzgeberische Motive für die Sonderregeln für Private Foundations

Private Foundations unterliegen in mehrfacher Weise einem strengeren Reglement als Public Charities. Hierzu gehört, dass sie jährlich grundsätzlich mindestens 5 % ihres *Anlagevermögens* zur Verfolgung des Zwecks ausschütten müssen[319] und dass sie keine beherrschenden Unternehmensbeteiligungen halten dürfen[320].

Beide Regeln wurden durch den Tax Reform Act 1969 eingeführt, weil die Erfahrungen gezeigt hatten, dass Private Foundations oft unverhältnismäßig hohe Rücklagen bildeten und oft weit geringere Erträge erzielten als vergleichbar kapitalisierte For-Profit-Gesellschaften[321]. Diese Beobachtungen legten die Vermutung nahe, dass die Rücklagen in Wahrheit für nichtgemeinnützige Zwecke gebildet wurden und/oder dass die Vermögensverwaltung ineffizient war[322]. Schon im Jahre 1954 war daher eine Bestimmung eingeführt worden, wonach eine Private Foundation ihre Steuerbefreiung verlor, wenn ihre Rücklagen unangemessen hoch waren[323]. Diese Regelung erwies sich jedoch als zu unpräzise[324]. Der Gesetzgeber sah daher davon ab, als Bemessungsgrundlage für die Ausschüttungen und Rücklagen die ausgewiesenen Erträge zu wählen, weil hierdurch schlechtes Wirtschaften (mit zu geringen Erträgen) nicht ausreichend sanktioniert werde. Das Ausschüttungsgebot orientiert sich stattdessen an der Rendite, die man auf dem Kapitalmarkt mit diesem Vermögen erzielen

---

[318] Siehe zu den überaus komplizierten Einzelheiten *Colombo*, USA, B IV 4, S. 583 ff.; sowie demnächst *von Hippel*, Grundprobleme von Nonprofit-Organisationen, § 2 A I 2.

[319] § 4942 IRC, näher hierzu sogleich unter D II 4 c, S. 140 f.

[320] § 4943 IRC, näher hierzu sogleich unter D II 4 d (S. 142).

[321] Siehe den Bericht der unabhängigen *Commission on Foundations & Private Philanthropy, Foundations Private Giving, and Public Policy* (1970) („Peterson Commission Report"), p. 74 [zitiert bei *Crimm*, 50 Emory L. J. 1093, 1118, Fn 150 (2001)], wonach die Renditen der Vermögensanlagen bei Private Foundations im Durchschnitt geringer als die Renditen der Investmentfonds waren. Die Ergebnisse des Berichts gingen bereits in die Beratungen zum Tax Reform Act 1969 ein; siehe *Crimm*, 50 Emory L .J. 1093, 1118 (2001).

[322] *Fishman/Schwarz*, Nonprofit Organizations (2000), p. 680; *Toepler* in Doppstadt/Koss/Toepler, Vermögen von Stiftungen (2002), S. 100 (102 f.).

[323] Siehe § 504 IRC a.F.; näher hierzu *Brody*, 39 Ariz. L. Rev. 873, 878 Fn 20 (1997).

[324] *Fishman/Schwarz*, Nonprofit Organizations (2000), p. 680.

kann. Hierdurch soll einerseits vermieden werden, dass eine Private Foundation übermäßige Rücklagen bildet[325] und in Wahrheit nur der Erhaltung bestimmter Vermögensgegenstände dient (z.B. Grundstücke oder Anteile an Familienunternehmen)[326], und andererseits ein Anreiz zu einer ertragreichen Vermögensverwaltung geschaffen werden, weil sonst die schleichende Aufzehrung des Vermögens droht[327].

c) Das Ausschüttungsgebot

Der auszuschüttende Betrag (Minimum Investment Return) wird folgendermaßen ermittelt[328]:

Zunächst wird festgelegt, welche Gegenstände dem Anlagevermögen zuzuordnen sind. Nicht einbezogen werden Vermögensgüter, die zu mindestens 95 % ausschließlich für gemeinnützige Zwecke verwendet werden[329] sowie angemessene Verwaltungskosten[330].

In einem zweiten Schritt wird der faire Marktwert des Anlagevermögens ermittelt[331]. Die Steuerrichtlinien enthalten detaillierte Vorgaben, die zwischen den einzelnen Vermögensanlagen unterscheiden[332]. Grundsätzlich müssen alle Vermögensgegenstände mindestens einmal im Jahr (zu einem festgelegten Zeitpunkt) bewertet werden[333]. Wenn Vermögensgegenstände, für die ein Marktpreis sich nicht ohne weiteres ermitteln lässt, durch einen unabhängigen, qualifizierten Gutachter bewertet werden, darf die Private Foundation die Bewertung für die folgenden fünf Jahre beibehalten.

In einem dritten Schritt ist zu prüfen, ob der auszuschüttende Betrag auch wirklich für Tätigkeiten verwendet worden ist, die der Förderung des gemeinnützigen Zwecks dienen[334]. Hierzu gehört einmal die unmittelbare Förderung des Zwecks durch Zahlungen von Fördermitteln an Individuen und steuerbegünstigte Organisationen, soweit sie nicht durch die Private Foundation

---

[325] *Fishman/Schwarz*, Nonprofit Organizations (2000), p. 681.
[326] *Brody*, 21 U. Haw. L. Rev. 537, 566 (2000).
[327] *Fremont-Smith*, 8 Harv. J. Legis. 537, 539 (1971).
[328] Siehe § 4942(e) IRC.
[329] Siehe näher *IRS*, Publ. 578, p. 22 f., zur Abgrenzung zwischen Anlagevermögen und Vermögensgegenständen, die zur Erfüllung des Zwecks dienen (z.B. Bilder und Ausstellungsgebäude einer Museumsstiftung).
[330] Die Finanzverwaltung akzeptiert in der Regel einen Betrag von 1,5 % des Anlagevermögens.
[331] Siehe zum Folgenden näher *IRS*, Publ. 578, p. 23.
[332] Siehe näher Treas. Reg. § 53.4942(a)-2(c)(4).
[333] Vermögensanlagen, bei denen sich der Marktpreis leicht ermitteln lässt (z.B. börsennotierte Wertpapiere), sind mindestens auf einer monatlichen Basis zu bewerten. In besonderen Fällen ist ein Abschlag von bis zu 10 % des Wertes möglich (z.B. bei einem großen Aktienpaket; siehe Treas. Reg. § 53.4942(a)-2(c)(4)(i).
[334] Siehe § 4942(g) IRC, sowie *IRS*, Publ. 578, p. 23.

kontrolliert sind und es sich hierbei nicht um eine andere Private Foundation handelt[335]. Als (mittelbare) Förderung gelten außerdem Ausgaben zur Anschaffung von Gegenständen, die direkt zur Erfüllung des Zwecks eingesetzt werden (z.B. Ausstellungsstücke, Verwaltungsgebäude)[336] und angemessene Verwaltungsausgaben für Auswahl-, Kontroll- und Evaluierungsverfahren[337]. Derzeit gibt es rechtspolitische Überlegungen, Obergrenzen für einzelne Ausgabenpositionen (z.B. Reisekosten) aus dem Beamtenrecht heranzuziehen[338]. Rücklagen für konkrete Projekte sind unter den folgenden Voraussetzungen zulässig[339]: (1) die Rücklage wird für maximal fünf Jahre gebildet, (2) die Verantwortlichen begründen, dass dieses Projekt dadurch besser als im Falle seiner sofortigen Finanzierung erfüllt werden kann[340], (3) die Private Foundation hat in der Vergangenheit die Pflicht zur Mindestausschüttung stets erfüllt, anderenfalls bedarf es einer Genehmigung durch die Finanzverwaltung.

Sofern die Private Foundation in einem Jahr mehr als 5 % ausschüttet, kann sie diese Mehrausgaben in den nächsten fünf Jahren vortragen[341]. Verstöße werden mit einer Strafsteuer geahndet[342].

Die bisherigen Erfahrungen haben gezeigt, dass der solchermaßen abgemilderte Ausschüttungszwang regelmäßig nicht das Vermögen der Private Foundations aufgezehrt hat; dies gilt auch für die Zeiten, in denen der Kapitalmarktzins weniger als 5 % betrug. Vielmehr haben Langzeituntersuchungen des Council of Foundation nachgewiesen, dass das Vermögen der Private Foundations sich trotz des Ausschüttungszwangs real erhöht hat[343]. In der US-

---

[335] § 4942(g)(1)(A) IRC. Etwas anderes gilt gemäß § 4942(g)(3) IRC nur dann, wenn die Empfängerorganisation ihrerseits die Mittel bis zum Ablauf des folgenden Steuerjahres für Qualifying Distributions verwendet (sog. Conduit oder Pass-Through Foundations). Siehe hierzu *Fishman/Schwarz*, Nonprofit Organizations (2000), p. 637 f.

[336] § 4942(g)(1)(B) IRC; *IRS*, Publ. 578, p. 23. Jährliche Abschreibungen sind dagegen nicht als Ausschüttung anzusehen.

[337] Siehe Treas. Reg. § 53.4942(a)-3(a)(2)(i) („reasonable and necessary administrative expenses"). Von 1985 bis 1990 bestand eine Obergrenze in Höhe von 0,65 % des Werts des Anlagevermögens, die jedoch 1991 aufgehoben wurde; siehe *Fishman/Schwarz*, Nonprofit Organizations (2000), p. 682.

[338] *US Senate Finance Committee*, Staff Discussion Draft C 1 (p. 5 f.). Bei Verwaltungskosten von mehr als 10 % der Ausschüttungen soll eine gesonderte Begründung abgegeben werden.

[339] § 4942(g)(2) IRC; siehe näher Treas. Reg. § 53.4942(a)-3(b).

[340] Treas. Reg. § 53.4942(a)-3(b)(2) nennt als Beispiel Rücklagen für den Bau eines neuen Museumsgebäudes, das sich noch in der Planungsphase befindet.

[341] *Toepler* in Doppstadt/Koss/Toepler, Vermögen von Stiftungen (2002), S. 100 (116 f.).

[342] Siehe *Colombo*, USA, E III 1, S. 601.

[343] Näher hierzu *Toepler* in Doppstadt/Koss/Toepler, Vermögen von Stiftungen (2002), S. 100 ff.; *Schlüter*, Stiftungsrecht zwischen Privatautonomie und Gemeinwohlbindung (2004), S. 308.

amerikanischen Literatur wird das Ausschüttungsgebot daher überwiegend nicht mehr in Frage gestellt, sondern als sachgerechte Lösung anerkannt[344].

d) Verbot herrschender Unternehmensbeteiligungen

§ 4943 IRC verbietet einer Private Foundation, beherrschende Beteiligungen (excess business holdings) an einem Mittelbeschaffungsunternehmen zu halten[345]. Prima vista scheint dieses Verbot wenig mit dem (hier behandelten) Gebot der zeitnahen Mittelverwendung zu tun zu haben.

Indessen handelt es sich hierbei um die konsequente Fortsetzung des Gedankens, der dem Ausschüttungsgebot zugrunde liegt: Das Verbot herrschender Beteiligungen soll verhindern, dass ein Familienunternehmen als steuerbegünstigte Organisation perpetuiert wird, weil (so die Befürchtung des Gesetzgebers des Tax Reform Act 1969) in diesen Fällen regelmäßig ein Interessenkonflikt zwischen der Unternehmensleitung und den Leitern der Private Foundation bestehe, die häufig mit dem Unternehmen verflochten seien. Zu befürchten sei daher, dass das Unternehmensinteresse gegenüber der Verpflichtung als steuerbegünstigter Organisation überwiege und dass nur geringe Dividenden ausgeschüttet und für gemeinnützige Zwecke verwendet würden[346].

Die Unternehmensbeteiligung einer Private Foundation darf 20 Prozent der stimmberechtigten Anteile nicht übersteigen[347]. Das Gesetz vermutet, dass bereits eine Beteiligung in dieser Höhe einen entscheidenden Einfluss auf das Unternehmen ermöglicht[348]. Wenn die Private Foundation nachweisen kann, dass sie im konkreten Fall gleichwohl keinen entscheidenden Einfluss ausübt, erhöht sich die Obergrenze auf 35 Prozent[349].

Public Charities sind von dem Verbot nicht erfasst; es ist aber zu beachten, dass die Zuwendung einer Unternehmensbeteiligung in den meisten Fällen dazu führt, dass sich die Public Charity in eine Private Foundation umwandelt[350].

---

[344] Siehe *Toepler* in Doppstadt/Koss/Toepler, Vermögen von Stiftungen (2002), S. 100 (122 ff.), wonach mittlerweile nicht mehr über das Ob einer Ausschüttungsverpflichtung diskutiert wird, sondern nur noch über deren Höhe.

[345] Siehe § 4943(d)(3) IRC, wonach Beteiligungen an Zweckbetrieben und an reinen Vermögensverwaltungsgesellschaften zulässig sind.

[346] Siehe *Fishman/Schwarz,* Nonprofit Organizations (2000), p. 685, mit Verweis auf entsprechende Praktiken im Vorfeld des Tax Reform Act 1969; sowie Brody, 56 Md. L. Rev. 1400, 1487 (1998); *Toepler* in Doppstadt/Koss/Toepler, Vermögen von Stiftungen (2002), S. 100 (102 f.).

[347] § 4943(c)(2) IRC.

[348] *Fishman/Schwarz,* Nonprofit Organizations (2000), p. 686.

[349] § 4943(c)(B) IRC.

[350] Grundsätzlich fehlt es in diesen Fällen an einer prägenden Unterstützung durch die breite Öffentlichkeit; eine Ausnahme gilt nur für „traditionelle" Charities (z.B. Krankenhäuser, Schulen,

5. Kein Gebot der zeitnahen Mittelverwendung

Demgegenüber besteht keine Beschränkung für die Mittelverwendung bei *US-amerikanischen* Public Charities. Der Unterschied zur Ausschüttungspflicht der Private Foundation beruht wohl auf der Idee, dass die Verantwortlichen eine angemessene Förderungspolitik betreiben werden, weil sie auf die finanzielle Unterstützung der Öffentlichkeit angewiesen sind[351].

Auch im *ungarischen* Recht gibt es bislang kein Gebot der zeitnahen Mittelverwendung[352]. Dies scheint allerdings vor allem damit zusammenzuhängen, dass sich in der Praxis kaum die Frage stellt, wie das Vermögen der Organisation zu verwenden ist, sondern vor allem die Frage, wie überhaupt ein solches Vermögen aufgebaut werden kann[353].

III. (Kein) Unmittelbarkeitsgebot

In *Deutschland* muss eine gemeinnützige Körperschaft ihre steuerbegünstigten satzungsmäßigen Zwecke grundsätzlich unmittelbar, d.h. „selbst" verwirklichen. Allerdings lässt das Gesetz mehrere Ausnahmen zu, insbesondere für „Hilfspersonen" (vgl. § 57 Abs. 1 Satz 2 AO), Dachverbände (vgl. § 57 Abs. 2 AO) und sogenannte Förderkörperschaften (vgl. § 58 Nr. 1-4 AO)[354].

Ähnlich ist die Rechtslage in *Österreich*, das auch die Figur der Hilfsperson und die Ausnahme für bestimmte Verbände kennt[355]. Strenger ist das österreichische Gesetz allerdings bei Spendensammelvereinen, für die (anders als im deutschen Recht) keine Ausnahme gilt.

Demgegenüber gilt dieser Grundsatz in den meisten anderen Ländern nicht, so etwa in *Frankreich*[356], *Großbritannien*[357], den *Niederlanden*[358], *Ungarn*[359] und grundsätzlich auch nicht in der *Schweiz* (mit Besonderheiten im Fall der Spendensammlung für das Ausland)[360]. In *Spanien* ist dieser Grundsatz bislang

---

Universitäten); näher hierzu demnächst *von Hippel*, Grundprobleme von Nonprofit-Organisationen, § 2 A I 2 a aa.

[351] In diesem Zusammenhang sind auch die weitgehenden Vorgaben zur Rechenschaft und Transparenz im US-amerikanischen Steuerrecht zu beachten, siehe näher unten G II 2 b bb (S. 187).

[352] *Csehi*, Ungarn, B IV 5, S. 534.

[353] *Csehi*, Ungarn, B IV 5, S. 534.

[354] Näher hierzu *Schauhoff* in Schauhoff (Hrsg.), Handbuch der Gemeinnützigkeit, 2. Aufl. (2005), § 8 Rn. 5 ff.; *Tipke* in Tipke/Kruse, § 57 AO, Rn. 1 ff.

[355] Siehe § 40 Abs. 1 BAO, dazu *Achatz*, Österreich, B IV 3, S. 406.

[356] *Beltrame*, Frankreich, B IV 6, S. 295.

[357] *Selbig*, Großbritannien, B IV 5, S. 330.

[358] *van Veen*, Niederlande, B III 1, S. 376.

[359] *Csehi*, Ungarn, B VI, S. 535.

[360] Siehe *Koller*, Schweiz, B IV 6 b, S. 461.

überhaupt noch nicht diskutiert worden, könnte sich aber möglicherweise aus allgemeinen Prinzipien entwickeln lassen[361].

In *Ungarn* und *Italien* finden sich differenzierende Regelungen, die für manche Organisationen in der Sache einen „Grundsatz der Unmittelbarkeit" postulieren.

So unterscheidet die *ungarische* Rechtsprechung wie folgt: Grundsätzlich ist eine nur mittelbare Tätigkeit (z.B. Förderung der Heilbehandlung durch finanzielle Unterstützung eines Krankenhauses) zulässig. Organisationen mit „besonders gemeinnützigem Status" im Sinne des Gesetzes Nr. I von 2004 über das Sportwesen müssen dagegen selbst die öffentliche Aufgabe verfolgen[362].

In *Italien* gilt das ONLUS-Gesetz nur im Regelfall für „operative" gemeinnützige Organisationen, die „unmittelbar" gemeinnützige Zwecke verfolgen[363]. Aber auch Förderorganisationen können (nach anderen Gesetzen) Steuerprivilegien erhalten[364].

IV. (Besondere) zivilrechtliche Regelungen zur Mittelverwendung

Wie bereits erwähnt, ist in allen untersuchten Rechtsordnungen zumindest für die „ideellen" Organisationen (Verein und Stiftung bzw. Trust und Nonprofit Corporation) gemeinhin ein Gewinnausschüttungsverbot bereits im Zivilrecht vorgesehen[365]. In manchen Ländern dürfen Stiftungen (teilweise auch Vereine) darüber hinaus nur einen gemeinnützigen Zweck verfolgen[366].

Die Gebote der zeitnahen Mittelverwendung und der Unmittelbarkeit spielen hingegen im Zivilrecht so gut wie keine Rolle, sondern betreffen nur das Steuerrecht.

Es finden sich aber auch bisweilen Regelungen zur Mittelverwendung, die nur im Zivilrecht (nicht hingegen im Steuerrecht) gelten. Ein Beispiel hierfür ist das in den *deutschen* Landesstiftungsgesetzen niedergelegte (nach herrschender Ansicht weitgehend dispositive) Gebot der Erhaltung des Stiftungskapitals[367], das im Steuerrecht keine Parallele hat und auch im ausländischen

---

[361] Nach Ansicht von *Palao Taboada*, Spanien, B IV 6, S. 492, ist es erlaubt, die materielle Ausführung von Teilen der Tätigkeit auf eine andere Einrichtung zu übertragen, solange die Organisation die Leitungsfunktion behält.

[362] Kny.II 27.736/1998 - Kny.III 28.178/1998, in KGD 1999/8-9, 140-141); näher hierzu *Csehi*, Ungarn, B IV 6, S. 535.

[363] *Runte/von Hippel*, Italien, A I 2 b, S. 344.

[364] *Runte/von Hippel*, Italien, A I 2 b, S. 344.

[365] Siehe oben unter D II (S. 129).

[366] Siehe näher hierzu *von Hippel* in: Hopt/Walz/von Hippel/Then (eds.), The European Foundation (2006), p. 38 f.

[367] Näher hierzu *Schwintek*, Vorstandskontrolle in rechtsfähigen Stiftungen bürgerlichen Rechts (2001), S. 97 ff.

Stiftungszivilrecht nur vergleichsweise selten aufzufinden ist[367]. Ein anderes Beispiel sind die in manchen Ländern von der stiftungszivilrechtlichen Literatur erhobenen Forderungen, dass der Stiftungszweck vom Stifter möglichst präzise festgelegt werden müsse und grundsätzlich nicht abgeändert werden dürfe[368], während andere Länder dem Stifter insoweit einen größeren Gestaltungsspielraum einräumen[369].

E. Steuerbegünstigung für die empfangsberechtigte Organisation

I. Unterschiedliche Besteuerung der verschiedenen Einkünfte

Für die Besteuerung bzw. Befreiung gemeinnütziger Organisationen ist überall die Herkunft der Mittel entscheidend. Die Abgrenzungen unterscheiden sich im einzelnen von Land zu Land; jedoch liegen die zugrundeliegenden Konzepte überraschend nahe beieinander.

1. Grundsatz: Trennung der vier Sphären des Einkommens steuerbegünstigter Organisationen

Hinsichtlich des Einkommens steuerbegünstigter Organisation unterscheiden die meisten Staaten zwischen vier „Sphären": Der Bereich der Spenden und öffentlichen Zuschüsse (ideeller Bereich) ist besonders privilegiert und wird bei der gemeinnützigen Organisation typischerweise überhaupt nicht besteuert. Zudem kann (zumindest in der Mehrzahl der Staaten) der Spender die Zuwendung grundsätzlich zur Minderung seiner Einkommensteuerbelastung einsetzen.

Diesem „ideellen Bereich" stehen die Einkünfte (Entgelte) aus wirtschaftlicher Tätigkeit gegenüber, die unterschiedlich behandelt werden, je nachdem, ob sie aus passiver Vermögensverwaltung stammen oder aus aktiver wirtschaftlicher Tätigkeit, und im letzteren Fall noch einmal, ob diese wirtschaftliche Tätigkeit unmittelbarer Ausdruck der Zweckverwirklichung ist (Zweckbetrieb) oder ob sie nur der Erwirtschaftung von Finanzmitteln (Mittelbeschaffungsbetrieb) dient[370].

---

[367] Siehe näher hierzu *von Hippel* in: Hopt/Walz/von Hippel/Then (eds.), The European Foundation (2006) p. 142 ff.

[368] *Reuter* in Münchener Kommentar, Ergänzungsband, §§ 80, 81 BGB, Rn. 101; *Rawert* (2001), S. 109 (128 f.); *ders.* (2004), S. 151 (164).

[369] Siehe näher hierzu *von Hippel* in: Hopt/Walz/von Hippel/Then (eds.), The European Foundation (2006) p. 40.

[370] Die Unterscheidung führt auch rechnungslegungstechnisch zu Folgeproblemen: Aufwand und Abschreibungen müssen der jeweiligen Sphäre zugeordnet werden – der Einsatz eines Pkw etwa muss entsprechend seiner Verwendung für die verschiedenen Sphären aufgeteilt werden. Davon soll hier freilich nicht die Rede sein. Siehe näher hierzu die Überlegungen im *schwedischen*

Typischerweise werden nur die zuletzt genannten Einkünfte (aus dem Mittelbeschaffungsbetrieb) besteuert, nicht hingegen die anderen Einkünfte aus wirtschaftlicher Tätigkeit.

2. Sonderfall: Trennung zwischen drei Sphären im französischen Steuerrecht

In *Frankreich* gibt es keine partielle Steuerpflicht für Tätigkeiten, die in Konkurrenz zu nicht begünstigten Unternehmen ausgeübt werden, wohl aber steuerbefreite wirtschaftliche Tätigkeiten[371]. Als nicht gewinnorientierte Tätigkeit wird es angesehen, wenn die steuerbegünstigte Organisation

- ein Produkt oder einen Dienst anbietet,
- die Bedürfnisse befriedigen, die der Markt nicht ausreichend abdeckt,
- zu Preisen, die einem benachteiligten Ausschnitt der Allgemeinheit zumutbar sind,
- und dieses, ohne die im Wettbewerbssektor üblichen Werbemethoden einzusetzen.

Werden diese Kriterien nicht erfüllt, und wird dabei eine Erheblichkeitsgrenze von 60.000 € jährlich überstiegen, so verliert die Organisation ihren Gemeinnützigkeitsstatus[372].

Diese Systematik bedeutet im Ergebnis, dass die sonst weitverbreitete vierte Sphäre eines die Gemeinnützigkeit als solche nicht berührenden, partiell besteuerten wirtschaftlichen Geschäftsbetriebs in Frankreich fehlt, womit der Eigenerwirtschaftung von Mitteln in diesem Lande besonders einschränkende Grenzen gesetzt sind.

II. Einkünfte aus dem ideellen Bereich

Zahlreiche Non-Profit-Organisationen finanzieren ihre Aufgaben zu wichtigen Teilen aus ihnen zur Verwirklichung ihres Zwecks geleisteten Zuwendungen, die von engagierten Bürgern und juristischen Personen oder auch von der öffentlichen Hand an sie geleistet werden. Innerhalb der ideellen Einkünfte ist zu unterscheiden zwischen Spenden, Mitgliedsbeiträgen und Subventionen.

Länderbericht (*Lindencrona*, Schweden, C V, S. 432) sowie die Abgrenzungen im *spanischen* Länderbericht (*Palao Taboada*, Spanien, C III, S. 494).

[371] *Beltrame*, Frankreich, B V, S. 296.
[372] *Beltrame*, Frankreich, C IV, S. 300.

1. Spenden

a) Körperschaftsteuer

Spenden und Vermögensausstattungen unterfallen grundsätzlich nicht der Körperschaftsteuer[373].

b) Schenkungs- und Erbschaftsteuern

Grundsätzlich anwendbar sind hingegen die Erb- und Schenkungssteuern, die aber meist für Spenden an gemeinnützige Organisationen eine vollständige oder teilweise Befreiung zulassen. Die steuerlichen Regeln in den einzelnen Ländern differieren insoweit erheblich.

In *Schweden* wurde die Steuer jüngst abgeschafft[374], in *Italien* wird sie seit Oktober 2001 nicht mehr erhoben[375]. In manchen Ländern bleiben die Zuwendenden oder Geber steuerfrei (*Deutschland*[376], *Frankreich*[377], *Niederlande*[378], *Österreich*[379], *Ungarn*[380] und *Großbritannien*[381]). Dagegen muss in den *USA* der Geber Nachlasssteuer zahlen[382]. In *Spanien* ist bei Erwerb von Todes wegen der Erbe oder Vermächtnisnehmer und bei Schenkungen ausschließlich der Schenker steuerpflichtig[383].

Hier interessiert nur die Steuerpflicht der empfangenden Organisation. Eine vollständige Befreiung kennen *Deutschland*[384], *Großbritannien*[385], und *Ungarn*[386].

---

[373] Siehe zu Abgrenzungsfragen näher unten unter E IV 2 b, S. 151 f.

[374] *Lindencrona*, Schweden, C I, S. 430.

[375] *Runte/von Hippel*, Italien, A I 1, S. 342.

[376] Vgl. § 13 Abs. 1 Nr. 16 b) und Nr. 17; näher dazu *Jülicher* in Troll/Gebel/Jülicher, § 13 ErbStG, Rn. 187 ff; *Kapp/Ebeling*, § 13 ErbStG, Rn. 152 ff.; *Meincke*, § 13 ErbStG, Rn 51 ff; *Sauter* in Erle/Sauter, § 5 KStG, Rn. 144 ff.

[377] *Beltrame*, Frankreich, B I 2 b, S. 298.

[378] *van Veen*, Niederlande, C I 2, S. 379.

[379] ifo-Abschlussbericht (Fn. 3), S. 241.

[380] *Csehi*, Ungarn, A I, S. 513.

[381] *Selbig*, Großbritannien, D I, S. 335.

[382] ifo-Abschlussbericht (Fn. 3), S. 344: „Nach amerikanischem Recht ist sowohl bei Erwerb von Todes wegen wie auch bei Schenkungen der Geber als Gesamtschuldner steuerpflichtig (auf Bundesebene). Bei der Erbschaftsteuer des Bundes handelt es sich letztendlich um eine Nachlasssteuer, da nach dem Tod das gesamte Vermögen einer natürlichen Person nicht direkt auf den Erben übergeht, sondern bis zur Auflösung eine eigene juristische Person (*estate*) bildet, die in die Rechtsstellung des Verstorbenen eintritt und von einem Testamentvollstrecker oder Nachlassverwalter vertreten wird. Der Empfänger muss keine Einkommensteuer auf den Wert der Erbschaft bzw. der Schenkung entrichten."

[383] *Palao Taboada*, Spanien, C I, S. 493.

[384] Vgl. den Einleitungssatz zu § 13 Abs. 1 ErbStG.

[385] *Selbig*, Großbritannien, D I, S. 335.

Eine Teilbefreiung besteht in den *Niederlanden* – hier liegt der den gemeinnützigen Organisationen gewährte Freistellungsbetrag für die Erbschaftsteuer doppelt so hoch wie bei der Schenkungsteuer[387].

Österreich differenziert: Schenkungen unter Lebenden von Mobilien und Geldforderungen werden voll befreit, Grundstücksschenkungen und Zuwendungen von Todes wegen werden mit einem niedrigen Satz von 2,5 % besteuert[388].

Recht schwierig ist die Rechtslage in *Frankreich*. Handschenkungen sind generell befreit. Notarielle Schenkungsversprechen und Erwerbe von Todes wegen können nicht alle Vereine und Stiftungen, sondern nur solche mit besonderer Anerkennung oder Registrierung oder gesetzlich speziell enumerierte Organisationen empfangen[389].

Ähnliches gilt zivilrechtlich auch in *Italien*. Nach 19 der EV 460/1997 (ONLUS-Dekret) sind Schenkungen und Übertragungen von Todes wegen an gemeinnützige Vereine – gleich jenen zugunsten öffentlicher Einrichtungen – von der Erbschaft- und Schenkungsteuer ausgenommen. Zudem wird die Erbschaftsteuer seit Ende Oktober 2001 nicht mehr erhoben[390].

c) Spendenabzug

Zudem erlauben die Steuergesetze Stiftern und Spendern in vielen Ländern, freiwillige Zuwendungen an gemeinnützige Körperschaften und teilweise auch Mitgliedsbeiträge unter bestimmten Voraussetzungen steuermindernd geltend zu machen, worauf noch an späterer Stelle näher eingegangen wird[391]. Hier geht es ausschließlich um die steuerliche Behandlung bei der empfangenden gemeinnützigen Organisation.

2. Mitgliedsbeiträge

Bei den Mitgliedsbeiträgen stellt sich regelmäßig die Frage, ob es sich hierbei um eine Zahlung im Rahmen eines Leistungsaustauschs handelt oder nicht, wobei die Abgrenzung im Einzelfall sehr problematisch sein kann. Je nachdem, wie man die Grenze zieht, entscheidet sich auch, ob und gegebenenfalls inwieweit die Mitgliedsbeiträge der Körperschaftsteuer, der Schenkungssteuer oder der Umsatzsteuer unterliegen und ob das Mitglied seinen entrichteten Beitrag steuerlich absetzen darf.

---

[386] *Csehi*, Ungarn, A I, S. 513 und C II, S. 538.
[387] ifo-Abschlussbericht (Fn. 3), S. 255
[388] *Achatz*, Österreich, B VI 1 b, S. 410.
[389] *Beltrame*, Frankreich, C I 2, S. 297.
[390] *Runte/von Hippel*, Italien, A I 1, S. 342.
[391] Siehe hierzu näher unten unter F II 5 b (S. 169 ff.).

Auf diese Problematik wird im Rahmen des Spendenrechts näher eingegangen[392].

3. Subventionen

Parallel dazu gibt es Abgrenzungsprobleme für die Zuschüsse der öffentlichen Hand (Subventionen), die normalerweise nicht zu den steuerpflichtigen Einnahmen gehören. Subventionen, die bedingungslos und ohne Auflagen erbracht werden, sind keine Einkünfte, an denen eine Ertragsteuer ansetzen könnte[393]. Das gilt auch dann, wenn der Zuschuss erbracht wird, um die gemeinnützige Organisation überhaupt erst in die Lage zu versetzen, ihren Zweck verfolgen zu können. Anders ist es, wenn die gemeinnützige Organisation eine Gegenleistung erbringt, die speziell im Interesse der geldgebenden staatlichen Stelle liegt.

III. Einkünfte aus Vermögensverwaltung (Passive Einkünfte)

Die typischen Einkünfte aus Vermögensverwaltung sind von der Körperschaftsteuer und gegebenenfalls den Berufs- bzw. Gewerbesteuern befreit in *Deutschland*[394], den *Niederlanden*[395], *Schweden*[396], *der Schweiz*[397], *Spanien*[398], *Ungarn*[399] und den *USA*[400]. Dort, wo bei dieser Einkunftsart auch Veräußerungsgewinne erfasst werden (z.B. *Spanien*[401]), werden diese in die Steuerbefreiung im allgemeinen mit einbezogen.

In *Österreich* gilt die Befreiung nur, sofern es sich nicht um kapitalertragssteuerabzugspflichtige Kapitaleinkünfte handelt. Letztere unterliegen der beschränkten Körperschaftsteuerpflicht in Höhe von 25 %[402].

---

[392] Siehe unten unter F II 5 b (S. 169 ff.).

[393] In *Spanien* allerdings werden Wirtschaftshilfen bei Kooperationen im Rahmen von public private partnerships nicht besteuert, wohl aber Subventionen, die Mittelbeschaffungsbetrieben (wirtschaftlichen Geschäftsbetrieben) zugute kommen (*Palao Taboada*, Spanien, C II, S. 494 und D III 2, S. 500).

[394] Vgl. § 5 Abs. 1 Nr. 9 KStG; näher dazu *Sauter/Voigt de Oliviera* in Erle/Sauter, § 5 KStG, Rn. 144 ff.

[395] *van Veen*, Niederlande, C I 3, S. 380.

[396] *Lindencrona*, Schweden, C III, S. 431.

[397] *Koller*, Schweiz, C III, S. 464.

[398] *Palao Taboada*, Spanien, C III, S. 494.

[399] *Csehi*, Ungarn, C III, S. 539.

[400] *Colombo*, USA, C III, S. 588.

[401] *Palao Taboada*, Spanien, C III, S. 494.

[402] *Achatz*, Österreich, B VI 1 a, S. 409.

In *Frankreich* sind seit 2004 die staatlich besonders anerkannten Stiftungen ebenfalls befreit, anderen gemeinnützigen Organisationen wird ein Freibetrag gewährt; im übrigen zahlen sie einen reduzierten Steuersatz[403].

IV. Einkünfte aus Zweckbetrieb (aktive Einkünfte)

Viele gemeinnützige Organisationen betätigen sich aktiv und nachhaltig am Markt in einer Intensität, die über die passive Vermögensverwaltung hinausgeht. Sie erbringen wie andere Unternehmen Leistungen, um dadurch Einnahmen oder andere wirtschaftliche Vorteile zu erlangen. Vom Krankenhaus oder Museum über Bildungseinrichtungen und Seminarangebote bis zu Benefizveranstaltungen und Werbungsleistungen für andere wird versucht, Einnahmen zu erzielen, um die Förderung des gemeinnützigen Satzungszwecks zu finanzieren.

In allen untersuchten Ländern werden solche wirtschaftlichen Tätigkeiten jedenfalls bis zu einem gewissen Umfang toleriert, ohne dass dadurch der gemeinnützige Status insgesamt verloren geht.

Notwendig ist stets eine Abgrenzung zur Vermögensverwaltung und (in den meisten Ländern) außerdem zum wirtschaftlichen Geschäftsbetrieb.

1. Abgrenzung zur Vermögensverwaltung

Von der Vermögensverwaltung (den passiven Einkünften) unterscheiden sich die Einkünfte aus einem Zweckbetrieb als aktive Einkünfte dadurch, dass sie über die bloße Fruchtziehung mit gelegentlichem Substanzaustausch hinausgehen und darauf abzielen, durch aktives Tun Einnahmen zu erzielen.

Von besonderer Brisanz ist dabei die Frage, wie man die Dividenden bewertet, die eine gemeinnützige Organisation von einer gewinnorientierten Tochtergesellschaft ausgeschüttet bekommt. Auf diese Frage wird noch an späterer Stelle näher eingegangen[404].

2. Abgrenzung zum wirtschaftlichem Geschäftsbetrieb

a) Regelfall: Unterscheidung zwischen Zweckbetrieb und wirtschaftlichem Geschäftsbetrieb

Wie erwähnt[405], unterscheiden die meisten Länder zwischen dem Zweckbetrieb und dem wirtschaftlichen Geschäftsbetrieb, wobei die Konsequenzen dieser

---

[403] *Beltrame*, Frankreich, C III, S. 299.
[404] Siehe unten unter E VI (S. 155).
[405] Siehe oben unter E IV 2 (S. 150).

Unterscheidung doppelter Natur sind: Entweder führen sie – jenseits eines bestimmten Freibetrags – unmittelbar zum Verlust der Gemeinnützigkeit und damit zur Besteuerung aller anderen Einnahmen nach den üblichen Regelungen oder zur partiellen Besteuerung der Einnahmen aus dem wirtschaftlichen Geschäftsbetrieb, wenn sie nicht ausnahmsweise ganz steuerfrei bleiben. Es wird also auf der ersten Stufe entschieden, ob trotz wirtschaftlicher Tätigkeit überhaupt eine gemeinnützige Tätigkeit vorliegt, und auf der zweiten Stufe unterschieden, ob solche wirtschaftlichen Tätigkeiten auch als solche an der Steuerbefreiung teilnehmen, oder ob sie zu einer zwar erlaubten, aber aus Wettbewerbsgründen steuerpflichtigen Finanzierungsquelle werden. Auf weitere Einzelheiten wird noch an späterer Stelle eingegangen[406].

Ein Sonderfall ist insoweit *Frankreich*, das keine partielle Besteuerung kennt[407]. Hier bestimmt die Abgrenzung zwischen „aktiven" und „passiven" Einkünften (wenn kein Zweckbetrieb vorliegt) gleichzeitig über die Gemeinnützigkeit der gesamten Organisation. Die Kriterien der steuerfreien „activité accessoire" werden eher quantitativ als qualitativ bestimmt: die nicht auf Einkommenserzielung gerichteten Aktivitäten müssen gegenüber den wirtschaftlichen Tätigkeiten deutlich dominieren (nach Aufwands- oder Zeitmaßstab), die Erträge dürfen nicht als Gewinne ausgeschüttet werden und 60.000 € nicht übersteigen.

Einen weiteren Sonderfall bildet *Spanien* mit seinem gestuften Gemeinnützigkeitsregime[408]: die beiden Stufen ziehen die Grenze zwischen steuerpflichtigen und nicht steuerpflichtigen Einkünften verschieden, und sie belegen die steuerpflichtigen Einkünfte mit unterschiedlichen Steuersätzen (25 % gegen 10 %; der normale Satz ist 35 %).

b) Abgrenzungskriterien

Nicht immer der Terminologie, aber doch der Sache nach unterscheiden die meisten Länder zwischen (1) Aktivitäten, in denen sich die Zweckverwirklichung selber ausdrückt (Krankenhaus, Museum), (2) unverzichtbaren und entbehrlichen auf die Zweckverwirklichung gerichteten Hilfsbetrieben (Krankenhauswäscherei, Museumscafeteria) und (3) zweckunabhängigen reinen Mittelbeschaffungsbetrieben[409].

Dort, wo zwischen steuerfreiem Zweckbetrieb (related business[410], activité accessoire[411], unentbehrlichem Hilfsbetrieb[412]) einerseits und wirtschaftlichem

---

[406] Siehe unten unter E V 2 (S. 154).

[407] *Beltrame*, Frankreich, C IV, S. 300.

[408] *Palao Taboada*, Spanien, C I, S. 494.

[409] Ein Beispiel für eine abweichende Terminologie sind die *Niederlande*, die den Unterschied zwischen zweckorientierten und anderen gewerblichen Aktivitäten begrifflich nicht kennen, wohl aber die partielle Besteuerung; näher hierzu *van Veen*, Niederlande, C I 4 a, S. 381 f.

[410] *Colombo*, USA, C IV, S. 589.

Geschäftsbetrieb (inklusive entbehrlichem Hilfsbetrieb) andererseits unterschieden wird, bestimmen im wesentlichen zwei oder drei Kriterien über die Eigenschaft als steuerbefreiter Zweckbetrieb:

- es muss sich um eine Aktivität handeln, die besonders eng mit der begünstigten Zweckverwirklichung verbunden ist (was zwar bei einem Verkauf von Waren aus geschützten Werkstätten, nicht aber bei einer Klosterbrauerei der Fall ist);
- es muss gewährleistet sein, dass der Wettbewerb nicht mehr als absolut unvermeidlich verzerrt wird. Werden identische Waren oder Leistungen auf dem Markt angeboten, besteht kein Grund, ihre Hervorbringung durch eine Non-Profit-Organisation steuerlich zu begünstigen. Vielmehr wird durch die Privilegierung der Marktmechanismus (und mit ihm u.U. der europäische Binnenmarkt) beeinträchtigt[413];
- gelegentlich wird zusätzlich verlangt, dass ehrenamtliche freiwillige Helfer bei der Generierung der Einkünfte eingesetzt waren (*Niederlande*[414], *Schweden*[415], *USA*[416]).

Das (an erster Stelle genannte) Kriterium der Verbindung mit der Zweckverwirklichung wird unterschiedlich streng formuliert.

In *Deutschland* verlangen § 65 Nr. 1 und 2 d AO, dass Satzungszweck und Geschäftsbetrieb gleichsam eine Einheit bilden, und dass der Geschäftsbetrieb notwendig sein müsse, um den Satzungszweck zu verwirklichen[417].

In *Österreich* muss es sich um einen unentbehrlichen Hilfsbetrieb handeln[418].

In der *Schweiz* begnügt man sich damit, dass Hilfsbetriebe, die dem Satzungszweck klar untergeordnet sind, wie z.B. ein Museumskiosk, steuerbefreit seien[419].

In den *USA* kommt es darauf an, ob die Aktivität im Hinblick auf den Zweck „substantially related" ist, wobei alle in Europa vorfindlichen Kriterien erheblich sind (der Umfang der Aktivität als solcher und im Verhältnis zu den

---

[411] *Beltrame*, Frankreich, C IV, S. 300. Der Begriff *activité accessoire* findet sich im Länderbericht nicht mehr, sondern ist dort ins Deutsche übersetzt.

[412] *Achatz*, Österreich, B VI 1 a, S. 410; *Koller*, Schweiz, C IV a, S. 464.

[413] Hier liegt innerhalb der EU ein wichtiges Einfalltor für das europäische Wettbewerbs- und Beihilferecht; näher hierzu die rechtspolitischen Optionen unter Z, S. 278.

[414] *van Veen*, Niederlande, C I 4 a, S. 382.

[415] *Lindencrona*, Schweden, C IV, S. 431.

[416] ifo-Abschlussbericht (Fn. 3), S. 333.

[417] Näher hierzu *Tipke* in Tipke/Kruse, § 65 AO, Rn. 2; *Uterhark* in Schwarz, § 65 AO, Rn. 3 ff.; *Schauhoff* in Schauhoff (Hrsg.), Handbuch der Gemeinnützigkeit, 2. Aufl. (2005), § 6 Rn. 81 ff.

[418] *Achatz*, Österreich, B VI 1 a, S. 410.

[419] *Koller*, Schweiz, C IV a, S. 464.

ideellen Tätigkeiten der Organisation, der unmittelbare Beitrag zum Zweck, der Wettbewerbsaspekt, der Einsatz von Freiwilligen)[420].

c) Beispielskataloge

Die Abgrenzung zwischen steuerpflichtigen wirtschaftlichen Geschäftsbetrieben und steuerbefreiten Zweckbetrieben ist im Einzelfall schwierig. Häufig wird deshalb die rechtliche Konzeption durch eine Beispielsliste ergänzt oder ersetzt[421].

In *Deutschland* findet sich in § 65 AO eine allgemeine Definition des Zweckbetriebs, während die §§ 66-68 AO bestimmte Geschäftsbetriebe enumerieren, ohne dass es dabei nach der Rechtsprechung darauf ankommt, ob die allgemeinen Voraussetzungen des § 65 AO kumulativ vorliegen[422]. Auch in *Spanien* gibt es eine vergleichbare lange Liste[423].

Durch ausdrückliche Nennung als steuerfreier Zweckbetrieb sind in vielen Ländern bestimmte typische Fundraising-Aktivitäten von der Besteuerung freigestellt, obwohl sie unter das Zweckbetriebskonzept eigentlich nicht passen, so in *Deutschland* die Durchführung von Tombolas, Lotterien oder Ausspielungen in § 68 Nr. 6 AO[424]. Eine ähnliche Regel gilt auch in *Großbritannien*[425]. In *Schweden* sind Aktivitäten, die „herkömmlich als Finanzierung ideeller Zwecke" eingesetzt werden, steuerfrei, wie z.B. das Tanzen alter Volkstänze in ländlicher Umgebung oder auch ein Rockkonzert[426].

Auch in *Frankreich* gibt es (im Rahmen der Abgrenzung zwischen „passiven" und „aktiven" Einkünften) die Möglichkeit, die Einkünfte aus höchstens sechs außergewöhnlichen Fundraising-Veranstaltungen in steuerfreier Weise zu erzielen[427].

---

[420] *Colombo*, USA, C IV, S. 589.

[421] Freilich ist anzumerken, dass diese Handhabung dort nicht europarechtskonform ist, wo Unternehmenstätigkeiten privilegiert werden, die auch von nicht begünstigten Unternehmen angeboten werden oder werden könnten. Siehe näher hierzu *Walz*, in diesem Band, S. 639 ff.

[422] Näher hierzu *Uterhark* in Schwarz, § 66 AO, Rn. 2; *Tipke* in Tipke/Kruse, § 66, Rn. 1; *Schauhoff* in Schauhoff (Hrsg.), Handbuch der Gemeinnützigkeit, 2. Aufl. (2005), § 6 Rn. 90 m.w.N.

[423] *Palao Taboada*, Spanien, C III, S. 495 ff.

[424] Näher hierzu *Uterhark* in Schwarz, § 68 AO, Rn. 7; *Tipke* in Tipke/Kruse, § 68 AO, Rn. 7.

[425] *Selbig*, Großbritannien, C I 1, S. 332.

[426] *Lindencrona*, Schweden, C IV, S. 431.

[427] *Beltrame*, Frankreich, C IV, S. 300.

V. Einkünfte aus wirtschaftlichem Geschäftsbetrieb (aktive Einkünfte)

1. Grundsatz: partielle Besteuerung

Wird eine nachhaltige, selbständige, auf die Erzielung von Entgelten gerichtete wirtschaftliche Tätigkeit ausgeübt, die nicht steuerbefreite Vermögensverwaltung, noch steuerbefreiter Zweckbetrieb ist, und auch einem Zweckbetrieb nicht gleichgestellt ist, so werden im Grundsatz diese Einnahmen grundsätzlich besteuert, nicht jedoch die Einnahmen aus den anderen Einkünftssphären.

Von diesem Grundsatz kann in den meisten Ländern sowohl in verschärfender als auch in gemilderter Form abgewichen werden: Verschärfend in dem Sinne, dass alle Einkünfte besteuert werden, also der Status der Gemeinnützigkeit insgesamt verloren geht (sog. Geprägetheorie). Abgemildert in dem Sinne, dass diese Einkünfte trotzdem steuerbefreit bleiben.

2. Verschärfende Ausnahme: Verlust der Gemeinnützigkeit (Geprägetheorie)

Im *deutschen* Recht gehen die Rechtsprechung und die Finanzverwaltung davon aus, dass die Gemeinnützigkeit dadurch verloren gehen kann, wenn die überwiegenden Einnahmen einer gemeinnützigen Organisation aus einem unternehmerischen Geschäftsbetrieb stammen[428]. Diese Ansicht wird teilweise kritisiert, weil es sich hierbei nicht um eine Frage der Mittelerzielung und nicht um eine Frage der Mittelverwendung handle und es ausreiche, dass die Einnahmen aus einem wirtschaftlichen Geschäftsbetrieb der partiellen Besteuerung unterliegen[429].

Gleichwohl zeigt ein rechtsvergleichender Befund, dass es auch im Ausland den Gedanken der Geprägetheorie gibt.

So wird etwa im *schweizerischen* Recht eine „unternehmerische Zweckverfolgung" als Verstoß gegen die Uneigennützigkeit verstanden[430], wobei als „unternehmerische Zweckverfolgung" dieselben Fälle genannt werden, die im deutschen Recht als Anwendungsfälle der Geprägetheorie gelten.

Noch strengere Grenzen gelten in *Frankreich*: erstens müssen die nicht auf Einkommenserzielung gerichteten Aktivitäten gegenüber den wirtschaftlichen

---

[428] Siehe *Schauhoff* in Schauhoff (Hrsg.), Handbuch der Gemeinnützigkeit, 2. Aufl. (2005), § 6 Rn. 4; *Fischer* in Hübschmann/Hepp/Spitaler, § 55 AO, Rn. 86 ff. m.w.N.

[429] *Hüttemann*, Wirtschaftliche Betätigung und steuerliche Gemeinnützigkeit (1991), S. 41 ff.; *Fischer* in Hübschmann/Hepp/Spitaler, § 55 AO, Rn. 93; *Schauhoff* in Schauhoff (Hrsg.), Handbuch der Gemeinnützigkeit, 2. Aufl. (2005), § 6 Rn. 112.

[430] Siehe näher *Koller*, Schweiz, B V, S. 462: Bei „unternehmerischer Zweckverfolgung" fehle die Uneigennützigkeit grundsätzlich. Eine Ausnahme gelte nur, wenn die unternehmerische Tätigkeit dem gemeinnützigen Zweck untergeordnet sei. Dem Geschäftsbetrieb dürfe nur die Funktion eines Hilfsbetriebes zukommen. Die Erwerbstätigkeit dürfe zudem nicht die einzige wirtschaftliche Grundlage der juristischen Person darstellen.

Tätigkeiten deutlich dominieren (nach Aufwands- oder Zeitmaßstab); zweitens dürfen die Einkünfte aus wirtschaftlicher Tätigkeit 60.000 € nicht übersteigen, anderenfalls geht der Status der Gemeinnützigkeit verloren[431].
Eine quantitative Grenze findet sich auch in *Österreich*[432]. Dort sind Betriebe, die lediglich als Geldbeschaffungsquelle dienen, begünstigungsschädlich. Sie unterliegen der Steuerpflicht und beeinträchtigen die Gemeinnützigkeit nur solange nicht, als der Umsatz aus allen begünstigungsschädlichen Betrieben weniger als 40.000 € pro Jahr beträgt. Übersteigen die Einnahmen dieser Betriebe die Grenze von 40.000 € besteht gem § 44 Abs. 2 BAO die Möglichkeit einer Ausnahmegenehmigung durch das Finanzamt. Eine Ausnahmegenehmigung bewirkt, dass der begünstigungsschädliche Betrieb der Steuerpflicht unterliegt, während für die anderen betrieblichen Tätigkeiten die Begünstigung aufrecht bleibt[433].

3. Gemilderte Ausnahme: Freibetrag

Viele Länder besteuern zwar den Gewinn aus wirtschaftlichem Geschäftsbetrieb, gewähren aber gemeinnützigen Organisationen einen mehr oder weniger großzügigen Freibetrag (z.B. *Deutschland*[434], *Österreich*[435]).

VI. Sonderprobleme bei Ausgliederungen

Häufig werden wirtschaftliche Tätigkeiten in eine selbständige Gesellschaft ausgegliedert, die dann für sich steuerpflichtig ist.

In diesem Fall stellen sich mehrere Sonderprobleme[436], von denen bereits die folgenden Fragen behandelt worden sind: (1) Fördert eine solche Organisation wirklich die Allgemeinheit (bzw. ist die Förderung selbstlos) oder dient sie in Wirklichkeit vor allem dem Interesse des Tochterunternehmens?[437] (2) Inwieweit handelt es sich bei derartigen Thesaurierungen im Tochterunternehmen um Umgehungen des Gebots der zeitnahen Mittelverwendung?[438] (3) Handelt es

---

[431] *Beltrame*, Frankreich, C IV, S. 300.
[432] *Achatz*, Österreich, B VI 1 a, S. 410.
[433] *Achatz*, Österreich, B VI 1 a, S. 410.
[434] In *Deutschland* liegt der Freibetrag derzeit bei 30.678 € (siehe § 64 Abs. 3 AO); der Referentenentwurf für ein Gesetz zur weiteren Stärkung des bürgerschaftlichen Engagements vom 14.12.2006 schlägt eine Anhebung auf 35.000 € vor.
[435] *Achatz*, Österreich, B I 4, S. 399.
[436] Siehe oben unter C IV 2 b (S. 125).
[437] Siehe oben unter D II 1 b (S. 134).
[438] Siehe oben unter D II 1 b (S. 134).

sich um einen Verstoß gegen die EG-Regelungen zu wettbewerbswidrigen Beihilfen?[439]

Hier bleiben zwei weitere Problemkreise zu erörtern: (1) Können die Gewinne der gewinnorientierten Tochtergesellschaft dadurch der Besteuerung entzogen werden, dass sie an die Holding gespendet werden? (2) Handelt es sich auf der Ebene der gemeinnützigen Mutterorganisation bei den ausgeschütteten Dividenden um Spenden (steuerfrei), um passive Einkünfte aus Vermögensverwaltung (steuerfrei) oder um aktive unternehmerische Einkünfte (grundsätzlich steuerpflichtig).

1. Steuerrechtliche Behandlungen von Zahlungen der Tochtergesellschaft an die steuerbegünstigte Mutterorganisation auf der Ebene der Tochtergesellschaft

Manche Länder erlauben die vollständige (*Großbritannien*[440]) oder jedenfalls teilweise (*Ungarn*[441]) steuerliche Entlastung der Tochtergesellschaften, die ihren Gewinn steuerwirksam der Mutterorganisation spenden dürfen.

In anderen Ländern (z.B. *Deutschland*[442]) scheitert diese Abzugsmöglichkeit daran, dass eine solche „Spende" nicht freiwillig ist – auch wenn sie freiwillig wäre, müssten Abzugsobergrenzen eingehalten werden.

Möglicherweise ist eine verdeckte Gewinnausschüttung anzunehmen.[443] Auch in den *USA* wird sichergestellt, dass der Gewinn der ausgegliederten Tochtergesellschaft entweder bei der Tochter selbst oder auf der Ebene der Mutterorganisation besteuert wird[444].

---

[439] Siehe oben unter D II 1 b (S. 135).
[440] *Selbig*, Großbritannien, C I 2, S. 333.
[441] *Csehi*, Ungarn, C V, S. 542.
[442] Siehe *Jachmann* in Igl, Rechtliche Rahmenbedingungen bürgerschaftlichen Engagements (2002), S. 67 (225 ff.); *Wallenhorst* in Wallenhorst/Halaczinsky, Die Besteuerung gemeinnütziger Vereine, Stiftungen und der juristischen Personen des öffentlichen Rechts, 5. Aufl. (2004), S. 391.
[443] In *Deutschland* besteht allerdings die Besonderheit, dass Dividendeneinkünfte von Körperschaften generell von der Körperschaftsteuer befreit sind; näher hierzu *Fischer* in Hübschmann/Hepp/Spitaler, § 58 AO, Rn. 42; *Schauhoff* in Schauhoff (Hrsg.), Handbuch der Gemeinnützigkeit, 2. Aufl. (2005), § 8 Rn. 60. In anderen Ländern dürfte häufig ein Schachtelprivileg die gleiche Wirkung haben.
[444] *Colombo*, USA, C III, S. 589 f.

2. Steuerrechtliche Behandlung von Zahlungen der Tochtergesellschaft an die steuerbegünstigte Mutterorganisation auf der Ebene der Mutterorganisation

Deutliche Unterschiede zeigen sich – zumindest aus dogmatischer Sicht – bei der Frage, wie Zahlungen der Tochtergesellschaft an die steuerbegünstigte Mutterorganisation behandelt werden.

Am großzügigsten ist die Regelung in *Großbritannien*: da die Tochtergesellschaft spendet, fällt bei der Mutterorganisation keine Dividende, sondern eine steuerfreie Einnahme an[445].

Vom Ansatz her großzügig verfährt auch *Österreich*: Das Halten von Beteiligungen an Tochterunternehmen gehört zur steuerbefreiten Vermögensverwaltung. Dies selbst dann, wenn es sich hierbei um wesentliche Beteiligungen handelt oder maßgebend auf die Geschäftsführung Einfluss genommen wird[446].

In *Deutschland* hingegen werden die Dividenden als Einkünfte aus Vermögensverwaltung nur behandelt, wenn die beteiligte Organisation weder mehrheitlichen Anteilsbesitz hat, noch eng in die Leitung integriert wird[447].

Ähnlich ist die Rechtslage in *Frankreich*, wobei hier erschwerend zu berücksichtigen ist, dass eine Überschreitung der Grenze die Gemeinnützigkeit selbst gefährdet (Geprägetheorie)[448]. Diese Gefahr besteht auch in der *Schweiz*: dort müssen gegebenenfalls die Stimmrechte auf einen anderen Rechtsträger übertragen werden, wenn aktive Einkünfte (oder der Gemeinnützigkeitsentzug) vermieden werden sollen[449].

Aber auch, wenn grundsätzlich Dividenden als aktive Einkünfte eingeordnet werden, bedeutet das nicht notwendig, dass sie besteuert werden. Auf der Ebene der Mutterorganisation kennen einige Länder eine objektive Befreiung von der Dividendenbesteuerung, wenn Dividendeneinkünfte, die von Körperschaften bezogen werden, auf dieser Ebene generell (*Deutschland* § 8 b Abs. 2 KStG[450]) oder über ein Schachtelprivileg (z.B. *Niederlande*[451]) befreit sind.

3. Notwendigkeit von Korrekturen wegen des Europarechts?

Auf die Rechtsprechung des EuGH in Sachen Cassa de Risparmio ist oben schon eingegangen worden[452]. Die Steuerprivilegien der Gemeinnützigkeit können als verbotene Beihilfe nach Art. 87 EG-Vertrag gewertet werden, wenn auf

---

[445] *Selbig*, Großbritannien, C I 3, S. 334.
[446] *Achatz*, Österreich, B I 4, S. 399.
[447] Vgl. AEAO, zu § 64 Abs. 1 Nr. 3; *Uterhark* in Schwarz, § 58 AO, Rn. 3.
[448] *Beltrame*, Frankreich, C III, S. 300.
[449] *Koller*, Schweiz, B III 1 b bb, S. 453.
[450] Siehe näher hierzu *Watermeyer* in Herrmann/Heuer/Raupach, § 8b KStG, Rn. 32.
[451] *van Veen*, Niederlande, C I 3, S. 381.
[452] Siehe oben unter D II 1 b (S. 135).

eine gewerblich tätige Tochtergesellschaft direkter oder auch nur indirekter unternehmerischer Einfluss genommen wird. Besonders brisant ist, dass der EuGH u.a. darauf abstellt, dass die Stiftung in der Lage ist, der Beteiligungsgesellschaft finanzielle Unterstützung zu gewähren, die bei Unternehmensstiftungen üblicherweise darin liegt, dass auf Ausschüttungen in großem Maße verzichtet wird. Noch sind die genauen Abgrenzungskriterien, die der EuGH zugrundelegen wird, allerdings nicht klar ausformuliert.

F. Steuerbegünstigung beim Zuwendenden (Spender, Stifter)

I. Spendenabzug und sonstige Förderungsmaßnahmen

Zunächst muss der Gesetzgeber überall die grundsätzliche Frage lösen, ob er freiwillige Zuwendungen an gemeinnützige (public benefit) Organisationen überhaupt beim Spender begünstigen will.

Manche Länder sehen für den Spender gar keine Abzugsmöglichkeiten vor (*Schweden*[453]), andere Länder verwehren einen Abzug zwar grundsätzlich, lassen aber mehr (*Italien*[454]) oder weniger (*Österreich*[455]) umfassende Ausnahmen zu[456].

1. Methode des Spendenabzugs

Was die Abzugsmethode angeht, so finden sich in den betrachteten Ländern drei verschiedene Methoden:

a) Die Spende wird von der Bemessungsgrundlage der Einkommen-/Körperschaftsteuer abgezogen. Das ist die häufigste Variante. Sie wird meist, aber nicht notwendigerweise, durch eine Abzugsobergrenze limitiert (höchstens x % des zu versteuernden Einkommens, adjusted gross income usw). Mindestgrenzen für Spenden kommen vor, sind aber nur noch selten anzutreffen. Während die Abzugsobergrenzen regelmäßig auf die Bemessungsgrundlage des laufenden Jahres Bezug nehmen, ist in Österreich die Bemessungsgrundlage des der Spende vorangegangen Jahres maßgeblich[457].

b) Die Spende bzw. ein Prozentsatz der Spende wird direkt von der Steuer abgezogen (*Spanien*[458], *Frankreich* für ESt und KSt[459], in *Ungarn* nur für

---

[453] *Lindencrona*, Schweden, D I, S. 433.
[454] *Runte/von Hippel*, Italien, D I, S. 358.
[455] *Achatz*, Österreich, C 6, S. 414.
[456] Siehe hierzu bereits oben unter C V (S. 126).
[457] *Achatz*, Österreich, C 6, S. 414.
[458] *Palao Taboada*, Spanien, D IV 1 a, S. 501 f.

natürliche Personen[460]). Das hat zur Folge, dass die Steuerprogression sich nicht auf die Höhe des vom Spender erzielbaren Steuervorteils auswirkt wie im Fall des Abzugs von der Bemessungsgrundlage. Alle Spender werden steuerlich gleichmäßig privilegiert. Auch bei der Steuerabzugsmethode (tax credit, réduction d'impôt) werden in der Regel Abzugshöchstgrenzen festgelegt, die entweder auf die Bemessungsgrundlage bezogen werden oder auf die ohne den Abzug geschuldete Steuer (höchstens x % des zu versteuernden Einkommens bzw. x % der geschuldeten Steuer).

c) In *Großbritannien* wird zwischen der sog. Nettomethode und der sog. Bruttomethode unterschieden[461]: zieht der Schenker wie in anderen Ländern die Spende von der Bemessungsgrundlage ab, so spricht man von der Bruttomethode. Bei der Nettomethode werden Spenden, Schenkungen, Zustiftungen etc. nicht von der Bemessungsgrundlage abgezogen; sie erfolgen also aus versteuertem Einkommen. Stattdessen kann die empfangende charity sich den vom Spender typischerweise aufgewendeten Steuerbetrag unter Zugrundelegung des Normalsteuersatzes (Basic Rate) erstatten lassen. Natürlichen Personen wird die Wahl zwischen der Nettomethode und der Bruttomethode gelassen, während Körperschaften als Spender auf die Bruttomethode verwiesen werden. Hervorzuheben ist, dass in Großbritannien keine Abzugsobergrenzen bestehen[462].

Eine zusätzliche Komplikation tritt in Ländern mit Schedulenbesteuerung auf (*Niederlande*[463]): wenn unterschiedliche Steuerquellen mit unterschiedlichen Sätzen besteuert und die Einzeleinkünfte nachträglich zu einem Summen- oder Sammeleinkommen zusammengefasst werden, so muss sowohl für den Abzug selbst wie für etwaige Höchstgrenzen entschieden werden, ob beim Sammeleinkommen oder bei welchen Einzeleinkünften anzusetzen ist.

Tabelle: Spendenabzug, Abzugshöhen und Obergrenzen im internationalen Vergleich

Land	Spendenabzug	Abzugshöhe	Obergrenze
Schweden	Kein Abzug		
Österreich	Abzug nur in seltenen Ausnahmefällen; erfolgt durch Abzug von der Bemessungsgrundlage	100 % der Spende	10 % der Bemessungsgrundlage des vorausgegangenen Jahres

---

[459] *Beltrame*, Frankreich, D I 1, S. 301.
[460] *Csehi*, Ungarn, D I 2 b, S. 545.
[461] *Selbig*, Großbritannien, D I, S. 335.
[462] *Selbig*, Großbritannien, D I, S. 335.
[463] *van Veen*, Niederlande, D I 1, S. 383 f.

Land	Spendenabzug	Abzugshöhe	Obergrenze
Italien	grds. kein Abzug, aber relativ viele Ausnahmen (z.B. ONLUS); erfolgt durch Abzug von der Bemessungsgrundlage (zu versteuerndes Einkommen)	100 % der Spende	grds. 2 % der Bemessungsgrundlage, aber Sonderregelungen: für Kulturgüter (Keine Obergrenze), Kath. Kirche (100.000 €) und ONLUS 10 % der Einkünfte bis max. 70.000 €.
USA	Abzug von der Bemessungsgrundlage		Äußerst komplexe Regelung: 50 %, 30 %, 20 % oder 10 % der Bemessungsgrundlage in Abhängigkeit davon (1) wer gibt (natürliche Person oder Körperschaft), (2) an wen gegeben wird (Public Charity oder Private Foundation) (3) was gegeben wird (Geld, Vermögenswerte unterschieden in „normal income property" und „capital gain property") Abzugsvortrag 5 Jahre
Schweiz	Abzug von der Bemessungsgrundlage		bisher 10 % nach neuem Recht 20 % der Bemessungsgrundlage
Großbritannien	Abzug von der Bemessungsgrundlage[464] Brutto-, Nettomethode		Keine Abzugsobergrenzen (Berücksichtigungsobergrenzen)
Deutschland	Abzug von der Bemessungsgrundlage		5 % Normalsatz; 10 % für bestimmte Fälle; Zusatzvorteile für Stiftungen; 0,2 % von Umsatz und Löhnen[465]
Spanien	Abzug von der Steuer	ESt: 25 % der Spende; KSt: 35 % der Spende	10 % der Bemessungsgrundlage Mögliche Erhöhungen um 5 %
Frankreich	Abzug von der Steuer	60 % der Spende	20 % der Bemessungsgrundlage Abzugsvortrag bis zu 5 Jahren
Ungarn	Abzug von der Steuer für natürliche Personen; Abzug von der Bemessungsgrundlage für Körperschaften	ESt: 30 % der Spende; KSt: 100 % der Spende, ausnahmsweise 150 %	Höchstens 200 € bzw. 400 € Maximal 20 % der Bemessungsgrundlage, ausnahmsweise 25 %

---

[464] Es gibt drei Einkommensteuersätze: Basic Rate (22 %, ab 2.090-32.400 £), Higher Rate 40 % und Starting Rate 10 %.

[465] Der Referentenentwurf für ein Gesetz zur weiteren Stärkung des bürgerschaftlichen Engagements vom 14.12.2006 schlägt nunmehr eine einheitliche Grenze von 20% vor; siehe § 10 b Abs. 1 EStG-E und § 9 Abs. 1 Nr. 2 a KStG-E.

Die meisten Länder lassen bei Überschreitung des Höchstbetrages einen Vortrag der Abzugsmöglichkeit auf fünf oder zehn Jahre zu.

In *Ungarn* kann der Abzug von der Bemessungsgrundlage ab dem zweiten Jahr um weitere 20 % des Gesamtbetrags der Spende erweitert werden, wenn eine sog. „Dauerspende" vorliegt[466]. In den *Niederlanden* gelten die üblichen Abzugsgrenzen nicht für Dauerspenden[467]. Die Definition der Dauerspende ist gesetzlich festgelegt (*Ungarn*: Formvorschriften und vierjährige Dauer[468]; *Niederlande* 5 Jahre, gleichbleibende oder ansteigende Höhe der Spende, mindestens einmal im Jahr zu zahlen[469]).

2. Besondere Förderungsmaßnahmen

Die verschiedenen Länder ergänzen häufig die gesetzliche Steuerbegünstigung von Spenden beim Spender durch Maßnahmen, die das Engagement für gemeinnützige Zwecke zusätzlich verstärken soll.

Zu nennen ist hier die *französische* fondation d´entreprise[470] (wörtlich Unternehmensstiftung, aber nicht zu verwechseln mit dem, was dieser Begriff im deutschen Recht umschreibt[471]). Sie erhält statt einer Vermögensgrundausstattung ein durch Bankgarantie abgesichertes Dauerengagement (programme d´action pluriannuel) nicht unter 150.000 €. Sie ist gedacht als besonderer Anreiz zur Wahrnehmung von ideellen Zwecken aus gemischt ideellem und wirtschaftlichem Motiv. Sie kann den Firmennamen des Gründungsunternehmens tragen. Diese Stiftungsform unterliegt nicht den strengen Regeln, denen sich sonst französische Stiftungen unterwerfen müssen. Sie sind rechtlich selbständig, aber nur auf Zeit eingerichtet. Sie sind nicht berechtigt, Spenden entgegenzunehmen. Die von den errichtenden Gesellschaften an diese Stiftungen eingezahlten Beträge berechtigen zu einem Abzug von 60 % von der Steuer im Rahmen der üblichen Höchstgrenze von 5 % des Umsatzes[472].

Das *spanische* Recht fördert neben den Spenden an gemeinnützige Organisationen auch andere Formen der Unterstützung gemeinnütziger Zwecke und Tätigkeiten. Allgemeines Merkmal dieser anderen Formen ist, dass sie nicht rein altruistisch sind, sondern ein gewisses Maß von Eigennutz in der Form von Werbung des beitragenden Unternehmens mitwirkt. Diese Beitragsformen

---

[466] *Csehi*, Ungarn, D I 2 a, S. 545.
[467] *van Veen*, Niederlande, D I 1, S. 383.
[468] *Csehi*, Ungarn, D I 2 a, S. 544 f.
[469] *van Veen*, Niederlande, D I 1, S. 383.
[470] *Beltrame*, Frankreich, D I 3, S. 303.
[471] Siehe zur sog. „unternehmensverbundenen" Stiftung näher *Reuter* in Münchener Kommentar, Ergänzungsband, §§ 80, 81 BGB, Rn. 77: Es handelt sich um Stiftungen, die ein Unternehmen betreiben, oder um Stiftungen, die Mehrheitsgesellschafter eines solchen Unternehmens sind.
[472] *Beltrame*, Frankreich, D I 3, S. 303.

werden als „Unternehmens-Mäzenatentum" (*mecenazgo empresarial*) bezeichnet. Dieses eigenwirtschaftliche Element schließt aber den altruistisch-ideellen Charakter dieser Beiträge nicht vollständig aus. Gefördert werden auf diese Weise direkte Ausgaben für gemeinnützige Tätigkeiten, und das finanzielle Engagement in Programmen für die Unterstützung von Ereignissen von besonderem Allgemeininteresse[473].

Großbritannien hat aus den *USA* die sog. payroll deduction übernommen, allerdings sind die Ergebnisse (im Vergleich zu den USA) bislang einigermaßen enttäuschend. Wenn der Arbeitgeber ihn anbietet, können Angestellte einen Give-as-you-earn-Plan (auch payroll deduction scheme genannt) abschließen und vereinbaren, dass eine monatliche Spende direkt von ihrem Gehalt abgezogen und an eine oder mehrere gemeinnützige Organisation(en) weitergeleitet wird. Die Spende wird von dem monatlichen Bruttogehalt abgezogen (nach Abzug der National Insurance Beiträge), erst von dem verbleibenden Betrag werden die Steuern berechnet[474].

In *Großbritannien* findet man auch die Arbeitszeitspende. Sie besteht darin, dass Arbeitgeber einen Arbeitnehmer zeitweilig an eine charity „ausleihen" und den gezahlten Lohn als Betriebsausgaben absetzen können. Dies bietet insbesondere kleinen Charities die Möglichkeit, sich professionelle Hilfe zu holen, die sie sich sonst nicht leisten könnten[475].

In *Deutschland* sind Freistellungskosten eines Unternehmers in Form von Lohn- und Lohnnebenkosten in den Grenzen des § 10 b Abs. 1 EStG als Spende abzugsfähig, wenn es sich um eine Zuwendung (Aufwandsspende) des Unternehmens an eine steuerbegünstigte Körperschaft handelt; um Betriebsausgaben handelt es sich, wenn die Freistellung zum Zweck der Gewinnerzielung erfolgt[476].

In *Österreich* und *Deutschland* wurde aus Anlass von Großkatastrophen (Überschwemmung, Tsunami) das Gesetz (in rechtsstaatlich überaus zweifelhafter Weise) auf dem Erlassweg nachgebessert. Nach einem *österreichischen* Erlass sind abzugsfähig auch Katastrophenspenden an Hilfsorganisationen oder Gemeinden, Direktspenden an Familien oder Einzelpersonen sowie Direktspenden an Arbeitnehmer des Unternehmers, auch wenn sie gleichzeitig werbewirksam sind[477]. In *Deutschland* veröffentlichte das BMF mit Schreiben vom 14. Januar 2005 einen Katalog steuerlicher Maßnahmen zur Unterstützung der

---

[473] *Palao Taboada*, Spanien, D III, S. 499 ff. und D IV 2, S. 503 f.

[474] *Selbig*, Großbritannien, D II, S. 336.

[475] *Selbig*, Großbritannien, D III, S. 337.

[476] Näher dazu *Schauhoff* in Schauhoff (Hrsg.) Handbuch der Gemeinnützigkeit, 2. Aufl. (2005), § 10 Rn. 55; *Prognos AG* (Auftraggeber: Bundesministerium der Finanzen, Berlin), Unterstützung des freiwilligen bürgerschaftlichen Engagements – der Beitrag des Bundes bei der Gestaltung gesetzlicher und finanzieller Rahmenbedingungen, Forschungsauftrag Nr. 23/03, Basel, 31. März 2005, 31- 6076, S. 107.

[477] Vgl. BMF-Schreiben vom 14.01.2005, Az. IV C 4 – S 2223 – 48/05, DStR 2005, 154 f.

Opfer der Flutkatastrophe in Asien: Spenden zur Hilfe für die Opfer des Seebebens sind danach als Förderung mildtätiger Zwecke steuerbegünstigt und es sind auch Spenden an eine gemeinnützige, nicht mildtätige Körperschaft (z.B. einen Sportverein) steuerbegünstigt und hindern die Gemeinnützigkeit der Organisation nicht, wenn sie satzungswidrig der Hilfe für die Seebebenopfer zugeführt werden[478].

3. Sonderprobleme

a) Grenzüberschreitende Spenden

aa) Grundsatz: Keine Abzugsfähigkeit von Spenden an ausländische Non-Profit-Organisationen

Obwohl die meisten der untersuchten Ländern eine Förderung im Ausland zulassen, sind Spenden an Organisationen mit Sitz im Ausland für den Spender in der Regel nicht abzugsfähig; die Empfängerorganisation muss im Inland domiziliert sein.

bb) Ausnahmen

Von der Grundregel, dass Spenden ins Ausland nicht abgezogen werden können, gibt es eine Reihe von Ausnahmen.

So können in *Spanien* ausländische Organisationen nach näheren Maßgaben eine spendenempfangende Niederlassung errichten[479].

In den *Niederlanden* können Spenden an ausländische Organisationen abgezogen werden, deren Tätigkeit sich auf das Staatsgebiet der Niederlande erstreckt oder die weltweit dem Umweltschutz dienen[480].

In Ländern, wo es allein auf die Ansässigkeit der Empfängerorganisation im Inland ankommt, nicht aber darauf, wo die Spende verwendet wird, können inländische Spendenempfänger die Spendenbeträge mit oder ohne entsprechende Zweckwidmung ins Ausland transferieren[481].

In den Doppelbesteuerungsabkommen finden sich soweit ersichtlich kaum Regelungen zur Frage der einkommen- oder körperschaftsteuerlichen Abzugsfähigkeit von Spenden ins Ausland. Allerdings stößt man in einzelnen DBA der *USA* mit anderen Staaten auf Regelungen, die den Abzug ins Ausland geleisteter Spenden von dem in dem betreffenden Land zu versteuernden Gewinn

---

[478] Vgl. BMF-Schreiben vom 14.01.2005, Az. IV C 4 – S 2223 – 48/05, DStR 2005, 154 f.
[479] *Palao Taboada*, Spanien, D V 4, S. 505.
[480] *van Veen*, Niederlande, D III 2 c, S. 387.
[481] Bisweilen müssen sie dazu verschärften Anforderungen an den Nachweis der Verwendung genügen (so z.B. in *Großbritannien*).

(foreign source income) erlauben[482]. Demgegenüber bestehen für den Anwendungsbereich der Erb- und Schenkungssteuern verschiedene Doppelbesteuerungsabkommen, die eine Steueranrechnung entweder ausdrücklich vorsehen oder sie jedenfalls auf der Grundlage wechselseitiger Reziprozität ermöglichen[483].

cc) Liberalisierung durch Europarecht?

Europarechtlich ist die Rechtslage neuerdings im Umbruch. Wie an anderer Stelle in diesem Band ausgeführt, gibt es gute Gründe zu bezweifeln, ob die derzeitige Rechtslage (Diskriminierung ausländischer gemeinnütziger Organisationen in einem anderen Mitgliedsstaat) im Einklang mit den europäischen Grundfreiheiten, insbesondere der Kapitalverkehrsfreiheit steht[484].

b) „Zwangsspenden" und freiwillige Dispositionen

In manchen Ländern (*Italien*[485], *Ungarn*[486]) besteht die Möglichkeit, über einen geringfügigen Prozentsatz der eigenen abgeführten Steuer in der Weise zu disponieren, dass er bestimmten Organisationen, die gesetzlich festgeschriebene Merkmale aufweisen, als Adressaten bestimmt. In *Ungarn* handelt es um 1 %, in *Spanien* 0,563 %, in *Italien* um 0,5%, die mittelbar über den Fiskus gespendet werden können. In *Ungarn* wurde diese Abzugsmöglichkeit für die Kirchen erweitert[487] und ähnelt insoweit der *deutschen* Kirchensteuer.

II. Die Spende: Begriffs- und Abgrenzungsfragen

1. Relevanz der Abgrenzung

Die Definition der Spende im Gemeinnützigkeitsrecht ist nach zwei entgegengesetzten Richtungen folgenreich: man braucht sie, um die Berechtigung eines Abzugs von der Bemessungsgrundlage oder von der Steuer darzutun, aber man braucht sie gelegentlich auch, um durch ihren Ausschluss andere Abzugsmöglichkeiten, insbesondere den Abzug als normale Betriebsausgabe, zu

---

[482] *Colombo*, USA, D III 4, S. 597.

[483] In *Deutschland* sind Zuwendungen direkt an ausländische Körperschaften regelmäßig schenkungsteuerbefreit, selbst wenn es an der nach § 13 Abs. 1 Nr. 16 c ErbStG erforderlichen Gegenseitigkeitserklärung fehlt. Wenn die Verwendung zu einem steuerbegünstigten Zweck sichergestellt ist, greift § 13 Abs. 1 Nr. 17 EStG ein.

[484] Näher hierzu *von Hippel*, in diesem Band, S. 661 ff.

[485] *Runte/von Hippel*, Italien, G I 1, S. 364.

[486] *Csehi*, Ungarn, D I 2 b, S. 545.

[487] *Csehi*, Ungarn, D I 2 b, S. 545.

eröffnen: letzteres ist überall dort der Fall, wo Spenden überhaupt nicht (*Schweden*[488]) oder nur im Rahmen eng begrenzter Zwecke (*Österreich*[489]) abzugsfähig sind oder wo Abzugshöchstgrenzen, die für den Spendenabzug, nicht aber für einen Betriebsausgabenabzug gelten, überschritten werden. Im ersten Fall sucht man den Spendentatbestand, im zweiten möchte man ihn gerade ausschließen.

2. Begriffselemente der Spende

Die Definition der gemeinnützigkeitsrechtlich relevanten Spende ist im Kern überall dieselbe und unterscheidet sich zunächst bloß darin, ob das Steuerrecht den zivilrechtlichen Schenkungsbegriff übernimmt (z.B. *Frankreich*[490]) oder einen eigenen Spendenbegriff (die meisten anderen Länder) bildet.

Die überall anzutreffenden Merkmale, die aber im Verhältnis zueinander entsprechend den nationalen Fallerfahrungen etwas verschieden akzentuiert werden, sind (1) die Freiwilligkeit der Hingabe, (2) die unbedingte Endgültigkeit der Hingabe sowie (3) die fehlende Gegenleistung, die zusammen genommen die äußere, juristisch fassbare Tatbestandlichkeit einer inneren altruistischen Motivation abgeben.

3. Freiwilligkeit

Freiwillig bedeutet ohne rechtliche oder sonstige Verpflichtung. Ob als freiwillig auch solche Zuwendungen betrachtet werden, die im Ursprung aus einer freien Willensentscheidung erwachsen (z.B. einem Vereinsbeitritt), in weiterer Folge aber aufgrund rechtlicher Verpflichtung geleistet werden, wird unterschiedlich beantwortet. In *Deutschland* ändert die zivilrechtliche Pflicht, den Mitgliedsbeitrag zu zahlen, nichts an der „Freiwilligkeit" der Spende[491]. In den *Niederlanden*[492] und der *Schweiz*[493] wird wegen dieser zivilrechtlichen Pflicht die Freiwilligkeit hingegen abgelehnt.

---

[488] *Lindencrona*, Schweden, D I, S. 433.
[489] *Achatz*, Österreich, B I 1, S. 396.
[490] *Beltrame*, Frankreich, D II 1, S. 303.
[491] Näher dazu *Brandt* in Herrmann/Heuer/Raupach, § 10 b EStG, Rn. 29; *Hofmeister* in Blümich, § 10 b EStG, Rn. 17; *Schauhoff* in Schauhoff (Hrsg.), Handbuch der Gemeinnützigkeit, 2. Aufl. (2005), § 10 Rn. 27.
[492] *van Veen*, Niederlande, D II, S. 385.
[493] *Koller*, Schweiz, D II 2, S. 467.

4. Endgültige Vermögenshingabe

Endgültig heißt, dass sich der Spender endgültig und bedingungslos vom Gegenstand seiner Spende trennen muss[494].

Eine wichtige Frage ist, wie stark diese Trennung durchgeführt werden muss: Hier ergibt sich ein Konflikt zwischen dem Interesse des Spenders/ Stifters, dass die Verantwortlichen der empfangenen Organisation das von ihm zugewendete Vermögen in seinem Sinne verwenden und dem gegenläufigen Interesse des Fiskus (bzw. der Allgemeinheit der Steuerzahler), dass die der Spender/Stifter seine Position nicht durch rechtliche oder faktische Einflussmöglichkeiten nutzt, um dieses Vermögen ganz oder teilweise für eigennützige, private Zwecke abzuziehen und damit die erhaltenen Steuerprivilegien zu pervertieren.

a) Steuerrecht: Missbrauchsbekämpfung

Die einschlägigen steuerrechtlichen Regelungen konzentrieren sich auf die Bekämpfung möglicher Missbräuche zugunsten des Spenders/Stifters: Beispiele hierfür sind etwa das „Selbstlosigkeitsgebot"[495], das „Gewinnausschüttungsverbot"[496] oder – besonders anschaulich – die verschärften Regeln im *US-amerikanischen* Steuerrecht für Private Foundations[497].

b) Zivilrecht: Schutz des Willens des Spenders/Stifters

Grundsätzlich verlangt das Steuerrecht nur, dass ein gemeinnütziger Zweck in der vorgeschriebenen Weise verfolgt wird. Es dient nicht dazu, den Willen des Spenders, Stifters oder Settlor zu schützen. Sofern auch der geänderte Zweck den gemeinnützigkeitsrechtlichen Vorgaben entspricht, bleiben die Steuerprivilegien erhalten.

Der Schutz des Spenders/Stifters, dass sein Wille befolgt wird, wird regelmäßig nicht durch das Steuerrecht, sondern durch verschiedene zivilrechtliche Instrumente gewährleistet. Die einschlägigen Regelungen hierzu finden sich auf zwei Ebenen: Als „organisationsrechtliche Zweckbindung" (in Form einer Beschränkung der Änderung des Satzungszwecks) und als schuldrechtliche Zweckbindung.

Bei einer „organisationsrechtlichen Zweckbindung" ist die Änderung des Satzungszwecks erschwert: Typische Beispiele hierfür sind die Stiftung (in den

---

[494] Die Spende kann in allen betrachteten Ländern auch die Form einer endgültigen dauerhaften Vermögensausstattung annehmen, die einer Stiftung gewährt wird.
[495] Näher hierzu oben unter C III (S. 122).
[496] Näher hierzu oben unter D I 2 (S. 129).
[497] Näher hierzu oben unter D II 4 (S. 138 ff.) sowie *Colombo*, USA, B IV 4, S. 583 ff.

Rechtsordnungen des Civil Law) und der Trust (in den Rechtsordnungen des Common Law). Hier kann sich der Stifter/Settlor vergleichsweise weitgehend schützen. Die in den verschiedenen Rechtsordnungen sehr unterschiedlich beantwortete zivilrechtliche Frage, inwieweit der Stifter/Settlor den Zweck konkret vorgeben muss, ist aus steuerrechtlicher Sicht nur insoweit relevant, als eindeutig feststehen muss, dass im Ergebnis ein steuerbegünstigter Zweck gefördert wird.

Problematischer ist hingegen die schuldrechtliche Zweckbindung: Sie liegt z.B. vor, wenn man die Spende als Schenkung unter Auflage einordnet, die vom Schenker gerichtlich durchgesetzt werden kann. Dies ist in mehreren Ländern der Fall, z.B. in *Deutschland*[498], *Spanien*[499] und in *Ungarn*[500], wobei sich freilich die (für die Praxis wichtige) Folgefrage stellt, welche Anforderungen man an eine solche Vereinbarung stellt. Während in *Deutschland* auch aus den Umständen eine konkludente Auflage entnommen wird[501], ist das *US-amerikanische* Recht hier bislang wesentlich zurückhaltender und erkennt grundsätzlich nur ausdrückliche Auflagen an[502]. In allen genannten Länder stellt die schuldrechtliche Zweckbindung die „Endgültigkeit" der Spende nicht in Frage, weil die Auflage bereits von vornherein vereinbart worden ist und der Spender sich nur das Recht vorbehalten hat, für die Durchsetzung dieser Auflage zu sorgen.

Es gibt aber auch Rechtsordnungen, die strengere Maßstäbe anlegen, wenn es sich um eine steuerbegünstigte Spende handelt: So verlangen die *Schweiz*[503] und *Spanien*[504], dass eine Spende zur freien Disposition des Empfängers gelangt. Allerdings besteht häufig auch dort ein Anreiz der empfangenden Organisation, sich an gewünschte Zweckbindungen zu halten, um sich diese Art der Finanzierung künftig zu erhalten.

---

[498] Siehe *Kollhosser* in Münchener Kommentar, § 516 BGB, Rn. 8 ff., sowie monographisch *Furche*, S. 134 ff.

[499] Die relevante steuerrechtliche Frage nach *spanischem* Steuerrecht ist, ob eine Bindung innerhalb des allgemeinen Zwecks der Organisation eine Auflage ist, die den unbedingten Charakter der Spende wegnimmt. Die herrschende Meinung verneint dies, weil und soweit die Konkretisierung des Zwecks keine Auflage darstellt, die die selbstlose Natur der Spende beseitigt; siehe näher *Palao Taboada*, Spanien, D V, S. 504.

[500] *Csehi*, Ungarn, D IV 1, S. 548.

[501] *Kollhosser* in Münchener Kommentar, § 516 BGB, Rn. 96; zweifelnd hingegen *Riehmer*, Körperschaften als Stiftungsorganisationen (1993), S. 55 f.

[502] *Fishman/Schwarz*, Nonprofit Organizations (2000), p. 123 f.

[503] *Koller*, Schweiz, D III 1, S. 471.

[504] *Palao Taboada*, Spanien, D V, S. 504.

5. Fehlen einer Gegenleistung

Abgrenzungsprobleme bestehen im Hinblick auf das, was als Gegenleistung anzusehen ist. Rein immaterielle Vorteile ohne Marktpreis (z.B. Erwerb sozialen Prestiges oder nicht wirtschaftlich verwertbarer Kenntnisse) werden in der Regel nicht als Gegenleistung angesehen – notwendig wird eine Abgrenzung zum Sponsoring und bei Mitgliedsbeiträgen in einem auch mitgliedernützlichen Verein); sowie im Hinblick auf die Endgültigkeit.

a) Sponsoring

Sponsoringbeiträge an kulturelle, soziale, sportliche und andere Veranstaltungen dienen Werbezwecken; sie zielen darauf ab, das öffentliche Ansehen einer Unternehmung zu pflegen und ein Gegengewicht zum Bild des vorwiegend kommerziell denkenden und handelnden Betriebs zu schaffen[505]. Da der sponsernde Unternehmensträger Werbung als Gegenleistung empfängt, fehlt es an der Unentgeltlichkeit. Es handelt sich daher nicht um eine Spende, sondern um normale Betriebsausgaben (Gewinnungskosten, business expenses).

In den meisten Ländern unterliegt solcher Aufwand keinen Abzugsgrenzen und wird in seiner Zwecksetzung allenfalls darauf überprüft, ob ein Bezug zur gewerblichen Gewinnerzielung besteht.

Die Einordnung als Betriebsausgabe statt als Spende ist für den *Geber* deswegen prinzipiell vorteilhaft, zumal insoweit regelmäßig auch keine Obergrenzen bestehen. Wo (wie in *Schweden*) kein Spendenabzug zugelassen wird[506], ist sogar die Qualifikation als Sponsoring zwingend nötig, um die erwünschte Steuerminderung zu erhalten.

Auf der Seite des *Empfängers* kann jedoch die Verneinung einer Spende dazu führen, dass der Sponsoringertrag trotz Anerkennung als gemeinnützige Organisation als kommerzielles Entgelt einkommen- und umsatzsteuerpflichtig wird.

Es verwundert nicht, dass Länder mit keinem oder eng begrenztem Spendenabzug durch klare Kriterien dafür sorgen müssen, dass diese Wertung nicht durch großzügige Haltung gegenüber Sponsoringausgaben unterlaufen wird. In *Schweden* darf ein Unternehmen der Holzindustrie zwar eine Organisation „Lebender Wald" sponsern, aber nicht eine Waldvogelstation oder die Robben in der Ostsee – letzteres wäre eine Spende[507]. In *Österreich* setzt die Abzugsfähigkeit als Betriebsausgabe nach der Rechtsprechung voraus, dass Leistung und Gegenleistung eindeutig vertraglich festgelegt sind, der Empfänger der Zuwendung die vereinbarten Leistungen tatsächlich erbringt, die Gegenleistung

---

[505] So die Formulierung der *schweizerischen* Rechtsprechung, siehe BGE 115 Ib 111, 118 E 6, näher hierzu *Koller*, Schweiz, D II 3, S. 467.

[506] *Lindencrona*, Schweden, D I, S. 433.

[507] *Lindencrona*, Schweden, D II 3, S. 434.

(in der Regel Werbung) in einem angemessenen und dem Fremdvergleich standhaltenden Verhältnis zur Zuwendung steht und die Non-Profit-Organisation sich als Werbeträger eignen muss[508].

Umgekehrt kann es – häufig für die Empfänger – wichtig sein, wie weit sie den Interessen eines Mäzens, der seine Gabe möglichst breit bekannt machen will, entgegenkommen können, ohne dass die Qualifikation als Spende verloren geht. Auf einer weiten Skala der Möglichkeiten werden die Grenzen im allgemeinen kasuistisch und damit von Land zu Land unterschiedlich gesetzt: sie reichen von der ein- oder mehrmaligen Nennung von Geldgebern im offiziellen Berichtsteil eines Jahres- und/oder Rechenschaftsberichts, der öffentlichen Danksagung, der Verlinkung auf der Website des Empfängers, der ostentativen Verwendung seines Logos, der Benennung von Hörsälen und anderen Gebäudeteilen nach den Geldgebern bis zur Verteilung von Werbematerial in Veranstaltungen des Empfängers[509].

b) Mitgliedsbeiträge

Mitgliedsbeiträge an gemeinnützige Vereine sind aus steuerrechtlicher Sicht in mehrfacher Hinsicht problematisch.

Zum einen sind sie im allgemeinen einklagbar und damit jedenfalls nach dem Beitritt des Mitglieds nicht freiwillig.

Sodann sind viele Vereine mitgliedernützig in dem Sinn, dass der durch die Mitgliedschaft gewährte Vorteil nicht rein ideeller Natur ist. Der Beitrag wird zumindest partiell als Entgelt für diesen Mitgliedernutzen bezahlt. Es bestehen dann häufig Zweifel daran, ob das Merkmal der Unentgeltlichkeit erfüllt ist.

Die untersuchten Länder berücksichtigen diese Schwierigkeiten in unterschiedlicher Weise.

aa) Keine Abzugsfähigkeit

Manche Länder lehnen die Abzugsfähigkeit der Mitgliedsbeiträge prinzipiell ab. Dafür gibt es unterschiedliche Begründungen: entweder wird der Spendenabzug beim Spender überhaupt nicht gewollt (*Schweden*[510]) oder sehr stark

---

[508] *Achatz*, Österreich, C 2 c, S. 412.

[509] Für die praxisnahe Abgrenzung sind in *Deutschland* der sogenannte Sponsoring-Erlass des BMF vom 18.2.1998 bzw. als Ausschnitt daraus die Nr. 7 ff. zu § 64 AO des Anwendungserlasses zur Abgabenordnung (BStBl. 1998 I, S. 212 f.) als Rahmenbedingungen zu beachten. Das gilt nicht für die Umsatzsteuer.

[510] Das führt zu Umgehungskonstruktionen. Um nicht abzugsfähige Kosten für Mitgliedschaft so niedrig wie möglich zu halten, bilden *schwedische* Vereine oft Service-Gesellschaften, die für ihre Dienste an die Mitglieder Entgelte verlangen, die die Mitglieder als Betriebsausgaben (Gewinnungskosten) abziehen können. Jahrbücher eines Vereins sind gewöhnlich nicht im Mitgliedsbeitrag eingeschlossen, sondern werden den Mitgliedern verkauft (*Lindencrona*, Schweden, D II 2, S. 433).

eingeschränkt (*Österreich*[511]). Die gleiche Rechtfertigung gilt dann auch für die Nichtabzugsfähigkeit von Vereinsbeiträgen beim Mitglied. Hier bleibt es aber für die Empfängerseite wichtig, ob sie den Beitrag als normale, den steuerpflichtigen Gewinn erhöhende Einnahme behandeln muss. Der andere Grund ist die fehlende Freiwilligkeit (*Niederlande*[512]; *Schweiz;*[513] *Ungarn*[514]), der die vereinsrechtliche Zahlungspflicht entgegensteht. In *Großbritannien* ist die Absetzbarkeit von Mitgliedsbeiträgen, soweit ersichtlich, bislang nicht problematisiert worden, was zum einen daran liegt, dass es relativ strenge Regeln gibt, was als Mitgliedervorteil toleriert wird[515] und zum anderen Sport- und andere Freizeitvereine nicht gemeinnützig waren. Wie die Handhabung künftig bei Amateursportvereinen aussehen wird, ist ungewiss.

bb) Unterscheidung von „echten" und „unechten" Mitgliedsbeiträgen

Andere Länder differenzieren (z.B. *Deutschland*[516], *Frankreich*[517], *Österreich*[518], *Spanien*[519], *USA*[520]).

Gemeinhin erfolgt diese Differenzierung wie folgt: Abzugsfähig sind „echte" Mitgliedsbeiträge, die ausschließlich und selbstlos den gemeinnützigen Zweck des Vereins fördern. Nicht abzugsfähig sind hingegen „unechte" Mitgliedsbeiträge, bei denen der Beitrag ganz oder zum Teil für konkreten Mitgliedernutzen gezahlt wird (die Nutzung von Sportplätzen, Räumen, Bildungsangeboten, Abschleppdienste bei Pannen, Reisemöglichkeiten, den Erhalt von Zeitschriften, verbilligten Theaterzugang, usw.).

Diese Abgrenzung hat nicht nur Bedeutung für den Spendenabzug, sondern auch für die Körperschaftsteuer und die Umsatzsteuer: nur echte Mitglieds-

---

[511] *Achatz*, Österreich, B I 1, S. 396.

[512] *van Veen*, Niederlande, D II, S. 385.

[513] *Koller*, Schweiz, D II 2, S. 467. Die geltende Regelung wird in der *Schweiz* rechtspolitisch stark angegriffen.

[514] *Csehi*, Ungarn, D II 2, S. 546.

[515] Ein Mitgliedsbeitrag wird nur dann als Spende betrachtet, wenn der gewährte Vorteil nicht mehr als 25 % des Wertes des Beitrags (bis 100 £), darüber 2,5 %, höchstens £ 250, ausmacht. Nicht berücksichtigt werden bei freier Zutritt bei Organisationen wie dem National Trust und Mitgliederzeitschriften; näher hierzu *Selbig*, Großbritannien, B IV 1, S. 328.

[516] Vgl. § 10 b EStG. Näher hierzu *Schauhoff* in Schauhoff (Hrsg.), Handbuch der Gemeinnützigkeit, 2. Aufl. (2005), § 6 Rn. 50.

[517] *Beltrame*, Frankreich, D II 2, S. 305; *Achatz*, Österreich, C 2 c, S. 413.

[518] *Achatz*, Österreich, C 2 c, S. 413.

[519] *Palao Taboada*, Spanien, C II, S. 494 und D II 2, S. 499.

[520] *Colombo*, USA, D II 3, S. 594 f.

beiträge unterliegen diesen Steuern nicht (so die Lösung in *Deutschland*[521], *Frankreich*[522], *Österreich*[523]).

Es gibt wieder (wie beim Sponsoring) eine reichhaltige Kasuistik mit unterschiedlicher Akzentsetzung, um echte und unechte Beiträge zu unterscheiden, wobei die meisten Länder anscheinend eher großzügig zugunsten der Annahme eines „echten" Mitgliedsbeitrags tendieren.

In Anerkennung der sehr schwierigen Grenze von Eigennutz und Altruismus sind vorfindliche Kriterien der materielle, geldwerte, einklagbare Nutzen des Mitglieds, die Wertentsprechung von Beitrag und Gegenwert, die gegen den Abzug sprechen, und auf der anderen Seite eine praktikable de minimis Regel bei unklaren Mischverhältnissen, verbunden mit einer Unterscheidung zwischen einfachen, ständig und typischerweise wahrnehmbaren Mitgliederrechten und weniger periodischen Nutzungen von erheblichem Geldwert (*USA*[524]).

In *Frankreich* riskiert ein Mitglied, das nur einen Geldbeitrag leistet und nicht zusätzlich freiwillig Zeit für die Vereinszwecke aufwendet, als fiskalisch bloßer Kunde des Vereins angesehen zu werden[525].

In *Deutschland* wird darauf abgestellt, ob die satzungsgemäßen Aufgaben einer Körperschaft zunächst den Gesamtbelangen der Mitglieder und der Allgemeinheit zugute kommen, und nur reflexhaft auch für das Mitglied als Teil der Allgemeinheit. Die deutsche Finanzrechtsprechung hat ein pauschaliertes Entgelt angenommen, wenn der erwartete Vorteil außerhalb der satzungsmäßigen Zweckverwirklichung der Körperschaft liegt und doch durch den Mitgliedsbetrag mit abgedeckt wird[526].

cc) Strengere Behandlung infolge der neueren Rechtsprechung des EuGH?

Ob sich diese vergleichsweise liberale Praxis in *Deutschland* und anderen Mitgliedsstaaten indessen mit der neueren Rechtsprechung des EuGH in der Rechtssache Rs C 174/00 – Kennemer Golf Club – vereinbaren lässt[527], erscheint zweifelhaft.

---

[521] *Theler* in Reiß/Kraeusel/Langer, § 1 UStG, Rn. 449 f.; *Zeuner* in Bunjes/Geist, § 1 UStG, Rn. 42.

[522] *Beltrame*, Frankreich, D II 2, S. 305.

[523] *Achatz*, Österreich, C 2 c, S. 413.

[524] *Colombo*, USA, D II 3, S. 594.

[525] *Beltrame*, Frankreich, D II 7, S. 308.

[526] Die Fälle betrafen die Vermittlung von Reisen, die Übernahme von Versicherungen, die Gewährung von Rechtsschutz, Aktivitäten von Sportvereinen; zum Nachweis siehe *Schauhoff* in Schauhoff (Hrsg.), Handbuch der Gemeinnützigkeit, 2. Aufl. (2005), § 3, Finanzierung der gemeinnützigen Tätigkeiten, Rn. 50, Fn. 148. Siehe ferner BFH, Urt. v. 23.08.1973, BStBl. 1974 II 60, 62; FG Baden-Württemberg, Urt. v. 19.12.1990, EFG 1992, 766.

[527] EuGH-Urteil vom 21.3.2002, Rs. C – 174/00 (Kennemer Golf & Country Club), EuZW 2002, 305.

Dort hat der EuGH (für einen umsatzsteuerlichen Fall) entschieden, dass die Jahresbeiträge der Mitglieder eines Golfclubs, auch dann umsatzsteuerpflichtig seien, wenn eine Pflicht zu ihrer Zahlung ohne Rücksicht darauf bestehe, ob die Mitglieder die Einrichtungen des Vereins regelmäßig, nicht regelmäßig oder gar nicht nutzen. Die Leistung des Vereins bestehe darin, dass er seinen Mitgliedern dauerhaft Sportanlagen zur Verfügung stelle[528]. Der deutsche Gesetzgeber wird darauf unter Rückgriff auf die Freistellungsvorschrift des Art. 13 Teil A der 6. EG-Richtlinie reagieren müssen. Die Abgrenzungsproblematik wird sich dann für den Bereich der Umsatzsteuer innerhalb der EG auf die Interpretation der Voraussetzungen der genannten EG-Vorschrift verschieben

Da sich diese EuGH-Rechtsprechung nur auf den Bereich der Umsatzsteuer bezieht, ist noch nicht abschließend geklärt, welche Auswirkungen sich hieraus für den Spendenabzug und die Körperschaftsteuer ergeben.

Da keine überzeugenden Begründungen für eine differenzierende Behandlung ersichtlich sind, wäre eine Gleichbehandlung die konsequente Lösung.

c) „Scheinspenden"

Bei einer „Spende" darf es nicht um die *verdeckte Form eines Entgelts* handeln.

Darauf wird etwa u.a. in *Österreich* geachtet, wenn die ertragsteuerliche Behandlung davon abhängig gemacht wird, in welcher Sphäre der begünstigte Rechtsträger die Spendeneinnahme realisiert: Spenden für den Vereinszweck sind i.d.R. nicht steuerbar[529]. Wird die Spende dagegen im Rahmen eines Betriebes vereinnahmt, kann Steuerpflicht bestehen – so z.B. für die anlässlich von Vereinsfesten anstelle von Eintrittsgeldern erhobenen „freiwilligen" Spenden.

In *Deutschland* sind ähnliche Probleme bei Privatschulen bekannt, die sich zu großen Teilen durch „Spenden" der Eltern finanzierten und dafür das Schulgeld reduzierten. Die Rechtsprechung hat hier Grenzen gezogen[530] und diese Rechtsprechung jüngst konsequenterweise auch auf „Spenden" an Golfclubs ausgeweitet[531].

In *Ungarn* wird gesetzlich statuiert, dass die Spende kein Scheingeschäft sein darf[532].

---

[528] Dazu *Alvermann*, EuGH-Rechtsprechung und Umsatzsteuerpraxis im Dritten Sektor, insbesondere Mitgliedsbeiträge, 5. Hamburger Tage des Stiftungs- und Non-Profit-Rechts, Bucerius Law School, Hamburg, 2005, Tagungsmaterialien.
[529] *Achatz*, Österreich, C 2 d, S. 413.
[530] BFH, Urt. v. 12.08.1999, Az. XI R 65/98, DStR 2000, 149 ff.
[531] BFH, Urt. v. 2.08.2006, Az. XI R 6/03, DStR 2006, 1975 ff.
[532] *Csehi*, Ungarn, C II, S. 538.

III. Differenzierungen

In den Ländern, die einen Spendenabzug kennen, gibt es teilweise Differenzierungen in der Art und Weise, unter welchen Umständen dieser Abzug in welcher Höhe geltend gemacht werden kann. Denkbare (teilweise bereits angesprochene) Anknüpfungspunkte für solche Differenzierungen sind (1) der Spender, (2) die empfangende Organisation[533], (3) der geförderte Zweck[534], und (4) der zugewendete Gegenstand.

1. Differenzierung nach dem Spender (Einzelperson/Unternehmen)

a) Grundsatz: Keine Differenzierung

Wie bereits aufgezeigt, gibt es in keinem der betrachteten Länder eine Regel, nach der nur natürliche Personen, keine Unternehmen oder juristische Personen, abzugsberechtigt spenden dürfen[535]. Entweder wird die Abzugsberechtigung für beide Gruppen ausgeschlossen (*Schweden*[536]; weitgehend auch *Österreich*[537]) oder für beide erlaubt (*Deutschland*[538]).

Nur scheinbar anders wird in *Großbritannien* verfahren[539]: Dort können natürliche Personen zwischen der Spende nach der sog. Nettomethode, die aus versteuertem Einkommen getätigt wird, mit der vollen Besteuerung ohne Abzug bei sich selbst und der Erstattung dieser Steuer an die begünstigte Charity und der sog. Bruttomethode wählen. Juristische Personen hingegen werden auf die Bruttomethode, bei der die charity keine Erstattung bekommt, festgelegt. Rechnerisch sind für den Spender, der dem privilegierten Empfänger eine bestimmte Summe zugute kommen lassen will, beide Methoden gleichwertig[540].

b) Unterschiede im Einzelfall

Eine Reihe von Ländern, die den Spendenabzug erlauben, behandeln natürliche und juristische Personen soweit wie möglich gleich und nehmen nur auf verschiedene steuertechnische oder aus der rechtlichen Systematik folgende Unterschiede Rücksicht, andere verfolgen mit der Differenzierung offenbar bewusste steuerpolitische Anliegen.

---

[533] Siehe oben unter B III 2 c und B III 3 (S. 111).
[534] Siehe oben unter C V (S. 126).
[535] Siehe oben die Aufstellung unter F I 1 (S. 159).
[536] *Lindencrona*, Schweden, D I, S. 433.
[537] *Achatz*, Österreich, C 6 a, S. 414.
[538] Siehe §§ 9 Abs. 1 Nr. 2 KStG, 10 b Abs. 1 EStG. Vgl. dazu *Schauhoff* in Schauhoff (Hrsg.), Handbuch der Gemeinnützigkeit, 2. Aufl. (2005), § 10 Rn. 71.
[539] *Selbig*, Großbritannien, D I, S. 335.
[540] *Selbig*, Großbritannien, D III, S. 337.

aa) Steuertechnische Unterschiede

Zu den steuertechnischen Unterschieden gehören Regeln für ein Buchwertprivileg bei Sachspenden, die in manchen Ländern nur Körperschaften gewährt werden (*Ungarn*[541]), der Abzugsprozentsatz, wenn von einer Steuer mit oder ohne Progression abgezogen wird (*Spanien*[542]), sowie Besonderheiten bei der Abgrenzung von Spenden und Sponsoring (*Niederlande*[543]), die weniger mit der Eigenschaft als juristische Person als damit zu tun haben, dass Sachvermögen aus einem Betriebsvermögen gespendet wird.

Einen ähnlichen Hintergrund haben Regeln, nach der Unternehmen statt der auf den Gesamtbetrag der Einkünfte bezogenen Abzugsgrenze einen Höchstbetrag der Summe der gesamten Umsätze und der im Kalenderjahr aufgewendeten Löhne und Gehälter wählen können. In *Deutschland* beträgt die Obergrenze 0,2 %[544]; in *Frankreich,* begrenzt auf Körperschaften und nicht wahlweise, ist die Obergrenze 5 % des Umsatzes[545].

bb) Rechtspolitisch gewollte Unterschiede

Nicht technisch vorgegeben, sondern rechtspolitisch gewollt sind hingegen Differenzierungen, nach denen Körperschaften eine geringere Abzugshöhe zugestanden wird als natürlichen Personen (*Niederlande*[546], *USA*[547]). Diese Differenzierung lässt sich damit begründen, dass hierdurch Gesellschafterminderheiten geschützt werden und dass natürliche Personen durch die Spende ihr eigenes Vermögen vermindern, während in Kapitalgesellschaften typischerweise das Kapital der Investoren verwaltet wird.

In *Deutschland* können nur natürliche Personen die zusätzliche Privilegierung für Zuwendungen bis zu 307.000 € erhalten, die anlässlich der Neugründung einer Stiftung in den Vermögensstock geleistet werden[548].

In *Ungarn* und *Spanien* können umgekehrt Körperschaften höhere Beträge abziehen; in *Ungarn* bis zu 20 % (in Ausnahmefällen 25 %) der Bemessungsgrundlage, während natürliche Personen dort nur bis zu 200 €, in Sonderfällen bis zu 400 € abziehen können[549]; in *Spanien* können Einzelpersonen 25 %,

---

[541] *Csehi*, Ungarn, D III 5, S. 548.

[542] *Palao Taboada*, Spanien, D IV 1 a, S. 501 f.

[543] *van Veen*, Niederlande, D II, S. 385.

[544] Siehe § 10 b Abs. 1 Satz 1 EStG und § 9 Abs. 1 Nr. 2 Satz 1 KStG; näher hierzu *Brandt* in Herrmann/Heuer/Raupach, § 10 b EStG, Rn. 99; *Schulte* in Erle/Sauter, § 9 KStG, Rn. 73.

[545] Siehe CGI, art. 238 bis-1; näher hierzu *Beltrame*, Frankreich, D I 2, S. 302.

[546] *van Veen*, Niederlande, D I 2, S. 384.

[547] *Colombo*, USA, D II 4, S. 595.

[548] § 10 b Abs. 2 EStG.

[549] *Csehi*, Ungarn, D I 1, S. 543 f.

Körperschaften 35 % der Spende von der Steuer abziehen, beide allerdings nur innerhalb eines Rahmens von 10 % der Bemessungsgrundlage[550].

Dort, wo für den Spendenabzug Mindestbeträge vorgesehen sind (*Niederlande, Schweiz*[551]), sind diese für Unternehmen höher als für Einzelpersonen.

In manchen Ländern (insbesondere *Frankreich*[552]) ist die Förderung bestimmter Zwecke durch steuerbegünstigte Spenden allein den Unternehmen vorbehalten (z.B. für sog. „Unternehmensstiftungen"), während umgekehrt nur natürliche Personen an politische Parteien oder für politische Kampagnen spenden dürfen.

2. Differenzierung nach der empfangenden steuerbegünstigten Organisation

Die Begünstigung des Spenders knüpft daran an, ob die Spende einem begünstigten Spendenempfänger für begünstigte Zwecke zufließt. Nach der Rechtsform der empfangenden Organisation oder der Finanzierungsform wird (wie bereits erwähnt[553]) nur ausnahmsweise differenziert.

Die Ausnahmen von dieser Regel bilden *Deutschland*, die *USA* und *Frankreich*.

In *Deutschland* hat das Gesetz zur weiteren Förderung von Stiftungen aus dem Jahr 2000[554] zwei zusätzliche einkommensunabhängige Höchstbeträge für Zuwendungen an steuerbefreite Stiftungen des öffentlichen und des privaten Rechts geschaffen, die von anderen Rechtsformen (insb. Vereinen und gemeinnützigen GmbHs) nicht in Anspruch genommen werden können. Zum einen werden laufende Zuwendungen an solche Stiftungen – ausgenommen sind Stiftungen im Sinne des § 52 Abs. 2 Nr. 4 (Stiftungen mit sog. Freizeitzwecken) – zusätzlich zum normalen Spendenabzug mit einem Abzug bis zu einer Höhe von 20.450 € begünstigt (§ 10 b Abs. 1 Satz 3 EStG). Zum anderen können Zuwendungen, die innerhalb der ersten 12 Monate nach Errichtung einer Stiftung in deren Vermögensstock von Einzelpersonen erbracht werden[555], beim Zuwendenden im Jahr der Zuwendung und in den folgenden neun Jahren bis zu einem Höchstbetrag von 307.000 € steuerlich geltend gemacht werden (§ 10 b Abs. 1 a EStG)[556]. Nach Ansicht des BFH steht der Höchstbeitrag jedem

---

[550] *Palao Taboada*, Spanien, D IV 1 a, S. 501 f.
[551] *van Veen*, Niederlande, D I 1, S. 383 und D I 2, S. 384. *Koller*, Schweiz, D I 2, S. 466.
[552] *Beltrame*, Frankreich, D II 4, S. 306.
[553] Siehe oben unter B III (S. 110).
[554] BGBl. I 2000, 1034 ff.
[555] Die Regelung gilt nicht für Zuwendungen an Körperschaften. Die entsprechende gewerbesteuerliche Regelung ist auf Einzelunternehmer und Personengesellschaften beschränkt (§ 9 Nr. 5 S. 5 GewStG).
[556] Der Referentenentwurf für ein Gesetz zur weiteren Stärkung des bürgerschaftlichen Engagements vom 14.12.2006 spricht sich nunmehr für eine Anhebung des Höchstbetrags auf 750.000 € aus; siehe § 10 b Abs. 1 a Satz 1 EStG-E.

Ehegatten einzeln zu[557]. Umstritten ist, ob die Privilegierung der Stiftung verfassungsrechtlich haltbar ist[558].

In den *USA* wird – jedenfalls für Spenden von Einzelpersonen – unterschieden zwischen Spenden an Public Charities und Spenden an Private Foundations, wobei es sich allerdings (wie bereits dargestellt[559]) nicht um eine Unterscheidung nach der Rechtsform (wie im deutschen Recht) handelt, sondern um eine rechtsformübergreifende funktionale Unterscheidung, die sich danach richtet, ob die steuerbegünstigte Organisation nur durch einzelne Personen oder eine Vielzahl von Personen gefördert wird. Einzelpersonen, die an (durch die Öffentlichkeit unterstützte) Public Charities spenden, können diese Spende bis zu einer Höchstgrenze von 50 % der „contribution base" (entspricht ungefähr dem zu versteuernden Einkommen) abziehen. Geldspenden an Private Foundations sind jedoch begrenzt auf den niedrigeren Betrag zwischen zwei Vergleichswerten: 30 % des zu versteuernden Einkommens oder die Differenz zwischen geleisteten Spenden an Public Charities und dem noch nicht ausgeschöpften Höchstbetrag von 50 % des zu versteuernden Einkommens. Körperschaften unterliegen in jedem Fall einer Abzugsgrenze von 10 % ihres zu versteuernden Gewinns.

Frankreich unterscheidet nach Organisationen, die von einer staatlichen Stelle als besonders förderungswürdig anerkannt sind (reconnu d'utilité publique) und anderen Organisationen[560]; letztere können nur Geldspenden entgegennehmen, die ersteren auch Sachspenden, sowie Geld- und Sachvermächtnisse. Die Anerkennung der Gemeinnützigkeit (reconnaissance d'utilité publique) wird von Fall zu Fall und in freier Ermessensausübung gewährt. Allerdings befürwortet der Staatsrat (dessen Stellungnahmen im Allgemeinen von der Regierung beachtet werden) die Anerkennung der Gemeinnützigkeit einer Stiftung oder eines Vereins dann, wenn die folgenden Bedingungen erfüllt werden[561]:

– Anwendung der Mustersatzungen (statuts-types), die durch den Staatsrat gebilligt werden, was aber keine rechtlich zwingende Bedingung ist;
– Tätigkeiten zugunsten des Interesses der Allgemeinheit, was auf der Basis des Zwecks der Organisation und seiner Auswirkungen in Frankreich und außerhalb Frankreichs gewürdigt wird;
– ausreichende finanzielle Ausstattung, um diesen Zweck im allgemeinen Interesse erfolgreich verfolgen zu können (das bedeutet, eine ausrei-

---

[557] BFH, Urteil vom 3. 8. 2005 - XI R 76/03, NJW-RR 2006, 1010.
[558] Siehe hierzu näher *Hüttemann* in Kötz/Rawert/Schmidt/Walz (Hrsg.), Non Profit Law Yearbook 2001 (2002), S. 145 ff; sowie demnächst *Thimm*, ###
[559] Siehe oben unter D II 4 a (S. 138).
[560] *Beltrame*, Frankreich, B III 1 a cc, S. 289.
[561] *Beltrame*, Frankreich, B III 1 a cc, S. 289.

chende Vermögensausstattung für Stiftungen und eine Mindestzahl von wenigstens 200 Mitgliedern für Vereine);
- Unabhängigkeit der Organisation, um so zu vermeiden, dass die Organisation unter die Kontrolle einer öffentlichen Behörde, einer Gesellschaft, eines Berufsstands oder eines anderen Vereins fällt[562].

3. Differenzierung nach dem geförderten Zweck oder der Widmung

a) Grundsatz: keine Unterscheidung

Die meisten Länder, die einen Spendenabzug gewähren, differenzieren insoweit weder danach, welcher (gemeinnützige) Zweck gefördert wird, noch danach, ob es sich bei der Zuwendung um eine „Spende" (d.h. um eine zeitnah zu verwendende Zuwendung) oder um eine „Dotation" (bzw. um ein „endowment", d.h. um eine Zuwendung, bei der nur die erwirtschafteten Erträge verwendet werden sollen) handelt. Ebenso spielt es meist keine Rolle, ob es sich bei der Dotation um eine Anfangsdotation oder eine nachträglich zugewendete Dotation handelt.

b) Sonderfälle

Differenzierungsfreudiger sind von den betrachteten Ländern besonders *Frankreich, Deutschland* und *Österreich*.

So kennt etwa *Frankreich* eine Abzugsbasis, also Abzugsausgangsgröße von 66 % statt der üblichen 60 % des zu versteuernden Einkommens bei Spenden an mildtätige Organisationen, die Hilfe an notleidende Personen leisten[563], und *Deutschland*[564] und *Österreich*[565] haben für Fälle des Katastrophenschutzes verfahrensrechtliche Vereinfachungen eingeführt, die freilich nicht nur „unbürokratisch", sondern auch missbrauchsanfällig sind.

In *Deutschland* bestehen unterschiedliche Abzugshöchstgrenzen für verschiedene Zwecke; ferner wird differenziert zwischen Organisationen (meist Vereinen), deren Mitgliedsbeiträge bei den Mitgliedern abzugsfähig oder nicht abzugsfähig sind: (1) Organisationen, die Sport oder Freizeitzwecke verfolgen, vermitteln einen Spendenabzug von 5 %; Mitgliedsbeiträge sind dort nicht abzugsfähig[566]. Abzugsfähig sind Mitgliedsbeiträge hingegen bei Vereinen mit kirchlichen, religiösen oder sonst besonders förderungswürdigen Zwecken[567].

---

[562] *Beltrame*, Frankreich, B III 1 a, S. 289.
[563] *Beltrame*, Frankreich, B III 1 b, S. 290.
[564] Zum BMF-Schreiben vom 14.01.2005, DStR 2005, 154 f., siehe schon oben F I 2, S. 162.
[565] Siehe schon oben F I 2, S. 162.
[566] § 48 Abs. 4 Satz 2 EStDV; näher hierzu *Kirchhof* in Kirchhof, § 10 b EStG, Rn. 13; *Hofmeister* in Blümich, § 10 b EStG, Rn. 19.
[567] § 10 b EStG Abs. 1 Satz 1; näher hierzu *Heinicke* in Schmidt, § 10 b EStG, Rn. 60.

Zusätzliche 5 % (also 10 % insgesamt) vermitteln Spenden und Beiträge an wissenschaftliche, mildtätige und besonders förderungswürdige Zwecke (Kunst, Kultur, Denkmal)[568]. Der Verwaltungsaufwand für diese Unterscheidungen und die hiermit verbundene Rechtsunsicherheit sind erheblich[569]. Sie stehen deshalb auf dem rechtspolitischen Prüfstand[570].

4. Differenzierung nach dem zugewendeten Gegenstand: Geldspende und Sachspende

In Ländern mit keinem oder eng begrenztem Spendenabzug können Sachspenden aus im Unternehmen produzierten oder gehandelten Waren im Hinblick auf eine damit verbundene Werbewirkung als Betriebsausgabe abzugsfähig sein (z.B. *Österreich*[571]). Damit besteht für Sachspenden eine Abzugsmöglichkeit, die über jene für Geldspenden hinausgeht. In *Ungarn* können Einzelpersonen nur Geldspenden steuerlich berücksichtigen, während Körperschaften in weit gefasstem Maße (einschließlich Dienste) Sachspenden leisten können. Dass man zwischen Einzelpersonen und Unternehmensträgern unterscheidet, beruht auf Praktikabilitätsgründen[572]. Auch in der *Schweiz* konnten bisher nur Geldspenden berücksichtigt werden, was sich jetzt aber durch die Gesetzesrevision verändert[573].

Sonderregeln für Sachspenden ergeben sich aus der Notwendigkeit einer Bewertung. Hier liegt der Hauptunterschied zwischen den unterschiedlichen Regeln darin, ob die Bemessung für den Abzugsbetrag der Buchwert oder der Verkehrswert oder ein diesem angenäherter Wert sein soll. Wenn es der Verkehrswert ist, wird nicht nur der Buchwert abzugswirksam, sondern darüber hinaus – wenn nicht explizit anders geregelt – der gesamte Wert der bisher angelaufenen stillen Reserven. Es kann hier also ein doppelter Vorteil entstehen: der verlustwirksame Abzug des vollen Verkehrswerts[574] und die endgültige Nichtversteuerung der bisher nicht versteuerten stillen Reserven.[575] Für die Bestimmung des gemeinen Werts einer Sachspende (z.B. Kunstwerk)

---

[568] § 10 b Abs. 1 Satz 2 EStG; näher hierzu *Heinicke* in Schmidt, § 10 b EStG, Rn. 61; *Kirchhof* in Kirchhof, § 10 b EStG, Rn. 38; Hofmeister in Blümich, § 10 b EStG, Rn. 20 ff.

[569] Siehe die Kritik von *Schauhoff* in Schauhoff (Hrsg.), Handbuch der Gemeinnützigkeit, 2. Aufl. (2005), § 10 Rn. 73.

[570] Siehe näher hierzu die rechtspolitischen Optionen unter Q, S. 253.

[571] *Achatz*, Österreich, C 7, S. 415.

[572] *Csehi*, Ungarn, D II 5, S. 547.

[573] Siehe *Koller*, Schweiz, D II 1, S. 467.

[574] Verlustwirksam deshalb, weil der Steuerpflichtige mit dem Verkehrswert mehr abzieht, als vorher an Wert in seinen Büchern ausgewiesen war.

[575] Siehe das Beispiel von *Colombo*, USA, D I, S. 591: Schenkung eines Aktienpakets mit Anschaffungskosten von 100 und einem Verkehrswert von 1000. Der Steuerpflichtige kann 1000 abziehen. Die Wertsteigerung von 900 wird steuerlich nicht erfasst.

aus dem Privatvermögen kommen verschiedene Anhaltspunkte in Betracht. Wurde das gespendete Kunstwerk käuflich erworben, ist der Kaufpreis für die Festsetzung des gemeinen Wertes der Sachspende heranzuziehen, sofern der Kauf nicht allzu weit zurückliegt. Als Anhaltspunkt kommen auch der Versicherungswert des Kunstwerkes oder ein Schätzgutachten in Frage. Manche Länder haben für wichtige Kulturgüter besondere Bewertungsausschüsse eingesetzt (*Spanien*[576]).

Überaus komplex ist das Recht der *USA*[577]. Es wird unterschieden zwischen Gegenständen, deren Verkauf zu „normalem Einkommen" führen würde (insbesondere Gegenstände des Umlaufvermögens), und solchen, deren Verkaufserlös als „capital gain" erfasst würde (insbesondere Gegenstände des Anlagevermögens, Investitionsgüter). Schenkungen von Gegenständen der ersten Art werden auf der Basis der Buchwerte wie Bargeldschenkungen behandelt. Für Sachspenden von Investitionsgütern gibt es ein Wahlrecht: möglich ist zum einen der Abzug des vollen Verkehrswerts mit dem im vorigen Abschnitt geschilderten doppelten Vorteil. Wird diese Variante gewählt, besteht eine Abzugshöchstgrenze von 30 % der Bemessungsgrundlage. Auch müssen gespendete bewegliche Gegenstände unmittelbar für den gemeinnützigen Zweck genutzt werden. Die alternative Option ermöglicht dem Steuerpflichtigen die Inanspruchnahme der Abzugshöchstgrenze von 50 % der Bemessungsgrundlage, verpflichtet ihn aber zu einer Abstockung des Abzugswerts um die bisher nicht versteuerten stillen Reserven.

All das gilt nur für Sachspenden an *US-amerikanische* „Public Charities", nicht hingegen bei Sachspenden an „Private Foundations"[578]. Regelmäßig darf der Steuerpflichtige hier nur den Buchwert abziehen[579]. Die Abzugshöchstgrenze für Sachspenden an „Private Foundations" vermindert sich um 10 % auf bloße 20 % der Bemessungsgrundlage[580].

Für *US-amerikanische* Körperschaften liegt die Abzugshöchstgrenze in allen Varianten bei 10 % der Bemessungsgrundlage[581].

IV. Sonderregelungen für Parteispenden (politische Spenden)

Die Finanzierung von politischen Parteien und ihren Kampagnen unterliegt in fast allen betrachteten Ländern einem Sonderregime, das den demokratischen Charakter der politischen Willensbildung gegen intransparente oder einseitige

---

[576] *Palao Taboada*, Spanien, D IV 1 b, S. 502.
[577] *Colombo*, USA, D I, S. 591; D II 6, S. 596.
[578] Siehe zur Unterscheidung oben unter D II 4 a (S. 138).
[579] *Colombo*, USA, D I, S. 592.
[580] *Colombo*, USA, D I, S. 592.
[581] *Colombo*, USA, D I, S. 592.

Einflussnahmen absichern soll[582]. Das macht insbesondere im Bereich des Lobbying für bestimmte politische Themen eine Abgrenzung zwischen politischen Zwecken und Kampagnen von anderen gemeinnützigen Tätigkeiten erforderlich, die z.B. in *Großbritannien* Aktivitäten von der Gemeinnützigkeit ausschließt, die in anderen Ländern unproblematisch als zulässiger Zweck innerhalb der Gemeinnützigkeit anerkannt sind[583].

Die Parteien selbst sind häufig ganz oder partiell steuerbefreit, während Mitgliedsbeiträge und Parteispenden überwiegend gar nicht (*Schweiz*[584], *Österreich*[585], *Spanien*[586], *Großbritannien*[587], *Schweden*[588], *USA*[589]) oder nur in eng begrenztem Maß von der Bemessungsgrundlage bzw. direkt von der Steuer abzugsfähig sind. Nur in den *Niederlanden* werden politische Parteien und sonstige „public benefit"-Organisationen gleichbehandelt, so dass Spenden und Mitgliedsbeiträge im üblichen Ausmaß abgesetzt werden können[590]. In *Frankreich* sind Parteispenden nur von Einzelpersonen, nicht von Unternehmenskörperschaften im üblichen Rahmen von 60 % der Spende von der Steuerschuld abzugsfähig bis zu einer Abzugshöchstgrenze von 20 % der Bemessungsgrundlage) abgesetzt werden, wenn sie bestimmten Transparenzbedingungen genügen[591]. In *Deutschland* können nach § 10 b Abs. 2 EStG Mitgliedsbeiträge und Spenden an politische Parteien bis zur Höhe von 1.650 € (für Ehegatten 3.300 €) abgezogen werden[592]. Interessanterweise sieht § 34 g EStG alternativ eine Begünstigung durch unmittelbare Ermäßigung der Steuer um 50 % der Spende, höchstens 825 € (Ehegatten 1.650 €) vor. Diese Form der Begünstigung, die nur für Einzelpersonen gilt, vermeidet die undemokratische regressive Wirkung des an der Bemessungsgrundlage ansetzenden Abzugs[593].

---

[582] In *Schweden* und *Österreich*, wo Nichtabzugsfähigkeit die Regel ist, wird keine Ausnahme für politische Parteien gemacht; siehe *Lindencrona*, Schweden, D III, S 434; *Achatz*, Österreich, C 5, S. 414.
[583] *Selbig*, Großbritannien, D IV, S. 337.
[584] *Koller*, Schweiz, D III 2, S. 471.
[585] *Achatz*, Österreich, C 6, S. 414.
[586] *Palao Taboada*, Spanien, D V 2, S. 504.
[587] *Selbig*, Großbritannien, D IV, S. 337.
[588] *Lindencrona*, Schweden, D III 2, S. 434.
[589] *Colombo*, USA, D III 2, S. 597.
[590] *van Veen*, Niederlande, D III 2 a, S. 386.
[591] *Beltrame*, Frankreich, D IV 2, S. 309.
[592] Siehe näher hierzu *Brandt* in Herrmann/Heuer/Raupach, § 10 b EStG, Rn. 110 ff.
[593] Siehe näher hierzu *Becker* in diesem Band, unter C, S. 631.

G. Verfahren, Kontrolle, Haftung

I. Verfahren zur Erlangung des Status als steuerbegünstigte bzw. spendenbegünstigte Organisation

Um die Berechtigung zum Spendenabzug zu vermitteln, muss die Empfängerorganisation von der Rechtsordnung als gemeinnützig und spendenabzugsberechtigt anerkannt werden. Dabei können (wie bereits erwähnt[594]) die Anerkennung als gemeinnützig mit der Folge der Steuerprivilegierung der Organisation und die Anerkennung als spendenabzugsberechtigt verschiedene Wege gehen.

Diese Berechtigungen können sich unmittelbar aus dem Gesetz ergeben (z.B. *Niederlande*[595]), setzen aber meist einen formalen Anerkennungsakt voraus (z.B. *Spanien*[596], *England*[597]).

Im Regelfall muss die Empfängerorganisation um diese Anerkennung nachsuchen, also einen entsprechenden Antrag stellen[598]. Die Behörde entscheidet dann entweder auf permanenter Basis (so z.B. in der *Schweiz*[599] und den *USA*[600]) oder für jeden Veranlagungszeitraum (so z.B. in *Deutschland*[601], *Österreich*[602] und *Schweden*[603]) oder schließlich für jede qualifizierte Spende neu, ob die Voraussetzungen für den Spendenabzug gegeben sind. So wird z.B. in *Frankreich* für Handschenkungen auf permanenter Basis, für Vermächtnisse und notarielle Schenkungsversprechen je erneut ex ante entschieden[604]. Hinsichtlich der an besonders enge Voraussetzungen gebundenen Spendenabzugsbegünstigung ist jedoch ein Feststellungsbescheid des Finanzamts vorgesehen[605]. In *Ungarn* wird differenziert zwischen Voraussetzungen, die permanent, und solchen, die alljährlich festgestellt werden[606].

---

[594] Siehe oben unter F III (S. 173 ff.).

[595] *van Veen*, Niederlande, E I, S. 387.

[596] *Palao Taboada*, Spanien, E 1, S. 505.

[597] *Selbig*, Großbritannien, E I 2, S. 338.

[598] In manchen Ländern wird für Kirchen eine Ausnahme gemacht (*Italien*, *USA*).

[599] *Koller*, Schweiz, E I, S. 473.

[600] *Colombo*, USA, E I, S. 598.

[601] Anwendungserlass zu § 59 AO Nr. 3, 5; *Tipke* in Tipke/Kruse, Vor § 51 AO, Rn. 3. Die Darlegungs- und Beweislast für das Vorliegen aller Voraussetzungen liegt beim Antragsteller, kann sich aber umkehren.

[602] Die Bescheide werden unter dem Vorbehalt des jederzeitigen Widerrufes erteilt; siehe *Achatz*, Österreich, D 4, S. 417.

[603] *Lindencrona*, Schweden, F I, S. 435.

[604] *Beltrame*, Frankreich, E I, S. 311. Manche gemeinnützigen Organisationen dürfen in *Frankreich* nur Handschenkungen entgegennehmen, siehe *Beltrame*, Frankreich, D II 6, S. 307.

[605] *Beltrame*, Frankreich, E I, S. 311.

[606] *Csehi*, Ungarn, E I, S. 549.

Soweit erst ex post darüber entschieden wird, ob die Voraussetzungen der Gemeinnützigkeit vorgelegen haben, ergeben sich für die Beteiligten einer „scheinbar gemeinnützigen" Organisation Risiken, die durch vorläufige Verfahren, bindende oder „halb bindende", ein Mindestmaß von Vertrauensschutz herstellende Bescheide oder Auskünfte der Behörde vermindert werden können. Unvermeidlich sind solche Risiken freilich, wenn die Geschäftsführung der gemeinnützigen Organisation sich anders verhält, als es in den zur Überprüfung vorgelegten Statuten festgelegt ist.

II. Kontrolle

1. Kontrollinstanz

Da die gemeinnützigen Organisationen steuerliche und andere Vergünstigungen in Anspruch nehmen, die an gewisse zeitlich fortbestehende Voraussetzungen gebunden sind, ist eine Kontrolle unverzichtbar. Im folgenden konzentrieren sich die Ausführungen auf staatlich-hoheitliche Kontrollinstanzen[607].

Im *steuerlichen* Bereich wird die staatliche Kontrolle in allen untersuchten Ländern von den Steuerbehörden wahrgenommen, teilweise nach unterschiedlichen Zuständigkeiten der Ämter für die Steuerbegünstigung der Organisation (dezentral) und der Empfangsberechtigung für abzugsfähige Spenden (zentral)[608]. In föderal aufgebauten Staaten (z.B. *Schweiz*[609]) gibt es neben bundesstaatlichen auch gliedstaatliche (kantonale) Zuständigkeiten.

Neben dem steuerlichen Bereich können weitere hoheitliche Kontrollinstanzen im *zivilrechtlichen* Bereich (z.B. die Stiftungsaufsicht) bestehen, welche die Befolgung der zivilrechtlichen Pflichten (die teilweise den steuerrechtlichen Pflichten entsprechen) überwachen. In manchen Ländern, die im Zivilrecht eigene Regelungen für gemeinnützige Organisationen entwickelt haben (Charity Law), erstreckt sich diese zivilrechtliche Aufsicht auf alle diese „Charities" (Charity Commission in *England* und *Wales* und demnächst OSCR Office of *Scottish* Charity Regulator[610]; attorney general in den *US-amerikanischen* Einzelstaaten[611], Staatsanwalt in *Ungarn*[612]). In anderen Länder gibt es eine vergleichbare hoheitlich-zivilrechtliche Kontrolle nur für die

---

[607] Eine Kontrolle kann privatrechtlich (durch interne Organe, Rechnungsprüfer oder externe Personen mit entsprechenden Rechten wie die Spender) oder staatlich (durch Gerichte oder Behörden) wahrgenommen werden.

[608] So z.B. in *Österreich* (*Achatz*, Österreich, B II 2, S. 401).

[609] *Koller*, Schweiz, E II 1, S. 473.

[610] *Selbig*, Großbritannien, B III, S. 327 f.

[611] *Colombo*, USA, E II 1, S. 598.

[612] *Csehi*, Ungarn, E II 1, S. 549.

Rechtsform der Stiftungen in Form der Stiftungsaufsicht (*Deutschland*[613], *Schweden*[614], *Schweiz*[615]).

Schließlich unterliegen in manchen Ländern Organisationen, die aktive Fundraising-Maßnahmen durchführen, einer behördlichen sammlungsrechtlichen Aufsicht, die sich auf die Befolgung der sammlungsrechtlichen Pflichten konzentriert, die dogmatisch dem Polizei- und Ordnungsrecht (bzw. Gefahrenabwehrrecht) zuzuordnen sind. Beispiele hierfür finden sich sowohl in den *US-amerikanischen* Einzelstaaten[616], aber auch in den meisten *deutschen* Bundesländern[617].

2. Kontrollmittel hinsichtlich der Organisation

a) Vorgaben für die Satzung

In allen Ländern gibt es Vorgaben für die Satzung anhand derer überprüft werden kann, ob die Organisation „formal" die Voraussetzungen für die Steuerprivilegien erfüllt (so z.B. in den *USA* der sog. „organizational test"[618]). Manchmal – insbesondere dort, wo bestimmte Rechtsformen ausschließlich für ideelle Zwecke verwendet werden können – sind diese Voraussetzungen bereits im Zivilrecht geregelt (z.B. in *Spanien*[619]).

Zu den Satzungsvorgaben gehört überall die Angabe des Zwecks, dem sich die Organisation widmen soll, zusätzlich das (bereits behandelte) Verbot, direkt oder indirekt Gewinne an Investoren (Stifter, Vereinsmitglieder) oder Management auszuschütten[620]; und in den meisten Ländern (wie bereits erwähnt) eine Bestimmung, die gewährleistet, dass im Falle einer Auflösung das verbleibende Vermögen an eine andere Einrichtung mit ähnlichen Zielen weitergegeben wird (Unwiderruflichkeit der gemeinnützigen Vermögenswidmung)[621]. Gelegentlich gelten für kirchliche Organisationen Sonderregeln.

---

[613] Näher hierzu *Hof* in Seifart/von Campenhausen, Handbuch des Stiftungsrechts, 2. Aufl. (1999), § 11 Rn. 1 ff.

[614] *Lindencrona*, Schweden, F II 1, S. 435.

[615] *Koller*, Schweiz, E II 1, S. 473.

[616] Siehe hierzu näher demnächst *von Hippel*, Grundprobleme von Nonprofit-Organisationen, § 13 A I 3.

[617] Siehe hierzu näher demnächst *von Hippel*, Grundprobleme von Nonprofit-Organisationen, § 13 A II 3.

[618] *Colombo*, USA, E II 2 a, S. 599.

[619] *Palao Taboada*, Spanien, E II 2, S. 505.

[620] Siehe oben unter D I 2 (S. 129).

[621] Siehe oben unter D I 2 a (S. 130).

Das die faktische Geschäftsführung den Satzungsvorgaben in allen Ländern zu entsprechen hat, versteht sich von selbst, ist aber auch teilweise ausdrücklich kodifiziert (z.B. in *Deutschland*[622]).

Eine weitere Frage ist, wie präzise der verfolgte Zweck in der Satzung gefasst sein muss. In *Deutschland* verlangt das Prinzip der „formellen Satzungsmäßigkeit" in § 60 Abs. 1 AO[623] nach herrschender Ansicht nicht nur, dass der Zweck eindeutig als steuerbegünstigter Zweck erkennbar sein muss, sondern auch, dass die einzelnen steuerbegünstigten Zwecke hinreichend präzise formuliert werden[624]. In der Praxis pflegen die steuerbegünstigten Organisationen, die einen weit gefassten Zweck verfolgen wollen (z.B. Bürgerstiftungen, Bürgervereine), mehr oder minder den gesamten Katalog der Abgabenordnung aufzuführen. Im Ergebnis entspricht ein solcher Katalog der weit gefassten Formulierung, „gemeinnützige" Zwecke zu verfolgen. Aus steuerrechtlicher Sicht sind solche Kataloge zulässig[625], weil § 60 Abs. 1 AO nur für eine hinreichende Kontrolle sorgen soll, dass die steuerbegünstigte Organisation auch wirklich gemeinnützige Zwecke fördert[626].

b) Informationspflichten

aa) Steuererklärung

Da anhand der Satzung nur die „formalen" Voraussetzungen für die Steuerprivilegien kontrollierbar sind, bestehen in allen untersuchten Ländern Informationspflichten, durch welche die Finanzbehörden prüfen können, ob sich die gemeinnützigen Organisation auch im Rahmen ihrer Geschäftsführung an die (in der Satzung niedergelegten) Voraussetzungen des Gemeinnützigkeitsrechts halten.

Typischerweise müssen gemeinnützige Organisationen – jedenfalls ab einer gewissen Höhe ihrer Einnahmen – eine jährliche Steuererklärung bei der Finanzverwaltung einreichen (*Deutschland*[627]*, Spanien*[628]*, Ungarn*[629]*, USA*[630]).

---

[622] Siehe § 63 AO.

[623] § 60 Abs. 1 AO lautet: „Die Satzungszwecke und die Art ihrer Verwirklichung müssen so genau bestimmt sein, dass auf Grund der Satzung geprüft werden kann, ob die satzungsmäßigen Voraussetzungen für Steuervergünstigungen gegeben sind".

[624] So die einhellige Auslegung dieser Vorschrift; siehe statt aller *Pahlke/König*, § 60 AO, Rn. 2.

[625] Vgl. FinMin. Bayer, Erlass v. 25.61997 – 33 – S 0177 -19/11 – 32948, dort zu 3 (Stichwort: Vorratszwecke), DB 1997, 1746.

[626] Soweit es sich bei der betroffenen Organisation um eine Stiftung handelt, lehnt hingegen die herrschende Ansicht in Deutschland derartige Kataloge ab, weil hierdurch unzulässige „korporative Elemente" in das Stiftungsrecht eingeführt würden; näher hierzu *Reuter* in Münchener Kommentar, Ergänzungsband, § 85 BGB, Rn. 9; siehe hierzu näher demnächst *von Hippel*, Grundprobleme von Nonprofit-Organisationen, § 18.

[627] § 149 AO. Vgl. dazu näher *Scholtz* in Koch/Scholtz, § 51 AO, Rn. 9 ff.

[628] *Palao Taboada*, Spanien, E II 2 a, S. 506.

Teilweise ist dies erst ab einer gewissen Höhe der Einnahmen/Spenden erforderlich (*Niederlande*[631]).

In der *Schweiz* verlangen Steuerbehörden hingegen von Organisationen, die generell freigestellt sind, keine Steuererklärung. Die Steuerbehörden sind aber bei den direkten Steuern in jeder Veranlagungsperiode und bei der Schenkungs- und Erbschaftssteuer bei jeder Zuwendung befugt, zu überprüfen, ob die Voraussetzungen für die Steuerbefreiung (noch) erfüllt sind[632].

Um den Spendenabzug geltend machen zu können, trifft den Spender eine Nachweisobliegenheit, der er im Regelfall durch eine formalisierte Spendenbescheinigung der Empängerorganisation nachkommt, die er seiner Steuererklärung beifügt (*Deutschland*[633], in *Frankreich*[634]).

bb) Rechnungslegung/Bilanz

Rechenschaftspflichten für steuerbegünstigte Organisationen können sich aus dem Steuerrecht, dem Organisationsrecht, dem Sammlungsrecht, dem Handelsrecht oder aus dem Subventionsrecht ergeben.

Außerdem kann man anhand des Adressaten unterscheiden zwischen (1) Rechenschaftspflichten nach innen (z.B. gegenüber einem Aufsichtsrat, einem Kuratorium oder einer Mitgliederversammlung), (2) Rechenschaftspflichten gegenüber der Finanzbehörde, (3) Rechenschaftspflichten eventuellen staatlichen Subventionsgebern, (4) Rechenschaftspflichten gegenüber Geschäftspartnern (insbesondere Gläubigern), (5) Rechenschaftspflichten gegenüber einer Aufsichtsbehörde und (6) Rechenschaftspflichten gegenüber dem Publikum, die Veröffentlichung voraussetzen[635].

Hier interessiert als Teilaspekt nur die Rechenschaftspflicht, die vom Finanzamt im Rahmen des Steuerschuldverhältnisses eingefordert werden kann.

Auch wenn alle untersuchten Länder in irgendeiner Form Rechnungslegungspflichten gegenüber der Finanzverwaltung kennen, sind die Unterschiede beachtlich. Sie betreffen sowohl die Art und Weise der Rechnungslegung[636] als auch deren Publizität[637].

---

[629] *Csehi*, Ungarn, E II 1 a, S. 550.

[630] *Colombo*, USA, E II 2 b, S. 599.

[631] *van Veen*, Niederlande, E I, S. 389.

[632] *Koller*, Schweiz, E II 2 b aa, S. 474.

[633] § 50 EStDV.

[634] CGI, art.2000-5.

[635] Die Vielzahl der Bezüge, die sich überschneiden, wenn das Rechenwerk für mehrere Zwecke einheitlich erstellt wird, erfordert eigentlich eine besonders aussagekräftige und transparente Rechnungslegung. In vielen Ländern ist das Gegenteil der Fall, jedenfalls dann, wenn man den For-Profit-Sektor zum Vergleich heranzieht.

[636] Manche Länder lehnen sich stark an die handelsrechtlichen Vorschriften an, andere setzen fiskalisch eigenständige Informationspflichten fest. Verschärfte Buchführungsvorschriften hängen häufig von der Höhe der Einnahmen insgesamt (Größenschwelle) oder von der Art der Einnahmen

In *Deutschland* sind die Buchführungspflichten des Handelsrechts nur dann zu beachten, wenn dies z.B. für den wirtschaftlichen Geschäftsbetrieb oder wegen der jeweiligen Rechtsform der Körperschaft (insbesondere bei der gGmbH) erforderlich ist[638]. Im übrigen reicht eine Einnahme-/Ausgabenrechnung. Vorschriften über die Vorlage eines Tätigkeitsberichts gibt es nicht. Stets ist erforderlich, dass buchungstechnisch zwischen ideellem Tätigkeitsbereich, Vermögensverwaltung, wirtschaftlichem Geschäftsbetrieb und Zweckbetrieb getrennt wird. Die Trennung ist erforderlich zur Abgrenzung zwischen steuerpflichtigen und steuerfreien Einkünften[639] und innerhalb des ideellen Bereichs, sofern die Organisation mehrere Zwecke verfolgt, die unterschiedliche Spendenabzüge rechtfertigen[640].

In *Frankreich* müssen Vereine mit Einnahmen über 153.000 € sowie alle besonders privilegierten „associations et fondations reconnues d'utilité publique" eine Bilanz und eine Gewinn- und Verlustrechnung nach handelsrechtlichen Regeln aufstellen, die allerdings der ideellen Zwecksetzung der Organisation angepasst sind[641]. Gleichzeitig muss ein jährlicher Finanzplan aufgestellt werden[642]. Eine ähnliche Regelung besteht in *Spanien*[643].

Auch in den *Niederlanden* müssen Organisation, die zum Empfang von begünstigten Spenden zugelassen sind, zumindest eine Bilanz und eine Gewinn- und Verlustrechnung einreichen[644].

In *Ungarn* muss eine gemeinnützige Organisation gleichzeitig mit dem Jahresabschluss einen Gemeinnützigkeitsbericht einreichen und bis zum 30. Juni veröffentlichen. Dieser Bericht enthält u.a. den Jahresabschluss des Vorjahres, die Auflistung der erhaltenen Zuwendungen, Gehälter und sonstigen Zuwendungen an das Leitungspersonal sowie einen kurzen inhaltlichen Rechenschaftsbericht über die gemeinnützige Tätigkeit[645].

In *Großbritannien* bestehen vergleichsweise weitgehende Pflichten für charities, und zwar in Form von größenabhängig abgestuften Bilanzierungspflichten[646]. Beim Überschreiten einer bestimmten Schwelle (die in *England* und *Schottland* unterschiedlich ist) muss eine vollständige Bilanz nach den

---

ab (aus Spenden, aus wirtschaftlichem Geschäftsbetrieb). Gelegentlich wird der Nachweis verlangt, dass gewerbliche Einnahmen nicht dominieren.

[637] Siehe hierzu sogleich unten unter G II 2 b cc, S. 187.
[638] Näher hierzu *Bott* in Schauhoff (Hrsg.), Handbuch der Gemeinnützigkeit, 2. Aufl. (2005), § 7 Rn. 69 ff.
[639] *Orth* (2004), S. 27 (71); *Galli*, DStR 1998, 263 (264 f.).
[640] Vgl. dazu *Brandt* in Herrmann/Heuer/Raupach, § 10 b EStG, Rn. 102.
[641] *Beltrame*, Frankreich, E II 2 b bb, S. 312.
[642] *Beltrame*, Frankreich, B IV 5, S. 295.
[643] *Palao Taboada*, Spanien, E II 2 c, S. 506.
[644] *van Veen*, Niederlande, E I, S. 389.
[645] *Csehi*, Ungarn, E II 1 b, S. 550.
[646] *Selbig*, Großbritannien, F, S. 339.

Vorgaben des SORP (Statement of Recommended Practice) erstellt werden, das speziell für Charities entwickelt worden ist[647]. Hinzukommt ein Jahresbericht mit vergleichsweise präzisen Vorgaben, in dem über die Mittelverwendung und die langfristige Planung zu berichten ist (Statement of Financial Activities, SOFA)[648]. Inhaltlich sehr ähnliche Pflichten bestehen auch im *US-amerikanischen Steuerrecht* durch ein ausführliches Einkommensveranlagungsformular (Form 990)[649].

cc) Publizität und Steuergeheimnis

Ein wichtiger Unterschied zwischen den untersuchten Ländern ist, ob die Angaben nur der Finanzverwaltung zugänglich sind, oder ob sie zum Zweck der Steigerung des allgemeinen Vertrauens in den Non-Profit-Sektor grundsätzlich durch jedermann eingesehen werden können.

In manchen Ländern sind die Angaben gegenüber der Finanzverwaltung geheim und unterliegen dem Steuergeheimnis (z.B. in *Deutschland*[650]).

Demgegenüber wird in den angelsächsischen Rechtsordnungen und in *Ungarn* eine größtmögliche Publizität angestrebt.

In den *USA* müssen alle steuerbefreiten „Charities" (mit Ausnahme der Kirchen) die ausführlichen Angaben im Einkommensveranlagungsformular (Form 990) veröffentlichen. Es wird erwogen, diese Pflicht in der Weise zu konkretisieren, dass jede Organisation den Bericht auf ihre Website zu stellen hat[651].

Gemeinnützige Organisationen in *Großbritannien* sind sich der Tatsache bewusst, dass sowohl die Akzeptanz von Steuervergünstigungen als auch die Spendenbereitschaft der Bevölkerung und das Engagement der Ehrenamtlichen nur durch das Vertrauen in die Integrität der charities aufrecht erhalten werden kann[652]. Auch innerhalb des gemeinnützigen Sektors wird deshalb das Bedürfnis nach Transparenz und Kontrolle nicht in Frage gestellt. Interessierte können von jeder charity in Großbritannien den Jahresbericht und eine Kopie der Satzung oder des Gründungsdokuments anfordern. Die charity ist verpflichtet, die Unterlagen gegen Zahlung der Kopierkosten zu übersenden. Auf der anderen Seite kann das öffentliche Register of Charities, welches bei der

---

[647] Näher hierzu *Selbig*, Großbritannien, F, S. 340. Siehe ferner *Dawes* in Walz (Hrsg.), Rechnungslegung und Transparenz im Dritten Sektor (2004), S. 75 ff.; sowie demnächst *von Hippel*, Grundprobleme von Nonprofit-Organisationen, § 15 A 3.

[648] *Selbig*, Großbritannien, F, S. 339.

[649] *Colombo*, USA, E II 2 b, S. 599.

[650] Siehe §§ 30 ff. AO. Das Steuergeheimnis für gemeinnützige Organisationen wird bislang kaum in Frage gestellt; für eine Änderung de lege ferenda jedoch *Waldhoff* in Walz (Hrsg.), Rechnungslegung und Transparenz im Dritten Sektor (2004), S. 157 ff. Siehe ferner hierzu näher die rechtspolitischen Optionen unter U 6-8, S. 264.

[651] *Colombo*, USA, F I 1, 604.

[652] *Selbig*, Großbritannien, F, S. 339.

Charity Commission geführt wird, von jedermann im Internet eingesehen werden. Bei der Charity Commission können auch die von der charity eingereichten Unterlagen eingesehen oder gegen Kopierkosten angefordert werden[653].

In *Ungarn* muss eine gemeinnützige Organisation gleichzeitig mit dem Jahresabschluss einen Gemeinnützigkeitsbericht einreichen und veröffentlichen[654].

c) Erhöhte Nachweise bei Mittelverwendungen im Ausland

Spenden an ausländische Organisationen sind bislang grundsätzlich in allen untersuchten Ländern nicht beim Spender abzugsfähig[655]. Soweit es sich um grenzüberschreitende Spenden innerhalb der EU-Mitgliedsstaaten handelt, bleibt freilich abzuwarten, ob diese Beschränkung sich mit der europarechtlichen Kapitalverkehrsfreiheit vereinbaren lässt[656].

Anders verhält es sich mit der Mittelverwendung einer nationalen Empfängerorganisation im Ausland[657]. Häufig gelten hier nur die gleichen Restriktionen unterworfen, wie bei einer Mittelverwendung im Inland (z.B. *Deutschland*[658]). Freilich stehen in diesen Fällen die nationalen Finanzbehörden nicht selten vor praktischen Schwierigkeiten, die gesetzeskonforme Mittelverwendung zu überprüfen, was oft dazu führt, dass entweder explizit im Gesetz oder doch jedenfalls in der Praxis erhöhte Mitwirkungs- und Nachweispflichten für die begünstigte Organisation aufgestellt werden (z.B. *Deutschland*)[659].

d) Anforderungen an den Nachweis des Spenders

Anforderungen an den Nachweis des Spenders setzen voraus, dass ein Spendenabzug überhaupt möglich ist. Ist dies der Fall, hat die Empfängerorganisation – im allgemeinen durch einen Bescheid des zuständigen Finanzamtes – nachzuweisen, dass sie dem begünstigten Empfängerkreis angehört. Die als solche

---

[653] *Selbig*, Großbritannien, F, S. 592.

[654] *Csehi*, Ungarn, E II 1 b, S. 550.

[655] Eine Ausnahme bilden insoweit neuerdings die *Niederlande*, siehe *van Veen*, Niederlande, D III 2 c (S. 386); in *Österreich* ist die Frage bislang ungeklärt, siehe *Achatz*, Österreich, C 2 e, S. 413, der die Förderung ausländischer gemeinnütziger Organisationen grundsätzlich für denkbar hält.

[656] Siehe näher hierzu *von Hippel*, in diesem Band, S. 661 ff.

[657] Solche Mittelverwendungen sind in den meisten Ländern (wie bereits erwähnt) grundsätzlich zulässig. Ausschluss der Steuerbegünstigung für Verwendung im Ausland nur Ungarn, siehe *Csehi*, Ungarn, B III 1 d, S. 529.

[658] Siehe *Schauhoff* in Schauhoff (Hrsg.), Handbuch der Gemeinnützigkeit, 2. Aufl. (2005), § 8 Rn. 26.

[659] Siehe *Schauhoff* in Schauhoff (Hrsg.), Handbuch der Gemeinnützigkeit 2. Aufl. (2005), § 8 Rn. 26.

qualifizierte Empfängerorganisation ist regelmäßig selbst berechtigt, eine amtlich vorformulierte Spendenbescheinigung auszustellen

Jede Empfängerorganisation kann allerdings dem Spender nur insoweit über eine Spendenempfangsbescheinigung den Abzug vermitteln, als sie überhaupt für die Art der konkreten Spende empfangsberechtigt ist. In diesem Zusammenhang ist daran zu erinnern, dass manche Länder Unterschiede eingeführt haben: nicht alle Arten von Schenkungen können von allen begünstigten Organisationen gleichermaßen in Empfang genommen werden; Einschränkungen bestehen z.B. in *Frankreich* im Hinblick auf Schenkungsversprechen, Grundstücksschenkungen und Vermächtnisse.

Nachweispflichten treffen auch den Spender, der den Spendenabzug geltend machen möchte. Das übliche Mittel hierfür ist eine formalisierte Spendenbescheinigung der Spendenorganisation, die der Spender seiner Steuererklärung beifügt, und die üblicherweise von der Spendenorganisation ausgestellt wird (*Deutschland*[660], *Frankreich*[661]).

Die Spendenbestätigung enthält regelmäßig die folgenden Daten: die Bezeichnung, den Sitz und die Steuernummer des Ausstellers, häufig auch des Steuerzahlers, den Zeitpunkt der Zuwendung, die Höhe der Spende, den unterstützten Zweck, bei unterschiedlichen Abzugsgrenzen die Angabe der entsprechenden Abzugskategorie. In *Spanien* wird zusätzlich die ausdrückliche Erklärung über die Unwiderruflichkeit der Spende verlangt[662]. Bei Geldzuwendungen werden – teilweise begrenzt auf bestimmte Höchstbeträge – auch vereinfachte Nachweise (z.B. Einzahlungsbelege bei Banken) akzeptiert, wenn sie bestimmten Mindestkriterien entsprechen[663].

3. Kontrollintensität in der Praxis

Es spricht manches dafür, dass in vielen Ländern richtig ist, was explizit im Länderbericht *Schweiz* von Koller kritisiert wird: die geringe Kontrolldichte durch Stiftungsaufsicht und Finanzämter in der Praxis[664]. Wer in der *Schweiz*, aber auch in anderen Ländern einmal die Steuerbefreiung wegen Gemeinnützigkeit erlangt habe, könne damit rechnen, kaum je wieder oder höchstens oberflächlich überprüft zu werden, solange nicht konkrete Anhaltspunkte für das Fehlen von Voraussetzungen für die Steuerbefreiung bestehen (was z.B. bei

---

[660] Siehe § 50 EStDV.
[661] Siehe Art. 2000-5 CGI, näher hierzu *Beltrame*, Frankreich, E II 2 b cc, S. 313. Das schließt nicht aus, dass z.B. in *Frankreich* daneben Einrichtungen bestehen, die die Spenden erst einmal sammeln, um sie dann der Empfängerorganisation zuzuwenden.
[662] *Palao Taboada*, Spanien, E II 3, S.507.
[663] Vgl. dazu für *Deutschland* OFD Erfurt, Verw. v. 20.02.2006; OFD Frankfurt am Main, Rundverfügung vom 08.02.2006, Az.: S 2223 A – 109 – St II 2.06, DStZ 2006, 313
[664] *Koller*, Schweiz, F III, S. 481.

sehr hohen Spenden und dem gleichzeitigen Verdacht auf eine Nähebeziehung der Fall sein kann). Das schafft ein grosses Missbrauchspotential, dem durch vermehrte freiwillige Information und Überwachung durch unabhängige watchdog-Organisationen ein Stück weit abgeholfen werden könnte[665].

Die Annahme, dass die Kontrollintensität der Finanzverwaltung im Vergleich zum For-Profit-Sektor erheblich geringer ausgeprägt ist, lässt sich mit drei Faktoren erklären: (1) der geringen wirtschaftlichen Bedeutung vieler Non-Profit-Organisationen, (2) fiskalischen Erwägungen von Aufwand und Ertrag und, last not least, (3) einer generell wohlwollenden Haltung des Staates gegenüber dem Non-Profit-Sektor.

Letztere scheint aber nicht auf Dauer stabil. Jedenfalls in den *USA* – wo steuerprivilegierte Non-Profit-Organisationen eine große Rolle spielen – bestehen deutliche Anzeichen einer Vertrauenskrise[666]. So hat der Finanzausschuss des US-amerikanischen Senats im Herbst 2004 und Frühjahr 2005 umfangreiche Hearings zur Steuervermeidungspraxis im Non-Profit-Sektor abgehalten[667], denen wohl nicht nur eine schärfere Missbrauchsvermeidungsdiskussion, sondern auch mehr Außenprüfungen durch die Steuerbehörde folgen werden.

III. Sanktionen, Haftung

1. Sanktionen bei Verstößen gegen das Gemeinnützigkeitsrecht

Die Sanktionen für einen Verstoß gegen die geltenden Vorschriften unterscheiden sich nach den Sanktionen für eine Verletzung der zivilrechtlichen Vorschriften und den Sanktionen für die Verletzung der steuerrechtlichen Vorschriften. Behandelt werden hier ausschließlich die letzteren.

Die wesentliche Sanktion bei einem Verstoß gegen das Gemeinnützigkeitsrecht ist der Verlust der abgabenrechtlichen Gemeinnützigkeit, und damit der Verlust der Steuerbegünstigungen. Die Organisation wird normal steuerpflichtig, wie ein erwerbswirtschaftlicher Unternehmensträger. Diese Sanktion ist z.B. möglich in *Deutschland*[668], *Frankreich*[669], *Großbritannien*[670], *Österreich*[671], *Spanien*[672], der *Schweiz*[673], *Ungarn*[674] und in den *USA*[675].

---

[665] Näher hierzu unten unter H III (S. 194 ff.).

[666] *Colombo*, USA, E II 4, S. 601; F I 1, S. 602.

[667] Siehe *Colombo*, USA, E II 4, S. 601; F I 1, S. 602.

[668] Siehe näher hierzu *Eversberg* in Kötz/Rawert/Schmidt/Walz (Hrsg.), Non Profit Law Yearbook 2003 (2004), S. 59 (76 ff.); *Fischer*, Ausstieg aus dem Dritten Sektor (2005), S. 52 ff.

[669] *Beltrame*, Frankreich, E III 1, S. 315.

[670] *Selbig*, Großbritannien, B IV 7, S. 331; C I 2, S. 331.

[671] *Achatz*, Österreich, D 4, S. 417.

[672] *Palao Taboada*, Spanien, E II 4 a, S.507.

Die Steuerbefreiung kann unter Umständen auch rückwirkend aufgehoben werden, wenn sich bei einer Überprüfung herausstellt, dass die Voraussetzungen gar nie erfüllt waren oder ab einem gewissen Zeitpunkt weggefallen sind. Rückwirkung wird häufig auch dann angeordnet, wenn bei Auflösung der Organisation entweder schon satzungsmäßig oder faktisch beim Vollzug nicht gesichert erscheint, dass das frei werdende Vermögen der Organisation dem begünstigten Gemeinnützigkeitssektor erhalten bleibt. Während allerdings die Rückwirkung hierfür in *Deutschland*[676] (wie auch in *Großbritannien*[677]) volle 10 Jahre beträgt, werden in *Spanien* neben dem laufenden nur vier Jahre in die Rückwirkung einbezogen (was insoweit der allgemeinen deutschen Frist für Steuerverjährung entspricht)[678]. In den *Niederlanden* wird eine Rückwirkung unter sehr engen Voraussetzungen vorgenommen[679]. Auch in der *Schweiz*[680] und in den *USA*[681] bleibt die Verletzung von Vorschriften über die Steuerbefreiung für die Vergangenheit weitgehend sanktionslos.

Um eine „alles-oder-nichts-Lösung" zu vermeiden, besteht in manchen Ländern außerdem die Möglichkeit, Strafsteuern oder Bußen anzuordnen.

Ein Beispiel hierfür ist das Steuerrecht der *USA*. Bei Verstößen gegen das Verbot der Gewinnausschüttung und der unangemessenen Zahlungen an Management und nahestehenden Personen gibt es hier nicht nur eine Rückzahlungspflicht, sondern zusätzlich eine von den Verantwortlichen persönlich zu entrichtende Strafsteuer (penalty tax), die zwischen 25 und 200 % der missbilligten Auszahlung liegt[682]. Die Verantwortlichen „Private Foundations"[683] zahlen ferner eine Strafsteuer von 5 %, wenn sie entweder nicht die gesetzlich vorgesehene Mindestausschüttung von 5 % ihres Vermögens vornehmen oder sonstige untersagte Transaktionen durchführen[684].

In *Frankreich* können die Steuerbehörden unterschiedlich hohe Bußen verhängen, wenn einer Abmahnung nicht Folge geleistet wird[685]. Im übrigen

---

[673] *Koller*, Schweiz, E III 1, S. 475.
[674] *Csehi*, Ungarn, E III, S. 551.
[675] *Colombo*, USA, E III 1, S. 601 f.
[676] Vgl. § 61 Abs. 3 Satz 2 AO. Näher dazu *Bott* in Schauhoff (Hrsg.), Handbuch der Gemeinnützigkeit, 2. Aufl. (2005), § 9 Rn. 120 ff; *Tipke* in Tipke/Kruse, § 61 AO, Rn. 3.
[677] *Selbig*, Großbritannien, B IV 7, S. 331; C I 2, S. 333.
[678] *Palao Taboada*, Spanien, E II 4 a, S.507. Die Verjährungsfrist in den USA beträgt nur drei Jahre.
[679] *van Veen*, Niederlande, E II, S. 390.
[680] *Koller*, Schweiz, E III 1, S. 476.
[681] *Colombo*, USA, E III 1, S. 601.
[682] *Colombo*, USA, E III 1, S. 601.
[683] Zur Definition siehe oben unter D II 4 a (S. 138).
[684] Näher hierzu demnächst *von Hippel*, Grundprobleme von Nonprofit-Organisationen, § 11 A II 3.
[685] *Beltrame*, Frankreich, E III 1, S. 315.

gelten für steuerbegünstigte Organisationen die allgemeinen Sanktionen, wenn entweder Steuern verspätet gezahlt oder die zur Veranlagung erforderlichen Dokumente nicht rechtzeitig eingereicht werden. Speziell an gemeinnützige Organisationen richtet sich die Verhängung einer Buße in Höhe von 25 % des Betrages, der zu Unrecht als zum Abzug beim Spender empfangene Spende bescheinigt wird[686]. Die Buße kann nicht verhängt werden, wenn die Behörde auf eine Anfrage der Empfängerorganisation, ob sie zu einer entsprechenden Spendenbescheinigung befugt sei, binnen einer Frist von sechs Monaten nicht geantwortet hat.

In *Deutschland* gibt es hingegen (abgesehen vom sogleich behandelten Fall der Spendenhaftung) grundsätzlich keine derartigen Bußgelder oder Strafsteuern für Verstöße gegen das Gemeinnützigkeitsrecht. Die Finanzbehörde kann jedoch, bevor sie die Gemeinnützigkeit entzieht, eine Abmahnung erteilen und eine Frist zur Abhilfe setzen[687].

2. Sanktionen bei Verstößen gegen das Spendenrecht

Liegt ein Verstoß gegen das Spendenrecht vor, so genießt der Spender, dem der Empfang der Spende durch eine sich als empfangsberechtigt ausweisende Organisation bestätigt wurde, grundsätzlich Vertrauensschutz.

Fast überall gelten ähnliche Bestimmungen wie z.B. in *Deutschland*, wo der Spender auf die Richtigkeit der Spendenbestätigung vertrauen darf, es sei denn, dass er die Bestätigung durch unlautere Mittel oder falsche Angaben erwirkt hat oder ihm die Unrichtigkeit der Bestätigung bekannt oder infolge grober Fahrlässigkeit nicht bekannt war[688]. Bestand die Empfangsberechtigung in Wirklichkeit nicht, so trifft ein darauf bezogenes Fehlverhalten haftungsmäßig in erster Linie die Empfängerorganisation selbst. Sie haftet für die entgangene Steuer, wenn sie eine der Rechtslage nicht entsprechende oder unvollständige Zuwendungsbestätigung ausstellt und sich hierbei das vorsätzliche oder grob fahrlässiges Fehlverhalten ihrer Repräsentanten zurechnen lassen muss[689]. In Fällen offensichtlicher Kollusion zu Lasten des Fiskus kann freilich auch die verantwortlichen natürlichen Personen eine solidarische Haftungspflicht treffen

---

[686] *Beltrame*, Frankreich, E III 1, S. 315. In Spanien sogar 50 %, vgl. *Palao Taboada*, Spanien, E II 4 a, S. 507.

[687] Das Gebot der Verhältnismäßigkeit des Eingriffs dürfte regelmäßig die Vorschaltung einer Abmahnung erzwingen.

[688] Siehe §§ 10 b Abs. 4; 9 Abs. 3 KStG; vgl. hierzu näher *Schauhoff* in Schauhoff (Hrsg.), Handbuch der Gemeinnützigkeit, 2. Aufl. (2005), § 10 Rn. 111 ff.

[689] Nach richtiger, aber umstrittener Auffassung nur sie, und nicht die natürliche Person, die die Bescheinigung ausstellt. Dies betrifft aber nur die Ausstellerhaftung nach § 10 b IV 2 1. Alt und nicht die Veranlasserhaftung in § 10 b IV 2 2. Alt EStG. Näher hierzu *Brandt* in Herrmann/Heuer/Raupach, § 10 b EStG, Rn. 182; *Kirchhof* in Kirchhof, § 10 b EStG, Rn. 108.

(*Frankreich*[690], *Spanien*[691]). Ob sie durchgesetzt wird, ist eine andere Frage: oft bleibt sie reine Theorie (law in the books – so ausdrücklich in der *Schweiz*[692]).

Anders ist es aber, wenn Repräsentanten in der Empfängerorganisation die Spenden zu anderen als den ausgewiesenen begünstigten Zwecken verwenden. In *Deutschland* greift hier eine „Veranlasserhaftung" ein, die (nach herrschender Ansicht) verschuldensunabhängig ausgestaltet ist[693]. Haftungsadressaten sind in der Regel die entscheidungsbefugten und anordnenden Vorstände[694]. Gehaftet wird auf die dem Fiskus entgangene Steuer, die unwiderleglich mit 40 % des Spendenbetrags fingiert wird[695].

Neben die steuerrechtliche Haftung tritt bei einem Pflichtverstoß regelmäßig die zivilrechtliche Haftung (common-law-Haftung) gegenüber der Empfängerorganisation, die aber – außer offenbar in *Großbritannien*[696] – kaum je durchgesetzt wird. Zuständig sind insoweit jeweils die zivilrechtlichen Kontrollinstanzen, also z.B. in *England und Wales* die Charity Commission und in *Schottland* der Lord Advocate.

Soweit die Begünstigungen unter Verletzung einer abgabenrechtlichen Anzeige-, Offenlegungs- und Wahrheitspflicht bewirkt werden, drohen überall zusätzliche steuerstrafrechtliche Konsequenzen.

---

[690] *Beltrame*, Frankreich, E III 2, S. 316.

[691] *Palao Taboada*, Spanien, E II 4 b, S. 507.

[692] *Koller*, Schweiz, E III 2, S. 477.

[693] § 10 b Abs. 4 Satz 2 Alt. 2 EStG bzw. § 9 Abs. 3 Satz 2 Alt. 2 KStG. Es handelt sich um eine verschuldensunabhängige Gefährdungshaftung; siehe *Buchna*, Gemeinnützigkeit im Steuerrecht, 8. Aufl. (2003), S. 353; *Heinicke* in Schmidt, § 10 b EStG Rn. 81; abweichend *Hofmeister* in Blümich, § 10 b EStG, Rn. 81 (Haftung nur bei Vorsatz). Mehrere Autoren fordern einen Übergang zur Verschuldenshaftung; so etwa *Jachmann* in Igl, Rechtliche Rahmenbedingungen bürgerschaftlichen Engagements (2002), S. 67 (240).

[694] *Hofmeister* in Blümich, § 10 b EStG, Rn. 82.

[695] Siehe § 10 b Abs. 4 Satz 3 EStG bzw. § 9 Abs. 3 Satz 3 KStG. Nach herrschender Ansicht handelt es sich bei dieser Fiktion um eine Vereinfachungsregel; siehe *Hofmeister* in Blümich, § 10 b EStG, Rn. 83; *Wolsztynski/Hüsgen*, BB 2000, 1809 (1815). Angesichts der gesunkenen Einkommensteuersätze wird dieser Betrag aber oft überhöht sein, so dass die Norm de facto auch einen gewissen Strafcharakter (erhalten) hat. Der Referentenentwurf für ein Gesetz zur weiteren Stärkung des bürgerschaftlichen Engagements vom 14.12.2006 spricht sich für eine Senkung auf 30 % des Spendenbetrags aus.

[696] Anzumerken ist dabei, dass in Großbritannien auf Schadensersatz erst in zweiter Linie gehaftet wird. In erster Linie sind alle Vorstände etc. von gemeinnützigen Organisationen Trustees, die Herausgabe des fehlverwendeten Vermögens oder dessen Surrogats schulden, was den Kläger insbesondere gegenüber Dritten erheblich besser stellt.

H. Reformen und Diskussionen

I. Unterschiedliche Traditionen und politische Mentalitäten

Länder mit einem florierenden Non-Profit-Sektor, wie die *USA* – die nicht über alle Zweifel erhabene letzte Zahl für amerikanische Non-Profit-Organisationen beträgt über 1,4 Millionen solcher Organisationen[697] – die den Neid vieler kontinental-europäischer Länder erwecken, haben eine eigenständige Tradition, die sich nicht unmittelbar transplantieren lässt. Die mittel- und langfristige politische Durchsetzung muss mit durch lange Traditionen unterschiedlich geprägten politischen Mentalitäten rechnen. In den USA sind die bürgerlichen Schichten seit der Einwanderung dem Staat (Washington, D.C.) gegenüber skeptischer, und dem gegenüber, was sich durch Privatinitiative erreichen lässt, grundsätzlich positiver eingestellt als in Europa. Es gibt in den *USA* keine starke Arbeiterbewegung, die, wie z.B. die *österreichische* und *deutsche* Sozialdemokratie, ihre Hoffnung auf Umverteilung auf einen starken Staat gesetzt hat, und dem aus wohlhabenden Schichten stammenden privaten Mäzenatentum mit einem gewissen Misstrauen begegnet.

Das in *England* und *Wales* verwirklichte Modell einer Charity Commission[698] lässt sich nicht ohne weiteres mit einer dem *deutschem* Verfassungsverständnis entsprechenden Abgrenzung von öffentlich und privat erfassen[699]. Der traditionelle Bereich der Krone entspricht nicht dem öffentlichen (öffentlich-rechtlich geregelten) Bereich in Deutschland. Letzterer ist viel weiter. Der charitable sector (der weitgehend dem deutschen gemeinnützigen Sektor entspricht[700]) ist nicht „privater Sektor". Er gehört auch nicht zum Bereich der „Krone", ist aber dennoch „öffentlich" – weil dem Wohl der Allgemeinheit verpflichtet. Die Einzelheiten gehen auf Besonderheiten der englischen „Verfassungs"-geschichte zurück, die hier nicht dargelegt werden können. Vor diesem Hintergrund ist gleichwohl verständlich, dass eine Stärkung der englischen Charity Commission aus englischer Sicht nicht als Stärkung des Staates zu Lasten der Autonomie der Charities angesehen wird.

Länder mit etatistischer Tradition, in denen die Überzeugung vorherrscht, dass die Wohlfahrt der Bürger vor allem eine staatliche Aufgabe sei, die über demokratisch-parlamentarische Legitimation und durch Steuermittel angegangen werden muss, standen der Gemeinwohlverwirklichung „von unten" durch aktive engagierte Bürger lange Zeit skeptisch gegenüber. Die Kirchen haben sich – etwa in *Italien* und *Deutschland* – sowohl was ihre Stellung gegenüber

---

[697] Schätzung der US-amerikanischen WP-Gesellschaft Grant Thornton LLP in einem Kunden-Newsletter.
[698] *Selbig*, Großbritannien, B III, S. 327.
[699] *Selbig*, Großbritannien, B III, S. 327.
[700] „Charitable" bedeutet zwar wortwörtlich „mildtätig", geht aber über dasjenige hinaus, was im deutschen Steuerrecht in § 53 AO als „mildtätiger Zweck" definiert wird.

dem Staat als auch was ihre Finanzierung angeht, bislang akzeptierte Privilegien erhalten können, was man freilich auch als Vorreiterrolle gegenüber dem Rest des Non-Profit-Sektors deuten kann[701]. Zur etatistischen Tradition muss man in erster Linie *Frankreich* und *Österreich*, aber auch die lange Jahre sozialdemokratisch regierten *skandinavischen* Länder rechnen.

In Ländern mit dieser Tradition wirken zwei Bedenken unterschiedlicher Herkunft bremsend auf eine Fortentwicklung des Non-Profit-Sektors ein[702]: die alte Furcht vor nicht demokratisch legitimierten Zwischengewalten (u.a. *Frankreich*[703], *Italien*) und die Furcht, dass das als Motor erforderliche private bürgerschaftliche Engagement die im Sinne der Förderung der Allgemeinheit erwünschte Umverteilung nicht „gerecht", d.h. nicht im Einklang mit den Vorstellungen der Mehrheit der Bevölkerung, zustande brächte (sozialdemokratische Denktradition).

Deutschland gehört seit den Bismarckschen Reformen nur teilweise in das etatistische Lager. Vielmehr gibt es dort eine starke korporatische Tradition, die dem Subsidiaritätsprinzip huldigt, freilich vor allem für die großen privilegierten staatstragenden Verbände der Gewerkschaften und Arbeitgeberverbände, der Wohlfahrtspflege, der Kirchen. Hinzugekommen sind die großen Sportverbände, wohingegen Verbände und Stiftungen mit staatskritischer oder staatsferner Mission (außer den heutigen Kirchen) Selbstbehauptungs- und Abgrenzungsprobleme haben.

Wo (wie in Mittel- und Osteuropa) wegen langjähriger kommunistischer Herrschaft die eigenständigen nationalen Traditionen unterbrochen waren, hat neuerdings angelsächsische Tradition die Ausgestaltung des Non-Profit-Sektors stark geprägt (im Spektrum der hier betrachteten Länder insbesondere *Ungarn*[704]). Bemerkenswerterweise hat sich dieser Einfluss aber gerade bei den Abzugsgrenzen nicht durchhalten können, wo *Ungarn* zu den restriktivsten Ländern gehört[705].

---

[701] In den *USA* und in *Großbritannien* ist immer häufiger (auch in offiziellen Dokumenten) von einem „compact" zwischen dem „government" und dem „voluntary sector" bzw. „charitable sector" die Rede; siehe z.B. http://www.thecompact.org.uk. Es handelt sich hierbei um eine Art „Konkordat" zwischen der die Allgemeinheit repräsentierenden Staats- und Fiskalgewalt und dem Non-Profit-Sektor, in dem das Engagement für die Allgemeinheit den Steuerprivilegien und sonstigen Vorteilen gegenübergestellt wird.

[702] Die zögerliche bis ablehnende Haltung der Regierung in mehreren Ländern, Non-Profit-Organisationen zu fördern, beruht nicht selten auf diesen traditionellen Bedenken.

[703] *Beltrame*, Frankreich, F III, S. 318.

[704] Siehe dazu FOCS und *Freise/Zimmer* in Kötz/Rawert/Schmidt/Walz (Hrsg.), Non Profit Law Yearbook 2003 (2004), S. 175.

[705] Siehe *Csehi*, Ungarn, D I 1, S. 543 ff.

II. Reformen und rechtspolitische Vorschläge

In nahezu allen untersuchten Ländern gab und gibt es seit den neunziger Jahren deutliche Reformbestrebungen.

Diese Reformen und rechtspolitischen Diskussionen verfolgen in aller Regel eines der folgenden beiden Ziele:

1. Förderung des bürgerschaftlichen Engagements durch Erleichterungen der organisationsrechtlichen und/oder steuerrechtlichen Rahmenbedingungen für gemeinnützige Non-Profit-Organisationen (insbesondere in *Frankreich* und *Italien*).
2. Regeln zur ordnungspolitischen Einbindung und der Vermeidung von Missbräuchen (insbesondere in den *USA*).

Obwohl es sich um unterschiedliche Richtungen handelt, sind beide Ziele doch enger miteinander verbunden, als es prima vista scheinen mag: Gemeinnützige Non-Profit-Organisationen sollen einerseits eine größere Rolle in der Gesellschaft spielen und daher durch angemessene organisationsrechtliche und steuerrechtliche Rahmenbedingungen unterstützt werden. Andererseits folgt aus der erhöhten Bedeutung aber auch, dass zumindest für größere finanzstärkere Organisationen eine angemessene Corporate Governance Struktur bestehen muss, um Missbräuche und Missmanagement zu vermeiden, die zu einer Vertrauenskrise der Non-Profit-Organisationen führen (können).

1. Verbesserungen der Rahmenbedingungen für gemeinnützige Non-Profit-Organisationen

a) Ursachen

In allen untersuchten Ländern geht der rechtspolitische Trend dahin, die Bedeutung gemeinnütziger Non-Profit-Organisationen zu erhöhen. Dies gilt insbesondere auch für diejenigen Länder, die traditionell diesen Organisationen besonders skeptisch gegenüberstanden (*Frankreich*, *Italien*).

Die Gründe für dieses günstige Klima für gemeinnützige Non-Profit-Organisationen sind komplex, zutreffend nennt Beltrame in seinem Länderbericht *Frankreich* die drei wichtigsten[706]:

– der Zustand der öffentlichen Finanzen, der zur Einschränkung staaatlicher Programme zwingt, der nationale und internationale Einflusszuwachs der Organisationen der Zivilgesellschaft und demgegenüber
– der Rückzug des Staates und

---

[706] *Beltrame*, Frankreich, F III, S. 319.

– das weltweit sich verstärkende Gewicht ökonomisch liberaler Grundwerte (schlanker Staat, mehr Eigenverantwortung für den Einzelnen, darin enthalten erhöhte Verantwortlichkeit des Einzelnen für das Gemeinwohl).

b) Reformen in einzelnen Ländern

In allen untersuchten Ländern gibt es Reformen, zur Stärkung der Rahmenbedingungen für gemeinnützige Non-Profit-Organisationen verbessert haben, und zwar sowohl im Organisationsrecht als auch im Steuerrecht, das im folgenden im Vordergrund steht.

Die größten politischen Umbrüche, die sich auf das Steuerrecht gemeinnütziger Organisationen ausgewirkt haben, betreffen Mittel- und Osteuropa. Blickt man in *Ungarn* auf die vergangenen 15 Jahre nach der Wende zurück, so hat sich das neu geschaffene Spendenrecht offenbar bewährt; es ist für die Praxis durchschaubar und nachvollziehbar. Trotzdem sind Kreis und Maß der abziehbaren Spenden im internationalen Vergleich noch sehr niedrig[707].

In *Frankreich* hat es bis 1987 gedauert, bis man den Stiftungen ein angemessenes zivilrechtliches Kleid schuf[708], wohingegen das Vereinsrecht nach wie vor im europäischen Vergleich restriktiv erscheint[709]. Steuerreformen zugunsten von Non-Profit-Organisationen hat es in den letzten Jahren mehrfach gegeben, besonders zugunsten der Stiftungen[710].

In *Italien* sind durch mehrere Reformen die Steuerprivilegien für Non-Profit-Organisationen ausgeweitet worden. Beispielhaft ist auch ein Gesetz von 2005 für die ONLUS (organizzazione non lucrativa di utiltà sociale), das einen Abzug von bis zu 10 % des körperschaftsteuerpflichtigen Einkommens (höchstens 70.000 €) vorsieht, womit die zuvor äußerst restriktiven Abzugsmöglichkeiten für Spender deutlich verbessert worden sind[711].

In den *Niederlanden* wurden mit Wirkung vom 1.1.2005 die Erbschaftssteuertarife für Schenkungen und Dotationen an public benefit Organisationen gesenkt (Zuwendungen von Todes wegen aber nicht, wie rechtspolitisch gefordert, vollständig von der Erbschaftsteuer befreit)[712].

In der *Schweiz* wurden das Stiftungszivilrecht und das Steuerrecht gemeinnütziger Organisationen in den letzten Jahren einer Revision unterzogen. Das entsprechende Gesetz wurde vom Parlament am 8.10.2004 verabschiedet und ist 2006 in Kraft getreten[713]. Das neue Recht bringt einige wesentliche Änderungen mit sich, die Erhöhung der Abzugsobergrenze (allerdings nur auf 20 %

---

[707] *Csehi*, Ungarn, F I, S. 553.
[708] *Beltrame*, Frankreich, F I 1, S. 316.
[709] Näher hierzu rechtsvergleichend *Weisbrod*, Europäisches Vereinsrecht (1994).
[710] Zuletzt durch die La loi de finances pour 2005 du 30 décembre 2004.
[711] *Runte/von Hippel*, D I 3 (S. 359).
[712] *van Veen*, Niederlande, F, S. 391.
[713] *Koller*, Schweiz, F I 1, S. 477. Siehe zu der Reform *Wachter*, ZErb 2006, 11.

und nicht, wie vom Initianten vorgeschlagen, auf 30 % des Einkommens bzw. Gewinns) sowie die Ausdehnung der Abzugsfähigkeit auf Sachspenden[714].

In *Spanien* gab es seit Mitte der neunziger Jahre bedeutsame Verbesserungen der steuerrechtlichen Rahmenbedingungen für gemeinnützige Organisationen[715]. Die Debatte konzentriert sich weniger auf das Spendenrecht und mehr auf die direkten Steuervergünstigungen für gemeinnützige Organisationen, und zwar insbesondere auf die Besteuerung der wirtschaftlichen Geschäftsbetriebe und ihre Abgrenzung von den steuerbefreiten Zweckbetrieben[716].

In *Großbritannien* fokussierte sich ein wesentlicher Teil der Reformdiskussion auf die Ersetzung des Begriffes „charitable". Die Überlegungen gehen dahin, diesen als altertümlich angesehenen und zu Missverständnissen führenden Begriff[717] durch „for the public benefit" zu ersetzen. Zur Zeit wird über eine aktuelle Liste von gemeinnützigen Zwecken verhandelt, die aber voraussichtlich nichts Neues bringen, sondern die bisherige Rechtsprechung in Gesetzesform gießen wird.

Auch in *Deutschland* wurde das Stiftungssteuerrecht im Jahr 2000[718] verbessert und das Stiftungszivilrecht im Jahre 2002 reformiert[719]. Derzeit wird über eine weitere Reform des Gemeinnützigkeitsrechts nachgedacht[720]. Die letzte Frucht dieser Diskussion ist der bereits verschiedentlich erwähnte Referentenentwurf für ein „Gesetz zur weiteren Stärkung des bürgerschaftlichen Engagments" vom 14.12.2006[721].

Zu der Minderheit der Länder, die in letzter Zeit keine Steuerreform für gemeinnützige Organisationen durchgeführt haben, gehören *Österreich* und *Schweden*.

Auch in *Österreich* hat es freilich beachtliche Steuerprivilegien für die im Jahr 1993 neu geschaffene Rechtsform der Privatstiftung gegeben, die aber nicht von deren Gemeinnützigkeit abhängig sind[722]. Immerhin wird diskutiert, ob nicht die (im Vergleich zum Ausland) restriktive Haltung gegenüber einem

---

[714] *Koller*, Schweiz, F I 1, S. 478.

[715] *Palao Taboada*, Spanien, F I, S. 508.

[716] *Palao Taboada*, Spanien, F I, S. 508.

[717] Der Begriff ist zwar umgangssprachlich, aber eben nicht rechtstechnisch gleichbedeutend mit „mildtätig". In seiner rechtlichen Bedeutung deckt er sich weitgehend mit public benefit oder gemeinnützig.

[718] Gesetz zur weiteren steuerlichen Förderung von Stiftungen v. 14.07.2000 (BGBl. I S. 1034). Näher dazu *Orth*, DStR 2001, 325.

[719] Gesetz zur Modernisierung des Stiftungsrechts, v. 15.07.2002 (BGBl. I S. 2634).

[720] Siehe hierzu näher *Walz/von Hippel*, Einführung zu diesem Band, S. 1 ff.

[721] Referentenentwurf für ein Gesetz zur weiteren Stärkung des bürgerschaftlichen Engagements vom 14.12.2006, abrufbar unter http://www.bundesfinanzministerium.de/lang_de/DE/Aktuelles/Aktuelle__Gesetze/Referentenentwuerfe/001__1,templateId=raw,property=publicationFile.pdf.

[722] Näher zu Zielsetzungen und Kritik des österreichischen Stiftungssteuerrechts *Tanzer* in Arnold/Stangl/Tanzer, Privatstiftungs-Steuerrecht, Rn. I/58 ff.

Abzug beim Spender relativiert werden sollte, bisher mit keinem klaren Ergebnis[723].

In *Schweden* werden Spendern keine Abzugsmöglichkeiten gewährt und bislang anscheinend auch nicht allzu sehr vermisst[724]. Neuerdings werden aber Abzugsmöglichkeiten für Spenden zur Finanzierung von Wissenschaft und Forschung erörtert[725].

2. Verbesserung der Corporate Governance von Non-Profit-Organisationen

In vielen Ländern gibt es Tendenzen, durch gesetzliche und/oder freiwillige Maßnahmen die Corporate Governance von Non-Profit-Organisationen zu verbessern.

a) Ursachen

Die Ursachen für diese Bestrebungen sind Missbrauchsfälle, die in nahezu allen Ländern aufgetreten sind, und das Vertrauen in Non-Profit-Organisationen zwar (in den meisten Ländern) nicht in einem so großen Maße erschüttert haben wie das Vertrauen in For-Profit-Organisationen im Zuge der spektakulären Firmenpleiten von Unternehmen wie Enron und WorldCom.

Nicht nur in den *USA*, sondern auch in Kontinentaleuropa sind in jüngerer Zeit Fälle bekannt worden, in denen sich Organe von Non-Profit-Organisationen durch übermäßige Gehälter, luxuriöse Reisen oder Ähnliches Vorteile verschafft haben. So wird aus *Schweden* berichtet von einer Obdachlosenorganisation und ebenso von einer gewerkschaftsnahen Organisation, deren Vorstände sich selbst bereicherten[726], ebenso in *Frankreich* von einer Kunststiftung, deren Vorstand sich wertvolle Bilder aus der Sammlung persönlich aneignete[727]. In *Frankreich*[728] und *Großbritannien* ging es um Missbräuche beim Fundraising – insbesondere um völlig unverhältnismäßige Entlohnungen an professionelle Fundraiser, was zu einer gesetzlichen Regelung geführt hat[729]. In der *Schweiz* wird von einem Fall berichtet, in dem Stiftungsgelder unzulässigerweise als Wahlkampfhilfe im politischen Raum eingesetzt wurden[730]. In *Deutschland* wurde in der Presse das Unwesen der Drückerkolonnen bei der

---

[723] *Achatz*, Österreich, E 1, S. 417.
[724] *Lindencrona*, Schweden, D I, S. 433.
[725] *Lindencrona*, Schweden, G I 2, S. 438.
[726] *Lindencrona*, Schweden, G II 1, S. 438.
[727] *Beltrame*, Frankreich, F II 1, S. 317.
[728] *Beltrame*, Frankreich, F II 1, S. 317.
[729] *Selbig*, Großbritannien, F, S. 340.
[730] *Koller*, Schweiz, F II 1, S. 479.

Werbung von Fördermitgliedschaften kritisiert[731] und in einzelnen Fällen über Selbstbedienungsmentalität[732], über in die Insolvenz führenden sozialen Dilettantismus[733] und über „Steuertricks" bei der Verbindung von Familien-Unternehmensvermögen und gemeinnützigen Stiftungen berichtet[734].

Die Fälle, die für die politische Klimapflege des gemeinnützigen Sektors besonders gefährlich sind, sind Variationen der Vorteilsnahme und Selbstbedienung durch Organe und Mitglieder, dilettantisches Missmanagement und Variationen des Missbrauchs der steuerprivilegierten Position durch eigennützige familiäre und/oder eigenwirtschaftliche Zwecke. Sie werden zunächst als Einzelfälle wahrgenommen, als die nirgendwo ganz zu vermeidenden schwarzen Schafe, die das System der Privilegien (noch) nicht in Frage stellen.

---

[731] Zu den Drückerkolonnen www.mopo.de am 11.11.2002.

[732] Siehe insbesondere den Skandal um den Spendenverein Deutsches Tierhilfswerk (DTHW) und seinen Schwesterverein Europäisches Tierhilfswerk. Beide Vereine erhielten von 1994 bis 1998 durch groß angelegte Spendenkampagnen von rund 500.000 Spendern Millionenbeträge. Der (damalige) Vorsitzende der beiden Vereine, Wolfgang Ullrich, leitete den Großteil der Spenden (insgesamt rund 32 Mio. €) in sein Privatvermögen, indem er fingierte Rechnungen von einer ihm gehörenden Firma in der Schweiz ausstellen ließ. Nur 7 % der Spenden wurden für den Tierschutz verwendet. Das Landgericht München II verurteilte Ullrich 2003 wegen Spendenbetrugs zu einer Haftstrafe von 12 Jahren; siehe näher hierzu den Artikel in der WELT vom 2.4.2003, abrufbar unter http://www.welt.de/data/2003/04/02/62578.html.

Siehe ferner die Berichte über „hochkriminelle Machenschaften" beim Bayerischen Roten Kreuz, die zu einem „schweren Einbruch" bei den Spenden führten (siehe u.a. den Bericht im Focus vom 23.8.1999, S. 11).

[733] Siehe insbesondere den Skandal um die Caritas-Trägergesellschaft-Trier (ctt), die durch den Manager Hans-Joachim Doerfert in den frühen neunziger Jahren zu einem Konzern mit 42 Einrichtungen (darunter sechs Krankenhäuser), 9000 Mitarbeitern und 500 Mio. € Jahresumsatz ausgebaut wurde. Ende der neunziger Jahre berichtete die Lokalzeitung Trierischer Volksfreund über Unregelmäßigkeiten und Betrugsfälle. Unter anderem habe Doerfert mit veruntreuten Geldern der ctt die Fußballvereine Eintracht Trier (deren Präsident er war) und 1. FC Saarbrücken gefördert. Auf Grund ihrer engen Beziehungen zu Doerfert mussten im Jahre 2000 der Bundesverkehrsminister Reinhard Klimmt, früherer saarländischer Ministerpräsident und Präsident des 1. FC Saarbrücken, und der saarländische Innenminister Klaus Meiser von ihren Ämtern zurücktreten. Das Landgericht Koblenz verurteilte Doerfert am 7. Februar 2001 wegen Betrugs und Untreue in 58 Fällen zu sieben Jahren und drei Monaten Haft. In einem weiteren Prozess vor dem Landgericht München ist die Strafe am 3. Juli 2001 auf zehn Jahre und sechs Monate verlängert worden. Siehe näher zur Affäre unter http://125jahretv.uni-trier.de/macher/04/01_doerf.htm.

Siehe ferner den spektakulären finanziellen Zusammenbruch der Deutsch Ordens Hospitalwerke (DOH), die nach rasantem Wachstum Ende 2000 zahlungsunfähig waren und 280 Mio. DM Schulden bei 500 Mio. DM Umsatz auswiesen, betroffen waren 5.500 Mitarbeiter in bundesweit 120 Krankenhäusern und Heimen. Siehe näher hierzu den Bericht von *Ebert* in MIZ 01/2001, S. 29 ff. (abrufbar unter http://www.miz-online.de/archiv/miz101.htm#4) sowie den Abschlussbericht des Untersuchungsausschusses des Bayerischen Landtags vom 16.5.2003 (abrufbar unter http://www.csu-landtag.de/11494.html), der sich mit möglichen Verstrickungen der bayerischen Landesregierung beschäftigt.

[734] Siehe insbesondere den Fall der „Hertie-Stiftung", näher hierzu aus der Presse den Bericht in der taz vom 19.5.2001, S. 9; abrufbar unter http://www.taz.de/pt/2001/05/19/a0066.1/text; sowie *Raupach/Pohl*, in diesem Band, C VII S. 813.

Aber es wird in den europäischen Ländern und speziell in *Deutschland* verdächtig wenig bekannt. Das Steuergeheimnis und die fehlende Transparenz decken vieles zu.

Wie die Praxis in den *USA* zeigt, wo eine vergleichsweise sehr hohe Transparenz herrscht, dürften die bekannt gewordenen Fälle nur die Spitze eines Eisbergs sein.

b) Reformen in einzelnen Ländern

Alle gemeinnützigen Non-Profit-Organisationen, ob sie von steuerlich privilegiertem Stiftungskapital leben, Spenden einwerben oder auf engagierte freiwillige Mitarbeit angewiesen sind, brauchen, um sich zu finanzieren und ihre ideelle Mission auszuüben, langfristiges öffentliches Vertrauen. Das heißt konkret[735]:

– Vertrauen in ihre Autonomie und Schlagkraft,
– Vertrauen auf die Gewähr, dass die Vorgaben der Gemeinnützigkeit eingehalten werden und dass kein Steuermissbrauch betrieben wird,
– Steter Anreiz zur Verbesserung der Verantwortlichkeit gegenüber den Geldgebern und den Destinatären, und Sanktionierung schlechter Leistung,
– Steter Anreiz zur Verbesserung des sozialen und wirtschaftlichen Potentials der Organisation im Hinblick auf die gesteckten Ziele durch „benchmarking".

Die Sicherstellung öffentlichen Vertrauens in den Non-Profit-Sektor wird langfristig ebenso wichtig wie Fragen der Organisation und der Vermögensausstattung[736]. Neben die im vorigen Abschnitt besprochenen Maßnahmen zur inneren Kontrolle gehören deshalb die auf externe Kontrolle abzielenden Maßnahmen zur Verbesserung von Rechnungslegung und Transparenz.

---

[735] Antwort des Home Office (Innenministerium), gefunden auf der newsletter „charities alert" Juli 2003 von Horwath, Clark, Whitehill, London, auf den vom Cabinet Office Strategy Unit (COSU) erstellten Bericht zur Reform des britischen Gemeinnützigkeitsrechts vom September 2002, übersetzt und vorgestellt vom Maecenata Institut Berlin am 2. Juli 2003 im Bundespresseamt.

[736] Englische repräsentative Befragungen haben ergeben, dass breite Kreise der Bevölkerung den Non-Profit-Organisationen großes Vertrauen entgegenbringen, dass aber erhebliche Reserven bezüglich der Qualität der zugänglichen Information, der Rechnungslegung und der Praxis des Fundraising bestehen. Angeblich würden 73 % der Befragten deutlich mehr spenden, wenn es unabhängige Informationen über die Leistungen von gemeinnützigen Organisationen gäbe.

aa) USA

Besonders umfangreich und gründlich, allerdings mit überwiegend restriktiver Tendenz ist die Debatte in letzter Zeit in den *USA* geführt worden[737]. Sie wurde hervorgerufen durch die von großen Wirtschafts- und Bilanzskandalen ausgelösten Reformen des Kapitalmarktrechts, des Bilanzrechts und der corporate governance für Unternehmen (Stichwort Sarbanes Oxley Act - SOX). Die Anschlussfrage, ob denn bei den Non-Profit-Organisationen insoweit kein Reformbedarf bestehe, wurde heftig verneint und in einer vom Finanzausschuss des amerikanischen Senats angestoßenen rechtspolitischen Debatte über Geldverschwendung, Selbstbedienung und Steuerumgehung im Non-Profit-Sektor zu rechtspolitischen Vorschlägen ausgeformt, die mit einer gewissen Wahrscheinlichkeit zu gesetzlichen Änderungen führen werden (Stand Sommer 2005). Sie werden weiter unten (II 2 c) im Zusammenhang mit der Reaktion des Gesetzgebers auf Fehlentwicklungen und Skandale etwas detaillierter dargestellt[738]. Wer im vermeintlichen Interesse des gemeinnützigen Sektors umfassend hinhaltend und defensiv taktiert, riskiert, dass er von einem Wechsel der politischen Stimmung, wie er im Augenblick in den *USA* zu beobachten ist, wehrlos überrascht wird. Nicht nur ist dort eine Diskussion über die Höhe und die Veröffentlichungspflicht von Zahlungen jeglicher Form an Organe in Gang gekommen[739].

Im November 2004 erließ *Kalifornien* in Fortführung älterer einzelstaatlicher Regelungen das erste Gesetz zur Zusammensetzung der Leitungsgremien von Non-Profit-Organisationen. Dort ebenso wie im Bundesstaat *Maine* muss das Leitungsgremium aus mehreren Personen bestehen, von denen nicht mehr als 49 % durch die Organisation selbst, den Stifter oder Mitglieder seiner Familie ein Gehalt beziehen dürfen. In *New Hampshire* müssen mindestens fünf Direktoren berufen sein, die nicht miteinander verwandt sind[740].

Die nationale Steuerbehörde hat beim Kongress Gelder beantragt, um bei 2000 Non-Profit-Organisationen verschärfte Außenprüfungen vornehmen zu können[741].

Der Republikaner Charles Grasley hat in seiner Eigenschaft als Vorsitzender des US-Senatsfinanzausschusses angekündigt, dass nationale Gesetzgebung für

---

[737] *Colombo*, USA, F I 1, S. 602 ff.

[738] *Colombo*, USA, F I 1, S. 602 ff.

[739] *Colombo*, USA, F I 1, S. 602 ff.

[740] Nachweise bei *Fremont-Smith*, Governing Nonprofit Organizations (2004), p. 431. Diese Regeln sind verwandt mit den Anforderungen des Sarbanes Oxley Act von 2002, Pub. L. No. 107-204, 116 Stat. 745 (2002) für börsennotierte Unternehmen an unabhängige Vorstände im Leitungsgremium.

[741] Siehe dazu Tax exempt Governance Proposals: Staff Discussion Draft (www.senate.gov/~finance/sitepages/2004HearingsF.htm/hearings2004); Dayly Tax Report No. 213, Nov. 4, 2005: A Gathering Storm – IRS Scrutiny of Tax-Exempt Organizations; Crenshaw, Charities used as tax dodges, IRS chief says, The Washington Post, Apr. 5, 2005.

den Non-Profit-Sektor erwogen würde[742]. Sein Ausschuss hat dazu öffentliche Anhörungen veranstaltet, in denen dem Sektor nicht mehr hinzunehmende Steuergestaltungen, zu hohe Ansammlung von Vermögen und nicht genügend Aktivität für das Gemeinwohl, massive Interessenkonflikte beim Aufbau der Leitungsstruktur und defizitäre interne Kontrollmechanismen vorgeworfen wurden[743].

Im November 2004 berichtete die U.S. WP-Gesellschaft Grant Thornton LLP, dass in Reaktion darauf fast die Hälfte aller steuerbegünstigten amerikanischen Non-Profit-Organisationen (Public Charities und Private Foundations[744]) ihre Leitungsstruktur und inneren Kontrollen freiwillig in Richtung auf stärkere Unabhängigkeit, intensivierte innere Prüfung und Transparenz nach außen verändert haben[745].

Der Finanzausschuss des Amerikanischen Senats erwägt in einem Diskussionspapier („Staff Discussion Draft", teilweise auch als „White Paper" bezeichnet) u.a. folgende Maßnahmen[746]:

- Feste periodische Überprüfung der Übereinstimmung von Satzung und tatsächlicher Geschäftsführung durch das Finanzamt; die zusätzlichen Überwachungskosten sollen von den Organisationen über eine Abgabe (excise tax) selbst getragen werden.
- Verlust der Gemeinnützigkeit, wenn die begünstigte Organisation Bestandteil eines Steuersparmodells ist.
- Begrenzung von Vorstandsbezügen, Reise- und Verpflegungskosten; Bußgeldsanktionierung von vorteilhaften Geschäften zwischen Organisation und Organen.
- Zusätzliche Berichtspflichten bei Überschreitung einer Obergrenze für Verwaltungskosten.
- Besondere steuerliche Vergünstigungen für Organisationen, die über 12 % ihres Vermögens pro Jahr an den steuerbegünstigten Zweck ausschütten.
- Besondere Regeln für den Erwerb von For-Profit-Unternehmen, für joint ventures mit For-Profit-Unternehmen und für Umwandlungen in For-Profit-Unternehmen (insbesondere im Krankenhausbereich).
- Verbesserung der Transparenz durch umfangreiche Veröffentlichungspflichten im Internet.

---

[742] Grasley, Chairman, Senate Committee on Finance, Hearings on Charities and Charitable Giving: Propsals for Reform, Tuesday, Apr. 5, 2005, Opening Remarks (http://finance.senate.gov)
[743] Dayly Tax Report No. 213, Nov. 4, 2005: A Gathering Storm – IRS Scrutiny of Tax-Exempt Organizations; Crenshaw, Charities used as tax dodges, IRS chief says, The Washington Post, Apr. 5, 2005.
[744] Zur Unterscheidung siehe oben unter D II 4 a (S. 138).
[745] In einem Newsletter auf ihrer Website.
[746] *Colombo*, USA, F I 1, S. 602.

- Verstärkte Kontrollen des einzelnen Vorstandshandelns durch den Board insgesamt, der aus mehreren unabhängigen Personen bestehen muss; dessen Verantwortlichkeit für Rechnungslegung und Prüfung; Einsetzung unabhängiger Wirtschaftsprüfer, Aufstellung eines überprüfbaren Aktionsplans zur Verwirklichung des Satzungszwecks sowie die Umsetzung einer auf die Vermeidung von Interessenkollisionen innerhalb der Organisation abzielenden Politik (Inkompatibilitätsregeln), Sicherstellung der Kenntnis und Befolgung der einschlägigen Gesetze durch die verantwortlichen Organe.

- Verstärkung der Außenkontrolle durch Einräumung von Klagrechten an Mitglieder des Board beim Finanzgericht (Tax Court) zur Sanktionierung oder Ersetzung anderer Mitglieder des Vorstandes bzw. Boards; sowie durch Einräumung von Klagrechten an Destinatäre oder andere Individuen zur Überprüfung, ob die Organisation ihren satzungsmäßigen Zwecken nachkommt.

Infolge der derzeitigen politischen Situation gilt es aber als ungewiss, ob und gegebenenfalls wie weit diese Vorschläge umgesetzt werden.

bb) Europäische Staaten

Manche europäische Staaten haben in den letzten Jahren Bestimmungen eingeführt, die besondere Steuerprivilegien unter der Voraussetzung gewähren, dass ein gewisses Mindestmaß an Corporate Governance im Sinne von Transparenz, Rechnungslegung und verlässlicher Kontrollstruktur besteht (z.B. ein mehrköpfiger Vorstand, ein unabhängiges Kontrollgremium, Regelungen zur Bewältigung von Interessenkonflikten). Beispiele hierfür sind die *italienischen* ONLUS[747], das *ungarische* Non-Profit-Gesetz[748] sowie (unterhalb der gesetzlichen Ebene) die *niederländische* Praxis zum Erbschaftsteuerrecht[749].

Der Entwurf der Charity Reform Bill (Stand Juni 2004) sieht erweiterte Befugnisse für die *englische* Charity Commission und mehr Transparenz bei der Rechnungslegung von charities vor. Die Maßnahmen sind im Konsultationsprozess überwiegend auf Zustimmung im gemeinnützigen Bereich gestoßen.

In *Schweden* ist in den letzten Jahren diskutiert worden, ob die vorgeschriebenen Ausschüttungsquoten von 80 % der Einnahmen für steuerbegünstigte Organisationen erweitert und auf die Ausschüttung von sog. capital gains (Veräußerungsgewinne aus Investitionsgütern) erweitert werden sollte. Politischer Hintergrund ist der über die Stiftungsorgane ausgeübte Einfluss des

---

[747] Siehe zu den einzelnen Regelungen näher *Runte/von Hippel*, Italien, A I 2 c, S. 341 ff.
[748] Siehe *Csehi*, Ungarn, B I 1, S. 516.
[749] Siehe *van Veen*, Niederlande, E I, S. 388.

Stifters und seiner Familie auf die Aktivitäten der großen schwedischen Stiftungen, der von der Öffentlichkeit kritisch begleitet wird[750].

In der *deutschen* gegenwärtigen Diskussion zur Reform des Gemeinnützigkeitsrechts spielt dieser Aspekt bislang bestenfalls eine untergeordnete Rolle. Der Referentenentwurf für ein Gesetz zur weiteren Stärkung des bürgerschaftlichen Engagements vom 14.12.2006 behandelt diese Frage nicht.

III. Bedeutungszunahme der Selbstregulierung

Eine weiterer, länderübergreifender Trend neben den soeben (unter II) referierten Reformen und rechtspolitischen Überlegungen ist eine Bedeutungszunahme von Selbstregulierungsmechanismen. Dies hängt wohl mit der steigenden Bedeutung von gemeinnützigen Organisationen zusammen. Einmal ergibt sich hierdurch ein wachsender Wettbewerb zwischen den einzelnen Organisationen (z.B. um Spenden). Zum anderen droht wegen der (referierten) Missbrauchsfälle eine Vertrauenskrise. Eine mögliche Maßnahme – neben zwingenden gesetzlichen Regelungen – ist die Selbstregulierung. Sie ist insbesondere ein probates Mittel, wenn gesetzliche Vorgaben als unzureichend angesehen werden oder zu schwerfällig in Gang kommen.

1. Allgemeines

Mit Selbstregulierung (Synonyme: Selbstkontrolle, Verbandsselbstregulierung) ist der Versuch gemeint, die Einheiten eines Verbandes oder Aktivitätssektors einem freiwilligen Regelwerk zu unterwerfen, um ein bestimmtes Qualitätsniveau zu sichern und nach außen sichtbar zu machen. Selbstregulierung und Interessenvertretung schließen einander nicht aus, sondern bedingen einander. Häufig ist es gerade der Sinn solcher Selbstregulierung, eine gesetzliche Regelung oder staatliche Kontrolle überflüssig zu machen[751].

Wichtige Instrumente der Selbstregulierung im Bereich der Non-Profit-Organisationen (insbesondere im Spendenwesen) sind „Spendensiegel", Verhaltenskodices und „watchdogs".

Spendensiegel[752] werden (typischerweise von einer unabhängigen Organisation) nach bestimmten Qualitätskriterien verliehen[753].

---

[750] *Lindencrona*, Schweden, G I 1, S. 437.

[751] Siehe beispielhaft zur Selbstregulierung durch Banken- und Versicherungsombudsmannsysteme *von Hippel*, Der Ombudsmann im Banken- und Versicherungswesen (2000).

[752] Synonyme: Gütesiegel, Gütezeichen, Label, Zertifizierung sowie gleichbedeutend im englischen Sprachraum: Accreditation.

[753] Zum Folgenden ausführlich *Wilke* in Walz/Kötz/Rawert/Schmidt (Hrsg.), Non Profit Law Yearbook 2004 (2005), S. 181 ff.

Ein Verhaltenskodex (dessen Detailliertheit unterschiedlich sein kann) enthält freiwillige Regeln für Non-Profit-Organisationen, die als Grundsätze eines „best practice" aufgestellt sind (wie im For-Profit-Bereich die Corporate Governance Kodices). Oft wird das „Spendensiegel" für Organisationen verliehen, wenn sie einen bestimmten Verhaltenskodex befolgen.

Zur Selbstregulierung im weiteren Sinne gehören auch „watchdogs", das heißt unabhängige Organisationen, die untersuchen, ob die Organisationen sich an bestimmte Regeln halten, die sie als wichtig ansehen. Oft übernehmen diese „watchdog"-Organisationen im Spendenwesen auch eine Akkreditierungsfunktion[754]. In diesem Fall fungieren die Organisationen sowohl als eine von außen kommende verbraucherschutzanalogen selbständige Kontrolle („watchdog") als auch als unmittelbar in die Selbstregulierung eingebundene Akkreditierungsstelle.

Nach den allgemeinen Bewertungsgrundsätzen ist eine Selbstregulierungsmaßnahme im Einzelfall als effektiv anzusehen, wenn sie (1) von den beteiligten Organisationen hinreichend angenommen wird, (2) die Maßnahme von der Öffentlichkeit und den Medien als vertrauenswürdig angesehen wird[755], (3) die Selbstregulierungsmaßnahme in der Öffentlichkeit hinreichend bekannt ist[756].

Im übrigen gilt generell, was von Veen für die *niederländische* rechtspolitische Diskussion hervorhebt, nämlich dass die Wirtschaftlichkeitskontrolle im Rahmen der Watchdog- oder Selbstregulierungskontrolle eine wichtige Ergänzung zu der auf eine Prüfung der Rechtmäßigkeit begrenzten staatlichen Kontrolle bildet[757]. Auch ist das verbreitete Problem der staatlichen Aufsicht zu bedenken, nämlich ihre mangelhafte finanzielle und personelle Ausstattung. Es ist daher diskutabel, ob eine Verschärfung der Pflichten der Non-Profit-Organisationen auf Gesetzesebene ohne den fiskalischen Willen, das Mehr an staatlicher Aufsicht auch dauerhaft zu finanzieren, sinnvoll ist. Selbstregulierungsmechanismen hingegen werden aus Eigeninteresse zumindest teilweise vom gemeinnützigen Sektor selbst getragen. Freilich kann hier auch eine Schwäche liegen, wenn die Selbstkontrolle nicht ausreichend nachhaltig arbeitet und im Effekt zahnlos bleibt.

---

[754] Siehe besonders *Wilke* in Walz/Kötz/Rawert/Schmidt (Hrsg.), Non Profit Law Yearbook 2004 (2005), S. 181 (185).

[755] Entscheidend hierfür ist im Spendenwesen einmal, ob eine „neutrale" Institution, die ein Spendensiegel verleiht, einen Verhaltenskodex entwirft oder als „watchdog" fungiert, auch wirklich als unparteilich und kompetent gelten kann, und zum anderen, ob die aufgestellten Verhaltenskodices oder Qualitätsvorsetzungen als sachgerecht angesehen werden.

[756] Siehe beispielhaft zur Selbstregulierung durch Banken- und Versicherungsombudsmannsysteme *von Hippel*, Der Ombudsmann im Banken- und Versicherungswesen (2000).

[757] *van Veen*, Niederlande, F, S. 392.

2. Einzelne Länder

In *Deutschland* gibt es zwei Spendensiegel. Das erste wurde Anfang 1992 unter der Bezeichnung *DZI Spenden-Siegel* vom Deutschen Zentralinstitut für soziale Fragen eingeführt, das zweite ein Jahr später als *Spenden-Prüfzertifikat* der Deutschen Evangelischen Allianz (DEA) in Zusammenarbeit mit der Arbeitsgemeinschaft evangelikaler Missionen (AEM)[758]. Das Spenden-Prüfzertifikat richtet sich als freiwillige Zertifizierung ausschließlich an evangelikale Werke. Das Spenden-Siegel des DZI kann nur von überregional Spenden sammelnden, gemeinnützigen Organisationen beantragt werden. Die zunächst geltende Beschränkung auf humanitär-karitative Hilfswerke wurde nach einer Satzungsänderung beim DZI Anfang 2004 aufgehoben[759]. Die Prüfkriterien betreffen die Werbe- und Informationsarbeit, das Finanzwesen sowie die Kontroll- und Planungsstrukturen[760].

Die größte Bedeutung als unabhängiger watchdog hat in *Deutschland* das soeben schon genannte Institut für soziale Fragen. Daneben bieten auch die in allen Bundesländern mit über 200 Beratungsstellen vertretenen Verbraucherzentralen Hilfen für Spender. Zwischen dem DZI und den Verbraucherberatungen gibt es eine bewährte Aufgabenteilung[761].

Für Selbstregulierung und Interessenvertretung stehen vor allem drei Organisationen: der Deutsche Fundraising Verband, der Berufsverband der Fundraiser (nur Einzelpersonen), ca. 1.000 Mitglieder, 1993 gegründet, Ethikkodex und der deutscher Spendenrat e.V., ein Interessenverband von ca. 60 Spendenorganisationen, 1993 gegründet, Selbstverpflichtung und der Verband Entwicklungspolitik deutscher Nichtregierungsorganisationen e.V. (VENRO), Interessenverband von 100 Entwicklungshilfe-NPOs, Capacity Building, Kodex „Entwicklungspolitische Öffentlichkeitsarbeit". Daneben praktizieren zum Beispiel auch die sechs Spitzenverbände der Freien Wohlfahrtspflege in Bezug auf ihre jeweiligen Mitgliedsorganisationen Selbstregulierung in je unterschiedlicher Weise.

In den *Niederlanden* gibt es bezogen auf den Schutz von Spendern ein System der Selbstregulierung, das vom *Centraal Bureau Fondsenwerving* entwickelt wurde[762]. Dieses Zentralbüro ist eine zertifizierungsbefugte Einrichtung, die vom *Raad voor Accreditatie* überwacht wird und ein offizielles

---

[758] *Wilke* in Walz/Kötz/Rawert/Schmidt (Hrsg.), Non Profit Law Yearbook 2004 (2005), S. 181 (200 f).

[759] *Wilke* in Walz/Kötz/Rawert/Schmidt (Hrsg.), Non Profit Law Yearbook 2004 (2005), S. 181 (201).

[760] *Wilke* in Walz/Kötz/Rawert/Schmidt (Hrsg.), Non Profit Law Yearbook 2004 (2005), S. 181 (201).

[761] *Wilke* in Walz/Kötz/Rawert/Schmidt (Hrsg.), Non Profit Law Yearbook 2004 (2005), S. 181 (202).

[762] *van Veen*, Niederlande, F, S. 391.

geschütztes Gütezeichen verleiht, wenn bestimmte Kriterien nachweisbar erfüllt sind, die sich schwerpunktmäßig auf verantwortungsvolle Geschäftsführung in puncto Mittelbeschaffung und Mittelverwendung beziehen. Die vom *Centraal Bureau Fondsenwerving* zugrunde gelegten Kriterien sind sehr detailliert, und die Überwachung ihrer Erfüllung erfolgt mit größter Sachkenntnis und Objektivität[763]. In der niederländischen rechtspolitischen Diskussion wird hervorgehoben, dass die Wirtschaftlichkeitskontrolle im Rahmen der Selbstkontrolle eine notwendige Ergänzung zu der auf die Prüfung der Rechtmäßigkeit begrenzten staatlichen Kontrolle sei. Auch wird auf die Dauerschwäche der staatlichen Aufsicht, nämlich ihre mangelhafte finanzielle und personelle Ausstattung hingewiesen[764].

In *Österreich* besteht zwischen der Kammer der Wirtschaftstreuhänder und einer Reihe von Dachverbänden von Non-Profit-Organisationen ein Kooperationsvertrag, der eine Prüfung spendensammelnder Organisationen und die Verleihung des so genannten *österreichischen* Spendegütesiegels zum Inhalt hat[765]. Zur Erlangung dieses Spendegütesiegels hat die Non-Profit-Organisation bestimmte Standards im Zusammenhang mit der Spendenmittelaufbringung und Spendenmittelverwendung zu erfüllen. Die Ordnungsmäßigkeit des Rechnungswesens ist durch einen Wirtschaftstreuhänder regelmäßig zu überprüfen[766].

In *Schweden* kann spendensammelnden Organisationen eine Postschecknummer erteilt werden, die mit 90 anfängt. Diese Nummer zeigt dem Geld überweisenden Spender an, dass sie unter Kontrolle der „Stiftelsen för Insamlingskontroll, SFI" steht. Diese Stiftung wurde von den Arbeitgeber- und Arbeitnehmerorganisationen gegründet, die die Mitglieder des Vorstands wählen. Der Zweck der SFI ist eine Überwachung von Organisationen, die öffentliche Sammlungen für humanitäre, wohltätige, kulturelle und andere gemeinnützige Zwecke veranstalten. Unter anderem wird die Höhe der administrativen Kosten kontrolliert. Ungefähr 300 Sammlungsorganisationen werden heute von den Revisoren der SFI überwacht. Wenn eine Organisation das Recht zu einer 90-Nummer verliert, erregt das erhebliche publizistische Aufmerksamkeit[767].

Auch in der *Schweiz* bestehen freiwillige Selbstkontrollsysteme, wie z.B. die Stiftung ZEWO, welche auf Gesuch hin und nach Durchführung eines relativ aufwändigen Untersuchungsverfahrens die ZEWO-Schutzmarke (Label) im Sinne eines Gütesiegels erteilt und die Schutzmarkenträger anschliessend

---

[763] *van Veen*, Niederlande, F, S. 392.
[764] *van Veen*, Niederlande, F, S. 392.
[765] *Achatz*, Österreich, E 2, S. 417.
[766] *Achatz*, Österreich, E 2, S. 417.
[767] *Lindencrona*, Schweden, G II 2, S. 438.

jährlich hinsichtlich des ZEWO-konformen Verhaltens überprüft[768]. Die Schutzmarke wird nur gemeinnützigen Institutionen verliehen[769]. Die wichtigste Dachorganisation der Non-Profit Organisationen in den *USA*, Independent Sector, veröffentlicht seit Anfang 2004 auf ihrer Website ein „Compendium of Standards, Codes and Principles of Non-Profit and Philanthropic Organizations"[770]. Dieses listet Ende Februar 2005 insgesamt 109 US-amerikanische Standards für NPOs auf, darunter nur zwölf Siegelanbieter sowie vier Watchdogs ohne Akkreditierungsangebote; bei den übrigen 93 handelt es sich um Selbstverpflichtungen (Codes, Codes of Conduct), deren Einhaltung nicht systematisch überprüft wird. Von den zwölf Akkreditierungsstellen beschränken sich fünf auf fachzentrierte Qualitätsprüfungen (z.B. die National Association of Schools of Music), so dass in der Aufstellung von Independent Sector nur sieben allgemeine Akkreditierungen im Sinne eines Spendensiegels übrig bleiben[771]. Selbstregulierung wird in den USA von einer mindestens dreistelligen Zahl von Dach- und Lobbyorganisationen betrieben[772]. Die große Vielfalt ergibt sich insbesondere durch die vielen auf einzelne Sektoren sowie Bundesstaaten fokussierten Verbände.

Literatur

Achatz, Markus, Die Besteuerung der Non-Profit-Organisationen: KÖSt und USt bei gemeinnützigen Vereinen und Körperschaften öffentlichen Rechts, 2. Auflage, Wien 2004.

Alvermann, Jörg, EuGH-Rechtsprechung und Umsatzsteuerpraxis im Dritten Sektor, insbesondere Mitgliedsbeiträge, 5. Hamburger Tage des Stiftungs- und Non-Profit-Rechts, Bucerius Law School, Hamburg, 2005.

Arnold, Nikolaus Stangl, Christian/Tanzer, Michael, Privatstiftungs-Steuerrecht, Systematische Kommentierung, Teil I: Allgemeines, Eigennützige Privatstiftung, Wien 2005.

Baums, Theodor (Hrsg.), Bericht der Regierungskommission Corporate Governance: Unternehmensführung, Unternehmenskontrolle, Modernisierung des Aktienrechts, Köln 2001.

Baur, Florian, Gemeinnützigkeitsrecht im Sinne der 6. EG-Richtlinie, München 2005.

Bergmann, Maria, Erweiterte Sonderausgabenabzugsfähigkeit für Donationen an Stiftungen, Baden-Baden 2003.

Blümich, hrsg. v. Heuermann, Bernd, EStG, KStG, GewSt, Kommentar, 91. Ergänzungslieferung (Stand August 2006).

Bork, Udo, Ausschüttungsermessen des Stiftungsunternehmens, ZSt 2003, 14.

---

[768] *Koller*, Schweiz, F II 2, S. 480.

[769] *Koller*, ebd.

[770] Vgl. URL http://independentsector.org/issues/accountability/standards2.html (Stand: 23.02.2005).

[771] Siehe *Wilke* in Walz/Kötz/Rawert/Schmidt (Hrsg.), Non Profit Law Yearbook 2004 (2005), S. 181 (188).

[772] Vgl. *Wilke* in Walz/Kötz/Rawert/Schmidt (Hrsg.), Non Profit Law Yearbook 2004 (2005), S. 181 (187 f).

Brandeis, Louis D. (ed.), Other People's Money and How the Bankers Use It, New York 1913 (Reprint 1932, 1995).

Brody, Evelyn, Charitable Endowments and the Democratization of Dynasty, Arizona Law Review, Vol. 39, 873 (1997).

– A Taxing Time for the Bishop Estate: The I.R.S. Role in Charity Governance, University of Hawaii Law Review, Vol. 21, 537 (2000)

– The Limits of Charity Fiduciary Law, Yale University, Program on Non-Profit Organizations, Maryland Law Review, Vol. 57, 1400 (1998).

Buchna, Johannes, Gemeinnützigkeit im Steuerrecht: die steuerlichen Begünstigungen für Vereine, Stiftungen und andere Körperschaften; steuerliche Spendenbehandlung, 8. Auflage, Achim 2003.

Bundesministerium der Finanzen, Gutachten der Unabhängigen Sachverständigenkommission zur Prüfung des Gemeinnützigkeits- und Spendenrechts, Bonn 1988.

Bunjes, Johann/Geist, Reinhold, Umsatzsteuergesetz, 8. Auflage, München 2005.

Colombo, John D., A Proposal for an Exit Tax on Nonprofit Conversion Transactions, Journal of Corporation Law, Vol. 23, 779 (1998).

Crezelius, Georg/Rawert, Peter, Das Gesetz zur weiteren steuerlichen Förderung von Stiftungen - Anmerkungen zum ersten Schritt einer Reform des Stiftungsrechts, ZEV 2000, 421.

– Stiftungsrecht – quo vadis? Anmerkungen zu den Reformvorschlägen von Bündnis90/Die Grünen und F.D.P., ZIP 1999, 337.

Crimm, Nina J., A Case Study of a Private Foundation's Governance and Self-Interested Fiduciaries Calls for Further Regulation, Emory Law Journal, Vol. 50, 1093 (2001).

DeGaudenzi, Robert C., Tax-Exempt Public Charities: Increasing Accountability and Compliance, The Catholic University Law Review, Vol. 36, 203 (1995).

*Doppstadt, Joachim/Koss, Claus/Toepler, Stefa*n, Vermögen von Stiftungen – Bewertung in Deutschland und den USA, Gütersloh 2002.

Enquete-Kommission „Zukunft des Bürgerschaftlichen Engagements" des Deutschen Bundestages, Bericht Bürgerschaftliches Engagement: auf dem Weg in eine zukunftsfähige Bürgergesellschaft, Opladen 2002.

Erle, Bernd/Sauter, Thomas (Hrsg.), Heidelberger Kommentar zum Körperschafsteuergesetz: die Besteuerung der Kapitalgesellschaft und ihrer Anteilseigner, Heidelberg 2003.

Fischer, Hardy, Ausstieg aus dem Dritten Sektor: juristische Probleme bei Beendigung der Gemeinnützigkeit, Köln u.a. 2005.

Fishman, James J./Schwarz, Stephen (eds.), Nonprofit Organizations: Cases and Materials, Second Edition, New York 2000.

Fleishman, Joel: Stiftungsführung und Unternehmenskontrolle in Deutschland und den Vereinigten Staaten: Die Bedeutung von Unabhängigkeit und Freiheit der Stiftungen für das Gemeinwohl, in: Bertelsmann Stiftung (Hrsg.), Handbuch Stiftungen, 2. Aufl., Wiesbaden 2003, S. 351ff.

Flick/Wassermeyer/Baumhoff, hrsg. von Wassermeyer, Franz/Piltz, Detlev J., Außensteuerrecht, Kommentar, 57. Lieferung, Köln, Stand Dezember 2005.

Franz, Christoph, Grundlagen der Besteuerung gemeinnütziger Körperschaften bei wirtschaftlicher Betätigung, Berlin 1991.

Fremont-Smith, Marion R., Impact of the Tax Reform Act of 1969 on State Supervision of Charities, Harvard Journal on Legislation, Vol. 8, 537 (1971).

– Governing Nonprofit Organizations: Federal and State Law and Regulation, Cambridge u.a. 2004.

Friedrich, Peter/Kaltschütz, Anita/Nam, Chang Woon/Parsche, Rüdiger/Wellisch, Dietmar, Die Besteuerung gemeinnütziger Organisationen im internationalen Vergleich, ifo Institut für Wirtschaftsforschung Forschungsbericht Nr. 24, München 2005.

Friedrich, Walter J., Entwicklung des Vereinsrechts nach der neuesten obergerichtlichen Rechtsprechung, DStR 1996, 750.

Frumkin, Peter/Andre-Clark, Alice, Nonprofit Compensation and the Market, University of Hawaii Law Review, Vol. 21, p. 425, 1999.

Furche, Franz-Christoph, Die Kontrolle der Finanzen spendenfinanzierter caritativer Vereine, Bonn 1988.

Galli, Albert, Die Rechnungslegung nichtwirtschaftlicher gemeinnütziger Vereine, DStR 1998, 263.

Gary, Susan N., Regulating the Management of Charities: Trust Law, Corporate Law, and Tax Law, University of Hawaii Law Review, Vol. 21, 593 (1999).

Gast-de Haan, Brigitte, Die Förderung der "Allgemeinheit" als Voraussetzung für die steuerliche Anerkennung der Gemeinnützigkeit von Vereinen, DStR 1996, 405.

Hansmann, Henry B., Unfair Competition and the Unrelated Business Income Tax, Virginia Law Review, Vol. 75, 605 (1989).

Herrmann, Carl/Heuer, Gerhard (Begr.)/Raupach, Arndt (Hrsg.), Einkommensteuer- und Körperschaftsteuergesetz, Kommentar, 221. Lieferung, Köln, Stand April 2006.

Herzig, Norbert/Günkel, Manfred/Niemann, Ursula (Hrsg.), Steuerberater-Jahrbuch 1998/99: zugleich Bericht über den 50. Fachkongress der Steuerberater, Köln, 13. und 14. Oktober 1998, Köln 1999.

Hippel, Thomas von, Der Ombudsmann im Bank- und Versicherungswesen: eine rechtsdogmatische und –vergleichende Untersuchung, Tübingen 2000.

Hippel, Thomas von, Grundprobleme von Nonprofit-Organisationen – Eine zivilrechtsdogmatische, steuerrechtliche und rechtsvergleichende Untersuchung über Strukturen, Pflichten, Kontrollen und wirtschaftliche Tätigkeit von Vereinen und Stiftungen, Tübingen (im Druck).

Hippel, Thomas von, Besonderheiten der Rechnungslegung bei Nonprofit Organisationen, in: Unternehmungen, Versicherungen und Rechnungswesen, Festschrift zur Vollendung des 65. Lebensjahres von Dieter Rückle (Hrsg. Siegel/Klein/Schneider/Schwintowski), Berlin 2006.

Hof, Hagen/Hartmann, Maren/Richter, Andreas, Stiftungen: Errichtung – Gestaltung – Geschäftstätigkeit, München 2004.

Hopt, Klaus J./Reuter, Dieter (Hrsg.), Stiftungsrecht in Europa: Stiftungsrecht und Stiftungsrechtsreform in Deutschland, den Mitgliedstaaten der Europäischen Union, der Schweiz, Liechtenstein und den USA, Köln u.a. 2001.

Hopt, Klaus J./Hippel, Thomas von/Walz, W. Rainer (Hrsg.), Nonprofit-Organisationen in Recht, Wirtschaft und Gesellschaft: Theorien – Analysen – Corporate Governance, Tübingen 2005.

Hopt, Klaus J./Walz, W. Rainer/Hippel, Thomas von/Then, Volker (eds.), The European Foundation: A New Legal Approach, Cambridge 2006.

Hopkins, Bruce R., The Law of Tax-Exempt Organizations, 8th Edition, Hoboken, N.J., 2003.

Hübschmann, Walter/Hepp, Ernst/Spitaler, Armin (Hrsg.)/Söhn, Hartmut (Bearb.), Abgabenordnung, Finanzgerichtsordnung, Kommentar, 10. Auflage, Köln, Stand Mai 2006.

Hüffer, Uwe, Aktiengesetz, 7. Auflage, München 2006.

Hüttemann, Rainer, Das Gesetz zur weiteren steuerlichen Förderung von Stiftungen, DB 2000, 1584.

Hüttemann, Rainer, Steuervergünstigungen wegen Gemeinnützigkeit und europäisches Beihilfenverbot. Auswirkungen des EuGH-Urteils vom 10.01.2006 (italienische Bankstiftungen) auf das deutsche Steuerrecht (zugleich Anmerkung zu EuGH, U. v. 10.01.2006 - Rs. C-222/04 -), DB 2006, 914.

Hüttemann, Rainer, Wirtschaftliche Betätigung und steuerliche Gemeinnützigkeit, Köln 1991.

Igl, Gerhard (Hrsg.), Rechtliche Rahmenbedingungen bürgerschaftlichen Engagements, Opladen 2002.

Ipsen, Jörn, Steuerbegünstigung und Chancengleichheit: Verfassungsrechtliche Überlegungen zur Neuordnung der Parteienfinanzierung, JZ 1984, 1060.

Jachmann, Monika (Hrsg.), Gemeinnützigkeit: 27. Jahrestagung der Deutschen Steuerjuristischen Gesellschaft e.V., Erfurt, 23. und 24. September 2002 [Veröffentlichungen der Deutschen Steuerjuristischen Gesellschaft e.V., DStJG Band 26], Köln 2003.

Jachmann, Monika, Nachhaltige Entwicklung und Steuern: Ansätze zu einer an der Gemeinwohlverantwortung des Einzelnen ausgerichteten Lastenverteilungsgerechtigkeit, Stuttgart u.a. 2003.

Jachmann, Monika, Steuergesetzgebung zwischen Gleichheit und wirtschaftlicher Freiheit: verfassungsrechtliche Grundlagen und Perspektiven der Unternehmensbesteuerung, Stuttgart u.a. 2000.

Johnson, Alex M./Taylor, Ross D., Revolutionizing Judicial Interpretation of Charitable Trusts: Applying Relational Contracts and Dynamic Interpretation to Cy Pres and America's Cup Litigation, Iowa Law Review, Vol. 74, 545 (1989).

Kapp, Reinhard/Ebeling, Jürgen, Erbschaftsteuer- und Schenkungsteuergesetz, Kommentar, 12. Auflage, 49. Lieferung, Köln, Stand Mai 2006.

Kirchhof, Paul, Einkommensteuergesetzbuch: ein Vorschlag zur Reform der Einkommen- und Körperschaftsteuer, Heidelberg u.a. 2003.

Kirchhof, Paul (Hrsg.), EStG KompaktKommentar Einkommensteuergesetz, 5. Auflage, Heidelberg 2005.

Kirchhof, Paul/Söhn, Hartmut/Mellinghoff, Rudolf (Hrsg.), Einkommensteuergesetz, Kommentar, 165. Lieferung, Heidelberg, Stand Mai 2006.

Koch, Karl/Scholtz, Rolf-Detlev (Hrsg.), Abgabenordnung, AO, 5. Auflage, Köln 1996.

Kötz, Hein/Rawert, Peter/Schmidt, Karsten/Walz, W. Rainer (Hrsg.), Non Profit Law Yearbook 2001, Köln u.a. 2002.

Kötz, Hein/Rawert, Peter/Schmidt, Karsten/Walz, W. Rainer (Hrsg.), Non Profit Law Yearbook 2002, Köln u.a. 2003.

Kötz, Hein/Rawert, Peter/Schmidt, Karsten/Walz, W. Rainer (Hrsg.), Non Profit Law Yearbook 2003, Köln u.a. 2004.

Koller, Ingo/Roth, Wulf-Henning/Morck, Winfried, Handelsgesetzbuch, Kommentar, 5. Auflage, München 2005.

Koss, Claus, Rechnungslegung der Stiftung: von der Buchführung zur Jahresrechnung, Düsseldorf 2003.

Märkle, Rudi W./Alber, Matthias, Der Verein im Zivil- und Steuerrecht, 11. Auflage, Stuttgart u.a. 2004.

Meincke, Jens Peter, Erbschaftsteuer- und Schenkungsteuergesetz, Kommentar, 14. Auflage, München 2004.

Meyn, Christian/Richter, Andreas, Die Stiftung: umfassende Erläuterungen, Beispiele und Musterformulare für die Rechtspraxis, Freiburg i.Br u.a. 2004.

Milatz, Jürgen/Kemcke, Tom/Schütz, Robert, Stiftungen im Zivil- und Steuerrecht: Ein Praxisleitfaden, Heidelberg 2003.

Münchener Kommentar zum Bürgerlichen Gesetzbuch, hrsg. von Rebmann, Kurt/Rixecker, Roland/Säcker, Franz, Band 1, Allgemeiner Teil (§§ 1-240), 4. Auflage, München 2001; Band 3, Schuldrecht Besonderer Teil I (§§ 433-610), 4. Auflage, München 2004; Ergänzungsband zur 4. Auflage, München 2004.

Münchener Kommentar zum Handelsgesetzbuch, hrsg. von Schmidt, Karsten, Band 1, Buch 1: Handelsstand (§§ 1-104), 2. Auflage, München 2005.

Orth, Manfred, Zur Rechnungslegung von Stiftungen – Überlegungen aus Anlass des IDW-Diskussionsentwurfs, DB 1997, 1341.

Orth, Manfred, Stiftungen und Unternehmenssteuerreform, DStR 2001, 325.

Orth, Manfred, Rechnungslegung und Transparenz – eine Übersicht über die geltende stiftungsrechtliche Rechtslage, insbesondere nach den Landesstiftungsgesetzen, in: Walz (Hrsg.), Rechnungslegung und Transparenz im Dritten Sektor, Köln 2004, S. 27.

Pahlke, Armin/Koenig, Ulrich (Hrsg.), Abgabenordnung, Kommentar, München 2004.

Picarda, Hubert, The Law and Practice Relating to Charities, 3rd ed., London 1999.

Pistorius, Jörn, Der Regierungsentwurf zur Änderung des Genossenschaftsrechts - Stärkung der Rechtsform eG?, DStR 2006, 278.

Prognos AG (im Auftrag des Bundesministeriums der Finanzen), Unterstützung des freiwilligen bürgerschaftlichen Engagements – der Beitrag des Bundes bei der Gestaltung gesetzlicher und finanzieller Rahmenbedingungen, Forschungsauftrag Nr. 23/03, Basel, 31. März 2005.

Pump, Hermann/Leibner, Wolfgang (Hrsg.), Abgabenordnung, Kommentar, 55. Lieferung, München u.a., Stand November 2005.

Rawert, Peter: Der Stiftungsbegriff und seine Merkmale – Stiftungszweck, Stiftungsvermögen, Stiftungsorganisation, in: Hopt/Reuter (Hrsg.), Stiftungsrecht in Europa, Köln 2001, S. 109

Rawert, Peter: Bürgerstiftungen – Ausgewählte Rechts- und Gestaltungsfragen, in: Bertelsmann Stiftung (Hrsg.), Handbuch Bürgerstiftungen, 2. Aufl., Wiesbaden 2004, S. 151

Reichert, Bernhard, Handbuch Vereins- und Verbandsrecht, 10. Auflage, München u.a. 2005.

Reiß, Wolfram/Kraeusel, Jörg/Langer, Michael (Hrsg.), Umsatzsteuergesetz, UStG mit Nebenbestimmungen, Gemeinschaftsrecht, Kommentar, 58. Lieferung, Bonn u.a., Stand Januar 2006.

Reuter, Dieter, Rechtsprobleme unternehmensbezogener Stiftungen, DWiR 1991, 192.

Reuter, Dieter, Der Vorbehalt des Stiftungsgeschäfts, NZG 2004, 939.

Riehmer, Klaus W., Körperschaften als Stiftungsorganisationen: eine Untersuchung stiftungsartiger Körperschaften in Deutschland, England und den USA, Baden-Baden 1993.

Rose-Ackerman, Susan, Unfair Competition and Corporate Income Taxation, Stanford Law Review, Vol. 34, P. 1017, 1982.

Sauter, Eugen/Schweyer, Gerhard (Begr.)/Waldner, Wolfram (Bearb.), Der eingetragene Verein: gemeinverständliche Erläuterung des Vereinsrechts unter Berücksichtigung neuester Rechtsprechung mit Formularteil, 18. Auflage, München 2006.

Schäfers, Bernadette, Die steuerliche Behandlung gemeinnütziger Stiftungen in grenzüberschreitenden Fällen: Körperschaftsteuer, Erbschaft- und Schenkungsteuer; zugleich ein Beitrag zum Recht der Nonprofit-Organisationen, Baden-Baden 2005.

Schauhoff, Stephan (Hrsg.), Handbuch der Gemeinnützigkeit: Verein, Stiftung, GmbH - Recht, Steuern, Personal, 2. Auflage, München 2005.

Schiffer, K. Jan, Aktuelles Beratungs-Know-how Gemeinnützigkeits- und Stiftungsrecht, DStR 2002, 1206.

Schlüter, Andreas, Stiftungsrecht zwischen Privatautonomie und Gemeinwohlbindung: ein Rechtsvergleich Deutschland, Frankreich, Italien, England, USA, München 2004.

Schmidt, Ludwig, Einkommensteuergesetz, Kommentar, 25. Auflage, München 2006.

Schwarz, Bernhard (Hrsg.), Abgabenordnung: AO, 11. Auflage, 117. Lieferung, Freiburg i.Br., Stand Februar 2006.

Schwintek, Sebastian, Vorstandskontrolle in rechtsfähigen Stiftungen bürgerlichen Rechts: eine Untersuchung zu Pflichten und Kontrolle von Leitungsorganen im Stiftungsrecht – insbesondere in Unternehmensträgerstiftungen, Baden-Baden 2001.

Seifart, Werner (Begr.)/Campenhausen, Axel Freiherr von (Hrsg.), Handbuch des Stiftungsrechts, 2. Auflage, München 1999.

Sölch, Otto/Ringleb, Karl/Mößlang, Gerhard (Hrsg.), Umsatzteuergesetz, Kommentar, 55. Lieferung, München, Stand April 2006.

Staudinger, Julius von (Begr.), J. v. Staudingers Kommentar zum Bürgerlichen Gesetzbuch mit Einführungsgesetz und Nebengesetzen, Buch 1, Allgemeiner Teil (§§ 21-79), Neubearbeitung, Berlin 2005.

Stock, Remmert A., Erhaltung der finanziellen Leistungskraft gemeinnütziger Nonprofit-Organisationen, Wiesbaden 2002.

Stock, Remmert A., Wahl der Rechtsform im gemeinnützigen Nonprofit-Bereich, NZG 2001, 440.

Stöber, Kurt, Handbuch zum Vereinsrecht, 9. Auflage, Köln 2004.

Swords, Peter, The Form 990 as an Accountability Tool for 501(c)(3) Nonprofits, Tax Lawyer, Vol. 51, p. 571, 1998.

Thiel, Jochen, Die Neuordnung des Spendenrechts, DB 2000, 392.

Thiel, Jochen, Die zeitnahe Mittelverwendung: Aufgabe und Bürde gemeinnütziger Körperschaften, DB 1992, 1900.

Tipke, Klaus, Die deklassierte Gemeinnützigkeit: Geistig und sittlich auf dem Hund, StuW 1989, 165.

Tipke, Klaus/Kruse, Heinrich Wilhelm, Abgabenordnung, Finanzgerichtsordnung: Kommentar zur AO und FGO, 109. Lieferung, Köln, Stand Mai 2006.

Tipke, Klaus/Lang, Joachim, Steuerrecht, 18. Auflage, Köln 2005.

Troll, Max/Gebel, Dieter/Jülicher, Marc, Erbschaftsteuer- und Schenkungsteuergesetz, Kommentar, 32. Lieferung, München, Stand März 2006.

Wachter, Thomas, Schweiz: Änderungen des Stiftungsrechts zum 1.1.2006, ZErb 2006, 11.

Wagner, Franz W./Walz, W. Rainer, Zweckerfüllung gemeinnütziger Stiftungen durch zeitnahe Mittelverwendung und Vermögenserhaltung: eine ökonomische und rechtliche Analyse, Baden-Baden 1997.

Wallenhorst, Rolf, Die Erhöhung des Spendenvolumens durch Zuwendungen in den Vermögensstock bei fiduziarischen Verbrauchsstiftungen, DStR 2002, 984.

Wallenhorst, Rolf/Halaczinsky, Raymond, Die Besteuerung gemeinnütziger Vereine, Stiftungen und der juristischen Personen des öffentlichen Rechts, 5. Auflage, München 2004.

Walz, W. Rainer (Hrsg.), Rechnungslegung und Transparenz im Dritten Sektor, Köln u.a. 2004.

Walz, W. Rainer/Kötz, Hein/Rawert, Peter/Schmidt, Karsten (Hrsg.), Non Profit Law Yearbook 2004, Köln u.a. 2005.

Weisbrod, Christian, Europäisches Vereinsrecht: eine rechtsvergleichende Studie, Frankfurt am Main u.a. 1994.

Westebbe, Achim, Die Stiftungstreuhand: eine Untersuchung des Privatrechts der unselbständigen gemeinnützigen Stiftung mit rechtsvergleichenden Hinweisen auf den charitable trust, Baden-Baden 1993.

Wolsztynski, Christian/Hüsgen, Thomas, Kritische Anmerkungen zur Reform des Spenden- und des Stiftungssteuerrechts, BB 2000, 1809.

Rechtspolitische Optionen zum deutschen Gemeinnützigkeits- und Spendenrecht von A bis Z

THOMAS VON HIPPEL / W. RAINER WALZ

1. Teil: Zusammenfassende Thesen
2. Teil: Entwicklung rechtspolitischer Vorschläge aus dem Rechtsvergleich
A. Einführung
B. Steuerprivilegien und ihre Rechtfertigung
C. Rechtsformübergreifende Konzeption des Gemeinnützigkeitsrechts
D. Definition des gemeinnützigen Zwecks
E. Förderung der Allgemeinheit
F. Ausschließlichkeitsprinzip
G. Selbstlosigkeit, Gewinnausschüttungsverbot und Vermögensbindung
H. Unmittelbarkeit
I. Zeitnahe Mittelverwendung
J. Steuerprivilegien für Einkünfte aus ideeller Tätigkeit
K. Steuerprivilegien für Einkünfte aus Vermögensverwaltung
L. Steuerprivilegien für Einkünfte aus Zweckbetrieben
M. Steuerprivilegien für Einkünfte aus wirtschaftlichen Geschäftsbetrieben
N. Steuerprivilegien für die Umsatzsteuer
O. Methode des Spendenabzugs
P. Differenzierungen anhand des Zwecks der Spende
Q. Differenzierungen anhand des Spenders und der Rechtsform der Empfangsorganisation
R. Ergänzende Anmerkungen zum Spendenrecht
S. Verfahren und Aufsicht durch die Finanzverwaltung
T. Rechnungslegung
U. Transparenz und Publizität
V. Sonderproblem: Förderung im Ausland
W. Sonderproblem: Geprägetheorie
X. Sonderproblem: Behandlung von Holding-Organisationen
Y. Empfehlung: Stärkung der Corporate Governance für gemeinnützige Organisationen
Z. Ausblick: Erzwungener Wandel des nationalen Gemeinnützigkeits- und Spendenrechts durch das Europarecht

1. Teil: Zusammenfassende Thesen

1. Steuerprivilegien für gemeinnützige Organisationen rechtfertigen sich einmal durch die Entlastung des Staats von seinen (durch ihn selbst auszuübenden) Aufgaben, zum anderen aber auch durch den engen Zusammenhang von staatsbürgerlicher Freiheit und pluralistischer Ordnung[1]. Es ist daher richtig, dass auch staatsfremde und staatsferne Zwecke gemeinnützig sein können[2].

---

[1] Siehe unter B 5-7 (S. 226).
[2] Siehe unter B 8 (S. 227).

2. Ein Leitgedanke der folgenden Vorschläge ist, dass neben der gebotenen Förderung der gemeinnützigen Organisationen auch eine Verbesserung der Corporate Governance (Leitungs- und Kontrollstruktur) für gemeinnützige Organisationen geboten ist[3]. Dieser Gedanke ist an verschiedenen Stellen relevant, so beim Gebot der zeitnahen Mittelverwendung, der Geprägetheorie, den Regeln zur Rechnungslegung, Transparenz und Publizität und dem Umgang mit Holding-Organisationen.

3. Mit Recht ist das Gemeinnützigkeitsrecht rechtsformübergreifend ausgestaltet, weil die organisationsrechtlichen Anforderungen des Zivilrechts nicht entscheidend über die des Gemeinnützigkeitsrechts hinausgehen[4]. Fragwürdig sind daher die rechtsformspezifischen Steuervergünstigungen in § 10 b Abs. 1 S. 3 und Abs. 1 a EStG für Stiftungen[5]. Es wird empfohlen, stattdessen eine rechtsformneutrale Sondervergünstigungen für stiftungsähnliche hohe Dotationen zu gewähren, die sich mit der Durchbrechung des Annuitätenprinzips rechtfertigen lässt[6].

4. Eine abschließende Definition des gemeinnützigen Zwecks und des Erfordernisses der Selbstlosigkeit würde zwar die Rechtssicherheit verbessern, ist aber angesichts der Vielfalt der Materie und des ständigen Wandels nicht empfehlenswert[7]. Die Konkretisierung sollte (wie bisher) der Finanzverwaltung und der Rechtsprechung überlassen bleiben. Geboten ist freilich ein folgerichtiger Zusammenhang zwischen den Regelbeispielen in § 52 Abs. 2 AO und der Generalklausel des § 52 Abs. 1 AO, der eine klare normative Leitidee voraussetzt[8].

5. Im übrigen sollten die Maßstäbe für die Abgrenzung zwischen Selbstlosigkeit und Eigennutz (wie schon bisher) nicht zu engherzig sein[9]. Nicht geändert werden sollte daher die (nicht selbstverständliche) Sondervorschrift des § 58 Nr. 5 (Förderung des Stifters und seiner Angehörigen)[10]. Ebenso sollte der Grundsatz beibehalten werden, dass der Vorstand einer gemeinnützigen Organisation ein marktübliches Gehalt verlangen darf, weil dies notwendig sein kann, um ein kompetentes und professionelles Management zu gewährleisten[11].

6. Das Gebot der zeitnahen Mittelverwendung (§ 55 Abs. 1 Nr. 5 AO) ist als verhaltenssteuernde Pflicht anzusehen, welche die Corporate Governance

---

[3] Siehe unter Y (S. 276).
[4] Siehe unter C 1-3 (S. 227).
[5] Siehe unter C 4 (S. 228) und Q 2-8 (S. 253).
[6] Siehe unter Q 9 (S. 256).
[7] Siehe unter D 1-2 (S. 228).
[8] Siehe unter D 3 (S. 229).
[9] Siehe unter G 4 (S. 232).
[10] Siehe unter F 2 (S. 231).
[11] Siehe unter G 5 (S. 232).

der gemeinnützigen Organisation dadurch verbessern möchte, dass sie dafür sorgt, dass die Verantwortlichen einer Organisation nicht das gemeinnützige Ziel aus den Augen verlieren, derentwegen die Steuerprivilegien gewährt worden sind[12]. Auf der Grundlage dieses Verständnisses spricht viel dafür, (nach US-amerikanischen Vorbild) beim Gebot der zeitnahen Mittelverwendung stärker zu differenzieren: Es kann gelockert (oder gar aufgegeben werden), wenn bereits eine effektive Kontrolle durch indirekte Anreize besteht (insbesondere durch effektive Märkte). Sofern es hingegen an anderen effektiven Kontrollinstrumenten mangelt, ist es überaus zweifelhaft, ob das geltende deutsche Recht die ratio legis des Gebots der zeitnahen Mittelverwendung hinreichend verwirklichen kann[13].

a) Eine Lockerung (oder Aufhebung) des Gebots der zeitnahen Mittelverwendung bietet sich bei Zweckbetrieben an, die sich im Wettbewerb mit anderen Organisationsformen (insbesondere des For-Profit Sektors, aber auch anderer gemeinnütziger und staatlicher Anbieter) befinden. Hierzu gehören gemeinnützige Krankenhäuser, aber auch gemeinnützige Privatschulen und gemeinnützige Privatuniversitäten. Diesen Dienstleistungsanbietern sollte – wie ihren nicht-gemeinnützigen Konkurrenten – eine langfristige Risikovorsorge möglich sein.

b) Entsprechendes gilt für spendenfinanzierte Organisationen unter der Prämisse, dass (nach US-amerikanischem Vorbild) für einen effektiven „Spendenmarkt" gesorgt wird, bei dem der Spender und die Öffentlichkeit (insbesondere die Medien) sich ein Urteil über die Tätigkeit der Organisation bilden können. Hierzu bedarf es insbesondere einer Verbesserung der Transparenz und Publizität.

c) Soweit es hingegen um steuerbegünstigte Organisationen geht, die nicht durch effektive Märkte kontrolliert werden, die stark von einer privaten Geldquelle abhängen und kaum Außeneinfluss ausüben (wie z.B. bei steuerbegünstigten Holding-Organisationen), spricht viel für eine Verschärfung des geltenden Rechts[14].

7. Die in Deutschland (wie ganz überwiegend im Ausland) geltende Trennung der Einkünfte von gemeinnützigen Organisationen in vier Sphären (ideelle Einkünfte, Einkünfte aus Vermögensverwaltung, Einkünfte aus Zweckbetrieb und Einkünfte aus wirtschaftlichem Geschäftsbetrieb, die prinzipiell als einzige Einkunftsart der (partiellen) Besteuerung unterliegen) ist erklärungsbedürftig. In ihren Grundzügen lässt sich diese Unterscheidung folgendermaßen begründen:

---

[12] Siehe unter I 6-8 (S. 236).
[13] Siehe zum Folgenden unter I 9 (S. 237).
[14] Siehe hierzu auch näher unter X 4 (S. 273).

a) Ideelle Einkünfte (also Zuwendungen in Form von Spenden, Stiftungen und Subventionen) werden der gemeinnützigen Organisation für ihren privilegierten Zweck zur Verfügung gestellt. Es ist plausibel, dass hierfür keine Steuer erhoben werden sollte, zumal hierdurch auch gewerbliche, gewinnorientierte Organisationen nicht schlechter gestellt werden[15].

b) Das Gegenextrem ist der wirtschaftliche Geschäftsbetrieb, der seine erzielten Gewinne grundsätzlich zu versteuern hat. Diese (auch im Ausland nahezu einhellig geltende) partielle Besteuerung lässt sich damit rechtfertigen, (1) dass der freie Markt und sein Wettbewerbsmechanismus möglichst wenig durch die Aktivitäten steuerbefreiter Akteure verzerrt werden und (2) dass gemeinnützige Organisationen nicht dazu übergehen, sich für den Normalfall der Güterproduktion und der Leistungserbringung an die Stelle steuerpflichtiger Unternehmer zu setzen und dadurch die Steuerquellen aushöhlen[16].

c) Demgegenüber werden Einkünfte aus Vermögensverwaltung steuerlich befreit. Diese Unterscheidung lässt sich zwar nicht überzeugend damit begründen, dass es insoweit an einem Wettbewerb fehle, wohl aber damit (1) dass vermögensverwaltende Tätigkeiten für den Investor regelmäßig keinen nutzbaren wettbewerbsstrategischen Vorteil bringen, (2) dass durch Vermögensverwaltung weniger Leitungsaufwand vom vorrangigen gemeinnützigen Zweck abgezogen wird als durch unternehmerische Tätigkeiten und (3) dass die Unterscheidung zwischen Vermögensverwaltung und unternehmerischen Tätigkeiten in vielen anderen Rechtsgebieten anerkannt ist[17].

d) Eine Ausnahme von der (unter b vorgestellten) partiellen Besteuerung wirtschaftlicher Geschäftsbetriebe gilt jedoch für den „Zweckbetrieb". Seine Besonderheit (gegenüber dem bloßen Mittelbeschaffungsbetrieb) liegt darin, dass der Zweckbetrieb nötig ist, um den gemeinnützigen Zweck selbst zu verwirklichen (Beispiel Krankenhaus) oder ein hierzu unverzichtbarer Hilfsbetrieb ist (Beispiel: Eingliederung geistig Behinderter durch betreute Werkstätten). Freilich besteht oft eine Konkurrenz zwischen den am Markt tätigen Zweckbetrieben und privatnützig tätigen, nicht steuerprivilegierten Unternehmen (z.B. bei Krankenhäusern). In diesem Fall ist im Einzelfall zu prüfen, ob die Ungleichbehandlung sich überzeugend begründen lässt (z.B. durch die begründete Annahme, dass der private Güter- und Leistungsmarkt das

---

[15] Siehe unter J (S. 239).
[16] Siehe unter M 1-2 (S. 242).
[17] Siehe unter K (S. 240).

geförderte Gut quantitativ und/oder qualitativ nicht in ausreichendem Maß zu allgemein erschwinglichen Preisen hervorbringt)[18].

8. In der Praxis ergeben sich mehrere Grenzfälle, die sowohl aus rechtspolitischer Sicht als auch hinsichtlich der europarechtlichen Zulässigkeit problematisch sind:

a) Dies gilt einmal für sog. „echte" Mitgliedsbeiträge, die nach traditioneller Ansicht umsatzsteuerfrei und selbst dann als Einnahmen aus ideeller Tätigkeit anzusehen sind, wenn der Verein dem Mitglied (satzungsmäßige) vermögenswerte Leistungen erbringt, für welche die Zahlung eines (pauschalen) Mitgliedsbeitrags vorausgesetzt wird[19].

b) Problematisch ist ferner, ob es richtig ist, Steuervergünstigungen für diejenigen Zweckbetriebe zu gewähren, die an einem Markt auftreten, auf dem ein starker Wettbewerb mit steuerpflichtigen Konkurrenten besteht, was z.B. bei den in §§ 66ff. AO aufgeführten „Zweckbetrieben" auftreten kann (für die der Grundsatz des § 65 Nr. 3 AO nicht gilt). Erhebliche Zweifel sind z.B. bei der angewandten Forschung (§ 68 Nr. 9 S. 2 AO) angebracht[20].

c) Nicht unproblematisch ist schließlich die Behauptung, es handle sich um einen Fall der Vermögensverwaltung, wenn eine gemeinnützige (Holding-)Organisation die Dividenden von der Tochtergesellschaft (die sie mehrheitlich beherrscht) ausgeschüttet erhält[21].

9. Erwägenswert ist eine deutliche Erhöhung des Freibetrags des § 64 Abs. 3 AO (von derzeit 30.678 €)[22]. Hiergegen spricht auch nicht die in § 65 Nr. 3 AO enthaltene Wertung, nur unvermeidbare Wettbewerbsverzerrungen hinzunehmen: Diese Vorschrift bezweckt nämlich nicht, den steuerpflichtigen Wettbewerber vor unfairen Praktiken zu schützen (UWG-Gedanke), sondern vielmehr, eine Verzerrung des Marktes und des Preismechanismus zu verhindern (GWB-Gedanke). Es geht nicht darum, schlicht die Nachbarschaftskneipe vor dem Vereinslokal zu schützen, sondern darum, dass der Verbraucher für sein Bier einen unverzerrten Marktpreis bezahlt. Aufgrund US-amerikanischer Untersuchungen spricht viel dafür, dass gemeinnützige Organisationen sich (zumindest in diesem Rahmen) typischerweise als passive Preisnehmer verhalten und nicht anstreben, durch Dumping-Preise die gewinnorientierten (steuerpflichtigen) Konkurrenten zu verdrängen.

---

[18] Siehe unter L (S. 241).
[19] Siehe unter J 3 (S. 239) und unter Z 4 (S. 278).
[20] Siehe unter N 8 a (S. 249).
[21] Siehe unter W 7-8 (S. 267).
[22] Siehe unter M 4-9 (S. 243).

10. Beim Umsatzsteuerrecht sind verschiedene Besonderheiten zu beachten, die sowohl mit der Eigenart der Umsatzsteuer als auch mit der Gesetzgebungszuständigkeit (EU und nationaler Gesetzgeber) zusammenhängen[23]. Hier empfiehlt sich folgendes[24]:

   a) Auf der EU-Ebene besteht ein klarer Bedarf nach mehr Rechtssicherheit. Sehr wünschenswert ist daher z.B. eine Abgleichung der Anlage H der 6. EG-Richtlinie mit dem in § 12 Nr. 8 a UStG implizit vorausgesetzten – aber nicht europarechtlich abgesicherten – Zweckbetriebsbegriff.

   b) Diskutabel, aber aus wettbewerbsrechtlichen Gründen problematisch und zudem wegen der erheblichen fiskalischen Auswirkungen unrealistisch, wäre eine (auf europäischer Ebene vorzunehmende) Änderung des Art. 17 Abs. 2 der 6. EG-Richtlinie dahingehend, dass eine Befreiung nach Art. 13 den Vorsteuerabzug nicht ausschließt (Einführung einer sog. zero-tax-rate).

   c) Erwägenswert ist hingegen eine (auf europäischer Ebene vorzunehmende) Änderung der in Anlage H der 6. EG-Richtlinie aufgelisteten Tätigkeiten, anhand der Fragestellung, welche Aktivitäten, für die ein öffentlicher Bedarf besteht, durch den Markt gedeckt werden können.

   d) Auf nationaler Ebene änderbar und rechtspolitisch wünschenswert ist die Ausdehnung des § 4 a UStG jenseits seines engen Anwendungsbereichs auf alle karitativen (entgeltlosen) – also nicht in den Anwendungsbereich der 6. EG-Richtlinie fallenden – Leistungen von gemeinnützigen Organisationen.

11. Beim Spendenrecht sprechen gute Gründe für eine Änderung der Abzugsmethode in der Weise, dass jeder Spender 50% der von ihm entrichteten Spende von seiner Steuerbelastung abziehen darf[25]. Diese Methode gilt schon jetzt für Parteispenden nach § 34 g EStG. Ein solches Modell behandelt alle Spender gleich, was aus demokratischer Sicht manches für sich hat (während das derzeitige Abzugsmodell aufgrund des progressiven Einkommensteuersatzes Spender mit höherem Einkommen besser stellt). Außerdem sprechen die Ergebnisse der ökonometrischen Untersuchung dafür, dass eine solche Umstellung (entgegen dem ersten Anschein) nahezu aufkommensneutral möglich wäre.

12. Die derzeitige Abstufung der Spendenzwecke (die für die Obergrenze der abziehbaren Spende relevant ist) erscheint plausibel, soweit es um die Differenzierung zwischen den Organisationen, die Sport oder Freizeitzwecke verfolgen (und bei denen Mitgliedsbeiträge nicht absetzbar sind),

---

[23] Siehe unter N 1-7 (S. 244).
[24] Siehe unter N 8 (S. 249).
[25] Siehe zum Folgenden unter O (S. 250).

und den anderen Organisationen geht[26]. Demgegenüber überwiegen die Nachteile bei der (weiteren) Differenzierung zwischen Organisationen, die aufgrund ihres Zwecks einen Abzug von bis zu 10% erhalten können, und Organisationen, die aufgrund ihres Zwecks nur einen Abzug von 5% erhalten können: hier kommt es zu erheblichen praktischen Abgrenzungsschwierigkeiten, die Verwaltungsaufwand und Haftungsrisiken schaffen[27]. Im übrigen empfiehlt sich eine deutliche Anhebung der Obergrenze für alle diese Organisationen[28].

13. Im übrigen sollten beim Spendenrecht die folgenden Punkte verbessert werden:

    a) Es ist wenig sinnvoll, den Spendenabzug in 3 Gesetzen (EStG, KStG, GewStG) nebeneinander und in großen Teilen inhaltlich gleich zu regeln[29].

    b) Die auf Umsatzhöhen (statt auf die Höhe des Einkommens) abstellende Abzugsgrenze für Spenden in §§ 10 b Abs. 1 S. 1 EStG; § 9 Abs. 1 Nr. 2 S. 1 KStG ist entbehrlich[30].

    c) Der Spendenabzug sollte auch dann ermöglicht werden, wenn eine gewerbliche Tochtergesellschaft ihren Gewinn an die gemeinnützige Mutterorganisation abführt, obwohl es sich hier an sich (mangels Freiwilligkeit) nicht um eine „Spende" im strengen Sinne handelt[31].

14. Beim Verfahren und der Aufsicht durch die Finanzverwaltung empfiehlt es sich nicht, nach britischem Vorbild eine „Charity Commission" zu installieren[32]. Sinnvoll wären jedoch eine Entscheidungszentralisierung bei einer besonderen Stelle innerhalb der Finanzverwaltung[33] und die Einführung eines statusbegründenden Grundlagenbescheids für die Feststellung der Gemeinnützigkeit[34].

15. Dringend geboten ist eine Verbesserung der Rechenschaftspflichten gemeinnütziger Organisationen nach den folgenden Maßgaben[35]:

    a) Es sollte (nach angelsächsischem Vorbild) Vorgaben sowohl für das zu publizierende Zahlenwerk (Fixierung von Buchführungs-, Bilanzierungs- und Bewertungskonventionen) als auch für einen verbalen

---

[26] Siehe unter P 2 (S. 252).
[27] Siehe unter P 3 (S. 252).
[28] Siehe unter P 4 (S. 252).
[29] Siehe unter R 2 (S. 259).
[30] Siehe unter R 3 (S. 259).
[31] Siehe unter R 4 (S. 259).
[32] Siehe unter S 2 (S. 260).
[33] Siehe unter S 3 (S. 260).
[34] Siehe unter S 4 (S. 260).
[35] Siehe unter T (S. 261).

Bericht geschaffen werden, so dass die Berichte aussagekräftig sind und miteinander verglichen werden können.

b) Diese Vorgaben sollten größenmäßig abgestuft sein, um kleinere Organisationen nicht zu sehr zu belasten.

c) Um unnötigen bürokratischen Aufwand zu vermeiden, sollte die Art und Weise der Rechnungslegung gegenüber verschiedenen staatlichen Stellen so weit wie möglich vereinheitlicht werden.

16. Ebenfalls dringend erforderlich sind flankierende Publizitätspflichten („Sonnenlicht ist das beste Desinfektionsmittel")[36]. Daher sollte zwecks Kooperation der Finanzämter mit einer Informationsplattform im Internet das Steuergeheimnis (§§ 30ff. AO) im gemeinnützigen Sektor nur noch in Ausnahmefällen gelten (nämlich bei partiell steuerpflichtigen wirtschaftlichen Geschäftsbetrieben und bei Spendern, die anonym bleiben wollen). Im übrigen sollte (nach weit verbreiteten ausländischen Vorbildern) eine (größenabhängig abgestufte) Publizitätspflicht verordnet werden.

17. Sonderfragen stellen sich bei gemeinnützigen Organisationen, die ihren Zweck durch Tätigkeiten im Ausland fördern.

a) Es sprechen gute Gründe dafür, solche Tätigkeiten (mit der traditionellen Ansicht) als „Förderung der Allgemeinheit" anzusehen. In diesem Falle wäre die jüngst durch die Finanzverwaltung vertretene restriktive Auslegung unzutreffend[37].

b) Eine andere Frage ist, ob man de le ferenda das Gemeinnützigkeits- und Spendenrecht so ändern sollte, dass nur noch die Förderung nationaler Ziele im Inland zulässig ist, was europarechtlich wohl zulässig wäre. Gegen eine solche Lösung spricht freilich, dass sie sich mit der Idee eines zusammenwachsenden Europas schwerlich vereinbaren lässt[38].

c) Für ein großzügiges Verständnis spricht ferner, dass der Rechtsvergleich gezeigt hat, dass die einschlägigen Bestimmungen im deutschen und im ausländischen Recht weitgehende Übereinstimmungen aufweisen[39].

18. Eine andere Sonderfrage ist der Umgang mit der „Geprägetheorie", nach der die Gemeinnützigkeit einer Organisation abzulehnen ist, wenn sie besonders intensiv durch gewerblich-unternehmerische Tätigkeiten dominiert wird.

a) Die Geprägetheorie ist als verhaltenssteuernde Regelung zur Lösung von Corporate Governance-Fragen bei gemeinnützigen Organisa-

---

[36] Siehe zum Folgenden unter U (S. 262).
[37] Siehe unter V 2-4 (S. 265).
[38] Siehe unter V 5 (S. 266).
[39] Siehe unter V 6 (S. 266).

tionen anzusehen. Sie soll durch die Begrenzung der Tätigkeiten des wirtschaftlichen Geschäftsbetriebs verhindern, dass der wirtschaftliche Geschäftsbetrieb allzu dominant wird und die Leitung der gemeinnützigen Organisation ihr Verhalten (heimlich) danach ausrichtet, in erster Linie diesen Geschäftsbetrieb zu fördern, während der eigentliche gemeinnützige, in der Satzung niedergelegte Zweck in den Hintergrund tritt[40]. Die Geprägetheorie stellt nach diesem Verständnis eine Ergänzung zum Gebot der zeitnahen Mittelverwendung dar, das einen vergleichbaren Schutzzweck verfolgt[41].

b) Zweifelhaft ist, ob die Geprägetheorie in der Lage ist, diesen Zweck auch zu wahren, denn sie ist nach herrschender Ansicht nur für wirtschaftliche Geschäftsbetriebe anwendbar, nicht aber auf die Vermögensverwaltung. Dies wirkt sich insbesondere in den Holding-Fällen aus, weil dort die beherrschende Stellung der gemeinnützigen Mutterorganisation als bloße Vermögensverwaltung qualifiziert wird, solange sie nicht in die aktive Geschäftsführung eingreift[42].

c) Gegen die Geprägetheorie lässt sich einwenden, dass es sich bei ihr um ein recht schematisches Instrument handelt, da sie auf quantitative Größen abstellt. Hieraus können sich Fehlanreize und Vermeidungsstrategien ergeben, die es zweifelhaft erscheinen lassen, ob die Geprägetheorie die beste Lösung ist[43].

d) Eine Möglichkeit, um diese Schwächen zu beheben, wäre die Präzisierung der Geprägetheorie durch qualitative Kriterien[44]. Eine andere Möglichkeit wäre es, die Geprägetheorie abzuschaffen und durch andere Vorschriften zu ersetzen, die sicherstellen, dass die Einflüsse, die sich aus der Finanzierung einer gemeinnützigen Organisation durch gewerbliche Tätigkeiten ergeben, nicht in der Form überhand nehmen, dass die gewerblichen Tätigkeiten die eigentliche Zweckverfolgung überlagern. Hierzu gehören das Gebot der zeitnahen Mittelverwendung[45], Pflichten zur Vermögensanlage[46] sowie (nach der Größe abgestufte) flankierende Regelungen zur Transparenz, Publizität und Prüfung[47].

19. Eine besonders problematische Sonderfrage ist der Umgang mit Holding-Konstruktionen, bei der eine gemeinnützige Organisation als herrschende

---

[40] Siehe unter W 3-4 (S. 266).
[41] Siehe unter W 5 (S. 267).
[42] Siehe unter W 7-8 (S. 267).
[43] Siehe unter W 10 (S. 268).
[44] Siehe unter W 11 (S. 268).
[45] Siehe unter W 13 (S. 268).
[46] Siehe unter W 14 (S. 269).
[47] Siehe unter W 15 (S. 269).

Gesellschafterin einer unternehmerisch tätigen Kapitalgesellschaft (die als Mittelbeschaffungsbetrieb dient) fungiert und (weitgehend) auf eine Ausschüttung der erzielten Gewinne verzichtet.

a) Derartige Praktiken werfen aus gemeinnützigkeitsrechtlicher Sicht viele Fragen auf[48]: (a) Liegt ein Verstoß gegen das Gebot der „selbstlosen" Verfolgung eines gemeinnützigen Zwecks vor? (b) Verstößt ein solches Verhalten gegen das Gebot zur zeitnahen Mittelverwendung? (c) Ist die „Geprägetheorie" (mit ihren quantitativen Grenzen) anwendbar? (d) Gibt es eine steuerrechtliche (oder zivilrechtliche) Pflicht zur rentablen Vermögensanlage, die in einem solchen Fall verletzt ist? (e) Liegt ein Verstoß gegen das europarechtliche Beihilfeverbot des Art. 87 EGV vor?

b) Die herrschende Ansicht verneint grundsätzlich alle diese Fragen[49] und lehnt insbesondere auch einen Verstoß gegen das Gebot der zeitnahen Mittelverwendung ab, wenn die Thesaurierung im Tochterunternehmen „betriebswirtschaftlich geboten" ist. Es ist daher zweifelhaft, ob das geltende Recht die Corporate Governance-Problematik in diesem Fall hinreichend in den Griff bekommt.

c) De lege ferenda bestehen mehrere Verbesserungsmöglichkeiten. Erwägenswert sind insbesondere strengere Pflichten zur zeitnahen Mittelverwendung, Pflichten zur rentablen Vermögensanlage sowie (nach der Größe abgestufte) flankierende Regelungen zur Transparenz, Publizität und Prüfung[50].

2. Teil: Entwicklung rechtspolitischer Vorschläge aus dem Rechtsvergleich

A. Einführung

1. Die folgenden rechtspolitischen Schlussfolgerungen verstehen sich als Stellungnahme zu ausgesuchten Problemen des Gemeinnützigkeits- und Spendenrechts.

2. Die Stellungnahme bezieht insbesondere auch die Erkenntnisse des rechtsvergleichenden Generalberichts und des ökonometrischen Gutachtens mit ein.

3. Das Ziel der Stellungnahme liegt nicht allein darin, einen Forderungskatalog aufzustellen, was am geltenden Recht geändert werden sollte. Vielmehr werden auch Regelungen behandelt, die sich im wesentlichen bewährt

---

[48] Siehe unter X 2 (S. 270).
[49] Siehe unter X 2 (S. 270).
[50] Siehe unter X 4 (S. 273).

haben, oder es werden verschiedene Lösungsmöglichkeiten optional vorgestellt.

4. Zunächst wird die Grundsatzfrage nach der Rechtfertigung von Steuerprivilegien durch das Gemeinnützigkeits- und Spendenrecht gestellt[51]. Danach werden allgemeine Fragen des Gemeinnützigkeitsrechts behandelt, das heißt zum gemeinnützigen Zweck und der Art und Weise seiner Verwirklichung[52]. Es folgt eine gesonderte Untersuchung der verschiedenen Steuerprivilegierungen bei der Einkommensteuer[53], Umsatzsteuer[54] und dem Spendenrecht (Spendenabzug)[55]. Hiernach wird auf Fragen zum Verfahren, und zur Rechnungslegung, Transparenz und Publizität eingegangen[56]. Es folgen drei ausgesuchte Sonderprobleme, die gesondert behandelt werden, weil sie in verschiedene Zusammenhänge hineinspielen: Förderungen im Ausland[57], die Geprägetheorie[58] und die Behandlung der Holding-Fälle[59]. Schließlich wird als übergreifender Gesichtspunkt der rechtspolitischen Optionen für eine Stärkung der Corporate Governance (Leitungs- und Kontrollstruktur) plädiert[60], und es wird in zusammenfassender Form auf die Implikationen des Europarechts auf das deutsche Gemeinnützigkeitsrecht hingewiesen[61].

B. Steuerprivilegien und ihre Rechtfertigung

1. Der Rechtsvergleich zeigt, dass in allen Ländern Steuerprivilegien für gemeinnützige Organisationen bestehen, die sich erstaunlich ähneln.
2. Wie im deutschen Gemeinnützigkeitsrecht unterscheiden auch die meisten anderen untersuchten Länder anhand der Mittelherkunft nach vier Sphären wie folgt: (1) ideeller Bereich, (2) Bereich der passiven Einkünfte aus Vermögensverwaltung, (3) Bereich der entgeltlichen Zweckverwirklichung und (4) Bereich der Mittelbeschaffungsbetriebe und der entbehrlichen, im Wettbewerb stehenden Zweckverwirklichungsbetriebe.
3. Vergleichsweise wenig untersucht worden ist bislang hingegen die Gründe für diese Steuerprivilegien.

---

[51] Siehe unter B (S. 225 ff.).
[52] Siehe unter C bis I (S. 227 ff.).
[53] Siehe unter J bis M (S. 239 ff.).
[54] Siehe unter N (S. 244 ff.).
[55] Siehe unter O bis R (S. 250 ff.).
[56] Siehe unter S bis U (S. 259 ff.).
[57] Siehe unter V (S. 265 f.).
[58] Siehe unter W (S. 266 ff.).
[59] Siehe unter X (S. 270 ff.).
[60] Siehe unter Y (S. 276 ff.).
[61] Siehe unter Z (S. 278 ff.).

4. Ausgangspunkt zur Ermittlung der Gründe für die Steuervorteile sind die Privilegien, die für die typischen Einkünfte von gemeinnützigen Organisationen bestehen. Es handelt sich um die Einkünfte aus der sog. „ideellen Sphäre" (insbesondere Vermögensausstattungen und Spenden), die bei der gemeinnützigen Organisation durchweg sowohl bei der Körperschaftsteuer als auch bei der Erbschafts- und Schenkungssteuer regelmäßig begünstigt werden (oft kommt außerdem bei dem Spender die Möglichkeit dazu, seine eigene Einkommensteuerbelastung durch den Spendenabzug zu reduzieren).

5. Die Privilegierung dieser Einkünfte lässt sich damit begründen, dass diese Organisationen etwas Wichtiges für das Gemeinwesen leisten und die das Gemeinwesen verfassenden Staaten dies nicht nur anerkennen, sondern Anreize zu solchem Tun schaffen wollen. Der Staat selbst kann in vielen Bereichen nicht präsent sein, sei es aus staatsphilosophischer oder staatspolitischer Überzeugung, sei es wegen fehlender Budgetmittel.

6. Freilich ist es zweifelhaft, ob man in allen diesen Fällen von einer „Substituierung" des Staates durch gemeinnützige Organisationen sprechen sollte und die Steuerbefreiung damit begründen sollte, dass durch die Zunahme gemeinnütziger Aktivitäten der Staat „entlastet" würde. Zwar scheint diese Begründung in den meisten untersuchten Ländern (inklusive Deutschland[62]) an erster Stelle zu stehen[63]: Indessen muss der Staat keineswegs überall dort präsent sein, wo gemeinnützige Organisationen wirken. In vielen Fällen ist der Staat zur Neutralität verpflichtet, z.B. wenn religiöse, weltanschauliche oder kirchliche Zwecke verfolgt werden[64]. Folglich träte auch ohne gemeinnützige Organisation streng genommen nicht in allen Fällen eine zusätzliche Belastung des staatlichen Budgets auf. Manche Autoren erweitern die „Substitutionsthese" gleichwohl auf die Förderung dieser Zwecke, weil die „Möglichkeit einer Staatssubstitution ... hier prima facie fraglich" sei, sich „jedoch aus dem Konzept der Gemeinwohlverwirklichung, von dem das Grundgesetz ausgeht" erschließe[65].

7. Unabhängig von dieser eher terminologischen Frage steht damit im Ergebnis fest, dass es nicht allein um die Entlastung des Staats von seinen (durch ihn selbst auszuübenden) Aufgaben geht, sondern zusätzlich der enge Zusam-

---

[62] In diese Richtung die wohl herrschende Ansicht; siehe z.B. *Jachmann* in Igl, Rechtliche Rahmenbedingungen bürgerschaftlichen Engagements (2002), S. 67 (73 ff.); kritisch hierzu *Becker*, in diesem Band, C, S. 632: „Die private Wahrnehmung solcher Zwecke, deren Wahrnehmung dem Staat aufgrund grund- oder kompetenzrechtlicher Restriktionen ohnehin versperrt wäre, kann von vornherein nicht der Staatsentlastung dienen".

[63] Siehe den Generalbericht unter A III (S. 104).

[64] Kritisch bereits das Sondervotum von *Isensee/Knobbe-Keuk*, in: *Bundesministerium der Finanzen*, Gutachten der Unabhängigen Sachverständigenkommission zur Prüfung des Gemeinnützigkeits- und Spendenrechts, Bonn 1988, S. 356 ff.

[65] So *Jachmann* in Igl, Rechtliche Rahmenbedingungen bürgerschaftlichen Engagements (2002), S. 67 (75).

menhang von staatsbürgerlicher Freiheit und pluralistischer Ordnung einzubeziehen ist, was daher mit Recht in manchen der untersuchten Ländern als (weiteres) Argument zur Rechtfertigung der Steuerprivilegien für gemeinnützige Zwecke angeführt wird[66].

8. Hieraus folgt, dass selbst staatsferne und staatsskeptische Zwecke gemeinnützig sein können[67], solange sie nicht aus politisch-sozialen Gründen inakzeptabel sind[68].

9. Eine andere Frage ist, ob und inwieweit diese Begründung auch tragfähig ist, um die Steuerprivilegien für „nicht-ideelle" Einkünfte zu rechtfertigen – also für Einkünfte aus Vermögensverwaltung oder aus wirtschaftliche Aktivitäten (die mit dem gemeinnützigen Zweck verbunden oder nicht verbunden sein können). Diese Frage wird näher unten im Zusammenhang mit der Steuerbefreiung der gemeinnützigen Organisation behandelt[69].

C. Rechtsformübergreifende Konzeption des Gemeinnützigkeitsrechts

1. Der Gemeinnützigkeitsstatus wird an Organisationen verliehen. Nach § 52 AO muss es sich um (rechtsfähige oder nichtrechtsfähige) „Körperschaften" handeln, unter die hier auch (rechtsfähige und nichtrechtsfähige) Stiftungen fallen[70]. Es besteht kein Anlass, den Kreis der Rechtsformen zu beschränken, die als gemeinnützige Organisationen in Betracht kommen: Das deutsche Gemeinnützigkeitsrecht ist – wie auch das Gemeinnützigkeitsrecht der anderen Länder – rechtsformübergreifend konzipiert[71] und es ist nicht ersichtlich, warum der Status auf juristische Personen beschränkt werden sollte. Diejenigen Länder, die eine Beschränkung auf juristische Personen kennen, können sie nicht überzeugend begründen[72].

2. Aufgrund der rechtformübergreifenden Konzeption des Gemeinnützigkeitsrechts spricht nichts dagegen, dass die Reform des Genossenschaftsrechts die zulässigen Zwecke der Genossenschaft erweitert und auch Genossenschaften die Anerkennung als gemeinnützig ermöglicht[73].

---

[66] Siehe den Generalbericht unter A III (S. 104).

[67] Das erklärt, warum in den meisten der hier untersuchten Länder globalisierungsfeindliche Organisationen (wie z.B. attac) steuerprivilegiert agieren können.

[68] Näher hierzu unten unter E 3 (S. 230).

[69] Näher hierzu unten unter K bis N (S. 240 ff.).

[70] *Spanner* in Hübschmann/Hepp/Spitaler, § 51 AO, Rn. 2; *Tipke* in Tipke/Kruse, § 51 AO, Rn. 3.

[71] Siehe den Generalbericht unter B I (S. 105).

[72] Siehe den Generalbericht unter B II 4 (S. 109).

[73] Siehe den Generalbericht unter B II 3 (S. 108).

3. Andererseits empfiehlt sich aber grundsätzlich auch keine Erweiterung auf natürliche Personen oder Personengesellschaften[74], die in keinem der untersuchten Länder als steuerbegünstigte Organisation anerkannt sind[75]. Gegen eine solche Erweiterung spricht die steuerliche Systematik, nämlich die Anknüpfung der Ertragsteuer für Nicht-Körperschaften an der aggregierten Leistungsfähigkeit des individuellen Steuerpflichtigen. Die Frage wäre aber wohl anders zu beurteilen, wenn der Gesetzgeber künftig eine rechtsformneutrale Unternehmensbesteuerung aus der Einkommensteuer herauslösen würde[76].

4. Fragwürdig ist, ob eine Differenzierung anhand der bloßen Rechtsform sich überzeugend rechtfertigen lässt[77]. Der Rechtsvergleich zeigt, dass solche Differenzierungen die Ausnahme sind[78]. Dies gilt auch für die in Deutschland geltende Ausnahme für Stiftungen bei dotationsbezogenen Steuervergünstigungen (vgl. § 10 b Abs. 1 S. 3 und Abs. 1 a EStG), auf die noch näher einzugehen ist[79].

5. Damit ist nicht gesagt, dass jegliche Differenzierung abzulehnen ist: Vielmehr sind Differenzierungen erwägenswert, wenn sie sich nicht an der bloßen Rechtsform orientieren, sondern an rechtsformübergreifenden Kriterien (wie der Zwecksetzung, erhöhter Transparenz, wirksamen Kontrollmechanismen), wie noch näher auszuführen ist[80].

D. Definition des gemeinnützigen Zwecks

1. Der Rechtsvergleich hat gezeigt, dass einerseits alle Rechtsordnungen Schwierigkeiten haben, den gemeinnützigen Zweck in präziser Weise zu definieren[81], andererseits aber eine erstaunliche Übereinstimmung hinsicht-

---

[74] So aber *Stock*, NZG 2001, 440.

[75] Siehe den Generalbericht unter B II 5 (S. 110).

[76] Siehe *Kirchhof*, Einkommensteuergesetzbuch, Ein Vorschlag zur Reform der Einkommen- und Körperschaftsteuer, Heidelberg (2003); Stiftung Marktwirtschaft, Kommission „Steuergesetzbuch", Steuerpolitisches Programm (2006), abrufbar unter www.stiftung-marktwirtschaft.de.

[77] Etwas anderes mag gelten, wenn man (wie in manchen ausländischen Staaten) bereits im Organisationsrecht besondere Regelungen entwickelt hat, die auf gemeinnützige Organisationen zugeschnitten sind (z.B. das ungarische Non-Profit-Gesetz oder die besonderen Vereinsformen in Frankreich und Spanien). In Deutschland gibt es hingegen keine eigene Organisationsform, die ausschließlich zur Förderung gemeinnütziger Zwecke konzipiert ist. Eine gewisse Sonderstellung hat insoweit allenfalls die Stiftung, die nach herrschender Ansicht zwar nicht „gemeinnützig", wohl aber „fremdnützig" sein muss. Dieses Fremdnützigkeitsgebot ist aber schwächer als das „Selbstlosigkeitsgebot" des § 55 AO und kann daher im Ergebnis nicht die rechtsformspezifischen Steuerprivilegien für Stiftungen begründen; siehe näher hierzu unten unter Q 2 (S. 253).

[78] Siehe den Generalbericht unter B III (S. 110 f.).

[79] Siehe unter Q 2 (S. 253).

[80] Siehe zusammenfassend unter Y (S. 276 ff.).

[81] Siehe den Generalbericht unter C I (S. 114)

lich der inhaltlichen Kriterien besteht, nach denen der gemeinnützige Zweck bestimmt wird, nämlich die Förderung der Allgemeinheit in selbstloser Weise[82].

2. Hinsichtlich der Gesetzestechnik würde ein abschließender, hinreichend konkretisierter Katalog für mehr Rechtssicherheit sorgen[83]. Es ist daher nachvollziehbar, dass der Referentenentwurf für ein Gesetz zur weiteren Stärkung des bürgerschaftlichen Engagements vom 14.12.2006 für einen abschließenden, aber weit gefassten Katalog der gemeinnützigen Zwecke ausspricht[84], zumal hierdurch die derzeitige unübersichtliche Gesetzeslage (Regelbeispiele in § 52 Abs. 2 AO und „besonders förderungswürdige Zwecke" in der Anlage 1 zu § 48 Abs. 2 EStDV) vereinfacht würde. Indessen ist es zweifelhaft, ob sich angesichts der Vielfalt der Materie und des ständigen Wandels ein solcher abschließender Katalog bewähren wird. Wohl aus diesem Grund haben es bisher praktisch alle untersuchten Rechtsordnungen vermieden, einen abschließenden Katalog der gemeinnützigen Zwecke und/oder Tätigkeiten zu kodifizieren[85]. Der ungarische Katalog ist zwar abschließend, aber lang und relativ unpräzise, so dass er in der Praxis fast ebenso flexibel wie eine Generalklausel handhabbar zu sein scheint[86]. Ob die Erfahrungen in Deutschland ähnlich sein würden, lässt sich nicht vorhersagen.

3. Möglich und sinnvoll ist die Kodifizierung von Regelbeispielen. Hierbei ist freilich zu beachten, dass diese Regelbeispiele auch in einem systematisch folgerichtigen Zusammenhang mit einem Leitkonzept der Gemeinnützigkeit stehen. In den anderen untersuchten Rechtsordnungen bestehen insoweit anscheinend keine Probleme. Anders ist dies jedoch in Deutschland, wo mit Recht vielfach kritisiert worden ist, dass der derzeit geltende Beispielskatalog des § 52 Abs. 2 AO im Allgemeinen und dessen Nr. 4 im Besonderen in keinem folgerichtigen Zusammenhang steht[87]. Insoweit ist –

---

[82] Siehe den Generalbericht unter C II und III (S. 116).

[83] Siehe die Kritik an der unbestimmten Formulierung einzelner Regelbeispiele in *Bundesministerium der Finanzen*, Gutachten der Unabhängigen Sachverständigenkommission zur Prüfung des Gemeinnützigkeits- und Spendenrechts (1988), S. 120 ff.; sowie bei *Isensee* in Maurer (Hrsg.), Festschrift für Günter Dürig zum 70. Geburtstag (1990), S. 33 (59 ff.); *Jachmann* in Igl, Rechtliche Rahmenbedingungen bürgerschaftlichen Engagements (2002), S. 67 (206 ff.).

[84] Siehe § 52 Abs. 2 AO-E, der die bisher in § 52 Abs. 2 AO genannten Regelbeispiele und die in Anlage 1 zu § 48 Abs. 2 EStDV aufgeführten „besonders förderungswürdigen Zwecke" im Sinne des § 10 b Abs. 1 EStG zusammenführt und teilweise sprachlich neufasst. Eine inhaltliche Änderung der einzelnen (jetzt schon anerkannten) Zwecke ist grundsätzlich nicht beabsichtigt, sieht die Begründung des Referentenentwurfs, S. 23 ff.

[85] Siehe den Generalbericht unter C I (S. 114).

[86] Siehe den Generalbericht unter C I 3 (S. 114)

[87] *Jachmann* in Igl, Rechtliche Rahmenbedingungen bürgerschaftlichen Engagements (2002), S. 67 (206 f.); *Tipke* in Tipke/Kruse, § 52 AO, Rn. 32 ff.

unabhängig vom Referentenentwurf, der dieses politisch heikle Thema ausblendet[88] – Abhilfe geboten.

E. Förderung der Allgemeinheit

1. Eine in allen anderen untersuchten Ländern (einschließlich Deutschland[89]) anerkannte Voraussetzung für den gemeinnützigen Zweck ist die Förderung der Allgemeinheit[90].
2. Ausgeschlossen wird durch dieses Merkmal einmal, dass der geförderte Kreis zu eng gezogen wird[91]. Zur Abgrenzung sind in allen untersuchten Ländern Kriterien entwickelt worden, deren Ähnlichkeit zueinander unverkennbar ist[92]. Die in § 52 Abs. 1 Satz 2 AO kodifizierten Regeln[93] würden daher wohl auch in allen anderen untersuchten Ländern gelten.
3. Das Merkmal „Förderung der Allgemeinheit" wird ferner bisweilen dazu verwendet, um Zwecksetzungen auszuschließen, die gegen grundlegende (verfassungsrechtliche) Werte verstoßen[94]. Richtig daran ist, dass es Fälle

---

[88] Die Begründung des Referentenentwurfs, S. 25, führt aus, dass die in Nr. 10 der Anlage 1 zu § 48 EStDV vorgesehene Einschränkung des Zwecks der „Förderung internationaler Gesinnung, der Toleranz auf allen Gebieten der Kultur und des Völkerverständigungsgedankens", („sofern nicht nach Satzungszweck und tatsächlicher Geschäftsführung mit der Verfassung unvereinbare oder überwiegend touristische Aktivitäten verfolgt werden") ersatzlos entfallen könne, „weil diese Bedingungen aufgrund des § 52 Abs. 1 AO ohnehin für die Gewährung der Steuerbegünstigung bei allen gemeinnützigen Zwecken gelten". Indessen ist nach wie vor umstritten, inwieweit diese allgemeinen Voraussetzungen des § 52 Abs. 1 AO genutzt werden können, um Widersprüche zu den Regelbeispielen des § 52 Abs. 2 AO (insbesondere zu den in Nr. 4 aufgeführten „Freizeitzwecken") aufzulösen. Der BFH stand solchen Versuche bislang eher skeptisch gegenüber; siehe etwa BFH, DStR 1998, 113 (Gemeinnützigkeit des Motorsports auch bei Umweltbelastung).

[89] Siehe nur § 52 Abs. 1 Satz 1 AO: „Eine Körperschaft verfolgt gemeinnützige Zwecke, wenn ihre Tätigkeit darauf gerichtet ist, die Allgemeinheit auf materiellem, geistigem oder sittlichem Gebiet selbstlos zu fördern"; näher hierzu *Spanner* in Hübschmann/Hepp/Spitaler, § 52 AO, Rn. 2 ff.; *Tipke* in Tipke/Kruse, § 52 AO, Rn. 9 f.

[90] Siehe den Generalbericht unter C II (S. 116).

[91] Siehe den Generalbericht unter C II 1 (S. 117).

[92] Siehe den Generalbericht unter C II 1 (S. 117). Einzige Ausnahme ist wohl das französische Beispiel einer gemeinnützigen Organisation zur Förderung der Werke eines noch lebenden Künstlers; siehe *Beltrame*, Frankreich, B III 1 a bb, S. 289. In Deutschland würde man einer solchen Organisation wohl nicht absprechen, dass sie die Allgemeinheit fördert; siehe etwa *Fischer* in Hübschmann/Hepp/Spitaler, § 52 AO, Rn. 36 (Gemeinnützigkeit eines Vereins, der begabten Künstlern hilft und damit ihr künstlerisches Schaffen zum Besten der Allgemeinheit fördert).

[93] § 52 Abs. 1 Satz 2 AO lautet: „Eine Förderung der Allgemeinheit ist nicht gegeben, wenn der Kreis der Personen, dem die Förderung zugute kommt, fest abgeschlossen ist, zum Beispiel Zugehörigkeit zu einer Familie oder zur Belegschaft eines Unternehmens, oder infolge seiner Abgrenzung, insbesondere nach räumlichen oder beruflichen Merkmalen dauernd nur klein sein kann". Siehe näher hierzu *Spanner* in Hübschmann/Hepp/Spitaler, § 52 AO, Rn. 20 ff.; *Tipke* in Tipke/Kruse, § 52 AO, Rn. 9 f.

[94] Siehe den Generalbericht unter C II 2 (S. 120).

gibt, in denen ein derartiger Ausschluss geboten ist (z.B. Vereine mit rassistischer oder revanchistischer Ideologie). Bedenklich ist es freilich, wenn man einer Organisation den Status der Gemeinnützigkeit bereits dann verwehrt, wenn sie sich für eine Änderung des geltenden Rechts ausspricht. Eine solche Tendenz bestand im traditionellen britischen Charity Law: Der Staat könne keine Organisation unterstützen, die auf eine Änderung der staatlichen Regelung hinwirke[95]. Gegen ein solches striktes Verständnis spricht, dass eine pluralistische Gesellschaftsordnung ohne rechtspolitische Diskussionen undenkbar ist[96]. Zu Recht erkennen die meisten Länder daher auch staatsferne und staatsskeptische Zwecke an.

F. Ausschließlichkeitsprinzip

1. Das in § 56 AO niedergelegte Ausschließlichkeitsprinzip, nach dem eine gemeinnützige Organisation grundsätzlich „nur" ihre steuerbegünstigten satzungsmäßigen Zwecke fördern darf, findet sich regelmäßig auch in den anderen Rechtsordnungen.

2. Aus rechtsvergleichender Sicht nicht selbstverständlich ist hingegen die Ausnahme vom Ausschließlichkeitsprinzip, die in § 58 Nr. 5 AO (Förderung des Stifters und seiner Angehörigen[97]) vorgesehen ist[98]. Diese Ausnahme lässt sich aber damit rechtfertigen, dass mancher wohlhabender Bürger nur dann bereit ist, sich zu Lasten seiner Erben von einem größeren Teil seines Vermögens zu trennen, wenn sichergestellt ist, dass sie im Bedarfsfall versorgt werden[99]. Auch gibt es in Deutschland hierzu eine alte Tradition, die nicht ohne Not abgebrochen werden sollte. Schließlich wird durch die (mittlerweile von der wohl herrschenden Meinung vertretene[100]) zurückhaltende Interpretation des Wortlauts („in angemessener Weise") dafür gesorgt, dass Ausschüttungen in exzessiver Höhe unmöglich sind.

---

[95] Siehe den Generalbericht unter C II 2 (S. 120).

[96] Siehe zur Rechtfertigung der Steuerprivilegien oben unter B 7 (S. 226).

[97] § 58 Abs. 1 Nr. 5 AO lautet: „Die Steuervergünstigung wird nicht dadurch ausgeschlossen, dass eine Stiftung einen Teil, jedoch höchstens ein Drittel ihres Einkommens dazu verwendet, um in angemessener Weise den Stifter und seine nächsten Angehörigen zu unterhalten, ihre Gräber zu pflegen und ihr Andenken zu ehren".

[98] Siehe den Generalbericht unter C II 1 b bb (S. 119)

[99] Siehe hierzu näher *Moosmann* in Hopt/Walz/von Hippel/Then (eds.), The European Foundation (2006), p. 54 f.

[100] Siehe die Verfügung der OFD Magdeburg 18.5.2004, S 1900 - 22 - St 217/S 0171 - 155 - St 217 -, wonach eine Bedürftigkeit des Empfängers zu verlangen ist. Großzügiger hingegen wohl *Tipke* in Tipke/Kruse, § 58 AO, Rn. 6: „Kleinlichkeit liegt nicht im Sinne des Gesetzes".

G. Selbstlosigkeit, Gewinnausschüttungsverbot und Vermögensbindung

1. Der Rechtsvergleich hat gezeigt, dass im Bereich der Selbstlosigkeit (subjektive Gemeinnützigkeit – Gegenbegriff: Eigennutz) schwierige Abgrenzungsfragen auftreten (können)[101].
2. Ein zentraler Punkt des Gebots der Selbstlosigkeit ist regelmäßig das Gewinnausschüttungsverbot, welches Ausschüttung von erzielten Gewinnen an Stifter und Mitglieder verbietet. Dieses Gewinnausschüttungsverbot gilt universell[102], und zwar entweder (bereits) im Organisationsrecht oder im Steuerrecht (so z.B. im deutschen Recht § 55 Abs. 1 Nr. 1 Satz 2 AO[103]). Die Grenzlinien zwischen zulässiger Zuwendung und verdeckter Ausschüttung durch Vorteilsgewährung sind freilich nur schwer zu fassen und weisen deshalb eine von Land zu Land unterschiedliche Kasuistik auf[104]. Die wichtigsten Beispiele findet man in mitgliedernützigen Freizeitvereinen, etwa im Sportbereich (Nutzung von Sportanlagen) oder bei Fördervereinen im Kulturbereich (freie Eintrittskarten).
3. Abgesehen von dem Gewinnausschüttungsverbot besteht in keinem der untersuchten Länder eine hinreichend detaillierte und zugleich ausreichend flexible allgemeine Regelung. Dies überrascht wenig, denn eine solche Regelung lässt sich ebenso wenig in handhabbarer Form schaffen wie eine Definition des gemeinnützigen Zwecks. Die Frage ist folglich im Einzelfall durch die Finanzverwaltung und die Rechtsprechung zu klären.
4. Auffallend ist, dass die meisten Rechtsordnungen keinen allzu puristischen Maßstab ansetzen, und ein gewisses Maß an Eigennutz zulassen[105]. Diese Großzügigkeit lässt sich damit rechtfertigen, dass Motive und Entschlüsse in diesem Handlungsfeld in aller Regel auf unterschiedlichen psychologischen Antrieben beruhen dürften, die ganz selten rein altruistischen Haltungen entspringen. Es muss nur sichergestellt sein, dass nicht überwiegend eigennützige Handlungen unter dem Deckmantel des Altruismus ihnen nicht zugedachte Steuervorteile genießen.
5. Eine in der Praxis besonders wichtige Frage ist die Vergütung von Vorstandsmitgliedern einer gemeinnützigen Organisation. In Deutschland sind marktübliche Vergütungen (auch für Vorstandsmitglieder der gemein-

---

[101] Siehe den Generalbericht unter C III (S. 122); D (S. 129 ff.) und F II bis IV (S. 164 ff.).

[102] Siehe den Generalbericht unter D II (S. 134).

[103] § 55 Abs. 1 Nr. 1 Satz 2 AO lautet: „Die Mitglieder oder Gesellschafter (Mitglieder im Sinne dieser Vorschriften) dürfen keine Gewinnanteile und in ihrer Eigenschaft als Mitglieder auch keine sonstigen Zuwendungen aus Mitteln der Körperschaft erhalten".

[104] Siehe den Generalbericht unter unter D I 2 b (S. 131 ff.); siehe näher zu Deutschland *Fischer* in Hübschmann/Hepp/Spitaler, § 55 AO, Rn. 130 ff.; *Tipke* in Tipke/Kruse, § 55 AO, Rn. 9.

[105] Siehe den Generalbericht unter unter F II 5 (S. 168 ff.).

nützigen Organisationen) regelmäßig zulässig, nur überhöhte Gehälter verstoßen gegen das Gebot der Selbstlosigkeit (vgl. § 55 Abs. 1 Nr. 3 2. Var. AO). Diese Lösung ist – wie der Rechtsvergleich zeigt – nicht selbstverständlich: Mehrere Staaten verlangen von dem Vorstand eine ehrenamtliche Tätigkeit (bei der nur die Spesen geltend gemacht werden dürfen), andere zumindest einen deutlichen Abschlag bei der Vergütung[106]. Die ratio legis dieser Einschränkungen ist wohl, die Selbstlosigkeit zu betonen. Indessen sprechen gute Gründe für die großzügigere in Deutschland geltende Regelung: Je wichtiger die Rolle der Non-Profit-Organisationen und des bürgerschaftlichen Engagements wird, desto stärker bedarf es eines kompetenten, professionellen Managements neben dem ehrenamtlichen Engagement. Dies wird man nur bekommen, wenn man marktgerechte Vergütungssysteme zulässt – allerdings ohne das Augenmaß zu verlieren.

6. Eine weitere wichtige Frage ist, ob das Gewinnausschüttungsverbot und die hiermit verbundene Bindung des Vermögens der Organisation an gemeinnützige Zwecke auch für den Fall des „*Ausstiegs*" aus dem Dritten Sektor gelten soll. In Deutschland und vielen anderen Ländern gilt das Gewinnausschüttungsverbot auch in diesem Fall[107]. Es gibt aber auch Rechtsordnungen, die eine Gewinnverteilung nach Auflösung der gemeinnützigen Organisation erlauben, wobei die Ausschüttung selbst voll steuerpflichtig wird[108]. Es handelt sich hierbei um ein Problem mit vielerlei Facetten, die sowohl das Zivilrecht als auch das Steuerrecht betreffen[109]. Erwägenswert ist es, in denjenigen Fällen, in denen eine ursprünglich ideell tätige Organisation in kommerzielle Bereiche allmählich hineingewachsen ist, Wege zu entwickeln, in denen der ordnungspolitisch erwünschte Ausstieg bestimmter Krankenhäuser oder Sportvereine in den privatwirtschaftlichen Sektor erleichtert werden kann, wobei insbesondere über die „strafähnliche" rückwirkende Steuerpflicht zu diskutieren ist. Andererseits gilt es, dem treuhänderischen Charakter der gemeinnützigen Organisation gerecht zu werden und eine Bereicherung von Privatpersonen im Zuge des „Ausstiegs" in wirksamer Weise zu vermeiden[110].

---

[106] Siehe den Generalbericht unter D I 1 b bb (S. 133)
[107] Siehe den Generalbericht unter D I 1 a (S. 130).
[108] So z.B. Schweden und die USA; siehe den Generalbericht unter D I 1 a (S. 130).
[109] Siehe zum deutschen Recht monographisch *H. Fischer*, Ausstieg aus dem Dritten Sektor (2005).
[110] Siehe zu den im US-amerikanischen Recht aufgetretenen Problemen bei der „Umwidmung" von Krankenhäusern statt vieler *Colombo*, 23 J. Corp. L., p. 779-802 (1998).

H. Unmittelbarkeit

1. Der in Deutschland in § 57 AO niedergelegte Grundsatz der Unmittelbarkeit, nach dem die gemeinnützige Organisation den begünstigten Zweck „selbst" (in eigener Person) verwirklichen muss, ist im Ausland bislang ganz überwiegend nicht in dieser Schärfe entwickelt worden[111].
2. Dies deutet darauf hin, dass das Gemeinnützigkeitsrecht zwar offensichtlich auch ohne einen streng gefassten Unmittelbarkeitsgrundsatz denkbar ist. Gleichwohl gibt es auch Gründe, die für einen strengen Unmittelbarkeitsgrundsatz sprechen[112], zumal Ausnahmen (z.B. in § 58 AO für Förderorganisationen) zugelassen sind.
3. Wünschenswert ist allerdings eine Erweiterung der bestehenden Ausnahmen auf die Fälle der Zusammenarbeit mit lokalen Hilfsorganisationen im Rahmen der Katastrophen- und Entwicklungshilfe. Hier ist es oft nicht opportun, die lokale Hilfsorganisation als „Hilfsperson" in ein Unterordnungsverhältnis zu zwingen, weil dies als Bevormundung (im Sinne der einstigen Kolonialmächte) missverstanden werden kann.

I. Zeitnahe Mittelverwendung

1. Nach § 55 Abs. 1 Nr. 5 Satz 1 AO hat eine steuerbegünstigte Körperschaft ihre Mittel zeitnah für ihre steuerbegünstigten Zwecke zu verwenden[113]. Die Verwendung ist zeitnah, wenn sie spätestens im folgenden Kalender- oder Wirtschaftsjahr erfolgt[114]. Die Literatur begründet dieses Gebot damit, das Gemeinnützigkeitsrecht verlange die konkrete Förderung gemeinnütziger Zwecke und wolle nicht die Thesaurierung von Vermögen privilegieren[115].
2. Von diesem steuerrechtlichen Gebot der zeitnahen Mittelverwendung bestehen allerdings mehrere Ausnahmen: Hierzu gehören (a) Vermögenswerte, die nach Gesetz, Satzung oder Widmung im Rahmen ihrer Zuwendung erhalten bleiben müssen (z.B. das Grundstockvermögen der Stiftung[116]), (b) etwaige Veräußerungsgewinne, die bei Umschichtungen des Grundstockvermö-

---

[111] Nur Österreich arbeitet wie das deutsche Recht mit dem Instrument der Hilfsperson und der expliziten Ausnahme für bestimmte Verbände; siehe den Generalbericht unter D III (S. 143).

[112] Vgl. *Hüttemann* in Jachmann (Hrsg.), DStJG 26 (2003), S. 54 ff.; *Franz*, Grundlagen der Besteuerung gemeinnütziger Körperschaften bei wirtschaftlicher Betätigung (1991), S. 79 f.

[113] Siehe auch AEAO zu § 55 AO Nr. 3 Satz 2, wonach auch der Gewinn aus Zweckbetrieben und aus dem steuerpflichtigen wirtschaftlichen Geschäftsbetrieben zu den „Mitteln" gehört.

[114] § 55 Abs. 1 Nr. 5 Satz 3 AO.

[115] Siehe *Fischer* in Hübschmann/Hepp/Spitaler, § 58 AO, Rn. 87; ähnlich *Thiel*, DB 1992, 1900 (1900), wonach die Verwendung für gemeinnützige Zwecke im Vordergrund zu stehen hat.

[116] Siehe *Thiel*, DB 1992, 1900 (1902).

gens anfallen[117], (c) angeschaffte oder hergestellte Gegenstände, die den satzungsmäßigen Zwecken dienen[118], (d) Rückstellungen zur Erfüllung von konkreten Verbindlichkeiten[119] sowie (e) Rücklagen, die aus verschiedenen Gründen gebildet werden dürfen (z.B. als projektgebundene Rücklage[120] oder als „freie Rücklage" zum Erhalt der Leistungsfähigkeit der Organisation, der bis zu einem Drittel der Überschüsse aus der Vermögensverwaltung[121] und darüber hinaus bis zu 10 Prozent der sonstigen zeitnah zu verwendenden Mittel zugeführt werden dürfen).

3. Eine weitere (problematische) Ausnahme vom Gebot der zeitnahen Mittelverwendung ergibt sich, wenn die gemeinnützige Organisation als Gesellschafterin einer unternehmerisch tätigen Kapitalgesellschaft (die als Mittelbeschaffungsbetrieb dient) fungiert und auf eine Ausschüttung der erzielten Gewinne (weitgehend) verzichtet, so dass die Gewinne innerhalb der GmbH thesauriert oder reinvestiert werden. Hier fehlt es bereits an „Erträgen" bei der gemeinnützigen Mutterorganisationen, so dass das Gebot der zeitnahen Mittelverwendung leerläuft. Diese Praxis kann bei großen unternehmensverbundenen gemeinnützigen Stiftungen so weit gehen, dass die „auf den ersten Blick hohen jährlichen Ausschüttungen [des Tochterunternehmens] sich in Bezug auf das Gesamtvermögen [das heißt in Bezug auf den Wert der Unternehmensbeteiligung] im Promille-Bereich bewegen"[122]. Der BFH hat in einem derartigen Verhalten gleichwohl keinen Verstoß gegen das Gebot der zeitnahen Mittelverwendung oder eine der anderen Voraussetzungen der Gemeinnützigkeit gesehen, wenn die Beteiligten nachweisen können, dass die Thesaurierung der Gewinne des Tochterunternehmens beim Tochterunternehmen zur Sicherung von dessen Existenz betriebswirtschaftlich geboten seien[123]. Da Holding-Konstruktionen dieser Art nicht nur die zeitnahe Mittelverwendung betreffen, sondern auch weitere Fragen aufwerfen, wird an späterer Stelle näher auf diese Problematik eingegangen[124].

4. Wie der Rechtsvergleich belegt, bestehen im Bezug auf das Gebot der zeitnahen Mittelverwendung beachtliche Unterschiede zwischen den einzelnen Ländern[125]. Die Lösungen reichen von strengen Ausschüttungsregeln (im

---

[117] Siehe AEAO zu § 55 Abs. 1 AO Nr. 11 und Nr. 28.
[118] Siehe § 55 Abs. 1 Nr. 5 Satz 2 AO.
[119] *Thiel,* DB 1992, 1900 (1902); *Orth,* DB 1997, 1341 (1349); *Schauhoff* in Schauhoff (Hrsg.), Handbuch der Gemeinnützigkeit, 2. Aufl. (2005), § 8 Rn. 85.
[120] Vgl. § 58 Nr. 6 AO.
[121] § 58 Nr. 7 lit. a Fall 1 AO.
[122] So die Aussage des Generalsekretärs des Stifterverbandes für die Deutsche Wissenschaft und ehemaligen Geschäftsführers der Bertelsmann Stiftung, *Schlüter,* Stiftungsrecht zwischen Privatautonomie und Gemeinwohlbindung (2004), S. 307.
[123] BFH, BStBl. II 2002, 162ff. = DStR 1998, 1710 ff.
[124] Siehe näher unten unter X (S. 270 ff.).
[125] Siehe den Generalbericht unter D II (S. 134).

US-amerikanischen Recht für Private Foundations) bis zum völligen Fehlen von Mittelverwendungsregeln (z.B. in Ungarn). Das deutsche Recht wählt insoweit einen Mittelweg.

5. Ein weiterer erheblicher Unterschied zeigt sich im Hinblick auf die Bemessungsgrundlage für das Gebot der zeitnahen Mittelverwendung: In Deutschland (und den meisten anderen untersuchten Ländern) wird an den Erträgen angesetzt, die ausgegeben werden müssen[126]; in den USA (für die sog. Private Foundations) an einem Prozentsatz des Gesamtvermögens[127]. Dieser Unterschied wirkt sich aus, wenn eine Anlageform gewählt wird, die im Verhältnis zu ihrem Wert relativ niedrige Erträge erzielt: in der Praxis geht es dabei namentlich um die (soeben erwähnten[128]) gemeinnützigen Holding-Organisationen, deren Vermögen im Wesentlichen aus Unternehmensanteilen besteht[129].

6. Die Verschiedenheit beim Gebot der zeitnahen Mittelverwendung ist erstaunlich (angesichts der sonst relativ großen Ähnlichkeit des Gemeinnützigkeitsrechts in den untersuchten Ländern). Das disparate Ergebnis legt nahe, dass man zur Beurteilung des geltenden Rechts zunächst klären muss, welchen Zweck das Gebot der zeitnahen Mittelverwendung hat.

7. Die deutsche Literatur rechtfertigt dieses Gebot traditionell mit der Erwägung, das Gemeinnützigkeitsrecht verlange die zeitnahe Förderung gemeinnütziger Zwecke[130]. Fraglich ist, ob dieses Argument zur Begründung ausreicht: Man kann ihm nämlich entgegenhalten, die Leistungsfähigkeit einer gemeinnützigen Organisation werde erhöht, wenn ihre Erträge zunächst investiert werden; der Allgemeinheit gehe hierdurch nichts verloren[131]. Überzeugender ist es, mit der überwiegenden neueren US-amerikanischen Literatur[132] das Gebot der zeitnahen Mittelverwendung als verhaltenssteuernde Pflicht anzusehen, die sich als ein Instrument der Corporate Governance darstellt. Es besteht nämlich die Gefahr, dass die Verantwortlichen in der Realität das Ziel der steuerbegünstigten Organisation (Förderung des gemeinnützigen satzungsmäßigen Zwecks) nicht alleine verfolgen, sondern Chancen zu persönlichen Vorteilsnahmen (z.B. Konsum am Arbeits-

---

[126] Siehe den Generalbericht unter D II 1 bis 3 (S. 134 ff.).
[127] Siehe den Generalbericht unter D II 4 (S. 138 ff.).
[128] Siehe soeben unter I 3.
[129] Näher hierzu unten unter X (S. 270 ff.).
[130] Siehe die in Fn. 115 (S. 234) zitierten Autoren.
[131] In diesem Sinne etwa die Kritik von *Wagner* in Wagner/Walz, Zweckerfüllung gemeinnütziger Stiftungen durch zeitnahe Mittelverwendung und Vermögenserhaltung (1997), S. 11 (40 ff.), aus ökonomischer Sicht.
[132] *DeGaudenzi*, 36 Cath. UL Rev. 203, 217 (1995); *Brody*, 21 U. Haw. L. Rev. 537, 567 (2000); 230; *Gary*, 21 U. Haw. L. Rev. 593, 631 (1999).

platz, erhöhter Repräsentationsaufwand) wahrnehmen, wenn ihnen dies ohne zu hohes Risiko möglich ist[133].

8. Sieht man den Zweck des Gebots der zeitnahen Mittelverwendung demnach als eine Maßnahme der Corporate Governance, so bietet es sich an, dieses Gebot nicht unterschiedslos für alle gemeinnützigen Organisationen anzuwenden, sondern es insbesondere bei denjenigen Organisationen einzusetzen, bei denen es an einer effektiven Kontrolle durch externe Märkte (Produktmarkt, Spendenmarkt) fehlt und daher strengere Regeln zur Disziplinierung des Managements geboten sind. Sofern hingegen ausreichende andere Kontrollmechanismen bestehen, kann dieses Gebot hingegen ersatzlos gestrichen werden, denn im Zeichen von Verwaltungsvereinfachung und Bürokratieabbau sollte man auf strenge zeitliche Mittelverwendungsregeln verzichten, wenn ausreichend objektive Anreizmechanismen für den Vorstand bestehen, die Mittel nicht zu horten, sondern zweckgerecht zu verwenden. Dieser Gedanke erklärt auch die im US-amerikanischen Steuerrecht bestehende (rechtsformübergreifende) Unterscheidung zwischen der (typischerweise durch die breite Öffentlichkeit finanzierten) „Public Charity" und der (typischerweise durch einen einzelnen Geldgeber finanzierten) „Private Foundation"[134], welche deutlich strengeren Regeln unterliegt, weil dort die externen Kontrollmechanismen (wegen ihrer Finanzierungsstrukturen) schwächer ausgeprägt sind[135].

9. Diese Überlegungen lassen sich auch auf das deutsche Steuerrecht übertragen.

a) Demnach bietet sich eine großzügige Handhabung bei Zweckbetrieben an, die sich im Wettbewerb mit anderen Organisationsformen (insbesondere des For-Profit Sektors[136], aber auch gemeinnütziger und staatlicher Anbieter) befinden. Hierzu gehören gemeinnützige Krankenhäuser[137], aber auch gemeinnützige Privatschulen und gemeinnützige Privatuniversitäten.

---

[133] So die Erkenntnisse der Prinzipal-Agenten-Theorie, die sich auch auf gemeinnützige Organisationen übertragen lassen, näher hierzu *von Hippel* in Hopt/von Hippel/Walz, Nonprofit-Organisationen in Recht, Wirtschaft und Gesellschaft (2005), S. 87 (96 ff.).

[134] Siehe näher zu dieser Unterscheidung Generalbericht unter D II 4 a (S. 138).

[135] So die Ansicht der in Fn. 132 zitierten US-amerikanischen Autoren.

[136] Eine andere Frage ist, ob der Wettbewerb zwischen For-Profit-Krankenhäusern und Nonprofit-Krankenhäusern durch die Steuervergünstigungen verzerrt wird; näher hierzu unten unter L 3 und L 4 (S. 241). Das Gebot der zeitnahen Mittelverwendung ist jedenfalls kein geeignetes Mittel, um die Steuerprivilegierung zu rechtfertigen und daher auch im Rahmen dieser Diskussion irrelevant.

[137] Siehe dazu die Dissertation von *Stock*, Erhaltung der finanziellen Leistungskraft gemeinnütziger Nonprofit-Organisationen (2002).

Diesen Dienstleistungsanbietern sollte – wie ihren nicht-gemeinnützigen Konkurrenten – eine langfristige Risikovorsorge möglich sein[138].

b) Bei spendenfinanzierten Nonprofit-Organisationen vertrauen die meisten US-amerikanischen Autoren darauf, dass die Abhängigkeit von dem Wohlwollen eines großen Spenderkreises die Verantwortlichen einer Public Charity hinreichend diszipliniert[139]. Allerdings unterscheidet sich die Rechtslage gegenüber dem deutschen Recht dadurch, dass es im US-amerikanischen Recht weitreichende zwingende Transparenz- und Publizitätspflichten gibt, die (potenziellen) Spendern und Rating-Agenturen einen Vergleich zwischen den verschiedenen Spendenorganisationen ermöglichen[140]. Im deutschen Recht ist bislang kein vergleichbarer Standard erreicht, so dass man bezweifeln kann, ob die bisherigen Regeln bereits einen hinreichend transparenten Wettbewerb gewährleisten. Jedenfalls bei einer (hier befürworteten[141]) Stärkung von Transparenz und Publizität sind aber Erleichterungen beim Gebot der zeitnahen Mittelverwendung denkbar[142], wenngleich die Spenden nur im Rahmen der vom Spender vorgenommenen Widmung verwendet werden dürfen[143].

c) Selbst wenn man keine zwingenden Veröffentlichungs- und Transparenzregeln einführen möchte, ließe sich bei spendenfinanzierten Organisationen über Erleichterungen vom Gebot der zeitnahen Mittelverwendung für diejenigen Organisationen diskutieren, die freiwillig einen gewissen Mindeststandard an Transparenz und best practice Regeln erfüllen, wofür die Erstellung eines „Nonprofit-Governance-Kodex" eine Orientierungshilfe geben könnte[144]. Insoweit sind die in mehreren Ländern erkennbaren und zunehmenden Tendenzen zur Erstellung derartiger freiwilliger Kodi-

---

[138] *Walz/Fischer* in Walz/Kötz/Rawert/Schmidt (Hrsg.), Non Profit Law Yearbook 2004 (2005), S. 159 (168 f.).

[139] Siehe etwa die in Fn. 132 zitierten Autoren.

[140] Siehe den Generalbericht unter G II 2 b cc (S. 187).

[141] Siehe näher die entsprechenden Vorschläge unten unter U (S. 262 ff.).

[142] So z.B. wenn eine Hilfsorganisation für eine Katastrophe sammelt und so viele Spenden erhält, dass sie diese Spenden nicht sinnvoll innerhalb der vorgegebenen Zeit verwenden kann, siehe instruktiv zu den Problemen der Organisationen „Ärzte ohne Grenzen" im Zusammenhang mit der Tsunami-Katastrophe vom Dezember 2004 das Dossier in der ZEIT Nr. 25 vom 16.6.2005, abrufbar unter http://www.zeit.de/2005/25/Tsunami_2 fSpenden.

[143] Eine andere Frage ist, ob und gegebenenfalls wann von der Widmung des Spenders abgewichen werden darf; siehe hierzu näher demnächst *von Hippel*, Grundprobleme von Nonprofit-Organisationen, § 9 A II 1 c.

[144] *Walz/Fischer* in Walz/Kötz/Rawert/Schmidt (Hrsg.), Non Profit Law Yearbook 2004 (2005), S. 159 (169); siehe auch die (allgemeine) Anregung von *Hopt* in Hopt/von Hippel/Walz (Hrsg.), Nonprofit-Organisationen in Recht, Wirtschaft und Gesellschaft (2005), S. 243 (254), einen „Deutschen Foundation Governance Kodex" bzw. „Deutschen Nonprofit Governance Kodex" einzuführen.

zes und die bisher gewonnenen Erfahrungen auch für Deutschland wichtig und sollten in die Debatte eingehen[145].

d) Soweit es hingegen um Organisationen geht, die im US-amerikanischen Steuerrecht als Private Foundations angesehen würden (starke Abhängigkeit von einer privaten Geldquelle, kaum Außeneinfluss)[146], ist es zweifelhaft, ob das geltende deutsche Recht die ratio legis des Gebots der zeitnahen Mittelverwendung hinreichend verwirklichen kann. Dies gilt insbesondere für die (bereits angesprochenen) steuerbegünstigten Holding-Organisationen[147], auf die später noch näher einzugehen ist. Hier ist sogar über eine Verschärfung des geltenden Rechts nachzudenken[148].

J. Steuerprivilegien für Einkünfte aus ideeller Tätigkeit

1. Auf die Frage der Rechtfertigung der Steuerprivilegien für Einkünfte aus der ideellen Vermögenssphäre ist bereits eingegangen worden[149].
2. Als Einkünfte aus ideeller Tätigkeit gelten nach allgemeiner, universell anerkannter Ansicht Zuwendungen in Form von Spenden, Stiftungsdotationen und Subventionen[150].
3. Der Problemfall sind Mitgliedsbeiträge: Bei ihnen stellt sich die Frage, ob sie als Einnahmen aus ideeller Tätigkeit anzusehen sind. Traditionell wird (in Deutschland[151] und manch anderem Mitgliedsstaat[152]) danach unterschieden, ob es sich hierbei um „echte" oder um „unechte" Mitgliedsbeiträge handelt, was sich freilich mit der neueren umsatzsteuerlichen Rechtsprechung des EuGH[153] schwerlich vereinbaren lässt. Es gibt daher gute Gründe für die Annahme, dass hier ein akuter Reformbedarf besteht[154].

---

[145] Siehe zusammenfassend näher unten unter Y (S. 276 ff.).
[146] Siehe zu den Merkmalen der Private Foundation näher den Generalbericht unter D II 4 a (S. 138).
[147] Hier steht zwar das Mittelbeschaffungsunternehmen in einem Wettbewerb auf dem Produktmarkt. Dieser Wettbewerb bietet aber keine Garantie dafür, dass die im Mittelbeschaffungsunternehmen erwirtschafteten Erträge auch an die Stiftung ausgeschüttet werden. Vielmehr wird dieser Wettbewerb als Argument angeführt, um möglichst geringe Ausschüttungen vorzunehmen.
[148] Siehe näher unten unter X (S. 270 ff.).
[149] Siehe oben unter B (S. 225 ff.).
[150] Siehe den Generalbericht unter E II (S. 146).
[151] *Theler* in Reiß/Kraeusel/Langer, § 1 UStG, Rn. 449 f.; *Zeuner* in Bunjes/Geist, § 1 UStG, Rn. 42.
[152] Siehe den Generalbericht unter E II 2 (S. 149); F II 5 b (S. 169).
[153] EuGH-Urteil vom 21.3.2002 – Kennemer Golf & Country Club Rs C – 174/00.
[154] Siehe auch unten unter Z 4-5 (S. 278).

K. Steuerprivilegien für Einkünfte aus Vermögensverwaltung

1. In Deutschland und den meisten anderen Ländern gibt es Steuerprivilegien für Einkünfte aus der Vermögensverwaltung (also Einkünfte aus Dividenden und sonstigen Kapitalzinsen oder Mietzinsen)[155].
2. Die Rechtfertigung für die Privilegierung der ideellen Einkünfte lässt sich hier nur bedingt übertragen: zwar dienen auch die Einkünfte aus Vermögensverwaltung zur Förderung des gemeinnützigen (vom Staat und der Gesellschaft erwünschten) Zwecks. Es ist aber ein Unterschied, ob diese Mittel (wie bei den ideellen Einkünften) gerade zu diesem Zweck ohne Gegenleistung der gemeinnützigen Organisation zur Verfügung gestellt werden oder ob die gemeinnützige Organisation sich diese Einkünfte im Wettbewerb mit anderen Marktteilnehmern „verdient", indem sie Vermögensverwaltung betreibt (oder wirtschaftliche Geschäftsbetriebe unterhält[156]).
3. Nicht selbstverständlich ist ferner, dass die passiven Einkünfte aus Vermögensverwaltung im Rahmen des Gemeinnützigkeitsrechts in den meisten Ländern anders – und zwar günstiger – behandelt werden als aktive gewerbliche Einkünfte aus einem Mittelbeschaffungsbetrieb. Die in der Literatur oft vertretene Ansicht, im Bereich der Vermögensverwaltung spiele der Wettbewerb keine Rolle[157], überzeugt wenig: Anders als „ideelle" Einnahmen (aus Spenden und öffentlichen Zuschüssen) sind die sog. „passiven Einkünfte" echte Markteinkünfte, deren Höhe maßgeblich durch Angebot und Nachfrage auf einem Wettbewerbsmarkt beeinflusst werden[158].
4. Die Gründe für die Ungleichbehandlung von passiven Einkünften aus Vermögensverwaltung und aktiven gewerblichen Einkünften aus einem Mittelbeschaffungsbetrieb liegen wohl nur teilweise in spezifisch gemeinnützigkeitsrechtlichen Erwägungen. Es spricht manches dafür, dass das Gemeinnützigkeitsrecht eine Unterscheidung übernommen hat, die in vielen anderen Rechtsgebieten üblich ist: so unterscheidet man im Handelsrecht mit Hilfe des Kaufmannsbegriffs zwischen der Vermögensverwaltung und dem aktivem kaufmännischen Handeln, weil die Risiken im ersten Fall geringer sind[159]. Auch im Bilanzrecht wird zwischen Einkünften aus Gewerbebetrieb und solchen aus Kapitalverwaltung bzw. aus Vermietung und Verpachtung,

---

[155] Siehe den Generalbericht unter E III (S. 149).

[156] Siehe hierzu sogleich unter M (S. 242).

[157] Siehe z.B. *Tipke* in Tipke/Kruse, § 14 AO, Rn. 11 („Im Bereich der Vermögensverwaltung spielt der Wettbewerb keine Rolle [...]").

[158] Siehe *Hüttemann*, Wirtschaftliche Betätigung und steuerliche Gemeinnützigkeit (1991), S. 149: „Jeder private Wohnungsvermieter ist Anbieter auf dem Wohnungsmarkt und steht im Wettbewerb zu anderen Anbietern." Vgl. jetzt auch die Schlussanträge der Generalanwältin *Stix-Hackl* v. 15.12.2005 in der Rs. C-386/04, Rn. 48.

[159] Näher hierzu *K.Schmidt* in Münchener Kommentar, § 1 HGB, Rn. 20; *Roth* in Koller/Roth/Morck, § 1 HGB, Rn. 7a.

differenziert, weil die Ermittlung der Einkünfte im letzteren Fall weit weniger komplex ist[160]. Schließlich trennt man im Außensteuerrecht im Rahmen der Beteiligung an ausländischen Zwischengesellschaften in § 8 AStG zwischen aktiven und passiven Einkünften, weil passive Einkünfte weniger Verflechtung mit der ausländischen Wirtschaftsordnung mit sich bringen[161].

5. Die somit aus anderen Quellen bekannte Unterscheidung zwischen Einkünften aus Vermögensverwaltung und solchen aus wirtschaftlichem Geschäftsbetrieb lässt sich indessen auch durch gemeinnützigkeitsrechtliche Erwägungen unterstützen: Vereine und Stiftungen können sich oft nicht allein über Spenden und Zuschüsse finanzieren, und von allen sonstigen Tätigkeitsentgelten liegt die steuerliche Begünstigung gerade dieser Art von Einkünften deswegen nahe, weil sie dem Vermögensverwalter zwar vergleichsweise höhere Einnahmen, aber keinen nutzbaren wettbewerbsstrategischen Vorteil bringt[162]. Hinzu kommt, dass durch passive Einkünfte weniger Leitungsaufwand vom vorrangigen gemeinnützigen Zweck abgezogen wird.

L. Steuerprivilegien für Einkünfte aus Zweckbetrieben

1. Grundsätzlich werden die Einkünfte besteuert, die durch eine wirtschaftliche Tätigkeit erzielt worden sind. Eine Ausnahme gilt in den meisten Ländern für „Zweckbetriebe" (bzw. „related business")[163]. In diesem Fall dient die wirtschaftliche Tätigkeit entweder dazu, den gemeinnützigen Zweck selbst zu verwirklichen wird (Beispiel: Krankenhaus, Museum, Schule) oder die wirtschaftliche Tätigkeit ist ein zur Verwirklichung dieses Zwecks unverzichtbarer Hilfsbetrieb (Beispiel: Eingliederung geistig Behinderter durch betreute Werkstätten).
2. Durch diese enge Verknüpfung zum gemeinnützigen Zweck unterscheiden sich Zweckbetriebe von sonstigen wirtschaftlichen Tätigkeiten, die ohne direkten Zusammenhang mit der ideellen Zweckverwirklichung stehen und die im Wesentlichen der Mittelbeschaffung für die gemeinnützige Zweckverwirklichung dienen.
3. Bei am Markt tätigen Zweckbetrieben besteht oft eine Konkurrenz mit privatnützig tätigen, nicht steuerprivilegierten Unternehmen (z.B. bei Krankenhäusern). In diesem Fall ist im Einzelfall zu prüfen, ob die Ungleichbehandlung sich überzeugend begründen lässt (z.B. durch die

---

[160] Näher hierzu *Weber-Grellet* in Schmidt, § 15 EStG, Rn. 46 ff.; *Reiß* in Kirchhof, § 15 EStG, Rn. 69 ff.

[161] Näher hierzu *Wassermeyer* in Flick/Wassermeyer/Baumhoff, § 8 AStG, Rn. 11 ff.

[162] Siehe *Hüttemann*, Wirtschaftliche Betätigung und steuerliche Gemeinnützigkeit (1991), S. 148 ff.; *Tipke* in Tipke/Kruse, § 14 AO, Rn. 11.

[163] Siehe den Generalbericht unter E IV (S. 150 ff.).

Wertung, dass der private Güter- und Leistungsmarkt das geförderte Gut quantitativ und/oder qualitativ nicht in ausreichendem Maß zu allgemein erschwinglichen Preisen hervorbringt).

4. Ein erhöhter Rechtfertigungsbedarf besteht hier nicht nur aus rechtspolitischer Sicht, sondern auch vor dem Hintergrund von möglichen Verstößen gegen geltendes nationales Recht (Wettbewerbsrecht, staatliche Neutralitätspflicht, Verfassungsrecht)[164] und/oder gegen Europarecht (insbesondere Niederlassungsfreiheit, Kapitalverkehrsfreiheit und Beihilferecht)[165].

M. Steuerprivilegien für Einkünfte aus wirtschaftlichen Geschäftsbetrieben

1. Über die wirtschaftlichen Geschäftsbetriebe beteiligen sich gemeinnützige Organisationen am wirtschaftlichen Geschäftsverkehr. Dass sie die hierbei erzielten Gewinne versteuern, ist nicht ohne Weiteres einsichtig, weil dieser Gewinn ausschließlich oder ganz überwiegend dem steuerbegünstigten Zweck zugeführt werden muss[166].

2. Der Grund, warum grundsätzlich in allen untersuchten Rechtsordnungen gleichwohl Einkünfte aus einem wirtschaftlichen Geschäftsbetrieb besteuert werden[167] (und auch werden sollten), liegt darin, dass der freie Markt und sein Wettbewerbsmechanismus möglichst wenig durch die Aktivitäten steuerbefreiter Akteure verzerrt werden sollen[168]. Die Besteuerung soll also im Wesentlichen für gleiche Chancen im Wettbewerb sorgen. Außerdem soll es gemeinnützigen Organisationen verwehrt werden, sich für den Normalfall der Güterproduktion und der Leistungserbringung an die Stelle steuerpflichtiger Unternehmer zu setzen und dadurch die Steuerquellen auszuhöhlen[169].

3. Es gibt freilich in allen Ländern von diesem Grundsatz Ausnahmen in Form von Freibeträgen, bis zu denen selbst Einkünfte aus wirtschaftlichen Geschäftsbetrieben erzielt werden dürfen. In Deutschland liegt dieser Freibetrag derzeit bei 30.678 € (siehe § 64 Abs. 3 AO).

---

[164] Derartige Verstöße können Konkurrentenklagen seitens nicht privilegierter Wettbewerber auslösen; näher hierzu *Hüttemann* in: Herzig/Günkel/Niemann (Hrsg.), Steuerberater-Jahrbuch 1998/99 (1999), S. 323 (323 ff.).

[165] Näher hierzu unten unter Z 6 (S. 279).

[166] Siehe zu dieser Pflicht oben unter F (S. 231).

[167] Siehe den Generalbericht unter E 3 (S. 149).

[168] Siehe auch oben unter K 3 bis 5 (S. 240) zum entsprechenden Ausgangspunkt der Argumentation für die Behandlung der Einkünfte aus Vermögensverwaltung (der sich dort allerdings aus besonderen Gründen mildern lässt).

[169] Siehe näher hierzu *Walz* in Kötz/Rawert/Schmidt/Walz (Hrsg.), Non Profit Law Yearbook 2001 (2002), S. 197 (204 ff.).

4. Sehr umstritten ist die Frage, ob der Freibetrag des § 64 Abs. 3 AO anzuheben ist[170]. Die bisherige Diskussion in Deutschland ist von Argumenten von Interessengruppen geprägt. So werden Vorschläge zur Ausweitung von Seiten der steuerpflichtigen Gewerbetreibenden bekämpft, die mit den begünstigten wirtschaftlichen Geschäftsbetrieben in Konkurrenz stehen: die Nachbarschaftskneipe gegen das Vereinslokal, der Geschenkeladen (Gift Shop) gegen den Museumsshop, der niedergelassene Facharzt gegen die Fachabteilung eines gemeinnützigen Krankenhauses.

5. Prima vista scheint die in § 65 Nr. 3 AO enthaltene Wertung, nur unvermeidbare Wettbewerbsverzerrungen hinzunehmen, einer weiteren Heraufsetzung des Freibetrags entgegenzustehen. Indessen ist eine genauere Differenzierung sinnvoll: Es ist nicht Aufgabe des Gemeinnützigkeitsrechts, schlechthin gegen Konkurrenz zu schützen, sondern nur gegen eine Konkurrenz, die den Markt verfälscht[171]. Es geht also nicht darum, den steuerpflichtigen Wettbewerber vor unfairen Praktiken zu schützen (UWG-Gedanke), sondern darum, eine Verzerrung des Marktes und des Preismechanismus zu verhindern (GWB-Gedanke) – mit anderen Worten: Es geht nicht darum, schlicht die Nachbarschaftskneipe vor dem Vereinslokal zu schützen, sondern darum, dass der Verbraucher für sein Bier einen unverzerrten Marktpreis bezahlt.

6. Daher ist ein höherer Freibetrag erwägenswert, solange steuerbegünstigte Organisationen im Rahmen ihrer wirtschaftlichen Geschäftsbetriebe sich als passive Preisnehmer verhalten, denen es nicht darum geht, ihre verbesserte Liquidität zum Preiskampf und zur Gewinnung von Marktanteilen einzusetzen.

7. Bedenklich ist ein höherer Freibetrag hingegen, wenn steuerbegünstigte Organisationen dazu übergehen, in aggressiver Form ihre verbesserte Liquidität zum Preiskampf und zur Gewinnung von Marktanteilen einzusetzen. In diesem Fall gilt es, ein Ausgreifen des steuerbefreiten unternehmerischen Bereichs zu Lasten des steuerpflichtigen Unternehmensbereichs zu unterbinden, um die Steuerquellen und die wettbewerbliche Effizienz zu schützen.

8. US-amerikanische Untersuchungen legen nahe, dass gemeinnützige Organisationen sich typischerweise als passive Preisnehmer betätigen[172]. In Deut-

---

[170] Siehe zur Diskussion näher *Bundesministerium der Finanzen*, Gutachten der Unabhängigen Sachverständigenkommission zur Prüfung des Gemeinnützigkeits- und Spendenrechts (1988), S. 161 f., sowie das Sondervotum von *Isensee/Knobbe-Keuk*, in: Bundesministerium der Finanzen, Gutachten der Unabhängigen Sachverständigenkommission zur Prüfung des Gemeinnützigkeits- und Spendenrechts, Bonn 1988, S. 477 ff.; *Jachmann* in Igl, Rechtliche Rahmenbedingungen bürgerschaftlichen Engagements (2002), S. 67 (233 ff.); *Fischer* in: Hübschmann/ Hepp/Spitaler, § 65 AO, Rn. 7 f.

[171] Vgl. *Walz* in Kötz/Rawert/Schmidt/Walz (Hrsg.), Non Profit Law Yearbook 2001 (2002), S. 197 (204 ff.), aufbauend auf *Hansmann*, 75 Virginia Law Review 605 (1989); *Rose-Ackerman*, 34 Stanford Law Review 1017 (1982).

[172] Siehe die in der vorherigen Fn. zitierten US-amerikanischen Autoren.

schland fehlt es bislang an vergleichbaren Untersuchungen, aber es spricht manches dafür, dass die Situation insoweit vergleichbar ist.

9. Demnach ist eine deutliche Erhöhung des Freibetrags des § 64 Abs. 3 AO erwägenswert – der über die im Referentenentwurf für ein Gesetz zur weiteren Stärkung des bürgerschaftlichen Engagements vom 14.12.2006 vorgeschlagenen 35.000 € hinausgeht[173]. Die Wahrscheinlichkeit einer gravierenden Wettbewerbsverzerrung dürfte innerhalb eines immer noch bescheideneren Ertragsrahmens von bis zu 80.000 € oder 90 000 € nicht groß sein.

N. Steuerprivilegien für die Umsatzsteuer

1. Mehrere Besonderheiten bestehen bei der umsatzsteuerrechtlichen Behandlung von Lieferungen und Leistungen gemeinnütziger Organisationen.

2. Vergünstigungen im Bereich der Umsatzsteuer haben für die begünstigte Organisation besondere Auswirkungen. Grund hierfür ist die Besonderheit der Umsatzsteuer, die im Wesentlichen die Endverbraucher treffen soll, aber aus technischen Gründen nicht die Endverbraucher, sondern die leistenden Unternehmer steuerpflichtig macht[174]. Der Unternehmer, welcher eine umsatzsteuerpflichtige Leistung erbringt, schlägt die Umsatzsteuer auf seinen Preis auf und führt sie an das Finanzamt ab. Umsatzsteuer, die er an seine Lieferanten zahlen musste, kann er durch den Vorsteuerabzug zurückerstattet verlangen, so dass per Saldo nur der im eigenen Betrieb geschaffene Mehrwert belastet und auf die Kunden weitergewälzt wird. Im Ergebnis zahlen folglich die Endverbraucher die Umsatzsteuer, die ihnen auf den Preis aufgeschlagen und gesondert in der Rechnung ausgewiesen wird.

3. Eine weitere Besonderheit des Umsatzsteuerrechts ist, dass in den Mitgliedstaaten der EU die 6. EG-Richtlinie (Mehrwertsteuerrichtlinie) gilt, die das Umsatzsteuerrecht weitgehend – aber nicht vollständig – harmonisiert hat[175]. Vor diesem Hintergrund sieht das geltende Recht für gemeinnützige Organisationen drei Arten von Befreiungen im Umsatzsteuerrecht vor, wobei die beiden ersten durch EU-Sekundärrecht zumindest stark vorgeprägt sind und nur die dritte allein unter nationaler Regie steht und damit ausschließlich national erweitert oder begrenzt werden könnte.

   a) Art. 13 Teil A der 6. EG-Richtlinie verpflichtet die Mitgliedstaaten, bestimmte, dort selbstständig definierte, dem Gemeinwohl dienende

---

[173] Siehe § 64 Abs. 3 AO-E.

[174] Näher hierzu *Reiß* in Tipke/Lang, Steuerrecht, 18. Aufl. (2005), § 14 Rn. 1; *Reiß* in Reiß/Kraeusel/Langer, Einführung UStG, Rn. 21.

[175] Siehe den Generalbericht unter A II 3 c (S. 100 f.). Näher hierzu auch *Reiß* in Tipke/Lang, Steuerrecht, 18. Aufl. (2005), § 14 Rn. 6 ff.; *Zeuner* in Bunjes/Geist, Einleitung UStG, Rn. 6 ff.; *Reiß* in Reiß/Kraeusel/Langer, Einführung UStG, Rn. 103.

Tätigkeiten von der Mehrwertsteuer zu befreien[176]. Damit wird der Output entlastet. Allerdings entfällt dann aber die Möglichkeit zum Vorsteuerabzug, da Art. 17 Abs. 2 der 6. Richtlinie den Abzug nur erlaubt, wenn Lieferungen und Leistungen für Zwecke von besteuerten Umsätzen verwendet werden[177]. Deshalb bleibt der Input belastet. Es handelt sich also um eine sog. „unechte Befreiung".

b) In ihrem Anhang H ermöglicht die 6. EG-Richtlinie Teilbefreiungen für bestimmte Aktivitäten in Form von niedrigeren Steuersätzen, von denen die Mitgliedsstaaten bislang allerdings wenig Gebrauch gemacht haben[178]. Die Liste des Anhang H ist nicht in erster Linie auf gemeinnützige Tätigkeiten gerichtet, enthält aber eine einschlägige Regelung für Lieferungen und Leistungen im Bereich der Kultur und des Sports sowie durch von den Mitgliedstaaten anerkannte gemeinnützige Einrichtungen für wohltätige Zwecke und im Bereich der sozialen Sicherheit, soweit sie nicht nach Art. 13 steuerbefreit sind (insbesondere Nrn. 7, 8, 12, 13, 14). In diesem Fall ist es weiterhin möglich, den vollen Vorsteuerabzug in Anspruch zu nehmen. Es wird also sowohl der Input wie der Output entlastet. Man spricht daher hier von einer „echten Befreiung".

c) Neben diesen europarechtlichen Regelungen können auch nationale Regelungen relevant sein: so haben verschiedene Mitgliedstaaten in unterschiedlichem Umfang für bestimmte karitative Leistungen, die (weil sie nicht gegen Entgelt erbracht werden) von der Umsatzsteuer nicht erfasst werden, nationale Erstattungen für die im Zusammenhang mit diesen Leistungen stehenden Lieferungen und Leistungen eingeführt[179]. So kann z.B. in Deutschland nach § 4 a UStG für bestimmte Fälle der Lieferung in ein Drittlandsgebiet zu humanitären, karitativen

---

[176] Dazu gehören u.a. die Krankenhausbehandlung, ärztliche Heilbehandlungen, Dienstleistungen der Zahntechniker, die mit der Sozialfürsorge und der sozialen Sicherheit sowie der Kinder- und Jugendbetreuung verbundenen Lieferungen und Dienstleistungen, die Dienstleistungen zur Erziehung, solche des Schul- und Hochschulunterrichts, der Aus- und Fortbildung einschließlich der Privatlehrer, die Gestellung von Personal durch religiöse und weltanschauliche Einrichtungen, Dienstleistungen sowie damit verbundene Lieferungen, die ohne Gewinnstreben auf politische, gewerkschaftliche, religiöse, patriotische, weltanschauliche, philanthropische oder staatsbürgerliche Ziele oder auf kulturelle und auf sportliche Zwecke gerichtet sind. Siehe die entsprechenden Befreiungstatbestände in § 4 UStG Nrn. 14-18, 21-22, 26.

[177] Siehe auch die Umsetzung der europarechtlichen Vorgabe in § 15 Abs. 2 Satz 1 Nr. 1 UStG: „Vom Vorsteuerabzug ausgeschlossen ist die Steuer für die Lieferungen, die Einfuhr und den innergemeinschaftlichen Erwerb von Gegenständen sowie für die sonstigen Leistungen, die der Unternehmer zur Ausführung folgender Umsätze verwendet: steuerfreie Umsätze"; näher hierzu *Heidner* in Bunjes/Geist, § 15 UStG, Rn. 264 f.; *Forgách* in Reiß/Kraeusel/Langer, § 15 UStG, Rn. 386 ff.

[178] Siehe den Generalbericht unter A II 3 c (S. 100).

[179] Siehe den Generalbericht unter A II 3 d (S. 101).

oder erzieherischen Zwecken ein Antrag auf Steuervergütung der an sich nicht abzugsfähigen Vorsteuer gestellt werden[180].

4. Für gemeinnützige Organisationen, die unternehmerisch tätig sind, hat die jeweils geltende Befreiung – wie bereits angedeutet – unterschiedliche Effekte.

a) Erbringt die gemeinnützige Organisation Leistungen, die aufgrund der (soeben unter 3a behandelten) *„unechten Befreiung"* nicht der Mehrwertsteuer unterliegen (was für viele Aktivitäten vorgesehen ist, die durch gemeinnützige Organisationen erbracht werden[181]), so hat dies zwar für die gemeinnützige Organisation den Vorteil, dass sie keine Mehrwertsteuer auf den von ihr erhobenen Preis aufschlagen und an den Fiskus abführen muss. Diesem Vorteil steht jedoch der Nachteil gegenüber, dass der gemeinnützigen Organisation der Vorsteuerabzug versagt bleibt, so dass sie – ähnlich wie der Verbraucher auf der Endstufe der Leistungskette – auf der an die eigenen Lieferanten im Preis mitgezahlten Mehrwertsteuer sitzen bleibt. Die unechte „Befreiung" von der Mehrwertsteuer wirkt sich also (aufgrund der Versagung des Vorsteuerabzugs) in der Sache so aus, dass nur die Wertschöpfung, die durch die Arbeit der gemeinnützigen Organisation selbst eintritt, von der Mehrwertsteuer befreit wird, nicht hingegen die umsatzsteuerpflichtigen Vorleistungen, die von ihren Lieferanten erbracht worden sind. Die Versagung des Vorsteuerabzugs ist für diejenigen gemeinnützigen Organisationen nicht sonderlich belastend, bei denen im wesentlichen Personalkosten anfallen (denn für den Empfang von Personalleistungen von Seiten abhängiger Arbeitskräfte fallen abzugsfähige Vorsteuern nicht an). Belastend ist die Versagung des Vorsteuerabzugs hingegen für diejenigen gemeinnützigen Organisation, die zur Erfüllung ihrer Aufgaben Waren oder Werkleistungen beziehen (z.B. Bauvorhaben, Anschaffung von Kraftfahrzeugen, Rechnern oder Medizintechnik, Inanspruchnahme von Speditionsleistungen). In diesem Fall kann die Belastung durch nicht abzugsfähige Vorsteuern das Budget für die gemeinnützigen Programme erheblich beschneiden[182] und zu einer (im Vergleich zu steuerpflichtigen Unternehmen) geringeren Investitionsrate führen.

b) Im Falle einer (soeben unter 3b behandelten) *„echten Befreiung"* bleibt die gemeinnützige Organisation für die von ihr erbrachte Leistung

---

[180] Man rechtfertigt § 4a UStG allerdings in erster Linie als Grenzausgleich (Entlastung bei Verlassen des Inlands); siehe etwa *Heidner* in Bunjes/Geist, § 4a UStG, Rn. 2. Das ist zweifelhaft, wenn die Output-Leistung aus anderen Gründen von der USt nicht erfasst wird.

[181] Siehe die Angaben oben in Fn. 176.

[182] Nordon, Sheila, VAT – A Charity View Point CFE Conference Brussels, April 2006, (zugänglich im Internet unter http://www.cfe-eutax.org/FRAMES_TOTAL/total_activities.html), spricht von den „Humankosten der Umsatzsteuerbelastung" („Human Cost of VAT").

steuerpflichtig, muss aber nur einen reduzierten Steuersatz abführen und ihren Kunden in Rechnung stellen. Dafür verbleibt ihr der Vorteil des Abzugs der Vorsteuer. Diese „echte" Befreiung ist in Deutschland in § 12 Abs. 2 Nr. 8 a UStG für die Leistungen gemeinnütziger Körperschaften vorgesehen, „die nicht im Rahmen eines wirtschaftlichen Geschäftsbetriebs erbracht werden" (also für Zweckbetriebe)[183]. Die echte Befreiung kann für die gemeinnützige Organisation günstiger sein als die (soeben unter a dargestellte) unechte Befreiung. Dies ist insbesondere dann anzunehmen, wenn (1) die Reduzierung des Steuersatzes hoch ist (in Deutschland liegt der ermäßigte Steuersatz bei 7%[184]) und (2) die gemeinnützige Organisation Leistungen empfängt, für die sie ihrerseits die Vorsteuer geltend machen kann (also insbesondere beim Erwerb von Waren und Werkleistungen)[185].

   c) Besonders vorteilhaft für die gemeinnützige Organisation ist es, wenn sie für karitative Leistungen, die von der Umsatzsteuer nicht erfasst werden (weil sie nicht gegen Entgelt erbracht werden), gleichwohl die Erstattung der Vorsteuer beantragen kann (wie dies in § 4 a UStG vorgesehen ist).

5. Zur rechtspolitischen Beurteilung der umsatzsteuerlichen Behandlung der Leistungen und Lieferungen von gemeinnützigen Organisationen sollte man immer die Leistungskette vor Augen haben, die von der Herstellung bis zum Verbraucher läuft. Die entscheidende Frage ist, ob man die gleichmäßige Besteuerung des Umsatzes der auf den Vorstufen am Markt erbrachten Leistungen in den Mittelpunkt stellt (a), oder ob man den Endverbrauch aus einer ganzen Leistungskette – z.B. vom Stofflieferanten, Hersteller von Decken und Zelten über Transportleistungen bis zum Verteiler der Decken im Katastrophengebiet – deswegen insgesamt freistellen will, weil im letzten Glied der Leistungskette mit der Lieferung oder Leistung gemeinnützige Zwecke verfolgt werden (b).

   a) Nimmt man den ersten Standpunkt ein (Gleichmäßige Besteuerung des Umsatzes der auf den Vorstufen am Markt erbrachten Leistungen), so ist es plausibel, nur den Mehrwert von der Umsatzsteuer zu befreien, den die gemeinnützige Organisation zusätzlich gegenüber den Vorlieferanten erbracht hat. Das führt zur (oben unter 4 a vorgestellten) unechten Befreiung. Diese Lösung ist für die Vorstufen wettbewerbsadäquat.

---

[183] Näher hierzu *Heidner* in Bunjes/Geist, § 12 II Nr. 8 UStG, Rn. 1 ff.; *Kraeusel* in Reiß/Kraeusel/Langer, § 12 UStG, Rn. 285 ff. Problematisch ist allerdings, ob diese Vorschrift im Einklang mit der europäischen Ermächtigungsgrundlage steht, siehe hierzu näher *Baur*, Gemeinnützigkeitsrecht im Sinne der 6. EG-Richtlinie (2005), S. 103 ff.

[184] Siehe § 12 Abs. 2 UStG.

[185] Siehe hierzu *Heidner* in Bunjes/Geist, § 12 Allg UStG, Rn. 2; *Kraeusel* in Reiß/Kraeusel/Langer, § 4 UStG, Rn. 1 ff.

Allerdings scheint sie prima vista dem Grundkonzept der Umsatzsteuer als Verbrauchssteuer zu widersprechen, die nur den Verbraucher am Ende der Leistungskette besteuern will. Bei näherer Betrachtung überzeugt dieses Argument indessen wenig: Denn im Ergebnis wird die gemeinnützige Organisation sehr wohl den ihr verwehrten Vorsteuerabzug auf die Preise aufschlagen müssen, die sie ihren Kunden gegenüber erhebt. Zwar besteht dann der Unterschied, dass diese Überwälzung auf den Endverbraucher nicht in der Rechnung gesondert ausgewiesen ist, sondern direkt in den Preis einbezogen ist, dieser Unterschied ist jedoch primär von formaler Natur.

b) Hält man es hingegen für richtig, den Endverbraucher voll von der Steuer freizustellen, so kommen zwei Lösungen in Betracht: (1) Erbringt die gemeinnützige Organisation gegenüber dem Endverbraucher ihre Leistung entgeltlich, so ist die (oben unter 4 b vorgestellte) echte Befreiung die konsequente Lösung, und zwar im Extremfall in der Weise, dass der ermäßigte Steuersatz auf Null reduziert wird (bei gleichzeitigem vollem Vorsteuerabzug). Eine solche extreme Lösung gibt es freilich bislang äußerst selten. (2) Erbringt die gemeinnützige Organisation gegenüber dem Endverbraucher ihre Leistung unentgeltlich (so dass diese Leistungen auch nicht der Umsatzsteuer unterliegen), kann man (wie oben unter 4 c vorgestellt) der gemeinnützigen Organisation trotzdem die Erstattung des Vorsteuerabzugs ausnahmsweise erlauben.

c) Statt der soeben (unter 5 b (1) vorgestellten) extremen Form der „echten Befreiung" (bei der die gesamte Leistungskette im Effekt von der Umsatzsteuer befreit ist) kommt auch eine gemäßigte Form der „echte Befreiung" in Frage, bei welcher der ermäßige Steuersatz nicht bis auf Null reduziert wird und der volle Vorsteuerabzug ermöglicht wird.

6. Rechtstechnisch kommen die folgenden Ansatzpunkte für eine Reform in Betracht:

a) Die Entlastung des Inputs bei gemeinnützigen Organisationen durch (1) Ermöglichung des Vorsteuerabzugs oder (2) Erstattung der nicht abzugsfähigen Vorsteuer oder

b) eine Entlastung des Outputs bei gemeinnützigen Organisationen durch (1) Erweiterung des Befreiungskatalogs in Art. 13 oder (2) Erweiterung der ermäßigten Besteuerung im Rahmen der Anl. H zu Art. 12 der 6. EG-Richtlinie.

7. Hinsichtlich der Umsetzung etwaiger Reformvorschläge ist danach zu unterscheiden, ob eine Änderung nur auf der EU-Ebene möglich ist oder ob eine Änderung auf der nationalen Ebene angestrebt wird[186].

---

[186] Vgl. *Diemer*, VAT for Public Entities and Charities – Current Issues and Proposals, zugänglich über das Internet unter http://www.cfe-eutax.org/FRAMES_TOTAL/total_activities.html.

Rechtspolitische Optionen zum deutschen Gemeinnützigkeits- und Spendenrecht 249

a) Nur auf der EU-Ebene änderbar ist die Liste der befreiten Aktivitäten in Art. 13 der 6. EG-Richtlinie und der ermäßigt besteuerten Aktivitäten in Anl. H zu Art. 12 der 6. EG-Richtlinie.

b) Auf nationaler Ebene änderbar sind Regeln (wie § 4 a UStG), nach denen für bestimmte karitative Leistungen, die von der Umsatzsteuer nicht erfasst werden (weil sie nicht gegen Entgelt erbracht werden), gleichwohl die Erstattung der Vorsteuer verlangt werden kann.

8. Im Ergebnis empfiehlt sich folgendes:

a) Auf der EU-Ebene besteht ein klarer Bedarf nach mehr Rechtssicherheit. Sehr wünschenswert ist daher z.b. eine Abgleichung der Anlage H mit dem in § 12 Nr. 8 a UStG implizit vorausgesetzten – aber nicht europarechtlich abgesicherten – Zweckbetriebsbegriff[187]. Wenn man z.B. § 12 Nr. 8 a UStG so auslegt, dass die Personalgestellung einer gemeinnützigen wissenschaftlichen Hochschule an eine andere als Zweckbetrieb anzusehen ist[188], so ist nicht auszuschließen, dass diese Interpretation der 6. EG-Richtlinie widerspricht und vom EuGH kassiert werden wird.

b) Vorstellbar, aber aus wettbewerbsrechtlichen Gründen problematisch und zudem wegen der erheblichen fiskalischen Auswirkungen unrealistisch, wäre eine (auf europäischer Ebene vorzunehmende) Änderung des Art. 17 Abs. 2 der 6. EG-Richtlinie dahingehend, dass eine Befreiung nach Art. 13 den Vorsteuerabzug nicht ausschließt (Einführung einer sog. zero-tax-rate).

c) Erwägenswert ist hingegen die (auf europäischer Ebene vorzunehmenden) Änderung der Anlage H aufgelisteten Tätigkeiten. Hier geht es einmal um eine mögliche Erweiterung durch Aktivitäten, für die ein öffentlicher Bedarf besteht, der durch den Markt nicht gedeckt werden kann. Andererseits sollte die Europäische Kommission in ihrem Bemühen unterstützt werden, solche Aktivitäten, die Marktreife erlangt haben und durch normal besteuerte Unternehmer erbracht werden können[189], aus der Anlage herauszunehmen. Sie sollten aus Wettbewerbsgründen normal besteuert werden.

---

[187] Die Vorschrift setzt die Abgrenzung von wirtschaftlichem Geschäftsbetrieb und Zweckbetrieb voraus, die bisher keine zuverlässige Stütze in der 6. EG-Richtlinie gefunden hat; siehe hierzu bereits näher den Generalbericht unter A II e (S. 102 f.).

[188] Nach Auskünften aus der Praxis nimmt die Finanzverwaltung hier bisher einen umsatzsteuerpflichtigen wirtschaftlichen Geschäftsbetrieb an. Dies ist nicht zwingend.

[189] Solche Aktivitäten gibt es in den Bereichen Gesundheit, Bildung für Nicht-Jugendliche, Alterspflege, Kultur und Sport; näher hierzu *Diemer*, VAT for Public Entities and Charities – Current Issues and Proposals, zugänglich über das Internet unter http://www.cfe-eutax.org/FRAMES TOTAL/ total_activities.html.

d) Auf nationaler Ebene änderbar und rechtspolitisch wünschenswert ist die Ausdehnung des § 4 a UStG jenseits seines engen Anwendungsbereichs auf alle karitativen (entgeltlosen) – also nicht in den Anwendungsbereich der 6. EG-Richtlinie fallenden – Leistungen von gemeinnützigen Organisationen.

O. Methode des Spendenabzugs

1. Nach § 10 b EStG sind in Deutschland Spenden als Sonderausgaben abzugsfähig; sie werden also vom Gesamtbetrag der Einkünfte abgezogen (vgl. § 2 Abs. 4 EStG). Da der Abzug von Sonderausgaben ein Zwischenschritt zur Ermittlung der Bemessungsgrundlage für die Einkommensteuer ist, wirkt sich die Steuerprogression regressiv aus: Personen mit höheren Einkommen haben einen vergleichsweise höheren Steuervorteil[190].

2. Der Rechtsvergleich zeigt, dass diese Lösung auch in mehreren anderen Staaten verwendet wird, es aber auch andere Abzugsmechanismen gibt[191].

3. Die geltende Abzugsmethode und die infolge der progressiven Ausgestaltung der Einkommensteuer verbundene Privilegierung von Personen mit hohem Einkommen wird in der Literatur im Wesentlichen mit zwei Argumenten gerechtfertigt: (1) Sie entspreche dem Leistungsfähigkeitsprinzip[192] und (2) sie sei aus fiskalischer Sicht sinnvoller, weil davon auszugehen sei, dass Personen mit hohen Einkommen typischerweise größere Spenden erbrächten[193].

4. Es gibt gleichwohl gute Gründe, über eine Umstellung der derzeitigen Abzugsmethode nachzudenken. So gilt bereits de lege lata für Spenden an politische Parteien eine besondere Abzugsmethode (vgl. § 34 g EStG): Jeder Spender kann 50% der von ihm entrichteten Spende von seiner Steuerbelastung abziehen (bei einer Obergrenze von 825 €, bei Zusammenveranlagung 1650 €). Diese Methode führt dazu, dass für gleiche Spendenbeträge die Wirkung bei allen Spendern gleich ist (sofern ohne Abzug mindestens der Abzugsbetrag an Steuern bezahlt werden müsste). Diese besondere Abzugsmethode soll die Chancengleichheit der durch die Vorschrift mittelbar begünstigten politischen Vereinigungen gewährleisten und der Gefahr vorbeugen, dass Spender mit höherem Einkommen auf Grund steuerlich begünstigter Zuwendungen an politische Vereinigungen einen größeren Einfluss auf den Prozess der politischen Willensbildung erlangen als andere

---

[190] *Schauhoff* in Schauhoff (Hrsg.), Handbuch der Gemeinnützigkeit, 2. Aufl. (2005), § 10 Rn. 6; *Seer* in Jachmann (Hrsg.), DStJG 26 (2003), S. 11 (42).

[191] Siehe den Generalbericht unter F I 1 (S. 158 ff.).

[192] *Geserich* in Kirchhof/Söhn/Mellinghoff, § 10 b EStG, Rn. A 32 ff.

[193] *Bundesministerium der Finanzen*, Gutachten der Unabhängigen Sachverständigenkommission zur Prüfung des Gemeinnützigkeits- und Spendenrechts (1988), S. 230.

Bürger[194]. Dieser Gedanke lässt sich auch auf Spenden und Dotationen an gemeinnützige Organisationen insgesamt übertragen: Wer eine Stärkung und Ausdehnung des Dritten Sektors fordert, ist ohnehin mit dem Misstrauen mancher Bürger konfrontiert, dass die begüterten Schichten einen zu großen Einfluss erhalten. Deshalb spricht viel dafür, den demokratischen Charakter des Spendenwesens zu betonen.

5. Ein weiteres Argument für eine Reform sind die empirisch erhärteten und durchgerechneten Ergebnisse des ökonometrischen Beitrags dieses Bandes. Die Verfasser des ökonometrischen Beitrags plädieren dafür, die Spenden unmittelbar von der Steuer in Höhe von 50% des gespendeten Betrags abzuziehen[195]. Dieser Vorschlag entspricht der (soeben dargestellten) besonderen Abzugsmethode für Spenden an Parteien (ohne Obergrenze).

6. Eine solche Umstellung lässt sich systematisch rechtfertigen, und zwar selbst dann, wenn man (wie manche Autoren[196]) meint, die derzeitige Abzugsmethode entspringe aus dem Leistungsfähigkeitsprinzip (was hier nicht weiter vertieft werden kann und daher dahingestellt bleiben muss). Das Leistungsfähigkeitsprinzip gilt nicht absolut. Ein Abweichen lässt sich damit rechtfertigen, dass die demokratischen Teilhabemöglichkeiten erhöht werden sollen[197].

7. Eine andere Frage ist, ob die hier vorgeschlagene Umstellung fiskalisch sinnvoll ist. Prima vista scheint die vorgeschlagene Umstellung den Fiskus erheblich stärker zu belasten als die bislang geltende Regelung, weil die Abzüge von 50% der Spende deutlich über den bisher in Deutschland möglichen Abzügen liegen, und zwar (angesichts eines derzeitigen Spitzensteuersatzes von 42%[198]) sogar für Spitzenverdiener[199]. Es ist deshalb von großem Interesse, dass die Verfasser des ökonometrischen Gutachtens mit beachtlichen Argumenten zu dem Ergebnis kommen, der methodische

---

[194] BVerfG v. 21.6.1988, BStBl. II 1989, 67 (70 ff.); BVerfG v. 9.4.1992, BStBl. II 1992, 766 (770 ff.); *Ipsen*, JZ 1984, 1060 (1060 ff.); *Kirchhof* in Kirchhof, § 34g EStG, Rn. 1; *Kirchhof/ Geserich* in Kirchhof/Söhn/Mellinghoff, § 34g EStG, Rn. A 1 f. Näher hierzu auch *Becker*, in diesem Band, C, S. 631.

[195] von *Auer/Kalusche*, in diesem Band, 2.6, S. 26 f.

[196] Siehe die oben in Fn. 192 zitierten Autoren.

[197] Die veränderte Abzugmethode hat aus Sicht derjenigen, die vom Leistungsfähigkeitsprinzip ausgehen, dann insoweit einen subventionsähnlichen Umverteilungs- und Lenkungscharakter.

[198] Siehe § 32a EStG.

[199] Daher erübrigt sich auch das (oben unter N 3) angeführte Argument der *Sachverständigenkommission* in Bundesministerium der Finanzen, Gutachten der Unabhängigen Sachverständigenkommission zur Prüfung des Gemeinnützigkeits- und Spendenrechts (1988), S. 230, es sei zweifelhaft, ob eine Umstellung das Spendenaufkommen erhöhe – dieses Argument gilt nur, wenn Großverdiener durch die Umstellung schlechter als bislang stehen würden (wenn also der abzuziehende feste Betrag geringer wäre als der durch die progressive Einkommensteuer festgelegte jeweilige Steuersatz).

Systemumstieg könne für den Fiskus mehr oder weniger aufwandsneutral vonstatten gehen[200].

P. Differenzierungen anhand des Zwecks der Spende

1. In Deutschland werden anhand des Zwecks drei Arten gemeinnütziger Organisationen unterschieden: (a) Organisationen, die Sport oder Freizeitzwecke verfolgen, erhalten einen Spendenabzug von 5%; Mitgliedsbeiträge sind dort hingegen nicht abzugsfähig[201]. (b) Bei Vereine mit kirchlichen, religiösen oder sonst besonders förderungswürdigen Zwecken sind sowohl Spenden als auch Mitgliedsbeiträge bis zu einer Höhe von 5% abzugsfähig[202]. (c) Zusätzliche 5% (also 10% insgesamt) vermitteln Spenden und Beiträge an Organisationen, die wissenschaftliche, mildtätige und besonders förderungswürdige Zwecke (Kunst, Kultur, Denkmalspflege) fördern[203].
2. Ein Vorteil eines solchermaßen abgestuften Systems ist, dass beim Anreiz für den Spender zwischen wichtigen und weniger wichtigen Gemeinwohlzielen Unterschiede gemacht werden. Die Differenzierung zwischen den Organisationen, die Sport oder Freizeitzwecke verfolgen, und den anderen Organisationen ist vor diesem Hintergrund durchaus sachgerecht.
3. Problematischer ist indessen die (weitere) Differenzierung zwischen den Organisationen, die aufgrund ihres Zwecks einen Abzug von bis zu 10% erhalten können, und den Organisationen, die aufgrund ihres Zwecks nur einen Abzug von 5% erhalten können. Diese Differenzierung bereitet in der Praxis erhebliche Abgrenzungsschwierigkeiten[204]. So stellt sich etwa bei der Tsunami-Katastrophe die Frage: wo hört die „Katastrophenhilfe" auf (Mildtätigkeit = Abzug bis 10%) und wo fängt die „Entwicklungshilfe" (gemeinnützig = Abzug bis zu 5%) an? Die Differenzierung schafft Verwaltungsaufwand sowohl bei den Finanzämtern wie bei den gemeinnützigen Körperschaften, sie führt zudem zu Differenzierungsbedarf bei den Spendenbescheinigungen und enthält Haftungsrisiken für die Vorstände und Verantwortlichen, wenn sie die Abgrenzung verfehlen. Aufgrund dieser praktischen Schwierigkeiten sollte diese Differenzierung aufgegeben werden.
4. Mit der Abzugsobergrenze von 5% der Bemessungsgrundlage liegt Deutschland niedriger als die meisten anderen untersuchten Länder und auch mit 10% noch im unteren Durchschnitt. Der deutsche Gesetzgeber sollte sich der

---

[200] Siehe *von Auer/Kalusche*, in diesem Band, 7, S. 68 ff.
[201] § 48 Abs. 4 S. 2 EStDV. Siehe hierzu näher *Kirchhof* in Kirchhof, § 10 b EStG, Rn. 13.
[202] Siehe § 10 b EStG Abs. 1 Satz 1; näher hierzu *Heinicke* in Schmidt, § 10 b EStG, Rn. 60.
[203] Siehe § 10 b EStG Abs. 1 Satz 2; näher hierzu *Heinicke* in Schmidt, § 10 b EStG, Rn. 61; *Kirchhof* in Kirchhof, § 10 b EStG, Rn. 38.
[204] Siehe hierzu näher *Schauhoff* in Schauhoff (Hrsg.), Handbuch der Gemeinnützigkeit, 2. Aufl. (2005), § 10 Rn. 73.

Schweiz oder Spanien anschließen und einheitlich 20% oder 25% zulassen[205]. Fiskalisch ist nicht zu befürchten, dass wegen der Anhebung der Abzugshöhe plötzlich viele Spender deutlich mehr als 5% ihres Einkommens (= die bisherige Regelabzugsgrenze) an gemeinnützige Organisationen spenden werden. Die meisten Spender spenden erfahrungsgemäß weitaus weniger als 5% ihres Einkommens. Auf der Basis dieser Erfahrung haben manche ausländische Staaten die Abzugsgrenzen ganz (UK)[206] oder weitestgehend (Kanada) abgeschafft und sind dabei ohne nennenswerte fiskalische Einbußen geblieben. Aus diesen Gründen ist die im Referentenentwurf vom 14.12.2006 vorgeschlagene Erhöhung der Obergrenze auf 20% zu begrüßen.

Q. Differenzierungen anhand des Spenders und der Rechtsform der Empfangsorganisation

1. Das deutsche Spendenrecht differenziert bei der Abzugshöhe nicht zwischen natürlichen und juristischen Personen, wie es heute manche Länder tun[207]. Solche Differenzierungen (in der Regel zugunsten des individuellen Spenders) lassen sich (1) mit dem Schutz der Gesellschafterminderheiten begründen und (2) damit, dass natürliche Personen durch die Spende ihr eigenes Vermögen vermindern, während in Kapitalgesellschaften typischerweise das Kapital der Investoren verwaltet wird. Dagegen spricht aber, dass der Gesellschafter- und Minderheitenschutz im Gesellschaftsrecht selbst angegangen werden sollte und keine zusätzlichen Komplikationen des Spendenrechts rechtfertigt.

2. In Deutschland werden Zuwendungen an Stiftungen in mehrfacher Hinsicht gegenüber Zuwendungen an andere gemeinnützige Organisationen begünstigt. Die wichtigste Privilegierung besteht in erweiterten Möglichkeiten des Sonderausgabenabzugs[208]. Neben den anderen Spendenmöglichkeiten für steuerbegünstigte Zwecke darf ein (Zu)Stifter bei Zuwendungen an Stiftungen jedes Jahr pauschal 20.450 € als Sonderausgabenabzug geltend machen[209]. Darüber hinaus darf der Stifter einen Betrag von 307.000 € im Jahr der Zuwendung und der folgenden neun Veranlagungszeiträume abziehen, falls dieser Beitrag innerhalb des ersten Jahres nach Errichtung der Stiftung „in den Vermögensstock" der Stiftung geleistet wird[210]. Der Stifter darf diesen besonderen Abzugsbetrag von 307.000 € der Höhe nach inner-

---

[205] Siehe die tabellarische Übersicht in Generalbericht unter F I 1 (S. 159 f.).
[206] Siehe hierzu näher *Selbig*, Großbritannien, D III (S. 337).
[207] Siehe den Generalbericht unter F III 1 (S. 173 f.).
[208] Siehe zu weiteren Einzelheiten *Crezelius/Rawert*, ZEV 2000, 421 (423 f.).
[209] Siehe § 10 b Abs. 1 a Satz 3 EStG (für Spenden von natürliche Personen), § 9 Abs. 1 Nr. 2 Satz 2 KStG (für Spenden von Körperschaften) sowie in § 9 Nr. 5 Satz 3 GewStG n.F.
[210] Siehe § 10 b Abs. 1 a Satz 1 und Satz 2 EStG, § 9 Nr. 5 Satz 3 GewStG n.F.

halb des Zehnjahreszeitraums nur einmal in Anspruch nehmen[211]. Die Stiftung darf alle steuerbegünstigten Zwecke im Sinne der §§ 52-54 AO fördern, sofern es sich nicht um Freizeitzwecke gemäß § 52 Abs. 2 Nr. 4 AO handelt[212]. Der Referentenentwurf für ein Gesetz zur weiteren Stärkung des bürgerschaftlichen Engagements vom 14.12.2006 möchte diese Höchstgrenze sogar auf 750.000 € anheben und auf Zustiftungen erstrecken. Als Einschränkung gegenüber dem geltenden Recht sind der Wegfall der Rücktragsmöglichkeit vorgesehen. Außerdem darf die (Zu-)Stiftung (anders als nach dem geltenden Recht) nicht an Stiftungen ergehen, die ihrem Satzungszweck oder ihrer tatsächlichen Geschäftsführung nach überwiegend Mittel für die Verwirklichung steuerbegünstigter Zwecke einer anderen Körperschaft beschaffen[213].

3. Umstritten ist, ob und gegebenenfalls inwieweit sich die geltende (und im Referentenentwurf sogar verstärkte) rechtsformbezogene Privilegierung der Stiftung – die in dieser Form in keinem anderen Land gilt[214] – rechtfertigen lässt, und zwar nicht nur rechtspolitisch, sondern auch verfassungsrechtlich (vor dem Hintergrund des Diskriminierungsverbots des Art. 3 GG)[215].

4. Manche Autoren begründen die steuerliche Privilegierung mit den besonderen zivilrechtlichen Regeln des Stiftungsrechts: Die BGB-Stiftung lasse sich besonders gut für die nachhaltige und berechenbare Verwirklichung bestimmter gemeinnütziger Ziele einsetzen, weil sie (anders als Vereine oder Kapitalgesellschaften, die „am Zügel" von natürlichen oder juristischen Personen und deren sich wandelnden Gemeinwohlvorstellungen hingen) „kein Medium dahinter stehender Rechtssubjekte sei" und außerdem durch die Stiftungsaufsichtsbehörde kontrolliert werde[216]. Gegen diese Ansicht

---

[211] § 10 b Abs. 1 a Satz 3 EStG. Für Körperschaften gilt der besondere Abzugsbetrag hingegen nicht.

[212] Siehe § 10 b Abs. 1 a Satz 3 EStG.

[213] Siehe den Wortlaut von § 10 b Abs. 1 a EStG-E: „Spenden in den Vermögensstock einer Stiftung des öffentlichen Rechts oder einer nach § 5 Abs. 1 Nr. 9 des Körperschaftsteuergesetzes steuerbefreiten Stiftung des privaten Rechts können nach Antrag des Steuerpflichtigen im Veranlagungszeitraum der Zuwendung und in den folgenden neun Veranlagungszeiträumen bis zu einem Betrag von 750.000 Euro zusätzlich zu den Höchstbeträgen nach Absatz 1 Satz 1 abgezogen werden. Dies gilt nicht für Spenden im Sinne des Satzes 1 an Stiftungen, die nach Stiftungsgeschäft oder tatsächlicher Geschäftsführung überwiegend Mittel für die Verwirklichung steuerbegünstigter Zwecke einer anderen Körperschaft beschaffen. Der besondere Abzugsbetrag nach Satz 1 bezieht sich auf den gesamten Zehnjahreszeitraum und kann der Höhe nach innerhalb des Zehnjahreszeitraums nur einmal in Anspruch genommen werden. § 10d Abs. 4 gilt entsprechend".

[214] Siehe den Generalbericht unter F III 2 (S. 175 f.).

[215] Siehe hierzu näher *Hüttemann* in Kötz/Rawert/Schmidt/Walz (Hrsg.), Non Profit Law Yearbook 2001 (2002), S. 145 ff.

[216] *Crezelius/Rawert*, ZEV 2000, 421 (425); *dies.*, ZIP 1999, 337 (346); zustimmend *Kirchhof* in Kirchhof, § 10 b EStG, Rn. 53; *Bergmann*, S. 93 ff.; ähnlich *Reuter* in Münchener Kommentar, Ergänzungsband, § 85 BGB, Rn. 3; *ders.*, NZG 2004, 939 (944). Aus diesem Grund besteht nach Ansicht der zitierten Autoren ein „Verbot korporativer Elemente" im Stiftungsrecht, das den nach

spricht allerdings, dass das „Gesetz zur weiteren steuerlichen Förderung von Stiftungen" nicht nur die selbständige Stiftung im Sinne der §§ 80ff. BGB, sondern auch die gesetzlich nicht ausdrücklich geregelte unselbständige Stiftung fördern möchte[217], bei der es keine derart strikte Dauerhaftigkeit, keine vergleichbar gestärkte Autonomie und keine Stiftungsaufsicht gibt[218].

5. Gegen die steuerliche Privilegierung von Stiftungen lässt sich ferner einwenden, dass sie der Systematik des Gemeinnützigkeitsrechts widerspricht: Das Gemeinnützigkeitsrecht ist rechtsformübergreifend und verlangt nach seiner Konzeption nur die Förderung eines der gemeinnützigen Zwecke in selbstloser, ausschließlicher und grundsätzlich unmittelbarer Weise[219], ohne danach zu differenzieren, ob ein steuerbegünstigter Zweck im Sinne der §§ 52-54 AO durch eine Organisation mit oder ohne Mitglieder verfolgt wird oder unter welchen Voraussetzungen der Zweck verändert werden darf[220].

6. Manche Befürworter der rechtsformspezifischen Privilegierung der Stiftung meinen, die Bindung der Stiftung an die nachhaltige Verfolgung eines bestimmten Zwecks schütze diesen gegen den gesellschaftlichen Wandel[221] und in der Beständigkeit der Stiftung liege „ein höherer Grad dauerhafter Sozialwertigkeit" gegenüber den anderen gemeinnützigen Organisationen[222]. Auch dieses Argument überzeugt indessen nicht: Nimmt man (mit der in Deutschland herrschenden Ansicht) an, dass die Steuervergünstigungen für Spenden an gemeinnützige Organisationen gewährt werden, weil hierdurch

---

dem gesetzlichen Wortlaut nahezu unbeschränkten Gestaltungsspielraum des Stifters begrenzt und „Mischformen" zwischen Verein und Stiftungen untersagt.

[217] Dies folgt nach ganz herrschender Ansicht schon aus dem Wortlaut des § 10 b Abs. 1 Satz 3 EStG. Demnach sind die „nach § 5 Abs. 1 Nr. 9 des Körperschaftsteuergesetzes steuerbefreite[n] Stiftungen des privaten Rechts" privilegiert, womit wiederum nach ganz überwiegender Ansicht auch die unselbständige Stiftung als Unterfall des „Zweckvermögens" erfasst ist; siehe *Hüttemann*, DB 2000, 1584 (1587); *ders.* in Kötz/Rawert/Schmidt/Walz (Hrsg.), Non Profit Law Yearbook 2001 (2002), S 145 ff.; *Wallenhorst*, DStR 2002, 984 (985); zweifelnd hingegen *Bergmann*, S. 100 f. Für dieses Ergebnis spricht ferner die Gesetzgebungsgeschichte, näher hierzu *Crezelius/Rawert*, ZEV 2000, 421 (424), mit Verweis auf veränderte Formulierung gegenüber dem ersten Entwurf von Bündnis 90/Die Grünen vom 1.12.1997; sowie *Hüttemann*, DB 2000, 1584 (1587); *Wallenhorst*, DStR 2002, 984 (985). Nicht überzeugend ist der Vorschlag von *Bergmann*, S. 98 ff., trotz alle dem die unselbständige Stiftung durch eine „verfassungskonforme Auslegung" im Lichte des Art. 3 GG auszuschließen.

[218] Unabhängig davon, ob es sich bei der unselbständigen Stiftung um eine Auflagenschenkung oder einen Treuhandvertrag handelt, ist eine einvernehmliche Änderung durch den Stifter und den Stiftungsträger möglich; näher hierzu *Westebbe*, Die Stiftungstreuhand (1993), S. 175.

[219] Siehe §§ 51 ff. AO.

[220] *Hüttemann* Kötz/Rawert/Schmidt/Walz (Hrsg.), Non Profit Law Yearbook 2001 (2002), S. 145 (152 f.); ähnlich auch *Thiel*, DB 2000, 392 (395 f.); *Wolsztynski/Hüsgen*, BB 2000, 1809 (1817).

[221] Siehe *Bergmann*, S. 95; in diese Richtung auch *Crezelius/Rawert*, ZEV 2000, 423 (425).

[222] So *Bergmann*, S. 96.

der Staat entlastet wird[223], so leuchtet nicht ein, warum der Staat dadurch stärker entlastet werden soll, dass eine Organisation aus der Vielzahl der bestehenden steuerbegünstigten Zwecke (die allesamt als staatsentlastend anzusehen wären) sich dauerhaft auf einen einzigen Zweck festlegt anstatt wechselnde steuerbegünstigte Zwecke zu verfolgen[224].

7. Wenn überhaupt, lässt sich die Privilegierung der Stiftung mit den Besonderheiten des Stiftungsvermögens begründen. In der Literatur wird denn auch die Ansicht vertreten, die Privilegierung der Stiftung beruhe darauf, dass sie – im Gegensatz zum Verein – sich typischerweise nicht durch jährlich wiederkehrende Mitgliedsbeiträge, sondern durch eine einmalige Vermögensausstattung finanziere[225]. Diese Begründung hat den Vorteil, dass sie auch die Einbeziehung der unselbständigen Stiftung erklärt, wenngleich sie nur den Gründungshöchstbetrag nach § 10 b Abs. 1 a EStG, § 9 Nr. 5 Satz 3 GewStG, nicht hingegen den Abzugsbetrag nach § 10 b Abs. 1 Satz 3, § 9 Abs. 1 Nr. 2 Satz 3 KStG, § 9 Nr. 5 Satz 3 GewStG rechtfertigt[226].

8. Unabhängig von der Frage, ob eine (partielle) Änderung damit schon durch das Verfassungsrecht geboten ist, empfiehlt es sich, die rechtsformspezifische Privilegierung umzuwandeln in eine rechtsformübergreifende Privilegierung, die an der Widmung der Zuwendung (Spende oder Dotation) anknüpft. Dotationen an gemeinnützige Körperschaften, also Zuwendungen, die nicht zeitnah verwendet werden sollen, sondern (gleich einem Stiftungskapital) dauerhaft zur Förderung eines oder mehrerer gemeinnütziger Zwecke gewidmet sind, sollten einen erhöhten Sonderausgabenabzug erhalten, der durchaus höher als der geltende Sonderausgabenabzug von 307.000 € sein könnte. Diese Privilegierung von Dotationen lässt sich damit rechtfertigen, dass das für die Einkommensteuer geltende Annuitätsprinzip bei Dotationen nur bedingt passt, weil Dotationen nicht nur im Besteuerungsjahr, sondern auch weit darüber hinaus gemeinnützige Zwecke fördern sollen. Mit dieser Argumentation lässt es sich gut vereinbaren, dass der Referentenentwurf für ein Gesetz zur weiteren Stärkung des bürgerschaftlichen Engagements vom 14.12.2006 nicht nur die anfängliche Vermögensausstattung einer

---

[223] Siehe insbesondere *Jachmann,* Steuergesetzgebung zwischen Gleichheit und wirtschaftlicher Freiheit (2000), S. 9 ff.; *dies.,* Nachhaltige Entwicklung und Steuern (2003), S. 51 ff.; *dies.* in Hopt/von Hippel/Walz (Hrsg.), Nonprofit-Organisationen in Recht, Wirtschaft und Gesellschaft (2005), S. 363 (368); sowie oben unter B 6 (S. 225).

[224] Die Diskussion in den USA weist sogar eher in die entgegengesetzte Richtung: So ist die Flexibilisierung der trustrechtlichen, auf eine weitgehende Bewahrung des Willens des Settlor ausgerichteten cy-pres doctrine (unter anderem) damit begründet worden, dass hierdurch das Interesse der Allgemeinheit besser berücksichtigt werden könne; näher hierzu *Johnson/Taylor,* 74 Iowa L. Rev. 545, 577 (1989).

[225] *Hüttemann* in Kötz/Rawert/Schmidt/Walz (Hrsg.), Non Profit Law Yearbook 2001 (2002), S. 145 (157 ff.).

[226] Siehe *Hüttemann* in Kötz/Rawert/Schmidt/Walz (Hrsg.), Non Profit Law Yearbook 2001 (2002), S. 145 (161 ff.).

Stiftung, sondern auch Zustiftungen fördern möchte. Dies gilt entsprechend für die im Referentenentwurf vorgesehenen Erleichterungen für sog. „Großspenden", die für jeden gemeinnützigen Zweck möglich und unbegrenzt vortragbar sein sollen[227].

9. Weitaus weniger überzeugend erscheint hingegen der vom Referentenentwurf für ein Gesetz zur weiteren Stärkung des bürgerschaftlichen Engagements vom 14.12.2006 vorgesehene Ausschluss von „Förderstiftungen" im Sinne des § 58 Nr. 1 AO[228]. Diese – im Entwurf nicht weiter begründete Einschränkung – verfolgt vermutlich rein fiskalische Gründe: Eingeschränkt werden soll wohl die Möglichkeit, für jede steuerbegünstigte Körperschaft eine (typischerweise unselbständige) „Anhangstiftung" als Förderkörperschaft im Sinne des § 58 Nr. 1 AO zu errichten, deren einziger Zweck in der Förderung dieser Organisation besteht[229]. Gleichwohl überzeugt die vorgeschlagene Einschränkung nicht.

a) Wenn man – anders als hier – die selbständige BGB-Stiftung aufgrund ihrer zivilrechtlichen Regelungen für besonders förderungswürdig hält und Bedenken daran hat, dass durch die Errichtung von „Anhangstiftungen" auch andere Körperschaften in relativ einfacher Weise dieselben Vorteile wie Stiftungen erlangen können, sollte man konsequenterweise die Förderung auf selbständige Stiftungen beschränken.

b) Es leuchtet nicht unbedingt ein, warum ein besonderer Wert darin liegen soll, dass eine Stiftung nicht als „Förderkörperschaft" tätig wird, sondern operativ tätig ist oder ihre satzungsmäßige oder tatsächliche Fördertätigkeit (anders als im Falle des § 58 Nr. 1 AO) nicht auf eine bestimmte Organisation konzentriert[230]. Auch für Organisationen mit einem Vermö-

---

[227] Siehe § 10 b Abs. 1 Satz 3 EStG-E. Diese Regelung geht deutlich über § 10 b Abs. 1 Satz 4 EStG hinaus, der den Vortrag auf Einzelzuwendungen von mindestens 25.565 Euro zur Förderung wissenschaftlicher, mildtätiger oder als besonders förderungswürdig anerkannter kultureller Zwecke in der Weise begrenzt, dass ein Rücktrag für den vorangegangenen und die fünf folgenden Veranlagungszeiträume (also insgesamt für sieben Jahre) möglich ist. Die Begründung des Referentenentwurfs, S. 18, rechtfertigt die Abschaffung der Rücktragsmöglichkeit mit dem hiermit verbundenen Verwaltungsaufwand.

[228] Die Begründung des Referentenentwurfs, S. 18, nennt eigenartigerweise „Spendensammelstiftungen" als Beispiel für nicht (mehr) zu fördernde Stiftungen. Der Wortlaut des § 10 b Abs. 1 a Satz 2 EStG-E lehnt sich jedoch an die Bestimmung des § 58 Nr. 1 AO an, der Förderkörperschaften (als Ausnahme zum „Unmittelbarkeitsprinzip" des § 57 AO) zulässt.

[229] Dies führt dazu, dass gemeinnützige Nicht-Stiftungen über den „Umweg" der „Anhangstiftung" im Ergebnis dieselben Vorteile erhalten können wie Stiftungen.

[230] Aus diesem Grunde wird das in § 57 AO niedergelegte „Unmittelbarkeitsprinzip" durch § 58 Nr. 1 AO durchbrochen. Auch die Rechtsvergleichung zeigt, dass das „Unmittelbarkeitsprinzip insgesamt eher schwach entwickelt ist und typischerweise weder zur Voraussetzung für die Gemeinnützigkeitsstatus notwendig noch zur Rechtfertigung besonderer Privilegien herangezogen wird; siehe den *Generalbericht*, D III, S. 143. Eine Unterscheidung zwischen operartiver und fördernder Tätigkeit findet sich noch am ehesten bei der italienischen ONLUS, aber auch dort geht es nicht in erster Linie um den Dualismus zwischen operativer

gen von 750.000 € kann es sinnvoll sein, auf operative Tätigkeiten (durch eigene Mitarbeiter oder ihr zurechenbare Hilfspersonen) zu verzichten und in ihrer Förderpolitik kontinuierlich eine bestimmte andere gemeinnützige Einrichtung zu fördern. Warum sollte eine Förderstiftung zugunsten einer bestimmten privaten Universität (in gemeinnütziger Rechtsform) anders behandelt werden als eine Stiftung zur Förderung der Wissenschaften im allgemeinen die (neben anderen Forschungseinrichtungen) auch dieselbe Universität fördern kann?

c) Abgesehen davon ist es zweifelhaft, ob die Neuregelung geeignet ist, die mit ihr anscheinend erhofften fiskalischen Einspareffekte zu erzielen. Zwar führt die Neuregelung dazu, dass eine gemeinnützige Körperschaft sich nun nicht mehr dieselben Vorteile wie eine Stiftung verschaffen kann, indem sie eine „Anhangstiftung" zu ihrer eigenen Förderungen errichten lässt. Es kommen aber auch andere Formen des Zusammenwirkens im Verbund mit einer unselbständigen Stiftung in Betracht: So könnte eine unselbständige Stiftung dasselbe Ziel wie die gemeinnützige Körperschaft in ihre Satzung aufnehmen und durch gezielte Zusammenarbeit (z.B. bei Forschungsprojekten) die betreffende gemeinnützige indirekt fördern. Die fiskalische Entlastung bleibt dann aus. Ob sich die Vielfalt der in der Praxis denkbaren Kooperationsformen mit dem Verbot eingrenzen lässt, nach „tatsächlicher Geschäftsführung überwiegend Mittel für die Verwirklichung steuerbegünstigter Zwecke einer anderen Körperschaft beschaffen", erscheint fragwürdig. Zu befürchten Rechtsunsicher- (weil die Grenze zwischen zulässigen Kooperationen im Förderbereich und unzulässigen „Umgehungen" des Verbots von „Individualförderkörperschaften" fließend ist) und Verwaltungsaufwand (weil sich Umgehungen nicht ohne weiteres nachweisen lassen).

10. Statt der soeben (unter 9) diskutierten Möglichkeiten sollten (wenn überhaupt) andere Kriterien für eine Einschränkung gewählt werden. Am besten ließe sich eine Privilegierung bestimmter gemeinnütziger Organisationen durch rechtsformübergreifende Kriterien begründen: Organisationen, die (freiwillig) für eine bessere interne Kontrolle und/oder für hinreichende Transparenz sorgen, verdienen durchaus besondere Steuerprivilegien, weil hierdurch ein Anreiz für eine bessere Kontrollstruktur gesetzt wird, die das Vertrauen der Spender erhöht. Für eine solche Unterscheidung ist das vom Referentenentwurf vorgeschlagene Kriterium einer „Förderkörperschaft" ersichtlich ungeeignet: Eine „Förderkörperschaft" wird nämlich typischerweise eher noch besser beaufsichtigt als eine gewöhnliche gemeinnützige Organisation, weil die geförderte Körperschaft ein Interesse an einer effek-

---

Tätigkeit und fördernder Tätigkeit, sondern um die Förderung bestimmter, präzise umschriebener „sozialunternehmerischer Tätigkeiten", die im Einzelfall auch durchaus fördernder Natur sein können, und zwar gerade dann, wenn es um die Förderung bestimmter kultureller Einrichtungen geht; näher hierzu *Runte/von Hippel*, Italien, A I 1 c, S. 345, B II 1, S. 348.

tiven Überwachung der Förderkörperschaft hat, womit freilich noch nichts über die Überwachung innerhalb der geförderten Körperschaft gesagt ist.

R. Ergänzende Anmerkungen zum Spendenrecht

1. Abgesehen von den soeben näher untersuchten drei Aspekten des Spendenrechts (Methode des Spendenabzugs[231]; Differenzierung anhand des Zwecks der Spende[232]; Differenzierung anhand des Spenders und der Rechtsform der empfangenden Organisation[233]) lassen sich noch weitere Anmerkungen zu kleineren Punkten machen, bei denen eine Reform erwägenswert ist[234].
2. Es ist wenig sinnvoll, den Spendenabzug in 3 Gesetzen (EStG, KStG, GewStG) nebeneinander und in großen Teilen inhaltlich gleich zu regeln.
3. Die auf Umsatzhöhen (statt auf die Höhe des Einkommens) abstellende Abzugsgrenze für Spenden in §§ 10 b Abs. 1 S. 1 EStG; § 9 Abs. 1 Satz 2 KStG ist international unüblich[235] und spielt in Deutschland in der Praxis kaum eine Rolle; sie ist daher entbehrlich.
4. Derzeit darf in Deutschland eine gewerbliche Tochtergesellschaft bei einer „Spende" an ihre gemeinnützige Mutterorganisation nicht den Spendenabzug geltend machen, weil diese Spende nicht „freiwillig" ist[236]. Zwar ist diese Lösung wortlautgetreu. Da es aber im wesentlichen Wettbewerbsgründe sind, die eine Besteuerung von wirtschaftlichen Geschäftsbetrieben erforderlich machen[237], sollte hier der Spendenabzug ermöglicht werden[238].

S. Verfahren und Aufsicht durch die Finanzverwaltung

1. Die Zuerkennung der „Gemeinnützigkeit" an eine Organisation führt in Deutschland und vielen anderen Ländern nicht nur zu steuerlichen Vorteilen, sondern auch zu Vorteilen außerhalb des Steuerrechts (z.B. Gebührenbefrei-

---

[231] Siehe oben unter O (S. 250).
[232] Siehe oben unter P (S. 252).
[233] Siehe oben unter Q (S. 253).
[234] Dies gilt insbesondere, falls der unter O (S. 250) behandelte rechtspolitische Vorschlag einer Umstellung der Abzugsmethode politisch nicht umgesetzt werden kann.
[235] Siehe die tabellarische Übersicht im Generalbericht unter F I 4 (S. 159 f.).
[236] Siehe *Jachmann* in Igl, Rechtliche Rahmenbedingungen bürgerschaftlichen Engagements (2002), S. 67 (225 ff.); *Tipke* in: Tipke/Kruse, § 64 AO, Rn. 13.
[237] Siehe oben unter M 2 (S. 242).
[238] Für einen solchen Abzug auch *Jachmann* in Igl, Rechtliche Rahmenbedingungen bürgerschaftlichen Engagements (2002), S. 67 (225 ff.); *Tipke* in: Tipke/Kruse, § 64 AO, Rn. 13; ablehnend hingegen die *Sachverständigenkommission* in Bundesministerium der Finanzen, Gutachten der Unabhängigen Sachverständigenkommission zur Prüfung des Gemeinnützigkeits- und Spendenrechts (1988), S. 169 f.

ungen, Bevorzugung bei öffentlichen Aufträgen)[239]. Das deutsche Gemeinnützigkeitsrecht ist zudem zumindest in Teilen Ausdruck der nationalen sozialstaatlichen und kulturellen Identität im europäischen Kontext.

2. Es ist deshalb die Frage aufgeworfen worden, ob dem die Alleinzuständigkeit der Finanzämter unter der zu engen Perspektive einer staatlichen Entlastung durch gemeinnützige Organisationen gerecht wird[240]. Die Idee, nach englischem Vorbild eine „Charity Commission" als unabhängige Behörde zu installieren, die eine Organisation zur „Charity" erklärt (womit freilich auch in England noch nicht automatisch eine steuerliche Privilegierung verbunden ist[241]), ist freilich nicht ratsam, weil hierfür die in England und Deutschland gewachsenen Strukturen zu verschieden sind[242]. Eine entsprechende Erweiterung der Befugnisse der Stiftungsaufsichtsbehörden der Länder auf alle gemeinnützigen Organisationen würde wohl eher zu einer weiteren Bürokratisierung und Verstärkung des staatlichen Einflusses führen.

3. Dies schließt es freilich nicht aus, zumindest besonders komplexe steuerrechtliche Fragen zu gemeinnützigen Organisationen bei einer besonderen Abteilung innerhalb der Finanzverwaltung zu zentralisieren. Die in den USA allgemein gelobte Schaffung einer nationalen Abteilung in der Finanzverwaltung für gemeinnützige Organisationen[243] ist in Deutschland zwar (wegen des Förderalismus') wenig realistisch, wäre aber zumindest auf Länderebene wünschenswert, weil hierdurch eine Kompetenzerhöhung erzielt wird und ein „Forum-Shopping" zwischen den einzelnen Finanzämtern (das in der Praxis vorkommen soll[244]) zumindest eingeschränkt wird.

4. Wie der Rechtsvergleich zeigt, erteilt die Finanzverwaltung in manchen Ländern einen (vorläufigen) Grundlagenbescheid, durch den der Status einer gemeinnützigen Organisation begründet wird[245]. In Deutschland gibt es hingegen nur die (in AEAO § 59 Nr. 4 vorgesehene) vorläufige Bescheini-

---

[239] Näher hierzu *Tipke* in Tipke/Kruse, Vor § 51 AO, Rn. 2.

[240] Siehe die Darstellung verschiedener Vorschläge bei *Jachmann* in Igl, Rechtliche Rahmenbedingungen bürgerschaftlichen Engagements (2002), S. 67 (202 ff.).

[241] Dies wird in der deutschen Diskussion bisweilen übersehen.

[242] Siehe auch die Kritik von *Jachmann* in Igl, Rechtliche Rahmenbedingungen bürgerschaftlichen Engagements (2002), S. 67 (203 f.), die sich vor allem auf verfassungsrechtliche Bedenken stützt.

[243] Siehe z.B. *Swords,* 51 Tax Law. 571, 575 Fn. 14 (1998); *Joint Committee on Taxation*, Study of Present-law Taxpayer Confidentiality and Disclosure Provisions as Required by Section 3802 of the Internal Revenue Service Restructuring and Reform Act of 1998, Volume II: Study of Disclosure Provisions relating to Tax-exempt Organizations, January 28, 2000, abrufbar unter http://www.house.gov/jct/s-1-00vol2.pdf, p. 68.

[244] So der mündliche Hinweis von *Prof. Dr. Wallenhorst*, Deutscher Sportbund.

[245] Siehe den Generalbericht unter G I (S. 181).

gung[246], die aber nur vorläufigen Charakter hat und den Verantwortlichen keine Rechtssicherheit gibt[247]. Es ist daher erwägenswert, nach ausländischem Vorbild einen statusbegründenden Grundlagenbescheid zur Feststellung der Gemeinnützigkeit einzuführen[248]. Eine steuerartspezifische Prüfung wird damit entbehrlich. Freilich kann ein solcher Grundlagenbescheid naturgemäß nicht jede Rechtsunsicherheit beseitigen, denn er kann nur feststellen, dass die Satzung einer Organisation die Voraussetzungen des Gemeinnützigkeitsrechts erfüllt, nicht hingegen, ob ihre tatsächliche Geschäftsführung ebenfalls mit diesen Voraussetzungen im Einklang (gewesen) ist.

5. Das deutsche Gemeinnützigkeitsrecht sieht im Regelfall als Sanktion die Aberkennung der Gemeinnützigkeit vor[249]; Besonderheiten gelten nur im Spendenrecht[250]. Die Sanktion der Aberkennung der Gemeinnützigkeit ist in aller Regel so einschneidend, dass sie in der Praxis selten gewählt wird. Zudem ist sie unbefriedigend, weil sie zu Lasten der Begünstigten der Organisation geht, während der Schädiger allenfalls dann zur Rechenschaft gezogen wird, wenn die gemeinnützige Organisation Regress nimmt, was ungewiss ist. Es bietet sich daher an, nach US-amerikanischem Vorbild[251] Bußgelder für bestimmte Pflichtverletzungen einzuführen. Dies sollte jedenfalls für Verstößen gegen das Gewinnausschüttungsverbot zur Bereicherung von Verantwortlichen oder ihnen nahestehende Personen gelten[252].

T. Rechnungslegung

1. Für die Rechenschaftspflichten gemeinnütziger Organisationen ist zu unterscheiden zwischen solchen nach innen (also z.B. des Vorstandes gegenüber einem Aufsichtsrat, einem Kuratorium oder einer Mitgliederversammlung),

---

[246] In der Praxis schiebt sich hiervor oft eine formlose Bestätigung, näher hierzu *Sauter/ Schweyer/Waldner*, Der eingetragene Verein, 18. Aufl. (2006), Rn. 458.

[247] Näher hierzu *Tipke* in Tipke/Kruse, Vor § 51 AO, Rn. 6; *Bott* in Schauhoff (Hrsg.), Handbuch der Gemeinnützigkeit, 2. Aufl. (2005), § 9 Rn. 11 ff.

[248] Siehe bereits die entsprechenden Vorschläge der *Sachverständigenkommission* in Bundesministerium der Finanzen, Gutachten der Unabhängigen Sachverständigenkommission zur Prüfung des Gemeinnützigkeits- und Spendenrechts (1988), S. 266 (317), und von *Jachmann* in Igl, Rechtliche Rahmenbedingungen bürgerschaftlichen Engagements (2002), S. 67 (232, 274 f.).

[249] Siehe den Generalbericht unter G III (S. 190). In § 63 Abs. 4 AO ist eine Fristsetzung für den Fall von Verstößen gegen die zulässige Rücklagenbildung vorgesehen. Es spricht viel dafür, dass diese Fristsetzung sich im Wege des Verhältnismäßigkeitsprinzips auch auf andere Verstöße übertragen lässt, siehe *Fischer*, Ausstieg aus dem Dritten Sektor (2005), S. 187.

[250] Siehe den Generalbericht unter G III 2 (S. 192).

[251] Siehe den Generalbericht unter G III 1 (S. 191).

[252] Kritisch hierzu *Fischer*, Ausstieg aus dem Dritten Sektor (2005), S. 187 f., der die Verfassungsmäßigkeit und den Bedarf derartiger „Strafsteuern" (neben der von ihm befürworteten Fristsetzung) bezweifelt.

solchen gegenüber eventuellen staatlichen Subventionsgebern, solchen gegenüber Geschäftspartnern (insbesondere Gläubigern), solchen gegenüber einer Aufsichtsbehörde, solchen gegenüber dem Publikum, die Veröffentlichung voraussetzen und solchen gegenüber der Finanzbehörde. Verbesserungsbedürftig sind alle Ebenen[253].

2. Die Rechnungslegung gegenüber staatlichen Stellen, die bisher nach teilweise unterschiedlichen Kriterien erfolgt, je nachdem welche staatliche Stelle prüft, sollte vereinheitlicht werden. Für viele gemeinnützige Organisationen, die Gelder von verschiedenen öffentlichen Stellen beziehen, wäre das eine erhebliche Vereinfachung.

3. Angesichts fehlender Vorgaben zur Rechnungslegung gegenüber Mitgliedern, Gläubigern und Finanzverwaltung findet man derzeit völlig unterschiedliche Formen des Jahresabschlusses. Diese sind nicht vergleichbar und erfüllen so eine wesentliche Aufgabe der Rechnungslegung gerade nicht. Wie erwähnt haben viele Nachbarländer ihr Rechnungslegungsrecht für Vereine und Stiftungen in jüngerer Zeit modernisiert (insbesondere Österreich, Frankreich, Spanien, England)[254].

4. Die zwei Ansatzpunkte für eine Reform in Deutschland sind (1) das zu publizierende Zahlenwerk (Fixierung von Buchführungs-, Bilanzierungs- und Bewertungskonventionen) und (2) die Fortentwicklung von für das allgemeine Publikum verständlichen Leistungsbeschreibungen, die sich nicht in Selbstlob erschöpfen, sondern (nach angelsächsischem Vorbild[255]) konkret nachprüfbar sind (welche Zwecke werden vorrangig verfolgt? wie werden Führungskräfte rekrutiert, welche Fundraisingaktivitäten werden entfaltet, wie werden die Leistungen der Organisation durch gemachte Erfahrungen laufend verbessert?).

U. Transparenz und Publizität

1. Die wohl größte Gefahr für steuerfreundliche Reformen sind die in vielen Ländern bekannt gewordenen Skandale des Steuermissbrauchs, der Selbstbedienung von Stiftungsmanagern, der Instrumentalisierung steuerprivile-

---

[253] Siehe hierzu bereits näher *Walz* in Walz (Hrsg.), Rechnungslegung und Transparenz im Dritten Sektor (2004), S. 1 ff.; *ders.* in Hopt/von Hippel/Walz (Hrsg.), Nonprofit-Organisationen in Recht, Wirtschaft und Gesellschaft (2005), S. 259 ff.; sowie *von Hippel*, Besonderheiten der Rechnungslegung bei Nonprofit Organisationen, in Festschrift Rückle, Berlin (im Druck).

[254] Näher hierzu die Länderberichte von *Dawes* (England), *Grünberger* (Österreich) und *Runte* (Frankreich), S. 75 ff., 119 ff. und 129 ff., in Walz (Hrsg.), Rechnungslegung und Transparenz im Dritten Sektor (2004).

[255] Siehe näher hierzu *Dawes* in Walz (Hrsg.), Rechnungslegung und Transparenz im Dritten Sektor (2004), und *von Hippel*, Besonderheiten der Rechnungslegung bei Nonprofit Organisationen, in Festschrift Rückle, Berlin (im Druck).

gierter Organisationen für gesetzwidrige oder – schlichter – andere nicht steuerbegünstigte Zwecke[256]. Dass solche Skandale stärker in Ländern mit größerer Publizität und ohne Steuergeheimnis bekannt werden, heißt nicht, dass sie nicht anderswo genau so passieren, sondern bedeutet nur, dass sie dort nicht bekannt werden. Wo sie passieren, aber offenbar nur ausnahmsweise bekannt werden, entwickelt sich Misstrauen. Misstrauen und Missgunst lassen ein offenes Non-Profit-Recht nicht gedeihen.

2. Der gesamte gemeinnützige Sektor ist existentiell auf öffentliches Vertrauen in die Integrität der Non-Profit-Organisationen angewiesen: das gilt für die Bereitschaft der Politik zur Aufrechterhaltung eines günstigen steuerlichen Klimas, für die Akzeptanz von Steuerbegünstigungen beim steuerzahlenden Publikum, für die Spendenbereitschaft der Bevölkerung und das Engagement der Ehrenamtlichen. Es ist deshalb kein Zufall, dass die angelsächsischen Länder mit einer breiten demokratischen Transparenzkultur auch die großzügigsten Non-Profit-Rechte ausgebildet haben, während andere Länder, in denen nur staatliche Behörden (Finanzbehörden, Staatsanwälte, Stiftungsaufsichten) Zugang zu den wichtigsten Informationen haben, mit viel mehr Misstrauen in der Bevölkerung rechnen müssen und deshalb auf eine großzügige Behandlung des Non-Profit-Sektors schlechter vorbereitet sind.

3. Sonnenlicht ist das beste Desinfektionsmittel, hat der amerikanische Richter Brandeis einmal gesagt[257] und damit Transparenz und Publizität unter anderem durch breite Medienöffentlichkeit in einer demokratischen Gesellschaft gemeint. Das bleibt richtig, auch wenn dadurch schwarze Schafe und schlechte Praxis früher aufgedeckt werden.

4. Es ist daher zu begrüßen, dass sowohl in den USA als auch in vielen europäischen Ländern ein eindeutiger Trend erkennbar ist, die Transparenz und Publizität von gemeinnützigen Organisationen zu verbessern[258], und zwar sowohl auf der Ebene des zwingenden Rechts (z.B. durch verschärfte Regelungen über Rechnungslegung[259]) als auch auf der Ebene der Selbstregulierung durch „Spendensiegel" und „watchdog-Organisationen"[260].

---

[256] Siehe den Generalbericht unter H II 2 a (S. 199 f.).

[257] Siehe *Brandeis*, Other People's Money and How the Bankers Use It (1913), p. 62: „Publicity is justly commended as a remedy of social and industrial diseases. Sunlight is said to be the best of disinfectants; electric light the most efficient policeman".

[258] Siehe den Generalbericht unter G II 2 b cc (S. 187), H II 2 b (S. 201). Auch im Musterentwurf für eine neue Rechtsform „European Foundation" (als Ergänzung der nationalstaatlichen Rechtsformen) hat eine breit gefächerte internationale wissenschaftliche Projektgruppe Vorschläge zur Normierung von Leitungspflichten, internem Kontrollorgan und Transparenz dieser „Europäischen Stiftung" gemacht. Siehe *Hopt/Walz/von Hippel/Then* (eds.), The European Foundation (2006), p. 81 ff., 115 ff., 128 ff.

[259] Siehe hierzu bereits oben unter T (S. 261).

[260] Näher hierzu *Wilke* in Walz/Kötz/Rawert/Schmidt (Hrsg.), Non Profit Law Yearbook 2004 (2005), S. 181 (181 ff.).

5. Demgegenüber fehlt es in Deutschland an einer vergleichbaren Initiative, auch wenn die Regierungskommission Deutscher Corporate Governance Kodex 2001 in ihrem Endbericht erklärt hat, es bestehe ihrer Ansicht nach „rechtspolitischer Diskussionsbedarf vor allem hinsichtlich solcher Vereine …, die steuerliche Privilegien in Anspruch nehmen, Spenden einsammeln oder als Idealvereine im Rahmen des sog. Nebenzweckprivilegs als Wirtschaftsunternehmen tätig sind."[261] Immerhin gibt es Anzeichen, dass auch in Deutschland ein Wandel eintritt[262].

6. In Deutschland sind die Finanzämter bisher durch ein von der herrschenden Meinung weit verstandenes Steuergeheimnis (§§ 30ff. AO[263]) daran gehindert, an Projekten mitzuwirken, die die Transparenz und das öffentliche Vertrauen in den gemeinnützigen Nonprofit Sektor verbessern sollten. Das wirkt sich zunehmend kontraproduktiv aus, insbesondere dann, wenn künftig Grundlagen für freiwillige Datenerfassung geschaffen werden sollen.

7. Das Steuergeheimnis sollte im gemeinnützigen Sektor teleologisch zurückgebunden werden: es ist dort nur für zwei Schutzrichtungen legitim und aufrecht zu erhalten: (1) wenn wirtschaftliche Geschäftsbetriebe gemeinnütziger Organisationen im Wettbewerb mit einander stehen und insoweit partiell steuerpflichtig sind, und (2) wenn Spender und Stifter persönlich anonym bleiben wollen. Abgesehen von diesen Sonderfällen sollte eine (größenabhängig abgestufte) Publizitätspflicht geschaffen werden, wie sie in England und den USA bereits besteht[264].

8. Eine andere Frage ist, ob sich diese Lösung bereits de lege lata verwirklichen lässt[265]. Es spricht manches dafür, dass man § 30 AO bei gemeinnützigen Organisationen teleologisch reduzieren kann, weil das Steuergeheimnis nicht für Organisationen passt, welche die Allgemeinheit fördern und deshalb Steuervorteile erhalten. Lehnt man dies ab, wäre eine entsprechende gesetzliche Ergänzung notwendig.

9. Wie die ausländischen Erfahrungen zeigen, kann in Staaten mit hoch entwickeltem Dritten Sektor die Transparenz und Publizität auch durch Selbstregulierungsmechanismen verbessert werden. Denkbare Mittel hierzu sind die Entwicklung von Empfehlungen (Codes of Best Practice) für wichtige Fragen (z.B. die Rechnungslegung oder Prinzipien beim Fundraising), die Veröffentlichung von Informationen über die Organisationen im Dritten Sektor, und eine Bewertung der Organisationen anhand dieser Informa-

---

[261] Baums (Hrsg.), Bericht der Regierungskommission Corporate Governance (2001), S. 6.
[262] Siehe den Generalbericht unter H II 2 b (S. 201 ff.).
[263] Siehe hierzu *Alber* in Hübschmann/Hepp/Spitaler, § 30 AO, Rn. 1 ff.
[264] Siehe den Generalbericht unter H II 2 b (S. 201 ff.).
[265] Nach Ansicht von *Waldhoff* in Walz (Hrsg.), Rechnungslegung und Transparenz im Dritten Sektor (2004), S. 157 (171), ist eine teleologische Reduktion des Steuergeheimnisses zwar nicht möglich. Eine Gesetzesänderung sei aber wünschenswert und verfassungsrechtlich unbedenklich.

tionen. Beispiele im Ausland sind etwa (in den USA) Guide Star und das BBB[266]; das niederländische CBF[267] oder die schweizerische ZEWO[268]. Wichtigste unabhängige „watchdog Institution" in Deutschland ist derzeit das DZI in Berlin, auf dessen website wichtige standardmäßig abgeprüfte Informationen für potentielle Spender bereitgehalten werden[269]. Für unabhängige Angebote geprüfter Transparenz sollte die Bundesregierung eine nachhaltige Förderpolitik „aus einem Guss" entwickeln.

V. Sonderproblem: Förderung im Ausland

1. Eine wichtige und aktuelle Frage ist, ob die Steuerprivilegien auch für Organisationen gelten, die ihren gemeinnützigen Zweck im Ausland verfolgen. Diese Frage stellt sich sowohl de lege lata (wie ist das geltende Recht?) als auch de lege ferenda (wie sollte das Recht ausgestaltet sein?)
2. In Deutschland geht die herrschende Ansicht davon aus, dass die Gemeinnützigkeit auch im Ausland verwirklicht werden kann[270]. Die Reaktionen der Finanzverwaltung und mancher Autoren auf den Vorlagebeschluss des BFH an den EuGH in der Rechtssache „Stauffer" (die an anderer Stelle in diesem Band näher erörtert wird[271]) zeigt, dass diese Ansicht nicht unumstritten ist.
3. Aus dem Gesetz geht nicht eindeutig hervor, ob die „Allgemeinheit" im Sinne des § 52 Abs. 1 AO nur die deutsche oder die weltweite Allgemeinheit betrifft. Unabhängig von dieser begrifflichen Frage besteht aber mit Recht Einigkeit, dass Tätigkeiten im Ausland sind, die aus materieller Sicht ausländischen Einwohnern zugute kommen. Hierfür sprechen insbesondere die im Beispielskatalog (§ 52 Abs. 2 Nr. 1 AO) aufgeführten Zwecke der „Entwicklungshilfe" und der „Völkerverständigung"[272].
4. Zu beachten ist hierbei, dass der nationale Gesetzgeber zwar die Prärogative hat zu entscheiden, ob und inwieweit er Steuerprivilegien an gemeinnützige Organisationen gewähren möchte, diese Prärogative aber durch das nationale Verfassungsrecht und durch das Europarecht eingeschränkt ist. Es gibt gute Gründe für die Ansicht, dass Diskriminierungen europarechtswidrig sind, die allein (ohne Rücksicht auf den verfolgten Zweck) von der Ansässigkeit der

---

[266] Siehe den Generalbericht unter H III 2 (S. 209).
[267] Siehe den Generalbericht unter H III 2 (S. 207).
[268] Siehe den Generalbericht unter H III 2 (S. 208).
[269] Siehe den Generalbericht unter H III 2 (S. 207).
[270] Näher hierzu *von Hippel*, in diesem Band, C III 2, S. 687 f.
[271] *von Hippel*, in diesem Band, C III 3, S. 688.
[272] *von Hippel*, in diesem Band, C III 4, S. 689 f.

Organisation im Inland (unbeschränkte Steuerpflicht) abhängig gemacht werden[273].

5. Eine andere Frage ist, ob man de lege ferenda das Gemeinnützigkeits- und Spendenrecht so ändern sollte, dass nur noch die Förderung nationaler Ziele im Inland zulässig ist und europarechtlich wohl zulässig wäre[274]. Gegen eine solche Lösung spricht freilich, dass sie sich mit der Idee eines zusammenwachsenden Europas schwerlich vereinbaren lässt[275].

6. Ferner hat der Rechtsvergleich gezeigt, dass die einschlägigen Bestimmungen weitgehende Übereinstimmungen aufweisen. Diese Übereinstimmungen sollten dem Gesetzgeber und den Gesetzauslegern Mut machen, die Förderung der Allgemeinheit als Voraussetzung der nicht allzu national eng zu fassen, sondern sie zumindest im europäischen Rahmen auf die Förderung international gemeinsam verfolgter Zwecke zu erweitern (z.B. allgemein zugängliche Forschung, Entwicklungshilfe).

W. Sonderproblem: Geprägetheorie

1. Während im Regelfall für die Beurteilung der Gemeinnützigkeit einer Organisation nur entscheidend ist, wofür sie ihre Mittel verwendet, gibt es auch Fälle, in denen ausnahmsweise schon die Art der Einkommensbeschaffung Zweifel an der Selbstlosigkeit (Gegenbegriff Eigennutz) wecken kann, nämlich dann, wenn sie besonders intensiv durch gewerblich-unternehmerische Tätigkeiten dominiert wird. Rechtsvergleichend wurden zwei Sonderfälle behandelt: das einfache Überwiegen gewerblicher Tätigkeit (der Bereich der deutschen Geprägetheorie) und die Holding-Fälle[276].

2. Vordergründig steht beide Male die zweckgebundene gemeinnützige Mittel*verwendung* nicht in Frage, da es sich ja eigentlich um die Art und Weise der Mittel*erzielung* handelt. Aus diesem Grunde ist denn auch in der deutschen Literatur oft die Abschaffung der Geprägetheorie gefordert worden[277].

3. In Wirklichkeit aber mischen sich indessen häufig offene und verdeckte, d.h. nicht statutarisch niedergelegte, aber faktisch verfolgte Zwecke, und das in einem Maße, das eine klare Linienziehung erschwert. Entgegen dem Satzungszweck werden Unternehmensführung, Unternehmenserhaltung oder Strukturkonservierung zum dominanten Zweck. Es ist im Einzelfall ohne

---

[273] Näher hierzu *von Hippel*, in diesem Band, S. 661.
[274] *von Hippel*, in diesem Band, D II 1, S. 693.
[275] *von Hippel*, in diesem Band, D II 3, S. 694.
[276] Siehe den Generalbericht unter C IV 2 (S. 124).
[277] *Hüttemann*, Wirtschaftliche Betätigung und steuerliche Gemeinnützigkeit (1991), S. 41 ff.; *Fischer* in Hübschmann/Hepp/Spitaler, § 55 AO, Rn. 93; *Schauhoff* in: Schauhoff (Hrsg.), Handbuch der Gemeinnützigkeit, 2. Aufl. (2005), § 6 Rn. 112.

Vermutungsregeln aber schwer zu beweisen, dass in erster Linie nicht das Unternehmen das Mittelbeschaffungsinstrument für die gemeinnützige Organisation ist, sondern umgekehrt letztere das steuerbegünstigte Erhaltungs- und Leitungsinstrument für ersteres.

4. Die Geprägetheorie lässt sich als ein Instrument begreifen, um dieser Gefahr (im Bereich des wirtschaftlichen Geschäftsbetriebs) zu begegnen: Durch ihre Begrenzung der Tätigkeiten des wirtschaftlichen Geschäftsbetriebs verhindert sie, dass der wirtschaftliche Geschäftsbetrieb allzu dominant wird und die Leitung der gemeinnützigen Organisation ihr Verhalten (heimlich) danach ausrichtet, in erster Linie diesen Geschäftsbetrieb zu fördern, während der eigentliche gemeinnützige, in der Satzung niedergelegte Zweck in den Hintergrund tritt. Hiermit eng verwandt ist das Argument, die Geprägetheorie schütze die „Marke" Gemeinnützigkeit im öffentlichen Bewusstsein.

5. Die Geprägetheorie ist nach diesem Verständnis eine verhaltenssteuernde Regelung, um Corporate Governance-Fragen bei Nonprofit-Organisationen zu lösen und stellt somit eine Ergänzung zum Gebot der zeitnahen Mittelverwendung dar, das einen vergleichbaren Schutzzweck verfolgt.

6. Auf der Grundlage dieses Verständnisses stellen sich zwei Folgefragen: Inwieweit eignet sich die Geprägetheorie, um die Corporate Governance zu verbessern? Gibt es Alternativen zur Geprägetheorie, die dieser vorzuziehen sind?

7. Die Geprägetheorie ist nach dem Verständnis der herrschenden Ansicht nur auf wirtschaftliche Geschäftsbetriebe anwendbar, nicht aber auf die Vermögensverwaltung[278]. Demnach gewinnt die Abgrenzung vom wirtschaftlichen Geschäftsbetrieb und Vermögensverwaltung (die ohnehin schon für die Besteuerung sehr wichtig ist[279]) noch weiter an Bedeutung: Beim wirtschaftlichen Geschäftsbetrieb führt nämlich dessen Dominanz zum Verlust der Gemeinnützigkeit, bei der Vermögensverwaltung ist hingegen deren Dominanz für die Gemeinnützigkeit unschädlich. Dies wirkt sich insbesondere in den Holding-Fällen aus. Hier wird die Anwendbarkeit der Geprägetheorie dadurch vermieden, dass man die beherrschende Stellung der gemeinnützigen Mutterorganisation als bloße Vermögensverwaltung qualifiziert, solange die Mutterorganisation nicht in die aktive Geschäftsführung eingreift[280].

8. Diese Unterscheidung (zwischen passivem Verhalten und aktiver Geschäftsführung) lässt sich zwar theoretisch in sauberer Weise ziehen – sie entbehrt aber in der Praxis nicht eines gewissen unaufrichtigen Beigeschmacks: Es ist

---

[278] *Scholtz* in Koch/Scholtz, § 55 AO, Rn. 5.
[279] Siehe oben unter K (S. 240).
[280] So die herrschende Ansicht, siehe AEAO, zu § 64 Abs. 1 Nr. 3; *Uterhark* in Schwarz, § 58 AO, Rn. 3.

nämlich letztlich damit zu rechnen, dass in der Praxis das formale Verbot, Einfluss auf die Geschäftsführung zu nehmen, recht einfach durch verdeckte (regelmäßig schwerlich mit hinreichender Sicherheit nachweisbare) Verhaltensweisen unterlaufen werden kann und nicht selten auch unterlaufen werden wird. Im Ergebnis überzeugt daher die formale Begründung, in Holding-Fällen stelle sich das Problem der Geprägetheorie schon deshalb nicht, weil es hier um eine bloße Vermögensverwaltung gehe, ebenso wenig, wie das (bereits oben diskutierte[281]) formale Argument, die Geprägetheorie sei bereits deswegen abzulehnen, weil die Art und Weise der Einnahmeerzielung nichts mit der Verwendung der Einnahmen zu tun habe. Formal sind beide Argumente einleuchtend, in der Praxis verdecken sie hingegen das Problem.

9. Vor diesem Hintergrund wäre es durchaus konsequent, wenn die Geprägetheorie auch bei den Holding-Fallen gelten würde oder wenn man gar (nach dem Vorbild der USA) herrschende Beteiligungen an Mittelbeschaffungsunternehmen ganz verbieten würde. Die letztgenannte Lösung erscheint freilich allzu rigide und ist deshalb nicht empfehlenswert, wie noch auszuführen ist[282].

10. Gegen die Geprägetheorie lässt sich einwenden, dass es sich bei ihr um ein recht schematisches Instrument handelt, da sie auf quantitative Größen abstellt. Hieraus können sich Fehlanreize und Vermeidungsstrategien ergeben, die es zweifelhaft erscheinen lassen, ob die Geprägetheorie die beste Lösung ist.

11. Eine Möglichkeit, um diese Schwächen zu beheben, wäre die Präzisierung der Geprägetheorie durch qualitative Kriterien. So könnte man sie nach ausländischen Vorbildern[283] dahingehend präzisieren, dass die traditionell üblichen Fundraising-Methoden nicht schädlich sein sollen oder dass nur nachhaltig betriebene Geschäftsbetriebe schädlich sein sollen. Als wichtiges Unterscheidungskriterium für unschädliche Aktivitäten könnte die Prägung durch engagierte Freiwillige herangezogen werden.

12. Eine andere Möglichkeit wäre es, die Geprägetheorie abzuschaffen und durch andere Vorschriften zu ersetzen, die sicherstellen, dass die Einflüsse, die sich aus der Finanzierung einer gemeinnützigen Organisation durch gewerbliche Tätigkeiten ergeben, nicht in der Form überhand nehmen, dass die gewerblichen Tätigkeiten die eigentliche Zweckverfolgung überlagern.

13. Das erste Instrument hierzu sind die (bereits untersuchten) Regeln zur zeitnahen Mittelverwendung, die ironischerweise freilich ausgerechnet in den Holding-Fällen besonders abgeschwächt sind[284], in denen auch die Gepräge-

---

[281] Siehe soeben unter W 2 und W 3.
[282] Siehe sogleich unter X 4 e und X 4 f (S. 274).
[283] Siehe den Generalbericht unter E IV 2 (S. 150 ff.).
[284] Siehe oben unter I 3 (S. 235).

theorie (nach dem herrschenden Verständnis) nicht eingreift[285]. Indessen ist es (wie noch auszuführen ist[286]) denkbar, die Regeln zur zeitnahen Mittelverwendung so zu modifizieren, dass sie auch in diesen Fällen zu einem effektiveren Instrument werden.

14. Als weiteres (ergänzendes) Instrument kommt eine steuerrechtliche Pflicht in Betracht, das gemeinnützig gebundene Vermögen sachgerecht anzulegen, also rentabel, sicher und sinnvoll in Relation zu den Bedürfnissen, die sich aus der Zweckverfolgung ergeben[287]. Realistischerweise wären solche Pflichten (aufgrund des notwendigen Ermessensspielraums) in der Sache eher Verbote zur unsachgemäßen (weil unrentablen, unsicheren oder sinnwidrigen Vermögensanlage). Eine Pflicht (die jedenfalls ansatzweise bereits im US-amerikanischen Steuerrecht für „Private Foundations" als Verbot des „jeopardizing investment" gilt[288]) wäre zielschärfer als die Geprägetheorie und würde Exzesse vermeiden. Zur Präzisierung wäre es denkbar, Richtgrößen festzulegen, in denen die Organisation zumindest eine erhöhte Begründungslast trägt, dass sie ihre Pflicht nicht verletzt hat, z.B. würde in Fällen einer nachhaltigen besonders geringen Ausschüttung im Verhältnis zum eingesetzten Kapital der Verdacht einer in Relation zum Zweck sinnwidrigen Vermögensanlage bestehen.

15. Sofern man diesem (soeben vorgeschlagenen) Ansatz folgt, wären freilich zusätzlich zu diesen Pflichten auch flankierende Regelungen zur Transparenz, Publizität und Prüfung unabdingbar[289]. Transparenz ist notwendig, damit das Verhalten überhaupt für außenstehende Personen nachvollziehbar wird; Publizität ist notwendig, weil es fraglich ist, ob die Finanzverwaltung alleine in der Lage ist, Verstöße festzustellen und deshalb eine zusätzliche Kontrolle durch die Öffentlichkeit und insbesondere die Medien wünschenswert wäre. Prüfungen sind notwendig, damit die Gefahr unrichtiger Angaben gemindert wird. Freilich können diese Pflichten nicht für alle gemeinnützigen Organisationen gelten (die hiermit verbundenen Kosten und der Aufwand wären für kleinere Organisationen zu hoch). Vielmehr sollten diese Pflichten größenabhängig abgestuft gelten.

---

[285] Siehe die Nachweise in Fn. 278.
[286] Siehe unten unter X 4 c (S. 273).
[287] Solche Pflichten ließen sich wohl schon de lege lata aus dem Gemeinnützigkeitsrecht ableiten, so könnte man sie aus dem Gebot der Selbstlosigkeit entwickeln.
[288] Siehe hierzu näher demnächst *von Hippel*, Grundprobleme von Nonprofit-Organisationen, § 7 A I 2 b.
[289] Siehe hierzu bereits die Ausführungen oben unter T (S. 261) und unter U (S. 262).

X. Sonderproblem: Behandlung von Holding-Organisationen

1. Besonders problematisch ist der Umgang mit (den bereits mehrfach angesprochenen[290]) Holding-Konstruktionen. Hier fungiert eine gemeinnützige Organisation als herrschende Gesellschafterin einer unternehmerisch tätigen Kapitalgesellschaft (die als Mittelbeschaffungsbetrieb dient) und verzichtet oft (weitgehend) auf eine Ausschüttung der erzielten Gewinne, so dass die Gewinne innerhalb der Tochtergesellschaft thesauriert oder reinvestiert werden.

2. Derartige Praktiken werfen aus gemeinnützigkeitsrechtlicher Sicht mehrere Fragen auf: (a) handelt es sich in einem solchen Fall noch um die „selbstlose" Verfolgung eines gemeinnützigen Zwecks? (b) Verstößt ein solches Verhalten gegen das Gebot zur zeitnahen Mittelverwendung? (c) Gelten Grenzen durch die „Geprägetheorie"? (d) Gibt es eine steuerrechtliche (oder zivilrechtliche) Pflicht zur rentablen Vermögensanlage, die in einem solchen Fall verletzt ist? (e) Liegt ein Verstoß gegen das europarechtliche Beihilfeverbot des Art. 87 EGV vor?

a) Nach Ansicht des BFH[291] liegt hier kein Verstoß gegen das Gebot der Selbstlosigkeit vor. Die Wettbewerbsfähigkeit des Mittelbeschaffungsbetriebs sei nötig, um seine langfristige Existenz und damit auch die wirtschaftliche Existenz der Unternehmensstiftung zu sichern, die auf diese Einnahmequelle allein angewiesen sei. Die Vertreter der unternehmensverbundenen Stiftung hätten „glaubhaft und unwidersprochen dargetan, dass das von ihr betriebene Unternehmen auf dem Weltmarkt nur eine Überlebenschance hatte, wenn sie über eine bestimmte Größenordnung und das damit benötigte Eigenkapital" verfüge. Es laufe auch „dem Ziel der (steuerlichen) Förderung gemeinnütziger Zwecke zuwider, Körperschaften allein wegen der Größe der von ihnen unterhaltenen wirtschaftlichen Geschäftsbetriebe die Möglichkeit gemeinnütziger Tätigkeiten vorzuenthalten"[292].

b) Auch einen Verstoß gegen das Gebot der zeitnahen Mittelverwendung liegt nach Ansicht des BFH nicht vor, sofern die Beteiligten nachweisen könnten, dass die Thesaurierung der Gewinne des Tochterunternehmens beim Tochterunternehmen zur Sicherung von dessen Existenz betriebswirtschaftlich geboten sei[293].

c) Die Finanzverwaltung ist dem Urteil gefolgt und weicht nur insoweit ab, als etwas anderes gelten soll, wenn die wirtschaftliche Tätigkeit der

---
[290] Siehe oben unter I 3 (S. 235) und unter W 7 bis W 15 (S. 209).
[291] Siehe BFH DStR 1998, 1710 (1711), siehe bereits oben unter I 3 (S. 235); zustimmend die wohl überwiegende Literatur; siehe *Orth*, DStR 2001, 325 (334); *Schiffer*, DStR 2002, 1206 (1206).
[292] BFH DStR 1998, 1710 (1711).
[293] BFH BStBl. II 2002, 162ff. = DStR 1998, 1710 ff.

gemeinnützigen Organisation bei einer Gesamtbetrachtung das Gepräge gibt[294]. Sofern eine gemeinnützige Holding-Organisation freilich auf aktive Einflussnahmen auf die Geschäftsführung verzichtet, handelt es sich (nach ganz herrschender Ansicht) auch bei 100-prozentiger Beteiligung der gemeinnützigen Mutterorganisation nicht um eine wirtschaftliche Tätigkeit, sondern um bloße Vermögensverwaltung[295], für welche die von der Finanzverwaltung vertretene Geprägetheorie nicht gilt.

d) Bislang kaum behandelt worden ist die Frage, ob es eine steuerrechtliche (oder zivilrechtliche) Pflicht zur rentablen Vermögensanlage gibt, die in einem solchen Fall verletzt ist.

e) Ebenfalls nur vereinzelt ist bislang untersucht worden, ob im Falle einer Holding-Organisation eine (mittelbare) Beihilfe im Sinne des Art. 87 EGV vorliegt (die verboten ist, wenn sie nicht ausnahmsweise gerechtfertigt werden kann)[296]. Die herrschende Ansicht ist dem jedoch bislang nicht gefolgt. Dafür hat sich der EuGH am 10.1.2006 in der Rechtssache „Cassa di Risparmio di Firenze" mit der Grundsatzfrage beschäftigt, inwieweit die steuerliche Begünstigung einer gemeinnützigen Stiftung, die ihre Erträge über die Dividenden aus einer Mehrheits- oder Kontrollbeteiligung an einem Unternehmen erwirtschaftet, als Beihilfe qualifiziert werden muss. Der EuGH hat den Fall, in dem es um die großen italienischen Bankenstiftungen geht, an das nationale (italienische) Gericht zurückverwiesen und Grundsätze entwickelt, denen eine gewisse Ambivalenz nicht abzusprechen ist: Einerseits erklärt der EuGH, eine Stiftung, die nicht selbst operativ, sondern nur fördernd tätig sei, betreibe grundsätzlich kein Unternehmen (so dass die Beihilfevorschriften des EGV nicht anwendbar seien). Dies gelte auch bei Holding-Stiftungen, sofern sich die Stiftung passiv verhalte und nicht anders Einfluss nehme als über die typischen Aktionärsrechte (das heißt „die Ausübung der Rechte, die mit der Eigenschaft eines Aktionärs oder Mitglieds verbunden sind, und gegebenenfalls der Bezug von Dividenden einhergeht, die bloß die Früchte des Eigentums an einem Gut sind"[297]). Hieraus lässt sich aber noch nicht ableiten, dass die Steuervorteile für Holding-Stiftungen aus beihilferechtlicher Sicht generell unbedenklich wären. Der EuGH nimmt nämlich an, dass eine Beihilfe vorliegt, wenn eine Holdingstiftung tatsächlich unmittelbaren oder mittelbaren Einfluss auf die Verwaltung der Gesellschaft ausübt[298] – spannend wird insbesondere, was „mittelbare Einflussnahme" heißen soll. Besonders brisant ist, dass der EuGH unter

---

[294] Siehe *BMF*, Schreiben vom 15. 2. 2002 - IV C 4 - S 0174 - 2-01, DStR 2002, 449 (450).
[295] Siehe oben unter W 7 (S. 209).
[296] In diesem Sinne *Walz* in Hopt/Reuter (Hrsg.), Stiftungsrecht in Europa (2001), S. 197 (212).
[297] EuGH, Rn. 111, EuZW 2006, 306 (310).
[298] EuGH, Rn. 112 ff., EuZW 2006, 306 (310).

anderem darauf abstellt, dass die Stiftung in der Lage ist, der Beteiligungsgesellschaft finanzielle Unterstützung zu gewähren[299], die bei deutschen Holdingstiftungen üblicherweise darin liegt, dass auf Ausschüttungen in großem Maße verzichtet wird. Günstige Kapitalansammlung und Abschirmung vom Kapitalmarkt ist häufig geradezu der Sinn einer solchen Stiftung, auch wenn das nicht ausdrücklich als Zweck in den Statuten steht. Wenn aber nicht der Gemeinnutz, sondern der Erhalt und die Förderung des Unternehmens dominiert, mutieren die erhalten Steuervorteile – so kann man auf der Basis dieser Entscheidung argumentieren – zu verbotenen Beihilfen. Ob sich diese Interpretation auch in der Rechtsprechung des EuGH durchsetzen wird und die herrschende Ansicht gezwungen wird, ihren ablehnenden Standpunkt aufzugeben, steht freilich noch in den Sternen. Dies gilt auch für die Frage, ob die hierzulande als Lösung angepriesenen Doppelstiftungen (gemeinnützige Stiftung ohne Stimmrecht) über jeden europarechtlichen Zweifel erhaben sind[300].

3. Es ist zweifelhaft, ob das geltende Recht bei der von der herrschenden Ansicht vertretenen Meinung (wie sie soeben unter 2 dargelegt worden ist) ausreicht, um die (bereits dargestellten[301]) Missbrauchsgefahren hinreichend zu bekämpfen: Gründe für eine „betriebswirtschaftlich gebotene" Thesaurierung scheinen sich leicht finden zu lassen[302]. Dies ist bedenklich, weil hier eine Gefahr der Vermischung privatnütziger und gemeinnütziger Zwecke besteht[303], denn der Verzicht der Mutterorganisation, auf eine höhere Rendite hinzuwirken, entspricht einem Darlehen unterhalb des marktüblichen

---

[299] EuGH, Rn. 114, EuZW 2006, 306 (310).

[300] Zweifelnd hierzu *Walz*, in diesem Band, S. 656 (676 Fn. 69), mit Verweis auf EuGH, Rn. 114, EuZW 2006, 306 (310), wo der EuGH ausführt, dass die „bloße Teilung eines Unternehmens in zwei getrennte Gebilde, von denen das erste die frühere wirtschaftliche Tätigkeit unmittelbar fortführt und das zweite das erste durch die Einflussnahme auf dessen Verwaltung kontrolliert", nicht genügen könne, „um den gemeinschaftlichen Vorschriften über staatliche Beihilfen jede praktische Wirksamkeit zu nehmen". Allerdings weicht der Fall der Doppelstiftung von dem vom EuGH dargestellten Fall insoweit ab, als man mit stimmrechtslosen Anteile überhaupt keinen Einfluss auf das Unternehmen ausüben kann. In einem solchen Fall könnte allenfalls die Einräumung der stimmrechtslosen Anteile als mittelbarer Einfluss angesehen werden, was sehr weit gehen würde. Unabhängig von der Frage, was als „mittelbarer Einfluss" anzusehen ist, ist freilich festzuhalten, dass stimmrechtslose Unternehmensbeteiligung das grundlegende Corporate Governance-Problem bei Holdingstiftungen nicht lösen, sondern eher noch steigern.

[301] Siehe oben unter I 3 (S. 235).

[302] *Walz* in Hopt/Reuter (Hrsg.), Stiftungsrecht in Europa (2001), S. 197 (210); ähnlich *Bork*, ZSt 2003, 14 (17).

[303] Siehe aus der US-amerikanischen Literatur *Brody*, 56 Md. L. Rev. 1400, 1423 (1998): „[D]ual obligations on the charity that raise serious concerns of dual loyalty and commingling of private and public purpose".

Zinssatzes bzw. einer verdeckte Ausschüttung zu Gunsten des Tochterunternehmens[304].

4. De lege ferenda bestehen mehrere Möglichkeiten, um strengere Grenzen zu ziehen, und zwar insbesondere (a) durch Pflichten zur zeitnahen Mittelverwendung, (b) Pflichten zur rentablen Vermögensanlage, (c) Pflichten zur tatsächlichen Förderung des gemeinnützigen Zwecks, (d) durch ein Verbot beherrschender Beteiligungen an gewinnorientierten Mittelbeschaffungsunternehmen oder (e) auf europarechtlicher Ebene durch eine Anwendung des Beihilfeverbots.

a) Manche Autoren empfehlen, nach US-amerikanischem Vorbild (bei der Private Foundation[305]) eine Ausschüttungspflicht (der steuerbegünstigten Organisation zugunsten ihres gemeinnützigen Zwecks) anzuordnen, die sich an dem Wert des Vermögens der steuerbegünstigten Organisation orientieren soll[306]. Ertragsschwache Unternehmensbeteiligungen führen dann zur Auszehrung des Vermögens der gemeinnützigen Organisation[307]. Teilweise wird auch ein doppeltes Minimum in der Weise erwogen, dass entweder die Ausschüttungspflicht nach US-amerikanischem Vorbild (im Sinne einer „Normverzinsung") eingreift oder der Jahresüberschuss der Tochterorganisation im Wege der handelsrechtlichen Buchführung ermittelt und der gemeinnützigen Mutterorganisation auch dann als Ertrag zugerechnet wird, wenn er nicht an sie ausgeschüttet wird[308].

b) Eine andere, bereits im Rahmen der Geprägetheorie angesprochene Möglichkeit ist es, stärker auf Corporate Governance-Aspekte zu setzen. Relevant sind dann namentlich das Gebot der zeitnahen Mittelverwendung[309], Pflichten zur Vermögensanlage[310] sowie (nach der Größe abgestufte) flankierende Regelungen zur Transparenz, Publizität und Prüfung[311].

c) Ein milderes, bereits de lege lata anwendbares Mittel läge vor, wenn die Finanzverwaltung die Behauptung, eine Thesaurierung im Tochterunternehmen sei betriebswirtschaftlich notwendig, zumindest dann ernsthaft hinterfragt, wenn die Ausschüttungen über mehrere Jahre hinweg so

---

[304] Siehe bereits *Walz* in Hopt/Reuter (Hrsg.), Stiftungsrecht in Europa (2001), S. 197 (211).

[305] Siehe näher zur Private Foundation den Generalbericht unter D II 4 a (S. 138).

[306] Hinsichtlich der Höhe des auszuschüttenden Betrags schlägt *Walz* in Hopt/Reuter (Hrsg.), Stiftungsrecht in Europa (2001), S. 197 (209), einen Betrag unterhalb des Kapitalmarktzinses vor und erwägt einen Abschlag bei ehrenamtlichen Vorständen.

[307] *Walz* in Hopt/Reuter (Hrsg.), Stiftungsrecht in Europa (2001), S. 197 (210); ähnlich aus ökonomischer Sicht *Wagner* in Wagner/Walz, Zweckerfüllung gemeinnütziger Stiftungen durch zeitnahe Mittelverwendung und Vermögenserhaltung (1997), S. 11 (47 f.).

[308] Siehe näher *Bork*, ZSt 2003, 14 (17 ff.).

[309] Siehe unter W 13 (S. 268).

[310] Siehe unter W 14 (S. 269).

[311] Siehe unter W 15 (S. 269).

gering bleiben, dass man normalerweise einen Verstoß gegen die Pflicht annehmen würde, eine hinreichend ertragstarke Vermögensanlage zu wählen. Außerdem sollte (zumindest ab einer gewissen Größenordnung) eine Pflicht zur (realistischen) Bewertung des Unternehmensvermögens eingeführt werden, so dass die tatsächlichen Ausschüttungen in Relation zu dem Vermögen gesetzt werden können, das im Mittelbeschaffungsbetrieb gebunden ist.

d) Über diese Erwägungen hinaus ginge es, wenn man für die soeben behandelten Organisationsformen die strengen Regeln des US-amerikanischen Steuerrechts für Private Foundations einführen würde, das heißt ein Ausschüttungsgebot in Höhe von 5 Prozent des Anlagevermögens der gemeinnützigen Organisation[312]. Freilich ist ein solches am Anlagevermögen orientiertes Ausschüttungsgebot international nicht üblich[313] und die in den USA geltende Höhe von 5% würde in Deutschland wohl auf starken politischen Widerstand stoßen. Gleichwohl scheint sich dieses Ausschüttungsverbot in den USA bewährt zu haben, denn es ist sowohl seinem Grund als auch seiner Höhe nach unbestritten[314] (was angesichts der derzeit niedrigen Zinsen durchaus überrascht). Indessen könnte auch ein geringerer oder ein variabler Prozentsatz festgelegt werden, z.B. der Leitzins oder der Garantiezins für Lebensversicherungen.

e) Noch schärfer wirkt für die Private Foundation das Verbot beherrschender Beteiligungen (excess business holdings) an einem Mittelbeschaffungsunternehmen[315]. Die durch den Tax Reform Act 1969 eingeführte Vorschrift soll verhindern, dass ein Familienunternehmen als steuerbegünstigte Organisation perpetuiert wird, weil in diesen Fällen regelmäßig ein Interessenkonflikt zwischen der Unternehmensleitung und den Leitern der Private Foundation bestehe, die häufig mit dem Unternehmen verflochten sind. Zu befürchten sei daher, dass das Unternehmensinteresse gegenüber der Verpflichtung zur Förderung des gemeinnützigen Zwecks überwiege und dass nur geringe Dividenden ausgeschüttet und für gemeinnützige Zwecke verwendet würden[316]. Die Unternehmensbetei-

---

[312] Siehe den Generalbericht unter D II 4 b (S. 138).

[313] Siehe den Generalbericht unter D II (S. 134 ff.).

[314] Siehe *Toepler* in Doppstadt/Koss/Toepler, Vermögen von Stiftungen (2002), S. 100 (122 ff.), wonach mittlerweile nicht mehr über das „Ob" einer Ausschüttungsverpflichtung diskutiert wird, sondern nur noch über deren Höhe. Ferner haben Langzeituntersuchungen des Council of Foundation nachgewiesen, dass das Vermögen der Private Foundations sich trotz des Ausschüttungsgebots real erhöht hat, näher hierzu *Toepler* in Doppstadt/Koss/Toepler, Vermögen von Stiftungen (2002), S. 100 ff.; *Schlüter,* Stiftungsrecht zwischen Privatautonomie und Gemeinwohlbindung (2004), S. 308.

[315] § 4943 IRC.

[316] Siehe *Fishman/Schwarz,* Nonprofit Organizations (2000), p. 685, mit Verweis auf entsprechende Praktiken im Vorfeld des Tax Reform Act 1969; sowie *Brody,* 56 Md. L. Rev. 1400, 1487 (1998); *Toepler* in Doppstadt/Koss/Toepler, Vermögen von Stiftungen (2002), S. 100 (102 f.).

ligung darf 20% der stimmberechtigten Anteile nicht übersteigen[317]. Das Gesetz vermutet, dass bereits eine Beteiligung in dieser Höhe einen entscheidenden Einfluss auf das Unternehmen ermöglicht[318], Wenn die Private Foundation nachweisen kann, dass sie im konkreten Fall gleichwohl keinen entscheidenden Einfluss ausübt, erhöht sich die Obergrenze auf 35%[319]. Public Charities sind von dem Verbot nicht erfasst; es ist aber zu beachten, dass die Zuwendung einer Unternehmensbeteiligung in den meisten Fällen dazu führt, dass sich die Public Charity in eine Private Foundation umwandelt[320]. In der Praxis scheint es allerdings nur selten vorzukommen, dass eine Public Charity einen beherrschenden Einfluss an einem (Mittelbeschaffungs-) Unternehmen ausübt.

f) Das Verbot beherrschender Unternehmensbeteiligungen bei Private Foundations soll missbräuchliche Verschiebungen von steuerbegünstigten Vermögen in den wirtschaftlichen Geschäftsbetrieb vermeiden. Auch wenn eine solche Gefahr (wie bereits erörtert[321]) nicht von der Hand zu weisen ist, spricht doch manches dafür, dass ein Verbot von herrschenden Unternehmensbeteiligungen über das gebotene Ziel hinausschießt. Zum einen ist ein solches Verbot in den anderen Ländern unüblich[322], zum anderen weisen US-amerikanische Autoren zu Recht darauf hin, dass solche Missbrauchsgefahren bereits durch das (bereits erwähnte[323]) am Anlagevermögen orientierte Ausschüttungsgebot in Höhe von 5% vermieden werden[324].

5. Ob man eine Umstellung der derzeit am Ertrag orientierten deutschen Regel auf ein am Vermögen orientiertes Ausschüttungsgebot nach US-amerikanischem Vorbild befürwortet, hängt nicht zuletzt auch von der politischen Frage ab, wie man unternehmensverbundenen, gemeinnützigen Stiftungen gegenübersteht. Eine strenge Regelung kann dazu führen, dass deutlich weniger Vermögen für gemeinnützige Zwecke gewidmet werden, weil in Deutschland die großen Privatvermögen typischerweise in Unternehmensbeteiligungen bestehen. Der Trend geht dahin, die Fortführung von Betrie-

---

[317] § 4943(c)(2) IRC; siehe zur den Problemen bei der Einbeziehung der Anteile sog. „Disqualified Persons" näher *Frumkin/Andre-Clark*, 21 U. Haw. L. Rev. 425, 431 ff. (1999).

[318] *Fishman/Schwarz*, Nonprofit Organizations (2000), p. 686.

[319] § 4943(c)(B) IRC.

[320] Grundsätzlich fehlt es in diesen Fällen an einer prägenden Unterstützung durch die breite Öffentlichkeit; eine Ausnahme gilt nur für „traditionelle" Charities (z.B. Krankenhäuser, Schulen, Universitäten); näher hierzu demnächst *von Hippel*, Grundprobleme von Nonprofit Organisationen, § 2 A I 2 a aa.

[321] Siehe oben unter I 3 (S. 235).

[322] Keines der anderen untersuchten Länder kennt eine entsprechende Regelung, vgl. den Generalbericht unter D II (S. 134 ff.).

[323] Siehe soeben unter X 4 d.

[324] *Fleishman* (2003), S. 351 (373).

ben über den Tod des Inhabers hinaus zu fördern, wie etwa die Vorschläge belegen, die Erben mittelständischer Betriebe durch Befreiung von der Erbschaftsteuer dazu zu animieren, den Betrieb fortzuführen[325]. Vor diesem Hintergrund ist es folgerichtig, auch die Fortführung eines Betriebs als Tochter einer gemeinnützigen Stiftung nicht übermäßig zu erschweren.

Y. Empfehlung: Stärkung der Corporate Governance für gemeinnützige Organisationen

1. Ein Leitgedanke der folgenden Vorschläge ist die Stärkung der Corporate Governance (Leitungs- und Kontrollstruktur) für gemeinnützige Organisationen. Es handelt sich hierbei um einen Gedanken, der in der deutschen Diskussion zwar bislang keine große Rolle spielt, aber in mehreren anderen Ländern stark diskutiert worden ist und sich verschiedentlich auch in neueren Reformen im Ausland niedergeschlagen hat[326].
2. Corporate Governance-Erwägungen liegen (nach dem hier vertreten Verständnis) mehreren Regeln des geltenden deutschen Gemeinnützigkeits- und Spendenrechts zugrunde, und zwar insbesondere dem Gewinnausschüttungsverbot[327], dem Gebot der zeitnahen Mittelverwendung[328] und der „Gepräegetheorie"[329]. Konsequent wäre ein Ausbau dieses Gedankens durch eindeutiger gefasste Pflichten zur Vermögensanlage[330] sowie (nach der Größe abgestufte) flankierende Regelungen zur Transparenz, Publizität und Prüfung[331].
3. Regelungen, die ein Mindestmaß an Corporate Governance verlangen sind insbesondere denkbar (1) im steuerlichen Gemeinnützigkeitsrecht (als Voraussetzungen von Steuerprivilegien), (2) im Organisationsrecht (als zivilrechtliche Bestimmungen bzw. Sonderbestimmungen für Stiftungen, Vereine oder andere Organisationen mit altruistischer Zwecksetzung), (3) im Sammlungsrecht (als Voraussetzungen für Fundraisingkampagnen).

---

[325] Ein vom damaligen Finanzminister *Hans Eichel* im Mai 2005 eingebrachter (und durch die vorzeitigen Neuwahlen gescheiterter) Gesetzesentwurf sah vor, den Erben kleinerer Betriebe (mit einem Vermögen bis 100 Mio. €) die Erbschaftsteuer zu erlassen, wenn sie den Betrieb zehn Jahre weiterführen; siehe den Bericht in der WELT vom 6.5.2005, abrufbar unter http://www.welt.de/data/ 2005/05/06/714730.html. Auch in der großen Koalition gibt es entsprechende Reformüberlegungen, siehe hierzu den (kritischen) Kommentar von *Butterwegge* in der taz vom 12.7.2006, S. 12, abrufbar unter http://www.taz.de/pt/2006/07/12/a0189.1/text.

[326] Siehe den Generalbericht unter H II 2 b (S. 201 ff.).
[327] Siehe oben unter G 2 (S. 232).
[328] Siehe oben unter I 6-8 (S. 236).
[329] Siehe oben unter W 3-5 (S. 266).
[330] Siehe oben unter W 14 (S. 269).
[331] Siehe oben unter W 15 (S. 269).

4. Für die Frage, welche Lösungen sinnvoll sind, sind die ausländischen Erfahrungen von großem Interesse, und zwar insbesondere die US-amerikanischen Erfahrungen, weil Non-Profit-Organisationen in den USA hinsichtlich ihrer ökonomischen Bedeutung führend sind und (daher) von der Rechtswissenschaft und anderen Disziplinen mit besonderer Aufmerksamkeit verfolgt werden. Die US-amerikanischen Erfahrungen sprechen dafür, dass das Steuerrecht insoweit ein besonders dynamischer und umsetzungskräftiger Reformhebel ist, so dass es bei Überlegungen zur Verbesserung der Leitungs- und Kontrollstrukturen nicht von vornherein (aus zivilrechtsdogmatischen oder sonstigen Gründen) ausgespart werden sollte[332].

5. Es kann sich dabei jeweils um zwingende Regeln oder um freiwillige Kodices handeln. Die Erfahrung mit Selbstregulierung in der Vergangenheit legt es allerdings nahe, den Druck zur Eigeninitiative durch angemessen befristete Androhung eines gesetzlichen Nachhakens zu unterstützen[333].

6. In Deutschland sind derartige Ansätze zwar noch nicht erprobt worden. Sie sind aber rechtspolitisch diskussionswürdig. Erwägenswert sind steuerrechtliche Anreize für eine transparente und effiziente Leitung und Kontrolle des gemeinnützigen Sektors. Solche Anreize finden sich in Ansätzen bei der US-amerikanischen Trennung zwischen „Public Charities" und „Private Foundations"[334], der italienischen ONLUS[335], dem ungarischen Nonprofit-Gesetz[336] und in der niederländischen Praxis zum Erbschaftsteuerrecht[337]. Das Steuerrecht wird hier genutzt, um im Interesse der Allgemeinheit gewisse Mindeststandards für Transparenz, Rechnungslegung und verlässliche Kontrollstruktur (z.B. einen mehrköpfigen Vorstand, ein unabhängiges Kontrollgremium, Regelungen zur Bewältigung von Interessenkonflikten) durchzusetzen.

7. Freilich sollte ein solches System (wie bereits erwähnt[338]) einhergehen mit der Schaffung eines hinreichend abgestuften steuerrechtlichen Sanktionssystems, das eigene steuerrechtliche Bußgeldtatbestände enthält und den Entzug der Gemeinnützigkeit erst als ultima ratio vorsieht.

---

[332] Näher hierzu demnächst *von Hippel*, Grundprobleme von Nonprofit-Organisationen, § 13 B VI.

[333] Siehe beispielhaft die Etablierung der in England und Wales geltenden Rechnungslegungsgrundsätze „Statement of Recommended Practice" (SORP), die vom Gesetzgeber (nach abgestuften Größen) eingeführt wurden, weil die Charities nicht in der Lage waren, sich freiwillig auf einheitliche Grundsätze zu verständigen oder die SORP freiwillig zu übernehmen; näher hierzu *Dawes* in Walz (Hrsg.), Rechnungslegung und Transparenz im Dritten Sektor (2004), S. 75 ff.

[334] Siehe den Generalbericht unter D II 4 (S. 138 ff.).

[335] Siehe zu den einzelnen Regelungen näher *Runte/von Hippel*, Italien, A I 2 c, S. 341 ff.

[336] Siehe *Csehi*, Ungarn, B I 1, S. 516.

[337] Siehe *van Veen*, Niederlande, E I, S. 388.

[338] Siehe oben unter S 5 (S. 261).

Z. Ausblick: Erzwungener Wandel des nationalen Gemeinnützigkeits- und Spendenrechts durch das Europarecht

1. Eine Diskussion über rechtspolitische Optionen im deutschen Gemeinnützigkeits- und Spendenrecht hat auch zu berücksichtigen, dass bei mehreren geltenden Regelungen des deutschen Gemeinnützigkeits- und Spendenrechts die Vereinbarkeit mit den europarechtlichen Vorgaben zweifelhaft ist. Es ist nicht auszuschließen, dass der EuGH (wie schon in der „Stauffer"-Entscheidung) einzelne dieser Regeln für europarechtswidrig erklären wird und damit zumindest punktuelle Reformen des deutschen Gemeinnützigkeits- und Spendenrechts erzwingen wird.

2. Prima vista mag dieser Einfluss des Europarechts verwundern, denn die Europäische Gemeinschaft hat keine Kompetenz, das Steuerrecht im Allgemeinen oder das Gemeinnützigkeits- und Spendenrecht im Besonderen zu vereinheitlichen. Es zeichnet sich jedoch ab, dass die Diskriminierungsvorschriften, die durch die 6. EG-Richtlinie zum Umsatzsteuerrecht, durch die Grundfreiheiten sowie durch das europäische Wettbewerbsrecht vorgegeben sind, viel stärker in das nationale Gemeinnützigkeits- und Spendenrecht der Mitgliedsstaaten eingreifen, als dies viele wahrhaben wollen.

3. Aus umsatzsteuerlicher Sicht fragwürdig ist einmal der in § 12 Nr. 8 a UStG implizit vorausgesetzte – aber nicht europarechtlich abgesicherte – Zweckbetriebsbegriff, auf den schon an anderer Stelle eingegangen worden ist[339].

4. Noch problematischer ist vor dem Hintergrund der 6. EG-Richtlinie zum Umsatzsteuerrecht die (unter anderem auch in Deutschland übliche) traditionelle Unterscheidung zwischen „echten" und „unechten" Mitgliedsbeiträgen[340]. Sie lässt sich mit der neueren Rechtsprechung des EuGH in der Rechtssache Rs C 174/00 – Kennemer Golf Club – nicht vereinbaren[341]. Die deutsche Finanzverwaltung scheint dieses Urteil bislang in der Praxis zu ignorieren, was für die betroffenen Organisationen, die von der derzeitigen großzügigen Regelung profitieren, einen gewissen Zeitaufschub bedeutet. Über kurz oder lang wird diese Auslegung sich jedoch im Umsatzsteuerrecht schwerlich aufrechterhalten lassen[342]. Der deutsche Gesetzgeber wird folglich, wenn er den derzeitigen Rechtszustand beibehalten möchte, hierauf unter Rückgriff auf die Freistellungsvorschrift des Art. 13 Teil A der 6. EG-Richtlinie reagieren müssen. Die Abgrenzungsproblematik wird sich dann

---

[339] Siehe unter N 8 a (S. 249).

[340] Siehe den Generalbericht unter F II 5 b (S. 169).

[341] EuGH-Urteil vom 21.3.2002 – Kennemer Golf & Country Club Rs C – 174/00.

[342] Siehe *Alvermann*, EuGH-Rechtsprechung und Umsatzsteuerpraxis im Dritten Sektor, insbesondere Mitgliedsbeiträge, 5. Hamburger Tage des Stiftungs- und Non-Profit-Rechts, Bucerius Law School, Hamburg, 2005, Tagungsmaterialien.

für den Bereich der Umsatzsteuer innerhalb der EG auf die Interpretation der Voraussetzungen der genannten EG-Vorschrift verschieben.

5. Die soeben (unter Z 3 und 4) behandelten europarechtlichen Bedenken betreffen zwar nur den Bereich der Umsatzsteuer. Dies könnte dazu führen, dass eine Reform zu unterschiedlichen Konzepten bei verschiedenen Steuerarten führt (z.B. zu einem unterschiedlichen Begriff des „Zweckbetriebs" im Rahmen der Umsatzsteuer und im Rahmen der Körperschaftssteuer). Eine solche Entwicklung wäre jedoch nicht wünschenswert, weil keine überzeugenden Gründe für eine differenzierende Behandlung ersichtlich sind.

6. Der (soeben unter Z 3 thematisierte) Zweckbetrieb ist nicht nur aus umsatzsteuerlicher, sondern auch aus wettbewerbsrechtlicher (europäischer) Sicht problematisch: Das geltende Europarecht, das auf einen einheitlichen unverzerrten Binnenmarkt abzielt, verlangt, Angebote von Dienstleistungen und Produkten, die der Markt kosteneffizient anbieten kann, auch dem Markt zu überlassen und keine nationalen Unternehmer zu begünstigen. Es kommt deshalb im Allgemeinen nicht nur darauf an, ob ein Wettbewerb besteht, sondern auch darauf, ob das Entstehen von Wettbewerb nicht durch das Steuerprivileg behindert wird – z.B. der Markt für Pflegeeinrichtungen, Krankenhäuser oder Rettungshubschrauber. Die nationalen Zweckbetriebskataloge – in Deutschland § 68 AO – sind daraufhin zu überprüfen, ob sie den europarechtlichen Kriterien genügen. Erhebliche Zweifel sind z.B. bei der angewandten Forschung (§ 68 Nr. 9 S. 2 AO) angebracht.

7. Weitere Fragen werden aufgeworfen, wenn man die europäischen Grundfreiheiten (und zwar insbesondere die Kapitalverkehrsfreiheit) einbezieht. Hierzu gehört etwa die soeben durch den EuGH ergangene Entscheidung in der Rechtssache „Stauffer", wonach § 5 Abs. 1 Nr. 9 Satz 1 KStG 1996 europarechtswidrig ist, soweit er ausländische beschränkt steuerpflichtiger gemeinnütziger Organisationen diskriminiert, die alle Voraussetzungen des deutschen Gemeinnützigkeitsrechts erfüllen[343]. Es spricht viel dafür, dass die Beschränkung des Spendenabzugs auf Spenden an inländische gemeinnützige Organisationen durch § 10 b EStG i.V.m. § 49 EStDV ebenfalls gegen die europäischen Grundfreiheiten verstößt[344].

8. Im Hinblick auf diese (soeben unter Z 7) vorgestellten Entwicklungen stellt sich die Frage, inwieweit die Nationalstaaten frei auswählen können, welche Aktivitäten sie gemeinnützigkeitsrechtlich fördern wollen. Richtig ist, dass es grundsätzlich dem nationalen Recht vorbehalten bleiben muss, welche Interessen es zum Zweck der Anerkennung als gemeinnützig privilegieren will, ohne dass die Entscheidung eines anderen Mitgliedstaates hierfür Indizwirkung haben kann. Allerdings darf die Unterscheidung zwischen der Förderung nur nationaler Organisationen und der Förderung internationaler,

---

[343] Siehe näher hierzu in diesem Band *Walz*, S. 653 ff., sowie *von Hippel*, S. 677 ff.
[344] Näher hierzu *von Hippel*, a.a.O.

wissenschaftlicher oder menschenrechtlicher Zwecke aus europarechtlicher Sicht nicht willkürlich sein, indem etwa im Ausland ansässige Organisationen pauschal ausgeschlossen werden.

9. Noch nicht abschließend geklärt ist, ob und gegebenenfalls inwieweit der nationale Gesetzgeber die Förderung für gemeinnützige Zwecke auf das Inland beschränken darf. Der EuGH hat in der Stauffer-Entscheidung in Anschluss an den Antrag der Generalanwältin Stix-Hackl eine solche terrioriale Beschränkung für zulässig gehalten. Es ist daher damit zu rechnen, dass in Deutschland eine Diskussion über die Zweckmäßigkeit einer solchen territorialen Beschränkung beginnen wird[345]. Freilich sollte dabei bedacht werden, dass die Förderung im Ausland auch schon vor der Stauffer-Entscheidung allgemein anerkannt war und praktiziert wurde. Eine terroriale Beschränkung wäre daher ein Rückschritt, der zudem dem Gedanken einer europäischen Integration zuwiderlaufen würde. Abgesehen davon gibt es viele Zwecke, bei denen ihrer Natur nach eine Beschränkung auf das Inland weder sinnvoll noch wünschenswert wäre, so z.B. bei der Förderung der Krebs- oder Malariaforschung, dem Schutz der Menschenrechte, der Wissenschaftsförderung, der Entwicklungshilfe oder bei der Völkerverständigung. Es gibt aber auch Zwecke, bei denen eine territoriale Begrenzung denkbar ist, so z.B. bei der Förderung des deutschen Brauchtums, die überdies schon de lege lata nur das deutsche Brauchtum erfasst und nicht das Brauchtum eines anderen Mitgliedstaates (z.B. spanische Stierkämpfe).

---

[345] Siehe hierzu auch in diesem Band *Walz*, C III 1, S. 666, *von Hippel*, D II 1, S. 706.

Länderberichte

Gemeinnützigkeits- und Spendenrecht in Frankreich

PIERRE BELTRAME

A. Allgemeines
  I. Steuersystem
  II. Theoretische Grundlagen der Steuerbefreiung
  III. Empirische Daten
B. Voraussetzung der Vergünstigung bei der empfangenden Organisation/Voraussetzungen für den Status einer begünstigten Organisation
  I. (Keine) Unterscheidung zwischen direkter Steuervergünstigung (für die Organisation), und indirekter Steuervergünstigung (Spendenabzug)
  II. Organisationsrechtliche Voraussetzungen
    1. Grundsatzregeln
    2. Welche Organisationen können die Steuervergünstigung erhalten?
  III. Gemeinnütziger Zweck
    1. Definition der Gemeinnützigkeit
      a) Gesetzliche Definition
        aa) Nicht gewinnorientierte Tätigkeit
        bb) Allgemeininteresse
        cc) Gemeinnützigkeit
      b) Elemente: selbstlose Förderung der Allgemeinheit oder einer bedürftigen Gruppe
      c) Sonderproblem: Förderung im Ausland
      d) Abweichungen beim Spendenrecht
    2. Kohärenz mit dem ungarischen Katalog
    3. Beispiele und umstrittene Grenzfälle
  IV. Vorgaben für die Mittelverwendung
    1. Verfolgung der satzungsmäßigen (gemeinnützigen)Zwecks
    2. Gewinnausschüttungsverbot
    3. Zulässigkeit von Zuwendungen und Zahlungen an den Stifter, ihm nahe stehende Personen oder Vereinsmitglieder
    4. Zulässigkeit von Zuwendungen und Zahlungen an den den Vorstand und Angestellte der Organisation
    5. (Kein) Gebot der zeitnahen Mittelverwendung
    6. (Kein) Unmittelbarkeitsgebot
    7. (Keine) besonderen zivilrechtliche Regelungen zur Mittelverwendung, insbesondere im Stiftungsrecht (Grundsatz der Dauerhaftigkeit, Grundsatz der Kapitalerhaltung)
      a) Dauer der Stiftungen
      b) Die Erhaltung des Stiftungsvermögen
  V. Vorgaben für die Mittelerzielung (Begrenzung unternehmerischer Tätigkeit)
C. Besteuerung der Empfängerorganisation
  I. Einschlägige Steuern
    1. Körperschafts- und Gewerbesteuer
    2. Schenkungs- und Erwerbssteuern
      a) Befreiung aufgrund der Art des geschenkten Gegenstandes
      b) Befreiungen aufgrund des Organisationszwecks
    3. Unterschiedliche Steuern
  II. Ideelle Einkünfte
  III. Einkünfte aus Vermögensverwaltung
  IV. Einkünfte aus Zweckbetrieb
  V. Einkünfte aus wirtschaftlichen Geschäftsbetrieb
  VI. Weitere Vergünstigungen
D. Besteuerung Spenders, Stifters, Zustifters
  I. Umfang Methode der Steuerbegünstigung beim Zuwendenden
    1. Abzug vom Einkommen bzw. der Einkommensbemessungsgrundlage

2. Abzugsobergrenzen und
     Mindestspenden
  3. Spezielle Förderungsmechanismen
 II. Begriff der „Spende", Abgrenzungen
     und Differenzierungen
  1. Gesetzlicher Begriff der Spende
  2. Abgrenzung von Spende, Entgelt und
     Mitgliedsbeitrag
  3. Abgrenzung von Spende und Sponsoring
  4. (Keine) Differenzierung nach dem
     Spender (Einzelperson/Unternehmen)
  5. (Keine) Differenzierung nach der
     Rechtsform der empfangenden Organisation oder der Widmung Stifters
     als Spende Oder (Zu-Stiftung)
  6. (Keine) Differenzierung nach dem
     von der steuerbegünstigten Organisation verfolgten Zweck
  7. (Keine) Differenzierung nach dem
     zugewendeten Gegenstand: Geldspende, Sachspende Zeitspende
  8. Sonderproblem: Bewertung von
     Sachspenden (Grundstücke, Beteiligungen, Kunstsammlungen).
 IV. Besondere Fragen
  1. Zivilrechtliche Einordnung der Spende, Möglichkeit einer Zweckwidmung
  2. Abzugsfähigkeit von Parteispenden
     (politische Spenden)
  3. Abzugsfähigkeit von Spenden an
     staatliche Organisationen
  4. Abzugsfähigkeit von Spenden ins
     Ausland

E. Verfahren, Kontrolle, Haftung
 I. Verfahrensfragen: Erlangung des Status
    als steuerbegünstigte Organisation
 II. Kontrolle
  1. Kontrollinstanz
  2. Kontrollmittel hinsichtlich der
     Organisation
     a) Vorgaben für die Satzung
     b) Informationspflichten
        aa) Steuererklärung
        bb) Bilanz
        cc) Erhöhte Nachweise bei
            Mittelverwendungen im
            Ausland
  3. Anforderungen an den Nachweis des
     Spenders: Besonderes Verfahren zur
     Genehmigung der Spendenannahme
     in Frankreich
  4. Kontrollintensität in der Praxis
 III. Sanktionen, Haftung
  1. Sanktionen bei Verstößen
  2. Haftung Spenders/Stifters oder
     Vorstands der Organisation
F. Reformen, Diskussionen, persönliche
   Stellungnahme
 I. Reformen und rechtspolitische
    Vorschläge
  1. Rückblick
  2. Ausblick
 II. Diskussionen
  1. Skandale bei Spendenorganisationen
  2. Transparenz und Bildung von
     freiwilligen Kontrollorganisationen
     als Maßnahme zur Verbesserung des
     Vertrauens der Spender
 III. Persönliche Stellungnahme

A. Allgemeines

I. Steuersystem

Das französische Steuersystem besteht sowohl aus durch den Staat selbst erhobenen Steuern (87 %) als auch aus Steuern, die durch die kommunalen öffentlichen Gebietskörperschaften (Gemeinden, Departements, Regionen) und ihre Untergliederungen (17 %) erhoben werden.

Die wichtigsten im gesamten Staat erhobenen Steuern sind: die Mehrwertsteuer (ungefähr 40 % der gesamten Steuereinnahmen), die Einkommensteuer (17 %), sowie die Körperschaftsteuer (12 %); die verschiedenen Kapitalsteuern

(Erbschaft- und Schenkungssteuer, Vermögensteuer) stellen ungefähr 7 % der gesamten Steuereinnahmen.

Von den Gebietskörperschaften werden daneben hauptsächlich direkte Steuern erhoben, die sich auf Grund- und Immobilienbesitz (Steuer auf bebauten und nicht bebauten Grund und Wohnungssteuer) oder wirtschaftliche Tätigkeit (Gewerbesteuer) beziehen. Die Gewerbesteuer allein erbringt etwa die Hälfte der lokalen Steuereinnahmen.

Steuervergünstigungen für Spenden werden im Allgemeinen im Rahmen der Körperschafts- und der Einkommenssteuer gewährt. Allerdings sind nicht gewinnorientierte Organisationen, die keine wirtschaftlichen Tätigkeiten ausüben, im Prinzip von Mehrwertsteuer und Gewerbesteuer befreit. Außerdem können einige dieser Organisationen auch von einer Befreiung von Erbschafts- und Schenkungssteuer profitieren.

Steuern unterliegen dem Legalitätsgrundsatz nach Artikel 34 der Verfassung von 1958, sie müssen durch Gesetz eingeführt, geändert oder abgeschafft werden. Die lokalen Parlamente können nur den konkreten Satz der lokalen direkten Steuern, in bestimmten Grenzen, die durch das Gesetz festgelegt wurden, verändern. Die Erhebung, die Eintreibung und die Bearbeitung von Rechtsstreitigkeiten ist für alle Steuern, einschließlich der lokalen Steuern, Angelegenheit der zentralen Staatsverwaltung und wird insbesondere von der Generaldirektion für Steuern (Direction Générale des Impôts - DGI) durchgeführt.

II. Theoretische Grundlagen der Steuerbefreiung

Die steuerlich privilegierte Behandlung von freigiebigen Zuwendungen hat drei wesentliche Zielsetzungen:

1 die Förderung der bürgerschaftlichen Teilhabe am öffentlichen Leben durch „systematische Verbindung von öffentlicher Tätigkeit und privaten Initiativen" (Vorlage des Gesetzesentwurfs für Mäzenatentum und Stiftungen vom April 2003);

2 die finanziellen Lasten der Gebietskörperschaften durch die Einbeziehung privater Mäzene abzumildern;

3 die französische Gesellschaft zu liberalisieren, indem man auf bestimmten Gebieten (Kultur; wissenschaftliche Forschung) auf den traditionellen Grundsatz verzichtet, nach dem der Staat das Monopol der Verfolgung von Aufgaben des Allgemeininteresses innehat.

III. Empirische Daten

Es gibt 473 Stiftungen, 73 Unternehmensstiftungen (fondations d'entreprises) und ungefähr 500 Stiftungen unter der Schirmherrschaft der „Stiftung von Frankreich" (Fondation de France), von denen viele nur in geringem Maße aktiv sind (Darstellung des Ministers für Kultur, J.O. déb. AN, 1. April 2003).

Die Zahl der offiziell anerkannten Vereine ist viel höher: Sie liegt bei ungefähr 800.000. Auch wenn die Mehrzahl dieser Vereine zwar einen gemeinnützigen Zweck hat, profitieren allerdings nur wenige unter ihnen von Spenden, da eine gesonderte Genehmigung der Steuerverwaltung zur Erteilung von Spendenbescheinigungen durch den Verein notwendig ist. Die Zahl der als gemeinnützig anerkannten Vereine, denen die Annahme von Sachspenden und Vermächtnissen gestattet ist, beläuft sich auf 1965 (öffentlicher Bericht des Staatsrates (Conseil d'État) - 2000 - Studien und Dokumente, Nr. 51 S.307).

Spenden von Privatpersonen: Ungefähr 15 % der französischen steuerpflichtigen Haushalte spenden für Aufgaben im Interesse der Allgemeinheit; der Gesamtbetrag der Spenden ist niedriger als 1 Milliarde Euro pro Jahr. Der durchschnittliche Betrag der Spenden ist bescheiden: 230 Euro pro Jahr und Haushalt (so das Observatoire de la générosité et du mécénat).

Spenden von Unternehmen: Weniger als 2000 französische Unternehmen (von 3 Millionen) haben sich im Sinne einer corporate citizenship engagiert und finanzielle Aufwendungen für das Gemeinwohl getätigt. Unter diesen 2000 Unternehmen sind praktisch keine KMU (Kleine und mittlere Unternehmen, mittelständische Unternehmen). Die erreichte Gesamtzahl der Spenden beträgt nur 340 Millionen Euro pro Jahr (laut Jahrbuch von ADMICAL). Die Mehrzahl der Unternehmen bevorzugt dabei aus steuerlichen Gründen das Sponsoring gegenüber Spenden.

Insgesamt trägt das Mäzenatentum in Frankreich jedes Jahr nur 0,09 % zum BIP bei, wohingegen es in den Vereinigten Staaten 217 Milliarden Euro darstellt, also 2,1 % des BIP.

B. Voraussetzung der Vergünstigung bei der empfangenden Organisation/ Voraussetzungen für den Status einer begünstigten Organisation

I. (Keine) Unterscheidung zwischen direkter Steuervergünstigung (für die Organisation), und indirekter Steuervergünstigung (Spendenabzug)

Die nicht gewinnorientierten Organisationen (Vereine, Stiftungen) sind von Körperschaftssteuer, Mehrwertsteuer und Gewerbesteuer befreit und können unter bestimmten Bedingungen Spenden annehmen, die auch für den Spender einen Anspruch auf Steuervergünstigungen begründen.

Die jeweilige Organisation erhält prinzipiell die gesamte Spende ohne Auflage und der Spender kann seinerseits eine Ermäßigung der Einkommen- oder Körperschaftsteuer auf den Betrag der gemachten Spende geltend machen. Also spendet gleichzeitig auch der Fiskus der betreffenden Organisation.

Von vom Spender (A) zugewendeten 100 € erhält in Frankreich die begünstigte Organisation (B) 100 €, der Spender (A) profitiert aber von einer Steuervergünstigung von 60 €. Tatsächlich gibt er also selbst 40 € und der Fiskus seinerseits die übrigen 60 €.

Dieser Mechanismus ist aber nicht auf Sachschenkungen oder Vermächtnisse anwendbar, die der Erbschaft- und Schenkungsteuer (siehe D I 1) unterworfen sind.

II. Organisationsrechtliche Voraussetzungen

1. Grundsatzregeln

Alle nicht gewinnorientierten Organisationen profitieren von einer Befreiung von den Handelssteuern. Jedoch nur die nicht gewinnorientierten Organisationen, die außerdem eine Tätigkeit im Allgemeininteresse verfolgen, können steuerbegünstigte Spenden erhalten (Artikel 200 und 238 bis des allgemeinen Steuergesetzbuchs = Code général des impôts).

Die Rechtsfähigkeit der Organisation ist dabei keine vom Gesetz ausdrücklich geforderte Bedingung (siehe den Fall „der geschützten Stiftungen" = unselbstständige Stiftungen).

Trotzdem umfasst die Liste der begünstigten Organisationen nur Vereine oder Stiftungen, die als juristische Personen mit eigener Rechtspersönlichkeit ausgestattet sind. Dabei ist zu bemerken, dass das Fehlen der Rechtsfähigkeit allerdings von der Zivilrechtsprechung als Argument dafür verwendet werden konnte, um den (religiösen) Kongregationen zu verbieten, Spenden anzunehmen (Cass. Civ. 1/03/1938; Gazette du Palais 1938- I -718).

2. Welche Organisationen können die Steuervergünstigung erhalten?

a) Vereine, sofern sie tatsächlich nicht gewinnorientiert sind und einen gemeinnützigen Zweck verfolgen.

Ebenso können die Kongregationen auf der Grundlage von Titel III des Gesetzes vom 1. Juli 1901 (*redaktionelle Anmerkung*: grundlegendes französisches Gesetz zum Vereinsrecht) steuerbegünstigte Spenden erhalten. Die Kongregation ist eine Gruppierung von Personen, die durch einen gemeinsamen Glauben verbunden ist und ein gemeinsames Leben nach von einer religiösen Autorität gebilligten Regeln führt (Stellungnahme des Staatsrates 14. Nov. 1989 Nr. 346040). Die Kongregationen können zwar Schenkungen oder

Vermächtnisse erhalten und rechts- und geschäftsfähig sein, aber nur, nachdem sie die rechtliche Anerkennung durch Dekret des Staatsrates (Conseil d'Etat) erhalten haben.

b) Stiftungen können Steuervergünstigungen erhalten.

c) Keine Steuervergünstigungen können hingegen Genossenschaften erhalten, denn sie haben die Rechtsform einer Personen- oder Personenhandelsgesellschaft. Sie gehören nicht zu den Organisationsformen, die eine Steuervergünstigung erhalten können.

d) Dasselbe gilt auch für Kapitalgesellschaften und Personengesellschaften, denn Gesellschaften haben den Zweck, erzielte Gewinne zwischen ihren Mitgliedern zu teilen. Sie sind also keine „nicht gewinnorientierten Organisationen", die allein von Steuervergünstigungen profitieren können.

e) Nicht rechtsfähige Organisationen können im Prinzip keine Steuervergünstigungen erhalten. Allerdings können die „geschützten Stiftungen", die keine Rechtspersönlichkeit haben und nur als separate Konten innerhalb der „Stiftung von Frankreich" (Fondation de la France) eröffnet wurden, steuerbegünstigte Spenden erhalten (Artikel 20, geändertes Gesetz Nr. 87-571 vom 23. Juli 1987).

f) Einzelpersonen können keine Steuervergünstigungen erhalten.

III. Gemeinnütziger Zweck

1. Definition der Gemeinnützigkeit

a) Gesetzliche Definition

Die nicht gewinnorientierten Organisationen, die eine Tätigkeit im Allgemeininteresse verfolgen oder als gemeinnützig anerkannt sind, werden durch drei Kernbegriffe definiert:

- die nicht gewinnorientierte Tätigkeit bzw. eine nicht auf einen Erwerbszweck gerichtete Verwaltung (but non lucratif et gestion désintéressée);
- das Allgemeininteresse (intérêt général);
- die Gemeinnützigkeit (utilité publique).

aa) Nicht gewinnorientierte Tätigkeit

Die Organisation übt eine solche nicht gewinnorientierte und „uninteressierte" Tätigkeit aus, wenn sie ehrenamtlich von Personen verwaltet wird, die kein direktes oder indirektes Interesse an den Erträgen der Verwaltung haben, außerdem weder direkt noch indirekt Gewinne verteilt und deren Mitgliedern keine direkten oder indirekten Anteile am Aktivvermögen der Organisation zugeordnet werden können (CGI, art.261, 7-1°-d).

bb) Allgemeininteresse

Der *Begriff des allgemeinem Interesses* wird weder durch das Gesetz noch durch die Rechtsprechung definiert. Die Steuerverwaltung nimmt für ihre Zwecke an, dass eine Organisation dann Zwecke im allgemeinen Interesse verfolgt, wenn sie die folgenden zwei Bedingungen erfüllt:

- ihre Aktivität ist nicht erwerbsorientiert und ihre Verwaltung erfolgt unentgeltlich im Sinne des Art.261 7 1°-d CGI (s.o.);
- sie arbeitet nicht zugunsten eines beschränkten Personenkreises. Das hat zur Folge, dass Organisationen, die zu Gunsten einer Familie oder eines Unternehmens tätig sind oder die Werke eines bestimmten Künstlers oder eines Forschers bekannt machen möchten, keinen Zweck im allgemeinen Interesse verfolgen.

Ob die Tätigkeit einer Organisation im allgemeinem Interesse liegt, kann nur „a posteriori" durch die Steuerverwaltung geprüft werden. So hat der Staatsrat (Conseil d'Etat) mit dem Argument der Kompetenzüberschreitung („excès de pouvoir"), den Brief eines Prüfers annulliert, der „a priori" das Merkmal des Allgemeininteresses einem Verein absprach und ihm die Erlaubnis verweigerte, steuerliche Spendenquittungen auszustellen (CE 3. Juli 2002 Nr.214393; Revue de jurisprudence fiscale (RJF), 10/2002, Nr.1169).

cc) Gemeinnützigkeit

Eine Stiftung oder ein Verein kann nur durch ein Dekret (Regierungsverordnung) auf Basis einer Stellungnahme des Staatsrates (Conseil d'Etat) nach Abschluss eines komplizierten und langen Verfahrens als gemeinnützig anerkannt werden.

Die *Anerkennung der Gemeinnützigkeit* (reconnaissance d'utilité publique) wird von Fall zu Fall und in freier Ermessensausübung (avec un pouvoir discretionnaire) gewährt. Allerdings befürwortet der Staatsrat, dessen Stellungnahmen im Allgemeinen von der Regierung beachtet werden, die Anerkennung der Gemeinnützigkeit einer Stiftung oder eines Vereins dann, wenn die folgenden Bedingungen erfüllt werden:

- Anwendung der Mustersatzungen (statuts-types), die durch den Staatsrat gebilligt werden, was aber keine rechtlich zwingende Bedingung ist;
- Tätigkeiten zugunsten des Interesses der Allgemeinheit, was auf der Basis des Zwecks der Organisation und seiner Auswirkungen in Frankreich und außerhalb Frankreichs gewürdigt wird;
- ausreichende finanzielle Ausstattung, um diesen Zweck im allgemeinen Interesse erfolgreich verfolgen zu können (das bedeutet, eine ausreichende Vermögensausstattung für Stiftungen und eine Mindestzahl von wenigstens 200 Mitgliedern für Vereine);

– Unabhängigkeit der Organisation, um so zu vermeiden, dass die Organisation unter die Kontrolle einer öffentlichen Behörde, einer Gesellschaft, eines Berufsstands oder eines anderen Vereins fällt.

Bei der Mehrheit der Stiftungen wird die Gemeinnützigkeit anerkannt, aber nur 1965 Vereine der 800.000 in Frankreich angemeldeten Vereine sind als gemeinnützig anerkannt (öffentlicher Bericht des Staatsrates 2000 Studien und Dokumente, Nr. 51 S. 307). Nur die als gemeinnützig anerkannten Organisationen ohne Erwerbszweck können Handschenkungen, notariell beurkundete Schenkungen und testamentarische Vermächtnisse annehmen.

b) Elemente: selbstlose Förderung der Allgemeinheit oder einer bedürftigen Gruppe

Spenden zugunsten von Hilfsorganisationen für Personen, die in Schwierigkeiten geraten sind, profitieren von einer besonderen Steuervergünstigung in Höhe von 66 % anstatt 60 % (Gesetz Nr. 2003-1312 30. déc. 2003 Artikel 55). Dabei handelt es sich um Organisationen, die kostenlose Mahlzeiten verteilen („Restos du Coeur – Coluche"; *redaktionelle Anmerkung: „Restaurants des Herzens" gegr. von dem französischen Komiker Coluche*) oder die versuchen, Personen ohne festen Wohnsitz Unterkünfte anzubieten.

c) Sonderproblem: Förderung im Ausland

Im Prinzip können Spenden von Privatpersonen oder Unternehmen nur dann einen Anspruch auf Steuervergünstigungen begründen, wenn sowohl der Spender in Frankreich seinen Wohn- bzw. Unternehmenssitz hat, als auch die begünstigte Organisation ihre Tätigkeit in Frankreich ausübt.

Allerdings können Spenden zugunsten französischer Vereine, die Mittel sammeln, um ein humanitäres Programm zu organisieren oder die einen Teil ihrer Tätigkeit im Ausland ausüben (Organisationen zur Verbreitung der Kultur, der Sprache und der französischen wissenschaftlichen Kenntnisse), dennoch ein Abzugsrecht begründen.

d) Abweichungen beim Spendenrecht

Nur die als gemeinnützig anerkannten nicht gewinnorientierten Organisationen (Stiftungen, Vereine) können neben Handschenkungen zusätzliche Spenden durch notariell beurkundete Schenkung und testamentarische Vermächtnisse erhalten.

Die Spender, ob Privatpersonen oder Unternehmen, können dann von Steuervergünstigungen für ihre Spenden profitieren, die zugunsten von nicht gewinnorientierten Organisationen gemacht wurden; allerdings können einige Organisationen Spenden nur von Einzelpersonen entgegennehmen, einige andere nur von Unternehmen[1].

Schließlich gilt für die Unternehmensstiftungen, dass sie weder Spenden noch Vermächtnisse annehmen dürfen mit Ausnahme von Spenden von Arbeitnehmern des Gründerunternehmens (Gesetz Nr. 2003-709 vom 1. August 2003, Artikel 11).

2. Kohärenz mit dem ungarischen Katalog

Die Aktivitäten Nr. 13 und 19 (Katalog) fallen in Frankreich in den Zuständigkeitsbereich der Regierungspolitik. Es wäre in Frankreich nicht möglich, sie privatrechtlichen Organisationen anzuvertrauen, auch nicht den nicht gewinnorientierten Organisationen, denn der Staat hat nach traditioneller französischer Auffassung eine Monopolstellung, was Fragen des allgemeinen Interesse anbelangt. Würden diese Aufgaben von einer privaten Organisation erfüllt, würde das sogar wie eine Beschränkung der Souveränität des Volkes durch private Institutionen erscheinen. Im Übrigen darf eine Stiftung in Frankreich kein Ziele im Interesse bestimmter Parteien verfolgen (Stellungnahme des Staatsrates 13. Juni 1978 Nr. 322894). Wohlgemerkt verbietet das nicht die Schaffung von zahlreichen Vereinen oder Stiftungen, die die Freundschaft zwischen den Völkern (Association Frankreich-EU; Association Frankreich-Ungarn usw.) oder die Diskussion politischer Ideen (Fondation pour l'Innovation politique, UM-nahe und Fondation Copernic, PS-nahe) fördern.

In Anbetracht der beherrschenden Rolle, die der Staat in Frankreich spielt, scheint es außerdem wenig wahrscheinlich, dass die Verwirklichung von Infrastrukturprojekten wie Hochwasserschutzarbeiten (21) oder die Entwicklung des Straßenbaus (22) an Vereine oder Stiftungen vergeben werden. Im Gegensatz dazu werden Tätigkeiten wie Aktionen zur Risikovermeidung, insbesondere die Förderung der Sicherheit im Straßenverkehr, im Allgemeinen sehr wohl steuerbegünstigten Vereinen überlassen.

3. Beispiele und umstrittene Grenzfälle

Die steuerliche Abzugsfähigkeit von Spenden kann in Frankreich nur nach einer strengen Vorab-Kontrolle des gemeinnützigen Charakters der Non-Profit-Organisation durch die Steuerverwaltung zugestanden werden. Diese Kontrolle wird bei der Errichtung von Stiftungen, bei der Anerkennung der Gemeinnützigkeit bzw. bei der Bewilligung einer Genehmigung für Vereine ausgeübt, so dass Fälle unberechtigter Steuervergünstigungen selten sind.

---

[1] Siehe unten unter D II 4.

Da allerdings die Gründung von nicht gewinnorientierten Vereinen völlig frei ist, können diese Vereine tatsächlich lukrative Tätigkeiten ausüben. So können diese unechten, nicht gewinnorientierten Vereine solange von einer Befreiung von allen Gewerbesteuern profitieren, bis die Verwaltung sie überprüft und eventuell die Befreiung wieder in Frage stellt, indem sie beweist, dass die ausgeübte Tätigkeit tatsächlich lukrativ ist. Das war z.B. der Fall bei Vereinen, die eine Reitanlage (CE 1. Juni 2001 Nr. 200 236, Association l'Etrier sarthois), eine Klinik (CAA Douai 5. Dezember 2001 Nr. 97-2209, Klinik du Bon Secours), einen Radiosender (CE, 8. Juli 1998 Nr. 158 891, Association „Free Dom") oder ein Ausstellungsgelände (CAA, Nantes 3. Oktober 2001 98-156 Association du parc des expositions et des loisirs) betreiben.

So waren auch die Profi-Fußballklubs lange in Form von nicht gewinnorientierten Vereinen organisiert. Mittlerweile, seit einem Gesetz vom 16. Juli 1984, muss aber jeder Sportverein, der Sportveranstaltungen gegen Eintritt mit Erträgen von mehr als 1, 2 Millionen Euro organisiert oder eine Vergütung von mehr als 800.000 € an Sportler zahlt, von Gesetzes wegen für die Verwaltung dieser Aktivitäten eine Handelsgesellschaft gründen. Außerdem profitieren Fremdenverkehrsvereine, Verbraucher- oder Anlegerschutzorganisationen ebenfalls von einer Befreiung von Handelssteuern, sofern sie ihre Dienste ausschließlich den eigenen Mitgliedern anbieten und durch die Verwaltung gesondert genehmigt werden.

Schließlich ist festzustellen, dass die Berichte der „Chambre régionale des comptes" es manchmal hervorheben, dass ungewöhnliche oder übermäßige Subventionen an die den Gebietskörperschaften nahen Vereine ausgeschüttet werden.

IV. Vorgaben für die Mittelverwendung

1. Verfolgung des satzungsmäßigen (gemeinnützigen) Zwecks

Die Spenden und sogar die Gewinne einer nicht gewinnorientierte Organisation müssen der Verwirklichung des gemeinnützigen Zwecks der Organisation zugeführt werden. So handelt z.B. eine in Form eines Vereins organisierte Klinik, die ihren Einnahmeüberschuss für Bauarbeiten und Finanzanlagen nutzt, statt ihn für eine Reduzierung der Tarife für Krankenhausleistungen zu verwenden (CAA Douai 5. déc. 2001 Nr. 97-2220, R.J.F., Nr. 7 2002 Nr.765) nicht innerhalb ihres gemeinnützigen Zwecks.

Das Merkmal der Widmung des Vermögens der Organisation ist von vorrangiger Bedeutung, um den nicht-gewinnorientierten Charakter der Aktivität nachzuweisen.

2. Gewinnausschüttungsverbot

Der Begriff der Gewinnausschüttung ist sehr weit und umfasst alle direkten oder indirekten Vorteile in Geld- oder Naturalleistungen, die die Organisation ihren Führungskräften oder Mitgliedern bewilligt.

So wird es z.b. als Gewinnausschüttung angesehen, wenn ein als Verein organisierter Golfklub einem seiner Mitglieder, unter Berücksichtigung des hohen Betrages der von den anderen Mitgliedern gezahlten Jahresbeiträge, kostenlose Nutzungsrechte an seinen Einrichtungen für fünfzehn Familienmitglieder anbietet (CAA, Paris 27-02-1996 Nr. 94-1152, R.J.F. Nr. 5/1996, § 566).

Die Geschäftsführung einer Organisation ist dann nicht als selbstlos einzustufen, wenn sie zum alleinigen oder hauptsächlichen Ziel hat, einem Unternehmen Absatzmöglichkeiten zu erschließen oder eine Nebentätigkeit für ein Unternehmen des lukrativen Sektors auszuüben, an dem eine Führungskraft der Organisation direkte oder indirekte Interessen hätte. Die Rechtsprechung hat z.B. den selbstlosen Charakter der Verwaltung eines Vereins wieder in Frage gestellt, dessen Geschäftsführer gleichzeitig in leitender Position bei einer anderen Gesellschaft tätig war, die Dienstleistungen zugunsten dieses Vereins erbrachte (CE – „AFACE" - 6. März 1992 – Requête (Gesuch) 100445).

Das Merkmal der Widmung des Aktivvermögens wird seltener angeführt, um einer Organisation den selbstlosen Charakter ihrer Verwaltung abzusprechen. Eine Übertragung von Vermögensgegenständen wurde aber z.B. darin gesehen, dass ein Verein einen Mietvertrag abgeschlossen hat, der vorsah, dass nach Beendigung des Mietverhältnisses alle von dem Verein veranlassten Ein- bzw. Umbauten ohne Aufwandsentschädigung an den Vermieter übergehen sollten (CAA Paris 27-02-1996, Nr. 94-1152, RJF, Nr.5/1996, §. 566)

3. Zulässigkeit von Zuwendungen und Zahlungen an den Stifter, ihm nahe stehende Personen oder Vereinsmitglieder

Es gibt keine Ausnahmen vom Verbot der Gewinnausschüttung und, wie es die erwähnten Rechtsprechungsfälle oben zeigen (2.), überprüft die Steuerverwaltung sehr genau die von den Steuerpflichtigen gewählten Modelle zur Umgehung des Gewinnausschüttungsverbots.

4. Zulässigkeit von Zuwendungen und Zahlungen an den Vorstand und Angestellte der Organisation

Die Vorstandsvergütung bei nicht gewinnsorientierten Organisationen (Vereinen und Stiftungen) ist Gegenstand strenger Regelungen.

Die Verwaltung erlaubt lediglich (Instruktion vom 15. sept. 1998, BOI 4 H-5-98, Nr.6) eine Gesamt-Brutto-Vergütung an den rechtmäßigen oder faktischen Vorstand in Höhe von maximal Dreiviertel des SMIC (*redaktionelle Anmerkung: staatlicher, indexierter französischer Mindestlohn = salaire minimum interprofessionel de croissance*), damit der selbstlose Charakter der Vereinsverwaltung nicht in Gefahr gerät, verloren zu gehen.

Allerdings sieht das Gesetz Nr.2001-1275 vom 28. Dezember 2001, konkretisiert durch das Dekret Nr. 2004-76 vom 20. Januar 2004, vor, dass, unter der Voraussetzung, dass die Organisation über 200.000 €, 500.000 € oder 1.000.000 € an Eigenmitteln verfügt und ihre Satzung Transparenz und eine demokratisches Funktionsweise gewährleistet, sie dementsprechend einem, zwei oder drei ihrer Geschäftsführer Vergütungen zahlen kann, ohne ihren gemeinnützigen Status zu gefährden, solange die Bezahlung jeder Führungskraft nicht drei Mal die Beitragsbemessungsgrenze der sécurité sociale (Sozialversicherung, 89 136 € pro Jahr für 2004) überschreitet. Die Gesamtvergütung der Führungskräfte mehrerer miteinander verbundener Vereine darf diesen Schwellenwert ebenfalls nicht überschreiten.

Die Vergütung wird bei dem bezahlten Geschäftsführer in der Einkommensart „Lohn- und Gehaltszahlungen" besteuert. Unter den Begriff Vergütung fallen sowohl die Überweisung von Geldsummen, aber auch jeder andere, durch die Organisation oder eine ihrer Filialen zugestandene Vorteil. Insbesondere werden Gehälter, Honorare, Naturalleistungen und andere Geschenke erfasst, ebenso wie jede Kostenerstattung, deren zweckkonforme Ausschüttung nicht belegt werden kann. Bei dem Schwellenwert dürfen die Erstattungen Franc für Franc der für die Tätigkeit der Organisation entstandenen Kosten nicht berücksichtigt werden. Der Grenzwert findet auch Anwendung, wenn die Zahlung die Gegenleistung für eine tatsächliche Tätigkeit (zum Beispiel Unterricht) ist, die von der jeweiligen Person ausgeübt wurde, die innerhalb der Organisation mit einer anderen Aufgabe außer ihrer geschäftsführenden Tätigkeit betraut war.

Der selbstlose Charakter der Verwaltung der Organisation ist auch gefährdet, wenn die Organisation Zahlungen zugunsten von gegenüber rechtmäßigen oder tatsächlichen Geschäftsführern anspruchsberechtigten Personen leistet, oder auch nur zugunsten einer anderen Person, die mit diesen Personen gemeinsame Interessen hat. Das gleiche gilt für andere Vorzüge (z.B. Arbeitsplätze), die diesen Personengruppen wegen persönlicher Verbindungen zwischen dem oder den Geschäftsführern und diesen Personen zukommen sollen.

Allerdings reicht allein die Tatsache, dass ein Familienmitglied der Führungskraft bezahlter Angestellter der Organisation ist, nicht aus, um den selbstlosen Charakter der Verwaltung in Abrede zu stellen, sofern die Bezahlung sich im Bereich des für diese Tätigkeit üblichen Maßes bewegt und unter der Bedingung, dass sie in Relation zu der geleisteten Arbeit gerechtfertigt erscheint.

5. (Kein) Gebot der zeitnahen Mittelverwendung

Die durch eine Stiftung verwirklichten Einnahmeüberschüsse müssen wieder für satzungsgemäße Aufgaben verwendet werden. Die Mustersatzungen für Stiftungserrichtungen sehen vor (Art.10, Abs. 2), dass mindestens ein Zehntel des jährlichen Überschusses der Stiftungseinnahmen thesauriert werden muss.

Die Vereine müssen ebenfalls gewisse Rücklagen bilden, u.a.:

- satzungsgemäße Rücklagen bei den als gemeinnützig anerkannten Vereinen;
- Rücklagen für Unterhalt der religiösen Vereinigungen;
- und verschiedene andere, besonders geregelte Rücklagen.

In steuerlicher Hinsicht bestimmt die Anweisung vom 15. September 1998, dass es zwar „rechtmäßig ist, wenn eine nicht gewinnorientierte Organisation im Rahmen ihrer Aktivität Überschüsse erzielt, die Reflex einer gesunden und vorsichtigen Verwaltung sind", sie darf aber nicht diese Überschüsse sparen, um sie zu anlegen (Artikel 24). Die Überschüsse „müssen vielmehr dazu bestimmt sein, spätere Bedürfnisse oder Projekte dem gemeinnützigen Zweck der Organisation entsprechend zu realisieren."

Der *plan comptable* (offizielle Richtlinien zur Rechnungslegung) der nicht gewinnorientierten Organisationen empfiehlt, falls Überschüsse erzielt werden, zuerst die verpflichtenden und satzungsgemäßen Rückstellungen zu berücksichtigen, und dann weitere Erträge einem „assoziativen Projekt" zuzuweisen, also Finanzmittel programmgemäß der Verwirklichung von satzungsgemäßen Zielen zugunsten des Vereinszwecks zu widmen.

6. (Kein) Unmittelbarkeitsgebot

Prinzipiell besteht keine Verpflichtung der unmittelbaren Mittelverwendung für die Organisation. Allerdings müssen Unternehmensstiftungen ein mehrjähriges Aktionsprogramm aufstellen, das jedes Jahr durch die Zuwendungen finanziert wird, zu deren Erbringung sich die Gründer über einen Zeitraum von 5 Jahren verpflichtet haben. Meistens orientiert sich der jährlich zu leistende Beitrag der Stifter am Finanzbedarf des Teils des Mehrjahresprogramms, das die Gründer zu verwirklichen planen. In diesem Fall gibt es also eine Verpflichtung zur unmittelbaren Mittelverwendung.

7. (Keine) besonderen zivilrechtlichen Regelungen zur Mittelverwendung, insbesondere im Stiftungsrecht (Grundsatz der Dauerhaftigkeit, Grundsatz der Kapitalerhaltung)

a) Dauer der Stiftungen

Stiftungen müssen grundsätzlich ihr Vermögen auf ewige Dauer erhalten. Die Grundvermögensausstattung einer Stiftung kann in mehreren Teilen über einen Zeitraum von maximal zehn Jahren vom Datum der Veröffentlichung ihrer Anerkennung als gemeinnützig an vorgenommen werden (Artikel 18-1 vom Gesetz Nr. 87-571 vom 23. Juli 1987, geändert durch Artikel 4 des Gesetzes Nr. 2003-709 vom 1. August 2003). Allerdings entstehen die Unternehmensstiftungen (fondations d'entreprises), die durch das Gesetz Nr. 90-559 vom 4. Juli 1990 eingeführt wurden, das das Gesetz Nr. 87-571 vom 23. Juli 1987 zur Förderung des Mäzenatentums ändert, nur für eine bestimmte Dauer, die aber nicht kürzer als fünf Jahre sein darf. Nach Ablauf des festgelegten Zeitraums können sie für eine Dauer von wenigstens drei Jahren verlängert werden (durch das Gesetz Nr. 2002-05 geänderter Artikel 19-2 vom 4. Januar 2002).

b) Die Erhaltung des Stiftungsvermögen

Für Stiftungen und die als gemeinnützig anerkannten Vereine sehen die Mustersatzungen generell vor, dass die Veräußerung von zur Grundvermögensausstattung gehörenden Gegenständen des Mobiliar- wie des Immobiliarvermögens der Stiftung, die Zustimmung der Verwaltungsbehörden erfordert, wofür die Präfektur am Sitz der jeweiligen Organisation zuständig ist (Dekret 66-388 vom 13. Juni 1996, geänderter Artikel 5; CE, 11. Mai 1994 Fondation du Bocage, Lebon S.230).

Bei Unternehmensstiftungen gehören die zu der, seit dem 5. Januar 2002 nicht mehr verpflichtend zu leistenden, Grundausstattung der Stiftung zählenden Vermögensgegenstände sowie die im Rahmen des mehrjährigen Aktionsprogramm geleisteten Summen, die für das jeweilige Unternehmen einen Anspruch auf eine Körperschaftsteuerermäßigung von 60 % begründen, zu den Mitteln der Unternehmensstiftung, die die Stiftung für die Verwirklichung ihres Zwecks benutzt. Unternehmensstiftungen können aber weder Spenden noch Vermächtnisse annehmen.

V. Vorgaben für die Mittelerzielung (Begrenzung unternehmerische Tätigkeit)

Der Unterscheidung zwischen den unternehmerischen Tätigkeiten des Handelssektors und den gemeinnützigen Tätigkeiten der nicht gewinnorientierten Organisationen, die von Steuerbegünstigungen profitieren, liegt in Frankreich das Kriteriums der „4 P" zugrunde (auf Französisch: Produit, Public, Prix, Publi-

cité), wobei in den folgenden Punkten ein Vergleich mit dem wettbewerbsfähigen Sektor durchgeführt wird:
- Produkte oder Dienstleistungen, die durch die nicht gewinnorientierte Organisation erbracht werden;
- Publikum (die Kunden), das von diesen Produkten oder Dienstleistungen profitiert;
- Preise, die von der nicht gewinnorientierten Organisation verlangt werden;
- und schließlich Werbemaßnahmen für die Organisation.

Eine nicht gewinnorientierte Organisation, die eine unternehmerische Tätigkeit ausübt, verliert ihre Steuerbegünstigungen aber nicht, wenn sie ein Produkt herstellt oder eine Dienstleistung in einem Bereich erbringt, der durch den Markt nur unzureichend abgedeckt wird, zu Preisen, die benachteiligten Menschen Zugang zu diesem Bereich ermöglichen und zwar ohne eine dem kommerziellen Bereich vergleichbare Werbung einzusetzen.

Unter diesen Voraussetzungen wird angenommen, dass die ausgeübte unternehmerische Tätigkeit nicht zu einem Konkurrenzverhältnis mit kommerziellen Unternehmen führt und es sich folglich nicht um eine unternehmerische Tätigkeit im Sinne des Gesetzes über die gemeinnützigen Organisationen handelt.

C. Besteuerung der Empfängerorganisation

I. Einschlägige Steuern

1. Körperschafts- und Gewerbesteuer

Nicht gewinnorientierte Organisationen (anerkannte Vereine sowie als gemeinnützig anerkannte Vereine, Stiftungen und Unternehmensstiftungen) sind grundsätzlich von der Körperschaftssteuer, Gewerbesteuer und Ausbildungssteuer befreit.

Wegen des nicht lukrativen Charakters ihrer Aktivitäten sind diese Organisationen im Prinzip auch von der Mehrwertsteuer befreit.

2. Schenkungs- und Erwerbssteuern

Handschenkungen zugunsten einer nicht gewinnorientierten Organisation unterfallen nicht der Schenkungssteuer.

Dagegen können notariell oder öffentlich beurkundete Schenkungen oder Vermächtnisse nur zugunsten von als gemeinnützig anerkannten Vereinen und Stiftungen oder bestimmten abschließend aufgezählten, aber nicht als gemeinnützig anerkannten, Vereinen erfolgen (Kultusgemeinden, Verbänden familiärer Vereine, sowie ausschließlich Fürsorge, Wohltätigkeit, wissenschaftliche oder medizinische Forschung fördernde Organisationen, Vereine für Wahlfinanzierung oder politischen Parteien).

Diese Spenden und Vermächtnisse sind nicht in allen Fällen von der Erbschafts- und Schenkungssteuer befreit. Die Befreiung hängt vom Zweck des Vereins oder der Stiftung (siehe unten) oder der Art der zugewendeten Gegenstände (CGI, Artikel 795) ab.

a) Befreiung aufgrund der Art des geschenkten Gegenstandes

Steuerbefreit sind Kunstwerke, Monumente oder jedes andere Sammlerobjekt, die für eine öffentliche Sammlung vorgesehen sind, sowie Immobilien (Grundstücke und Gebäude), die sich in geschützten Zonen befinden, und die zugunsten der Schutzbehörde für den Küstenraums und die lakustrischen Ufer verschenkt werden (CGI, Artikel 795-12°).

b) Befreiungen aufgrund des Organisationszwecks

Von Schenkungs- und Erbschaftssteuern befreit (CGI, Artikel 795) sind Spenden und Vermächtnisse, die gesammelt wurden insbesondere von:

– als gemeinnützig anerkannten Vereinen und Stiftungen, deren Mittel ausschließlich wissenschaftlichen, kulturellen oder künstlerischen Werken ohne kommerziellen Charakter zukommen;
– als gemeinnützig anerkannten Vereinen zur Förderung der Hochschulbildung und der Volkserziehungorganisationen;
– den Kultusgemeinden
– den wohltätigen öffentlich-rechtlichen Anstalten und den als gemeinnützig anerkannten Unternehmen, deren Mittel Unterstützungswerken, dem Umwelt- oder Tierschutz zugute kommen.

Wenn die Spenden und Vermächtnisse nicht von der Steuer befreit werden, profitieren die als gemeinnützig anerkannten Vereine und Stiftungen vom für Schenkungen oder Vermächtnisse zwischen Geschwistern vorgesehenen Steuersatz (35 % bis zu 23.000 € und 45 % darüber hinaus). Für nicht als gemeinnützig anerkannte Vereine beträgt der Steuersatz 60 % (wie für Nicht-Familienmitglieder). Die Zahlung der Steuer kann vom Schenker übernommen werden. Die Übertragung von Vermögensgegenständen einer Organisation von allgemeinem Interesse an einen als gemeinnützig anerkannten Verein oder eine Stiftung ist von der Schenkungssteuer befreit.

3. Unterschiedliche Steuern

Grundsteuern: jede nicht gewinnorientierte Organisation, die Eigentümerin eines Gebäudes ist im Prinzip steuerpflichtig.

Wohnungssteuer: Auch nicht gewinnorientierte Organisationen unterliegen dieser lokalen Steuer auf die Nutzung von nicht gewerblich genutzten (Wohn-) Räumen.

Lohnsteuer: Nicht gewinnorientierte Organisationen, die bezahltes Personal anstellen und nicht umsatzsteuerpflichtig sind, unterliegen dieser Steuer.

Die *Vermögenssteuer* ist in Frankreich auf juristische Personen nicht anwendbar (unabhängig davon, ob es sich um Gesellschaften oder nicht gewinnorientierte Organisationen handelt).

II. Ideelle Einkünfte

Ideelle Einkünfte stammen aus immateriellen Rechten wie Urheberrechten, Immobiliarsachenrechten (dingliches Nutzungsrecht oder Erbpacht) oder Kapitalbeteiligungsrechten, sie werden im allgemeinen auf Stiftungen im Rahmen der Erst-Vermögensausstattung übertragen. Bei Kapitalbeteiligungen können Stiftungen nur Aktien erhalten, die ihrem Eigentümer nicht die Kaufmannqualität verleihen.

Diese ideellen Einkünfte sind Einkünfte aus Vermögensverwaltung, deren steuerliche Einordnung unten beschrieben wird.

III. Einkünfte aus Vermögensverwaltung

Einkommen aus Vermögensverwaltung (Einkommen aus Vermietung, aus Wertpapierverwaltung und landwirtschaftlichen oder forstwirtschaftlichen Betrieben), das von nicht gewinnorientierten Organisation erzielt wird, unterliegt einem speziellen Körperschaftssteuersatz (IS) von 24 % anstatt 33,33 %. Allerdings wirkt diese Vergünstigung seit der Einführung eines IS-Satzes von 15 % bis zur Schwelle von 38.120 € Gewinn bei Gesellschaften, deren Umsatz 7.630.000 € insgesamt nicht überschreitet, nicht mehr als ein „ermäßigter" Satz von 24 % für die nicht gewinnorientierten Organisationen. Dennoch unterliegen bestimmte Mobiliareinkommen aus Kapital nur einem Steuersatz von 10 %. Außerdem profitieren die nicht gewinnorientierten Organisationen darüberhinaus von Erleichterungen bei den Anmeldepflichten und von einer Steuerbefreiung hinsichtlich erzielter Wertsteigerungen sowie der jährlichen Pauschalsteuer bei Erwirtschaftung eines Defizits.

Außerdem werden die Stiftungen nunmehr von der Körperschaftssteuer für ihre Einkünfte aus Vermögensverwaltung befreit. Diese Maßnahme gilt für des

Rechnungsjahr, das zum 31. Dezember 2004 an abgeschlossen wurde (Gesetz Nr. 2004-1484 vom 30. Dezember 2004, Art.20).

Die selbständige Tochtergesellschaft einer Spendenorganisation, die grundsätzlich steuerpflichtig ist, darf ihren Gewinn nicht steuerbegünstigt der Mutterorganisation spenden.

Allerdings werden die ausgeschütteten Gewinne als Einkommen aus Vermögensverwaltung befreit, wenn die nicht gewinnorientierte Organisation keine Mehrheit an der Tochtergesellschaft hält und sie keine Rolle in deren Geschäftsführung spielt. Im entgegengesetzten Fall werden die ausgeschütteten Gewinne der Körperschaftssteuer unterworfen und die nicht gewinnorientierte Organisation als eine kommerzielle Tätigkeit ausübend angesehen, was mit einem zumindest teilweisen Verlust der Steuerbegünstigung einhergeht.

IV. Einkünfte aus Zweckbetrieb

Erträge aus akzessorischen wirtschaftlichen Nebentätigkeiten werden von Steuer befreit (Körperschaftsteuer, Gewerbesteuer und Mehrwertsteuer) und stellen nicht den gemeinnützigen Charakter der Organisation in Frage. Sie werden also als „Einkünfte aus Zweckbetrieb" angesehen. Das Merkmal der Zusätzlichkeit der Wirtschaftstätigkeiten wird in Frankreich eher durch qualitative als quantitative Kriterien definiert.

Die Wirtschaftstätigkeiten einer nicht gewinnorientierte Organisation werden als akzessorisch (Zweckbetrieb) angesehen, wenn:

- die Verwaltung der Organisation uneigennützig bleibt (Artikel 257- 7-1° des CGI, keine direkt oder indirekt ausgeschütteten Gewinne);
- die nicht gewinnorientierten Tätigkeiten von deutlich vorrangiger Bedeutung gegenüber den erwerbswirtschaftlichen Tätigkeiten sind (Anteil der Geschäftseinnahmen mit Bezug auf die Gesamteinnahmen oder Anteil der finanziellen Mittel bzw. der Tätigkeitszeit, der den verschiedenen Tätigkeitsbereichen gewidmet wurde);
- die jährlichen Einnahmen aus den Wirtschaftstätigkeiten die Schwelle von 60.000 € nicht überschreiten; (CGI, Artikel 206-1 bis).

Außerdem werden alle Organisationen, die nach den oben untersuchten Kriterien gemeinnützig und nicht gewinnorientiert sind, von allen Steuern und Abgaben (Körperschaftsteuer, Mehrwertsteuer, Gewerbesteuer) für die Einnahmen befreit, die anlässlich sechs außergewöhnlicher Veranstaltungen erzielt wurden, die im Laufe des Jahres zum ausschließlichen Wohl der Organisation durchgeführt wurden. Diese Befreiung umfasst die Gesamtheit der im Rahmen dieser Veranstaltungen erzielten Einnahmen, unabhängig von Betrag oder Art der Zuwendung.

V. Einkünfte aus wirtschaftlichen Geschäftsbetrieb

Wenn eine nicht gewinnorientierte Organisation (Verein, Stiftung) eine Wirtschaftstätigkeit ausübt, die in Wettbewerb mit kommerziellen Anbietern tritt oder wenn sie gegenüber Unternehmen Dienstleistungen erbringt, die daraus einen Wettbewerbsvorteil erzielen, verliert die Organisation ihren nicht gewinnorientierten Charakter und wird allgemein hinsichtlich aller anfallenden Steuern steuerpflichtig (Körperschaftssteuer, Mehrwertsteuer, Gewerbesteuer).

Der mehrheitliche Anteilserwerb an einer Tochtergesellschaft kann als indirekte Ausübung einer wettbewerbsrelevanten Wirtschaftstätigkeit angesehen werden (siehe oben).

Um zu wissen, ob eine bestimmte Wirtschaftstätigkeit in Wettbewerb mit einem kommerziellen Unternehmen tritt, benutzt man die Kriterien der oben definierten „4P".

VI. Weitere Vergünstigungen

Unternehmen können außerdem von folgenden speziellen Steuerermäßigungen profitieren:

- Eine Steuerermäßigung kann in Höhe von 90 % der für den Kauf eines Kulturguts im Rang eines Nationalschatzes aufgewendeten Zahlungen gewährt werden, sofern das betreffende Kulturgut Gegenstand eines gültigen Ausfuhrverbots ist (CGI, Artikel 238 bis 0A).
- Eine Steuerermäßigung kann in Höhe von 40 % der Summe gewährt werden, die für den Kauf eines Kulturguts, für das nur ein Ausfuhrverbot besteht, durch das Unternehmen aufgewendet worden sind (CGI, art.238 bis 0AB).

D. Besteuerung des Spenders, Stifters, Zustifters

I. Umfang und Methode der Steuerbegünstigung beim Zuwendenden

1. Abzug vom Einkommen bzw. der Einkommensbemessungsgrundlage

Die zugestandene Steuerbegünstigung der Spenden wird in Frankreich im Prinzip in Form eines Abzugs von der Einkommenssteuer bzw. der Körperschaftsteuer verwirklicht, dessen allgemeiner Satz seit dem 1. Januar 2004 60 % des Betrages der gegebenen Spenden beträgt (Art. 200 CGI). Die Methode des Steuerabzugs wird seit 1984 für die Mehrzahl der Steuervergünstigungen praktiziert, die im Rahmen der Einkommenssteuer gewährt werden (Kinderbetreuungskosten, Beschäftigung eines Angestellten zu Hause,

Investitionen in den französischen Übersee-Departments und in bestimmten benachteiligten Zonen, Ausgleichszahlungen bei Scheidung usw.). Dabei stellt man jedoch fest, dass bestimmte Zuwendungen (Familienzulagen, Wohnungszulagen) in Frankreich erst gar nicht in das steuerpflichtige Einkommen einbezogen werden.

Allerdings wird bei Erhebung von Erbschaftssteuern ein Abschlag auf den Netto-Wert des Anteils jedes Erben oder Vermächtnisnehmers vorgenommen, der dem Gegenwert der Güter oder Summen entspricht, die von dem Erblasser innerhalb von 6 Monaten nach dem Erbfall endgültig und zu vollem Eigentum an eine Stiftung oder einen als gemeinnützig anerkannten Verein gespendet werden (Gesetz vom 1. August 2003, das Artikel 788 II vom CGI ändert). Dieser Vorteil ist mit dem Abzug von Einkommensteuer oder Körperschaftsteuer nicht kumulierbar.

2. Abzugsobergrenzen und Mindestspenden

Der Einkommensteuerabschlag von 60 % des Spendenbetrages gemäß Artikel 200 des CGI ist nur bis zur Grenze von maximal 20 % des steuerpflichtigen Einkommens des Steuerzahlers anwendbar.

Wenn die im Laufe eines Jahres durchgeführten Spenden die Grenze von 20 % des steuerpflichtigen Einkommens überschreiten, wird der Überschuss nach und nach auf die fünf folgenden Jahren innerhalb der Grenze von 20 % vorgetragen und begründet einen Anspruch auf Abzug von 60 % unter denselben Bedingungen.

Bei der Körperschaftssteuer findet der Abzug von 60 % des Spendenbetrags bis zu der Grenze von 5 % des Umsatzes des Unternehmens Anwendung (CGI, Artikel 238 bis-1).

Wenn Spenden und Zahlungen, die im Laufe eines Geschäftsjahres durch ein Unternehmen aufgebracht wurden, die Grenze von 5 % des Umsatzes überschreiten, wird der Überschuss nach und nach auf die fünf folgenden Geschäftsjahre ohne Überschreitung der Grenze von 5 % vorgetragen und begründet einen Anspruch auf dem Abzug von 60 % unter denselben Bedingungen.

Außerdem ist der jährliche Betrag der „politischen" Spenden auf 4500 € pro Wahlkampf und 7500 € pro politische Parteien begrenzt.

Es gibt keine Mindest-Spenden. Allerdings dürfen die Mehrjahresprogramme der Unternehmensstiftungen, die die Unternehmen sich zu finanzieren verpflichten, nicht niedriger als 150.000 € sein. Die Stiftungen müssen außerdem eine ausreichende Anfangsvermögensausstattung erhalten.

3. Spezielle Förderungsmechanismen

Unternehmensstiftungen stellen einen speziellen Förderungsmechanismus dar, da es sich insoweit um Stiftungen von zeitlich begrenzter Dauer handelt, die abgesehen von Anfangsvermögensausstattung bzw. der regelmäßigen Zahlungsverpflichtung der Stifter weder Spenden noch Vermächtnisse wirksam entgegen nehmen können. Andererseits unterliegen diese Stiftungen, obwohl sie ebenfalls den Status als juristische Person genießen, einfacheren Regeln zur Gründung und Organisation als andere Stiftungen. Außerdem berechtigen die an diese Stiftungen durch die Unternehmen geleisteten Zahlungen zu einem Körperschaftssteuerabzug von 60 % des gespendeten Betrages innerhalb der Grenze von 5 % des Umsatzes des Spenderunternehmens. Dies gilt auch dann, wenn die Stiftung den Namen des Gründerunternehmens trägt und wenn der Name des finanzierenden Unternehmens in Zusammenhang mit durch die Stiftung verwirklichten Projekten Erwähnung findet.

Bemerkenswert ist auch der Fall der Stiftungen mit besonderem Statut, die aufgrund eines Gesetzes errichtet werden wie zum Beispiel die „Fondation du Patrimoine", die neben der Vermögenswidmung auch eine Personenvereinigung darstellt (Gesetz Nr. 96-590 vom 2. Juli 1996) oder die „Fondation de France", die insbesondere etwa fünfhundert Stiftungen ohne eigene Rechtspersönlichkeit unter ihrem Dach beherbergt.

Hinzuweisen ist auch auf die wachsende Anzahl der französischen Stiftungen, die von juristischen Personen des öffentlichen Rechts (Staat, öffentliche Einrichtungen, Gebietskörperschaften) errichtet werden. Allerdings erfüllt eine Stiftung, die völlig von der öffentlichen Hand kontrolliert wird, nicht die notwendige Voraussetzung der Unabhängigkeit der Stiftungen.

II. Begriff der „Spende", Abgrenzungen und Differenzierungen

1. Gesetzlicher Begriff der Spende

Es gibt keine eigene steuerrechtliche Definition des Begriffs der Spende, Schenkung oder freigiebigen Zuwendung. Diese Begriffe sind solche des bürgerlichen Rechts (Zivilgesetzbuch).

Eine Spende oder Schenkung ist „die Handlung, durch die der Geber sich gegenwärtig und unwiderruflich zugunsten des die Sache annehmenden Beschenkten von der geschenkten Sache trennt" (Art. 894 frz. Zivilgesetzbuch). Die ohne Gegenleistung erfolgende Aufgabe des ganzen oder eines Teils des Vermögen zugunsten einer anderen Person stellt also eine Spende dar.

Im französischen Recht finden die Begriffe „Spende" und „Schenkung" nur für die Spenden zwischen Lebenden Anwendung. Um grundsätzlich sowohl zu Lebzeiten als auch von Todes wegen (Vermächtnisse, Errichtung einer Stiftung durch Testament) mögliche, freigiebige Zuwendungen an sich zu kennzeichnen, wird dagegen der Begriff der „liberalité" benutzt.

Eine Spende oder freigiebige Vermögenszuwendung kann auch in Form der Vermögensübertragung im Wege der Stiftungserrichtung erfolgen, also der Widmung einer Vermögensmasse zu einem allgemein nützlichen Zweck für die Ewigkeit.

2. Abgrenzung von Spende, Entgelt und Mitgliedsbeitrag

Die Spende impliziert die freiwillige, mit einer freigiebigen Absicht erfolgende Aufgabe des Eigentums an einem Gegenstand, an Grundbesitz, der Inhaberschaft an einem sonstigen Vermögensrecht oder sogar an sonstigen Erträgen. Freigiebige Absicht bedeutet, dass der Geber im exklusiven Interesse des Beschenkten handelt und keine Gegenleistung für die Aufgabe seines Vermögens erwartet.

- Es liegt also keine Spende vor, wenn der Geber sich nicht von einem Teil seines Vermögens trennt (C. Civ. 5. April 1938 DH 1938, 305). Eine ehrenamtliche Tätigkeit im Sinne einer Zeit- und Arbeitsspende ist keine Spende im zivil- und steuerrechtlichen Sinne.
- Ebenso handelt es sich nicht um eine freigiebige Zuwendung, wenn die mit dem zugewendeten Gegenstand verbundenen Lasten jeglichen Vorteil für den Verein oder die Stiftung ausschließen (Vermächtnis eines Gebäudes, dessen Instandhaltungskosten den Ertrag überschreiten); (Stellungnahme des Verwaltungsrates, 14. März 1978).
- Eine Spende erfordert das Fehlen jeder Gegenleistung, finanziell, materiell oder sogar immateriell. Die Übertragung von Vermögenswerten an einen Verein als Gegenleistung für die Zahlung einer lebenslänglichen Rente ist also keine Spende (Cass. Civ., 19. Februar 1935). Ebenso ist die Einbringung eines Gebäudes in das Vermögen eines Vereins durch eine Person, die einen immateriellen Vorteil und eine besondere Berücksichtigung in dem Verein anstrebt, keine echte Spende, sondern eine entgeltliche Übertragung (Cass. Civ., 1. März 1988 Bulletin civil, I, Nr. 52).
- Die Übertragung eines Einkommens (z.B. kostenlos zur Verfügung gestellte Räumlichkeiten) oder eines Finanzanlageprodukts an einen nicht gewinnorientiertes Verein wird einer Spende gleich behandelt und begründet so einen Anspruch auf einen Steuerabzug (Gesetz Nr. 2000-656 vom 13. Juli 2000, Artikel 2).

Der (Mitglieds-)Beitrag ist die Geldsumme, die aufgrund der Vereinssatzung den Mitgliedern auferlegt wird, um die Verwaltung der Organisation zu finanzieren. Nur Vereine als Personenverbände können Beiträge erheben. Stiftungen haben nicht das Recht, Beiträge zu verlangen.

Der Beitrag unterscheidet sich:

- von der Aufnahmegebühr in den Verein durch seinen periodischen Charakter;
- von der Spende, denn er beinhaltet eine Gegenleistung;
- von der dem Verein geschuldeten Vergütung für einen Gegenstandes oder eine Dienstleistung, denn er entspricht einem Anteil an den Verwaltungskosten des Vereins.

Um den Mitgliedsbeitrag von einer solchen Vergütung zu unterscheiden, prüft man zuerst, ob die Zahlung tatsächlich von einem Mitglied geleistet wird und ob es ein proportionales Verhältnis zwischen dem Betrag der Forderung und der in Frage stehenden möglichen Vergütung gibt. Wenn der angebliche Mitgliedsbeitrag von einem Nicht-Mitglied gezahlt wird, oder sich proportional zum Wert des geleisteten Dienstes oder veräußerten Gegenstandes verhält, wird sie als Vergütung angesehen, was zur Erhebung von Umsatzsteuer Anlass gibt. So sind auch Zahlungen an einen Automobil-Club für einen Teil ihrer Höhe als Vergütungen für von dem Verein an seine Mitglieder erbrachte Leistungen und nicht als Mitgliedsbeiträge qualifiziert worden (C.E. 19. Februar 1971 Automobile Club du Nord de la France, Dalloz 1971 S. 295).

3. Abgrenzung von Spende und Sponsoring

Die Abgrenzung zwischen Sponsoring und Spende ist im Einzelnen schwierig.

Mäzenatentum allgemein wird definiert als „materielle Unterstützung, die ohne direkte Gegenleistung seitens des Empfängers einer Aufgabe oder einer Person für die Ausübung von Aktivitäten im Interesse des Gemeinwohls gewährt wird".

Sponsoring oder Patenschaft ist „die einer Bewegung, einer Person oder Organisation gewährte materielle Unterstützung, durch eine Person oder eine Organisation, mit der Absicht daraus einen direkten Vorteil zu ziehen".

Der Unterschied zwischen den zwei Unterstützungsformen liegt also im nur durch das Mäzenatentum verfolgten Interesse der Allgemeinheit und im Fehlen der Erwartung einer Gegenleistung durch den Mäzen.

Dennoch ist festzustellen, dass eine Unternehmensstiftung, obwohl sie eine Form von Mäzenatentum darstellt, den Namen des Stifterunternehmens tragen kann. Ebenso kann der Name des Unternehmens, das eine Spende an eine gemeinnützige Organisation macht, mit den von dieser Organisation durchgeführten Aktivitäten verbunden werden (CGI, Artikel 238 bis).

4. (Keine) Differenzierung nach dem Spender (Einzelperson/Unternehmen)

Sowohl Einzelpersonen als auch Unternehmen (CGI Artikel 200 und 238 bis) können einen Betrag in Höhe von 60 % des gespendeten Betrages von der Einkommens- bzw. Körperschaftssteuer abziehen, sofern der Betrag zugunsten einer der folgenden Organisationen gespendet wurde:

- Stiftungen oder als gemeinnützig anerkannte Vereine,
- nicht gewinnorientierte Organisationen, die einen philanthropischen, erzieherischen, wissenschaftlichen, sozialen, humanitären, sportfördernden, familiären oder kulturellen Charakter haben oder die zur Erhaltung von künstlerisch wertvollen Kulturgütern, dem Natur- und Umweltschutz oder der Verbreitung von Kultur, Sprache oder der französischen Wissenschaft beitragen,
- öffentliche oder private, staatlich anerkannte Hochschulen und Kunsthochschulen ohne Erwerbszweck,
- anerkannte Organisationen, deren ausschließliches Ziel ist, an der Finanzierung von Unternehmen teilzuhaben,
- religiöse und mildtätige Vereinigungen, die Spenden und Vermächtnisse annehmen dürfen, sowie öffentliche Einrichtungen der Glaubensgemeinschaften in Elsaß-Lothringen.

Diese verschiedenen Organisationen können Spenden oder Vermächtnisse sowohl von Privatpersonen als auch von Unternehmen annehmen. Dagegen können nur Unternehmen Steuervergünstigungen für Spenden oder Vermächtnisse in Anspruch nehmen, die zugunsten der folgenden Organisationen bewilligt wurden (CGI, art.238 bis):

- staatlich anerkannte Forschungseinrichtungen,
- Unternehmensstiftungen,
- öffentliche oder private nicht gewinnorientierte Organisationen, deren Haupttätigkeit darin besteht, der Öffentlichkeit choreographische, cinematographische, dramatische, lyrische oder musikalische Werke oder Zirkusdarbietungen zu zeigen, unter der Bedingung, dass die Zahlungen auch an diese konkrete Tätigkeit gebunden sind. Ausgeschlossen sind außerdem pornographische oder gewaltverherrlichende Werke.

Darüber hinaus sehen die Artikel 238 bis OA, 238 bis O AB, 238 bis AB des CGI für Unternehmen die Möglichkeit vor, den französischen Nationalmuseen oder dem Schutz von nationalen Kulturgütern steuerbegünstigte Zuwendungen zukommen zu lassen.

Andererseits können nur Privatpersonen von Steuervergünstigungen für Spenden profitieren, die an Wahlkampfsfinanzierungsorganisationen oder politische Parteien gemacht werden.

5. (Keine) Differenzierung nach der Rechtsform der empfangenden Organisation oder der Widmung Stifters als Spende oder Zustiftung

Zuwendungen in das Kapital (Zustiftungen) sind nur bei Stiftungen möglich. Zusätzlich zur Anfangsvermögensausstattung kann die gestaffelte Zahlung des Vermögens über einen maximalen Zeitraum von 10 Jahren vorgesehen werden (siehe unten).

6. (Keine) Differenzierung nach dem von der steuerbegünstigten Organisation verfolgten Zweck

Die Fähigkeit, Spenden anzunehmen hängt im Prinzip nicht vom durch die Organisation verfolgten Zweck, sondern von der Anerkennung der Gemeinnützigkeit dieses Zwecks ab. So können Stiftungen und als gemeinnützig anerkannte Vereine von Spenden und Vermächtnissen (Geldsummen, Gütern und Gebäuden) profitieren, während nicht als gemeinnützig anerkannte Vereine nur Handschenkungen annehmen können (siehe unten).

Allerdings darf für Spenden zugunsten von Hilfsorganisationen für benachteiligte Personen ein Einkommensteuerabzug von 66 % anstatt 60 % geltend gemacht werden (siehe oben).

7. (Keine) Differenzierung nach dem zugewendeten Gegenstand: Geldspende Sachspende, Zeitspende

Die Vermögensausstattung einer Stiftung kann sich aus einer Schenkung von Mobiliar- oder Immobiliarvermögensgegenständen oder aus Rechten (Urheberrechte, Gesellschafterrechte, insbesondere Aktien) zusammensetzen, die es ihr erlauben, ihre Tätigkeit aufzunehmen und ihre dauerhafte Existenz gewährleisten. Die Vermögensübertragung an die Stiftung kann in mehreren Teilbeträgen über einen Zeitraum von 10 Jahren nach Errichtung (Gesetz vom 1. August 2003, das Gesetz Nr. 87-571 vom 23. Juli 1987 ändernd, Artikel 18-1) erfolgen. Es gibt keinen Mindestbetrag für die Vermögensausstattung. Allerdings achtet der Staatsrat darauf, dass sie ausreichend ist (es wird zu einem Mindestbetrag von 750.000 € geraten).

Die Gründer können sich auch verpflichten, zusätzlich zur Anfangsausstattung jährliche Zahlungen zu leisten. Diese Zahlungen müssen durch Anpassungsklauseln für einen Inflationsausgleich und durch dingliche oder persönliche Sicherheiten garantiert werden.

Bei Unternehmensstiftungen sind die Gründer dagegen nicht verpflichtet, eine Vermögensgrundausstattung zu erbringen (Gesetz 2002-5 vom 4. Januar 2002, Art. 5). Sie müssen sich nur verpflichten, Zahlungen in der Höhe zu leisten, die für ein mehrjähriges Aktionsprogramm benötigt wird, was von der

Satzung festgelegt wird, und deren Betrag nicht niedriger als 150.000 € sein darf. Die Zahlungen müssen über einen Höchstzeitraum von 5 Jahren geleistet werden. Sie müssen durch eine Bankbürgschaft gesichert werden.

Kein Stiftungsgründer kann sich aus einer Unternehmensstiftung zurückziehen, ohne die gesamte Summe, zu deren Zahlung er sich verpflichtet hat, auch tatsächlich zu leisten (Geändertes Gesetz Nr. 87-571 von 23 Juli, Art.19-2). Diese Zahlungen berechtigen zum Abzug von der Einkommen- bzw. Körperschaftsteuer. Dieser Abzug ist auch möglich, wenn die Stiftung den Namen des Gründerunternehmens trägt (CGI, Artikel 238 bis).

Zeitspenden im Sinne ehrenamtlicher Tätigkeit sind keine Spenden (siehe oben), durch eine solche freiwillige Tätigkeit entstehende Kosten können aber Spenden angeglichen werden und zu einem Steuerabzug berechtigen (Gesetz Nr. 2000-627 vom 6. Juli 2000, Artikel 41). Zeitspenden spielen außerdem bei allen nicht gewinnorientierten Organisationen (Vereine, Stiftungen) eine wesentliche Rolle. Das Vereinsmitglied, das sich darauf beschränken würde, seinen Mitgliedsbeitrag zu zahlen, ohne sich auch zeitlich in dem Verein zu engagieren, könnte steuerrechtlich als Kunde des Vereins statt als ein Mitglied betrachtet werden.

8. Sonderproblem: Bewertung von Sachspenden (Grundstücke, Beteiligungen, Kunstsammlungen).

Die Bewertung der Sachspenden wird vom Steuerzahler selbst unter der Kontrolle der Steuerverwaltung durchgeführt, die in bestimmten Fällen für die Errechnung von Eintragungsgebühren und insbesondere von Erbschaft- und Schenkungssteuer den vom Steuerpflichtigen angegebenen Wert durch den wirklichen Marktwert ersetzen darf. Die Art der Bewertungsmethode hängt von dem Typ der Spende ab.

Für börsennotierte Wertpapiere wird als Steuerbemessungsgrundlage für Erbschafts- und Schenkungssteuer der durchschnittliche Kurs der Wertpapiere am Tag der Übertragung zugrunde gelegt (Gesetz Nr. 2003-1311 vom 30. Dezember 2003, Artikel 18). Für die nicht an der Börse gehandelten Werte werden für die Bewertung alle Elemente genutzt, die es ermöglichen dem Wert am Tag der Übertragung möglichst nahe zu kommen.

Bei Immobilien kann die Verwaltung ebenfalls den durch den Steuerpflichtigen ermittelten Wert durch den reellen Marktwert ersetzen (CGI, Artikel 761).

Um den reellen Marktwert zu bestimmen, greift die Verwaltung im allgemeinen darauf zurück, den angegebenen Wert mit den für vergleichbare Objekte in den letzten Monaten vor der Übertragung erzielten Preisen zu vergleichen. Die Verwaltung ermittelt dann den Mittelwert von mindestens vier bis fünf der in Frage kommenden Übertragungen, um den tatsächlichen Marktwert festzulegen. Der Steuerpflichtige kann gegen die von der Verwaltung vorgenommene

Bewertung vor einer Schlichtungskommission, die sich aus Vertretern der Steuerpflichtigen (Notare) und Vertretern der Steuerverwaltung zusammensetzt, Einspruch einlegen. Falls keine Einigung zwischen den Parteien möglich ist, kann der Rechtstreit dem Richter vorgelegt werden.

IV. Besondere Fragen

1. Zivilrechtliche Einordnung der Spende, Möglichkeit einer Zweckwidmung

Im Prinzip ist der Zweck der nicht gewinnorientierte Organisation speziell und die Organisation darf nicht außerhalb dieses Zwecks (Spezialitätsgrundsatz) handeln. Der Zweck eines Vereins wird von den Mitgliedern frei bestimmt und kann auch durch sie geändert werden.

Der vom Stifter festgelegte Zweck der Stiftung bestimmt ihre Errichtung. Er ist im Prinzip unantastbar und bindet sowohl die geschäftsführenden Verwalter der Stiftung als auch die Destinatäre der Stiftung.

Allerdings kann der Zweck der Stiftung in Anlehnung an den Stifterwillen geändert werden, wenn seine Verfolgung sehr schwierig oder unmöglich zu verwirklichen wird.

Im Übrigen können sowohl Vereine als auch als gemeinnützig anerkannte Stiftungen durch ein spezielles Dekret des Staatsrats die Erlaubnis erhalten, Gelder zur Verwendung für bestimmte Aufgaben oder Organisationen im Interesse des Gemeinwohls anzunehmen. Diese Vereine oder Zwischen-Stiftungen haben besondere Pflichten.

2. Abzugsfähigkeit von Parteispenden (politische Spenden)

Spenden zur Finanzierung des Wahlkampfes und der politischen Parteien unterliegen besonderen Regeln des Wahlgesetzes:

Nur Privatpersonen, also natürliche Personen, können Spenden zuwenden, die einen Anspruch auf Steuerabzug für die Finanzierung von Wahlkämpfen oder politischen Parteien begründen. Unternehmen in der Rechtsform der juristischen Person (Gesellschaft) ist es verboten, in jedweder Form an der Finanzierung von Wahlkämpfen oder Parteien mitzuwirken (Gesetz Nr. 95-65 vom 19. Januar 1995). Einzelunternehmer können zwar spenden, den gespendeten Betrag aber nicht von den Ergebnissen des Unternehmens absetzen.

Wahlkampf- und Parteispenden müssen an einen namentlich bezeichneten Vertreter überwiesen werden, was entweder ein Finanzierungsverein oder eine konkret bezeichnete natürliche Person sein kann.

Spenden müssen grundsätzlich per Scheck gemacht werden, und der Spendenbetrag ist pro Person auf 4.500 € je Wahlkampf und 7.500 € pro Jahr für die politischen Parteien begrenzt..

Spenden von Privatpersonen können unter diesen Bedingungen, sofern sie durch eine Spendenbescheinigung belegt sind, nach den allgemeinen Regeln von der Einkommenssteuer abgezogen werden (Abzug von 60 % des Spendenbetrags bis maximal 20 % des steuerpflichtigen Einkommens, CGI, Artikel 200-3).

Um die Vertraulichkeit von Spenden zu bewahren, enthalten die Spendenbescheinigungen allerdings keine Bezeichnung des Empfängers, wenn die Spende 3.000 € nicht überschreitet.

3. Abzugsfähigkeit von Spenden an staatliche Organisationen

Spenden, die zugunsten staatlicher Organisationen gemacht wurden, können grundsätzlich nicht steuerlich geltend gemacht werden. Lediglich Hochschulen und Kunsthochschulen oder öffentliche Einrichtungen mit kulturellem Charakter (Theater, Oper, usw.) können Spenden erhalten, die zu einem Steuerabzug berechtigen (CGI, Artikel 200 und 238 bis).

Steuerbegünstigt in diesem Sinne ist auch der Erwerb von Kulturgütern, die sich in den französischen Nationalmuseen befinden.

Ebenfalls erwähnenswert ist, dass es in Frankreich ein „dation en paiement" genanntes Verfahren zur Entrichtung der Erbschaftssteuern gibt, das es dem Erben erlaubt, die Erbschaftssteuern durch die Übertragung von Kunstgegenständen oder Sammlerobjekten zu begleichen. Diese Zahlungsmodalität hat insbesondere die Einrichtung des „Musée Picasso" in Paris und „Musée Chagall" in Nizza ermöglicht.

4. Abzugsfähigkeit von Spenden ins Ausland

Verschiedene Doppelbesteuerungsabkommen sehen eine Erbschafts- und Schenkungssteuerbefreiung für Vermächtnisse zugunsten der öffentlichen Gebietskörperschaften und nicht gewinnorientierten Organisationen vor (Österreich, Belgien, Spanien, Vereinigte Staaten, Finnland, Italien, Libanon, Schweden).

Wenn die Problematik von Spenden und Vermächtnissen, die durch Personen mit Wohnsitz in einem Staat an eine nicht-gewinnorientierte Organisation in einem anderen Staat gemacht werden, nicht ausdrücklich im Doppelbesteuerungsabkommen geregelt wird, ist meistens die Befreiung auf Basis von Gegenseitigkeit nach einer allgemeinen Nicht-Diskriminierungsklausel vorgesehen, die bestimmt, dass die Gebietskörperschaften bzw. die nicht gewinnorientierten Organisationen, die in einem der vertragschließenden Staaten errichtet wurden, in dem anderen Staat von denselben Steuerbegünstigungen profitieren können, die in dem anderen Staat für vergleichbare Arten von

Organisationen geschaffen wurden (Doppelbesteuerungsabkommen mit Deutschland, Israel, Schriftwechsel mit Portugal und Abkommen mit der Schweiz).

E. Verfahren, Kontrolle, Haftung

I. Verfahrensfragen: Erlangung des Status als steuerbegünstigte Organisation

Die Genehmigung der Steuerverwaltung zur Annahme von Spenden wird für Handschenkungen dauerhaft erteilt. Alle nicht gewinnorientierten Organisationen sind grundsätzlich dazu in der Lagge, solche Spenden anzunehmen.

Für Schenkungen und Vermächtnisse, die durch notarielle Urkunde gemacht werden, muss die entsprechende Genehmigung vor jeder Schenkung bzw. jedem Vermächtnis einzeln erteilt werden, was nur zugunsten von als gemeinnützig anerkannten Vereinen und Stiftungen möglich ist.

II. Kontrolle

1. Kontrollinstanz

Die relevanten Kontrollinstanzen sind:
- das Innenministerium, die Präfekte sowie gegebenenfalls andere Fachministerien mit Bezug zum Zweck der jeweiligen Organisation, die eine staatliche Aufsicht insbesondere mit Blick auf die Verwaltung der Finanzen und des Vermögens der Stiftungen sicherstellen (ein Tätigkeitsbericht und ein Haushaltsplan sowie die Buchhaltungsunterlagen müssen jedes Jahr bei diesen Stellen abgegeben werden); das Innenministerium und die Präfekte erteilen außerdem den Stiftungen und den als gemeinnützig anerkannten Vereinen die Genehmigung zur Annahme von Immobilienschenkungen und testamentarischen Vermächtnissen;
- der Staatsrat, der eine grundsätzlich immer befolgte Stellungnahme abgibt, bevor der Premierminister das Dekret zur Anerkennung der Gemeinnützigkeit einer Stiftung oder eines Vereins erlässt und der die Mustersatzungen ausarbeitet, denen diese Organisationen sich anpassen müssen;
- der Rechnungshof und die regionalen Rechnungshofkammern, die die Vereine kontrollieren, die mittels öffentlicher Aufrufe Spenden sammeln. Diese Vereine unterliegen auch der Kontrolle der Generalinspektion für soziale Angelegenheiten (IGAS);
- die Wirtschaftsprüfer, die die Konten der Stiftungen und als gemeinnützig anerkannten Vereine, aber auch die zahlreicher anderer Vereine zertifi-

zieren müssen und zwar insbesondere die der Organisationen, die eine öffentliche Förderung von wenigstens 150.000 € erhalten.

2. Kontrollmittel hinsichtlich der Organisation

a) Vorgaben für die Satzung

Im Prinzip gibt es keine besonderen Pflichtklauseln für die Satzungen von nicht gewinnorientierten Organisationen mit gemeinnützigem Zweck. Allerdings müssen Vereine, um als gemeinnützig anerkannt zu werden, Mustersatzungen verwenden, die durch den Staatsrat gebilligt wurden. Das gleiche gilt für Stiftungen.

b) Informationspflichten

aa) Steuererklärung

Um von Steuervergünstigungen zu profitieren, muss der Spender seiner jährlichen Einkommenssteuererklärung einen Beleg beifügen, der von der empfangenden Organisation ausgestellt wird (CGI, Artikel 200-5). Steuerpflichtige, die eine Online-Steuerklärung machen, müssen die Spendenbescheinigung nicht einreichen, sondern als Beleg ihrer Spende aufbewahren.

bb) Bilanz

Vereine, die jährliche Einnahmen über 153.000 € erzielen, sowie als gemeinnützig anerkannte Vereine und Stiftungen sind verpflichtet, jährlich eine Bilanz aufzustellen. Diese Bilanz wird nach den Regeln für die kaufmännische Buchhaltung erstellt, die aber dem nicht gewinnorientierten Zweck angepasst sind.

cc) Erhöhte Nachweise bei Mittelverwendungen im Ausland

Wie gesehen, berechtigen grundsätzlich nur Spenden an in Frankreich tätige Organisationen zu einem Recht auf Steuervergünstigung. Allerdings können Spenden an französische Vereine, die Spenden sammeln, um eine humanitäre Tätigkeit zu fördern oder für französischen Vereine, die einen Teil ihrer Tätigkeit im Ausland ausüben (Vereine für die Verbreitung der Kultur, der Sprache und der französischen wissenschaftlichen Kenntnisse) ebenfalls von Steuervergünstigungen profitieren.

Dieser Vorteil wird auch französischen Vereinen gewährt, die Spendenbeträge ins Ausland weiterleiten, unter der Bedingung, dass das Spendensammeln nicht die einzige Aktivität der französischen Vereine ist.

In all diesen Fällen dient die Spendenbescheinigung, die von der französischen Organisation ausgestellt wird, dem Nachweis der Spende.

3. Anforderungen an den Nachweis des Spenders: Besonderes Verfahren zur Genehmigung der Spendenannahme in Frankreich

Um von den Steuervergünstigungen zu profitieren, muss der Spender seiner jährlichen Einkommenserklärung eine Spendenbescheinigung beifügen, die von der spendenempfangenden Organisation ausgestellt wird (CGI, Artikel 200-5).

Das Verfahren der Genehmigung der Spendenannahme variiert nach der Art der Spende.

Die Handschenkungen bzw. -spenden können frei durch alle nicht gewinnorientierten Organisation (Vereine, Stiftungen, Kongregationen) angenommen werden, die einen gemeinnützigen Zweck verfolgen.

Diese Handspenden, oder auch andere, sind grundsätzlich direkt an die empfangende Organisation zu machen. Allerdings können sie auch an eine Spendensammelorganisation überwiesen werden, die die Spendengelder auf besonderen Konten aufbewahren muss, bis sie auf die empfangende Organisation übertragen werden, die dann die steuerliche Spendenbescheinigung an die Adresse des Spenders ausstellen kann (Rép. Bouguillon ABl., déb. AN 26. Juni 1994 S. 3283).

Außerdem können als gemeinnützig anerkannte Vereine und Stiftungen Spenden annehmen, die zugunsten einer anderen Organisation im Interesse des Gemeinwohls gemacht wurden, allerdings nur unter der Voraussetzung, dass ihnen das durch Dekret im Staatsrat ausdrücklich genehmigt worden ist und eine Rechnungslegung nach den Grundsätzen des Handelsgesetzbuchs erfolgt. So ist die „Fondation de France" befugt, Spenden und Vermächtnisse für nicht rechtsfähige „geschützte Stiftungen" anzunehmen.

Schenkungen von Sachen, insbesondere Gebäuden oder Grundstücken, die durch öffentliche Urkunden oder testamentarische Vermächtnisse erfolgen, können überhaupt nur durch Stiftungen und die als gemeinnützig anerkannten Vereine angenommen werden. In allen diesen Fällen müssen die empfangenden Stiftungen oder Vereine eine vorherige Genehmigung der Verwaltungsbehörden erhalten (Erlass des Präfektens oder Verordnung des Staatsrats), um die Zuwendung, die ihnen gemacht wird, annehmen zu können.

Vereine oder Stiftungen, die im Rahmen einer nationalen Spendenkampagne an die Großzügigkeit der Öffentlichkeit appellieren möchten, müssen vorab eine entsprechende Erklärung gegenüber der Präfektur abgeben und ein gesondertes Konto für die Verwendung der gesammelten Mittel einrichten (Gesetz Nr. 91-772 vom 7. August 1991).

4. Kontrollintensität in der Praxis

Die durch das Gesetz vom 1. Juli 1901 eingeführte Vereinsfreiheit, deren Bestehen als grundlegendes, von den Gesetzen der Republik anerkanntes Prinzip vom Verfassungsrat (Conseil constitutionnel) (C.C.décision vom 20-07-

2000) garantiert wird, steht grundsätzlich einer staatlichen Kontrolle der Vereine entgegen.

Also stellen für die durch einfache Erklärung entstandenen Vereine die Verpflichtung zur Erklärung und die Ausstellung der Erklärungsquittung keine vorherige Kontrolle dar. Die Ablehnung der Ausstellung der Quittung stellt eine Kompetenzüberschreitung („excès de pouvoir") dar (TA Paris 25-01-1971 von Beauvoir und Leiris, Recueil Lebon p.600).

Allerdings kann abweichend ein Gesetz Kontrollen in bestimmten Fällen einführen:

– wenn die Vereine von einer öffentlichen Finanzierung profitieren (Subventionen oder Garantien von Anleihen);
– wenn sie eine öffentliche Hoheitsaufgabe ausführen und über öffentliche Hoheitsrechte verfügen;
– wenn sie von einer speziellen rechtlichen Regelung profitieren (Genehmigung, Anerkennung der Gemeinnützigkeit).

Die als gemeinnützig anerkannten Vereine, die die Mustersatzungen angenommen haben, sind verpflichtet, sich dauerhaft einer hauptsächlich finanziellen Kontrolle zu unterwerfen, die von der Präfektur des Departements und dem Innenministerium ausgeübt wird. Diese Kontrolle ist in den Mustersatzungen vorgesehen. Außerdem müssen die als gemeinnützig anerkannten Vereine eine vorherige Genehmigung der Verwaltungsbehörde erhalten,

– um eine Zuwendung annehmen zu können (alle Spenden außer Handschenkungen, testamentarische Vermächtnisse);
– um einen Bestandteil ihrer Vermögensausstattung anders zu verwenden;
– um ein Darlehen aufzunehmen (diese Bestimmung findet sich in den Mustersatzungen wieder);
– oder schließlich, um sich freiwillig aufzulösen.

Diese Aufsicht findet auch über Stiftungen statt.

Allerdings können die Verwaltungsbehörden keine weitergehende Kontrolle insbesondere über die Tätigkeit der Stiftung oder des Vereins oder hinsichtlich der konkreten Umsetzung ihres Zwecks ausüben (CE-Avis 21-02-1974 Nr. 311988, Stellungnahme zu Vereinen, aber auf Stiftungen übertragbar).

Schließlich sieht das Gesetz vom 1. August 2003 (Artikel 3) eine Pflicht zur Veröffentlichung der Rechnungslegung für nicht gewinnorientierte Organisationen vor, deren Einnahmen höher als 153.000 € sind. Diese Kontrollmaßnahmen, deren rigider Charakter teilweise von den Vereinslobbyisten kritisiert wird, werden scheinbar nicht regelmäßig vollständig angewendet, wenn man die im Laufe der letzten fünfzehn Jahre aufgedeckten finanziellen Skandale bedenkt, die jedoch nur eine vernachlässigbare Anzahl von Organisationen betreffen, die Ausnahmen in der Welt des Mäzenatentums darstellen.

III. Sanktionen, Haftung

1. Sanktionen bei Verstößen

Steuerrechtliche Verstöße werden in Frankreich grundsätzlich durch steuerliche Geldstrafen sanktioniert, die die Steuerbehörden unter richterlicher Kontrolle verhängen.

Strafrechtliche Sanktionen bleiben eine Ausnahme, die ausschließlich Fälle von Steuerbetrug betrifft.

Die nicht gewinnorientierten Organisationen unterliegen allen steuerlichen Sanktionen, die auch auf die anderen Steuerzahler bei verspäteter Steuerzahlung (Verzugszinsen von 0,75 % pro Verspätungsmonat; Strafe von 10 %) oder verspäteter Vorlage von für die Berechnung oder Kontrolle der Steuerschuld relevanten Belegen anwendbar sind. Preisverschleierungen oder nicht geschuldete Rückzahlungen von Umsatzsteuer-Guthaben werden ebenfalls sanktioniert.

Allerdings gibt es eine spezielle Strafe für nicht gewinnorientierte Organisationen, die missbräuchlich Spendenbelege ausstellen, die es dem Steuerzahler erlauben, eine Steuervergünstigung zu erhalten. Dabei handelt es sich um eine „steuerliche Geldstrafe, die 25 % des unberechtigt auf dem Beleg ausgewiesenen Spendenbetrags entspricht" (CGI, Artikel 1768 quater). Diese Geldstrafe kann aber nur greifen, wenn die Steuerbehörden innerhalb von sechs Monaten einer Organisation geantwortet haben, die die Erlaubnis zur Erteilung dieser Spendenbescheinigungen beantragt hat (Artikel 1 80 c du Livre des procédures fiscales). Diese Maßnahme zielt darauf ab, die Verwaltung zu zwingen, den Anträgen der Organisationen schnell zu entsprechen.

Für die Anwendung der Geldstrafe unterscheidet die Verwaltung zwischen den Unregelmäßigkeiten, die das Dokument betreffen und denen, die die Organisation selbst betreffen (zum Beispiel, wenn die Aktivitäten einer Organisation keinen gemeinnützigen Zweck haben).

Für die andere Verschuldenstatbestände oder Verstöße kann die zivil- oder strafrechtliche Haftung der Organisation ins Spiel gebracht werden.

Die Organisation muss dann entweder den entstandenen Schaden durch die Zahlung von Schadenersatz wiedergutmachen oder sie wird zu Geldstrafen bzw. anderen Sanktionen verurteilt (wie Auflösung; Verbot des öffentlichen Spendensammelns oder Ausschluss von der öffentlichen Auftragsvergabe).

2. Haftung des Spenders/Stifters oder des Vorstands der Organisation

Grundsätzlich gilt, dass die jeweilige juristische Person (Verein oder Stiftung) selbst verantwortlich für die Strafe ist, die durch in ihrer finanziellen oder steuerlichen Verwaltung begangene Fehler entstanden ist. Nur bei betrügerischem Vorgehen oder bei schwerer und wiederholter Nichtbeachtung der

Steuerpflichten der Organisation haften die Geschäftsführer gesamtschuldnerisch für die Steuerschulden. Artikel 1768 quater des CGI sieht jedoch vor, dass die tatsächlichen oder auch Scheinvorstände der Organisation, die unrechtmäßig Spendenbescheinigungen ausgestellt haben, solidarisch auf die Zahlung der Geldstrafe haften (25 % des aus den Spendenbescheinigungen hervorgehenden Betrages), falls ihnen Bösgläubigkeit nachgewiesen wird.

Bei allen anderen Fällen von Unregelmäßigkeiten ist es die Organisation (Verein oder Stiftung), die als von ihren Mitgliedern zu unterscheidende, eigene Rechtspersönlichkeit haftet, sogar bei deliktischem Verschulden der Vorstände im Rahmen ihrer Tätigkeit (Cass. 2. civ. 5. März 1997).

Allerdings haften die Vorstände persönlich für Verschulden außerhalb ihrer vorgegebenen Funktion oder bei Überschreitung des Zwecks der Organisation. Daneben haften sie persönlich für strafrechtliche Vergehen, die bei der Verwaltung der Organisation begangen wurden; sie können auch wegen Beihilfe zu einem von der Organisation begangenen Vergehen belangt werden.

F. Reformen, Diskussionen, persönliche Stellungnahme

I. Reformen und rechtspolitische Vorschläge

1. Rückblick

Während bereits das Gesetz vom 1. Juli 1901 über den Verein die Errichtung von nicht gewinnorientierten Vereinen in Frankreich erlaubte und organisierte, mussten die Stiftungen, das Gesetz Nr. 87-571 vom 23. Juli 1987 zur Entwicklung des Mäzenatentums abwarten, um in den Genuss eines eigenen gesetzlichen Status zu kommen. Dieser Text ist das grundlegende Gesetz, das für Stiftungen relevant ist. Dieses Gesetz wurde durch das Gesetz Nr. 90-559 vom 4. Juli 1990, das die Unternehmensstiftungen regelt, ergänzt und geändert.

Das Gesetz Nr. 2002-5 vom 4. Januar 2002 über die französischen Nationalmuseen und besonders das Gesetz Nr. 2003-709 vom 1. August 2003 zu Spenden an Vereine und Stiftungen hat zur weiteren Förderung des Mäzenatentums durch neue Steuervergünstigungen für nicht gewinnorientierte Organisationen mit gemeinnützigem Zweck beigetragen.

Schließlich befreit Artikel 20 des Haushaltsgesetzes Nr. 2004-1484 vom 30. Dezember 2004 Einkünfte von Stiftungen aus Vermögensverwaltung von der Körperschaftsteuer, wodurch die französische Gesetzgebung mit der anderer europäischer Länder harmonisiert wird.

2. Ausblick

Die Abstimmung über das Gesetz vom 1. August 2003 hat eine Debatte zum Thema Spenden ausgelöst. Eine Erklärung des Präsidenten der Republik verdeutlicht eine Änderung des Standpunkts zu diesem Themas: „wir müssen hinsichtlich des Mäzenatentums von einer Kultur der Ablehnung und des Misstrauens zu einer Vertrauens- und Anerkennungskultur übergehen" (Rede im Theater des Palais royal im April 2002).

Diese positive Auffassung vom Mäzenatentum hat sich in der Abstimmung über das wichtige Gesetz vom 1. August 2003 gezeigt, das die steuerlichen Beihilfen zugunsten der Spender in bemerkenswerter Weise erweitert. Die Verabschiedung dieses Gesetzes wurde im Übrigen von einem breiten Konsens innerhalb des Parlamentes getragen, was das Interesse aller politischen Gruppierungen für diese Frage zeigt. Es bleibt jedoch festzustellen, dass die Debatte über das Mäzenatentum scheinbar nicht das Interesse der öffentlichen Meinung findet, selbst wenn die Franzosen sich mit viel Leidenschaft und Großzügigkeit für einige große weitgehend mediatisierte humanitäre oder gesundheitsfördernde Projekte engagieren (s. z.B. den Erfolg des Téléthon).

II. Diskussionen

1. Skandale bei Spendenorganisationen

Die in den letzten fünfzehn Jahren aufgedeckten finanziellen Skandale betreffen als gemeinnützig anerkannte Vereine, die öffentliche Spendenkampagnen durchgeführt haben.

Im Jahr 1991 gab es sieben Fälle, in denen ein Ermittlungsverfahren, den Verein für humanitäre Hilfe ACIAD – Orphelins du Monde und eine Spendensammelorganisation betreffend, eingeleitet wurde.

Im Jahre 1999 wurde der Gründer des Vereins für Krebsforschung (ARC) verurteilt. Er wurde beschuldigt, einen Teil der gesammelten Spenden (ungefähr 90 Millionen Euro jedes Jahr) dazu benutzt zu haben, um Lieferanten von ARC unberechtigt zu bezahlen, die ihm als Gegenleistung bedeutende persönliche Vorteile gewährten.

Im Jahre 2003 wurde der ehemalige Präsident der Vasarely-Stiftung wegen treuwidrigen Verhaltens und Unterschlagung von Kunstwerke zu Lasten der Stiftung verurteilt.

2. Transparenz und Bildung von freiwilligen Kontrollorganisationen als Maßnahme zur Verbesserung des Vertrauens der Spender

Es scheint in Frankreich keine echte Debatte über die Frage der Kontrolle und der Rechnungslegung bei nicht gewinnorientierten Organisationen zu geben, selbst wenn neue Skandale die Aufmerksamkeit der öffentlichen Meinung auf diese Probleme gelenkt haben. Allerdings ist im Zuge der Diskussion des Gesetzes vom 1. August 2003 die Finanz- und Verwaltungsprüfung von Organisationen, die Spenden annehmen, die bereits gesetzlich gut organisiert war, noch durch Artikel 3 dieses Gesetzes verstärkt worden. (Artikel 4-1 des Gesetzes Nr. 87-571 vom 23. Juli 1987): „Die als gemeinnützig anerkannten Vereine und Stiftungen (...) sowie jeder zur Annahme von, zu einem Abzug von Einkommens- oder Körperschaftssteuer beim Spender berechtigenden, Spenden durch natürliche oder juristischer Personen berechtigte Organisation, müssen in den durch Dekret im Staatsrat bestimmten Bedingungen sicherstellen, dass ihre Jahresabschlüsse ab einem jährlichen Spendenvolumen von 153.000 Euro auf jede Weise veröffentlicht und geprüft werden".

III. Persönliche Stellungnahme

Meiner Meinung nach ist die Position der Franzosen zu Spenden und gemeinnützigen Aktivitäten ambivalent oder sogar widersprüchlich, wie es oft in unserem Land vorkommt.

Einerseits sind die Vereine in Frankreich extrem zahlreich: Es gibt ungefähr 800.000, aber die genaue Anzahl zu berechnen ist schwierig, denn jedes Jahr werden mehrere Zehntausend neu errichtet.

Die Franzosen spenden außerdem einen großen Teil ihrer Zeit und auch ihres Geldes, um in den Vereinen mitzuarbeiten. Die wirtschaftliche Bedeutung dieser Vereine ist nicht zu vernachlässigen, da 1990, die gesamten finanziellen Mittel der Vereine sich auf 217 Milliarden Franc (ungefähr 33 Milliarden Euro geschätzt) beliefen, was fast 15 % der staatlichen Erträge zu diesem Zeitpunkt entsprach. Die Mittel der Vereine stammten zu 40 % von Privaten und zu 60 % aus staatlichen Quellen. Bei diesen Vereinen waren 1995 850.000 Angestellte in Vollzeitarbeitsverhältnissen beschäftigt, also mehr als in den großen Bereichen der Wirtschaft wie Automobil- oder Bauindustrie. Schließlich wurde die Zahl der ehrenamtlichen Helfer auf 7 Millionen Personen geschätzt, ihre Tätigkeit entsprach ungefähr 570.000 Vollzeitstellen.

Dennoch scheint es neben dieser bemerkenswerten Entwicklung, die das Interesse der Franzosen für ehrenamtliche Tätigkeit unterstreicht, dass viele meiner Mitbürger es in erster Linie für Aufgabe des Staates und der öffentlichen bzw. Gebietskörperschaften halten, sich um Projekte im Bereich des öffentlichen Gemeinwohls, insbesondere was die Erziehung, Gesundheit oder Kampf gegen die Armut anbelangt, zu kümmern. Unglücklicherweise, aus soziologischen und historischen Gründen (aus den Zeiten der Revolution herrührendes Misstrauen gegenüber Stiftungen, größere Bedeutung der sozialdemokratischen Ideologie, die den Versorgungs-Staat förderte, Vereinzelung und Schwäche des Bürgersinns), war die Errichtung von Stiftungen und die Förderung des Mäzenatentums in Frankreich bis in die jüngste Zeit von untergeordneter Priorität, was auch aus den am Anfang dieses Berichts zitierten Daten hervorgeht.

Trotzdem kann seit ungefähr zehn Jahren von einer langsamen, aber nachhaltigen Entwicklung hin zu einer Liberalisierung des Spendensteuerrechts (Gesetz vom 1. August 2003) und einer stärkeren Beteiligung von Unternehmen an Aufgaben des Gemeinwohls gesprochen werden. Es gibt verschiedene Gründe für diese Entwicklung, es scheinen aber insbesondere zwei Elemente dazu beizutragen: auf der einen Seite stehen die Probleme des öffentlichen Sektors bei der Sicherstellung der Finanzierung aller Aufgaben, die ihm anvertraut sind, auf der anderen Seite die Stellung und der zunehmenden Befugnisse der Zivilgesellschaft in Zusammenhang mit der abnehmenden Macht des Staates. Schließlich fördert der Einfluss des liberalen Geistes, der die europäischen Institutionen, und im weiteren Sinne auch die internationalen Wirtschaftsbeziehungen, kennzeichnet diese Entwicklung.

Deshalb scheint es, dass Frankreich gerade erst am Anfang einer Reformbewegung steht, die in den kommenden Jahren dazu führen sollte, dass man sich immer schneller und stärker den anderen europäischen Ländern annähert, was das Mäzenatentum anbelangt.

Nachbemerkung

Alle steuerlichen Bestimmungen der Gesetze und die erwähnten Anwendungstexte (Dekrete und Erlässe) sind im allgemeinen Steuergesetzbuch (CGI) enthalten. Dieses Gesetz sowie alle gesetzgebenden und vorgeschriebenen Texte können konsultiert werden unter: www.legifrance.gouv.fr. Außerdem werden die für die Angehörigen der Finanzverwaltung bestimmten Verwaltungsanweisungen im „Bulletin officiel des impôts" (BOI) veröffentlicht, dass ebenfalls unter der genannten Internetadresse zu finden ist.

Abkürzungen

    CAA : Cour administrative d'appel
    Cass. civ. : Cour de cassation, chambre civile
    CC : Conseil constitutionnel
    CE : Conseil d'Etat
    CGI : Code général des impôts
    RJF : Revue de jurisprudence fiscale

Gemeinnützigkeits- und Spendenrecht in Großbritannien

SABINE SELBIG

A. Allgemeines
  I. Rechtssystem
  II. Begriff der Vermögenszuwendung
B. Voraussetzung der Vergünstigung bei der empfangenden Organisation/Voraussetzungen für den Status einer begünstigten Organisation.
  I. Organisationsrechtliche Voraussetzungen
  II. Gemeinnütziger Zweck der Organisation/Definition von Gemeinnützigkeit
  III. Anforderungen an die Satzung/ Notwendiger Satzungsinhalt
  IV. Mittelverwendung – wie müssen Spenden, die steuerbegünstigt waren, verwendet werden?
    1. Mittelverwendung nach dem Steuerrecht
    2. Mittelverwendung nach dem Charity Law
    3. Mittelverwendung nach dem Gesellschaftsrecht
    4. Mittelverwendung nach dem Trustrecht
    5. Gebot der Unmittelbarkeit
    6. Gebot der zeitnahen Mittelverwendung
    7. Sanktionen bei Verstößen gegen die vorgenannten Regeln
  V. Sonderproblem: Mittelverwendung bei Stiftungen/Grundsatz der ewigen Dauer von Stiftungen
C. Besteuerung der Empfängerorganisation
  I. Einkommen/Körperschaftsteuer
  II. Sonstige Steuern
D. Besteuerung des Spenders, Stifters, Zustifters
  I. Grundsatz
  II. Give-As-You-Earn
  III. Spenden von Unternehmen
  IV. Sonderbehandlung von Parteispenden (politische Spenden) und ihre Abgrenzung
E. Verfahren, Kontrolle, Haftung
  I. Verfahrensrechtliche Voraussetzungen für die Steuerbegünstigung
    1. Beweis der Berechtigung zum Steuerabzug
    2. Freistellung
  II. Haftung gegenüber dem Finanzamt
F. Nationale rechtspolitische Reformdebatte/ Rechnungslegung und Transparenz

A. Einführung

I. Rechtssystem

Im Vereinigten Königreich von Großbritannien und Nordirland werden Schenkungen, Spenden, Dotationen und (Zu)-Stiftungen für gemeinnützige (charitable) Zwecke steuerlich gefördert. Da im United Kingdom (UK) nicht zwischen Spenden und Stiftungen etc. unterschieden wird, ist im Folgenden der Begriff der Zuwendung gewählt worden.

Ein einheitliches britisches Recht gibt es nicht. Das UK kennt die englische, schottische und nordirische Rechtsordnung, wobei sich allein das schottische Recht erheblich vom englischen Recht unterscheidet. Wales hat sich dagegen bei dem „Zusammenschluss" im 15. Jahrhundert ein eigenständiges Recht nicht bewahren können. Die Gesetzgebungskompetenz lag bis 1997 ausschließlich beim Parlament in Westminster, welches separate Gesetze für England und Wales, Schottland und Nordirland erließ. Mit der Wiedereinrichtung eines schottischen Parlaments im Rahmen der „Devolution" übertrug das Parlament in Westminster ersterem eine Reihe von Gesetzgebungsbefugnissen. Die Steuererhebung war jedoch als Privileg der Krone schon immer im ganzen UK einheitlich geregelt.[1] Im Hinblick auf das Steuerrecht kann also allgemein von einem „britischen Recht" gesprochen werden.

Gemeinnützige Organisationen (charities) nehmen traditionell einen wichtigen Platz in der britischen Gesellschaft ein. War früher die Rechtfertigung für die finanzielle Förderung von charities die christlich-soziale Verpflichtung zur Nächstenliebe und Unterstützung von Benachteiligten, hat sich heute die Erkenntnis durchgesetzt, dass gemeinnützige Organisationen auch in einer Demokratie eine wichtige gesellschaftliche Funktion erfüllen. Die britische Regierung hat in den letzten Jahren immer wieder die Funktion von charities als Vehikel gesellschaftlicher Teilhabe und Gestaltung der Gesellschaft durch den Einzelnen hervor gehoben und sich zu ihrer Förderung verpflichtet. Der zur Zeit im Parlament beratene Entwurf des neuen Charities Act enthält verschiedene Maßnahmen zur Förderung von gemeinnützigen Organisationen, so die Bereitstellung einer eigenen Rechtsform für charities und die Verbesserung der Transparenz von Tätigkeit und Mittelverwendung von charities.

Charities werden vom Staat auf verschiedene Weise finanziell gefördert. Neben finanzieller Unterstützung durch Regierung und Gemeinden in Form von Subventionszahlungen sind Steuererleichterungen der wichtigste direkte Vorteil. Gemeinnützige Organisationen genossen seit der Einführung der

---

[1] Bis auf die Gemeindesteuern. Seit der (Wieder-)Einrichtung eines schottischen Parlaments im Jahre 1999 im Rahmen des Devolution-Plans der britischen Regierung hat auch das schottische Parlament eine – allerdings sehr beschränkte – Steuerkompetenz, nach der es befugt ist, die Einkommensteuersätze um 3 Prozentpunkte anzuheben. Bislang hat das schottische Parlament von dieser Kompetenz allerdings keinen Gebrauch gemacht.

Einkommensteuer durch Premierminister Pitt im Jahre 1799 steuerliche Vorteile[2]. Um in den Genuss von steuerlichen Vorteilen zu kommen, muss eine Organisation als charity im UK anerkannt sein.

II. Begriff der Vermögenszuwendung

Es geht um die steuerliche Behandlung von freiwilligen freigiebigen (altruistischen) Vermögenszuwendungen an eine nicht staatliche gemeinnützige Organisation (charitable gift).

Es wird keine freiwillige Zuwendung verlangt. Bis zum Finance Act 1999 war sogar vorgesehen, dass steuerlich privilegierte Spenden regelmäßig in der Form des „covenant" erfolgen, sich der Spender also für mindestens vier Jahre verpflichtet, der charity einen bestimmten Betrag zu spenden. „Freiwillig" sind auch Zahlungen der Tochtergesellschaft an die gemeinnützige Muttergesellschaft aufgrund Satzungsverpflichtung bzw. Verpflichtung im Gesellschaftsvertrag[3]. Als Spenden werden auch die Zuwendungen an Organisationen wie z.B. den Botanischen Garten von Edinburgh gewertet, die auf die Erhebung von Eintrittsgeldern verzichten und stattdessen eine Spende erbitten – und diskret auf die vorgestellte Höhe hinweisen.

Dagegen muss die Spende freigiebig sein. Erforderlich ist eine Zuwendung ohne Gegenleistung. Zuwendungen und Mitgliedsbeiträge für Sport- und Freizeitvereine wurden daher nicht als gemeinnützige Spende betrachtet. Der Bereich des mitgliedernützlichen Freizeitvereins, insbesondere der Sportvereine befindet sich allerdings zur Zeit sehr im Umbruch. Für letztere wurden die Regeln kürzlich gelockert. So sind seit Neuestem in England und Wales von der Charity Commission auch „healthy sports" als gemeinnützig anerkannt.

Die Forderung, dass es sich bei der charity um eine nicht staatliche gemeinnützige Organisation handeln soll, wird immer wieder kontrovers diskutiert. Im Prinzip können auch Zuwendungen an eine staatliche Einrichtung steuerbegünstigt sein, etwa zur Senkung der Staatsverschuldung oder ein Vermächtnis zur Stärkung der militärischen Verteidigung. Die Staatsferne ist konzeptionell ein Problem bei einer Reihe von unter der konservativen Regierung geschaffenen „Quangos" (Quasi-non-governmental Organisations), denen Aufgaben übertragen wurden, die vorher von den Gemeinden wahrgenommen wurden. Auch der British Council, das direkt dem britischen Außenministerium unterstellte Gegenstück zum Goethe-Institut, ist eine registrierte charity.

In der Literatur zu dem Thema wird zudem die steigende Abhängigkeit von charities von staatlichen Vorgaben thematisiert, insbesondere da charities immer mehr Aufgaben übernehmen, die bislang vom Staat erbracht wurden.

---

[2] *Michalke, Christina*: Private Ausgaben im deutschen und britischen Einkommensteuerrecht, 1999, S. 115.
[3] Näher hierzu unten unter D III.

Häufig werden die Aufgaben im Auftrag von staatlichen Organisationen und mit staatlicher Finanzierung erbracht, wobei mehr und mehr charities ihren Aufgaben ohne staatliche Finanzierung nicht mehr gewachsen sind. Dies bringt das viel diskutierte[4] Problem der „contract-culture" hervor, da der staatliche Auftraggeber natürlich Einfluss auf die Leistungserbringung und damit auf die Arbeit der charity nimmt.

B. Voraussetzung der Vergünstigung bei der empfangenden Organisation/ Voraussetzungen für den Status einer begünstigten Organisation.

I. Organisationsrechtliche Voraussetzungen

Der Empfänger der Spende muss (bislang) keine bestimmte Rechtsform haben, damit diese beim Spender steuerlich privilegiert werden kann. Mit dem Charities Act 2005 soll jedoch eine eigene, nur für charities reservierte Rechtsform geschaffen werden, die „charitable incorporated organisation" (CIO). Diese soll die Vorteile beschränkter Haftung bieten und zum anderen denjenigen charities, die bislang in der Rechtsform einer (Handels)gesellschaft organisiert waren, die doppelte Berichtspflicht einerseits gegenüber dem Registrar of Companies ($\cong$ Handelsregister) und zum anderen gegenüber der Charity Commission abnehmen. Damit sich die neue Rechtsform schneller durchsetzt, wird erwogen, neue charities nur noch in der Rechtsform der CIO zuzulassen und es wird sogar über eine Pflichtumwandlung der bestehenden charities nachgedacht[5].

Der Empfänger der Zuwendung muss nicht zivilrechtlich rechtsfähig sein, um Steuervergünstigungen zu erhalten. Zwei der am häufigsten für die Durchführung gemeinnütziger Vorhaben genutzten Rechtsformen, der Verein (unincorporated association) und der von der Funktion her der Stiftung entsprechende Trust, sind nicht rechtsfähig. Steuerbegünstigt können auch Kapitalgesellschaften (companies limited by guarantee) sein. Genossenschaften können nur ausnahmsweise steuerbegünstigt sein: die „Friendly Society" nur, wenn sie ihre Mitgliedschaft auf Bedürftige beschränkt, was regelmäßig nur bei gemeinnützigen Wohnungsbaugenossenschaften (Charitable Housing Associations) der Fall ist. Die „Industrial and Provident Society" kann nicht steuerbegünstigt sein, wenn sie als Kooperative organisiert ist, weil sie dann die Förderung der Mitglieder zum Ziel hat, allerdings dann, wenn ihr Zweck die

---

[4] *McKay, Colin*, Charities and the Contract Culture, in: Barker/Ford/Moody/Elliot, Charity Law in Scotland, 1996, S. 208 ff.

[5] Nach Ablauf von 3 Jahren nach der Einführung der neuen Rechtsform soll überprüft werden, ob charities mit anderen Rechtsformen bestehen bleiben sollen. Private Action, Public Benefit, Strategy Unit Report, London 2002, S. 58.

Förderung der Allgemeinheit ist. Beide, „Friendly Society" und „Industrial and Provident Society", sind wenig gebräuchliche Rechtsformen für charities.
Personengesellschaft können nicht steuerbegünstigt sein, sie besitzen regelmäßig kein Sondervermögen. Steuersubjekt sind die einzelnen Gesellschafter. Eine Einzelperson könnte theoretisch ebenfalls steuerbegünstigt sein, als Trustee eines gemeinnützigen Trust (wobei Steuerschuldner der Trustee wäre, Steuersubjekt jedoch der nicht rechtsfähige Trust als Zweckvermögen). Tatsächlich werden Finanzbehörden und Charity Commission darauf dringen, dass der gemeinnützige Trust mindestens zwei Trustees (im Regelfall vier) aufweist, um ein Mindestmaß an Kontrolle bei den laufenden Geschäften sicher zustellen.

II. Gemeinnütziger Zweck der Organisation / Definition von Gemeinnützigkeit

S. 505, 506 Income and Corporation Tax Act 1988 (ICTA 1988) gewähren Steuerbegünstigungen für Organisationen, die ausschließlich „charitable purposes" verfolgten. Die gemeinnützigen Zwecke werden weder im ICTA 1988 noch in einem anderen Gesetz definiert. Es wird auf die umfangreiche Rechtsprechung zur Präambel des Charitable Uses Act 1601 (auch Statute of Elizabeth genannt) zurückgegriffen, in welcher eine Reihe von Zwecken aufgeführt sind, welche zum damaligen Zeitpunkt als gemeinnützig angesehen wurden. Der Katalog wurde im Laufe der Jahrhunderte durch Analogie erweitert. Lord Macnaghten hat in dem berühmten Urteil des obersten Gerichts, dem House of Lords von 1891 Income Tax Special Commissioners v. Pemsel[6], die Zwecke in vier Kategorien eingeteilt:

a. die Förderung von alten, hilflosen oder bedürftigen Personen,

b. die Förderung von Bildung und Erziehung,

c. die Förderung der Religion und

d. andere Zwecke, welche die Allgemeinheit fördern.

Ein Zweck wird heute als charitable anerkannt, wenn ein Präzedenzfall (mag er auch von 1700 sein) nachgewiesen werden kann oder per Analogie zu einem anerkannten Zweck.
Traditionell sind die Auslegungsregeln im englischen Recht wesentlich enger als im deutschen (und auch im schottischen) Recht. Die wörtliche Auslegung ist die Regel, was ein kanadisches Gericht genutzt hat, um eine Organisation, die in einer Gemeinde Internetzugang zu Verfügung stellt, für gemeinnützig zu erklären. In der Präambel des Charitable Uses Act 1601 ist die Erhaltung von „highways" als charitable erwähnt; dies müsse, so das Gericht, auch

---

[6] [1891] A C 531, 583.

für „information highways" gelten[7]. In jüngerer Zeit finden sich auch Beispiele für eine mehr an Sinn und Zweck einer Norm orientierte Auslegung. So hat der Bridge Houses Estate, dem u.a. die Londoner Tower Bridge gehört, und deren Erhaltung ihm obliegt, einen Teil seiner Mittel für den Zweck von Beförderung von Behinderten umgewidmet. Er hat argumentiert, dass der Unterhalt von Brücken dazu bestimmt ist, der Bevölkerung Zugang (access) zu bestimmten Orten zu gewähren. Der Transport verschafft den Behinderten Zugang zur Teilnahme am öffentlichen Leben[8].

Generell ist seit 1891 anerkannt, dass ein Zweck die Allgemeinheit fördern („for the public benefit") muss, soll er als charitable gefördert werden. In den letzten Jahren wurde immer wieder die Einführung einer gesetzlichen Definition oder eines Katalogs diskutiert. Der Entwurf des Charities Act 2005 sieht eine Liste von Zwecken vor, die als gemeinnützig zu betrachten sind[9]. Die Liste der Zwecke ist jedoch offen (other purposes beneficial to the community) und überdies bleiben alle Zwecke charitable, die dies nach der bisherigen Rechtsprechung auch waren. Der Gesetzgeber hat die Statuierung allerdings zum Anlass genommen, einige umstrittene Zwecke ausdrücklich aufzunehmen, wie die Förderung der Menschenrechte und Konfliktlösung sowie den Umweltschutz. Auch der Amateursport wird nach dem Gesetzesentwurf erstmals gemeinnützig werden, obgleich Sportvereinen bislang die Registrierung als charitable wegen mangelnden Altruismus versagt wird. Anders als der Freizeitsport wird die Förderung des Behindertensports oder die sportliche Förderung von benachteiligten Kindern o.ä. bewertet. Freizeitgestaltung ist lediglich ausnahmsweise im Rahmen einer weiteren Zielsetzung (Schulsport als Förderung der schulischen Erziehung und Polizeisport als Förderung der Fitness der Polizei, IRC v. City of Glasgow Police Athletic Association [1953] A.C. 380, 391) sowie unter den Voraussetzungen des Recreational Charities Act 1958 gemeinnützig. Einrichtungen zur Freizeitgestaltung sind danach nur förderungswürdig, wenn sie objektiv die Lebensbedingungen der Allgemeinheit oder eines ausreichend großen Teils der Allgemeinheit verbessern, die Mitgliedschaft nicht beschränkt ist und für die Förderung ein bestimmtes Bedürfnis besteht (Jugend, Alter, Armut).

Die Charity Commission hat bislang die Registrierung von Amateurvereinen für Rugby und Fußball wegen fehlenden Altruismus abgelehnt. Die Clubs hatten jeweils ihre Einrichtungen nur Vereinsmitgliedern zur Verfügung

---

[7] Vancouver Regional Freenet Association v MNR [1996] 3 FC 340.

[8] *Charity Commission* Annual Report 1998, S. 7.

[9] Nach den jüngsten Plänen werden elf Zwecke beispielhaft genannt: prevention and relief of poverty; advancement of education; advancement of religion; advancement of health; social and community advancement (care, support and protection of aged, people with a disability, children and young people); advancement of science, culture, arts and heritage; advancement of amateur sport; the promotion of human rights, conflict resolution and reconciliation (nicht Pazifismus);the provision of social housing; the protection of animal welfare; advancement of environmental protection and improvement.

gestellt und verfügten über einen Reihe von nicht-spielenden „social members" [1989] Ch, Comm.Rep. paras 48-55 (Birchfield Harriers). Seit kurzem können auch Amateursportvereine die Registrierung erhalten, wenn die Mitgliedschaft der Förderung der Gesundheit dient. Praktische Erfahrungen mit der Neuerung sind noch nicht bekannt.

Bestimmte Destinatärgruppen, wie Alte, Hilflose und Bedürftige, werden besonders gefördert, wobei ähnliche Fragen wie in Deutschland auftauchen, etwa hinsichtlich des Problems, ob alte Menschen regelmäßig bedürftig sind etc.

Wenn nicht auf die Bedürftigkeit abgestellt wird, darf es sich grundsätzlich nicht um eine von vornherein abgeschlossene Gruppe handeln. Auch wenn die begünstigte Gruppe sehr groß ist, muss die Begünstigung offen formuliert sein. Im Einzelnen sind die Abgrenzungen teilweise umstritten und historisch bedingt: die Einwohner einer Stadt oder eines Dorfes können Begünstigte eines gemeinnützigen Trusts sein, nicht jedoch die Angestellten eines bestimmten Unternehmens[10].

III. Anforderungen an die Satzung / Notwendiger Satzungsinhalt

Die Satzung muss die Verfolgung eines (anerkannten) gemeinnützigen Zwecks erkennen lassen. Es ist umstritten, ob und wie weit die Satzung auch die Mittel und die Art und Weise der Zweckverfolgung erkennen lassen muss, der sog. „means-test". Finanzbehörden und Charity Commission haben kein Ermessen hinsichtlich der Frage, für wie sinnvoll sie die Errichtung einer (weiteren) Organisation mit einem bestimmten Zweck halten. Je unbestimmter der Zweck ist, desto eher werden die Behörden jedoch die Angabe der Art und Weise der beabsichtigten Zweckverfolgung verlangen.

Die Einhaltung der Satzung wird durch die Finanzbehörden bei der Abgabe der Steuererklärung einer gemeinnützigen Organisation und jeder Inanspruchnahme von Steuervergünstigungen überprüft. Dabei überprüfen die Finanzbehörden hauptsächlich, ob die Einnahmen der Organisation ausschließlich für gemeinnützige Zwecke verwendet werden. Die weitere Überprüfung der Einhaltung der Satzung erfolgt regelmäßig durch die Charity Commission, welche die Bilanzen und Jahresberichte der großen charities jährlich und die der anderen charities stichprobenartig überprüft. Daneben finden Prüfungen auf Anregung der Finanzbehörden und Spendern oder Mitarbeitern von charities statt.

In England und Wales sind gemeinnützige Organisationen verpflichtet (bis auf bestimmte Ausnahmen), sich bei der Charity Commission registrieren zu lassen. Die Charity Commission ist eine unabhängige Behörde, die allein dem Parlament Rechenschaft schuldet. Zu ihren Aufgaben gehört die Führung des

---

[10] Oppenheim v. Tobacco Securities Trust Co. Ltd [1951] AC 297.

(öffentlichen)[11] Register of Charities, die Registrierung, Beratung und Kontrolle von charities, Information der Öffentlichkeit und Verhütung von Mißbrauch von Spenden. In der Praxis reicht die Organisation ihre Satzung bei der Charity Commission ein, welche die Finanzbehörden zur Frage der Anerkennung als charitable konsultiert, um widersprüchliche Entscheidungen zu vermeiden. Mit der Registrierung gilt die Organisation gegenüber jedermann als charitable, auch den Finanzbehörden gegenüber. In Schottland, wo die Einrichtung einer Aufsicht durch den OSCR (Office of the Scottish Charity Regulator) erst geplant ist (der Charity and Trustee Investment Act Scotland 2005 soll im Sommer 2006 in Kraft treten), findet die Registrierung bislang direkt bei den Finanzbehörden statt.

IV. Mittelverwendung – wie müssen Spenden, die steuerbegünstigt waren, verwendet werden?

Im Recht des Vereinigten Königreiches muss hinsichtlich der Regeln über die Mittelverwendung zwischen den steuerrechtlichen Vorgaben, den Regeln des Charity Law und denen der jeweiligen Rechtsform unterschieden werden.

1. Mittelverwendung nach dem Steuerrecht

Die Art der Mittelverwendung ist gesetzlich nur insoweit festgelegt; als dass die Mittel ausschließlich für gemeinnützige Zwecke verwendet werden dürfen, s. 506 ICTA 1988 „qualifiying and non-qualifiying expenditure". Nicht ordnungsgemäß verwendete Einnahmen müssen versteuert werden. Dies teilen die Finanzbehörden ebenfalls der Charity Commission mit. Es besteht ein nahezu absolutes Gewinnausschüttungsverbot an Stifter, Mitglieder und nahestehende Personen. Mitglieder und Spender dürfen in gewissen engen Rahmen Vorteile erhalten (bei Spenden unter £ 1000 höchstens im Wert von £ 25, darüber 2,5 % des Wertes der Spende/ Schenkung, höchstens £ 250, s. 25 (2) (e) Finance Act 1990), es sei denn, die Gewährung ist Zweckausübung (Mitgliederzeitschriften, die der Information über die Zweckerfüllung dienen). Dies gilt auch bei sonstigen Finanztransaktionen. Auch Darlehen und Geldanlagen werden in „qualifiying" und „non-qualifiying loans/investments" unterteilt, Income and Corporation Tax Act 1988 Sched. I und II. Darlehen, welche die charity Dritten gibt, müssen grundsätzlich vorteilhaft für die charity sein (keine Zinssätze unter den marktüblichen Sätzen, es sei denn für satzungsmäßig

---

[11] Das Register kann auch im Internet eingesehen werden, www.charity-commission.gov.uk. Daneben bietet die Charity Commission auf ihren Seiten und in Broschüren ausführliche Hinweise zu Registrierung und Verwaltung von charities.

Begünstigte) und dürfen nicht lediglich der Steuervermeidung von charity oder Dritten dienen.

Grundsätzlich dürfen auch Aktivitäten von britischen charities im Ausland gefördert werden. Unproblematisch sind jedenfalls karitative Unternehmungen. Probleme gab es mit missionarischen und als „politisch" betrachteten Aktivitäten. Zuwendungen an ausländische Empfänger stellen steuerlich nur dann „qualifiying expenditure" dar, wenn die charity angemessene Maßnahmen getroffen hat, um sicher zu stellen, dass die Mittel ausschließlich für gemeinnützige Zwecke verwendet werden, s. 506 (3) Income and Corporation Tax Act 1888. Die charity ist dafür darlegungspflichtig und trägt bei mangelnder Sorgfalt das Risiko, dass die Verwendung als „non-qualifying expenditure" betrachtet wird. Spenden an ausländische gemeinnützige Organisationen sind regelmäßig nicht steuerbegünstigt, wenn diese nicht eine inländische Niederlassung haben. Zwischen dem UK und Deutschland existiert ein Doppelbesteuerungsabkommen vom 26.11.1964 i.d. Fassung v. 23.3.1979, welches allerdings nicht ausdrücklich Spenden an gemeinnützige Organisationen erfasst.

2. Mittelverwendung nach dem Charity Law[12]

Die Charity Commission wird bei nicht ordnungsgemäßer Mittelverwendung ermitteln und ggf. die Mittel von den Empfängern zurückfordern oder die Trustees haftbar machen. In dem Jahresbericht, der bei der Charity Commission eingereicht werden muss, müssen Zahlungen an Trustees und andere nahestehende Personen (wie auch Angehörige von Trustees) separat ausgewiesen werden. Charity trustees im Sinne des Charity Law sind nicht nur die Treuhänder eines Trusts, sondern auch die Vorstandsmitglieder einer association oder die Geschäftsführer einer charitable company.

3. Mittelverwendung nach dem Gesellschaftsrecht

Die Verwendung von Mitteln außer zu satzungsgemäßen und gemeinnützigen Zwecken stellt regelmäßig einen Verstoß gegen gesetzliche Vorschriften und die Statuten der Organisation dar. S. 15 (1) Companies Act 1985 beinhaltet ein Ausschüttungsverbot an Dritte und s. 15 (2) verbietet die Ausschüttung von Gewinn an Anteilseigner und ähnliche (Umgehungs-) Strategien. Eine company, die von dem Privileg für charities, die Bezeichnung „limited" nicht im Namen führen zu müssen, Gebrauch macht, darf Gewinn weder während der Existenz der company noch bei deren Beendigung an die Mitglieder ausschüt-

---

[12] Das Charity Law wird aus den Regeln gebildet, welchen alle charities, unabhängig von ihrer Rechtsform, unterliegen. Dazu gehören auch die Regeln, die zum Schutz von charities bestimmt sind.

ten. Die Mittel müssen weiter für einen gemeinnützigen Zweck verwendet werden, s. 30 Companies Act 1985.

4. Mittelverwendung nach dem Trustrecht

Das Trustrecht verbietet die Verwendung von Mitteln außer zum (gemeinnützigen) Zweck des Trusts. Für die nicht ordnungsgemäße Verwendung haften die Trustees persönlich, wenn sie nicht eine Genehmigung der Charity Commission oder dem Gericht erlangen können. Die strenge Bindung von gemeinnützigen Mitteln erstreckt sich auf alle „Personen, welche die Leitung und Kontrolle einer gemeinnützigen Organisation, (gleich welcher Rechtsform), innehaben"(„charity trustees [are] persons having the general control and management of the administration of a charity"), s. 97 Charities Act 1993.

Die Erzielung materieller Vorteile durch Stifter, Trustees, Mitglieder und nahestehende Personen ohne konkrete Gegenleistung ist nicht gestattet. Wenn der Zweck der charity es erfordert, dürfen bezahlte Angestellte, auch Geschäftsführer, für die Zweckerfüllung eingesetzt werden. Die „charity trustees", welche die wichtigen Entscheidungen treffen, dürfen jedoch immer nur dann ein Gehalt oder Honorar jedweder Art erhalten, wenn dies in der Satzung vorgesehen oder im Einzelfall von Charity Commission oder Gericht genehmigt ist. Tatsächlich ist die ehrenamtliche Ausübung der Aufgabe eines Trustee heute noch die Regel, an welcher auch festgehalten werden soll. Sieht die Satzung dennoch ein Entgelt vor, muss dieses sich an dem orientieren, was normalerweise für eine solche Dienstleistung gezahlt würde. Darüber hinaus muss es in einem angemessenen Verhältnis zum Einkommen und Zweckerfüllung der charity stehen.

5. Gebot der Unmittelbarkeit

Es gibt kein Gebot, dass die Organisation selbst tätig werden muss. Sie kann andere Organisationen, die jedoch selbst charities sein müssen, mit der Durchführung der gemeinnützigen Tätigkeit beauftragen.

6. Gebot der zeitnahen Mittelverwendung

Soweit ersichtlich, gibt es keine steuerrechtlichen Beschränkungen für die Rücklagenbildung. Von den Finanzbehörden wird die Rücklagenbildung als (Mittel-)„Verwendung" betrachtet.

Nach Gemeinnützigkeitsrecht sind alle „charity trustees" jedoch verpflichtet, Einkünfte binnen einer angemessenen Frist für die Zweckerfüllung zu verwenden, s. 13 (5) Charities Act 1993. Die Charity Commission hat in den letzten

Jahren charities wiederholt an diese Pflichten erinnert, die einen gerechten Ausgleich zwischen den Interessen von aktuellen und künftigen Begünstigten erfordern und die Ausarbeitung von Mittelverwendungsplänen angemahnt. S. 7 (4) (k) (i) Charities (Accounts and Reports) Regulation 2000[13] verlangt von allen charities, dass sie ihre Rücklagenpolitik in ihrem Annual Report darlegen und rechtfertigen. Auch potentiell Begünstigte einer charity können im Falle eines Trusts vor Gericht die Entscheidung der Trustees über die Mittelverwendung erzwingen oder bei der Charity Commission eine Untersuchung über die Mittelverwendung anregen.

7. Sanktionen bei Verstößen gegen die vorgenannten Regeln

Steuerlich entfällt bei „non-qualifiying expenditure" die Steuerbegünstigung. Daneben stellt die nicht ordnungsgemäße Mittelverwendung einen Pflichtenverstoß der „charity trustees" dar, so dass diese für die verauslagten Steuern haften müssen. Diese Haftung kann durch die Charity Commission bzw. in Schottland durch den Lord Advocate (rechtliche Vertretung der Regierung) durchgesetzt werden.

Verwendet die charity ihre Mittel nicht in angemessenem Umfang in angemessener Zeit, wird die Charity Commission auf das Beschließen und die Durchsetzung konkreter Projekte drängen. Im Extremfall kann die charity aus dem Register gestrichen werden und darf dann weder mit der Gemeinnützigkeit werben noch Spenden sammeln. Die Charity Commission kann auch vorübergehend oder dauerhaft neue Trustees einsetzen, wenn eine Beschlussfassung über Projekte und Mittelverwendung dauerhaft unmöglich erscheint.

V. Sonderproblem: Mittelverwendung bei Stiftungen / Grundsatz der ewigen Dauer von Stiftungen

Im Vordergrund steht im englischen und schottischen Recht immer die Zweckerfüllung. Eine bestimmte Dauer oder gar das ewige Bestehen eines Trusts sind nicht erforderlich. Ein gemeinnütziger Trust kann zwar im Gegensatz zum privatnützigen Trust, der nach einer gewissen Zeit aufgelöst werden muss, ewig bestehen.[14] Ein Trust kann allerdings auch für einen vorübergehenden Zweck begründet werden, wenn der Stifter das so bestimmt. Hat der Stifter keine ausdrückliche Regelung getroffen, sind die Trustees jedoch der Meinung, dass die Verwendung von Trustkapital zur Zweckerfüllung notwendig ist, ist auch der Verbrauch zulässig. Da die Trustees im Regelfall keinen Vorteil aus der Trustverwaltung ziehen dürfen – auch keine Vergütung erhalten – ist die

---

[13] SI 2000/2868.
[14] *Warburton, Jean*, Tudor on Charities, 8. Aufl. 1995, S. 140.

Versuchung, die Lebensdauer eines Trusts zulasten der Zweckerfüllung zu bevorzugen, nicht besonders groß.

C. Besteuerung der Empfängerorganisation

I. Einkommen/Körperschaftsteuer

Charities sind im Hinblick auf bestimmte Einkommensarten von der Steuerpflicht befreit, soweit dieses Einkommen ausschließlich für gemeinnützige Zwecke verwendet wird. Dies bezieht sich auf Einkünfte aus Vermietung und Verpachtung von Grundvermögen, s. 505 (1) (a) ICTA 1988 Sched. A, Einkünfte aus Gewerbebetrieb, s. 505 (1) (a) ICTA 1988 Sched. D; Einkünfte aus Kapitalvermögen und Spenden, s. 505 (1) (c) ICTA 1988 Sched C, D u. F.

1. Abgrenzung zwischen Einkommen aus Vermögensverwaltung und wirtschaftlichem Geschäftsbetrieb

Die Frage der Abgrenzung zwischen Einkommen aus Vermögensverwaltung und wirtschaftlichem Geschäftsbetrieb stellt sich auch hier und unterliegt einer komplizierten Abwägung nach verschiedenen Kriterien. Unter anderem wird zur Abwägung der Aspekt herangezogen, ob wertsteigernde Maßnahmen vorgenommen oder Aufwendungen für Werbung getätigt wurden[15].

Einkünfte aus einem wirtschaftlichen Geschäftsbetrieb unterliegen der Steuerpflicht, wenn der Geschäftsbetrieb nicht Zweckerfüllung darstellt (so stellt der Verkauf von Bibeln bei einer religiösen charity „primary purpose trading" dar). Der Geschäftsbetrieb fällt auch unter Zweckbetrieb, wenn die Wertschöpfung überwiegend durch die Begünstigten der charity durchgeführt wird, z.B. Blindenwerkstätten, s. 505 (1) (e).

Eine Steuerrichtlinie (extra-statutory concession C.4) gestattet charities bestimmte Fundraising-Aktivitäten wie Flohmärkte, Basare und Lotterien durchzuführen, ohne dass die Einnahmen daraus als Geschäftsbetrieb bewertet werden: die Aktivität darf nicht regelmäßig durchgeführt werden und sie darf nicht dadurch in Konkurrenz zu anderen Unternehmen treten, dass die Aktivitäten hauptsächlich deshalb unterstützt werden, weil der Öffentlichkeit bewußt ist, dass es um einen guten Zweck geht und der Erlös für gemeinnützige Zwecke verwendet wird.

---

[15] *Dawson, Ian*, Taxation of Trades in the Charities Sector, in: Alison Dunn (ed.), the Voluntary Sector, the State and the Law, Oxford 2000, 177,179.

2. Spenden des verselbständigten ausgegliederten wirtschaftlichen Geschäftsbetriebs

Nach dem Steuerrecht droht charities, die ihre Einnahmen nicht ausschließlich für gemeinnützige Zwecke verwenden, die Besteuerung der Einnahmen und den Trustees die Haftung. Nach dem Gemeinnützigkeitsrecht besteht darüber hinaus die Möglichkeit, das die Organisation ihren Status als charity verliert und nicht mehr öffentlich Spenden und Mitglieder werben darf, wenn es sich nicht um einen einmaligen Verstoß handelt. Um einer charity die Durchführung eines wirtschaftlichen Geschäftsbetriebs zu ermöglichen, wird von der Charity Commission die Gründung einer selbständigen Tochtergesellschaft angeregt. Dies begrenzt auch das Risiko einer unbegrenzten Haftung der charity für die Tochterorganisation. Diese ist grundsätzlich steuerpflichtig, kann aber ihre Steuerpflicht auf Null reduzieren, indem sie ihren Gewinn steuerbegünstigt der Mutterorganisation spendet. Da die Freiwilligkeit einer Spende nicht Voraussetzung für die Steuerbegünstigung ist, schadet es nichts, wenn die Verpflichtung, den gesamten Gewinn der Mutterorganisation zu spenden, in der Satzung festgelegt ist.

3. Sponsoring

Auch sponsorship, die Unterstützung von charities durch Wirtschaftsunternehmen, stellt meist für die charity eine wirtschaftliche Betätigung dar, jedenfalls, wenn der Beitrag der charity über die Namensnennung oder Abbildung des Logos des Sponsors im Programm hinausgeht. Wenn die Spenden als Gegenleistung für Werbedienstleistungen der charity anzusehen sind, ist sie eine umsatzsteuerpflichtige Einnahme[16]. Andererseits werden viele Unternehmen nur bereit sein zu „spenden", wenn sie die „Spende" als Werbungskosten verbuchen können.

Eine weitere, in den letzten Jahren verbreitete Finanzierungsmethode für charities zwingt diese zu komplizierten rechtlichen Manövern: Die affinity card. Dabei handelt es sich um eine Kreditkarte, die von einer Bank herausgegeben wird und Namen und Logo der charity trägt. Die charity bekommt als Entgelt für die Nutzung ihres Namens einen festgelegten Betrag für jede ausgegebene Karte und einen Prozentsatz vom Kartenumsatz. Im Gegenzug erhält die Bank Zugang zu den Spenderdateien der charity, um die Karte zu vermarkten[17]. Auch die Supermarktkette Tesco gibt eine solche Karte heraus und verpflichtet sich, einen bestimmten Prozentsatz des mit der Karte getätigten Umsatzes an eine charity zu spenden. Sowohl die affinity cards als auch sponsorships stellen nach Ansicht der Finanzbehörden keine Unterstützung des

---

[16] *Lloyd, Stephen*, Charities, Trading and the Law, 1995, S. 52.
[17] *Burman, Ian*, To affinity and beyond, Solicitors Journal 1997, 32.

Hauptzwecks einer charity dar, sondern for profit trading[18]. Für eine gemeinnützige Organisation wird es sich daher meist lohnen, eine Tochtergesellschaft in der Rechtsform einer company zu gründen. Das Tochterunternehmen wird dann von der charity ermächtigt, in gewissem Umfang über die Namensrechte der charity zu verfügen. Der Sponsoringvertrag wird danach von dem Tochterunternehmen geschlossen, welche das Entgelt für die Namensnutzung versteuert und den Gewinn an die charity spendet. Diese kann sich die von dem Tochterunternehmen gezahlten Steuern dann wiederum erstatten lassen.

Da die Gründung einer „company limited by guarantee" vergleichsweise preiswert erfolgen kann und ein Mindestkapital von nicht mehr als 1 £ erfordert, ist diese Vorgehensweise auch nicht besonders aufwendig für die charity. Sie unterwirft das Tochterunternehmen allerdings den Buchführungs- und Publizitätspflichten des Companies Act 1985. Die britischen charities unterliegen jedoch ohnehin einer solchen Pflicht. Alle charities haben einen Jahresbericht über ihre Aktivitäten zu erstellen, ab einer bestimmten Größe auch eine Bilanz und ein „Statement of Financial Activities" (SOFA) vorzulegen, welches Auskunft über die Herkunft der Mittel sowie deren Verwendung gibt[19].

II. Sonstige Steuern

Die charity erhält auch eine Befreiung von Steuern auf realisierte Gewinne (capital gains tax), s. 256 (1) Taxation of Chargeable Gains Act 1992. Bei Zuwendungen an charities fällt ebenfalls keine Erbschafts- und Schenkungssteuer (Inheritance Tax) an, ss. 23 (1), 23(6) Inheritance Tax Act 1984. Auch die Stamp Duty, zahlbar beim Erwerb von Grundstücken oder grundstücksgleichen Rechten, fällt beim Erwerb durch eine charity weg, Finance Act 1982, s. 129.

Dagegen gibt es keine Befreiung von oder Reduzierung der Umsatzsteuer (Value Added Tax, VAT) für charities. Ab einer bestimmten Höhe umsatzsteuerpflichtiger Geschäfte ist die charity verpflichtet, sich für die Umsatzsteuer registrieren zu lassen. Auch sind charities wie andere Arbeitgeber verpflichtet, Steuern und Sozialabgaben für ihre Angestellten an die zuständigen Stellen abzuführen. Nach den Local Government Finance Acts 1988 und 1992 und s. 4 Local Government (Financial Provision, Etc.) (Scotland) Act 1962 unterliegen die Nutzer von Gebäuden einer Gemeindesteuer (rate). Für

---

[18] *Lloyd*, Charities, Trading and the Law, S. 58 f. Der Inland Revenue akzeptiert auch die folgende Konstruktion: 1. Vertrag zwischen Bank und trading subsidiary über die Nutzung der Spenderliste, 2. Vertrag zwischen Bank und charity über die Nutzung von Namen und Logo. Die Einnahmen aus dem zweiten Vertrag sind als royalty income unter Sched.D anzusehen.

[19] S. 45 Charities Act 1993 i. V. m. Charities (Accounts and Reports) Regulation 1995 für England und Wales. Für Schottland: ss. 4, 5 Miscellaneous Provisions (Scotland) Act 1990 i. V. m. Charities Accounts (Scotland) Act 1992.

Gebäude, die ganz oder überwiegend für gemeinnützige Zwecke genutzt werden, reduziert sich die non-domestic rate um 80 %. Darüber hinaus steht es im Ermessen der Gemeinde, den rate relief für eine charity auf 100 % zu erhöhen. Eine Stätte der öffentlichen Religionsausübung ist von der non-domestic rate ausgenommen[20].

D. Besteuerung des Spenders, Stifters, Zustifters

I. Grundsatz

Spenden, Schenkungen, Zustiftungen etc. von natürlichen Personen werden als Einkommen der charity angesehen und müssen nicht mehr beim Schenker versteuert werden. Hat dieser die Spende, Schenkung etc. aus versteuertem Einkommen getätigt, kann die charity sich den gezahlten Steuerbetrag (tax credit) unter Zugrundelegung des Normalsteuersatzes (Basic Rate, 22 %) auszahlen lassen. Bei einem höheren Einkommen entfällt für den Spender auch die auf den Spendenbetrag zu zahlende Higher Rate (40 %), s. 683 ICTA 1988.

Bis zum Erlass des Finance Act 2000 waren Einzelspenden nur ab einem Mindestbetrag von £ 250 steuerbegünstigt oder in der Form des „covenant", wenn sich der Spender auf vier Jahre verpflichtete. Im Gegenzug zur Abschaffung der Steuerbegünstigung des covenant hat das Parlament das Erfordernis eines Mindestbetrages von £ 250 für eine steuerbegünstigte Spende mit Wirkung vom April 2000 entfallen lassen. Jede Spende an eine charity, egal in welcher Höhe, ob Einmalzahlung oder regelmäßige Zahlung, ist steuerbegünstigt, wenn der Spender keine Gegenleistung für seine Zahlung erhält und eine gift aid declaration[21] abgibt. Seit April 2000 muss der Spender auch erklären, ob es sich um eine Brutto- oder Nettospende handelt und bei letzterer versichern, dass er den Normalsteuersatz auf den Spendenbetrag entrichtet habe oder entrichten werde. Körperschaften, die der corporation tax unterliegen, können allerdings nur nach der Bruttomethode spenden, d.h. den Spendenbetrag vom unversteuerten Einkommen abziehen.

Es wird bei der Steuerbegünstigung weder nach der Art der Zuwendung (z.B. zwischen Spenden und Erstausstattung einer Stiftung) differenziert, noch nach dem begünstigten Zweck.

---

[20] *Warburton*, S. 306.
[21] „I am a UK taxpayer and I want the …. to reclaim tax on all my donations. I note that I should advise the ….. if my tax payments are less than that to be reclaimed on my donations."

II. Give-As-You-Earn

Wenn der Arbeitgeber ihn anbietet, können Angestellte einen Give-as-you-earn-Plan (auch payroll deduction scheme genannt) abschließen und vereinbaren, dass eine monatliche Spende direkt von ihrem Gehalt abgezogen und an eine oder mehrere gemeinnützige Organisation(en) weitergeleitet wird. Die Spende wird von dem monatlichen Bruttogehalt abgezogen (nach Abzug der National Insurance Beiträge), erst von dem verbleibenden Betrag werden die Steuern berechnet. Die Spende verringert so das zu versteuernde Einkommen des Angestellten. Abgesehen vom higher rate relief ist dies der einzige Fall eines direkten Steuervorteils für den Spender. Der Arbeitgeber muss seinerseits einen Vertrag mit einer Vermittlerorganisation (approved agency) abschließen, welche die Spenden sammelt und schließlich gemäß den Wünschen der Spender an die einzelnen Organisationen verteilt.

Das payroll deduction scheme wurde erstmals für das Finanzjahr 1987/88 eingeführt. Zwar stiegen die abgeführten Beträge kontinuierlich an, von £ 1,2 Mio. im ersten Jahr auf £ 18,5 Mio. in 94/95, doch hat das Modell die in es gesetzten hohen Erwartungen nicht erfüllt. Von 22 Mio. Arbeitnehmern, deren Arbeitgeber in 1995 eine Gehaltsabrechnung durchführten, hatten nur 45 % die Möglichkeit, payroll giving in Anspruch zu nehmen. Von dem Angebot der Arbeitgeber machten nur 3 % Gebrauch[22]. Unterschiedliche Ursachen werden für die geringe Beteiligung ausgemacht: zum einen Klagen über die zögerliche Weiterleitung der Spenden an die einzelnen charities und ein erhöhter Arbeitsaufwand für die Arbeitgeber[23], die schlechte wirtschaftliche Situation mit fortschreitender Rationalisierung und Arbeitslosigkeit zum anderen[24]. Um payroll giving zu fördern, hat die Regierung im Finance Act 2000 nicht nur die Begrenzung auf £ 1.200 im Jahr für payroll-Spenden abgeschafft und einen engeren Zeitrahmen für die Weiterleitung der Spenden an die charities gesetzt, sondern auch zugesagt, jede payroll-Spende in den nächsten drei Jahren um 10 % aufzustocken[25].

---

[22] *Singh, Ramsumair*, An assessment of a decade of payroll giving, [1996] NLJ 20, 22. Die Charities Aid Foundation (CAF) betreute 1995 als größte Vermittlerorganisation 155.000 Arbeitnehmer, die im Durchschnitt £ 9 monatlich spendeten, Singh, S. 24. In einer MORI Umfrage im Auftrag der Charity Commission im März 1997 gaben nur 2 % an, mit Give as you earn zu spenden. Dagegen gaben 70 % an, Geld in Straßensammlung gegeben zu haben (1994 70 %), 67 % in Haustürsammlungen (1994 64 %), 57 % als Sponsoren (1994 58 %). Insgesamt hatten 95 % in den letzten 1-2 Jahren eine charity unterstützt, 24 % durch ehrenamtliche Arbeit und immerhin 3 % durch ein Vermächtnis in ihrem Testament, Annual Report 1997 Charity Comrs for England and Wales, London 1998 S. 26.
[23] *Vincent/Francis*, S. 287.
[24] *Singh*, S. 26.
[25] *Venables, Robert*, Taxation News, CL&PR Vol 6/3 (2000) 227, 323.

III. Spenden von Unternehmen

Auch Spenden von Unternehmen wirken sich steuermindernd aus. Allerdings haben Unternehmen nicht wie Privatpersonen die Wahl zwischen der Brutto- oder Nettospende. Sie müssen ihr Einkommen zunächst versteuern. Die bedachte charity kann sich die auf den Spendenbetrag gezahlten Steuern jedoch vom Finanzamt auszahlen lassen. Der von Tochterunternehmen von charities erwirtschaftete Gewinn findet sich so gar nicht in der Staatskasse wieder. Privatpersonen wie Unternehmen können ihre Spendenbeträge frei wählen, da es seit einigen Jahren weder Abzugsober- noch Untergrenzen gibt.

Eine andere Methode der Steuerbegünstigung besteht darin, dass Arbeitgeber einen Arbeitnehmer zeitweilig an eine charity „ausleihen" und den gezahlten Lohn als Betriebsausgaben absetzen können, s. 86 ICTA 1988. Dies wird als nützliche Methode gesehen, einerseits die Zufriedenheit von Mitarbeitern mit ihrer Arbeit zu erhöhen und gleichzeitig ehrenamtliche Helfer für charities zu gewinnen. Zum anderen gibt dies insbesondere kleinen charities die Möglichkeit, sich professionelle Hilfe zu holen, die sie sich sonst nicht leisten könnten.

IV. Sonderbehandlung von Parteispenden (politische Spenden) und ihre Abgrenzung

Es gibt keine Begünstigung für politische Spenden und Spenden an Parteien. Dieser Grundsatz hat lange dazu geführt, dass eine Reihe von Zwecken nicht als charitable galt, wenn sie entfernt als „politisch" angesehen werden konnten. Politische Ziele wurden von den Gerichten weit ausgelegt. Neben parteipolitischen Zielen fallen darunter auch solche, die auf Änderungen von bestehenden Gesetzen hinwirken ebenso, wie diejenigen, die sich für den Weltfrieden[26] oder für die Änderung einer bestimmten (Verwaltungs)praxis im In- oder Ausland einsetzen, wie die für die Abschaffung von Folter oder Zensur[27]. Politische Kampagnen und das Hinwirken auf eine Änderung der öffentlichen Meinung sind daher nicht charitable und konnten auch Organisationen mit an sich unpolitischen Zwecken wie Oxfam in Schwierigkeiten bringen. Allenfalls sind neutrale Information der Öffentlichkeit und der Abgeordneten zulässig, wenn die Information für die Durchsetzung der (unpolitischen) Hauptziele notwendig ist[28]. Diese Beschränkung wurde in der juristischen Literatur und von Interessenvertretungen von charities immer wieder stark kritisiert[29]. In jüngster Zeit

---

[26] Zustimmend *Picarda, Hubert*, War and Peace: A Political Saga, (1999) Vol 6/1 CL&PR 1 ff. Auch die Förderung der Völkerverständigung ist nicht charitable.

[27] McGovern v Att-Gen. [1982] Ch 321, Trusts zugunsten von Amnesty International nicht charitable.

[28] *Charity Commission*, CC9 (1995) Political Activities and Campaigning by Charities.

[29] *Swann, Stephen*, Justifying the ban on politics in charity in: Alison Dunn (ed.), the Voluntary Sector, the State and the Law, Oxford 2000, 161, 163 m. w. N.

sind die Beschränkungen gelockert worden, zumal die Labour-Regierung Zwecke wie die Förderung der Menschenrechte und Konfliktlösung in den Entwurf des Charities Act 2005 aufgenommen hat.

E. Verfahren, Kontrolle, Haftung

I. Verfahrensrechtliche Voraussetzungen für die Steuerbegünstigung

1. Beweis der Berechtigung zum Steuerabzug

Damit die charity gezahlte Steuern vom Finanzamt einfordern kann, muss der Spender der charity eine Bestätigung in einer bestimmten Form (certificate of deduction R185 (AP)) übergeben, s. 35 (1) (c, (3) Finance Act 1990.

2. Freistellung

Bei Errichtung der Organisation erfolgt dadurch eine Teilfreistellung, dass die Organisation in England und Wales bei der Charity Commission registriert sein muss. Die Registrierung beweist gegenüber jedem Dritten, auch den Finanzbehörden, dass die Organisation grundsätzlich gemeinnützig ist. Allerdings führen die Finanzbehörden alljährlich eine neue Veranlagungsprüfung durch, wenn die charity Steuervorteile in Anspruch nehmen will. Die charity muss nachweisen, dass sie ihre Einkünfte ausschließlich für ihre Satzungszwecke verwendet.

II. Haftung gegenüber dem Finanzamt

Dem Finanzamt gegenüber haften für das Risiko, dass eine Spende an eine nicht spendenempfangsberechtigte Organisation gegeben wird, sowohl der Spender als auch die empfangende Organisation. Der Spender erhält keinen Higher Rate Relief, wenn die charity die Spende nicht ordnungsgemäß verwendet (non-qualifiying expenditure), s. 683 (4) ICTA 1988. Der auf dem Normalsteuersatz beruhende Steuerbetrag muss nicht nachgezahlt werden, wenn an eine registrierte charity gespendet wird. Die charity muss dann allerdings den nicht ordnungsgemäßen Betrag nachversteuern. Die Leiter der charity (charity trustees) haften nicht nur für den Steuerbetrag, sondern müssen bei einem Pflichtverstoß den gesamten nicht ordnungsgemäß verwendeten Betrag an die charity erstatten. Die entsprechende Forderung wird von der Charity Commission bzw. in Schottland vom Lord Advocate durchgesetzt, welche als Kläger fungieren.

F. Nationale rechtspolitische Reformdebatte / Rechnungslegung und Transparenz

Das Thema, welches in den letzten Jahren heiß diskutiert wurde, ist die Reform des Begriffes „charitable". Die Überlegungen gehen dahin, den als altertümlich angesehenen Begriff durch „for the public benefit" zu ersetzen. Zur Zeit wird über eine aktuelle Liste[30] von gemeinnützige Zwecken verhandelt, die aber voraussichtlich nichts Neues bringen, sondern die bisherige Rechtsprechung in Gesetzesform gießen wird und darüber hinaus der bisherigen Rechtsprechung die Gültigkeit belässt.

Gemeinnützige Organisationen in Großbritannien sind sich der Tatsache bewusst, dass sowohl die Akzeptanz von Steuervergünstigungen als auch die Spendenbereitschaft der Bevölkerung und das Engagement der Ehrenamtlichen nur durch das Vertrauen in die Integrität der charities aufrecht erhalten werden kann. Auch innerhalb des gemeinnützigen Sektors wird deshalb das Bedürfnis nach Transparenz und Kontrolle nicht in Frage gestellt. Interessierte können von jeder charity in Großbritannien den Jahresbericht und eine Kopie der Satzung oder des Gründungsdokuments anfordern. Die charity ist verpflichtet, die Unterlagen gegen Zahlung der Kopierkosten zu übersenden. Auf der anderen Seite kann das öffentliche Register of Charities, welches bei der Charity Commission geführt wird, von jedermann im Internet eingesehen werden. Bei der Charity Commission können auch die von der Charity eingereichten Unterlagen eingesehen oder gegen Kopierkosten angefordert werden.

Der Charity Commission hat das britische Parlament ausdrücklich den Auftrag erteilt, das Vertrauen der Bürger in die gemeinnützigen Organisationen zu stärken und zu erhalten. Zu den Aufgaben der Charity Commission gehört nicht nur die regelmäßige bzw. stichprobenartige Kontrolle der Mittelverwendung von charities, sondern auch die Information der Öffentlichkeit über die Arbeit von charities. Die Charity Commission gibt regelmäßig Broschüren zu allen für charities wichtigen Fragen heraus und berät die Organisationen in Zweifelsfragen.

Der Entwurf des Charities Act 2005 sieht erweiterte Befugnisse für die Charity Commission und mehr Transparenz bei der Rechnungslegung von charities vor. Die Maßnahmen sind im Konsultationsprozess überwiegend auf Zustimmung im gemeinnützigen Bereich gestoßen[31].

Die britische Regierung hat im letzten Jahr eine Organisation namens Guidestar UK (entsprechend der US-amerikanischen Guidestar-Organisation) gegründet, um das Wirken von gemeinnützigen Organisationen noch besser bekannt zu machen. Bei Guidestar UK sollen nicht nur die Informationen abruf-

---

[30] Entwurf des Charities Act 2005, s.o.

[31] Bericht des National Council for Voluntary Organsations, dem die meisten Organisationen in England und Wales angehören, „For the public benefit? A consultation document on charity law reform", NCVO 2001, S. 27.

bar sein, die jede charity bei der Commission einreichen muss, darüber hinaus soll die Organisation auch eine Plattform für die Eigenpräsentation der charities darstellen, auf der dieser u.a. Freiwillige werben können[32].

Ein immer wieder diskutiertes Thema im gemeinnützigen Sektor sind die Kosten für Verwaltung und Spendenwerbung. Um die Buchführung und Jahresberichte der gemeinnützigen Organisationen aussagekräftig und vergleichbar zu machen, wurde in Zusammenarbeit mit der Standesorganisation der Wirtschaftsprüfer eine Buchführungsrichtlinie für charities entwickelt, das Statement of Recommended Practice (SORP), welches für buchführungspflichtige charities in England und Wales Pflicht und für Schottland empfohlen ist. Nach vielen Klagen über das Treiben von professionellen Fundraisern wurde deren Tätigkeit im Charities Act 1993 geregelt. Part II des Charities Act 1993 ist 1995 in Kraft getreten und regelt den Inhalt des Vertrages zwischen kommerziellem Spendenwerber und charity sowie das Verhalten des Spendenwerbers gegenüber dem Spender. Diesem muss z.B. mitgeteilt werden, dass es sich um kommerzielle Spendenwerbung handelt, sowie der Anteil der Spende, welchen der Spendenwerber erhält. Part II des Charities Act 1993 ist in Schottland nicht anwendbar. Dort gelten die Regeln allerdings aufgrund einer Selbstverpflichtung des Institute of Fundraising Managers[33]. Der Charities and Trustee Investments (Scotland) Act, der 2006 in Kraft treten soll, enthält jedoch in Part II entsprechende Regelungen[34].

---

[32] www.charity-commission.gov.uk/registration/pdfs/guidestardecision.pdf 19.72003.

[33] *Barker, Christine/Ford, Patrick/Moody, Susan/Elliott, Stuart*, Charity Law in Scotland, Edinburgh 1996, S. 201.

[34] *Barker, Christine*, The Scottish Charities Act and its cross-border implications, (2005) The Charity Law and Practice Review, Vol. 8, Issue 3, 1, 13 ff.

Gemeinnützigkeits- und Spendenrecht in Italien

JULIA RUNTE/THOMAS VON HIPPEL

A. Allgemeines
  I. Steuersystem
    1. Geltende Steuern
    2. Systematik des italienischen Steuerrechts
      a) Gewerbliche und nicht-gewerbliche Organisationen und gewerbliche Tätigkeiten
      b) ONLUS
      c) Spezialgesetze
  II. Theoretische Grundlagen der Steuerprivilegien
  III. Empirische Daten
B. Voraussetzung der Vergünstigung bei der empfangenden Organisation/Voraussetzungen für den Status einer begünstigten Organisation.
  I. Organisationsrechtliche Voraussetzungen
  II. Gemeinnütziger Zweck
    1. Definition der Gemeinnützigkeit im ONLUS-Gesetz
    2. Elemente: selbstlose Förderung der Allgemeinheit oder einer bedürftigen Gruppe
    3. Besonderheiten bei der Forschungsförderung durch ONLUS-Stiftungen
    4. Regelungen für andere Organisationen
  III. Vorgaben für die Organisationsstruktur
    1. Regelungen im ONLUS-Gesetz
    2. Regelungen außerhalb des ONLUS-Gesetzes
  IV. Vorgaben für die Mittelverwendung
    1. Regelungen im ONLUS-Gesetz
    2. Regelungen für sonstige nicht-gewerbliche Organisationen
  V. Vorgaben für die Mittelerzielung (Begrenzung gewerblicher Tätigkeit)
C. Besteuerung der Empfängerorganisation
  I. Nicht-gewerbliche Organisationen
    1. Grundregel
    2. Problemfall: Behandlung von Mitgliedsbeiträgen
      a) Pauschale Mitgliedsbeiträge
      b) Individuelle Mitgliedsbeiträge
  II. Gewerbliche Einkünfte
    1. Grundregeln
    2. Sonderregeln für die ONLUS
      a) Zweckbetriebe
      b) Wirtschaftliche Geschäftsbetriebe
  III. Einkünfte aus Vermögensverwaltung
  IV. Weitere Begünstigungen
D. Besteuerung des Spenders, Stifters, Zustifters
  I. Vergünstigungen für Spenden
    1. Spenden von natürlichen Personen zugunsten von nicht-gewerblichen Organisationen
    2. Spenden von Unternehmen zugunsten von nicht-gewerblichen Organisationen
    3. Neue Spendenabzugsmöglichkeiten zugunsten von bestimmten nicht-gewerblichen Organisationen
  II. Abgrenzungsfragen
    1. Spende, Entgelt und Mitgliedsbeitrag
    2. Spende und Sponsoring
E. Verfahren, Kontrolle, Haftung
  I. Nicht-gewerbliche Organisationen
  II. ONLUS
    1. Verleihung des Status einer ONLUS
    2. Kontrolle
    3. Rechnungslegung
    4. Sanktionen, Haftung
F. Reformen, Diskussionen, persönliche Stellungnahme
  I. Reformen und rechtspolitische Vorschläge
    1. Rückblick

2. Ausblick
II. Diskussionen
1. Skandale bei Spendenorganisationen
2. Transparenz und Bildung von freiwilligen Kontrollorganisationen als Maßnahme zur Verbesserung des Vertrauens der Spender
III. Persönliche Stellungnahme

A. Allgemeines[*]

I. Steuersystem

1. Geltende Steuern

In Italien gelten die meisten in der westlichen Welt bekannten Steuern.

Bei der Einkommenssteuer wird grundsätzlich das Einkommen von natürlichen Personen (*imposta sul reddito delle persone fisiche - IRPEF*) und von Körperschaften (*imposta sul reddito delle persone giuridiche*) einbezogen. Daneben werden auch noch lokale Einkommensteuern erhoben (*imposta locale sui redditi*).

Das italienische Ertragssteuerrecht sieht keine allgemein gültige Definition des Einkommensbegriffs vor, sondern setzt das steuerpflichtige Gesamteinkommen aus den Erträgen von sechs einzelnen Einkunftsarten zusammen. Im Einzelnen sind Besteuerungen vorgesehen für (1) Grundvermögen, (2) Kapital, (3) nichtselbstständige Tätigkeit, (4) selbständige Tätigkeit, (5) unternehmerische bzw. gewerbliche Einkünfte und (6) sonstige Einkünfte (Art. 6 *Testo Unico delle Imposte sui Redditi - TUIR*).

Das italienische Steuerrecht ist zur Zeit Gegenstand umfangreicher Reformen, deren Abschluss von der Regierung Berlusconi für das Jahr 2007 vorgesehen war. Grundlage ist das Ermächtigungsgesetz Nr. 80 vom 7.4. 2003[1]. Bereits umgesetzt ist die Reform der Körperschaftsteuer, die seit dem 1.1.2004 als Gesellschaftsteuer (*Imposta sul reddito delle società - IRES*) erhoben wird.

Eine bereits durchgeführte Reform betrifft die Erbschaftssteuer. Sie wird seit ihrer Abschaffung durch das Gesetz Nr. 383 vom 18.10.2001 für Erbfälle nach dem 25.10.2001 nicht mehr erhoben. Das gilt unabhängig vom Wert des Nachlasses und des Verwandtschaftsgrades der Erben.

2. Systematik des italienischen Steuerrechts

Für das italienische Steuerrecht ist der Dualismus von „gewerblichen" und „nicht-gewerblichen" Organisationen von großer Bedeutung (a). Abgesehen

---

[*] Die Autoren danken Frau *Dr. Sveva Del Gatto*, PhD in Administrative law, University of Rome „Roma Tre" für hilfreiche Hinweise zur Thematik.

[1] Näher hierzu *Hilpold/Steinmair* Grundriss des italienischen Steuerrechts I, 3. Aufl., Wien, Bozen, Heidelberg, Zürich 2005; S. 233 ff.

davon gibt es eine unübersehbare Zahl von Sonderbestimmungen für Nonprofit-Organisationen (b), von denen als wohl wichtigster Fall die Regelungen für die *organizzazioni non lucrative di utilità sociale* (ONLUS) anzusehen sind.

a) Gewerbliche und nicht-gewerbliche Organisationen

Eine wichtige Unterscheidung im italienischen Steuerrecht ist die zwischen den gewerblichen Organisationen (*enti commerciali*), deren ausschließlicher oder hauptsächlicher Gegenstand die Ausübung einer gewerblichen Tätigkeit ist, und nicht-gewerblichen Organisationen (*enti non commerciali*), bei denen dies nicht der Fall ist (Art. 87 TUIR 1986).

aa) Gewerbliche Tätigkeit

Der zentrale Begriff ist insoweit die gewerbliche Tätigkeit. Art. 51 TUIR 1986 definiert als gewerbliche Tätigkeit eine gewohnheitsmäßige berufliche, wenn auch nicht notwendig ausschließliche Ausübung einer Tätigkeit, die in Art. 2195 Codice Civile aufgeführt ist.

Art. 2195 Codice Civile zählt die Tätigkeiten auf, die (aus zivilrechtlicher bzw. handelsrechtlicher Sicht) immer als gewerblich gelten, auch wenn sie von einem nichtgewinnorientierten Unternehmen ausgeübt werden. Dabei handelt es sich um (1) industrielle Tätigkeiten, die auf die Erstellung von Gütern oder die Erbringung von Dienstleistungen gerichtet sind; (2) Mittlertätigkeiten im Warenverkehr; (3) Transportgeschäfte; (4) Bank- und Versicherungsgeschäfte; sowie (5) Hilfstätigkeiten zu diesen Geschäften.

Das Steuerrecht ergänzt diesen Katalog durch weitere spezielle Regelungen, in denen festgelegt wird, wann eine bestimmte Tätigkeit als gewerbliche Tätigkeit anzusehen ist. Ein Beispiel hierfür ist Art. 29 Abs. 2 lit. b und c TUIR 1986 für den landwirtschaftlichen Bereich. Ferner liegt eine gewerbliche Tätigkeit auch dann vor, wenn eine Dienstleistung erbracht wird, die nicht in Art. 2195 Codice Civile vorgesehen ist, wenn hierfür eine eigene Organisation geschaffen wird (Art. 51 i.V.m. Art. 108 TUIR 1986). Beispiele sind Tätigkeiten im Gesundheitsbereich und in der Schönheitspflege.

bb) Überwiegen der gewerblichen Tätigkeit

Nicht einfach zu beantworten ist die (zur Abgrenzung von gewerblichen und nicht-gewerblichen Organisationen) entscheidende Frage, wann der Hauptgegenstand einer Organisation darin liegt, gewerbliche Tätigkeiten durchzuführen.

Nach Art. 87 TUIR 1986 ist als Hauptgegenstand einer Organisation diejenige Tätigkeit anzusehen, die essentiell ist, um ihre gesetzlichen oder satzungsmäßigen Ziele zu erreichen. Freilich wird dieses formale Kriterium durch einen

Test der tatsächlich durchgeführten Tätigkeiten ergänzt, um Umgehungen zu vermeiden (vgl. Art. 111-bis TUIR 1986)[2].

Die Finanzverwaltung nennt in einem Rundschreiben (124/1998) folgende Indizien zur Beurteilung, ob eine gewerbliche Tätigkeit gegenüber einer nichtgewerblichen Tätigkeit überwiegt: (1) Die Relation des im Dienste der gewerblichen Tätigkeit stehenden Anlagevermögens überwiegt gegenüber dem Anlagevermögen, das für den nicht-gewerblichen Satzungszweck bereit steht; (2) die Erlöse aus der gewerblichen Tätigkeit sind größer als der Wert der nicht-gewerblichen Leistung; (3) die Erlöse aus der gewerblichen Tätigkeit sind größer als die Einnahmen aus nicht-gewerblicher Tätigkeit (z.B. Spenden und „echte" Mitgliedsbeiträge); (4) die Aufwendungen für die gewerbliche Tätigkeit sind größer als die anderen Aufwendungen[3].

cc) Nicht überwiegende gewerbliche Tätigkeiten

Überwiegt die gewerbliche Tätigkeit nicht, so werden die Einkünfte aus der gewerblichen Nebentätigkeit grundsätzlich partiell besteuert IR-PEC (Art. 108 Abs. 1 TUIR 1986). Allerdings gibt es insoweit verschiedene Ausnahmeregelungen, auf die noch einzugehen ist[4].

b) Sonderregelungen für Nonprofit-Organisationen

In Italien sind die Steuerprivilegien für gemeinnützige Organisationen und deren Voraussetzungen traditionell nicht in einem einheitlichen Gesetz, sondern in zahlreichen Sonderbestimmungen geregelt. Diese – für italienische Gesetze durchaus typische Situation – erschwert die Darstellung der Materie, denn es gibt eine kaum noch übersehbare Fülle von Sonderregeln in Einzelgesetzen oder innerhalb des Steuerrechts, die teilweise kumulativ gelten.

In der italienischen Literatur wird zwischen Regeln für die folgenden Organisationsformen unterschieden, die freilich ausschließlich nicht steuerlicher Natur sind[5]: (1) organizzazioni non lucrative di utilità sociale (ONLUS)[6], (2) associazioni riconosciute (eingetragene Vereine), (3) associazioni non riconosciute (nicht eingetragene Vereine), (4) fondazioni (Stiftungen), (5) comitati (Komittees), (6) istituzioni pubbliche di assistenza e beneficenza (IPAB, öffentliche Hilfs- und Wohlfahrtsorganisationen), (7) organizzazioni di volontariato (Freiwilligen-Organisationen), (8) cooperative sociali (Sozial-Genossenschaften), (9) organizzazioni non governative (Nicht-Regierungsorganisationen),

---

[2] Näher hierzu *Hilpold*, Die Nonprofit-Organisationen im italienischen Steuerrecht, Auer 1999, S. 25 f.

[3] Siehe *Hilpold* (Fn. 2), S. 26.

[4] Siehe näher hierzu unten unter C.

[5] Siehe die Gliederung in *Propersi/Rossi* Gli enti non profit, 16. Aufl., Mailand 2004.

[6] Soeben behandelt unter A I 1 b.

(10) cicoli aziendali (CRAL, unternehmensbezogene Arbeitnehmerförderorganisation), (11) associazioni e società sportive dilettantistiche (Amateursportvereine) und (12) associazioni di promozione sociale (Sozialfördervereine).

Anzumerken ist außerdem, dass innerhalb dieser Unterteilung weitere Unterteilungen notwendig sind: so gibt es z.B. bei Stiftungen u.a. besondere Regeln für (a) Bankenstiftungen, (b) Opernstiftungen, (c) Universitätsstiftungen, (d) Schulstiftungen, (e) Kulturstiftungen, (f) Religiöse Stiftungen und (g) Stiftungen zur Unterstützung von ehemaligen Soldaten und ihrer Angehörigen[7].

Eine einzelne Non-Profit-Organisation kann gleichzeitig den Status von mehreren dieser aufgeführten Organisationen innehaben. So kann z.B. ein Verein mit ehrenamtlich tätigen Lehrern zur Unterrichtung von Immigranten den Status eines eingetragenen Vereins, den Status einer ONLUS und den Status einer Freiwilligen-Organisation innehaben, so dass er den jeweiligen speziellen Regelungen unterliegt und die entsprechenden Privilegien genießt.

c) ONLUS

Von den zahlreichen Sonderbestimmungen im italienischen Nonprofit-Bereich an erster Stelle zu nennen sind die Regeln für die *organizzazioni non lucrative di utilità sociale* (ONLUS), die im Jahr 1997 eingeführt worden sind[8].

Es handelt sich bei diesen Bestimmungen um eigenständige rechtsformübergreifende Voraussetzungen, an die besonderen Steuerprivilegien geknüpft sind[9].

Insoweit ähnelt das Konzept der ONLUS dem der deutschen Gemeinnützigkeitsrecht, das besondere Steuerprivilegien gewährt, wenn bestimmte rechtsformübergreifende Voraussetzungen erfüllt sind.

Allerdings erscheint es zu eng, den Begriff ONLUS mit dem der im Rahmen dieser rechtsvergleichenden Untersuchung behandelten „gemeinnützigen Organisationen" gleichzusetzen[10] und diesen Länderbericht über „Gemeinnützigkeits- und Spendenrecht" (folglich) allein auf die ONLUS zu beschränken. Die ONLUS sind nämlich in ihrer Zwecksetzung (bzw. durch die gesetzlich vorgegebenen Tätigkeitsbereiche) auf bestimmte Tätigkeiten festgelegt[11], die

---

[7] Näher hierzu *Propersi/Rossi* (Fn. 5), S. 66 ff.

[8] Trotz einer Vielzahl weiterer seit 1997 erlassener Regelungen (Bedeutung hat z.B. das Schreiben des Finanzministers vom 26.6.1998 Nr. 168/E, das wesentliche Begriffe der Verordnung Nr. 460/97 präzisiert), ist Grundlage des Rechts der ONLUS nach wie vor die Verordnung Nr. 460/97 (*Decreto legislativo*), die im folgenden als „ONLUS-Gesetz" bezeichnet wird und im Internet unter http://www.tangram.it/noprofit/legislaz/460.htm. abrufbar ist.

[9] Siehe hierzu näher unten unter C II 2.

[10] So die terminologischer Vorschag von *Hilpold* (Fn. 2), S. 19, dessen Beitrag freilich sich auf das nationale italienische Recht beschränkt.

[11] Siehe unten sogleich unter B II 1.

im Regelfall operativer Natur sind[12]. Daneben gibt es eine Reihe weiterer Sonderregelungen, die ebenfalls Zwecke (bzw. Tätigkeitsbereiche) verfolgen, die aus rechtsvergleichender Sicht als Bestandteil „gemeinnützig" anzusehen sind. Dies gilt z.B. für die Bankenstiftungen[13], die ausdrücklich vom Status der ONLUS ausgeschlossen sind. Die Sonderregelungen für die ONLUS sind unter anderem auch eingeführt worden, um das Recht der gemeinnützigen Organisationen zu vereinfachen. Dies ist allerdings nur bedingt gelungen, weil das Recht der ONLUS recht kompliziert ausgefallen ist.

Da andererseits nicht auf alle anderen Sonderregelungen näher eingegangen werden kann, liegt der Schwerpunkt der folgenden Ausführungen auf dem Recht der ONLUS und behandelt die anderen Organisationen mit „gemeinnützigem Charakter" nur am Rande.

II. Theoretische Grundlagen der Steuerprivilegien

Die theoretischen Grundlagen für die Steuerprivilegien lassen sich beispielhaft anhand der Diskussion aufzeigen, die in den neunziger Jahren aus Anlass der Einführung der besonderen Steuerprivilegien für die ONLUS geführt wurde.

In erster Linie geht es um das Interesse der öffentlichen Hand, bestimmte Dienstleistungen nicht mehr selbst anbieten zu müssen und durch die Verlagerung des Angebots auf gemeinnützige Organisationen[14] von teureren Aufgaben entlastet zu werden[15].

Die Steuerprivilegien für gemeinnützige Organisationen werden als solche nicht in Frage gestellt, wohl aber gibt es Kritik an einzelnen Regelungen[16] und teilweise auch Bedenken, ob die Steuerprivilegien für ONLUS verfassungsgemäß sind[17].

III. Empirisches

Empirische Angaben zum italienischen Non-Profit-Sektor gibt es u.a. auf der Homepage www.agenziaperleonlus.it, der u.a. den Jahresbericht 2004 (neueste

---

[12] Eine ONLUS kann freilich im Einzelfall auch als rein fördernde Organisation auftreten. Das ergibt sich z.B. aus Art. 10 1.a.9. der Rechtsverordnung Nr. 460/97 der als möglichen ONLUS Zweck ausdrücklich die Förderung von Kultur und Kunst nennt.

[13] Siehe Decreto legislativo vom 17. Mai 1999 Nr. 153.

[14] *Fiorentini* Pubblico e privato nel nuovo welfare, Bologna, 2000, S. 274.

[15] *Hilpold,* IStR 2003, 762 (764).

[16] Vgl. *Ponzanelli* in Le ONLUS tra codice civile e legislazione speciale (Hrsg.: Labriola, Michele), Neapel, 2000, S. 20; *De Giorgi,* Riv. Dir. Civ. 1999/ I, 287 (323). Auch *Fedele* in Le ONLUS tra codice civile e legislazione speziale, (Hrsg.: Michele Labriola) Neapel 2000 S. 71 (100) kritisiert die fehlende Systematik der Regelungen.

[17] So z.B. *Bottari,* Riv. Trim. Dir. Proc. Civ. 1999 Bd. I, S. 339 (340).

Version) enthält. Unter www.acri.it finden sich weitere statistische Informationen über die Bankenstiftungen.

B. Voraussetzung der Vergünstigung bei der empfangenden Organisation/ Voraussetzungen für den Status einer begünstigten Organisation

I. Organisationsrechtliche Voraussetzungen

Das italienische Gesellschaftsrecht unterscheidet folgendermaßen: Auf der einen Seite stehen die gewinnorientierten Organisationsformen, die eine gewinnverteilungsorientierte Zwecksetzung haben müssen (z.B. AG, GmbH, KG) und daher von vornherein nicht als gemeinnützige oder nicht-gewerbliche Organisationen in Frage kommen. Auf der anderen Seite stehen die nicht-gewerblichen Organisationsformen, die keine gewinnorientierte Zwecksetzung haben. Hierbei handelt es sich insbesondere um Vereine, Stiftungen, Kommittees (*Comitati*[18]) und mit Einschränkungen auch die Sozialgenossenschaften.

Wie bereits festgestellt, sind nichtgewinnorientierte Organisationen nur dann nicht-gewerbliche Organisationen, wenn bei ihnen die gewerblichen Tätigkeiten nicht dominieren[19]. Die verbleibenden Einkünfte aus gewerblicher Nebentätigkeit unterliegen hingegen grundsätzlich der partiellen Besteuerung.

Außerdem können nicht-gewerbliche Organisationen, wenn sie die zusätzlichen besonderen Voraussetzungen des Rechts der ONLUS erfüllen, den Status einer ONLUS erhalten (vgl. Art. 10 ONLUS-Gesetz) und hierdurch weitergehende Steuerprivilegien nutzen, insbesondere die Befreiung von der (partiellen) Besteuerung für Einkünfte aus gewerblicher Nebentätigkeit[20].

II. Gemeinnütziger Zweck

Aufgrund der (oben aufgezeigten) Zersplitterung des italienischen Gemeinnützigkeitsrecht gibt es keine allgemeine, für alle relevanten Organisationen geltende Definition des „gemeinnützigen" Zwecks. Vielmehr müsste eine solche Definition aus den verschiedenen Sondervorschriften (mit den entsprechenden Zweck- bzw. Tätigkeitsumschreibungen) zusammengesetzt werden, was hier nur ansatzweise unternommen werden kann.

---

[18] Ein Kommittee ist eine besondere Organisationsform des italienischen Zivilrechts (Art. 39 Codice Civile), die sich neben der fehlenden Rechtsfähigkeit dadurch auszeichnet, dass sie gleichzeitig Elemente des Vereins- und des Stiftungsrechts aufweist; näher hierzu *Propersi/Rossi* (Fn. 5), S. 107 ff.

[19] Siehe oben unter A I 2 a.

[20] Näher hierzu unten unter C II 2 b.

1. ONLUS

Die wohl allgemeingültigste Definition eines „gemeinnützigen Zwecks" findet sich im ONLUS-Gesetz.

a) Definition im ONLUS-Gesetz

Art. 10 ONLUS-Gesetz beschreibt den gemeinnützigen Zweck anhand eines abschließenden Katalogs der folgenden Tätigkeitsfelder: (1) Soziale oder soziosanitäre Hilfe, (2) Gesundheitsvorsorge, (3) Mildtätigkeit bzw. Wohlfahrtwesen, (4) Ausbildung, (5) Berufliche Aus- und Weiterbildung, (6) Amateursport, (7) Denkmal- und Kulturgüterschutz, (8) Natur- und Umweltschutz, (9) Förderung von Kunst und Kultur, (10) Schutz der Bürgerrechte und (11) Wissenschaftliche Forschung von besonderer Bedeutung für das Gemeinwohl unter Beteiligung von Stiftungen.

Zur Frage, ob und gegebenenfalls unter welchen Voraussetzungen bestimmte, einzelne Aktivitäten in den ONLUS-Katalog eingeordnet werden können, nimmt die Finanzbehörde in Rundschreiben Stellung. Ein Beispiel hierfür ist etwa *Circolare Agenzia delle Entrate* vom 18.11.2004 Nr. 48/E zur Frage, ob Altenheime von den für die ONLUS vorgesehenen Steuerleichterungen profitieren können.

b) Elemente: selbstlose Förderung der Allgemeinheit oder einer bedürftigen Gruppe

Eine ONLUS muss ferner ein Ziel von „sozialer Solidarität" (*solidarietá sociale*) verfolgen. Damit ist gemeint, dass grundsätzlich nur benachteiligte Personen oder Personengruppen Empfänger der Leistung einer ONLUS sein dürfen[21]. Als ratio legis für diese Beschränkung des Destinatärskreises wird angeführt, es gehe darum, die privatnützige Verwendung des Vermögens der ONLUS zu verhindern[22].

Der Begriff der *solidarietá sociale* findet sich auch in Art. 2 des Gesetzes Nr. 266 v. 11.8.1999 über die Freiwilligenorganisationen und wurde wohl ursprünglich in Anlehnung an Art. 2 der italienischen Verfassung eingeführt[23]. Ein ministerielles Rundschreiben vom 26.6.1998 Nr. 168/E 14 konkretisiert den Begriff der „benachteiligten Personen" und nennt als Beispiele (1) geistig oder

---

[21] Großzügiger jedoch *Carraba*, in: Le ONLUS tra codice civile e legislazione speciale (Hrsg.: Labriola, Michele), Neapel 2000 S. 103 (107): Es genüge, dass sich unter den Destinatären nach Art. 10 benachteiligte Personen befänden, diese müssten jedoch nicht die einzigen Destinatäre der ONLUS sein.

[22] *Fedele* in Le ONLUS tra codice civile e legislazione speziale, (Hrsg.: Michele Labriola) Neapel 2000 S. 71 (78).

[23] *Tomassetti*, Vita not. 2000, 1631 (1643).

körperlich behinderte Personen, deren Behinderung nicht nur vorübergehend ist, (2) Drogenabhängige, (3) Alkoholabhängige, (4) Bedürftige, (5) Waisen und verlassene Minderjährige, (6) nicht zur Selbstversorgung fähige ältere Personen in finanziellen Schwierigkeiten und (7) Flüchtlinge.

Leistungen gegenüber ONLUS-Mitgliedern sind nur ausnahmsweise zulässig, wenn diese ebenfalls zum benachteiligten Personenkreis gehören[24].

Eine weitere Ausnahme vom Erfordernis der „sozialen Solidarität" ist bei Aktivitäten anerkannt, denen die solidarische Zielsetzung der Tätigkeit als solche immanent ist. In diesem Fall muss die Destinatärsgruppe nicht zu den benachteiligten Personen gehören. Typischerweise handelt es sich hierbei um Tätigkeiten, die der Allgemeinheit zugute kommen. Als Beispiele gelten Umweltschutz oder die Förderung von Kunst und Kultur[25].

Im Ergebnis kann man damit sagen, dass das italienische Gemeinnützigkeitsrecht die Förderung einer bedürftigen Gruppe (als gesetzlichem Regelfall) oder der Allgemeinheit (als gesetzlichem Ausnahmefall) verlangt.

c) Besonderheiten bei der Forschungsförderung durch ONLUS-Stiftungen

Was Forschungsaktivitäten und deren Förderung anbelangt, enthält das ONLUS-Gesetz eine rechtsformspezifische Privilegierung für ONLUS-Stiftungen.

Forschungstätigkeiten sind nur steuerbegünstigt, wenn ein „besonderes gesellschaftliches Interesse an der Forschungstätigkeit" besteht und wenn diese durch eine Stiftung bzw. durch die Vergabe von Mitteln durch Stiftungen direkt an Universitäten durchgeführt wird[26].

Hierdurch soll verhindert werden, dass gewerbliche Forschungsaktivitäten von der steuerlichen Begünstigung der ONLUS profitieren. Allerdings ließ das entsprechende Anwendungsdekret fünf Jahre auf sich warten, so dass den betroffenen Organisationen nur die Wahl zwischen dem präventiven Verzicht auf die Steuervorteile oder dem Risiko des späteren Verlusts dieser Vorteile blieb[27].

2. *Andere steuerbegünstigte Organisationen*

Außerhalb des ONLUS-Gesetzes gibt es in weiteren Spezialgesetzen besondere Bestimmungen, die den steuerbegünstigten Zweck präzisieren.

---

[24] *Tomassetti,* Vita not. 2000, 1631 (1643).
[25] Siehe näher *Hilpold* (Fn. 2), S. 47.
[26] Auch in diesem Fall handelt es sich um eine fördernde Tätigkeit der ONLUS.
[27] Näher hierzu *Ferri/D'Amore* in Corr. Trib. 2003, 2635 ff.

So müssen zum Beispiel die Bankenstiftungen einen im öffentlichen Interesse liegenden Zweck verfolgen, der aus den Bereichen (1) wissenschaftliche Forschung, (2) Bildung, (3) Kunst oder (4) Gesundheitswesen stammt.

Ein anderes Beispiel sind die steuerlichen Sonderprivilegien für bestimmte Vereine („privilegierte Vereine")[28], die ihrem Satzungszweck nach einer der folgenden Vereine sind: (1) Politische und gewerkschaftliche Vereine, (2) Berufsverbände, (3) Religiöse Vereine, (4) Fürsorgevereine, (5) Kulturvereine, (6) Amateursportvereine, (7) Sozialvereine und (8) Vereine für die außerschulische Fortbildung.

III. Vorgaben für die Organisationsstruktur

Vorgaben für die Organisationsstruktur bestehen für einige der steuerbegünstigten Organisationen.

1. ONLUS

Das ONLUS-Gesetz unterscheidet zwischen Stiftungen und Körperschaften[29]:

a) Bei *Körperschaften* enthält das ONLUS-Gesetz im Vergleich zu den (insoweit recht offen gehaltenen) zivilrechtlichen Bestimmungen erhöhte Anforderungen und verlangt eine demokratische Organisationsstruktur[30]. Hervorzuheben ist dabei der besondere Schutz der Rechte des Mitglieds einer ONLUS-Körperschaft[31], insbesondere des Stimmrechts[32]: So ist eine Briefabstimmung für die Mitgliederversammlung einer ONLUS-Körperschaft verboten, weil eine physische Beteiligung des einzelnen Mitglieds nicht garantiert ist. Zulässig ist allein eine Vertretung bei der Stimmabgabe (*voto per delega*)[33]. Verboten ist außerdem eine zeitliche Befristung der aus der Mitgliedschaft entspringenden Rechte[34]. Hierdurch soll verhindert werden,

---

[28] Siehe unten unter C I 2 b.

[29] Zum hier verwendeten Begriff der „Körperschaften" gehören die Kommittees (*Comitati*), die oben in Fn. 18 näher dargestellt werden.

[30] *Ianella,* Vita not. 2001, 1667 (1667).

[31] Aber auch Klauseln, die den Austritt eines Mitglieds verbieten oder kostenpflichtig machen, sind unzulässig; siehe *Labriola,* in: Le ONLUS tra codice civile e legislazione speciale (Hrsg.: Labriola, Michele), Neapel 2000 S. 155.

[32] So müssen alle Mitglieder zumindest bei der Annahme der Satzung, ihren späteren Änderungen sowie bei der Festlegung der Berufungsmodalitäten für die Leitungsorgane stimmberechtigt sein, siehe *Fiorentini* (Fn. 14), S. 316.

[33] Zweifelnd hierzu *Ianella,* Vita not. 2001, 1667 (1673): Es sei nicht plausibel, dass die Vertretung bei der Stimmabgabe zulässig sei, nicht aber eine Briefabstimmung.

[34] Trotz der etwas missverständlichen Formulierung im ONLUS-Gesetz ist hiermit nicht gemeint, dass grundsätzlich nur eine Mitgliedschaft auf Lebenszeit möglich ist, sondern es soll viel-

dass einzelne Mitglieder die ONLUS-Körperschaft unter ihren Einfluss bringen[35].

b) Bei *Stiftungen* verlangt das ONLUS-Gesetz hingegen keine zusätzlichen Voraussetzungen, die über das italienische Stiftungszivilrecht hinausgehen, das dem Stifter einen recht großen Gestaltungsspielraum belässt[36].

2. Andere steuerbegünstigte Organisationen

Auch für manche anderen steuerbegünstigten Organisationen gelten besondere institutionelle Vorgaben.

Ein Beispiel sind die Bankenstiftungen. Dort ist detailliert vorgeschrieben, dass die Leitung (*indirizzo*), die Verwaltung (*amministrazione*) und die Aufsicht (*controllo*) der Stiftung durch verschiedene Organe wahrzunehmen ist.

Ein anderes Beispiel sind die (bereits erwähnten) „privilegierten Vereine". Auch sie müssen gemäß Art. 111 Abs. 4-quinquies TUIR 1986 in der Satzung Regelungen vorsehen, die denen für die ONLUS-Körperschaft ähneln. Es handelt sich hierbei um Vorgaben, die einmal dafür sorgen sollen, dass es sich bei den begünstigten Mitgliedern um effektive Mitglieder handelt (und nicht nur um Scheinmitglieder, die allein an den wirtschaftlichen Vorteilen interessiert sind). Ferner sollen diese Regeln sicherstellen, dass die Organisation eine demokratische Grundstruktur hat[37]. Die Vorgaben verlangen daher folgendes: (1) freie Wählbarkeit des Vorstands; (2) gleiches Stimmrecht aller Mitglieder; (3) Souveränität der Mitgliederversammlung; (4) Festlegung von Kriterien für Aufnahme und Ausschluss von Mitgliedern und (5) Festlegung von Kriterien für eine geeignete Publizität der Mitgliederversammlung, ihrer Beschlüsse sowie der Bilanzen und Abrechnungen. Ausnahmen sind nur zulässig, wenn einzelne Regelungen mit der Grundstruktur bestimmter Vereine (z.B. eines religiösen Vereins) unvereinbar sind.

IV. Vorgaben für die Mittelverwendung

1. ONLUS

Das ONLUS-Gesetz sieht weitere zwingende Vorgaben für die Mittelverwendung vor. Hierzu gehören

---

mehr verhindert werden, dass bestimmte aus der Mitgliedschaft resultierende Teilhaberechte zeitlich befristet werden.

[35] Näher hierzu *Labriola* (Fn. 31), S. 151 f.

[36] Man kann das Fehlen von Vorgaben als eine (weitere) rechtsformspezifische Privilegierung der Stiftungen ansehen.

[37] Siehe *Hilpold* (Fn. 2), S. 32 f.

- die Pflicht, ausschließlich sozial-solidarische Zwecke zu verfolgen;
- das Verbot, andere Zwecke außer den vom Gesetzgeber vorgesehenen zu verfolgen, es sei denn, die anderen Zwecke sind direkt mit den erlaubten verbunden (direkt verbundene Aktivitäten[38]);
- die Beachtung des Gewinnverteilungsverbots,
- die Pflicht, das Vermögen der ONLUS im Fall ihrer Auflösung nur auf eine andere ONLUS zu übertragen.

Ein „Gebot der zeitnahen Mittelverwendung", das Rücklagen beschränkt oder bestimmte Ausschüttungsquoten verlangt, gibt es hingegen nicht.

2. Andere steuerbegünstigte Organisationen

Auch für manche anderen steuerbegünstigten Organisationen gibt es besondere Vorgaben für die Mittelverwendung.

So ist das Vermögen der Bankenstiftungen untrennbar und komplett an den verfolgten Zweck gebunden (siehe Art. 5 d. lgs. 153/99) und das Gewinnausschüttungsverbot findet sich für die „privilegierten Vereine" (siehe Art. 111 Abs. 4-quinquies TUIR 1986). Dieses Gewinnausschüttungsverbot gilt auch dann, wenn die Organisation aufgelöst wird.

V. Vorgaben für die Mittelerzielung (Begrenzung gewerblicher Tätigkeit)

Wie bereits dargestellt, gilt für alle nicht-gewerblichen Organisationen bereits ihrer Definition nach die Regel, dass die gewerblichen Tätigkeiten nicht überwiegen dürfen[39].

Dem entspricht es, dass nach dem ONLUS-Gesetz eine ONLUS grundsätzlich nur diejenigen (gemeinnützigen) Tätigkeiten ausüben darf, die im gesetzlichen Zweckkatalog aufgeführt sind. Eine wichtige Ausnahme hiervon aber für die in der Satzung festgelegten gewerblichen Nebentätigkeiten („direkt verbundene Tätigkeiten"), die nicht nur zulässig, sondern sogar gemäß Art. 12 Abs. 2 ONLUS-Gesetz steuerbefreit sind, worin ein besonderes Privileg der ONLUS liegt[40].

---

[38] Näher hierzu unten unter C II 2 b.
[39] Siehe oben unter A I 2 a.
[40] Näher hierzu unten unter C II 2 b.

C. Besteuerung der Empfängerorganisation

I. Ideelle Einkünfte

1. Grundregel: Keine Besteuerung

Nicht-gewerbliche Organisationen, unabhängig davon, ob es sich im Einzelfall um ONLUS handelt oder nicht, genießen hinsichtlich bestimmter Einkünfte, die man aus rechtsvergleichender Sicht als „ideelle" Einkünfte bezeichnen kann, Steuervergünstigungen. Diese Einkünfte unterfallen weder der Mehrwertsteuer noch anderen Abgaben oder Steuern. Insbesondere zählen zu diesen nicht-steuerpflichtigen Einkünften Erträge aus gelegentlichen Spendensammlungen oder Beiträge durch Gutschriften oder anlässlich von Veranstaltungen, die für von der Organisation verfolgte soziale Zwecke bestimmt sind.

2. Problemfall: Behandlung von Mitgliedsbeiträgen

Problematisch ist hingegen, inwieweit auch Mitgliedsbeiträge als nicht-gewerbliche Einkünfte anzusehen sind. Vor dem Hintergrund der (oben dargestellten) Definition der gewerblichen Tätigkeit[41] lassen sich auch viele Angebote von nicht-gewinnorientierten Vereinen an ihre Mitglieder als gewerbliche Leistungen einordnen.

Von diesen Regeln gelten jedoch Ausnahmen für Vereine (und zwar auch für solche Vereine, die nicht den Status einer ONLUS innehaben).

a) Pauschale Mitgliedsbeiträge

Nach Art. 111 Abs. 1 und 2 TUIR 1986 gelten die von den Vereinen ausgeübten Tätigkeiten nicht als gewerblich, wenn sie (1) in unmittelbarer Ausführung der institutionellen Aufgaben des Vereins ausübt werden, (2) gegenüber den Vereinsmitgliedern ausgeübt werden, und (3) ohne unmittelbare Gegenleistung erfolgen.

Diese in der Praxis bedeutsame Erleichterung ähnelt in der Sache der in Deutschland vertreten Unterscheidung zwischen „echten" und „unechten" Mitgliedsbeiträgen.

Bei allen drei Kriterien ergeben sich Abgrenzungsprobleme[42]:

Zunächst hängt es von der Formulierung der Satzung ab, ob eine bestimmte Tätigkeit des Vereins gegenüber seinen Mitgliedern gewerblich oder nicht-

---

[41] Siehe oben unter A I 2 a.
[42] Siehe näher zum folgenden *Hilpold* (Fn. 2), S. 27 f.; *Friedrich/Kaltschütz/Nam/Parsche/ Wellisch*, Die Besteuerung gemeinnütziger Organisationen im internationalen Vergleich, ifo Institut für Wirtschaftsforschung Forschungsbericht Nr. 24, (2005), S. 353 ff.

gewerblich ist („in unmittelbarer Ausführung der institutionellen Aufgaben des Vereins"). Die Finanzverwaltung legt dieses Kriterium restriktiv aus: Es genüge nicht, dass die betreffende Tätigkeit dem institutionellen Aufgabenbereich zurechenbar sei, sondern sie müsse in unmittelbarer Umsetzung dieser Aufgabe ausgeübt werden.

Im Rahmen des Kriteriums der Mitgliedschaft gibt es Grenzfälle bei so genannten „kurzzeitigen" Mitgliedern, denen Mitgliedausweise mit einer äußerst kurzfristigen Laufzeit (beispielsweise ein Tag) ausgestellt wurden, die gerade ausreichte, um bestimmte Leistungen entgegenzunehmen. Die Finanzverwaltung hat hier die Steuerbefreiung versagt.

Besonders problematisch ist es, ob den vom Verein an die Mitglieder erbrachten Leistungen Gegenleistungen gegenüber stehen, ob sich also (in deutscher Terminologie) um „unechte" Mitgliedsbeiträge (mit Gegenleistung) oder um „echte" Mitgliedsbeiträge (ohne Gegenleistung) handelt. Nach der überkommenen Ansicht gelten pauschale Mitgliedsbeiträge nicht als Gegenleistung (und zwar weder bei der Körperschaftsteuer noch bei der Mehrwertsteuer). Dies soll selbst dann gelten, wenn der Verein regelmäßig Leistungen an die Mitglieder erbringt und die Mitgliedsbeiträge die Voraussetzung für die Inanspruchnahme dieser Leistungen sind, weil gleichwohl in diesem Fall kein unmittelbarer Zusammenhang zwischen den pauschalen Mitgliedsbeitrag und Leistung hergestellt werden könne.

Ob sich diese traditionelle Auslegung mit der neuen EuGH-Rechtsprechung zur Mehrwertsteuer vereinbaren lässt[43], scheint zweifelhaft.

b) Individuelle Mitgliedsbeiträge

Sofern hingegen der Mitgliedsbeitrag nicht pauschal ist, sondern individuell danach gestaffelt ist, dass besondere Leistungen in Anspruch genommen werden, besteht ein hinreichender Zusammenhang zwischen diesem individuellen Beitrag und der Gegenleistung.

Es handelt sich dann grundsätzlich um eine gewerbliche Tätigkeit. Auch hier gibt es aber wiederum in Art. 108 Abs. 3 TUIR 1986 Ausnahmen für die Leistungen bestimmter Vereine (sog. „privilegierte" Vereine[44]), die bestimmte (bereits oben behandelte) Zwecke verfolgen[45].

Sofern diese Leistungen dieser „privilegierten" Vereine in unmittelbarer Umsetzung ihrer satzungsmäßigen Aufgaben vorgenommen werden, wird diese Leistung selbst dann nicht besteuert, wenn ein gesondertes, individuelles Entgelt erhoben wird. Nach dieser weiteren Ausnahme ist z.B. die Überlassung

---

[43] EuGH-Urteil vom 21.3.2002, Rs. C – 174/00 (Kennemer Golf & Country Club), EuZW 2002, 305.
[44] Siehe *Hilpold* (Fn. 2), S. 28 f.
[45] Siehe oben unter B II 2.

der Turnhalle eines Amateursportvereins gegen einen Sonderbeitrag an ein Mitglied (für Sondertrainingseinheiten am Wochenende) steuerbefreit[46].

Diese Ausnahme wird wiederum in Art. 111 Abs. 4 TUIR 1986 eingeschränkt, als bei bestimmten Leistungen des Vereins an das Mitglied (bei Erhebung eines gesonderten Entgelts) gleichwohl die Gewerblichkeit vermutet wird, und zwar (1) die Führung von innerbetrieblichen Verkaufsstellen und Kantinen, (2) die Organisation von Ferienreisen und Ferienaufenthalten, (3) die Veranstaltung von Verkaufsmessen und Verkaufsausstellungen, (4) die gewerbliche Werbung, (5) Leistungen im Telekommunikations- und Rundfunkbereich.

Von dieser Gegenausnahme gilt schließlich wiederum eine Ausnahme, so dass bestimmte Leistungen dieses Katalogs gleichwohl steuerfrei sind, wenn sie von bestimmten „privilegierten" Vereinen durchgeführt werden: dies sind (1) Reisen im Zusammenhang mit dem Vereinszweck bei politischen und gewerkschaftlichen Vereinen, Berufsverbänden und religiösen Vereinen (Art. 111 Abs. 4-ter TUIR 1986) sowie (2) Leistungen an die Mitglieder zur Verköstigung und im Zusammenhang mit Reisen bei Sozialvereinen (Art. 111 Abs. 4-bis TUIR 1986)[47].

II. Einkünfte aus Vermögensverwaltung

Ein Beschluss der Finanzverwaltung vom 30. Juni 2005 Nr. 88/E hat klargestellt, dass es den ONLUS grundsätzlich gestattet ist, Beteiligungen an anderen Gesellschaften zu halten[48]. Unzulässig sind aber Beteiligungen, über die unternehmerischer Einfluss ausgeübt werden kann. Beteiligungen an einer Personengesellschaft dürfen nach italienischer Auffassung jedenfalls nicht zu einer unbegrenzten Haftung der ONLUS mit ihrem eigenen Vermögen für Verbindlichkeiten der Gesellschaft, an der die Beteiligung gehalten wird, führen[49]. Die Dividenden aus dieser Beteiligung sind als Einkünfte „aus verbundener Tätigkeit[50]" zu qualifizieren, wenn sie in direktem Zusammenhang mit der satzungsgemäßen Haupttätigkeit der Organisation stehen.

Für die Bankenstiftungen ist auf die Entscheidung des EuGH vom 10.1.2006 in der Rechtssache Cassa di Risparmio di Firenze hinzuweisen[51], die sich mit der Frage beschäftigt, inwieweit die steuerliche Begünstigung einer gemeinnützigen Bankenstiftung, die ihre Erträge über die Dividenden aus einer

---

[46] Siehe *Hilpold* (Fn. 2), S. 29.
[47] Näher hierzu *Hilpold* (Fn. 2), S. 30 f.
[48] Risoluzione 30 giugno 2005, n. 88/E dell' Agenzia delle entrate.
[49] Vertiefend zu Onlus und Gesellschaftsanteilen *Castaldi* „Onlus: detenzione di partecipazioni societarie ed esercizio di attivitá commericiale" in Enti Non Profit 10/2005, 643 ff.
[50] Näher hierzu sogleich unter C III 2 b.
[51] EuGH v. 10.1.2006, Rs. C-222/04, EuZW 2006, 306 ff.; näher hierzu *Hüttemann*, DB 2006, 914 ff.

Mehrheits- oder Kontrollbeteiligung an einem Unternehmen erwirtschaftet, als verbotene Beihilfe zu qualifizieren ist, und auf die an anderer Stelle in diesem Band näher eingegangen wird[52].

III. Gewerbliche Einkünfte

1. Partielle Besteuerung von Einkünften aus gewerblicher Nebentätigkeit

Soweit eine nicht-gewerbliche Organisation gewerbliche Nebeneinkünfte bezieht, unterliegen diese (aber auch nur diese) grundsätzlich der Körperschaftsteuer[53]. Sind die gewerblichen Tätigkeiten hingegen so stark, dass es sich hierbei um die ausschließliche oder um die überwiegende Tätigkeit handelt, so geht der Status als nicht-gewerbliche Organisation verloren, weil die Organisation dann als gewerbliche Organisation anzusehen ist[54].

2. Sonderregeln für die ONLUS

Besondere Privilegien gelten für die gewerblichen Nebeneinnahmen einer ONLUS.

a) Zweckbetriebe

Erträge aus der satzungsgemäßen operativen Aktivität einer ONLUS werden als nicht-gewerbliche und damit nicht-steuerpflichtige Erträge eingeordnet[55].

b) Wirtschaftliche Geschäftsbetriebe

Für Einnahmen aus gewerblicher Nebentätigkeit gilt eine wichtige Sonderprivilegierung für die ONLUS: Nach Art. 12 ONLUS-Gesetz werden nämlich derartige Erträge, die eigentlich als gewerbliche Einkünfte steuerpflichtig wären, nicht besteuert, wenn sie aus direkt mit dem eigentlichen Zweck verbundenen Nebenaktivitäten stammen (sog. direkt verbundene Aktivitäten). Ziel dieser Regelung ist es, dass Vermögenswachstum bei den Non-Profit-Organisationen zu fördern[56].

---

[52] Siehe näher *von Hippel/Walz*, Generalbericht, D II 1 b (S. 135); *dies.*, Rechtspolitische Optionen, X 2 e (S. 271); sowie *Walz*, in diesem Buch, C III 4, S. 658.

[53] Siehe näher hierzu oben unter A I 2 a.

[54] Siehe oben unter A I 2 a.

[55] *Fiorentini* (Fn. 14), Bologna, 2000; S. 322.

[56] Siehe *Havemann* in Jhb. für ital. Recht 2000, S. 203 (207); ähnlich *De Giorgi* in Hopt/Reuter (Hrsg.), Stiftungsrecht in Europa (2001), S. 381 (399).

Eine Nebentätigkeit liegt nach der Legaldefinition des Art. 10 Abs. 5 ONLUS-Gesetz vor, wenn es sich um eine (in der Satzung vorgesehene Tätigkeit) in den folgenden Bereichen handelt: Amateursport, Ausbildung, Unterricht, Gesundheitshilfe, Förderung von Kultur und Kunst und Bürgerrechte. Tätigkeiten in einem sonstigen Bereich sind Nebentätigkeiten, wenn sie sich ihrer Natur nach als Nebentätigkeit zur Haupttätigkeit darstellen.

Als übliche gewerbliche Nebentätigkeiten gelten die folgenden (in Art. 8 Abs. 4 DL 266/1991 genannten) Tätigkeiten: (1) gelegentliche (nicht regelmäßige) Verkäufe zur Unterstützung der Ziele ONLUS bei Veranstaltungen, Versammlungen oder Aktionen zur Förderung der Zielsetzungen der ONLUS; (2) Weiterverkäufe von Gütern, die der Organisation kostenlos gespendet worden sind (Sachspenden); (3) Verkäufe von Gütern, die von Betreuten oder von ehrenamtlichen Helfern hergestellt worden sind; (4) Verkäufe von Speisen und Getränken bei gelegentlichen Versammlungen, Veranstaltungen oder Feierlichkeiten und (5) entgeltliche Dienstleistungen in dem durch die Satzung festgelegten Bereich der ONLUS, wenn das Entgelt die direkt zurechenbaren Kosten um nicht mehr als 50 % überschreitet.

Eine Nebentätigkeit muss nicht die sonstigen Erfordernisse für eine ONLUS-Aktivität erfüllen (z.B. die sozial-solidarische Zweckverfolgung). Es kann sich hierbei auch um gewerbliche Tätigkeiten zur Mittelbeschaffung für die (gemeinnützigen) Tätigkeiten handeln[57]. Nach Art. 10 des Dekrets Nr. 460 aus dem Jahr 1997 muss die Satzung Klauseln enthalten, aus denen hervorgeht, dass die Aktivität der ONLUS in einem der vorgeschriebenen Sektoren stattfindet und darüber hinaus keine weiteren Tätigkeiten ausgeübt werden, außer den damit direkt verbundenen Nebentätigkeiten. Eine konkrete Aufzählung einzelner dieser Nebentätigkeiten in der Satzung fordert das Gesetz dem Wortlaut nach nicht. Allerdings muss die Nebentätigkeit gegenüber der Haupttätigkeit untergeordnet sein und die Erträge aus der Nebentätigkeit dürfen nicht mehr als 66% der Gesamterträge ausmachen[58].

Diese besondere Ausnahme führt im übrigen nicht dazu, dass es sich nunmehr um nicht-gewerbliche Einkünfte handelt. Vielmehr bleiben die Einkünfte aus gewerblichen Nebentätigkeiten ihrer Natur nach gewerbliche Einkünfte und müssen in der Buchhaltung gesondert von den anderen Einkünften erfasst werden.

IV. Weitere Begünstigungen

Auch im Bereich der Umsatzsteuer gibt es zum Teil Vergünstigungen. So sind z.B. Krankentransportleistungen, die durch lizensierte Unternehmen oder durch

---

[57] Sie sind gewissermaßen „Hilfstätigkeiten" für den ideellen Hauptzweck, siehe *Fiorentini* (Fn. 14), S. 299.

[58] *Propersi/Rossi* (Fn. 5), S. 195.

ONLUS erbracht werden nach Art. 10 Abs. 15 der Verordnung Nr. 633/1972 nicht umsatzsteuerpflichtig. Das gleiche gilt auch für durch ONLUS erbrachte Kinder- oder Jugenderziehungsleistungen[59].
Vergünstigungen für Non-Profit-Organisationen gibt es außerdem z.B. im Bereich der kommunalen Grundsteuern.

D. Besteuerung des Spenders, Stifters, Zustifters

I. Vergünstigungen für Spenden

Auch im italienischen Steuerrecht gibt es die Möglichkeit bei Spenden an bestimmte Organisationen von einer Abzugsmöglichkeit vom steuerpflichtigen Gesamteinkommen zu profitieren.

Neben neuen Sonderabzugsmöglichkeiten insbesondere für die ONLUS, von denen natürliche wie juristische Personen gleichermaßen profitieren können, kann insbesondere zwischen Spendenabzugsmöglichkeiten für Privatpersonen und für Unternehmen unterschieden werden.

1. Spenden von natürlichen Personen zugunsten von nicht-gewerblichen Organisationen

Aus Art. 10 der Verordnung Nr. 344 vom 12.12.2003 geht insbesondere hervor, dass vom steuerpflichtigen Gesamteinkommen Beiträge, Spenden und Schenkungen zugunsten von Nicht-Regierungsorganisationen gemäß Art. 28 des Gesetzes vom 26.2.1987 (Anerkannte Entwicklungshilfsorganisationen) sowie Geldspenden bis zu einem Betrag von 2 Mio. Lire an das Zentralinstitut für die Unterstützung des Klerus der katholischen Kirche in Italien abzugsfähig sind.

Außerdem ist nach Art. 15 der Rechtsverordnung Nr. 344 vom 12.12.2003 (ex Art. 13-bis D.P.R. 917/1986) von der Brutto-Steuer ein Betrag in Höhe von 19 Prozent der Ausgaben des Steuerpflichtigen (unter der Voraussetzung, dass er diese Ausgaben nicht bei den einzelnen Einkommensarten, aus denen sich das steuerpflichtige Gesamteinkommen zusammensetzt, abziehen kann) für freiwillige Geldzuwendungen an Stiftungen und Vereine ohne Gewinnverteilungsabsicht, die u.a. Studien, Forschung oder kulturelle Aktivitäten fördern, abzugsfähig. Die gleiche Norm gestattet auch den Abzug von Geldspenden an Non-Profit-Organisationen, die kulturelle Veranstaltungen fördern, bis zu einer Höhe von zwei Prozent des angegebenen steuerpflichtigen Gesamteinkommens, sowie schließlich den Abzug von Geldspenden bis zu einem Betrag von 4 Mio. Lire zugunsten der ONLUS oder anderer Stiftungen und Vereine.

---

[59] Vgl. *Propersi/Rossi* (Fn. 5), S. 590 f.

Ebenfalls nach derselben Norm sind bis zu einem Gesamtbetrag pro Steuerbemessungszeitraum von 1.500 Euro Geldspenden an Amateursportvereinigungen abzugsfähig.

2. Spenden von Unternehmen zugunsten von nicht-gewerblichen Organisationen

Der einschlägige Art. 100 der Rechtsverordnung Nr. 344 vom 12. Dezember 2003 sieht auch für Unternehmen Spendenabzugsmöglichkeiten vor. So können sie als sozial nützliche Ausgaben insbesondere Spenden an juristische Personen ohne Gewinnverteilungsabsicht abziehen, sofern diese Nonprofit-Organisationen Zwecke in den Bereichen Erziehung, Ausbildung, Erholung, soziale oder sozial-gesundheitliche Unterstützung, Religion oder wissenschaftliche Forschung verfolgen bzw. sofern es sich um eine der bereits erwähnten anerkannten Entwicklungshilfeorganisationen handelt. Dieser Spendenabzug zugunsten von Unternehmen ist begrenzt auf einen Gesamtbetrag von maximal zwei Prozent des zu versteuernden Jahreseinkommens des spendenden Unternehmens. Erfasst sind sowohl Geld- als auch Sachspenden.

Obwohl nach dieser Regel an sich nur juristische Personen als Spendenempfänger in Frage kommen, hat die Finanzbehörde (*Agenzia delle Entrate*) in ihrem Beschluss vom 5. März 2002 erklärt, dass sie aufgrund der Regeln des Kirchenrechts, die dem Papst den Status einer kirchenrechtlichen juristischen Person zuerkennen, auch Spenden direkt an den Pontifex nach dieser Norm als zum Spendenabzug berechtigend anerkennt.

Abzugsfähig sind, spiegelbildlich zu der Regelung für natürliche Personen, auch Spenden zugunsten von Hochschulen, Forschungsinstituten, zugunsten von Stiftungen und Vereinen ohne Gewinnverteilungsabsicht und zugunsten von ONLUS. Der Abzug ist begrenzt auf 2.065,83 € oder auf zwei Prozent des angegebenen steuerpflichtigen Jahreseinkommens des spendenden Unternehmens.

3. Neue Spendenabzugsmöglichkeiten zugunsten von bestimmten nicht-gewerblichen Organisationen

Spenden an eine ONLUS sind daneben mittlerweile (seit 2005) bis zu 10 % des Einkommens (höchstens 70.000 €) vom jährlichen Gesamteinkommen der spendenden natürlichen oder juristischen Person absetzbar (Siehe Art. 14 Nr. 1 decreto-legge v. 14.3.2005 Nr. 35)[60]. Das Gleiche gilt auch für diejenigen Stiftungen und Vereine, die den Schutz oder die Erhaltung von historischen,

---

[60] Näher hierzu und zu dem dazugehörigen Rundschreiben der Finanzverwaltung *Perlini* Precisazioni e novità della circolare sul „più dai/meno versi" in Enti Non Profit 10/2005, 637 ff.

landschaftlichen oder künstlerischen Kulturdenkmälern zum Zweck haben. Die alten Abzugsregelungen bestehen daneben weiter, sind aber wohl nicht kumulativ nutzbar.

II. Abgrenzungsfragen

1. Spende, Entgelt und Mitgliedsbeitrag

Die problematische Abgrenzung zwischen Spende, Entgelt und Mitgliedsbeitrag ist bereits an anderer Stelle vorgenommen worden[61].

2. Spende und Sponsoring

Werden von privaten Unternehmen Geldbeträge zugewendet, ohne dass dafür eine Gegenleistung vereinbart wurde, so entspricht dies einer Spende und diese Zuwendungen sind nicht steuerpflichtig. Wird hingegen eine Gegenleistung vereinbart handelt es sich zumindest dann um steuerpflichtige Einkünfte, die der Körperschaftsteuer unterliegen, wenn diese Gegenleistung einen regelmäßigen Charakter hat (z.B. Sponsoring einer mehrmals im Jahr stattfindenden Sportveranstaltung). Handelt es sich dagegen um eine einmalige oder jedenfalls gelegentliche Gegenleistung einer nicht erwerbsorientierten Organisation, so sind die zugewendeten Beträge nicht steuerpflichtig (z.B. einmalige Förderung einer bestimmten Ausstellung eines Museums). Unter steuerrechtlichen Gesichtspunkten unschädlich ist es auch, wenn die geförderte Organisation keine echte werbewirksame Verpflichtung zugunsten des Sponsors eingeht, sondern nur die Tatsache der Förderung an sich bekannt macht. In diesem Fall kann von einer Spende ausgegangen werden, die aber im Gegensatz zu Betriebsausgaben nur begrenzt von der Steuer abzugsfähig ist.

E. Verfahren, Kontrolle, Haftung

Zu unterscheiden ist auch hier zwischen den allgemeinen Regeln für nichtgewerbliche Organisationen und den besonderen Regeln für die ONLUS.

I. Nicht-gewerbliche Organisationen

Der Status einer nicht-gewerblichen Organisation wird nicht eigens verliehen, sondern ergibt sich daraus, dass die Finanzverwaltung ihn im Rahmen ihrer jährlichen Überprüfung anerkennt. Das ist dann der Fall, wenn die betroffene

---

[61] Siehe oben unter C I 2.

Organisation innerhalb dieses Jahres keine Einkünfte aus einer unternehmerischen Tätigkeit erzielt hat. Hat sie innerhalb des Besteuerungszeitraums eines Jahres überwiegend gewerbliche Einkünfte erzielt, verliert sie den Status einer nicht-gewerblichen Organisation.

Nicht-gewerbliche Organisationen sind nach dem italienischen Steuerrecht dazu verpflichtet, über ihre gewerblichen Aktivitäten separat Buch zu führen[62]. Für den Fall ihrer Auflösung muss die jeweilige Satzung die Übertragung der Vermögensgegenstände an andere steuerbegünstigte Organisationen vorsehen.

II. ONLUS

1. Verleihung des Status einer ONLUS

Eine ONLUS ist in einem eigenen Register (*anagrafe unica delle ONLUS*) einzutragen. Problematisch ist freilich, dass vorab kaum geprüft wird, ob die Voraussetzungen zur Erlangung der Steuervergünstigung wirklich bestehen.[63]

Unmittelbare Folgen gegenüber Dritten ergeben sich aus der Eintragung nicht, allerdings sind die Organisationen dann verpflichtet, im Rechtsverkehr die Bezeichnung „ONLUS" zu verwenden. Insofern kann sich ein Spender in Italien zumindest darauf verlassen, dass er bei einer Spende an eine ONLUS an eine im Register eingetragene Organisation spendet.

2. Kontrolle

Wegen der schwach ausgeprägten Vorabkontrolle der ONLUS sind eine spätere Kontrolle und zugehörige Sanktionsmöglichkeiten nötig, um einen Missbrauch der Steuerprivilegien zu verhindern.

Obwohl eine eigene unabhängige Behörde (*agenzia*) für die ONLUS geschaffen wurde, findet die Kontrolle tatsächlich durch die Finanzbehörde (*agenzia delle entrate*[64]) statt. Die Kontrollfunktionen der *Agenzia per le Onlus*[65] sind eher allgemein gehalten und beschränken sich im wesentlichen auf das Anfordern von Dokumenten und das Erheben von Informationen[66]. Stellt

---

[62] Näher hierzu *Hilpold* (Fn. 2), S. 36 ff.

[63] *Ferri/D'Amore* in Corr. Trib. 2003, 1961 (1963). Kritisch zum grundsätzlichen Nutzen der Register-Eintragung ohne vorherige Prüfung auch *Ferri/D'Amore* in Corr. Trib. 2003 S. 3907 (3908). Zwar findet auch eine Kontrolle der erforderlichen Einschreibungsvoraussetzungen statt, diese beinhaltet aber im wesentlichen die Formalia der Satzung.

[64] www.agenziaentrate.it.

[65] Internetadresse: http://www.agenziaperleonlus.it/. Vgl. zuletzt zu den Aufgaben der Agenzia *Ferri/D'Amore* Sintesi e pareri emanati fino al 2004 dell' Agenzia per le ONLUS in Enti non Profit 10/2005 S. 626.

[66] *Ferri/D'Amore* in Corr. trib. 2003, 1961 (1961).

die *Agenzia per le Onlus* die Verletzung gesetzlicher Vorschriften fest, so kann sie diese nicht selbst sanktionieren[67]. Sie kann aber die zuständigen Behörden informieren, wenn sie bei ihrer Arbeit auf Gesetzesverstöße aufmerksam wird[68].

3. Rechnungslegung

Art. 25 des DL 460/1997 verlangt für die ONLUS eine systematische, komplette und analytische Rechnungslegung. Daneben gelten die (bereits angesprochenen) allgemeinen Regeln für die nicht-gewerblichen Organisationen[69].

Die steuerrechtlichen Anforderungen unterscheiden also zwischen zwei Bereichen:

- Für die gesamte Tätigkeit der ONLUS ist eine konkrete Methode für die Rechnungslegung ist zwar nicht ausdrücklich vorgeschrieben[70], es empfiehlt sich aber die doppelte Buchführung, wobei zur Orientierung die für Unternehmen geltenden Bestimmungen des Art. 65 des Präsidialdekrets Nr. 917/1986 dienen können[71]. Außerdem können evtl. spezialgesetzliche Regelungen einschlägig sein[72]. Für ONLUS, deren jährliche Einkünfte aus allen weniger als 185.924,48 € betragen, gilt eine Erleichterung, da für sie im folgenden Geschäftsjahr eine Einnahmen-/Ausgabenrechnung ausreicht[73].

- Über die direkt verbundenen Tätigkeiten muss (wie bereits erwähnt[74]) separat Buch geführt werden, da sie als gewerbliche Tätigkeiten eingeordnet werden. Ziel dieser separaten Buchführung ist der Nachweis, dass die direkt verbundenen Aktivitäten nicht den überwiegenden Teil der Aktivitäten der ONLUS ausmachen. Für ONLUS, deren Erträge bestimmte Schwellen nicht übersteigen, gelten auch hier weitere, vereinfachte Rechnungslegungsvorschriften[75].

Abgesehen von diesen (von steuerrechtlichen Erfordernissen) geprägten Vorschriften, müssen die ONLUS innerhalb von vier Monaten nach Abschluss

---

[67] *Ferri/D'Amore* in Corr. trib. 2003, 1961 (1961).

[68] Art. 3 Nr. 1 h) D.P.C.M. vom 21.3. 2001 Nr. 329.

[69] Siehe oben unter E 1.

[70] Es gibt aber Empfehlungen für die Rechnungslegung der Non-Profit-Organisationen, die von einer Kommission der nationalen Vereinigung der *dottori commercialisti* ausgearbeitet werden, s. raccomandazione n. 7 vom 28.10.2004.

[71] *Dei* in Gli enti per i servizi culturali (Hrsg. Giacinti) S. 254.

[72] *Dei* in Gli enti per i servizi culturali (Hrsg. Giacinti) S. 254.

[73] Siehe dazu *Propersi/Rossi* (Fn. 5), S. 213.

[74] Siehe oben unter C II 2 b (S. 357).

[75] Siehe dazu ausführlich *Dei* in Gli enti per i servizi culturali (Hrsg. Giacinti) S. 257 f.

des Geschäftsjahres nach Art. 25 ONLUS-Gesetz auch eine Bilanz vorlegen, die die Vermögensverhältnisse der Organisation widerspiegeln soll.
Werden in der Öffentlichkeit z.B. durch Benefizveranstaltungen Spenden gesammelt, so muss nach Art. 8 ONLUS-Gesetz über die anlässlich dieser Veranstaltungen eingegangenen und ausgegebenen Gelder Buch geführt werden und zwar in klarer und transparenter Weise.
Besondere Anforderungen zur Publizität der Rechnungslegung gibt es nicht, wohl aber Aufbewahrungspflichten für Dokumente[76].

4. Sanktionen, Haftung

Die ursprünglich von den Finanzbehörden verhängten Sanktionen für den Fall, dass im Nachhinein festgestellt wurde, dass eine Organisation die Voraussetzungen für den ONLUS-Status nicht erfüllte, waren drastisch: Nach der Auffassung der Finanzbehörde hatte die als Sanktion vorgesehene Löschung aus dem ONLUS-Register nämlich die Auflösung der Organisation und die Verteilung des verbliebenen Vermögens an andere ONLUS zur Folge[77].
Ein ministerielles Rundschreiben 14/E 2003 hat klargestellt, dass neben der Nachzahlung evtl. zu wenig gezahlter Steuern nur die im ONLUS-Gesetz oder anderen Steuergesetzen festgelegten Folgen eintreten können. Wird also festgestellt, dass eine Organisation die ONLUS-Voraussetzungen nicht erfüllt, so wird sie davon in Kenntnis gesetzt und aus dem Register gestrichen, womit rückwirkend der Verlust der Steuervergünstigung einher geht[78]. Art. 28 Abs. 3 ONLUS-Gesetz sieht für den Fall des unberechtigten Beanspruchens der Steuerprivilegierung eine weit reichende Haftung nicht nur der Organisation selbst, sondern auch ihrer jeweiligen gesetzlichen Vertreter vor. Insbesondere haften sie für den Fall, dass Dritten (Spendern) Steuerersparnisse aufgrund des zu Unrecht angenommenen ONLUS-Status entstanden sind, gesamtschuldnerisch mit der Organisation oder mit dem Steuersubjekt, das die gesparten Steuern geschuldet hätte[79].
In dem neuen Gesetz zu den erhöhten Abzugsmöglichkeiten aus dem Jahr 2005, das unter dem Motto „più dai meno versi" (je mehr du gibst, desto weniger zahlst du) in Italien bekannt wurde, sind auch Sanktionsmöglichkeiten für die Finanzverwaltung vorgesehen, falls die gesetzlichen Voraussetzungen für den Spendenabzug nicht vorlagen. Dabei haften die Spender und die begünstigte Organisation sowie ihre geschäftsführenden Organe solidarisch. Die von der Verwaltung festzusetzende Geldstrafe beläuft sich auf einen Betrag

---

[76] Siehe das Rundschreiben des Finanzministers vom 26. Juni 1998 n. 168/E Nr. 8. Der konkrete Zeitraum wird nicht näher benannt.

[77] Ferri/D'Amore in Corr. trib. 2003, 1961 (1964).

[78] Ferri/D'Amore in Corr. trib. 2003, 1961 (1964).

[79] Das geht auch aus Art. 14 Abs. 5 des decreto-legge vom 14.3.2005 Nr. 25 hervor.

zwischen 100 und 200 Prozent der Differenz zwischen der gezahlten und der tatsächlich geschuldeten Steuer, der dann noch mal um 200 Prozent erhöht werden kann.

F. Reformen, Diskussionen, persönliche Stellungnahme

I. Reformen und rechtspolitische Vorschläge

1. Rückblick

Erst seit Anfang der neunziger Jahre gibt es auch in Italien gesetzgeberische Maßnahmen, die gezielt Non-Profit-Organisationen und insbesondere ihre steuerrechtlichen Rahmenbedingungen betreffen. Davor gab es über die allgemeinen rechtsformbezogenen Regeln, insbesondere im Ersten Buch des Codice Civile zu Vereinen und Stiftungen, hinaus kaum besondere (Steuer-) Gesetze für diese Organisationen, wenn man den kirchlichen Bereich außen vorlässt.

Mit dem Rahmen-Gesetz Nr. 266 vom 11. August 1990 zu ehrenamtlichen Tätigkeiten (*volotariato*) hat der italienische Gesetzgeber das erste Mal ein spezielles Gesetz mit Relevanz für die Organisationen des Dritten Sektors geschaffen. In diesem Gesetz tauchte erstmals der Begriff der *fini di solidarietà*, der solidarischen Ziele, auf, der dann im ONLUS-Gesetz Nr. 460 vom 4. Dezember 1997 wieder verwendet wird, um die begünstigten Organisationen von anderen abzugrenzen.

Ganz neu ist die mit dem Haushaltsgesetz für das Jahr 2006 eingeführte Möglichkeit für den italienischen Steuerzahler, mit seiner Einkommensteuererklärung für das Jahr 2005 direkt fünf Tausendstel der fälligen Steuer an bestimmte Non-Profit-Organisation weiterzuleiten. Dabei kann er neben den ONLUS auch Stiftungen oder Vereine, soziale Aktivitäten der Kommune an seinem Wohnort oder die wissenschaftliche, universitäre bzw. medizinische Forschung begünstigen.

2. Ausblick

In der Praxis entstehen jedoch weiter viele Probleme für die Non-Profit-Organisationen in Italien daraus, dass trotz der angestrebten Vereinfachung des Steuerrechts durch die Einführung des ONLUS Status, daneben weiter besondere Vorschriften in anderen Gesetzen bestehen und die Regelungen des Dekrets selbst ebenfalls kompliziert sind. So besteht in Italien auch die Forderung nach einer eigenen zivilrechtlichen Rechtsform zur Organisation von

Non-Profit-Aktivitäten *de lege ferenda* weiter[80]. Ob ein gegenwärtig in Italien diskutiertes Reformprojekt für die Organisationen des Ersten Buches des *Codice Civile* (Vereine, Stiftungen) ähnlich wie die Reform des Fünften Buches des *Codice Civile* (Gesellschaften) aus dem Jahr 2003 tatsächlich realisiert wird, bleibt abzuwarten[81].

Im Rahmen der sich im Umsetzungsprozess befindenden Steuerrechtsreform sind weitere Veränderungen für die Non-Profit-Organisationen in Italien nicht ausgeschlossen.

II. Persönliche Stellungnahme

Die große Zahl von Einzelregelungen und das weitgehende Fehlen von Generalklauseln oder allgemeinverbindlicher Definitionen im Bereich der Steuervergünstigungen für Non-Profit-Organisationen in Italien machen diesen Bereich gerade auch für die häufig sehr kleinen, betroffenen Organisationen äußerst unübersichtlich.

Bemerkenswert an den Regeln zur ONLUS ist der Versuch, besondere Privilegien an Voraussetzungen zu knüpfen, welche die Transparenz verbessern (Pflicht zur Rechnungslegung) und die Mitgliederrechte stärken (bei ONLUS-Körperschaften). Allerdings fehlt es an Publizitätsvorschriften.

Ob es sinnvoll ist, die ONLUS durch das Merkmal der *solidarietà sociale* zu definieren (also als Regelfall die Förderung bedürftiger Personen zu verlangen), ist fraglich, weil dieses Kriterium nur für manche der ONLUS-Tätigkeitsbereiche passend erscheint[82]. Im Ergebnis wird aber (durch eine entsprechende Auslegung) auch die Förderung der Allgemeinheit anerkannt.

---

[80] *Pettinato* in Terzo Settore 2004/4, 76 f.; *Ponzanelli* in Le ONLUS tra codice civile e legislazione speziale (Hrsg.: Michele Labriola) Neapel 2000, S. 13; *Stalteri*, Enti non profit e tutela della fiducia, Turin 2002, S. 391.

[81] Auch im Zuge der unlängst erfolgten Reform der im Fünften Buch des Codice Civile geregelten Gesellschaftsrechtsformen ergibt sich gegenwärtig keine andere Bewertung und eine Reform des Stiftungs- und Vereinsrecht des Ersten Buches scheint in der gegenwärtigen Legislaturperiode für den italienischen Gesetzgeber keine Priorität zu besitzen.

[82] Kritisch gegenüber diesem Merkmal und für eine stärkere Betonung des Non-Profit-Aspekts im Sinne eines Gewinnverteilungsverbots auch *Stalteri* (Fn. 80) S. 391.

Gemeinnützigkeits- und Spendenrecht in den Niederlanden

WINO VAN VEEN

A. Allgemeines
  I. Gemeinnützigkeitsrecht und Steuersystem
  II. Theoretische Grundlagen der Steuerbefreiung
  III. Empirische Daten
B. Voraussetzung der Vergünstigung bei der empfangenden Organisation/Voraussetzungen für den Status einer begünstigten Organisation.
  I. Organisationsrechtliche Voraussetzungen
  II. Gemeinnütziger Zweck
    1. Gemeinnützigkeit und allgemeines Interesse
    2. Das allgemeine Interesse
    3. Allgemeines Interesse versus privates Interesse
    4. Ein umstrittener Fall
  III. Vorgaben für die Mittelverwendung
    1. Zweckmäßige Verwendung
    2. Ausschüttungsbeschränkungen
    3. Verwendungsgebot
    4. Vermögensverwaltung
  IV. Vorschriften zum Vermögenserwerb
C. Besteuerung der Empfängerorganisation
  I. Einkünfte von gemeinnützigen Einrichtungen und deren Besteuerung
    1. Einleitung
    2. Schenkungen, Stiftungsvermögen und Erbeinsetzungen
    3. Einkünfte aus Vermögen
    4. Einkünfte aus gewerblichen Aktivitäten
      a) Allgemeine Vorschriften
      b) Befreite Körperschaften
D. Besteuerung des Spenders, Stifters, Zustifters
  I. Spendenabzug
    1. Spendenabzug im Rahmen der Einkommensteuer
    2. Spendenabzug im Rahmen der Körperschaftsteuer
  II. Der Begriff „Spende"; Abgrenzungen und Differenzierungen
  III. Besondere Fragen
    1. Zivilrechtliche Einordnung der Spenden, Möglichkeit einer Zweckwidmung
    2. Spendenabzug: spezifische Fragen
      a) Spenden an politische Parteien
      b) Spenden an staatliche Organisationen
      c) Spenden an im Ausland ansässige Einrichtungen
E. Verfahren, Kontrolle, Haftung
  I. Gewährung und Folgen des Status einer gemeinnützigen Einrichtung
  II. Sanktionen und Konsequenzen
F. Reformen, Diskussionen, persönliche Stellungnahme

A. Allgemeines

I. Gemeinnützigkeitsrecht und Steuersystem

In den Niederlanden gibt es kein spezifisches Gemeinnützigkeitsrecht. So gibt es beispielsweise keine besonderen Vorschriften für die Struktur oder die Überwachung des Vorstands gemeinnütziger Einrichtungen. Ferner gilt in den Niederlanden nicht die Einschränkung, dass Stiftungen nur für einen gemeinnützigen Zweck gegründet werden dürfen, wie es in ungefähr der Hälfte der europäischen Länder der Fall ist.[1] Mit dem Status einer gemeinnützigen Einrichtung ist auch keine Erweiterung der Rechtsfähigkeit verbunden, wie sie in einigen anderen Ländern vorkommt.[2] Vereine und Stiftungen können somit sowohl für private als für gemeinnützige Zwecke gegründet werden, ohne dass dies Auswirkungen auf ihren rechtlichen Status oder auf ihre Überwachung hat.

Der Status einer gemeinnützigen Einrichtung wirkt sich insbesondere auf ihre steuerrechtliche Behandlung aus. Gemeinnützigkeit ist somit ein steuerrechtlicher und kein zivilrechtlicher Begriff. Schenkungen, Vermächtnisse oder Erbeinsetzungen zu Gunsten von gemeinnützigen Einrichtungen werden steuerlich in verschiedenster Weise begünstigt. Die wichtigsten Begünstigungen beziehen sich einerseits auf Steuerbefreiungen bzw. Herabsetzungen der Schenkung- und Erbschaftsteuer und andererseits auf die Abzugsfähigkeit von Spenden. Diese Abzugsfähigkeit ist übrigens nicht den gemeinnützigen Einrichtungen vorbehalten. Auch für Spenden zu Gunsten von Vereinen gilt eine erweiterte Abzugsfähigkeit. Darüber hinaus wurde insbesondere für Spenden an juristische Personen mit einem bestimmten wohltätigen, aber nicht als gemeinnützig zu qualifizierenden Zweck ebenfalls eine Befreiung von der Schenkungsteuer festgelegt. Auf diese Aspekte soll im Folgenden genauer eingegangen werden.

Im Allgemeinen ist festzustellen, dass der Begriff Gemeinnützigkeit innerhalb des Anwendungsbereichs der Steuerbegünstigungen für die Empfänger einerseits und für die Spender andererseits eine zentrale Stellung einnimmt. In jedem der einschlägigen Gesetze – dem Erbschaftsteuergesetz idF 1956 (SW 1956),[3] dem Einkommensteuergesetz idF 2001 (Wet IB 2001)[4] bzw. dem

---

[1] Siehe U. Drobnig, *Foundations as institutionalized charitable activity*, in: A. Schlüter, V. Then & Peter Walkenhorst (eds.) *Foundations in Europe*, London 2001, p. 611, und im selben Werk, W.J.M. van Veen, *Supervision of foundations in Europe*, p. 732.

[2] W.J.M. van Veen, Gemeinnützigkeitsrecht aus vergleichender Sicht, in: H.K. Anheier & V. Then (Hrsg.) Zwischen Eigennutz und Gemeinwohl: Neue Formen und Wege der Gemeinnützigkeit (2006), S. 203 ff.

[3] Gesetz vom 28. Juni 1956 in Bezug auf die Erhebung von Erbschaftsteuern, Schenkungsteuern und Erwerbsteuern, Staatsblad 1956, Nr. 362.

[4] *Wet op de inkomstenbelasting* 1964, zuletzt geändert durch Gesetz vom 11. Mai 2000, Staatsblad 2000, Nr. 215.

Körperschaftsteuergesetz idF 1969 (Wet VpB 1969)[5] – wird der Begriff gemeinnützige Einrichtung oder ein äquivalenter Begriff verwendet.[6] Die Steuererhebung erfolgt auf höchster staatlicher Ebene durch die zu diesem Zweck für jedes einzelne Steuergesetz bestellte Steueramt. Das Fehlen eines spezifischen Gemeinnützigkeitsrechts führt grundsätzlich dazu, dass jedes der Steuerämter selbständig festlegen kann, ob eine Einrichtung als gemeinnützige Einrichtung zu qualifizieren ist oder nicht. In einer Resolution des Staatssekretärs ist jedoch festgelegt, dass eine Entscheidung des für die Umsetzung des Erbschaftsteuergesetzes idF 1956 zuständigen Steueramts, in der einer bestimmten Einrichtung der Status der Gemeinnützigkeit verliehen wird, von den anderen Steuerämtern übernommen werden muss.[7] Das hierfür zuständige Steueramt ist der „Belastingdienst/Ondernemingen" in 's-Hertogenbosch. Wird eine Organisation als gemeinnützige Einrichtung im Sinne des Erbschaftsteuergesetzes idF 1956 eingestuft, sind Spenden zu Gunsten solcher Organisationen demnach abzugsfähig.

II. Theoretische Grundlagen der Steuerbefreiung

Über die theoretischen Grundlagen der Steuerbefreiung von Spenden, Vermächtnissen und Erbeinsetzungen zu Gunsten von gemeinnützigen Einrichtungen wurde in den Niederlanden keine grundlegende Diskussion geführt. Vielmehr wurde in der Literatur vertreten, dass es für die Steuerbefreiungen im Erbschaftsteuergesetz idF 1956 keine steuerökonomische Rechtfertigung gebe.[8] Anfänglich war die Regierung auch nicht geneigt, die Steuerbefreiungen in das Gesetz aufzunehmen. Dies geschah allerdings unter dem Druck des Parlaments, das es für unerwünscht hielt, wenn Bürgerinitiativen zur Förderung wohltätiger und gemeinnütziger Zwecke unnötigerweise durch Steuererhebungen behindert würden.[9]

Diese Situation, bei der von einer theoretischen Untermauerung der gewährten Steuerbefreiungen keine Rede zu sein scheint, ist unverändert geblieben.

---

[5] Gesetz vom 8. Oktober 1969 über den Ersatz des *Besluit op de vennootschapsbelasting* 1942 durch eine neue gesetzliche Regelung, zuletzt geändert durch Gesetz vom 16. Dezember 2004, Staatsblad 2004, 657.

[6] Ferner gibt es eine Regelung, auf deren Grundlage gemeinnützige Einrichtungen, wie im Folgenden umschrieben, sowie Einrichtungen, die ein soziales Interesse vertreten, für die Rückerstattung der Energiesteuer in Betracht kommen können (Artikel 361 Absatz 7 des *Wet belastingen op milieugrondslag*). Dies gehört jedoch nicht zum eigentlichen Thema dieses Beitrags und wird hier daher nicht näher behandelt.

[7] Infobulletin 88/500, V-N 1988, S. 2397.

[8] Siehe J.P. Sprenger van Eyk, *De wetgeving op het recht van successie van overgang en van schenking*, 7. Auflage, bearbeitet von B J. de Leeuw, 's-Gravenhage, Martinus Nijhoff, 1930, S. 19 und S. 665.

[9] Siehe J.P. Sprenger van Eyk, a.a.O. (vorige Fußnote), S. 664-667.

Inzwischen steht die Einräumung von Steuervorteilen zu Gunsten von gemeinnützigen Einrichtungen nicht mehr zur Diskussion. Ein Regierungsausschuss hatte der Regierung zu einer Herabsetzung des Steuersatzes auf 0 % in Kombination mit strengeren als den derzeit geltenden Bedingungen geraten.[10] Eine solche Herabsetzung war im Rahmen des derzeitigen Haushalts aber nicht realisierbar. Mit Wirkung zum 1. Januar 2005 wurde jedoch der allgemeine Steuersatz für Schenkungen, Vermächtnisse und Erbeinsetzungen zu Gunsten von gemeinnützigen Einrichtungen von 11 % auf 8 % gesenkt. Zum 1. Januar 2006 wurde der Steuersatz ein weiteres Mal gesenkt und liegt damit nun bei 0 %. Der Anlass für diese weitere Senkung war, dass Johan Cruijf sich öffentlich darüber beschwert hatte, dass seine Stiftung weniger Projekte habe realisieren können, weil die erhaltenen Spenden versteuert werden mussten. Auch diese Senkung beruht somit nicht auf theoretischen Grundlagen.

Der einzige Grund, der im Rahmen der einschlägigen Debatte im niederländischen Parlament für die Einräumung solcher Steuerbegünstigungen genannt wurde, ist somit der Wunsch, Spenden und Erbeinsetzungen zu Gunsten von gemeinnützigen Einrichtungen auf mittelbarem Wege zu fördern. Die Steuerbegünstigung von Spenden in Form von regelmäßigen Zahlungen an Vereine, auch wenn diese nicht als gemeinnützige Einrichtungen zu betrachten sind, beruht auf demselben von der Politik zum Ausdruck gebrachten Wunsch. Eine andere Rechtfertigung wird hierfür jedenfalls zur Zeit nicht angeführt.[11]

III. Empirische Daten

Seit 1997 werden in den Niederlanden systematisch Untersuchungen zur gesellschaftlichen Bedeutung von Spenden für einen guten Zweck durchgeführt.[12] Jährlich wird an der Vrije Universität Amsterdam unter der Leitung von Prof. Dr. Th.N.M. Schuyt untersucht, welche Beträge und Sachen, differenziert nach verschiedenen Sektoren, von Privatpersonen und Unternehmen zu Gunsten von gemeinnützigen Einrichtungen gespendet werden. Auch das Centraal Bureau Fondsenwerving (CBF) veröffentlicht jährlich einen ausführlichen und detaillierten Bericht über die Ergebnisse der Spendenwerbung.[13] Die Untersuchungen haben ergeben, dass in den Niederlanden ungefähr 0,8 % des Bruttosozial-

---

[10] Bericht der Arbeitsgruppe zur Modernisierung der Erbschaftsteuergesetzgebung, *De warme, de koude en de dode hand*, Den Haag 13. März 2003, § 5.3

[11] Siehe hierzu auch J.E.A.M. van Dijck, *De giftenregeling in de Wet inkomstenbelasting 2001*, WFR 2000, Nr. 6389, S. 829 ff.

[12] Für den Zeitraum vor 1997 siehe F W. Lengkeek, *Werven en geven voor het goede doel in de periode 1948-1998*, in: W.J.M. van Veen/J. Struiksma, *Inzamelen voor het goede doel*, Lemma, Utrecht 2001, S. 31 ff.

[13] Der neueste Bericht trägt den Titel *Fondsenwerving in Nederland, 2004, Verslag Fondsenwerving*. Weitere Informationen sind zu finden unter www.cbf.nl.

produkts für gemeinnützige Zwecke gespendet werden. Die genauen Ergebnisse dieser Studie sind im Internet zu finden.[14]

B. Voraussetzung der Vergünstigung bei der empfangenden Organisation/ Voraussetzungen für den Status einer begünstigten Organisation

I. Organisationsrechtliche Voraussetzungen

Im Gesetz wird der Begriff gemeinnützige *Einrichtung* (Ndl.: „instelling") verwendet, womit zum Ausdruck gebracht wird, dass keine bestimmte Rechtsform vorgeschrieben ist. Die am häufigsten vorkommenden Rechtsformen sind der Verein und die Stiftung. Diese Rechtsformen kennzeichnen sich durch die für sie geltenden Ausschüttungbeschränkungen. Aber auch Kapitalgesellschaften wie die „naamloze vennootschap" (vgl. Aktiengesellschaft) und die „besloten vennootschap" (vgl. Gesellschaft mit beschränkter Haftung), die grundsätzlich auf Gewinnausschüttung ausgerichtet sind, kommen für eine Anerkennung als gemeinnützige Einrichtung in Betracht. In der Praxis wird die Form der Kapitalgesellschaft bis auf einige wenige Ausnahmen aber nur selten verwendet.

Ob auch Körperschaften ohne Rechtspersönlichkeit als gemeinnützige Einrichtung anerkannt werden können, steht zur Diskussion. Für eine Einstufung durch das Finanzamt kommen solche Körperschaften nicht in Betracht. Aus der Rechtsprechung sind aber einige Urteile bekannt, in denen solche Körperschaften als gemeinnützige Einrichtungen bezeichnet wurden. Dies ist der Fall bei 'einer dauerhaften Organisation, die grundsätzlich von den Personen der Organisatoren unabhängig ist'.[15] Daraus ergibt sich, dass einzelne Personen und Personengesellschaften nicht als gemeinnützige Einrichtungen betrachtet werden können.

Der niederländische Finanzminister kann jedoch in bestimmten konkreten Fällen eine Befreiung von der Schenkung-, Erbschaft- oder Erwerbsteuer gewähren (Art. 67 Erbschaftsteuergesetz idF 1956). Diese Regelung kann beispielsweise bei Sammelaktionen für konkrete Ereignisse angewendet werden und ist nicht beschränkt auf gemeinnützige Einrichtungen.

---

[14] Siehe: www.geveninnederland.nl oder www.giving.nl.
[15] Hof Den Haag 20. Dezember 1995, FED, 1996/149; Hof Den Bosch 16. Januar 1976, V-N 2. Juli 1976, Nr. 9; Hof Leeuwarden 10. April 1972, BNB 1973/33.

II. Gemeinnütziger Zweck

1. Gemeinnützigkeit und allgemeines Interesse

In der niederländischen Steuergesetzgebung wird die Gewährung von Steuerbegünstigungen an in den Niederlanden ansässige kirchliche, weltanschauliche, karitative, kulturelle, wissenschaftliche oder gemeinnützige Einrichtungen gekoppelt.[16] Zu dieser Aufzählung ist zweierlei anzumerken. Erstens geht aus der Aufzählung hervor, dass die niederländische Gesetzgebung im Gegensatz zu der zahlreicher anderer Länder keinen geschlossenen Kreis von als gemeinnützig zu betrachtenden Angelegenheiten enthält. So werden beispielsweise auch politische Parteien als gemeinnützige Einrichtungen betrachtet.[17]

Zweitens kann aus der Rechtsprechung abgeleitet werden, dass eine Einrichtung, die einer der in der Aufzählung enthaltenen Umschreibungen entspricht, nicht selbstverständlich auch den Status einer steuerlich begünstigten Einrichtung erhält. Dazu ist ferner erforderlich, dass die Einrichtung durch ihre Tätigkeit *faktisch* dem allgemeinen Interesse dient.[18] Dies bedeutet, dass eine Einrichtung, die inaktiv ist, obschon sie über ausreichende Mittel zur Realisierung ihres Zwecks verfügt, den Status einer gemeinnützigen Einrichtung verlieren kann. Kürzlich hat das niederländische Finanzministerium zu diesem Punkt eindeutig Stellung bezogen.[19]

Dass dem allgemeinen Interesse gedient wird, spielt, wie gesagt, eine selbständige Rolle bei der Beurteilung, ob eine Einrichtung als gemeinnützige Einrichtung zu bezeichnen ist oder nicht. Die Kriterien, die bei der Beantwortung der Frage, ob dem allgemeinen Interesse gedient wird, zugrunde gelegt werden, sind daher im Grunde von größerer Bedeutung als die Frage, ob die Einrichtung zu einer der oben genannten gesetzlichen Kategorien gehört. Die Tatsache, dass eine Einrichtung beispielsweise einen (karitativen) Zweck hat, der auf die Unterstützung einer bestimmten Gruppe hilfebedürftiger Menschen ausgerichtet ist, führt daher nicht von selbst dazu, dass diese Einrichtung als gemeinnützige Einrichtung betrachtet wird oder dass Spenden an eine solche Einrichtung abzugsfähig sind.

2. Das allgemeine Interesse

Der Gesetzgeber hat die Feststellung, ob dem allgemeinen Interesse gedient wird, der Rechtsprechung überlassen. Der *Hoge Raad* (oberster niederlän-

---

[16] Art. 24 Absatz 4 *Successiewet* 1956; Art. 6.33 lit. b i.V m. Art. 6.35 *Wet op de inkomstenbelasting* 2001; Art. 16 *Wet op de vennootschapsbelasting*.
[17] Resolution vom 8. Juli 1954.
[18] HR 13. Juli 1994, BNB 1994/280.
[19] Resolution vom 19. Januar 2005, Nr. CPP2004/1461M.

discher Gerichtshof) hat als Leitkriterium formuliert, dass dem allgemeinen Interesse gedient wird,

„wenn angemessenerweise davon auszugehen ist, dass das angestrebte Ziel dem Wohl der Bevölkerung des (jeweiligen) Landes dient."[20]

Dieses Zitat zeigt, dass das allgemeine Interesse nicht ausschließlich ein nationales allgemeines Interesse ist. Auch Einrichtungen, deren Tätigkeitsbereich ausschließlich im Ausland liegt, können als gemeinnützige Einrichtung anerkannt werden, sofern mit diesen Tätigkeiten das Wohl der Bevölkerung des jeweiligen Landes gefördert wird. Aus der Rechtsprechung ist abzuleiten, dass es dabei nicht um das Wohl der gesamten Bevölkerung zu gehen braucht. Ausgeschlossen sind aber Einrichtungen, die primär privaten Interessen dienen.

Ferner wurde in der Rechtsprechung festgelegt, dass es nicht genügt, wenn sich die Aktivitäten nur indirekt günstig auf das allgemeine Interesse auswirken. Die getroffenen Maßnahmen und verrichteten Aktivitäten müssen dem allgemeinen Interesse *unmittelbar* dienen, so der *Hoge Raad*.[21] Eine indirekte günstige Auswirkung liegt beispielsweise bei Organisationen vor, die in den Bereichen Freizeit, Erholung oder soziale Kontakte für einen bestimmten Personenkreis tätig sind. Solche Organisationen dienen lediglich privaten Interessen.

Der Unterschied zwischen allgemeinem Interesse und privatem Interesse ist somit von wesentlicher Bedeutung bei der Beantwortung der Frage, ob es sich um eine gemeinnützige Einrichtung handelt oder nicht.

3. Allgemeines Interesse versus privates Interesse

Der Unterschied zwischen allgemeinem Interesse und privatem Interesse ist häufig ausschlaggebend dafür, ob eine Einrichtung als gemeinnützig zu betrachten ist oder nicht. Aus der Rechtsprechung ist abzuleiten, dass einem privaten Interesse gedient wird, wenn der Kreis der potenziell begünstigten Personen beschränkt ist, z.B. weil der Kreis durch vertragliche, familiäre oder mitgliedschaftsbezogene Faktoren bestimmt ist.[22]

Die Einrichtung braucht nicht ausschließlich einem gemeinnützigen Zweck zu dienen. Zulässig ist, wenn die Einrichtung neben dem allgemeinen Interesse auch die Realisierung eines privaten Interesses anstrebt. Der *Hoge Raad* hat bestimmt, dass für die Anerkennung als gemeinnützige Einrichtung vorausgesetzt wird, dass

---

[20] HR 2. März 1983, BNB 1983/176.
[21] HR 12. Oktober 1960, BNB 1960/296; HR 13. Mai 1970, BNB 1970/132; HR 17. Dezember 1980, BNB 1980/28.
[22] HR 24. September 1997, BNB 1997/362.

„primär dem allgemeinen Interesse bzw. ungefähr zu gleichen Teilen dem allgemeinen und einem privaten Interesse gedient wird."[23]

Die Tatsache, dass eine Einrichtung mit ihren Tätigkeiten ungefähr zu gleichen Teilen einem privaten Interesse und dem allgemeinen Interesse dient, steht somit einer Qualifikation als gemeinnützige Einrichtung nicht im Wege. In dem in diesem Urteil behandelten Fall ging es um einen Verein, der eine Brassband mit 30 Mitgliedern und eine Jugendkapelle mit 16 Mitgliedern hatte. Der Steuerinspektor hatte angeführt, dass der Verein primär das private Interesse seiner Mitglieder am Musizieren vertrete und daher nicht als gemeinnützige Einrichtung zu betrachten sei. Der *Hoge Raad* entschied jedoch, dass die Tatsache, dass der Verein bei lokalen Veranstaltungen mit seiner Musikkapelle regelmäßig in der Öffentlichkeit auftritt, auch einem allgemeinen Interesse kultureller Art dient, so dass die Qualifizierung als gemeinnützige Einrichtung gerechtfertigt ist, wenn die Tätigkeiten des Vereins ungefähr in gleichem Maße einem privaten und einem allgemeinen Interesse dienen. Wie festzustellen ist, in welchem Verhältnis dem allgemeinen bzw. einem privaten Interesse gedient wird, wurde nicht allgemein festgelegt. Eine Beurteilung rein auf der Grundlage der aufgewendeten Arbeitsstunden wurde allerdings abgelehnt.[24] Vermutlich wird die Verwendung der finanziellen Mittel (ebenfalls) eine Rolle spielen.

Anfänglich enthielt das Gesetz die Bestimmung, dass eine Einrichtung vollständig oder teilweise dem allgemeinen Interesse dienen müsse, um für steuerliche Begünstigungen in Betracht zu kommen. Diese Bestimmung wurde jedoch gestrichen, um die Vorschriften des Erbschafts- und Schenkungsrechts auf die Regelung bezüglich des Spendenabzugs abzustimmen. Dies soll nicht heißen, dass diese Regelungen vollständig deckungsgleich sind. So enthält das Gesetz Regelungen für begünstigte Spenden und Spendenabzug, die keinen Bezug zu dem Gemeinnützigkeitskriterium aufweisen. Oben wurde bereits auf Spenden an Vereine verwiesen, die aus einer regelmäßigen Zahlung von mindestens fünf Jahresraten bestehen. Diese Spenden sind abzugsfähig, auch wenn der Verein kein allgemeines Interesse verfolgt. Ferner sind bestimmte Spenden von der Schenkungsteuer befreit, wenn diese einen mildtätigen Charakter haben, obschon sie nicht von allgemeinem Nutzen sind. Dabei handelt es sich u.a. um Spenden, die der Unterstützung von Personen dienen, die ihre Schulden nicht bezahlen können, Spenden an juristische Personen, die vollständig oder teilweise das Ziel verfolgen, die Interessen der Arbeitnehmer des Unternehmens des Schenkers und/oder seiner Witwe und Waisen zu

---

[23] HR 13. Juli 1994, BNB 1994/280. In diesem Sinne auch HR 7. November 2003, BNB 2004, 30.

[24] HR 8. Januar 1997, BNB 1997/67.

fördern, Spenden an bedürftige Personen und Spenden, die dazu dienen, dem Begünstigten ein Studium oder eine anderweitige Ausbildung zu ermöglichen.[25]

4. Ein umstrittener Fall

In der Rechtsprechung wurde die Frage behandelt, ob ein professioneller Fußballverein als gemeinnützige Einrichtung zu betrachten ist. In dem konkreten Fall hatte ein Fußballverein eine Erbschaft erhalten. Der Verein war einziger Gesellschafter einer Gesellschaft mit beschränkter Haftung, in der die professionellen Fußballaktivitäten untergebracht waren. Der Verein erhob Anspruch auf Anwendung des herabgesetzten Steuersatzes in Höhe von (damals noch) 11 % mit dem Argument, dass der Verein eine gemeinnützige Einrichtung sei.

Das erstinstanzliche Gericht gab der Forderung des Vereins statt.[26] Als Begründung hat das Gericht angeführt, dass es allgemein bekannt sei, dass ein Großteil der niederländischen Bevölkerung sich gern professionelle Fußballspiele anschaue. Dem allgemeinen Interesse sei somit gedient, da einer breiten, aus allen Schichten der Bevölkerung bestehenden Öffentlichkeit Entspannung und Freizeitvergnügen verschafft werde. Das gemeinsame Interesse dieser sehr hohen Zuschauerzahlen sei von viel größerer Bedeutung als die Belange der kleinen Gruppe von Personen, die an den professionellen Fußballaktivitäten des Vereins beteiligt seien. Das Gericht hat dabei berücksichtigt, dass der *Hoge Raad* bestimmt hat, dass der Zweck eines Fußballvereins weitgehend auf die Vertretung der privaten Interessen seiner Mitglieder ausgerichtet sei;[27] es kommt in diesem Fall aber zu dem Schluss, dass dieses Urteil des *Hoge Raad* hier keine Anwendung findet, da für den betroffenen Verein die Ausübung des Fußballsports durch seine Mitglieder nicht wichtiger sei als das Verschaffen von Entspannung und Freizeitvergnügen für einen Großteil der niederländischen Bevölkerung.

Dass für die Fußballspiele Eintritt erhoben werde, stehe einer Qualifikation als gemeinnützige Einrichtung nicht im Wege, da dies auch bei Museen üblich sei. Abschließend hat das Gericht in Erwägung gezogen, dass die Tatsache, dass der professionelle Fußball eine gewerbliche Aktivität ist, nicht verhindern könne, dass der Verein dennoch als gemeinnützige Einrichtung zu bezeichnen sei, da weder der Verein noch die Gesellschaft mit beschränkter Haftung die Absicht verfolgten, Gewinn zu erwirtschaften, und da der Rechtsprechung des *Hoge Raad*[28] zu entnehmen sei, dass eine Anerkennung als gemeinnützige

---

[25] Art. 33 Absatz 1 Punkt 8 und Punkt 11 sowie Art. 67 Punkt 2 und 3 *Successiewet* 1956.
[26] Hof 's-Hertogenbosch 13. November 2004, Nr. 02/04286.
[27] HR 17. Dezember 1980, BNB 1981/28.
[28] HR 18. Dezember 1985, BNB 1986/103.

Einrichtung auch bei gewerblichen Aktivitäten möglich sei, sofern damit kein Gewinn erwirtschaftet werden solle.

Der zuständige Steuerinspektor hat gegen dieses Urteil übrigens Revision beantragt – der *Hoge Raad* hat dieser Revision nunmehr stattgegeben, so dass der professionelle Fußballverein im Ergebnis (doch) nicht den allgemeinen Nutzen fördert[29].

III. Vorgaben für die Mittelverwendung

1. Zweckmäßige Verwendung

Die Verwendung des Vermögens gemeinnütziger Einrichtungen muss mit ihrem satzungsmäßigen Zweck übereinstimmen. Dies ist primär eine zivilrechtliche Vorschrift, die jedoch auch bei der steuerlichen Beurteilung eine Rolle spielt. Ferner müssen die Tätigkeiten der Einrichtung dem allgemeinen Interesse dienen, wenn sie für Steuerbegünstigungen in Betracht kommen soll. Wie oben bereits ausgeführt, können auch private Interessen gefördert werden, doch dies darf nicht in überwiegendem Maße der Fall sein. Es ist zu vertreten, dass der Betrag, den die Einrichtung für die Realisierung ihrer Tätigkeiten aufwendet, in überwiegendem Maße für Tätigkeiten verwendet werden muss, die dem allgemeinen Interesse dienen. Ein Verstoß gegen diese Vorschriften steht einer Qualifikation als gemeinnützige Einrichtung im Wege.

Eine gemeinnützige Einrichtung braucht nicht selbst die auf die Verwirklichung des allgemeinen Interesses ausgerichteten Tätigkeiten zu verrichten. Im Allgemeinen steht es einer Einrichtung zur Verwirklichung ihres Zwecks frei, andere Organisationen zu unterstützen, es sei denn, dass dies aus der Satzung hervorgeht. Im niederländischen Recht gibt es somit als solchen keinen Unmittelbarkeitsgrundsatz. Eine Einrichtung, die eine andere gemeinnützige Einrichtung unterstützt, gilt selbst auch als gemeinnützige Einrichtung.[30] Wenn das Vermögen (oder ein Teil des Vermögens) einer gemeinnützigen Einrichtung einer anderen gemeinnützigen Einrichtung im Rahmen einer Verschmelzung, Spaltung oder Liquidation zur Verfügung gestellt wird, wird die Einrichtung von der in diesem Zusammenhang fälligen Schenkungsteuer befreit.[31] Im Falle einer Verschmelzung oder Spaltung muss jedoch die Empfängereinrichtung „gleich ausgerichtet" sein, was bedeutet, dass ihre Zielsetzungen übereinstimmen müssen. Beim Erwerb einer Ausschüttung im Rahmen einer Liquidation genügt es, dass die Empfängereinrichtung einem allgemeinen Interesse dient.

---

[29] HR 12. Mai 1985, Nr. 40684.
[30] PW 13658.
[31] Resolution vom 14. Juni 1983, Nr. 283-8098, BNB 1983/227.

2. Ausschüttungsbeschränkungen

Als Rechtsform für gemeinnützige Einrichtungen werden in den meisten Fällen der Verein oder die Stiftung verwendet. Für diese Rechtsformen gelten spezifische privatrechtliche Einschränkungen hinsichtlich der Verwendung der Mittel. Für den Verein gilt, dass dieser keinen Gewinn an seine Mitglieder ausschütten darf (Art. 2:26 des niederländischen Bürgerlichen Gesetzbuchs). Dabei ist der Begriff „Gewinn" in weitem Sinn zu verstehen; er umfasst alle überschüssigen Mittel gleich welcher Herkunft. Für Stiftungen gilt, dass sie keine Ausschüttungen an die Gründer und die Mitglieder ihrer Organe vornehmen dürfen. An Dritte dürfen nur Ausschüttungen erfolgen, die einem ideellen oder sozialen Zweck dienen (Art. 2:285).

Die Ausschüttungsbeschränkungen verhindern nicht, dass Vorstandsmitglieder eines Vereins oder einer Stiftung für ihre Arbeit bezahlt werden. Auch zahlreiche gemeinnützige Einrichtungen haben einen oder mehrere besoldete Vorstandsmitglieder. Darüber hinaus dürfen solche Einrichtungen Mitarbeiter einstellen, deren Gehalt jedoch nicht unverhältnismäßig hoch sein darf, da sonst von einer Überschreitung der Ausschüttungsbeschränkungen auszugehen wäre. Ein marktgerechtes Gehalt ist erlaubt. Obschon klare Richtlinien zu diesem Punkt fehlen, spielen bei der Feststellung der Höhe eines marktgerechten Gehalts der Umfang der Organisation, die Anzahl der Mitarbeiter und die Art der Tätigkeiten eine wichtige Rolle. Der Umfang des Vermögens der Einrichtung ist dabei von untergeordneter Bedeutung.

Das Gewinnausschüttungsverbot gilt hinsichtlich von Zahlungen aufgrund von Freigebigkeit. Zahlungen, die auf einer vertraglichen Verpflichtung beruhen, fallen nicht unter dieses Verbot. Es ist aber anzunehmen, dass die Gegenleistung reeller Natur sein muss. Wenn dies nicht der Fall ist, handelt es sich um eine Schenkung und müssen die Vorschriften bezüglich der Ausschüttungsbeschränkungen eingehalten werden.

3. Verwendungsgebot

Die Tätigkeiten von gemeinnützigen Einrichtungen müssen dem allgemeinen Interesse dienen. Dies setzt voraus, dass das Vermögen auch für die Realisierung dieses Zwecks verwendet wird. Es ist gemeinnützigen Einrichtungen jedoch erlaubt, während eines bestimmten Zeitraums Vermögen aufzubauen. Der *Hoge Raad* hat in einem konkreten Fall entschieden, dass eine Stiftung, die sich 14 Jahre lang ausschließlich mit Vermögensverwaltung befasst hatte, dennoch weiterhin als gemeinnützige Einrichtung bezeichnet werden konnte. Von Bedeutung hierbei ist, dass ausreichende Sicherheiten dafür vorliegen, dass die verfügbaren Mittel in Zukunft dem allgemeinen Interesse dienen werden.[32]

Vor kurzem hat das niederländische Finanzministerium jedoch angekündigt, dass eine Einrichtung, die sich nur mit der Vermögensverwaltung befasst, obschon sie über ausreichende Mittel für die Realisierung ihres Zwecks verfügt, den Status einer gemeinnützigen Einrichtung verlieren sollte.[33] Es ist die Frage, inwieweit die Rechtsprechung dieser Auffassung folgen wird.

4. Vermögensverwaltung

In den Niederlanden gelten keine spezifischen gesetzlichen Vorschriften für die Vermögensverwaltung und Vermögenserhaltung. Auf dem Vorstand ruht die Verpflichtung, seine Aufgaben sorgfältig und mit der Befähigung einer Person zu erfüllen, die für die Erfüllung ihrer Aufgaben ausgerüstet ist. Dies ist eine allgemeine Vorschrift des für juristische Personen geltenden niederländischen Rechts. Es ist davon auszugehen, dass dies bedeutet, dass ein Vorstandsmitglied einer Stiftung oder eines Vereins nicht mit dem Vermögen der Einrichtung spekulieren darf, dass eine verantwortungsvolle Vermögensanlage aber nicht untersagt ist, obschon damit Risiken verbunden sind.

Auch gibt es im niederländischen Recht keine spezifischen Vorschriften, die den Vorstand einer gemeinnützigen Einrichtung verpflichten, das Vermögen oder einen bestimmten Teil des Vermögens zu erhalten. Aus der Satzung und vor allem der Umschreibung des Zwecks der Einrichtung kann hervorgehen, dass das Vermögen der Stiftung oder ein Teil desselben zu erhalten ist, beispielsweise um mit dessen Erträgen die auf die Realisierung des Zwecks ausgerichteten Tätigkeiten zu finanzieren. Gesetzliche Vorschriften zu diesem Punkt gibt es jedoch nicht.

Hierzu ist anzumerken, dass das niederländische Recht keine Anforderungen an das Vermögen gemeinnütziger Einrichtungen oder von Stiftungen im Allgemeinen stellt. Konzeptuell gibt es somit keine Anhaltspunkte für gesetzliche Vorschriften hinsichtlich der Erhaltung (eines bestimmten Teils) des Vermögens.

IV. Vorschriften zum Vermögenserwerb

An sich steht die Entfaltung gewerblicher Aktivitäten dem Verfolgen eines allgemeinen Interesses nicht im Wege.[34] Hierbei gilt als Ausgangspunkt, dass die Erwirtschaftung von Gewinn nicht im Vordergrund stehen darf und – wie

---

[32] HR 29. November 1970, BNB 1973/36.
[33] Resolution vom 19. Januar 2005, Nr. CPP2004/1461M.
[34] HR 18. Dezember 1985, BNB 1986/103.

anzunehmen ist – dass der eventuell realisierte Gewinn für die Verwirklichung der ideellen Zielsetzungen verwendet wird.[35] Die gewerblichen Aktivitäten müssen somit im Dienste der ideellen Zielsetzungen der Einrichtung stehen. Klare Richtlinien gibt es hierzu im Rahmen des Erbschaft- und Schenkungsteuerrechts allerdings bisher nicht.

C. Besteuerung der Empfängerorganisation

I. Einkünfte von gemeinnützigen Einrichtungen und deren Besteuerung

1. Einleitung

In diesem Abschnitt soll die Besteuerung der Einkünfte gemeinnütziger Einrichtungen besprochen werden. Gemeinnützige Einrichtungen können Mittel aus Spenden und Erbeinsetzungen einerseits oder aus dem Verkauf und der Lieferung von Waren oder Dienstleistungen andererseits erwerben. Ferner können sie Einkünfte aus ihrem Vermögen in Form von Zinsen für Guthaben oder Schuldverschreibungen und in Form von Dividenden aus Anlagen erwerben. Im Falle eines Vereins erhält der Verein in der Regel Beiträge von seinen Mitgliedern. Der unentgeltliche Erwerb von Geld oder Waren unterliegt der Schenkungsteuer bzw. der Erbschaftsteuer. Für die Lieferung von Waren oder die Erbringung von Dienstleistungen fällt die Einrichtung möglicherweise unter das niederländische Umsatzsteuergesetz und Körperschaftsteuergesetz.

Hinsichtlich des Umsatzsteuergesetzes ist anzumerken, dass dieses eine Steuerbefreiung für die Bereitstellung bestimmter Waren oder Dienstleistung vorsieht. Die Befreiungen hängen nicht von der Rechtsform und/oder dem Status der Einrichtung ab. Auf eine Besprechung der Umsatzsteuervorschriften kann in diesem Zusammenhang jedoch verzichtet werden.

2. Schenkungen, Stiftungsvermögen und Erbeinsetzungen

Der unentgeltliche Erwerb durch gemeinnützige Einrichtungen fällt ausschließlich unter die Reichweite des niederländischen Erbschaftsteuergesetzes idF 1956.[36] Für gemeinnützige Einrichtungen gilt dabei ein Steuersatz in Höhe von 0 %. Erbeinsetzungen zu Gunsten von anderen Einrichtungen sind bis zu einem Betrag in Höhe von 1.882 Euro von der Erbschaftsteuer befreit. Für Schen-

---

[35] Vgl. Art. 6 Wet VpB und Resolutionen bezüglich der Körperschaftsteuer vom 20. August 1970, Staatsblad 1970, 558 und 18. Dezember 1990, Staatsblad 1990, 638.

[36] Gesetz vom 28. Juni 1956, Staatsblad 1956, 362, über die Erhebung von Erbschaft-, Schenkung- und Erwerbsteuern.

kungen gilt ein Betrag in Höhe von 2.606 Euro.[37] Die Befreiung erlischt, wenn der erhaltene Betrag diesen Grenzwert überschreitet. Der erhaltene Betrag wird dann jedoch zu nicht mehr als ¾ des Teils des Betrags besteuert, um den der erhaltene Betrag den Grenzwert für die Steuerbefreiung überschreitet.[38]

Beiträge von Mitgliedern an einen Verein gelten nicht als Schenkungen, da sie nicht aus Freigebigkeit geleistet werden, sondern auf einer rechtlich einklagbaren Verpflichtung aufgrund der Mitgliedschaft beruhen.

Eine besondere Befreiung von der Schenkungsteuer gilt hinsichtlich des Erwerbs durch eine juristische Person, deren ausschließlicher oder fast ausschließlicher Zweck die Förderung der materiellen oder geistigen Interessen der Arbeitnehmer im Unternehmen des Schenkers bzw. in den Unternehmen des Schenkers und anderer oder der Witwen und Waisen dieser Arbeitnehmer ist.[39] Eine juristische Person ist in der Regel nicht als eine Einrichtung zu qualifizieren, die ein allgemeines Interesse vertritt, wird aber aufgrund dieser Bestimmung dennoch von der Schenkungsteuer befreit.

3. Einkünfte aus Vermögen

Einkünfte aus Vermögen sind bei Vereinen und Stiftungen grundsätzlich steuerfrei. Solche Einkünfte fallen weder unter das Erbschaftsteuergesetz idF 1956 noch – im Hinblick auf Vereine und Stiftungen – unter die Körperschaftsteuer. Wenn es sich bei den Einkünften um Dividenden handelt, kann eine Rückerstattung der bei der Körperschaft einbehaltenen Dividendensteuer beantragt werden.

Hierbei gilt jedoch eine Ausnahme: Wenn der Verein oder die Stiftung gewerbliche Aktivitäten entfaltet, die zu einer Erhebung von Körperschaftsteuer veranlassen, und davon auszugehen ist, dass die Anteile zu dem Vermögen gehören, mit dem das Unternehmen betrieben wird, ist für die diesbezüglichen Dividenden Körperschaftsteuer zu zahlen. Die bereits einbehaltene Dividendensteuer kann dann mit der fälligen Körperschaftsteuer verrechnet werden.

Wenn die gemeinnützige Einrichtung eine Kapitalgesellschaft ist, fällt sie grundsätzlich (siehe Abschnitt 5.4.2) unter die für diese Rechtsformen geltenden Vorschriften der Körperschaftsteuer. Daraus ergibt sich, dass auch aus dem Vermögen hervorgehende Einkünfte besteuert sind. Eventuelle Dividenden aus

---

[37] Art. 32 Absatz 1 unter 3 bzw. 33 Absatz 1 unter 4 *Successiewet* 1956; die Beträge gelten für 2006.
[38] Art. 35 Absatz 1 *Successiewet* 1956.
[39] Art. 33 Absatz 1 lit. 11 *Successiewet* 1956.

Beteiligungen an anderen Kapitalgesellschaften fallen jedoch unter das Schachtelprivileg und sind von der Steuer befreit.[40]

4. Einkünfte aus gewerblichen Aktivitäten

a) Allgemeine Vorschriften

Vereine und Stiftungen unterliegen nur der Körperschaftsteuer, falls und soweit sie ein Unternehmen betreiben und damit Gewinne erwirtschaften.[41] Das niederländische Körperschaftsteuergesetz definiert den Betriff Unternehmen nicht. Ein wesentliches Merkmal ist, dass ein Gewinnstreben vorliegt. Wenn nur gelegentlich Gewinne erwirtschaftet werden, kann grundsätzlich nicht von einem Unternehmen die Rede sein.[42] Für Vereine und Stiftungen wurde jedoch ein ergänzendes Kriterium formuliert. Dieses lautet, dass auch ein Unternehmen betrieben wird, wenn Vereine oder Stiftungen mit ihren Aktivitäten in einen Wettbewerb mit von natürlichen Personen oder Körperschaften betriebenen Unternehmen eintreten, die körperschaftsteuerpflichtig sind.[43] Einen Unterschied zwischen zweckorientierten und anderen gewerblichen Aktivitäten gibt es als solchen im niederländischen Recht nicht.

In der Praxis spielt das Wettbewerbskriterium die wichtigste Rolle. Ein Eintritt in den Wettbewerb zu anderen Unternehmen liegt vor, wenn davon auszugehen ist, dass nach ihrer Erscheinungsform mit der Betriebsführung übereinstimmende Tätigkeiten auf Kosten des Umsatzes der übrigen steuerpflichtigen Körperschaften verrichtet werden.[44] Die Steuerpflicht beschränkt sich dann auf die Nettoerträge aus den gewerblichen Aktivitäten. Die übrigen Einkünfte sind nicht besteuert. Wenn die gewerblichen und nicht-gewerblichen Aktivitäten so miteinander verflochten sind, dass die Nettoerträge der gewerblichen Aktivitäten nicht zu ermitteln sind, wird der zu versteuernde Gewinn durch Schätzung festgestellt.[45]

Die genaueren Richtlinien für die Besteuerung von Vereinen und Stiftungen finden sich in einer Resolution.[46] Diese Richtlinien sind vor allem für Vereine und Stiftungen von Bedeutung, die Aktivitäten auf dem Gebiet von Freizeit, Kultur und Sport entfalten. Dazu können auch gemeinnützige Einrichtungen gehören, wobei hinsichtlich dieser letzten Kategorie allerdings besondere Vorschriften gelten können (siehe § 5.4.2). Vereine und Stiftungen sind nicht

---

[40] Art. 13 Wet VpB 1969.
[41] Art. 2 Absatz 1 lit. d Wet VpB 1969.
[42] HR 29. September 1999, V-N 1999/46.1
[43] Art. 4 lit. a Wet VpB.
[44] HR 15. November 1967, BNB 1968/10.
[45] HR 15. November 1989, BNB 1990/48.
[46] Resolution vom 9. April 1999, Nr. DB99/1333M, BNB 1999/240.

steuerpflichtig hinsichtlich der Nettoerträge aus gewerblichen Aktivitäten, wenn die folgenden Bedingungen erfüllt wurden:

„a) Bei den faktischen Aktivitäten oder bei der Verwendung des Vermögens steht ein allgemeines gesellschaftliches, kirchliches, weltanschauliches, karitatives, kulturelles, wissenschaftliches oder soziales Interesse (z.B. Amateursport, Freizeitvereine und Stadtteilinitiativen) im Vordergrund.

b) Die Einkünfte werden ausschließlich für einen der unter Punkt a genannten Zwecke verwendet.

c) Die Einkünfte werden hauptsächlich durch den Einsatz von ehrenamtlichen Mitarbeitern erzielt.[47]

d) Die Aktivitäten, mit denen die Einkünfte erzielt werden, führen nicht zu wesentlichen Wettbewerbsverzerrungen gegenüber Unternehmern aus dem Profitbereich.

e) Es gibt kein bzw. nur ein geringfügiges Gewinnstreben, sofern der realisierte Gewinn eines Jahres nicht mehr als 7.500 Euro bzw. in dem jeweiligen Jahr und den vorhergehenden vier Jahren zusammen nicht mehr als 37.500 Euro beträgt."

Es fällt auf, dass das Wettbewerbskriterium hiermit im Vergleich zu den allgemeinen Vorschriften in dem Sinn erweitert wurde, dass keine „wesentliche" Wettbewerbsverzerrung vorliegen darf. Eine gewisse Wettbewerbsverzerrung ist offensichtlich aufgrund des betreffenden allgemeinen Interesses für zulässig zu halten, ohne dass dies zu einer Besteuerung führt. Ferner ist die Regelung nicht streng begrenzt auf Einrichtungen, die dem allgemeinen Interesse dienen.

b) Befreite Körperschaften

Das Gesetz nennt einige Körperschaften, die von der Körperschaftsteuer befreit sind. Dabei handelt es sich u.a. um anerkannte Wohnungsbaugenossenschaften und für die Öffentlichkeit zugängliche Lesesäle und Bibliotheken.[48] Die Steuerbefreiung beschränkt sich nicht auf Vereine oder Stiftungen, sondern umfasst auch Kapitalgesellschaften.

Ferner wurden aufgrund von Art. 6 Wet VpB einige Einrichtungen als von der Steuer befreite Körperschaften ausgewiesen. Dies sind die Körperschaften, die einem allgemeinen gesellschaftlichen Interesse dienen. Dazu gehören u.a.

---

[47] Unter ehrenamtlichen Mitarbeitern sind diejenigen zu verstehen, die ihre Arbeit nicht im Rahmen eines Berufs verrichten und bei denen die eventuell erhaltene Vergütung nicht im Verhältnis zum inhaltlichen und zeitlichen Umfang der verrichteten Tätigkeiten steht. Die Vorteile, die sich für den Verein oder die Stiftung aus der unentgeltlichen oder für eine zu niedrige Vergütung verrichteten Arbeit ergeben, können als fiktive Kosten von den realisierten Erträgen abgezogen werden. Resolution vom 26. August 1993, Nr. DB93/3669M, BNB 1993/288.
[48] Art. 5 Wet VpB 1969.

auch Einrichtungen, die sich mit der Kinderbetreuung befassen.[49] Hierbei gelten als Bedingungen, dass die Vertretung des allgemeinen Interesses im Vordergrund stehen muss und i) kein Gewinnstreben bzw. nur ein untergeordnetes Gewinnstreben vorliegt, sofern der erwirtschaftete Gewinn pro Jahr nicht mehr als 7.500 Euro bzw. in dem jeweiligen Jahr und den vorhergehenden vier Jahren zusammen nicht mehr als 37.500 Euro beträgt, und ii) der eventuell erwirtschaftete Gewinn für das allgemeine gesellschaftliche Interesse oder zu Gunsten einer von der Steuer befreiten Einrichtung verwendet wird.[50]

D. Besteuerung des Spenders, Stifters, Zustifters

I. Spendenabzug

1. Spendenabzug im Rahmen der Einkommensteuer

Das niederländische Einkommensteuergesetz idF 2001 nennt drei unterschiedliche Einkommenskategorien, für die jeweils ein anderer Steuersatz gilt. Das Gesamteinkommen aus diesen drei Kategorien wird als 'Sammeleinkommen' bezeichnet. Spenden an gemeinnützige Einrichtungen können vom Einkommen aus der ersten Kategorie (Einkommen aus Arbeit und Wohnung) abgezogen werden. Diese Kategorie unterliegt einem progressiven Steuersatz in Höhe von maximal 52 %.

Spenden sind abziehbar, sofern ihr Betrag über 1 % des Sammeleinkommens, mit einem Mindestbetrag von 60 Euro, liegt.[51] Der Spendenabzug ist auf maximal 10 % des Sammeleinkommens beschränkt. Auch Sachspenden können abgezogen werden. Hierbei ist der Wert der Sachspenden im Wirtschaftsverkehr zugrunde zu legen.[52] Spenden sind aber nur abzugsfähig, wenn sie mittels schriftlicher Belege nachgewiesen werden können.

Die oben genannten Grenz- und Höchstbeträge gelten nicht für Spenden in Form von regelmäßigen Zahlungen und Spenden in Form von Leibrenten.[53] Um für diese Regelung in Betracht zu kommen, müssen die Zahlungen zu festen Beträgen und zeitlich gleichmäßig verteilt geleistet werden.[54] Wenn eine Spende in Form einer regelmäßigen Zahlung erfolgt, darf sie zeitlich befristet sein, sofern die Zahlungen mindestens jährlich erfolgen und der Zeitraum, für

---

[49] Resolution vom 11. Juni 1997, Nr. DB97/1957M, BNB 1997/252.

[50] Art. 1 *Vrijstellingsbesluit vennootschapsbelasting* vom 20. August 1971, Staatsblad 1971, 559, zuletzt geändert durch den Beschluss vom 17. Februar 2001, Staatsblad 2001, 700.

[51] Art. 6.39 Absatz 1 Wet IB 2001.

[52] Hof 's-Hertogenbosch 11. Mai 1982, BNB 1983/334.

[53] Art. 6.32(a) bzw. Art. 6.38 Wet IB 2001. Eine Leibrente kennzeichnet sich dadurch, dass die Ausschüttung vom Leben oder Tode einer bestimmten Person abhängig ist.

[54] HR 1. Mai 1966, BNB 1996/214.

den sie gelten, mindestens fünf Jahre beträgt.[55] Spenden in Form von regelmäßigen Zahlungen müssen außerdem in einer notariellen Urkunde festgelegt sein.[56] Die damit verbundenen Kosten sind nicht abzugsfähig. Diese Abzugsmöglichkeit beschränkt sich nicht auf gemeinnützige Einrichtungen, sondern gilt auch für Vereine mit vollständiger Rechtspersönlichkeit und mindestens 25 Mitgliedern.

2. Spendenabzug im Rahmen der Körperschaftsteuer

Spenden von Körperschaften, die der Körperschaftsteuer unterliegen, wie z.b. Kapitalgesellschaften, sind abziehbar, sofern sie über einem Grenzbetrag von 227 Euro liegen und schriftlich nachgewiesen werden können. Ein Abzug ist zulässig bis zu 6 % des Gewinns.[57] Diese Möglichkeit gilt nur für nicht geschäftsmäßige Spenden. Grundlage der Spenden zahlreicher Unternehmen sind geschäftliche Interessen. Solche Spenden können ohne Einschränkung als Betriebskosten abgezogen werden.

Das niederländische Körperschaftsteuergesetz enthält keine anderen Möglichkeiten für den Spendenabzug.

II. Der Begriff „Spende"; Abgrenzungen und Differenzierungen

Der Begriff Spende wird im Einkommensteuergesetz idF 2001 definiert als Verschaffung eines Vorteils aus Freigebigkeit und als obligatorischer Beitrag, dem keine direkte Gegenleistung gegenübersteht.[58] Die Verschaffung eines Vorteils erfolgt durch eine Wertverschiebung zwischen dem Vermögen des Spenders und dem des Begünstigten, wodurch das Vermögen des Begünstigten vergrößert wird.[59] Hierbei ist nicht relevant, ob es sich um eine Geldspende, Sachspende oder eine Spende in anderer Form handelt. Ein Beispiel für eine Spende in anderer Form ist die Zahlung eines Preises für Waren oder Dienstleistungen, der über dem Wert derselben liegt. Auch Sachspenden sind abzugsfähig.

Als Sachspende ist im Rahmen des Spendenabzugs auch der Verzicht auf eine Vergütung bestimmter in Rechnung zu stellender Kosten zu verstehen. Auch Ausgaben von ehrenamtlichen Mitarbeitern, die nach gesellschaftlichen Auffassungen von der betreffenden Einrichtung vergütet werden müssten, für

---

[55] Art. 6.38 Wet IB 2001.
[56] Art. 6.38 Wet IB 2001.
[57] Art. 16 Abs. 1 Wet VpB 1969.
[58] Art. 6.33 lit. a Wet IB 2001.
[59] HR 12. Januar 1972, BNB 1972/44. Für eine Anerkennung als Spende muss der Spender auf seine Verfügungsgewalt über das Gespendete verzichtet haben. Siehe HR 8. Februar 1989, BNB 1989/111.

die aber in Anbetracht der finanziellen Situation der Einrichtung keinerlei Regelung getroffen wurde, sind als abzugsfähige Spenden zu verstehen.[60] Solche Kosten sind beispielsweise Pkw-Kosten bis zu einem Betrag von 18 Eurocent je Kilometer,[61] aber nicht die Kosten eines Arbeitszimmers, von dem aus die Tätigkeiten für eine gemeinnützige Einrichtung verrichtet werden.[62]

Freigebigkeit liegt nur vor, wenn es keine gesetzliche, satzungsmäßige oder vertragliche Verpflichtung für eine solche Zahlung gibt. Auch die Erfüllung einer Naturalobligation wird nicht als eine Zahlung aus Freigebigkeit betrachtet, obschon sie nicht im Klagewege durchgesetzt werden kann.[63] Von einer Spende kann auch keine Rede sein, wenn der Zahlung materielle oder immaterielle Vorteile gegenüberstehen. Aus diesem Grund werden beispielsweise Beiträge von Vereinsmitgliedern nicht als Spenden betrachtet.[64] Die Zahlung von Beiträgen ist außerdem eine aus der Mitgliedschaft hervorgehende einklagbare Verpflichtung, die auf der Satzung beruht. Auch aus diesem Grund kann die Erfüllung dieser Verpflichtung nicht als Spende bezeichnet werden.

Sponsoring kann nicht als Spende bezeichnet werden, da dies aus rein geschäftlichen Gründen (das Merkmal der Freigebigkeit fehlt) und mit einer Gegenleistung erfolgt. Die gesponsorte Einrichtung verpflichtet sich, den Namen des Sponsors oder seiner Produkte zu verbreiten, indem sein Handelsname oder seine Marke mit dem Namen und/oder den Aktivitäten der Einrichtung verknüpft werden. Sofern der mit dem Sponsoring verbundene Betrag den Wert der Gegenleistung überschreitet, kann es sich bei diesem Mehrbetrag um eine Spende handeln.

Im niederländischen Körperschaftsteuergesetz idF 1969 ist die Spende etwas anders definiert. Spenden im Sinne des Wet VpB 1969 werden als Verschaffung von Vorteilen aus Freigebigkeit und als obligatorische und nicht-obligatorische Beiträge umschrieben, sofern daraus keine in Geld zu bewertende Ansprüche hervorgehen.[65] Dass eine Spende zu immateriellen Vorteilen führen kann, steht einem Abzug somit nicht im Wege. Darüber hinaus kann im Rahmen des Spendenabzugs des Wet VpB 1969 auch die Erfüllung einer Naturalobligation grundsätzlich als Spende gelten.

Die Definition einer Spende hängt ferner nicht von dem Zweck oder der Art der Aktivitäten oder von der Rechtsform des Empfängers oder des Schenkers ab.

---

[60] HR 7. Juni 1978, BNB 1978/186.
[61] Art. 6.36 Wet IB 2001.
[62] HR 27. Juni 1979, BNB 1979/213.
[63] HR 4. Februar 1970, BNB 1970/66.
[64] HR 8. Januar 1964, BNB 1964/60.
[65] Art. 16 Wet VpB 1969.

III. Besondere Fragen

1. Zivilrechtliche Einordnung der Spenden, Möglichkeit einer Zweckwidmung

Im niederländischen Recht hat die Schenkung die Form eines Vertrags. Wenn die Schenkung im Hinblick auf die Realisierung eines bestimmten Zwecks erfolgt, muss die Spende für diesen Zweck verwendet werden. Es steht einer Person oder Einrichtung, die Gelder für einen bestimmten, spezifischen Zweck beschafft und erhalten hat, nicht frei, diese Mittel für einen anderen Zweck zu verwenden. Dies gilt auch, wenn es sich um eine juristische Person handelt, deren satzungsmäßiger Zweck umfassender formuliert ist. Ob es sich um eine Einsammlung für einen bestimmten, spezifischen Zweck handelt, ist letztendlich eine Frage der Auslegung.

Es ist Sache der Begünstigten, die Erfüllung der Verpflichtung einzuklagen. Eventuell können sie hierzu eine Streitgenossenschaft bilden.[66] Dies alles scheint jedoch eher eine akademische Frage zu sein. Praktische Beispiele solcher Klagen sind mir nicht bekannt.

2. Spendenabzug: spezifische Fragen

a) Spenden an politische Parteien

Politische Parteien werden in den Niederlanden als gemeinnützige Einrichtungen betrachtet. Spenden an politische Parteien sind daher abzugsfähig, sofern die für den Abzug festgelegten Bedingungen erfüllt sind. Von den Spenden sind jedoch, wie oben bereits erwähnt, die Mitgliedsbeiträge zu unterscheiden. Beiträge der Mitglieder an ihre Partei sind nicht abzugsfähig.

b) Spenden an staatliche Organisationen

Die niederländische Gesetzgebung enthält keine Regelung für den Abzug von Spenden zu Gunsten von staatlichen Organisationen. Die Idee, dass eine Person eine solche Spende in Erwägung ziehen könnte, übersteigt – wie mir scheint – die Vorstellungskraft des durchschnittlichen Niederländers.

c) Spenden an im Ausland ansässige Einrichtungen

Der Spendenabzug beschränkt sich grundsätzlich auf die in den Niederlanden ansässigen Einrichtungen. Im Gesetz ist jedoch die Möglichkeit enthalten, dass

---

[66] Siehe hierzu W.J.M. van Veen, *Verbintenisrechtelijke en vermogensrechtelijke aspecten van de inzameling*, in: W.J.M. van Veen/J. Struiksma, *Inzamelen voor het goede doel*, Lemma, Utrecht 2001, S. 77 ff.

durch Beschluss des Staatssekretärs des Finanzministeriums Spenden an ausländische Einrichtungen für einen Abzug in Betracht kommen. Ein solcher Beschluss wurde gefasst für:

a) ausländische Einrichtungen, deren Einflussbereich oder Arbeitsgebiet sich bis auf die Niederlande erstreckt (beispielsweise europäische politische Parteien, die im Europäischen Parlament vertreten sind);
b) ausländische Einrichtungen, deren Einflussbereich oder Arbeitsgebiet sich nicht bis auf die Niederlande erstreckt, die sich aber auf weltweiter Ebene beispielsweise für den Umwelt- und Naturschutz einsetzen;
c) ausländische Einrichtungen, die eine besondere Bedeutung für entsandte niederländische Diplomaten und Beamte haben, die im Rahmen der Einkommensteuer als inländische Steuerpflichtige betrachtet werden.[67]

Um für einen Abzug in Betracht zu kommen, muss der Spender einen diesbezüglichen Antrag beim Finanzministerium einreichen. Dabei wird die begünstigte Einrichtung und nicht die Spende angegeben. Das Ministerium hat eine Liste der ausgewiesenen Einrichtungen erstellt. Spenden an diese ausländischen Einrichtungen sind abzugsfähig, sofern die allgemeinen Vorschriften bezüglich des Spendenabzugs (Grenz- und Höchstbeträge) erfüllt wurden. Wenn eine Einrichtung von der Liste gestrichen wird, sind danach erfolgte Spenden nicht mehr abzugsfähig.

Wenn für die Spende darüber hinaus Schenkung- oder Erbschaftsteuern erhoben werden, weil sie von einer Person stammt, die in den Niederlanden wohnhaft ist oder vor weniger als zehn Jahren in den Niederlanden wohnhaft war, kann eine teilweise Befreiung von der fälligen Steuer bis zu dem Betrag gewährt werden, den eine in den Niederlanden ansässige Einrichtung hätte zahlen müssen.[68] Eine solche Befreiung ist nur auf der Grundlage der Wechselseitigkeit möglich. Mit zahlreichen Ländern wurden Übereinkommen zur Beseitigung einer Doppelbesteuerung geschlossen.

E. Verfahren, Kontrolle, Haftung

I. Gewährung und Folgen des Status einer gemeinnützigen Einrichtung

Die niederländische Gesetzgebung verlangt nicht, dass eine Organisation formell als gemeinnützige Einrichtung anerkannt sein muss, bevor die damit verbundenen Steuervorteile für die Organisation und den Spender eintreten. Dieser Status ergibt sich somit unmittelbar aus dem Gesetz. Das zuständige Steueramt kann sich selbstverständlich auf den Standpunkt stellen, dass eine

---

[67] Beschluss vom 24. Oktober 1991, BNB 1991, 4571, zuletzt geändert durch den Beschluss vom 20. Januar 1999, Nr. DB98/4540, V-N 1999, S. 1046.
[68] Art. 67 Absatz 2 *Successiewet* 1956.

Organisation nicht als gemeinnützige Einrichtung zu qualifizieren sei, und kann auf dieser Grundlage die Gewährung von Steuervorteilen verweigern. In diesem Fall kann die Organisation sich an ein Gericht wenden, das dann beurteilt, ob es sich um eine gemeinnützige Einrichtung handelt oder nicht. Wenn die Organisation weder vom Steuerinspektor noch letztendlich vom Gericht als gemeinnützige Einrichtung betrachtet wird, finden die mittelbaren und unmittelbaren Steuerbegünstigungen keine Anwendung.

Da diese Regelung eine gewisse Unsicherheit mit sich bringt, besteht die Möglichkeit, beim für die Umsetzung des niederländischen Erbschaftsteuergesetzes idF 1956 zuständigen Steueramt freiwillig eine „Einstufung" als gemeinnützige Einrichtung zu beantragen. Das zuständige Steueramt ist der „Belastingdienst/Ondernemingen" in 's-Hertogenbosch. Eine solche Einstufung wird nicht selten von Personen, die eine Spende in beträchtlicher Höhe machen möchten, verlangt. Diese Spender möchten selbstverständlich Gewissheit über die Abzugsfähigkeit ihrer Spende haben. Um für eine solche Einstufung in Betracht zu kommen, müssen die vom Steuerinspektor formulierten Kriterien erfüllt sein. Dabei handelt es sich laut beim Steueramt eingeholter Angaben zusammengefasst um folgende:

a) Die Einrichtung muss in den Niederlanden ansässig sein.

b) Die Einrichtung darf nicht auf die Erwirtschaftung von Gewinn ausgerichtet sein. Beschränkte gewerbliche Aktivitäten wie der Verkauf von Gegenständen, deren Ertrag für einen guten Zweck verwendet wird, stehen einer solchen Einstufung nicht im Wege.

c) Der Vorstand muss sich aus mindestens drei Personen zusammensetzen. Bei mehr als drei Vorstandsmitgliedern darf höchstens ein Drittel verwandt sein oder einen gemeinsamen Haushalt führen.

d) Bei Abstimmungen in den Vorstandssitzungen haben alle Mitglieder ein gleiches Stimmrecht.

e) Die Vorstandsmitglieder erhalten kein Honorar. Eine angemessene Unkostenvergütung ist aber zulässig.

f) Ein eventueller positiver Liquidationssaldo ist in Übereinstimmung mit dem Zweck der Einrichtung zu verwenden oder ist einer anderen gemeinnützigen Einrichtung zur Verfügung zu stellen.

g) Vor einer Änderung der Satzung oder der Besetzung des Vorstands ist der Steuerinspektor zu konsultieren.

h) Jährlich muss ein Finanzbericht beim Steuerinspektor eingereicht werden, der kontrolliert, ob die faktischen Tätigkeiten mit dem in der Satzung aufgeführten Zweck übereinstimmen.

i) Es ist eine Einstufung als gemeinnützige Einrichtung zu beantragen. Diesem Antrag sind eine Abschrift der notariell beurkundeten Satzung und ein Verzeichnis der Namen und Anschriften der Vorstandsmitglieder beizufügen".

j) Wenn eine Einrichtung bereits seit mehreren Jahren tätig ist, ist darüber hinaus eine Abschrift des letzten Jahresabschlusses beizufügen.

k) Der Zweck und die faktischen Tätigkeiten der Einrichtung müssen dem allgemeinen Interesse dienen.

Diese Kriterien sind gewissermaßen eine Umsetzung der in der Rechtsprechung für gemeinnützige Einrichtungen formulierten Kriterien. Hierzu ist anzumerken, dass meiner Ansicht nach nicht alle Kriterien in dieser Form im Gesetz oder in der Rechtsprechung formuliert wurden. Diesbezügliche Erkundigungen haben ergeben, dass das Steueramt manche Urteile näher konkretisiert hat und dass auf der Grundlage von Einzelfallentscheidungen auch eine Politik entwickelt wurde. Die Herkunft der einzelnen Kriterien und deren Hintergründe sind daher nicht genau zu beschreiben oder zu rekonstruieren. Auch ergibt sich das System der einzelnen, vom Steueramt zugrunde gelegten Kriterien, die oben genannt wurden, nicht aus der Rechtsprechung. Wenn eine Organisation nicht alle oben aufgeführten Kriterien erfüllt, bedeutet dies somit noch nicht, dass auch das Gericht zu dem Schluss kommen wird, dass es sich nicht um eine gemeinnützige Einrichtung handelt. Insofern werden bei der Einstufung strengere Normen zugrunde gelegt als in der Rechtsprechung. Die Praxis zeigt übrigens, dass auch Einrichtungen, die streng genommen nicht alle oben genannten Kriterien erfüllen, als gemeinnützige Einrichtungen eingestuft werden.

Die am häufigsten vorkommenden Rechtsformen gemeinnütziger Einrichtungen sind der Verein und die Stiftung. Da diese Rechtsformen grundsätzlich nicht körperschaftsteuerpflichtig sind, brauchen sie nicht jährlich ein Steuerformular auszufüllen und einzuschicken. Sie müssen lediglich eine Steuererklärung bezüglich der Spenden und Erbeinsetzungen einreichen, die über dem für die Befreiung von der Schenkungsteuer bzw. der Erbschaftsteuer festgelegten Betrag liegen.

Nur die eingestuften Einrichtungen müssen ihren Jahresabschluss jährlich dem Steueramt zur Verfügung stellen. Der Jahresabschluss umfasst auf jeden Fall eine Bilanz und eine Gewinn- und Verlustrechnung.[69] Auf dieser Grundlage beurteilt der Steuerinspektor, ob die Tätigkeiten mit dem satzungsmäßigen Zweck der Einrichtung übereinstimmen. Die Voraussetzungen für die Einstufung enthalten ferner die Verpflichtung, Mitteilungen über eine Änderung der Satzung und eine Änderung der Besetzung des Vorstands zu machen.

Über die Intensität der Überwachung von gemeinnützigen Einrichtungen durch das Steueramt sind keine Zahlen bekannt. In Anbetracht der Anzahl der Mitarbeiter, die sich mit der Verwertung und Überwachung der von eingestuften gemeinnützigen Einrichtungen zur Verfügung gestellten Daten befassen, ist meiner Ansicht nach keine intensive Überwachung zu erwarten.

---

[69] Art. 2:10 des niederländischen Bürgerlichen Gesetzbuchs (BW).

II. Sanktionen und Konsequenzen

Die Sanktionen für einen Verstoß gegen die geltenden Vorschriften unterscheiden sich nach den Sanktionen für eine Verletzung der zivilrechtlichen Vorschriften und den Sanktionen für die Verletzung der steuerrechtlichen Vorschriften.

Ein Verstoß gegen die zivilrechtlichen Vorschriften – Verstoß gegen die Satzung und/oder die Ausschüttungsbeschränkungen – kann je nach den Umständen verschiedene Sanktionen zur Folge haben. So sind Beschlüsse der Einrichtung, die gegen das Gesetz oder die Satzung verstoßen, nichtig bzw. anfechtbar.[70] Eventuelle Ausschüttungen im Widerspruch zu den einschlägigen Beschränkungen können von der Einrichtung als nicht geschuldete Zahlung zurückverlangt werden. Die für die Verstöße verantwortlichen Vorstandsmitglieder können von der juristischen Person für den dadurch erlittenen Schaden haftbar gemacht werden.[71]

Ein Verstoß gegen die Satzung und/oder gesetzliche Vorschriften durch die Einrichtung kann ferner zu einer gerichtlichen Entlassung der Vorstandsmitglieder einer Stiftung[72] und in besonderen Fällen zur Auflösung der juristischen Person führen.[73] Eine Forderung zur Entlassung oder Auflösung der juristischen Person kann von der niederländischen Staatsanwaltschaft oder von einem unmittelbar Betroffenen erhoben werden. Unmittelbar Betroffene sind der/die Gründer, Mitglieder der Organe der juristischen Person und diejenigen, die voraussichtlich einen spezifischen und konkreten Nachteil erleiden werden.

Die steuerrechtlichen Sanktionen beschränken sich auf den Verlust oder die Verweigerung der begünstigten Position. Wenn eine Einrichtung als gemeinnützige Einrichtung eingestuft war, hat die Rückgängigmachung dieser Einstufung grundsätzlich keine rückwirkende Kraft.[74] Spenden, die vor der Rückgängigmachung erfolgt sind, sind weiterhin abzugsfähig. Dies kann anders sein, wenn die Einstufung auf der Grundlage von von der Einrichtung selbst erteilten unrichtigen Informationen erfolgt ist.

---

[70] Art. 2:14 und 15 BW.
[71] Art. 2:9 BW.
[72] Art. 2:298 BW.
[73] Art. 2:21 Absatz 3 BW.
[74] Hof 's-Gravenhage, 1993 V-N 1994, S. 783. In diesem Sinne auch die Resolution des Finanzministeriums vom 19. Januar 2005, Nr. CPP2004/1461M.

F. Reformen, Diskussionen, persönliche Stellungnahme

Am 13. März 2000 ist der Bericht der Arbeitsgruppe zur Modernisierung der Erbschaftsteuergesetzgebung unter dem Vorsitz von Prof. mr. J.K. Moltmaker erschienen.[75] In diesem Bericht werden u.a. Empfehlungen für die steuerrechtliche Behandlung gemeinnütziger Einrichtungen formuliert. Die wichtigsten Empfehlungen beziehen sich auf die Herabsetzung des Steuersatzes für die Schenkungsteuer und die Erbschaftsteuer auf 0 % unter der strengen Bedingung einer vorhergehenden Einstufung als gemeinnützige Einrichtung. Als weitere Bedingung müsste hierfür gelten, dass die Einrichtung ausschließlich oder nahezu ausschließlich einem allgemeinen Interesse dient.

Bisher wurden diese Vorschläge aus finanziellen Gründen nicht übernommen. Allerdings wurde der Steuersatz mit Wirkung zum 1. Januar 2005 von 11 % auf 8 % herabgesetzt und anschließend mit Wirkung zum 1. Januar 2006 mit 0 % angesetzt. In diesem Zusammenhang wurde angekündigt, dass strengere Vorschriften gelten werden, doch diese wurden noch nicht bekannt gegeben. Meines Erachtens ist die Beschränkung des Nulltarifs auf Einrichtungen, die ausschließlich oder nahezu ausschließlich einem allgemeinen Interesse dienen, nicht zu empfehlen. Der Kreis der Organisationen, die für eine Begünstigung in Betracht kommen, wird dadurch erheblich eingeengt, wofür – auch in Anbetracht der Tatsache, dass meines Erachtens keine angemessene Rechtfertigung für die Erhebung von Schenkungsteuern und Erbschaftsteuern vorliegt – ein plausibler Grund fehlt.

Außer den Vorschlägen bezüglich einer Änderung der Steuervorschriften wurde auch die Absicht zum Ausdruck gebracht, Non-Profit-Organisationen zur Veröffentlichung ihres Jahresabschlusses zu verpflichten. Eine solche Verpflichtung gilt zur Zeit nur für den relativ kleinen Kreis der Vereine und Stiftungen, die unter die niederländischen Jahresabschlussvorschriften fallen. Auch diese Absicht wurde noch nicht konkretisiert.

Im Hinblick auf Einrichtungen, die sich mit der Mittelbeschaffung befassen, stellt sich die niederländische Regierung bisher auf den Standpunkt, dass das System der Selbstregulierung, das vom *Centraal Bureau Fondsenwerving* entwickelt wurde, in adäquater Weise funktioniert. Dieses Zentralbüro ist eine zertifizierungsbefugte Einrichtung, die vom *Raad voor Accreditatie* überwacht wird. Das *Centraal Bureau Fondsenwerving* kann somit den auf dem Gebiet der Mittelbeschaffung tätigen Einrichtungen, die die Kriterien erfüllen, ein offizielles und geschütztes Gütezeichen verleihen. Dieses sog. CBF-Gütezeichen bedeutet, dass die Einrichtung eine ausreichende Gewähr für eine verantwortungsvolle Mittelbeschaffung und Mittelverwendung bietet. Die vom *Centraal Bureau Fondsenwerving* zugrunde gelegten Kriterien sind sehr detail-

---

[75] Siehe Fußnote 10.

liert, und die Überwachung ihrer Erfüllung erfolgt mit größter Sachkenntnis und Objektivität. Zusammengefasst ist zu sagen, dass die Vorschriften auf die Vermeidung unverantwortungsvoller Geschäftsleitung und Verwaltung ausgerichtet sind.

Es ist die Frage, ob dieser Standpunkt in naher Zukunft geändert wird. Klar ist, dass strengere Vorschriften für gemeinnützige Einrichtungen in Erwägung gezogen werden. Genannt wurde bereits die mögliche Verpflichtung zur Veröffentlichung des Jahresabschlusses. Eine andere Möglichkeit, die derzeit untersucht wird, ist, ob und inwieweit die vom CBF entwickelten Beurteilungskriterien auf gemeinnützige Einrichtungen im Allgemeinen angewendet werden können. Die Einstufung beim Steueramt könnte hierfür den formellen Anhaltspunkt bieten.

Inzwischen hat auch eine zu diesem Zweck ins Leben gerufene Kommission ihren Bericht mit Empfehlungen für Vorschriften in Bezug auf die Einrichtung von Non-Profit-Organisationen und deren Überwachung veröffentlicht.[76] Seitens der Politik wurde bekundet, dass daran als Instrument für die Verbesserung der Qualität der Verwaltung von Non-Profit-Organisationen und deren Transparenz großes Interesse besteht.[77] Es ist somit sicher nicht undenkbar, dass in Bezug auf die Geschäftsleitung und öffentliche Verantwortung von Non-Profit-Organisationen im Allgemeinen und die gemeinnützigen Einrichtungen im Besonderen innerhalb absehbarer Zeit Änderungen vorgenommen werden. Auch wird innerhalb der Branche anlässlich der (negativen) Berichte in den Medien über die Höhe der Gehälter, die die Geschäftsleiter mancher auf dem Gebiet der Mittelbeschaffung tätigen Einrichtungen erhalten, an der Erstellung einschlägiger Richtlinien gearbeitet. Diese Richtlinien werden keinen gesetzlichen Charakter haben, können aber möglicherweise zur Verbesserung der Transparenz beitragen.

Letztendlich bietet die Selbstregulierung meines Erachtens mehr Möglichkeiten für die Missbrauchvorbeugung als staatliche Überwachung. Daher bleibt diese weiterhin eine wertvolle Ergänzung staatlichen Handelns. Meiner Ansicht nach – und dies ist auch ausdrücklich eine in die Entwicklung neuer Vorschriften einzubeziehende Überlegung – hat die Einführung strengerer gesetzlicher Regeln nur Sinn, wenn eine adäquate Überwachung der Einhaltung dieser Vorschriften gewährleistet ist. Ein Beschluss zur Einführung solcher Vorschriften muss daher mit dem politischen Willen einhergehen, die dafür benötigten Mittel strukturell zur Verfügung zu stellen. Hierzu möchte ich anmerken, dass ein gewisses Maß an Überwachung der zweckmäßigen Verwendung der Mittel

---

[76] Empfehlung der *Commissie Code Goed Bestuur voor Goede Doelen*, Lenthe Publishers, Amsterdam, 2005.

[77] Siehe Diskussionsvorlage *algemeen nut beogende instellingen in de fiscaliteit* (gemeinnützige Einrichtungen im Steuerrecht), siehe Internetseite des niederländischen Finanzministeriums, http://www.minfin.nl.

meines Erachtens an sich gerechtfertigt ist. Diese Überwachung muss jedoch auf eine allgemeine Prüfung der Rechtmäßigkeit der betriebenen Geschäftspolitik und der Mittelverwendung beschränkt bleiben. Bei der Feststellung und Umsetzung ihrer Geschäftspolitik müssen die gemeinnützigen Einrichtungen – selbstverständlich im Rahmen ihres satzungsmäßigen Zwecks – weiterhin vollkommen frei sein.

Gemeinnützigkeits- und Spendenrecht in Österreich[*]

MARKUS ACHATZ

A. Begriff (worüber wir reden wollen: introducing the main concept)

Es geht um die steuerliche (privilegierte) Behandlung von freiwilligen freigiebigen (altruistischen) Vermögenszuwendungen an eine nicht staatliche gemeinnützige (public benefit, utilité publique) Organisation.
  1. Was heißt freiwillig?
  2. Was heißt freigiebig?
  3. Was heißt nicht staatliche gemeinnützige Organisation?

Behandelt werden der Vorgabe entsprechend freiwillige, freigiebige Vermögenszuwendungen an nicht staatliche, gemeinnützige Organisationen. Als freiwillig werden hiebei auch Zuwendungen betrachtet, die im Ergebnis aus einer freien Willensentscheidung resultieren, in weiterer Folge aufgrund rechtlicher Verpflichtung geleistet werden (zB Mitgliedsbeitrag, der nach freiwilligem Beitritt auf Grundlage der Satzung verpflichtend zu leisten ist). Freiwillige Zuwendungen sind nach österreichischem Rechtsverständnis hierbei Ausgaben, denen keine wirtschaftliche Gegenleistung gegenübersteht und die ohne zwingende rechtliche Verpflichtung erfolgen. Der Begriff der Freigiebigkeit unterscheidet sich hiebei nicht von jenem der Freiwilligkeit: Freigiebig heißt nach österreichischem Verständnis ohne rechtlichen Zwang und ohne Anspruch auf Gegenleistung. Während man im Einkommensteuerrecht von der freiwilligen Zuwendung spricht, ist im Erbschafts- und Schenkungssteuerrecht von Freigiebigkeit die Rede.

Die österreichische Spendenbegünstigung knüpft, wie noch zu zeigen sein wird, an spezifische Voraussetzungen an, die auf Ebene des Spendenempfängers erfüllt sein müssen. Hiebei werden die Begünstigungen zT zwar zunächst auf öffentlich-rechtliche Körperschaften bezogen, in weiterer Folge aber auch tatbestandlich auf „juristische Personen" ganz generell oder „andere Rechtsträger" bezogen, womit je nach Tatbestand auch juristische Personen als begünstigte Empfänger in Betracht kommen. Inwieweit es sich hiebei um

---

[*] Der folgende Länderbericht weicht von den übrigen Länderberichten hinsichtlich der Gliederung ab. Die Antworten beziehen sich auf den Fragebogen, der zur Vorbereitung einer einheitlichen Struktur der Länderberichte diente.

„staatliche" Organisationen handelt kann dabei offen bleiben bzw spielt nach den relevanten Tatbeständen keine Rolle.

B. Voraussetzung der Vergünstigung bei der empfangenden Organisation/ Voraussetzungen für den Status einer begünstigten Organisation

I. Organisationsrechtliche Voraussetzungen

1. Muss der Empfänger der Spende eine bestimmte Rechtsform haben, damit diese beim Spender steuerlich privilegiert werden kann?

Grundsätzlich zählen Spenden idR nicht zu den Betriebsausgaben. § 4 Abs. 4 Z 5 und 6 EStG 1988 enthalten Ausnahmen von diesem Abzugsverbot. Zuwendungen, die unter die Bestimmungen des § 4 Abs. 4 Z 5 und 6 EStG 1988 fallen, sind daher unabhängig von ihrer betrieblichen Veranlassung steuerlich abzugsfähig. Allerdings sind die einschränkenden Bestimmungen in den angeführten Gesetzesstellen genau zu beachten. Die Vorschriften beziehen sich auf bestimmte Zwecke (im Besonderen Forschung und Lehre sowie geschichtliche und kulturelle Zwecke von österreichweiter Bedeutung), wobei diese Zwecke von einem Spendenempfänger erfüllt werden müssen, der die gesetzlichen Voraussetzungen erfüllt. ZT werden hiebei die begünstigten Spendenempfänger namentlich angeführt (zB Akademie der Wissenschaften), zum Teil werden abstrakte Merkmale angeführt, die ein potentieller Spendenempfänger erfüllen muss, um dem Spender die Begünstigung zu verschaffen (zB durch Gesetz errichteter Fonds zur Forschungsförderung).

Gemäß § 4 Abs. 4 Z 5 EStG 1988 sind „Zuwendungen aus dem Betriebsvermögen zur Durchführung von

– Forschungsaufgaben oder
– der Erwachsenenbildung dienenden Lehraufgaben, welche die wissenschaftliche oder künstlerische Lehre betreffen und dem Allgemeinen Hochschulstudiengesetz oder dem Kunsthochschul-Studiengesetz entsprechen,
– sowie damit verbundenen wissenschaftlichen Publikationen und Dokumentationen"

an die im § 4 Abs. 4 Z 5 EStG 1988 genannten Institutionen Betriebsausgaben.

Zu diesen Institutionen gehören:

a) Universitäten, Kunsthochschulen und die Akademie der bildenden Künste, deren Fakultäten, Institute und besondere Einrichtungen.
b) Durch Bundes- oder Landesgesetz errichtete Fonds, die mit Aufgaben der Forschungsförderung betraut sind.
c) Die Österreichische Akademie der Wissenschaften

d) Juristisch unselbständige Einrichtungen von Gebietskörperschaften, die im Wesentlichen mit Forschungs- oder Lehraufgaben der genannten Art für die österreichische Wissenschaft oder Wirtschaft und damit verbundenen wissenschaftlichen Publikationen und Dokumentationen befasst sind.

e) Juristische Personen, die im Wesentlichen mit Forschungs- oder Lehraufgaben der genannten Art für die österreichische Wissenschaft oder Wirtschaft und damit verbundenen wissenschaftlichen Publikationen oder Dokumentationen befasst sind. Weitere Voraussetzung ist, dass an diesen juristischen Personen entweder eine Gebietskörperschaft zumindest mehrheitlich beteiligt ist oder die juristische Person als Körperschaft iSd §§ 34 ff der BAO 1961 ausschließlich wissenschaftliche Zwecke verfolgt.

Gemäß § 4 Abs. 4 Z 6 EStG 1988 gelten folgende Institutionen als begünstigte Spendenempfänger:

a) Die Österreichische Nationalbibliothek, die Diplomatische Akademie, das Österreichische Archäologische Institut und das Institut für Österreichische Geschichtsforschung zur Durchführung der diesen Einrichtungen gesetzlich obliegenden Aufgaben,

b) Museen von Körperschaften des öffentlichen Rechts und von anderen Rechtsträgern, wenn diese Museen einer den Museen von Körperschaften öffentlichen Rechts vergleichbaren öffentlichen Zugang haben und Sammlungsgegenstände zur Schau stellen, die in geschichtlicher, künstlerischer oder sonstiger kultureller Hinsicht von gesamtösterreichischer Bedeutung sind.

c) Das Bundesdenkmalamt

d) Dachverbände von Körperschaften, Personenvereinigungen und Vermögensmassen, die die Voraussetzungen der §§ 34 ff BAO 1961 erfüllen und deren ausschließlicher Zweck die Förderung des Behindertensportes ist.

Soweit die Zuwendung nicht aus einem Betriebsvermögen erfolgt (somit aus dem Privatvermögen getätigt wird), sieht § 18 Abs. 1 Z 7 EStG 1988 einen Abzug als Sonderausgabe vor.

In jedem Fall ist zu beachten, dass der Abzug der Zuwendungen aus dem Betriebsvermögen mit 10 % des Gewinnes (bei Privatvermögen mit 10 % des Einkommens) des unmittelbar vorangegangenen Wirtschaftsjahres begrenzt ist.

2. Muss der Empfänger zivilrechtlich rechtsfähig sein?

Der Empfänger muss die in § 4 Abs. 4 Z 5 und 6 EStG 1988 angeführten Voraussetzungen erfüllen. Es handelt sich somit bei den Empfängern idR entweder um juristische Personen des öffentlichen Rechts oder juristische Personen des privaten Rechts (zT auch um unselbständige Einrichtungen von juristischen Personen des öffentlichen Rechts). Natürliche Personen oder auch

Personengesellschaften (Mitunternehmerschaften) kommen demgegenüber in der Regel nicht als begünstigte Empfänger in Betracht.

3. Welche Organisationen können die Steuervergünstigung erhalten?

a) Verein

Ja, vgl § 4 Abs. 4 Z 5 lit e sowie § 18 Abs. 1 Z 7 EStG 1988 iVm §§ 34 ff BAO 1961

Spenden an Vereine, die die Voraussetzungen für begünstigte Rechtsträger iSd §§ 34 ff BAO 1961 (somit die abgabenrechtliche Gemeinnützigkeit) erfüllen und ausschließlich im Bereich der Forschung bzw. der Erwachsenenbildung auf Hochschulniveau tätig sind, können als Betriebsausgaben bzw. Sonderausgaben abgezogen werden. Der Verein muss noch vor der Hingabe der Spende durch einen Bescheid des zuständigen Finanzamtes in den Kreis der begünstigten Spendenempfänger aufgenommen worden sein.

b) Stiftung

Auch eine Stiftung kann begünstigt sein, wenn die Stiftung bescheidmäßig als eine Einrichtung gemäß § 4 Abs. 4 Z 5 lit e EStG 1988 anerkannt ist. In Betracht kommen Stiftungen nach dem Bundesstiftungs- und FondsG bzw nach den Regelungen der entsprechenden Landesstiftungs- und Fondsgesetze (diese Stiftungen sind Privatrechtssubjekte, stehen aber unter einer öffentlichen Aufsicht) sowie Privatstiftungen nach dem Privatstiftungsgesetz errichtet sind. Daneben sind kirchliche Stiftungen denkbar, die regelmäßig als Körperschaften öffentlichen Rechts ausgestaltet sind.

c) Kapitalgesellschaften

aa) AG

bb) GmbH/SARL/limited company etc

Kapitalgesellschaften, die die oben genannten Voraussetzungen (Pkt 1) erfüllen, können die Spendenbegünstigung in Anspruch nehmen. Bei Aktiengesellschaften ist regelmäßig fraglich, ob sie die Voraussetzungen der Gemeinnützigkeit erfüllen können.

d) Genossenschaft

Theoretisch denkbar, praktisch ohne Relevanz.

e) Personengesellschaft

Nein, soweit die Gemeinnützigkeit vorausgesetzt wird, da das Gemeinnützigkeitsrecht für Personengesellschaften nicht offen steht. Daher ist eine Forschungs GmbH & Co KG nicht gemäß § 4 Abs. 4 Z 5 EStG begünstigt, wohl aber eine Museums GmbH & Co KG (da hier keine Gemeinnützigkeit gefordert ist).

f) nicht rechtsfähige Organisationen

Nur im Rahmen der Körperschaften öffentlichen Rechts denkbar (zB Museen, selbstständige Forschungs- und Lehranstalten der Gebietskörperschaften).

g) Einzelperson

Nein.

4. Darf der verselbständigte ausgegliederte wirtschaftliche Geschäftsbetrieb (selbständige Tochtergesellschaft der Empfängerorganisation), der grundsätzlich steuerpflichtig ist, seinen Gewinn steuerbegünstigt der Mutterorganisation spenden?

Sonderregelungen für Spenden von Tochtergesellschaften enthält das österreichische Abgabenrecht nicht. Erfolgt die Zuwendung im Rahmen einer Gewinnausschüttung, ist diese auf Ebene der empfangenden Körperschaft jedenfalls steuerfrei. Es handelt sich hiebei aber nicht um eine Sonderbestimmung zwecks Förderung von Spenden, sondern um eine allgemeine Beteiligungsertragsbefreiung, die die Doppelbesteuerung von Gewinnen im Konzern auf Ebene der Mutterkörperschaft vermeiden soll.

II. Zweck der Organisation

1. Welche Voraussetzungen stellt das Steuerrecht an den von der Organisation verfolgten Zweck? Wie wird die Gemeinnützigkeit bzw. der gemeinnützige Zweck definiert?
a) Durch engen gesetzlichen Katalog an zentraler Stelle
b) Durch Generalklausel oder weite unbestimmte Rechtsbegriffe
c) Durch Einzelbestimmungen in den einzelnen Steuergesetzen
d) Durch die Kombination einer Generalklausel mit erläuternden Regelbeispielen?

Für Zwecke des Spendenabzuges muss die die Spende empfangende Einrichtung in den engen Katalog des § 4 Abs. 4 Z 5 bzw 6 EStG einordbar sein. Für Privatrechtsträger (juristische Personen des Privatrechts) kommt überdies hinzu, dass diese Rechtsträger besondere Voraussetzungen erfüllen müssen (im Bereich

Forschung und Lehre die Gemeinnützigkeit iSd Abgabenrechts, bei Museen durch Nachweis einer gesamtösterreichischen Bedeutung).

2. Gibt es bestimmte Destinatärgruppen, die zu fördern sind?

Gefördert werden durch das österreichische Spendenrecht im Wesentlichen (wenn man von speziellen Regelungen absieht) Zuwendungen zur Durchführung von Forschungs- und Erwachsenenbildung dienenden Lehraufgaben und Einrichtungen, die in geschichtlicher, künstlerischer oder sonstiger kultureller Hinsicht von gesamtösterreichischer Bedeutung sind. Der geförderte Kreis ist jeweils sehr eng. Er ergibt sich einerseits aus einer ausdrücklichen namentlichen Aufzählung. Soweit nicht namentlich angeführte juristische Personen die Begünstigung anstreben, wird die Erfüllung qualitativer Merkmale vorausgesetzt.

Im Bereich der Forschungs- und Lehraufgaben und bei Dachverbänden zur Förderung des Behindertensports bedarf es der Einhaltung der Vorschriften der § 34 ff BAO. Die Einhaltung dieser Vorschriften wird regelmäßig von der Abgabenbehörde streng geprüft. Gefördert werden danach gemeinnützige Zwecke, mildtätige Zwecke sowie kirchliche Zwecke.

1. Gemeinnützig sind Zwecke, durch deren Erfüllung die Allgemeinheit gefördert wird. Eine Förderung der Allgemeinheit liegt nur vor, wenn die Tätigkeit dem Gemeinwohl auf geistigem, kulturellem, sittlichem oder materiellem Gebiet nützt. Abs. 2 bringt eine exemplarische Aufzählung gemeinnütziger Zwecke (§ 35 Abs. 1 und 2 BAO 1961).

2. Mildtätig (humanitär, wohltätig) sind Zwecke, die darauf gerichtet sind, hilfsbedürftige Personen zu unterstützen (§ 37 BAO 1961).

Die Förderung der Allgemeinheit wird nur für gemeinnützige Zwecke vorausgesetzt. Für mildtätige Zwecke, das sind solche, die darauf gerichtet sind, hilfsbedürftige Personen zu unterstützen, kommt es nicht darauf an, dass der geförderte Personenkreis als Allgemeinheit aufzufassen ist. § 37 BAO verlangt nämlich nicht, dass die in Betracht kommenden Personen, die unterstützt werden sollen, satzungsgemäß dergestalt nach Merkmalen umschrieben sind, dass sie als großer Teil der Bevölkerung zu betrachten sind (vgl etwa VwGH 24.4.1978, 1054/77).

3. Kirchlich sind Zwecke, durch deren Erfüllung gesetzlich anerkannte Kirchen und Religionsgesellschaften gefördert werden. (§ 38 Abs. 1 BAO 1961). Abs. 2 bringt eine exemplarische Aufstellung begünstigter kirchlicher Zwecke.

Zur Auslegung des Begriffs „Förderung der Allgemeinheit":

Der Begriff Allgemeinheit ist nicht stets mit der gesamten Bevölkerung gleichzusetzen, eine Einschränkung in sachlicher oder regionaler Hinsicht ist grundsätzlich zulässig. Eine Förderung der Allgemeinheit liegt aber nach der negativen Abgrenzung des § 36 Abs. 1 BAO 1961 nicht vor, wenn der geförderte Personenkreis nach den Rechtsgrundlagen des Rechtsträgers (Statuten usw.) oder durch die tatsächliche Geschäftsführung (wie zB die Höhe des Mitgliedsbeitrages) eng begrenzt oder dauernd nur klein ist, auch wenn der Rechtsträger grundsätzlich Zwecke verfolgt, die als begünstigt anzusehen wären. Eine statutarisch vorgesehene Möglichkeit des Vorstandes, die Aufnahme eines Mitgliedes ohne Begründung abzulehnen, stellt für sich keine Verletzung der Begünstigungsvoraussetzungen dar. Ob der geförderte Personenkreis zu eng begrenzt ist, ist nach den Umständen des Einzelfalles zu beurteilen (Rz 14 VereinsR 2001).

Die Aufnahme in den Kreis der begünstigten Spendenempfänger unterliegt regelmäßig einer restriktiven Prüfung und idR einer formalisierten Zulassung. So setzt die Zuerkennung der Förderungswürdigkeit für andere Rechtsträger als die Universitäten sowie bundes- und landesgesetzlich errichtete Fonds zur Forschungsförderung einen Bescheid des zuständigen Finanzamtes voraus. Zuständig ist hierbei österreichweit das Finanzamt 23. Bezirk in Wien, womit eine österreichweit einheitliche Vollziehung erreicht werden soll. Im Bereich der Museen ist der Nachweis gesamtösterreichischer Bedeutung durch eine Bescheinigung seitens des Bundesministers für Bildung, Wissenschaft und Kultur nachzuweisen.

Steuerbegünstigungen von Freizeit und Sport:

Zur Frage betreffend Steuerbegünstigungen von Freizeit und Sport ist zunächst festzuhalten, dass die Förderung von Sport grundsätzlich als gemeinnütziger Zweck in Betracht kommt. Begünstigt ist die Förderung jeglicher Art von körperlicher Betätigung, also nicht bloß des Körpersports im engeren Sinn, sondern auch des Schieß-, Flug- und Motorsports. Nicht begünstigt ist die Ausübung des Berufsportes sowie der Betrieb von Freizeiteinrichtungen, auch wenn er mit der Ausübung von Sport in einem gewissen Zusammenhang steht. Bei Sportarten, die der Freizeitgestaltung nahe stehen (Tanzsport, Modellflug) ist erforderlich, dass die Betätigung sportmäßig bzw turniermäßig betrieben wird und die Pflege der Geselligkeit dabei nicht in den Vordergrund tritt. Die Förderung der Freizeitgestaltung und Erholung der Menschen ist im Übrigen nur dann begünstigt, wenn sie einen besonders schutzbedürftigen Personenkreis zugute kommt (Jugend, Kranken, Altenfürsorge), sog Hobbyvereine bzw Freizeitvereine sind nicht begünstigt.

Die Anerkennung von Steuerbegünstigungen auch für nicht rechtsfähige Organisationen und die hiebei bestehende Differenzierung zwischen den verschiedenen Steuern hat im Wesentlichen systematische Gründe, die vor allem in der Struktur der betreffenden Steuern begründet liegen. So ist etwa der Betrieb gewerblicher Art Steuersubjekt im Bereich der Körperschaftsteuer, nicht hingegen in der Erbschafts- und Schenkungssteuer und in der Umsatzsteuer. Dementsprechend kann die nicht rechtsfähige Organisationseinheit eines BgA Steuervergünstigungen zwar im Bereich der Körperschaftsteuer, nicht aber im Bereich der Erbschafts- und Schenkungssteuer oder der Umsatzsteuer in Anspruch nehmen.

§ 39 Z 1 BAO ordnet an, dass die Körperschaft abgesehen von völlig untergeordneten Nebenzwecken keine anderen als gemeinnützige, mildtätige oder kirchliche Zwecke verfolgen darf. Hieraus ergibt sich, dass eine begünstigte Körperschaft zwar andere als gemeinnützige Zwecke verfolgen darf, diese aber völlig untergeordnet sein müssen. Diese Unterordnung wird von der Verwaltungspraxis dann bejaht, wenn die Ausgaben, die mit diesen Nebenzwecken verbunden sind, weniger als 10 % der Gesamtaufwendungen der begünstigten Körperschaft betragen. Grundsätzlich müssen auch derartige Nebenzwecke in der Satzung angeführt sein, da ansonsten § 42 BAO verletzt wäre, der vorsieht, dass die tatsächliche Geschäftsführung den Bestimmungen zu entsprechen hat, die die Satzung aufstellt.

III. Anforderungen an die Satzung

1. Gibt es einen notwendigen Satzungsinhalt?

Ein notwendiger Satzungsinhalt ergibt sich für jene Begünstigungstatbestände, die das Vorliegen der abgabenrechtlichen Gemeinnützigkeit (Mildtätigkeit, Förderung jeglicher Zwecke) voraussetzen. In diesem Fällen muss die Satzung gemäß § 41 Abs. 1 BAO 1961 eine ausschließliche und unmittelbare Betätigung für einen gemeinnützigen, mildtätigen oder kirchlichen Zweck ausdrücklich vorsehen und diese Betätigung genau umschreiben. Als Satzung iSd §§ 41 bis 43 BAO 1961 gilt auch jede andere sonst in Betracht kommende Rechtsgrundlage einer Körperschaft.

Die Rechtsgrundlagen müssen so abgefasst sein, dass die Voraussetzungen für abgabenrechtliche Begünstigungen klar und eindeutig erkennbar sind.

Notwendiger Inhalt der Satzung aus der Sicht des Gemeinnützigkeitsrechts:

- Gewinnausschluss
- begünstigter Zweck
- keine Vermischung von Zweck und Mittel zur Erreichung des Zwecks
- vollständige Angabe der ideellen und materiellen Mittel zur Zweckerreichung
- Verwendung des Vermögens für begünstigte Zwecke iSd § 34 BAO 1961 bei Auflösung oder Wegfall des begünstigten Zwecks

Organisationen, die einen Spendenbegünstigungsbescheid nach § 4 Abs. 4 Z 5 EStG anstreben, haben in der Satzung überdies festzulegen, dass im Falle einer Auflösung das Restvermögen dem gleichen Zweck zugeführt wird, den die Organisation schon bisher verfolgt hat (vgl Kohler/Quantschnigg, Die Besteuerung der Vereine[9], 118).

Die Finanzverwaltung hat für die Satzungsgestaltung Muster erarbeitet.

2. Wie und wie häufig wird die Einhaltung der Satzung überprüft?

Auch bei steuerbefreiten oder begünstigten Vereinen hat die Abgabenbehörde das Recht bzw. die Pflicht, die Voraussetzungen für Abgabenbefreiungen bzw. Begünstigungen zu prüfen. Zu diesem Zweck können die Finanzämter

- die Beantwortung von Fragebögen verlangen
- Statuten oder Jahresabrechnungen anfordern
- Abgabenerklärungen zusenden
- Einschau halten oder eine Buch- oder Betriebsprüfung durchführen

Werden keine Aufzeichnungen geführt oder verweigert die Körperschaft die Vorlage von entsprechenden Unterlagen, ist das Finanzamt berechtigt, die Besteuerungsgrundlagen zu schätzen bzw wegen Nichtüberprüfbarkeit der tatsächlichen Geschäftsführung abgabenrechtliche Begünstigungen zu versagen.

Privatrechtssubjekte, die die Rechtsstellung eines begünstigten Spendenempfängers geltend machen bzw durch Bescheid der Finanzverwaltung eine solche Stellung erreicht haben, werden regelmäßig (im Abstand von 3-5 Jahren) auf Einhaltung der Voraussetzungen überprüft. Eine Überprüfung findet jedenfalls im Zeitpunkt der Liquidation eines solchen Rechtsträgers statt.

IV. Mittelverwendung – wie müssen Spenden, die steuerbegünstigt waren, verwendet werden?

1. Ist die Art der Mittelverwendung gesetzlich festgelegt; welche Praxis gibt es dazu?

a) *Gewinnausschüttungsverbot an Stifter, Mitglieder und nahe stehende Personen (Non-Profit-Voraussetzung)*

Die Art der Mittelverwendung ist gesetzlich nicht explizit geregelt, doch ergibt sich wohl implizit aus den jeweiligen Tatbeständen, dass die Spende für den betreffenden Zweck zu verwenden ist.

Detaillierte gesetzliche Beschränkungen der Verwendung ergeben sich für jene Spendenempfänger, die die Voraussetzungen der Gemeinnützigkeit erfüllen müssen, aus dem Gemeinnützigkeitsrecht. Danach dürfen die Mitglieder der Körperschaft keine Gewinnanteile und in ihrer Eigenschaft als Mitglieder keine Zuwendungen aus Mitteln der Körperschaft erhalten (§ 39 Abs. 2 BAO 1961). Darunter sind nicht nur verdeckte Zuwendungen in Form von Geld oder Sachgütern zu verstehen, sondern auch die Erbringung von Dienstleistungen der Körperschaft ohne angemessene Gegenleistung sowie die unentgeltliche Überlassung von Kapital oder Gegenständen zur Nutzung (VwGH 24.2.2000, 97/15/0213) (Rz 116 VereinsR 2001).

Außerdem dürfen die Mitglieder gemäß § 39 Abs. 3 BAO 1961 bei ihrem Ausscheiden oder bei Auflösung oder Aufhebung der gemeinnützigen Körperschaft nicht mehr als ihre eingezahlten Kapitalanteile und den gemeinen Wert ihrer Sacheinlagen zurückerhalten, der nach dem Zeitpunkt der Leistung der Einlagen zu berechnen ist.

Gemäß Rz 1335 EStR 2000 haben allfällige Verwertungsrechte an Forschungsergebnissen beim Spendenempfänger zu verbleiben und dürfen nicht etwa seinen Mitgliedern zugute kommen.

b) *Keine Erbringung sonstiger materieller Vorteile an die Stifter, Mitglieder und nahe stehenden Personen ohne konkrete Gegenleistung; wo werden Kompromisse gemacht?*
   aa) z.B. bei Gehalt?
   bb) bei sonstigen Finanztransaktionen
   cc) Mitgliederzeitschrift
   dd) mitgliedernütziger Freizeitverein (z.B. Sportverein, Bürgerverein zur Abwehr von Fluglärm)

Auch hier bestehen explizite Regelungen nur für Rechtsträger, die die Gemeinnützigkeitsvoraussetzungen erfüllen müssen. So dürfen keine Personen (Mitglieder der Körperschaft oder Dritte) durch zweckfremde Verwaltungsausgaben oder durch unverhältnismäßig hohe Vergütungen (Vorstandsgehälter oder Aufsichtsratvergütungen) begünstigt werden (§ 39 Z 4 BAO 1961). Die Frage, ob bzw. inwieweit Bezüge als überhöht anzusehen sind, ist im Wege des Fremdvergleichs zu lösen (VwGH 24.2.2000, 97/15/0213). Ein angemessenes Gehalt ist demzufolge zulässig.

Ob dem Gebot der sparsamen Verwaltung entsprochen wird, kann für gemeinnützige Rechtsträger letztlich nur nach der tatsächlichen Geschäftsführung festgestellt werden. Aufwendungen für satzungsfremde Zwecke widersprechen dieser Voraussetzung ebenso wie den Geboten der Wirtschaftlichkeit und Zweckmäßigkeit widersprechende Ausgaben (aufwändige Bürotätigkeit, hohe Repräsentationsaufwendungen, unzweckmäßige Vermögensveranlagung, hoher Provisionsaufwand für Mitglieder- oder Spendenwerbung, üppige Öffentlichkeitsarbeit bzw. Selbstdarstellung etc) (Kohler/Quantschnigg, Die Besteuerung der Vereine[9], 116).

Nicht unter das Zuwendungsverbot fallen Zuwendungen an Mitglieder in ihrer Eigenschaft als Vertragspartner des begünstigten Rechtsträgers und Zuwendungen an Mitglieder in ihrer Eigenschaft als Fördersubjekte, zB aus der Nutzung der Vereinseinrichtungen (Kohler/Quantschnigg, Die Besteuerung der Vereine[9], 115).

Mitgliedernützige Vereine sind aus der Sicht des Gemeinnützigkeitsrechts regelmäßig problematisch: Die Gemeinnützigkeit erfordert zunächst, dass der Kreis der geförderten Personen nicht zu fest abgeschlossen sein darf, da ansonsten wegen Identität zwischen Förderern und Geförderten die Voraussetzung der Förderung der Allgemeinheit nicht erfüllt ist (vgl oben B.2.). Der Zugang der Mitgliedschaft muss somit auch Nichtmitgliedern offen stehen. Des Weiteren prüft die Finanzverwaltung regelmäßig, ob ein derartiger Verein das Erfordernis der unmittelbaren Förderung des begünstigten Zwecks erfüllt. Soweit der begünstigte Rechtsträger primär der Förderung der wirtschaftlichen Interessen der Mitglieder dient, wird der begünstigte Zweck nach der Rspr des VwGH nicht unmittelbar, sondern nur mittelbar (über die Förderung von Einzelinteressen) begünstigt, womit ihm die abgabenrechtliche Gemeinnützigkeit abzuerkennen ist.

c) Gibt es Ausnahmen von (a) und (b)? Z.B. ein Prozentsatz der Mittel kann für die Familie des Stifters verwendet werden, sog. hybrid structures; 25 % des Mitgliederbeitrages darf für die Gewährung eines Mitgliedervorteils gezahlt werden?

Derartige Ausnahmen sind nicht bekannt.

2. Dürfen Aktivitäten jenseits der eigenen Grenzen unternommen oder finanziert werden?

Die Zuwendungen an die im § 4 Abs. 4 Z 5 EStG 1988 genannten Empfänger müssen zur

- Durchführung von Forschungs- oder Lehraufgaben sowie damit verbundenen wissenschaftlichen Publikationen oder Dokumentationen bestimmt sein.

Soweit sich die Körperschaft mit Lehraufgaben befasst,

- müssen sich diese an Erwachsene richten,
- Fragen der Wissenschaft oder der Kunst zum Inhalt haben und nach Art ihrer Durchführung den Lehrveranstaltungstypen des seinerzeitigen Allgemeinen Hochschul-Studiengesetzes bzw. Kunsthochschul-Studiengesetzes entsprechen (VwGH 9.7.1997, 95/13/0110).

Während der Gesetzgeber bei explizit namhaften angeführten Spendenempfängern davon ausgeht, dass diese ohnedies nur die durch Gesetz übertragenen Aufgaben erfüllen, wird bei den nicht namentlich angeführten Rechtspersonen als Tatbestandsmerkmal gefordert, dass diese ausschließlich wissenschaftliche Zwecke verfolgen.

Hinsichtlich der Zuwendung an die in geschichtlicher, künstlerischer oder sonstiger kultureller Hinsicht bedeutsamen Einrichtungen fordert der Gesetzgeber

Zuwendungen zur Durchführung der diesen Einrichtungen gesetzlich obliegenden Aufgaben.

Dachverbände zur Förderung des Behindertensports sind nach dem Gesetz nur dann begünstigt, wenn sie diesen Zweck ausschließlich verfolgen.

3. Gibt es ein Gebot, dass die Organisation selbst tätig werden muss oder kann sie andere Organisationen mit der gemeinnützigen Tätigkeit beauftragen? Dürfen Mitgliedsbeiträge und Umlagen an ausländische Organisationen gezahlt werden?

Für die im Gesetz namentlich angeführten Empfänger begünstigter Spenden sieht das österreichische Einkommensteuerrecht keine derartigen Gebote explizit vor.

Die Verpflichtung zur Selbstdurchführung von Forschungs- und Lehraufgaben ergibt sich für die betroffenen juristischen Personen wiederum aus dem Gemeinnützigkeitsrecht und dem in § 40 BAO verankerten Unmittelbarkeitsgebot. Dieses verlangt, dass begünstigte Körperschaften die begünstigten Zwecke selbst verwirklichen müssen. Die Förderung von anderen Vereinen oder Rechtsträgern, die begünstigte Zwecke verfolgen, ist nicht begünstigt. Die Unmittelbarkeit ist allerdings nicht verletzt, wenn das Handeln des Dritten wie eigenes Wirken der Körperschaft anzusehen ist. Das Handeln eines weisungsgebundenen Dritten (auch zB einer beherrschten Tochtergesellschaft) steht damit nicht mit dem Unmittelbarkeitsgebot im Widerspruch und ist zulässig.

Zur Unmittelbarkeit bestimmt § 40 BAO, dass diese auch dann vorliegt, wenn eine Körperschaft die begünstigten Zwecke durch einen Dritten verwirklicht, wenn dessen Wirken wie eigenes Wirken der Körperschaft anzusehen ist. Hieraus ergibt sich grundsätzlich, dass eine Organisation die Zwecke nicht selbst verwirklichen muss, sondern sich einer anderen Organisation bedienen kann. Diese andere Organisation muss allerdings die Funktion eines Erfüllungsgehilfen aufweisen, dh im Grunde den Weisungen der die Begünstigung anstrebenden Organisation unterliegen. Ein Trägerverein kann somit etwa abgabenrechtliche Begünstigungen in Anspruch nehmen, wenn die begünstigten Zwecke durch die Tochtergesellschaft des Trägervereins verwirklicht werden und diese den Weisungen des Trägervereins unterliegt (somit keine Sperrminorität eines außen stehenden Gesellschafters besteht). Die Frage, ob in diesem Fall nur der Trägerverein oder auch die Tochtergesellschaft gemeinnützig ist, ist bisher – soweit ersichtlich – in der österreichischen Literatur und Rspr noch nicht erörtert worden. Die Praxis geht jedenfalls davon aus, dass die abgabenrechtlichen Begünstigungen von beiden Organisationen in Anspruch genommen werden können.

Eine Gesellschaft, die sich ausschließlich darauf beschränkt, Tennisplätze zu vermieten, erfüllt den gemeinnützigen Zweck nicht im Sinne des § 40 BAO selbst, sondern schafft lediglich die Voraussetzungen für die Verfolgung gemeinnütziger Zwecke in einer Art und Weise, wie sie auch von nicht begünstigten Organisationen geschaffen werden kann. Für die abgabenrechtliche Begünstigung ist vielmehr erforderlich, dass durch die Tätigkeit der Körperschaft die Sportausübung selbst gefördert wird, somit über die bloße Vermögensverwaltung hinaus Anreize für die Ausübung des Sports gesetzt werden. Diese Anreize können in einer besonderen Tarifgestaltung (Mitgliedsbeitrag in Kombination mit einem niedrigen Mietentgelt) oder auch sonstigen Rahmenbedingungen (Organisation von Turnieren etc) liegen. In der Praxis spielt diese Abgrenzung freilich in aller Regel keine Rolle. Soweit eine Gesellschaft nicht gewinnorientiert „vermietet", stehen wohl meist Ziele im Vordergrund, die unmittelbar der Förderung des Körpersports selbst dienen. Erfolgt dagegen die Vermietung gewinnorientiert, scheidet die Gemeinnützigkeit von Gesetzes wegen aus (Gewinnverbot gem § 39 Z 2 BAO).

Werden andere Organisationen durch Geld, Räume, Sachmittel oder Personal unterstützt, ist fraglich, inwieweit die unterstützende Organisation die Voraussetzungen der Unmittelbarkeit erfüllt. Dies wird nur dann zu bejahen sein, wenn durch die Unterstützung eigene gemeinnützige Zwecke verfolgt werden (zB eine Organisation, die selbst humanitäre Zwecke verfolgt, stellt nicht ausgelastetes Personal einer anderen humanitär tätigen Organisation zur Verfügung). Soweit durch die Überlassung von sachlichen oder personellen Ressourcen auch eigene Zwecke erfüllt werden und somit die Förderung gemeinnütziger, mildtätiger oder kirchlicher Zwecke iSd Gesetzes für die überlassende Organisation bejaht werden kann, ist ferner erforderlich, dass diese Tätigkeiten entsprechend in der Satzung angegeben werden. Die tatsächliche Geschäftsführung muss nämlich gemäß § 42 BAO den Bestimmungen entsprechen, die die Satzung aufstellt. Werden Tätigkeiten ausgeübt, die in der Satzung nicht enthalten sind, stehen die abgabenrechtlichen Begünstigungen nicht zu.

Eine weitere Sonderbestimmung findet sich in § 40 Abs. 2 BAO 1961: Eine Körperschaft, die sich auf die Zusammenfassung, insbesondere die Leitung ihrer Unterverbände beschränkt, dient gemeinnützigen, mildtätigen oder kirchlichen Zwecken, wenn alle Unterverbände gemeinnützigen, mildtätigen oder kirchlichen Zwecken dienen.

Mit diesen Vorgaben im Einklang steht Rz 1335 EStR 2000, dass die Forschungs- und Lehraufgaben sowie die Publikationen und Dokumentationen vom Spendenempfänger unmittelbar selbst durchgeführt werden müssen. Die bloße Finanzierung von Forschungs- und Lehraufgaben sowie von Publikationen und Dokumentationen, die nicht vom Spendenempfänger selbst durchgeführt werden, reicht daher für die Inanspruchnahme der Spendenbegünstigung nicht aus. Dies ergibt sich für jene Rechtsträger, die gem lit. e die Gemeinnützigkeitskriterien erfüllen müssen, aus dem Gemeinnützigkeitsrecht (und nicht aus § 4 Abs. 4 Z 5 EStG). Zutreffend hält Rz. 1335 EStR 2000 fest, dass daher die unmittelbare Selbstdurchführung nicht für die in § 4 Abs. 4 Z 5 lit b genannten Fonds gilt.

4. Gibt es ein Gebot der zeitnahen Mittelverwendung (ein Verbot, Geld anzusammeln und untätig zu bleiben) und wie ist die Möglichkeit der Bildung von finanziellen Rücklagen geregelt?

Ein solches Gebot ist in § 4 Abs. 4 Z 5 und 6 EStG nicht ausdrücklich verankert. Es lässt sich allerdings implizit wiederum für jene Rechtsträger begründen, die zwecks begünstigten Spendenabzugs die abgabenrechtliche Gemeinnützigkeitsvoraussetzungen zu erfüllen haben. Für gemeinnützige Rechtsträger besteht zwar kein explizites gesetzliches Gebot einer zeitnahen Mittelverwendung, doch geht die Verwaltungspraxis davon aus, dass das Horten von geschaffenen Vermögen anstelle des zweckorientierten Einsatzes keine begünstigte Zweckverwirklichung darstellt und konsequenterweise zum Verlust der abgabenrechtlichen Begünstigung führen kann (Rz 129 VereinsRL 2001).

Aus dem Postulat der zeitnahen Mittelverwendung kann jedoch nicht die generelle Verpflichtung abgeleitet werden, alle Mittelzuflüsse sofort begünstigten Zwecken zuzuführen bzw jedwedes Vermögen sofort zu verwerten. Dies führen bspw die VereinsR 2001 in ihrer Rz 217 hinsichtlich unentgeltlich erworbener, nicht leicht in liquide Mittel umwandelbare Vermögenswerte explizit aus.

Demgemäß bestehen nach Auffassung der Finanzverwaltung keine Bedenken, wenn der Spendenempfänger zugewendete Mittel zwischenveranlagt, soweit eine sofortige und unmittelbare Verwendung für begünstigte Zwecke nicht möglich ist (Rz 1339 EStR 2000).

5. Welche Sanktionen bei Verstößen gegen die vorgenannten Regeln werden gesetzlich vorgesehen und praktiziert?

Bei einem Verstoß gegen die vorgenannten Regeln kommt es zum Verlust der abgabenrechtlichen Gemeinnützigkeit und damit zum Verlust des Spendenabzugs auf Ebene des Spenders.

V. Sonderproblem: Mittelverwendung bei Stiftungen

1. Gibt es einen Grundsatz, dass Stiftungen ihr Vermögen auf ewige Dauer erhalten müssen oder werden auch Stiftungen für eine gewisse Zeit zugelassen?

Im PrivatstiftungsG 1993 (PSG) findet sich keine Bestimmung die eine Vermögensbindung von ewiger Dauer vorsieht. Im Gegenteil; nach dem PSG sind auch befristete und bedingte Stiftungen möglich. Eine Vermögensbindung auf längere Dauer wird sich jedoch meist aus dem Zweck der Stiftung ergeben.

Im Bundesstiftungs- und FondsG 1975 (BStFG) hingegen ist im § 2 Abs. 1 als ein wichtiges Wesensmerkmal der Stiftung ihre Dauerhaftigkeit festgehalten. Zulässig sind nur zeitlich unbegrenzte Vermögenswidmungen zu Stiftungszwecken, es dürfen keine auflösenden Bedingungen oder Befristungen fixiert sein. Für den Spendenabzug kommen beiden Stiftungstypen in Betracht.

2. Ist die Erhaltung des Stiftungsvermögens ein ausschließlich zivilrechtliches Problem oder wird die Vermögenserhaltung auch durch die Finanzämter überprüft?

Es handelt sich hier zunächst um ein rein zivilrechtliches Problem. Aus der Sicht gemeinnütziger Stiftungen wird allerdings von der Finanzverwaltung überprüft, ob Vermögen für andere als begünstigte Zwecke verwendet worden ist, widrigenfalls der Verlust der Gemeinnützigkeit resultieren kann.

Eine abgabenrechtlich begünstigte Stiftung, die Mittel nicht für eigene Zwecke verwendet, sondern in den Vermögensstock einer anderen Stiftung investiert, gefährdet mit dieser Investition den Status als abgabenrechtlich begünstigte Stiftung, da die Finanzierung bzw. Dotierung einer anderen Körperschaft grundsätzlich nicht als unmittelbare Verwirklichung des begünstigten Zweckes anerkannt ist. Eine Ausnahme stellt in diesem Zusammenhang lediglich die Dotierung einer Kapitalgesellschaft im Wege einer Gesellschaftereinlage dar, da mit der Dotierung eine Gegenleistung in Form der Beteiligung erlangt wird und damit kein begünstigungsschädlicher Mittelabfluss vorliegt. In allen anderen Fällen geht die Praxis der Finanzverwaltung grundsätzlich davon aus, dass durch die Dotierung eine Mittelverwendung für die Zweckverwirklichung einer anderen Körperschaft, somit nicht eine Mittelverwendung für eigene Zwecke und damit eine begünstigungsschädliche Mittelverwendung vorliegt.

VI. Besteuerung der Empfängerorganisation

1. Für welche Steuern gibt es welche Begünstigungen für gemeinnützige Organisationen/public benefit organizations?

a) Einkommen/Körperschaftsteuer

Eine Körperschaft, die die Voraussetzungen einer Begünstigung auf abgabenrechtlichem Gebiet (§§ 34 BAO ff) erfüllt, ist gem § 5 Z 6 KStG 1988 von der Körperschaftsteuerpflicht befreit und unterliegt damit gem § 1 Abs. 3 Z 3 KStG der so genannten beschränkten Steuerpflicht. Dies bedeutet zunächst, dass die gemeinnützige Körperschaft lediglich mit jenen Einkünften der Besteuerung unterliegt, die dem Kapitalertragsteuerabzug zu unterwerfen sind. Darüber hinaus ergibt sich der Umfang der Abgabenbefreiung im Bereich der Körperschaftsteuer unmittelbar aus den Vorschriften der BAO. Danach besteht keine Abgabepflicht für wirtschaftliche Geschäftsbetriebe, die sich als ein zur Erreichung des begünstigten Zwecks unentbehrlicher Hilfsbetrieb darstellen (§ 45 Abs. 2 BAO). Betriebe, die lediglich als Geldbeschaffungsquelle dienen, sind jedoch begünstigungsschädlich. Sie unterliegen der Steuerpflicht und beeinträchtigen die Gemeinnützigkeit nur solange nicht, als der Umsatz aus allen begünstigungsschädlichen Betrieben weniger als EUR 40.000,00 pro Jahr beträgt. Übersteigen die Einnahmen dieser Betriebe die Grenze von EUR 40.000,00, besteht gem § 44 Abs. 2 BAO die Möglichkeit einer Ausnahmegenehmigung durch das Finanzamt. Eine Ausnahmegenehmigung bewirkt, dass der begünstigungsschädliche Betrieb der Steuerpflicht unterliegt, während für die anderen betrieblichen Tätigkeiten die Begünstigung aufrecht bleibt. Einkünfte aus der Vermögensverwaltung außerhalb von Kapitaleinkünften (zB durch Vermietung und Verpachtung) unterliegen nicht der Abgabepflicht.

b) Erbschafts- und Schenkungssteuer

Gemäß § 15 Abs. 1 Z 14 ErbStG 1955 unterliegen Schenkungen unter Lebenden von körperlichen beweglichen Sachen und Geldforderungen an inländische juristische Personen, die ausschließlich gemeinnützige, mildtätige oder kirchliche Zwecke verfolgen, nicht der Schenkungssteuerpflicht (Dorazil/ Taucher, ErbStG, § 15, Rz 16.6). Für Zuwendungen von Todes wegen und die unentgeltliche Übertragung von Liegenschaften besteht eine Steuersatzermäßigung auf 2,5 %.

c) Sonstige Steuern

Begünstigungen bestehen auch im Bereich der Umsatzsteuer. Gemeinnützige Körperschaften unterliegen mit ihren Umsätzen grundsätzlich einem ermäßigten Steuersatz iHv 10 % (gilt allerdings nicht für Umsätze, die im Rahmen begünstigungsschädlicher Betriebe ausgeführt werden). Darüber hinaus geht die Praxis der Finanzverwaltung generell bei gemeinnützigen Vereinen davon aus, dass in Folge der Verlusterzielung keine Unternehmereigenschaft gegeben ist und der gemeinnützige Verein bei Vorliegen bestimmter Voraussetzungen diese Vermutung widerlegen kann (um insbesondere in den Genuss des Vorsteuerabzuges zu gelangen). Die europarechtliche Zulässigkeit dieser so genannten Liebhabereivermutung ist allerdings fraglich.

Gemäß § 2 Abs. 3 GebG 1957 sind alle Vereinigungen, die ausschließlich wissenschaftliche, Humanitäts- oder Wohltätigkeitszwecke verfolgen, hinsichtlich ihres Schriftenverkehres mit den öffentlichen Behörden und Ämtern von der Entrichtung von Gebühren befreit.

Gemäß § 2 Z 3 lit b GrStG 1955 sind inländische Körperschaften, Personenvereinigungen oder Vermögensmassen, die nach der Satzung, Stiftung oder sonstigen Verfassung und nach ihrer tatsächlichen Geschäftsführung ausschließlich und unmittelbar mildtätigen oder mildtätigen und gemeinnützigen Zwecken dienen hinsichtlich ihres Grundbesitzes von der Grundsteuer befreit, wenn der Grundbesitz für mildtätige Zwecke benutzt wird.

3. Welche anderen Einkünfte neben Spenden und Dotationen werden bei gemeinnützigen Organisationen begünstigt?

siehe Frage F.1.a.

4. Andere Begünstigungen

An die abgabenrechtliche Gemeinnützigkeit wird soweit ersichtlich in anderen öffentlich-rechtlichen Vorschriften nicht angeknüpft. Vorausgesetzt wird (etwa iZm Förderungen, Zuschüssen) eine Gemeinnützigkeit, die nicht den starren Formalismus der BAO aufweist und eher iSd allgemeinen Sprachgebrauchs verstanden wird.

5. Sanktionen bei Missbrauch; wer haftet für die empfangende Organisation?

Gemäß § 9 BAO 1961 haften die in den §§ 80 ff BAO 1961 bezeichneten Vertreter neben den durch sie vertretenen Abgabepflichtigen für die diese treffenden Abgaben insoweit, als die Abgaben infolge schuldhafter Verletzung der den Vertretern auferlegten Pflichten nicht eingebracht werden können.

C. Besteuerung des Spenders, Stifters, Zustifters

1. Dürfen neben Individuen auch Unternehmen spenden?

Ja. § 4 Abs. 4 Z 5 und 6 EStG gilt auch für Spenden, die von Körperschaften getätigt werden.

2. Wie werden die verschiedenen Vermögenszuwendungen abgegrenzt?

a) Vermögensausstattung von Stiftungen inkl. Zustiftungen

Die Vermögensausstattung von Stiftungen, die die Voraussetzungen der § 4 Abs. 4 Z 5 und 6 EStG erfüllen, kann unter bestimmten Voraussetzungen ebenfalls zum Betriebsausgabenabzug führen. Dies insbesondere dann, wenn auf Ebene der empfangenden Stiftung keine Kapitalerhaltungsvorschriften bestehen. Dies trifft etwa auf die Stiftung nach dem Privatstiftungsgesetz 1993 zu, die als verbrauchende Stiftung konzipiert sein kann. Stiftungen nach dem Bundesstiftungs- und Fondsgesetz 1975 dürfen dagegen nur die Erträgnisse dieses Vermögens nicht aber das Vermögen selbst für den Stiftungszweck verwenden. Insofern kann vertreten werden, dass die Zuwendungen an eine Forschungsstiftung nicht für Forschungsaufgaben verwendet werden können, womit der Betriebsausgabenabzug auf Ebene des Spenders fraglich wäre. Bei anderen Zuwendungstatbeständen (zB an Museen gem. § 4 Abs. 4 Z 6 EStG) ist im Tatbestand kein Merkmal verankert, das es erlauben würde, zwischen verbrauchenden und kapitalerhaltenden Stiftungen zu unterscheiden. Die Vermögensausstattung (Zustiftung) wäre in jedem Fall Betriebsausgabe.

b) Spenden

aa) punktuelle, einmalige (gift aid scheme)

bb) regelmäßig wiederkehrende (pay roll scheme)

Unter Zuwendungen iSd § 4 Abs. 4 Z 5 und 6 EStG bzw des § 18 Abs. 1 Z 7 EStG 1988 (Spenden) sind nur Leistungen zu verstehen, die zu einer endgültigen wirtschaftlichen Belastung des Gebers führen. Es muss sich um Aufwendungen bzw Ausgaben handeln, die freiwillig oder aufgrund einer freiwillig eingegangenen Rechtspflicht erbracht werden. Die Spende darf kein Entgelt für eine bestimmte Leistung (Gegenleistung) des Empfängers darstellen und in keinem tatsächlichen wirtschaftlichen Zusammenhang mit dessen Leistung stehen.

Aufwendungen, die mit einer Gegenleistung im Zusammenhang stehen, wären, soweit sie aus einem Betriebsvermögen getätigt werden, schon nach allgemeinen Vorschriften als Betriebsausgaben abzugsfähig oder zu aktivieren. Soweit derartige Aufwendungen aus dem Privatvermögen getätigt werden, steht kein Abzug als Sonderausgabe oder außergewöhnliche Belastung zu.

c) Zur Abgrenzung: Sponsoring als nicht donative Finanzierung aus dem privaten Sektor

Beim Sponsoring erbringt der Sponsor eine Vermögenszuwendung an die gemeinnützige Organisation und erhält hierfür im Austausch eine werbewirksame Gegenleistung. Für eine „Spende" fehlt es an der Freigiebigkeit. Der Sponsor kann jedoch seinen Aufwand als Betriebsausgabe absetzen. Nach dem sogenannten „Sponsorenerlass 1987" der Finanzverwaltung ist eine Betriebsausgabe anzuerkennen, wenn der Sponsor wirtschaftliche Vorteile für sein Unternehmen erstrebt (die insbesondere im Imagegewinn liegen) oder für Produkte seines Unternehmens werben möchte. Die Abzugsfähigkeit als Betriebsausgabe setzt hiebei nach der Rspr voraus, dass Leistung und Gegenleistung eindeutig vertraglich festgelegt sind, der Empfänger der Zuwendung die vereinbarten Leistungen tatsächlich erbringt, die Gegenleistung (in der Regel Werbung) in einem angemessenen und im Fremdvergleich standhaltenden Verhältnis zur Zuwendung steht und die Non-Profit-Organisation sich als Werbeträger eignen muss. Die Voraussetzungen werden in der Rspr zum Teil streng geprüft.

d) Mitgliedsbeiträge: Trennung zwischen „echten" Mitgliedsbeiträgen, die Spenden gleichstehen (vgl. § 8 Nr. 5 KStG) und „unechten" Mitgliedsbeiträgen, die einem Entgelt für eine erhaltene Leistung gleichstehen. (Vgl. näher hierzu oben unter D 1 b).

Echte Mitgliedsbeiträge sind Beiträge, die lediglich aufgrund der Mitgliedschaft bei der Körperschaft, nicht jedoch aufgrund einer von dieser konkret erwarteten bzw. erbrachten Gegenleistung gefordert und entrichtet werden. Sie unterliegen unabhängig davon, ob die Körperschaft begünstigt ist oder nicht, weder der Körperschaftsteuer noch der Umsatzsteuer (Rz 339, VereinsR 2001).

Steht dem Mitgliedsbeitrag hingegen eine konkrete Gegenleistung gegenüber, handelt es sich um einen unechten Mitgliedsbeitrag, der der Besteuerung unterliegt.

Fallen unechte Mitgliedsbeiträge in einem Bereich an, in dem keine sachliche Steuerpflicht der Körperschaft besteht (zB in einem wirtschaftlichen Geschäftsbetrieb der gem § 45 Abs. 2 BAO 1961 als unentbehrlicher Hilfsbetrieb zu qualifizieren ist, wie zB der Sportbetrieb eines Sportvereins), besteht auch für die unechten Mitgliedsbeiträge keine Körperschaftsteuerpflicht. Eine Umsatzbesteuerung unterbleibt in der Praxis regelmäßig dann, wenn die Liebhabereivermutung in Anspruch genommen wird (vgl oben F.1.c.).

e) Vermögensausstattung und Spenden ins Ausland?

Hier bestehen keine besonderen Regelungen. Die Regelungen dürften zwar auf inländische Rechtsträger zugeschnitten sein, müssten wohl aber auch dann gelten, wenn ein ausländischer Rechtsträger die nach österr. Recht geforderten Voraussetzungen erfüllt (zB Forschungsverein Deutschland, der die Voraussetzungen der §§ 34 BAO in Österreich erfüllt).

3. Wird nach der Art der Zuwendung (z.B. zwischen Spenden und Erstausstattung einer Stiftung) steuerrechtlich differenziert? (z.B. Gibt es unterschiedlich hohe Begünstigungen für Stiftungen und andere Spenden?)

Es bestehen keine gesonderten Tatbestände für Stiftungen. Die Abzugsfähigkeit von Spenden an Stiftungen ist nach den Tatbeständen der §§ 4 Abs. 4 Z 5 und 6 EStG zu beurteilen. Hinsichtlich der Besonderheiten, die sich im Auslegungsweg für Stiftungen ergeben können, vgl bereits oben III.a.

4. Wird die Begünstigung nach dem begünstigten Zweck steuerrechtlich differenziert? (z.B. kann für Spenden für mildtätige Zwecke mehr abgezogen werden als für Spenden an kulturelle Einrichtungen?)

Ja, denn die Begünstigung knüpft daran, ob die Spende einem in § 4 Abs. 4 Z 5 und 6 EStG 1988 begünstigten Spendenempfänger für begünstigte Zwecke zufließt (vgl bereits oben II.A.1).

Zur Abzugsfähigkeit von Spenden siehe unten Pkt 6 a.

5. Sonderbehandlung von Parteispenden (politische Spenden) und ihre Abgrenzung

Parteispenden sind weder Betriebsausgaben noch Werbungskosten, weil nach Ansicht der Finanzverwaltung durch Zahlung an politische Parteien die wirtschaftlichen Ziele eines Unternehmens oder einer Unternehmensgruppe nicht messbar gefördert werden.

6. Umfang und Methoden der Steuerbegünstigung beim Zuwendenden

a) Abzug vom Einkommen bzw der Einkommensbemessungsgrundlage

Spenden sind von der Berücksichtigung als Betriebsausgabe ausdrücklich ausgeschlossen. Davon ausgenommen sind jene Zuwendungen an die in § 4 Abs. 4 Z 5 und 6 EStG 1988 taxativ aufgezählten Einrichtungen und Institutionen, soweit der gemeine Wert der Zuwendung insgesamt 10 % des Gewinnes des unmittelbar vorangegangenen Wirtschaftsjahres nicht übersteigt.

Soweit die Zuwendungen diese Höchstgrenze übersteigen, kann der Mehrbetrag – wenn er im Rahmen der Grenze des § 18 Abs. 1 Z 7 EStG 1988 bleibt (= 10 % des Vorjahreseinkommens) – als Sonderausgabe abgesetzt werden. Dies wird dann in Betracht kommen, wenn der Gesamtbetrag der Einkünfte (gegebenenfalls nach Verlustausgleich gem § 2 Abs. 2 EStG 1988) höher ist als der Gewinn, der der Höchstgrenze des § 4 Abs. 4 Z 5 EStG 1988 zugrunde zu legen ist (Haimerl, Spenden und Sponsoring aus ertragsteuerlicher Sicht in Achatz (Hrsg), Die Besteuerung der Non-Profit Organisationen, 146 f).

b) Abzug von der Steuer

Ein solcher ist in Österreich nicht vorgesehen.

7. Sonderproblem: Bewertung von Sachspenden (Grundstücke, Beteiligungen, Kunstsammlungen).

Spenden sind als freiwillige Zuwendungen iSd § 20 Abs. 1 Z 4 EStG 1988 grundsätzlich nicht abzugsfähig. Dies gilt auch dann, wenn sie betrieblich mitveranlasst sind (VwGH 22.1.65, 1450/64) Sachspenden aus im Unternehmen produzierten oder gehandelten Waren sind nach der Verwaltungspraxis im Hinblick auf eine damit verbundene Werbewirkung abzugsfähig (Quantschnigg/Schuch, ESt-Handbuch, § 4, Rz 39). Damit besteht für Sachspenden eine Abzugsmöglichkeit, die über die Fälle des § 4 Abs. 4 Z 5 und 6 EStG hinausgeht.

Sachzuwendungen sind für Zwecke des Spendenabzugs mit dem gemeinen Wert des zugewendeten Wirtschaftsgutes zu bewerten. Daneben ist der Restbuchwert nicht zusätzlich als Betriebsausgabe abzusetzen. Andererseits ist der Teilwert des Wirtschaftsgutes nicht als Betriebseinnahme anzusetzen. Zur Vermeidung einer Besteuerungslücke ist insoweit eine Nachversteuerung vorgesehen, als auf das zugewendete Wirtschaftsgut stille Reserven im Sinne des § 12 EStG 1988 übertragen worden sind (Rz 1346 EStR 2000).

Für die Bestimmung des gemeinen Werts einer Sachspende (zB Kunstwerk) aus dem Privatvermögen kommen verschiedene Anhaltspunkte in Betracht. Wurde das gespendete Kunstwerk käuflich erworben, ist der Kaufpreis für die Festsetzung des gemeinen Wertes der Sachspende heranzuziehen, sofern der Kauf nicht allzu weit zurückliegt. Als Anhaltspunkt kommen auch der Versicherungswert des Kunstwerkes oder ein Schätzgutachten in Frage (Rz 1347 EStR 2000). Weiters ist zu berücksichtigen, wie das gespendete Kunstwerk in der Vermögenssteuererklärung des Spenders bewertet würde, sofern für das Kunstwerk nicht die Befreiungsbestimmungen des § 69 Abs1 Z 11a oder des § 76 Abs. 4 Z 2 BewG 1955 gelten (BMF 18.5.1990, 06 0433/1-IV/6/90).

8. Ist das Spenden ins Ausland in Doppelbesteuerungsabkommen auf der Basis der Gegenseitigkeit geregelt?

Hier sind keine Regelungen bekannt.

9. Wer haftet dem Finanzamt gegenüber für das Risiko, dass eine Spende an eine nicht spendenempfangsberechtigte Organisation gegeben wird – der Spender oder die empfangende Organisation?

Verfügt die empfangende Organisation nicht über die geforderten Eigenschaften, ist der Betriebsausgabenabzug auf Ebene des Spenders zu versagen. Inwieweit ein zivilrechtlicher Anspruch des Spenders gegenüber der empfangenden Organisation besteht (zB wegen Irreführung über die Voraussetzungen für die Begünstigung), richtet sich nach den Vorschriften des Zivilrechts. Herkömmlicherweise besteht hier kein Problem, da der begünstigte Empfänger im Rahmen des § 4 Abs. 4 Z 5 EStG über einen entsprechenden Bescheid des zuständigen Finanzamtes verfügt bzw im Bereich des § 4 Abs. 4 Z 6 EStG betreffend Museen über eine Bescheinigung des zuständigen Ministeriums verfügen müssen.

D. Verfahrensrechtliche Voraussetzungen für die Steuervergünstigung

1. Wie wird die Berechtigung zum Steuerabzug bewiesen?

Bei Zuwendungen an die unter § 4 Abs. 4 Z 5 lit d und e EStG 1988 genannten Empfänger ist von der jeweiligen Einrichtung durch einen Bescheid des zuständigen Finanzamtes nachzuweisen, dass sie dem begünstigten Empfängerkreis angehört. Diese Bescheide werden unter dem Vorbehalt des jederzeitigen Widerrufes erteilt. Der Widerruf erfolgt allerdings nur mit Wirkung für die Zukunft, es sei denn, der Spender hatte schon vorher Kenntnis vom Wegfall der Voraussetzungen für die Spendenbegünstigung. Sämtliche Einrichtungen, denen ein solcher Bescheid ausgestellt wurde, sind einmal jährlich durch den Bundesminister für Finanzen im Amtsblatt der Österreichischen Finanzverwaltung (AÖF) zu veröffentlichen. Die letzte Veröffentlichung der begünstigten Spendenempfänger erfolgte durch das BMF am 26.2.2004 (AÖF 96/2004).

Über die Zuwendung hat sich der Spendende vom Spendenempfänger eine Bestätigung ausstellen zu lassen, aus der die Höhe der Geldzuwendung bzw die genaue Bezeichnung der Sachzuwendung, der Zeitpunkt der Zuwendung und der Verwendungszweck der Spende hervorgehen. Bei Geldzuwendungen, die unmittelbar an den begünstigten Spendenempfänger erfolgen, kann auch ein entsprechender Zahlungsbeleg (zB Zahlscheinabschnitt) als ausreichend angesehen werden, sofern aus diesem eindeutig all jene Angaben hervorgehen, die die Bestätigung des Spendenempfängers enthalten muss (Haimerl, Spenden und Sponsoring aus ertragsteuerlicher Sicht in Achatz (Hrsg), Die Besteuerung von Non-Profit Organisationen, 146; Rz 1341 EStR 2000).

Solange eine Empfangsbestätigung des Spendenempfängers nicht vorliegt, kann die Zuwendung vom Spender nicht abgesetzt werden. Ohne Vorlage der Empfangsbestätigung des Spendenempfängers kommt nur eine vorläufige Veranlagung (§ 200 Abs. 1 BAO 1961) in Betracht, wobei die Zuwendung unberücksichtigt zu bleiben hat (Rz 1342 EStR 2000).

2. Durchlaufverfahren? Muss die Spende an die öffentliche Hand gegeben werden, die sie dann an die begünstigte Organisation weitergibt oder wird die Spende direkt an die Organisation gegeben?

Ein Durchlaufverfahren ist nicht vorgesehen.

3. Gibt es spezielle Nachweispflichten bei Verwendung von Mitteln im Ausland?

Bei Verwendung von Mitteln im Ausland trifft den Abgabepflichtigen regelmäßig die für Auslandssachverhalte bestehende allgemeine erhöhte Mitwirkungspflicht.

4. Gibt es einen generellen Freistellungsbescheid bei Errichtung der Organisation oder eine alljährlich neue Veranlagungsprüfung?

Gemäß § 4 Abs. 4 Z 5 EStG 1988 kann das zuständige Finanzamt einen einmal erlassenen Spendenbegünstigungsbescheid jederzeit widerrufen. Damit soll dem Finanzamt die Möglichkeit eingeräumt werden, bei Wegfall der Voraussetzungen, die für die Bescheiderteilung maßgeblich waren, eine Begünstigung für Spenden auszuschließen (Rz 1344 EStR 2000).

Hinsichtlich privater Museen und deren Bedeutung aus gesamtösterreichischer Sicht ist lediglich eine Bescheinigung des Bundesministers für Bildung, Wissenschaft und Kultur beizubringen. Da die Bescheinigung keinen Bescheidcharakter hat, wird man davon ausgehen müssen, dass das Finanzamt das Vorliegen der Voraussetzungen in weiterer Folge eigenständig zu überprüfen hat.

E. Nationale rechtspolitische Reformdebatte mit persönlicher Stellungnahme

1. Gibt es in Ihrem Land eine weiterführende rechtspolitische Diskussion zu unserem Thema?

Eine weiterführende rechtspolitische Diskussion zum Thema gibt es zurzeit nicht. Im Zuge der diversen größeren Steuerreformen wird jedoch insbesondere von nichtbegünstigten Organisationen regelmäßig die Ausdehnung der Steuertatbestände reklamiert.

2. Gibt es in Ihrem Land eine Debatte über die Erforderlichkeit von Rechnungslegung und Transparenz oder zur Bildung von freiwilligen Kontrollorganisationen zur Verbesserung des Vertrauens der Spender?

Zwischen der Kammer der Wirtschaftstreuhänder und einer Reihe von Dachverbänden von Non-Profit-Organisationen besteht ein Kooperationsvertrag, der eine Prüfung spendensammelnder Organisationen und die Verleihung des so genannten österreichischen Spendengütesiegels zum Inhalt hat. Zur Erlangung dieses Spendegütesiegels hat die Non-Profit-Organisation bestimmte Standards im Zusammenhang mit der Spendenmittelaufbringung und Spendenmittelverwendung zu erfüllen und ist die Ordnungsmäßigkeit des Rechnungswesens durch einen Wirtschaftstreuhänder regelmäßig zu überprüfen.

3. Wie ist Ihre persönliche Stellungnahme zu 1 und 2?

Zur Steuerreformdiskussion ist anzumerken, dass die heutigen Begünstigungstatbestände eher willkürlich erscheinen. Möglicherweise bestehen auch aus europarechtlicher Sicht Bedenken (Beihilfenverbot). Eine grundlegende Neukonzeption erscheint theoretisch dogmatisch wünschenswert, aus der Sicht der Politik aufgrund der damit ausgelösten Diskussionen möglicherweise unerwünscht.

4. Gibt es zugängliche Zahlen über die begünstigten Organisationen und die Höhe der Spenden?

Zahlen sind insbesondere hinsichtlich der begünstigten Organisationen gem § 4 Abs. 4 Z 5 EStG verfügbar. Eine aktuelle Liste der begünstigten Organisationen ist der BMF-Homepage (www.bmf.gv.at/steuern) zu entnehmen.

Gemeinnützigkeits- und Spendenrecht in Schweden

Gustav Lindencrona

A. Allgemeines
  I. Steuersystem
  II. Theoretische Grundlagen der Steuerbefreiung
  III. Empirische Daten
B. Voraussetzung der Vergünstigung bei der empfangenden Organisation/Voraussetzungen für den Status einer begünstigten Organisation.
  I. Unterscheidung zwischen direkter Steuervergünstigung (für die Organisation) und indirekter Steuervergünstigung (Spendenabzug)
  II. Organisationsrechtliche Voraussetzungen
  III. Gemeinnütziger Zweck
    1. Definition der Gemeinnützigkeit
      a) Gesetzliche Definition
      b) Elemente: selbstlose Förderung der Allgemeinheit oder einer bedürftigen Gruppe
      c) Insbesondere: Gebot der „Offenheit" für steuerbegünstigte Vereine
      d) Sonderproblem: Förderung im Ausland
      e) Abweichungen beim Spendenrecht
    2. Kohärenz mit dem ungarischen Katalog
    3. Beispiele und umstrittene Grenzfälle
  IV. Vorgaben für die Mittelverwendung
    1. Verfolgung des satzungsmäßigen (gemeinnützigen)Zwecks („Gebot der Zweckverwirklichung")
    2. Gewinnausschüttungsverbot
    3. Zulässigkeit von Zuwendungen und Zahlungen an Stifter, ihm nahe stehende Personen oder Vereinsmitglieder
    4. Zulässigkeit von Zuwendungen und Zahlungen an den Vorstand und Angestellte der Organisation
    5. Gebot der zeitnahen Mittelverwendung („Gebot der Durchführung")
    6. Kein Unmittelbarkeitsgebot
    7. Keine besonderen zivilrechtliche Regelungen zur Mittelverwendung, insbesondere im Stiftungsrecht (Grundsatz der Dauerhaftigkeit, Grundsatz der Kapitalerhaltung)
  V. Vorgaben für die Mittelerzielung (Begrenzung unternehmerischer Tätigkeit)
C. Besteuerung der Empfängerorganisation
  I. Einschlägige Steuern
  II. Ideelle Einkünfte
  III. Einkünfte aus Vermögensverwaltung
  IV. Einkünfte aus Zweckbetrieb
  V. Einkünfte aus wirtschaftlichem Geschäftsbetrieb
  VI. Weitere Begünstigungen
D. Besteuerung des Spenders, Stifters, Zustifters
  I. Keine Befreiung
  II. Begriff der „Spende" und Abgrenzungen
    1. Gesetzlicher Begriff der Spende
    2. Abgrenzung von Spende, Entgelt und Mitgliedsbeitrag
    3. Abgrenzung von Spende und Sponsoring
  III. Besondere Fragen
    1. Zivilrechtliche Einordnung der Spende, Möglichkeit einer Zweckwidmung
    2. Abzugsfähigkeit von Parteispenden (politische Spenden)
    3. Abzugsfähigkeit von Spenden an staatliche Organisationen
    4. Besondere Fördermechanismen

F. Verfahren, Kontrolle, Haftung
  I. Verfahrensfragen: Erlangung des Status als steuerbegünstigte Organisation
  II. Kontrolle
    1. Kontrollinstanz
    2. Kontrollmittel
      a) Vorgaben für die Satzung
      b) Informationspflichten
        aa) Steuererklärung und bb) Bilanz:
        cc) Erhöhte Nachweise bei Mittelverwendungen im Ausland
    3. Anforderungen an den Nachweis des Spenders
    4. Kontrollintensität in der Praxis
  III. Sanktionen, Haftung
    1. Sanktionen bei Verstößen
    2. Haftung des Spenders/Stifters oder Vorstands der Organisation
G. Reformen, Diskussionen, persönliche Stellungnahme
  I. Reformen und rechtspolitische Vorschläge
    1. Rückblick
    2. Ausblick
  II. Diskussionen
    1. Skandale bei Spendenorganisationen
    2. Transparenz und Bildung von freiwilligen Kontrollorganisationen als Maßnahme zur Verbesserung des Vertrauens der Spender
  III. Persönliche Stellungnahme

A. Allgemeines

I. Steuersystem

In Schweden werden die meisten in der westlichen Welt bekannten Steuern erhoben. Besonders wichtig sind die Einkommensteuer, die Mehrwertsteuer und die Sozialabgaben (die teilweise Steuern sind). Es gibt keine besondere Körperschaftsteuer. Auch die Körperschaften unterliegen der Einkommensteuer. Die Bestimmungen des Einkommensteuerrechts wurden im Jahre 2000 in einem neuen, systematisch durcharbeiteten Gesetz, 1999:1229 inkomstskattelagen (IL), zusammengefasst. Spät im Jahre 2004 wurde ohne die herkömmlichen Vorbereitungen die Erbschaft- und Geschenkesteuer abgeschafft.

Die Steuern werden vom Staat erhoben. Die Gemeinden haben aber das Recht, für die Einkommensteuer selbst den Steuersatz zu bestimmen, der aber proportional sein muss. Er beträgt heute ungefähr 31 %. Die Steuereinnahmen werden den Gemeinden vom Staat überlassen. Hohes Einkommen wird vom Staat mit einem zusätzlichen Steuersatz von 20-25 % besteuert. Juristische Personen (Aktiengesellschaften, Genossenschaften, Vereine und Stiftungen) unterliegen einem staatlichen Steuersatz von 28 %. Teilhaber der Kommandit- und Handelsgesellschaften werden wie Privatpersonen besteuert.

Es gibt drei Mehrwertsteuersätze, 6 %, 12 % and 25 %.

Einkommensteuerrechtlich ist es besonders für Stiftungen und Vereine wichtig, zwischen objektiver und subjektiver Steuerpflicht zu unterscheiden. D.h. einige Einnahmen, z.B. Geschenke und Mitgliedsbeiträge, sind niemals steuerpflichtig beziehungsweise abzugsfähig (objektive Steuerpflicht). Einige juristische Personen wie Vereine und Stiftungen sind unter bestimmten Voraussetzungen für bestimmte Einnahmen (z.B. Dividenden, Zinsen und Kapitalgewinne) nicht steuerpflichtig (subjektive Steuerpflicht).

Erwähnenswert ist schon hier, dass es einen großen Unterschied zwischen Schweden und den meisten anderen europäischen Staaten gibt. In Schweden sind Spenden bei der Einkommensteuer für den Spender niemals abzugsfähig. Nur die empfangende Organisation erhält Steuervergünstigungen.

II. Theoretische Grundlagen der Steuerbefreiung

Herkömmlich werden die Steuervergünstigungen in Schweden damit begründet, dass die steuerbegünstigten Organisationen Aufgaben erfüllen, für die der dem Staat nicht genug Geld hatte, die aber trotzdem öffentlichen Charakter hatten. Dieses Argument wurde schon in der Regierungsvorlage zu dem damals neuen Einkommensteuergesetz von 1928 (Kommunalskattelagen) von dem Finanzminister verwendet und ist später oft wiederholt worden. Ein neues Argument ist der Pluralismus: Mehrere Augen sehen mehr. Der Staat sieht nicht alles. Die Abhängigkeit von der öffentlichen Verwaltung verringert sich.

Bezüglich der Vereine hat man auch ihre Bedeutung für eine demokratische Gesellschaft unterstrichen. Eine Mehrheit der schwedischen Bevölkerung ist hier ideell engagiert.

III. Empirische Daten

Früher gab es keine aktuellen Daten über die Einnahmen der steuerbegünstigten Organisationen in Schweden. Kürzlich wurde aber ein ersten Teil einer neuen ökonomischen Studie über schwedische Stiftungen auf der Grundlage einer unfassenden Datenbasis publiziert (FilipWijkström und Stefan Einarsson Foundations in Sweden, EFI The Economic Research Institute, 2004). Gemäß dieser Studie gibt es ungefähr 50.000 Stiftungen in Schweden. Die meisten sind klein. Der Buchwert der 14.500 größten Stiftungen beträgt ungefähr 270 Milliarden schw. Kronen und der Markwert 500 Milliarden schw. Kronen. Die jährlichen Gesamtbeiträge sind 5.900 Millionen schw. Kronen, von denen 4.000 Millionen für Forschungszwecke verwendet werden.

B. Voraussetzung der Vergünstigung bei der empfangenden Organisation/ Voraussetzungen für den Status einer begünstigten Organisation

Wie erwähnt, gibt es in Schweden nur Steuervergünstigungen für die empfangende Organisation, nicht aber für den Spender (Siehe B I).

Im Überblick kann man sagen, dass nur Stiftungen oder Vereine als begünstigte Organisationen in Frage kommen (siehe B II). Stiftungen sind gemäß 7 Kap. 3 § IL nur begünstigt, wenn die folgenden drei Kriterien erfüllt sind: der Zweck (siehe B III), die Wirksamkeit (siehe B IV 1) und die Durchführung (siehe B IV 5). Die Bestimmungen für Vereine sind im Gesetz dieselben wie für Stiftungen, 7 Kap. 7 § IL. Aber es kommt gemäß 7 Kap. 13 § IL ein viertes Kriterium dazu, das Kriterium der Offenheit (siehe B III 1 C)

Registrierte Glaubengemeinschaften, wie z.b. Kirchen, werden steuerlich wie Vereine behandelt, siehe 7 Kap. 14 § IL.

Anzumerken ist, dass es im schwedischen Steuerrecht außer diesen Organsationen zwei weitere Kategorien von steuerbegünstigten Organisationen gibt, die im Folgenden nicht weiter behandelt werden. Staat, Gemeinden und Pensionsstiftungen sind völlig steuerfrei, 7 Kap.2 § IL. Verschiedene Organisationen, wie z.b. Akademien (einige Organisationen sind mit Namen genannt, wie z.b. die Nobelstiftung) sind in einem so genannten Katalog aufgezählt. Bei ihnen werden nur Einkünfte aus Vermietung und Verpachtung von Grundbesitz besteuert, 7 Kap. 15 § IL.

I. Unterscheidung zwischen direkter Steuervergünstigung (für die Organisation) und indirekter Steuervergünstigung (Spendenabzug)

In Schweden gibt es überhaupt keine Steuerprivilegien für den Spender im Einkommensteuerrecht. Steuerabzüge für Beiträge sind nur im Falle des Sponsoring möglich. Nur die empfangende Organisation bekommt steuerliche Vorteile. In dieser Hinsicht gibt es aber gesetzliche Regeln und eine umfassende Rechtsprechung[1]. Diese Regeln und Rechtsprechung werden später beschrieben. Man kann sagen, dass die Steuervergünstigungen für die Spenden nicht dem Spender direkt gewährt, sondern indirekt in Form der Steuervergünstigung für die empfangende Organisation.

II. Organisationsrechtliche Voraussetzungen

Für die steuerliche Behandlung der Einkünfte der empfangenden Organisation ist die Rechtsform sehr wichtig. Nur Stiftungen und Vereine bekommen Steuervergünstigungen in Form von Steuerfreiheit für bestimmten Einnahmen, 7 Kap. 3 § IL und 7 Kap. 7 § IL. Die ältere Rechtsprechung hat angenommen, dass eine Stiftung steuerlich existieren kann, auch wenn sie nicht rechtsfähig ist, vermutlich weil es keine geeigneten alternativen Steuersubjekte gab. Seit dem ersten Januar 1995 gibt es in Schweden zum ersten Mal ein zivilrechtliches Stiftungsgesetz, 1994:1220 stiftelselagen (SL). Früher war das Stiftungsrecht

---

[1] Dabei handelt es sich insbesondere um die Urteile des Höchsten Verwaltungsgerichts (auf schwedisch Regeringsrätten). Nur dieses Gericht kann im Steuerrecht Präjudiz schaffen. Die Urteile sind im Jahrbuch (auf schw. Regeringsrättens årsbok, Abkürzung RÅ) des Höchsten Verwaltungsgerichts publiziert.

nur durch die Rechtsprechung entwickelt worden. Wahrscheinlich können heute nur rechtsfähige Stiftungen Steuervergünstigungen bekommen. Es gibt keinen neuen Fall in der Rechtsprechung.

Gemäß dem Stiftungsgesetz liegt eine Stiftung vor, wenn Eigentum von dem Vermögen des oder der Stifter getrennt wird, um dauerhaft als selbständiges Vermögen zu einem bestimmten Zweck verwaltet zu werden (1 Kap. 2 § SL). Üblicherweise sind die Stiftungen Ertragsstiftungen (avkastningsstiftelse), das heißt mit dem Ertrag des Vermögens der Stiftung soll der Zweck gefördert werden. Eine Stiftung kann auch eine „Wirksamkeitsstiftung" (verksamhetsstiftelse) sein, das heißt Ziel der Stiftung ist, eine bestimmte Wirksamkeit (Wirkungsweise) zu gewährleisten, z.B. den politischen Kurs einer Zeitung. Eine Stiftung kann auch Aktiengesellschaften besitzen und wird dann als „Mutterstiftung" bezeichnet. Das Gesetz regelt auch noch zwei weitere Stiftungsformen, nämlich Sammlungsstiftungen (insamlingsstiftelser), 11 Kap. 1 § SL und Tarifvertragsstiftungen (kollektivavtalsstiftelser), 11 Kap. 3 § SL. In diesen Fällen wird zuerst die Stiftung errichtet, und dann das Vermögen zugewendet (durch Sammlungen oder Tarifverträge). Fungiert eine juristische Person als Stiftungsvorstand, spricht das Gesetz von einer „angeknüpften Verwaltung" (anknuten förvaltning), 2 Kap. 19-24 §§ SL). Wenn natürliche Personen als Stiftungsvorstand fungieren, liegt eine „Eigenverwaltung" (egenförvaltning) vor, 2 Kap. 9-18 §§ SL.

Vereine sind auch heute nicht gesetzlich geregelt. In diesem Fall ist seit jeher anerkannt, dass sie zivilrechtlich existieren müssen, um steuerrechtlich anerkannt zu sein. Hier gibt es eine alternative Möglichkeit. Wenn ein Verein zivilrechtlich nicht anerkannt ist, ist er eine Personengesellschaft, in der jeder Gesellschafter ein Steuersubjekt ist.

Keine Steuervergünstigungen bestehen hingegen für Kapitalgesellschaften, Genossenschaften, Personengesellschaften und Einzelpersonen.

III. Gemeinnütziger Zweck

1. Definition der Gemeinnützigkeit

a) Gesetzliche Definition

Der hauptsächliche Zweck einer steuerbegünstigten Stiftung muss gemäß 7 Kap. 4 § IL sein:

– Fürsorge und Erziehung von Kindern zu fördern
– Beiträge zu Unterricht und Ausbildung zu leisten
– Hilfstätigkeit unter Bedürftigen zu betreiben
– Wissenschaftliche Forschung zu fördern
– Nordische Zusammenarbeit zu fördern

– Die Verteidigung von Schweden in Zusammenwirkung mit Militärbehörden oder mit anderen Behörden zu stärken

In allgemeinem Sprachgebrauch werden bisweilen die Stiftungen, die diese Kriterien erfüllen, als „fromme" oder „mildtätige" Stiftungen bezeichnet. Diese Bezeichnung beruht auf historischen Gründen und entspricht nicht der Wirklichkeit.

b) Elemente: selbstlose Förderung der Allgemeinheit oder einer bedürftigen Gruppe

Bei Stiftungen sind Beschränkungen auf bestimmte Familien oder Personen grundsätzlich verboten (7 Kap. 4 § IL). Dies ist zwar im Gesetz nicht explizit vorgegeben, ergibt sich aber aus der Aufzählung von Zielen, die gemeinnützig sind und aus den Ausnahmefällen, in denen Beschränkungen auf bestimmten Familien oder Personen erlaubt sind.

c) Insbesondere: Gebot der „Offenheit" für steuerbegünstigte Vereine

Die Bestimmungen für Vereine sind im Gesetz anfänglich dieselben wie für Stiftungen, 7 Kap. 7 § IL. Aber der Kreis von steuerbegünstigten Organisationen ist weiter. Erstens sind Vereine steuerbegünstigt, wenn sie dieselbe Zwecke wie Stiftungen erfüllen. Zweitens sind auch Vereine, die anderen *gemeinnützige* Zwecke erfüllen, *wie* religiöse, wohltätige, soziale, politische, künstlerische oder vergleichbare kulturelle Zwecke, steuerbegünstigt, 7 Kap. 8 § IL. Die hier genannten Zwecke sind also nur Beispiele. Es ist also gesetzlich möglich, weiteren Vereinen die Steuervergünstigung zu gewähren, z.B. Sportvereinen. Hier liegt also ein Unterschied zu den Stiftungen vor, wo die Aufzählung von steuerbegünstigten Zwecken in 7 Kap. 4 § IL abschließend ist.

Der Unterschied zwischen der steuerlichen Behandlung in der Rechtsprechung zu Stiftungen und Vereinen kann mit dem Fall der Beurteilung des Höchsten Verwaltungsgerichts von der Förderung der „pauvres honteux" erläutert werden. Im seinem Urteil RÅ 1981 1:28 entschied das Gericht, dass die Stiftung „Pauvres honteux" keine Steuervergünstigungen bekommen konnte, weil die Empfänger nicht arm genug waren, um bedürftig zu sein. In dem Fall RÅ 1988 ref. 20 dagegen beurteilte das Gericht, dass der Verein „Freunde der pauvres honteux" die Steuervergünstigungen erhalten sollte, weil er gemeinnützig war. Das Gericht unterstrich besonders die gesetzliche Unterscheidung zwischen Stiftungen und Vereinen.

Es gibt jedoch ein viertes Kriterium für die Steuervergünstigungen der Vereine, das Kriterium *der Offenheit*. Der Verein darf einem Interessenten die Mitgliedschaft nur verweigern, wenn es hierfür besondere Gründe gibt, die sich aus dem gemeinnützigen Zweck ergeben (7 Kap. 13 §).

Als Beispiel kann ein Urteil des Höchsten Verwaltungsgerichts genannt werden, RÅ 1989 ref. 60. Ein Verein (Stockholms-Gillet) für die Förderung von Stockholm sah vor, dass nur Männer, die in Stockholm geboren waren, Mitglieder werden durften. Gemäß dem Urteil des Höchsten Verwaltungsgerichts war der Verein nicht „offen", weil Frauen nicht Mitglieder werden konnten. Hingegen sah das Gericht die Beschränkung auf Personen, die in Stockholm geboren waren, als zulässig an, weil solche Personen ein besonderes Gefühl für Stockholm hätten.

d) Sonderproblem: Förderung im Ausland

Es gibt keine besonderen Bestimmungen im Gesetz für Organisationen, die ihre Zwecke im Ausland fördern. Das Höchste Verwaltungsgericht hat auch in einem neuen Urteil (RÅ 2004 ref. 131) festgestellt, dass die Steuervergünstigung nicht verlangt, dass die Empfänger der Beiträge sich in Schweden befinden.

e) Abweichungen beim Spendenrecht

Wie erwähnt bestehen in Schweden keine Vergünstigungen für den Spender.

2. Kohärenz mit dem ungarischen Katalog

In Schweden ist also der Begriff „gemeinnützige Tätigkeit" nur für die Steuervergünstigungen der Organisationen interessant. Der Begriff ist aber (wie erwähnt) unterschiedlich bei Stiftungen und Vereinen. Wenn z.B. ein Vergleich mit dem Katalog in § 26 Punkt c) in dem ungarischen Non-ProfitG gemacht ist, ist es klar, dass c, d und j den schwedischen Bestimmungen für Stiftungen entsprechen, vielleicht auch a, b, k, q und r (wenn Bedürftigen geholfen sind) und e, f, g, h und i (wenn sie die wissenschaftliche Forschung erleichtern, siehe III,3). Punkt v wurde wahrscheinlich als staatliche Aufgabe völlig steuerfrei sein (wenn die Spende vom Staat verwaltet wird). Die im schwedischen Steuerrecht genannten gemeinnützigen Zwecke „Nordische Zusammenarbeit" und „Verteidigung von Schweden" haben kein ungarisches Gegenstück.

Was Vereine betrifft, haben wahrscheinlich alle ungarischen Punkte schwedische Gegenstücke. Hier ist aber das Prinzip der Offenheit zu bemerken. Wenn z.B. u) der Wasserschutz oder v) Straßen, Brücken oder Tunnel nur eine Angelegenheit der Anwohner sind, die ein ökonomisches Interesse daran haben, wird der Verein in Schweden als Genossenschaft angesehen, für die ein anderes Besteuerungssystem gilt.

3. Beispiele und umstrittene Grenzfälle

Die oben genannten Ziele der steuerbegünstigten *Stiftungen* wurden 1942 in das Gesetz eingeführt. Früher hat das Gesetz nur von mildtätigen Stiftungen gesprochen. Nach dieser Änderung des Gesetzes entstand eine reichhaltige Praxis des Höchsten Verwaltungsgerichts, wodurch die Ziele präzisiert wurden. Heute gibt es nicht mehr so viele umstrittene Grenzfälle, wenn auch veränderte Verhältnisse immer neue Probleme schaffen.

Die Rechtsprechung hat z.B. ein Jugendheim als gemeinnützig anerkannt, das eine vegetarische Lebensführung fördert, da dies als Bestandteil der „Erziehung" anzusehen sei, RÅ 1975 Aa 407. Indirekte Ausbildungsziele werden hingegen nicht anerkannt, wie z.B. die Förderung des „sozialen Milieus" der Studenten in Stockholm, RÅ 1984 Aa 30.

Besonders umstritten, aber in der Entscheidung 1992 RÅ ref. 77 abschließend entschieden, ist die Frage, ob Reisestipendien an Jugendleiter als „Ausbildung" anzuerkennen sind.

Besonders umstritten war die Frage, was mit „Bedürftigen" gemeint ist. In dem Fall RÅ 1971 Fi 423 urteilte das Höchste Verwaltungsgericht, dass derjenige, der ein Vermögen besitzt, auch dann nicht bedürftig ist, wenn er nur ein kleines Einkommen hat. Auf der anderen Seite ist anerkannt, dass die Bedürftigkeit nicht voraussetzt, dass die finanzielle Situation der Person sich unterhalb des Existenzminimums befindet. Derzeit gibt es einen Rechtsstreit über die Frage, ob ein Behinderter bedürftig ist, auch wenn er nicht arm ist. Dieser Rechtsstreit hat das Höchste Verwaltungsgericht noch nicht erreicht.

Die Förderung von wissenschaftlicher Forschung ist von besonderer Bedeutung. In diesem Bereich sind die größten schwedischen Stiftungen tätig. Was bedeutet „Wissenschaft"? Die Rechtsprechung verlangt, dass die Tätigkeit allgemein als Wissenschaft angesehen wird. Wenn sie an einer Universität ausgeübt wird, sei dies zu bejahen. Das Höchste Verwaltungsgericht hat auch „Denkmalsschutz" als „Wissenschaft" angesehen, da z.B. der Schutz alter Gebäude von wissenschaftlichem Interesse sei, RÅ 1987 not 14.

Im allgemein kann man sagen, dass die Rechtsprechung strikt ist: Es ist schwierig, Fälle zu finden, in denen Stiftungen mit eigentümlichen Zielen Steuerprivilegien bekommen haben.

IV. Vorgaben für die Mittelverwendung

1. Verfolgung des satzungsmäßigen (gemeinnützigen) Zwecks („Gebot der Zweckverwirklichung")

Nach dem Kriterium der Zweckverwirklichung soll die Stiftung oder der Verein ausschließlich oder fast ausschließlich solche Zwecke befriedigen, die in 7 Kap.

4 und 8 §§ IL angegeben sind (7 Kap. 5 und 9 §§ IL). Nur ein sehr geringer Nebenzweck von 5-10 % der Einnahmen wird von der Rechtsprechung erlaubt. Es ist wichtig, zwischen zivilrechtlichen und steuerrechtlichen Regeln zu trennen. Steuerrechtlich ist es also möglich, einige Prozente der laufenden Einnahmen zu einem nicht steuerbegünstigten Zweck zu verwenden. Dies ist aber zivilrechtlich nicht möglich, wenn dieser Zweck nicht in der Satzung genannt ist.

Nehmen wir z.B. eine Stiftung mit dem einzigen Zweck, wissenschaftliche Forschung zu fördern. Der Vorstand der Stiftung weiß aber, dass der ursprüngliche Spender ein leidenschaftlicher Segler war. Die Stiftung bekommt dann eine Aufforderung, einen Beitrag an einen Segelverein über 10.000 Schw. Kronen zu zahlen. Die laufenden Einnahmen der Stiftung betragen 1 Million Schw. Kronen. Kann die Stiftung dem Verein diesen Beitrag gewähren? Die Antwort ist nein, weil dieser Zweck nicht in der Satzung genannt ist. Wäre er dagegen in der Satzung als Zweck genannt, wäre es möglich. Sport ist zwar nicht als steuerbegünstigter Zweck in 7 Kap. 4 § aufgezählt, aber es gibt keine Probleme, weil der Beitrag von einem Prozent gering genug ist.

2. Gewinnausschüttungsverbot

Weder Stiftungen noch Vereine dürfen Gewinnausschüttungen machen. Stiftungen haben keine Eigentümer, nur Zwecke. Vereine, die Gewinnausschüttungen an ihre Mitglieder machen, sind als Genossenschaften anzusehen.

3. Zulässigkeit von Zuwendungen und Zahlungen an Stifter, ihm nahe stehende Personen oder Vereinsmitglieder

Wenn nur die unter III.1 a) genannten gesetzlich vorgesehenen Zwecke erfüllt werden, spielt es keine Rolle ob Stifter, Mitglieder und nahe stehende Personen sich unter den Empfängern befinden. Wenn aber nur der Stifter und Verwandte Empfänger sind, ist die Stiftung eine Familienstiftung, die vollkommen anders besteuert wird.

Die Mitgliedschaft in gewissen Vereinen kann natürlich ökonomisch sehr wertvoll sein. Nehmen wir z.B. einen Golfklub. Der ökonomische Vorteil, hier ohne „Green fee" zu spielen, kann sehr bedeutend sein. Der Klub kann die Mitgliedsbeiträge niedrig halten, wenn er Nicht-Mitgliedern das Spielen erlaubt, die hohe „Green fees" zahlen. Dieser ökonomische Vorteil ist sowohl erlaubt als auch steuerfrei. Wenn der Klub Geldzahlungen an die Mitglieder leistet, ist er aber nicht mehr ein Verein, sondern eine Genossenschaft. Es wäre theoretisch denkbar, dass die Mitglieder selbst überhaupt nicht spielten, und dass nur „Green-fee"-zahlende Golfer den Golfklub benutzten. Der Fall ist niemals passiert, aber man kann sicher sein, dass in diesem Fall die Einkünfte als Betriebseinkommen besteuert werden würden. Das gilt auch *mutatis mutandis* für einen Tennisklub.

Wenn ein Verein aufgelöst wird oder wenn Mitglieder austreten, kann das Mitglied aber Zahlungen aus dem Vereinsvermögen erhalten, die bei dem Mitglied besteuert werden, 42 Kap. 18 § IL.

4. Zulässigkeit von Zuwendungen und Zahlungen an den Vorstand und Angestellte der Organisation

Das Gesetz regelt nicht, ob und gegebenenfalls in welcher Höhe der Vorstand vergütet werden darf. Es ist nicht ungewöhnlich, dass Satzungen ein Verbot enthalten, den Vorstand zu vergüten. Angestellte Geschäftsführer großer Stiftungen oder Vereine werden oft gut bezahlt, besonders im Vergleich zu staatlichen Beamten. Aufsehen erregende Löhne an Geschäftsführer mildtätiger Vereine haben jedoch öffentliche Skandale ausgelöst.

5. Gebot der zeitnahen Mittelverwendung („Gebot der Durchführung")

Stiftungen und Vereine müssen zielgerichtet den steuerbegünstigten Zweck fördern. (7 Kap. 6 § IL, 7 Kap. 10 § IL). Dies bedeutet, dass sie – über einen Zeitraum von mehreren Jahren gesehen – eine zweckgerichtete Tätigkeit in dem Umfang betreiben müssen, die dem Ertrag des Vermögens der Stiftung oder des Vereins entspricht.

Nach ständiger Rechtsprechung des Höchstens Verwaltungsgerichts müssen 75-80 % der laufenden steuerbegünstigten Einnahmen (z.B. Zinsen und Dividenden) zeitnah für den Zweck der Organisation verwendet werden. Der Rest darf als Rücklage gebildet werden. Eine Durchschnittsberechnung während der letzten fünf Jahre ist gestattet. Die Rechtsprechung zu dieser Frage ist sehr detailliert (siehe z. B. RN 1958 5:5, RÅ 1963 ref. 28, 1964 Fi 2066, 1980 1:15, 2001 ref. 17 und 65). In diesen Fällen werden auch verschiedene Feinheiten der Regel behandelt, die nicht alle hier behandelt werden können. Besonders wichtig ist aber RÅ 2001 ref. 17, weil das Höchste Verwaltungsgericht hier unter anderem sagt, dass die Kosten der Erfüllung Stiftungszwecks als Verwendung zugunsten des steuerbegünstigten Zwecks eingerechnet werden dürfen. Wenn z. B. eine Stiftung Einnahmen von 100.000 schw. Kronen hat und Kosten für die Erfüllung des Zwecks sich auf 10.000 schw. Kronen belaufen, kann sie also 20.000 schw. Kronen zurücklegen und 70.000 schw. Kronen für den Stiftungszweck verwenden, ohne die Steuervergünstigungen zu verlieren.

6. Kein Unmittelbarkeitsgebot

Die Stiftung oder der Verein muss nicht selbst den Zweck erfüllen, ist aber verantwortlich für die Erfüllung des steuerbegünstigten Zwecks. Das bedeutet u. a. dass die empfangende Einrichtung nicht das Geld spart, sondern es im selben Jahr für den steuerbegünstigten Zweck der spendenden Organisation verwendet.

Kann eine Stiftung Mittel, die nicht zum Vermögensstock gehören, sondern für den gemeinnützigen Zweck verwendet werden müssen, in den Vermögensstock einer anderen steuerprivilegierten Stiftung mit demselben Zweck investieren? Wie gesagt, muss eine Stiftung 75-80 % ihre Einkünfte für den steuerbegünstigten Zweck verwenden, das heißt 20-25 % können für anderen Zwecke verwendet werden. Im Rahmen der 20-25 %-Quote ist es möglich, in den Vermögensstock einer anderen Stiftung zu investieren. Das Höchste Verwaltungsgericht hat in RÅ 2004 ref. 76 festgestellt, dass es nicht möglich ist, eine solche Investition im Rahmen der 75 %-80 %-Quote zu machen. Das Gericht hat unterstrichen, dass es ein Zweck der 20-25 %-Quote ist, eine übermäßige Vermögensansammlung in einer Stiftung zu verhindern. Die Situation verändert sich nicht, wenn die Einnahme durch die Zuwendung einer anderen Stiftung erreicht wird. In der Literatur wird aber vertreten, dass z.B. dann, wenn ganz sicher ist, dass das Geld für eine bestimmte Aktivität verwendet wird, wie z.B. für eine Stiftungsprofessur, dies im Rahmen der 75 %-80 %-Quote liegen darf (Peter Melz, Skattenytt 2005:6 Seite 315).

7. Keine besonderen zivilrechtliche Regelungen zur Mittelverwendung, insbesondere im Stiftungsrecht (Grundsatz der Dauerhaftigkeit, Grundsatz der Kapitalerhaltung)

Die Frage der Dauer der Stiftung und der Erhaltung ihres Vermögens ist grundsätzlich eine Frage, die in den Satzungen geregelt sein soll. Im Stiftungsgesetz steht nur, dass eine Stiftung dauerhaft sein muss, 1 kap. 2 § SL. Die herrschende Meinung ist, dass eine Dauer von mindestens fünf-sechs Jahre notwendig ist (Carl Hemström. Bolag, föreningar, stiftelser, 1996, Seite 134). Die Satzungen schreiben oft vor, dass das Kapital der Stiftung behalten oder sogar mit jährlichen Rücklagen vermehrt werden soll. Sie können auch vorsehen, dass das Kapital aufgezehrt werden darf. Wenn die Satzungen schweigen, steht laut Gesetz der Verwendung des Stiftungskapitals nichts entgegen.

Die Aufsicht, dass Stiftungen satzungsgemäß arbeiten, ist eine zivilrechtliche Frage. Eine Stiftung wird von ihren Revisoren kontrolliert. Es gibt auch staatliche Aufsichtsbehörden für Stiftungen, nämlich die Bezirksregierung (in schw. länsstyrelse). Zivilrechtliche Präzedenzfälle sind sehr selten.

Die Befolgung der steuerlichen Bestimmungen wird dagegen durch die Finanzämter überprüft. Die Steuerbestimmungen gelten als wichtiger. Die Rechtsprechung ist reichhaltig.

V. Vorgaben für die Mittelerzielung (Begrenzung unternehmerischer Tätigkeit)

In Schweden dürfen Stiftungen wirtschaftlich tätig sein. Das kommt auch nicht selten vor. Das Erwerbseinkommen ist aber nicht steuerfrei (siehe C I). Vereine sind jedoch für einige Arten von Erwerbseinkommen nicht steuerpflichtig (siehe C IV). Wenn Vereine erwerbstätig sind, um die ökonomischen Interessen der Mitglieder zu fördern, sind sie Genossenschaften.

C. Besteuerung der Empfängerorganisation

I. Einschlägige Steuern

Außer der Einkommensteuer unterliegen schwedische Steuerzahler der Vermögensteuer, der Mehrwertsteuer und der Grundsteuer. Stiftungen und Vereine sind aber teilweise befreit. Früher waren die Erbschafts- und Schenkungssteuer sowie die Befreiung von dieser Steuer für Stiftungen und Vereine sehr wichtig. Am 17. Dezember 2004 ist aber diese Steuer abgeschafft worden. Die erbschaft- und schenkungsrechtlichen Regelungen hatten in Schweden eine sehr große Bedeutung für die Entstehung der großen schwedischen Stiftungen.

Stiftungen und Vereine sollen grundsätzlich Vermögenssteuer zahlen. Wenn sie einkommensteuerrechtlich steuerbegünstigt werden, werden sie auch vermögenssteuerlich begünstigt, 6 § Vermögenssteuergesetz (in schw. 1997:223 förmögenhetsskattelagen).

Nur der Umsatz von Waren und Diensten sind mehrwertsteuerpflichtig, 1 Kap. 1 § Mehrwertsteuergesetz (in schw. 1994:200 mervärdesskattelag, ML). Kapitaleinkünfte und Kapitalgewinne sind also nicht mehrwertsteuerpflichtig. Das Betriebseinkommen unterliegt aber der Mehrwertsteuer. Eine Ausnahme besteht dann, wenn Einkünfte aus Zweckbetrieb einkommensteuerfrei sind; diese sind auch mehrwertsteuerfrei, 4 Kap. 7 § ML (Siehe CIV). Das bedeutet, dass Stiftungen und Vereine, die einkommensteuerlich privilegiert sind, in demselben Ausmaß auch mehrwertsteuerfrei sind.

II. Ideelle Einkünfte

Im schwedischen Einkommenssteuerrrecht besteht ein Unterschied zwischen objektiver und subjektiver Steuerpflicht. Das heißt einige Einnahmen, z. B. Erbschaften, Testamente, Spenden (8 Kap. 2 § IL) und Mitgliedsbeiträge sind gemäß dem Gesetz niemals steuerpflichtig beziehungsweise abzugsfähig (objektive Steuerpflicht). Der Status der zahlenden oder der empfangenden Organisation ist also ohne Bedeutung.

III. Einkünfte aus Vermögensverwaltung

Wenn hier Einkommensteuervergünstigungen für Einkünfte aus Vermögensverwaltung bei der empfangenden Organisation dargestellt sind, handelt es um Steuervergünstigungen für Einkommen dieser Organisation (subjektive Steuerpflicht), nicht allgemein um steuerfreies Einkommen.

Wenn eine Stiftung die gesetzliche Voraussetzungen (siehe B III 1, S. 423) erfüllt, ist sie nur für Einkommen aus Gewerbetrieb steuerpflichtig, 7 Kap. 3 § IL. Das bedeutet Steuerfreiheit für Einkommen aus Kapitalvermögen wie z. B. Dividenden und Zinsen. Dass die Steuerfreiheit auch Kapitalgewinne umfasst, wird ausdrücklich gesagt. Gemeinnützige Vereine sind auch in dieser Weise steuerfrei, 7 Kap.7 § IL. Grundstücke, die im Rahmen der zweckgerichteten Tätigkeit eines gemeinnützigen Vereins verwendet werden, sind auch steuerfrei.

IV. Einkünfte aus Zweckbetrieb

Vereine (aber nicht Stiftungen) genießen auch Steuerfreiheit für Einkünfte aus „Zweckbetrieb". Es gibt zwei Arten der Zweckbetriebe: Die zweckgerichtete Tätigkeit, die den gemeinnützlichen Zweck des Vereins direkt fördert, und die zweckgerichtete Tätigkeit, die „herkömmlich" zur Finanzierung ideeller Zwecke verwendet wird, 7 Kap. 7 § IL. Diese Kriterien sind ziemlich unbestimmt, insbesondere der Begriff „herkömmliche Finanzierung". Es gibt folglich eine Reihe von Urteilen des Höchsten Verwaltungsgerichts, um diese zu präzisieren. Hauptsächlich gilt das Kriterium als erfüllt, wenn der Zweckbetrieb auf die unentgeltliche Arbeit der Mitglieder baut und der Wettbewerb nicht durch unbegrenzt steuerpflichtige Betriebe verzerrt wird. Ein typischer Beispielsfall ist RÅ 1992 ref. 68, wo „logdans", das heißt das Tanzen alter Volktänze in ländlicher Umgebung, als „herkömmliche" Finanzierung erachtet wurde. Das Höchste Verwaltungsgericht berücksichtigt auch neue Verhältnisse: In RÅ 1999 ref. 50 wurde ein Rockmusikkonzert als „herkömmliche" Finanzierung angesehen. Der Verkauf von Postkarten und T-Shirts sind z.B. typische Beispiele „herkömmlicher" Finanzierung.

Wenn Einkünfte aus Zweckbetrieb einkommensteuerfrei sind, sind sie (wie erwähnt) auch mehrwertsteuerfrei, 4 Kap. 7 § ML

Die Rechtfertigung der Einkommen- und Mehrwertsteuerfreiheit für Einkünfte aus Zweckbetrieb für Vereine ist die demokratische Bedeutung der Beteiligung vieler Bürger an ideellen Aktivitäten. Die Mehrheit der schwedischen Bevölkerung ist in ideellen Vereinen aktiv, besonders in Sportvereinen, aber auch in kirchlichen, kulturellen oder sozialen Vereinen. In diesem Fall spielen wahrscheinlich auch die praktischen Schwierigkeiten einer Besteuerung eine Rolle.

V. Einkünfte aus wirtschaftlichem Geschäftsbetrieb

Mit einigen Ausnahmen (siehe unter B und C IV) umfasst das Steuerprivileg der Stiftungen und Vereine nicht Einkünfte aus Gewerbebetrieb. In diesem Fall sollen sowohl Einkommensteuer als Mehrwertsteuer bezahlt werden. In Schweden liegt ein Gewerbebetrieb unter drei Voraussetzungen vor: Selbständigkeit, Professionalität und Erwerbszweck.

Die Abgrenzung zwischen den drei Einkunftsarten des schwedischen Einkommensteuerrechts, Kapitalvermögen, Gewerbebetrieb und Arbeit, spielt steuerrechtlich eine große Rolle, weil Privatpersonen für Einkünfte aus Kapitalvermögen proportional, aber für Einkünfte aus Gewerbebetrieb und Arbeit progressiv besteuert werden. Es würde zu weit führen; diese Abgrenzungsprobleme hier eingehend zu beschreiben. Eins dieser Probleme betrifft die Frage, ob Zinsen Einkünfte aus Kapitalvermögen oder aus Gewerbebetrieb sind. Juristische Personen wie Stiftungen und Vereine haben nur eine Einkunftsart, nämlich Einkommen aus Gewerbebetrieb. Trotzdem ist diese Abgrenzungsfrage auch hier relevant, weil für steuerbegünstigte Stiftungen und Vereine zwar Einkünfte aus Kapitalvermögen, aber nicht Einkommen aus Gewerbebetrieb steuerfrei sind. Im großen ganzen gehören Zinsen auf Kapital, das für den alltäglichen Geschäftsbetrieb nötig ist, zum Gewerbebetrieb.

Die Verteilung von Kosten zwischen Kapitalvermögen und Gewerbebetrieb ist auch wichtig. Grundsätzlich gehören Kosten für Kapitalverwaltung zu Einkünften aus Kapitalvermögen. Hier ist es aber wichtig, daran zu erinnern, dass Kosten für die Erfüllung des steuerbegünstigten Zwecks zu der zweckgebundenen Quote gehören (siehe B.IV.5).

VI. Weitere Begünstigungen

Außerhalb des Steuerrechts gibt es eine Reihe von staatlichen und kommunalen Beiträgen für gemeinnützige Organisationen, insbesondere für Vereine. Der Staat bezahlt Beiträge zu ideellen Vereinen, z.B. wenn sie sich gegen den Verbrauch von Alkohol und Drogen der Jugendlichen richten. Die Gemeinden bauen Sportplätze und Jugendheime, die auf diese Weise billig gemietet werden können.

D. Besteuerung des Spenders, Stifters, Zustifters

I. Keine Befreiung

Gemäß dem Gesetz können weder natürliche noch juristische Personen Spenden oder Mitgliedsbeiträge absetzen. Es spielt keine Rolle, ob die Beiträge punktuell oder regelmäßig wiederkehrend sind.

Es gibt verschiedene Begründungen für diesen Standpunkt. Man wollte nicht die Steuerbasis aushöhlen und das Steuersystem mit weiteren Abzügen verkomplizieren. Außerdem glaubt man, dass die Steuervergünstigungen für die Empfängerorganisation und vor allem die Vergünstigungen der jetzt abgeschafften Erbschaft- und Schenkungssteuer Anreiz genug für Freigebigkeit boten. Abzüge in einer progressiven Einkommensteuer bedeuten ja auch, dass die Steuerzahler mit niedrigem Einkommen nicht einen so großen Vorteil bekommen wie die Steuerzahler mit hohem Einkommen. Zuletzt hat man wahrscheinlich die Probleme der Abgrenzung zwischen qualifizierten und nicht qualifizierten Zwecken gefürchtet.

II. Begriff der „Spende" und Abgrenzungen

1. Gesetzlicher Begriff der Spende

Eine Spende liegt vor, wenn eine Übertragung von Vermögen (objektives Kriterium) mit Schenkungsabsicht (subjektives Kriterium) an eine andere Person gemacht wird.

2. Abgrenzung von Spende, Entgelt und Mitgliedsbeitrag

Konsequenz der Regelung, dass Spenden nicht abzugsfähig sind, ist, dass es für denjenigen, der eine finanzielle Leistung an eine steuerbegünstigte Organisation erbringt, regelmäßig günstiger ist, wenn es sich dabei nicht um eine Spende, sondern um ein (als Betriebskosten abzugsfähiges) Entgelt handelt.

Gemäß dem Gesetz sind Mitgliedsbeiträge niemals abzugsfähig; 9 Kap. 2 § IL. Trotzdem hat man in der Rechtsprechungspraxis Abzüge bewilligt, wenn der Mitgliedsbeitrag voll und ganz ein Entgelt für eine Leistung darstellte. Man hat ihn dann nicht als Mitgliedsbeitrag angesehen. Aber das ist die Ausnahme. Um die Kosten für die Mitgliedschaft so niedrig wie möglich zu halten, bilden Vereine oft Service-Gesellschaften, die in einer geschäftmäßigen Weise den Mitgliedern Dienste verkaufen. Schwedische Vereine versuchen zudem, die Mitgliedsbeiträge so niedrig wie möglich zu halten. Jahrbücher eines Vereins sind oft nicht im Mitgliedsbeitrag eingeschlossen, sondern werden den Mitgliedern verkauft. Wenn sie wirtschaftlich tätig sind, können die Vereinsmitglieder die Zahlungen für erhaltene Leistungen als Betriebsausgabe abziehen.

3. Abgrenzung von Spende und Sponsoring

Sponsoringausgaben sind als Betriebskosten abzugsfähig. Es gibt eine umfassende Praxis über Grenzfälle zwischen Spenden und Sponsoring. Ein gutes Beispiel ist RÅ 1976 ref. 105. Eine große schwedische Aktiengesellschaft, Stora Kopperberg AB, betrieb unter anderem Waldwirtschaft und Waldindustrie. Die Gesellschaft wollte Beiträge zum World Life Fund (WWF) geben für einige Projekte „um die Natur zu bewahren, pflegen und rationell ausnützen". Das Höchste Verwaltungsgericht billigte Abzüge für das Projekt „Lebenden Wald", aber nicht für „Wolf", „Otter", „Die Robbe in der Ostsee", „Raubvogelzentrale" und „Linné"(das Bewahren von schwedischen von der Ausrottung bedrohten Pflanzen). Eine starke Verbindung zwischen den wirtschaftlichen Interessen des Sponsors und dem Zweck des Empfängers ist also nötig.

III. Besondere Fragen

1. Zivilrechtliche Einordnung der Spende, Möglichkeit einer Zweckwidmung

Wer ein Geschenk macht, hat immer die Möglichkeit, Bedingungen zu stellen. Wenn eine Organisation eine Spendensammlung für einen bestimmten Zweck macht, verspricht sie den Spendern, das Geld für diesen Zweck zu verwenden.

2. Abzugsfähigkeit von Parteispenden (politische Spenden)

Es gibt keine Sonderbehandlung für Parteispenden; das heißt, sowohl Parteispenden als auch Mitgliedsbeiträge sind einkommensteuerrechtlich nicht abzugsfähig. Sponsoring ist natürlich hier nicht möglich. Die Parteien sind für Spenden und Mitgliedsbeiträge auch nicht steuerpflichtig (objektive Steuerpflicht). Die Partei ist selbst ein steuerbegünstigter Verein (subjektive Steuerpflicht), siehe B III c.

3. Abzugsfähigkeit von Spenden an staatliche Organisationen

Der Staat ist nicht steuerpflichtig; 7 Kap. 2 § IL. Das gilt auch für staatliche Organisationen.

4. Besondere Fördermechanismen

Es ist in Schweden vorgekommen, dass der Finanzminister einen Pakt mit einer oder mehreren schwedischen Gesellschaften zur Finanzierung eines Projekts macht, wie etwa: „Wenn Sie eine Million geben, wird der Staat ebenso viel zuschießen". Solche Pakte hängen mit der bisweilen stark dominierenden Position der sozialdemokratischen Partei in Schweden zusammen. Der schwedische Reichstag hat die Kompetenz, staatliche Ausgaben zu beschließen. Im oben genannten Fall hat also der Finanzminister versprochen, dem Reichstag diese Ausgabe vorzuschlagen und auch versprochen, dass die sozialdemokratische Mehrheit den Vorschlag billigen würde.

F. Verfahren, Kontrolle, Haftung

I. Verfahrensfragen: Erlangung des Status als steuerbegünstigte Organisation

Jede Stiftung und jeder Verein müssen eine Steuererklärung oder Steuerangabe jährlich abgeben. In dieser Weise kann die Steuerverwaltung den Status prüfen. Die Prüfung findet also jährlich statt. Vereine mit steuerpflichtigen Einnahmen erhalten einen Grundfreibetrag von 15.000 schw. Kronen gemäß 63 Kap. 11 § IL, Stiftungen einen Grundfreibetrag von 100 Kronen, 2 Kap. 7 § Gesetz über Steuerklärungen und Kontrollabgaben (in schw. 2001:1227 lag om självdeklarationer och kontrolluppgifter, LSK). Wenn die Einnahmen nicht steuerpflichtig sind, 2 Kap. 8 § LSK, z. B. weil sie die Bedingungen für eine Steuervergünstigung erfüllen, soll man sie nicht berücksichtigen. Wenn eine Stiftung oder ein Verein keine steuerpflichtigen Einkünfte hat, soll eine Steuerabgabe der Steuerverwaltung überlassen sein, 5 Kap. 1 § LSK.

Die Steuerangabe enthält Angaben, die es der Steuerverwaltung ermöglichen, den Status der Stiftung oder des Vereins zu überprüfen.

II. Kontrolle

1. Kontrollinstanz

In dem Stiftungsgesetz gibt es unter anderem eingehende Bestimmungen über eine Revision. Eine Stiftung muss mindestens einen Revisor haben. Wenn sie buchführungspflichtig ist, muss mindestens ein Revisor autorisiert oder bevollmächtigt sein. Sehr große Stiftungen müssen einen autorisierten Revisor haben, 4 Kap. 4 § SL. Die Revisoren müssen kontrollieren, dass die Stiftungen dem Gesetz und den Satzungen folgen und dass die Rechenschaftslegung in Ordnung ist. Wenn eine Stiftung keine Mitglieder hat, ist die Bezirksregierung Kontrollinstanz. Eine Stiftung ist buchführungspflichtig, wenn sie Einnahmen von mindestens zehn „basbelopp", das heißt ungefähr 400.000 schw. Kronen hat oder wenn sie einen Gewerbebetrieb ausübt, 2 Kap. 3 § Buchführungsgesetz (in schw. 1999:1078 bokföringslagen).

Vereine dagegen sind überhaupt nicht gesetzlich geregelt. Um eine juristische Person zu sein, müssen sie nach herrschender Meinung eine Satzung und einen Vorstand haben. Die Kontrolle wird von den Mitgliedern ausgeübt.

Steuerlich werden sowohl Steuererklärungen als auch Steuerangaben der Stiftungen und Vereine von der Steuerverwaltung jährlich kontrolliert.

2. Kontrollmittel

a) Vorgaben für die Satzung

Die gesetzlichen Bestimmungen werden von den Steuerbehörden so ausgelegt, dass es nötig ist, auf Grund der Satzung prüfen zu können; ob die Voraussetzungen für Steuervergünstigungen gegeben sind, und ob ferner die Satzungszwecke wirklich erfüllt sind.

b) Informationspflichten

aa) Steuererklärung und Bilanz:
Siehe unter F. II. 1.

bb) Erhöhte Nachweise bei Mittelverwendungen im Ausland
Es gibt keine Sonderbestimmungen in Schweden, was Nachweise über eine Mittelverwendung im Ausland betrifft.

3. *Anforderungen an den Nachweis des Spenders*

Anforderungen an den Nachweis des Spenders gibt es natürlich in Schweden nicht.

4. *Kontrollintensität in der Praxis*

Die Steuerklärungen und die Steuerangaben werden wie die Bilanzen jährlich kontrolliert. Außerdem unternimmt die Steuerverwaltung besondere Kontrollaktionen. Solche Aktionen sind niemals regelmäßig wiederkehrend. Hier wird es als wichtig angesehen, dass sie überraschend sind.

III. Sanktionen, Haftung

1. Sanktionen bei Verstößen

Bei Verstößen gegen die steuerlichen Bestimmungen geht die Steuerfreiheit verloren. Es ist schwierig, sie wieder zu erlangen.

2. Haftung des Spenders/Stifters oder Vorstands der Organisation

Wer eine Einkommensteuererklärung als Stellvertreter (19 Kap. 1 § LSK) einer juristischen Person abgegeben hat oder abgegeben haben sollte, muß sie unterschreiben, 4 Kap. 3 § LSK. Das bedeutet, dass er dafür haftet.

G. Reformen, Diskussionen, persönliche Stellungnahme

I. Reformen und rechtspolitische Vorschläge

1. Rückblick

Einige der Steuerprivilegien der Stiftungen und Vereine werden in Frage gestellt. In 1995 schlug ein Komitee vor, dass die Verpflichtung, 80 % des laufenden Einkommens an die Empfänger auszuschütten, erweitert werden sollte. Auch 80 % der Kapitalgewinne sollten ausgeschüttet werden. Besonders die großen schwedischen Stiftungen widersetzten sich kraftvoll diesem Vorschlag. Er wurde nicht durchgeführt.

Um diese Reaktion zu verstehen, muss man wissen, dass in Schweden die großen Stiftungen eine sehr bedeutende Rolle, insbesondere für die wissenschaftliche Forschung der Universitäten, spielen. Aber sie sind auch in anderer Weise bedeutend. Reiche schwedische Familien haben steuerbegünstigten Stiftungen einen großen Teil ihres Vermögens geschenkt. Sie können dann nicht das Vermögen persönlich genießen. Dagegen ist es gestattet, dass Mitglieder der Familie des Spenders im Vorstand sitzen und auf diese Weise mit dem Aktienbesitz der Stiftung einen beträchtlichen Einfluss auf schwedische Gesellschaften ausüben können. Eine Ausschüttung der Kapitalgewinne würde das Vermögen der Stiftungen vermindern.

Erst im Jahre 1994 wurden Stiftungen zivilrechtlich in einem Gesetz reguliert. Diese Bestimmungen werden nicht in Frage gestellt. Vereine werden nach wie vor nur durch die höchstrichterliche Rechtsprechung des Verwaltungsgerichts geregelt.

2. Ausblick

In letzter Zeit hat man auch die Frage der Einführung von Abzügen für Spenden, insbesondere zu Forschungszwecken, diskutiert. Hier denkt man nicht in erster Reihe an Stiftungen und Vereine als Empfänger, sondern an staatliche Institutionen wie Universitäten. Ich habe diese Frage in einem Aufsatz behandelt (Skatterätt och donationsvilja – om avdrag för bidrag till forskning vid statligt universitet och högskola. Festskrift till Ole Björn, 2004, Seite 331).

II. Diskussionen

1. Skandale bei Spendenorganisationen

Skandale bei Spendenorganisationen finden bisweilen leider statt. Sie bekommen viele Kommentare in der Presse. Z.B. kann ich zwei neulich eingetretene Skandale nennen, die große Aufmerksamkeit erregt haben. Der Geschäftsführer einer Organisation, die sich um Obdachlose in Stockholm kümmert, wurde sehr gut bezahlt. Trotzdem hatte er große Extraeinkünfte und hatte eine Wohnung, die die Organisation als Spende bekommen hatte, einem Verwandten unter dem Marktpreis verkauft. In einem anderen Fall handelt es sich um eine den Gewerkschaften nahe stehende Stiftung, die bedürftigen Frauen billig Mietwohnungen vermieten sollte. Die besten Wohnungen waren aber an die ganz und gar nicht bedürftigen Mitglieder des Vorstand der Stiftung vermietet.

2. Transparenz und Bildung von freiwilligen Kontrollorganisationen als Maßnahme zur Verbesserung des Vertrauens der Spender

In Schweden kann eine Organisation eine Postschecknummer bekommen, die mit 90 anfängt.

Das bedeutet, sie steht unter Kontrolle der „Stiftelsen för Insamlingskontroll, SFI". Diese Stiftung wurde von den Arbeitgeber- und Arbeitnehmerorganisationen gegründet. Diese Organisationen ernennen die Mitglieder des Vorstands. Der Zweck der SFI ist eine Kontrolle der Organisationen, die öffentliche Sammlungen für humanitäre, wohltätige, kulturelle und andere gemeinnützliche Zwecke betreiben. Unter anderem kontrolliert man, dass die administrativen Kosten nicht übermäßig sind. Ungefähr 300 Sammlungsorganisationen werden heute von den Revisoren der SFI kontrolliert. Wenn eine Organisation das Recht zu einer 90-Nummer verliert, erregt dies große Aufmerksamkeit.

III. Persönliche Stellungnahme

Ab 17. Dezember 2004 wurde die Erbschaft- und Schenkungssteuer in Schweden abgeschafft. Früher boten die hohen Steuersätze für Erbschaftsnehmer einen starken Anreiz für Spenden an Stiftungen, die völlig steuerfrei waren, wenn sie steuerbegünstigte Zwecke erfüllten. Auch wenn die Steuersätze in letzter Zeit gesenkt wurden, gab es einen steuerlichen Anreiz für Spenden. Man weiß heute nicht, ob das Verschwinden dieses Anreizes zu einer Verminderung der Bereitschaft zu spenden führen wird. Gerüchtweise habe ich zur Kenntnis bekommen, dass einige geplante Spenden nicht zustande gekommen sind.

Um den Spenderwillen wieder zu erwecken ist es vielleicht nötig, neue steuerliche Anreize einzuführen. Im oben genannten Aufsatz (G.I.2) habe ich vorgeschlagen, dass Aktiengesellschaften (die mit einem proportionalen Steuersatz von 28 % besteuert sind) Abzüge für Spenden an Universitäten für Forschungszwecke bekommen und dass natürliche Personen Abzüge für Forschungszwecke vom Kapitaleinkommen bekommen. Kapitaleinkommen wird mit einem proportionalen Steuersatz von 30 % besteuert. In dieser Weise würde die bei progressiven Steuersätzen geschaffene Ungleichheit des Werts der Spenden vermieden. In übrigen empfehle ich eine vorsichtige Linie im Hinblick auf administrative Schwierigkeiten, die aus der Notwendigkeit entstehen, einerseits Probleme der Gerechtigkeit bei einem progressiven Steuertarif zu vermeiden, andererseits das öffentliche Steueraufkommen zu sichern. Nach der Abschaffung der Erbschaft- und Schenkungssteuer glaube ich, dass es vielleicht erforderlich ist, neue steuerliche Anreize zu Spenden zu all den Zwecken, die früher Erbschaft- und Schenkungssteuerfreiheit genossen haben, zu schaffen. Ob solche Anreize nötig sind, werden wir in naher Zukunft sehen.

Gemeinnützigkeits- und Spendenrecht in der Schweiz

THOMAS KOLLER

A. Allgemeines
  I. Steuersystem
  II. Theoretische Grundlagen der Steuerbefreiung
  III. Empirische Daten
B. Voraussetzung der Vergünstigung bei der empfangenden Organisation/Voraussetzungen für den Status einer begünstigten Organisation.
  I. (Keine) Unterscheidung zwischen direkter Steuervergünstigung (für die Organisation) und indirekter Steuervergünstigung (Spendenabzug)
  II. Organisationsrechtliche Voraussetzungen
      1. Bei den direkten Steuern
      2. Bei der Mehrwertsteuer
  III. Gemeinnütziger Zweck
      1. Definition der Gemeinnützigkeit
          a) Gesetzliche Definition
              aa) Direkte Steuern
              bb) Erbschafts- und Schenkungssteuern
              cc) Mehrwertsteuer
          b) Die nähere Umschreibung der Gemeinnützigkeit für das Recht der direkten Steuern
              aa) Förderung des Allgemeininteresses
              bb) Uneigennützigkeit
              cc) Zur Abgrenzung der Steuerbefreiung wegen Gemeinnützigkeit von der Steuerbefreiung wegen öffentlicher Zweckverfolgung
          d) Sonderproblem: Förderung im Ausland
      2. Kohärenz mit dem ungarischen Katalog
  IV. Vorgaben für die Mittelverwendung
      1. Verfolgung des satzungsmäßigen Zwecks
      2. Gewinnausschüttungsverbot
      3. Zulässigkeit von Zuwendungen und Zahlungen an den Stifter, ihm nahe stehende Personen oder Vereinsmitglieder
      4. Zulässigkeit von Zuwendungen und Zahlungen an den Vorstand und Angestellte der Organisation
      5. (Kein) Gebot der zeitnahen Mittelverwendung
      6. (Kein) Unmittelbarkeitsgebot
      7. (Keine) besonderen zivilrechtliche Regelungen zur Mittelverwendung, insbesondere im Stiftungsrecht (Grundsatz der Dauerhaftigkeit, Grundsatz der Kapitalerhaltung)
  V. Vorgaben für die Mittelerzielung (Begrenzung unternehmerischer Tätigkeit)
C. Besteuerung der Empfängerorganisation
  I. Einschlägige Steuern
  II. Ideelle Einkünfte
  III. Einkünfte aus Vermögensverwaltung
  IV. Einkünfte aus Zweckbetrieb
  V. Einkünfte aus wirtschaftlichem Geschäftsbetrieb
  VI. Weitere Begünstigungen
D. Besteuerung des Spenders, Stifters, Zustifters
  I. Umfang und Methode der Steuerbegünstigung beim Zuwendenden
      1. Abzug vom Einkommen bzw. der Einkommensbemessungsgrundlage
      2. Abzugsobergrenzen und Mindestspenden
      3. Spezielle Förderungsmechanismen
  II. Begriff der „Spende", Abgrenzungen und Differenzierungen
      1. Gesetzlicher Begriff der Spende

2. Abgrenzung von Spende, Entgelt und Mitgliedsbeitrag
3. Abgrenzung von Spende und Sponsoring
4. (Keine) Differenzierung nach dem Spender (Einzelperson/Unternehmen)
5. (Keine) Differenzierung nach der Rechtsform der empfangenden Organisation oder der Widmung des Stifters als Spende oder (Zu-)Stiftung
6. (Keine) Differenzierung nach dem von der steuerbegünstigten Organisation verfolgten Zweck
7. (Keine) Differenzierung nach dem zugewendeten Gegenstand: Geldspende und Sachspende (Zeitspende)?

III. Besondere Fragen
1. Zivilrechtliche Einordnung der Spende, Möglichkeit einer Zweckwidmung
2. Abzugsfähigkeit von Parteispenden (politische Spenden)
3. Abzugsfähigkeit von Spenden an staatliche Organisationen
4. Abzugsfähigkeit von Spenden ins Ausland

E. Verfahren, Kontrolle, Haftung
I. Verfahrensfragen: Erlangung des Status als steuerbegünstigte Organisation
II. Kontrolle
 1. Kontrollinstanz
 2. Kontrollmittel
    a) Vorgaben für die Satzung
    b) Informationspflichten
       aa) Steuererklärung
       bb) Bilanz
       cc) Erhöhte Nachweise bei Mittelverwendungen im Ausland
 3. Anforderungen an den Nachweis des Spenders
 4. Kontrollintensität in der Praxis
III. Sanktionen, Haftung
 1. Sanktionen bei Verstößen
 2. Haftung des Spenders/Stifters oder Vorstands der Organisation
    a) Bei den direkten Steuern
    b) Bei den Schenkungssteuern

F. Reformen, Diskussionen, persönliche Stellungnahme
I. Reformen und rechtspolitische Vorschläge
 1. Rückblick
 2. Ausblick
II. Diskussion
 1. Skandale bei Spendenorganisationen
 2. Transparenz und Bildung von freiwilligen Kontrollorganisationen als Maßnahme zur Verbesserung des Vertrauens der Spender
III. Persönliche Stellungnahme

A. Allgemeines

I. Steuersystem

a) In der Schweiz erheben sowohl der Bund als auch die Kantone und Gemeinden Steuern auf dem *Einkommen der natürlichen Personen* bzw. *auf dem Gewinn juristischer Personen*. Zusätzlich kennen die Kantone und Gemeinden (nicht aber der Bund) Steuern auf dem *Vermögen natürlicher Personen und auf dem Kapital juristischer Personen*. Die Rechtsgrundlage für die Erhebung der direkten Bundessteuer bildet das Bundesgesetz über die direkte Bundessteuer vom 14.12.1990 (DBG; Systematische Rechtssammlung [= SR] 642.11; http://www.admin.ch/ch/ d/sr/6/642.11.de). Die Kantone und die Gemeinden erheben die direkten Steuern gestützt auf ihre jeweiligen kantonalen (und daher unterschiedlichen) Gesetze; sie haben sich dabei aber an die Regeln des Bundesgesetzes über die Harmonisierung der direkten Steuern der Kantone und Gemeinden vom 14.12.1990 (StHG; SR 642.14; http://www.admin.ch/ch/d/sr/6/642.14.de) zu halten. Das StHG verpflichtet die Kantone zur Erhebung der erwähnten direkten Steuern und normiert im Wesentlichen die Fragen der subjektiven Steuerpflicht sowie die Umschreibung der Steuerobjekte (Reineinkommen, Vermögen, Reingewinn, Kapital.). Den Kantonen verbleibt ein gewisser Spielraum bei der Regelung der Einzelheiten und zudem die Tarifautonomie (Festsetzung der Sozialabzüge; Festlegung des Steuertarifs). Veranlagt und eingezogen werden sowohl die direkten Bundessteuern (sic!) als auch die direkten kantonalen und kommunalen Steuern von kantonalen bzw. kommunalen Behörden. Die Eidgenössische Steuerverwaltung (EStV) überwacht zwar an sich die (schweizweit gleichmässige) Veranlagung der direkten Bundessteuer. Da sie aber personell nicht stark dotiert ist, ist es ohne weiteres möglich, dass das Bundessteuerrecht nur in den Grundzügen, längst nicht aber in allen Details in der ganzen Schweiz genau gleich in die Praxis umgesetzt wird. Hinzu kommt, dass sich in der täglichen Veranlagungspraxis Unterschiede in den kantonalen Steuergesetzen bis zu einem gewissen Grad auch in der Veranlagung der direkten Bundessteuer auswirken können.

Quantitativ sind die direkten Steuern der Kantone und Gemeinden wesentlich bedeutsamer als die direkten Bundessteuern. Während sich der Ertrag der direkten Bundessteuer in letzter Zeit auf rund 12 Milliarden Schweizer Franken pro Jahr belief, machten die direkten Steuern der Kantone und Gemeinden jeweils etwa 50 Milliarden Schweizer Franken (d.h. rund das Vierfache der direkten Bundessteuer) aus (Zahlen abrufbar unter: http://www.bfs.admin.ch/bfs/portal/de/index/themen/oeffentliche_verwaltung/steuern__einnahmen/blank/kennzahlen0/einnahmen_von_bund0/gesamt.html). In dieser Hinsicht unterscheidet sich die Schweiz z.T. deutlich von anderen ebenfalls föderal aufgebauten Staaten, in denen (wie z.B. offenbar in den USA) dem Bundesstaat wesentlich mehr direkte Steuern zufliessen als den einzelnen Gliedstaaten.

Die Bestimmungen im DBG und im StHG über die steuerliche Behandlung von freiwilligen Zuwendungen an gemeinnützige Organisationen sind ausserordentlich knapp und extrem konkretisierungsbedürftig. Es ist daher weitgehend Sache der Steuer- sowie der Steuerjustizbehörden, diesem Problemkreis genauere Konturen zu verleihen. Um eine einigermassen gleichmässige Handhabung der bundessteuerrechtlichen Bestimmungen über die Steuerbefreiung gemeinnütziger juristischer Personen zu erreichen, hat die EStV am 8.7.1994 ein Kreisschreiben Nr. 12 über die Steuerbefreiung juristischer Personen, die öffentliche oder gemeinnützige Zwecke oder Kultuszwecke verfolgen, sowie über die Abzugsfähigkeit von Zuwendungen erlassen (abrufbar unter http://www.estv.admin.ch/data/dvs/druck/kreis/d/w95-012d; im Folgenden: KS Nr. 12). Für die Steuerjustizbehörden ist dieses Kreisschreiben nicht verbindlich. Da es aber im Wesentlichen die langjährige Praxis des Bundesgerichts zur Steuerbefreiung gemeinnütziger juristischer Personen im Recht der direkten

Bundessteuer wiedergibt, kommt ihm eine hohe faktische Geltung zu. Formal anwendbar ist das Kreisschreiben an sich nur auf die direkte Bundessteuer, nicht aber auf die direkten Steuern der Kantone und Gemeinden. In der Praxis befolgen allerdings die kantonalen Steuerbehörden die Richtlinien des Kreisschreibens über weite Strecken auch bei der Veranlagung der kantonalen und kommunalen direkten Steuern.

b) Neben den erwähnten direkten Steuern kennen die meisten Kantone (nicht aber der Bund) *Erbschafts- und Schenkungssteuern*. Bei der Ausgestaltung dieser Steuern sind die Kantone – unter Vorbehalt der Regeln der Bundesverfassung – frei; ein Harmonisierungsgesetz des Bundes besteht hier nicht. Dementsprechend sind die Kantone auch (anders als bei den direkten Steuern) bundesrechtlich nicht verpflichtet, solche Steuern zu erheben. Allgemeingültige Aussagen über die Erbschafts- und Schenkungssteuern in der Schweiz sind nur in sehr beschränktem Masse möglich (einen Überblick über die Erbschafts- und Schenkungssteuern der Kantone gibt die Webseite http://www.spendenspiegel.ch/de/seiten/steuer.htm).

c) Sodann erhebt der Bund in ausschliesslicher Kompetenz (und mit eigenen Steuererhebungsorganen) eine *Mehrwertsteuer* (gestützt auf das Bundesgesetz über die Mehrwertsteuer vom 2.9.1999 [MWSTG; SR 641.20; http://www.admin.ch/ch/d/sr/6/641.20.de]) sowie eine *Verrechnungssteuer* (gestützt auf das Bundesgesetz über die Verrechnungssteuer vom 13.10.1965 [VStG; SR 642.21; http://www.admin.ch/ch/d/sr/6/642.21.de]), die im Wesentlichen eine Quellensteuer auf bestimmten Kapitalerträgen darstellt. Ferner erhebt der Bund *eine Emissions- und eine Umsatzabgabe* auf bestimmten Wertpapieren (gestützt auf das Bundesgesetz über die Stempelabgaben vom 27.6.1973 [StG; SR 641.10; http://www.admin.ch/ch/d/sr/6/641.10.de]).

d) Da das Dotations- und Spendenrecht gesetzlich nur rudimentär geregelt ist, kommt der Praxis eine grosse Bedeutung zu. Wie die massgebenden steuerrechtlichen Regeln im Veranlagungsalltag gehandhabt werden, lässt sich allerdings nicht leicht eruieren, weil zum einen die Zahl der einschlägigen publizierten Steuerjustizentscheide relativ gering ist und zum andern die Veranlagung der direkten Steuern (auch der direkten Bundessteuer) wie bereits erwähnt dezentral durch die 26 kantonalen Steuerverwaltungen erfolgt.
Um dennoch einen gewissen Überblick über die Praxis der Kantonalen Steuerverwaltungen zum hier interessierenden Problemkreis zu gewinnen, haben wir einen Fragekatalog an alle Kantone versandt. 22 Kantone haben geantwortet (Zürich, Bern, Uri, Schwyz, Nidwalden, Glarus, Zug, Freiburg, Solothurn, Basel-Stadt, Basel-Landschaft, Schaffhausen, Appenzell-Ausserrhoden, St. Gallen, Aargau, Thurgau, Tessin, Waadt, Wallis, Neuenburg, Genf und Jura; es fehlen Luzern, Obwalden, Appenzell-Innerrhoden und Graubünden). Dabei stellten sich zum Teil erstaunliche Unterschiede in der Handhabung des Dotations- und Spendenrechts heraus. Sodann haben wir einen ähnlichen

Fragenkatalog 24 grösseren als gemeinnützig anerkannten Stiftungen zukommen lassen; neun Stiftungen haben den Fragebogen ausgefüllt zurückgesandt. Soweit erforderlich werden nachfolgend die Antworten dieser Stiftungen sowie der kantonalen Steuerverwaltungen berücksichtigt.

e) Am 8.10.2004 hat das Parlament ein Gesetz verabschiedet, mit dem einerseits das *zivile Stiftungsrecht* einer Teilrevision unterzogen wurde und andererseits verschiedene *steuerliche Bestimmungen des Spendenrechts* Änderungen erfuhren (vgl. dazu ausführlich unten F. I. 1.). Eines der Ziele des Revisionsvorhabens bestand darin, die Spendenfreudigkeit von natürlichen und juristischen Personen zu erhöhen. Dieses Gesetzes ist am 1.1.2006 in Kraft getreten (Amtliche Sammlung [=AS] 2005 S. 4545 ff.; http://www.admin.ch/ch/d/as/2005/4545.pdf). Auf die materiellen Neuregelungen des Spendenrechts, welche diese Revision mit sich gebracht hat, ist bei der Behandlung der einzelnen Problemkreise einzugehen.

II. Theoretische Grundlagen der Steuerbefreiung

In der Schweiz ist die theoretische Begründung für die Steuerbefreiung von gemeinnützigen Institutionen sowie für die Abzugsfähigkeit von Spenden in der Steuerrechtslehre nur rudimentär ausgebildet. Zur Hauptsache wird geltend gemacht, die gemeinnützige Tätigkeit sei steuerlich förderungswürdig, *weil sie den Staat entlaste*. Diese Entlastung sei in Zeiten immer knapper werdender Staatsfinanzen besonders wichtig. Daher müssten Anreize für die Erhöhung der Spendenfreudigkeit natürlicher und juristischer Personen geschaffen werden.

In den Beratungen über die oben erwähnte Gesetzesrevision spielte dieses Argument eine besonders grosse Rolle. Der Initiant der Gesetzesänderung, Ständerat Fritz Schiesser, strebte im Recht der direkten Bundessteuer eine massive Erhöhung der Abzugsmöglichkeit von Spenden an, drang aber mit seinem Vorhaben nicht vollumfänglich durch. Immerhin wurde in dieser Revision (worauf im Einzelnen zurückzukommen sein wird) die Limite für den Abzug von Spenden bei der Ermittlung des steuerbaren Einkommens bzw. Gewinns im Bundessteuerrecht von 10 % auf 20 % erhöht.

In der politischen Diskussion wird zur Begründung der Steuerbefreiung von gemeinnützigen Institutionen sowie für die Abzugsfähigkeit von Spenden oft auch mit dem *internationalen Umfeld* argumentiert. Die Schweiz müsse – so wird geltend gemacht – ein mindestens ähnlich attraktives Spendenrecht anbieten wie andere Länder (wobei als Beispiele für Staaten mit einem besonders „liberalen" Spendenrecht in der Regel die USA und Österreich angeführt werden). Da gemeinnützige Institutionen z.T. über beträchtliche Vermögen verfügen, mögen bei diesem Argument bis zu einem gewissen Grad Interessen von Banken, Vermögensverwaltern etc. eine Rolle gespielt haben, die sich einen *internationalen Standortvorteil* zu bewahren bzw. zu verbessern erhoffen.

Ob allenfalls weitere wirtschaftliche Überlegungen (wie z.B. die Erhaltung von Arbeitsplätzen bei gemeinnützigen Institutionen) in der politischen Auseinandersetzung um das Spendenrecht eine Rolle spielen, lässt sich nicht eruieren (vgl. zur wirtschaftlichen Bedeutung des Gemeinnützigkeitssektors sogleich unter A. III.).

III. Empirische Daten

In der Schweiz existierten im Jahr 2000 insgesamt 11.107 „klassische" Stiftungen (d.h. Stiftungen, die sich nicht der beruflichen Vorsorge widmen [Quelle: ROBERT PURTSCHERT/GEORG VON SCHNURBEIN/CLAUDIO BECCARELLI, Visions and Roles of Foundations in Europe, Länderstudie Schweiz, Band 1 der VMI Forschungsreihe, Biel 2003, S. 22]). Das in den Bilanzen ausgewiesene Stiftungsvermögen belief sich auf rund 30 Milliarden Schweizer Franken. Im Stiftungssektor tätig waren über 108.000 Voll- und Teilzeitbeschäftigte bzw. über 2,5 % aller Beschäftigten. Die Wertschöpfung der gemeinnützigen Stiftungen betrug ca. 2 % des Bruttoinlandproduktes. Die jährlichen Ausschüttungen erreichten ca. 1 Milliarde Schweizer Franken (Quelle: Stiftungsparadies Schweiz – Zahlen, Fakten und Visionen, Foundation Governance Band 1, hrsg. von Swiss Foundations, Basel/Genf/München 2004, S. 56).

Wie viele dieser klassischen Stiftungen gemeinnützig waren, lässt sich nicht mit Sicherheit sagen; es kann indessen davon ausgegangen werden, dass sehr viele diesem Bereich zuzuordnen sind.

Angaben über andere juristische Personen, die gemeinnützig tätig sind, fehlen. Im Verhältnis zu den Stiftungen dürften allerdings Vereine und andere juristische Personen im Gemeinnützigkeitssektor von wesentlich geringerer Bedeutung sein.

Einen guten Eindruck über die Bedeutung des Gemeinnützigkeitssektors insgesamt vermittelt das Verzeichnis der Schweizerischen Steuerkonferenz, welches auf über 138 Seiten (beinahe) alle juristischen Personen mit Sitz in der Schweiz aufführt, die Steuerbefreiung wegen gemeinnütziger oder öffentlicher Zweckverfolgung gemäss Art. 56 lit. g DBG geniessen (http://www.stv.gr.ch/deutsch/pdf/freiwillige_zuwendungen_ch.pdf, Stand Januar 2004).

Zu erwähnen ist schliesslich noch, dass Stiftungsgründungen in der Schweiz in den letzten Jahrzehnten stark zugenommen haben. Seit 1940 hat sich allein die Zahl der klassischen Stiftungen rund versechsfacht. Daneben wurden in diesem Zeitraum aber auch sehr viele (hier indessen nicht interessierende) Personalvorsorgestiftungen errichtet (Quelle: PURTSCHERT/VON SCHNURBEIN/BECCARELLI, a.a.O., S. 22).

B. Voraussetzung der Vergünstigung bei der empfangenden Organisation/ Voraussetzungen für den Status einer begünstigten Organisation

I. (Keine) Unterscheidung zwischen direkter Steuervergünstigung (für die Organisation) und indirekter Steuervergünstigung (Spendenabzug)

Prinzipiell existiert – mit einer Ausnahme – *bei den direkten Steuern* kein Unterschied zwischen der direkten Steuerbegünstigung für die Organisation und der indirekten Steuervergünstigung, bestehend in der Möglichkeit des steuerlich wirksamen Spendenabzugs beim Spender; Spenden können bei der Einkommens- bzw. Gewinnsteuer (in quantitativ beschränktem Rahmen) in Abzug gebracht werden, wenn sie an *eine steuerbefreite gemeinnützige Organisation* erfolgen. Der Unterschied besteht einzig darin, dass Spenden nur abzugsfähig sind, wenn sie an gemeinnützige Organisationen *mit Sitz in der Schweiz* fliessen, während auch gemeinnützige Organisationen mit Sitz im Ausland ein Anrecht auf Befreiung von der Gewinnsteuer und in den Kantonen zusätzlich von der Kapitalsteuer haben (was relevant wird, wenn eine solche Organisation in der Schweiz über einen wirtschaftlichen Steueranknüpfungspunkt – wie z.B. Grundbesitz – verfügt [vgl. dazu unten B. III. 1. d]).

Bei den *indirekten Steuern* (Mehrwertsteuer, Emissionsabgabe, Erbschafts- und Schenkungssteuern etc.) stellt sich diese Frage nicht.

II. Organisationsrechtliche Voraussetzungen

1. Bei den direkten Steuern

Art. 56 lit. g DBG befreit juristische Personen, die öffentliche oder gemeinnützige Zwecke verfolgen, von der Steuerpflicht für den Gewinn, der ausschliesslich und unwiderruflich diesen Zwecken gewidmet ist. Dasselbe gilt für die kantonalen Steuern in Bezug auf den Gewinn und das Kapital (Art. 23 Abs. 1 lit. f StHG).

a) Beim Empfänger muss es sich somit um eine *juristische Person* handeln; nicht rechtsfähige Organisationen oder Einzelpersonen scheiden von vornherein aus. Die Beschränkung auf juristische Personen ist im Bundessteuerrecht seit Jahrzehnten verankert und dürfte auf Praktikabilitätsüberlegungen beruhen. Natürliche Personen können selbst dann keine Steuerbefreiung von für gemeinnützige Zwecke reservierten Vermögensbestandteilen verlangen, wenn Garantien gegen jede spätere Zweckentfremdung geschaffen würden (Bundesgerichtsentscheid vom 8.3.1943, Archiv für Schweizerisches Abgaberecht [= ASA] 12 S. 79 ff., spez. S. 82). Kantonal findet sich eine interessante (allerdings bundesrechtswidrige) Ausnahme in Art. 16 Abs.1 des schaffhausischen Steuergesetzes vom 20.3.2000; nach dieser Bestimmung kann der Regierungsrat natürlichen Personen für die Teile des Einkommens und Vermögens Steuerfreiheit gewähren, die ausschliesslich und unwiderruflich öffentlichen oder gemeinnützigen Zwecken gewidmet sind (http://www.rechtsbuch.sh.ch/default.htm).

Gemäss Kreisschreiben kann bei einer juristischen Person, deren Mittel nur zum Teil ausschliesslich und unwiderruflich der Verfolgung gemeinnütziger oder öffentlicher Zwecke gewidmet sind, allenfalls eine *teilweise Steuerbefreiung* in Betracht gezogen werden. Voraussetzung dafür ist aber, dass die steuerbefreite Tätigkeit ins Gewicht fällt und dass die Mittel, für welche Steuerbefreiung verlangt wird, rechnungsmässig klar vom übrigen Vermögen und Einkommen ausgeschieden sind (KS Nr. 12 Ziff. II. 5.). Von den Steuerbehörden wird eine solche teilweise Steuerbefreiung soweit ersichtlich nur sehr zurückhaltend gewährt. Immerhin ist mir persönlich ein Fall bekannt, in dem einem Berufsverband für einen separat geführten Fonds eine solche Steuerbefreiung gewährt wurde; die Mittel dieses Fonds werden für die Aus- und Weiterbildung von Studierenden der entsprechenden Fachrichtung (nicht aber für die Weiterbildung der Verbandsmitglieder!) und damit für einen öffentlichen Zweck verwendet.

b) In der Praxis sind die meisten steuerbefreiten gemeinnützigen Organisationen als *Stiftungen* organisiert, deutlich weniger als *Vereine*. Beide Rechtsformen werden im Kreisschreiben Nr. 12 von der EStV ausdrücklich als im Vordergrund stehend bezeichnet (KS Nr. 12 Ziff. II. 2. a). Es ist allerdings fraglich, ob Vereine theoretisch kreisschreibenkonform steuerbefreit werden dürften. Denn die Steuerbefreiung setzt unter anderem auch voraus, dass das Vermögen der juristischen Person im Falle einer Auflösung an eine andere steuerbefreite Körperschaft mit ähnlicher Zwecksetzung zu fallen hat, was durch eine entsprechende *unabänderliche* Bestimmung im Gründungsstatut festgehalten werden muss (KS Nr. 12 Ziff. II. 2. c); unabänderliche Bestimmungen sind aber nach wohl h.L. in Vereinsstatuten zivilrechtlich gar nicht möglich (vgl. dazu auch unten F. III.). Zivilrechtlich keine Probleme hinsichtlich der dauerhaften Zweckbindung bieten sich demgegenüber bei den Stiftungen. Wohl sind auch bei Stiftungen Zweckänderungen möglich (Art. 86 und Art. 86a des Schweizerischen Zivilgesetzbuches vom 10.12.1907 [ZGB; Systematische Rechtssammlung = SR 210; http://www.admin.ch/ch/d/sr/2/210.de.pdf]) und zwar seit der Revision des Stiftungsrechts (vgl. oben A. I. e) unter gewissen Voraussetzungen gar auf Antrag des Stifters selbst (Art. 86a ZGB). Aber die Zweckänderung kann nur durch einen Beschluss der zuständigen Bundes- oder Kantonsbehörden erfolgen, und zudem muss bei Stiftungen, die einen öffentlichen oder gemeinnützigen Zweck im Sinne des Steuerrechts verfolgen, der neue Zweck ebenfalls öffentlich oder gemeinnützig sein (Art. 86a Abs. 2 ZGB).

c) Ausnahmsweise kann gemäss Auffassung der EStV auch eine *Aktiengesellschaft*, die einen gemeinnützigen Zweck verfolgt, in den Genuss der Steuerbefreiung gelangen. Dies ist allerdings nur möglich, wenn die AG statutarisch auf die Ausschüttung von Dividenden und Tantiemen verzichtet (KS Nr. 12 Ziff. II. 2. a), und zudem muss – wie bei andern gemeinnützigen Organisationen auch – sichergestellt sein, dass das Vermögen im Falle einer Auflösung der AG an eine andere steuerbefreite Körperschaft mit ähnlicher Zwecksetzung fällt (KS Nr. 12 Ziff. II 2. c), den Aktionären also kein Liquidationsanteil zufliesst. Nach herrschender Lehre kann allerdings eine AG zivilrechtlich nicht verbindlich auf immer festlegen, dass die Aktionäre keine Dividenden, Tantiemen oder Liquidationsanteile erhalten. Da somit die vom Steuerrecht geforderte unabänderliche Bestimmung im Gründungsstatut über die Unwiderruflichkeit der Zweckbindung (KS Nr. 12 Ziff. II 2. c in fine) nicht möglich ist, dürfte im Grunde eine AG – ebenso wie ein Verein (vgl. oben) – nicht als gemeinnützige Organisation anerkannt werden.

d) Die GmbH kann nach zurzeit noch geltendem Recht nur zu wirtschaftlichen Zwecken gegründet werden (Art. 772 Abs. 3 des Bundesgesetzes betreffend die Ergänzung des Schweizerischen Zivilgesetzbuches [Fünfter Titel: Obligationenrecht] vom 30.3.1911 [OR; SR 220; http://www.admin.ch/ch/d/sr/2/220.de.pdf]). Unternehmerische Zwecke sind jedoch gemäss Art. 56 lit. g Satz 2 DBG und Art. 23 Abs. 1 lit. f StHG grundsätzlich nicht gemeinnützig; eine Erwerbstätigkeit ist nur dann nicht gemeinnützigkeitsschädlich, wenn ihr im Rahmen des gesamten Wirkens bloss untergeordnete Bedeutung zukommt (Hilfsbetriebe; z.B. Werkstätten und Verkaufsorganisationen eines Behindertenheims). Die GmbH fällt daher als mögliche Rechtsform für eine steuerbefreite gemeinnützige Organisation an sich noch ausser Betracht. Dies wird sich mit der momentan hängigen Reform des GmbH-Rechts ändern, wenn – wie vorgesehen – künftig eine GmbH auch zu nicht wirtschaftlichen Zwecken gegründet werden kann (Änderung des OR mit entsprechendem Gesetz vom 16.12.2005 [Bundesblatt = BBl 2008 S. 7289 ff.; http://www.admin.ch/ch/d/ff/2005/7289.pdf; Ablauf der Referendumsfrist am 6.4.2006, Datum des Inkrafttretens noch offen). Gegen die Anerkennung einer GmbH als gemeinnützige Organisation würden sich dann aber wegen der zivilrechtlichen Unmöglichkeit, die Zweckbindung der Mittel dauerhaft zu sichern, dieselben theoretischen Bedenken erheben wie bei der AG und beim Verein.

e) Genossenschaften könnten an sich im Hinblick auf ihren hauptsächlich wirtschaftlichen Selbsthilfezweck (Art. 828 Abs. 1 OR) mangels Gemeinnützigkeit grundsätzlich keine subjektive Steuerbefreiung erlangen. Die Legaldefinition und die herrschende Lehre sowie das Bundesgericht verlangen für die Genossenschaft eine überwiegend wirtschaftliche Zieldefinition, die eine subjektive Steuerbefreiung von vornherein verbieten würde. Im Gegensatz dazu lässt die Handelsregisterverordnung den Eintrag von gemeinnützigen Genossenschaften in das Handelsregister ausdrücklich zu (Art. 92 Abs. 2 der Handelsregisterverordnung vom 7.6.1937 [http://www.admin.ch/ch/d/sr/2/221.411.de.pdf]), was von der Lehre mit unterschiedlichen Begründungen für zulässig erachtet wird (vgl. z.B. CARL BAUDENBACHER, in: Basler Kommentar, Obligationenrecht II, 2. Aufl. Basel/Genf/ München 2002, Art. 828 N 16, m.Nw.). Es erstaunt deshalb nicht, dass im Verzeichnis der Schweizerischen Steuerkonferenz (vgl. oben A. III.) acht ausdrücklich als Genossenschaften bezeichnete Institutionen aufgeführt sind, die zum Teil objektive, zum Teil aber auch subjektive Steuerbefreiung gemäss Art. 56 lit. g DBG geniessen (wobei Art. 56 lit. g DBG auch die Steuerbefreiung wegen öffentlicher Zwecksetzung erfasst). Auch bei der Genossenschaft besteht allerdings, wie beim Verein, bei der AG und der GmbH, das theoretische Problem, dass die Mittel zivilrechtlich nicht dauerhaft zweckgebunden werden können.

f) Kollektivgesellschaften, Kommanditgesellschaften und einfache Gesellschaften können nicht in den Genuss der Steuerbefreiung wegen Gemeinnützigkeit gelangen, da sie keine juristischen Personen sind.

2. Bei der Mehrwertsteuer

Seit Inkrafttreten der erwähnten Gesetzesrevision (vgl. oben A. I. e) gelten im Mehrwertsteuerrecht *gemäss ausdrücklicher gesetzlicher Bestimmung* die gleichen Regeln wie bei der direkten Bundessteuer, d.h. als gemeinnützige Organisationen können nur juristische Personen anerkannt werden, die auf die Verteilung des Reingewinns an Mitglieder, Gesellschafter und Organe verzichten (Art. 33a Abs. 4 lit. a MWSTG). *In der Praxis* wurde dies bereits vor der Revision aber schon so gehandhabt (vgl. dazu Ziff. 10.1.3 der Branchenbrochüre Nr. 21 betreffend Hilfsorganisationen, sozialtätige und karitative Einrichtungen der EStV, abrufbar unter http://www.estv.admin.ch/data/mwst/d/mwstg/ druckpdf/ 540-21-d.pdf).

III. Gemeinnütziger Zweck

1. Definition der Gemeinnützigkeit

a) Gesetzliche Definition

aa) Direkte Steuern
Sowohl das DBG als auch das StHG verwenden bei der Umschreibung der Voraussetzungen für die Steuerbefreiung den *unbestimmten Gesetzesbegriff der Gemeinnützigkeit*. Die beiden Bestimmungen, Art. 56 lit. g DBG und Art. 23 Abs. 1 lit. f StHG, lauten im Wesentlichen gleich (mit einer Ausnahme: Das StHG verlangt Steuerbefreiung nicht nur für den Gewinn, sondern auch für das

Kapital, da die Kantone, anders als der Bund, bei den juristischen Personen eine Kapitalsteuer erheben). Steuerbefreit sind demnach der Gewinn und das Kapital, welche *ausdrücklich und unwiderruflich einem gemeinnützigen Zweck gewidmet sind*. Die beiden Bestimmungen halten im Weitern fest, dass unternehmerische Zwecke grundsätzlich nicht gemeinnützig sind, dass aber der Erwerb und die Verwaltung von wesentlichen Kapitalbeteiligungen an Unternehmen als gemeinnützig gelten, wenn das Interesse an der Unternehmenserhaltung dem gemeinnützigen Zweck untergeordnet ist und keine geschäftsleitenden Tätigkeiten ausgeübt werden.

bb) Erbschafts- und Schenkungssteuern

Die Regelung der Erbschafts- und Schenkungssteuern ist ausschliesslich Sache der Kantone. Eine bundesweit einheitliche Umschreibung der Steuerbefreiung wegen Gemeinnützigkeit existiert daher für diese Steuern nicht. Im Wesentlichen dürften aber die kantonalen Erbschafts- und Schenkungssteuergesetze vom selben Gemeinnützigkeitsbegriff ausgehen wie das Recht der direkten Steuern.

cc) Mehrwertsteuer

Im Mehrwertsteuerrecht sind gemeinnützige Organisationen (ebenso wie nicht gewinnstrebige ehrenamtlich geführte Sportvereine) mit einem Jahresumsatz bis zu 150'000.— Schweizer Franken von der subjektiven Steuerpflicht befreit (Art. 25 Abs. 1 lit. d MWSTG). Zudem werden gewisse Umsätze gemeinnütziger Organisationen auch von der objektiven Steuerpflicht ausgenommen (Art. 18 Ziff. 8, Ziff. 10, Ziff. 12 und Ziff. 17 MWSTG; für steuerbefreite Umsätze von Sportorganisationen siehe Art. 18 Ziff. 17 MWSTG). Eine nähere Umschreibung des Begriffs der Gemeinnützigkeit fand sich früher im Mehrwertsteuergesetz nicht. Dies hat sich mit Inkrafttreten der erwähnten Gesetzesrevision (oben A. I. e) geändert. Nunmehr umschreibt das Mehrwertsteuergesetz den Begriff der Gemeinnützigkeit im Wesentlichen gleich wie Art. 56 lit. g DBG (Art. 33a Abs. 4 lit. a und b MWSTG). Darüber hinaus wird erstmal in einem Gesetzestext auf Bundessteuerstufe für die Gemeinnützigkeit ausdrücklich verlangt, dass die betreffende Organisation im Interesse der Allgemeinheit und uneigennützig tätig sein muss (Art. 33a Abs. 4 lit. c und d MWSTG; siehe zu diesen Kriterien für das Recht der direkten Steuern gleich anschliessend unter lit. b).

b) Die nähere Umschreibung der Gemeinnützigkeit für das Recht der direkten Steuern

Wie einleitend erwähnt (oben A. I. a) hat die EStV den Begriff der Gemeinnützigkeit für das Recht der direkten Bundessteuer in ihrem Kreisschreiben Nr. 12 näher umschrieben. Gemeinnützigkeit setzt nach diesem Kreisschreiben voraus, dass zwei Voraussetzungen kumulativ erfüllt werden: zum einen die *Förderung des Allgemeininteresses* und zum andern die *Uneigennützigkeit*.

aa) Förderung des Allgemeininteresses

Ob eine bestimmte Tätigkeit im Allgemeininteresse liegt, beurteilt sich nach der jeweils massgebenden Volksauffassung. Gefördert werden kann das Gemeinwohl durch Tätigkeiten in karitativen, humanitären, gesundheitsfördernden, ökologischen, erzieherischen, wissenschaftlichen und kulturellen Bereichen (KS Nr. 12 Ziff. II. 3. a). Allerdings gilt nicht jede Tätigkeit im *Dienste der Allgemeinheit* als ausschliesslich gemeinnützig. Gemeinnützigkeit bestimmt sich *aus gesellschaftlicher Gesamtsicht* (BGE 114 Ib 277 E. 2b S. 279; [sämtliche amtliche publizierten Bundesgerichtsentscheide seit 1954 sind abrufbar unter http://www.bger.ch/index/juridiction/jurisdiction-inherit-template/ jurisdiction-recht/jurisdiction-recht-leitentscheide1954.htm]). Das Kreisschreiben Nr. 12 nennt beispielhaft die soziale Fürsorge, Kunst und Wissenschaft, Unterricht, die Förderung der Menschenrechte, Natur-, Heimat- und Tierschutz sowie die Entwicklungshilfe.

Im Einzelnen ist die Grenzziehung mitunter ausserordentlich schwierig (vgl. z.B. BGE 113 Ib 7 E. 3b S. 11, der die Gratwanderung zwischen blosser Unterhaltung und kulturellem Förderungswert für den Fall aufzeigt, dass keine Eigeninteressen des Vereins oder seiner Mitglieder verfolgt werden und vom Verein und seinen Mitgliedern in selbstloser Weise Opfer erbracht werden [vgl. zu diesem Fall einlässlich unten B. III. 3.]). Da das Kriterium des *Allgemeininteresses* besonders wertungsbezogen ist und es nicht Aufgabe der Steuerbehörden sein kann, in z.B. wissenschaftlichen oder gesundheitspolitischen Auseinandersetzungen gegen derzeitige Minderheiten Partei zu ergreifen, wird in der Literatur etwa gefordert, dass dieses Kriterium entsprechend grosszügig anzuwenden ist (vgl. z.B. THOMAS KOLLER, Stiftungen und Steuern, in: Die Stiftung in der juristischen und wirtschaftlichen Praxis, Hrsg. Hans Michael Riemer, Zürich 2001, S. 66 ff.).

Sodann verlangt das Kreisschreiben Nr. 12 unter dem Kriterium des Allgemeininteresses einen *offenen Destinatärkreis* und nennt als allzu engen Kreis zum Beispiel die Begrenzung auf eine Familie, die Mitglieder eines Vereins oder die Angehörigen eines bestimmten Berufs (KS Nr. 12 Ziff. II. 3 a in fine). In der Praxis wird der Kreis der Destinatäre naturgemäss in gewissem Ausmass durch die Umschreibung des Zwecks einer Organisation festgelegt (Bsp: Ausrichtung von Stipendien an Studierende einer bestimmten Schule). Hat die

Zweckumschreibung zur Folge, dass der Kreis der möglichen Destinatäre relativ klein wird, so kann sich dies als gemeinnützigkeitsschädlich auswirken (die Rechtsprechung liess aber z.B. einen Stiftungszweck bestehend in der Fürsorge für betagte Einwohner einer *bestimmten* Gemeinde für die Steuerbefreiung genügen [Entscheid des Obergerichts des Kantons Schaffhausen vom 28.1.1983 für das kantonale Steuerrecht, Der Steuerentscheid 1984 B 14 Nr. 1, zitiert nach PETER LOCHER, Kommentar zum Bundesgesetz über die direkte Bundessteuer, II. Teil, Therwil/Basel 2004, Art. 56 N 92]). Zudem muss stets sichergestellt sein, dass die erreichten Destinatäre auch von der Allgemeinheit als förderungswürdig erachtet werden (vgl. MARKUS REICH, Gemeinnützigkeit als Steuerbefreiungsgrund, ASA 58 S. 465 ff., spez. S. 469/470, m.Hw.). Das wäre z.B. für die Unterstützung von Personen, die aufgrund ihres Alters, ihrer Gesundheit oder Armut hilfsbedürftig sind, ohne weiteres der Fall.

bb) Uneigennützigkeit

Die Tätigkeit der Steuerbefreiung beanspruchenden Organisation muss sodann uneigennützig sein, das heisst, sie darf *nicht mit eigenen wirtschaftlichen oder persönlichen Interessen der juristischen Person oder ihrer Mitglieder (bzw. nahe stehender Personen) verbunden* sein (BGE 114 Ib 277). Das Bundesgericht verlangt regelmässig, dass die *gemeinnützige Organisation und die für sie tätigen Personen zum allgemeinen Besten Opfer* erbringen (vgl. BGE 113 Ib 7 E. 2b S. 9/10).

Bei unternehmerischer Zweckverfolgung fehlt die Uneigennützigkeit grundsätzlich, es sei denn, diese Tätigkeit sei dem gemeinnützigen Zweck untergeordnet. Dem Geschäftsbetrieb darf gegebenenfalls nur die Funktion eines Hilfsbetriebes zukommen. Die Erwerbstätigkeit darf zudem nicht die einzige wirtschaftliche Grundlage der juristischen Person darstellen (ASA 19 S. 328 ff.). Wenn die unternehmerische Tätigkeit jedoch in echter Konkurrenz zu anderen Marktteilnehmern steht, ist der Grundsatz der wettbewerbsneutralen Besteuerung nach der wirtschaftlichen Leistungsfähigkeit zu beachten (Art. 27 und Art. 127 der Schweizerischen Bundesverfassung vom 18.4.1999 [BV; SR 101; http://www.admin.ch/ch/d/sr/ 1/101.de.pdf]; vgl. auch BGE 130 II 1 E. 3.3. S. 6 f.).

Kapitalbeteiligungen an Unternehmen sind dann nicht gemeinnützigkeitsschädlich, wenn das Interesse an der Unternehmenserhaltung dem gemeinnützigen Zweck untergeordnet ist und keine geschäftsleitenden Tätigkeiten ausgeübt werden. Um eine Einflussnahme auf die Unternehmungsführung auszuschliessen, müssen die Stimmrechte gegebenenfalls bei einem anderen Rechtsträger liegen. Eine Verbindungsperson wird hingegen zugelassen (vgl. KS Nr. 12 Ziff. II. 3. c). Bei wesentlichen Beteiligungen muss die Unternehmenserhaltung dem gemeinnützigen Zweck untergeordnet sein, was voraussetzt, dass die Organisation (in der Regel wird es sich um eine Holdingstiftung handeln) regelmässig mit ins Gewicht fallenden Zuwendungen von der von ihr gehaltenen Unternehmung alimentiert wird und mit diesen Mitteln auch tatsächlich eine gemeinnützige Tätigkeit ausübt (KS Nr. 12 Ziff. II. 3. c).

Schwierigkeiten verursachen in der Praxis *Freizeitvereinigungen*, da diese vor allem *mitgliedernützig* sind und ihnen somit in der Regel das altruistische Element fehlt. Ausnahmen sind aber denkbar. So könnten zum Beispiel *Sportvereine* auch altruistisch tätig sein, wenn sie sich unter Einsatz von personellen oder wirtschaftlichen Mitteln der Förderung allgemeiner Belange des Sports, des Breitensports (MARCO GRETER, in: Kommentar zum Schweizerischen Steuerrecht, Band I/2a, Bundesgesetz über die direkte Bundessteuer [DBG], Basel/Genf/ München 2000, Art. 56 N 32, m.Nw. [im Folgenden: DBG-Bearbeiter]) oder des Behindertensports widmen. Gewisse kantonale Steuergesetze sehen die Möglichkeit einer Steuerbefreiung für Vereine, die *sportliche Zwecke* (allerdings ganz klar unter Ausschluss von Selbsthilfezwecken!) verfolgen, ausdrücklich vor (vgl. z.B. § 75 Abs. 1 Ziff. 7 des Steuergesetzes des Kantons Thurgau vom 14.9.1992; http://www.rechtsbuch.tg.ch/pdf/600/640_1c1neu.pdf). Tendenziell ist die Praxis aber eher zurückhaltend in der Anerkennung der Förderung von Breitensport als der Allgemeinheit dienend. So führt das schweizerische Verzeichnis der wegen Verfolgung öffentlicher oder gemeinnütziger Zwecke steuerbefreiten juristischen Personen (siehe vorn A. III.) keine Sportclubs ausserhalb des Behindertensports auf. Vereinzelt wird aber bei bestimmten Dachverbänden und ähnlichen Einrichtungen Gemeinnützigkeit bejaht (so z.B. beim Schweizerischen Sport-Gymnasium in Davos, bei der Sport Union Schweiz in Emmenbrücke, bei der Genossenschaft für Sport-, Kultur- und Freizeitanlagen in Altbüron, bei der Maison du Sport International SA in Lausanne oder bei der Stiftung Haus des Schweizerischen Rudersports in Sarnen).

Entschärft werden diese Schwierigkeiten durch den Umstand, dass die *Mitgliederbeiträge von Vereinen* nicht der Gewinnsteuer unterliegen (Art. 66 Abs. 1 DBG; Art. 26 Abs. 1 StHG), weshalb Freizeitvereinigungen – wie z.B. Sportclubs – häufig auch dann keine Gewinnsteuern (aber immerhin in den Kantonen Kapitalsteuern) zu entrichten haben, wenn sie nicht von der subjektiven Steuerpflicht ausgenommen sind.

c) Zur Abgrenzung der Steuerbefreiung wegen Gemeinnützigkeit von der Steuerbefreiung wegen öffentlicher Zweckverfolgung

Neben der Gemeinnützigkeit sehen das DBG und das StHG auch eine Steuerbefreiung für juristische Personen vor, die *öffentliche Zwecke* verfolgen. Zum Teil überschneiden sich die Steuerbefreiungsgründe wegen Gemeinnützigkeit und Verfolgung eines öffentlichen Zweckes. Private Träger von öffentlichen Aufgaben sind allerdings auch dann steuerbefreit, wenn die Tätigkeit nicht uneigennützig ist (so etwa – um ein Beispiel aus der Praxis zu nehmen – wenn ein Berufsverband die Aus- und Weiterbildung von Studierenden der entsprechenden Fachrichtung fördert [vgl. dazu vorn B. II. 1. a]). Steuerbefreiung wegen öffentlicher Zweckverfolgung greift somit eher als Steuerbefreiung wegen Gemeinnützigkeit. Verfolgt aber eine juristische Person in erster Linie Erwerbs- oder Selbsthilfezwecke, so ist eine Steuerbefreiung wegen Verfolgung öffentlicher Zwecke ausgeschlossen (BGE 130 II 1 E. 3.3. S. 6 f.; BGE 127 II 113, S. 118 ff.; KS Nr. 12 Ziff. II. 4; vgl. dazu auch DBG-GRETER, Art. 56 N 39, sowie LOCHER, a.a.O., Art. 56 N 97/99).

d) Sonderproblem: Förderung im Ausland

Das Allgemeininteresse ist nicht auf eine Tätigkeit in der Schweiz begrenzt. Es kann auch eine juristische Person von der Steuerpflicht befreit werden, die in einem andern Land oder gar weltweit Aktivitäten entfaltet, soweit deren Tätigkeit im Allgemeininteresse liegt und uneigennützig erfolgt. Allerdings muss diese Zweckverwirklichung mit geeigneten Unterlagen (Tätigkeitsberichten, Jahresrechnungen etc.) nachgewiesen werden (KS Nr. 12 Ziff. II. 3. a). In der Praxis handelt es sich – wie unsere Umfrage ergeben hat – vorwiegend um Organisationen, die in der *Entwicklungshilfe* oder im Bereich des *Tier- und Umweltschutzes* tätig sind. In andern Bereichen sind gewisse kantonale Steuerverwaltungen eher zurückhaltend mit der Anerkennung der Gemeinnützigkeit; so erachtet z.B. der Kanton Zürich die blosse Kulturförderung im Ausland oder die Unterstützung einer ausländischen Universität – soweit damit nicht die gemeinsame Forschung mit schweizerischen Hochschulen oder der Studentenaustausch gefördert wird – nicht als gemeinnützig.

Steuerbefreit sind nicht bloss juristische Personen mit Sitz in der Schweiz (die im Ausland ihre gemeinnützige Tätigkeit entfalten), sondern auch juristische Personen mit Sitz im Ausland, die in der Schweiz aufgrund eines wirtschaftlichen Anknüpfungspunktes an sich steuerpflichtig wären (z.B. weil sie Eigentümer von Grundstücken in der Schweiz sind). Die Abzugsfähigkeit von Zuwendungen beim Spender dagegen ist gemäss Gesetzeswortlaut an die Voraussetzung gebunden, dass die Empfängerin als juristische Person ihren Sitz im Inland hat und von der Steuerpflicht befreit ist (Art. 33a und Art. 59 Abs. 1 lit. c DBG; Art. 9 Abs. 2 lit. i und Art. 25 Abs. 1 lit. c StHG [vgl. dazu schon oben B. I.]). Immerhin dürfen die Kantone die Abzugsfähigkeit von Spenden für das kantonale Steuerrecht anders als früher nicht mehr an die Bedingung knüpfen, dass die gemeinnützige Organisation ihren Sitz im Kanton hat (sic!).

In der Literatur wurde z.T. geltend gemacht, der Gesetzeswortlaut von altArt. 33 Abs. 1 lit. i (aufgehoben per 31.12.2005; heute Art. 33a) und Art. 59 Abs. 1 lit. c DBG sowie von Art. 9 Abs. 2 lit. i und Art. 25 Abs. 1 lit. c StHG sei zu eng und ein Abzug müsse auch möglich sein, wenn eine Zuwendung an eine gemeinnützige juristische Person mit Sitz im Ausland erfolge, die in der Schweiz z.B. eine Betriebsstätte unterhalte und für diese steuerbefreit sei

(MARKUS REICH, in: Kommentar zum Schweizerischen Steuerrecht Band I/1, Bundesgesetz über die Harmonisierung der direkten Steuern der Kantone und Gemeinden, 2. Aufl. Basel/Genf/München 2002, Art. 9 N 52 [im Folgenden: StHG-Autor]; DBG-ZIGERLIG/JUD, Art. 33 N 34). Dies dürfte indessen kaum zutreffend sein, zumal der Gesetzgeber in der erwähnten Gesetzesrevision (vgl. oben A. I. e) die entsprechenden Normen in diesem Punkt ausdrücklich nicht geändert hat.

2. Kohärenz mit dem ungarischen Katalog

Die im ungarischen Katalog aufgeführten Tätigkeiten (§ 26 des ungarischen Non-Profit-Gesetzes) können nach schweizerischem Recht weitgehend ebenfalls steuerbefreit ausgeübt werden. Die meisten dieser Tätigkeiten würden in der Schweiz als gemeinnützig anerkannt; einige wenige wären aber wohl eher als der Verfolgung öffentlicher Zwecke dienend zu qualifizieren (so z.B. der Schutz der öffentlichen Ordnung etc. gemäss § 26 lit. o, der Hochwasserschutz gemäss § 26 lit. u oder die Entwicklung, Unterhaltung und Betreibung von für den öffentlichen Verkehr dienenden Strassen etc. gemäss § 26 lit. v) und würden daher unter diesem Gesichtspunkt zu einer Steuerbefreiung führen. Probleme könnten sich bei den folgenden Tätigkeiten ergeben:

a) Die Förderung des Sports (§ 26 lit. n) ist oft – insbesondere bei Sportvereinen – nicht gemeinnützig, sondern eigennützig (bzw. mitgliedernützig). Anders kann es sich verhalten, wenn z.B. eine Stiftung den Behindertensport unterstützt (vgl. dazu oben B. III. 1. b) bb).

b) Die Förderung der euroatlantischen Integration (§ 26 lit. s) beinhaltet eine politische Zielsetzung. Als solche könnte sie durchaus als gemeinnützig betrachtet werden. Voraussetzung dafür wäre allerdings, dass die Zielsetzung nicht von einem Wirtschaftsverband in wirtschaftlichem Kontext verfolgt wird. Ausgeschlossen wären die Gemeinnützigkeit und vor allem auch die Verfolgung eines zur Steuerbefreiung führenden öffentlichen Zwecks zudem, wenn es sich bei der Organisation, die sich diesem Ziel widmet, um eine politische Partei handelt. Denn im Recht der direkten Bundessteuer ist eine Steuerbefreiung politischer Parteien ausgeschlossen (während immerhin gewisse Kantone Spenden an politische Parteien steuerlich zum Abzug zulassen).

c) Fraglich ist schliesslich, ob mit nationalen und ethnischen Minderheiten in Ungarn sowie mit den Ungarn ausserhalb der (ungarischen) Landesgrenzen verbundene Tätigkeiten (§ 26 lit. m) im (schweizerischen) Allgemeininteresse liegen. Die uneigennützige (also nicht auf Selbsthilfe gerichtete) Förderung von Auslandschweizern dagegen würde die Steuerbefreiung sicher ermöglichen.

3. Beispiele und umstrittene Grenzfälle

Als interessantes und ausserordentlich illustratives Beispiel aus der Gerichtspraxis sei hier der Fall der *Welttheatergesellschaft Einsiedeln* genannt (BGE 113 Ib 7).

Bei der Welttheatergesellschaft Einsiedeln handelt es sich um einen Verein, der gemäss seinen Statuten Träger der Aufführungen des Einsiedler Grossen Welttheaters ist und ferner bezweckt, das kulturelle Leben im bekannten Wallfahrtsort Einsiedeln im Kanton Schwyz zu fördern. Dieser Verein inszenierte in den letzten Jahrzehnten (bis in die achtziger oder neunziger Jahre des 20. Jahrhunderts) in unregelmässigen Abständen Aufführungen des barocken Sakramentsspiels „Das Grosse Welttheater" von Don Pedro Calderón de la Barca (1600-1681) auf dem Platz vor dem Kloster Einsiedeln. Diese Freilichtaufführungen, an denen mehrere Hundert Personen aus Einsiedeln als Schauspieler, Statisten, Ordnungshüter usw. beteiligt waren, stiessen jeweils auf ein grosses Publikumsinteresse. Zu Beginn der achtziger Jahre stellte sich die Kantonale Steuerverwaltung Schwyz auf den Standpunkt, die Welttheatergesellschaft Einsiedeln erfülle die Voraussetzungen für eine Steuerbefreiung wegen Gemeinnützigkeit nicht.

Im anschliessenden Steuerprozess folgte das Bundesgericht dieser Auffassung nicht. Zur Begründung führte es aus, nicht jede die Allgemeinheit bereichernde Tätigkeit kultureller oder künstlerischer Art sei ausschliesslich gemeinnützig, und zwar selbst dann nicht, wenn sie sich an ein breites Publikum richte. So könne etwa bei Veranstaltungen mit bloss unterhaltendem Charakter nicht von Gemeinnützigkeit gesprochen werden. Gemeinnützigkeit dürfte dagegen z.B. vorliegen, wenn von einem Verein künstlerische Publikumsveranstaltungen zur uneigennützigen Förderung von Künstlern durchgeführt würden, die einer solchen Förderung bedürften. Sodann werde man Gemeinnützigkeit annehmen können, wenn künstlerisch hoch stehende Produktionen für eine breite Öffentlichkeit angeboten würden, die nicht bloss der Unterhaltung des Publikums dienten, sondern allgemein bildenden und das geistige Volkswohl fördernden, allenfalls auch religiös erbauenden Charakter hätten. Es liege allerdings auf der Hand, dass die Grenzziehung zwischen bloss unterhaltenden und kulturell wertvollen, dem Allgemeinwohl dienenden Zwecken heikel sei und es kaum Aufgabe der Steuerbehörde sein könne, über den Wert oder Unwert kultureller Veranstaltungen zu befinden. In der Praxis dürfte sich – so das Bundesgericht – dieses Abgrenzungsproblem indessen selten stellen. Denn wesentlich sei ausserdem, dass kulturelle und künstlerische Tätigkeiten nur dann ausschliesslich gemeinnützig seien, wenn mit ihnen keine Eigeninteressen des Vereins und seiner Mitglieder verfolgt würden und wenn vom Verein und seinen Mitgliedern in selbstloser Weise Opfer erbracht würden.

Im Weitern hielt das Bundesgericht fest, es sei unbestritten, dass die Welttheatergesellschaft Einsiedeln mit ihren Aufführungen (einem kulturellen

Grossereignis von internationaler Bedeutung) der Allgemeinheit diene und insoweit gemeinnützig sei. Heikel war indessen die Frage, ob der Verein *ausschliesslich* gemeinnützig wirke. Denn von den Zuschauern wurde ein marktüblicher Eintritt verlangt. Zudem waren die Theateraufführungen (wegen der grossen Zahl von auswärts anreisender Zuschauer) für Einsiedeln von erheblicher volkswirtschaftlicher Bedeutung. Aus diesen Gründen erachtete das Bundesgericht diese Angelegenheit als einen *Grenzfall*, der mit guten Gründen so oder anders entschieden werden könne. Die Welttheatergesellschaft Einsiedeln obsiegte nur deshalb, weil die Vorinstanz – das Verwaltungsgericht des Kantons Schwyz – die ausschliessliche Gemeinnützigkeit bejaht hatte und das Bundesgericht im Hinblick darauf, dass es sich um einen Grenzfall handelte, nicht in den dem kantonalen Gericht zustehenden Beurteilungsspielraum eingreifen wollte.

Dieser Fall zeigt mit aller Deutlichkeit, worin die Probleme bei der Steuerbefreiung wegen Gemeinnützigkeit liegen. In casu konnte zwar ohne weiteres von der Verfolgung eines im *Allgemeininteresse* liegenden Zweckes ausgegangen werden, da die Aufführung eines barocken Theaterstücks mit religiösem Hintergrund allgemein als kulturelles Grossereignis betrachtet wird. Ob aber bei der Aufführung eines modernen Musicals (wie z.B. Hair oder Cats) gleich geurteilt worden wäre oder ob einem solchen Stück bloss unterhaltenden Charakter beigemessen worden wäre, ist fraglich. Indessen dürfte es sich kaum rechtfertigen, ein barockes Theaterstück steuerlich günstiger zu behandeln als ein Musical des 20. Jahrhunderts. Auch die *Uneigennützigkeit* war wie dargelegt äusserst problematisch. Letztlich konnte man sie nur deshalb bejahen, weil von Hunderten von Vereinsmitgliedern bei Proben, Aufführungen etc. (für die sie nur einen geringfügigen Spesenersatz erhielten) grosse zeitliche Opfer erbracht wurden und bei einer vollen Entlöhnung aller Beteiligten die Eintrittspreise für die Zuschauer schlicht unerschwinglich geworden wären.

IV. Vorgaben für die Mittelverwendung

1. Verfolgung des satzungsmäßigen Zwecks

Die Mittel der steuerbefreiten Organisation dürfen ausschliesslich gemeinnützig verwendet werden, und zwar unter Berücksichtigung der jeweiligen Zwecksetzung, die bei der Steuerbefreiung massgeblich war (vgl. oben B. III.; zur Problematik der Zweckänderung siehe B. II. 1. sowie F. III.). Gesetzlich näher geregelt ist die zulässige Art der Mittelverwendung nicht.

2. Gewinnausschüttungsverbot

Aus dem für die Steuerbefreiung erforderlichen Kriterium der Uneigennützigkeit (vgl. oben B. III. 1. b) bb) hat die Rechtsprechung abgeleitet, dass die Tätigkeit der steuerbefreiten Organisation *nicht mit eigenen wirtschaftlichen oder persönlichen Interessen der juristischen Person oder ihrer Mitglieder (bzw. nahe stehender Personen) verbunden* sein darf (BGE 114 Ib 277). Gewinne dürfen daher nicht an Mitglieder oder an nahe stehende Personen ausgeschüttet werden. Aktiengesellschaften müssen gar in ihren Statuten ausdrücklich und unwiderruflich auf die Ausschüttung von Dividenden und Tantiemen verzichten (KS Nr. 12 Ziff. II. 2. a), was allerdings zivilrechtlich gar nicht möglich ist (vgl. oben B. II. 1.c). Mit der Revision des Stiftungsrechts (vgl. oben A. I. e) ist das Gewinnausschüttungsverbot erstmals ausdrücklich auf Gesetzesebene im *Mehrwertsteuerrecht* festgehalten worden (Art. 33a Abs. 4 lit. a MWSTG).

3. Zulässigkeit von Zuwendungen und Zahlungen an den Stifter, ihm nahe stehende Personen oder Vereinsmitglieder

Aus dem gleichen Grund sind auch sonstige Zuwendungen und Zahlungen an den Stifter, ihm nahe stehende Personen, Vereinsmitglieder, Aktionäre etc. nicht zulässig.

Nach allgemeiner Praxis zulässig ist immerhin ein *angemessener Spesenersatz* an Stifter, Vereinsmitglieder etc., die für die gemeinnützige Organisation tätig sind (vgl. dazu auch B. III. 3 [Spesenersatz an Mitglieder der Welttheatergesellschaft Einsiedeln]). Nicht gemeinnützigkeitsschädlich ist es zudem, wenn ein Verein eine Mitgliederzeitschrift herausgibt, sofern der Verein uneigennützig und nicht mitgliedernützig tätig ist.

4. Zulässigkeit von Zuwendungen und Zahlungen an den Vorstand und Angestellte der Organisation

Nach bundesgerichtlicher Rechtsprechung haben die *gemeinnützige Organisation und die für sie tätigen Personen zum allgemeinen Besten Opfer* zu erbringen (vgl. BGE 113 Ib 7 E. 2b S. 9/10). Zuwendungen bzw. Zahlungen an Nahestehende sind daher nur zulässig, wenn sie in keinem Verhältnis zu den Leistungen dieser Personen stehen (ERNST KÄNZIG, Wehrsteuer, 1. Teil, Basel 1982, Art. 16 N 15); Entschädigungen an Mitwirkende – z.B. an Vereinsmitglieder – dürfen im Vergleich zu deren Aufwand nicht ins Gewicht fallen (BGE 113 Ib 7 E. 4b S. 12).

Bei grösseren und ausgeprägt aktiven Stiftungen, die auf einen Mitarbeiterstab angewiesen sind, kann indessen nicht verlangt werden, dass sich die

Mitarbeitenden nur symbolisch entschädigen lassen. Die Ausrichtung marktkonformer Löhne sowohl an Kaderleute als auch an untergeordnete Angestellte muss daher möglich sein (THOMAS KOLLER, Stiftungen und Steuern, a.a.O., S. 77 ff., mit Hinweisen) und wird in der Praxis auch zugelassen. Allerdings muss der gesamte Administrativ- und Personalaufwand einer steuerbefreiten Organisation in einem vernünftigen Verhältnis zur gemeinnützigen Mittelverwendung stehen. Stiftungsräte und leitende Organe dagegen müssen sich in aller Regel mit Spesenersatz begnügen. Ausnahmen werden in der Praxis gemacht, wenn ein Mitglied des Stiftungsrates oder Vereinsvorstandes mit Aufgaben betraut ist, die nicht in die eigentliche Vorstands- bzw. Stiftungsratstätigkeit (sondern eher in die Geschäftsführertätigkeit) fallen, wie z.b. die aufwändige Prüfung von unterstützungswürdigen Projekten oder Gesuchen. In all diesen Fällen müssen aber die Lohnstrukturen stets so ausgestaltet werden, dass nicht *verdeckte Gewinnausschüttungen* zu vermuten sind, wäre dies doch gemeinnützigkeitsschädlich (vgl. dazu auch Parlamentarische Initiative Revision des Stiftungsrechts, Bericht der Kommission für Wirtschaft und Abgaben des Ständerates vom 23.10.2003, BBl 2003 S. 8153 ff., spez. S. 8179 [http://www.admin.ch/ch/d/ff/2003/8153.pdf]).

5. (Kein) Gebot der zeitnahen Mittelverwendung

Die steuerbefreiten Organisationen müssen den gemeinnützigen Zweck *tatsächlich* verfolgen und dürfen sich nicht bloss der Mittelverwaltung zuwenden (*Thesaurierungsstiftungen* zum Beispiel haben somit keinen Anspruch auf Steuerbefreiung). Allenfalls kommt überhaupt keine oder je nach den Umständen bloss eine teilweise Steuerbefreiung in Betracht (vgl. noch zum Recht der alten Bundessteuer BGE 120 Ib 374 E. 3 S. 377/378: nur teilweise Steuerbefreiung, wenn bei einem Ertrag von SFr. 100.000.- jährlich bloss rund SFr. 10.000.- für gemeinnützige Zwecke verwendet werden).

Immerhin dürfen aus den Erträgen in gewissem Umfang *Rücklagen* gebildet werden. Sie müssen jedoch in einem vernünftigen Verhältnis zu zukünftigen Aufgaben stehen (vgl. KS Nr. 12 Ziff. II. 2. d). Grosse Probleme scheinen sich in der Praxis bisher kaum ergeben zu haben, haben doch die meisten kantonalen Steuerverwaltungen die entsprechende Frage in unserem Fragebogen nicht beantwortet. Vereinzelt wird von Steuerverwaltungen ausdrücklich verlangt, dass Rücklagen begründet werden.

6. (Kein) Unmittelbarkeitsgebot

Die Problematik des Unmittelbarkeitsgebots weist zwei verschiedene Aspekte auf. Zum einen geht es um die Frage, ob eine steuerbefreite Institution ihr Vermögen direkt für gemeinnützige Zwecke verwenden muss oder ob stattdessen bloss der Ertrag des Vermögens für solche Zwecke eingesetzt wird. Zum andern stellt sich die Frage, ob eine steuerbefreite Institution selbst gemeinnützig tätig sein muss oder ob sie Mittel an andere gemeinnützige Institutionen zur entsprechenden Verwendung weiterleiten darf.

a) Ob die Gemeinnützigkeit unmittelbar oder bloss mittelbar im ersteren Sinne zu verfolgen ist, war in der Literatur zum Recht der früheren direkten Bundessteuer (d.h. zur von 1941 bis 1994 erhobenen Vorgängerin der heutigen direkten Bundessteuer) umstritten (vgl. die Hinweise in BGE 120 Ib 374 E. 3a S. 377). Nach Ansicht von ERNST KÄNZIG (a.a.O., Art. 16 Ziff. 3 N 18) ist auch das bloss mittelbar ausschliesslich gemeinnützigen Zwecken dienende Vermögen und Einkommen steuerfrei: Es genüge, dass der Ertrag eines Vermögens solchen Zwecken dient oder das Vermögen einer Körperschaft oder Anstalt einer gemeinnützigen Institution zur unentgeltlichen Nutzung überlassen wird (mit Hinweisen auf kantonale Entscheide). In der neueren steuerrechtlichen Literatur wird die Frage soweit ersichtlich nicht thematisiert. Höchstrichterliche Entscheide dazu sind mir nicht bekannt.

b) Eine steuerbefreite Organisation darf ihre Mittel grundsätzlich an andere gemeinnützige Organisationen weiterleiten, ist also nicht zur unmittelbaren Mittelverwendung im zweiten Sinne verpflichtet.

Problematisch kann dies allerdings werden, wenn eine schweizerische Organisation Mittel einer Organisation im Ausland zukommen lässt. Da eine gemeinnützige juristische Person mit Sitz in der Schweiz eine Tätigkeit im Ausland verfolgen kann, müsste sie an sich dieselbe Tätigkeit auch indirekt unterstützen können. Wenn die schweizerische gemeinnützige Organisation jedoch eine reine Durchlaufstelle ist, müsste wohl die Abzugsfähigkeit von Spenden in Frage gestellt werden, da diese an den Sitz in der Schweiz anknüpft und eine reine Inkassoorganisation der Umgehung dieser Bestimmung dienen könnte (bezeichnend dazu die interessante Antwort aus dem Kanton Schaffhausen [einem Grenzkanton!] auf unsere entsprechende Frage im Fragebogen hin). Die meisten kantonalen Steuerverwaltungen lassen eine bloss mittelbare Verwendung des Stiftungsvermögens und die Unterstützung von ausländischen gemeinnützigen Organisationen in der Regel zu (Ausnahme: Kanton Appenzell-Ausserrhoden), stellen aber z.T. höhere Anforderungen an den Nachweis der gemeinnützigen Tätigkeit ausländischer Organisationen.

In der Praxis arbeitet z.B. die Schweizerische Glückskette, eine der ganz grossen gemeinnützigen Organisationen in unserem Land, bei der Mittelverwendung praktisch ausschliesslich mit anderen Hilfsorganisationen zusammen (so etwa in neuer Zeit im Zusammenhang mit der Flutwellenkatastrophe in Südasien). Steuerlich hat dies offenbar nie zu Problemen geführt.

7. (Keine) besonderen zivilrechtlichen Regelungen zur Mittelverwendung, insbesondere im Stiftungsrecht (Grundsatz der Dauerhaftigkeit, Grundsatz der Kapitalerhaltung)

Stiftungsvermögen muss zivilrechtlich nicht auf ewige Dauer erhalten werden. Stiftungen, deren Zweck unerreichbar geworden ist, zum Beispiel durch endgültigen Vermögensverlust, und die auch nicht durch eine Änderung der Stiftungsurkunde aufrechterhalten werden können (zur Möglichkeit der Zweckänderung der Stiftung vgl. bereits vorn B. II. 1. b), werden auf Antrag oder von Amtes wegen von der zuständigen Behörde aufgehoben (Art. 88 Abs. 1 Ziff. 1 ZGB). Bei Stiftungen mit sehr kleinem Vermögen, von denen es in der Schweiz viele gibt, kann dieser Fall leicht eintreten.

Indessen müssen – damit eine Stiftung steuerbefreit werden kann – Gewinn und Kapital *unwiderruflich* dem gemeinnützigen Zweck gewidmet sein. Ein Rückfall an den Stifter oder an andere Personen muss ausgeschlossen sein. Im Falle einer Stiftungsauflösung muss das Vermögen an eine andere steuerbefreite Organisation fallen. All dies muss bereits in der Errichtungsurkunde ausdrücklich festgehalten sein (KS Nr. 12 Ziff. II. 2. c; zur Sicherung der Dauerhaftigkeit der Gemeinnützigkeit im Falle einer Zweckänderung siehe Art. 86a Abs. 2 ZGB sowie vorn B II. 1. b). Steuerlich unschädlich ist es aber, wenn eine Stiftung ihr Kapital für gemeinnützige Zwecke verbraucht (also mehr ausschüttet, als ihr über Zuwendungen, Vermögenserträge etc. zufliesst) und so ihr Ende herbeiführt; für die Steuerbefreiung massgebend ist nur, dass die vorhandenen Stiftungsmittel für gemeinnützige Zwecke verwendet werden.

Immerhin überprüfen in der Praxis gewisse Kantone (so z.B. Basel-Stadt und Thurgau) offenbar periodisch, ob die (noch) vorhandenen Vermögensmittel der Stiftung die Realisierung der statutarischen (gemeinnützigen) Zwecke zulassen. Sollte dies nicht (mehr) der Fall sein, so könnte die Steuerbefreiung entzogen werden, weil der statutarische Zweck nicht effektiv verwirklicht wird.

V. Vorgaben für die Mittelerzielung (Begrenzung unternehmerischer Tätigkeit)

Bei *unternehmerischer Zweckverfolgung* fehlt die Uneigennützigkeit grundsätzlich, es sei denn, diese Tätigkeit sei dem gemeinnützigen Zweck untergeordnet. Dem Geschäftsbetrieb darf nur die Funktion eines Hilfsbetriebes zukommen. Steuerbefreiung wird aber auch gewährt, wenn die wirtschaftliche Betätigung unerlässlich ist, um den im Allgemeininteresse liegenden Zweck zu erreichen (Beispiel: Ein Erziehungsheim unterhält einen Landwirtschaftsbetrieb und eine Lehrwerkstätte [KS Nr. 12 Ziff. II. 3. b]).

Kapitalbeteiligungen an Unternehmungen sind nur unter gewissen einschränkenden Voraussetzungen nicht gemeinnützigkeitsschädlich (vgl. dazu ausführlich oben B. III. 1. b) bb).

C. Besteuerung der Empfängerorganisation

I. Einschlägige Steuern

a) Im schweizerischen Steuerrecht existiert keine allgemeine Umschreibung des Begriffs der zur Steuerbefreiung führenden Gemeinnützigkeit. Theoretisch könnte daher die Gemeinnützigkeit bei jeder Steuerart verschieden definiert werden. *In der Praxis* wird indessen der Begriff der Gemeinnützigkeit bei allen Steuerarten im Wesentlichen ähnlich oder gleich aufgefasst. Die für die direkte Bundessteuer geltenden Prinzipien, wie sie im Kreisschreiben Nr. 12 festgehalten sind, lassen sich daher mutatis mutandis auch auf andere Steuern übertragen (vgl. dazu auch oben B. III. 1. a).

b) Die Möglichkeit der Steuerbefreiung für gemeinnützige Institutionen besteht bei der direkten Bundessteuer, den direkten Steuern der Kantone und Gemeinden, den kantonalen Erbschafts- und Schenkungssteuern, der Mehrwertsteuer sowie der Emissionsabgabe (einer Steuer auf der Ausgabe von Beteiligungsrechten z.B. an Aktiengesellschaften oder Genossenschaften [Art. 6 Abs. 1 lit. a StG]).

c) Da die Erhebung von Erbschafts- und Schenkungssteuern in der ausschliesslichen Kompetenz der Kantone liegt (vgl. dazu oben A. I. b), sind verbindliche allgemeingültige Aussagen zu dieser Steuerart nicht möglich (vgl. dazu auch die Ausführungen bei MAGNUS HINDERSMANN/MICHAEL MYSSEN, Die Erbschafts- und Schenkungssteuern der Schweizer Kantone, Köln 2003, Rz. 356 ff.). In der Regel werden gemeinnützige Organisationen von den Erbschafts- und Schenkungssteuern im Wesentlichen nach den gleichen Prinzipien befreit wie bei den direkten Steuern. In der Praxis wird die örtlich zuständige kantonale Steuerbehörde auf Gesuch der gemeinnützigen Organisation hin in einer einzigen Feststellungsverfügung die Steuerbefreiung für beide Steuerarten (Erbschafts- und Schenkungssteuern einerseits/direkte Steuern andererseits) aussprechen (so in einem von mir persönlich betreuten Fall). Immerhin besteht ein wesentlicher Unterschied zu den direkten Steuern. Die Kantone dürfen die Steuerbefreiung auf gemeinnützige Organisationen beschränken, *die ihren Sitz im Kanton haben* (so dass z.B. eine Zuwendung von Todes wegen an eine ausserkantonale gemeinnützige Stiftung der Erbschaftssteuer unterworfen werden könnte). In der Praxis wird allerdings meist gestützt auf Gegenrechtserklärungen auch ausserkantonalen Vereinen, Stiftungen etc. die Steuerbefreiung gewährt (vgl. dazu etwa BGE 112 Ia 75; HINDERSMANN/MYSSEN, a.a.O., Rz. 359 ff.; siehe dazu auch unten D. III. 4.).

d) Kantone und Gemeinde können gestützt auf die entsprechende kantonale Gesetzgebung gegebenenfalls weitere Steuern – wie z.B. Handänderungsabgaben bei der Übertragung von Grundeigentum (also Rechtsverkehrssteuern) – erheben. Ob bzw. unter welchen Voraussetzungen gemeinnützige Organisationen von solchen Steuern befreit sind, müsste anhand der (zahlreichen) massgebenden Erlasse überprüft werden (so werden z.B. im Kanton Basel-Landschaft Veräusserungen an Wohnbaugenossenschaften, Vereine und Stiftungen von der Handänderungssteuer befreit, wenn das Grundstück innert zweier Jahre dem gemeinnützigen sozialen Wohnungsbau zugeführt wird [§ 82 Abs. 1 lit. a^{bis} des Steuergesetzes vom 7.2.1974; http://www.baselland.ch/index.htm]). Quantitativ fallen solche Steuern allerdings nicht gross ins Gewicht.

II. Ideelle Einkünfte

Gemeinnützige Organisationen sind auf Bundesebene von der Gewinnsteuer und auf kantonaler Ebene von der Gewinn- und Kapitalsteuer befreit. Dies hat zur Folge, dass grundsätzlich *sämtliche Einkünfte* – also auch ideelle Einkünfte (was immer darunter zu verstehen ist) – der Steuer nicht unterliegen.

III. Einkünfte aus Vermögensverwaltung

Bei *gewöhnlichen Erträgen aus der Vermögensverwaltung* ergeben sich keine Probleme. Gemeinnützige steuerbefreite Organisationen müssen auf Kapitalzinsen, Dividendenerträgen etc. keine Gewinnsteuer entrichten.

Besonderheiten bestehen dagegen bei *Erträgen aus Kapitalbeteiligung*. Erträge aus Kapitalbeteiligungen an Unternehmen sind nur dann steuerbefreit, wenn das Interesse der Organisation an der Unternehmenserhaltung (d.h. am Fortbestand der Tochtergesellschaft) dem gemeinnützigen Zweck untergeordnet ist (KS Nr. 12 Ziff. II. 3. c; vgl. dazu bereits ausführlich oben B. III. 1. b) bb).

Eine weitere Besonderheit besteht sodann bei der von den Kantonen zu erhebenden *Grundstückgewinnsteuer*. Eine Befreiung gemeinnütziger Organisationen von der Grundstückgewinnsteuer ist ausdrücklich ausgeschlossen (Art. 23 Abs. 4 StHG). An sich steuerbefreite gemeinnützige Organisationen haben mithin auf jeden Fall die (kantonalen) Grundstückgewinnsteuern zu entrichten, wenn sie Liegenschaften zu über den Gestehungskosten liegenden Preisen veräussern.

IV. Einkünfte aus Zweckbetrieb

a) Wie bereits erwähnt (oben B. V.) ist im Recht der *direkten Steuern* eine wirtschaftliche Betätigung, die für die Zweckverwirklichung unerlässlich ist (Beispiel: Ein Erziehungsheim unterhält einen Landwirtschaftsbetrieb und eine Lehrwerkstätte), nicht gemeinnützlichkeitsschädlich. Zulässig sind aber auch Hilfsbetriebe, die dem gemeinnützigen Zweck klar untergeordnet sind, so etwa wenn ein Museum einen kleinen Kiosk unterhält, in dem Ansichtskarten,

Bücher etc. angeboten werden. Wird die Schwelle der Gemeinnützigkeitsschädlichkeit nicht überschritten, so erfolgt keine Besteuerung des Geschäftsbetriebes.

b) Im *Mehrwertsteuerrecht* sind gemeinnützige Organisationen mit einem Jahresumsatz bis zu SFr. 150'000.- von der *subjektiven Steuerpflicht* ausgenommen (Art. 25 Abs. 1 lit. d MWSTG). Liegt der Umsatz über dieser Grenze, so wird die Organisation grundsätzlich steuerpflichtig.

Sodann sind gewisse Umsätze von der *objektiven Steuerpflicht* ausgenommen, die von gemeinnützigen Organisationen erzielt werden, so zum Beispiel gewisse Leistungen im Bereich des Gesundheitswesen, der Sozialfürsorge und Sozialhilfe, der Erziehung, des Unterrichts, der Kinder- und Jugendbetreuung, etc. (Art. 18 Ziff. 8, Ziff. 10, Ziff. 12 und Ziff. 17 MWSTG); die übrigen Umsätze (auch aus Zweckbetrieben) unterliegen dagegen der Mehrwertsteuer, falls die gemeinnützige Organisation subjektiv steuerpflichtig ist.

Spenden, die nicht unmittelbar einzelnen Umsätzen des Empfängers als Gegenleistungen zugeordnet werden können, sind vom steuerbaren Entgelt ausgenommen (Art. 33 Abs. 2 MWSTG) und somit ebenfalls nicht steuerbar. Soweit eine steuerpflichtige Person solche Spenden erhält, ist ihr Vorsteuerabzug verhältnismässig zu kürzen (Art. 38 Abs. 8 MWSTG; vgl. auch ALOIS CAMENZIND/NIKLAUS HONAUER/KLAUS A. VALLENDER, Handbuch zum Mehrwertsteuergesetz, 2. Aufl. Bern 2003, N 328 ff.). Die detaillierte Regelung im MWSTG findet erklärende Ergänzung in der Wegleitung 2001 zur Mehrwertsteuer der EStV (vgl. http://www.estv.admin.ch/data/mwst/d/mwstg/druckpdf/610.525d.pdf) sowie in der Branchenbroschüre Nr. 21 betreffend Hilfsorganisationen, sozialtätige und karitative Einrichtungen (vgl. http://www.estv.admin.ch/data/mwst/d/mwstg/ druckpdf/540-21-d.pdf). Mit Inkrafttreten der oben erwähnten Gesetzesrevision (siehe A. I. e) wurde die Befreiung von Spenden an gemeinnützige Organisationen im Mehrwertsteuergesetz selbst näher geregelt (Art. 33a Abs. 1 und 3 MWSTG; vgl. dazu unten D. II. 3.).

V. Einkünfte aus wirtschaftlichem Geschäftsbetrieb

Für Einkünfte aus wirtschaftlichem Geschäftsbetrieb gilt das bereits vorstehend Erwähnte. Eine Erwerbstätigkeit ist dementsprechend nur dann nicht gemeinnützigkeitsschädlich, wenn ihr im Rahmen des gesamten Wirkens der Organisation bloss untergeordnete Bedeutung zukommt.

Der Zufluss von Mitteln aus einem rechtlich verselbständigten (nicht steuerbefreiten) Geschäftsbetrieb ist für die Mutterorganisation steuerfrei, wenn die besonderen für das Halten von Kapitalbeteiligungen geltenden Regeln eingehalten werden (vgl. dazu B. III. 1. b bb). Die nicht steuerbefreite Tochtergesellschaft kann im Recht der direkten Bundessteuer 20 % des Reingewinns steuerbegünstigt ihrer Mutterorganisation – oder sonst einer steuerbefreiten gemeinnützigen Organisation – spenden (Art. 59 Abs. 1 lit. c DBG). Vor Inkrafttreten der erwähnten Gesetzesrevision (oben A. I. e) belief sich der höchstzulässige Abzug auf 10 % des Reingewinns. Für die kantonalen und kommunalen Steuern bestimmen die Kantone die Höhe des maximal zulässigen Abzugs.

VI. Weitere Begünstigungen

Gemeinnützige Organisationen werden schliesslich auch im *Stempelsteuerrecht* begünstigt. Der Bund erhebt eine so genannte Emissionsabgabe auf der entgeltlichen oder unentgeltlichen Begründung und Erhöhung des Nennwertes von Beteiligungsrechten in Form von Aktien, GmbH-Stammanteilen, Genossenschaftsanteilen etc. (Art. 5 Abs. 1 lit. a StG). Von der Abgabepflicht ausgenommen sind Beteiligungsrechte an gemeinnützigen AGs, GmbHs und Genossenschaften, sofern diese gewisse Voraussetzungen erfüllen (Art. 6 Abs. 1 lit. a StG). In der Praxis ist diese Bestimmung vorwiegend für Genossenschaften von Bedeutung.

D. Besteuerung des Spenders, Stifters, Zustifters

I. Umfang und Methode der Steuerbegünstigung beim Zuwendenden

1. Abzug vom Einkommen bzw. der Einkommensbemessungsgrundlage

Zuwendungen an gemeinnützige Organisationen können im Recht der direkten Steuern unter gewissen Voraussetzungen und in begrenztem Umfang *bei der Ermittlung des steuerbaren Einkommens in Abzug gebracht werden*. Eine Begünstigung über Abzüge bei der Steuer selbst ist im Recht der direkten Bundessteuer nicht vorgesehen und im Recht der direkten Steuern der Kantone und Gemeinden soweit ersichtlich auch (da wohl ohnehin bundesrechtswidrig) nirgends verwirklicht.

2. Abzugsobergrenzen und Mindestspenden

Im Bundessteuerrecht können *juristische Personen freiwillige Leistungen von Geld und übrigen Vermögenswerten* bis zu 20 % des Reingewinnes an gemeinnützige juristische Personen mit Sitz in der Schweiz als geschäftsmässig begründeten Aufwand vom steuerbaren Reingewinn abziehen (Art. 59 Abs. 1 lit. c DBG). Gemäss Kreisschreiben Nr. 12 sind dabei die Zuwendungen selbst bei der Ermittlung des hier massgebenden Reingewinns nicht abzuziehen (KS Nr. 12 Ziff. IV. 1. b; LOCHER, a.a.O., Art. 59 DBG N 95), so dass im Ergebnis die Abzugsobergrenze voll ausgeschöpft werden kann. Vor Inkrafttreten der erwähnten Gesetzesrevision (vgl. oben A. I. e) lag die *Abzugsobergrenze bei 10 %* und die Abzugsfähigkeit war auf *Geldleistungen* beschränkt.

Bei den *natürlichen Personen* sind im Bundessteuerrecht Zuwendungen ab SFr. 100.- pro Steuerjahr vom Einkommen abzugsfähig. Vor der Revision betrug die Abzugsobergrenze 10 % der um bestimmte Aufwendungen verminderten steuerbaren Einkünfte (altArt. 33 Abs. 1 lit. i DBG; aufgehoben per 31.12.2005). Da die Zuwendungen bei der Ermittlung der Abzugsbasis mitzuberücksichtigen waren, belief sich der Maximalbetrag für abzugsfähige Spenden effektiv allerdings bloss auf 9,09 %. Ab 1.1.2006 wurde auch hier die Abzugsfähigkeit auf *Sachleistungen* ausgedehnt und die *Abzugsobergrenze auf 20 % erhöht*. Zudem werden nunmehr die Zuwendungen selbst gemäss ausdrücklicher Gesetzesvorschrift nicht mehr in die Abzugsbasis miteinbezogen, so dass auch steuerpflichtige natürliche Personen im Ergebnis die Abzugsobergrenze voll ausschöpfen können (Art. 33a DBG).

Die Kantone setzen für das kantonale und kommunale Steuerrecht den maximal zulässigen Abzug selber fest (Art. 9 Abs. 2 lit. i und Art. 25 Abs. 1 lit. c StHG).

3. Spezielle Förderungsmechanismen

Spezielle Förderungsmechanismen kennt das schweizerische Steuerrecht nicht.

II. Begriff der „Spende", Abgrenzungen und Differenzierungen

1. Gesetzlicher Begriff der Spende

Im bis Ende 2005 geltenden Recht der direkten Bundessteuer konnten *freiwillige Geldleistungen* an gemeinnützige Organisationen vom Einkommen bzw. Gewinn in Abzug gebracht werden (altArt. 33 Abs. 1 lit. i und altArt. 59 Abs. 1 lit. c DBG). Mit Inkrafttreten der erwähnten Gesetzesrevision (oben A. I. e) wurde die Abzugsfähigkeit auf die freiwillige Leistung von *übrigen Vermögenswerten* (worunter vor allem Sachleistungen zu verstehen sind) ausgedehnt (Art. 33a DBG). Bei den direkten Steuern der Kantone und Gemeinden waren gemäss Gesetzeswort schon früher generell *freiwillige Zuwendungen* abzugsberechtigt (altArt. 9 Abs. 2 lit. i und altArt. 25 Abs. 1 lit. c StHG). Seit Inkrafttreten der erwähnten Gesetzesrevision lautet die Umschreibung der Spende im Steuerharmonisierungsgesetz (StHG) gleich wie im revidierten Bundesgesetz über die direkte Bundessteuer („freiwillige Leistungen von Geld und übrigen Vermögenswerten").

2. Abgrenzung von Spende, Entgelt und Mitgliedsbeitrag

Abzugsfähig sind wie dargelegt nur *freiwillige* Leistungen. Statutarische Mitgliederbeiträge von Vereinen oder sonstige Zahlungen, auf die die juristische Person einen Anspruch hat, sind keine freiwilligen Geldleistungen (vgl. KS Nr. 12 Ziff. IV. 1. a; differenzierter und anderer Ansicht DBG-ZIGERLIG/JUD, Art. 33 DBG N 35, FELIX RICHNER/WALTER FREI/STEFAN KAUFMANN, Handkommentar zum DBG, Zürich 2003, Art. 33 N 142).

3. Abgrenzung von Spende und Sponsoring

Sponsoringbeiträge an kulturelle, soziale, sportliche und andere Veranstaltungen dienen Werbezwecken; sie zielen darauf ab, das öffentliche Ansehen einer Unternehmung zu pflegen und ein Gegengewicht zum Bild des vorwiegend kommerziell denkenden und handelnden Betriebs zu schaffen (BGE 115 Ib 111 E. 6 S. 118, mit Nachweisen; StHG-REICH, Art. 10 N 10). Sponsoringbeiträge können daher von Unternehmungen bei den direkten Steuern als geschäftsmässig begründete Kosten (Gewinnungskosten) vom Geschäftsertrag abgezogen werden, auch wenn sie nicht an steuerbefreite Institutionen erfolgen. Die für Spenden geltende Abzugsobergrenze findet auf Sponsoringbeiträge keine Anwendung. Immerhin wird man dann nicht mehr von Gewinnungskosten sprechen dürfen, wenn Sponsoringbeiträge nicht in einem betriebswirtschaftlich vertretbaren Verhältnis zur Grösse der Unternehmung und zum erwirtschafteten Ertrag stehen.

Um Sponsoring im Sinne des Mehrwertsteuerrechts handelt es sich, wenn der Empfänger eine *Gegenleistung* erbringt; bei Spenden dagegen liegt keine Gegen-leistung vor (Rz. 412 der Wegleitung 2001 zur Mehrwertsteuer der EStV; vgl. http://www.estv.admin.ch/data/mwst/d/mwstg/druckpdf/610.525d. pdf; BGE 126 II 443 E. 8a S. 459, bestätigt in Urteil des Bundesgerichts 2A.150/2001 vom 13. 2. 2003, E. 5b [die in diesem Länderbericht zitierten nicht amtlich publizierten Bundesgerichtsurteile ab dem Jahr 2000 sind abrufbar unter http://www.bger.ch/index/juridiction/jurisdiction-inherit-template/ jurisdiction-recht/jurisdiction-recht-urteile2000.htm). Bereits vor Inkrafttreten der schon mehrfach erwähnten Revision (vgl. A. I. e) wurden etwa Werbeleistungen wie Inserate, Plakat- und Bandenwerbung, Tenuereklame, das Erwähnen des Sponsors in einem Mitteilungsblatt oder Klubheft, Lautsprecherdurchsagen mit Namensnennung unter Hinweis auf die berufliche, gewerbliche oder unternehmerische Tätigkeit des Leistenden etc. als Gegenleistungen qualifiziert (Rz. 415 der erwähnten Wegleitung). Nicht als Werbeleistung aufgefasst wurde dagegen die bloss ein- oder mehrmalige Nennung von Geldgebern im offiziellen Berichtsteil eines Jahres- und/oder Rechenschaftsberichts (Rz. 416 der erwähnten Wegleitung). Seit dem 1.1.2006 wird nun im Mehrwertsteuergesetz selbst ausdrücklich festgehalten, dass gemeinnützige Organisationen keine Gegenleistungen erbringen, wenn sie *in Publikationen ihrer Wahl* den Namen oder die Firma des Beitragszahlers in neutraler Form einmalig oder mehrmalig nennen oder bloss das Logo oder die Originalbezeichnung von dessen Firma verwenden (Art. 33a MWSTG). Anders als nach altem Recht kann jetzt somit die Publikationsform frei gewählt werden. In die Wegleitung 2001 sowie in die Branchenbroschüre Nr. 21 (siehe dazu oben B. II. 2.) ist die Gesetzrevision noch nicht eingeflossen. Voraussichtlich wird aber unter der von Art. 33a MWSTG geforderten neutralen Bekanntmachung eine Publikation verstanden werden, bei welcher nur der Name des Spenders erscheint und sämtliche Zusätze weggelassen werden, die besonders werbewirksam und imagefördernd sein könnten, wie z.B. Hinweise auf Produkte und Dienstleistung des beitragszahlenden Unternehmens (in diesem Sinne Parlamentarische Initiative Revision des Stiftungsrechts, Bericht der Kommission für Wirtschaft und Abgaben des Ständerates vom 23.10.2003, BBl 2003 S. 8153 ff., spez. S. 8177; http://www. admin.ch/ch/d/ff/2003/8153.pdf).

Im Gegenzug unterliegt ein Beitrag einer gemeinnützigen Organisation an ein anderes Rechtssubjekt ebenfalls nicht mehr der Mehrwertsteuer, wenn der Empfänger bloss den Namen der Organisation in Publikationen seiner Wahl ein- oder mehrmalig nennt; denn auch diese Namensnennung gilt nicht als Gegenleistung. Selbst wenn der Name der gemeinnützigen Organisation zugleich die Firma eines Unternehmens enthält, stellt die Publikation dieses Namens in neutraler Form oder die blosse Verwendung des Logos oder der Originalbezeichnung der Firma heute keine Gegenleistung mehr dar (Art. 33a Abs. 2 MWSTG; vgl. zum gegenteiligen, bis 31.12.2005 geltenden Recht das Urteil des Bundesgerichts 2A.150/2001 vom 13.2.2002, E. 6c in fine).

Unterliegt ein Sponsoringbeitrag nach den genannten Prinzipien grundsätzlich der Mehrwertsteuer, so wird die Steuer auf dem gesamten Betrag ermittelt. Nach der Rechtsprechung des Bundesgerichts ist ein „Splitting" ausgeschlossen, d.h. es wird keine Unterscheidung in ein steuerbares Entgelt für Sponsoring und einen nicht zu versteuernden Spendenanteil vorgenommen (vgl. zuletzt Urteil des Bundesgerichts 2A.43/2002 vom 8.1.2003, E. 3).

4. (Keine) Differenzierung nach dem Spender (Einzelperson/Unternehmen)

Bei der direkten Bundessteuer ist die Abzugsobergrenze für natürliche und juristische Personen an sich gleich hoch (10 % nach früherem Recht, 20 % nach geltendem Recht). Allerdings bestand nach bisherigem Recht ein wichtiger Unterschied: Bei natürlichen Personen wurden – anders als bei den juristischen Personen – die Zuwendungen bei der Ermittlung der Abzugsbasis mitberücksichtigt, so dass sich die effektive Abzugsobergrenze bloss auf 9,09 % belief. Mit Inkrafttreten der erwähnten Gesetzesrevision wurde dieser Unterschied beseitigt (vgl. dazu oben D. I. 2).

Bei den direkten Steuern der Kantone und Gemeinden können die Kantone die Abzugsobergrenzen festsetzen. Grundsätzlich hätten somit die Kantone die Möglichkeit, für natürliche und für juristische Personen unterschiedliche Obergrenzen vorzusehen.

In der Praxis ergeben sich allerdings bei juristischen Personen, die Leistungen an gemeinnützige Organisationen erbringen, gewisse Sonderprobleme. So muss vor allem stets geprüft werden, ob Zuwendungen an solche Institutionen als *verdeckte Gewinnausschüttungen* zu qualifizieren sind, die bei der Ermittlung des steuerbaren Gewinns zum Saldo der Gewinn- und Verlustrechnung hinzugerechnet werden müssen (Art. 58 Abs. 1 lit. b DBG; Art. 24 Abs. 1 lit. a StHG; zur Abgrenzung der verdeckten Gewinnausschüttung von der geschäftsmässig nicht begründeten Leistung an Dritte bei gemeinnützigen Zuwendungen vgl. DBG-BRÜLISAUER/KUHN, Art. 58 N 181/182). Zuwendungen für gemeinnützige Zwecke gelten dann als verdeckte Gewinnausschüttungen, wenn sie nicht mit der Gesellschaft in einem Zusammenhang stehen, sondern aufgrund von Interessen des beherrschenden Gesellschafters oder einer diesem nahe stehenden Person erfolgen und daher als Privataufwand zu qualifizieren sind (ASA 64 S. 224 ff.). Konsequenterweise sind solche Zuwendungen beim Inhaber der Beteiligungsrechte als Vermögensertrag zu besteuern (wobei dann allerdings dem Inhaber der Beteiligungsrechte wohl der Spendenabzug im Umfang von maximal 20 % des steuerbaren Einkommens [unter Berücksichtigung der verdeckten Gewinnausschüttung als Einkommensbestandteil] gewährt werden müsste).

5. (Keine) Differenzierung nach der Rechtsform der empfangenden Organisation oder der Widmung des Stifters als Spende oder (Zu-)Stiftung

Im schweizerischen Steuerrecht wird die Frage der Abzugsfähigkeit nicht nach der Rechtsform der empfangenden Organisation differenziert. Voraussetzung für den Abzug ist einzig, dass die Organisation wegen Gemeinnützigkeit steuerbefreit ist und dass sie ihren Sitz im Inland hat.

6. (Keine) Differenzierung nach dem von der steuerbegünstigten Organisation verfolgten Zweck

Im schweizerischen Steuerrecht wird die Frage der Abzugsfähigkeit nicht nach dem von der empfangenden Organisation verfolgten Zweck differenziert. Erforderlich ist nur, dass der vom Empfänger verwirklichte Zweck als gemeinnützig anerkannt wird.

7. (Keine) Differenzierung nach dem zugewendeten Gegenstand: Geldspende und Sachspende (Zeitspende)?

Im bis Ende 2005 geltenden Bundessteuerrecht waren (seit 1995) Sachspenden nicht abzugsfähig und nur „Geldspenden" zum Abzug zugelassen. Mit Inkrafttreten der erwähnten Gesetzesrevision (oben A. I. e.) hat sich dies geändert (vgl. dazu bereits D. II. 1.).

Von seinem Wortlaut her hatte das Steuerharmonisierungsgesetz in der bis Ende 2005 geltenden Fassung den Kantonen die Freiheit gelassen, für die kantonalen und kommunalen direkten Steuern neben Geldspenden auch Sachspenden zum Abzug zuzulassen. Ob dies die Kantone getan haben, entzieht sich meiner Kenntnis (der Kanton Glarus z.B. hat in unserer Umfrage die entsprechende Frage mit dem Stichwort „Verkehrswertprinzip" beantwortet, obwohl Art. 31 Abs. 1 Ziff. 9 des Glarner Steuergesetzes die Abzugsfähigkeit ausdrücklich auf Geldleistungen beschränkt). Seit Inkrafttreten der erwähnten Gesetzesrevision müssen die Kantone Sachspenden zwingend zum Abzug zulassen.

Praktische Probleme könnten sich unter dem neuen Recht bei der Ermittlung des steuerlich relevanten Wertes von Sachspenden ergeben. Theoretisch massgebend wird selbstredend der *Verkehrswert* sein, dessen Schätzung aber oft mit Schwierigkeiten verbunden sein dürfte. Eine Sachspende aus *Geschäftsvermögen* wird sodann zur Folge haben, dass beim Spender über allfällige *stille Reserven* abzurechnen ist (vgl. ASA 65 S. 660 ff.); eine Ausnahme von diesem Grundsatz wird allerdings bei den kantonalen Steuern (nicht aber bei der Bundessteuer) gemacht werden müssen, wenn ein Grundstück einer gemeinnützigen Organisation zukommt, weil die gemeinnützige Organisation im Falle der Weiterveräusserung einer Liegenschaft der Grundstückgewinnsteuer unterliegt (vgl. dazu einlässlich THOMAS KOLLER, Stiftungen und Steuern, a.a.O., S. 91 ff.).

III. Besondere Fragen

1. Zivilrechtliche Einordnung der Spende, Möglichkeit einer Zweckwidmung

Spenden sind zivilrechtlich als *Schenkung* im Sinne von Art. 239 ff. OR zu qualifizieren. Mit einer Schenkung können Bedingungen oder Auflagen verbunden werden (Art. 245 OR). Der Schenker kann eine vom Beschenkten angenommene Auflage einklagen (Art. 246 Abs. 1 OR) und die Schenkung widerrufen, wenn der Beschenkte die mit der Schenkung verbundenen Auflagen in ungerechtfertigter Weise nicht erfüllt (Art. 249 Ziff. 3 OR).

Zivilrechtlich nicht als Schenkung (wohl aber als Schenkung im steuerrechtlichen Sinn) gilt die Stiftungserrichtung. Die Stiftungserrichtung ist ein besonderes *einseitiges Rechtsgeschäft*.

2. Abzugsfähigkeit von Parteispenden (politische Spenden)

Nebst der Verfolgung von gemeinnützigen Zwecken befreit das DBG juristische Personen auch von der direkten Bundessteuer, wenn sie *öffentliche Zwecke* verfolgen. Die Verfolgung von Parteiinteressen entspricht nach herrschender Lehre indessen nicht einem öffentlichen Zweck, weil das öffentliche Interesse nicht im Vorhandensein einer *bestimmten* Partei liegt (KS Nr. 12 Ziff. II. 4.). Parteispenden können daher im Bundessteuerrecht nicht in Abzug gebracht werden.

Weniger eindeutig ist die steuerliche Situation in den Kantonen. Zum Teil werden Abzüge gestützt auf die massgebenden kantonalen Erlasse zugelassen. Ob dies bundesrechtskonform ist, ist allerdings zweifelhaft.

3. Abzugsfähigkeit von Spenden an staatliche Organisationen

Natürliche und juristische Personen konnten schon bis anhin im erwähnten Rahmen bei der Ermittlung des steuerbaren Einkommens bzw. Gewinns Spenden auch dann abziehen, wenn die Zuwendung an eine *juristische Person mit Sitz in der Schweiz* erfolgte, die im Hinblick auf *öffentliche Zwecke* von der Steuerpflicht befreit ist (altArt. 33 Abs. 1 lit. i [jetzt Art. 33a DBG] und Art. 59 Abs. 1 lit. c DBG; Art. 9 Abs. 2 lit. i und Art. 25 Abs. 1 lit. c StHG). Je nach den Umständen waren somit bereits nach bis 31.12.2005 geltendem Recht Spenden an gewisse staatliche bzw. halbstaatliche Institutionen abzugsfähig, nicht aber Spenden an den Bund, die Kantone und die Gemeinden.

Mit Inkrafttreten der erwähnten Gesetzesrevision (oben A. I. e) wurde die Abzugsfähigkeit ausgedehnt auf freiwillige Leistungen an Bund, Kantone, Gemeinden und deren Anstalten, die aufgrund besonderer Bestimmungen steuerbefreit sind (Art. 33a und Art. 59 Abs. 1 lit. c DBG; Art. 9 Abs. 2 lit. i und Art. 25 Abs. 1 lit. c StHG).

4. Abzugsfähigkeit von Spenden ins Ausland

Spenden an Organisationen mit Sitz im Ausland sind bei den *direkten Steuern* nicht abzugsfähig; die Empfängerorganisation muss ihren Sitz in der Schweiz haben (Art. 33a und Art. 59 Abs. 1 lit. c DBG; Art. 9 Abs. 2 lit. i und Art. 25 Abs. 1 lit. c StHG; vgl. dazu bereits oben B. III. 1. d).

Im *Schenkungs- und Erbschaftssteuerrecht* können die Kantone vorsehen, dass nur Zuwendungen an juristische Personen mit Sitz *im selben Kanton* von der Schenkungs- bzw. Erbschaftssteuerpflicht befreit sind (vgl. dazu z.B. § 10 Abs. 1 lit. e des zürcherischen Erbschafts- und Schenkungssteuergesetzes vom

28.9.1986 [ESchG ZH][1]. Da in der Regel der Schenker solidarisch mit dem steuerpflichtigen Beschenkten für die Steuer haftet (vgl. z.B. § 57 Abs. 3 ESchG ZH), kann sich zumindest bei der Schenkungssteuer eine Beschränkung der Steuerbefreiung auf innerkantonale gemeinnützige Organisationen im Ergebnis ähnlich auswirken wie eine Beschränkung der Abzugsfähigkeit von Spenden. Denn das Risiko, aufgrund dieser Solidarhaftung von den Steuerbehörden in Anspruch genommen zu werden, könnte potentielle Spender davon abhalten, einer ausserkantonalen gemeinnützigen Organisation etwas zukommen zu lassen. Immerhin gewähren die Kantone in der Praxis im Allgemeinen auch gemeinnützigen Institutionen in andern Kantonen die Steuerbefreiung, sofern deren Sitzkanton *Gegenrecht* hält (vgl. dazu z.B. § 10 Abs. 3 ESchG ZH).

In den von der Schweiz mit verschiedenen Staaten geschlossenen *Doppelbesteuerungsabkommen* finden sich soweit ersichtlich keine Regelungen zur Frage der Abzugsfähigkeit von Spenden ins Ausland bzw. zur Steuerbefreiung ausländischer gemeinnütziger Organisationen. Statt dessen haben aber einige Schweizer Kantone mit ausländischen Staaten *Gegenrechtsvereinbarungen* betreffend Erbschafts- und Schenkungssteuern getroffen, die Zuwendungen zu ausschliesslich gemeinnützigen Zwecken von der kantonalen Steuer befreien (vgl. dazu etwa Internationales Steuerrecht der Schweiz, Sammlung schweizerischer Abkommen und Ausführungsvorschriften, Herausgeber: Eidgenössische Steuerverwaltung). Zum Beispiel haben elf Kantone (Appenzell-Ausserrhoden, Appenzell-Innerrhoden, Basel-Stadt, Graubünden, Nidwalden, St. Gallen, Solothurn, Thurgau, Uri, Waadt, Zug) Gegenrechtserklärungen mit Deutschland abgeschlossen, die die Steuerbefreiung für letztwillige oder schenkungsweise Zuwendungen gemeinnütziger Art betreffen. Ein faktisches Gegenrecht betreffend Zuwendungen zu gemeinnützigen Zwecken gewähren sich überdies die Kantone Zürich und Bern und Deutschland (HINDERSMANN/MYSSEN, a.a.O., Rz. 362). Weitere Gegenrechtsvereinbarung bestehen zwischen dem Kanton Zürich und den USA und Kalifornien, dem Kanton Thurgau und Frankreich und Deutschland sowie dem Kanton Bern und Frankreich (HINDERSMANN/MYSSEN, a.a.O., Rz. 365).

E. Verfahren, Kontrolle, Haftung

I. Verfahrensfragen: Erlangung des Status als steuerbegünstigte Organisation

Grundsätzlich kann eine gemeinnützige Organisation ausserhalb eines Steuerveranlagungsverfahrens eine *generelle Freistellungsverfügung* verlangen, und zwar sowohl für die direkten Steuern als auch für Erbschafts- und Schenkungs-

---

[1] http://www2.zhlex.zh.ch/Appl/zhlex_r.nsf/WebView/C1256C610039641BC12568DA0032D DFD/$File/632.1_28.9.86_28.pdf).

steuern. In der Praxis geschieht dies denn auch regelmässig. Eine solche Freistellungsverfügung kann von den Steuerbehörden *aber jederzeit überprüft* werden.

II. Kontrolle

1. Kontrollinstanz

Grundsätzlich ist es Aufgabe der *Steuerbehörden* zu überprüfen, ob eine Organisation, welche Steuerbefreiung wegen Gemeinnützigkeit beansprucht, die dafür notwendigen materiellen Voraussetzungen erfüllt.

Stiftungen (nicht aber Vereine, Aktiengesellschaften etc.) stehen zudem unter der *zivilrechtlichen Aufsicht* des Gemeinwesens (Bund, Kanton, Gemeinde), dem sie nach ihrer Bestimmung angehören. Die Aufsichtsbehörde hat dafür zu sorgen, dass das Stiftungsvermögen seinen Zwecken gemäss verwendet wird (Art. 84 ZGB). Sie ist indessen nicht zuständig für die Prüfung der Frage, ob eine Stiftung wegen Gemeinnützigkeit steuerbefreit werden kann.

Steuerbehörden und Stiftungsaufsicht arbeiten in der Praxis in unterschiedlicher Form zusammen. Diese Zusammenarbeit reicht vom seltenen Informationsaustausch bis zu laufendem Kontakt mit automatisiertem Informations- und Aktenaustausch und zu regelmässiger Orientierung bei Fällen mit Unklarheiten.

2. Kontrollmittel

a) Vorgaben für die Satzung

Die der steuerbefreiten Zwecksetzung gewidmeten Mittel müssen *ausschliesslich* und *unwiderruflich*, das heisst *für immer* steuerbefreiten Zwecken verhaftet sein. Ein Rückfall an Stifter oder Gründer muss für immer ausgeschlossen sein. Für den Fall der Auflösung der juristischen Person müssen die Gründungsstatuten festhalten, dass das Vermögen an eine andere steuerbefreite Körperschaft mit ähnlicher Zwecksetzung zu fallen hat. Aktiengesellschaften, die einen gemeinnützigen Zweck verfolgen, haben zudem statutarisch auf die Ausschüttung von Dividenden und Tantiemen zu verzichten.

Zivilrechtlich ist die definitive Zweckbindung der Mittel im Grunde genommen nur bei Stiftungen möglich (zu den beschränkten Möglichkeiten der Zweckänderung bei Stiftungen siehe oben B. II. 1. b). Dennoch werden in der Praxis auch Vereine, Genossenschaften und Aktiengesellschaften als gemeinnützig anerkannt (vgl. dazu einlässlich oben B. II. sowie unten F. III.).

b) Informationspflichten

aa) Steuererklärung

In der Praxis verlangen Steuerbehörden von Organisationen, die eine generelle Freistellungsverfügung besitzen, in der Regel keine Steuererklärung (eine Ausnahme bildet etwa der Kanton Nidwalden, der jährlich eine Steuererklärung einfordert). Die Steuerbehörden sind aber bei den direkten Steuern in jeder Veranlagungsperiode und bei der Schenkungs- und Erbschaftssteuer bei jeder Zuwendung befugt zu überprüfen, ob die Voraussetzungen für die Steuerbefreiung (noch) erfüllt sind.

bb) Bilanz

Etliche Kantone verlangen jährlich oder alle zwei Jahre die Einreichung von Bilanzen, Jahresrechnungen und Tätigkeitsberichten zur periodischen Überprüfung der Steuerbefreiung. Andere Kantone verzichten dagegen vor allem bei Stiftungen (wahrscheinlich im Vertrauen darauf, dass die zivilrechtliche Aufsichtsbehörde jedes Jahr diese Unterlagen einverlangt) auf eine derartige jährliche Information. Viele Stiftungen haben daher nur bei ihrer Gründung Kontakt mit den Steuerbehörden.

cc) Erhöhte Nachweise bei Mittelverwendungen im Ausland

Die Zweckverwirklichung im Ausland ist von der gemeinnützigen Organisation durch geeignete Unterlagen nachzuweisen (KS Nr. 12 Ziff. II. 3. a). In der Praxis sind die Anforderungen an den Nachweis der gemeinnützigen Zweckrealisierung bei einer Tätigkeit im Ausland oft höher als bei einer Tätigkeit im Inland (so z.B. im Kanton Zürich).

3. Anforderungen an den Nachweis des Spenders

Der Spender hat den Nachweis für seine Zuwendungen durch *Zahlungsbelege* oder durch *Zuwendungsbestätigungen* der steuerbefreiten Organisationen zu erbringen.

4. Kontrollintensität in der Praxis

Ist eine Organisation einmal grundsätzlich wegen Gemeinnützigkeit steuerbefreit, so ist die spätere Überprüfungsintensität in der Praxis von Kanton zu Kanton verschieden.

Genf zum Beispiel befreit gesuchstellende Organisationen auf maximal fünf Jahre und kontrolliert anschliessend die Voraussetzungen der Steuerbefreiung erneut. In den meisten Kantonen dagegen erfolgt die Steuerbefreiung unbefristet. Die Tätigkeiten der steuerbefreiten juristischen Personen werden dann aber in der Regel (anhand von Geschäftsberichten, Jahresrechnungen etc.) periodisch – wenn wohl auch nicht sehr intensiv – überprüft. Unsere Umfrage hat ergeben, dass die entsprechende Praxis der kantonalen Steuerbehörden höchst unterschiedlich ist (und dies naturgemäss sowohl in Bezug auf die direkte Bundessteuer als auch hinsichtlich der kantonalen Steuern). Einige Kantone prüfen jährlich die Jahresrechnung, gegebenenfalls auch den Geschäftsbericht. Andere Kantone prüfen zwar ebenfalls periodisch, aber in grösseren Abständen (2 Jahre, z.T. 5 Jahre). Wieder andere Kantone überprüfen die Steuerbefreiung mehr oder weniger nach dem Zufallsprinzip (etwa wenn genügend personelle Kapazität in der Steuerverwaltung vorhanden ist, wenn eine Bankverbindung gewechselt wird, wenn ein Verdacht auf Unregelmässigkeiten besteht oder bei besonders grossen Zuwendungen).

III. Sanktionen, Haftung

1. Sanktionen bei Verstößen

Die Steuerbefreiung kann, allenfalls im Rahmen der Vorschriften über die Veranlagungsverjährung auch rückwirkend, aufgehoben werden, wenn sich bei einer Überprüfung herausstellt, dass die Voraussetzungen gar nie erfüllt waren oder nicht mehr erfüllt sind. Dementsprechend könnten theoretisch *Nachsteuern* erhoben werden, *soweit die Veranlagungsverjährung noch nicht eingetreten ist.* In der Praxis werden aber, wie unsere Umfrage ergeben hat, selten bis nie Nachsteuern eingefordert (gewisse Kantone, wie etwa Bern und Zürich, haben zusätzlich darauf hingewiesen, dass mit der nachträglichen Steuererhebung beträchtliche Durchführungsschwierigkeiten verbunden wären, während Basel-Stadt die Erhebung von Nachsteuern immerhin theoretisch in Betracht zieht).

Im Weitern könnten grundsätzlich die Regeln des Steuerstrafrechts, konkret der Steuerhinterziehung und des Steuerbetrugs, zur Anwendung kommen. *Steuerhinterziehung* begeht (unter anderem), wer vorsätzlich oder fahrlässig bewirkt, dass eine Veranlagung zu Unrecht unterbleibt oder dass eine rechtskräftige Veranlagung unvollständig ist (Art. 175 Abs. 1 DBG; Art. 56 StHG). Steuerbussen wegen Steuerhinterziehung mit Wirkung für eine juristische Person können sowohl der juristischen Person als auch den für sie handelnden Organen bzw. den sie vertretenden Personen auferlegt werden (Art. 181 Abs. 1 und 3 DBG; Art. 57 Abs. 1 StHG). Wer vorsätzlich als Vertreter des Steuerpflichtigen eine Steuerhinterziehung bewirkt oder an einer solchen mitwirkt, haftet solidarisch für die hinterzogene Steuer (Art. 177 Abs. 1 DBG; Art. 56 Abs. 3 StHG). Die Busse für Steuerhinterziehung beträgt abhängig vom Verschulden einen Drittel bis das Dreifache der hinterzogenen Steuer (Art. 175 Abs. 2 DBG; Art. 56 Abs. 1 StHG). Ähnliche Regeln werden sich in den kantonalen Erbschafts- und Schenkungssteuererlassen finden. *Steuerbetrug* begeht, wer zum Zweck der Steuerhinterziehung gefälschte, verfälschte oder inhaltlich unwahre Urkunden und andere Bescheinigungen Dritter zur Täuschung gebraucht. Die Strafe lautet Gefängnis oder Busse bis zu 30.000.- SSFr. (Art. 186 Abs. 1 DBG; Art. 59 Abs. 1 StHG). In der Praxis werden, wie unsere Umfrage ergeben hat, in aller Regel keine Steuerstrafen verhängt. Appenzell-Ausserrhoden meint gar, eine gesetzliche Grundlage für die Verhängung von Bussen fehle, während Basel-Stadt immerhin gegebenenfalls Steuerbussen verhängen würde.

Im Ergebnis bleibt somit die Verletzung von Vorschriften über die Steuerbefreiung für die Vergangenheit weitgehend sanktionslos; in aller Regel wirkt der Entzug der Steuerbefreiung nur *pro futuro*.

2. Haftung des Spenders/Stifters oder Vorstands der Organisation

a) Bei den direkten Steuern

Eine *Mithaftung* natürlicher Personen für die Gewinnsteuer einer juristischen Person besteht bei der direkten Bundessteuer nur – unter sehr engen Voraussetzungen – im Falle einer Liquidation *für die mit der Liquidation betrauten Personen* (Art. 55 Abs. 1 DBG). An sich könnten daher auch die mit der Liquidation einer zu Unrecht als gemeinnützig anerkannten Organisation befassten Personen für eine allfällige Nachsteuer haftbar werden. Da indessen in der Praxis – wie erwähnt – schon zulasten der betroffenen Organisationen kaum je Nachsteuern erhoben werden, ist diese solidarische Mithaftung reine Theorie.

Im Weitern könnten Stifter oder Vorstandsmitglieder einer zu Unrecht steuerbefreiten Organisation im Rahmen der erwähnten Vorschriften des Steuerstrafrechts grundsätzlich *strafrechtlich zur Verantwortung gezogen werden*. Aber auch diese „Haftung" bleibt im Steueralltag reine Theorie.

Ist die Steuerbefreiung zu Unrecht erteilt worden und wird sie rückwirkend entzogen (was in der Praxis kaum je geschieht), so müssten theoretisch auch sämtliche Spender im Rahmen von Nachsteuerverfahren rückwirkend neu veranlagt werden. Aber auch dies geschieht in der Praxis (insbesondere in Hinblick darauf, dass es sich bei den meisten Spenden um kleinere Beträge handeln wird) in aller Regel nicht. Bei sehr hohen Spenden wird sich diese Frage kaum je stellen, da gerade solche Spenden – insbesondere wenn der Verdacht besteht, zwischen dem Spender und der Empfängerorganisation bestehe eine Nahebeziehung – oft noch während des Veranlagungsverfahrens des Spenders Anlass für die Überprüfung der Steuerbefreiung der angeblich gemeinnützigen Organisation sein können.

b) Bei den Schenkungssteuern

Im Schenkungssteuerrecht können die Kantone vorsehen, dass der Schenker solidarisch mit dem Beschenkten für die Steuer haftet (so z.B. im Kanton Zürich [siehe oben D. III. 4.]). Diese Haftung könnte relevant werden, wenn jemand einer nur vermeintlich steuerbefreiten Organisation eine Zuwendung macht.

F. Reformen, Diskussionen, persönliche Stellungnahme

I. Reformen und rechtspolitische Vorschläge

1. Rückblick

In der Schweiz wurden das *Stiftungszivilrecht* und das *Steuerrecht gemeinnütziger Organisationen* in den letzten Jahren einer Revision unterzogen (vgl. oben A. I. e). Das entsprechende Gesetz (abrufbar unter http://www.admin.ch/ch/d/ff/2004/ 5435.pdf) wurde vom Parlament am 8.10.2004 verabschiedet und trat am 1.1.2006 in Kraft. Das neue Recht brachte einige wesentliche Änderungen mit sich, die im vorliegenden Zusammenhang von Interesse sind und auf die vorstehend jeweils hingewiesen wurde.

Die Revision des Stiftungsrechts ging auf eine im Jahr 2000 eingereichte Parlamentarische Initiative Schiesser zurück, welche zum Ziel hatte, die abzugsfähigen Zuwendungen an steuerbefreite Organisationen im Bundessteuerrecht *von 10 % auf 30 %* der steuerbaren Einkünfte bzw. des Reingewinns zu erhöhen, und überdies vorsah, auf die Voraussetzung der *Uneigennützigkeit* und vor allem der *Unwiderruflichkeit* für die Steuerbefreiung zu verzichten. Zudem hätten die zivilrechtlichen Normen über die Stiftung in einem wichtigen Punkt geändert werden sollen: *Neu hätte die Aufsichtsbehörde auf Antrag des Stifters die Stiftung (selbst wenn diese steuerbefreit gewesen wäre) aufheben und so einen Rückfall des noch vorhandenen Stiftungsvermögens an den Stifter verfügen können.* Die Initiative wurde in der Lehre (und von gewissen politischen Kreisen) sehr kritisch aufgenommen (vgl. z.B. HANS MICHAEL RIEMER, Wollen wir im schweizerischen Stiftungsrecht liechtensteinische Verhältnisse?, Kritische Bemerkungen zur parlamentarischen Initiative Schiesser vom 14. Dezember 2000, in: Aktuelle Fragen zum Stiftungsrecht, unter Einbezug der geplanten Gesetzesrevision, Bern 2002, S. 9 ff., sowie THOMAS KOLLER, Maecenas ante portas?, Die steuerliche Behandlung von privatrechtlichen Stiftungen gemäss der Parlamentarischen Initiative Schiesser, a.a.O., S. 17 ff.). Dabei wurde insbesondere auf folgende Probleme beziehungsweise Gefahren hingewiesen:

- Natürliche und juristische Personen hätten mit Hilfe einer steuerbefreiten „Stiftung auf Zeit" den Gläubigern verhältnismässig leicht vorübergehend Haftungssubstrat entziehen können.
- Eine steuerbefreite „Stiftung auf Zeit" hätte leicht zu Geldwäschereizwecken missbraucht werden können.
- Mit einer steuerbefreiten „Stiftung auf Zeit" wären verschiedene fragwürdige Steuersparkonstruktionen möglich gewesen.

Da eine massive Erhöhung der Abzugsobergrenze zu hohen Steuerausfällen hätte führen können, hätte der Staat im Ergebnis einen beträchtlichen Teil des Spendenaufkommens mitfinanziert, ohne dass er bei der Mittelverwendung hätte mitbestimmen können (was unter demokratischen Gesichtspunkten äusserst fragwürdig gewesen wäre).

In der Folge hat das Parlament auf praktisch sämtliche kritischen Bestimmungen der Initiative Schiesser verzichtet. Als wesentliche (und sachlich vertretbare) Änderungen übrig geblieben sind im steuerrechtlichen Bereich die *Erhöhung der Abzugsobergrenze* (allerdings nur auf 20 % und nicht wie vom Initianten vorgeschlagen auf 30 % des Einkommens bzw. Gewinns) sowie *die Ausdehnung der Abzugsfähigkeit auf Sachspenden*. Steuerrechtlich von zentraler Bedeutung ist, dass ein zentraler Reformpunkt der Initiative fallen gelassen wurde: Im nunmehr geltenden Gesetz ist im zivilrechtlichen Teil die Möglichkeit nicht mehr vorgesehen, dass die Aufsichtsbehörde auf Antrag des Stifters die Stiftung aufheben und so einen Rückfall des noch vorhandenen Vermögens an den Stifter bewirken kann. Neu eingeführt wurde aber das Recht des Stifters, unter gewissen (restriktiven) Voraussetzungen bei der zuständigen Bundes- oder Kantonsbehörde einen Antrag auf Änderung des Stiftungszwecks einzureichen (Art. 86a ZGB). Erforderlich ist dafür unter anderem, dass in der Stiftungsurkunde eine solche Zweckänderung vorbehalten worden ist. Die Zukunft wird weisen müssen, ob sich ein solcher Zweckänderungsvorbehalt ungünstig auf das Spendenverhalten auswirken wird; immerhin ist denkbar, dass sich potentielle Spender mit Beiträgen zurückhalten werden, wenn sie mit einer (nachträglichen) Zweckentfremdung ihrer Spenden rechnen müssen. Steuerrechtlich ist diese Zweckänderungsmöglichkeit aber unproblematisch; denn bei einer steuerbefreiten Stiftung muss auch der geänderte Zweck öffentlich oder gemeinnützig sein (Art. 86a Abs. 2 ZGB; vgl. dazu bereits oben B II. 1. b). Wichtig ist im Weitern, dass im zivilrechtlichen Teil der Gesetzesrevision neu jede Stiftung verpflichtet wird, eine *Revisionsstelle* zu bezeichnen, welche jährlich die Rechnungsführung und die Vermögenslage der Stiftung prüft und zuhanden des obersten Stiftungsorgans Bericht erstattet (Art. 83a und 83b ZGB).

2. Ausblick

Im schweizerischen Steuerrecht sollten auf der Ebene der direkten Steuern der Kantone und Gemeinden die erforderlichen Anpassungen der kantonalen Steuergesetze an die mit der erwähnten Gesetzesrevision auf Bundesebene eintretenden Änderungen vorgenommen worden sein (wie weit dies bereits zutrifft, entzieht sich meiner Kenntnis).

Mit weiteren Änderungen im Steuerrecht im Bereich gemeinnütziger Organisationen ist in nächster Zeit kaum zu rechnen. Denkbar wäre aber allenfalls eine Verschärfung der an sich ausserordentlich largen Überprüfungs- bzw. Kontrollpraxis (vgl. oben E. II.), falls sich in den kommenden Jahren krasse Missbräuche ergeben sollten.

II. Diskussion

1. Skandale bei Spendenorganisationen

In den letzten Jahren sind vereinzelt Skandale bei Stiftungen bekannt geworden. So wurde z.B. aus dem Umfeld einer im sozialen bzw. gemeinnützigen Bereich tätigen Stiftung an zwei Stiftungsräte Wahlkampfspenden ausgerichtet, was in den Massenmedien einen gewissen Rummel verursacht hat. Und bei zwei bekannten gemeinnützigen Organisationen wurde in den Medien von finanziellen Unregelmässigkeiten berichtet, die z.T. in Strafverfahren gegen betroffene Personen gemündet haben. Grössere Skandale, die sich auf die Spendenfreundlichkeit ungünstig ausgewirkt hätten, sind indessen ausgeblieben.

2. Transparenz und Bildung von freiwilligen Kontrollorganisationen als Maßnahme zur Verbesserung des Vertrauens der Spender

Die meisten gemeinnützigen Institutionen verfügten bislang schon über eine Revisionsstelle. Mit Inkrafttreten der erwähnten Gesetzesrevision (oben A. I. e) ist nun jede Stiftung verpflichtet worden, eine Revisionsstelle zu bezeichnen (vgl. auch oben F. I. 1.). Damit wird eine – wenn auch beschränkte – Transparenz gewährleistet, die das Vertrauen potentieller Spender in die zweckkonforme Verwendung der gespendeten Mittel durch die gemeinnützige Organisation erhöhen soll.

Darüber hinaus bestehen freiwillige Selbstkontrollsysteme, wie z.B. die Stiftung ZEWO, welche auf Gesuch hin und nach Durchführung eines relativ aufwändigen Untersuchungsverfahrens die ZEWO-Schutzmarke (Label) im Sinne eines Gütesiegels erteilt und die Schutzmarkenträger anschliessend jährlich hinsichtlich des ZEWO-konformen Verhaltens überprüft. Die Schutzmarke wird nur gemeinnützigen Institutionen verliehen.

III. Persönliche Stellungnahme

Das schweizerische Steuerrecht hat sich in Bezug auf die Behandlung von gemeinnützigen Organisationen und von Spendern in den letzten Jahren soweit ersichtlich bewährt. Nachdem in der erwähnten Gesetzesrevision (oben A. I. e) wichtige, aber steuerrechtlich ausserordentlich problematische Punkte fallengelassen worden sind (vgl. oben F. I. 1.), dürfte dies auch in Zukunft aller Wahrscheinlichkeit nach so bleiben.

Ein politisch stark umstrittener Punkt wird naturgemäss stets die Frage bleiben, ob es sich rechtfertigen würde, die maximale Abzugshöhe von Spenden im Recht der direkten Steuern zu erhöhen, um die Spendenfreudigkeit zu fördern. Die Kantone müssen wie erwähnt diese Obergrenze in ihren Steuergesetzen selbst festlegen und können diese höher ansetzen als die im Bundessteuerrecht vorgesehene maximale Abzugshöhe von 20 % (bzw. von 10 % vor Inkrafttreten der Gesetzesrevision). Eine Abzugsobergrenze von über 30 % wäre allerdings nach meinem Dafürhalten verfassungsrechtlich problematisch, weil damit das Prinzip der Besteuerung nach der wirtschaftlichen Leistungsfähigkeit (Art. 127 Abs. 2 BV) in Frage gestellt wäre. Gleichzeitig darf bezweifelt werden, ob mit einer massiven Erhöhung der Abzugsobergrenze insgesamt die Spendenfreudigkeit wirklich massgebend gefördert würde. Der Tagespresse war z.B. zu entnehmen, dass die reichsten ein Prozent der Amerikaner, die 40 % des nationalen Reichtums besitzen, im Durchschnitt nur 2 % ihres Einkommens für Spenden ausgeben, verglichen mit 6 % in den untersten Einkommensklassen (Berner Zeitung vom 3.1.2005, S. 9). Wenn schon in einem Staat wie den USA, die den Ruf haben, über eine besonders spendenfreundliche Gesetzgebung zu verfügen, die Spendenneigung nicht grösser ist, kann man sich mit Fug und Recht fragen, ob sich eine Erhöhung der Abzugsobergrenze (die ja wie gezeigt im Durchschnitt bei weitem nicht ausgeschöpft wird) aufdrängt.

Problematisch ist aus meiner Sicht im hier interessierenden Bereich die *geringe Kontrolldichte in der Praxis*. Wer in der Schweiz einmal die Steuerbefreiung wegen Gemeinnützigkeit erlangt hat, kann je nach Kanton damit rechnen, kaum je wieder oder höchstens oberflächlich überprüft zu werden, solange nicht konkrete Anhaltspunkte für das Fehlen von Voraussetzungen für die Steuerbefreiung bestehen (was z.B. bei sehr hohen Spenden und dem gleichzeitigen Verdacht auf eine Nahebeziehung der Fall sein kann). *Das schafft ein grosses Missbrauchspotential.* Wie gross die Gefahr von Missbräuchen aber effektiv ist, lässt sich nur schwer abschätzen.

Ebenso problematisch ist aber auch, dass die Steuerbehörden selbst im Falle eines Missbrauchsverdachts, der sich aus der Medienberichterstattung ergibt, nur selten bereit sind zu überprüfen, ob bei einer gemeinnützigen Organisation die Voraussetzungen der Steuerbefreiung noch erfüllt sind. So hat z.B. in neuerer Zeit im Raum Bern die Generalversammlung eines steuerbefreiten Vereins, der sich bisher schwergewichtig dem *Umweltschutz an einem bestimmten See* gewidmet hatte, überraschend eine Zweckänderung beschlossen; neu sollte der Verein *auch das Motorbootfahren auf dem See* fördern. In der lokalen Presse hat dieser Beschluss aus verschiedenen Gründen viel Aufsehen erregt. Obwohl die Förderung des Motorbootfahrens auf einem See offenkundig keinen gemeinnützigen Zweck darstellt (sondern im privaten Interesse gewisser Vereinsmitglieder liegt und damit eigennützig ist), zog die Steuerverwaltung des Kantons Bern eine Überprüfung der Steuerbefreiung nicht in Betracht, wie unsere Nachfrage ergab.

Dieses Beispiel beleuchtet in geradezu exemplarischer Weise ein weiteres Problem des Spendenrechts in der Schweiz. Wie bereits dargelegt (B. II. 1.) bestehen nur bei Stiftungen *zivilrechtliche Schranken* gegen beliebige und unkontrollierte Zweckänderungen. Alle andern juristischen Personen, die grundsätzlich wegen Gemeinnützigkeit steuerbefreit werden können, können zivilrechtlich jederzeit ihren Zweck ändern; der Zustimmung irgendwelcher Behörden bedarf es dazu nicht, und eine Bestimmung in den Statuten, welche eine Zweckänderung für immer ausschliessen würde, ist zivilrechtlich unwirksam. Dies hat verschiedene ungünstige Auswirkungen. Zum einen wird die Spendenfreudigkeit negativ beeinflusst, wenn ein potentieller Spender jederzeit mit einer Zweckentfremdung seiner Mittel rechnen muss (wer für den Umweltschutz spendet, möchte nicht unbedingt, dass mit seinem Geld das Motorbootfahren gefördert wird). Zum andern sind die steuerrechtlichen Sanktionsmöglichkeiten im Falle einer nachträglichen Zweckentfremdung von an sich gemeinnützigen Zwecken gewidmeten Vermögenswerten – wie dargelegt – relativ schwach; praktisch kommt (wenn überhaupt) nur ein Entzug der Steuerbefreiung für die Zukunft in Betracht. Es wäre daher wichtig, dass das Zivilrecht Zweckänderungen bei allen wegen Gemeinnützigkeit steuerbefreiten juristischen Personen nur nach denselben restriktiven Regeln, wie sie für Stiftungen gelten (Art. 86 und Art. 86a ZGB), zulassen würde. Generalversammlungsbeschlüsse (z.B. von Vereinen), die diesen Regeln widersprächen, wären dann nichtig. Vereinvorstände, Verwaltungsräte von Aktiengesellschaften etc. dürften entsprechende Beschlüsse, die mit dem Steuerrecht nicht vereinbar sind, nicht befolgen und könnten widrigenfalls von den zuständigen Behörden persönlich steuerstrafrechtlich belangt werden. Bestrebungen, das Zivilrecht in diesem Sinne zu reformieren, sind allerdings nicht im Gang.

Gemeinnützigkeits- und Spendenrecht in Spanien

CARLOS PALAO TABOADA

A. Allgemeines
  I. Steuersystem
  II. Theoretische Grundlagen der Steuerbefreiung
  III. Empirische Daten
B. Voraussetzung der Vergünstigung bei der empfangenden Organisation
  I. Unterscheidung zwischen direkter Steuervergünstigung (für die Organisation) und indirekter Steuervergünstigung (Spendenabzug)
  II. Organisationsrechtliche Voraussetzungen
  III. Gemeinnütziger Zweck
    1. Definition der Gemeinnützigkeit
      a) Gesetzliche Definition
      b) Elemente: selbstlose Förderung der Allgemeinheit oder einer bedürftigen Gruppe
      c) Sonderproblem: Förderung im Ausland
      d) Abweichungen beim Spendenrecht
    2. Kohärenz mit dem ungarischen Katalog
    3. Beispiele und umstrittene Grenzfälle
  III. Vorgaben für die Mittelverwendung
    1. Verfolgung des satzungsmäßigen (gemeinnützigen)Zwecks
    2. Gewinnausschüttungsverbot
    3. Zulässigkeit von Zuwendungen und Zahlungen an Stifter, ihm nahe stehende Personen oder Vereinsmitglieder
    4. Zulässigkeit von Zuwendungen und Zahlungen an den Vorstand und Angestellte der Organisation
    5. Gebot der zeitnahen Mittelverwendung
    6. Unmittelbarkeitsgebot
    7. Besondere zivilrechtliche Regelungen zur Mittelverwendung, insbesondere im Stiftungsrecht (Grundsatz der Dauerhaftigkeit, Grundsatz der Kapitalerhaltung)
  IV. Vorgaben für die Mittelerzielung (Begrenzung unternehmerischer Tätigkeit)
C. Besteuerung der Empfängerorganisation
  I. Einschlägige Steuern
  II. Ideelle Einkünfte
  III. Einkünfte aus Vermögensverwaltung
  IV. Einkünfte aus Zweckbetrieb
  V. Einkünfte aus wirtschaftlichem Geschäftsbetrieb
  VI. Weitere Begünstigungen
D. Besteuerung des Spenders, Stifters, Zustifters
  I. Einführung: Systematik des spanischen Gesetzes
  II. Spenden und Beiträge an gemeinnützigen Organisationen
    1. Qualifizierter Empfänger
    2. Begünstigte Spenden
  III. Andere Arten von „Mäzenatentum"/ Förderung gemeinnütziger Tätigkeiten
    1. Allgemeines
    2. Abkommen über die Mitwirkung von Unternehmen in gemeinnützigen Tätigkeiten
    3. Ausgaben für gemeinnützige Tätigkeiten
    4. Programme für die Unterstützung von Ereignissen von besonderem Allgemeininteresse
  IV. Umfang und Methode der Steuerbegünstigung beim Zuwendenden
    1. Spenden und Beiträge an gemeinnützige Organisationen
      a) Umfang und Methode

     b) Feststellung der Abzugsbasis
     c) Keine Differenzierung
  2. Andere Formen der Förderung
     gemeinnütziger Tätigkeiten
     a) Abkommen über die Mitwirkung von Unternehmen in gemeinnützigen Tätigkeiten
     b) Ausgaben für gemeinnützige Tätigkeiten
     c) Programme für die Unterstützung von Ereignissen von besonderem Allgemeininteresse
V. Besondere Fragen
  1. Zivilrechtliche Einordnung der Spende, Möglichkeit einer Zweckwidmung
  2. Abzugsfähigkeit von Parteispenden (politische Spenden)
  3. Abzugsfähigkeit von Spenden an staatliche Organisationen
  4. Abzugsfähigkeit von Spenden ins Ausland

E. Verfahren, Kontrolle, Haftung
  I. Verfahrensfragen: Erlangung des Status als steuerbegünstigte Organisation
  II. Kontrolle
    1. Kontrollinstanz
    2. Kontrollmittel
     a) Vorgaben für die Satzung
     b) Informationspflichten
      aa) Steuererklärung
      bb) Sonstige Informationspflichten
      cc) Bilanz
    3. Anforderungen an den Nachweis des Spenders
    4. Sanktionen, Haftung
     a) Sanktionen bei Verstößen
     b) Haftung des Spenders/Stifters
F. Reformen, Diskussionen, persönliche Stellungnahme
  I. Reformen und rechtspolitische Vorschläge
  II. Persönliche Stellungnahme

A. Allgemeines

I. Steuersystem

Die Besteuerung gemeinnütziger Organisationen (GNO) sowie ihrer Stifter und Spender wird hauptsächlich durch das Gesetz 49/2002 vom 23. Dezember geregelt.

Betroffen sind

- Steuern auf Einkommen (Einkommensteuer, Körperschaftsteuer und Einkommensteuer auf nichtansässige Personen).
- Grundsteuer, Gewerbesteuer und Grundstückswertzuwachssteuer.
- Verkehrsteuer, die die Kapitalverkehrsteuer einschließt.

Die Steuern auf Einkommen und die Verkehrsteuern sind bundesstaatlich geregelte Steuern, obwohl die Verkehrsteuern von den Autonomen Gemeinschaften (Regionen) erhoben werden. Grundsteuer, Gewerbesteuer und Grundstückswertzuwachssteuer sind regionale Steuern, die aber hauptsächlich in bundesstaatlichen Gesetzen geregelt sind.

    Außerdem genießen bestimmte Leistungen der gemeinnützigen Organisationen Steuerbefreiungen bei der Mehrwertsteuer, was hier nicht weiter behandelt wird.

II. Theoretische Grundlagen der Steuerbefreiung

Die Steuerprivilegien werden einstimmig damit begründet, dass gemeinnützige Organisationen Leistungen erbringen, die sonst der Staat und die anderen öffentlich-rechtlichen Körperschaften auf sich nehmen müssten, und dass gemeinnützige Organisationen hierdurch die öffentlichen Ausgaben mindern. Hieraus wird gelegentlich gefolgert, dass gemeinnützige Organisationen den öffentlich-rechtlichen Einrichtungen steuerlich gleichgestellt werden sollten. Nach anderer Ansicht besitzen gemeinnützige Organisationen keine Leistungsfähigkeit oder ihre Leistungsfähigkeit sollte entsprechend ihrem Zweck bemessen werden. Manche Autoren betonen auch den moralischen Wert der Selbstlosigkeit (ethisch-politisches Argument). Was spezifisch Stiftungen betrifft wird auch erwähnt, dass sie schon mit den nötigen wirtschaftlichen Ressourcen versehen sind und daher keine öffentliche Versorgung bräuchten; der Staat müsse sich hier nur auf eine fiskalische Politik der „Nichtbehinderung" beschränken.

III. Empirische Daten

Eine auf Daten von 1998 basierende Untersuchung[1] zählt 5.435 registrierte Stiftungen, von denen 102 gelöscht und 106 untätig waren. Nur 15 waren im nationalen und 12 internationalen Bereich tätig. Das Stiftungsvermögen war in 70 % der Fälle unbekannt. Sofern es bekannt war, lag das Vermögen bei 5 % der Stiftungen zwischen 60.000 und 600.000 Euro, bei 1,8 % der Stiftungen zwischen 600.000 und 6.000.000 Euro und bei 0,2 % der Stiftungen über 6.000.000 Euro. Eine neuere Studie[2] nennt die Zahl von 7.157 Stiftungen und 240.737 Vereine, von denen 1218 als „gemeinnützig" anerkannt sind (näher hierzu unten unter B.II).

B. Voraussetzung der Vergünstigung bei der empfangenden Organisation

I. Unterscheidung zwischen direkter Steuervergünstigung (für die Organisation) und indirekter Steuervergünstigung (Spendenabzug)

Der Hauptbegriff im Gesetz 49/2002 ist „Organisation ohne Erwerbszweck" (*entidad sin fines lucrativos*), der in diesem Bericht gleichbedeutend mit „gemeinnütziger Organisation" verwendet wird. Gemeinnützige Organisationen

---

[1] *Domínguez Vázquez, I; Cerrato Allende, J.; García García, I.*, La realidad de las fundaciones en España, Santander, 2001.

[2] *García Delgado, J.L. (Hrsg.)*, Las cuentas de la economía social. El tercer sector en España, Madrid, 2004.

erhalten zum einen eigene Steuervergünstigungen („direkte Steuervergünstigungen"). Außerdem genießen Spenden an diese Organisationen ebenfalls Steuervergünstigungen („indirekte Steuervergünstigungen").

Diese Privilegien für gemeinnützige Organisationen werden auf weitere Organisationen ausgedehnt, die im Gesetz ausdrücklich aufgeführt werden. Es handelt sich hierbei um (1) das Spanische Rote Kreuz, (2) die Organisation der Spanischen Blinden, (3) die Stiftung der Heiligen Stätten, (4) die Katholische Kirche und die anderen Kirchen, Konfessionen und Glaubensgemeinschaften, die eine Mitarbeitsvereinbarung mit dem Staat unterzeichnet haben, sowie die von diesen Kirchen und Gemeinschaften errichteten Stiftungen und Vereine, und (6) gewisse uneigennützige Bauunternehmen (unter bestimmten Voraussetzungen) (Zusatzbestimmungen 5 bis 9 und 13 des Gesetzes 49/2002). Noch besser gestellt sind das *Instituto de España* (eine Mantelorganisation der Königlichen Akademien), die Königlichen Akademien (*Reales Academias*) selbst und die Einrichtungen der Autonomen Gemeinschaften mit eigener offiziellen Sprache, die eine Funktion ähnlich der der Königlichen Akademie der Spanischen Sprache (*Real Academia Española*) haben: sie sind von der Körperschaftsteuer völlig befreit (Art. 9.1, e Körperschaftsteuergesetz) und genießen in den regionalen Steuern dieselbe Privilegien wie gemeinnützige Organisationen (Zusatzbestimmung 10, G. 49/2002).

Spenden an „Organisationen ohne Erwerbszweck" erhalten (mit einer einzigen Ausnahme) Steuervergünstigungen; aber auch Spenden an andere, vom Gesetz ausdrücklich genannte Organisationen, auf die noch näher einzugehen ist, genießen dieselben Vorteile.

Zusammenfassend kann man sagen, dass sich die Organisationen, die direkte Steuervergünstigungen erhalten, und die Organisationen, die indirekte Steuervergünstigungen erhalten, zwei sich überschneidende Mengen sind, bei denen die gemeinsame Schnittmenge aus den gemeinnützigen Organisationen besteht.

II. Organisationsrechtliche Voraussetzungen

Um eine gemeinnützige Organisation zu sein, muss eine Organisation zweierlei Erfordernisse erfüllen: Sie muss erstens zu einem der im Gesetz genannten Organisationstypen gehören; und zweitens verschiedene Voraussetzungen erfüllen, die unter anderem ihren Zweck und die Natur ihrer Tätigkeit betreffen.

Folgende Organisationen werden als gemeinnützige Organisationen betrachtet (Art. 2, G. 49/2002):

a) Stiftungen. Alle Stiftungen, nicht nur steuerbegünstigte, müssen (nach den Regeln des zivilen Stiftungsrechts) Ziele von „allgemeinem Interesse" anstreben. Siehe unten III.1.

b) Vereine, die als „gemeinnützig" (*de utilidad pública*) anerkannt worden sind. Gemäß dem Vereinsgesetz[3] wird eine solche Anerkennung auf Antrag des betroffenen Vereins von der öffentlichen Verwaltung erklärt. Hierzu muss ein Verein folgende Voraussetzungen erfüllen:

- Sein satzungsmäßiger Zweck muss das „allgemeine Interesse" fördern. Siehe unten III.1.
- Seine Tätigkeit darf nicht ausschließlich seinen Mitglieder von Nutzen sein, sondern jedem zugänglich sein, der die Voraussetzungen erfüllt, die der gemeinnützige Vereinszweck verlangt.
- Die Mitglieder der Organe des Vereins dürfen keine Belohnung aus öffentlichen Mitteln oder Subventionen bekommen.
- Der Verein muss das nötige Personal, und hinreichende materielle Mittel und Organisation besitzen, um seine Ziele verfolgen zu können.
- Der Verein muss mindestens zwei Jahren vor Antragstellung ununterbrochen registriert gewesen sein, die Satzungsziele tatsächlich durchgeführt haben und die vorigen Erfordernisse erfüllt haben.

c) Nichtstaatliche Entwicklungsorganisationen, die vom Gesetz über internationale Entwicklungshilfe, 23/1998, vom 8. Juli, geregelt werden, wenn sie die Rechtsform einer Stiftung oder eines Vereins haben.

d) Niederlassungen ausländischer Stiftungen, die im Stiftungsregister eingetragen sind. Artikel 7 des Stiftungsgesetzes, 50/2002, verlangt von ausländischen Stiftungen, die ihre Tätigkeit in Spanien ständig ausüben wollen, eine Niederlassung im spanischen Staatsgebiet zu errichten und sich im zuständigen Register einzutragen[4].

e) Sportverbände, einschließlich regionale Verbände, die Spanischen Olympischen und Paralympischen Komitees.

f) Föderationen und Vereine der genannten gemeinnützigen Organisationen.

Die vorige Liste ist abschließend, so dass keine andere Organisation als gemeinnützige Organisationen betrachtet wird und Anspruch auf die entsprechenden Steuervergünstigungen hat. Dies betrifft sowohl Kapitalgesellschaften als auch Genossenschaften, wobei die letzteren ebenfalls besonders vorteilhaften eigenen Besteuerungsregeln unterliegen.

---

[3] Gesetz über das Vereinsrecht, Organisches Gesetz 1/2002, vom 22. März. Unter anderem Grundrechte müssen mit einem Gesetz dieser Art geregelt werden (Art. 81 der Verfassung). Organische Gesetze müssen von der Mehrheit des Abgeordnetenhauses beschlossen werden.

[4] Jede Autonome Gemeinschaft (Region) hat ihr eigenes Register für Stiftungen, die hauptsächlich in ihrem Gebiet tätig sind. Auch ausländische Vereine, die wüschen, in Spanien ständig tätig zu sein, müssen eine Delegation in diesem Land etablieren (Art. 9.3, O.G. 1/2002). Aber diese Delegationen, anders als diejenige ausländischer Stiftungen, werden nicht als gemeinnützige Organisationen im steuerlichen Sinne betrachtet.

III. Gemeinnütziger Zweck

1. Definition der Gemeinnützigkeit

a) Gesetzliche Definition

Der spanische Gesetzgeber verwendetet den Begriff „Allgemeininteresse" (*interés general*), der von dem der „Gemeinnützigkeit" nicht beträchtlich abweicht. Das Gesetz enthält aber keine allgemeine Definition des „Allgemeininteresses", sondern stellt beispielhaft eine Liste von Zwecken auf, die zum Allgemeininteresse gehören.

Diese Liste findet sich inhaltsgleich im Stiftungsgesetz, 50/2002, Art. 3, Nr. 1 und im Gesetz über das Steuerregime der gemeinnützigen Organisationen, 49/2002, Art. 3, Nr. 1 und enthält die folgenden Zwecke: Schutz der Menschenrechte, der Opfer von Terrorismus und gewalttätigen Handlungen, Fürsorge und soziale Integration, Bürgerpflichten, Erziehung, Kultur, Wissenschaft, Sport, Gesundheitswesen, Arbeit, Bekräftigung der Institutionen, Entwicklungshilfe, Förderung des Freiwilligendienstes, Förderung der Sozialfürsorge, Umweltschutz, Förderung der sozialen Wirtschaft, Förderung und Pflege von Personen, die in Gefahr sind, aus physischen, sozialen oder kulturellen Gründen ausgeschlossen zu werden, Förderung der Verfassungswerte und Schutz demokratischer Prinzipien, Förderung der Toleranz, Entwicklung der Informationsgesellschaft, wissenschaftliche Forschung und technologische Entwicklung.

Die Liste des Vereinsgesetzes, O.G. 1/2002, Art. 32.1 (a), stimmt im Großen und Ganzen mit der vorigen Aufzählung überein, nennt aber auch Förderung der Frauen, Förderung und Schutz der Familie, Kinderschutz, Förderung der Chancengleichheit, Benutzer- und Verbraucherschutz. Nicht genannt sind hingegen der Schutz der Opfer von Terrorismus und Entwicklungshilfe.

Gleichwohl sind diese Unterschiede von geringer Bedeutung, da alle drei Listen offen sind („unter anderen", „und jedes andere [Ziel] ähnlicher Natur").

Siehe auch die Aufzählung der steuerfreien Betriebe der gemeinnützige Organisationen (unten, C.IV).

b) Elemente: Selbstlose Förderung der Allgemeinheit oder einer bedürftigen Gruppe

Aus diesen Listen lässt sich der Begriff der „Gemeinnützigkeit" nur mit ziemlich unbestimmten Konturen erfassen. Man kann aber sagen, dass selbstlose Förderung der Allgemeinheit oder einer bedürftigen Gruppe unzweifelhaft Elemente dieses Begriffes sind.

c) Sonderproblem: Förderung im Ausland

Der Ort, an dem die Tätigkeit ausgeübt wird, ist belanglos für die Steuerbegünstigungen der gemeinnützigen Organisation. Für Stiftungen sieht Art. 6.2 des Stiftungsgesetzes (50/2002) vor, dass Stiftungen sich in Spanien registrieren, um ihre Haupttätigkeit im Ausland auszuüben. Außerdem bestimmt die Vorschrift dass der Satzungssitz am Sitz des Rates im spanischen Staatsgebiet liegen muss.

d) Abweichungen beim Spendenrecht

Hinsichtlich der gemeinnützigen Organisationen gibt es keine zusätzlichen Voraussetzungen für den Spendenabzug. Es sollte aber beachtet werden, dass insoweit Unterschiede bestehen, als neben den gemeinnützigen Organisationen manche namentlich genannten Organisationen direkte Steuervergünstigungen erhalten und andere namentlich genannte Organisationen indirekte Steuervergünstigungen erhalten.

2. Kohärenz mit dem ungarischen Katalog

Sofern zwei Listen mit gemeinnützigen Zwecken, die meistens unbestimmte Begriffe verwenden, vergleichbar sind, gibt es weite Übereinstimmungen zwischen der ungarischen und der spanischen Liste (genauer: den spanischen Listen). Einige speziellere Elemente des ungarischen Katalogs könnten ohne viel Mühe in breiteren Begriffen der spanischen Listen eingefügt werden. In den spanischen Listen findet man, zum Beispiel, keine Erwähnung der „nationalen und ethnischen Minderheiten" (Satz *m*), aber vielleicht könnte man ein solches Ziel als „Förderung der Toleranz" ansehen, oder in den Begriff „Kultur" einpassen oder sogar als „Pflege von Personen, die in Gefahr sind, aus kulturellen Gründen ausgeschlossen zu werden", ansehen. In ähnlicher Weise lässt sich der „Schutz der öffentlichen Ordnung, usw." (Satz *o*) in den Begriff „Bürgerpflichten" oder „Erziehung" einfügen. Sogar die situationspolitisch bedingte „Förderung der euroatlantischen Integration" könnte, wenn der nötige Wille da ist, unter den Begriff „Bekräftigung der Institutionen" untergebracht werden. Organisationen, die das Ziel haben, eine „mit dem Hochwasserschutz verbundene" Tätigkeit auszuüben, gibt es in Spanien nicht, vermutlich weil es in diesem Land keinen der Donau vergleichbaren Fluss gibt. Aber in dem Falle einer schweren Überschwemmung gäbe es sicherlich Wege, den betreffenden Spenden Steuerbegünstigungen zu gewähren; zum Beispiel, wenn sie dem Staat, einer Autonomen Gemeinschaft oder einer Gemeinde überreicht werden.

3. Beispiele und umstrittene Grenzfälle

Besonders auffallend ist, unseres Erachtens, der Fall eines Schießvereins, der Einnahmen erlangte durch den Betrieb eines Schwimmbades, eines Restaurants, eines Waffenschmiededienstes sowie aus anderen Quellen, wie Warenverkauf, Werbung und Veranstaltung von Partys. Die Sporttätigkeit war steuerfrei, aber der Verein verlangte dieselbe Befreiung für die übrigen Einkünfte. Das Gericht (*Audiencia Nacional*, Urteil vom 30.12.1998) gab ihm Recht, mit der Begründung, die Einnahmen dienten dazu, um die Ausgaben der Sporttätigkeit zu decken, so dass die Mittelbeschaffungseinnahmen ebenfalls dem gemeinnützigen Ziel dienten.

IV. Vorgaben für die Mittelverwendung

1. Verfolgung des satzungsmäßigen (gemeinnützigen) Zwecks

Das Stiftungsgesetz sieht ausdrücklich vor, dass Stiftungen ihr Vermögen und Einkommen ihrem satzungsmäßigem Zweck tatsächlich widmen müssen (Art. 23 a).

2. Gewinnausschüttungsverbot

Das Vereinsgesetz (O.G. 1/2002, Artikel 13.2) bestimmt, dass die erzielte Gewinne aus ihren Wirtschaftstätigkeiten (inklusive Dienstleistungen) ausschließlich für die Erfüllung ihrer Ziele verwendet werden müssen. In keinem Fall dürfen die Gewinne an Mitglieder oder deren Ehegatten, Lebensgefährten und Verwandten ausgeschüttet werden, auch Ausschüttungen an natürliche Personen oder gewinnorientierte juristischen Personen sind verboten. Auch nach Auflösung eines Vereins muss sein Vermögen für den satzungsgemäßen Zweck verwendet werden (Art. 17.2).

Dasselbe gilt auch bei der Auflösung einer Stiftung (G. 50/2002, Art. 33.2 und 3) sowie generell im Falle der Auflösung einer steuerbegünstigten gemeinnützigen Organisation (G. 49/2002, Art. 3, Nr. 6). Das Vermögen muss dann laut Satzung einer anderen steuerbegünstigten gemeinnützigen Organisation oder einer öffentlich-rechtlichen Anstalt, die gemeinnützige Ziele anstrebt, übertragen werden. Unzulässig sind folglich satzungsmäßige Bestimmungen, die vorsehen, dass im Falle der Auflösung das Vermögen an den Stifter, Spender oder die Erben zurückgezahlt wird.

3. Zulässigkeit von Zuwendungen und Zahlungen an Stifter, ihm nahe stehende Personen oder Vereinsmitglieder

Gemäß Artikel 3 Nr. 4 des G. 49/2002 dürfen Stifter, Vereinsmitglieder, Stiftungsratsmitglieder, satzungsmäßige Vertreter, Vorstandsmitglieder und ihre Ehegatten und Verwandte bis zum vierten Grad (Vetter) nicht Hauptempfänger der von der Organisation ausgeübten Tätigkeiten sein oder besondere Vorzugsbedingungen für die Nutzung ihrer Dienste erhalten.

Ausnahmen gelten für wissenschaftliche Forschung und technologische Entwicklung, für Sozialhilfe und gewisse Dienste in Bezug auf Sport (die beide mehrwertsteuerfrei sind), und (unter gewissen Bedingungen) für Stiftungen, deren Ziel die Erhaltung und Restaurierung des „spanischen historischen Kulturgutes" oder des „historischen Kulturgutes" einer Autonomen Gemeinschaft ist. Ausgenommen sind auch die spanischen Sportverbände, die ihnen zugehörige Regionalverbände, das Spanische Olympische Komitee sowie das Spanische Paralympische Komitee.

4. Zulässigkeit von Zuwendungen und Zahlungen an den Vorstand und Angestellte der Organisation

Das Amt eines Stiftungsratsmitglieds, eines satzungsmäßigen Vertreters und eines Vorstandsmitglieds darf nicht vergütet werden. Nur die bei der Erledigung des Amtes angefallenen angemessenen Spesen sind erstattungsfähig. Die Summe darf nicht höher sein als die einkommensteuerfreien Tagegelder.

Stiftungsratsmitglieder, satzungsmäßige Vertreter und Vorstandsmitglieder dürfen nur dann von der Organisation ein Entgelt für Dienstleistungen (auch im Rahmen eines Arbeitsverhältnisses) erhalten, wenn diese Leistungen über die Ausübung ihres Amtes hinausgehen, sofern die in den anwendbaren Vorschriften aufgestellten Bedingungen erfüllt werden. Eine Gewinnbeteiligung ist weder direkt noch durch eine eingeschobene Person möglich.

Die vorigen Regeln gelten entsprechend für Vorstandsmitglieder, die die gemeinnützige Organisation in dem Organ einer Tochtergesellschaft vertreten, es sei denn, dass sie die erhaltene Vergütung als Entgelte an die gemeinnützige Organisation aushändigen (G. 49/2002, Art. 3, Nr. 5).

5. Gebot der zeitnahen Mittelverwendung

Gemäß Artikel 3 Nr. 2 des Gesetzes 49/2002 müssen gemeinnützige Organisationen zur Förderung ihres gemeinnützigen Zwecks mindestens 70 % des folgenden Einkommens ausschütten:

- Unternehmensgewinne

- Einkommen aus der Veräußerung von Gütern oder Rechten. Nicht eingeschlossen ist Einkommen aus der Veräußerung von Immobilien, in denen die Organisation ihre zieleigene Tätigkeit ausübt, unter der Bedingung, dass die erhaltene Summe in Güter und Rechte, die dieselbe Funktion haben, reinvestiert wird.
- Sonstiges Einkommen, nach Abzug der dazugehörigen Ausgaben. Zu den Ausgaben gehören anteilige Zahlungen für Außendienste, Personalausgaben, andere Betriebskosten, Finanzausgaben und Steuern, insoweit sie zur Erlangung des Einkommens beitragen. Nicht eingeschlossen sind Ausgaben für die Erreichung des Satzungszwecks oder des Ziels der Organisation. Anfangsdotation und spätere Spenden werden auch nicht eingeschlossen.

Das übrige Einkommen soll der Vergrößerung des Vermögens oder den Reserven gewidmet werden.

Diese Ausschüttung muss in der Zeit vom Anfang des Wirtschaftsjahres, in dem das Einkommen erhalten wurde, bis vier Jahre nach Abschluss dieses Wirtschaftsjahres vorgenommen werden.

6. Unmittelbarkeitsgebot

Die Frage, ob die Organisation die gemeinnützige Tätigkeit selbst durchführen muss oder ob sie hierzu eine andere Organisation beauftragen darf, ist bislang im spanischen Recht nicht gestellt und folglich auch nicht gelöst worden. Nach der Meinung des Autors, wäre es erlaubt, die *materielle* Ausführung von Teilen der Tätigkeit auf eine andere Einrichtung zu übertragen (externalisieren), solange die Organisation die Leitungsfunktion behält. Sonst würde sie zu einer bloßen finanziellen Einrichtung degeneriert.

7. *Besondere zivilrechtliche Regelungen zur Mittelverwendung, insbesondere im Stiftungsrecht (Grundsatz der Dauerhaftigkeit, Grundsatz der Kapitalerhaltung)*

Die Möglichkeit einer Stiftung auf Zeit ist im Gesetz ausdrücklich vorgesehen: Gemäß Art. 31 a) G. 50/2002, bewirkt der Ablauf der Frist, für die eine Stiftung errichtet wurde, ihre Auflösung.

Ob das Stiftungsvermögen zu erhalten ist, ist eine zivilrechtliche Frage. Das Stiftungsgesetz (G. 50/2002, Art. 14.2) verlangt vom Stiftungsrat, die Güter und Rechte, die das Vermögen der Stiftung ausmachen, fleißig zu verwalten und dabei ihre Ertragsfähigkeit und Nutzbarkeit zu erhalten.

Die Veräußerung und Belastung von Gütern und Rechten der Stiftung, die dem Stiftungsvermögen gehören oder unmittelbar zur Förderung des Stiftungszwecks gewidmet sind, bedürfen der Zustimmung der Stiftungsaufsicht (*protectorado*), bei der es sich um eine Verwaltungsbehörde handelt. Der Stiftungsrat muss der Stiftungsaufsicht innerhalb von 30 Tagen Auskunft geben über Veräußerungen anderer Vermögensgegenstände und die Belastung von Immobilien, Geschäfts- oder Gewerbebetrieben, Kulturgütern, sowie von Gütern, deren Wert höher als 20 Prozent der Aktivseite der letzten Bilanz beträgt. Veräußerungen oder Belastungen müssen jährlich am Ende des Wirtschaftsjahres im Stiftungsregister festgestellt und im Inventarbuch eingetragen werden. Die Stiftungsaufsicht ist berechtigt, Haftungsanspruch gegen die Ratsmitglieder zu erheben, wenn dessen Handlungen für die Stiftung schädlich sind (Art. 21, G. 50/2002).

V. Vorgaben für die Mittelerzielung (Begrenzung unternehmerischer Tätigkeit)

Der Zweck einer gemeinnützigen Organisation darf sich nicht darin erschöpfen, Betriebe zu bewirtschaften, die ihrem Zweck oder Satzungsziel fremd sind. Zweckfremde, nicht steuerbefreite Betriebe sind erlaubt, wenn der gesamte Nettoumsatz des Wirtschaftsjahres nicht höher als 40 vom Hundert des totalen Umsatzes der Organisation ist, sofern diese Betriebe nicht wettbewerbsrechtswidrig sind (Art. 3, Nr. 3, G. 49/2002).

Stiftungen dürfen an Handelsgesellschaften beteiligt sein, deren Gesellschafter beschränkt für die Gesellschaftsschulden haften. Wenn es sich um einen Mehrheitsanteil handelt, müssen sie die Stiftungsaufsicht benachrichtigen. Anteile an Gesellschaften ohne beschränkte Haftung müssen veräußert werden, es sei denn, dass die Gesellschaft sich in eine Gesellschaft mit beschränkter Haftung innerhalb eines Jahres umwandelt (Art. 24.2,3, G. 50/2002). Dieses zivilrechtliche Verbot ist eine Maßnahme zum Schutz des Stiftungsvermögens. Eine ähnliche Vorschrift für Vereine gibt es nicht.

C. Besteuerung der Empfängerorganisation

I. Einschlägige Steuern

Wenn eine Organisation eine gemeinnützige Organisation im Sinne des Gesetzes 49/2002 ist, dann genießt sie Begünstigungen bei den folgenden Steuern:

- *Körperschaftsteuern*. Man muss beachten, dass nur natürliche Personen der Erbschaft- und Schenkungsteuer unterliegen. Spenden an juristische Personen werden als Einkommen von der Körperschaftsteuer erfasst.
- *Gemeindesteuern*: Diese sind die Grundsteuer, die Gewerbesteuer und die Grundstückswertzuwachssteuer.
- *Verkehrsteuern*, einschließlich der Kapitalverkehrsteuer.

Die wichtigsten Befreiungen betreffen die Körperschaftsteuer. Sie sind im Gesetz 49/2002 am ausführlichsten geregelt und werden im Folgenden hauptsächlich berücksichtigt. Es sollte aber beachtet werden, dass es auch weitere Steuerprivilegien für Organisationen gibt, die nicht gemeinnützig sind: So enthält das Körperschaftsteuergesetz (Neufassung vom 5. März 2004) in Artt. 120 bis 122 einige Befreiungen für „teilweise befreite Körperschaften", die sich in einer mittleren Stufe zwischen dem normalen Körperschaftsteuerregime und dem Regime des Gesetzes 49/2002 befinden. Dieses „mittlere Regime" ist auf Organisationen ohne Gewinnabsicht anwendbar, die die Erfordernisse des Gesetzes 49/2002 nicht erfüllen. Betroffen hiervon sind insbesondere Stiftungen und Vereine. Sowohl gemeinnützige als auch teilweise befreite Organisationen enthalten die völlige Steuerbefreiung für bestimmte Einkommensarten (im Allgemeinen des bei der Erreichung ihrer Ziele erhaltenen Einkommens) und einen ermäßigten Steuersatz für sonstiges nicht total befreites Einkommen. Der Unterschied zwischen diesen beiden Regimes ist, dass für teilweise befreite Organisationen weniger Einkommen absolut steuerfrei ist als für gemeinnützige Organisationen und dass der Steuersatz für das Einkommen für teilweise befreite Organisationen höher ist als für gemeinnützige Organisationen (25 % gegenüber 10 %; der normale Steuersatz beträgt 35 %).

II. Ideelle Einkünfte

Folgendes Einkommen ist steuerfrei (Art. 6, Nr. 1, G. 49/2002):

– Spenden für die Ziele der gemeinnützigen Organisationen, einschließlich Dotationen sowohl bei der Errichtung als auch zu einer späteren Zeit und Wirtschaftshilfen infolge Mitwirkungsvereinbarungen von Unternehmen (siehe unten D.III.2).

– Die von Mitgliedern, Mitarbeitern oder Gönnern gezahlten Gebühren, vorausgesetzt, dass sie kein Entgelt für das Recht sind, eine Leistung eines nicht steuerfreien Betriebes zu bekommen.

– Subventionen, sofern sie nicht dazu bestimmt sind, nicht steuerbefreite Betriebe zu finanzieren.

III. Einkünfte aus Vermögensverwaltung

Steuerfrei sind:

– Einkommen aus beweglichem und unbeweglichem Vermögen der gemeinnützigen Organisationen, einschließlich Dividenden und Gewinnanteilen an Gesellschaften, Zinsen, Lizenzgebühren und Mieten (Art. 6, Nr. 2, G. 49/2002).

- Wertzuwächse aus Erwerbe oder Übertragungen beliebiger Art, einschließlich aus der Auflösung und Abwicklung der Organisation (Art. 6, Nr. 3, G. 49/2002).
- Einkommen einer steuerfreien Art, das im Rahmen eines Transparenzregimes der Organisation zugerechnet wird (Art. 6, Nr. 5, G. 49/2002).

IV. Einkünfte aus Zweckbetrieb

Einkommen aus den folgenden Betrieben ist steuerfrei, wenn die betrieblichen Tätigkeiten zur Erreichung des gemeinnützigen Zwecks ausgeführt werden (Art. 7, G. 49/2002):

1. Betriebe zur Leistung der unten erwähnten Dienste zur Förderung und Ausführung von sozialen Tätigkeiten sowie von Sozialhilfe und Eingliederung, einschließlich Hilfe- und Ergänzungstätigkeiten, wie Ernährung, Unterbringung und Beförderung:
   - Kinder- und Jugendschutz,
   - Pflege von alten Menschen,
   - Pflege von Personen, die gefährdet sind, sozial ausgeschlossen zu werden, unter sozialen Schwierigkeiten zu leiden oder Opfer von Misshandlungen zu sein,
   - Pflege von Körperbehinderten, einschließlich Berufsausbildung, Beschäftigung, und dem Betrieb von Bauernhöfen, Werkstätten und besonderen Arbeitseinrichtungen,
   - Pflege ethnischer Minderheiten,
   - Pflege von Flüchtlingen und Asylsuchenden,
   - Pflege von Aus- und Einwanderern und Durchreisenden,
   - Pflege von Personen die Familienlasten allein tragen,
   - Soziale Aktivitäten zugunsten der Gemeinschaft und der Familie,
   - Pflege ehemaliger Häftlinge,
   - Resozialisierung und Verbrechensvorbeugung,
   - Pflege von Alkoholikern und Rauschgiftsüchtigen,
   - Entwicklungshilfe,
   - Soziale Eingliederung der in den vorigen Absätzen erwähnten Personen.
2. Krankenhäuser und Krankenpflege, einschließlich Hilfe- und Ergänzungstätigkeiten wie Übergabe von Arzneimitteln, Ernährung, Unterbringung und Beförderung.
3. Wissenschaftliche Forschung und technologische Entwicklung.

4. Bewirtschaftung von Gütern, die zum Kulturgute des Staates oder der Autonomen Gemeinschaften gehören, sowie von Bibliotheken, Archiven und Dokumentationsstellen, unter Beachtung der gesetzlichen Erfordernisse betreffend Besuchen und öffentlichen Ausstellung.

5. Musikalische, choreografische, theatralische, kinematografische oder zirzensische Veranstaltungen.

6. Bewirtschaftung von Parks und ähnlichen Naturschutzgebieten.

7. Unterricht und Berufsausbildung aller Ebenen, sowie Kindergärten bis zum Alter von drei Jahren, einschließlich Aufsicht von Kindern unter diesem Alter, Sonderausbildung, Ausgleichsausbildung, ständige Ausbildung und Erwachsenenbildung, sofern sie mehrwertsteuerfrei sind. Die Befreiung umfasst die von Bildungsstätten und Studentenheimen, die einer NGO gehören, selbst geleistete Ernährungs-, Unterbringungs- und Beförderungsdienste.

8. Durchführung von Ausstellungen, Vorträgen, Kolloquien, Kursen und Seminaren.

9. Herstellung, Ausgabe, Veröffentlichung und Verkauf von Büchern, Zeitschriften, Broschüren und audiovisuellem und multimedialem Material.

10. An natürliche Personen geleistete Dienste, die sich direkt auf die Übung von Sport oder Sportunterricht beziehen, ausgeschlossen solche, die Sportsveranstaltungen betreffen oder Berufssportlern geleistet werden.

11. Betriebe, die bloß Hilfs- oder Ergänzungscharakter haben, in Bezug auf steuerfreie Betriebe oder auf den Tätigkeiten, mit denen die Satzungszwecke oder das Ziel der NGO ausgeführt werden. Betriebe haben keinen bloßen Hilfs- oder Ergänzungscharakter, wenn ihr gesamter Nettoumsatz des betreffenden Wirtschaftsjahres 20 vom Hundert der ganzen Einkünfte der Organisation übersteigt.

12. Betriebe von geringerer Bedeutung. Als solche gelten Betriebe, deren gesamter Nettoumsatz im Wirtschaftsjahr nicht höher als 20.000 Euro ist.

V. Einkünfte aus wirtschaftlichem Geschäftsbetrieb

Steuerbar ist allein das Einkommen aus nicht steuerfreien Betrieben (Art. 8.1, G. 49/2002). Der Steuersatz beträgt 10 % (Art. 10, G. 49/2002).

Nicht abzugsfähig von der Bemessungsgrundlage sind folgende Ausgaben (Art. 8.2, G. 49/2002):

- (Selbstverständlich) Gewinnausschüttungen.
- Ausgaben, die ausschließlich dem steuerfreien Einkommen zurechenbar sind. Teilweise zurechenbare Ausgaben können anteilig abgezogen werden.

– Abschreibung von Gütern, die den steuerbaren Tätigkeiten nicht gewidmet sind. Bei einer teilweisen Widmung besteht auch hier eine anteilmäßige Abzugsfähigkeit.

VI. Weitere Begünstigungen

Wie schon angedeutet, sind gemeinnützige Organisationen befreit von der Grundsteuer, der Gewerbesteuer und der Grundstückswertzuwachssteuer (Art. 15, G. 49/2002). Die Befreiung gilt natürlich nur für Güter und Tätigkeiten, die mit dem gemeinnützigen Zweck verbunden sind und körperschaftsteuerfrei sind. Um diese Befreiungen zu genießen, muss die gemeinnützige Organisation der betreffenden Gemeinde ihre Option für die Anwendung des besonderen Regimes mitteilen.

Gemeinnützige Organisationen, die für die Anwendung des besonderen Regimes qualifizieren, sind auch von der Verkehrsteuer befreit (Art. 45.I.A.b, Verkehrsteuergesetz, Neufassung vom 24. September 1993). Dieser Steuer unterliegen im Allgemeinen Übertragungen von Gütern; Errichtung, Erhöhung des Kapitals und Ablösung von Körperschaften; und gewisse Dokumente.

D. Besteuerung des Spenders, Stifters, Zustifters

Die Begriffe „Spende" und „Patronage" (englisch) sind im spanischen Gemeinnützigkeitsrecht keine entgegengesetzten Begriffe. „Patronage" war ein Versuch, das spanische Wort „mecenazgo" ins Englische zu übersetzen. „Mecenazgo" ist ungefähr gleichbedeutend wie „mécénat" (in Frankreich) oder „Mäzenatentum" (in Deutschland). Der spanische Gesetzgeber hat dieses Wort als allgemeine, gemeinsame Bezeichnung für alle Formen von (hauptsächlich) selbstlosen, altruistischen Zuweisungen oder Ausgaben verwendet. Dann unterscheidet er zwei Arten von „mecenazgo": 1) Spenden an gemeinnützige Organisationen und andere qualifizierte Empfänger; 2) „Andere Arten" von „mecenazgo", die das gemeinsame Merkmal besitzen, nicht so reinlich selbstlos zu sein. Diese anderen Formen von „mécénat" gibt es doch in anderen Ländern; mindestens im französischen Recht.

I. Einführung: Systematik des spanischen Gesetzes

Teil III des Gesetzes über das Steuerregime gemeinnütziger Organisationen und Steuerbegünstigungen des Mäzenatentums (*mecenazgo*) – so lautet der Titel des Gesetzes 49/2002- unterscheidet zwei Arten von „Mäzenatentum": 1) Spenden an gemeinnützige Organisationen und andere qualifizierte Empfänger; 2) „Andere Arten" von „mecenazgo", die das gemeinsame Merkmal besitzen, nicht rein altruistisch zu sein. Diese beiden Varianten müssen in der folgenden Darstellung unterschieden werden.

II. Spenden und Beiträge an gemeinnützigen Organisationen

1. Qualifizierter Empfänger

Steuerbegünstigte Spenden und Beiträge müssen an eine der folgenden Organisationen zugeeignet werden (Art. 16, G. 46/2002)

- gemeinnützige Organisationen, auf die das steuerliche Sonderregime anwendbar ist (siehe oben, B);
- den Staat, die Autonomen Gemeinschaften und die öffentlichen Körperschaften niedrigeren Niveaus, sowie die von diesen abhängigen Einrichtungen;
- öffentliche Universitäten und ihnen zugeordnete Studentenheime;
- das Cervantes Institut, das Ramon Llull Institut und die übrigen Anstalten mit ähnlichen Zwecken der Autonomen Gemeinschaften, die eine eigene offizielle Sprache besitzen (d.h., außer Katalonien und die Balearischen Inseln, Valencia, das Baskenland und Galicien).

Zweierlei sollte beachtet werden:

1. Wie schon erwähnt, genießen außer gemeinnützigen Organisationen im Allgemeinen auch andere ausdrücklich im Gesetz genannten Organisationen Steuerprivilegien und können folglich Empfänger begünstigter Spenden sein. Eine Ausnahme bilden die gemeinnützigen Bauunternehmen, die selbst das Regime genießen, aber keine Empfänger steuerbegünstigter Spenden sind.
2. Außerdem sind weitere Organisationen, die an sich nicht die Voraussetzungen für die Steuerprivilegien erfüllen, trotzdem vom Gesetz als qualifizierte Empfänger begünstigter Spenden namentlich bezeichnet: *Casa de América, Casa Asia, „Institut Europeu de la Mediterrània", Museo Nacional de Arte de Cataluña.* Ihnen muss das *Instituto de España,* die Königlichen Akademien (*Reales Academias*) und die Einrichtungen der Autonomen Gemeinschaften mit eigener offizieller Sprache, die eine Funktion ähnlich der der Königlichen Akademie der Spanischen Sprache (*Real Academia Española*) haben, hinzugefügt werden.

2. Begünstigte Spenden

Begünstigt sind folgende Spenden oder Beiträge (Art. 17.1, G. 49/2002):

- Zuwendungen von Geld, Gütern und Rechten,

- Vereinsmitgliederbeiträge, denen kein Recht auf eine gegenwärtige oder zukünftige Leistung gegenübersteht,
- Unentgeltliche Bestellungen eines Nießbrauchsrechts auf Gütern, Rechten oder Wertpapieren,
- Schenkungen von Gütern, die als dem „Spanischen Historischen Kulturgut" gehörend eingetragen sind,
- Zuwendungen von Gütern in bewährter Qualität an Einrichtungen, die den Zweck haben, Museen zu erhalten und das kunsthistorische Vermögen zu fördern.

Spenden und Beiträge müssen unwiderruflich und unbedingt (*puros y simples*: rein und einfach) sein. Sollte eine Spende infolge eines im Bürgerlichen Gesetzbuch aufgestellten Grundes widerrufen werden, so müssen die unbezahlten Steuern in der Steuerperiode, in dem der Widerruf stattfindet, entrichten. Das Gleiche gilt, wenn bei Ausgliederung aus einem Verein die bezahlten Beiträge dem Mitglied zurückerstattet werden. (Art. 17.2, G. 49/2002).

III. Andere Arten von „Mäzenatentum"/Förderung gemeinnütziger Tätigkeiten

1. Allgemeines

Das spanische Gemeinnützigkeitsrecht fördert neben Spenden an gemeinnützige Organisationen auch andere Formen der Unterstützung gemeinnütziger Zwecke und Tätigkeiten. Allgemeines Merkmal dieser anderen Formen ist, dass sie nicht rein altruistisch sind, sondern ein gewisses Maß von Eigennutz dabei anwesend ist, in Form von Werbung des beitragenden Unternehmens, das aber noch nicht so stark ist, dass es sich schon um einen Sponsoring-Vertrag handelt. Es sind fast ausschließlich Unternehmen, die diese Vergünstigungen in Anspruch nehmen, die daher auch „Unternehmens-Mäzenatentum" (*mecenazgo empresarial*) genannt werden[5]. Dieses selbstsüchtige Element schließt aber nicht völlig den altruistischen Charakter dieser Beiträge aus.

Instrumente dieses „Unternehmens-Mäzenatentum" sind:

- Abkommen über die Mitwirkung von Unternehmen in gemeinnützigen Tätigkeiten,
- Ausgaben für gemeinnützige Tätigkeiten, und
- Programme für die Unterstützung von Ereignissen von besonderem Allgemeininteresse.

---

[5] *Casanellas Checos, M.,* El nuevo régimen tributario del mecenazgo, Madrid, 2003, S. 39 ff.

Im ersten Fall handelt es sich typischerweise um Geldzuwendungen, in den beiden anderen Fällen um die direkten Ausführung von Tätigkeiten, die den gemeinnützigen Zweck fördern.

2. Abkommen über die Mitwirkung von Unternehmen in gemeinnützigen Tätigkeiten

Das Gesetz definiert das „Mitwirkungsabkommen" als Vereinbarung, durch die sich Einrichtungen, die sich als Empfänger steuerbegünstigter Spenden qualifizieren (oben, II.1), schriftlich verpflichten, für einen wirtschaftlichen Beitrag zu ihren gemeinnützigen Zwecken, die Teilnahme des mitwirkenden Unternehmens durch ein beliebiges Medium bekannt zu machen (Art. 25.1, G. 49/2002).

Dieses Abkommen liegt an der Grenze zum Sponsoring-Vertrag, der im spanischen Recht gesetzlich als eine Art von Werbevertrag betrachtet wird. Beide Vereinbarungen sind aber verschiedener Natur. Zusammenfassend kann man sagen, dass im Mitwirkungsabkommen der selbstlose Zweck des Beitrags zum Gemeinwohl dominiert, im Sponsoring-Vertrag hingegen der eigennützige Zweck der Werbung. Folglich ist der letztgenannte ein entgeltlicher gegenseitiger Vertrag, während das Mitwirkungsabkommen ein unentgeltlicher einseitiger Akt ist, bei dem die Handlung des Beitragsempfängers keine Gegenleistung darstellt[6].

3. Ausgaben für gemeinnützige Tätigkeiten

Es handelt sich um Ausgaben für gemeinnützige Zwecke im gesetzlichen Sinne (s. oben, B.III) (Art. 26, G. 49/2002).

4. Programme für die Unterstützung von Ereignissen von besonderem Allgemeininteresse

Der spanische Gesetzgeber pflegt durch Gesetz Programme festzulegen, bei denen für die Durchführung bestimmter Tätigkeiten von besonderem Allgemeininteresse Steuerbegünstigungen gewährt werden, z.B. für die Förderung bestimmter Regionen. Artikel 27, G. 49/2002 enthält Vorgaben für den Inhalt eines solchen Gesetzes und die Steuerbefreiungen, die maximal zugestanden werden können, obwohl das Parlament selbstverständlich souverän entscheidet. Das Gesetz bestimmt, ob die Ausführung des Programms einem eigens errichteten Konsortium oder einer Verwaltungsbehörde anvertraut wird, welche

---

[6] Siehe *Casanellas Checos*, a.a.O., S. 201 ff.

feststellen müssen, ob die Ausgaben oder Anlagen den Zwecken und Plänen des Programms angemessen sind.

Vorbehaltlich der Bestimmungen des betreffenden Programmgesetzes, sieht Artikel 27, G. 49/2002 Steuerabzüge für die folgenden Handlungen vor:

- Erwerb von neuen Sachanlagen, Boden ausgenommen,
- Renovierung von Gebäuden und anderen Bauten, die dazu beiträgt, den mit dem Programm in Beziehung stehenden Raum zu verbessern.
- Propaganda- und Werbungsausgaben von mehrjähriger Tragweite, die unmittelbar für die Förderung des betreffenden Ereignisses nützlich sind[7].
- Spenden an das Programm-Konsortium sind den Spenden an gemeinnützige Organisationen steuerlich gleichgestellt (Art. 27.3, zweiter Absatz, G. 49/2002).

IV. Umfang und Methode der Steuerbegünstigung beim Zuwendenden

1. Spenden und Beiträge an gemeinnützige Organisationen

a) Umfang und Methode

Bei Spenden und Beiträgen an gemeinnützige Organisationen ist die Begünstigungsmethode ein Abzug von der Steuer, berechnet als Prozent des Wertes der Spende (Abzugsbasis):

aa) Einkommensteuer: 25 % (Art. 19, G. 49/2002). Die Basis dieses Abzugs zusammen mit der Basis des (im Einkommensteuergesetz festgestellten) Abzugs für Schutz und Bekanntmachung des „Spanischen Historischen Kulturgutes" und der als Weltkulturgut erklärten Städte, Gefüge und Güter, darf nicht 10 vom Hundert der Bemessungsgrundlage übersteigen.

bb) Derselbe Abzug wird in der Einkommensteuer auf nichtansässige Personen jenen Steuerschuldnern, die keine Betriebstätte im spanischen Gebiet haben, gewährt (Art. 21, G. 49/2002). Vom Abzug kann in den Steuererklärungen Gebrauch gemacht werden, die in einem Jahr nach der Spende oder dem Beitrag eingegeben werden. Die Abzugsbasis kann nicht 10 vom Hundert der gesamten Bemessungsgrundlage dieser Steuererklärungen übersteigen.

cc) Körperschaftsteuer: 35 % (Art. 20, G. 49/2002). Dieser Satz entspricht dem Steuersatz Wie bei der Einkommensteuer darf die Abzugsbasis nicht höher als 10 vom Hundert der Steuerbemessungsgrundlage des Steuerjahres sein. Dieser Abzug gilt auch für Betriebstätten nichtansässiger Personen, die der betreffenden Steuer unterliegen (Art. 21.2, G. 49/2002).

---

[7] Art. 8.2 des Königlichen Erlasses 1270/2003, vom 10. Oktober, konkretisiert die Tätigkeiten, die in diesen Begriff einpassen.

Die genannten Abzugsraten können bis um fünf Prozentpunkte erhöht werden, wenn es sich um „vorrangige gemeinnützige Tätigkeiten" (*actividades prioritarias de mecenazgo*) handelt. Diese Eigenschaft wird vom Budgetgesetz zugestanden (Art. 22, G. 49/2002).

Qualifizierte Spenden genießen eine weitere Steuerbegünstigung: Die durch die Spende realisierten Wertzuwächse sind steuerfrei (Art. 23, G. 49/2002). Die Freistellung betrifft die Einkommen- und die Körperschaftsteuer sowie die (Gemeinde-) Grundstückswertzuwachssteuer. Gemäß der allgemeinen Regel wird ein Gewinn im Betrag der Differenz zwischen dem Marktwert und den Anschaffungskosten oder Bilanzwert der geschenkten Güter erhalten. Andererseits wird der Wertzuwachs in die Abzugsbasis nicht einbezogen, wie anschließend angedeutet.

b) Feststellung der Abzugsbasis

Folgende Regeln gelten für die Feststellung der Abzugsbasis, je nach der Natur des geschenkten Gutes (Art. 18, G. 49/2002):

– Geld: der Betrag,
– Andere Güter oder Rechte: ihr Bilanzwert zur Zeit der Spende oder mangels dessen des unter Anwendung der Vorschriften der Vermögensteuer festgestellten Wert.
– Besondere Regeln gelten für Nutznießungsrechte und für Kunstwerke „von bewährter Qualität" und für Güter, die dem Spanischen Historischen Kulturgut gehören. Letztere werden von einem besonderen Bewertungsausschuss festgestellt.

Oberste Grenze ist der Marktwert der Güter oder Rechte zur Zeit ihrer Übertragung (Art. 18.2, G. 49/2002).

c) Keine Differenzierung

Wie oben dargestellt, differenziert das Steuerrecht zwischen den Begünstigungen, die für juristische Personen, und denen, die für natürliche Personen gelten. Aber diese Differenzierung hat keine steuerpolitischen Gründe, sondern nur steuertechnische, als Folge der unterschiedlichen Struktur der Einkommensteuer, die einen progressiven Satz hat, und der Körperschaftsteuer, die einen proportionalen Satz hat.

Außerdem macht das spanische Recht keine Differenzierungen, und zwar weder anhand der Rechtsform der empfangenden Organisation, noch anhand ihres Zwecks oder anhand der Widmung des Stifters: Anfangsdotationen werden mit späteren Zuwendungen zum Stiftungskapital oder sonstige Spenden und Beiträge gleichbehandelt (Art. 6, Nr. 1, a), G. 49/2002)

Die oben dargestellten unterschiedlichen Bewertungsregeln können natürlich nicht als Differenzierungen nach der Art des geschenkten Gutes oder Rechtes betrachtet werden.

2. Andere Formen der Förderung gemeinnütziger Tätigkeiten

a) Abkommen über die Mitwirkung von Unternehmen in gemeinnützigen Tätigkeiten

Die an die gemeinnützigen Organisationen bezahlten Summen oder die vom Abkommen verursachten Ausgaben sind vom Einkommen des Unternehmens abzugsfähig, um die Bemessungsgrundlage der in Betracht kommenden Einkommensteuer, Körperschaftsteuer oder Einkommensteuer auf nichtansässige Personen (mit Betriebstätten in Spanien) festzustellen (Art. 25.2, G. 49/2002).

b) Ausgaben für gemeinnützige Tätigkeiten

Die Ausgaben sind vom Einkommen abzugsfähig.

c) Programme für die Unterstützung von Ereignissen von besonderem Allgemeininteresse

Gemäß Artikel 27, G. 49/2002 kann Teilnehmern an einem Programm maximal ein Abzug von der betreffenden Steuer auf Einkommen von 15 vom Hundert der begünstigten Ausgaben oder Anlagen gewährt werden. Das Gesetz, das das Programm billigt, bestimmt den konkreten Satz, ohne dieses Maximum einhalten zu müssen. Bei Werbungsausgaben ist der volle Betrag der Ausgaben nur die Abzugsbasis, wenn das Werbungsmittel hauptsächlich der Bekanntmachung des Ereignisses gewidmet ist. Anderenfalls beträgt die Abzugsbasis nur 25 Prozent davon.

Dieser Abzug darf zusammen mit den übrigen Abzügen von der Körperschaftsteuer nicht mehr als 35 Prozent der Steuer betragen. Nicht abgezogene Beträge können von den Steuern der nächsten zehn Jahre abgerechnet werden.

Der Erwerb von Gütern und Rechten, die unmittelbar und ausschließlich einer abzugsfähigen Investition gewidmet sind, genießt eine Steuerermäßigung von 95 Prozent der Verkehrsteuer. Ermäßigungen im gleichen Betrag gelten auch in den betreffenden Gemeindesteuern.

V. Besondere Fragen

1. Zivilrechtliche Einordnung der Spende, Möglichkeit einer Zweckwidmung

Wie schon angedeutet (oben, II.2), müssen Spenden und Beiträge unwiderruflich und unbedingt sein. Spenden unter einer Auflage, die zivilrechtlich möglich ist, sind steuerrechtlich nicht abzugsfähig. Die Frage, ob der bestimmte Zweck einer Spendensammlung die Organisation bindet, ist zivilrechtlich und kann hier nicht gründlich erörtert werden, obwohl viel dafür spricht, dass eine solche Bindung besteht. Vom Standpunkt des spanischen Steuerrechts kommt es darauf an, ob eine Spendensammlung für einen bestimmten Zweck, der konkreter als der allgemeine Zweck der Organisation ist, als eine Auflage anzusehen ist, die den unbedingten Charakter der Spende beseitigt. Nach herrschender Ansicht handelt es sich hierbei jedoch um keine Auflage, sondern nur um eine weitere Konkretisierung des Zwecks, die die selbstlose Natur der Spende nicht beseitigt[8].

2. Abzugsfähigkeit von Parteispenden (politische Spenden)

Politische Parteien sind „teilweise befreit" (s. oben C.I) von der Körperschaftsteuer (Art. 9.3,c), Körperschaftsteuerg.). Frei sind unter anderem das Einkommen zweckbezogener Aktivitäten (welches Mitgliedsbeiträge einschließt) und selbstlose Zuweisungen (Art. 121.1, Körperschaftsteuerg.). Aber politische Parteien sind keine qualifizierte Empfänger abzugsfähiger Spenden. Das Gesetz über die Finanzierung der politischen Parteien, Organisches Gesetz 3/1987, vom 2. Juli, setzt den Beiträgen, die Parteien erhalten können, gewisse Schranken, die hier nicht näher erörtert werden.

3. Abzugsfähigkeit von Spenden an staatliche Organisationen

Wie oben (II.1) bemerkt, kommen der Staat, die Autonomen Gemeinschaften und öffentliche Körperschaften niedrigeren Niveaus (besonders Gemeinden und Provinzen) sowie die von diesen abhängigen öffentlichen Einrichtungen ebenso wie gemeinnützige Organisationen als Empfänger abzugsfähiger Spenden in Betracht (Art. 16.1,b), G. 49/2002).

---

[8] U. a. *García Luis, T.*, Fiscalidad de las fundaciones y asociaciones, Valladolid, 1995, S. 237; *Casanellas Chuecos*, a.a.O., S. 57 ff.

4. Abzugsfähigkeit von Spenden ins Ausland

Nur Spenden an gemeinnützige Organisationen, die in Spanien eingetragen sind, sind abzugsfähig. Das schließt Delegationen ausländischer Stiftungen ein. Der Ort, wo diese Organisationen ihre Tätigkeiten durchführen, ist bedeutungslos.

E. Verfahren, Kontrolle, Haftung

I. Verfahrensfragen: Erlangung des Status als steuerbegünstigte Organisation

Der Status einer gemeinnützigen Organisationen muss beantragt werden. Die betreffende Prozedur und andere Verfahrensfragen sind im Königlichen Erlass 1270/2003, vom 10. Oktober bestimmt.

Die Organisation muss der Finanzverwaltung mitteilen, dass sie die Steuerprivilegien erhalten möchte. Die Wirksamkeit des Regimes beginnt im ersten Wirtschaftsjahr, das nach der Entscheidung endet, und endet erst mit dem Verzicht auf diese Privilegien, sofern in jedem Jahr die gesetzlichen Erfordernisse und Bedingungen erfüllt werden. Um die Begünstigungen bei den Gemeindesteuern zu erhalten, muss die Entscheidung der betreffenden Gemeinde mitgeteilt werden.

Ein besonderes, im Kapitel III des Königlichen Erlasses 1270/2003 aufgesetztes Verfahren gilt für die Steuerbegünstigungen von Programmen für die Unterstützung von Ereignissen von besonderem Allgemeininteresse. Im Wesentlichen muss das Recht auf die Begünstigungen von der Steuerbehörde auf Antrag des Interessenten im Voraus anerkannt werden. Dem Antrag muss eine, auf Ersuchen des Beteiligten abgegebene, Bestätigung des Konsortiums oder der Behörde, die das Programm ausführt, beigefügt werden, die Zeugnis davon ablegt, dass die abziehbaren Ausgaben oder Anlagen gemäß ihren Tätigkeits-Plänen und Programmen stattgefunden haben.

II. Kontrolle

1. Kontrollinstanz

Für Steuersachen ist die Finanzverwaltung die Kontrollinstanz.

2. Kontrollmittel

a) Vorgaben für die Satzung

Zivilgesetze über Stiftungen (G. 50/2002, Art. 11) und Vereine (O.G. 1/2002, Art. 7) bestimmen den Mindestinhalt ihrer Satzung, von dem hier nicht die

Rede sein wird. Das Steuerrecht (Art. 3, Nr. 6, G. 49/2002) fügt nur hinzu, dass die Möglichkeit, das Vermögen der Organisation bei Ablösung einer öffentlichen Anstalt, die keine Stiftung ist, zu widmen, muss in der Satzung vorgesehen werden.

b) Informationspflichten

aa) Steuererklärung

Organisationen, die sich für das besondere Steuerregime entschieden haben, sind dazu verpflichtet, eine Steuererklärung abzugeben, die ihr gesamtes Einkommen, ob steuerfrei oder nicht, einschließt (Art. 13, G. 49/2002).

bb) Sonstige Informationspflichten

Gemeinnützige Organisationen müssen einen jährlichen Wirtschaftsbericht anfertigen, in dem Einkünfte und Ausgaben derart aufgezeichnet werden, dass nach Kategorien und Projekten gegliedert werden kann, sowie der Prozentbetrag ihres Anteils in Handelsgesellschaften angegeben werden kann. Wenn die Organisation bereits von den Bilanzvorschriften verpflichtet ist, einen Jahresbericht vorzulegen, muss dieser jene Auskünfte enthalten (Art. 3, Nr. 10, G. 49/2002). Artikel 3 des Königlichen Erlasses 1270/2003 bestimmt den Inhalt des Jahresberichts weiter.

Die Empfängerorganisation muss in jedem Januar der Finanzverwaltung Auskunft über die von ihr abgelegenen Zeugnisse erteilen (s. unten, 3), betreffend die im vorigen Jahr empfangenen Spenden und Beiträge (Art., 24.2, G. 49/2002; Art. 6, Königl. Erl. 1270/2003).

cc) Bilanz

Gemeinnützige Organisationen müssen die in ihren spezifischen Vorschriften oder mangels derer im Handelsgesetzbuch und in Ausführungsvorschriften aufgestellten Buchführungspflichten erfüllen (Art. 3, Nr. 8, G. 49/2002). Mangels eigener Regeln müssen sie ihre Rechnungen innerhalb von sechs Monaten nach dem Jahresabschluss dem betreffenden Register vorlegen (daselbst, Nr. 9). Der spanische Allgemeine Buchführungsplan, der Königliche Erlass 1643/1990 vom 20. Dezember, wurde durch den Königlichen Erlass 776/1998 den gemeinnützigen Organisationen angepasst.

Die Organisationen, die Einkommen aus nicht körperschaftsteuerfreien Betrieben erhalten, unterliegen den von den Körperschaftsteuervorschriften aufgestellten Buchführungspflichten. Die Bücher müssen in der Weise geführt werden, dass Einkünfte und Ausgaben solcher Betriebe anerkannt werden können (Art. 11, G. 49/2002).

3. Anforderungen an den Nachweis des Spenders

Abzugsfähige Spenden und Beiträge werden mit einer Bestätigung der empfangenden Organisation nachgewiesen, die mindestens die folgenden Angaben enthalten muss:

- Identität des Spenders und der empfangenden Organisation,
- Ausdrückliche Erwähnung der Berechtigung der Organisation als Empfänger abzugsfähiger Spenden,
- Datum und Betrag der Spende, wenn es sich um Geld handelt,
- Öffentliche Urkunde, die die Ablieferung des geschenkten Gutes belegt, wenn es sich nicht um Geld handelt,
- Bestimmung, die die Organisation in Erfüllung ihres Zwecks dem gespendeten Gut geben wird,
- Ausdrückliche Erwähnung des unwiderruflichen Charakters der Spende, unbeschadet der zwingenden Normen des Zivilrechts über den Widerruf von Spenden (Art. 24.1 und 3, G. 49/2002).

4. Sanktionen, Haftung

a) Sanktionen bei Verstößen

Um die Steuervorteile zu erhalten, muss die Empfängerorganisation die erforderlichen Bedingungen erfüllen. Andernfalls muss sie die nicht bezahlten Steuern im Wirtschaftsjahr, in dem sie gegen die Regeln verstoßen hat, zuzüglich Zinsen nachträglich entrichten. Bei einem Verstoß gegen das Gebot, 70 Prozent des Einkommens für den gemeinnützigen Zweck zu geben, ist die zu entrichtende Steuer diejenige des Wirtschaftjahres, in dem das Einkommen erhalten wurde. Wird gegen die Widmung des Vermögens bei der Auflösung verstoßen, ist die zu entrichtende Steuer diejenige des Jahres, in dem der Verstoß stattfand und der vier vorhergehenden Jahre. Der Verjährungsfrist der Steuerschuld ist nämlich vier Jahre. (Art. 14.3, G. 49/2002).

Die Ausgabe falscher Spendenbestätigungen ist eine Ordnungswidrigkeit, die mit einer Geldbuße von 50 vom Hundert des abzugsfähigen Betrags bestraft wird (Art. 195, Allgemeines Abgabengesetz, 58/2003, vom 17. Dezember).

Vorstandsmitglieder der Organisation haften subsidiär für die infolge einer Ordnungswidrigkeit nicht bezahlten Steuern, wenn sie am Verstoß teilgenommen haben (Art. 43.1, Allg. Abgabeng.).

b) Haftung des Spenders/Stifters

Es ist davon auszugehen, dass die Bestätigung der empfangenden Organisation, ob wahr oder falsch, jede Haftung des Spenders ausschließt. Nur wenn dieser die Falschheit nachweisbar kennt, könnte der Abzug eine Ordnungswidrigkeit darstellen, die mit einer Geldbuße zwischen 50 und 150 vom Hundert der nicht bezahlten Steuer strafbar ist (Art. 191, Allg. Abgabeng.).

F. Reformen, Diskussionen, persönliche Stellungnahme

I. Reformen und rechtspolitische Vorschläge

Eine Debatte über die Besteuerung gemeinnütziger Organisationen hat in Spanien in den letzten 25 Jahren stattgefunden, angeregt vom beträchtlichen Wachstum des „Dritten Sektors" während dieser Zeit. Hiermit einher geht eine legislative Entwicklung, deren Endpunkt das Gesetz über das Steuerregime gemeinnütziger Organisationen und Steuerbegünstigungen des Mäzenatentums, 49/2002 war, die das Hauptobjekt der vorigen Darstellung war. Die hiermit verbundene Debatte betraf primär Steuervergünstigungen für die Organisationen selbst und nur in zweiter Stelle Steuerprivilegien für Spenden und Mitgliedsbeiträge. Etappen dieser Evolution waren folgende:

Das Körperschaftsteuergesetz vom 27. Dezember 1978, Nr. 61/1978, besteuerte zum ersten Mal das von Stiftungen aus betrieblichen Tätigkeiten erzielte Einkommen. Seitdem ist das Ausmaß dieser Besteuerung Hauptdiskussionsgegenstand. Eine weite Auslegung des Betriebsbegriffs neigte dazu, die steuerfreien Finanzquellen gemeinnütziger Organisationen auf passives Einkommen einzuschränken (Spenden und Mitgliedsbeiträge und Kapitaleinkommen). Das entspricht einer veralteten Auffassung von gemeinnützigen Organisationen, insbesondere der Stiftungen.

Das Gesetz über Stiftungen und Steuerförderung der privaten Teilnahme in gemeinnützigen Tätigkeiten vom 24. November 1994, Nr. 30/1994, bedeutete einen wichtigen Schritt in Richtung einer günstigeren steuerlichen Behandlung der gemeinnützigen Organisationen. Einkommen aus betrieblichen Tätigkeiten konnte auf Gesuch der Organisation frei erklärt werden, wenn die Tätigkeit als „übereinstimmend" (*coincidente*) – also nicht „identisch" – mit ihrem spezifischen Zweck und als nicht wettbewerbswidrig betrachtet wurde. Diese Erfordernisse waren sehr unbestimmt und die Finanzverwaltung neigte nicht selten zu einer restriktiven Haltung. Bemerkenswert ist auch, dass dasselbe Gesetz sowohl die zivilrechtlichen als auch die steuerrechtlichen Aspekte der Stiftungen regelte.

Das gegenwärtig gültige Gesetz 49/2002 ist keine wesentliche Änderung des Gesetzes 30/1994 dar. Wie bereits dargestellt, gewährt dieses Gesetz dem nicht-betrieblichen Einkommen die völlige Freistellung und stellt eine geschlossene Liste von steuerfreien betrieblichen Tätigkeiten auf. Anderseits regelt dieses Gesetz die Steueraspekte der Stiftungen (und der sonstigen NGO) getrennt von den zivilrechtlichen Aspekten.

II. Persönliche Stellungnahme

Nach Ansicht des Autors ist die Entwicklung des spanischen Rechts der gemeinnützigen Organisationen alles in allem ziemlich positiv. Es hat sich der neuen Wirklichkeit der gemeinnützigen Organisationen in Spanien angepasst, die sehr lebendig aussieht. Die Erfahrung mit den neuen Normen ist noch zu kurz, um Schlüsse zu ziehen.

Gemeinnützigkeits- und Spendenrecht in Ungarn

ZOLTAN CSEHI

A. Allgemeines
  I. Das Steuersystem
  II. Empirische Daten
    1. Allgemeine Informationen
    2. Stiftungen
B. Voraussetzungen für den Status einer steuerbegünstigten, gemeinnützigen Organisation
  I. Organisationsrechtliche Voraussetzungen
    1. Das Non-ProfitG
      a) Rechtsformen gemäß Non-ProfitG
      b) Anforderungen an die Gründungsdokumente nach dem Non-ProfitG
      c) Transparenz und Inkompatibilitätsanforderungen nach dem Non-ProfitG
        aa) Transparenz
        bb) Inkompatibilitätsanforderungen
      d) Kontrollorgan
      e) Mögliche Rechtsformen außerhalb des Non-ProfitG
    2. Steuergesetze
    3. Nicht anerkannte Formen
  III. Gemeinnütziger Zweck
    1. Definition der Gemeinnützigkeit
      a) Definition nach dem Non-ProfitG
      b) Begriffsdefinitionen der Gemeinnützigkeit in anderen Gesetzen
        aa) Kirchen
        bb) Freiwillige Versicherungskassen auf Gegenseitigkeit
        cc) Staatliche Grundlagenforschung, angewandte Forschung
      c) Elemente des Gemeinnützigkeitsbegriffs: selbstlose Förderung der Allgemeinheit oder einer bedürftigen Gruppe
      d) Sonderproblem: Förderung im Ausland
    2. Umstrittene Fragen und Beispiele
  IV. Vorgaben für die Mittelverwendung
    1. Verfolgung des satzungsmäßig festgelegten gemeinnützigen Zwecks
    2. Gewinnausschüttungsverbot
    3. Zulässigkeit von Zuwendungen und Zahlungen an Stifter, Spender und deren nahe stehenden Personen sowie an Vereinsmitglieder
    4. Zulässigkeit von Zuwendungen und Zahlungen an den Vorstand und an Angestellte der Organisation
    5. Kein Gebot der zeitnahen Mittelverwendung
    6. Kein Unmittelbarkeitsgebot
    7. Keine besonderen zivilrechtliche Regelungen zur Mittelverwendung, insbesondere im Stiftungsrecht (Dauerhaftigkeit, Kapitalerhaltung)
  V. Vorgaben für die Mittelerzielung (Begrenzung unternehmerischer Tätigkeit)
C. Besteuerung der gemeinnützigen Organisationen
  I. Einschlägige Steuerarten für Organisationen und Spender
  II. Ideelle Einkünfte
  III. Einkünfte aus Vermögensverwaltung
  IV. Einkünfte aus Zweckbetrieb
    1. Körperschaftsteuer
    2. Lokalsteuer
    3. Mehrwertsteuer
  V. Einkünfte aus einem wirtschaftlichen Geschäftsbetrieb
  VI. Weitere Privilegien
D. Besteuerung des Spenders, Stifters, Zustifters

I. Umfang und Methode der Steuerbegünstigung beim Zuwendenden
  1. Abzug von der Einkommensbemessungsgrundlage oder direkter Abzug von der Steuerschuld, Abzugsober- und untergrenzen
  2. Spezielle Förderungsmechanismen
    a) Dauerspende
    b) Ein-Prozent-Regel
II. Begriff der „Spende", Abgrenzungen und Differenzierungen
  1. Begriff der „Spende" in den Gesetzen
  2. Abgrenzung von Spende, Entgelt und Mitgliedsbeitrag
  3. Abgrenzung von Spende und Sponsoring
  4. Keine Differenzierung nach der Rechtsform der empfangenden Organisation oder nach der Widmung des Stifters als Spende oder Zustiftung
  5. Differenzierung nach dem zugewendeten Gegenstand: Geld- und Sachspende
IV. Besondere Fragen
  1. Zivilrechtliche Einordnung der Spende, Möglichkeit einer Zweckwidmung
  2. Abzugsfähigkeit von Parteispenden und Spenden an staatliche Organisationen
  3. Abzugsfähigkeit von Spenden für das oder aus dem Ausland
E. Verfahren, Kontrolle, Haftung
  I. Verfahrensfragen – Erlangung des Status als steuerbegünstigte Organisation
  II. Kontrolle
    1. Kontrollinstanzen und Kontrollmittel
      a) Vorgaben für die Satzung
      b) Informationspflichten
      c) Buchprüfung
    2. Anforderungen an den Nachweis für den Spender
  III. Sanktionen, Haftung
    1. Sanktionen bei Verstößen
    2. Haftung des Spenders, Stifters oder des Vorstands der Organisation
F. Reformen, Diskussionen, persönliche Stellungnahme
  I. Reformen und rechtspolitische Vorschläge
  II. Diskussionen
    1. Skandale bei Spendenorganisationen
    2. Persönliche Stellungnahme: Informationsdefizit
Anlage 1: Rechtsgrundlagen
Anlage 2: Quellen

A. Allgemeines

I. Das Steuersystem

Ungarn ist seit dem 1. Mai 2004 Mitglied der Europäischen Union, sein Rechts- und Steuersystem entsprechen den Forderungen der EU. Das Steuersystem hat sich in den letzten 15 Jahren weiter entwickelt und heute gelten verhältnismäßig gut durchschaubare Steuervorschriften. In Ungarn gibt es weder Bundes- noch Provinzialsteuern und ferner auch keine kantonale Besteuerung, sondern es existieren ausschließlich Landes- und Lokalsteuern. Landessteuern sind für die Finanzierung des Staatshaushalts und der abgesonderten staatlichen Geldfonds (z. B. Arbeitsmarktsfonds, Zentraler Nuklearer Geldfonds) zu leisten.

Die Unternehmen sind zur Zahlung von Körperschafts- und Dividendensteuer, Innovationsteuer, Mehrwertsteuer, Gefällsteuer sowie von Sozialversicherungsbeiträgen verpflichtet. Weiterhin sind lokale Selbstverwaltungen (z. B. Städte) berechtigt, Unternehmen mit Gewerbe- und Grundsteuer zu besteuern. Kleinere Unternehmen können eine sog. vereinfachte Unternehmensteuer (Gesetz Nr. XLIII von 2002) zahlen. Privatpersonen schulden entsprechend ihrer Einkommen Einkommensteuer, außerdem ist ihr Einkommen auch durch den Sozialversicherungsbeitrag belastet. Der Besitz von Privatpersonen ist nicht steuerpflichtig[1]. Jedoch können die lokalen Selbstverwaltungseinheiten sie mit Grundsteuer belasten. Im Falle von Erbfolge oder Schenkung haben Privatpersonen dem Staat keine Steuer, sondern eine Gebühr zu zahlen. Eine Sozialversicherungspflicht besteht im Hinblick auf Beiträge zu den Gesundheitsversicherungsfonds und den Fonds für Pensions- und Rentenversicherung.

Das ungarische Rechtssystem beruht auf einheitlichen Verfahrensvorschriften – das Verfahren der Steuerzahlung wird durch ein entsprechendes Gesetz (Gesetz Nr. XCII vom 2003) reguliert. Die Steuerzahlung basiert auf dem Freiwilligkeits- und Selbstbesteuerungsgrundsatz, d.h. die Steuersubjekte haben insofern Anmeldungs-, Datenlieferungs-, Registrierungs-, Steuerfestsetzungs- und gegebenenfalls Steuervorauszahlungspflichten. Unternehmen wiederum unterliegen Buchführungs-, Belegausstellungs-, Steuerabzugs- und Steuereinnahmepflichten (Art. 14 des Gesetzes Nr. XCII von 2003). Selbstbesteuerung bedeutet eine Pflicht der Festsetzung, Erklärung und Zahlung der Steuern – die Pflichten des Steuersubjekts erstrecken sich weiterhin auf die oben genannten Anmeldungen sowie auf die Festsetzung und Zahlung der Steuern. Aufgabe der Steuerverwaltung ist nur die Kontrolle und Durchführung von behördlichen Verfahren und – wenn nötig – eine Vollstreckung. Nur in wenigen Ausnahmefällen ist ein Veranlagungsprinzip gegeben, d. h. ein Prozess, in dem die Behörden das Maß der zu zahlenden Steuern festsetzen (z. B. bei bestimmten örtlichen Steuern oder bei der Kraftfahrzeugsteuer). Der steueramtliche Bescheid „zweiten Grades" ist vor den Gerichten anfechtbar. Das Steuerverfahren kann in einem sog. Verwaltungsverfahren im Gerichtswege überprüft werden.

II. Empirische Daten

1. Allgemeine Informationen

Im Jahr 2002 waren in Ungarn 22.818 Stiftungen und 33.693 andere sog. Non-Profit-Organisationen registriert.[2] Im Jahre 1999 betrugen die Einnahmen der Non-Profit-Organisationen insgesamt 415 Milliarden Forint (ca. 1,7 Milliarden

---

[1] Ab 01.01.2006 trat das Gesetz Nr. CXXI von 2005 über Luxussteuer in Kraft, und alle Immobilien (Wohnungen, Häuser und Ferienhäuser) über 100 Millionen Forint wert (ca. 400.000 Euro) ist eine jährliche Steuer der kommunalen Verwaltungen zu zahlen.
[2] Statistical Yearbook of Hungary, 2003, herausgegeben vom Hungarian Central Statistic Office, S. 296.

Euro), im Jahre 2000 bereits 495 Milliarden Forint (ca. 2 Milliarden Euro). Davon machten die für den Betrieb der Non-Profit-Organisationen gezahlten privaten Unterstützungen in 1999 70,63 Milliarden Forint (ca. 290 Millionen Euro) aus – dies entspricht 17 % der Einnahmen – in 2000 wiederum 79,99 Milliarden Forint (ca. 325 Millionen Euro) – gleich 16,1 % der Einnahmen.[3] Eine weitere erwähnenswerte Statistik ist, dass die Gesamtsumme sämtlicher, aus der Haupttätigkeit der Organisationen stammenden Einnahmen (Mitgliedsbeiträge, Erlöse für Dienstleistungen, Verkaufserlöse) im Jahr 1999 160,89 Milliarden Forint (ca. 656 Millionen Euro) – 38,7 % der Einnahmen – und 2000 183,1 Milliarden Forint (ca. 747 Millionen Euro) – 37 % der Einnahmen – betrug.

Die Einnahmen bei den gemeinnützigen Organisationen aus sonstigen wirtschaftlichen Aktivitäten machten 1999 19,6 % und 2000 17,7 % aus. Auch nach dem Standpunkt des Zentralamtes für Statistik wird damit die bestehende Tendenz der vorhergehenden Jahre in Form der kontinuierlichen Abnahme der aus wirtschaftlichen Betätigungen stammenden Einnahmen im Jahr 2000 bestätigt.[4]

Verhältnismäßig gering war die Beschäftigungsquote im Bereich der Non-Profit-Organisationen. Insgesamt 12 % der Organisationen beschäftigten Ganztagsarbeiter. Die anderen Non-Profit-Organisationen versuchten, ihre Aufgaben ohne bezahlte Arbeitnehmer zu lösen.[5]

2. Stiftungen

Eine Modifizierung des Bürgerlichen Gesetzbuches im Jahre 1988 ermöglichte die Errichtung von Privatstiftungen. Im Jahr 1989 sind 400 Stiftungen gegründet worden, bis 1993 erreichte die Anzahl der Stiftungen ca. 12.000. Diese sprunghafte Erhöhung ist vor allem mit der juristischen Liberalisierung im Rahmen der politischen Wende 1989/1990 erklärbar.

2000 besaßen 58,1 % aller Non-Profit-Organisationen keinen öffentlich-rechtlichen Status. Weiterhin galten 36,1 % als „gemeinnützige" und weitere 5,8 % als „besonders gemeinnützige" Organisationen. Insofern sind es die Stiftungen, die Stiftungen des öffentlichen Rechts und die Körperschaften, die die Qualifizierung „gemeinnützig" oder „besonders gemeinnützig" erworben hatten.[6]

Im Bezug auf die obigen Angaben lässt sich über die Stiftungen zum Zeitpunkt des Jahres 2000 Folgendes sagen: Die Einnahmen der Stiftungen machten insgesamt mehr als 133,3 Milliarden Forint (ca. 0,533 Milliarden

---

[3] Non-Profit Szervezetek Magyarországon 2000 [Non-Profit-Organisationen in Ungarn 2000], Budapest 2002, herausgegeben vom Hungarian Central Statistic Office, S. 36.
[4] Non-Profit-Organisationen in Ungarn 2000 (Fn. 3.), S. 36.
[5] Non-Profit-Organisationen in Ungarn 2000 (Fn. 3.), S. 41.
[6] Non-Profit-Organisationen in Ungarn 2000 (Fn. 3.), S. 92, Tabelle 47.

Euro), die der sog. öffentlichen Stiftungen mehr als 54,36 Milliarden Forint (ca. 0,21 Milliarden Euro) aus. Bei den privatrechtlichen Stiftungen stammten etwa 28,4 % dieser Beträge aus staatlicher Unterstützung; bei öffentlichen Stiftungen betrug der Anteil 55 %. Die übrigen Einnahmen generierten die Organisationen überwiegend aus dem Privatsektor oder aus Einnahmen aus wirtschaftlichen Betätigungen, aus der Haupttätigkeit der Organisationen und eventuell damit verbundener Aktivitäten.[7]

Die Stiftungen sind bedeutende Arbeitgeber. In Ungarn waren im Jahr 2000 insgesamt 9.653 Personen i. R. einer Ganztagsarbeit bei Stiftungen beschäftigt. Weitere 1.150 Personen wurden von öffentlichen Stiftungen beschäftigt. Wenn man bei diesen die teilzeitbeschäftigten und die nicht hauptberuflich angestellten Mitarbeiter mit einbezieht, beträgt die Anzahl der Beschäftigten 10.928 Personen bei den Stiftungen und 1.276 Personen bei den öffentlichen Stiftungen.[8] Dazu kamen bei den Stiftungen noch 35.670 Personen, die im Rahmen von Auftragsverhältnissen beschäftigt waren (672 Personen insofern bei den öffentlichen Stiftungen).[9] In den Statistiken wird die Anzahl der freiwilligen Helfer, deren Anzahl im Jahre 2000 bei den Stiftungen 82.989 und bei den öffentlichen Stiftungen 7.398 betrug, besonders herausgehoben. Der Gegenwert solcher freiwilligen, ehrenamtlichen Aktivitäten beträgt mit den geschätzten Lohneinsparungen für Stiftungen 3,5 Milliarden Forint (ca. 15 Millionen Euro), bei den öffentlichen Stiftungen 183 Millionen Forint (ca. 746.000 Euro).[10]

Die prozentuelle Verteilung der aktiven ungarischen Stiftungen – kategorisiert nach deren Zielsetzungen – zeigt Folgendes:

In der größten Anzahl finden sich Stiftungen im Bereich des Unterrichtswesens und der Bildung, ca. 6.300, d. h. 32 % der aktiven Stiftungen. Danach folgen die soziale Versorgung mit 2.933 Stiftungen (14,9 %), Kultur mit 2.662 Stiftungen (13,5 %), das Gesundheitswesen mit 1.705 Stiftungen (8,7 %), Religion mit 1.126 Stiftungen (5,7 %), der Sport mit 1.084 Stiftungen (5,5 %) und schließlich die Regionalförderung mit 1.057 Stiftungen (5,4 %). Die sonstigen Zweck- und Zielsetzungen verteilen sich unter den verbleibenden 600 Stiftungen: Hobby (498), Forschung (578), Umweltschutz (418) und Schutz der öffentlichen Sicherheit (360).

---

[7] Non-Profit-Organisationen in Ungarn 2000 (Fn. 3.), S. 104. Es ist aber zweifelhaft, was der Privatsektor beinhaltet: Werden hiervon beispielsweise auch die im staatlichen Besitz befindlichen, privatrechtlich organisierten Unternehmen umfasst?
[8] Non-Profit-Organisationen in Ungarn 2000 (Fn. 3.), S. 153.
[9] Non-Profit-Organisationen in Ungarn 2000 (Fn. 3.), S. 163.
[10] Non-Profit-Organisationen in Ungarn 2000 (Fn. 3.), S. 167.

B. Voraussetzungen für den Status einer steuerbegünstigten, gemeinnützigen Organisation

I. Organisationsrechtliche Voraussetzungen

Die organisationsrechtlichen Voraussetzungen zur Erlangung der Steuerbefreiung sind zum einen im Non-ProfitG (dazu unter 1.) und zum anderen in verschiedenen Steuergesetzen (dazu 2.) festgelegt. Grundsätzlich sind alle Organisationen juristische Personen, ausgenommen die sog. „gemeinnützige Verpflichtungsübernahme", die einer unselbständigen Stiftung gleichkommt. Die gesetzlichen Voraussetzungen der Gemeinnützigkeit werden von Richtern geprüft und die sog. „gemeinnützige" oder „besonders gemeinnützige" Rechtsstellung der Organisation wird in ein Register eingetragen, wenn sie den Vorschriften des Non-ProfitG entspricht (§§ 3, 22 Non-ProfitG[11]).

1. Das Non-ProfitG

Die wichtigsten Vorschriften der gemeinnützigen Organisationen finden sich im Gesetz über die gemeinnützigen Organisationen Nr. CLVI von 1997 (Non-ProfitG). Den gemeinnützigen Status können insofern

- nur bestimmte Rechtsformen erhalten (dazu a),
- deren Gründungsdokumente bestimmte Anforderungen erfüllen (b),
- die bestimmte Transparenz und Inkompatibilitätsanforderungen erfüllen (c) und
- die bestimmte Voraussetzungen betreffend ein Kontrollorgan einhalten (d).

Weiterhin können vom Gesetz bestimmte andere Rechtsformen auch als gemeinnützig anerkannt werden (dazu unter e).

a) Rechtsformen gemäß Non-ProfitG

§ 2 Abs. 1 Non-ProfitG legt fest, welche Organisationen als gemeinnützig registriert werden können:

- gesellschaftliche Organisationen[12], ausgenommen Versicherungsvereine und politische Parteien sowie Interessenvertretungsorganisationen der Arbeitgeber und Arbeitnehmer (Gesetz Nr. II von 1989);

---

[11] Übersetzung im Anhang 1.
[12] Die Benennung stammt aus der sozialistischer Zeit und soll einen allgemeinen Oberbegriff meinen, der alle mögliche Formen der nincht-käufmännischen Personengesellschaften umfaßt, so wie Vereine, Parteien, Syndikaten usw. Diese Form wird bis heute häufig benutzt.

- Stiftungen (geregelt in §§ 74/A ff. BGB[13]);
- Stiftungen des öffentlichen Rechts (geregelt in § 74/G BGB[14]);
- Gemeinnützige Gesellschaften (§§ 57 – 60 BGB[15]);
- Körperschaften des öffentlichen Rechts (§ 65 BGB[16]), wenn dies im jeweiligen Gesetz über ihre Bildung ermöglicht wird (z.B. Ungarische Akademie der Wissenschaften[17]);
- Landesfachverband einer Sportart (§ 20 des Gesetzes Nr. I von 2004 über das Sportwesen (SportG), § 66 BGB[18]);
- seit dem 01.07.2006 sog. „Non-Profit soziale Genossenschaften" (§ 8 des Gesetzes Nr. X von 2006);
- seit dem 01.07.2006 die nicht vom Staat oder Kommunale gegründete Hochschule;
- seit dem 01.07.2006 der Ungarische Hochschulequalifikationsausschuss und der Hochschule- und Wissenschaftsrat.
- ab 01.07.2007 sog. „Non-Profit Wirtschaftsgesellschaften" (diese Gesellschaftsform ist durch § 4 des Gesetzes Nr. IV von 2006 über Wirtschaftsgesellschaften eingeführt worden und sie ersetzt die Form der Gemeinnützigen Gesellschaften.

b) Anforderungen an die Gründungsdokumente nach dem Non-ProfitG

Das Non-ProfitG verlangt, dass nach dem Gründungsdokument die Tätigkeit und der Betrieb einer gemeinnützigen Organisation den Vorschriften des Non-ProfitG entsprechen müssen. Im Gründungsdokument der gemeinnützigen Organisation sind im Einzelnen die folgenden Inhalte zu regeln (§ 4 Abs. 1 Non-ProfitG):

Es muss bestimmt sein, welche der im Non-ProfitG festgelegten gemeinnützigen Tätigkeiten die Organisation betreibt und – bei mitgliedschaftlichen Organisationen –, dass außer ihren Mitgliedern auch andere Personen an ihren gemeinnützigen Leistungen teilhaben können. Weiterhin muss geregelt werden, dass die Organisation eine gewerbliche Tätigkeit nur zur Realisierung ihrer gemeinnützigen Ziele betreiben wird und letztere nicht gefährdet werden. Auch

---

[13] § 74/A BGB als Übersetzung im Anhang 1. Diese Paragraphen sind nur bis 01.09.2009 gültig. Am 01.07.2009 treten diese Paragraphen wegen der neuen Regelungen des Wirtschaftsgesellschaften mit Gesetz Nr. IV von 2006. außer Kraft.
[14] Übersetzung im Anhang 1.
[15] § 57 Abs. 1 BGB als Übersetzung im Anhang 1.
[16] Übersetzung im Anhang 1.
[17] Siehe Gesetz Nr. XL von 1994 über die Ungarische Akademie der Wissenschaften, in welchem die Akademie als Körperschaft des öffentlichen Rechts definiert wird (§ 1 Abs. 1.).
[18] Übersetzung im Anhang 1.

muss normiert werden, dass die Organisation ein im Verlauf ihrer Geschäftsführung erzieltes Ergebnis nicht unter den Gesellschaftern bzw. Mitgliedern aufteilt, d.h. dieses nur für die satzungsgemäß festgelegte gemeinnützige Tätigkeit verwendet wird. Schließlich muss geregelt sein, dass die Organisation keine direkte politische Tätigkeit ausübt, sie von den Parteien unabhängig ist und diesen keine materiellen Unterstützungen gewährt.

Aus der Rechtssprechung ist in diesem Zusammenhang eine Entscheidung des Obersten Gerichts zu erwähnen, in welcher festgestellt wurde, dass die sog. geschlossene Stiftung – eine Stiftung, der keine weiteren Zuwendungen gegeben und der sich kein Zustifter anschließen kann – nicht als gemeinnützig registriert werden kann.[19] Darüber hinaus muss im Gründungsdokument einer gemeinnützigen Organisation auch den weiteren, im Non-ProfitG vorgeschriebenen Anforderungen (Transparenz- und Inkompatibilitätsvorschriften, § 7-8 des Non-ProfitG) entsprochen werden (§ 4 Abs. 2 Non-ProfitG). In der Satzung sind die Voraussetzungen der Gemeinnützigkeit gemäß Non-ProfitG zu schaffen. Besitzt die gemeinnützige Organisation eine interne Satzung (Geschäftsordnung), ist diese vor Gericht vorzulegen, wenn sie die Voraussetzungen der Gemeinnützigkeit enthält.[20]

Die Gründungsdokumente einer sog. „besonders gemeinnützigen" Organisationen müssen über die aufgeführten Inhalte hinaus noch regeln, dass die jeweilige Organisation als gemeinnützige Tätigkeit eine öffentliche Aufgabe durchführt, für die nach der Bestimmung eines Gesetzes oder aufgrund einer Ermächtigung eines Gesetzes ein staatliches Organ oder die örtliche Selbstverwaltung sorgen muss sowie ferner, dass die wichtigsten Daten ihrer Tätigkeit und Geschäftsführung auch in der örtlichen oder überregionalen Presse bekanntgemacht werden (§ 5 Non-ProfitG).

c) Transparenz und Inkompatibilitätsanforderungen nach dem Non-ProfitG

aa) Transparenz

Weitere Voraussetzungen der Gemeinnützigkeit – und damit für die Eintragung in das entsprechende Register – betreffen das Transparenzgebot (§ 7 Non-ProfitG) und die Öffentlichkeit der Entscheidungsfindung in der Organisation. Die Sitzungen des obersten Organs, des Geschäftsführungs- und Vertretungsorgans der gemeinnützigen Organisation, müssen öffentlich stattfinden (§ 7 Abs. 1 Non-ProfitG). Besteht das oberste Organ der gemeinnützigen Organisation aus mehreren Mitgliedern, muss in der Gründungsurkunde Folgendes festgelegt sein:

---

[19] Kny.III 28.178/1998 in Közigazgatási – Gazdasági Döntvénytár (KDG) [Entscheidungen des Obersten Gerichts in Verwaltungs- und Wirtschaftssachen], 1999/8-9, 139-140.

[20] Legfelsőbb Bíróság határozatainak hivatalos gyűjteménye (EBH) [Offizielle Sammlung der Entscheidungen des Obersten Gerichts], EBH 2000.280 – 2000/1.

- Häufigkeit der Sitzungen des Leitungsorgans (mindestens einmal pro Jahr), Einberufungsregeln für die Sitzungen, Art und Weise der Bekanntgabe der Tagesordnung, Öffentlichkeit bzw. Beschlussfähigkeit bei den Sitzungen sowie die Art und Weise der Beschlussfassung;
- Inkompatibilität der leitenden Repräsentanten (Vorstandsmitglieder) der gemeinnützigen Organisation;
- die Bedingungen (Bildung, Kompetenzbereiche und Tätigkeiten), wenn die gemeinnützige Organisation zur Bildung oder Berufung eines ihre Tätigkeit und Geschäftsführung kontrollierenden und vom Leitungsorgan getrennten Organs (Aufsichtsorgan) verpflichtet ist und
- Regelungen betreffend Art und Weise der Bestätigung des Jahresabschlusses der gemeinnützigen Organisation (§ 7 Abs. 2 Non-ProfitG).
- Weiterhin muss entweder das Gründungsdokument oder eine aufgrund des Gründungsdokuments erlassene interne Ordnung (z. B. Satzung, Geschäftsordnung) der gemeinnützigen Organisation regeln:
- die Führung eines Registers, aus dem Inhalt, der Zeitpunkt und die Geltung einer Entscheidung des Leitungsorgans (Vorstands) bzw. die Stimmen (wenn möglich pro Person) der für und gegen die Entscheidung stimmenden Mitglieder ersehen werden können;
- die Art und Weise, wie die Entscheidungen des Leitungsorgans den Betroffenen mitgeteilt bzw. veröffentlicht werden;
- Bestimmungen zur Einsichtnahme in die aus der Tätigkeit der gemeinnützigen Organisation entstandenen Dokumente sowie
- Öffentlichkeit der Tätigkeit der gemeinnützigen Organisation, die Art und Weise der Inanspruchnahme ihrer Leistungen bzw. die Bekanntmachung ihrer Rechenschaftsberichte (§ 7 Abs. 3 Non-ProfitG).

Sollte das Leitungsorgan nur aus einer Person bestehen, enthält das Non-ProfitG darüberhinaus besondere Regelungen (§ 7 Abs. 4 und Abs. 5 Non-ProfitG).

bb) Inkompatibilitätsanforderungen

Für bestimmte Rechtsformen sind Inkompatibilitätsregeln gesetzlich festgelegt. So sind beispielsweise bei den Gemeinnützigen Gesellschaften die Vorschriften des Gesetzes über Wirtschaftsgesellschaften bzw. GmbH-Vorschriften anzuwenden. Dort werden Inkompatibilitätsregelungen gesetzlich normiert.[21] Weitere Beschränkungen finden sich in Non-ProfitG. Danach darf Vorsitzender oder Mitglied des Aufsichtsorgans bzw. Wirtschaftsprüfer der gemeinnützigen Organisation nicht sein, wer

---

[21] Siehe § 23, 25, 43, 38 des Gesetzes Nr. CXLIV von 1997 über Wirtschaftsgesellschaften.

- Vorsitzender oder Mitglied des Leitungsorgans ist;
- mit der gemeinnützigen Organisation in einem Arbeitsverhältnis oder auf Arbeitsverrichtung gerichteten anderen Rechtsverhältnis steht, welches auf Entfaltung einer anderen Tätigkeit außerhalb des Mandats gerichtet ist (sofern keine Rechtsvorschrift anderes zulässt);
- eine dem Zweck der gemeinnützigen Organisation entsprechende Zuwendung erhält – mit Ausnahme nichtfinanzieller Leistungen, die durch jeden ohne Einschränkung in Anspruch genommen werden können sowie der laut Gründungsdokumente einem Mitglied aufgrund des Mitgliedschaftsverhältnisses gewährten Leistungen und
- Angehörige (§ 685 lit. b des BGB[22]) der vorgenannten Personen.

Diese Beschränkung wird weit ausgelegt. Z. B. dürfen die Personen, die Mitglieder der Vollversammlung des Selbstverwaltungsorgans einer Gemeinde sind, nicht zum Aufsichtsratsmitglied einer Gemeinnützigen Gesellschaft gewählt werden, wenn die Gemeinnützige Gesellschaft von der Gemeinde als einzige Gesellschafterin gegründet wurde.[23] Weiterhin darf gemäß § 8 Abs. 1 Non-ProfitG an der Beschlussfassung des Organs der gemeinnützigen Organisation eine Person nicht teilnehmen, die oder deren naher Angehöriger bzw. Lebensgefährte aufgrund des Beschlusses von einer Pflicht oder Haftung befreit wird oder auf andere Weise bevorteilt wird bzw. an einem abzuschließenden Rechtsgeschäft auf andere Weise beteiligt ist. Nicht als Vorteil werden insofern im Rahmen der zweckentsprechenden Zuwendungen der gemeinnützigen Organisation angesehen: die nichtfinanziellen Leistungen, die durch jeden ohne Einschränkung in Anspruch genommen werden können sowie die durch die gesellschaftliche Organisationsverfassung einem Mitglied aufgrund des Mitgliedschaftsverhältnisses gewährten, der Gründungsurkunde entsprechenden Zuwendungen.

Ein leitendes Organmitglied bzw. die dafür vorgeschlagene Person muss schließlich alle betroffenen gemeinnützigen Organisationen im Voraus davon unterrichten, dass er eine solche Position gleichzeitig bereits bei einer anderen gemeinnützigen Organisation bekleidet (§ 9 Abs. 2 Non-ProfitG).

d) Kontrollorgan

Wenn die Jahreseinnahmen einer gemeinnützigen Organisation 5 Millionen Forint (ca. 20.000 Euro) übersteigen, ist ein unabhängiges Kontrollorgan aufzustellen. Laut § 11 Abs. 1 Non-ProfitG kontrolliert dieses Aufsichtsorgan die Tätigkeit und Geschäftsführung der gemeinnützigen Organisation. Dabei kann

---

[22] Übersetzung im Anhang 1.
[23] Oberstes Gericht, Cgf.II 31.229/2002 in Bírósági Határozatok (BH) [Entscheidungen des Obersten Gerichtes] BH 2003.382.

es von den leitenden, geschäftsführenden Organmitgliedern Berichte und von den Arbeitnehmern der Organisation Informationen oder Auskünfte fordern und ferner in die Bücher und Dokumente der gemeinnützigen Organisation einsehen bzw. diese prüfen. Die Rechte und Pflichten des Aufsichtsorgans sind im Non-ProfitG festgelegt.[24]

e) Mögliche Rechtsformen außerhalb des Non-ProfitG

Laut § 2 Abs. 2 Non-ProfitG können andere Organisationen auch den Status als gemeinnützige Organisation erlangen, wenn dies durch Gesetz ermöglicht wird. In diesem Zusammenhang sind die Bestimmungen des Gesetzes über das Sportwesen zu erwähnen:

Das Gesetz Nr. I von 2004 über das Sportwesen regelt, dass bestimmte Organisationen kraft dieses Gesetzes in Form sog. „besonders gemeinnütziger Organisationen" oder Körperschaften des öffentlichen Rechts ohne Registrierung in das Register der gemeinnützigen Organisationen dennoch als gemeinnützig anzusehen sind. Solche besonders gemeinnützigen Organisationen sind z. B. der Ungarische Olympische Ausschuss (Magyar Olimpiai Bizottság), § 38 Abs. 1 SportG; der Ungarische Paraolympische Ausschuss (Magyar Paraolimpiai Bizottság), § 40 Abs. 1 SportG; der Nationale Sportverband als Körperschaft des öffentlichen Rechts, § 42 Abs. 1 SportG; der Nationale Verband des Freizeitsports (A Nemzeti Szabadidősport Szövetség), § 43 Abs. 1 SportG, und der Nationale Sportverband der Behinderten (Fogyatékosok Nemzeti Sportszövetsége), § 44 Abs. 1 SportG. Diese Organisationen werden im Register des Sportministeriums geführt. Das Sportgesetz definiert darüber hinaus den sog. Nationalen Fachverband (§ 21 Abs. 1 und Abs. 2 SportG), welcher bei Einhaltung der Voraussetzungen des Non-ProfitG als gemeinnützig oder als besonders gemeinnützig anerkannt werden kann.

2. Steuergesetze

Die Steuergesetze knüpfen grundsätzlich an die Bestimmungen des Non-Profit-Gesetzes an, jedoch werden auch andere Rechtsformen erwähnt:

§ 4 Punkt 1/a des KStG verweist zunächst auf die Definitionen des Non-Profit-Gesetzes, d. h. auf die sog. „gemeinnützigen" und „besonders gemeinnützigen" Organisationen und zählt weiterhin gesondert die Kirche und die sog. „gemeinnützige Verpflichtungsübernahme" auf. Seit 2001 werden bestimmte kirchliche Tätigkeiten insofern auch gesetzlich geregelt. Eine Kirche kann nach dem KStG und dem EStG nur so lange und soweit spendenempfangende Organisation sein, wenn sie die Voraussetzungen des Gesetzes Nr. CXXIV von 1997 über die materiellen Voraussetzungen der Glaubens- und gemeinnützigen

---

[24] Z. B § 11 Abs. 2 Non-ProfitG (Übersetzung im Anhang 1).

Tätigkeiten der Kirchen entspricht. Der Begriff „Kirche" wird weiterhin im Gesetz Nr. IV von 1990 näher bestimmt.

Als nichtrechtsfähige Organisation wird die sog. „gemeinnützige Verpflichtungsübernahme" (entspricht der unselbständigen Stiftung) im KStG erwähnt. Die gemeinnützige Verpflichtungsübernahme ist im ungarischen Bürgerlichen Gesetzbuch geregelt. Das ungarische BGB ist in den fünfziger Jahren des 20. Jahrhundert, in der härtesten Zeit des stalinistischen Sozialismus, geschaffen worden. Damals war sich die Rechtslehre einig, dass der Sozialismus die Rechtsform Stiftung nicht benötigt, denn der Staat sollte sich um die gesellschaftlichen Fragen kümmern.[25] Deswegen ist in der Originalfassung des ungarischen BGB von 1959 die Stiftung als Rechtsform nicht enthalten. Jedoch haben die Autoren des BGB eine kleine Hintertür offen gehalten und eine damals unbekannte Institution für Stiftungsfunktionen im BGB als sog. „gemeinnützige Verpflichtungsübernahme" geschaffen (§§ 593-596 BGB[26]). Den Rechtscharakter der gemeinnützigen Verpflichtungsübernahme kann man dahingehend illustrieren, dass es sich hierbei um eine unselbständige, nichtrechtsfähige Stiftung in Form einer rein schuldrechtlichen Verpflichtung handelt. Auch von ausländischen Autoren wurde dies bereits bestätigend festgestellt.[27] Auf die gemeinnützige Verpflichtungsübernahme wird in einigen Gesetzen hingewiesen, wie z. B. im Gesetz Nr. CXXVI von 1997 über nationale wissenschaftliche Forschungsgrundprogramme oder im Gesetz Nr. I von 1996 über das Rundfunk- und Fernsehwesen. Diese Gesetze normieren, dass Einzahlungen an die wissenschaftlichen Forschungsprogramme (§ 1 Abs. 6 Gesetz Nr. CXXXVI von 1997) bzw. an Programmdienstleistungsfonds (§ 77 Abs. 4 des Gesetzes Nr. I von 1996) als gemeinnützige Verpflichtungsübernahme gelten. Weiterhin wird als gemeinnützige Verpflichtungsübernahme auch die Förderung der Freiwilligen Versicherungskassen auf Gegenseitigkeit angesehen.

3. Nicht anerkannte Formen

Obwohl bestimmte juristische Personen, wie Stiftung, Vereine, Gemeinnützige Gesellschaften, nur im Interesse des Gemeinwohls gegründet werden können, genügt diese privatrechtliche gesetzliche Voraussetzung nicht immer zwangsläufig für steuerliche Zwecke. In Ungarn kann eine Stiftung keinen Privatinteressen dienen. Eine insofern gemeinnützig tätige, jedoch aber nicht registrierte Stiftung bietet keine Steuervorteile. Aktiengesellschaften und „normale"

---

[25] Ausführlich in *Zoltán Csehi*, A magánjogi alapítvány [Die Stiftung des Privatrechts], 2004, S. 178-180 (in Vorbereitung).

[26] Übersetzung im Anhang 1.

[27] *Fritz Hondius/Tymen van der Ploeg*, Foundations. International Encyclopaedia of Comparative Law, Vol. XIII. Ch. 9, 2000, S. 14.

GmbHs, Genossenschaften, Personengesellschaften oder Einzelpersonen können nicht als gemeinnützig anerkannt und registriert werden. Aber ab den 01.07.2007 kann nur sog. non-profit Wirtschafsgesellschaft gegründet werden, weil die Gemeinnützige Gesellschaft durch eine neue Form des Gesetzes Nr. IV von 2006, die sog. Non-Profit Wirtschaftsgesellschaft ersetzt wird. Ab den 01.07.2007 können alle Formen der Wirtschaftsgesellschaften, einschließlich oHG, KG, AG, als gemeinnützig anerkannt werden (§ 4 Abs. 1 S. 2 Gesetz Nr. 4 von 2006).

II. Gemeinnütziger Zweck

1. Definition der Gemeinnützigkeit

Der Begriff der „Gemeinnützigkeit" und sinnverwandte Wörter finden sich in den Gesetzesdefinitionen bestimmter juristischer Personen. Weiterhin wird der Begriff der „Gemeinnützigkeit" im Non-ProfitG sowie von den Steuergesetzen konkretisiert.

Die Begriffsbeschreibungen bestimmter juristischer Personen weisen darauf hin, dass diese dem Gemeinwohl zu dienen haben. So kann etwa eine Stiftung nur für einen „gemeinnützigen Zweck" gegründet werden, die Gemeinnützige Gesellschaft führt eine ebenfalls eine „gemeinnützige Tätigkeit" aus (§ 57 Abs. 1 BGB), die Körperschaft des öffentlichen Rechts dient der Erfüllung „öffentlicher Aufgaben". Das ungarische BGB wiederum enthält keine abstrakte Definition der „Gemeinnützigkeit", der „öffentlichen Aufgaben" und des „Gemeinwohls". Vielmehr werden mögliche gemeinnützige Aktivitäten im Non-ProfitG und in den Steuergesetzen ausführlich aufgelistet.

a) Definition nach dem Non-ProfitG

Das Non-ProfitG definiert die „gemeinnützige Tätigkeit" mit einer Liste der insofern anerkannten Aktivitäten. Diese Liste enthält allgemeine Zielrichtungen, nicht jedoch genau umschriebene Tätigkeiten (§ 26 lit. c Non-ProfitG). Nach der Auflistung sind die folgenden Tätigkeiten als gemeinnützig anzusehen:

a) Gesundheitsvorsorge, Krankheitsprophylaxe, Rehabilitation;

b) Soziale Tätigkeiten, Familienunterstützung, Altenpflege;

c) Wissenschaftliche Tätigkeit und Forschung;

d) Erziehung und Bildung, Entwicklung, Verbreitung von Kenntnissen;

e) Kulturelle Aktivitäten;

f) Schutz des kulturellen Erbes;

g) Denkmalschutz;

h) Natur-, Tier- und Umweltschutz;

i) Kinder- und Jugendschutz, Interessenvertretung von Kindern und Jugendlichen;

j) Förderung der gesellschaftlichen Chancengleichheit benachteiligter Gruppen;

k) Schutz der Menschenrechte und der staatsbürgerlichen Rechte;

l) Tätigkeiten in Zusammenhang mit nationalen und ethnischen Minderheiten in Ungarn sowie in Zusammenhang mit ungarischen Staatsbürgern außerhalb der Landesgrenzen;

m) Sport, mit Ausnahme der in einem Arbeitsverhältnis oder im Rahmen eines zivilrechtlichen Rechtsverhältnisses aufgrund eines Auftrages betriebenen Sporttätigkeiten;

n) Schutz der öffentlichen Ordnung und der Verkehrssicherheit, freiwillige Feuerwehr, Rettungsdienst, Katastrophenschutz;

o) Verbraucherschutz;

p) Rehabilitationsbeschäftigungen;

q) Förderung der Ausbildung und Beschäftigung der auf dem Arbeitsmarkt benachteiligten Schichten und damit zusammenhängende Leistungen;

r) Förderung der euroatlantischen Integration;

s) gemeinnützigen Organisationen vorbehaltende Leistungen (die nur durch gemeinnützige Organisationen in Anspruch werden können);

t) Tätigkeiten in Zusammenhang mit Hochwasserschutzes und Schutz vor hohem Grundwasser;

u) Entwicklung, Unterhaltung und Betreibung der für den öffentlichen Verkehr gewidmeten Strassen, Brücken und Tunneln;

v) Kriminalprävention und Opferschutz.

Diese abgeschlossene Liste der möglichen gemeinnützigen Zwecke enthält – wie man erkennen kann – sehr allgemeine Definitionen. Außerdem wird die Liste von Jahr zu Jahr erweitert. Zuletzt sind 2004 mit Geltung ab 1.1.2005 zusätzlich Kriminalprävention und Opferschutz aufgenommen worden. Schließlich wird der Gemeinnützigkeitsbegriff durch die Steuerbehörde und Gerichten erweitert ausgelegt. So hat beispielsweise das Oberste Gericht entschieden, dass die Unterstützung der Begabtenförderung durch eine Stiftung der „Erziehung und Bildung" im Sinne des Non-ProfitG entspricht und deswegen die dort betroffene Stiftung als gemeinnützig zu registrieren war.[28] Mittelbare Aktivitäten, z.B. Unterstützungen eines Krankenhauses, sind selbst als gesundheitliche Dienstleistungen angesehen worden. Der gemeinnützige Zweck ist mithin nicht zwingend selbst unmittelbar durch die entsprechende Organisation

---

[28] EBH (Fn. 20.) 1999.179 – 1999/2.

auszuführen. Vielmehr kann dies gemeinsam mit anderen[29] oder durch bloße Förderung[30] anderer Organisationen erreicht werden, z. B. bei einer Stiftung, die nur mit dem Zweck der (finanziellen) Unterstützung eines Krankenhauses gegründet wird[31]. Auch glaubensmotivierte Stiftungen können als gemeinnützig anerkannt bzw. registriert werden.[32]

b) Begriffsdefinitionen der Gemeinnützigkeit in anderen Gesetzen

In den beiden Steuergesetzen (KStG und EStG) sind zusätzliche Aktivitäten im Rahmen der Steuerprivilegien einbezogen worden, nämlich die Kirchen, die Förderung der Freiwilligen Versicherungskassen auf Gegenseitigkeit und die Förderung der durch ein sog. Haushaltsorgan[33] verfolgten Grundlagenforschung bzw. angewandten Forschung. Über diese einzelnen Einrichtungen kann man kurz das Folgende zusammenfassen:

aa) Kirchen

Die „Kirche" wird im Gesetz Nr. IV von 1990 über die Gewissens- und Religionsfreiheit definiert. Das Gesetz Nr. CXXIV von 1997 (dort § 2) über die materiellen Voraussetzungen des Religionswesen und der gemeinnützigen Aktivitäten der Kirchen regelt wiederum die nicht gewerblichen Betätigungen der Kirchen, mit denen steuerrechtliche Vorteile verknüpft sind. Eine Kirche hat insofern Erträge, Kosten und Aufwendungen der gewerblichen Tätigkeit von den Spenden getrennt zu buchen. Eine unentgeltliche Unterstützung der nicht gewerblichen Tätigkeit der Kirchen wird als Spende im Sinne des EStG und KStG gesetzlich anerkannt. Hierbei gelten die Folgenden als nicht gewerbliche Betätigungen:

- Institute für Religionswesen, Erziehung und Unterricht, Kultur, Hochschulwesen, Sozial- und Gesundheitswesen, Sport, Kinder- und Jugendschutz;
- Betrieb von Erholungsheimen mit Dienstleistungsangeboten für kirchliche Personen;

---

[29] Kny.III 28.089/1998 in KGD (Fn. 19.) 1999/8-9, 150.
[30] Kny.III 28.468/1998 in KGD (Fn. 1) 1999/8-9, 143-144.; neuerdings Kfv.I 35.408/2002 in BH (Fn. 22) 2005.84.
[31] EBH (Fn. 20.) 1999.178 – 1999/2.
[32] Kny.III 28.419/1998 in KGD (Fn. 19.) 1999/8-9, 144-145 und Kny.III 28.418/1998 in KGD (Fn. 19.) 1999/8-9, 148-149.
[33] Der Begriff des Haushaltsorgans im ungarischen BGB und im Gesetz XXXVIII vom 1992 über Staatshaushalt festgelegt. Siehe Anhang 1, S. 557, 559. Haushaltsorgane sind Anstalten und Körperschaften des öffentlichen Rechts, einschließlich Behörden, es ist ein Oberbegriff.

- Herstellung und Verkauf der zum Religionswesen erforderlichen Publikationen, Devotionalien;
- teilweise die Nutzbarmachung der zu kirchlichen Zwecken benötigten Liegenschaften (auch Zubehör/ Bestandteile);
- Unterhaltung von Friedhöfen;
- Verkauf von immateriellen Gütern, Vieh, Sachanlagen und Vorräten (auch die Erstattung der Arbeitskleidung), sofern diese Güter ausschließlich dem Religionswesen, der Erziehung und des Unterrichts, der Kultur, dem Hochschulwesen, dem Sozial- und Gesundheitswesen, dem Sport oder dem Kinder- und Jugendschutz dienen;
- Benutzung der zu Zwecken des Religionswesens, der Erziehung und des Unterrichts, der Kultur, des Hochschulwesens, des Sozial- und Gesundheitswesens, des Sports oder des Kinder- und Jugendschutzes dienenden Mittel, sofern dies ohne Eigennutz erfolgt.

Nicht nur die von der Kirche selbst, sondern auch die von einer organisatorischen Einheit der Kirche entsprechend verfolgten Tätigkeiten (sofern diese Einheit über selbständige Geschäftsführung und Vertretungsorgane verfügt und als juristische Person anerkannt ist) werden als nicht gewerblich anerkannt. Darüber hinaus werden die folgenden Aktivitäten solcher verselbständigter organisatorischer Einheiten als nicht gewerblich eingestuft:

- Herstellung und Verkauf von Produkten, Notizen, Lehrbüchern, Publikationen, Studien, die im Laufe der Wahrnehmung der von dem Staat oder von einer Selbstverwaltungseinheit übernommenen öffentlichen Aufgabe hergestellt werden;
- Vermietung einer kirchlichen Einrichtung bzw. Gebäudes (welches dem Religionswesen, der Erziehung und des Unterrichts, der Kultur, dem Hochschulwesen, dem Sozial- und Gesundheitswesen, dem Sport oder dem Kinder- und Jugendschutz dient) für ein Unternehmen des Gaststättengewerbes zu dessen Betriebszwecke.

Einnahmen, die aus den beschriebenen Tätigkeiten stammen, gelten als nicht gewerbliche Einnahmen. Hierzu zählen insbesondere die Gegenwerte, die Gebühren oder Entgelte für Dienstleistungen, die mit den erwähnten Tätigkeiten im Zusammenhang stehenden Entschädigungen/ Schadenersatzzahlungen, Vertragsstrafen, Verzugszinsen, Reugelder, Geldstrafen und Steuerrückerstattungen sowie die für die Zwecke der oben genannten Tätigkeiten ohne Rückzahlungsverpflichtung gewährten – finanziell bereinigten – Unterstützungen und Zuwendungen. Weiterhin gelten nicht als Einnahmen aus Gewerbetätigkeit Zinsen bzw. Dividenden, die aufgrund Bankguthabens oder Wertpapieren erzielt werden, sowie Erträge aus den vom Staat ausgegebenen Wertpapieren, d. h. die Einnahmen aus gewerblichen Aktivitäten sind in beiden Fällen ohne diese Zinsen und Erträge zu berechnen.

bb) Freiwillige Versicherungskassen auf Gegenseitigkeit

Gemäß der gesetzlichen Bestimmung im Gesetz Nr. XCVI aus 1993 über die Freiwilligen Versicherungskassen auf Gegenseitigkeit wird eine solche definiert als eine von natürlichen Personen (Kassenmitglieder) auf den Prinzipien der Unabhängigkeit, Gegenseitigkeit, Solidarität und Freiwilligkeit gegründete Vereinigung, die ergänzende, komplettierende bzw. ersetzende Leistungen im Rahmen der Sozialversicherungen und ferner den Schutz der Gesundheit fördernde Versorgungen organisieren und finanzieren. Die Kasse organisiert, finanziert bzw. gewährt ihre Leistungen aus den regelmäßigen Mitgliedsbeitragszahlungen auf der Basis einer Führung von Einzelkonten. Die auf die diesen Zweck bezogenen Vorschriften und Berechtigungen zur Geschäftsführung und Haftung werden durch das genannte Gesetz Nr. XCVI aus 1993 geregelt.

Gemäß § 17 dieses Gesetzes wird als Förderer der Kasse jede natürliche oder juristische Person angesehen, die zu Gunsten der Kasse – ohne Gegenleistung – eine fallweise oder regelmäßige Geld- oder andere Leistung erbringt. Der Förderer darf festlegen, zu welchem Zweck und auf welche Weise die Kasse diese Zuwendung verwenden darf, jedoch darf die Unterstützung nur für sämtliche Kassenmitglieder oder für einen in der Satzung festgelegten Kreis von Mitgliedern erbracht werden.

In der Rechtsprechung zum früheren Einkommensteuergesetz Nr. XC von 1991 tauchte die Frage auf, wie die Auszahlungen einer solchen Kasse steuerrechtlich zu behandeln sind. Das Oberste Gericht hat mehrmals betont, dass die Zuwendungen der Kasse nur dann steuerfrei sind, wenn sie als Selbstunterstützung dienen und aufgrund sozialer Bedürftigkeit gezahlt werden. Insofern gab es mehrere Gerichtsentscheidungen in Zusammenhang mit Auszahlungen der Freiwilligen Versicherungskassen auf Gegenseitigkeit. Streitpunkt war, ob die Auszahlungen steuerpflichtiges Einkommen der betroffenen Privatpersonen sind. Mehrmals kam es vor, dass solche Zahlungen den Voraussetzungen des Einkommensteuergesetzes in Bezug auf die steuerfreien Einnahmen nicht entsprochen haben, beispielsweise waren die Begünstigten einer sozialen Hilfe nicht bedürftig.[34] Die Gewährung von Leistungen der Freiwilligen Versicherungskassen auf Gegenseitigkeit ist als Verwirklichung von Selbsthilfe anzusehen und ohne Begutachtung der sozialen Bedürftigkeit bzw. bei einem Fehlen solcher Bedürftigkeit kann eine entsprechende Zuwendung steuerrechtlich nicht

---

[34] Siehe dazu die Entscheidungen des Obersten Gerichts hinsichtlich § 7 des alten Einkommensteuergesetzes Nr. XC von 1991: Kfv.III 27.690/1997 in EBH (Fn. 20.) 1999.277; Kf.II 28.093/1999 in Adó, vám és illeték (Zeitschrift: Steuer, Zoll und Gebühr) 2001.117; Kfv.I 27.073/1999 in Adó, vám és illeték 2001.142; Kf.V 35.700/1999 in Adó, vám és illeték 2001.55.

als steuerfrei angesehen werden.[35] Weitere Gerichtsentscheidungen beschäftigten sich mit der Auslegung der Begriffs „soziale Bedürftigkeit".[36]

cc) Staatliche Grundlagenforschung, angewandte Forschung
Im Jahr 2002 wurde mit Geltung von 1.1.2003 an die Unterstützung staatlicher Grundlagenforschung bzw. angewandter Forschung im EStG (§ 41 Abs. 2 lit. c) und KStG (§ 4 lit. 1/a) eingefügt. Das sog. „Haushaltsorgan" wird nach dem BGB definiert als juristische Person (§ 36 Abs. 1 BGB[37]). Weitere diesbezügliche Vorschriften finden sich im Gesetz Nr. XXXVIII von 1992 über den Staatshaushalt (StaatshaushaltsG).[38]
Über Grundlagenforschung, angewandte Forschung und dazugehöriger Versuchsentwicklung ist am 1.1.2005 ein weiteres, neues Gesetz (Nr. CXXIV von 2004 über Forschung, Entwicklung und technologische Innovation) in Kraft getreten. Die Regelungen dieses sog. Innovationsgesetzes entsprechen teilweise dem Wortlaut der Steuergesetze. Vor dem Inkrafttreten des Innovationsgesetzes wurden grundsätzlich entsprechende Universitäten und ähnliche Einrichtungen (z. B. Forschungsinstitute) nur steuerrechtlich definiert.

c) Elemente des Gemeinnützigkeitsbegriffs: selbstlose Förderung der Allgemeinheit oder einer bedürftigen Gruppe
Die gesetzliche Begriffsbestimmung der Spende wird unten (siehe D. II. 1.) näher dargestellt. Insofern können – abhängig davon, welchen Zwecke verfolgt werden – drei durch Spenden förderungswürdige Zielgruppen unterschieden werden: gemeinnützige Zwecke, kirchliche Zwecke und gemeinnützige Verpflichtungsübernahmen. Der genaue Gehalt dieser Zwecke bzw. Tätigkeiten werden – mit Ausnahme bei der gemeinnützigen Verpflichtungsübernahme – in den oben dargelegten Rechtsvorschriften bestimmt (z. B. bei Kirchen in dem Gesetz Nr. CXXIV von 1997). Die meisten steuerbegünstigten Organisationen verfolgen ohnehin gemeinnützige Zwecke im Sinne des Non-ProfitG.

d) Sonderproblem: Förderung im Ausland
Eine Förderung von Organisationen im Ausland kann steuerrechtlich nicht geltend gemacht werden. Dies ergibt sich aus den Verfahrensvorschriften. Laut § 41 Abs. 1 EStG wird die Steuer, berechnet auf der Basis der zusammen-

---

[35] Oberstes Gericht, Kf.IV 35.148/2000 in Adó, vám és illeték (Fn. 33) 2002.96; ähnlich Kf.IV 35.350/2001 in Adó, vám és illeték (Fn. 34.) 2002.59.
[36] Oberstes Gericht, Kf.III 29.816/1999 in Adó, vám és illeték (Fn. 34.) 2002.125.
[37] Übersetzung im Anhang 1, siehe S. 557, 559.
[38] Vgl. auch § 87 Abs. 1 StaatshaushaltsG (Übersetzung im Anhang 1).

gefassten Besteuerungsgrundlage, aufgrund der Beibringung der Kopie einer ausgegebenen Bescheinigung der gemeinnützigen Organisation gemindert um die Vergünstigung im Hinblick auf die gemeinnützige Spende. § 3 lit. 52 EStG[39] und inhaltsgleich § 7 Abs. 7 KStG bestimmen die Voraussetzungen an diese Bescheinigung über eine gemeinnützige Spende. Auf Grund von § 7 Abs. 7 KStG und § 41 Abs. 1 EStG kann im Einzelnen ein Steuerzahler sein steuerliches Ergebnis (vor Steuern) vermindern, wenn er über eine entsprechende Bescheinigung verfügt, die durch eine gemeinnützige Organisation, besonders gemeinnützige Organisation, Kirche bzw. durch den Verwalter einer gemeinnützigen Verpflichtungsübernahme für steuerliche Zwecke ausgestellt wurde. Die Bescheinung muss weiterhin zeitlich den Anforderungen des § 46 Abs. 4 des Gesetzes über das Verfahren der Steuerzahlung[40] entsprechen. Sie muss ferner den Namen des Spenders und der Organisation, deren Sitz und die Steuernummern des Ausstellers sowie des Steuerzahlers, die Höhe der Spende, den unterstützten Zweck und bei gemeinnützigen Organisationen und besonders gemeinnützigen Organisationen den Gemeinnützigkeitsgrad beinhalten. Ohne die Bescheinigung kann ein Spendenabzug nicht erfolgen. Eine Förderung ausländischer Organisationen kann insofern nur mittels ungarischer Filialen internationaler Organisationen, wie z. B. Ungarisches Rotes Kreuz, erfolgreich steuermindernd durchgeführt werden.

2. Umstrittene Fragen und Beispiele

Folgende Beispiele aus der Rechtsprechung, in welchen Bereichen umstrittene Fragen existierten bzw. noch existieren:

Das Oberste Gericht hat entschieden, dass im Einkommensteuerrecht bezüglich der gemeinnützigen Verpflichtungsübernahme nur Geldspenden zum Steuerabzug in Betracht kommen, nicht dagegen Sachspenden. Dies ist daraus abgeleitet worden, dass das Steuerrecht nur die gespendete Summe von den Steuern als abzugsfähig qualifiziert.[41]

Die Mittel, die aus Opferstockgeld einem Pfarrer als Gehalt ausgezahlt werden, sind steuerpflichtig. Obwohl die Kirche bezüglich des Opferstockgeldes keine Steuer zu entrichten hat, ist der Pfarrer nicht davon befreit, Einkommensteuern zu zahlen.[42]

Problematisch ist weiterhin, dass im Non-ProfitG die Mindestanzahl der durch den gemeinnützigen Zweck begünstigten Personen – die Allgemeinheit – nicht näher definiert wird. Das Oberste Gerichtshof hat deshalb geschluss-

---

[39] Übersetzung im Anhang 1.
[40] Übersetzung im Anhang 1.
[41] Im abgeurteilten Fall erfolgte eine Sachspende in Höhe 750.000 Forint (ca. 3.000 Euro): Oberstes Gericht, Kfv.IV 27.827/1998 in Adó, vám és illeték (Fn. 34.) 2000.147.
[42] Oberstes Gericht, Kfv.V 27.790/1999 in Adó, vám és illeték (Fn. 34.) 2001.1

folgert, dass die Registergerichte nicht zu prüfen haben, ob die betreffenden begünstigten Personen der Allgemeinheit gleichkommen oder nur eine individuelle Gruppe darstellen.[43]

III. Vorgaben für die Mittelverwendung

1. Verfolgung des satzungsmäßig festgelegten gemeinnützigen Zwecks

Die Verfolgung des satzungsmäßigen Zwecks ist gesetzliche Pflicht aller juristischen Personen. Die Stiftung kann nur dem Gemeinwohl dienen, Vereine dürfen nur den in der Satzung festgelegten Zweck fördern und nur entsprechende Tätigkeiten verfolgen. Die Gemeinnützige Gesellschaft, wie schon ihr Name zeigt, soll auch dem Gemeinwohl dienen, die Körperschaft des öffentlichen Rechts erfüllt öffentlichen Aufgaben. Diese Gebote sind bereits mit der juristischen Rechtsform verbunden, unabhängig davon, ob die juristische Person einen gemeinnützigen Charakter hat oder nicht. Erst als zweite Stufe greifen das Non-ProfitG und die anschließenden Vorschriften. Eine dritte Stufe bilden schließlich die Steuervorschriften, welche formulieren, dass nur gemeinnützige Aktivitäten unterstützt werden und andere, z. B. wirtschaftliche Betätigungen, außer Betracht bleiben.

Die erste Stufe und ein Verstoß in ihrem Bereich – etwa die Verletzung der Satzung oder gesetzlicher Vorschriften – spielt im Steuerrecht eine nur sekundäre Rolle. Insofern wurde bisher gerichtlich nur festgestellt, dass, wenn eine Stiftung Spenden nicht satzungsgemäß verwendet, keine steuerliche Abzugsmöglichkeit besteht.[44]

In der zweiten genannten Stufe, dem Non-ProfitG, werden allgemeine und besondere Regelungen über den Betrieb der Organisation vorgeschrieben. Das Non-ProfitG verlangt diesbezüglich zwar keine verpflichtende Ausschreibungspflicht im Rahmen der Mittelverwendung, sie wird jedoch empfohlen. Als allgemeine Regeln sind im Übrigen die Folgenden zu nennen:

Eine gemeinnützige Organisation kann die ihrer Zweckverfolgungen dienenden Mittelverwendungen – nach den in der Gründungsurkunde festgelegten Regeln – an eine Ausschreibung knüpfen. In diesem Fall darf die Ausschreibung keine Bedingungen enthalten, aus denen – unter Abwägung aller Umstände des Einzelfalles – festgestellt werden könnte, dass es einen im Voraus festgelegten Sieger der Ausschreibung gibt (vorgetäuschte Ausschreibung). Eine vorgetäuschte Ausschreibung wird nicht als Basis einer zweckentsprechenden Mittelverwendung angesehen (§ 15 Abs. 1 und Abs. 2 Non-ProfitG).

Durch andere Vorschriften werden weiterhin die wirtschaftliche Betätigung bzw. gewerblichen Tätigkeiten einer gemeinnützigen Organisation beschränkt.

---

[43] EBH (Fn. 20.) 2000.386 – 2000/2.
[44] Oberstes Gericht, Kf.III 29.816/1999 in Adó, vám és illeték (Fn. 34) 2002.125.

Eine gemeinnützige Organisation darf keine Wechsel bzw. andere, ein Kreditverhältnis darstellende Wertpapiere ausgeben (§ 16 Abs. 1 Non-ProfitG). Die Mittelverwendung darf nicht mit der Gewerbetätigkeit verknüpft werden. Sie darf des Weiteren nicht, mit Ausnahme der Gemeinnützigen Gesellschaft, zur Entwicklung ihrer Gewerbetätigkeit Kredite in einer ihre gemeinnützige Tätigkeit gefährdenden Höhe aufnehmen und darf nicht die vom Staatshaushalt erhaltene Unterstützung als Deckung eines Kredites bzw. zur Tilgung eines Kredites verwenden (§ 16 Abs. 2 Non-ProfitG). Investitionen betreibende gemeinnützige Organisationen haben eine Vermögensanlageordnung zu erstellen (z.B. sie können nur in Staatsanleihe oder börsennotierte Aktien investieren), die durch das oberste Organ angenommen (§ 17 Non-ProfitG) und von Gerichten kontrolliert wird.

Für die Mittelverwendung enthalten in der dritten Stufe das KStG (§ 4 Punkt 1/a lit. a und lit. b) – und ähnlich § 41 EStG – zwei grundlegenden Voraussetzungen zur Erlangung der Steuerbegünstigungen: Erstens dürfen die gemeinnützigen Organisationen die Spenden/Zuwendungen nur zur Förderung des gemeinnützigen Zwecks erhalten sowie zweitens – als negativ formulierte Voraussetzung – darf die Spende für den Spender, für die Gesellschafter, die leitenden Organe, die Aufsichtsrats- oder Vorstandsmitglieder oder den Wirtschaftsprüfer des Spenders bzw. für nahe Angehörige dieser Personen nicht als Vermögensvorteil (mittelbar und unmittelbar) anzusehen sein.

Die Einhaltung dieser Voraussetzungen wird durch die Buchführungsvorschriften der gemeinnützigen Organisationen überprüft. § 18 des Non-ProfitG[45] legt die Grundregeln der Buchführung insofern fest.

Die richtige Mittelverwendung der Spenden wird außerdem durchgesetzt durch die Regierungsverordnung Nr. 224/2000 (XII.19.) Korm.[46] über den Jahresabschluss und die Buchführungspflicht besonderer Organisationen. Der Abschluss der gemeinnützigen Organisation besteht aus vereinfachter Bilanz, gemeinnütziger Gewinn- und Verlustrechnung und weiteren Informationsdaten. Eine gemeinnützige Organisation kann einen vereinfachten Abschluss machen, wenn ihr jährliches Einkommen 50 Millionen Forint (ca. 200.000 Euro) nicht übersteigt. Übersteigt das jährliche Einkommen der gemeinnützigen Organisation diese Grenze, ist ein Jahresbericht anzufertigen. Der Sinn und Zweck der Sondervorschriften der Buchführung besteht darin, dass das Einkommen und die Ausgaben der gewerblichen und gemeinnützigen Aktivitäten solcher Organisationen getrennt geführt werden müssen. Auf diesem Weg kann die unmittelbare Mittelverwendung der Organisation von Behörden einfacher geprüft werden.

---

[45] Übersetzung im Anhang 1.
[46] „Korm". bedeutet die Abkürzung der Regierung in Rechtsquellen.

2. Gewinnausschüttungsverbot

Die Gewinnausschüttungsverbot ist in verschiedenen Vorschriften geregelt: Zur gesetzlichen Definition der Gemeinnützigen Gesellschaft (§§ 57-60 BGB) gehört ein solches „Gewinnaufteilungsverbot". Allgemein verlangt § 4 Abs. 1. lit. c) Non-ProfitG, dass das Gründungsdokument einer gemeinnützigen Organisation ein Gewinnausschüttungsverbot vorschreibt. Ferner sieht das Non-ProfitG vor, dass im Gründungsdokument Regelungen dahingehend enthalten sein müssen, dass die Organisation eine wirtschaftliche Betätigung nur zur Realisierung ihrer gemeinnützigen Ziele betreibt und diese nicht gefährdet werden sowie dass die Organisation ihre Einnahmen aus gewerblicher Tätigkeit nicht ausschüttet und sie vielmehr für den in ihrer Gründungsurkunde festgelegten gemeinnützigen Zweck verwendet.

§ 14 Abs. 1 des Non-ProfitG unterstreicht diese Voraussetzung, indem dort nochmals festgelegt wird, dass eine gemeinnützige Organisation ihren gewerblichen Gewinn nicht ausschütten darf. Das Gewinnausschüttungsverbot wird in diesem Zusammenhang auch im KStG vorgeschrieben.

3. Zulässigkeit von Zuwendungen und Zahlungen an Stifter, Spender und deren nahe stehenden Personen sowie an Vereinsmitglieder

Eine gemeinnützige Organisation darf den verantwortlichen Personen, ihren Förderern sowie Angehörigen dieser Personen – mit Ausnahme der Leistungen, die durch jeden ohne Einschränkung in Anspruch genommen werden können bzw. der durch einem Mitglied aufgrund des Mitgliedschaftsverhältnisses gewährten, der Gründungsurkunde entsprechenden Leistungen – keine Zuwendung zukommen lassen (§ 14 Abs. 4 Non-ProfitG). Grundsätzlich sind Zuwendungen an Stifter/ Spender und an deren nahe stehenden Personen damit nicht gestattet. Dieses Verbot ist auch in den beiden Steuergesetzen normiert (§ 41 Abs. 3 EStG, § 4 lit. 1 (1/b) KStG).

Korrespondierend dazu wird nicht als Spende (und damit nicht zur Inanspruchnahme der steuerlichen Vergünstigungen berechtigend) jede Zahlung angesehen, bei der aufgrund des tatsächlichen Inhalts der darauf sich beziehenden Rechtsgeschäfte und Dokumente (Gründungsurkunde, Prospekt, Werbung) und aufgrund der weiteren Umstände (insbesondere der Organisation, der Bedingungen etc.) auch indirekt festgestellt werden kann, dass die spendende Privatperson oder deren nahe Angehörige neben dem Erwerb des mit der Steuervergünstigung zu erlangenden Vermögensvorteils einen weiteren Vermögensvorteil erhalten hat. In solchen Fällen wird die Ausstellung der den Spendenabzug rechtfertigenden Bescheinigung als unrichtig angesehen (§ 41 Abs. 3 EStG). Die entsprechende Vorschrift im KStG ist bereits oben unter IV. 1. dargestellt worden (§ 4 lit. 1 (1/b) KStG).

Aus der Praxis können in diesem Zusammenhang beispielhaft rechtswidrige Verhaltensweisen von Gemeinden und ihrer Angestellter genannt werden. In einem Fall hatten betroffene Personen beispielsweise 30 % einer Zuwendung an Stiftungen als Steuerbegünstigung in Anspruch genommen. Die Stiftung wiederum hatte die Spenden an die Gemeinde weitergegeben. Konkret waren die betroffenen Personen Angestellte einer Gemeindeschule, die auf ein 13. Monatsgehalt verzichten und die Gemeinde hat zweimal jeweils eine Monatsgehaltsumme als soziale Hilfe für diese Personen bezahlt. In dem sich daran anschließenden Gerichtsverfahren wurde festgestellt, dass die Steuerbegünstigung für die Spende rechtswidrig geltend gemacht worden ist, weil die Einzahlung der Spende mit der „sozialen Hilfe" im Zusammenhang stand.[47]

Laut § 41 Abs. 6 des EStG gilt weiterhin nicht als Vermögensvorteil der Verweis auf den Namen bzw. die Tätigkeit eines Spenders. Auch nicht als Vermögensvorteil in diesem Sinne wird die Teilnahme in der Ausbildung einer Bildungsanstalt, die dem Gesetz zum öffentlichen Schulwesen entspricht, angesehen, d. h. wird eine Spende an eine solche Schule gegeben, so stellt es dann keinen Vermögensvorteil für die spendende Person dar, wenn sie an der Einrichtung selbst teilnimmt.

Aus der Praxis kann in diesem Zusammenhang weiterhin folgender interessanter Beispielsfall dargelegt werden: Eine durch eine Kirche gegründete Stiftung erhielt eine Zuwendung in Höhe von 1 % der Steuern vom Staat (siehe dazu unten D I 2 b) und erstattete diese Summe der Kirche zur Unterstützung ihrer Mitglieder (Gemeinde und Religionsunterricht) durch eine einmalige Überweisung. Die Stiftung selbst aber verfolgte keine andere Tätigkeit. Die Steuerbehörde hat die staatlichen Zuwendungen zurückverlangt, weil die Stiftung die gesetzliche Verwendung dieser Summe nur durch ein Protokoll des Verwaltungsorgans beweisen konnte. Die Mittelverwendung war nicht ausführlich genug bewiesen, insbesondere dahingehend, welche Ausgaben durch sie finanziert worden sind. Aufgrund der daraufhin eingelegten Rechtmittel durch die Stiftung hat das Oberste Gericht festgestellt, dass eine gemeinnützige Tätigkeit auch durch Förderung anderer Organisationen durchgeführt werden kann und es nicht erforderlich ist, dass eine Organisation ausschließlich selbst aktiv tätig zu werden hat.[48]

Sollte eine Stiftung aufgelöst werden und hatte sich der Stifter ein Recht in der Satzung der Stiftung vorbehalten, dass nach der Auflösung das verbleibende Vermögen ihm zugewiesen werden soll, so wird dieses in einem solchen

---

[47] Oberstes Gericht, [offizielle Abkürzung: Legf.Bír.], Kfv.II 28.214/1998 in Adó, vám és illeték (Fn. 34.) 2001.105.
[48] Oberstes Gericht, Kfv.I 35.408/2002 in EBH (Fn. 20.) 2003.985 – 2003/2 und auch im BH (Fn. 23.) 2005.84, ähnlich Oberstes Gericht, Kny.III 28.707/1998 in EBH (Fn. 20.) 1999.178 – 1999/2.];

Fall sodann dem Stifter übertragen. Die Gültigkeit einer solchen Bestimmung ist von dem Obersten Gericht mehrmals bestätigt worden.[49]

4. Zulässigkeit von Zuwendungen und Zahlungen an den Vorstand und an Angestellte der Organisation

§ 8 Non-ProfitG und die Steuergesetze beschränken die möglichen Zuwendungen an den Vorstand. § 8 Abs. 1 Non-ProfitG bestimmt, dass an der Beschlussfassung eines Leitungsorgans derjenige nicht teilnehmen darf, der oder dessen naher Angehöriger (§ 685 lit. b BGB) bzw. Lebensgefährte aufgrund des Beschlusses von einer Pflicht oder Haftung befreit oder auf andere Weise bevorteilt bzw. an einem abzuschließenden Rechtsgeschäft auf andere Weise beteiligt wäre. Nicht als Vorteil werden im Rahmen der zweckentsprechenden Mittelverwendung der gemeinnützigen Organisation die nichtfinanziellen Leistungen angesehen, die durch jeden ohne Einschränkung in Anspruch genommen werden können bzw. einem Mitglied aufgrund des Mitgliedschaftsverhältnisses gewährt werden. Vergleichbare Beschränkungen gelten für den Vorsitzenden oder Mitglied eines Aufsichtsorgans bzw. für einen Geschäftsführer und deren Angehörige (§ 8 Abs. 2 lit. c Non-ProfitG).

Wie bereits oben unter IV. 1. erörtert wurde, enthalten das KStG (§ 4 Punkt 1/a Unterpunkt a) b)) und ähnlich § 41 EStG zwei grundlegenden Voraussetzungen zur Erlangung der Steuerbegünstigung. Eine Voraussetzung dabei ist, dass eine Spende für den Spender, die Gesellschafter, leitenden Repräsentanten, Aufsichtsrats- oder Vorstandsmitglieder, den Wirtschaftsprüfer des Spenders bzw. für die nahen Angehörigen dieser Personen nicht als mittelbarer und unmittelbarer Vermögensvorteil angesehen werden darf. Diese Bestimmung ist weit auszulegen.[50]

Schließlich ist in dem Gemeinnützigkeitsbericht der Wert bzw. die Summe der den leitenden Organen der gemeinnützigen Organisation gezahlten Vergütungen aufzulisten, so dass die Öffentlichkeit die Vorstandsgehälter kontrollieren kann.

5. Kein Gebot der zeitnahen Mittelverwendung

Es existiert im ungarischen Recht kein Gebot der zeitnahen Mittelverwendung. Aufgrund der Unterfinanzierung der ungarischen Non-Profit-Organisationen ist ein solches Gebot zur Zeit nicht erforderlich. Im Übrigen dient allgemein der

---

[49] Oberstes Gericht, KnyII.27.080/1996; Oberstes Gericht, KnyVII.28.757/1999 in KDG (Fn. 19.) 2001/7, 208.

[50] Rechtseinheitliche Entscheidung des Obersten Gerichts 1/1998 KJE; Obersten Gericht, Kfv.IV 28.218/1998 in Adó, vám és illeték (Fn. 34.) 122/2000.10.

Jahresabschluss, unter anderem der darin aufgestellte sog. Gemeinnützigkeitsbericht, dazu, die Tätigkeit einer gemeinnützigen Organisationen zu überprüfen (§ 19 Non-ProfitG). Die gemeinnützige Organisation muss gleichzeitig mit der Bestätigung des Jahresabschlusses diesen Gemeinnützigkeitsbericht erstellen. Der Gemeinnützigkeitsbericht ist vom obersten Organ der gemeinnützigen Organisation festzustellen. Er beinhaltet Folgendes:

- die Bilanz;
- die Verwendung der staatlichen Unterstützung[51]
- die Aufstellung der zwecksentsprechenden Mittelverwendungen;
- die Höhe der Förderungen aus dem zentralen staatlichen Haushalt, aus staatlichen Sondergeldfonds, von kommunalen Selbstverwaltungen, der Siedlungsselbstverwaltung der Minderheiten, der Vereinigung von Siedlungsselbstverwaltungen und ihren Organen etc.;
- den Wert bzw. die Summe der den leitenden Repräsentanten der gemeinnützigen Organisation gewährten Vergütungen sowie
- einen kurzen inhaltlichen Rechenschaftsbericht über die gemeinnützige Tätigkeit.

Die Transparenz wird weiterhin dadurch gestärkt, dass jeder den Jahres-Gemeinnützigkeitsbericht einsehen bzw. davon auf eigene Kosten eine Kopie anfertigen kann und die Organisationen diesen spätestens bis zum 30. Juni eines jeden (Folge-)Jahres auf ihrer eigenen Homepage und in Ermangelung einer solchen auf eine andere, der Öffentlichkeit zugängliche Art und Weise veröffentlichen müssen (§ 19 Abs. 4-5 Non-ProfitG).

6. Kein Unmittelbarkeitsgebot

Ein ausdrückliches Unmittelbarkeitsgebot ist gesetzlich nicht vorgeschrieben.[52] Hilfspersonen (Beauftragte) können in Anspruch genommen werden. In einer bereits zitierten Gerichtsentscheidung wurde bestätigt, dass die unmittelbare Verwendung der Steuern auch angenommen werden kann, wenn die kirchliche Tätigkeit durch eine von der Kirche gegründete Stiftung in Form einer Kostenerstattung gefördert wird.[53] Bezüglich des Status als „besonders gemeinnützig" hat jedoch in Ausnahme zu dem Vorgenannten das Oberste Gericht eine andere Auffassung vertreten, d. h. die besonders gemeinnützigen Organisationen

---

[51] Unterstützungen der sog. Haushaltsorganen.

[52] Ein indirekter Hinweis versteckt sich in § 26 lit b) Non-ProfitG, der die zweckmäßige Tätigkeit folgendermaßen definiert: „jede Tätigkeit, die unmittelbar dem Erreichen der in der Gründungsurkunde angegebenen Zielsetzung dient"

[53] EBH 2003.985 (Fn. 20) – 2003/2.

müssen selbst die öffentlichen Aufgabe verfolgen.[54] § 16 Abs. 6-7 der Regierungsverordnung 224/2000 (XII.19.)[55] über den Jahresbericht/ Buchführungspflicht der in den Rechnungslegungsgesetzen als sonstige Organisation bestimmten Organisationen legt fest, wie mittelbare Spenden in die Rechnungslegung einzubringen sind.[56]

7. Keine besonderen zivilrechtliche Regelungen zur Mittelverwendung, insbesondere im Stiftungsrecht (Dauerhaftigkeit, Kapitalerhaltung)

Stiftungen können auch für eine gewisse Zeit oder bis zur Realisierung eines bestimmten Zwecks gegründet werden. Nach § 74/E Abs. 1 lit. b BGB löscht das Gericht die Stiftung aus dem Register, wenn eine entsprechende Bedingung eingetreten ist.

Das ungarische Privatrecht kennt auch eine allgemeine Vermögenserhaltungspflicht der Stiftungen oder Vereine nicht. Die Stiftungssatzung kann eine solche Pflicht zwar enthalten. Es handelt sich dabei dann um eine rein zivilrechtliche Fragestellung. Jedoch sind sowohl die Finanzämter wie auch die Staatsanwaltschaften dazu berechtigt, die Vermögenssituation einer Stiftung zu prüfen. Hierbei wird der Staatsanwaltschaft auch ermöglicht, schon die Eintragung der Stiftung in das gerichtliche Register zu verhindern, wenn die Höhe des Stiftungsvermögens zur Realisierung des Stiftungszweckes als zu niedrig erscheint oder das Stiftungsvermögen mit anderen Rechtsnormen nicht im Einklang steht.

IV. Vorgaben für die Mittelerzielung (Begrenzung unternehmerischer Tätigkeit)

Eine Stiftung darf nur dem Gemeinwohl dienen. Gemäß § 74/A Abs. 1 S. 2 BGB darf eine Stiftung nicht primär zur Durchführung einer wirtschaftlichen Betätigung gegründet werden. Ähnliches gilt für Vereine (§ 62 Abs. 3 BGB). Die Gemeinnützige Gesellschaft darf eine gewerbsmäßige wirtschaftliche Betätigung zur Förderung der gemeinnützigen Tätigkeiten durchführen. Der aus der Tätigkeit der Gesellschaft stammende Gewinn darf aber nicht unter ihren Gesellschaftern aufgeteilt werden (§ 567 Abs. 1 BGB). Weiterhin legt § 4 Abs. 1 lit. b) Non-ProfitG fest, dass zur Eintragung in das Gemeinnützigkeitsregister die Gründungsurkunde einer Organisation eine Bestimmung dahingehend enthalten muss, dass die Organisation eine gewerbliche Tätigkeit

---

[54] Kny.II 27.736/1998; Kny.III 28.178/1998 in KGD (Fn. 19.) 1999/8-9, 140-141.
[55] Übersetzung im Anhang 1.
[56] Dies scheint uns den § 26 lit. b Non-ProfitG zu widersprechen (siehe Fn. 52.).

nur zur Realisierung ihrer gemeinnützigen Ziele betreibt und diese nicht gefährdet werden.

Weitere Bestimmungen findet man in diesem Zusammenhang in der Regierungsverordnung über die wirtschaftlichen Betätigungen von Stiftungen Nr. 115/ 1992 (VII.23) und Vereinen Nr. 114/1992 (VII.23). Die Vorschriften der Regierungsverordnung Nr. 224/200 (XII.19) wiederum beschreiben die Verpflichtungen in Bezug auf die Buchführungsbesonderheiten bei solchen Organisationen. Die Buchführungsvorschriften verlangen beispielsweise die getrennte Führung der gewerblichen und gemeinnützigen Aktivitäten, so dass die Buchführung über die wirtschaftlichen Betätigungen ein klares Bild abgibt.

Schließlich wird das Verhältnis zwischen Einnahmen aus wirtschaftlichen und aus gemeinnützigen Aktivitäten bei der Festlegung der Besteuerungsgrundlage berücksichtigt (§ 9 KStG). Die maximalen Ergebnisse gewerblicher Tätigkeiten der gemeinnützigen Organisation werden in § 9 Abs. 7 KStG zweiseitig beschränkt: Die Höhe der vergünstigten unternehmerischen Betätigungen darf bei einer gemeinnützigen Organisation 10 % ihrer Gesamteinnahmen, doch höchstens 20 Millionen Forint, bzw. bei einer besonders gemeinnützigen Organisation 15 % ihrer Gesamteinnahmen nicht überschreiten.[57]

C. Besteuerung der gemeinnützigen Organisationen

I. Einschlägige Steuerarten für Organisationen und Spender

§ 6 Non-ProfitG legt als Rahmenvorschrift die Steuerprivilegien fest. Die konkreten Begünstigungen wiederum sind in den Sondergesetzen definiert. Das Non-ProfitG verweist insofern auf die folgenden Gesetze:

- Gesetz Nr. LXXXI von 1996 über die Körperschaft- und Dividendensteuer;
- Gesetz Nr. CXVII von 1995 über die Einkommensteuer;
- Gesetz Nr. XCIII von 1990 über die Gebühren;
- Gesetz Nr. C von 1990 über die kommunalen Steuern;
- Gesetz Nr. C von 1995 über das Zollrecht, das Zollverfahren und die Zollverwaltung[58] sowie ferner andere maßgebliche Rechtsvorschriften.

Dementsprechend gebührt einer gemeinnützigen Organisation:

- für die in ihrer Gründungsurkunde festgelegte, satzungsgemäß gemeinnützige Tätigkeit eine Befreiung von der Körperschaftsteuer;

---

[57] § 9 Abs. 7 KStG (Übersetzung in Anlage 1).
[58] Das ungarische Zollrecht wurde am 1.52004 durch EU-Zollrecht abgelöst: Gesetz Nr. CXXVI von 2003 über die Durchführung des Zollrechts der Europäischen Gemeinschaft.

- für ihre gewerbliche, wirtschaftliche Betätigung eine steuerliche Vergünstigung im Rahmen der Körperschaftsteuer;
- eine die lokalen Steuern betreffende Vergünstigung;
- eine Gebührenvergünstigung sowie
- eine Zollvergünstigung und sonstige in Rechtsvorschriften festgelegte Privilegien.

Jedoch darf eine gemeinnützige Organisation, die öffentliche Steuerschulden bzw. Verpflichtungen gemäß dem Gesetz über die Ordnung der Steuerzahlung besitzt, keine Vergünstigungen in Anspruch nehmen (§ 6 Abs. 3 Non-ProfitG).

Die Nutznießer der durch die gemeinnützige Organisation – als zweckentsprechende Mittelverwendung – gewährten Leistungen können für die erhaltenen Leistungen eine Einkommensteuerbefreiung geltend machen. Der Förderer der gemeinnützigen Organisation können wiederum für die der gemeinnützigen Organisation – zugunsten deren Satzungszwecke gegebenen Unterstützungen (Spenden) – Vergünstigungen im Rahmen der Körperschaftsteuerpflicht bzw. der Einkommensteuerpflicht in Anspruch nehmen. Darüber hinaus ermächtigt eine sog. Dauerspende dem Förderer vom zweiten Jahr der Unterstützung an ein gesondertes, weiteres Privilegium (dazu unter D. I 2. a)).

II. Ideelle Einkünfte

Als ideelle Einkünfte der gemeinnützigen Organisationen sind Spenden und staatliche Unterstützungen zu nennen. Gemäß dem Wortlaut des § 41 Abs. 2 EStG kann die Spende nur aus einer gezahlten, d.h. übergegebenen Geldsumme bestehen. Der Grund hierfür wird jedoch gesetzlich nicht erläutert. § 41 Abs. 3 EStG schreibt weiterhin vor, dass der Spende kein Scheingeschäft zu Grunde liegen darf. In § 4 Punkt 1/a KStG wiederum erfolgt eine genauere, körperschaftsteuerliche Definition der Spende. Danach wird als Spende jede Unterstützung und Zuwendung verstanden, die ohne Rückerstattung als eine unentgeltliche Sachübergabe oder unentgeltliche Leistung zu anzusehen ist. Die Spende ist mithin eine unentgeltliche Vermögenszuwendung, die zivilrechtlich wiederum häufig als Schenkung qualifiziert wird. Das charakteristische Merkmal der Zuwendung soll die Unentgeltlichkeit sein. Eine Spende kann weiterhin unter die Befreiung von der Erbschaft- und Schenkungsgebührzahlung fallen.[59] Das ist immens wichtig, weil bei Übertragungen von Immobilien oder von anderen Sachen mit Gegenleistungsverpflichtung 10 %

---

[59] Inklusive der allgemeinen „Gebührenfreiheit" im Rahmen der Erbschaft- u. Schenkungsgebühr für Kapitalgesellschaften, Gemeinnützige Gesellschaften, Körperschaften des öffentlichen Rechts, privatrechtlichen Stiftungen und Stiftungen des öffentlichen Rechts: § 5 Abs. 1 lit. d, f des Gesetzes Nr. XCII von 1990 über das Gebührwesen (GebührG).

des Sachwerts bzw. bei Schenkungen zwischen 11-40 % als (Erbschafts-/Schenkungs-)Gebühr normalerweise anfallen.

III. Einkünfte aus Vermögensverwaltung

In Ungarn spielt es keine Rolle, ob Einkünfte aus Vermögensverwaltung (z. B. die Dividende eines Tochterunternehmens) oder aus anderen wirtschaftlichen Betätigungen stammen. Die entsprechenden Sondervorschriften sind im KStG geregelt.

IV. Einkünfte aus Zweckbetrieb

1. Körperschaftsteuer

Für bestimmte Tätigkeiten genießt die Organisationen Steuerfreiheit von der Körperschaftsteuer. Im Allgemeinen betrifft dies den nach der Satzung bestimmten ideellen Non-Profit-Zweck der gemeinnützigen Organisation (§ 6 Abs. 1 lit. a) Punkt 1 Non-ProfitG). Die Einzelheiten werden im KStG konkretisiert. Das Ergebnis vor Steuern kann um 20 Prozent des Ergebnisses der wirtschaftlichen Tätigkeit als gemeinnützige oder besonders gemeinnützige Organisation eingeordneten Stiftung bzw. Stiftung des öffentlichen Rechts, gesellschaftlichen Organisation und Körperschaft des öffentlichen Rechts gesenkt werden. § 9 Abs. 7 KStG sichert eine bestimmte Steuerbegünstigung der wirtschaftlichen Tätigkeit gemeinnütziger, bzw. besonders gemeinnütziger Organisationen. Die steuerbegünstigte Geschäftstätigkeit der gemeinnützigen Organisationen ist 10 Prozent der Erträge, bzw. bei besonders gemeinnützigen 15 Prozent, aber in beiden Fällen höchstens 20 Millionen Forint (ca. 80.000 Euro). Das KStG beschränkt sich nicht nur auf gemeinnützige und besonders gemeinnützige Organisationen im Sinne des Non-ProfitG. § 20 KStG[60] sichert die Steuerfreiheit im Einzelnen wie folgt. Von der Steuer befreit sind:

– (1) Stiftungen, (2) Stiftungen des öffentlichen Rechts; (3) gesellschaftliche Organisationen (mit Ausnahme der überregionalen Interessenvertretungsorganisation); (4) Körperschaften des öffentlichen Rechts, auch wenn diese Organisationen nicht als gemeinnützig oder als besonders gemeinnützig anerkannt sind.

– Wohnungsgenossenschaften, sofern bei diesen genannten Organisationsformen die Erträge aus den (gemäß ihrer Geschäftsführungsbestimmungen und unter Berücksichtigung der Festlegungen in Anlage Nr. 6 zum KStG) registrierten, wirtschaftlichen Betätigungen höchstens 10

---

[60] Übersetzung in Anlage 1.

Millionen Forint (ca. 40.000 Euro) betragen bzw. 10 Prozent ihrer im steuerlichen Veranlagungsjahr erzielten Gesamteinnahmen nicht übersteigen;
- Gemeinnützigen Gesellschaften und Gesellschaften der kommunalen Wasserwerke in Bezug auf die nach § 20 Abs. 5 KStG berechnete Steuer;
- Freiwilligen Versicherungskassen auf Gegenseitigkeit, wenn bei ihnen die aus einer ergänzenden unternehmerischen Tätigkeit der Kasse erzielten Erträge 20 % der Gesamteinnahmen nicht übersteigen.

Anlage Nr. 6 zum KStG legt die steuerlich begünstigten Tätigkeiten im Einzelnen fest. Hiervon werden nicht nur die gemeinnützigen Organisationen, sondern auch andere juristische Rechtsformen erfasst. Unter Punkt A/ der Anlage Nr. 6 zum KStG sind die folgenden Rechtssubjekte aufgelistet: Stiftung, Stiftung des öffentlichen Rechts, gesellschaftliche Organisation und Körperschaft des öffentlichen Rechts. Als wirtschaftliche Betätigungen solcher Organisationsformen werden bei der Anwendung des KStG insofern nicht angesehen:

- die gemeinnützige Tätigkeit oder – wenn die Organisation nicht als gemeinnützige Organisation bzw. besonders gemeinnützige Organisation anerkannt ist – die Tätigkeit laut dem in der Gründungsurkunde bzw. Satzung genannten Zweck, einschließlich der in beiden Fällen für diese Tätigkeit erhaltenen Unterstützungen, Zuwendungen und Mitgliedsbeiträge;
- der Gegenwert bzw. die Erträge des Verkaufs von immateriellen Vermögensgegenständen, Sachanlagen und Vorräten, die ausschließlich der gemeinnützigen Tätigkeit oder – wenn sie nicht als gemeinnützige Organisation bzw. besonders gemeinnützige Organisation anerkannt ist – der zweckorientierten Tätigkeit der Organisation dienen;
- Einnahmen in Form von Zinsen oder Dividenden, bezogen von Kreditinstituten oder Emittenten aufgrund der Anlage freier Geldmittel bzw. Erträge aus staatlich ausgegebenen Wertpapieren, wenn diese Einnahmen der gemeinnützigen Tätigkeit oder – wenn sie nicht als gemeinnützige Organisation bzw. besonders gemeinnützige Organisation anerkannt ist – der zweckorientierten Tätigkeit der Organisation dienen.

Die steuerprivilegierten Betätigungen der Gemeinnützigen Gesellschaften (§ 57 BGB) sind unter Punkt C/ der Anlage 6 des KStG festgelegt. Die Folgenden werden insofern als nicht gewerbliche bzw. wirtschaftliche Tätigkeiten und Einnahmen im Sinne des § 1 Abs. 1 KStG aufgefasst:

- der Teil der Einnahmen der Gesellschaft, der aus der gemeinnützigen Tätigkeit oder – wenn sie nicht als gemeinnützige Organisation bzw. besonders gemeinnützige Organisation anerkannt ist – aus der in ihrer Gründungsurkunde bzw. Satzung genannten gemeinnützigen Zwecksetzung herrührt bzw. der Teil der Einnahmen, der aus einer Tätigkeit der

Gemeinnützigen Gesellschaft stammt, welche aufgrund eines Vertrages mit einer staatlichen Organisation (kommunale Selbstverwaltung und andere öffentlich-rechtlich selbständige Einheiten) erzielt wird, wobei der Vertrag die kontinuierlichen Erbringung einer Leistung und die Höhe der für die Leistungen abrechenbaren Gebühren sowie die Bedingungen für eine Gebührenänderung vorsehen muss;
- die zur gemeinnützigen Tätigkeit oder – wenn die Gesellschaft nicht als gemeinnützige Organisation bzw. besonders gemeinnützige Organisation anerkannt ist – die zur öffentlichen Tätigkeit und die zur Deckung der mit dieser Tätigkeit verbundenen Kosten und Aufwendungen erhaltenen Unterstützungen und Zuwendungen sowie
- wiederum Zinsen, Dividenden und Auszahlungen aus Kapitalanlage.

2. Lokalsteuer

Es besteht eine Steuerfreiheit von der sog. Lokalsteuer, wenn eine gemeinnützige Organisation im vorgehenden Jahr keine Körperschaftsteuer aufgrund eines Gewinn aus einer unternehmerischen Betätigung zahlen musste (§ 3 Absatz 2 des Gesetzes Nr. C von 1990). Dazu vergleichbar ist eine Befreiung von der Fahrzeugsteuer normiert, wenn eine Stiftung oder gesellschaftliche Organisation (andere Rechtsformen sind hiervon nicht betroffen) im vorgehenden Jahr keine Körperschaftsteuer schuldete (§ 5 lit. b) des Gesetzes Nr. LXXXII von 1991).

3. Mehrwertsteuer

Gemäß § 49 Abs. 1, Abs. 2 lit. b) des Gesetzes Nr. LXXIV von 1992 über die Umsatzsteuer (MwStG) darf ein Steuersubjekt, bei dem sich der Sitz der Wirtschaftstätigkeit oder der ständige Wohnsitz im Inland befindet, zu Beginn des Steuerjahres eine subjektive Steuerbefreiung von der Mehrwertsteuer wählen, wenn im Steuerjahr vor der Anmeldung die Summe der aus Verkäufen von Erzeugnissen und Dienstleistungen erzielten Erlöse sowie im Steuerjahr der Anmeldung die aus in der Wirtschaftstätigkeit zu erwartenden Erlöse zeitanteilig 4.000.000 Forint (ca. 16.000 Euro) nicht überschritten hatten bzw. überschreiten werden. Für die Ausübung dieses Wahlrechts genügt zunächst die Wahrscheinlichkeit des Eintretens der genannten Bedingungen. Dabei müssen die Erlöse aus einer von dem MwStG anerkannten, steuerbefreiten Tätigkeit (§ 30 Abs. 1 MwStG) – z. B. Gesundheitsversorgung, Freizeitsport etc.[61] – bei

---

[61] Die Liste der Anlage 2 des MwStG besteht aus 26 Ziffern. Dazu gehören beispielsweise der Bereich der Bildung (Ziff. 17), der Gesundheitsvorsorge (Ziff. 18), der sozialen Dienste (Ziff. 19, 20) und des Freizeitsports (Ziff. 22). Siehe dazu die Übersetzung in Anlage 1, S. 565.

der Betragsgrenze nicht berücksichtigt werden. Das die subjektive Steuerfreiheit wählende Steuersubjekt ist grundsätzlich nicht zur Steuerzahlung verpflichtet, darf wiederum aber auch das Steuerabzugsrecht (Vorsteuer) nicht ausüben (§ 50 Abs. 1 MwStG). Viele Stiftungen und andere Organisationen haben die subjektive Mehrwertsteuer-Freiheit gewählt, obwohl hierbei die Rückerstattung selbst gezahlter Mehrwertsteuer ausgeschlossen ist. Weiterhin werden auch andere Leistungen und Dienstleistungen, die gemäß Anlage Nr. 2 zum MwStG in den Bereich der sachlichen Steuerfreiheit fallen, von gemeinnützigen Organisationen erbracht. Die gemeinnützige Spende schließlich gilt nicht als Verkauf von Erzeugnissen, so dass insofern keine Mehrwertsteuer anfällt (§ 7 Abs. 3 lit. a MwStG).[62]

V. Einkünfte aus einem wirtschaftlichen Geschäftsbetrieb

Eine Steuerbegünstigung bei der Körperschaftsteuer für die unternehmerische Tätigkeit von gemeinnützigen Organisationen besteht nur bis zu der im Gesetz angegebenen Grenze (§ 6 Abs. 1 a) lit. 2 Non-ProfitG; § 9 KStG).[63] Ein verselbständigter, ausgegliederter wirtschaftlicher Geschäftsbetrieb (selbständige Tochtergesellschaft), welcher grundsätzlich steuerpflichtig ist, kann einen Gewinn steuerbegünstigt der Mutterorganisation nur bis zu einer bestimmten, im Gesetz festgelegten Höhe spenden (siehe dazu unter D. I. 1. b)).

VI. Weitere Privilegien

Es besteht ferner eine Gebührenfreiheit bei der Registrierung (§ 57 Abs. 1 lit. e) GebührG) sowie in allen behördlichen und gerichtlichen Verfahren.

Gemäß dem Gesetz Nr. C von 1990 kann weiterhin die Vertretungskörperschaft einer Selbstverwaltungskörperschaft (Gemeinden, Städte, Hauptstadt und Stadtbezirke) durch eine Anordnung in ihrem Zuständigkeitsbereich örtliche

---

[62] Die „gemeinnützige Spende" ist in § 13 Abs. 1 lit 34 MwStG definiert.

[63] Die Besteuerungsgrundlage der Stiftungen, der Stiftungen des öffentlichen Rechts, gesellschaftlichen Organisationen bzw. Körperschaften des öffentlichen Rechts, der Kirchen, der Wohnungsgenossenschaften und der Freiwilligen Versicherungskassen auf Gegenseitigkeit besteht in dem Ergebnis vor Steuern, modifiziert um die Festlegungen in den Absätzen 2 bis 5 des § 9 KStG und unter Berücksichtigung der Bestimmungen der Absätze 6 bis 9. Gesenkt werden muss - unter anderem - das Ergebnis vor Steuern aufgrund des Wertes der dem Ziel der unternehmerischen Tätigkeit dienenden Investitionen nach der Vorschrift von § 7 Abs. 1 Buchstabe l sowie um 20 % des Ergebnisses vor Steuern der unternehmerischen Tätigkeit der als gemeinnützige Organisation bzw. besonders gemeinnützige Organisation eingeordneten Stiftung/Stiftung des öffentlichen Rechts, gesellschaftlichen Organisation und Körperschaft des öffentlichen Rechts. Die Höhe der vergünstigten unternehmerischen Tätigkeit beträgt bei einer gemeinnützigen Organisation 10 % ihrer Gesamteinnahmen, doch höchstens 20 Millionen Forint (ca. 80.000 Euro) bzw. bei einer besonders gemeinnützigen Organisation 15 % ihrer Gesamteinnahmen (§ 9 Abs. 7 KStG).

Steuern schaffen. Insofern besteht eine Befugnis zur Einführung örtlicher Steuern auf Vermögen, Steuern mit kommunalem Charakter und ferner örtlicher Gewerbesteuern (§ 5 des Gesetzes Nr. C von 1990). Von diesen örtlichen Steuern befreit sind u. a. die gesellschaftlichen Organisationen, die Kirchen, die Stiftungen, die öffentlichen Versorgungsorganisationen, die Körperschaften des öffentlichen Rechts, die Gemeinnützigen Gesellschaften, die Freiwilligen Versicherungskassen auf Gegenseitigkeit, die Privatpensionskassen und staatlichen Haushaltsorgane in den Steuerjahren, in welchen ihnen für ihre aus den im vorhergehenden Steuerjahr ausgeführten wirtschaftlichen Betätigungen keine Pflicht zur Zahlung von Körperschaftsteuer (bzw. beim Haushaltsorgan keine Pflicht zur Einzahlung in den zentralen Haushalt) entstanden ist. Über das Bestehen dieser Bedingung muss die Organisation der Steuerbehörde eine schriftliche Erklärung abgeben (§ 3 Abs. 2 des Gesetzes Nr. C von 1990).

§ 5 lit. b des Gesetzes Nr. LXXXII von 1991 über Kraftfahrzeugsteuern befreit die gesellschaftlichen Organisationen und Stiftungen, sofern im vorherigen Jahr der Eigentümer des Kraftfahrzeugs keiner Körperschaftsteuerpflicht unterlag.

D. Besteuerung des Spenders, Stifters, Zustifters

I. Umfang und Methode der Steuerbegünstigung beim Zuwendenden

1. Abzug von der Einkommensbemessungsgrundlage oder direkter Abzug von der Steuerschuld, Abzugsober- und -untergrenzen

Die Steuerbegünstigung bei den zuwendenden Personen unterscheidet sich bei Einkommen- und Körperschaftsteuer. Bei den Einkommensteuern kann die Zuwendung direkt von der festgesetzten Steuer auf das Einkommen abgezogen werden, bei Körperschaftsteuern existiert hingegen ein Abzug von der Bemessungsgrundlage:

Nach § 41 EStG wird die Einkommensteuer um die Vergünstigung für die gemeinnützige Spende verringert. Diese Vergünstigung beträgt 30 % der gezahlten Summe, höchstens jedoch insgesamt bei Spenden an eine oder mehrerer besonders gemeinnützige Organisationen 100.000 Forint (ca. 400 Euro) und bei Spenden an eine oder mehrere (einfache) gemeinnützige Organisationen, Kirchen oder gemeinnützige Verpflichtungsübernahmen insgesamt 50.000 Forint (ca. 200 Euro). Bei Dauerspenden können weitere 5 % abgezogen werden. Ähnliche Abzugsmöglichkeiten existieren auch im übrigen Einkommensteuerrecht.[64] Ab 1.1.2006 sind neue Beschränkungen des Steuerabzuges

---

[64] Z. B die Vergünstigungen bei den Einzahlungen für die Sozialversicherung, für Privatpensionskassen und für Freiwillige Versicherungskassen auf Gegenseitigkeit; Vergünstigungen für

eingeführt worden. Bis sechs Millionen Forint (ca. 24.000 Euro) jährliches Einkommen können die Abzüge insgesamt (soziale, familiäre und andere Abzüge) einhunderttausend Forint (ca. 400 Euro) ausmachen, bei einem Jahreseinkommen über sechs Millionen Forint kann höchstens der Teil von einhunderttausend Forint jährlich abgezogen werden, der über zwanzig Prozent des über sechs Millionen Forint anfallenden Gesamteinkommens liegt. Bei einem gesamten Jahreseinkommen über sechs Millionen fünfhunderttausend Forint (ca. 26.000 Euro) kann kein Abzug geltend gemacht werden (§ 44 Abs. 2-3 EStG).

Im Körperschaftsteuerrecht können die Spenden vom betrieblichen Ergebnis vor Steuer abgezogen werden. Als Abzug kann der Gesamtbetrag der Spende, doch zusammen höchstens 20 % der Besteuerungsgrundlage in Ansatz gebracht werden (§ 7 Abs. 5 a) KStG). Ist die Spende einer besonders gemeinnützigen Organisation gegeben worden, kann ein Abzug mit 150 % der Spende, höchstens bis 20 % der steuerlichen Bemessungsgrundlage erfolgen. Im Falle einer Dauerspende kann die spendende Korporation mit zusätzlichen 20 % des Gesamtbetrages der Spende ab dem zweitem Jahr der Dauerspende die Besteuerungsgrundlage mindern. Eine weitere Ausnahme besteht darin, dass die Höchstgrenze des Abzugs 25 % der Bemessungsgrundlage erreichen kann, wenn gemeinsam einer gemeinnützigen Organisation (einschließlich die Kirche und die sog. gemeinnützige Verpflichtungsübernahme) und einer besonders gemeinnützigen Organisationen gespendet wurde (§ 7 Abs. 6 KStG).

Die Steuervorschriften (EStG und KStG) enthalten keine Mindestspenden – praktisch gesehen, macht es jedoch keinen Sinn, unter 1.000 Forint (ca. 4 Euro) zu spenden.

2. Spezielle Förderungsmechanismen

a) Dauerspende

Nach den ungarischen Rechtsvorschriften kann eine Spende sowohl einmalig wie auch regelmäßig als Dauerspende gewährt werden. Die Definition der Dauerspende ist gesetzlich im Non-ProfitG geregelt. Es handelt sich hierbei um eine – aufgrund eines zwischen der gemeinnützigen Organisation und ihrem Förderer schriftlich abgeschlossenen Vertrages gewährte – finanzielle Unterstützung (bei nicht-natürlichen Personen gegebenenfalls auch in Form der Übergabe von Wertpapieren), wenn sich der Förderer im Vertrag dazu verpflichtet, diese Förderung im Jahr des Vertragsabschlusses (bzw. im Jahr der

---

Studiengebühren; Vergünstigungen für die Kosten der Erwachsenenbildung sowie für einzelne Ausgaben der Teilnehmer an der Ausbildung; Steuervergünstigungen zu Wohnzwecken; bestimmte Tätigkeitsvergünstigungen; persönliche und familiäre Begünstigungen und schließlich Vergünstigung für Versicherungsprämien, §§ 35 – 44 EStG. Zur Beschränkung dieser Vergünstigungen siehe § 44-44/C EStG (Übersetzung im Anhang 1).

Änderung des Vertrages) und wenigstens in den drei darauffolgenden Jahren, d. h. insgesamt vier Jahre lang, jährlich mindestens einmal – in gleicher oder ansteigender Höhe – ohne Inanspruchnahme einer Gegenleistung zu erbringen (§ 26 lit. n) Non-ProfitG). Bei einer Dauerspende zu Gunsten einer gemeinnützigen Organisation kann körperschaftsteuerlich gemäß § 7 Abs. 5 KStG zusätzlich mit 20 % die Besteuerungsgrundlage vermindert werden, d. h. bei gemeinnützigen Organisationen können insgesamt 120 % der Spende, bei besonders gemeinnützigen Organisationen sogar 170 % der Spende von der körperschaftsteuerlichen Bemessungsgrundlage abgezogen werden. Wie oben erörtert wurde, ist Höchstgrenze immer 20 % der Besteuerungsgrundlage. Die Einkommensteuer kann im Fall der Dauerspende zusätzlich um 5 % reduziert werden nur bis zur Höchstgrenze (§ 41 Abs. 5 EStG, Höchstgrenze § 44 Abs. 2- 4 EStG).

b) Ein-Prozent-Regel

Jede Privatperson ist berechtigt, über ein Prozent ihrer zu zahlenden Einkommensteuer selbst zu verfügen und dieses eine Prozent an die die gesetzlichen Voraussetzungen erfüllenden Organisationen (einschließlich der gemeinnützigen Organisationen) zukommen zu lassen (§ 4 EinProzentG). Diese „Spende" wird sodann von der Steuerverwaltung an die betreffende Organisation ausgekehrt. Die Ein-Prozent Regel wurde zusätzlich zu Gunsten der Kirchen (d.h. durch einen weiteren Prozentpunkt, über den die Steuerzahler insofern verfügen können) erweitert: Das Gesetz Nr. CXXIV von 1997 über die materiellen Voraussetzungen des Religionswesen und der gemeinnützigen Tätigkeiten der Kirche schreibt in § 4 Abs. 1 vor, dass bestimmte Kirchen berechtigt sind, ein Prozent der Einkommensteuern der Privatpersonen vom Staat zu bekommen und für Aktivitäten zu verwenden, die die innere Ordnung der Kirche betreffen. Das Gesetz legt des Weiteren einen Minimalbetrag fest (0,9 % der gesamten Einkommensteuern des Haushalts), der vom Staat jeweils an den Kirchen zu zahlen ist. Die Differenz des Steuereinkommens des Staates und diese Summe sind vom Staat zu ergänzen. Die Ergänzung wird pro rata der betreffenden Steuernerklärung der Privatpersonen unter den Kirchen aufgeteilt. (Z.B. wenn wenigere über 1 % ihrer Einkommensteuer für Kirchen verfügt haben, dann wird bis 0,9 % des Gesamteinkommen der Einkommensteuern des Haushalts unter den Kirchen aufgeteilt.[65])

---

[65] Im Jahr 2005 haben die Kirchen aus 1 % Regelung 3,4 Milliarden Forint (ca. 13,6 Millionen Euro) erhalten (XII Complex Magazin (2005. Dez.) S. 24.

II. Begriff der „Spende", Abgrenzungen und Differenzierungen

1. Begriff der „Spende" in den Gesetzen

Die Spende wird in den folgenden ungarischen Gesetzen geregelt. Als Begriff „Spende" für die Körperschaftsteuer (§ 4 Abs. 1/a KStG), als „gemeinnützige Spende" im Rahmen der Einkommensteuer (§ 41 Abs. 2 EStG) sowie in Zusammenhang mit der „dauernden Spende" für gemeinnützige Organisationen (§ 26 lit. n Non-ProfitG). Das KStG (§ 4 Abs. 1/a KStG) definiert als Spende diejenige freiwillige und freigiebige Zuwendungen, die den folgenden Organisationsformen gewährt wird (inhaltlich vergleichbar findet sich eine Regelung in § 41 EStG):

– einer gemeinnützigen Organisation bzw. besonders gemeinnützigen Organisation zur Förderung ihrer gemeinnützigen/ besonders gemeinnützigen Tätigkeit („gemeinnützig" und „besonders gemeinnützig" wird wie oben beschrieben im Non-ProfitG definiert);

– Kirchen, die die speziellen gesetzlichen Voraussetzungen erfüllen;

– einer gemeinnützigen Verpflichtungsübernahme, einschließlich der Unterstützung der Freiwilligen Versicherungskassen auf Gegenseitigkeit und der staatlichen Grundlagenforschung bzw. angewandten Forschung (insofern muss die Zuwendung zweckgebunden hierfür der staatlichen Einrichtung gegeben werden).

„Freiwillig" bedeutet in diesem Zusammenhang ohne Pflicht, d. h. ohne vertragliche oder gesetzliche Verpflichtung aufgrund der freien Entscheidung und des freien Willens des Spenders. „Freigiebig" bedeutet: ohne Vergütung für die übergegebenen Vermögenswerte bzw. Leistung (§ 4 Abs. 1/a des KStG, § 41 Abs. 2 EStG).

Die Regelung der Spende (§ 4 KStG Abs. 1/a) zeichnet sich als eine Kombination aus Generalklausel mit dazu erläuternden Regelbeispielen aus. Der § 26 lit. c) Non-ProfitG gibt eine detaillierte Auflistung, welche für den Spendenabzug insofern maßgeblich ist. Weitere in diesem Zusammenhang erforderliche Begriffsbestimmungen finden sich in § 26 lit. h) des Non-ProfitG, wie beispielsweise hinsichtlich der vollkommenen oder zum Teil unentgeltlichen Übertragung oder Überlassung einer über einen Vermögenswert verfügenden, verkehrsfähigen und übertragbaren Sache, Geistesschöpfung oder eines verkehrsfähigen Rechts bzw. Leistung.

2. Abgrenzung von Spende, Entgelt und Mitgliedsbeitrag

Der Eintritt in einen Verein ist freiwillig, die Bezahlung der Mitgliedsbeiträge jedoch nicht mehr. Auch Mitgliedsbeiträge sind Leistungen, die Mitglieder

erhalten hierfür die von der Organisation gewährten Vorteile (z. B. Interessenschutz, ermäßigte Preise der Dienstleistungen etc.). Hierzu zählen auch Zwangsmitgliedschaften. So sind etwa gemäß § 8 Punkt 3 a) des Gesetzes Nr. CXXI von 1999 über die Wirtschaftskammern deren Mitglieder verpflichtet, Mitgliedsbeiträge zu zahlen.

3. Abgrenzung von Spende und Sponsoring

Sponsoring ist grundsätzlichen im Sportgesetz geregelt (§ 5 Abs. 4 lit. c) des SportG). Der grundlegende Unterschied zwischen Sponsoring und Spende liegt darin, dass beim Sponsoring eine Gegenleistung von der Empfängerorganisation eingefordert wird. Beim Sponsoring erhalten also beide Parteien eine Art von Leistung: der Empfänger die finanzielle Unterstützung, der Sponsor die im Sponsorvertrag bestimmten Vorteile (z. B. Werbemöglichkeiten).

4. Keine Differenzierung nach der Rechtsform der empfangenden Organisation oder nach der Widmung des Stifters als Spende oder Zustiftung

Der Begriff der Spende wird im KStG und im EStG streng ausgelegt, so dass sich die darauf beziehenden, oben genannten steuerrechtlichen Begünstigungen nicht für die Erstdotation einer Stiftung in Anspruch genommen werden können. Im Übrigen erfolgt im Rahmen des Spendenabzugs weiterhin keine Differenzierung nach der Rechtsform der empfangenden Organisation oder nach dem von ihr verfolgten steuerbegünstigten Zweck. Das KStG, EStG bzw. das Non-ProfitG enthalten nur Auflistungen der steuerbegünstigten Organisationen und der steuerbegünstigten Zwecke, jedoch aber keine Unterscheidung nach der Art der Zwecke. Die einzige Unterscheidung liegt darin, dass die sog. „besonders gemeinnützigen Organisationen" eine öffentliche Aufgabe erfüllen müssen.

5. Differenzierung nach dem zugewendeten Gegenstand: Geld- und Sachspende

Zwischen Privatpersonen und Unternehmen als Spender wird gesetzlich differenziert, insbesondere können Privatpersonen nur Geldspenden steuerlich abziehen (§ 41 Abs. 2 EStG: „Geldsumme"). Unternehmen hingegen besitzen weitergehende Möglichkeiten und können nicht nur Geld, sondern sonstige Vermögenswerte, Unterstützungen, Leistungen spenden:

Körperschaftsteuerlich wird als Spende jede ohne Rückzahlungspflicht gegebene Unterstützung bzw. Zuwendung verstanden, die sowohl als Geld- als auch als Sachmittel gewährt werden können. Der Wert bemisst sich dabei nach dem Buchwert der übertragenen Vermögensgegenstände. Der Buchwert ist mit

Amortisation (Verzeichniswert gemäß KStG) zu berücksichtigen[66]. Wenn ein Buchwert nicht festgestellt werden kann, sind wir der Meinung, dass der Wert nach dem allgemeinen Marktpreis bestimmt werden kann. Insofern gilt bei Sachspenden körperschaftsteuerlich ein Buchwertprivileg (§ 4 Abs. 1/a KStG), bei anderen Dienstleistungen ist zunächst der Anschaffungswert zu Grunde zu legen (§ 4 Abs. 1/a KStG). Auch gemäß § 13 Non-ProfitG sind Spenden, die einer gemeinnützigen Organisation zukommen, zum Buchwert und – in Ermangelung eines solchen – zum üblichen Marktpreis zu bewerten.

III. Besondere Fragen

1. Zivilrechtliche Einordnung der Spende, Möglichkeit einer Zweckwidmung

Das ungarische BGB kennt weder die Spende noch eine Zweckwidmung. Auch ein Sammelvermögen wird im BGB nicht geregelt. Nur die Schenkungsregelungen (§§ 579-582 BGB) können insofern analog angewendet werden. Gemäß § 582 Abs. 3 kann man ein Geschenk zurückfordern oder den an die Stelle des Geschenks getretenen Wert fordern, wenn die Vermutung, mit der der Schenker das Geschenk gewährt hatte, später zunichte gemacht wird und in einem solchen Fall eine Schenkung nicht erfolgt wäre. Dieses Rückforderungsrecht kann auch für eine Zweckwidmung in Zusammenhang mit einer Spende angewandt werden.

2. Abzugsfähigkeit von Parteispenden und Spenden an staatliche Organisationen

Die Vorschriften hinsichtlich der Parteien sind im Interesse der Sauberkeit des politischen Bereiches sehr streng. Eine Partei darf einen anonymen Geldbeitrag zwar entgegennehmen, Beiträge solcher Art werden jedoch der für die vom Parlament dafür gegründeten Stiftung zugeführt (§ 4 Abs. 3 S. 2 des Gesetzes Nr. XXXIII von 1989 über die Parteien). Die Namen solcher Spender, die mit ihrer Spende bestimmte Grenzen überschreiten – bei Inländern über 500.000 Forint (ca. 2.000 Euro), bei Ausländern 100.000 Forint (ca. 400 Euro) –, müssen veröffentlicht werden. Wie oben bereits erwähnt wurde, ist darüber hinaus die Unterstützung einer staatlichen Einrichtung für die Grundlagenforschung bzw. angewandten Forschung oder Versuchsentwicklung ab 1.1.2003 als abzugsfähige Spende anerkannt.

---

[66] *Szalai János (Hrsg.)*, Adózási ABC, Dashöfer Budapest 1998, S.2, (11. Ergänzung 2001), [ABC der Steuerzahlung].

3. Abzugsfähigkeit von Spenden für das oder aus dem Ausland

Das Non-ProfitG bezieht sich auf die in Ungarn als gemeinnützig registrierten Organisationen. In der Kommentarliteratur wird insofern zumindest auf die Möglichkeit eines eventuellen ausländischen Spenders hingewiesen. Eine Spende in das Ausland ist gesetzlich nicht geregelt. Speziell beinhaltet das Doppelsteuerabkommen zwischen Deutschland und Ungarn (Gesetzordnung Nr. 27 vom 1979) keine ausdrückliche diesbezügliche Regelung. In einer weiten Auslegung dieses Abkommens könnte die Spende aber als „sonstiges, ausdrücklich nicht erwähntes Einkommen" eingestuft werden.

E. Verfahren, Kontrolle, Haftung

I. Verfahrensfragen – Erlangung des Status als steuerbegünstigte Organisation

Der steuerbefreite Status liegt ab dem Zeitpunkt der Anerkennung der „Gemeinnützigkeit" durch das Finanzamt vor, danach erfolgende Änderungen sind nur rechtzeitig einzuleiten. Da aber die Inanspruchnahme steuerlicher Begünstigungen teilweise von Voraussetzungen abhängt, die jährlich wechseln (z. B. jährliche Einnahmen bei den Gemeinnützigen Gesellschaften), muss die gemeinnützige Organisation das Vorhandensein dieser Voraussetzungen immer wieder erneut nachweisen.

II. Kontrolle

1. Kontrollinstanzen und Kontrollmittel

Die gemeinnützigen Organisationen werden durch interne und externe Mittel kontrolliert. Als intern kann man die Satzungsvorschriften (Öffentlichkeit, Kompatibilität) und den Aufsichtsrat bezeichnen, als externe Kontrollmittel wiederum die Transparenzvorschriften, die Veröffentlichungspflichten bestimmter Daten (z. B. Bilanz und Gemeinnützigkeitsbericht), die behördliche Kontrolle und die Aufsicht der Staatsanwaltschaft.

a) Vorgaben für die Satzung

Wie bereits dargestellt wurde, muss die Gründungsurkunde einer Organisation – damit diese in das Gemeinnützigkeitsregister eingetragen wird – gemäß dem Non-ProfitG bestimmte Regelungen enthalten. Die Satzung einer sog. „besonders gemeinnützigen Organisation" muss zusätzliche Anforderungen erfüllen (siehe ausführlich oben unter B. I. 1. b)). Eine spezielle eigene weitere Satzungsprüfung ist gesetzlich jedoch nicht vorgesehen. § 21 Non-ProfitG verweist deshalb auf die speziellen Kontrollen, d. h. auf die Steuerprüfung über gemeinnützige Organisationen durch die staatlichen Steuerbehörden, die Kontrolle der Verwendung staatlichen Förderungen durch den Zentralen Rechnungshof und die Gesetzesaufsicht im Hinblick auf die gemeinnützige Tätigkeit durch die Staatsanwaltschaften.

b) Informationspflichten

§ 19 Abs. 1 Non-ProfitG schreibt vor, dass gemeinnützige Organisationen gleichzeitig mit der Bestätigung des Jahresabschlusses einen Gemeinnützigkeitsbericht zu erstellen haben. Diesen Jahres-Gemeinnützigkeitsbericht kann jeder einsehen bzw. davon auf eigene Kosten eine Kopie anfertigen (§ 19 Abs. 4 Non-ProfitG). Die gemeinnützige Organisation muss ihn spätestens bis zum 30. Juni auf ihrer eigenen Homepage oder in Ermangelung einer solchen auf eine anderen, der Öffentlichkeit zugänglichen Art und Weise veröffentlichen (§ 19 Abs. 5 Non-ProfitG). Der Gemeinnützigkeitsbericht beinhaltet u.a. die Bilanz, eine Aufstellung der zweckentsprechenden Mittelverwendungen, eine Auflistung erhaltender staatlicher Fördergelder, die Summe der an die Geschäftsführung/ Repräsentanten gezahlten Vergütungen sowie einen kurzen inhaltlichen Bericht über die vorgenommenen gemeinnützigen Aktivitäten (dazu bereits oben unter B. IV. 5.). Weiterhin müssen die Non-Profit-Organisationen entsprechend Rechtsform und Steuerart (Körperschaftsteuer, Mehrwertsteuer, Lokalsteuer usw.) Steuererklärungen abgeben und die dazugehörigen Steuern entrichten. Insofern werden die allgemeinen Vorschriften des Gesetzes Nr. XCII vom 2003 über die Ordnung der Steuerzahlung angewendet. § 5 lit. b) Non-ProfitG legt schließlich fest, dass die besonders gemeinnützigen Organisationen die wichtigsten Daten ihrer Tätigkeit und Geschäftsführung auch in der örtlichen oder überregionalen Presse bekanntzumachen haben. Schließlich existieren verschiedene Pflichten in Zusammenhang mit der Rechnungslegung und der Information der Öffentlichkeit:

So schreibt das Gesetz Nr. C von 2000 über die Rechnungslegung vor, dass die in das Handelsregister eingetragenen Unternehmen mit doppelter Buchführung den Jahresabschluss/ vereinfachten Jahresabschluss sowie den Beschluss in Bezug auf die Verwendung des zu versteuernden Ergebnisses innerhalb von 150 Tagen nach dem Bilanzstichtag des Geschäftsjahres beim Registergericht hinterlegen müssen (dort geregelt in § 153 Abs. 1). Zusätzlich muss jedes Unternehmen gleichzeitig mit der Hinterlegung den entsprechenden Jahresabschluss veröffentlichen (§ 154 Abs. 1). Dies gilt auch für entsprechende Non-Profit-Organisationen, die beim Handelsregister eingetragen sind. Beim Register kann jede Person frei in die Bilanz einsehen. Stiftungen und Vereine wiederum, die nicht beim Handelsregister registriert sind, sind nicht verpflichtet, ihre Bilanz zu hinterlegen. Gemäß § 74/G Abs. 8 BGB muss eine Stiftung des öffentlichen Rechts ihren Tätigkeitsbericht bekanntmachen und dem Stifter mitteilen.

c) Buchprüfung

Stiftungen, Stiftungen des öffentlichen Rechts, Vereine, gesellschaftliche Organisation, gemeinnützige Gesellschaft und die gemeinnützige und besonders gemeinnützige Organisationen müssen ihre Büchern durch außerbetrieblichen Buchprüfer geprüft werden, wenn die Erträge aus wirtschaftlicher Tätigkeit jährlich 50 Millionen Forint (ca. 200.000 Euro) übersteigen (§ 19 Abs. 1 der Regierungsverordnung Nr. 224/2000 (XII.19.) Korm.).

2. Anforderungen an den Nachweis für den Spender

Die eine Spende empfangende, gemeinnützige Organisation ist berechtigt, eine Spendenbescheinigung auszustellen (in zwei Exemplaren auf einem vom Steueramt ausgegebenen Formularblatt). Die Bescheinigung muss gemäß § 7 Abs. 7 KStG und gleichfalls gemäß § 3 Nr. 52 EStG die folgenden Daten enthalten: die Bezeichnung, den Sitz und die Steuernummer des Ausstellers und des Steuerzahlers, die Höhe der Spende, den unterstützten Zweck sowie den Gemeinnützigkeitsgrad der gemeinnützigen Organisation (nur „gemeinnützig" oder „besonders gemeinnützig").

III. Sanktionen, Haftung

1. Sanktionen bei Verstößen

Die Finanz- bzw. Steuerämter kontrollieren, ob eine gemeinnützige Organisation tatsächlich dem in ihrer Satzung festgelegten, steuerbegünstigten Zweck nachgeht und die auf diese Tätigkeit bezogenen Spendenbescheinigungen ausgibt. Bei Verletzung der steuerrechtlichen Vorschriften besteht die strengste Sanktion darin, dass die betroffene Organisation ihre steuerlichen Privilegien (gemeinnütziger oder besonders gemeinnütziger Rechtsstatus) verliert. In Verbindung damit sind sodann die allgemeinen Steuernormen anzuwenden, d. h. Steuern, Zinsen und andere steuerlichen Sanktionen (z.B. Strafen) zu zahlen.

Im Bereich der nichtsteuerlichen Sanktionen kann sich die Staatsanwaltschaft bei Stiftungen und Vereinen – sofern die Gesetzesmäßigkeit ihrer Tätigkeit auf andere Art und Weise nicht gesichert werden kann – an ein Gericht wenden. Dieses ist verpflichtet, den Verwalter der Stiftung unter Fristsetzung aufzufordern, einen den Rechtsvorschriften entsprechenden Betrieb der Stiftung wiederherzustellen. Nach einem ergebnislosen Verstreichen der Frist löst das

Gericht die Stiftung auf (§ 74/F BGB). Die Staatsanwaltschaft kann darüber hinaus bei dem für die Eintragung ins Gemeinnützigkeitsregister zuständigen Gericht die Löschung der gemeinnützigen Rechtsstellung bzw. die Umqualifizierung in einen niedrigeren Gemeinnützigkeitsgrad beantragen, wenn die Tätigkeit oder die Vermögensverwendung der gemeinnützigen Organisation nicht den im Non-ProfitG, in der Gründungsurkunde oder in den auf deren Grundlage erstellten internen Geschäftsordnungen festgehaltenen Bestimmungen entsprechen und die Organisation daran auch nach einer Aufforderung durch die Staatsanwaltschaft nichts ändert (§ 23 Non-ProfitG). In ernsten Fällen von Rechtsverletzungen kann die gemeinnützige Organisation vom Gericht aufgelöst oder aus dem Gemeinnützigkeitsregister gelöscht werden.

2. Haftung des Spenders, Stifters oder des Vorstands der Organisation

Der Verletzung von Rechtsvorschriften in diesem Bereich kann in den meisten Fällen relativ leicht bestimmt werden. Die steuerlichen Begünstigungen können nur von denjenigen in Anspruch genommen werden, die im Besitz einer von der Empfängerorganisation ausgestellten Bescheinigung sind. Wenn der Spender seine Spende im Vertrauen auf diese Bescheinigung gegeben hat, haftet für deren Unrichtigkeit oder für das Nichtvorhandensein der gesetzlichen Voraussetzungen die spendenempfangende Organisation bzw. deren Vorstand. An letzter Stelle haftet das leitende Geschäftsführungsorgan (Vorstand), das unrichtige Beschlüsse und Maßnahmen gefasst bzw. durchgeführt hat.

In Bezug auf Dauerspenden gilt, dass, wenn eine Privatperson eine ihrer sich aus dem Vertrag über die Dauerspende ergebenden Pflichten infolge der Löschung der Organisation aus dem Gemeinnützigkeitsregister oder infolge deren Auflösung ohne Rechtsnachfolger nicht erfüllen kann, sie die aufgrund des Vertrages vorher bereits geltend gemachte steuerliche Sondervergünstigung (oder deren doppelten Betrag, wenn die Privatperson aus irgendeinem anderen Grund die Festlegungen im Vertrag nicht erfüllt) gleichzeitig mit der Einreichung der Erklärung über das aktuelle Jahr zurückzahlen hat. Diese Bestimmung wiederum ist im Fall des Todes der Privatperson nicht anzuwenden (§ 41 Abs. 7 EStG).

Bei Privatpersonen kommt neben der steuerlichen noch die strafrechtliche Beurteilung hinzu.[67] Insofern kann eine Vermögenskonfiskation neben den steuerlichen Sanktionen als Strafe verhängt werden; die steuerlichen und strafrechtlichen Sanktionen schließen einander nicht aus.[68]

---

[67] Steuer- und Sozialversicherungsbetrug gemäß § 310 (i.V m. § 138/A) des Strafgesetzbuches (Übersetzung in Anlage 1).

[68] Oberstes Gericht Kf.IV 35.350/2001 in Adó, vám és illeték (Fn. 34.) 2003.59.

F. Reformen, Diskussionen, persönliche Stellungnahme

I. Reformen und rechtspolitische Vorschläge

Auf die vergangenen 15 Jahre zurückblickend, kann festgestellt werden, dass sich ein System der Spenden seit dem Inkrafttreten des Non-ProfitG ausgebaut hat und es auch für die Praxis durchschaubar und nachvollziehbar bzw. für die Steuerverwaltung kontrollierbar geworden ist. Trotzdem sind die Möglichkeiten und der Umfang der abziehbaren Spenden ziemlich unbefriedigend und sie verringern sich seit einiger Zeit immer mehr. Die aktuelle Regierung will – anhand ihrer Ankündigung ab 2005 – ein ganz neues Steuersystem schaffen, dessen Konturen noch nicht geklärt sind. Mit großer Wahrscheinlichkeit werden jedoch an der aktuellen Art und Weise der Besteuerung von Spenden im Hinblick auf die in 2006 stattfindenden Parlamentswahlen keine wesentlichen Veränderungen in der nahen Zukunft zu erwarten sein.

II. Diskussionen

1. Skandale bei Spendenorganisationen

Die bisher die größte Aufmerksamkeit erregende Diskussion auf dem Gebiet des Schenkungs- und Spendenrechts fand in Zusammenhang mit der Kindheitskrebs-Stiftung („Gyermekrák Alapítvány") statt. Die Kindheitskrebs-Stiftung hat in 1998 eine Summe von 102 Millionen Forint (ca. 416.000 Euro) und in 1999 134 Millionen Forint (ca. 546.000 Euro) von der ungarischen Steuerverwaltung aufgrund der Ein-Prozent-Regelung erhalten. Wie dargestellt wurde, können Privatpersonen ein Prozent ihrer zu zahlenden Einkommensteuer einer anerkannten Kirche und ein weiteres Prozent irgendeiner Gemeinnützigen Gesellschaft oder Stiftung zukommen lassen (siehe oben unter D. I. 2. b)). Dieses Aufkommen wird von der Steuerverwaltung dann direkt an die von den Steuerzahlern benannten Organisationen überwiesen. Bei der Kindheitskrebs-Stiftung war insofern schon eine erste Summe zugewiesen worden, als das Steueramt sie dann zurückforderte, da die Stiftung die Voraussetzungen der Zuweisung nicht erfüllte. Die Stiftung hatte jedoch inzwischen einen Teil der Summe verwendet und verweigerte die Rückzahlung. Daraus ist letztlich ein Rechtsstreit entstanden und nach dem Ende des Rechtsstreits zwischen Steuerverwaltung und die Kinderkrebs-Stiftung hat der Parlamensbeauftragte für Menschenrechte eine Untersuchung über verfassungswidrige Gesetzgebung, die irreführend zwischen besonders gemeinnützigen Organisationen und Stiftungen des öffentlichen Rechts unterscheidet und damit die Rechtssicherheit gefährdet, in die Wege geleitet.[69] Wegen dieses Skandals sind im Jahr 2000 nur noch in Höhe von 50 Millionen Forint (ca. 200.000 Euro) Zuweisungen an die Kindheitskrebs-Stiftung aufgrund der Ein-Prozent-Regelung erfolgt.

Hintergrund des Streits zwischen der Stiftung und der Steuerverwaltung war, dass, wenn die begünstigte Organisation eine Stiftung ist, diese eine Empfangsberechtigung im Hinblick auf die 1 % der Einkommensteuer der Privatpersonen schon seit mindestens 3 Jahren vor dem aktuellen Jahr besessen haben und den Gemeinnützigkeitsstatus mindestens seit einem Kalenderjahr erworben haben muss. Bei Stiftungen des öffentlichen Rechts jedoch setzt § 4 EinProzentG einen kürzeren Zeitraum fest – hier genügt hinsichtlich der Empfangsberechtigung ein Jahr. Nach der Auffassung des Parlamentsbeauftragten für Menschenrechte ist die Unterscheidung zwischen Privatstiftung und der Stiftung des öffentlichen Rechtes unberechtigt. Außerdem ist sie irreführend und so für die steuerzahlenden Privatpersonen nachteilig, da sie ihr Recht im Hinblick auf die Ein-Prozent-Verfügung über ihre Steuer nicht oder nur irrtümlich ausüben können. Schließlich geht diese Sichtweise letztlich zu Lasten der wirklichen Adressaten, den Begünstigten, nämlich der an Krebs leidenden Kinder. Er sah in dieser Angelegenheit eine gesetzesmäßigen Irrtum, da die unberechtigte Auszahlung zurückgezahlt werden musste und sie nicht zu den von den Steuerzahlern bezeichneten Adressaten gelangt ist, sondern in den allgemeinen Staatshaushalt floss. Der Parlamentsbeauftragte für Menschenrechte hat deshalb empfohlen, dass der Staat diese Summen auf ein Konto hinterlegen und bis zu dem Zeitpunkt dort aufbewahren soll, bis die Voraussetzungen der Auszahlung verwirklicht werden.

2. Persönliche Stellungnahme: Informationsdefizit

Ein großer Mangel im Zusammenhang mit dem ungarischen Recht der Non-Profit-Organisationen besteht im Informationsdefizit. Es gibt fast keinen veröffentlichten Gerichtsentscheidungen oder veröffentlichte Stellungnahmen der Steuerverwaltung zum Spendenrecht. Ein erster, wichtiger Schritt bestünde darin, die leitenden und wichtigsten Entscheidungen der Gerichte und der der Finanzämter zu sammeln und zu veröffentlichen.

---

[69] Untersuchung des Parlamentsbeauftragten für Menschenrechte Nr. OBH 5432/2001, www.obh.hu/allam/index.htm

Anlage 1: Rechtsgrundlagen (nichtamtliche Übersetzung)

§ 3 Non-ProfitG

Die Organisation, die als gemeinnützige Organisation eingestuft werden kann, erwirbt ihre gemeinnützige Rechtsstellung mit der Eintragung in das Register als gemeinnützige oder besonders gemeinnützige Organisation.

§ 11 Non-ProfitG

(1) Das Mitglied des Aufsichtsorgans kann an der Sitzung des Leitungsorgans der gemeinnützigen Organisation mit Beratungsrecht teilnehmen und nimmt daran teil, wenn eine Rechtsvorschrift oder die Gründungsurkunde dies vorsehen.

(2) Das Aufsichtsorgan muss das zu einer Maßnahme berechtigte Leitungsorgan informieren und dessen Einberufung anregen, wenn es Kenntnis davon erlangt, dass

    a) bei der Tätigkeit der Organisation eine Rechtsverletzung oder ein die Interessen der Organisation auf andere Weise grob verletzendes Ereignis eingetreten ist, dessen Einstellung oder Abwendung oder Milderung seiner Folgen eine Entscheidung des zu einer Maßnahme berechtigten Leitungsorgans notwendig macht;

    b) ein die Haftung der leitenden Repräsentanten begründender Umstand aufgetreten ist.

(3) Das zu einer Maßnahme berechtigte Leitungsorgan ist auf Antrag des Aufsichtsorgans innerhalb von dreißig Tagen nach dessen Einbringung einzuberufen. Bei einem ergebnislosen Verstreichen dieser Frist ist auch das Aufsichtsorgan zur Einberufung berechtigt.

(4) Wenn das dazu berechtigte Organ die zur Wiederherstellung einer gesetzeskonformen Tätigkeit erforderlichen Maßnahmen nicht ergreift, muss das Aufsichtsorgan unverzüglich die die gesetzliche Aufsicht durchführende Stelle unterrichten.

§ 18 Non-ProfitG

(1) Die gemeinnützige Organisation muss ihre aus der gemeinnützigen Zweckverfolgung und aus der wirtschaftlichen Betätigung stammenden Einnahmen und Aufwendungen jeweils gesondert verbuchen.

(2) Einnahmen der gemeinnützigen Organisation sind

    a) die vom Gründer, aus dem Staatshaushalt oder von anderen Spendern für den gemeinnützigen Zweck oder zur Deckung ihrer Betriebskosten erhaltenen Unterstützungen und Spenden;

b) die aus dem Betrieb der gemeinnützigen Tätigkeit stammenden und unmittelbar damit verbundenen Einnahmen;

c) die aus dem Betrieb einer anderen zweckentsprechenden Tätigkeit stammenden und unmittelbar damit verbundenen Einnahmen;

d) Einnahmen aus Kapitalanlagen;

e) die Mitgliedsbeiträge;

f) sonstige, in anderen Rechtsvorschriften festgelegte Einnahmen;

g) die aus einer wirtschaftlichen Betätigung stammenden Einnahmen.

(3) Kosten der gemeinnützigen Organisation sind

a) die im Interesse der gemeinnützigen Tätigkeit aufgetretenen direkten Kosten (Aufwendungen, Ausgaben);

b) die im Interesse einer sonstigen zweckentsprechenden Tätigkeit aufgetretenen direkten Kosten (Aufwendungen, Ausgaben);

c) die im Interesse der unternehmerischen Tätigkeit aufgetretenen direkten Kosten (Aufwendungen, Ausgaben);

d) die im Interesse der gemeinnützigen und sonstigen unternehmerischen Tätigkeit aufgetretenen indirekten Kosten (Aufwendungen, Ausgaben), die anteilig zu den Einnahmen aufzuteilen sind.

(4) Auf die Buchhaltung der gemeinnützigen Organisation sind im Übrigen die dafür maßgebenden Buchhaltungsregeln anzuwenden.

§ 22 Non-ProfitG

(1) Der Antrag auf Eintragung in das Gemeinnützigkeitsregister, auf Umstufung zwischen den Gemeinnützigkeitsgraden sowie auf Löschung der gemeinnützigen Rechtsstellung muss bei dem für die Registrierung der Organisation zuständigen Gericht eingereicht werden.

(2) Im Antrag auf Eintragung in das Gemeinnützigkeitsregister ist anzugeben, in welchem Gemeinnützigkeitsgrad der Antragsteller seine Registrierung wünscht. Im Antrag darf nur ein Gemeinnützigkeitsgrad angegeben werden.

(3) Über die Eintragung in das Gemeinnützigkeitsregister, die Umstufung und die Löschung fasst das Gericht in einem Verfahren der freiwilligen Gerichtsbarkeit einen Beschluss. Das Gericht übersendet seinen Beschluss der Staatsanwaltschaft.

(4) Die gemeinnützige Organisation muss innerhalb von 60 Tagen die Löschung der gemeinnützigen Rechtsstellung oder die Umgruppierung in einen niedrigeren Gemeinnützigkeitsgrad beantragen, wenn ihre Tätigkeit nicht den in den §§ 4-5 dieses Gesetzes festgehaltenen Bedingungen entspricht.

§ 36 BGB

(1) Das Haushaltsorgan ist eine juristische Person mit Rechtsfähigkeit.

§ 57 BGB

(1) Die Gemeinnützige Gesellschaft ist eine juristische Person mit Rechtsfähigkeit, die eine gemeinnützige Tätigkeit regelmäßig durchführt, wobei diese Tätigkeit der Befriedigung von gemeinsamen Bedürfnissen der Gesellschaft ohne Gewinn- und Vermögenserwerb der Gemeinnützigen Gesellschaft dient. Die Gemeinnützige Gesellschaft darf eine gewerbsmäßige wirtschaftliche Betätigung zur Förderung der gemeinnützigen Tätigkeit ausüben; der aus Betätigung stammende Gewinn darf nicht unter ihren Mitgliedern aufgeteilt werden.

(2) Auf die Gemeinnützige Gesellschaft sind mit den in diesem Gesetz festgelegten Abweichungen die für die Wirtschaftsgesellschaften maßgebenden gemeinsamen Regelungen sowie die auf die Gesellschaft mit beschränkter Haftung geltenden Bestimmungen des Gesetzes über die Wirtschaftsgesellschaften entsprechend anzuwenden.[70]

(3) Im Gesellschaftsvertrag ist die durch die Gemeinnützige Gesellschaft durchgeführte gemeinnützige Tätigkeit und bei Notwendigkeit die durch sie ausgeübte wirtschaftliche Betätigung festzulegen. Im Gesellschaftsvertrag muss für den Fall der Auflösung der Gesellschaft die Art und Weise der Verwendung des in § 60 Abs. 3 festgelegten Vermögens zu einem gemeinnützigen Zweck festgelegt werden.

§ 65 BGB

(1) Die Körperschaft des öffentlichen Rechts ist eine über eine Selbstverwaltung und eine registrierte Mitgliedschaft verfügende Organisation, deren Bildung ein Gesetz anordnet. Die Körperschaft des öffentlichen Rechts versieht öffentliche Aufgaben, die in Zusammenhang mit ihren Mitgliedern oder der durch ihre Mitglieder durchgeführten Tätigkeiten stehen. Die Körperschaft des öffentlichen Rechts ist eine juristische Person mit Rechtsfähigkeit.

(2) Körperschaften des öffentlichen Rechts sind insbesondere die Ungarische Akademie der Wissenschaften, die Wirtschaftskammern und die fachlichen Kammern.

(3) Ein Gesetz kann eine öffentliche Aufgabe festlegen, welcher die Körperschaft des öffentlichen Rechts dienen muss. Die Körperschaft des öffentlichen Rechts verfügt über die zur Versorgung der öffentlichen Aufgabe notwendigen, im Gesetz festgelegten Befugnisse und macht diese im Rahmen ihrer Selbstverwaltung geltend.

---

[70] Siehe F 21.

(4) Ein Gesetz kann vorschreiben, dass eine öffentliche Aufgabe ausschließlich durch eine Körperschaft des öffentlichen Rechts durchgeführt werden kann oder dass eine bestimmte Tätigkeit nur als Mitglied einer Körperschaft des öffentlichen Rechts ausgeübt werden kann.

(5) Die Informationen im Hinblick auf die durch die Körperschaft des öffentlichen Rechts durchgeführten öffentlichen Aufgaben sind von öffentlichem Interesse.

(6) Auf die Körperschaft des öffentlichen Rechts sind, wenn ein Gesetz nichts anderes vorschreibt, die Regelungen im Hinblick auf den Verein entsprechend anzuwenden.

§ 66 BGB

(1) Der nationale Landesfachverband einer Sportdisziplin (Fachverband) ist eine Organisation, die über eine Selbstverwaltung und eine registrierte Mitgliedschaft verfügt und die von den in der Sportdisziplin tätigen Sportorganisationen auf der Basis der in einer gesonderten Rechtsvorschrift festgelegten Bedingungen gegründet werden kann.

(2) Der Fachverband führt die in einer gesonderten Rechtsvorschrift und in seiner Satzung festgelegten Aufgaben durch. Der Fachverband ist eine juristische Person mit Rechtsfähigkeit.

(3) Ein Gesetz kann Aufgaben festlegen, die ausschließlich der Fachverband durchführen darf. Der Fachverband verfügt über die zur Erledigung seiner Aufgaben notwendigen in einem Gesetz festgelegten Befugnisse und übt diese im Rahmen seiner Selbstverwaltung aus.

(4) Auf den Fachverband sind, wenn ein Gesetz nichts anderes vorschreibt, die Regelungen im Hinblick auf den Verein entsprechend anzuwenden.

§ 74/A BGB

(1) Privatpersonen, juristische Personen und die über keine Rechtspersönlichkeit verfügenden Gesellschaften können für einen dauerhaften gemeinnützigen Zweck in einer Gründungsurkunde eine Stiftung gründen. Eine Stiftung darf nicht primär zur Durchführung einer wirtschaftlichen Betätigung gegründet werden. Der Stiftung muss das zur Realisierung ihres Ziels erforderliche Vermögen zugeführt werden. Die Stiftung ist eine juristische Person mit Rechtsfähigkeit.

§ 74/G BGB

(1) Stiftungen des öffentlichen Rechts sind Stiftungen, die durch das Parlament, die Regierung oder die Vertretungskörperschaft von kommunalen Selbstverwaltungen oder von Selbstverwaltungen der Minderheiten zur ständigen

Sicherung einer öffentlichen Aufgabe gegründet werden. Ein Gesetz kann die Bildung einer Stiftung des öffentlichen Rechts verbindlich vorschreiben.

(2) Als öffentliche Aufgabe gemäß Absatz 1 werden die staatlichen Aufgaben oder die Aufgaben der kommunalen Selbstverwaltungen oder der Selbstverwaltungen der Minderheiten angesehen, für deren Erledigung aufgrund eines Gesetzes oder einer Anordnung der kommunalen Selbstverwaltung sorgen muss. Die Bildung einer Stiftung des öffentlichen Rechts lässt die Pflicht des Staates oder der Selbstverwaltung hinsichtlich der Erledigung der Aufgabe unberührt.

(3) Eine Stiftung des öffentlichen Rechts kann auch gegründet werden, indem eine Stiftung mit Zustimmung ihres Gründers ihr ganzes Vermögen zur Bildung einer Stiftung des öffentlichen Rechts mit gleichem Zweck dem dazu berechtigten Organ anbietet. Wenn die zur Gründung der Stiftung des öffentlichen Rechts berechtigte Person das Angebot annimmt, ruft sie die Stiftung des öffentlichen Rechts gemeinsam mit dem Gründer der Stiftung ins Leben. Mit der Bildung der Stiftung des öffentlichen Rechts wird die Stiftung aufgelöst und Rechtsnachfolger wird die Stiftung des öffentlichen Rechts. Deren Gründer können die dem Gründer der Stiftung zustehenden Rechte, sofern die Gründungsurkunde nichts anderes verfügt, nur gemeinsam ausüben.

§ 87 des Gesetzes Nr. XXVIII. Von 1992 über Staatshaushalt

(1) Ein Haushaltsorgan ist eine, den Teil des Staatshaushaltes bildende juristische Person mit Rechtsfähigkeit, die die in Bestimmungen über die Befriedigung der gemeinschaftlichen gesellschaftlichen Bedürfnisse, in Beschlüssen und in der Gründungsurkunde (Gründungsurkunde) vorgeschriebenen staatlichen Aufgaben als Haupttätigkeit nicht zur Erlangung eines Vermögensvorteils ausübt und dies unter beruflicher und wirtschaftlicher Aufsicht des in der Gründungsurkunde bestimmten Organs mit den in der Gründungsurkunde bestimmten Kompetenzen und Befugnissen durchführt.

(2) Haushaltsorganisationen sind:

a) das zentrale Haushaltsorgan (namentlich das von den Fonds des Arbeitskraftmarktes finanzierte Arbeitsmarktorgan);

b) Haushaltsorgan der kommunalen Selbstverwaltungen;

c) Haushaltsorgan der Sozialversicherungen;

d) Haushaltsorgan der Landesminderheitsselbstverwaltungen;

e) Haushaltsorgan der Körperschaften des öffentlichen Rechts.

§ 593 BGB

(1) Privatpersonen, juristische Personen und Kapitalgesellschaften ohne Rechtspersönlichkeit können sich schriftlich verpflichten, zu einem durch sie

festgelegten gemeinnützigen Zweck unentgeltlich eine Vermögensleistung zu erfüllen. Die Unentgeltlichkeit der Vermögensleistung wird nicht durch eine Klausel berührt, die mit dem Andenken an eine verstorbene Person verbunden ist.

(2) Der Verpflichtende kann die Bedingungen festlegen, nach denen die Leistung für den festgelegten Zweck zu verwenden ist. Als Bedingung kann auch festgelegt werden, dass die Verwendung der Leistung für einen bestimmten Zweck unter Aufführung des Namens des Verpflichtenden erfolgen soll.

(3) Der Verpflichtende kann auch die Person bestimmen, zu deren Gunsten die Leistung zu verwenden ist.

§ 594 BGB

(1) Wenn der [Verpflichtende?] das Organ nicht angibt, das die Leistung für den bestimmten Zweck verwenden darf, fasst das Gericht zu dessen Bestimmung auf Antrag des Staatsanwaltes einen Beschluss.

(2) Wenn das angegebene Organ die Leistung nicht für den festgelegten Zweck verwendet, ist auch der Staatsanwalt zur Geltendmachung der sich daraus ergebenden Ansprüche berechtigt.

§ 595 BGB

(1) Die Verpflichtungsübernahme zu einer einmaligen Leistung kann nur vor der Erfüllung und nur dann zurückgezogen werden, wenn nach der Übernahme der Verpflichtung in den Umständen des Verpflichtenden eine solche wesentliche Änderung eingetreten ist, dass die Erfüllung von ihm nicht mehr erwartet werden kann.

(2) Eine Verpflichtungsübernahme auf unbegrenzte Zeit und für eine regelmäßige Leistung kann der Verpflichtende jederzeit zurückziehen.

(3) Wenn eine Rechtsvorschrift nichts anderes vorsieht, ist die Rückforderung einer bereits erfüllten Leistung nicht zulässig.

§ 596 BGB

(1) Die Verpflichtung erlischt mit dem Tod des Verpflichtenden sowie dann, wenn das Ziel, wofür die Leistung zu verwenden ist, realisiert wurde oder seine Realisierung nicht mehr möglich ist.

(2) Erlischt die Pflicht infolge der Realisierung oder Vereitelung des Zwecks, sind die nicht verwendeten Leistungen an den Verpflichtenden zurückzugeben.

§ 685 lit. b des BGB

Nahe Angehörige sind Ehepartner, Verwandte in gerader Linie, Adoptiv-, Stief- und Pflegekinder, Adoptiv-, Stief- und Pflegeeltern sowie Geschwister. Angehörige sind ferner der Lebensgefährte, Ehepartner der Verwandten in gerader Linie, der oder die Verlobte, Verwandte in gerader Linie und Geschwister des Ehepartners sowie Ehepartner der Geschwister.

§ 3 lit. 52 EStG

Die wegen einer gemeinnützigen Spende auszustellende Bescheinigung ist durch den Empfangsberechtigten der Spende auszustellen und muss die Bezeichnung, den Namen, den Sitz, den Wohnsitz, die Niederlassung und die Steuernummer des Ausstellers und des Spenders (einschließlich Einzelunternehmer), die Höhe der Spende und den unterstützten Zweck sowie ferner bei einer gemeinnützigen oder eine besonders gemeinnützigen Organisation den Gemeinnützigkeitsgrad aufführen.

§ 44 EStG

(1) Wenn die Privatperson auf Grund von § 40 eine Familienvergünstigung geltend macht und das in ihrer Steuererklärung deklarierte oder in der die Steuererklärung ersetzenden Abrechnung bzw. bei der Steuerfestsetzung durch die Steuerbehörde auf Grund einer Datenleistung verrechnete gesamte Jahreseinkommen der Privatperson acht Millionen Forint übersteigt, kann diese Privatperson den Teil der Vergünstigungssumme geltend machen, der über zwanzig Prozent ihres über acht Millionen Forint anfallenden Gesamteinkommens liegt.

(2) Wenn die Privatperson auf Grund der §§ 36, 36/A, 39, 41 und 42 eine Vergünstigung geltend macht und das in ihrer Steuererklärung deklarierte oder in der die Steuererklärung ersetzenden Abrechnung bzw. bei der Steuerfestsetzung durch die Steuerbehörde auf Grund einer Datenleistung verrechnete gesamte Jahreseinkommen der Privatperson sechs Millionen Forint nicht übersteigt, kann diese Privatperson auf Grund der §§ 36, 36/A, 39, 41 und 42 die Summe der nach den Festlegungen in diesen Paragraphen berechneten Vergünstigungen, doch höchstens eine Vergünstigung von einhunderttausend Forint im Jahr geltend machen.

(3) Wenn die Privatperson auf Grund der §§ 36, 39, 41 und 42 eine Vergünstigung geltend macht und das in ihrer Steuererklärung deklarierte oder in der die Steuererklärung ersetzenden Abrechnung bzw. bei der Steuerfestsetzung durch die Steuerbehörde auf Grund einer Datenleistung verrechnete gesamte Jahreseinkommen der Privatperson sechs Millionen Forint übersteigt, kann diese Privatperson die Summe der nach den Festlegungen in diesen Paragraphen berechneten Vergünstigungen, doch höchstens den Teil von einhunderttausend Forint im Jahr geltend machen, der über zwanzig Prozent des über sechs Millionen Forint anfallenden Gesamteinkommens liegt. Bei einem gesamten Jahreseinkommen über sechs Millionen fünfhunderttausend Forint

kann auf Grund der §§ 36, 39, 41 und 42 keine Vergünstigung geltend gemacht werden.

[...]

(4) Die Gesamtsumme der in den Bestimmungen der §§ 35-43 erwähnten steuermindernden Posten darf sich höchstens bis zum Betrag der Steuer für die zusammengefasste Bemessungsgrundlage erstrecken.

§ 9 KStG

...

(6) Die Besteuerungsgrundlage der als gemeinnützige Organisation oder besonders gemeinnützige Organisation eingeordneten Stiftung, Stiftung des öffentlichen Rechts, gesellschaftlichen Organisation oder Körperschaft des öffentlichen Rechts ist der mit dem in Absatz 7 vorgeschriebenen Verhältnis berechnete Teil der aufgrund der Absätze 1 bis 4 festgelegten Summe.

(7) Die Höhe der vergünstigten unternehmerischen Tätigkeit beträgt bei einer gemeinnützigen Organisation zehn Prozent ihrer Gesamteinnahmen, doch höchstens zwanzig Millionen Forint bzw. bei einer besonders gemeinnützigen Organisation fünfzehn Prozent ihrer Gesamteinnahmen. Zur Bestimmung der Festlegungen in Absatz 3 Buchstabe c und in Absatz 6 muss das Verhältnis als Quotient (mit einer Genauigkeit von zwei Dezimalstellen) der über den Satz der vergünstigten unternehmerischen Tätigkeit hinaus erreichten unternehmerischen Erträge und der Gesamteinnahmen der unternehmerischen Tätigkeit berechnet werden.

§ 20 KStG - Steuerfreiheit

(1) Steuern müssen nicht zahlen

   a) die gemeinnützige Organisation, die nicht als besonders gemeinnützige Organisation angesehene Stiftung, die Stiftung des öffentlichen Rechts, die gesellschaftliche Organisation - mit Ausnahme der überregionalen Interessenvertretungsorganisation -, die Körperschaft des öffentlichen Rechts und ferner die Wohnungsgenossenschaft, wenn ihre bei der – nach Vorschrift der auf die Wirtschaftstätigkeit bezogenen gesonderten Rechtsvorschriften und unter Berücksichtigung der Festlegungen in der Anlage lit 6 registrierten – unternehmerischen Tätigkeit erreichten Erträge höchstens zehn Millionen betragen, doch zehn Prozent ihrer im Steuerjahr erreichten Gesamteinnahmen nicht übersteigen,

   b) die gemeinnützige Gesellschaft und die Gesellschaft der kommunalen Wasserwerke für den Teil der für die Besteuerungsgrundlage gemäß den Festlegungen in Absatz 5 berechneten Steuer, den bei der gemeinnützigen Gesellschaft die aus der auf Grund von Anlage Lit 6 Abschnitt C festgelegten vergünstigten Tätigkeit eingegangenen Erträge bzw. bei der

Gesellschaft der kommunalen Wasserwerke die bei der als öffentliche Aufgabe ausgeführten Tätigkeit erreichten Erträge innerhalb der Gesamteinnahmen vertreten,

c) die freiwillige Versicherungskasse auf Gegenseitigkeit, wenn ihre aus der ergänzenden unternehmerischen Tätigkeit der Kasse herrührenden Erträge zwanzig Prozent der Gesamteinnahmen der Kasse nicht übersteigen,

d) - aufgehoben

e) - aufgehoben

(2) Die Gemeinnützige Gesellschaft und die Gesellschaft der kommunalen Wasserwerke können die Steuervergünstigungen im Verhältnis der um die Steuerbefreiung gesenkten Körperschaftsteuer geltend machen.

(5) Die Berechnungsgrundlage für die Steuer bildet bei der Anwendung von Absatz 1 Buchstabe b die gemäß § 13 festgelegte Bemessungsgrundlage, vermindert um den gemäß § 8 Abs. 1 Buchstabe n und § 13 Abs. 1 Buchstaben b bis d bestimmten Betrag oder erhöht um den Wert, der aufgrund der an eine Freiwillige Versicherungskasse auf Gegenseitigkeit erfolgten gemeinnützigen Verpflichtungsübernahme gemäß § 7 Abs. 1 Buchstabe z und § 7 Abs. 5 Buchstabe a geleistet wird.

§ 46 Gesetz Nr. XCII von 2003 über die Ordnung der Steuerzahlung

...

(4) Die Bescheinigung, auf deren Basis der Steuerzahler seine Einkünfte, Besteuerungsgrundlagen oder Steuern vermindern kann, muss zum Zeitpunkt der Entstehung der Berechtigung der Vergünstigung, spätestens jedoch bis zum 31. Januar des Jahres nach dem steuerlichen Veranlagungsjahr ausgestellt werden.

§ 138/A Strafgesetzbuch

Im Sinne dieses Gesetzes ist die Höhe des Wertes eines Schadens oder Vermögensnachteils und des Maßes oder Umfangs einer Einnahmenminderung an Steuern, Beiträgen oder Mitgliedsbeiträgen der Privatpensionskasse

a) geringer, wenn sie über zehntausend Forint liegt und zweihunderttausend Forint nicht übersteigt;

b) höher, wenn sie über zweihunderttausend Forint liegt und zwei Millionen Forint nicht übersteigt;

c) bedeutend, wenn sie über zwei Millionen Forint liegt und fünfzig Millionen Forint nicht übersteigt;

d) besonders hoch, wenn sie über fünfzig Millionen Forint liegt und fünfhundert Millionen Forint nicht übersteigt;

e) besonders bedeutend, wenn sie über fünfhundert Millionen Forint liegt.

§ 310 Strafgesetzbuch

(1) Wer eine für die Festlegung der Steuerpflicht, des Sozialversicherungs-, Unfallversicherungs-, Krankenversicherungs- oder Rentenbeitrages oder des Mitgliedsbeitrages zur Privatpensionskasse wesentliche Tatsache der Behörde oder in Bezug auf den Mitgliedsbeitrag zur Privatpensionskasse der Privatpensionskasse falsch darlegt oder verschweigt und dadurch oder durch ein anderes irreführendes Verhalten die Summe der Steuereinnahmen oder der Einnahmen aus den Sozialversicherungs-, Unfallversicherungs-, Krankenversicherungs- oder Rentenbeiträgen oder den Mitgliedsbeiträgen zur Privatpensionskasse mindert, begeht ein Vergehen und ist mit einer Freiheitsstrafe bis zu zwei Jahren, gemeinnütziger Arbeit oder Geldstrafe zu bestrafen.

(2) Die Strafe erhöht sich auf bis zu drei Jahren Freiheitsstrafe, wenn durch die Straftat die Summe der Steuereinnahmen oder der Einnahmen aus den Sozialversicherungs-, Unfallversicherungs-, Krankenversicherungs- oder Rentenbeiträgen oder den Mitgliedsbeiträgen zur Privatpensionskasse in einem hohem Maße verringert wird.

(3) Die Strafe erhöht sich auf eine Freiheitsstrafe von einem Jahr bis zu fünf Jahren, wenn durch die Straftat die Summe der Steuereinnahmen oder der Einnahmen aus den Sozialversicherungs-, Unfallversicherungs-, Krankenversicherungs- oder Rentenbeiträgen oder den Mitgliedsbeiträgen zur Privatpensionskasse in bedeutendem Maße verringert wird.

(4) Die Strafe erhöht sich auf eine Freiheitsstrafe von zwei bis acht Jahren, wenn

a) durch die Straftat die Summe der Steuereinnahmen oder der Einnahmen aus den Sozialversicherungs-, Unfallversicherungs-, Krankenversicherungs- oder Rentenbeiträgen oder den Mitgliedsbeiträgen zur Privatpensionskasse in einem besonders hohen oder darüber hinaus liegenden Maße verringert wird.

b) - aufgehoben

(5) Nach den Absätzen 1 - 4 ist zu bestrafen, wer eine Behörde zum Zwecke der Nichtzahlung der festgelegten Steuern, des Sozialversicherungs-, Unfallversicherungs-, Krankenversicherungs- oder Rentenbeitrages oder des Mitgliedsbeitrages zur Privatpensionskasse irreführt, wenn dadurch die Beitreibung der Steuer, des Sozialversicherungs-, Unfallversicherungs-, Krankenversicherungs- oder Rentenbeitrages oder des Mitgliedsbeitrages zur Privatpensionskasse bedeutend verzögert oder verhindert wird.

(6) Ein Täter kann nicht gemäß Absatz 1 bestraft werden, wenn er bis zur Einreichung der Anklageschrift seine entsprechende Steuerzahlungsverpflichtung, Zahlungsverpflichtung bei den Sozialversicherungs-, Unfallversicherungs-, Krankenversicherungs- oder Rentenbeiträgen oder Zahlungsverpflichtung bei den Mitgliedsbeiträgen zur Privatpensionskasse begleicht.

Anlage 2 zum MwStG
Anlage Nr. 2 zum Gesetz Nr. LXXIV von 1992
Die in § 30 Abs. 1 festgelegten Verkaufserlösen und Erlösen für Dienstleistungen, die in den Bereich der sachlichen Steuerfreiheit fallen sind Folgende:

17) im Bereich der Bildung
   a) die Grund- und Hochschulbildung, bei der Erwachsenenbildung die im zentralen Ausbildungsverzeichnis festgelegten Fachqualifikation, die nach dem Gesetz über die Erwachsenenbildung organisierte und akkreditierte sowie ferner nach den Festlegungen in einer Rechtsnorm organisierte Aus- und Weiterbildung oder Vorbereitung auf die Fachprüfung, einschließlich der damit verbundenen Prüfungstätigkeit;
   b) Sprachprüfungstätigkeit, die als Grundlage für die Ausgabe von staatlich oder international anerkannten Sprachprüfungszeugnissen dient;
   c) durch die aufgrund eines internationalen Vertrags in Ungarn tätigen ausländischen kulturellen Einrichtungen durchgeführten Bildungstätigkeiten;
   d) die zur Realisierung der in den Buchstaben a bis c festgelegten Schulungen, Ausbildungen und Prüfungsabnahmen direkt gewährten Schulungs-, Ausbildungs- und Prüfungstätigkeiten;
   e) die Erteilung von Nachhilfeunterricht oder Privatstunden;
   f) die bildungspädagogische Sachverständigentätigkeit oder Fachberatung, die Organisation pädagogischen Unterrichts oder Weiterbildung von Pädagogen sowie die Organisation von Wettbewerben zur Studien- und Talentförderung;
18) die humanmedizinische Gesundheitsversorgung;
19) die soziale Versorgung, ausgenommen die soziale Essenversorgung;
20) die sonstigen, auf einem Mitgliedschaftsverhältnis beruhenden Leistungen der Gemeinschaft oder Gesellschaft;
22) die Freizeit- und Amateursportdienstleistungen, ausgenommen Eintritte zu Sportveranstaltungen, bestimmungsgemäße Nutzung der Sportobjekte und der Dienstleistungen von Schwimmhallen und Strandbädern;

§16 der Regierungsverordnung 224/2000 (XII.19)
(6) Die bei sonstigen Organisationen und sonstigen gemeinnützigen Organisationen zur Weiterleitung gedachten Förderungen sind im Falle von doppelter Buchführung als Einnahmen, bei einfacher Buchführung als finanziell bereinigte Einnahmen auszuweisen. Der weitergeleitete, überlassene Betrag ist von der Buchführungsart abhängig unter den sonstigen Aufwendungen oder als Ausgabe auszuweisen. Die Weiterleitung und Überlassung dieser Mittel gelten nicht als Kompensation der gesetzlich bestimmten Kosten oder als für die

Weiterentwicklung gedachte Förderung oder als endgültig überlassene Geldmittel.

(7) Als zu Weiterleitung gedachte Förderungen im Sinne des Absatzes 6 gilt jede Unterstützung, die eine sonstige Organisation oder gemeinnützige sonstige Organisation von dem Gründer oder von anderen Organisationen im Rahmen einer Ausschreibung oder auf sonstige Weise erlangt und einer anderer Organisation weiter überweist oder übergibt, die eine dem Unterstützungsziel entsprechende Aufgabe unmittelbar erbringt und welche die weiter überwiesenen Mittel (Geld- oder sonstige Mittel) als Einnahmen ausweist. Bei sonstigen Organisationen oder sonstigen gemeinnützigen Organisationen sind solche Posten in der gemeinnützigen Ergebnisberechnung oder in der gemeinnützigen Gewinn- und Verlustrechnung gesondert als zur Weiterleitung erhaltene Unterstützung oder weitergeleitete Unterstützung auszuweisen. Eine in dem betroffenen Geschäftsjahr als zur Weiterleitung bestimmte, aber noch nicht weitergeleitete Einnahme ist bei denjenigen Organisationen, die eine doppelte Buchführung durchführen, zeitgerecht abzugrenzen und bei diejenigen, die eine einfache Buchführung durchführen, als Verbindlichkeit auszuweisen.

Anlage 2: Quellen

1. Materialien

Bognár Piroska, A közhasznú társaságok, Budapest 2004[2] [Die Gemeinnützigen Gesellschaften, 2. Aufl.]

Földes Gábor/Hadi László/Karácsony Imréné/Pénzely Mária/Pölöskei Pálné/ Szolnoki Béla, Az új adójog magyarázata, Budapest 2005 [Kommentar zum neuen Steuerrecht 2005]

Csizmár Gábor/Bíró Endre, Non-Profit Jogi Kézikönyv, Budapest 2004, [Non-Profit-Rechtshandbuch]

Földes Gábor, Adójog, Budapest 2001 [Steuerrecht]

Földes Gábor, Pénzügyi jog, Budapest 1996 [Finanzrecht]

Juhani Kesti (Hrsg.), European Tax Handbook 2004, IBFD, 2004

Lomnici Zoltán, Pénzügyi ítélkezés, Budapest 2001 [Finanzgerichtsbarkeit in Ungarn]

Szalai János (Hrsg.), Adózási ABC, Dashöfer Budapest 1998, (11. Ergänzung 2001), [ABC des Steuerzahlung

Közigazgatási-Gazdasági Döntvénytár [Entscheidungssammlung in Verwaltungs- und Wirtschaftssachen des Obersten Gerichts] 1999/8-9 [Stiftungen und Stiftungen des öffentlichen Rechts]

Közigazgatási-Gazdasági Döntvénytár [Entscheidungssammlung in Verwaltungs- und Wirtschaftssachen des Obersten Gerichts] 2000/8-9 [Gemeinnützige Organisationen, gesellschaftliche Organisationen]

2. Rechtsvorschriften

Gesetz Nr. IV von 1959 über das Bürgerliche Gesetzbuch (BGB)

Gesetz Nr. II von 1989 über die Vereinigungsfreiheit

Gesetz Nr. XXXIII von 1989 über die Parteien

Gesetz Nr. IV von 1990 über die Gewissens- und Religionsfreiheit und Kirchen

Gesetz Nr. XCII von 1990 über das Gebührenwesen

Gesetz Nr. LXXXII von 1991 über die Kraftfahrzeugsteuer

Gesetz Nr. XXXVIII von 1992 über den Staatshaushalt

Gesetz Nr. LXXIV von 1992 über die Mehrwertsteuer (MwStG)

Gesetzes Nr. XCVI von 1993 über die Freiwilligen Versicherungskassen auf Gegenseitigkeit

Gesetz Nr. CXVII von 1995 über Einkommensteuer (EStG)

Gesetz Nr. CXXVI von 1996 über die laut Anordnung des Steuerzahlers erfolgende Verwendung eines festgelegten Teils der Einkommensteuer (EinProzentG)

Gesetz Nr. I von 1996 über das Fernseh- und Rundfunkwesen

Gesetz Nr. LXXXI von 1996 über die Körperschaft- und Dividendensteuer (KStG)

Gesetzes Nr. CXXIV von 1997 über die materiellen Voraussetzungen des Religionswesens und der gemeinnützigen Tätigkeiten der Kirchen

Gesetz Nr. CXLIV von 1997 über die Wirtschaftsgesellschaften

Gesetz Nr. CLVI von 1997 über die gemeinnützigen Organisationen (NonProfitG)

Gesetz Nr. CXXVI von 1997 über nationalen wissenschaftlichen Grundprogramme

Gesetz Nr. CXXI von 1999 über die Wirtschaftskammern

Gesetz Nr. C von 2000 über die Rechnungslegung

Gesetz Nr. XLIII von 2002 über die vereinfachte Unternehmensteuer

Gesetz Nr. L von 2003 über das nationale Zivilgrundprogramm

Gesetzes Nr. XCII von 2003 über die Ordnung der Steuerzahlung

Gesetzes Nr. I von 2004 über das Sportwesen (SportG)

Gesetz Nr. CXXIV von 2004 über Forschung, Entwicklung und technologische Innovation

Regierungsverordnung Nr. 115/1992 (VII.23) über die wirtschaftlichen Tätigkeiten der Stiftungen

Regierungsverordnung Nr. 114/1992 (VII.23) über die wirtschaftlichen Tätigkeiten der Vereine

Regierungsverordnung Nr. 224/2000. (XII.19) über die Jahresbericht- und Buchführungspflicht besonderer Organisationen

3. Gerichtsentscheidungen des Obersten Gerichts

a) Rechtseinheitliche Entscheidung des Obersten Gerichts 1/1998 KJE

b) Legfelsőbb Bíróság határozatainak hivatalos gyűjteménye (EBH) [Offizielle Sammlung der Entscheidungen des Obersten Gerichts]

EBH 1999.178 – 1999/2

Kfv.III.27.690/1997 – EBH 1999.277

EBH 2000.386 –2000/2

EBH 2000.280 –2000/1

Kfv.I.35.408/2002 – EBH 2003.985 – 2003/2

b) Bírósági Határozatok (BH) [Entscheidungen des Obersten Gerichtes]

- Cgf.II.31.229/2002 – BH 2003.382

Kfv.I.35.408/2002 – BH 2005.84

c) Adó, vám és illeték [Zeitschrift: Steuer, Zoll und Gebühr]

Legf. Bír. Kfv.IV.28.218/1998 – 122/2000.10

Kf.IV.35.350/2001 – 2002.59

Kf.IV.35.350/2001 – 2002.59

Kf.IV.35.148/2000 – 2002.96

Kf.III.29.816/1999 – 2002.125

Kf.III.29.816/1999 – 2002.125

Kfv.V.27.790/1999 – 2001.1

Kf.II.28.093/1999 – 2001.117

Kfv.I.27.073/1999 – 2001.142

Kf.V.35.700/1999 – 2001.55

Kfv.II.28.214/1998 – 2001.105

Kfv.IV.27.827/1998 – 2000.147

d) Közigazgatási – Gazdasági Döntvénytár (KDG) [Entscheidungen des Obersten Gerichts in Verwaltungs- und Wirtschaftssachen]

Kny.III.28.178/1998 – KGD 1999/8-9, 139-140

Kny.II.27.736/1998 – KGD 1999/8-9, 140-141

Kny.III.28.468/1998 – KGD 1999/8-9, 143-144

Kny.III.28.089/1998 – KGD 1999/8-9, 150
Kny.III.28.418/1998 – KGD 1999/8-9, 148-149
Kny.III.28.419/1998 – KGD 1999/8-9, 144-145
Kny.VII.28.757/1999 – KGD 2001/7, 208

Gemeinnützigkeits- und Spendenrecht in den USA

JOHN D. COLOMBO

A. Allgemeines
   I. Das Steuersystem
   II. Theoretische Rechtfertigung der Steuerbefreiung und des Spendenabzugs
   III. Empirische Daten
B. Voraussetzungen der Steuerbefreiung
   I. Befreiung vs. Spendenabzug
   II. Organisationsrechtliche Erfordernisse
   III. Anerkannte öffentliche/gemeinnützige Zwecke („Public Benefit")
      1. Definition des „Public Benefit"
      2. Bestandteile der Zwecksetzung: das Organisationsrecht der gemeinnützigen Organisationen („common law of charity")
      3. Zweckverwirklichung im Ausland
      4. Beispiele für gemeinnützige Organisationen / Grenzfälle
   IV. Anforderungen an die Mittelverwendung
      1. Keine persönliche Bereicherungen/ Vergütungen
      2. Mittelverwendungen von oder Zahlungen an Gründer und nahestehende Personen
      3. Status der Gemeinnützigkeit bei Förderorganisation
      4. Notwendige Ausschüttungen, Rücklagenbildung und ähnliche Fragen
   V. Anforderungen an wirtschaftliche Betätigungen
C. Besteuerung der begünstigten Organisationen
   I. Einschlägige Steuerarten
   II. Einkommen aus donativen Quellen
   III. Passives Einkommen
   IV. Einkommen aus einer nicht mit dem Zweck der steuerbefreiten Organisation in Beziehung stehenden wirtschaftlichen Betätigung („unrelated business income")
   V. Weitere Privilegien
D. Steuerliche Behandlung der Spender
   I. Verfahrensvoraussetzungen, Begrenzungen und technische Durchführung
   II. Das gesetzliche Spendenkonzept – Grenzfälle
      1. Das gesetzliche Konzept
      2. Spende versus Sponsoring
      3. Spende versus Mitgliedsbeitrag
      4. Unterschiede zwischen natürlichen Personen und Gesellschaften
      5. Unterschiede aufgrund der Organisationsform des Empfängers oder aufgrund der Art der Spende
      6. Geld- versus Sach- versus Zeitspende (Erbringen von Leistungen)
   III. Weitere spezielle Fragen betreffend Spenden
      1. Vorgaben des Spenders/ Kontrolle
      2. Spenden an politische Parteien
      3. Spenden an die Regierung und staatliche Organisationen
      4. Steuerabkommen
E. Verfahren, Kontrolle (im Überblick) und Haftung
   I. Verfahrensfragen
   II. Kontrolle – ein Überblick
      1. Allgemeines
      2. Auskunftsformulare und Instrumente
         a) Erfordernisse bei Gründung
         b) Mitteilungen, Auskünfte über Einkünfte
         c) Buchführung / Bilanzierung
         d) Aktivitäten im Ausland
      3. Auskünfte von Spendern
      4. Effektivität der Aufsicht?
   III. Sanktionen und Haftung der Geschäftsführer
      1. Sanktionen nach dem Bundes-Steuerrecht

2. Persönlicher Haftung von Geschäftsführern gemeinnütziger Organisationen und von Spendern
F. Reformen und politische Debatten
  I. Politische Diskussionsgegenstände
    1. Aktuelle Vorschläge des Finanz-
ausschusses des Senats
    2. Das Forschungsprojekt des

„American Law Institute"
    3. Weitere, immer wiederkehrende
Diskussionen
    4. Überwachungsorganisationen
(„Watchdog Organizations")
  II. Aktuelle Skandale
  III. Abschließende Stellungnahme

A. Allgemeines

I. Das Steuersystem

Das Steuersystem in den USA ist ein föderalistisches System, welches sowohl gesamtbundesstaatliche wie auch einzelstaatliche Steuerbefugnisse aufweist. Für Steuerbefreiungsfragen finden somit zwei unterschiedliche Zuständigkeiten und fünf unterschiedliche Steuerarten Anwendung:

Die Bundes-Einkommensteuer, die Bundes-Erbschaft/Schenkungsteuer, die Landes-Einkommensteuern, die Landes-Grundsteuern und die Landes-Umsatzsteuern in Bezug auf Sachvermögen (und in manchen Staaten auch Dienstleistungen).[1] Die bekannteste Steuerart dabei ist die Bundes-Einkommensteuer, die eine Steuerbefreiung für gemeinnützige Organisationen in § 501 (c) (3) des Steuergesetzbuches („*Internal Revenue Code, IRC*") vorsieht.[2] Die Staaten besitzen darüber hinaus ihre eigenen Einkommensteuern (mit Ausnahme einiger weniger Staaten wie beispielsweise Florida und Texas), die bezüglich der Steuerbefreiungen im Allgemeinen dem Bundesstandard des § 501 (c) (3) IRC folgen. Die Befreiungen in den Landes-Vermögensteuern wiederum basieren häufig auf anderen Strukturen als jene in den Landes-Einkommensteuergesetzen bzw. im IRC, da die Landes-Vermögensteuern landesverfassungsrechtliche Regelungen beachten müssen und auf gänzlich anderer Gesetzgebung beruhen. Deshalb sind die Steuerbefreiungen in den Landes-Vermögensteuern häufig in ihrer Reichweite im Vergleich zu den Befreiungen in den Landes-Einkommensteuern begrenzt. So bestehen etwa Begrenzungen im Hinblick auf das Vermögen, das aktuell für den steuerprivilegierten Zweck genutzt wird und nicht etwa für das gesamte Vermögen einer gemeinnützigen Organisation.[3] Infolgedessen kann beispielsweise ein Krankenhausgebäude eine Befreiung von

---

[1] Dazu im Detail unter C I.

[2] Zu beachten ist, dass der „*Internal Revenue Code*" auch Steuerbefreiungen für zahlreiche andere Organisationen außerhalb der gemeinnützigen Organisationen vorsieht. Tatsächlich listet § 501 (c) IRC insgesamt 25 unterschiedliche steuerbefreite Organisationsformen außerhalb der gemeinnützigen Organisationen auf.

[3] Für eine gute Zusammenfassung zu den Vermögensteuer-Befreiungen siehe *Janne Gallagher*, The Legal Structure of Property Tax Exemption, in Property Tax Exemption for Charities 3-22 (*Evelyn Brody*, ed., Urban Institute 2002)

der Vermögensteuer erhalten, nicht aber eine Ärztehaus im Eigentum des Krankenhauses bzw. der Klinik stehend.[4] Das Umsatzsteuerrecht wiederum ist sehr indifferent. Manche Staaten befreien gemeinnützige Organisationen von der Umsatzsteuer für Käufe, aber nicht für Verkäufe, manche für Verkäufe, aber nicht für Käufe, manche für beides.[5]

Da die Befreiungsregelungen in § 501 (c) (3) IRC die am besten entwickelten Regelungen darstellen, soll im Folgenden auf diese Steuerbefreiungen und den darauf bezogenen Spendenabzug in § 170 IRC der Schwerpunkt der Darstellung gelegt werden.

II. Theoretische Rechtfertigung der Steuerbefreiung und des Spendenabzugs

Einer der interessanten Aspekte der Steuerbefreiung und des dazugehörigen Spendenabzuges in § 170 IRC besteht darin, dass es keine allgemein anerkannte theoretische Basis für diese Regelungen gibt. In Bezug auf die Steuerbefreiung vertritt das Schrifttum zwei hauptsächliche Theorien:

- die Steuerbefreiung ist ein Teil der allumfassenden Definition der Bemessungsgrundlage (sog. „*tax base theory*"),
- die Befreiung ist eine staatliche Privilegierung (Subvention) für die gemeinnützige Organisation (sog. „*subsidy theory*").[6]

Nach der „*tax base theory*" wird behauptet, dass die befreite Organisation schlicht nicht in das „normale" Definitionsmuster der Einkommensteuer fallen soll. Zum Beispiel generieren steuerbefreite Organisationen weder einen Gewinn und besitzen daher kein „Einkommen" im Sinne des IRC, noch sind sie berechtigt, Betriebsausgaben steuerwirksam geltend machen zu können. Stattdessen sollte man diese Organisationen als eine Art „Durchreich-Vehikel" ansehen, welche wirtschaftliche Vorteile an gemeinnützige Nutznießer weiterreichen, die wiederum häufig zu arm für Steuerzahlungen wären.[7] Nach dieser Ansicht kann man gemeinnützige Organisationen nicht besteuern, da sie einfach nicht in die reguläre Normdefinition der Steuerbemessungsgrundlagen passen.

---

[4] City of Lewiston v. Marcotte Congregate housing, Inc., 673 A 2d 209 (Me. 1996): Ein Gebäude verlor dort die Steuerbefreiung aufgrund der Vermietung von Raum an Ärzte bzw. Leasing einiger Räume jeweils zu Marktpreisen – das Gericht verweigerte insofern eine Aufteilungsmöglichkeit.

[5] Für einen Überblick über die landesstaatlichen Umsatzsteuerbefreiungen siehe: *Janne Gallagher*, Sales Tax Exemptions for Charitable, Educational and Religious Non-Profit Organizations, 7 Exempt Orgs. Tax Rev. 429 (1993).

[6] Ausführlich: *John D. Colombo/Mark A. Hall*, The Charitable Tax Exemption (Westview Press, 1995).

[7] Siehe z B *Boris I. Bittker/George F. Rahdert*, The Exemption of Non-Profit Organizations from Federal Income Taxation, 85 Yale L.J. 299 (1976).

Jedoch lehnen die meisten Kommentatoren im US-Schrifttum die „*tax base theory*" mittlerweile ab. Sie berufen sich darauf, dass viele gemeinnützige Organisationen messbares Einkommen aus Warenkäufen oder Dienstleistungen generieren (gemeinnützige Krankenhäuser zum Beispiel sind sogar angewiesen auf Einnahmen aus Dienstleistungen).[8] Vielmehr werden nach der die „*subsidy theory*" die Steuerbefreiungen als eine staatliche Subvention und Austausch dafür angesehen, was ansonsten an Steuern zunächst grundsätzlich anfiele. Die Feststellung, dass die Befreiung eine Subvention ist, beantwortet jedoch noch nicht die Frage, warum der Staat diese Subvention bereitstellen sollte. Für diese Frage gibt es drei umfassende Erklärungsansätze:

Der erste (manchmal als sog. „*quid pro quo theory*" oder „*relief of government burden theory*" bezeichnet) bezieht sich darauf, dass die staatliche Subvention gerechtfertigt sein soll, weil die gemeinnützigen Organisationen Aufgaben übernehmen, die der Staat im Falle ihres Nichtdaseins selbst zu erledigen hätte. Für die USA ist diese Erklärung jedoch schlechthin ungenügend. Zum Beispiel verbietet die US-amerikanische Verfassung staatliche Unterstützung von religiösen Aktivitäten, obwohl natürlich Kirchen und andere religiöse Organisationen steuerbefreit sind. Offensichtlich kann mithin die Steuerprivilegierung nicht damit erklärt werden, dass die US-Regierung der Bevölkerung ohne eine solche Befreiung „religiöse Leistungen" zur Verfügung zu stellen hätte.

Die zweite vertretene Erklärung ist der „*community benefit*"-Ansatz. Danach sollen gemeinnützige Organisationen deshalb subventioniert werden, weil sie „gute Dinge" für die Gemeinschaft tun und die pluralistische Kultur in den USA fördern. Hiernach sind kirchliche Organisationen steuerbefreit, weil sie das pluralistische Ideal fördern, um gemeinsame Zielsetzungen außerhalb des staatlichen Sektors durchzusetzen. Obwohl diese Erklärung der meistvertretene Erklärungsansatz für die Befreiungen ist, besitzt er bei näherer Betrachtung einige Schwierigkeiten. Beispielsweise erledigen auch viele „*For-Profit*"-Organisationen „gute Dinge" für die Gemeinschaft durch Bereitstellung von Arbeitsplätzen, wirtschaftlichen Quellen etc. Warum werden diese Aktivitäten dann nicht ebenso belohnt wie die der gemeinnützigen Organisationen belohnt werden? Zweitens: Warum ist die Befreiung notwendig, um das „pluralistische Ideal" zu fördern? Die Personen, die sich gemeinsam für einen speziellen Zweck zusammenfinden, können dies genauso in nicht steuerbefreiten Organisationen. Nichts im Steuerrecht würde sie an dieser Vorgehensweise hindern.

---

[8] Allgemein dazu: *Colombo/Hall* (Fn. 6), 24-25. Selbst gemeinnützige Organisationen, die in der Armenfürsorge engagiert sind und kein erhebliches Einkommen aus Verkäufen oder Leistungen erzielen, sollen darauf achten müssen: „*Tiffany's net income available for distribution to its stockholders is arguably different from the Red Cross's distributions of donations to flood victims, but the two could be made subject to tax with roughly equal convenience.*", so Rob *Atkinson*, Rationales for Federal Income Tax Exemption, 27, in Rationales for Federal Income Tax Exemption aus den 1991 angefertigten Diskussionspapieren für die „*National Center on Philanthropy & the Law's conference*" an der „*New York University*".

Wenn eine solche entsprechende Organisation Einkommen erzielt, würde sie zwar grundsätzlich besteuert werden – aber die meisten solcher Organisationen würden ohnehin kein zu versteuerndes Einkommen besitzen.

Die dritte Erklärung für die Steuerbefreiung beruht auf der ökonomischen Theorie. Die gemeinsame These der ökonomischen Erklärungsansätze ist, dass die gemeinnützigen Organisationen existieren, um Markt- bzw. Staatsversagen zu korrigieren: Nämlich sowohl das Versagen des Marktes bestimmte Güter und Dienstleistungen bereitzustellen, welche ein Teil der Bevölkerung nachfragt als auch das korrespondierende Staatsversagen, diese Beseitigung des Mangeln an Diensten/Gütern durch seine Steuerhoheit zu fördern.[9] Wenn ein solches doppeltes Versagen auftritt, treten gemeinnützige Organisationen in die entsprechenden Lücken ein. Die insofern erfolgenden Steuerbefreiungen für diese Organisationen werden sodann verschieden begründet. *Henry Hansmann* erklärt sie damit, dass auf diesem Weg gemeinnützigen Non-Profit-Organisationen bei der Kapitalbildung geholfen werden soll, da solche definitionsgemäß den Kapitalmarkt nicht nutzen können.[10] *Mark Hall* und ich haben vorgeschlagen, dass die Befreiung zur Bewältigung der chronischen Unterfinanzierung der gemeinnützigen Organisationen notwendig sei. Die chronische Unterfinanzierung wiederum beruht auf der kostenfreien Inanspruchnahme der Dienste der gemeinnützigen Organisationen durch die entsprechenden Nutznießer.[11] Alle diese Ansätze teilen jedenfalls die gemeinsame These, dass die Steuerbefreiung eine Methode zur Bereitstellung finanzieller Ressourcen zur Bewältigung des doppelten (Markt/Staats-)Versagens ist, das wiederum die gemeinnützigen Organisationen in die entstehenden Lücken springen lässt.

Jede dieser Theorien besitzt natürlich unterschiedliche Implikationen für die Reichweite der Befreiung. Unter der Anwendung der ökonomischen Theorie beispielsweise schlugen *Mark Hall* und ich eine Ansatz vor, nach welchem die Befreiung nur solchen Organisationen zu Gute kommen soll, welche nachweisen können, dass ein bestimmter Prozentsatz ihres Etats (1/3 kalkuliert auf einem vierjährigen Durchschnittswert) aus Spenden herrührt (*„donative theory"*). Dieser Ansatz basiert auf dem Gedanken, dass Spenden das beste Signal dafür sind, dass der Markt und der Staat bestimmte Dienstleistungen nicht befriedigend erbringen. Da nicht jedermann spendet – insofern gibt es

---

[9] Dazu z. B : *Lester M. Salamon*, American's Non-Profit Sector: A Primer 11-13 (2d ed. 1999); *John D Colombo*, The Marketing of Philanthropy and the Charitable Contributions Deduction: Integrating Theories for Deduction and Tax Exemption, 36 Wake For. L. Rev. 657, 696-98 (2001). Die klassische Erklärung in Form der Marktversagenstheorie findet sich bei: *Henry Hansmann*, The Role of Non-Profit Enterprise, 89 Yale L.J. 835 (1980). Das Versagen des Staates die Probleme mit dem privaten Markt zu bewältigen, ist das Resultat des politischen Mehrheitssystems, bei dem Nachfrager bestimmter Leistungen nicht genügend politische Einflusskraft besitzen, um die Regierung zu überzeugen, ihrem Wunsch nachzugehen.

[10] *Henry Hansmann*, The Rationale for Exempting Non-Profit Organizations from Federal Income Taxation, 91 Yale L.J. 54 (1981).

[11] *Colombo/Hall* (Fn. 6), 100-113.

Mitnahmeeffekte der Nichtspendenden von den Spendenden – wird die Steuerbefreiung notwendig, um den entsprechenden gemeinnützigen Organisationen einen zusätzlichen finanziellen „Auftrieb" zu geben. Dieser Ansatz würde wahrscheinlich dazu führen, dass gemeinnützigen Krankenhäusern keine Befreiung zusteht, da bei jenen – wenn überhaupt – nur ein sehr kleiner Anteil ihres Einkommens aus Spenden generiert wird.

In Bezug auf den Spendenabzug ist die Situation ähnlich. Es existiert keine allgemein anerkannte Theorie, welche die Möglichkeit des Spendenabzugs erklärt. Wiederum teilen sich die denkbaren Erklärungsansätze auf in eine Erklärung auf der Basis-Definition der Steuerbemessungsgrundlagen (sog. *„tax base theory"*) und in eine Erklärung im Sinne eines Privilegierungsansatzes für gemeinnützige Organisationen (sog. *„subsidy theory"*). Nach ersterer begründet sich das normative Steuersystem nach der *„Haig-Simons"*-Definition des Einkommens, wonach dieses durch die Summe der konsumierten Ausgaben mit den Sparausgaben (welche die zukünftigen Konsumausgaben darstellen) repräsentiert wird.[12] Deshalb lässt das System den Steuerabzug bei beruflichen Einkünften zu (Betriebsausgaben/Werbungskosten, Abschreibungen betrieblichen Grundvermögens etc.), denn diese Ausgaben sind nicht Bestandteil der genannten Steuerbemessungsgrundlage. Eine Spende an eine gemeinnützige Organisation wiederum betrifft nicht die Konsumsphäre des Steuerzahlers, eher stellt es eine Umleitung der Konsumkapazität zu einer anderen Person bzw. Gesellschaft durch den Steuerzahler dar.[13] Das Gegenargument zu diesem Ansatz ist, dass, wenn die Spende keine Betriebsausgabe bzw. keinen Teil der Werbungskosten darstellt, es eine Art privater Konsumausgabe darstellen muss (es erlaubt dem Steuerzahler, sich nach den persönlichen privaten Vorstellungen den Empfänger der Spende auszusuchen). Selbst wenn man die Meinung nicht teilt, dass eine Spende als solche eine persönliche Konsumausgabe darstellt, besitzen viele Spenden Elemente solcher Ausgaben – so etwa die Gabe in Austausch für eine „Benennungsmöglichkeit" (z. B. der Name eines Gebäudes, eines Stiftungslehrstuhls an einer Universität) oder etwa die Spende an eine Privatschule, um die akademischen Lehrprogramme, die das Kind des Spenders an der Schule erhält, zu verbessern.

---

[12] *Henry Simons*, Personal Income Taxation 50 (1938). *Simons* bezog sich auf das frühere Werk des Ökonomen *Robert Haig*, so dass die Definition als *„Haig-Simons"*-Definition bekannt wurde. Dazu allgemein: *J.B. McCombs*, An Historical Review and Analysis of Early United States Tax Policy Scholarship: Definition of Income and Progressive Rates, 64 St. John's L. Rev. 471, 483, 484 (1990: Der *Haig-Simons*-Ansatz sei *„generally accepted"* bzw. *Simons* Ansatz, das Einkommen als Konsum plus Sparrücklagen zu begreifen sei *„been quoted almost as a ritual litany in tax policy studies during the last fifty years... "*); *Victor Thuronyi*, The Concept of Income, 46 Tax L. Rev. 45, 46 (1990): der *„Haig-Simons"*-Intepretation sei *„now widely accepted by analysts"*.

[13] Die klassische Darstellung der *„tax base theory"* bezogen auf steuerabzugsfähige Spenden findet sich bei: *William Andrews*, Personal Deductions in an Ideal Income Tax, 86 Harv. L. Rev. 309 (1972).

Wie bei der Begründung der Steuerbefreiung besteht die Alternative auch bei dem Spendenabzug darin, diesen schlicht als einen Steueranreiz zu sehen, um die Philantrophie zu fördern.[14] Wiederum variieren aber auch die Begründungen, warum der Staat solche Spenden fördern soll. Einige argumentieren, dass der Anreiz der Förderung individuellen Altruismus dienen soll, andere wiederum, dass der Spendenabzug aufgrund der Tatsache existiert, dass gemeinnützige Organisationen teilweise in die Produktion von „öffentlichen Gütern" involviert sind (vgl. die obigen ökonomischen Begründungen für die Steuerbefreiung). Wahrscheinlich ist es zumindest richtig, wenn man sagt, dass – ungeachtet der Meinungsverschiedenheiten zwischen den Theoretikern – das politische Establishment den Spendenabzug als staatlichen Anreiz für eine große Verbreitung der privaten Philantrophie ansieht.

III. Empirische Daten

Die besten Quellen für statistische Informationen über Spenden und Größe des gemeinnützigen Sektors in den USA sind der „*Internal Revenue Service (IRS)*" (Finanzverwaltung), das „*National Center on Charitable Statistics (NCCS)*" und Bücher, die von „*Independent Sector*" herausgegeben werden:

Die Informationen des IRS (als „*Statistics of Income reports*" bezeichnet) sind im Internet zu finden unter: http://www.irs.gov/taxstats/charitablestats/index.html.

Die Daten des NCSS finden sich unter: http://nccsdataweb.urban.org/FAQ/index.php?category=31.

Weitere Informationen über Bücher, die von „*Independent Sector*" herausgegeben worden sind, sind auf folgender Internetseite zu finden: http://www.independentsector.org/.

Für einen einführenden Überblick sind insbesondere folgende beiden Quellen geeignet:

- *Lester M. Salamon*, America's Non-Profit Sector: A Primer (The Foundation Center, NY) und
- *James J. Fishman/Steven Schwarz*, The Taxation of Non-Profit Organizations, S. 11-28 (Foundation Press).

---

[14] Für einen Überblick über die verschiedenen Theorien bezüglich des Spendenabzugs bei Spenden an gemeinnützige Organisationen siehe: *John D Colombo*, The Marketing of Philanthropy and the Charitable Contributions Deduction, 36 Wake Forest L. Rev. 657 (2001).

B. Voraussetzungen der Steuerbefreiung

I. Befreiung vs. Spendenabzug

Technisch gesehen finden sich im IRC Normen für die Voraussetzungen der Steuerbefreiung gemeinnütziger Organisation und separiert Regelungen dafür, welche Organisationen steuerabzugsfähige Spenden einnehmen dürfen. Ersteres ist geregelt in § 501 (c) (3) IRC, letztgenanntes in § 170 (c) IRC. Mit Ausnahme der Einbeziehung der Regierung als erlaubte Empfängerin von steuerabzugsfähigen Spenden in § 170 (c) IRC sind die beiden Definitionen jedoch identisch. Die meisten Autoren im Schrifttum stellen daher sogar fest, dass eines der kennzeichnenden Merkmale einer gemeinnützigen Organisation nach § 501 (c) (3) IRC die Befähigung zum Empfang steuerabzugsfähiger Spenden i. S. des § 170 IRC ist.

II. Organisationsrechtliche Erfordernisse

§ 501 (c) (3) IRC legt fest, dass die entsprechende gemeinnützige Organisation, organisationsrechtlich ein *„corporation, trust or community chest, fund or foundation"* sein muss. Im Allgemeinen wurde diese Bestimmung dahingehend konkretisiert, dass eine juristische Person vorliegen muss, die Organisation kann aber organisationsrechtlich betrachtet eine Kapitalgesellschaft (*„corporation"*), eine Treuhand (*„trust"*) oder eine nichtrechtsfähige Vereinigung (*„unincorporated association"*) darstellen, bei der entsprechende Satzungen oder andere Gründungsdokumente vorliegen (die nichtrechtsfähigen Vereinigungen werden im Übrigen i. d. R. steuerlich als Kapitalgesellschaften behandelt). Letztgenanntes bedeutet wiederum, dass die Organisation nicht notwendigerweise eine anerkannte juristische Person mit entsprechender Zwecksetzung sein muss – steuerlich muss die Organisation daher nicht zwingend eine Gesellschaft sein, sie muss aber eine solche sein, die als steuerliches Subjekt anerkannt ist (dazu §§ 170 (c) (2), 501 (c) (3) IRC). Um weiterhin Empfängerin steuerabzugsfähiger Spenden sein zu können, muss die Organisation gemäß dem Bundesrecht oder dem Recht eines Einzelstaates gegründet worden sein oder (bei überkommenem Recht) „Bestandsschutz" genießen. Eine direkte steuerabzugsfähige Spende an eine ausländische Organisation ist damit ausgeschlossen. Nach US-Steuerrecht sind Personengesellschaften keine eigenen Steuersubjekte und können damit auch keine eigenständigen steuerbefreiten gemeinnützigen Organisationen bilden. Für steuerbefreite Zwecke wird die Personengesellschaft einfach als Anhäufung der einzelnen Partner betrachtet. Die neuere *„limited liability company (LLC)"* (eine Gesellschaft mit beschränkter Haftung) wiederum kann als steuerbefreite Organisation anerkannt werden, wenn die LLC die Besteuerung als Kapitalgesellschaft wählt und somit ein Steuersubjekt bildet. In allen genannten Fällen muss die Organisation als

Non-Profit-Organisation ausgestaltet sein, d. h. es müssen sich Bestimmungen in ihrer Satzung dahingehend finden, dass Ausschüttungen an private Personen bzw. Anteilseigner verboten sind sowie, dass das Vermögen der Organisation im Fall der Auflösung an eine andere gemeinnützige Organisation oder an den Staat übergeht.

III. Anerkannte öffentliche/gemeinnützige Zwecke („Public Benefit")

1. Definition des „Public Benefit"

Gemäß § 501 (c) (3) IRC muss die Organisation zur Erlangung der Steuerbefreiung *„[be] organized and operated exclusively for religious, charitable, scientific, testing for public safety, literary or educational purposes...",* d.h. satzungsgemäß und in der tatsächlichen Geschäftsführung ausschließlich auf religiöse, wissenschaftliche, gemeinnützige, auf die öffentliche Sicherheit bezogene, auf literarische oder bildende Zwecke ausgerichtet sein. Jedoch zeigt die Historie der Auslegung des *„common law"* und des IRS, dass dieser Wortlaut aus verschiedenen Gründen nicht unbedingt meint, was er beinhaltet.

Erstens ist davon die Ausschließlichkeit („exclusively") betroffen. Anstelle des Wortlauts ist damit gemeint, dass die Organisation (nur) primär gemeinnützig tätig ist[15]. Beiläufige, nicht gemeinnützige Aktivitäten (z.B. die wirtschaftliche Nebenaktivitäten: ein Museum betreibt ein Souvenir-Shop etc.) schaden dem steuerbefreiten Status i.d.R. nicht.

Zweitens vertritt – trotz der ausdrücklichen Aufzählung der religiösen, wissenschaftlichen etc. Zwecke – der U.S. Supreme Court die Auffassung, dass das Konzept hinter § 501 (c) (3) IRC darin besteht, dass eine Organisation gemeinnützig (*„charitable"*) sein muss, um den günstigen Steuerstatut zu erlangen[16]. Dies bedeutet, dass entgegen dem gesetzlichen Wortlaut, wo *„charitable"* nur als ein Beispiel für steuerprivilegierte Zwecke aufgezählt ist, tatsächlich *„charitable"* den Oberbegriff bildet. Eine religiöse Organisation etwa befindet sich nicht etwa in der Liste der Zwecke nach § 501 (c) (3) IRC nur weil sie religiöse Zwecke verfolgt, sondern sie muss eine *gemeinnützige* religiöse Organisation bilden. Gleichermaßen befindet sich eine Schule nicht nur deshalb in der steuerprivilegierten Sphäre, weil sie Bildungszwecke verfolgt, sondern weil sie eine *gemeinnützige* bildende Organisation darstellt. Letztlich hat der US Supreme Court die Aufzählung in § 501 (c) (3) IRC dahingehend interpretiert, dass dort nur bestimmte Beispiele für Organisationen genannt sind (religiöse, bildende, literarische, wissenschaftliche Organisationen), die historisch gesehen als gemeinnützige Organisationen betrachtet wurden. Die Organi-

---

[15] Steuerrichtlinien: *„Treasury Regulations"* § 1.501 (c) (3) – 1 (c) (1).
[16] Bob Jones University v. United States, 461 U.S. 574, 587-88 (1983).

sationen müssen auch die (nachfolgend genannten) organisationsrechtlichen Anforderungen („*common law*") an gemeinnützige Organisationen erfüllen.

2. Bestandteile der Zwecksetzung: das Organisationsrecht der gemeinnützigen Organisationen („common law of charity")

Dies führt zu der Frage, was diese organisationsrechtlichen Anforderungen an eine gemeinnützige Organisation beinhalten. Eine allgemeine Antwort darauf ist, dass die US-steuerrechtliche Definition der gemeinnützigen Organisation im Wesentlichen aus der bürgerlich-rechtlichen Tradition der gemeinnützigen Treuhand („*charitable trust*") herrührt, welche ihre Grundlage im 1601 durch das englische Parlament verabschiedeten „*Elizabethan Statute of Charitable Uses*" besitzt. Alle Entscheidungen aus den letzten über 400 Jahren, die die „Gemeinnützigkeit" im „*common-law*"-Kontext näher bestimmten, können heute relevant dafür sein, ob eine Organisation die Voraussetzungen für den steuerprivilegierten Status in den USA erfüllt.[17] Demnach gibt es praktisch vor dem Hintergrund der letzten 400 Jahre einen weiten Spielraum für den IRS und die Gerichte, um eine Organisation als gemeinnützig („*charitable*") oder eben als nicht gemeinnützig anzuerkennen.

Es existieren insofern nach dem „*common law*" zwei Kernelemente für eine gemeinnützige Organisation: Zunächst muss diese versuchen, eher eine breite Gruppe von Nutznießern ihrer Leistungen zu erreichen, als einzelne Personen oder eine kleine, identifizierbare Gruppe. Aufgrund dieses Erfordernisses wäre ein „*trust*" mit dem Zweck, medizinische Ausgaben für eine einzelne Person zu zahlen, nicht als gemeinnützig anzuerkennen, ein „*trust*" hingegen, der die Medizinausgaben für Opfer häuslicher Gewalt übernimmt, wäre als gemeinnützig anzuerkennen, da im letztgenannten Fall eine weitschweifige Gruppe gefördert würde. Zu beachten ist, dass die Gruppe der Nutznießer unbestimmt und groß genug ist, um einen „*public benefit*" zu erzeugen. Zweitens kann eine gemeinnützige Organisation sich nicht im Rahmen von Aktivitäten organisieren, die illegal bzw. rechtwidrig und die die öffentliche Ordnung verletzen (beispielsweise Rassendiskriminierung in den USA).[18]

3. Zweckverwirklichung im Ausland

Wie oben beschrieben, muss eine steuerbefreite gemeinnützige Organisation nach US-Bundes- oder Landesrecht gegründet worden sei oder „bestandsgeschützt" sein, um als Empfängerin steuerabzugsfähiger Spenden qualifiziert

---

[17] Treasury Regulations § 1.501 (c) (3) – 1 (d) (2) („*Charitable is used . . . in its generally accepted legal sense*").

[18] Bob Jones University v. United States, 461 U.S. 574 (1983).

werden zu können. Jedoch gibt es keine gesetzliche Begrenzung dahingehend, dass eine gemeinnützige Organisation ihre Mittel nicht außerhalb der Grenzen der USA einsetzen darf. Deshalb sind etwa Spenden an das Amerikanische Rote Kreuz zur Verwendung für die Opfer des Tsunami in Südostasien steuerabzugsfähig. Es existiert keine Begrenzung dieser allgemeinen Regelung. Voraussetzung für die Abzugsfähigkeit ist nur, dass die US-amerikanische Organisation juristisch die Kontrolle über die gespendeten Mittel erlangt und sie keiner rechtlichen Verpflichtung unterliegt, die Mittel an eine ausländische Organisation auszahlen zu müssen. Wenn eine solche Verpflichtung existiert, stellt die US-amerikanische Organisation nur eine bloße Durchgangsstation dar und Spenden an diese Organisationen wären nicht steuerabzugsfähig, da der IRS die Spende so betrachten würde, als wäre sie direkt an die die ausländische Organisation geflossen.[19]

Zu beachten ist jedoch auch, dass die Erbschaft-/Schenkungsteuerregelungen in den USA in diesem Punkt etwas großzügiger sind. Hiernach sind für die Zwecke der Besteuerung mit Erbschaft- und Schenkungsteuer Spenden an ausländische gemeinnützige Organisationen abzugsfähig, sofern die ausländische Organisation die Anforderungen an eine gemeinnützige Organisation im Sinne des § 170 (c) (2) IRC erfüllt.[20]

4. Beispiele für gemeinnützige Organisationen / Grenzfälle

Wegen der Verbindung zum „*common law*" der gemeinnützigen „*trust*" wird die Berechtigung für eine Steuerbefreiung nach § 501 (c) (3) sehr weit ausgelegt – vielleicht zu weit. Bildende Organisationen („*educational organizations*") zum Beispiel umfassen nicht nur traditionelle Schulen, sondern auch Museen, Planetarien und Symphonie-Orchester. Der IRS ist beispielsweise auch der Ansicht, dass Organisationen, die gesetzlich vorgesehene Weiterbildungsprogramme für Anwälte und Bankfachleute anbieten, steuerbefreite bildende Organisationen in diesem Sinne sind[21]; genauso wie die Schuldnerberatung oder Jazz-Festivals[22]. Aufgrund verfassungsrechtlicher Vorgaben bezogen auf das Verhältnis zwischen Staat und Religion interpretiert der IRS gleichermaßen extensiv die „religiösen" Organisationen im Sinne des § 501 (c) (3) IRC. In einer berühmt gewordene Mitteilung des „*IRS General Counsel's Office*" zum Beispiel wurde klargestellt, dass ein „Hexenzirkel" als steuer-

---

[19] Dazu die Regelungen im „*Revenue Ruling*" 63 – 252, 1963 – 2 C B. 101.
[20] §§ 2055 (a), 2522 (a) IRC.
[21] Kentucky Bar Foundation v. Commissioner, 78 T.C. 921, 924 (1982); Revenue Ruling 68 – 504, 1968 – 2 C B. 211.
[22] Revenue Ruling 65 – 271, 1965 – 2 C B. 121. Zur Zeit gibt es erhebliche Diskussionen betreffend Schuldnerberatungsorganisationen, die z. T. die Steuerbefreiung missbrauchen und ihre Klienten ausnutzen. Dazu z. B : FS-2003-17, erhältlich unter: http://www.irs.gov/newsroom/article/0,,id=114575,00.html.

befreite religiöse Organisation bzw. Kirche im Sinne des § 501 (c) (3) IRC anzusehen war.[23] Ein großer Bereich weiterer Aktivitäten ist ebenfalls steuerbefreit, inklusive der kommunalen Entwicklungsgesellschaften. In einer bekannten Anordnung hat der IRS die Steuerbefreiung schließlich für eine *„foundation"* anerkannt, die das *„Kansas City Royals"*-Baseball-Team nach dem Tod seines Eigners besitzen und solange führen sollte, bis ein anderer Erwerber gefunden wird.[24]

IV. Anforderungen an die Mittelverwendung

Wie bereits beschrieben, bestimmt eine satzungsmäßige Voraussetzung für die Steuerbefreiung, dass eine steuerbefreite gemeinnützige Organisation primär einen entsprechenden privilegierten Zweck satzungsgemäß verfolgen sowie die Satzung eine Bestimmung enthalten muss, nach der das Vermögen der Organisation im Fall der Auflösung an eine andere gemeinnützige Organisation übergeht. Deshalb müssen im Allgemeinen die Vermögensgegenstände einer gemeinnützigen Organisation der Verfolgung des gemeinnützigen Zwecks der Organisation gewidmet sein. Es existieren gleichwohl verschiedene weitere spezifische Anforderungen an die Mittelverwendung einer gemeinnützigen Organisation.

1. Keine persönliche Bereicherungen/Vergütungen

§ 501 (c) (3) enthält das Verbot privater Bereicherungen (*„private inurement"*), wonach allgemein eine Ausschüttung von Gewinnen an *„Insider"* (Gründer, Geschäftsführer etc.) verboten ist. Davon werden auch indirekte oder verdeckte Ausschüttungen umfasst, wie zum Beispiel die Zahlung von überhöhten Vergütungen an Arbeitnehmer und Geschäftsführer einer Organisation, überhöhte Zahlungen für den Erwerb oder Miete von Grundbesitz eines Insiders, Nutzungsmöglichkeiten von Grundvermögen steuerbefreiter Organisationen durch Insider zu nicht marktüblichen Preisen etc. Insofern bestehen einige Probleme in diesem System, da die Bestimmung, ob eine Vergütung oder eine Zahlung überhöht bzw. unadäquat ist, eine faktische Frage ist – basierend auf einem Vergleich zu entsprechenden Geschäften im gesamten privatwirtschaftlichen Sektor (nicht nur im Vergleich zu Zahlungen anderer gemeinnütziger Organisationen) – und folglich nur offensichtliche Fälle die Aufmerksamkeit des IRS erregen. Wie nachstehend noch ausgeführt wird, gibt

---

[23] IRS General Counsel's Memorandum 36993 (February 3, 1977). Dazu auch *James J. Fishman/Steven Schwarz*, The Taxation of Non-Profit Organizations 192-198 (Foundation Press 2003).

[24] Für eine Beschreibung dieser Konstruktion siehe: *Fishman/Schwarz* (Fn. 23), 209-210.

es aktuell einige kontrovers diskutierte Fälle überhöhter Vergütungen für Manager gemeinnütziger Organisationen und im Kongress entstehen Diskussionen über die Reformen in diesem Regelungsbereich.

2. Mittelverwendungen von oder Zahlungen an Gründer und nahestehende Personen

Das Verbot der privaten Bereicherung bestimmt auch, dass gemeinnützig gebundene Mittel nicht durch die Gründer oder andere Privatpersonen verwendet werden dürfen. Jedoch existieren Mechanismen im *„US-Trust-Law"*, wonach das Weggeben von Vermögen und der zeitgleiche entsprechende Steuerabzug durch einen Stifter zulässig sind, obwohl der Stifter sich das lebenslängliche Recht der Nutzung des Vermögens vorbehält. Die Steuerexperten bezeichnen diese Konstruktion als *„charitable remainder trusts"*, d.h. die gemeinnützige Organisation erhält die treuhänderische Anwartschaft auf das Vermögen bis zum Tode des Vermögensgebers. Eine Art entgegengesetzte Konstruktion tritt dann auf, wenn ein Spender einen *„trust"* durch eine Vermögensübergabe gründet, wobei das überbleibende Vermögen nach dem Tod des Spenders an seine Kinder geht. Dieses Arrangement wird als *„charitable lead trust"* bezeichnet.[25]

3. Status der Gemeinnützigkeit bei Förderorganisation

Nach US-Recht kann eine Organisation schon deshalb als gemeinnützig anerkannt werden, wenn sie nur Mittel einsammelt, um diese an andere gemeinnützige Organisationen weiterzureichen. Solche Förderorganisationen werden häufig bezeichnet als *„foundation"* (Stiftung), aber wie sogleich noch aufzuzeigen sein wird, besitzt die Bezeichnung *„foundation"* in den USA keine gesetzlichen Bedeutung. Vielmehr nutzt nur das US-Steuerrecht den Begriff *„private foundation"*, um eine spezifische Form gemeinnütziger Organisationen zu umschreiben, die bestimmen speziellen Besteuerungsregelungen unterliegen. Jedenfalls ist auch eine *„private foundation"* eine steuerbefreite Organisation gemäß § 501 (c) (3) IRC und genießt alle Privilegien dieses Status.

4. Notwendige Ausschüttungen, Rücklagenbildung und ähnliche Fragen

Im US-Recht existieren zwei Arten von Organisationen, die für die Steuerbefreiung nach § 501 (c) (3) IRC in Betracht kommen: die *„public charities"*

---

[25] Für eine allgemeine Beschreibung dieser Konstruktion siehe: http://www.savewealth.com/planning/estate/charitabletrusts/.

und die *„private foundations".* Anders als in Kontinentaleuropa besitzt der Begriff *„foundation"* (Stiftung) keine Bedeutung im Sinne einer eigenständigen juristischen Person. US-amerikanische Organisationsformen stellen vielmehr die Kapitalgesellschaften (*„corporations"*), die Treuhandverhältnisse (*„trusts"*), die Personengesellschaften (*„partnerships"*) und die Gesellschaften mit beschränkter Haftung (*„limited liability companies (LLC)"*) dar und jede der Genannten (mit Ausnahme der Personengesellschaften und der LLC, die sich wie Personengesellschaften besteuern lassen) kann eine gemeinnützige Organisation im Sinne des § 501 (c) (3) IRC bilden und kann auch – abhängig von ihrer Geschäftstätigkeit – eine *„private foundation"* darstellen. Der Begriff *„private foundation"* ist ein originär steuerrechtlicher Begriff (§ 509 IRC), um eine spezielle Untergruppe steuerbefreiter gemeinnütziger Organisationen gemäß § 501 (c) (3) zu kennzeichnen. Der Status als *„private foundation"* nach US-Recht hat keinen wesentlichen Einfluss auf die originär steuerprivilegierte Situation. *„Private foundations"* müssen bestimmte Rechnungslegungsvoraussetzungen erfüllen, die *„non-foundations"* – welche gemeinhin als *„public charities"* bezeichnet werden, obwohl dieser Begriff so nicht im IRC definiert wird – nicht erfüllen müssen. Weiterhin existieren geringere Grenzen in Bezug auf die Höhe der steuerabzugsfähigen Spenden, die ein Spender an eine *„private foundation"* im Vergleich zu einer *„public charity"* leisten kann und *„private foundations"* sind schließlich verpflichtet, bestimmte Mindestausschüttungen vorzunehmen, was *„public charities"* wiederum nicht einhalten müssen (dazu unten). Somit enthält die allgemeine Obergruppe der steuerprivilegierten § 501 (c) (3)-Organisationen zwei Untergruppen: die *„private foundations"* und die *„public charities"*.

Während es einige bestimmte Organisationen gibt, bei denen vermutet wird, dass sie aufgrund ihrer allumfassenden Zwecksetzungen keine *„private foundation"* bilden (z. B. Kirchen, traditionelle Schulen), hat in den meisten anderen Fällen der *„foundation"*-Status nichts mit den Aktivitäten der Organisation zu tun, sondern eher mit der Herkunft der Mittel. D.h., dass *„private foundations"* solche gemeinnützigen Organisationen im Sinne des § 501 (c) (3) IRC sind, die den Großteil ihrer Mittel aus einer einzigen Quelle generieren (z. B. einen einzelnen „Stifter" oder eine Familie). Deshalb ist die Frage, ob eine Organisation eine *„public charity"* oder eine *„private foundation"* darstellt, nach US-Recht keine Frage, die danach beantwortet wird, wie die Organisation ihren gemeinnützigen Zweck verwirklicht, sondern vielmehr nach der Quelle der Mittelherkunft der Organisation. Demzufolge kann eine Organisation, die als Förderorganisation „nur" Mittel an andere gemeinnützige Organisationen weiterreicht, nach US-Recht als *„public charity"* anzusehen sein, solange nur die Mittel von der Regierung oder aus Spenden der breiten Öffentlichkeit (im Gegensatz zu Spenden einer einzelnen Person oder einer Familie) herrührten. Wenn man insofern steuerbefreite gemeinnützige Organisationen betrachtet, ist es unerlässlich zwischen dem Begriff *„foundation"* – welcher keine spezielle *juristische* Bedeutung besitzt – und dem Begriff „*private foundation*", mit der speziellen oben genannten steuerrechtlichen Perspektive, zu unterscheiden.

„*Public charities*" unterliegen keinen Verpflichtungen im Hinblick auf die jeweils aktuelle Mittelverwendung. Dies bedeutet wiederum, dass etwa eine „*public charity*" ihre Mittel nach ihren Wünschen „horten" kann und sie nicht eine bestimmte Summe laufend verwenden muss. „*Private foundations*" hingegen sind verpflichtet, mindestens 5 % des Wertes ihres Vermögens jährlich für gemeinnützige Aktivitäten (i.d.R. sind es Förderungen anderer Organisationen) auszugeben.[26] Nach den Steuerrichtlinien („*Treasury Regulations*") ist jedoch etwas Flexibilität insofern zulässig, wenn die „*private foundation*" nachweisen kann, dass sie Mittel für einen genau bestimmten, zukünftig zu verfolgenden gemeinnützigen Zweck derzeit akkumulieren muss (sog. „*set-asides*"). Natürlich können sowohl „*private foundations*" wie auch „*public charities*" entscheiden, sich selbst durch eine Mittelverwendung die Existenzgrundlage zu entziehen, wenn sie es wünschen – d. h. jederzeit kann eine gemeinnützige Organisation etwa all ihre Vermögenswerte unmittelbar für gemeinnützige Zwecke ausgeben. Eine solche Entscheidung würde zwar vom „*State Attorney*" dahingehend überprüft, ob sie eine sinnvolle Vermögensverwaltung darstellte, vom Grundsatz jedoch wären steuerliche Aspekte bei einer solchen Vorgehensweise nicht betroffen.

V. Anforderungen an wirtschaftliche Betätigungen

Das Problem, ob und wieweit steuerbefreite gemeinnützige Organisationen wirtschaftliche Tätigkeiten entfalten können, ist eine der schwierigsten Fragen – wahrscheinlich die schwierigste Frage überhaupt – im US-amerikanischen Steuerrecht betreffend gemeinnützige Organisationen. Ein erster Aspekt dieses Problems ist noch simpel: es existiert kein absolutes Verbot der wirtschaftlichen Betätigung gemeinnütziger Organisationen. Die Schwierigkeiten tauchen jedoch auf, wenn zu beurteilen ist, *wieviel* an wirtschaftlicher Betätigung zulässig ist, ohne dass die Steuerbefreiung verloren geht und wie wirtschaftlichen Aktivitäten besteuert werden, wenn sie (noch) nicht zum Verlust der Steuerprivilegien führen.

Zum erstgenannten Punkt ist in Erinnerung zu rufen, dass nach US-Recht eine Organisation nur dann als gemeinnützig anerkannt wird, wenn sie *primär* gemeinnützige Zwecke verfolgt. Deshalb kann eine Organisation, deren Primärzweck die Verfolgung eines „*For-Profit*"-Business ist, vermutlich nicht steuerliche Privilegien in Anspruch nehmen, es sei denn, das „*Business*" selbst stellt einen gemeinnützigen Zweck dar. Zum Beispiel würden die meisten Menschen ein Krankenhaus dahingehend einstufen, dass es gesundheitliche Dienstleistungen gegen Gebühr verkauft, dennoch sieht das US-Recht insofern vor, dass

---

[26] § 4942 IRC.

eine gemeinnützige Zwecksetzung vorliegt. Gleichermaßen hat ein US-Gericht eine Organisation, die religiöse Bücher publizierte und veröffentlichte, als steuerbefreite religiöse Organisation im Sinne des § 501 (c) (3) IRC angesehen.[27]

Wie sind nun die Fälle zu lösen, bei denen die Tätigkeit als solche keine anerkannte gemeinnützige Zweckverfolgung darstellt? Eine Kirche etwa entschließt sich ein „*Starbucks*"-Kaffee-Franchisesystem aufzubauen, um die wöchentliche Kollekte aufzubessern. In diesem Fall entstehen die oben gestellten Fragen: Gefährden die Coffee-Shop-Aktivitäten die Steuerbefreiung der Kirche? Und wenn nicht: Sind die Gewinne aus den Coffee-Shops zu versteuern? Letztere Frage ist Gegenstand der sog. „*Unrelated Business Income Tax (UBIT)*", die weiter unten näher erläutert wird. Für die erstgenannte Frage ist die Antwort jedoch unklar. Wenn eine wirtschaftliche Betätigung gemäß den Anforderungen der UBIT in Beziehung zum gemeinnützigen Zweck der Organisation steht („*related business*"), dann hat diese wohl keinen Einfluss auf den steuerbefreiten Status. Das Einkommen muss nicht einmal besteuert werden. Ein Museum beispielsweise, das Repliken von Museumsstücken in einem Souvenir-Shop verkauft, muss sich keine Sorgen machen. Für den Fall, dass die wirtschaftliche Betätigung nicht in Beziehung zur gemeinnützigen Zweckverfolgung steht („*unrelated business*") – etwa der genannte Coffee-Shop einer Kirche – sehen die IRS-Bestimmungen vor, dass die Betätigung sich dann nicht auf die Steuerbefreiung auswirkt, wenn diese entweder

– unerheblich („*insubstantial*") ist oder

– falls sie erheblich ist, sie der Förderung der steuerprivilegierten Zwecke dient („*in furtherance of*").

Leider hat der IRS nie definiert, was „*insubstantial*" bedeutet, noch wurde das Konzept des „*in furtherance of*" näher bestimmt. Die meisten Fachleute in den USA gehen davon aus, dass für den Fall, dass das Einkommen aus wirtschaftlichen Aktivitäten, die nicht in Beziehung zum gemeinnützigen Zweck der Organisation stehen („*unrelated business*"), geringer als 50 % der gesamten Einnahmen der Organisation ist, die wirtschaftliche Betätigung den steuerprivilegierten Status nicht gefährdet, da die Organisation „primär" noch immer gemeinnützig tätig ist (mehr als 50 %).

Ein Vorschlag meinerseits bestand darin, die Antwort auf diese Frage nicht von den Prozentsätzen der Einnahmen aus der wirtschaftlichen Betätigung abhängen zu machen, sondern vielmehr daran anzuknüpfen, ob die Einnahmen im Sinne einer Quersubventionierung zur Entfaltung gemeinnütziger Aktivitäten genutzt werden. Nach meiner Ansicht sollte das „*in furtherance of*"-Konzept dahingehend verstanden werden, dass eine Überprüfung der Mittelverwendung stattfindet („*destination of income test*"). Solange wie das Einkommen aus wirtschaftlichen Betätigungen gemeinnützige Outputs gene-

---

[27] Presbyterian & Reformed Publishing Co. v. Commissioner, 743 F 2d 148 (1984).

riert, sollte die wirtschaftliche Betätigung keinen Einfluss auf die Steuerbefreiung besitzen.[28] Ob jedoch der IRS dieser Ansicht folgen würde, ist unklar. Das einzige was über das US-Recht zu diesem Punkt verlässlich gesagt werden kann, ist, dass etwas an wirtschaftlicher Betätigung – die nicht in Beziehung zur gemeinnützigen Zweckverfolgung steht („*unrelated business*") – erlaubt ist, wieviel jedoch ist immer noch eine offene Frage.

C. Besteuerung der begünstigten Organisationen

I. Einschlägige Steuerarten

Wie bereits oben erwähnt, existieren zwei steuerliche Zuständigkeiten (Bund und Bundesstaaten) und mindestens vier verschiedenen Steuerarten, die bei gemeinnütziger Steuerbefreiungen beachtenswert sind. Dies sind:
- die Bundes-Einkommensteuer („*federal income tax*"),
- die Landes-Einkommensteuern („*state income tax*"),
- die Landes-Grundsteuern („*state ad valorem tax on real property*") und
- die Landes-Umsatzsteuern („*state sales tax*").

Die Landes-Einkommensteuern folgen i. d. R. der bundesweiten Befreiung in § 501 (c) (3) IRC, die Grund- und Umsatzsteuern jedoch weichen häufig davon ab. Die meisten Staaten besitzen spezielle gesetzliche Regelungen in Bezug auf Grund- und Umsatzsteuer, die hinsichtlich der Befreiungsregelungen häufig wesentlich enger im Vergleich zu der Bundes-Einkommensteuer sind. In Bezug auf die Grundsteuer etwa sind beispielsweise gemeinnützige Organisationen zum Teil nur steuerbefreit im Hinblick auf das Grundvermögen, das ausschließlich für gemeinnützige Zwecke genutzt wird, nicht bezogen auf ihr übriges Grundvermögen. Ein Krankenhaus würde insofern eine Steuerbefreiung für das Krankenhausgebäude erlangen, nicht jedoch für ein Gebäude, das an Ärzte vermietet ist. Zusätzlich bestehen Unterschiede zwischen den Staaten, welche Art von Organisationen berechtigt sind, solche Steuerbefreiungen in Anspruch zu nehmen. Nahezu alle Staaten besitzen Regelungen zur Befreiung gemeinnütziger („*charitable*") Organisationen bei den Grundsteuern, die einzelnen Definitionen einer „gemeinnützigen Organisation" können sich jedoch beträchtlich vom Bundes-Einkommensteuerrecht unterscheiden. Beispielsweise waren Gerichte in Pennsylvania der Ansicht, dass gemeinnützige Organisationen in irgendeiner Weise Armenfürsorge unterstützen bzw. betreiben müssen. Obwohl natürlich Armenfürsorge-Organisationen auch nach Bundes-Einkommensteuer

---

[28] *John D Colombo*, Regulating Commercial Activity by Exempt Charities: Resurrecting the Commensurate-in-Scope Doctrine, 39 Exempt Organizations Tax Review 341 (March 2003), abrufbar bei Lexis, in der Datenbank „Steuern" unter „*Tax Analysts' Exempt Organizations Tax Review*".

eine Steuerbefreiung zukommt, ist die Unterstützung von Armen keine zwingende Voraussetzung für die Befreiung nach § 501 (c) (3) IRC. Das Resultat kann man sich vorstellen: bestimmte Organisationen können die Steuerbefreiung nach der Bundes-Einkommensteuer in Anspruch nehmen (etwa öffentliche Interessen vertretene Anwaltsfirmen, die zwar nicht Arme unterstützen, aber etwa die Prozessführung in Umweltschutzsachen übernehmen), jedoch nicht die Grundsteuerbefreiung in Pennsylvania.[29]

Die Landes-Umsatzsteuern variieren sehr stark. Die meisten Bundesstaaten befreien gemeinnützige Organisationen von der Umsatzsteuer für den Erwerb solcher Güter, die sie für den eigenen Gebrauch benötigen. In vielen Bundesstaaten wiederum müssen gemeinnützige Organisationen Umsatzsteuer für die Güter, die sie an die Öffentlichkeit veräußern, abführen. So muss etwa ein Museum, das einen Souvenir-Shop betreibt, Umsatzsteuer auf die veräußerten Waren kassieren.[30]

II. Einkommen aus donativen Quellen

Im Allgemeinen wird eine Organisation, die die Anforderungen des § 501 (c) (3) IRC erfüllt, in Bezug auf alle Einnahmen steuerbefreit – inklusive der Gebühren ihrer Mitglieder –, soweit sie nicht aus einer nicht mit dem Zweck der Organisation in Beziehung stehenden wirtschaftlichen Betätigung herrühren (*„unrelated business"* entsprechend §§ 511-514 IRC). Da die landesstaatlichen Einkommensteuergesetze gewöhnlicherweise dem bundesweiten Modell folgen, gilt insofern Vergleichbares, d. h. wenn eine Organisation unter § 501 (c) (3) IRC fällt, dann ist sie regelmäßig auch von der entsprechenden Landes-Einkommensteuer befreit, verbunden mit denselben Grenzen in Bezug auf das Einkommen aus einem *„unrelated business"*.

III. Passives Einkommen

Passive Einnahmen (Dividenden, Zinsen, Mieten etc.) werden nach der allgemeinen Regel – wie oben unter C. II. beschrieben – steuerbefreit. Insofern existiert jedoch eine Ausnahme. Nach US-Recht kann eine steuerbefreite Organisation Tochtergesellschaften besitzen. Diese Tochtergesellschaften wiederum können entweder selbst steuerbefreite Organisationen sein oder sie sind steuer-

---

[29] Für einen guten Überblick dazu siehe: *Bazil Facchina* et. al., Privileges & Exemptions Enjoyed by Non-Profit Organizations 45-46 („*NYU Program on Philanthropy and the Law*", 1993, erhältlich beim „*National Center on Philanthropy and the Law*").

[30] Für einen detaillierten Überblick über die Steuerbefreiungen bei den Landes-Vermögensteuern für gemeinnützige Organisationen siehe: *Janne Gallagher*, Sales Tax Exemptions for Charitable, Educational and Religious Organizations, 7 Exempt Organizations Tax Review 429 (1993).

pflichtige „*For-Profit*"-Gesellschaften. Es ist beispielsweise nicht ungewöhnlich, dass eine steuerbefreite Klinik Gesellschafterin einer „*For-Profit*"-Dienstleistungsgesellschaft oder einer „*HMO*"[31] ist, genauso wie sie Muttergesellschaft einer gemeinnützigen Tochtergesellschaft ist, die Patienten-Diagnosen oder ambulante Sprechstunden erbringt. Wenn eine beherrschte „*For-Profit*"-Tochtergesellschaft (Beherrschung – „*controlled*" – wird definiert durch eine Quote von mehr als 50 % der Stimmrechte oder des Grundkapitals) Zinsen, Mieten oder Lizenzgebühren an eine steuerbefreite Muttergesellschaft leistet und diese Ausgaben die Tochtergesellschaft als Betriebsausgaben geltend macht, werden die Zahlungen bei der Muttergesellschaft als steuerpflichtige Einnahmen aus einer nicht mit ihrem Zweck stehenden wirtschaftlichen Betätigung („*unrelated business*") zugerechnet. Der Grund für diese Ausnahme besteht darin, Situationen zu vermeiden, in denen grundsätzlich zu versteuerndes Einkommen aus wirtschaftlicher Tätigkeit komplett unbesteuert bliebe, indem es nämlich bei der Tochtergesellschaft als steuermindernde Betriebsausgabe und bei der Muttergesellschaft wegen ihrer Steuerbefreiung als steuerfreie Einnahme betrachtet würde. Die gleiche Regel ist auf Zahlungen einer steuerbefreiten Tochtergesellschaft in dem Umfang anwendbar, in welchem solche Zahlungen das Einkommen aus einem „*unrelated business*" der steuerbefreiten Tochtergesellschaft reduzieren würde.

IV. Einkommen aus einer nicht mit dem Zweck der steuerbefreiten Organisation in Beziehung stehenden wirtschaftlichen Betätigung („unrelated business income")

Wie bereits oben dargelegt wurde, ist die steuerliche Behandlung von wirtschaftlichen Betätigungen steuerbefreiter Organisationen eine der höchst komplexesten Fragen im US-Steuerrecht der gemeinnützigen Organisationen. Vorausgesetzt, dass die wirtschaftliche Betätigung nicht zu einem Verlust der Steuerbefreiung führt – dieser Punkt wurde oben unter B. V. näher erläutert – stellt sich die Frage, ob das Einkommen aus einer solchen Betätigung gleichwohl der regulären Besteuerung unterfällt. Diesem Gegenstand ist die sog. „*Unrelated Business Income Tax (UBIT)*" in §§ 511-514 IRC gewidmet.

Im Allgemeinen hängt die Besteuerung der Einnahmen aus wirtschaftlicher Betätigung davon ab, ob die Betätigung wesentlich in Beziehung zu dem steuerprivilegierten Zweck der gemeinnützigen Organisation steht („*substantially related*"). Die Steuerrichtlinien definieren „*substantially related*" als eine Betätigung, die bedeutend zu dem steuerprivilegierten Zweck der

---

[31] „*Health Maintenance Organizations (HMO)*": Solche bieten als Leistungserbringer, bestehend aus Ärzten und Krankenhäusern, Krankenversicherungen an, wofür der Versicherte einen Festpreis zu zahlen hat und tragen als Gegenleistung dafür das wirtschaftliche Risiko, falls es zu einem Erkrankungsfall kommt.

Organisation beiträgt (*"contributes importantly"*).[32] Kriterien, die die Gerichte für die Beurteilung der Beziehung zwischen gemeinnützigen Zweck und wirtschaftlicher Betätigung häufig heranziehen, sind die Größe und der Umfang der wirtschaftlichen Betätigung sowie die potentielle Konkurrenz durch die Betätigung zum wirtschaftlichen Sektor. Aber viele andere Faktoren sind ebenfalls beeinflussend, inklusive der Frage, wie nah die wirtschaftliche Betätigung mit dem zugrunde liegenden steuerprivilegierten Zweck verbunden ist. Beim Gesundheitswesen zum Beispiel vertritt der IRS die Auffassung, dass der Verkauf von Medikamenten an klinische oder ambulante Patienten *"related"* im Rahmen der gemeinnützigen Zweckverfolgung einer Klinik ist. Wenn jedoch eine klinische Apotheke Arzneimittel an Nicht-Patienten veräußert, bilden die daraus erzielten Einnahmen *"unrelated income"*.[33] Ein Souvenir-Shop eines Museums, in dem Repliken der musealen Ausstellungsstücke verkauft werden, erzielt *"related income"*. Soweit jedoch allgemeine Merchandise-Produkte veräußert werden, liegt *"unrelated income"* vor.[34] Werbeeinnahmen (Anzeigen) in einer bildenden Zeitschrift, die durch eine steuerbefreite gemeinnützige Organisation herausgegeben wird, führt grundsätzlich zu *"unrelated income"*; dies vielleicht aber wiederum nicht, wenn die Werbung speziell bezogen ist auf inhaltliche Themen, die in der Zeitschrift behandelt werden.[35]

V. Weitere Privilegien

Ergänzend zu der Steuerbefreiung und der Berechtigung, steuerabzugsfähige Spenden einnehmen zu dürfen, können steuerbefreite Organisationen im Sinne des § 501 (c) (3) IRC unter bestimmten Umständen steuerbefreite Anleihen gemäß § 145 IRC herausgeben (z. B. Anleihen, bei welchen die Zinsen durch die ansonsten insoweit zu besteuernden Inhaber steuerfrei generiert werden können). Weiterhin genießen sie den Vorteil ermäßigter Postgebühren für bestimmte Postsendungen.

D. Steuerliche Behandlung der Spender

I. Verfahrensvoraussetzungen, Begrenzungen und technische Durchführung

Natürliche Personen wie auch Gesellschaften können Spenden an gemeinnützige Organisationen von ihrem im Übrigen zu versteuernden Einkommen

---

[32] Treasury Regulations 1.513 – 1 (d).
[33] Carle Foundation v. United States, 611 F 2d 1192 (7th Cir. 1979).
[34] Revenue Ruling 73 – 104, 1973 – 1 C B. 263.
[35] U.S. v. American College of Physicians, 475 U.S. 834 (1986).

abziehen. Die technischen Details des Steuerabzugs aufgrund entsprechender Spenden sind unglaublich komplex. Die Regelungen unterscheiden dahingehend, ob der Spender eine natürliche Person oder eine Gesellschaft ist, ob die Spende als Geld- oder Sachspende erfolgt und ob als Empfänger eine „*public charity*" oder eine „*private foundation*" anzutreffen ist (siehe dazu oben unter B. IV. 4.). Vorliegend soll nachstehend eine kurze Zusammenfassung der entsprechenden Bestimmungen erfolgen:

Grundsätzlich sind Geldspenden einer natürlichen Person an eine „*public charity*" vom individuellen Einkommen in Höhe von bis zu 50 % der sog. individuellen Spenden-Bemessungsgrundlage („*contribution base*") – die im Wesentlichen aus dem für steuerliche Zwecke bereinigten Bruttoeinkommen (sog. „*adjusted gross income (AGI)*") gebildet wird – abzugsfähig. Geldspenden an eine „*private foundation*" sind wiederum begrenzt auf ein Weniger als 30 % des AGI oder auf den verbleibenden Wert des 50 %-Limits nach Berücksichtigung der Geldspenden an „*public charities*". Gesellschaften können Geldspenden sowohl an „*public charities*" wie auch an „*private foundations*" bis zu einer Höhe von 10 % ihres zu versteuernden Jahreseinkommen abziehen. Sowohl natürliche Personen wie auch Gesellschaften können ferner darüber hinausgehende Spenden auf die nächsten fünf Jahre entsprechend vortragen.

Die Bestimmungen für Sachspenden sind extrem kompliziert. Eine Spende von gebräuchlichem Vermögen (etwa Inventar) wird als Geldspende mit dem steuerlichen Wert des Vermögensgegenstandes behandelt. Ernste Probleme treten auf in Bezug auf Investment-Vermögen, das als langzeitlich genutztes Vermögen anzusehen ist (z. B. Vermögen, das über ein Jahr hinaus genutzt werden kann). Im Falle einer Spende einer natürlichen Person können diese Vermögensgegenstände auf zweierlei Weise behandelt werden:

Die erste – und bei weitem verbreitete – Methode besteht darin, dass der Spender einen Abzug in Höhe des Verkehrswerts des Vermögensgegenstandes ohne Aufdeckung eines dem Vermögensgegenstand anhaftenden nicht versteuerten Gewinnanteils (stille Reserve) vornimmt. Der Steuerzahler erlangt m.a.W. eine doppelte steuerliche Begünstigung: einen steuermindernden Abzug in Höhe des vollen Verkehrswerts des Vermögensgegenstandes und keine Besteuerung des bisher nicht aufgedeckten Gewinnanteils in Bezug auf diesen Gegenstand. Wenn beispielsweise eine natürliche Person eine Spende von Aktienvermögen mit einem Verkehrswert von $ 100.000,- und einem steuerlichen Wert von $ 10.000,- vornimmt, kann diese Person einen steuerlichen Abzug der vollen $ 100.000,- erlangen und muss die bisher unversteuerten $ 90.000,- nicht aufdecken. Der maximale Wert, der gespendet werden kann, besteht dann in Höhe von 30 % der sog. „*contribution base*" (wie oben beschrieben: im Wesentlichen das „*AGI*"). Man darf insofern nicht die 30 %-Grenze mit der umfassenden 30 %-Grenze der möglichen Spenden an „*private foundations*" verwechseln. Dies sind jeweils verschiedene Ansätze. Weiterhin sind Spenden von persönlichem Privatvermögen, wie etwa Kunstgegenstände,

Memoiren oder dergleichen, für diese spezielle Steuerbehandlung nur dann geeignet, wenn die gemeinnützige Organisation solche Vermögensgegenstände in ihrer Tätigkeit nutzen kann. Zum Beispiel wäre eine Spende eines Kunstgegenstandes an ein Museum zur Ausstellung geeignet, nicht jedoch etwa an das Rote Kreuz, damit dieses den Gegenstand veräußern kann.

Nach der zweiten Möglichkeit (zum Teil als sog. „*stepdown rule*" bezeichnet) wird einer natürlichen Person erlaubt, die vollen 50 % (s.o.: Bemessungsgrundlage bei Spenden an „*public charities*") auszunutzen. Im Gegenzug muss der Geber jedoch damit einverstanden sein, dass der Wert der Spende um den bisher nicht besteuerten Vermögensanteil reduziert wird. Diese Wahl erfolgt dann zwingend für alle gespendeten Sachvermögenswerte jährlich, d. h. der Spender kann sich nicht aussuchen, welche Gegenstände er nach der ersten und welche er nach der zweiten Methode behandelt. Praktisch gesehen wird dieser Weg nicht häufig genutzt und wenn überhaupt nur dann, wenn er sich von der möglichen doppelten Steuerbegünstigung nach der ersten Variante positiv absetzt.

Vorgenannte Ausführen betrafen die Rechtslage bei Sachspenden an „*public charities*". Sachspenden an „*private foundations*" werden wiederum anders behandelt. Zunächst ist der Abzug solcher Spenden generell begrenzt auf den steuerlichen Bemessungsansatz des Vermögens und nicht bezogen auf den vollen Verkehrswert. Die einzige Ausnahme von dieser Regel besteht bei Spenden in Form bestimmten, besonders „geschätzten" Kapitalvermögens („*qualified appreciated stock*"), was im Allgemeinen sich auf öffentliche Anleihen bezieht. (Und selbst nach dieser Ausnahme kann der Spender nicht mehr als 10 % der ausstehenden Sicherheit bei einer Spende an eine „*private foundation*" geltend machen. Andererseits kann der Spender die doppelte Steuerbegünstigung nur in Anspruch nehmen, wenn er solche Vermögenswerte spendet und die Spende nicht 10 % der ausstehenden Sicherheit übersteigt.) Zweitens können solche Spenden nur in Höhe von bis zu 20 % der entsprechenden steuerlichen Spendenbemessungsgrundlage („*contribution base*") abgezogen werden und nicht in Höhe von 30 % wie bei Spenden von Kapitalvermögen an „*public charities*".

Das Zusammenspiel dieser verschiedenen Prozentgrenzen ist außerordentlich komplex, so dass auch Steuerberater Computer-Software benutzen müssen, um die relevanten Werte zu ermitteln. Verallgemeinert zusammenfassend betrachtet jedenfalls dürfen bei Kombinationen von Sach- und Geldspenden durch natürliche Personen die allgemeinen Grenzen (50 % des „AGI" bei „public charities", 30 % des „AGI" oder dessen was von den 50 % übrig geblieben ist bei Spenden an „*private foundations*") nicht überschritten werden.

In Bezug auf Spenden von Gesellschaften existieren dieselben allgemeinen Ansätze. Jedoch ist die umfassende Grenze – egal, ob Sach- oder Geldspende und ob Kapital- oder bewegliches Vermögen – insofern bei 10 % des zu versteuernden Einkommens gezogen, d.h. es existieren insofern keine speziellen 20 %, 30 % oder 50 %-Begrenzungen. Dies bedeutet, dass Gesellschaften den vollen Verkehrswert von Kapitalvermögen bei Spenden an *„public charities"* ohne Aufdeckung unbesteuerter Gewinnanteile geltend machen können, jedoch darf der gesamte Wert die 10 %-Grenze nicht überschreiten. Vergleichbar zu dem oben Gesagten ist der Abzug bei Spenden an *„private foundations"* begrenzt auf die steuerliche Wertfestsetzung des Vermögens, verbunden wiederum mit der Geltung der umfassenden 10 %-Grenze.

II. Das gesetzliche Spendenkonzept – Grenzfälle

1. Das gesetzliche Konzept

§ 170 IRC erlaubt den Abzug für Spenden oder Schenkungen (*„contribution or gift"*) an entsprechende berechtigte Organisationen (im Allgemeinen sind dies die steuerbefreiten Organisationen nach § 510 (c) (3) IRC, der Staat bzw. staatliche Gesellschaften). Deshalb stellt sich die Frage nach einem dahinterliegenden System, d. h. was genau eine Spende oder eine Schenkung ausmacht. Sowohl der IRS wie auch Gerichtsentscheidungen haben dieses System in dem Fehlen eines Austauschverhältnisses bzw. einer Gegenleistung konkretisiert.[36] Deshalb kann jemand, der eine Schulgeldzahlung an eine steuerbefreite Schule erbringt, die Abzugsmöglichkeit nicht in Anspruch nehmen, da das Schulgeld als Gegenleistung für die Bildungs-Dienstleistungen erbracht wird. Gleichermaßen kann derjenige, der durch den Richter verpflichtet wird, ein Bußgeld an das Rote Kreuz zu zahlen, diese Zahlung nicht steuermindernd abziehen, da die Zahlung die Erfüllung der Verpflichtung gegenüber dem Gericht (Staat) darstellt. Andererseits jedoch werden beiläufige Vergünstigungen ignoriert. Man könnte z. B. schlussfolgern, dass der Spender eine Gegenleistung erhält, wenn etwa aufgrund einer großen Spende ein Universitätsgebäude nach ihm benannt wird. Die Benennung als beiläufige, gelegentliche Vergünstigung stellt jedoch nicht die Art von Gegenleistung dar, welche die steuerliche Abzugsfähigkeit zerstört.

2. Spende versus Sponsoring

Da eine Spende im US-Steuerrecht sich aus dem Fehlen einer Gegenleistung heraus definiert, ist eine Zahlung, um sich Werbeflächen zu sichern nicht als steuerabzugsfähige Spende anerkannt. Jedoch ist diese Zahlung als Betriebsausgabe abzugfähig. Aus diesem Grund ist die Abgrenzung zwischen Spende und Sponsoring vor dem Hintergrund der Abzugsfähigkeit weniger entscheidend, als vielmehr für die Frage, ob diese Zahlung beim Empfänger zu einer zu

---

[36] Siehe Hernandez v. Commissioner, 490 U.S. 680 (1989).

versteuernden Einnahme aus wirtschaftlicher, nicht mit dem Zweck verbundener Betätigung führt („*unrelated business*"). Im IRC existiert nunmehr eine spezielle Regelung für die „*UBIT*"-Auswirkungen von Sponsoring in § 513 (i) IRC. Diese Norm definiert Sponsoring als jede Zahlung (inklusive Übertragung von Vermögen oder Erbringung von Leistungen), die dann getätigt wird, wenn der Sponsor keine Erwartungen hinsichtlich einer substantiellen Gegenleistung hegt, mit Ausnahme der Danksagung bzw. Nutzung im Hinblick auf den Namen des Sponsors, seines Logos oder seiner Produkte.

3. *Spende versus Mitgliedsbeitrag*

Wiederum besteht bei der Abgrenzung von der Spende zum Mitgliedsbeitrag der Grundgedanke im US-Recht darin, dass die Spende sich durch das Fehlen einer wesentlichen Gegenleistung auszeichnet. Daraus resultiert, dass ein Mitgliedsbeitrag, welcher wegen der Förderung des gemeinnützigen Zwecks der empfangenden Organisation getätigt wird, eine abzugsfähige Spende darstellt, solange dieser Beitrag das Mitglied nicht dazu berechtigt, spezielle Güter oder Dienstleistungen zu empfangen („*specific goods or services*"). Jedoch werden dabei durch den IRS insofern solche Güter oder Dienstleistungen ignoriert, die entweder minimalen Wert haben oder die solche Rechte und Privilegien für die Mitglieder darstellen, die in aller Regel durch ein Mitglied während einer Mitgliedschaft in Anspruch genommen werden können.[37]

Folgender Beispielsfall soll insofern der Veranschaulichung dienen: Angenommen etwa eine Person wird Mitglied der „*Metropolitan Opera Society*" – eine nach § 501 (c) (3) IRC steuerbefreite Organisation – mit einem jährlichen Mitgliedsbeitrag von $ 500,-. Dieser Beitrag fördert die „*Metropolitan Opera*", berechtigt das Mitglied aber gleichzeitig dazu, Tickets für Aufführungen zu einem 10 %-Preisnachlass im Vergleich zum Normalpreis zu erwerben. Weiterhin ist das Mitglied dazu berechtigt, nach jeder Aufführung im Backstage-Bereich die Darsteller zu treffen. Schließlich erhält jedes Mitglied ein CD-Set (fünf CDs) zu einem Wert von $ 100,- (beinhaltend die „*Best Performances at the Met*") sowie das monatliche „*Metropolitan Opera Magazine*", das für Nichtmitglieder jährlich $ 50,- kostet.

Die Analyse dieses fiktiven Sachverhalts beginnt mit der generellen Feststellung, dass Mitgliedsgebühren an steuerprivilegierte § 501 (c) (3)-Organisationen im Grundsatz abzugsfähige Spenden darstellen, da sie der allgemeinen Förderung der steuerbefreiten Organisation dienen. Jedoch sind gemäß § 170 IRC Zahlungen als Entgelt für Güter und Dienstleistungen der empfangenden Organisation nicht abzugsfähig. In dem gebildeten Fall würden daher die CDs und die monatliche Zeitschrift als solche Entgelte anzusehen sein. Folglich

---

[37] Treasury Regulations 1.170 A – 13 (f) (8).

wären die entsprechenden $ 150,- nicht abzugsfähig. Andererseits wiederum wären der Preisnachlass für die Tickets und das Recht auf den Zutritt zum Backstage-Bereich nach einer Aufführung als solche, die Abzugsfähigkeit nicht beschränkenden Rechte und Privilegien der Mitgliedschaft zu behandeln sein, die regelmäßig von Mitgliedern ausgeübt werden können.[38]

Angenommen nun, anstelle des 10 %-Preisnachlasses bestünde ein Recht des Mitglieds, eine Vorstellung pro Jahr kostenlos zu besuchen und Nichtmitglieder müssten $ 100,- für das Ticket für diese Vorstellung bezahlen. In diesem Fall wäre die kostenlose Vorstellung als Entgelt für den Mitgliedsbeitrag anzusehen, da sie eine spezielle, einmalige Gegenleistung für den Mitgliedsbeitrag darstellt. Deshalb wäre der $ 100-Wert der Aufführung nicht abzugsfähig, selbst wenn im Vergleich dazu die 10 %-Nachlassmöglichkeit im erstgenannten Fall (welche sich im Jahr zu natürlich zu mehr als $ 100,- Ersparnis aufsummieren könnte) die volle Abzugsfähigkeit nicht hindert. Dem liegt das nicht sehr sinnvolle Prinzip zu Grunde, dass übliche Privilegien – wie etwa Preisnachlässe bei Tickets – de-minimis-Sachverhalte darstellen, die einer Mitgliedschaft in einer Organisation anhaften, während spezielle Güter oder Dienstleistungen (wie der einmalige freie Eintritt) mehr die Natur eines Austauschverhältnisses besitzen.

4. Unterschiede zwischen natürlichen Personen und Gesellschaften

Natürliche Personen können Spenden an *„public charities"* bis zu einer Höhe von 50 % ihres *„AGI"* jährlich als Abzug einbringen, bei Spenden an *„private foundations"* sind es 30 % des *„AGI"*. Bei Gesellschaften ist dies auf bis zu 10 % ihres zu versteuernden Einkommens sowohl bei Spenden an *„public charities"* wie auch bei solchen an *„private foundations"* begrenzt. Hierzu finden sich die vertieften Ausführungen oben unter D. I.

5. Unterschiede aufgrund der Organisationsform des Empfängers oder aufgrund der Art der Spende

Wie bereits oben unter D. I. im Detail erläutert wurde, unterscheidet das US-Steuerrecht verschiedene Spenden-Grenzen bei Spenden natürlicher Personen in Abhängigkeit davon, ob als Empfänger eine *„public charity"* oder eine *„private foundation"* fungiert. Auch die Regelungen bezüglich des Abzugs der verschiedenen Spendenarten differenzieren danach, ob an eine *„public charity"* oder an eine *„private foundation"* gespendet wird.

---

[38] Treasury Regulations § 1.170 A – 13 (f) (8), Example 1.

6. Geld- versus Sach- versus Zeitspende (Erbringen von Leistungen)

Die unterschiedlichen Begrenzungen des Abzugs von Geld- und Sachspenden wurden oben unter D. I. erläutert. Für den Wert der Erbringung von Leistungen (Zeitspende) ist kein Abzug zulässig. Stattdessen führt der Steuerzahler (gemeint ist wohl der Empfänger der Zeitspende: Originalwortlaut: *„instead, the taxpayer simply does not report as income the value of the services donated"*) den gespendeten Wert der Leistungen nicht als Einkommen an. Die Zulassung eines Steuerabzugs für Zeitspenden würde zu einer doppelten Steuerbegünstigung führen, da das US-Recht den Wert der Erbringung der Leistungen nicht als Einkommen erfasst.

III. Weitere spezielle Fragen betreffend Spenden

1. Vorgaben des Spenders/Kontrolle

Nach den Grundsätzen des US-Steuerrechts muss für die Abzugsfähigkeit einer Spende oder einer Schenkung diese im juristischen Sinne Vermögen der empfangenden Organisation werden. Deshalb kann der Spender keine Kontrolle über das gespendete Vermögen beibehalten und zugleich den Spendenabzug in Anspruch nehmen. Wie bereits oben unter B. IV. 2 beschrieben, kann der Spender jedoch eine spezielle *„trust"*-Konstruktion vornehmen, die es ihm erlaubt, aktuell die Benutzung des Vermögens zu behalten und bei der die gemeinnützige Organisation den verbleibenden Anteil – etwa nach dem Tod des Stifters – erhält. Bei diesen Konstruktionen stellt der Wert des nach der Nutzung durch den Spender verbleibenden Vermögens eine aktuelle abzugsfähige Spende dar. Eine neuere Erscheinung in den USA – der so genannte *„donor advised fund"* – unterstreicht den genannten Grundsatz. Bei einem *„donor advised fund"* macht der Spender grundsätzlich ein bedingungsloses Geschenk von Vermögen an eine gemeinnützige Organisation, unterbreitet dann jedoch Vorschläge an die Organisation im Hinblick auf die zukünftige Nutzung des gespendeten Vermögenswerts. Streng genommen muss aus juristischer Sicht die empfangende Organisation den Ratschlägen nicht folgen, obwohl sie aus praktischer Sicht es natürlich machen wird, da ansonsten kein zukünftiger Spender Geld in einer solchen Situation geben würde.

Gleichwohl folgt aus der Idee des Eigentums nach den sachenrechtlichen *„common-law"*-Prinzipien, dass es einem Spender erlaubt ist, Eigentum an Vermögen zu übertragen, verbunden mit einer einmaligen Restriktion im Hinblick die Benutzung des Vermögensgegenstandes. Wenn beispielsweise jemand eine Spende an eine Universität mit der Einschränkung gibt, dass diese Spende ausschließlich für Stipendien für Studenten genutzt werden darf, dann ist diese Beschränkung nach bundesstaatlichem *„common law"* durchsetzbar und sie stellt zugleich auch nicht eine Form der beibehaltenen Kontrolle in dem

Sinne dar, dass die steuerliche Abzugsfähigkeit in Frage gestellt wäre. In dieser Situation besitzt der Spender nicht die Fähigkeit, nach der Spendenvergabe die Benutzungsrestriktionen des gespendeten Vermögens zu ändern und das Vermögen ist endgültig in das Eigentum der gemeinnützigen Organisation übergegangen. Heute gibt es in nahezu allen Bundesstaaten eine Variante des „Uniform Management of Institutional Funds Act", nach denen zum Teil die Durchsetzung der genannten einmaligen Restriktionen gesteuert wird und Richtlinien für die Auflösung überalterter Vorgaben vorgesehen sind.

2. Spenden an politische Parteien

Spenden an politische Parteien sind nicht abzugsfähig, obwohl politische Organisationen im Hinblick auf Spendeneinnahmen eine Steuerbefreiung gemäß § 527 IRC genießen.

3. Spenden an die Regierung und staatliche Organisationen

Wie bereits oben unter B. I. dargestellt, schließt § 170 (c) IRC neben gemeinnützigen Organisationen (vergleichsweise genauso definiert wie in § 501 (c) (3) IRC) Regierung und staatliche Organisationen als spendenempfangsberechtigte Organisationen ein. Demnach sind Spenden an den Staat und an staatliche Organisationen (z. B. öffentliche Universitäten, Parkverwaltungen etc.) steuerlich abzugsfähig.

4. Steuerabkommen

In den USA existieren keine Steuerabkommen, nach denen die volle Abzugsfähigkeit von Spenden an ausländische gemeinnützige Organisation im Rahmen der Einkommensteuer erlaubt ist. Gleichwohl ist es wegen einzelner Abkommen mit Kanada, mit Israel und mit Mexiko für US-Bürger zulässig, Spenden an Organisationen in diesen Ländern bei Einkünften aus diesen Ländern in Abzug zu bringen.[39] Das Abkommen zwischen den USA und Kanada gestattet darüber hinaus in sehr begrenzten Umfang einen Spendenabzug bei inländi-

---

[39] Nach US-Steuerrecht wird ein US-Bürger oder ein Bewohner der USA mit seinem gesamten Welteinkommen in den USA besteuert, ungeachtet dessen, wo das Einkommen erzielt wurde. Dieses System unterscheidet sich merklich von den meisten ausländischen Staaten, welche Steuerbefugnisse nur über das in ihren Grenzen erzielte Einkommen in Anspruch nehmen. Demzufolge müsste ein US-Bürger, der in Kanada arbeitet, das daraus erzielte Einkommen in den USA versteuern, obgleich das US-Recht eine Anrechnung/Gutschrift vorsieht, um eine Doppelbesteuerung desselben Einkommens zu vermeiden. Im Ergebnis führt dieses Anrechnungssystem wirtschaftlich dazu, dass ein US-Bürger / Bewohner der USA die höhere der beiden Steuern der beiden betroffenen Länder zahlt, sofern er im Ausland Einkommen erzielt.

schen Einkünften wegen Spenden an kanadische Organisationen. Beispielsweise kann ein US-Bürger einen Abzug von seinem inländischen Einkommen für eine direkte Spende an eine Kanadische Universität in Anspruch nehmen, wenn er oder ein Familienmitglied diese Universität besuchte.

E. Verfahren, Kontrolle (im Überblick) und Haftung

I. Verfahrensfragen

Alle Organisationen in den USA, die eine Steuerbefreiung nach § 501 (c) (3) IRC in Anspruch nehmen möchten – mit Ausnahme der Kirchen – müssen zunächst ein Antragsformular („*Form 1023*") beim IRS einreichen. Wie bei allen anderen Steuerfragen kann die beantragende Organisation für den Fall der Nichtgewährung der Steuerbefreiung die Entscheidung des IRS gerichtlich überprüfen lassen. Eine Organisation, die ihren Antrag erfolgreich über „*Form 1023*" geltend macht, wird sodann auf eine sog. „*master list*" des IRS gesetzt, auf der die Organisationen verzeichnet sind, die steuerabzugsfähige Spenden im Sinne des § 170 IRC empfangen dürfen. Spender dürfen auf diese Auflistung für die Beantwortung der Frage vertrauen, ob Spenden abzugsfähig sind, selbst wenn später die Steuerbefreiung der entsprechenden Organisation widerrufen wird. Kirchen wiederum müssen den Weg über die „*Form 1023*" nicht gehen. Praktisch gesehen erfolgt somit nur im Rahmen steuerlicher Außen- bzw. Betriebsprüfungen eine Überprüfung, ob eine Organisation, die sich als Kirche ausgibt, tatsächlich zu Recht steuerbefreit ist.

II. Kontrolle – ein Überblick

1. Allgemeines

Während der IRS eine Aufsicht über gemeinnützige Organisationen kraft seiner Möglichkeit, die Steuerbefreiung zu widerrufen (mit der Folge, dass die Organisation dann auch keine steuerabzugsfähigen Spenden mehr empfangen kann), durchführt, übernimmt die Aufsicht über die laufende Geschäftsführung gemeinnütziger Organisationen grundsätzlich der „*Attorney General*" des Staates, in welchem die Organisation gegründet ist. Aufgrund der begrenzten Finanz- und Personalausstattung ist diese Aufsicht in vielen Staaten jedoch eher theoretischer Natur, obwohl es viele öffentlichkeitswirksame Fälle gibt, bei denen „*Attorney Generals*" gemeinnützige Organisationen wegen ihrer Management-Praktiken angeklagt haben. Anfang und Mitte der neunziger Jahre wurden beispielsweise viele „*Attorney Generals*" wegen Transaktionen tätig, bei denen steuerbefreite Kliniken und Krankenhäuser in den „*For-Profit*"-Status wechselten. Ein weiterer bekannter Fall, bei dem sowohl IRS wie auch ein „*Attorney General*" involviert waren, betraf den „*Bishops Estate Trust*" in Hawaii.[40]

2. Auskunftsformulare und Instrumente

a) Erfordernisse bei Gründung

Die einzelnen formalen Anforderungen – im Allgemeinen im US-Recht als sog. „*organizational test*" für die Steuerbefreiung nach § 501 (c) (3) bezeichnet – sind in den Steuerrechtlinien („*Treasury Regulations*") 1.501 (c) (3) – 1 (b) enthalten. Es existieren insofern zwei hauptsächliche Erfordernisse: Zunächst müssen die Gründungsdokumente der Organisation (Gründungsurkunde, „*trust*"-Vereinbarung, Satzungen etc.) den Zweck und die Tätigkeit der Organisation auf einen oder mehrere nach US-Steuerrecht anerkannte, steuerprivilegierte Zwecke begrenzen. Akzeptiert wird auch eine generelle Aussage wie etwa: „*Zweck und Tätigkeit der Organisation sind begrenzt auf solche, die als gemeinnützig im Sinne des § 501 (c) (3) IRC 1986 anerkannt sind.*" Weiterhin müssen die Gründungsdokumente eine Bestimmung dahingehend enthalten, dass bei Auflösung der Organisation das gesamte Vermögen auf eine andere gemeinnützige Organisation übertragen wird.[41]

b) Mitteilungen, Auskünfte über Einkünfte

Alle steuerbefreiten gemeinnützigen Organisationen mit jährlichen Einnahmen über $ 25.000,- (mit Ausnahme der Kirchen) müssen jedes Jahr Informationen über ihre Einkünfte („*Form 990*") beim IRS abliefern. Zusätzlich werden in einzelnen Bundesstaaten Geschäftsberichte und Berichte über Fundraising-Aktivitäten eingefordert.

c) Buchführung / Bilanzierung

Es existiert kein einheitliches Bundesrecht, nach welchem eine Wirtschaftsprüfung erfolgen oder geprüfte Jahresabschlüsse von gemeinnützigen Organisationen vorgelegt werden müssten, solange sie im juristischen Sinne keine publizitätspflichtigen Gesellschaften im Rahmen der Überprüfung durch die Börsenaufsichtsbehörde („*Securities Exchange Commission*") darstellen.

---

[40] Dazu: *Evelyn Brody*, A Taxing Time for the Bishop Estate: What is the I.R.S. Role in Charity Governance? 21 U. Hawaii L. Rev. 537 (1999). Eine mehr generelle Diskussion der Aufsichtsbefugnisse der „*Attorney Generals*" findet sich bei: *Evelyn Brody*, Whose Public?: Parochialism and Paternalism in State Charity Law Enforcement, 79 IND. L.J. 937 (2004).

[41] Der IRS hat Beispiele für entsprechende Gründungsdokumente, Satzungen etc. zur Verfügung gestellt in der „*IRS Publication 557*" (Seiten 19-21). Diese ist erhältlich unter http://www.irs.gov/pub/irs-pdf/p557.pdf.

Einige Bundesstaaten jedoch verpflichten die Organisationen zur Prüfung. Kalifornien zum Beispiel hat jüngst den „Non-Profit Integrity Act of 2004" verabschiedet, aufgrund dessen von bestimmten gemeinnützigen Organisationen geprüfte Jahresabschlüsse angefertigt werden müssen. Massachusetts zwingt „public charities" zur Anfertigung geprüfter Jahresabschlüsse. Im Allgemeinen besitzen diese Landesrechte Ausnahmen für solche Organisationen, deren jährlichen Erträge unterhalb eines bestimmten Schwellenwertes liegen.

d) Aktivitäten im Ausland

Es existieren keine allgemeinen erhöhten Auskunfts- bzw. Aufsichtsrechte in den USA bezüglich ausländischer Aktivitäten von gemeinnützigen Organisationen, wenngleich das neuere Strafrecht auch solche gemeinnützige Organisationen ins Visier nimmt, die in die Finanzierung von Terroristen involviert sein könnten.[42]

3. *Auskünfte von Spendern*

Die Regeln des IRS verlangen, dass Spender ihre Spenden konkretisieren können. Der Umfang dieser Konkretisierung hängt von Art und Umfang der geltend gemachten Spende ab. Für Geldspenden unter $ 250,- genügt ein entwerteter Scheck, eine Kreditkartenabrechnung oder eine Quittung. Für Geldspenden über $ 250,- muss der Spender eine schriftliche Bestätigung der empfangenden Organisation (z. B. eine Quittung) über die Höhe der Spende vorlegen. Bei Sachspenden mit einem Wert von unter $ 5000,- wird ebenfalls eine schriftliche Bestätigung des Empfängers benötigt sowie gegebenenfalls bestimmte weitere Unterlagen – die Anforderungen steigen mit dem Wert der Spende (relevante Kategorien sind: unter $ 250,-, $ 250,- bis $ 500,- und $ 500,- bis $ 5000,-). Für Sachspenden mit einem Wert von über $ 5000,- muss der Spender eine qualifizierte Begutachtung vorlegen.[43]

4. *Effektivität der Aufsicht?*

Wie bereits oben angedeutet, befindet sich die generelle Aufsicht über gemeinnützige Organisationen in den Händen der landesstaatlichen „Attorney Generals", bei denen häufig nur begrenzt Personal und Mittel für diese

---

[42] Einen Überblick gibt: *Marion Fremont-Smith*, Pillaging of Charitable Assets: Embezzlement and Fraud, 46 Exempt Organizations Tax Review 333 (2004).

[43] Details dieser Regelungen finden sich in den Publikationen des IRS Nr. 526 und 561, welche beide im Internet zum Abruf bereits stehen (www.irs.gov).

Aufgabe zur Verfügung stehen. Der IRS wiederum hat beträchtliches Personal und Ressourcen dem gemeinnützigen Sektor grundsätzlich zugeordnet, aber selbst dem IRS fehlen hinreichende Mittel um seine Steueraufsichts-Funktionen voll auszuführen (wie weiter unter beschrieben wird, beziehen sich aktuelle Vorschläge des Finanzausschusses des Senats („*Senate Finance Committee*") auf die mangelhaften Mittel zur Durchführung der Befugnisse des IRS als das Hauptproblem in diesem Bereich). Viele Probleme und Missbräuche bleiben deshalb unaufgedeckt bis ein großer Skandal auftritt oder Berichterstattung in den Medien entsprechende Gegenstände ans Licht bringt (vgl. dazu die Ausführungen weiter unten bezüglich der aktuellen Zeitungsberichte über Vergütungen von Direktoren in gemeinnützigen Organisationen).

III. Sanktionen und Haftung der Geschäftsführer

1. Sanktionen nach dem Bundes-Steuerrecht

Die größte Sanktion für eine Verletzung des US-Steuerrechts durch gemeinnützige Organisationen ist der Widerruf des steuerbefreiten Status, welcher den Effekt nach sich zieht, dass die Organisation als steuerpflichtige Gesellschaft bzw. „*trust*" behandelt wird und weiterhin für den Wert der Steuern mindestens für die vorangegangenen drei Jahre (allgemein existiert in den USA eine dreijährige Begrenzung bezüglicher steuerlicher Fragen, obgleich in manchen Fällen auch eine längere Zeitspanne eingreifen kann) haftet. Da der Widerruf der Steuerbefreiung normalerweise die betroffene Organisation im Ergebnis vernichten würde, wird diese Sanktionsform selten genutzt. In der jüngsten Vergangenheit hat der Kongress deshalb Bestimmungen in Form der sog. dazwischen liegenden Sanktionen („*intermediate sanctions*") mit dem Zweck verabschiedet, Sanktionen für die „gewöhnlichen" Missbrauchsfälle bereitzustellen.

Gegen Verletzungen der Bestimmungen über persönliche Bereicherungen (dazu oben unter B. IV. 1.) – etwa die Zahlung überhöhter Vergütungen an Direktoren – wird nunmehr durch den Einsatz von § 4958 IRC vorgegangen. Diese Norm bürdet eine Steuersanktion (Verbrauchssteuer) dergestalt auf, dass letztlich die Person, welche die verbotene Zahlung erhalten hat, die Zahlung an die gemeinnützige Organisation erstatten muss und weiterhin eine mindestens 25-prozentige diesbezügliche Strafsteuer schuldet. Die Strafsteuer kann unter bestimmten Umständen bis zu 200 % der überhöhten Zahlung betragen. „*Private foundations*" sind weiterhin bei unzulässigen Geschäften und bei einem Mangel in Bezug auf die fünfprozentige jährliche Ausschüttungsverpflichtung zu bestimmten Straf-/ Verbrauchssteuern verpflichtet. Die entsprechenden Sanktionen sind in §§ 4941 – 4945 IRC geregelt.

2. Persönliche Haftung von Geschäftsführern gemeinnütziger Organisationen und von Spendern

§ 4958 IRC sieht vor, dass Geschäftsführer gemeinnütziger Organisationen bei Verstößen gegen das Verbot der persönlichen Bereicherung haftbar gemacht werden können. *„Attorney Generals"* können weiterhin Klage vor den landesstaatlichen Gerichten erheben, um eine Haftung für Misswirtschaft in Bezug auf die gemeinnützig gebundenen Vermögenswerte geltend zu machen – jedoch findet dieses relativ selten statt. Vielmehr werden öfter Fälle fehlerhafter Geschäftsführung oder Verstöße gegen die bundesweiten Steuerregelungen durch Vereinbarungen ad acta gelegt, in denen die entsprechende Organisation sich etwa verpflichtet, bestimmte Steuern oder Strafzahlungen vorzunehmen und zukünftig die Geschäftstätigkeit entsprechend zu ändern.

F. Reformen und politische Debatten

I. Politische Diskussionsgegenstände

1. Aktuelle Vorschläge des Finanzausschusses des Senats

Obwohl derzeit keine wesentliche bundesweite Diskussionen über die Kernfragen der steuerlichen Abzugsfähigkeit von Spenden oder über die Standards der Steuerbefreiung geführt werden, haben aktuelle Presseberichte über überhöhte Zahlungen an Top-Manager gemeinnütziger Organisationen und über wirtschaftliche Betätigungen von gemeinnützigen Kliniken/Krankenhäusern den Finanzausschusses des Senats (*„Senate Finance Committee"*) dazu bewegt, ein Diskussionspapier über mögliche Reformen bezüglich der Steuerbefreiung, des Managements und der Aufsicht bei gemeinnützigen Organisationen (sowohl hinsichtlich *„public charities"* als auch *„private foundations"*) zu veröffentlichen.[44] Die Hauptaspekte der Vorschläge des Finanzausschusses sind die Folgenden (die Übersicht stammt von der Internetseite von *„The Center for Non-Profits"*):

Reformvorschläge betreffend des Status der Steuerbefreiung:
- erneute Überprüfung des Status der Steuerbefreiung alle fünf Jahre;
- Reformen betreffend der *„donor advised funds"*;
- Beseitigung bestimmter Kategorien im Hinblick auf die fördernden Organisationen;

---

[44] Der komplette Entwurf des Diskussionspapiers des Finanzausschusses findet sich unter http://finance.senate.gov/hearings/testimony/2004test/062204stfdis.pdf.

- verschärfte Anforderungen für die Befreiung an schuldnerberatende Organisationen;
- Aufhebung des Gemeinnützigkeits-Status für Unterkunfts-Organisationen als bestehendes Steuerschlupfloch;

Reformvorschläge betreffend Insider und sog. „disqualified persons":
Folgende Vorschläge sollen dazu dienen, Missbräuche durch gemeinnützige Organisationen und Personen mit Einfluss auf diese einzuschränken:
- Anwendung der „*self-dealing-rules*" der „*private foundations*" auch bei „*public charities*" (um alle Geschäfte mit Insidern für Zwecke der entsprechenden Straf-/ Verbrauchssteuern fruchtbar zu machen);
- Veränderung der „*intermediate sanctions*" bei „*public charities*";
- Erhöhung verschiedener diesbezüglicher Straf-/Verbrauchssteuern; Verbot oder Begrenzung der Kompensationszahlungen/Aufwandsentschädigungen an Treuhänder privater, nichtgeschäftstätiger „*foundations*";
- Einführung einer Überprüfungsmöglichkeit von Kompensationszahlungen/Aufwandsentschädigungen an Insider bei „*foundations*" durch den IRS oder Anwendung entsprechenden Vergleichswerten, die von staatlichen Organisationen für vergleichbare Arbeit als Gehälter gezahlt werden;

Reformvorschläge betreffend Förderorganisationen und Aufwendungen:
- Einführung einer zusätzlichen Berichtspflicht für solche „*private foundations*", bei denen die Verwaltungskosten mehr als 10 % der Gesamtausgaben ausmachen;
- Bereitstellung von Steueranreizen für solche „*private foundations*", die mehr als 12 % ihres Vermögenswerts als Förderungen in einem bestimmten Jahr auszahlen;
- Verbot für „*private foundations*", selbst „*donor advised funds*" zu fördern;
- Begrenzung der maximalen Reise-, Unterbringungs- und Verpflegungskosten bei „*private foundations*" und „*public charities*";

Reformvorschläge betreffend bundesweiter Koordination von Aktivitäten und Tätigkeiten:
- Einführung von Standards für den Erwerb von bzw. für die Umwandlung in „*For-Profit*"-Organisationen;
- Bereitstellung von landesstaatlichen Ermächtigungen, bestimmten Verletzungen des bundesweiten Steuerrechts selbst nachzugehen;
- Reformvorschläge betreffend Verbesserung der Qualität und des Geltungsbereichs der „*Form 990*" sowie der Jahresabschlüsse:

- Einführung einer Verpflichtung der Geschäftsführer, die Richtigkeit der ausgefüllten „Form 990" und darauf bezogener Formulare/Verzeichnisse zu bestätigen bzw. zu beglaubigen;
- Einführung von Strafgeldern für falsches oder unvollständiges Ausfüllen der „Form 990";
- Strafzahlungen für nicht rechtzeitige Abgabe der „Form 990" und Verbot von Fristverlängerungen über 4 Monate hinaus;
- Förderung und Anordnung der elektronischen Abgabe der „Form 990";
- Einführung von IRS-Standards für das Ausfüllen; verpflichtender Prüfungsbericht/Prüfungsvermerk eines unabhängigen Wirtschaftsprüfers bezüglich der Erklärung nach „Form 990" für alle Organisationen mit Einnahmen von $ 250.000,- und mehr;
- CPA-Prüfung („Certified Public Accountant") bei gemeinnützigen Organisationen mit Einnahmen zwischen $ 100.000,- und $ 250.000,-;
- Einführung einer Verpflichtung der gemeinnützigen Organisationen, den Buchprüfer mindestens einmal alle fünf Jahre zu wechseln;
- erhöhte Auskunftspflichten in Bezug auf die Beziehungen zu (steuerpflichtigen) Tochtergesellschaften, in Bezug auf Joint-Ventures und Ähnliches;
- Erweiterung der Auskünfte im Hinblick auf beabsichtige Geschäftsziele (die von dem Management festgesetzt werden müssen), auf Aktivitäten und auf Ausgaben;
- Auskunft hinsichtlich erheblicher Änderungen bei den Tätigkeiten, beim Geschäftsablauf oder der Organisationsstruktur;
- erweiterte Berichtspflichten im Hinblick auf Gemeinkosten (z. B. bei Aktivitäten, die zugleich Zweckerfüllung wie auch Fundraising darstellen);
- erhöhte Auskünfte bezüglich Kapitalbeteiligungen von „public charities";

Reformvorschläge betreffend Publizität:
- Einführung einer Veröffentlichungspflicht der Jahresabschlüsse;
- Einführung einer Pflicht der gemeinnützigen Organisationen, dass diese jede Bilanz – welche sie nach geltendem Recht anfertigen müssen – auf ihrer Webseite zu veröffentlichen haben;
- Veröffentlichungspflicht im Hinblick auf die „Form 990-T" (betrifft die Steuererklärung für „unrelated business income");
- Erklärungspflicht für „public charities" gegenüber dem IRS für alle Spenden in Höhe von $ 10.000,- oder mehr;

Reformvorschläge betreffend Unternehmensorganisation / „best practices":

- Verstärkung der Aufsicht über die Geschäftsführungsorgane; Einführung von Genehmigungsvorbehalten für bestimmte Abläufe (Organisations- und Geschäftsführungspraktiken und -verfahren, Rechnungswesen und Rechnungslegungsstandards, unabhängiger Wirtschaftsprüfer, gesetzte Zielvorgaben, Umgang mit Interessenskonflikten, Steuerungs-/ Haftungsprinzipien);
- Einführung einer verpflichtenden Anzahl von Mitgliedern der Geschäftsführung (zwischen 3 bis 15);
- Verbot der Mitgliedschaft in der Geschäftsführung von Personen, die wegen betrügerischer Aktivitäten vorbestraft sind bzw. Verbot der Mitgliedschaft in Geschäftsführungsorganen bei *„public charities"* für vergleichbare Vorstrafen für einen Zeitraum von 5 Jahren nach der Verurteilung;
- Einführung einer Berechtigung des IRS, solche Mitglieder der Geschäftsführung abzusetzen, die aufgrund einer Selbst-Kontrahierung, eines Interessenkonflikts, überhöhter Vergütungen oder vergleichbarer Regelungen auffällig geworden sind;
- Einführung von Anreizen für Förderungen von bzw. Verträgen mit staatlichen Organisationen oder solchen Organisationen, die sich durch sog. *„best practices"* auszeichnen;
- Einführung eines neuen Akkreditierungsprozesses für gemeinnützige Organisationen basierend auf einem (oder mehreren) der verschiedenen aktuellen Diskussionen über die entsprechenden Standards;

Reformvorschläge betreffend Finanzierung des IRS und Durchsetzung der staatlichen Befugnisse:

- Zuweisung von Mitteln aus der existierenden Verbrauchssteuer der Kapitaleinkünfte von *„private foundations"* zu Gunsten des IRS-Abteilung für steuerbefreite Organisationen;
- Einführung einer jährlichen Gebühr für *„Form 990"* (und dazugehöriger wieterer *„Forms"*), um die bundes- und landesstaatliche Durchsetzung von Befugnissen sowie den Informationsaustausch, die Überprüfungs- und Akkreditierungsansätze, die Erweiterung des Zugangs der Öffentlichkeit zu Informationen und mögliche Untersuchungen von Missbräuchen zu finanzieren;

Reformvorschläge betreffend die Befugnisse der Finanzgerichte:

- Verstärkung der Befugnisse des U.S. Tax Court dahingehend, dass der IRS oder ein Mitglied der Geschäftsführung einer Organisation die

Abberufung eines anderen Geschäftsführungsmitglieds durch das Gericht verlangen kann;
- Erhöhung der Möglichkeiten der Geschäftsführung Beschwerden/Klagen bei den Finanzgerichten bzw. bei anderen Gerichten einzureichen;
- Einführung einer Möglichkeit von natürlichen Personen, Klagen betreffend gemeinnützige Organisationen/ IRS einzureichen;
- Einführung eines Schiedsverfahrens, um steuerliche Bewertungsstreitigkeiten beizulegen (hinsichtlich des Wertes von Sachspenden).

Vor dem Hintergrund der zahlreichen weiteren inländischen Projekten auf Präsident Bush Reformagenda ist eine Antwort auf die Frage nach der Wahrscheinlichkeit einer möglichen legislativen Umsetzung der aufgezählten Reformvorschläge derzeit nicht möglich. Jedenfalls wird aber zwischen den Praktikern und den Theoretikern aus dem Non-Profit-Sektor die Diskussion dieser Vorschläge fortgeführt.

2. Das Forschungsprojekt des „American Law Institute"

Auf Seiten außerhalb des Steuerrechts wird gerade durch das *„American Law Institute"* ein Projekt durchgeführt, in dem juristische Fragen außerhalb des Steuerrecht betreffend Management, Geschäftstätigkeit und Aufsicht bei Non-Profit-Organisationen kategorisiert und aufgearbeitet werden (das Projekt trägt den Namen: *„Principles of the Law of Non-Profit Organizations"*). Eine erste Präsentation des Entwurfs der Ergebnisse – angefertigt unter Federführung von *Prof. Evelyn Brody* von der *„Chicago-Kent School of Law"* – wird in Kürze beim *„American Law Institute"* erwartet. Dieser dürfte auf lange Sicht einen starken Einfluss bei der Entwicklung der Landesrechte bezüglich des Managements von Non-Profit-Organisationen besitzen.

3. Weitere, immer wiederkehrende Diskussionen

Zusätzlich zu den oben genannten Reformbestrebungen scheinen einige Fragen jährlich wiederkehrend aufzutauchen. Insofern sind insbesondere zu nennen: die Frage, ob für diejenigen, die ihre gesamten Abzüge nicht weiter aufschlüsseln (sog. *„non-itemizers"*), ein gesonderter Abzug für Spenden zugelassen werden sollte[45] und die Frage nach staatlichen Regulierungen in Bezug auf Werbung für gemeinnützige Spenden[46].

---

[45] Nach US-Recht können natürliche Personen wählen, entweder ihre gesamten Abzüge im Einzelnen aufzulisten oder stattdessen eine Standardabzugspauschale (vgl. Werbungskosten-

4. Überwachungsorganisationen („Watchdog Organizations")

In den letzten Jahren – insbesondere mit dem Anstieg der Popularität des Internets – sind einige sog. „*watchdog organizations*" im gemeinnützigen Sektor in Erscheinung getreten. Eine der am höchst frequentierten Internetseiten in diesem Bereich ist „*Guidestar*" (http://www.guidestar.org/). Wenngleich diese Organisationen abhängig sind von den öffentlich zugänglichen Informationen, ist ihre Effektivität bisher nicht näher bestimmt worden.

II. Aktuelle Skandale

Die zwei von der nationalen Berichterstattung hauptsächlich verfolgten Gesichtspunkte hinsichtlich gemeinnütziger Organisationen sind überhöhte Vergütungen für Geschäftsführer solcher Organisationen und die Steuerbefreiung für Gesundheitsvorsorgeeinrichtungen. Hinsichtlich beider Punkte sind Artikel in der „*New York Times*", dem „*Wall Street Journal*" und im „*USA Today*" erschienen und beide Gesichtspunkte waren Gegenstand von Anhörungen vor dem Kongress bzw. von Änderungsvorschlägen (dazu auch oben die Vorschläge des Finanzausschusses des Senats unter F. I. 1.).

Weiterhin befanden sich steuerbefreite Schuldnerberatungsstellen wegen einer möglichen Ausnutzung ihrer Klienten im Blickfeld der Berichterstattungen.

III. Abschließende Stellungnahme

Das größte Defizit des US-Steuerrechts betreffend gemeinnützige Organisation ist das Fehlen eines schlüssigen theoretischen Konzepts, wann für Organisationen eine Steuerbefreiung eingreifen sollte.

Bisher jedenfalls ist das Recht der Steuerbefreiungen ein komplexer Irrgarten basierend vornehmlich auf Entscheidungen aus dem „*common law*" gemeinnütziger „*trusts*", welches konzeptionell wenig mit dem Steuerrecht gemein hat.

---

pauschale) in Anspruch zu nehmen. Für viele, wenn nicht sogar die meisten Menschen mit geringerem Einkommen ist die Pauschale vorteilhafter als die detaillierte Auflistung. Von Zeit zu Zeit wurde in der Vergangenheit im Einkommensteuergesetzbuch zugelassen, dass auch die „Nicht-Auflister" (sog. „*non-itemizers*") Spenden an gemeinnützige Organisationen zusätzlich in Abzug bringen können. Momentan ist dies nicht der Fall.

[46] Staatliche Regelungen in Bezug auf Werbung für gemeinnützige Spenden ziehen Fragen hinsichtlich des verfassungsrechtlich gebotenen Schutzes der freien Rede nach sich. In Entscheidungen des Supreme Court wurden die staatlichen Möglichkeiten in Bezug auf solche Regularien streng begrenzt.

In der Vergangenheit habe ich einen solchen zentralen theoretischen Ansatz in Form der spendenbezogenen Theorie (*„donative theory"*) für die Steuerbefreiung vorgeschlagen. Demnach steht die Steuerbefreiung (und die damit zusammentreffende Berechtigung, steuerabzugsfähige Spenden empfangen zu können) nur Organisationen zu, die nachweisen, dass ihre jährlichen Einnahmen in Höhe von mindestens einem Drittel (oder in Höhe eines anderen Prozentsatzes, so wie er von der Politik befürwortet wird) aus Spenden von der Öffentlichkeit oder von anderen gemeinnütziger Organisationen bestehen (z. B. Privatspenden, nicht aber staatliche Förderungen). Obgleich diese Theorie in den USA ohne Erfolg geblieben ist, glaube ich weiterhin, dass der genannte Ansatz wenn auch nicht alle, so doch die meisten schwierigen Auslegungsfragen, die bezüglich der Steuerbefreiung auftreten, lösen könnte. Ein großer Vorteil eines solchen Systems bestünde darin, dass die Steuerbehörden aus dem Feststellungsprozess, welche Organisationen ein steuerbefreiter Status zukommt, herausgelöst werden würden. Vielmehr würde dieser Status automatisch an die allgemeine Zustimmung der Öffentlichkeit für bestimmte Organisationen gebunden werden. Außerdem könnte das geltende Recht im Zusammenhang mit dem steuerbefreiten Status erheblich vereinfacht werden. Zum Beispiel könnten die aktuellen komplizierten Bestimmungen hinsichtlich der wirtschaftlichen Betätigung abgeschafft werden. Stattdessen würde sich der Umfang der wirtschaftlichen Betätigung einer steuerbefreiten Organisation selbst regulieren: Wenn eine Organisation zu stark in wirtschaftliche Betätigungen – relativ zu ihren Spendeneinnahmen – verwickelt ist, würde sie die Steuerbefreiung verlieren, sobald die Spenden einen bestimmten Prozentsatz der Gesamteinnahmen unterschreiten (und gleichzeitig würden die Spender, die die Organisation als zu kommerziell ansehen, vermutlich nicht spenden und somit den Umfang der Gesamtspenden reduzieren).

Neben dieser zentralen Frage nach einer verbindenden Basis für die Steuerbefreiung sollten die aktuellen Bemühungen zur Überarbeitung der Rechts der Non-Profit-Managements (das Projekt des *„American Law Institute"*) und zur Einforderung zusätzlicher aussagekräftiger finanzieller Informationen (inklusive der Vergütungen der Geschäftsführung) von gemeinnützigen Organisationen fortgeführt werden. Ferner sollten die Berichtspflichten auf Kirchen erstreckt werden, auch wenn die Reformvorschläge des Finanzausschusses des Senats dies nicht vorsehen. Beide genannten Reformansätze würden ein System – basierend auf den Gedanken der *„donative theory"* – verstärken, das Spendern zusätzliche Transparenz und Informationen gibt, um gemeinnützige Organisationen in ihrem Sinne zu unterstützen. Andererseits sollten die Vorschläge im Hinblick auf die gekünstelten Grenzen der auszahlbaren Vergütungen von gemeinnützigen Organisationen an ihre Manager verworfen werden. In einer modernen Gesellschaft sollte es gemeinnützigen Organisationen möglich sein, die besten vorhandenen Manager engagieren zu können. Dies beinhaltet die notwendige Möglichkeit für gemeinnützige Organisationen, Vergütungen konkurrenzfähig zum *„For-Profit"*-Sektor auszugestalten.

3. Teil: Interdisziplinäre, verfassungsrechtliche, europarechtliche und komparative Grundlegung

Zur Soziologie des Spendens –
Empirische Befunde und theoretische Ansätze

FRANK ADLOFF

Einleitung
1. Spendenverhalten in den USA
   1.1 Das Spendenaufkommen in den Vereinigten Staaten
   1.2 Soziodemographische und - ökonomische Zusammenhänge
2. Spenden in Deutschland
3. Erklärungsansätze für das Spendenverhalten
   3.1 Altruismus als personale Eigenschaft
   3.2 Organisierter Altruismus
   3.3 Identifikation und soziale Interaktion
4. Schluss: ein interaktionistisches Mikromodell philanthropischen Handelns

Einleitung

In modernen Gesellschaften werden zu einem beträchtlichen Teil freiwillige Leistungen erbracht: Man spendet Geld, engagiert sich freiwillig in Vereinen und Bürgerinitiativen, gründet Stiftungen, leistet Nachbarschaftshilfe oder unterstützt Verwandte und Freunde. Diese so genannte *gift economy* gerät immer dann ins Zentrum der öffentlichen Aufmerksamkeit, wenn Krisen oder Katastrophen die Solidarität der Bürger und Bürgerinnen aktivieren und Millionen von Euro mobilisiert werden. Die Sozialwissenschaften, zumal die deutschen, beginnen gerade erst, zum Verständnis dieses Phänomens Erkenntnisse und Einsichten beizutragen. Freiwilliges Engagement und der Begriff des Sozialkapitals sind in den letzten Jahren stärker in der Soziologie diskutiert worden, doch ist zugleich ein erstaunlicher Mangel an Untersuchungen zum Spendenverhalten in Deutschland zu konstatieren.

Im Folgenden werde ich mich hauptsächlich auf Geldspenden an gemeinnützige oder kirchliche Organisationen beschränken – Unterstützungsleistungen im Privatbereich bleiben ebenso wie Stiftungsgründungen weitgehend ausgeblendet[1]. Des Weiteren spielen Kostenkalkulationen in Bezug auf das Spenden nur eine marginale Rolle. Nimmt man an, dass die Spendenabzugsfähigkeit,

---

[1] Priller und Sommerfeld (2005: 9) definieren Spenden wie folgt: „Spenden verstehen sich in unserem heutigen Sinne ganz allgemein als Transfer von Geld, Sachen und Leistungen für gemeinwohlorientierte Zwecke. Sie zeichnen sich besonders durch den Aspekt der Freiwilligkeit und der nicht äquivalenten materiellen Gegenleistung aus. Dabei gehen sie zumeist nicht mehr direkt an Bedürftige, sondern werden von gemeinnützigen, mildtätigen oder kirchlichen Organisationen gesammelt."

also die Kosten des Spendens (Cordes 2001; Auten et al. 2002), durch Prozesse einer rationalen Wahl einen Einfluss auf die Spendenmotive und faktisch getätigten Spenden hat, so betrachtet dieser Beitrag gleichsam komplementär dazu mögliche soziologische Faktoren, die zu beschreiben und zu erklären helfen, wer Spenden tätigt und welchen Motiven und sozialen Bindungen diese entspringen. Diese soziologischen Kategorien können soziodemographische Merkmale, Persönlichkeitseigenschaften wie Altruismus, Organisationsweisen wie das Fundraising oder spezifische Interaktionskontexte sein.

In einem ersten Schritt (1) werden empirische Daten über das Spendenverhalten der Amerikaner vorgestellt, die Aufschluss über die Frage geben: Wer spendet wie viel an wen? In den USA gibt es schon seit längerem Untersuchungen über *charitable giving* und es lassen sich mittlerweile einige gesicherte soziodemographische Erkenntnisse über die amerikanischen Spender formulieren. In einem zweiten Schritt (2) geht es um das Spendenverhalten in Deutschland, wobei ersichtlich wird, dass die Schätzungen des Spendenaufkommens zwischen den verschiedenen Forschungseinrichtungen noch weit auseinanderlaufen. Im dritten Teil (3) steht die Frage im Zentrum, ob sich aus den Daten ein Erklärungsansatz für *charitable giving* entwickeln lässt. Dazu werden zunächst (3.1) einige Untersuchungen aus der Sozialpsychologie herangezogen, die sich auf das Personenmerkmal „Altruismus" konzentrieren. Sodann wird gezeigt, dass auch organisationelle Faktoren – und nicht nur Personeneigenschaften – einbezogen werden müssen, um unterschiedliches Spendenverhalten zu erklären (3.2). Schließlich (3.3) wird der Vorschlag gemacht, Spendenverhalten in einer Theorie sozialer Interaktion und Identifikation zu fundieren, sodass mein Erklärungsansatz auf ein interaktionistisches Mikromodell philanthropischen Handelns hinausläuft (4).

1. Spendenverhalten in den USA

Zum Selbstbild der Vereinigten Staaten gehört die Vorstellung, dass ihre Gesellschaft auf einer zivilgesellschaftlichen Kultur der Selbstverantwortung beruht, auf einer schwachen Zentralregierung und einem freiwilligen Engagement für das Gemeinwohl, das seit Tocqueville als genuin religiös konnotiert beschrieben wird. So zutreffend dieses Bild heute immer noch sein mag, so sehr verdeckt es die Tatsache, dass im Zuge des 20. Jahrhunderts die Rolle staatlicher Interventionen in das gesellschaftliche Leben bedeutend zunahm – man denke an die progressivistischen Reformen zu Beginn des 20. Jahrhunderts, an die zwei Weltkriege, den New Deal und den War on Poverty in den 60er Jahren. Dennoch ist das individuelle Engagement nicht signifikant zurückgegangen. Virginia Hodgkinson et al. (2002: 387) formulieren dem entsprechend: „Despite the increasing role of the federal government in social welfare, private giving and volunteering have remained a vibrant part of American culture." Im Gegenteil: Im Zuge der Expansion und Professionalisierung von

Nonprofit-Organisationen, der Zusammenarbeit zwischen Staat und dem Dritten Sektor sowie der zwischen Unternehmen und Nonprofit-Organisationen, dem Ausbau der Fundraising-Profession ist es im 20. Jahrhundert zu einem Wachstum an Formen des Engagements gekommen, sowohl was das Spenden von Zeit[2] als auch von Geld[3] betrifft.

1.1 Das Spendenaufkommen in den Vereinigten Staaten

Im Jahr 2002 lag die Gesamtsumme an *charitable giving*, also Finanzströmen, die Nonprofit-Organisationen und Religionsgemeinschaften zugute kam, bei 241 Milliarden Dollar. Davon stammten 76 Prozent aus individuellen Spenden, knapp acht Prozent aus Erbschaften, private Stiftungen steuerten 11 Prozent des Gesamtaufkommens bei und Unternehmen nur fünf Prozent (Giving USA 2003). Individuelles Geben machte also 84 Prozent des gesamten *charitable giving* aus, während institutionelles Geben nur unter 16 Prozent der Gesamtsumme beträgt. Ein Großteil der Gesamtsumme privaten individuellen Gebens geht auf die Spenden der sehr Vermögenden zurück. Diejenigen, die eine Million Dollar oder mehr im Jahr verdienen, stellen etwa 12 Prozent der Gesamtsumme der steuerlich geltend gemachten Spendensumme zur Verfügung, obwohl ihr Anteil an den Steuerzahlern, die Spenden steuerlich geltend machen, bei nur 0,5 Prozent liegt (Hodgkinson et al. 2002: 389).

Religionsgemeinschaften vereinen den größten Anteil des *charitable giving* auf sich. Sie erhalten nach *Giving USA* regelmäßig etwa zwischen 35 und 44 Prozent der Gesamtsumme, wobei hier zu beachten ist, dass Spenden an religiös motivierte, aber sozial tätige Organisationen nicht mit eingerechnet sind. Der Bereich Bildung folgt mit einem Empfängeranteil von neun bis 13 Prozent, Gesundheit acht Prozent, Kunst und Kultur fünf Prozent, „Sonstiges" (z.B. Spenden an Stiftungen (neun Prozent) oder auch internationale Hilfe (zwei Prozent)) macht 23 Prozent aus (ebd.; Giving USA 2003)[4]. Betrachtet man nur

---

[2] Einige Zahlen mögen dies verdeutlichen: Fast 56 Prozent der erwachsenen Amerikaner engagierten sich Ende der 1990er Jahre freiwillig, wobei der Grad des Engagements deutlich mit dem Bildungsniveau schwankt (43 Prozent derjenigen mit einem High School Abschluss engagierten sich, während 68 Prozent derjenigen, die wenigstens einen College-Abschluss hatten, sich ehrenamtlich engagieren), Gleiches gilt für die Höhe des Einkommens. Ebenso gibt es Differenzen zwischen den Ethnien: Schwarze und Hispanics zeigen niedrigere Engagementquoten als Weiße. Diejenigen, die regelmäßig Gottesdienste besuchen, engagieren sich zu 61 Prozent, während diejenigen, die dies nicht tun, nur zu 38 Prozent ihre Zeit spenden (Hodgkinson et al. 2002: 391).

[3] Als regelmäßige Quellen der Spendenberichterstattung stehen die Daten der Finanzbehörde IRS zur Verfügung, die allerdings keine Aussagen über die nicht steuerlich geltend gemachten Spenden zulassen, sowie die seit 1955 erfolgenden Untersuchungen des Independent Sector bzw. AAFRC/Trust for Philanthropy, die in den Report *Giving USA* münden.

[4] Zählt man die Religionsgemeinschaften hinzu, stammen ca. 20 Prozent der Einnahmen der amerikanischen Nonprofit-Organisationen aus dem Bereich des *charitable giving* (Stiftungs- und Unternehmensgelder eingeschlossen), schließt man die Religionsgemeinschaften aus (wie das

das Spendenverhalten der privaten Haushalte und lässt die institutionellen Spender außen vor, dann gingen im Jahr 2002 53 Prozent der gespendeten Gelder an Religionsgemeinschaften (O'Herlihy et al. 2006: 34).

Absolut gesehen ist das Spendenaufkommen in den vergangenen Jahrzehnten gewachsen. Während im Jahr 1970 inflationsbereinigt knapp 72 Milliarden Dollar von Privatpersonen gespendet wurden, wuchs die Summe auf 152 Milliarden im Jahr 2000 an (Hodgkinson et al. 2002: 393). Allerdings nahm im gleichen Zeitraum der Anteil der Spenden am Einkommen der Nonprofit-Organisationen ab, und der gespendete Anteil des individuellen Einkommens ist im Durchschnitt gefallen. Lag der Anteil 1969 noch bei zwei Prozent, wurden in den 1990er Jahren ca. 1,8 Prozent des persönlichen Einkommens gespendet. Historische Schätzungen gehen davon aus, dass der Anteil von 1,3 Prozent im Jahr 1929 (dem Depressionsjahr) auf 2,7 Prozent im Jahr 1963 stieg und danach kontinuierlich fiel. Auffällig ist, so wird herausgestellt (ebd.: 394), dass der Rückgang am deutlichsten unter den Vermögenden ausfiel, die vom ökonomischen Boom der 1980er und 90er Jahre und von der damaligen Steuerpolitik besonders profitierten. Indexiert man das Jahr 1980 mit 100, dann fiel das Spendenaufkommen derjenigen, die mehr als eine Million Dollar Jahreseinkommen aufwiesen, auf den Wert 29 im Jahr 1994. Die Mittelschichten mit einem Einkommen zwischen 35.000 und 50.000 Dollar spendeten im Jahr 1994 im Vergleich immerhin noch 94 Prozent dessen, was sie 1980 gaben. Gleichzeitig verschob sich die Richtung des Spendenverhaltens, und zwar eher weg von den Bereichen Armut, Gesundheit und internationale Hilfe hin zu den Bereichen Bildung, Kunst und private Stiftungen[5].

1.2 Soziodemographische und -ökonomische Zusammenhänge

Virginia Hodgkinson et al. (2002: 402f.) vertreten die These, dass die Steuerpolitik und die Einkommensentwicklung der vergangenen Jahre zu der schlechten Entwicklung des Spendenaufkommens beitrugen. Die unter Reagan eingeleitete steuerliche Entlastung der obersten Einkommensklassen im Bereich der Einkommenssteuer, der Versteuerung von Kapitalgewinnen und Immobilienübertragungen verringerte den Anreiz unter den sehr Vermögenden zu spenden oder zu stiften. Dazu kam, dass seit den 1970er Jahren die unteren und mittleren Einkommensklassen – ganz im Gegenteil zu den vermögendsten fünf Prozent – reale Einkommensverluste hinnehmen musste.

Johns Hopkins Projekt es methodisch tut) sind es nur 9 Prozent (wobei 42 Prozent dann auf Gebühren entfallen und 35 Prozent auf staatliche Gelder) (Hodgkinson et al. 2002: 392).

[5] Zuverlässigere Daten werden sicher erst in den nächsten Jahren zur Verfügung stehen. Diese sind zu erwarten, da eine Paneluntersuchung initiiert wurde (Center on Philanthropy Panel Study, COPPS), deren erste Welle im Jahr 2001 ihren Abschluss fand, vgl. Steinberg/Wilhelm 2003.

Diese Entwicklungen sind in Beziehung zu einem anderen, oft genannten Effekt zu setzen, nämlich der sog. U-Kurve, die die Beziehung zwischen Einkommen und philanthropischem Engagement wiedergibt (vgl. Jencks 1987). Die U-Kurve besagt, dass die unteren Einkommensschichten und die sehr Reichen einen höheren Anteil ihres Einkommens spenden als es die mittleren Einkommensklassen tun. Diese Kurve ist bislang kaum substantiell erklärt worden. Jencks (ebd.: 324) macht einen Erklärungsvorschlag und spricht von zwei verschiedenen philanthropischen Handlungsmustern – „paying your dues" vs. „giving away your surplus" –, die hierfür verantwortlich sein könnten. Das Muster „paying your dues" beruht darauf, dass bspw. Mitglieder einer Religionsgemeinschaft sich zwischen zwei widerstreitenden Handlungsmaximen entscheiden müssen: Spenden an die Religionsgemeinschaft relational zum Einkommen oder eine gewisse Mindestsumme zu zahlen, die einen angemessenen Grad an Reputierlichkeit aufweist. Jencks (ebd.: 324) hierzu: „Poorer members often feel that even if their income is less than the average for the congregation it would be demeaning to contribute significantly less than the average." Höhere Einkommensklassen können natürlich dieses Akzeptabilitätsniveau mit einem geringeren Anteil ihres Einkommens erreichen. „Giving away your surplus" ist dagegen das philanthropische Handlungsmuster derjenigen, die über ein so hohes Einkommen verfügen, dass der für Spenden verausgabte Einkommensanteil unproblematisch über die Schwelle von zwei Prozent wachsen kann[6]. Bei einem Familieneinkommen von über 300.000 Dollar pro Jahr – dies sind nur zwei Prozent der amerikanischen Haushalte – liegt der Anteil der Spenden am Einkommen bei 4,4 Prozent (O'Herhily et al. 2006: 13). Bei einem Nettovermögen von wenigstens drei Millionen Dollar wird anteilsmäßig doppelt so viel für die Bereiche Bildung, Kunst und Kultur gespendet verglichen mit dem Rest der Bevölkerung (ebd.: 42).

Es ist wichtig, diese Entwicklungen vor dem Hintergrund der Etablierung des Fundraising in den Vereinigten Staaten des 20. Jahrhunderts zu betrachten. Hodgkinson et al. (2002: 396) gehen davon aus, dass die Einbrüche im anteilsmäßigen Spendenaufkommen noch größer gewesen wären, wenn die Expansion und Professionalisierung des Spendensammelns nicht eingesetzt hätte, die unter anderem zu einer Demokratisierung des Spendenverhaltens beitrugen und durch Fundrasing-Kampagnen zunehmend die breite Bevölkerung in den Blick nahmen (ebd.: 398): „The growth of the fundraising profession in recent decades helped to expand giving beyond the wealthy to the population more broadly." Dies ist von besonderer Bedeutung, weil die Tatsache, um eine Spende gefragt zu werden, einer der besten Prädiktoren für das tatsächliche Spendenverhalten ist. Eine Studie des Independent Sector stellt heraus, dass 65 Prozent der Unter-

---

[6] O'Herlihy, Havens und Schervish (2006: 10f.) weisen darauf hin, dass die U-Kurve auf der Seite der Niedrigeinkommen deutlich abflacht, sobald man nicht nur die spendenden Haushalte, sondern auch die Nichtspender mit einbezieht, da im niedrigen Einkommensbereich der Anteil der Nichtspender verhältnismäßig groß ist.

suchten im Jahr 1999 gefragt worden waren, ob sie eine Spende tätigen. Daraufhin spendeten 81 Prozent von ihnen tatsächlich. Von den 35 Prozent, die nicht um eine Spende gebeten worden waren, spendeten weniger als 50 Prozent (ebd.: 398). Insbesondere bei Minoritäten, Jugendlichen und Älteren ist die Tatsache gefragt zu werden von entscheidender Bedeutung: Die Chance, dass Schwarze und Hispanics etwas spenden, verdoppelt sich dann beispielsweise.

Jedoch produziert die Mitgliedschaft in einem Verein den größten Effekt in Bezug auf das Spendenverhalten. Mitglieder und Aktive in Assoziationen tendieren doppelt so häufig zur Spende wie Nichtmitglieder (ebd.: 399). Die Zeitspende in Form von freiwilligem Engagement in Vereinigungen ist ein starker Prädiktor auch für das Spendenverhalten: Freiwillig Engagierte spenden zwei bis viermal so viel wie Nicht-Engagierte (O'Herlihy et al. 2006: 17).

Für die Vereinigten Staaten ist jüngst nachgewiesen worden (Steinberg/ Wilhelm 2003: 3ff.), dass die verschiedenen Generationen unterschiedlich intensiv spenden. Dabei wird zwischen denen unterschieden, die bis 1945 geboren wurden, den Baby Boomers, die zwischen 1946 und 1964 zur Welt kamen, und denjenigen, die danach geboren wurden. Kontrolliert man Einkommen und Vermögen, die bei den Älteren natürlich höher liegen, stellen sich dennoch signifikante generationelle Effekte ein: Die Generation der bis 1945 Geborenen ist generöser als die beiden nachfolgenden Generationen. Diese Daten bestärken die These einer *civic generation*, wie sie von Robert Putnam (2000) ins Spiel gebracht wurde[7].

Ein entscheidender Faktor in der Beeinflussung des Spendenverhaltens ist die Religiosität – dies bestätigen alle Untersuchungen für die USA (s. Bielefeld et al. 2005). Diejenigen, die regelmäßig in die Kirche gehen (mind. einmal pro Monat) spenden einen dreimal höheren Anteil ihres Einkommens als weniger stark religiös gebundene Menschen (O'Herlihy et al. 2006: 16). Durchschnittlich spenden Protestanten etwas mehr (1.448 Dollar p.a.) als Katholiken (1.312 Dollar p.a.), und diejenigen, die angeben, keiner Religionsgemeinschaft anzugehören, spenden nur 508 Dollar pro Jahr (Steinberg/Wilhelm 2003: 6). Im Vergleich dazu spenden Juden über 2.600 Dollar. Diese Mehrausgabe relativiert sich jedoch, wenn man die Höhe des durchschnittlichen Einkommens kontrolliert. Was dagegen auffällig bleibt, ist, dass 85 Prozent der Juden auch für nicht-religiöse Zwecke spenden und dies in einer überdurchschnittlichen Höhe (ebd.). Für alle Konfessionen gilt allerdings, dass deren Mitglieder vergleichsweise mehr für nicht-religiöse Zwecke spenden als die der Religion fernstehenden Menschen (Bielefeld et al. 2005: 133).

Ein stabiler Einflussfaktor auf das Spendenverhalten ist ebenfalls das Bildungsniveau (ebd.). Selbst nach Kontrolle von Einkommen und Vermögen spenden Menschen mit höherem Bildungsabschluss mehr, und dies betrifft

---

[7] Allerdings ist nicht völlig auszuschließen, dass es sich hierbei um einen Alterseffekt handelt. Erst weitere Untersuchungswellen von COPPS werden dies definitiv klären können, vgl. hierzu auch Bielefeld et al. 2005.

sowohl die Spenden an Religionsgemeinschaften als auch an nicht-religiöse Organisationen. Personen mit High School-Abschluss spenden durchschnittlich etwas mehr als 1000 Dollar pro Jahr, Personen mit College-Abschluss dagegen mehr als 1.400 Dollar (Steinberg/Wilhelm 2003: 8).

Verheiratete Paare spenden einen höheren Einkommensanteil als Unverheiratete, und dies auch nach der Kontrolle des zu versteuernden Einkommens. Interessant ist darüber hinaus, dass Eltern einen höheren Einkommensanteil philanthropisch verausgaben als Kinderlose. Jencks (1987: 326f.) fand gar heraus, dass bis zu 50 Prozent mehr von Eltern gespendet wird als von Kinderlosen in der gleichen Einkommens- und Steuerklasse. Das Spendenverhalten nach dem Geschlecht zu differenzieren, ist in Haushalten von Paaren natürlich schwierig, aufschlussreich ist dagegen der Vergleich von männlichen und weiblichen Singles. Eine Untersuchung in Indiana kommt zu dem Schluss, dass nach Kontrolle von Alter, Bildung und Einkommen weibliche Singles eine 14 Prozentpunkte höhere Wahrscheinlichkeit zu spenden zeigen und 330 Dollar mehr spenden als Single-Männer (O'Herlihy et al. 2006: 20).

2. Spenden in Deutschland

In Deutschland ist in den letzten 15 Jahren eine beachtliche Anzahl an Untersuchungen zum Spendenverhalten hervorgebracht worden, die allerdings zu sehr unterschiedlichen Ergebnissen kommen. Außerdem sind die Daten nur teilweise zugänglich, da ein Großteil der Erhebungen von privaten Meinungsforschungsinstituten durchgeführt wird und diese nur wenig Informationen an die Öffentlichkeit preisgeben. So liegen bspw. Studien über das Spendenverhalten von Allensbach, dem Emnid Spendenmonitor, der Arbeitsgemeinschaft Spenden, von GfK CharityScope, dem Johns Hopkins Projekt, Daten aus dem Freiwilligensurvey, dem European Social Survey und aus den Steuerstatistiken des Statistischen Bundesamts vor. Die Seite der spendenempfangenden Organisationen wird vornehmlich vom Deutschen Zentralinstitut für soziale Fragen (DZI) betrachtet. Die identifizierten Spenden-Beteiligungsquoten schwanken zwischen 22 und 63 Prozent, die durchschnittliche Spendenhöhe zwischen 86 und 240 Euro pro Jahr und das Spendengesamtaufkommen wird mal auf 2,8 Mrd. Euro (auf Grundlage der Steuerstatistik), mal auf bis zu 7 Mrd. Euro (Spenden in Deutschland) geschätzt.

Im Rahmen der vom Statistischen Bundesamt durchgeführten Laufenden Wirtschaftsrechnung (LWR) werden in Deutschland 6.000 Haushalte zu ihren Einnahmen und Ausgaben befragt (mit Ausnahme von Selbstständigen und Landwirten, seit 2005 sind zudem 8.000 Haushalte einbezogen). Dieser Untersuchung können haushaltsbezogene Spenden entnommen werden. Für das Jahr 2003 kann so das gesamte Spendenaufkommen auf 3,2 Mrd. Euro hochgerechnet werden (Demant 2005). Die durchschnittliche Spende pro Haushalt und Monat liegt zwischen 7,50 und 7,70 Euro und etwa 30 Prozent der Haushalte geben an, überhaupt gespendet zu haben. Der LWR lässt sich entnehmen, dass große Spenden selten sind, hingegen 80 Prozent aller Spenden bei maximal 50 Euro liegen. Allerdings gehen 10 Prozent der gespendeten Gesamtsumme auf Spenden von mehr auf 500 Euro zurück.

Der Bundesstatistik zur Einkommensteuer lassen sich derzeit Daten für knapp 30 Millionen Steuerpflichtige zum Veranlagungsjahr 2001 entnehmen, wobei verschiedene Arten von Spenden im Einkommensteuergesetz unterschieden werden. Die Einkommensteuerstatistik zeigt, dass ca. 2,8 Mrd. Euro steuerlich abzugsfähige Spenden angegeben wurden. Das tatsächliche Spendenaufkommen muss höher beziffert werden (Buschle 2005). 28 Prozent der Steuerpflichtigen geben an, Spenden getätigt zu haben, wobei auch Mitgliedsbeiträge darunter fallen (Sonderausgaben nach §10b EStG). Im Durchschnitt werden 0,27 bis 0,28 Prozent des Einkommens gespendet. Unter den Spendern sind 47 Prozent Männer und 53 Prozent Frauen. Parallel zu den USA sind Steuerpflichtige mit Kindern spendenfreudiger als Kinderlose, Gleiches gilt für Kirchensteuerzahler: Auch sie sind spendenfreudiger als Konfessionslose – dies ist ein interessanter Hinweis darauf, dass größere finanzielle Belastungen nicht automatisch zur Einschränkung des Spendenverhaltens führen. Während Ostdeutsche nur 0,16 Prozent ihres Einkommens spenden, sind es in Westdeutschland 0,3 Prozent des Einkommens. Sowohl die Spendenquote als auch das Spendenvolumen sind in Ostdeutschland weniger hoch. Blickt man auf das Alter (nur der Nicht-Verheirateten) zeigt sich, dass 26 Prozent der Spender zwischen 30 und 40 Jahren alt sind, dass auf sie aber nur ein Volumenanteil von 18 Prozent der Spenden fällt. Über 65 Jahre alt sind nur 16 Prozent der Spender, doch liegt hier der Anteil am Gesamtspendenvolumen bei 30 Prozent, wobei das Spendenverhalten der Älteren sehr ungleich ausfällt: Sehr wenige der Älteren spenden sehr viel, sodass der Durchschnittswert in dieser Alterklasse sehr hoch ausfällt, der Medianwert allerdings nicht.

Die Arbeitsgemeinschaft „Spenden in Deutschland" hat einige Ergebnisse bezüglich des Spendenverhaltens in Deutschland vorgelegt, die auf einer telefonischen Befragung von mehr als 5.200 Personen beruhen (Heermann 2005).[8] Dabei ging es um Geldspenden innerhalb der letzten 12 Monate. Die Studie kommt zu dem Schluss, dass 49,5 Prozent der Befragten eine Spende getätigt hatten und nur 13,7 Prozent der Befragten eine Spende kategorisch ausschlossen, dass das Bildungsniveau und eine Konfessionszugehörigkeit einen starken Einfluss auf das monetäre Engagement haben sowie dass in dem Altersegment der 45 bis 59-jährigen die größte Spendenbereitschaft besteht. Die Untersuchung kategorisiert die Spenden in Vielspender, Traditionsspender und Ereignisspender (etwa angesichts der Tsunami-Katastrophe). Auf der Ebene der Spendenmotive wird hervorgehoben, dass 22 Prozent der Spender zielgruppenspezifisch agieren und dass sich fast 20 Prozent am Renommee der großen

---

[8] Vgl. www.spenden-in-deutschland.de.

spendensammelnden Organisationen orientieren. Spendenmotive werden am ehesten über persönliche Gespräche und Formen des Direktmarketing geweckt. Die Gesellschaft für Konsumforschung führt seit 2004 eine Paneluntersuchung mit 10.000 Teilnehmern durch, die in einem Verbrauchertagebuch regelmäßig festhalten, welche Spenden sie tätigen (Günther 2005). Im Rahmen dieses CharityScope geht man von einer Gesamtssumme von 2,6 Mrd. Euro aus, die im Jahr 2004 gespendet wurden; gespendet haben dabei 28 Prozent der Befragten. Unter den Spendern sind 55 Prozent weiblich und 45 Prozent männlich. Auch in dieser Untersuchung zeigt sich, dass persönliche oder medial vermittelte Ansprachen (so auch Spendengalas) einen zentralen Faktor zur Spendenmotivgenerierung darstellen.

Der deutsche Spendenmonitor – durchgeführt von TNS Emnid – stellt seit 1995 gemeinnützigen Organisationen Informationen über das Spenden in Deutschland auf Grundlage von face-to-face-Interviews mit 4.000 Personen ab 14 Jahren zur Verfügung[9]. Die Spenderquote lag dabei zwischen 37 und 50 Prozent (Tsunami-Effekt), durchschnittlich bei etwa 40 Prozent; die durchschnittliche Spendenhöhe betrug von 1995 bis 2005 zwischen 76 und 108 Euro jährlich; für 2005 wird inklusive der Spenden für die Tsunami-Opfer eine Spendenhöhe von 3,5 Mrd. Euro erwartet. Die Spenderquote ist durchschnittlich bei den Selbstständigen am höchsten, gefolgt von Beamten, Angestellten und schließlich Arbeitern (vgl. Matzke 2005).

Eckhard Priller und Jana Sommerfeld (2005) haben den Freiwilligensurvey 1999 und 2004 sowie den European Social Survey von 2002/2003 einer detaillierten Analyse bezüglich des Spendenverhaltens in Deutschland bzw. Europa unterzogen. Die zuvor vorgestellten Zusammenhänge werden hier weitgehend unterstützt. Eine wichtige Differenz, die auch nicht abschließend aufgeklärt werden kann, aber wahrscheinlich an der Inklusion eines hohen Anteils von freiwillig Engagierten im Freiwilligensurvey liegt, besteht allerdings in der vom Freiwilligensurvey behaupteten Spendenbeteiligungsquote, die mit 63 Prozent extrem hoch ausfällt (ebd.: 11). Die Daten stützen die These, dass Frauen in Deutschland zu einem höheren Anteil als Männer spenden (ebd.: 16); ebenso wird deutlich, das mit zunehmendem Alter anteilsmäßig häufiger gespendet wird. Personen mit höheren Bildungsabschlüssen spenden deutlich mehr: „So lag in Deutschland die höchste Spendenbeteiligung mit 80 Prozent (1999) und mit 79 Prozent (2004) bei Personen mit einem Hochschulabschluss" (ebd.: 18) – im Vergleich zu 60 bzw. 64 Prozent bei der mittleren Reife als höchstem Bildungsabschluss. Auch steigt der Anteil der Spender ebenso wie die absolute Spendenhöhe mit der Höhe des verfügbaren Haushaltseinkommen. Anteilsmäßig bezogen auf das Einkommen spenden die unteren Einkommensschichten jedoch deutlich mehr als die höheren Einkommensgruppen: Im Jahr 2004 spendeten diejenigen, die ein Einkommen zwischen 750 bis 1.500 Euro

---

[9] Eine Auswertung des 1998er Datenmaterials bietet Haibach (2003).

im Monat erzielten, 0,85 Prozent, während Verdiener von 4.000 Euro und mehr nur 0,19 Prozent spendeten – wenngleich zu beachten ist, dass in diese Zahlen Schätzungen einfließen (ebd.: 21). Auch der Einfluss der konfessionellen Bindung wird vom Freiwilligensurvey so stark bestätigt, dass die unterschiedliche Spendenbereitschaft in West- und Ostdeutschland auf Einkommens- und Konfessionseffekte zurückgeführt werden kann (ebd.: 26). Personen mit Konfessionszugehörigkeit beteiligen sich an Spenden zu 69 Prozent (2004); weisen sie darüber hinaus eine starke Kirchenbindung auf, steigt der Anteil auf 84 Prozent, während bei Konfessionslosen nur eine Quote von 55 Prozent vorliegt. Schließlich lässt sich dem Survey entnehmen, dass in Deutschland ein enger Zusammenhang zwischen dem freiwilligen Engagement von Personen und ihrer Spendenbereitschaft besteht. Inaktive spenden nur zu 30 Prozent, Vereinsmitglieder zu 68 Prozent und aktiv freiwillig Engagierte zu 76 Prozent (ebd.: 32). Je mehr sich Personen zeitlich engagieren, umso stärker steigt auch die Spendenbereitschaft.

Der European Social Survey gibt Auskunft über die Spendenbeteiligungsquoten in einer Vielzahl europäischer Länder (ebd.: 33ff.)[10]. Dabei zeigt sich etwa, dass in den nordischen Wohlfahrtsstaaten wie Schweden (44 Prozent), Norwegen (41 Prozent) und Dänemark (34 Prozent) die Spendenbereitschaft größer ist als in Deutschland (32 Prozent) oder den Mittelmeerländern mit ihren residualen Wohlfahrtsstaaten (z.B. Italien: 11 Prozent, Spanien: 15 Prozent Spenderquoten). Auch das Spendenverhalten zwischen Frauen und Männern ist innerhalb Europas nicht einheitlich: So spenden in Irland, Slowenien, Polen und Griechenland mehr Männer, während in den skandinavischen Ländern der Frauenanteil deutlich größer ist.

Insgesamt lässt sich für die USA und Deutschland zunächst grob festhalten, dass soziodemographische Merkmale wie Einkommen und Bildung in einem engen Zusammenhang zum Spendenverhalten stehen, dass das Geschlecht ein möglicher Einflussfaktor ist und dass vor allem – und dies erscheint mir wesentlich – religiöse Bindungen und aktives Engagement in freiwilligen Vereinigungen von entscheidender Bedeutung für die Beantwortung der Frage sind, ob sich jemand auch spendend engagiert und zu welchem Umfang.

3. Erklärungsansätze für das Spendenverhalten

Im Folgenden werden verschiedene mögliche Erklärungsansätze für Spendenverhalten aus Sozialpsychologie und Soziologie vorgestellt und diskutiert,

---

[10] Für Großbritannien liegen recht verlässliche und regelmäßig erhobene Daten seit etwa zehn Jahren vor (z.B. CAF 2004). Kürzlich ist erstmalig ein Bericht *Giving Australia* publiziert worden (Australian Government 2005). Im Bereich der Erforschung des Spendenverhaltens ist offenbar viel Bewegung, und in immer mehr Ländern wird der Versuch unternommen, ein solides Datenmaterial zu produzieren.

wobei sich zeigen wird, dass man weniger von der Kategorie der einzelnen Person ausgehen als auf Interaktions- und Organisationskontexte achten sollte.

3.1 Altruismus als personale Eigenschaft

Da Personen, die spenden, mehr tun als es das Gesetz erfordert und sie unter Umständen ökonomische Opfer bringen, ist in den letzten Jahren das Konzept des Altruismus wiederentdeckt worden – ein Konzept, das lange Jahre in Vergessenheit lag. Die Selbstlosigkeit des Altruisten bildet den Gegenpol zum Eigennutz des Egoisten[11]. Seit den 1970er Jahren erfuhr diese theoretische Perspektive eine Renaissance. Hier waren es vor allem zwei Themenkomplexe, die die „Wiederkehr" des Altruismus beförderten: die Forschung zu den Motivlagen und Beweggründen von „rescuers", also Menschen, die Juden vor dem Holocaust gerettet haben (vgl. Oliner/Oliner 1988) sowie die Forschung zum freiwilligen Blutspenden an anonyme Dritte. Der letztgenannte Strang geht auf die von Richard M. Titmuss' (1997 [1970]) durchgeführten Untersuchungen über die Blutspendepraxen in Großbritannien und den USA zurück und spielt für die Forschung zum Spenden und Stiften sowie zum Nonprofit-Sektor die größere Rolle.

Zu fragen, inwieweit manche Personen altruistischer als andere sind, ist nur sinnvoll, wenn das damit bezeichnete Handeln klar definiert wird. Die Forschung krankt zum Teil daran, dass der Gebrauch des Altruismuskonzepts zum Teil inflationäre Züge annimmt[12]. Eine relativ enge und brauchbare Definition von Altruismus entwickelt Monroe (1994): „I define altruism as behavior intended to benefit another, even when doing so may risk or entail some sacrifice to the welfare of the actor." (Ebd.: 862) Hier liegt die Betonung auf dem Opfer, auf der Verringerung des Ausmaßes der eigenen Wohlfahrt. Eine beiderseitige

---

[11] Begriff und Idee sind Mitte des 19. Jahrhunderts von Auguste Comte in die sich herausbildenden Sozialwissenschaften eingeführt worden. Fast bedeutungsgleich benutzte später Emile Durkheim den Begriff der Solidarität. Dieser Typus sozialwissenschaftlicher und zugleich sozialreformerischer Programmatik erfuhr schon früh eine Fundamental-Kritik durch Friedrich Nietzsche (1991), dem diese Geisteshaltung sowie die gesamte christliche Ethik aus dem Geist des Ressentiments geboren schien. Hobbes, Nietzsche, Freud – so könnte man sagen – setzten den kritischen Stachel, mit dem sich jede Altruismustheorie auseinander zu setzen hat.

[12] So behauptet ein Autor (Clohesy 2000) in dem auf den Dritten Sektor spezialisierten Journal *Voluntas*, dass Nonprofit-Organisationen sich durch altruistisches Handeln hervortun und geradezu durch dieses definiert seien. Dabei wird Altruismus allerdings sehr vage und breit als „concern for the well-being for others transcending or transforming self-interest" verstanden (ebd.: 239f.). Eine andere Wissenschaftlerin (Wright 2001) erklärt den Unterschied im Spendenverhalten zwischen Briten und Amerikanern mit Unterschieden im kulturellen Kontext. Zwar spenden die Amerikaner einen wesentlich höheren Anteil ihres jährlichen Haushaltseinkommens als die Briten, doch sei das Spendenverhalten der Amerikaner wesentlich enger mit Eigeninteressen verbunden, während die Briten altruistisch spenden, ja sogar fast „selbstaufopfernd" (ebd.: 412). Ihr kosmopolitischer Altruismus führe dazu, dass sie viel stärker als die Amerikaner universalistisch an Organisationen wie Oxfam spenden.

Wohlfahrtssteigerung fiele somit nicht unter die Kategorie des Altruismus. Monroe wendet sich allerdings gegen die simple Vorstellung einer Dichotomisierung der Kategorien von Eigennutz und Altruismus. Dazwischen liegen viele Varianten, die weder klar dem einen noch dem anderen Typen zugeschlagen werden können – etwa „giving, sharing, and cooperating" (ebd.: 863). Spender und Philanthropen fallen eher in eine dieser Zwischenpositionen, gesetzt den Fall, dass ihr philanthropisches Engagement sie nicht persönlich in finanzielle Schwierigkeiten bringt. Es stellt sich die Frage, ob diejenigen, die überhaupt spenden oder die mehr spenden als andere, altruistischer agieren und auch stärker altruistisch veranlagt sind als andere Personen. Was also kennzeichnet Altruisten, was macht jemanden zum Altruisten?

Um es vorwegzunehmen: Die Ausbeute, die man bei einer Sichtung strikt kognitions- oder sozialpsychologischer Ansätze erzielen kann, hält sich in engen Grenzen. So fragt Piliavin, ob es eine altruistische Persönlichkeit gibt oder ob altruistisches Handeln eher situational zustande kommt (Piliavin/ Charng 1990: 29). Persönlichkeitseigenschaften der Altruisten, die sie von den Nicht-Altruisten unterscheiden, sind zwar nach dem Stand der psychologischen Forschung vorhanden, aber eher schwach ausgeprägt. Die Oliners verglichen beispielsweise die Persönlichkeitseigenschaften von Personen, die während der Nazizeit Juden retteten mit denen, die dies nicht taten, aber ansonsten den Rettern in Bezug auf Geschlecht, Alter, Bildungsgrad, soziale Herkunft usw. jeweils ähnelten. „Rescuers did have higher ethical values, beliefs in equity, greater pity or empathy, and were more likely to see all people as equal" (ebd.: 31). Der entscheidende Unterschied zwischen den „rescuers" und den „non-rescuers" besteht allerdings in den „connections with others in relationships of commitment and care" (Oliner/ Oliner 1988: 260), die die Retter aufwiesen und aus ihrem Elternhaus kannten. Sie wurden darüber hinaus in der Regel direkt um Hilfe gebeten, was bei den Nicht-Rettern nicht der Fall war.

In einer Untersuchung über Nierenspender Ende der 1970er Jahre stellte sich heraus, dass diese sich nur in einem Punkt von Nicht-Spendern unterschieden (Piliavin/Charng 1990: 33): Durchschnittlich zeigen sie mehr Vertrauen in andere Menschen. Des Weiteren wurden die Nierenspender zumeist persönlich über den Bedarf einer Spende informiert, sodass geschlussfolgert wird, dass der situationale Effekt des Gefragtwerdens eine große Rolle bei der Frage spielt, ob eine Organspende getätigt wird.

Untersuchungen über das Hilfeverhalten aus der Geschlechterperspektive stellen heraus, dass Frauen schon ab einer niedrigeren Wahrnehmungsschwelle Hilfe anbieten, während die Erwartungen gegenüber Männern eher dahin gehen, Hilfe in exzeptionellen, nicht-routinehaften Situationen anzubieten (ebd.: 34).

In einer neueren sozialpsychologischen Untersuchung betrachten Lee et al. (1999) die Faktoren, die zum Spenden von Zeit, Geld oder Blut führen[13]. Dabei

---

[13] Von Frey et al. (2005) wurde im deutschsprachigen Bereich kürzlich ein psychologisches Modell hilfreichen Handelns vorgelegt, das nach den kognitiven und motivationalen Determinanten

liegt dieser Forschung eine Rollenidentitätstheorie zugrunde, die auf mehreren Faktoren beruht: Gibt es Vorbilder und ein Wissen um die Dringlichkeit der Spende? Wie sind die Erwartungen Dritter? Gibt es verinnerlichte Normen und schon zuvor getätigte Spenden? Knapp über 1.000 Personen wurden bezüglich ihrer Spendenintentionen befragt und man fand heraus, dass vorausgegangenes Spendenverhalten und die eigene Rollenidentität – gemessen über die Aussage „blood/money/time donation is an important part of who I am" (ebd.: 281) – die wichtigsten Faktoren zur Generierung einer Spendenintention sind, aber auch Vorbilder und verinnerlichte Normen sind von nicht geringer Bedeutung.

Viele dieser sozialpsychologischen Untersuchungen geben mithin Hinweise darauf, dass neben eher feststehenden Persönlichkeitseigenschaften auch Interaktionssituationen zwischen Ego und seiner Umwelt, die jeweils kognitiv in einer spezifischen Form wahrgenommen werden, zum altruistischen Handeln führen (Monroe 1994: 888). Altruisten sehen sich in Relation zu anderen Akteuren im Gegensatz zu schier eigennützigen Akteure – mit anderen Worten: Es kommt darauf an, die Identitätsentwürfe von Akteuren in spezifischen Interaktionssituationen genauer in den Blick zu nehmen. Unter Umständen erklären unterschiedliche Opportunitätsstrukturen mehr an Varianzen im Bereich des Spendenverhaltens als fixierte Persönlichkeitseigenschaften[14].

3.2 Organisierter Altruismus

Einen ganz anderen Ansatz hat Kieran Healy (2000) gewählt, wenn er sich dem Phänomen des Altruismus im internationalen Vergleich nähert. Ausgangspunkt der Untersuchung ist die Tatsache, dass einige EU-Länder wesentlich mehr Blutspenden pro Kopf akquirieren können als andere. In Luxemburg spendeten Anfang der 1990er Jahre 14 Prozent der erwachsenen Bevölkerung Blut. Im Nachbarland Frankreich waren es dagegen 44 Prozent (ebd.: 1637). Folgt daraus, dass Franzosen etwa altruistischer als Luxemburger sind (aber auch als die Portugiesen, Norweger und Italiener)? Entgegen solch einer Annahme zeigt Healy, wie institutionell unterschiedlich verfasste Blutspenderegimes verschiedene Bevölkerungsgruppen erreichen und verschiedenartig die Blutspende-

---

prosozialen Verhaltens fragt. Dies ist zwar ein situationsbezogener Ansatz, doch geht es dabei vornehmlich um das sog. *bystander*-Problem, also um wenig institutionalisierte Situationen spontanen Eingreifens und Helfens. Zur Aufklärung des Spendenverhaltens und philanthropischer Aktivität generell ist dieses Modell dagegen wenig hilfreich.

[14] Die erste breitere Untersuchung in Deutschland über Stifter und ihre Motive (Timmer 2005) beruht auf dem „klassischen" Ansatz der quantitativen Sozialforschung, bestimmte Einstellungen über Skalen der Zustimmung und Ablehnung abzufragen, sodass hier nicht viel Überraschendes zutage gefördert und die Interaktionsebene vernachlässigt wird. Sozialstrukturell überwiegen natürlich unter Stiftern höher Gebildete und Vermögende (hauptsächlich Unternehmer, aber auch höhere Beamte und leitende Angestellte) und auf der Ebene der Motive paaren sich Selbstverwirklichungs- mit Dankbarkeitsmotiven.

bereitschaft der Bevölkerungen aktivieren. Nicht die Motive der Blutspender, so sein Ergebnis, unterscheiden sich von Land zu Land, sondern das institutionelle Setting – „the organization of recruitment, collection, and publicity" (ebd.: 1635). Das Blutspendeverhalten kann also vom institutionellen Rahmen über das Schaffen von Spendemöglichkeiten und -verpflichtungen mitkreiert werden, da die Blutspende weniger etwas ist, das Individuen anbieten und spenden, als etwas, das Organisationen sammeln. Diejenigen, die nicht spenden, sind nicht weniger stark altruistisch, sie sind in der Regel einfach nicht gefragt worden: „Poor organization – rather than selfish motivation – kept people from giving" (ebd.: 1642).

Auch in einer weiteren Untersuchung über Organspenden kommt Healy (2004) zu dem Schluss, dass Altruismus hochgradig institutionalisiert ist. Im Vergleich der US-amerikanischen Einzelstaaten macht er unterschiedliche organisationale Kapazitäten als Ursache für höhere Raten altruistischen Handelns im Bereich der Organspende von Verstorbenen, die von den Anverwandten bewilligt werden muss, aus. Anders als andere Formen freiwilligen Engagements findet hier der altruistische Akt nicht regelmäßig, sondern einmalig statt und ist aber dennoch – genauso wie das freiwillige Engagement in Vereinen – hochgradig institutionalisiert und organisiert und unterscheidet sich somit von Hilfeleistungen im Privatbereich, seien diese regelmäßig oder punktuell (ebd.: 390). Healy zeigt in seiner Untersuchung, dass die unterschiedlichen Spenderaten davon abhängen, inwieweit es den Organisationen, die Organspenden sammeln, gelingt, in Krankenhäusern präsent zu sein und mit den Angehörigen eines Verstorbenen ins Gespräch zu kommen (ebd.: 394). Es ist also zu beachten, dass altruistisches Handeln nicht nur als Kapazität des Individuums verstanden werden darf, sondern – als Kehrseite dazu – die Einbettung dieses Handelns in institutionalisierte und organisierte Kontexte gehört (vgl. Adloff/Sigmund 2005). Organisationen schaffen Opportunitätsstrukturen für das Spendeverhalten und kreieren gleichsam auch Altruismus. Altruismus entsteht also in Interaktionskontexten und hinter diese Erkenntnis darf man nicht zurückfallen, will man Erklärungen für unterschiedliches Spendenverhalten finden, die über die Deskription soziodemographischer Merkmale der Spender hinausgehen.

3.3 Identifikation und soziale Interaktion

Mehrere empirische Untersuchungen von Paul G. Schervish (Schervish 2000; Schervish/Havens 1997, 2002) heben diese zentralen Punkte hervor und vertiefen diese. Schervish nennt sein Modell der Erklärung von *charitable giving* eine Theorie der Identifikation. Das Identifikationsmodell beruht auf der zunächst trivial anmutenden Einsicht, dass Spender und Stifter sich häufig mit anderen Menschen verbunden sehen. Entweder fühlen sie sich kognitiv-ideologisch bestimmten Gruppen verbunden und verpflichtet, oder aber sie sind praktisch in formelle und informelle Netzwerke eingebunden. Das Spendenverhalten ist offenbar aufs Engste sowohl mit der Partizipation in bürgerschaftlichen Netzwerken und – insbesondere religiösen[15] – Organisationen als auch mit informellen Hilfsaktivitäten im eher privaten Bereich verknüpft (Schervish/ Havens 1997: 247). In einer multivariaten Analyse von Daten zum Spendenverhalten der Amerikaner testete er vier relationale Variablen: die Partizipation in Gemeinschaften und Netzwerken, Wertbindungen, das direkte Erbitten von Spenden und schließlich Vorbilder und Sozialisationserfahrungen (ebd.: 241). Darüber hinaus müssen Spender natürlich über disponible Ressourcen verfügen. Der stärkste Prädiktor für das Tätigen von Spenden waren Variablen aus dem Bereich der Partizipation in Netzwerken und Gemeinschaften, und dabei besonders die Partizipation in religiösen Gruppen[16]. Jugenderfahrungen und Werthaltungen haben eher einen indirekten Effekt, der sich auf die Bereitschaft auswirkt, sich zu engagieren und in Netzwerken aktiv zu sein. Darüber hinaus

---

[15] Ein noch völlig unbearbeitetes Forschungsfeld ergibt sich aus der Frage, ob religiöse Gemeinschaftsbindungen einen starken Einfluss auf das Engagement haben, weil man stark in Interaktionsnetzwerke eingebunden ist oder ob sich der Einfluss vornehmlich aus religiösen Wertbindungen speist. Ist also etwa die Bindung an die christliche Idee der Caritas ein inhaltlich wirksamer und bedeutender Faktor, der das Spendenverhalten beeinflusst? Historisch-vergleichende Untersuchungen zu den religiösen Vorstellungen, die sich mit der religiösen Gabe verbinden, stehen noch weitgehend aus. Ilana F. Silber (2000) hat eine erste Systematisierung der möglichen Fragestellungen für Untersuchungen im Bereich der drei monotheistischen Religionen (Judentum, Christentum und Islam) vorgenommen. Sie schlägt vor, zwischen Gaben an Gott, an religiöse Institutionen oder Spezialisten und Gaben an die Armen und Bedürftigen zu unterscheiden.

[16] Wie man den empirischen Daten entnehmen kann, spenden religiöse Amerikaner nicht nur ihrer eigenen Religionsgemeinschaft, sondern insbesondere auch für andere, nicht-religiöse Zwecke. Auch für Deutschland ist dieser Zusammenhang zwischen religiöser Bindung und Engagement deutlich geworden. Offenbar sind religiöse Traditionen besonders gut in der Lage, karitative Motivlagen und Wertbindungen zu wecken und zu erhalten. Ein Gutteil der Differenz zwischen dem amerikanischen und dem deutschen Niveau an Zeit- und Geldspenden könnte mithin auf die unterschiedlich hohe Religiosität der Amerikaner und der Deutschen zurückzuführen sein. Der hohe Anteil an freiwillig Engagierten in den USA geht zum größten Teil auf die Partizipation in Religionsgemeinschaften zurück. Nimmt man die Kirchenmitgliedschaften im internationalen Vergleich heraus, dann rangieren die USA nicht länger auf einem höheren Engagementniveau als die meisten europäischen Länder (Curtis/Grabb/Baer 1992). Ähnliches wäre für das Spenden von Geld zu vermuten. Die These von einem „American Exceptionalism" (Lipset) ließe sich also weiterhin auf den Bereich der Religiosität beziehen, müsste aber ansonsten relativiert werden (vgl. auch Curtis/Grabb/Baer 2001). Hohe Engagement- und Mitgliedschaftsraten zeigen generell die Länder, die eine große religiöse Heterogenität mit weitgehender Kirchenautonomie aufweisen (konfessionell gemischte Länder, aber auch hauptsächlich protestantische Länder), die eine längere demokratische Tradition zeigen und relativ wohlhabend sind (ebd.: 801) – also etwa Nord- und Westeuropa, USA und Kanada. Die Vitalität der amerikanischen Religionsgemeinschaften wird in den letzten Jahren zunehmend darauf zurückgeführt, dass seit dem Ersten Verfassungszusatz die Vereinigten Staaten einen deregulierten religiösen Markt aufweisen. Vertreter dieser angebotsorientierten Religionssoziologie sprechen denn auch davon, dass nicht Differenzen in der subjektiven Nachfrage nach Religion den Unterschied zwischen Europa und den USA markieren, sondern dass die religiösen Anbieter durch die Konkurrenzsituation effektiver auf die Nachfrage reagieren und diese auch erzeugen können (Stark/Inannaccone 1994).

wurde auch hier bestätigt, dass es entscheidend ist, ob potentielle Spender direkt um eine Spende gebeten werden. Die Einbindung in assoziative Netzwerke bezeugt also schon zum einen den Willen, sich zu engagieren, zum anderen erzeugt sie die Verpflichtung zum Engagement – auch in Form der Spende (ebd.: 257). „Taken together, our conclusion is that charitable giving derives from forging an associational and psychological connection between donors and recipients" (Schervish 2000: 10).

Offenbar hängt die Bereitschaft zu spenden und sich für andere zu engagieren an der Einbindung in Netzwerke von *face-to-face*-Beziehungen, die eine Identifikation mit den Interessen, den Bedürfnisseen und dem Leiden anderer gestatten: „Charitable giving derives from identification, identification derives from encounter, encounter derives from relationship, and relationship derives from participation" (Schervish/Havens 1997: 240). Aus der Identifikation mit anderen erwächst das Gefühl einer inneren Verpflichtung zu helfen bzw. zu spenden. Diese innere Verpflichtung kann als offene Schuld gegenüber anderen interpretiert werden – als die empfundene Verpflichtung etwas erwidern zu sollen – oder aber aus dem Gefühl erwachsen, dass der Gerechtigkeitssinn die Handlung gebietet. Aus der Identifikation mit Anderen – der Sozialpsychologe George Herbert Mead spricht von der Rollenübernahme, also der Fähigkeit, sich in den Anderen hineinzuversetzen – entsteht dieses Gefühl der Verpflichtung: Man spricht gleichsam mit der Stimme des Gläubigers zu sich selbst (Mead 1980: 402) und identifiziert sich mit den Interessen oder Bedürfnissen des Anderen. Aus diesen Bezügen der sozialen Verbindung, Identifikation und reziproken Rollenübernahme entsteht Philanthropie „as the social relation in which one feels obligated to extend one's self-interest to include meeting the need of others" (Schervish 1998: 602). Die Fähigkeit zur Rollenübernahme und die daraus erwachsenden Verpflichtungsgefühlen entstehen in Interaktionskontexten, und zwar zuallererst in sozialen Nahbeziehungen der Familie, Freundschaft und Gemeinschaft. In diesen Kontexten des täglichen Miteinanders und der Fürsorge wird die Fähigkeit erlernt, sich mit dem Schicksal anderer zu identifizieren und für sie zu sorgen. In unserem Alltag stellt sich weniger die Alternative, entweder Hilfe zu leisten oder seinen Eigeninteressen zu folgen; eher muss man zwischen verschiedenen Formen der Hilfeleistung wählen (*Care* nach Schervish/Havens 2002: 50f.). Bleibt sie auf den sozialen Nahbereich beschränkt oder wird sie auf größere soziale Kontexte ausgedehnt?

Greift man die momentan gängige Terminologie auf, könnte man auch sagen, dass offenbar diejenigen eher spenden, die über mehr Sozialkapital (Putnam 2000) verfügen. Wichtig ist jedoch dabei zu sehen, dass Sozialkapital nicht verkürzt und alleinig als Ressource, über die Individuen verfügen, konzeptionalisiert werden darf. Denn Sozialkapital in dem hier gemeinten Sinne produziert offenbar ebenfalls soziale wie moralische Verpflichtungen, die ebendies Spendenverhalten evozieren.

Es wäre jedoch naiv anzunehmen, dass Interaktionsbeziehungen automatisch zur Prolongation der Rollenübernahme in dem Sinne führen, dass an Fremde gespendet wird, zu denen zunächst gar keine Bezüge bestehen. Die Spende an Fremde gelingt in der Regel erst, wenn es gelingt, eine gedachte soziale Beziehung zu Entfernten – etwa Hungernden oder Katastrophenopfern – herzustellen (vgl. Godbout 1998). Die meisten Spenden sind zunächst einmal relativ selbstbezüglich, indem sie den Organisationen nützen, in die man direkt involviert ist. Es geht also nicht nur ums Geben, sondern auch ums Nehmen, um Verhältnisse mehr oder weniger stark generalisierter Reziprozität (siehe Sahlins 1996). Spenden an Religionsgemeinschaften, Schulen, Kulturinstitutionen haben eine konsumptive Seite, indem Organisationen unterstützt werden, die dem Spender direkten Nutzen bringen (Schervish/Ostrander 1990: 78). Wie die Daten zu den USA belegen, sind es vor allem Vermögende, die eher selbstbezüglich „ihren" Bildungseinrichtungen großzügige Spenden zukommen lassen. Stärker vermittelt und nicht unmittelbar auf Reziprozitätserwartungen beruhend sind dagegen Spenden an Mittlerorganisationen, die die Spende an sozial weiter entfernte Gruppen weiterreichen. Dabei können die Strategien der spendensammelnden Organisationen sehr unterschiedlich ausfallen: So mögen sie vielleicht einen kleinen Stamm an potenten Spendern an sich binden und diesen pflegen oder aber die Strategie verfolgen, über ihren renommierten Namen einen Vertrauensvorschuss zu generieren und möglichst viele Spender zu mobilisieren. Schließlich – so stellen Schervish und Ostrander heraus (ebd.: 82ff.) – können rollenadäquate Spenden zum Beispiel im Rahmen von Berufsorganisationen erwartet oder statusangemessene öffentlich inszenierte Spenden getätigt werden, um die eigene Position etwa auf einer Spendengala darzustellen und zu legitimieren. Auf diese Weise drückt die Spende nicht selten eine gesellschaftliche Stellung beziehungsweise soziale Hierarchie aus und schützt diese. So hat der amerikanische Konfliktsoziologe Randall Collins darauf hingewiesen, wie wichtig es in der amerikanischen Gesellschaft ist, regelmäßig philanthropisch aktiv zu werden, um zur „guten Gesellschaft" zu gehören. Nur auf diesem Wege kann sich der hohe ökonomische Status auch kulturell veredeln und legitimieren. Man stelle sich einmal vor – so Collins (Collins/Hickman 1991: 8) –, die Reichen und Erfolgreichen träfen sich in ihrer feinsten Kleidung zu einem rauschenden verschwenderischen Fest, um sich gegenseitig ihre gesellschaftliche Stellung und Superiorität vorzuführen – ohne eine Fundraisingaktion für gemeinnützige Zwecke wäre ein solcher Abend kaum legitimierbar.

So ist zwar die moderne Spende nicht selten eine Spende an Fremde, denn es besteht keine Beziehung zwischen Geber und Empfänger[17] und die Erwartung

---

[17] Dennoch werden virtuelle Beziehungen zu den Fremden hergestellt, die über die üblichen kommunitären Bindungen – Calhoun (1999: 220) unterscheidet etwa zwischen *communities*, *categories* und *publics* – hinausreichen. Es werden über Organisationen vermittelte indirekte Beziehungen mit imaginierten und häufig abstrakt bleibenden Gemeinschaften geschaffen (vgl.

einer direkten Erwiderung wird damit hinfällig. Dennoch können dabei Reziprozitätsketten in Gang gesetzt werden. Nicht der Empfänger der Gabe, sondern ein Dritter erwidert diese: etwa die peers innerhalb einer spendenden Elite. Man versucht, sich in seiner Spenden- und Stiftungsbereitschaft zu übertreffen, um Prestige innerhalb der eigenen Bezugsgruppe zu erlangen. Selbst im Medium des gespendeten Geldes sind also Fragen der persönlichen Bindung und Identität aufgehoben. Wahrscheinlich sind Fragen individueller Identität heutzutage stärker mit der Spende verbunden als je zuvor: Die Spende ist immer auch Ausdruck einer (dargestellten) Individualität und Personalisierung. Je größer sie ist, um so weniger soll sie in der schieren Kollektivität untergehen. Insbesondere für Eliten scheinen Spenden und Stiftungen Vehikel ihrer Identität zu sein – ein Mittel zur Selbstdefinition und Expression (Silber 1998: 143). Nicht zufällig stammen über 80 Prozent des amerikanischen Spendenaufkommens von Individuen und nicht von Unternehmen und Stiftungen.

In einer qualitativen Studie zur Kultur der Elitenphilanthropie in New York City findet Francie Ostrower (1995) diese These bestätigt. Die von ihr interviewten Eliten beschrieben die Philanthropie als eine distinkte elitäre Kultur. Philanthropie ist – so Ostrower – einerseits Ausdruck einer Elitenkultur und -identität und zugleich Mittel zur Integration der philanthropischen Eliten[18]. Gleichsam immobilisierte Gaben in Form von ausgestellten Kunstwerken in Museen oder eingerichteten Lehrstühlen an Universitäten sind klare Beispiele für die damit verbundene Darstellung von Identitätsbindungen.

Spendensammelnde Organisationen stellen sich in der Regel auf diese unterschiedlichen Beziehungen des Spenders zum Sinn und Zweck seiner Spende ein: Das heißt, es werden ihm unter Umständen moralische Gratifikationen genauso wie öffentliche Anerkennung oder Mitentscheidungsmöglichkeiten etwa im Rahmen von Beiratspositionen angeboten. Wenn also Interessen und Werthaltungen aller beteiligten Parteien idealiter zur Deckung kommen, steigt die Chance, dass eine Spende getätigt wird.

Ausrichtung und Umfang des Spendenverhaltens variieren dieser Perspektive nach also vor allem mit der Ausdehnung der praktisch-realen wie gedachten Einbindungen von Stiftern und Spendern in verschiedene soziale Kreise.

Silber 2001: 393). Auf diesem Wege wird auch sozial distanzierten Gruppen – innerhalb oder außerhalb der Nation – eine vermittelte Anerkennung zuteil. Dass dies ein zutiefst modernes Phänomen ist, wird deutlich, wenn man sich in Erinnerung ruft, dass in vormodernen Gesellschaften generalisierte Reziprozitätsbeziehungen tendenziell nur im sozialen Nahbereich vorfindbar waren, während Beziehungen der Distanz eher dem Muster der balancierten oder negativen Reziprozität zuneigten (Sahlins 2005; Komter 2005: 197; Nelson 1969).

[18] Schon in den 1950er Jahren wurde die These einer sozialen Kultur der Philanthropie entwickelt. Aileen D. Ross (1953) zeigte z.B. in einer Fallstudie, dass in amerikanischen (Klein-) Städten offenbar ein starker sozialer Druck vorhanden war, sich philanthropisch zu betätigen, der auf der Einbindung in spezifische soziale Netzwerke beruhte. Wollte man weiterhin Teil des Netzwerkes aus Freunden und Geschäftspartnern bleiben, war die Beteiligung an Spendenkampagnen unabdingbar.

„Mit welchen Gruppen identifiziere ich mich und fühle ich mich verbunden?", lautet die einfache Frage, auf die der Spender eine praktische Antwort gibt. Aus diesem Gedanken hat Joseph Michalski (2003) ein einfaches Modell der Erklärung von finanziellen Transferleistungen entwickelt. Ceteris paribus gilt, dass Spenden und andere Unterstützungsleistungen eher zu den sozialen Kreisen fließen, die emotional, kulturell und normativ gesehen weniger weit von den Spendern entfernt sind als andere Gruppen. Solch ein soziologischer „moralischer Minimalismus" führt dazu, dass bestimmte soziale Gruppen eher vom Spenden- und Unterstützungsstrom abgeschnitten bleiben: „those who are less integrated, less intimate, less conventional, more culturally distant, more anonymous, and less respectable" (ebd.: 355).

4. Schluss: ein interaktionistisches Mikromodell philanthropischen Handelns

Ein mögliches theoretisches Modell zur Erklärung von Spendenverhalten müsste also – so lassen sich die Überlegungen resümieren – auf ein interaktionistisches Mikromodell sozialen Handelns aufbauen (vgl. Sokolowski 1996; Fine/Harrington 2004). Individuelle Einstellungen sind in solch einem Modell eher das Resultat als die Ursache von Handlungen, und auch das Spendenverhalten bzw. die philanthropischen Einstellungen würden eher eine Konsequenz von Interaktionen in Netzwerken darstellen als deren Ursache. Soziale Bindungen und Interaktionen sind deshalb bessere Prädiktoren philanthropischen Engagements als individuelle Einstellungen (Sokolowski 1996: 273). Zwei Dimensionen sind hier jedoch zu unterscheiden: Es gilt erstens zu erklären, wie es zur initialen Entscheidung kommt, an philanthropischen Aktivitäten zu partizipieren, und in einem zweiten Schritt wäre zu benennen, welche Konsequenzen die Partizipationserfahrungen haben. Das Modell geht also davon aus, dass Handlungsmotive in Handlungskontexten überhaupt erst erzeugt werden bzw., dass in ihnen eine Transformation von Motivlagen – ein „re-framing" – erfolgt. In konkreten Situationen stellen sich Herausforderungen und Problemlagen, auf die wir reflexiv reagieren, erst daraus erwachsen klar konturierte Pläne, Einstellungen und Motive (vgl. Joas 1992: 236f.).

Auf die Frage, warum Menschen beginnen, sich philanthropisch zu engagieren, antwortet Sokolowski (1996: 274): „because someone showed them the way to a socially worthy deed". Menschen partizipieren in sozialen Netzwerken des Engagements, weil sie entweder durch persönlich bekannte Menschen motiviert wurden oder durch organisationelle Netzwerke rekrutiert bzw. animiert wurden[19]. Sind sie erst einmal engagiert oder allgemein in größere soziale

---

[19] Auch Verba, Schlozman und Brady (1995) weisen in ihrer großen Untersuchung über politisches Engagement in den Vereinigten Staaten eindringlich auf diesen Faktor hin. Wenn sich Personen nicht politisch engagieren, kann es der Studie zufolge drei Ursachen haben: Es fehlen die

Netzwerke eingebunden, verstärken sich die hierfür relevanten Einstellungen und Motivlagen: „This microstructural model of philanthropic behaviour can be illustrated as an expanded spiral that originates in social ties, and leads to participation in philanthropic activities which change the participant's attitudes which, in turn, motivates him or her for further participation" (ebd.: 275). Aus diesem Grund ist die Basis jeglichen freiwilligen wie monetären Engagements die Einbindung von Individuen in Kleingruppen: seien dies Familien, Freundes- und Bekanntenkreise, Arbeits- oder Vereinskollegen[20]. Kleingruppen bilden das strukturelle Fundament der Zivilgesellschaft, welches Opportunitäten des Zusammenhandelns, des altruistischen oder solidarischen Handelns bietet (Fine/Harrington 2004) – hier geht es zunächst um eine moralische Bürgerschaft (moral citizenship, Schervish/Havens 2002: 68) in einem weit verstandenen Sinne der Fürsorge und gegenseitigen Unterstützung, die den formativen Kern auch anderer zivilgesellschaftlicher Handlungsweisen bildet (vgl. Adloff 2005). In Gruppenprozessen werden Probleme als solche definiert, Handlungsverpflichtungen hergestellt und kollektive Definitionen überhaupt erst geschaffen[21]. Sie bilden die Brücke zwischen dem Einzelnen, Organisationen, Teilkulturen, Nationen und nationenübergreifenden Beziehungen. Nicht der Einzelne, der einsam seine altruistischen Entscheidungen trifft, konstituiert Philanthropie, sondern in Gruppenprozessen werden auf der Mikroebene bürgerschaftliche Identitäten kreiert, die bis in größere Zusammenhänge ausstrahlen können.

Ressourcen, es mangelt psychologisch gesehen an dem Engagement für ein politisches Thema, und drittens können Personen sich außerhalb von Rekrutierungsnetzwerken befinden (ebd.: 269ff.). Die Anfrage sich zu engagieren kommt häufig aus dem Verwandten- oder Familienkreis, aber natürlich kommen hierfür auch Netzwerke am Arbeitsplatz, in der Kirchengemeinde oder bspw. klassisch in der Gewerkschaftsbewegung in Frage. In den USA vermitteln gerade die Kirchen den unterprivilegierten Gruppen notwendige bürgerschaftliche Fähigkeiten und regen zum Engagement an (siehe auch Verba/Schlozman/Brady 1997).

[20] Auch die von Helmut Klages angebotene Erklärung für freiwilliges Engagement geht auf Grundlage der Daten des Freiwilligensurveys in diese Richtung (Braun/Klages 2001: 60). Die wichtigsten der erklärenden Variablen des Engagements in Deutschland sind a) die Größe des Freundes- und Bekanntenkreises, b) die Kirchenbindung sowie c) das verfügbare Haushaltseinkommen. So ist in Ostdeutschland etwa der Anteil derjenigen, die sich bei einer starken Kirchenbindung engagieren doppelt so hoch, wie der Anteil derjenigen, die sich als Konfessionslose engagieren (ebd.: 53). Aafke Komter (1996: 112ff.) präsentiert Daten aus den Niederlanden über das private Schenken im Freundes- und Bekanntenkreis, die zeigen, dass sich auch schon hier die im öffentlichen Bereich vorfindbaren Differenzen finden lassen: Frauen und höher Gebildete sind im Bereich des sich gegenseitig Beschenkens aktiver. Offenbar verlängern sich diese Differenzen in den bürgerschaftlichen Bereich hinein.

[21] Eine viel zu wenig untersuchte Frage betrifft die Herstellung virtueller Gemeinschaften etwa vor dem Fernsehgerät. Es kann behauptet werden (vgl. Wenzel 2001), dass auch hier eine Protosozialität und Interaktionsordnung hergestellt wird, die gemeinsame Problemdefinitionen bereitstellt. Dies würde die mobilisierende Kraft des Fernsehens auf das Spendenverhalten im Zuge von aktuellen Katastrophen erklären.

Sodann ist natürlich zu beachten, dass soziale Beziehungen in institutionelle und organisationelle Umwelten eingebettet sind, die bestimmten normativen und kognitiven Interpretationen Vorschub leisten und auf die man, z.b. je nach Bildungsniveau, unterschiedlich reagiert. Interaktionen, Gruppen und Organisationen kreieren mithin bürgerschaftlichen Altruismus und identifikatorische Wertbindungen, und ein Großteil der Varianzen im internationalen Vergleich des Spendenverhaltens sind m.E. auf dieses Feld der Organisation von Altruismus zurückzuführen – und nicht auf unterschiedlich hohe Raten von Altruisten oder auf steuerrechtliche Differenzen. Zu fragen wäre also: Wie ist es in verschiedenen Ländern jeweils um das Bildungsniveau, zivilgesellschaftliche Assoziationen, um die Religion und das Erbitten von Spenden, also das Fundraising, bestellt?

Literatur

Adloff, Frank (2005): Zivilgesellschaft. Theorie und politische Praxis. Frankfurt/New York: Campus.

Adloff, Frank/Steffen Sigmund (2005): Die *gift economy* moderner Gesellschaften – Zur Soziologie der Philanthropie, in: Frank Adloff/ Steffen Mau (Hg., 2005): Vom Geben und Nehmen. Zur Soziologie der Reziprozität. Frankfurt/New York: Campus, 211-235.

Australian Government (2005): Giving Australia: Research on Philanthropy in Australia. Canberra: Australian Government, Department of Family and Community Services.

Auten, Gerald E./Sieg, Holger/Clotfelder, Charles T. (2002): Charitable Giving, Income, and Taxes: An Analysis of Panel Data, in: The American Economic Review, Vol. 92, Nr. 1, S. 371-382.

Bielefeld, Wolfgang/Patrick Rooney/Kathy Steinberg (2005): How Do Need, Capacity, Geography, and Politics Influence Giving? In: Arthur C. Brooks (Hg.): Gifts of Time and Money: The Role of Charity in America's Communities. Lanham, Md.: Rowman & Littlefield, S. 127-157.

Braun, Joachim/Helmut Klages (2001, Hg.): Freiwilliges Engagement in Deutschland. Bd. 2: Zugangswege zum freiwilligen Engagement und Engagementpotenzial in den neuen und alten Bundesländern. Stuttgart: Kohlhammer.

Buschle, Nicole (2005): Spendenerfassung in der Steuerstatistik. In: Abstracts der Fachtagung „Spenden in Deutschland – Analysen und Projekte", 18.11. 2005, Wissenschaftszentrum Berlin für Sozialforschung.

CAF (2004): Charitable Giving in 2003. Kings Hill, Kent: Charities Aid Foundation.

Calhoun, Craig (1999): Nationalism, Political Community and the Representation of Society. Or, Why Feeling at Home is not a Substitute for Public Space. In: European Journal of Social Theory 2, Nr. 2, S. 217-231.

Clohesy, William W. (2000): Altruism and the Endurance of the Good, in: Voluntas, Vol. 11, , Nr. 3, S. 237-253.

Collins, Randall/Hickman, Neal (1991): Altruism and Culture as Social Products, in: Voluntas, Vol. 2, , No. 2, S. 1-15.

Cordes, Joseph (2001): The Cost of Giving: How Do Changes in Tax Deductions Affect Charitable Conributions? The Urban Institute, Washington, D.C.

Curtis, James E./Edward G. Grabb/Douglas E. Baer (1992): Voluntary Association Membership in Fifteen Countries: A Comparative Analysis. In: American Sociological Review 57, Nr. 2, S. 139-152.

Curtis, James E./Edward G. Grabb/Douglas E. Baer (2001): Nations of Joiners: Explaining Voluntary Association Membership in Democratic Societies. In: American Sociological Review 66, Nr. 6, S. 783-805.

Demant, Brigitte (2005): Einkommen und Ausgaben privater Haushalte. Die Laufenden Wirtschaftsrechnungen als Quelle für Geldspenden und Mitgliedsbeiträge. In: Abstracts der Fachtagung „Spenden in Deutschland – Analysen und Projekte", 18.11. 2005, Wissenschaftszentrum Berlin für Sozialforschung.

Fine, Gary Alan/Brooke Harrington (2004): Tiny Publics: Small Groups and Civil Society. In: Sociological Theory 22, Nr. 3, S. 341-356.

Frey, Dieter et al. (2005) Psychologische Theorien hilfreichen Verhaltens. In: Klaus J. Hopt/Thomas von Hippel/W. Rainer Walz (Hg.): Nonprofit-Organisationen in Recht, Wirtschaft und Gesellschaft. Tübingen: Mohr Siebeck, S. 177-193.

Giving USA (2003): AAFRC, Trust for Philanthropy/Giving USA 2003.

Godbout, Jaques T. (1998, mit Alain Caillé): The World of the Gift, Montreal.

Günther, Martin (2005): Private Spenden in Deutschland – die kontinuierliche Berichterstattung aus GfK CharityScope. In: Abstracts der Fachtagung „Spenden in Deutschland – Analysen und Projekte", 18.11. 2005, Wissenschaftszentrum Berlin für Sozialforschung.

Haibach, Marita (2003): Sozio-demographische Erkenntnisse. In: Fundraising Akademie (Hg.): Fundraising. Handbuch für Grundlagen, Strategien und Instrumente. Wiesbaden: Gabler, S. 179-189.

Healy, Kieran (2000): Embedded Altruism: Blood Collection Regimes and the European Union's Donor Population, in: American Journal of Sociology, Vol. 105, Nr. 6, S. 1633-1657.

Healy, Kieran (2004): Altruism as an Organizational Problem: The Case of Organ Procurement. In: American Sociological Review 69, Juni, S. 387-404.

Heermann, Wilhelm (2005): Spendermotive und Spenderpotenziale – Anlage und Ergebnisse der Studie „Spenden in Deutschland". In: Abstracts der Fachtagung „Spenden in Deutschland – Analysen und Projekte", 18.11. 2005, Wissenschaftszentrum Berlin für Sozialforschung.

Hodgkinson, Virginia A./Kathryn E. Nelson/Edward D. Sivak Jr. (2002): Individual Giving and Volunteering. In: Lester M. Salamon (Hg.): The State of Nonprofit America. Washington, D.C.: Brookings Institution, S. 387-420.

Jencks, Christopher (1987): Who Gives to What? In: Walter W. Powell (Hg.): The Nonprofit Sector. A Research Handbook. New Haven: Yale University Press, S. 321-339.

Joas, Hans (1992): Die Kreativität des Handelns. Frankfurt a.M.: Suhrkamp.

Komter, Aafke E. (1996): The Social and Psychological Significance of Gift-Giving in the Netherlands. In: Aafke E. Komter (Hg.): The Gift: An Interdisciplinary Perspective. Amsterdam: Amsterdam University Press, S. 107-118.

Komter, Aafke E. (2005): Social Solidarity and the Gift. Cambridge: Cambrdige Univ. Press.

Lee, Lichang/Jane Allyn Pilliavin/Vaughn R. Call (1999): Giving Time, Money, and Blood: Similarities and Differences. Social Psychology Quarterly, Vol. 62, Nr. 3, S. 276-290.

Matzke, Sandro (2005): 11 Jahre Deutscher Spendenmonitor – Fakten und Trends. In: Abstracts der Fachtagung „Spenden in Deutschland – Analysen und Projekte", 18.11. 2005, Wissenschaftszentrum Berlin für Sozialforschung.

Mead, George Herbert (1980): Die Philanthropie unter dem Gesichtspunkt der Ethik, in: Ders.: Gesammelte Aufsätze Band I, Frankfurt a.M.: Suhrkamp, S. 399-416.

Michalski, Joseph H. (2003): Financial Altruism or Unilateral Resource Exchanges? Toward a Pure Sociology of Welfare, in: Sociological Theory, Vol. 21, Nr. 4, S. 341-358.

Monroe, Kristen Renwick (1994): A Fat Lady in a Corsett: Altruism and Social Theory, in: American Journal of Political Science, Vol. 38, Nr. 4, S. 861-893.

Nelson, Benjamin (1969 [1949]): The Idea of Usury. From Tribal Brotherhood to Universal Otherhood. Chicago: University of Chicago Press.

Nietzsche, Friedrich (1991): Zur Genealogie der Moral. Eine Streitschrift. Frankfurt a.M.: Suhrkamp.
O'Herlihy, Mary A./John J. Havens/Paul G. Schervish (2006, im Erscheinen): Charitable Giving: How Much, By Whom, and How? In: Walter W. Powell/Richard Steinberg (Hg.): The Nonprofit Sector. A Research Handbook. New Haven: Yale University Press.
Oliner, Samuel P./Oliner, Pearl M. (1988): The Altruistic Personality: Rescuers of Jews in Nazi Europe. New York.
Ostrower, Francie (1995): Why the Wealthy Give. The Culture of Elite Philanthropy. Princeton, NJ.
Piliavin, Jane Allyn/Charng, Hong-Wen (1990): Altruism: A Review of Recent Theory and Research, in: Annual Review of Soiology, Vol. 16, S. 27-65.
Priller, Eckhard/Jana Sommerfeld (2005): Wer spendet in Deutschland? Eine sozialstrukturelle Analyse. Berlin: Wissenschaftszentrum Berlin für Sozialforschung, Abt. Ungleichheit und soziale Integration.
Putnam, Robert (2000): Bowling Alone. The Collapse and Revival of American Community. New York: Simon & Schuster.
Ross, Aileen D. (1953): The Social Control of Philanthropy, in: The American Journal of Sociology, Vol. 58, Nr. 5, S. 451-460.
Sahlins, Marshall D. (2005 [1972]): Zur Soziologie des primitiven Tauschs. In: Frank Adloff/ Steffen Mau (Hg.): Vom Geben und Nehmen. Zur Soziologie der Reziprozität. Frankfurt/ New York: Campus, 73-91.
Schervish, Paul G. (1998): Philanthropy, in: Wuthnow, Robert (Hg.), The Encyclopedia of Politics and Religion. London, S. 600-602.
Schervish, Paul G. (2000): The Modern Medici: Patterns, Motivations and Giving Strategies of the Wealthy. Boston.
Schervish, Paul G./Havens, John J. (1997): Social Participation and Charitable Giving: A Multivariate Analysis, in: Voluntas, Vol. 8, Nr. 3, S. 235-260.
Schervish, Paul G./Havens, John J. (2002): The Boston Area Diary Study and the Moral Citizenship of Care, in: Voluntas, Vol. 13, Nr. 1, S. 47-71.
Schervish, Paul G./Susan A. Ostrander (1990): Giving and Getting: Philanthropy as a Social Relation. In: Jon Van Til (Hg.): Critical Issues in American Philanthropy. Strengthening Theory and Practice. San Francisco: Jossey-Bass, S. 67-98.
Silber, Ilana (1998): Modern Philanthropy: Reassessing the Viability of a Maussian Perspective. In: James, Wendy/ Allen, N.J. (Hg.), Marcel Mauss. A Centenary Tribute. New York, S. 134-150.
Silber, Ilana F. (2000): Beyond Purity and Danger: Gift-Giving in the Monotheistic Religions, in: Antoon Vandevelde (Hg.): Gifts and Interests. Leuven: Peeters, 115–132.
Silber, Ilana F. (2001): The Gift-Relationship in an Era of „Loose" Solidarities. In: Eliezer Ben-Rafael/Yitzhak Sternberg (Hg.): Identity, Culture and Globalization. Leiden/Boston/Köln: Brill, 385–400.
Sokolowski, S. Wojciech (1996): Show me the Way to the Next Worthy Deed: Towards a Microstructural Theory of Volunteering and Giving. In: Voluntas 7, Nr. 3, S. 259-278.
Stark, Rodney/Laurence R. Iannaccone (1994): A Supply-Side Reinterpretation of the „Secularization" of Europe. Journal for the Scientific Study of Religion, Vol. 33, Nr. 3, S. 230-252.
Steinberg, Richard/Mark Wilhelm (2003): Patterns of Giving in COPPS 2001. Indiana University: Center on Philanthropy.
Timmer, Karsten (2005): Stiften in Deutschland. Die Ergebnisse der StifterStudie. Gütersloh: Verlag Bertelsmann Stiftung.
Titmuss, Richard M. (1997 [1970]): The Gift Relationship. From Human Blood to Social Policy, expanded and updated edition, ed. by Ann Oakley and John Ashton, New York.

Verba, Sidney/Kay Lehman Schlozman/Henry E. Brady (1995): Voice and Equality. Civic Voluntarism in American Politics. Cambridge, Mass.: Harvard Univ. Press.

Verba, Sidney/Kay Lehman Schlozman/Henry E. Brady (1997): The Big Tilt. Participatory Inequality in America. In: The American Prospect, Nr. 32, Mai/Juni 1997, S. 74-80.

Wenzel, Harald (2001): Die Abenteuer der Kommunikation. Echtzeitmassenmedien und der Handlungsraum der Hochmoderne. Weilerswist: Velbrück.

Wright, Karen (2001): Generosity vs. Altruism: Philanthropy and Charity in the United States and United Kingdom, in: Voluntas, Vol. 12, Nr. 4, S. 399-416.

Vergleich der Aufgabenverteilung zwischen öffentlichem und privatem Bereich – Spendenrecht im Spiegel der Staats- und Verfassungsrechtsentwicklung

FLORIAN BECKER

A. Das Gemeinwohl als Fluchtpunkt des Vergleichs
B. Gemeinwohlförderung zwischen Staat und Gesellschaft
   I. Gemeinwohlförderung als konkurrierende oder pluralistische Staatsaufgabe
   II. Gemeinwohlförderung unter den Bedingungen expansiver Staatsaufgaben
   III. Gemeinnützigkeitsrecht als Instrument arbeitsteiliger Gemeinwohlförderung
C. Gemeinwohlförderung und Egalität: Die Abzugsfähigkeit von Parteispenden
D. Gemeinwohlförderung und europäische Integration
E. Schlußbetrachtung

A. Das Gemeinwohl als Fluchtpunkt des Vergleichs

Spenden- und Gemeinnützigkeitsrecht eignet sich in besonderem Maße als Indikator für die aktuelle und konkrete Aufgaben- und Verantwortungsteilung zwischen Gesellschaft und Staat unter dem Grundgesetz. Die Ausgestaltung dieser recht technisch erscheinenden Materie, die zudem im Rahmen der Gesamtrechtsordnung zunächst nur als winziger Mosaikstein anmutet, spiegelt Art und Maß privater Gemeinwohlförderung wider, derer Staat und Gesellschaft um ihrer fruchtbaren Entwicklung willen bedürfen. Das Spenden- und Gemeinnützigkeitsrecht ist Lackmustest für die Existenz des freiheitlichen Gemeinwesens und des sektoralen Staats, der seine eigenen Gestaltungsansprüche zurücknimmt, um privater Initiative Raum zu geben.

Der Staat des Grundgesetzes wird bekanntlich als Steuerstaat begriffen, der seinen allgemeinen Finanzbedarf durch Steuererhebung deckt[1]. Vermittels der Steuer partizipiert der Staat an der wirtschaftlichen Leistungsfähigkeit seiner Bürger. Diese tragen in erster Linie durch ihre Steuerleistungen das Ihre zum Gemeinwohl bei, indem sie dem Staat die Mittel zur unmittelbaren Finanzierung gemeinwohlrelevanter Aufgaben zukommen lassen. Die Regelungen des

---

[1] *J. Isensee*, Steuerstaat als Rechtsform, in: R. Stödter / W. Thieme (Hrsg.), Hamburg, Deutschland, Europa. Festschrift für Hans-Peter Ipsen, Tübingen 1977, S. 409 ff. (420 ff.).

Spenden- und Gemeinnützigkeitsrechts reduzieren demgegenüber die Steuerlast der Steuerpflichtigen und schmälern damit die Finanzkraft des Staates.

Verfassungsrechtliche ebenso wie staatstheoretische Bedeutung erlangen die Vorschriften des Spenden- und Gemeinnützigkeitsrechts unter gleich mehreren Aspekten. Wendet man sich der bereits angedeuteten Parallelität in der Entwicklung dieser Materie einerseits und des Staats- und Verfassungsrechts andererseits zu, so bildet das Telos des Spenden- und Gemeinnützigkeitsrechts – Anerkennung und Förderung privater Gemeinwohlinitiative – eine Brücke. Dieser Zusammenhang kann unter drei Aspekten ausgeleuchtet werden:

1. Gemeinwohlförderung zwischen Staat und Gesellschaft;
2. Gemeinwohlförderung und Egalität;
3. Gemeinwohlförderung und europäische Integration.

B. Gemeinwohlförderung zwischen Staat und Gesellschaft

I. Gemeinwohlförderung als konkurrierende oder pluralistische Staatsaufgabe

Die Förderung des Gemeinwohls dürfte als schlechthinnige Existenzbedingung des Staates die am wenigsten umstrittene Staatszielbestimmung sein. Sie ist indes auch die inhaltsoffenste. Der Staat teilt sich im modernen Gemeinwesen westlicher Prägung die Verantwortung für die Hervorbringung des Gemeinwohls mit der Gesellschaft, die zugleich dessen alleiniger Bezugspunkt ist. Mit Blick auf die konkrete Rollenverteilung bei der Gemeinwohlförderung muß zwischen konkurrierenden und pluralistischen Staatsaufgaben differenziert werden[2].

Die pluralistischen Staatsaufgaben sind durch eine grund- oder auch kompetenzrechtlich erzwungene Enthaltsamkeit des Staates gekennzeichnet. Sie sind insbesondere in solchen Lebensbereichen auszumachen, in denen dem säkularen, grundrechtsverpflichteten Staat eigene Tätigkeit verwehrt bleibt. Hier kann er bestenfalls fördern, anregen, unterstützen, ohne substituieren oder inhaltlich Einfluß nehmen zu dürfen. Da der Staat hier somit bestenfalls die äußeren Bedingungen der Gemeinwohlverwirklichung schaffen kann, sind die pluralistischen Staatsaufgaben der primäre Einsatzort mittelbar wirkender Handlungsanreize, zu denen die Steuerverschonung zählt.

Bei den konkurrierenden Staatsaufgaben sind privates und staatliches Handeln kommensurabel (Wohlfahrtspflege, Jugendhilfe, Kulturförderung). Aber auch hier ist der Staat in vielfacher Hinsicht darauf verwiesen, seine sektoralen Zuständigkeiten für das Gemeinwohl in Kooperation mit den Grund-

---

[2] *J. Isensee*, in: derS. / Paul Kirchhof (Hrsg.), Handbuch des Staatsrechts Bd. III, 2. Aufl., Heidelberg 1996, § 57 Rn. 78 f.

rechtsträgern zu erfüllen³. Insofern kann der Staat sicherstellen, daß diese Aufgaben, soweit sie seinem rechtlichen oder tatsächlichen Zugriff unterliegen, anhand des spezifisch staatlichen Handlungsinstrumentariums unmittelbar gefördert werden. Schon aus freiheitsrechtlichen Gründen muß der Staat aber den jeweiligen gesellschaftlichen Rechtssubjekten in ihren jeweiligen Wirkungskreisen den Vorrang lassen, diejenigen Leistungen zu erbringen, die das Gemeinwohl fördern⁴. Der Staat in allen seinen Ausprägungen handelt aufgrund verfassungsrechtlich zugewiesener Kompetenzen Für Grundrechtssubjekte bilden demgegenüber die dem Staat nicht zustehenden Freiheitsrechte den Titel zur Mitwirkung am Gemeinwohl⁵. Nach dem rechtsstaatlichen Verteilungsprinzip⁶ bedarf alles staatliche Handelns der steten Rechtfertigung. Dies verweist den Staat auch im Bereich der konkurrierenden Gemeinwohlaufgaben zunächst auf die Wahrnehmung derjenigen gemeinwohlrelevanten Aufgaben, die gesellschaftliche Kräfte nicht angemessen fördern können oder wollen. Darüber hinaus bedarf die zu Privaten in Konkurrenz tretende unmittelbare Gemeinwohlwahrnehmung der besonderen Rechtfertigung.

II. Gemeinwohlförderung unter den Bedingungen expansiver Staatsaufgaben

Quer zu den genannten Staatsaufgabenkategorien liegt die Erkenntnis des mit den an ihn gerichteten Ansprüchen überforderten Staates, die vor dem Hintergrund der Entwicklung der Staatsaufgaben im allgemeinen deutlich wird. Der abstrakte, von einem konkret-verfaßten staatlichen Gemeinwesen gelöste Typus des modernen Staates gibt diesem lediglich ein Minimum an zwingenden, typusbildenden Staatsaufgaben vor. Zu den insoweit prägenden Aufgaben zählt die Abwehr innerer wie äußerer Gefahren für die physische Sicherheit der Bürger⁷. Darüber hinaus ist in dem Organisationsmodell des modernen Staates kein geschlossenes Konzept der Staatsaufgaben apriorisch angelegt⁸. Inhalt und Zielrichtung von Staatsaufgaben, die über diesen, den Typus prägenden Mindestbestand hinausgehen, können nur anhand konkreter Verfassungsbestimmungen ermittelt oder von den hierzu berufenen Akteuren im Rahmen der formellen und materiellen Vorgaben der Verfassung festgelegt werden⁹. Festle-

---

³ *P. Häberle*, Öffentliches Interesse als juristisches Problem, Bad Homburg 1970, S. 46, 49 ff., 88, 101; *M. Heintzen*, VVDStRL Bd. 62 (2003), S. 220 ff. (237 f.).

⁴ *J. Isensee*, Gemeinwohl und Bürgersinn im Steuerstaat des Grundgesetzes, in: H. Maurer (Hrsg.), Das Akzeptierte Grundgesetz, Festschrift für Günter Dürig zum 70. Geburtstag, München 1990, S. 33 ff. (47 f.)

⁵ *P. Häberle* (o. Fußn. 3) S. 468.

⁶ *C. Schmitt*, Verfassungslehre, Berlin 1928, S. 126.

⁷ Hierzu z.B. *R. Herzog*, in: J. Isensee / P. Kirchhof, Handbuch des Staatsrechts Bd. III, 2. Aufl., Heidelberg 1996, § 58 Rn. 25; *J. Isensee* (o. Fußn. 4), Rn. 41 ff.

⁸ *C. Engel*, Rechtstheorie Bd. 32 (2001) S. 23 ff. (23).

⁹ *H. Krüger*, Allgemeine Staatslehre, 2. Aufl., Stuttgart/Berlin/Köln/Mainz 1966, S. 759 ff.

gung wie Realisierung solcher Aufgaben wird durch die dem Staat von Verfassungs wegen zur Verfügung stehenden Mittel – insbesondere seine verfassungsrechtlichen Kompetenzen und Befugnisse – geprägt, deren Reichweite in der verfassungsstaatlichen Evolutionsstufe des modernen Staates notwendigerweise und insbesondere durch den Schutzgehalt individueller Freiheitsrechte begrenzt ist.

In historischer Perspektive[10] errichtete der Verfassungsstaat zunächst eine rechtliche Rahmenordnung, innerhalb derer sich die gesellschaftlichen Kräfte unter Berufung auf die ihnen eingeräumte Privatautonomie frei entfalten konnten und die zugleich die zunächst ungezügelte staatliche Macht rechtsstaatlich unterfangen sollte. Die Ausweitung des staatlichen Funktionsbereichs begann mit einer Phase von Einschränkungen der Privatautonomie zur Verhinderung offenkundiger Freiheitsmißbräuche. In der Folge ging der Staat unter dem Eindruck der aus der Industrialisierung folgenden sozialen Probleme dazu über, soziale Ungleichgewichte durch Interventionen in den Wirtschaftsprozeß und die Errichtung von Leistungssystemen auszutarieren. In einer dritten Entwicklungsstufe kulminiert der soziale Gestaltungsanspruch des Staates in einer Globalverantwortung für Wohlfahrt, Gerechtigkeit und Zukunftssicherung der Gesellschaft[11].

Diese prinzipielle Offenheit verursacht indessen auch erhebliche Schwierigkeiten: Der heutige Präventionsstaat[12] mit seinem System offener Staatsaufgaben kennt – jedenfalls in der Erwartungshaltung seiner Bürger, die immer mehr gesellschaftliche Erwartungen auf ihn projizieren[13] – keine Grenzen staatlichen Steuerungsbedarfs[14]. Dies bedingt eine permanente Ausweitung des staatlichen Funktionsbereichs[15]. Das Sozialstaatsprinzip des Grundgesetzes hält den Staat zur Gestaltung der Gesellschaftsordnung an und weist ihm vorbehaltlich individueller oder gesellschaftlicher Freiheitsräume eine – freilich nur selten auf die Ebene einzelner konkreter Handlungspflichten rückführbare – Gesamtverantwortung für die wirtschaftliche und soziale Entwicklung, für

---

[10] Hierzu *J. Isensee*, JZ 1999, S. 265 ff. (271 f.).

[11] Siehe *H. Dreier*, Staatswissenschaften und Staatspraxis Bd. 4 (1993), S. 647 ff. (658 f. m.w.N.); *D. Grimm*, Die Zukunft der Verfassung, S. 168 ff.; *ders.*, in: E. Benda / W. Maihofer / H.-J. Vogel (Hrsg.), Handbuch des Verfassungsrechts, Deutschland, 2. Aufl., Berlin / New York 1994, § 15 Rn. 7 m.w.N. in Fn. 12; *H. Hill*, DVBl. 1989, S. 321 ff. (324).

[12] Hierzu *D. Grimm*, in: *derS.* (Hrsg.), Staatsaufgaben, Frankfurt. 1996, S. 613 ff. (625 ff.); *J. J. Hesse*, Jahrbuch zur Staats- und Verwaltungswissenschaft Bd. 1 (1987), S. 55 ff. (70); *G.F. Schuppert*, Die Verwaltung, Beiheft 4 (2001), S. 201 ff. (211 ff.).

[13] *M. Herdegen*, VVDStRL Bd. 62 (2003), S. 7 ff. (15); *M. Kloepfer*, VVDStRL Bd. 40 (1982), S. 63 ff. (70 f.).

[14] *G.-P. Calliess*, Prozedurales Recht, Baden-Baden 1999, S. 55 ff., 118.

[15] *H. H. v. Arnim*, Staatslehre der Bundesrepublik Deutschland, München 1984, S. 465 ff.; *D. Grimm*, in: T. Ellwein / J. J. Hesse (Hrsg.), Staatswissenschaften, Baden-Baden 1990, S. 13 ff. (22).

ökonomischen Wohlstand und soziale Sicherheit zu[16]. Die Erweiterung der Handlungsagenden des Sozial- und des Präventionsstaates ist nur bei einer hohen Steuerungskapazität von Politik und Recht zu bewältigen, die eines entsprechenden allgemeinen, einer Umverteilung offenstehenden Wohlstandes bedürfen. Das Vorhandensein dieser Faktoren ist in den letzten Jahrzehnten immer nachhaltiger bezweifelt worden[17].

Die expansive Entwicklung staatlicher Aufgaben drängt neben allen grundrechtlichen Aspekten zu weiterer Zurückhaltung bei der Wahrnehmung gemeinwohlrelevanter Aufgaben. Sie nötigt zugleich zur Entwicklung und Inanspruchnahme von Konzepten zur Förderung des Gemeinwohls, die hinter der unmittelbaren Einflußnahme zurückbleiben. Angesprochen ist damit die Rahmensetzung für sowie Förderung und Anreiz von privater Gemeinwohlförderung, deren theoretischer Rahmen die „regulierten Selbstregulierung" ist[18]. Dieses Substitut für unmittelbaren staatlichen Zugriff auf einen Sachbereich ist die Vermählung von hoheitlicher Rahmensetzung mit gesellschaftlicher Initiative. Es schlägt damit eine Brücke zwischen privaten Entscheidungen und hoheitlich wahrgenommenen Tätigkeiten des Staates, bei denen es sich um Steuerung mit einem spezifischen, über den Einzelfall hinausgehenden Ordnungszweck handelt. Regulierte Selbstregulierung will die Eigendynamik gesellschaftlicher Teilbereiche respektieren und dabei zugleich nutzen, indem sie Raum für die Einbringung privaten Wissens und privater Initiative eröffnet. Die staatliche Gewährleistungsverantwortung für definierte öffentliche Belange wird realisiert, indem der gesellschaftlichen Selbstregulierung über die normale Rechtsordnung hinausgehende Rahmen-, Struktur- oder Zielvorgaben gemacht bzw. staatliche Interventionsbefugnisse für den Fall gemeinwohlwidriger Selbstregulierungsergebnisse bereitgehalten werden[19].

---

[16] Zu den einzelnen Elementen der Sozialstaatlichkeit *H. F. Zacher*, in: J. Isensee / P. Kirchhof (Hrsg.), 2. Aufl., Heidelberg 1995, § 25 Rn. 27 ff., v.a. 48 ff.

[17] Überblick über die Steuerungskrise des Rechts bei *G.-P. Calliess*, Prozedurales Recht, Baden-Baden 1999, S. 73 ff.; *R. Mayntz*, in: J. Matthes, Sozialer Wandel in Westeuropa, Frankfurt a.M. 1979, S. 55 ff.; *K. Meßerschmidt*, Gesetzgebungsermessen, Berlin 2000, S. 138 ff. m.w.N. in Fn. 550. Zu den Themen Steuerungsdefizite und Staatsversagen auch: *T. Öhlinger*, in: derS. (Hrsg.), Methodik der Gesetzgebung, Wien/New York 1982, S. 17 ff. (22 ff.); *E.-H. Ritter*, in: D. Grimm, Wachsende Staatsaufgaben – sinkende Steuerungsfähigkeit des Rechts, Baden-Baden 1990, S. 69 ff. (70 ff); *F. W. Scharpf*, PVS Bd. 32 (1991), S. 621 ff. und die Beiträge in H.-P. Burth / A. Görlitz, Politische Steuerung in Theorie und Praxis, Baden-Baden 2001.

[18] *E. Schmidt-Aßmann*, Die Verwaltung, Beiheft 4 (2001), S. 253 ff. (254 ff.); grundlegend *W. Hoffmann-Riem*, in: ders./E. Schmidt-Aßmann, Öffentliches Recht und Privatrecht als wechselseitige Auffangordnungen, Baden-Baden 1996, S. 261 ff. (300 ff.).

[19] Hierzu nur *A. Voßkuhle*, VVDStRL Bd. 62 (2003), S. 266 ff. (305, 307 ff. und passim).

III. Gemeinnützigkeitsrecht als Instrument arbeitsteiliger Gemeinwohlförderung

Das Spenden- und Gemeinnützigkeitsrecht verdeutlicht in besonderer Weise die stets dynamischer Anpassung unterliegenden Rahmenbedingungen arbeitsteiliger Verwirklichung des Gemeinwohls durch Staat und Gesellschaft. Seinen unmittelbaren Einfluß auf die Hervorbringung des Gemeinwohls übt der Staat anhand der ihm von seinen Bürgern zur Verfügung gestellten Finanzen aus. Hierin liegt die mittelbare Gemeinwohlförderung, zu der jeder Steuerzahler beiträgt. Daher ginge es fehl, wollte man allein die hier im Zentrum der Überlegungen stehende *wohltätige* private Disposition als gemeinwohldienlich erkennen. Gleiches gilt auch für ihr bisweilen geringschätzig als Ausdruck von Eigennutz eingestuftes ökonomisches Pendant. Wer ökonomische Chancen wahrnimmt, trägt zur effizienten Güterallokation und damit zum Gemeinwohl bei und eröffnet dem Staat zugleich mit dem steuerlichen Zugriff auf das von ihm Erworbene die Möglichkeit, wiederum selbst zugunsten des Gemeinwohls tätig zu werden[20].

In den Regeln des Spenden- und Gemeinnützigkeitsrechts wird deutlich, daß der Staat bereit (und angesichts der Aufgaben- und Verantwortungsteilung bei der Verwirklichung des Gemeinwohls sogar gezwungen) ist, eine Minderung seines Steueraufkommens hinzunehmen, wenn hierdurch gemeinwohlrelevante Zwecke durch Steuerpflichtige gefördert werden. Zwar werden in den §§ 51 ff. AO staatlicherseits förderungswürdige Zwecke enumeriert. Die Verwirklichung dieser Zwecke liegt aber in privater Hand, wobei der Staat sie durch Ausgleich des Einsatzes privater finanzieller Mittel anreizt und unterstützt[21]. Insoweit liegt dann neben der mittelbaren, sich in der Steuerpflicht realisierenden Gemeinwohlförderung des Bürgers auch eine unmittelbare Förderung vor. Die private Wohlfahrtsförderung ist dabei nicht nur legitime freiheitsrechtliche Agende; sie ist sogar Verfassungserwartung[22]. Die stetige und z.T. scharf kritisierte Ausdehnung der als förderungswürdig angesehenen Zwecke[23] spiegelt daher nicht nur die erfolgreiche Einflußnahme bestimmter Interessenverbände auf den Vorgang der Gesetzgebung wider, sondern auch den Umstand, daß der moderne Sozial- und Präventionsstaat angesichts der an ihn gestellten, quantitativ wie qualitativ gewachsenen gesellschaftlichen Ansprüche proportional zu seinem Funktions- und Aufgabenzuwachs einen Steuerungs- und Machtverlust erlitten hat. Aufgrund dessen vermag er trotz der auf ihn projizierten Erwartungen seiner Bürger, gesellschaftlichen Fehlentwicklungen nicht allenthalben

---

[20] *J. Isensee* (oben Fn. 4), S. 56 f.

[21] Instruktiv *H. Kube*, IStR 2005, S. 469 (471).

22 Zu dieser Kategorie: *J. Isensee*, in: derS. / Paul Kirchhof (Hrsg.), Handbuch des Staatsrechts Bd. V, 2. Aufl., Heidelberg 2000, § 115 Rn. 167, 170, 202, 227 ff.

[23] *K. Tipke*, StuW 1989, S. 165 ff. (165): "Die deklassierte Gemeinnützigkeit. – Geistig und sittlich auf dem Hund"; s.a. *J. Isensee* (o. Fußn. 4), S. 37.

wirksam entgegenzutreten – geschweige denn seinen Beitrag zu Art und Maß des Gemeinwohls aktiv zu gestalten. Der Rückbezug auf die Förderung bürgerschaftlichen Engagements ist Symptom staatlichen Machtverlusts und Versuch seiner Kompensation gleichermaßen und verdeutlicht somit ein in vielen Lebensbereichen zu beobachtendes Dilemma.

C. Gemeinwohlförderung und Egalität: Die Abzugsfähigkeit von Parteispenden

Nicht allein die aktuelle Aufgaben- und Verantwortungsteilung zwischen Staat und Gesellschaft für das Gemeinwohl läßt sich anhand des Spenden- und Gemeinnützigkeitsrechts nachvollziehen. Seine Entwicklung (zumindest in dem hier als Anschauungsmaterial dienenden Bereich der Parteispenden) kann zugleich als Lehrstück für das staatliche Anliegen gelten, die Gleichheit seiner Bürger bei der Einflußnahme auf Formulierung und Umsetzung von Gemeinwohlanliegen sicherzustellen.

Die allgemeine Steuerpflicht knüpft an die Leistungsfähigkeit des einzelnen an. Das Leistungsfähigkeitsprinzip[24] konkretisiert den steuerrechtlichen Gleichheitssatz und entspricht damit dem Gebot der Steuergerechtigkeit, das sich im Leistungsfähigkeitsprinzip zugleich mit dem grundrechtlichen Eigentumsschutz verbindet[25]. Der Gleichheitssatz des Art. 3 Abs. 1 GG verlangt für das Steuerrecht, daß die Steuerpflichtigen durch ein Steuergesetz rechtlich und tatsächlich gleich belastet werden[26]. Dies erfordert die „sachgerechte Tatbestandsbildung, systemgerechte Tatbestandsverzahnung und folgerichtige Ausprägung des Grundtatbestandes in Einzeltatbestände"[27].

Doch nicht nur dieser formale, auf Klarheit und Systemgerechtigkeit bedachte Aspekt von Art. 3 Abs. 1 GG, sondern auch die materielle Wirkung der Vorschrift bietet einen Ansatzpunkt für die Beurteilung von Steuervergünstigungen. Von diesen stellt jede eine Ausnahme vom Prinzip der Lastengleichheit dar und ist daher grundsätzlich am Gleichheitssatz des Art. 3 Abs. 1 GG zu messen. Der Gleichheitssatz rationalisiert die Gesetzgebung im Grundtatbestand ebenso wie bei der Formulierung von Ausnahmen. Steuervergünstigungen als Anreize dürfen daher prinzipiell nicht anders behandelt werden als offene Subventionen für denselben Zweck[28].

---

[24] P. Kirchhof, StuW 1985, S. 310 ff..

[25] Zur Besteuerungsgleichheit: P. Kirchhof, in: J. Isensee / derS. (Hrsg.), Handbuch des Staatsrechts Bd. IV, 2. Aufl., Heidelberg 2000, § 88, Rn. 104 ff., 114.

[26] BVerfGE 84, 239 (268 ff.); 96, 1 (6 ff.) und öfter.

[27] P. Kirchhof (o. Fußn. 25), Rn. 132.

[28] W. Rüfner, in: Josef Isensee / Paul Kirchhof (Hrsg.), Handbuch des Staatsrechts Bd. V, 2. Aufl., Heidelberg 2000, § 117, Rn. 34.

Vor diesem Hintergrund drängt sich allerdings die Frage auf, warum bestimmte privat-wohltätige Dispositionen in besonderem Maße steuerliche Privilegierung erfahren – andere hingegen nicht[29]. Jede einschlägige Privilegierung ist vor dem allgemeinen und gegebenenfalls vor besonderen Gleichheitssätzen der Verfassung zu rechtfertigen, die mit jeweils abgestufter Strenge die Frage nach dem besonderen Grund für die Sonderstellung zum Ausgangspunkt haben. Hier liegt das wohl schwierigste Problem des Spenden- und Gemeinnützigkeitsrechts. Es dürfte unmöglich sein, einen übergreifenden Rechtfertigungsgrund für alle Kategorien des Spenden- und Gemeinnützigkeitsrechts zu identifizieren. Dies wird an dem oft angeführten Topos der Staatsentlastung deutlich[30]: Die private Wahrnehmung solcher Zwecke, deren Wahrnehmung dem Staat aufgrund grund- oder kompetenzrechtlicher Restriktionen ohnehin versperrt wäre, kann von vornherein nicht der Staatsentlastung dienen. Mit diesem Topos ist daher nur ein Ausschnitt der förderungswürdigen Zwecke abzudecken. Allerdings kann man Staatsentlastung in diesem Sinne auch rein finanziell verstehen, wie sich etwa am Beispiel der Wissenschaft belegen läßt: Der Staat kann Wissenschaft nicht betreiben und darf sie auch nur im Ansatz organisieren, muß sie aber aufgrund von Art. 5 Abs. 3 GG weitgehend finanzieren. Soweit Private hier in die Bresche springen, dient dies daher der Staatsentlastung.

Auch der Verweis auf den weiteren, ebenfalls allgegenwärtigen Legitimationsgrund der „Gemeinwohlförderung"[31] scheint zunächst wenig überzeugend, da doch wie gesehen auch die Steuerleistung dem Gemeinwohl dient. Jede Steuererleichterung oder -befreiung ist unter diesem Gesichtspunkt kontraproduktiv. Das bedeutet aber keineswegs, daß dieser Aspekt aus den Überlegungen insgesamt auszuscheiden hat. In dem angedeuteten argumentativen Spannungsverhältnis bildet sich vielmehr der kooperative, von Staat und Gesellschaft arbeitsteilig realisierte Erfüllungsmodus der Gemeinwohlförderung ab, bei der das Gemeinwesen als Ganzes aufgrund der verfassungsrechtlichen wie tatsächlichen Grenzen staatlicher Tätigkeit auch und gerade auf die private Gemeinwohlförderung angewiesen ist. Seine Gemeinwohlrelevanz stellt das Spenden- und Gemeinnützigkeitsrecht in Abgrenzung zur (legitimen, aber nicht gleichermaßen auf Kosten des Gemeinwesens förderungswürdigen) Verfolgung eigennütziger Interessen über das Tatbestandsmerkmal der „Allgemeinheit" her. Voraussetzung für die Inanspruchnahme der beschriebenen Privilegien ist, daß die Allgemeinheit gefördert wird; ein Handeln zum Nutzen abgeschlossener Personenkreise scheidet aus (vgl. § 52 Abs. 1 Satz 2 AO)[32].

---

[29] Zu den gleichheitsrechtlich relevanten Konstellationen: *J. Isensee* (oben Fn. 4), S. 43.

[30] Hierzu *R. Seer*, Gemeinwohlzwecke und steuerliche Entlastung, in: DStJG Bd. 26 (2003), S. 11 (21 ff.); *M. Jachmann*, BB 2003, 990 (992).

[31] Zu dessen notwendigem subjektiven wie objektivem Element: *J. Isensee* (oben Fn. 4), S. 57.

[32] Zu der bisweilen fragwürdigen Stringenz der Unterscheidung: *W. Däubler*, NJW 2003, S. 3319 f.

Die Bezugnahme auf dieses Motiv erlaubt im Rahmen des in Art. 3 GG ausgeprägten gesetzgeberischen Gestaltungsspielraums eine kaum zu kontrollierende gesetzgeberische Differenzierung zwischen zu privilegierenden und nicht zu privilegierenden Anliegen.

In besonders gleichheitssensiblen Bereichen hingegen sind die Anforderungen deutlich strenger. Dies sollen die folgenden Überlegungen exemplarisch anhand der wechselhaften Entwicklung des Parteispendenrechts verdeutlichen.

Hier setzt den Maßstab indes nicht der allgemeine Gleichheitsgrundsatz des Art. 3 Abs. 1 GG in seiner steuerrechtlichen Ausprägung als Steuergerechtigkeit. Vielmehr sind das in Art. 21 GG niedergelegte Gebot der Chancengleichheit der Parteien und das auf dem Demokratieprinzip fußende Gebot der Gleichbehandlung der Bürger, die beide strengere Maßstäbe zur Rechtfertigung von Ungleichbehandlungen aufstellen, von besonderer Bedeutung.

„Spenden an politische Parteien, auch Spenden juristischer Personen, sind nach der Rechtsordnung der Bundesrepublik Deutschland in beliebiger Höhe zulässig. Gefahren für den Prozeß der politischen Willensbildung, die sich hieraus ergeben können, beugt Art. 21 Abs. 1 Satz 4 GG vor, der von den Parteien unter anderem verlangt, über die Herkunft ihrer Mittel öffentlich Rechenschaft zu geben. Eine andere Frage ist es, ob der Staat Zuwendungen an politische Parteien steuerlich begünstigen darf"[33].

Von diesem Grundsatz ausgehend, ließ das Bundesverfassungsgericht in einem ersten Schritt die nicht absolut, sondern nur relativ (auf 10% des Gesamtbetrags der Einkünfte) begrenzte Abzugsfähigkeit von Parteispenden scheitern. Diese Regelung hatte Großspendern und den ihnen typischerweise nahestehenden Parteien gleichheitswidrige Vorteile verschafft und damit schon faktisch bestehende Ungleichheiten zwischen den verschiedenen Parteien weiter verstärkt[34]. Großspender waren bevorzugt, weil sie einen absolut wie relativ höheren Betrag an Steuern ersparten als Bezieher kleiner Einkommen. Nach Ansicht des Bundesverfassungsgerichts wurde hierdurch die politische Meinung jener (gleichheitswidrig) „prämiert".

Daraufhin setzte der Gesetzgeber eine (niedrige) absolute jährliche Obergrenze für Parteispenden fest. Dies war verfassungsrechtlich unbedenklich, weil bei geringen Beträgen eine verfassungsrechtliche Prämierung der politischen Meinung von Beziehern hoher Einkommen nicht zu befürchten war[35]. Die Begrenzung als solche hatte indessen erhebliche Auswirkungen auf den Spendenzufluß bei den Parteien. Diese Konsequenz aber verstieß ihrerseits nicht gegen die Verfassung, weil die Parteien keinen Anspruch auf eine großzügigere Behandlung durch den staatlichen Gesetzgeber haben[36]. Als Reaktion auf diese Entwicklung wurden die Obergrenzen der Abzugsfähigkeit deutlich

---

[33] BVerfGE 85, 264 (314).
[34] BVerfGE 8, 51 (63 ff., 68).
[35] BVerfGE 24, 300 (357 ff.);
[36] BVerfGE 52, 63 (90 ff.).

erhöht. Eine nachfolgende Neuregelung griff auf den Grundgedanken des ursprünglichen, verfassungswidrigen Systems zurück. Der Gesetzgeber bemühte sich aber, die zuvor bemängelten Gleichheitsrechtsverstöße durch eine Steuerermäßigung von 50% der Kleinspenden zu beheben. Diese Regelung war verfassungskonform, auch wenn sie nur Beziehern von Einkommen zugute kommt[37]. Der Ansatzpunkt blieb im Rahmen zulässiger Typisierung, zumal aufgrund der geringen Höhe der hier erfaßten Zuwendungen politischer Einfluß nicht ausgeübt werden kann. An der Neuregelung war verfassungsrechtlich allein das Fehlen jeder absoluten Obergrenze zu bemängeln, was wiederum auf eine Verletzung des Rechts der Bürger auf die gleiche Teilnahme am Prozeß demokratischer Willensbildung hinausliefˆ[38]. Das Gericht selbst legte den entsprechenden Betrag auf 100.000 DM fest und unterstellte eine verfassungswidrige ungleiche Gewichtung individueller Einflußnahme auf die Parteien erst ab Überschreiten dieser Grenze. Nach Festlegung des Höchstbetrags „verlieren zugleich im Hinblick auf eine progressionsabhängig unterschiedliche Förderung durch staatlichen Steuerverzicht noch verbleibende Ungleichheiten zwischen den Bürgern ihre verfassungsrechtliche Relevanz"[39].

Die Höchstbetragsregelung wurde in der Folge modifiziert. Der Höchstbetrag der als Sonderausgaben abzugsfähigen Mitgliedsbeiträge und Spenden wurde auf 60.000 DM begrenzt, soweit nicht eine Steuerermäßigung nach § 34g EStG gewährt wurde (§ 10b Abs. 2 EStG). Diese Höchstbeträge beanstandete das Bundesverfassungsgericht allerdings, weil sie oberhalb des jährlichen Durchschnittseinkommens und damit erst recht oberhalb des für Parteispenden verfügbaren Einkommens der meisten potentiellen Spender lagen[40]. Die Zuwendungen natürlicher Personen an politische Parteien können aber nur dann den Anforderungen des Gleichheitssatzes genügen, wenn sie innerhalb einer Größenordnung verbleiben, die für den durchschnittlichen Einkommensempfänger erreichbar ist[41]. Zudem begrenzte das Gericht den Kreis potentieller Spender durch den Ausschluß der Steuerbegünstigung für Spenden von Körperschaften empfindlich[42]. Der Grund hierfür lag in der Gefahr, daß die steuerliche Begünstigung von Spenden denjenigen natürlichen Personen, die hinter den Körperschaften stehen, eine zusätzliche Möglichkeit vom Staat zu Lasten der übrigen Steuerzahler geförderter Einflußnahme auf die politische Willensbildung verschafft, die anderen Bürgern vorenthalten bleibt. Für diese Ungleichbehandlung fand das Bundesverfassungsgericht keine Rechtfertigung, die dem streng formalen Gleichheitssatz genügen würde. Auch der Kreis der durch Spenden zu Begünstigenden mußte mehrfach nach verfassungsgerichtlicher

---

[37] BVerfGE 85, 264 (316 f.).
[38] BVerfGE 73, 40 (84 ff., 100 ff.).
[39] BVerfGE 73, 40 (84).
[40] BVerfGE 85, 264 (316).
[41] BVerfGE 85, 264 (316).
[42] BVerfGE 85, 264 (314).

Intervention neu zugeschnitten werden. Nicht nur der Ausschluß von Parteien ohne Parlamentsmandat[43], sondern auch der von Wählergemeinschaften[44] bedurfte der Korrektur durch den Gesetzgeber.

Dieses wechselhafte Schicksal des auf die politischen Parteien bezogenen Spendenrechts macht die verfassungsrechtliche Balance deutlich, die der Gesetzgeber bei der Privilegierung gemeinnützigen Verhaltens einzuhalten hat. Auf der einen Seite steht die Angewiesenheit auf privates, auch finanzielles Engagement. Auf der anderen Seite steht die Gefahr einer starken, ja einseitigen (auch finanziellen) Privilegierung desjenigen, der ohnehin schon viel hat und zu dessen privater Finanzkraft dann auch noch die staatlich geförderte Möglichkeit träte, mit nur relativ geringem Aufwand eine besondere Stellung im Bereich verschränkter staatlicher und gesellschaftlicher Willensbildung zu erlangen. Daß insoweit im Bereich der Parteien, die in der parlamentarischen Demokratie das Vehikel zur Erlangung staatlicher Macht sind, besondere verfassungsrechtliche Sensibilität gefordert ist, die sich in den hohen Differenzierungsanforderungen des streng formalen Gleichheitssatzes manifestiert, liegt auf der Hand.

D. Gemeinwohlförderung und europäische Integration

Nicht weniger signifikant als der nach innen gerichtete Blick auf die Bedeutung des Spenden- und Gemeinnützigkeitsrechts für das Verständnis des Verhältnisses von Staat und Gesellschaft unter dem Grundgesetz, sowie für die Rolle, die das Individuum bei der Verwirklichung des Gemeinwohls einnimmt, ist die Bedeutung dieser Materie im sich stetig beschleunigenden Prozeß der Europäisierung der Rechtsordnung. Soweit für den innerstaatlichen Bereich die Rahmenbedingungen der Rollenverteilung bei der Gemeinwohlhervorbringung auf eine Kooperation von Staat und Gesellschaft hinauslaufen, stellt sich im europäischen Mehrebenensystem die Frage nach dem Bezugspunkt des Gemeinwohls. Dies wird in der aktuellen Auseinandersetzung um die Gemeinschaftsrechtskonformität von § 5 Abs. 1 Nr. 9, Abs. 2 Nr. 2 KStG deutlich[45], der zum Gegenstand einer Vorlage des Bundesfinanzhofs an den EuGH gemacht worden ist[46].

Eine italienische Stiftung, die ihre wohltätigen, vom italienischen Finanzamt als solche gebilligten Zwecke in der Schweiz (bzw. zugunsten von Schweizer Bürgern) fördert, ist Eigentümerin eines Geschäftsgrundstücks in Deutschland und erzielt aus dessen Vermietung Einkünfte. Diese Einkünfte waren in

---

[43] BVerfGE 6, 273 (279 ff.).
[44] Zunächst noch billigend: BVerfGE 69, 92 (104 ff.), dann aber 78, 350 (357 ff.).
[45] Hierzu neben *H. Kube* (o. Fußn. 21) auch *M. Helios*, BB 2002, S. 1893 ff.; *M. Jachmann*, BB 2003, S. 990 ff.
[46] BFH, Beschluß vom 14. Juli 2004 (I R 94/02), DStR 2004, S. 1644 ff.

Deutschland zu versteuern, da die Stiftung als steuerausländische Körperschaft mit Sitz und Geschäftsleitung außerhalb Deutschlands nach §§ 2 Nr. 1 und 8 Abs. 1 KStG i. V. m. § 49 EStG in Deutschland mit den inländisch erzielten Einkünften beschränkt steuerpflichtig ist. Eine Anwendung von 5 Abs. 1 Nr. 9 KStG lehnten Finanzamt wie Finanzgericht unter Hinweis auf § 5 Abs. 2 Nr. 2 KStG ab, da die Steuerbefreiung des § 5 Abs. 1 Nr. 9 KStG hiernach nicht für steuerausländische Körperschaften gilt.

Das Motiv der hier relevant gewordenen Ausnahme von der Befreiung liegt auf der Hand. Das Gemeinnützigkeitsrecht verfügt über „strukturellen Inlandsbezug"[47] und ist daher „auf das Gemeinwohl der Bundesrepublik Deutschland zugeschnitten"[48]. Allein die Vereinbarkeit dieser Motive mit den europäischen Grundfreiheiten (Niederlassungsfreiheit gem. Art. 43 EG, Dienstleistungsfreiheit gem. Art. 49 EG, Kapitalverkehrsfreiheit gem. Art. 56 EG) wird bezweifelt. Kann der in den europäischen Integrationsprozeß eingebundene Staat legitimerweise zwischen dem Gemeinwohl seines Gemeinwesens und dem Gemeinwohl anderer europäischer Staaten differenzieren? Kann er – wie hier – dem in einem anderen Mitgliedstaat als gemeinwohlrelevant eingeordneten Anliegen die Förderungswürdigkeit verweigern, weil der Bezugspunkt der Wohltätigkeit außerhalb der Gemeinschaft liegt?

Grundsätzlich müssen die Mitgliedstaaten ihre verbliebenen Kompetenzen im Bereich der direkten Steuern unter Wahrung gemeinschaftsrechtlicher Verpflichtungen ausüben[49]. Die genannten Grundfreiheiten verbieten dabei aber jede mittelbare wie unmittelbare Diskriminierung ebenso wie jede Beschränkung, die sich nicht mit den angebotenen (geschriebenen wie ungeschriebenen) Rechtfertigungsgründen legitimieren läßt und dabei den Grundsatz der Verhältnismäßigkeit wahrt. Das Vorliegen eines Erwerbszwecks, das den Schutz der Grundfreiheiten erst auslöst, liegt indes gerade bei gemeinnützigen Körperschaften nicht auf der Hand. Allerdings wird der Blick wohl eher funktional, d.h. eher auf die konkrete Einkommenserzielung als auf den Körperschaftszweck zu richten sein. Dies ist insbesondere dann zu betonen, wenn diese Einkommenserzielung in Konkurrenz zu gewerblich tätigen Körperschaften erfolgt.

Eine ähnliche funktionale Sichtweise verfolgt etwa das gemeinschaftliche Wettbewerbsrecht. In dessen Sinne sind „Unternehmen" alle natürlichen oder juristischen Personen sowie alle Personengesamtheiten, die als Anbieter oder Nachfrager von Waren oder gewerblichen Leistungen einer selbständigen wirtschaftlichen Tätigkeit nachgehen. Danach wurde sogar die Bundesanstalt für Arbeit hinsichtlich bestimmter ihrer Tätigkeiten (insbesondere der grundsätzlich auch marktförmig zu erbringenden) als Unternehmen im Sinne des Wett-

---

[47] *M. Jachmann* (o. Fußn. 45), S. 992.
[48] *J. Isensee*, in: DStJG Bd. 26 (2003), S. 93 (111).
[49] EuGH, 28.1.1986 - RS. 270/83, Kommission/Frankreich, Slg. 1986, 273, Rn. 18 ff., 24.

bewerbsrechts angesehen[50]. Hier wird der Unternehmensbegriff „relativ" in Bezug auf einzelne Tätigkeiten verstanden, so daß eine Organisation für bestimmte Tätigkeiten Unternehmen sein kann, für andere dagegen nicht[51]. Analoges läßt sich für die Anwendung der Grundfreiheiten auf gemeinnützige Körperschaften entwickeln.

Unabhängig von der Frage, welche Grundfreiheit konkret einschlägig ist, liegt offenbar eine unterschiedliche Behandlung Gebietsansässiger und Gebietsfremder statt. Da Gebietsfremde häufig Ausländer sind, ist hierin die Gefahr der Diskriminierung angelegt.

Im Bereich des Einkommensteuerrechts hat der Gerichtshof zwar die regelmäßige, einer Diskriminierung notwendig zugrundeliegende Vergleichbarkeit ansässiger und gebietsfremder Personen unter Hinweis auf die zwischen diesen bestehenden objektiven Unterschiede sowohl hinsichtlich der Einkunftsquelle als auch hinsichtlich der persönlichen Steuerkraft oder der persönlichen Lage und des Familienstands verneint[52]. Soweit keiner dieser objektiven Unterschiede zwischen beiden Gruppen besteht, bleibt eine Ungleichbehandlung indessen denkbar. Angesichts des zunehmenden Zusammenwachsens des europäischen Rechtsraums kann die bloße Auslandsbezogenheit des Gemeinwohlanliegens keine unterschiedliche Behandlung rechtfertigen – insbesondere solange die gebietsansässige gemeinnützige Körperschaft sich legitimerweise des ausländischen Gemeinwohls annehmen darf ohne Steuervorteile einzubüßen[53] (vgl. v.a. § 52 Abs. 2 Nr. 1: „Entwicklungshilfe").

Angesichts vorliegender mittelbarer Diskriminierung lassen die bisherige Rechtsprechung des EuGH im Bereich steuerrechtliche Diskriminierungen und insbesondere die ausgesprochen zurückhaltend gehandhabten Möglichkeiten zur Rechtfertigung solcher Ungleichbehandlungen erahnen, daß hier der Inlandsbezug der Gemeinwohlrelevanz insgesamt auf dem Spiel steht. Die beiden regelmäßig im Bereich des Steuerrechts geltend gemachten Rechtfertigungsgründe – Kohärenz und die Wirksamkeit der nationalen Steueraufsicht[54] – dürften nicht durchschlagskräftig sein.

Der Kohärenzgedanke, der einen Ausgleich zwischen Grundfreiheit dem Erfordernis der Systemgerechtigkeit der jeweiligen nationalen Steuerrechtsordnung schaffen soll, setzt einen „unmittelbaren Zusammenhang" sowie eine „strenge Wechselbeziehung" zwischen konkreten Steuervor- und nachteilen in

---

[50] EuGH, 23.4.1991 - RS. 41/90, Höfner und Elser v Macrotron GmbH, Slg. 1991 I-1979, Rn. 20 ff.

[51] Vgl. nur: Europäische Kommission, Generaldirektion IV – Wettbewerb (Hrsg.), Die Anwendung der Artikel 85 und 86 des EG-Vertrages durch die Gerichte der Mitgliedstaaten, 1997, S. 20.

[52] EuGH, 14.2.1995 - RS. C-279/93, Schumacker, Slg. 1995, I-225, Rn. 21, E. v. 11.8.1995 - RS. C-80/94, Wielockx, Slg. 1995, I-2493, Rn. 16.

[53] U. Koenig, in: A. Pahlke/ derS. (Hrsg.), Abgabenordnung, München 2004, § 51 Rn. 16, 28 f.

[54] EuGH v. 28. 1. 1992, C-300/90, Kommission/Belgien, Slg. 1992, S. I-305, Rn. 20; EuGH v. 28. 1. 1992, C-204/90, Bachmann/Belgien, Slg. 1992, S. I-249, Rn. 21.

dem Sinne voraus, daß allein durch das Zusammenwirken dieser Vorschriften der Regelungszweck erreicht wird. Diese enge Verbindung wird darin deutlich, daß der die Kohärenz begründende Zusammenhang die gleiche Person und die gleiche Steuer betreffen muß.

Auch die Wirksamkeit der Steueraufsicht kann als zwingender Grund des Allgemeininteresses eine Diskriminierung im Bereich der direkten Steuern grundsätzlich rechtfertigen[55]. Indes kann eine Rechtfertigung nur in Betracht kommen, wenn die über die Amtshilfe zu erlangenden Auskünfte nicht geeignet sind, eine nationale Kontrolle zu ermöglichen[56]

Angesichts dieser hier nicht einschlägigen Rechtfertigungsmöglichkeiten für eine unterschiedliche Behandlung in- und ausländischer wohltätiger Stiftungszwecke ist zu erwarten, daß sich mit der supranationalen Einbindung der nationalen Rechtsordnung eine weitere wichtige Tendenz der Entwicklung von Staat und Verfassung auch im Bereich des Spenden- und Gemeinnützigkeitsrechts bemerkbar machen wird.

E. Schlußbetrachtung

Die vorliegenden Betrachtungen haben deutlich gemacht, daß das Spenden- und Gemeinnützigkeitsrecht lebhafter Ausdruck der Bedingungen ist, denen der moderne supranational eingebundene Verfassungsstaat westlicher Prägung bei der Erfüllung seiner Aufgaben unterworfen ist.

In den Regelungen des Spenden- und Gemeinnützigkeitsrechts realisiert sich die Aufgabe des Staates, die Voraussetzungen individueller Freiheit zu schaffen. Die Rechtsmaterie erweist sich als Vehikel zur Stimulation und Belohnung privater Initiative in solchen Bereichen, in denen der Staat nach seiner wohlfahrtsstaatlich motivierten Expansion entweder aus eigener Kraft nicht (mehr) tätig werden kann (obschon seine Bürger dies von ihm erwarten) oder in denen er aufgrund seiner sektoralen Selbstbeschränkung nicht tätig werden darf (weil er den Grundrechtsträgern insoweit den Vortritt zu lassen hat). Zugleich vermag der Staat aber auch private Initiative nicht unbeschränkt zu prämieren, da in der Entlastung des einen zugleich eine Ungleichbehandlung des anderen liegt.

Parallel zu der Verdeutlichung einer inneren Fragmentierung und Reduktion staatlicher Macht läßt die Auseinandersetzung um den Bezugspunkt des staatlicherseits als förderungswürdig anerkannten Gemeinwohls diejenigen Grenzen erkennen, denen der insoweit noch introvertierte Staat bei der Auswahl von Förderungsanliegen unterworfen ist. Die durch die Einbindung des Nationalstaates in die supranationale Integration gestellten Anforderungen an die

---

[55] EuGH, 20. 2. 1979 - RS. 120/78, REWE/Bundesmonopolverwaltung für Branntwein, Slg. 1979, 649 (662).

[56] *M. Jachmann* (o. Fußn. 45), S. 992.

Rechtsordnung hinterlassen im Spenden- und Gemeinnützigkeitsrecht nachhaltige Spuren und machen auch insoweit die Indikatorfunktion dieses Rechtsgebiets für die Entwicklung von Staat und Verfassung insgesamt deutlich.

Non-Profit-Organisationen im Europäischen Zugwind

W. RAINER WALZ

A. Einleitung
I. Idée certaine oder certaine idée
II. Certaine idée de l'Europe
III. Certaine idée des Non-Profit-Sektors
  1. Unterschiede von Land zu Land
  2. Unterschiede aus der Perspektive verschiedener Rechtsbereiche
  3. Certaine idée im Zusammenhang mit dem Wandel des Staates
  4. Non-Profit-Sektor nicht identisch mit Daseinsvorsorge bzw. économie sociale
B. Sinn und Zweck eines vorjuristischen interdisziplinären Problemzugangs
  I. Einteilung nach Aktivitätsbereichen und Finanzierung
  II. Methodische Aspekte des Zugangs zum Non-Profit-Sektor
  III. Funktionsbezogener Zugang zum Non-Profit-Sektor
C. Thesenentfaltung
  I. Rechtliche Veränderungsimpulse nach zwei Richtungen
  II. Veränderungsimpulse für das in allen Mitgliedstaaten geltende Europarecht
    1. Problemeinleitung
    2. Entfaltung einer sich vom deutschen Recht befreienden Systematik
  III. Veränderungsimpulse des in Deutschland geltenden Rechts
    1. Im Bereich der Themenanwälte
    2. Im Bereich der fördernden Stiftungen
    3. Im operativen Leistungsbereich (Finanzierung über Zweckbetriebe)
    4. Finanzierung über Spenden, Vermögensverwaltungserträge und Mittelbeschaffungsbetriebe
D. Fazit

A. Einleitung

I. Idée certaine oder certaine idée

Zu Europarecht und Non-Profit-Organisationen grundlegend Neues zu sagen wird schwierig, je mehr juristische und andere Geister sich auf dieses Thema einlassen[1]. Worauf es in diesem Vortrag abgesehen ist, ist nicht so sehr ein

---

[1] So zum Beispiel *Stefan Bauer*, Rechtssicherheit bei der Finanzierung gemeinwirtschaftlicher Leistungen?, EuZW 2006, 7; *Christoph Benicke*, Zum Unternehmensbegriff des Europäischen Wettbewerbsrechts, EWS 1997, 373; *Charles Blankart/Björn Gehrmann*, Der Dritte Sektor in der Europäischen Union: Die Daseinsvorsorge, Beitrag zur Tagung „Recht und Ökonomik des Dritten Sektors" am 10./11. November 2005 in Hamburg (unveröffentlicht); *Klaus Eicker*, Erfordern die EG-Grundfreiheiten eine Änderung des deutschen Gemeinnützigkeitsrechts?, ZErbR 2005, 147; *Marcus Helios*, Steuerliche Gemeinnützigkeit und EG-Beihilfenrecht, 2005; *ders.*, Das deutsche

Beitrag zur Lösung der rasch zahlreicher werdenden Streitfragen zum Verhältnis von nationalem Recht der Non-Profit-Organisationen und Europarecht, obwohl von ihnen die Rede sein wird. Im Vordergrund soll vielmehr der Verdacht stehen, dass bisher kein methodisch und systematisch angemessener Problemzugang zur Verfügung steht, der die entscheidenden rechtspolitischen Optionen sichtbar macht und es erlaubt, die wichtigsten Entwicklungstendenzen im Zusammenhang zu sehen und einzuordnen. Um dem abzuhelfen, kann in einem ersten Schritt auf die methodisch-rhetorische Figur des ehemaligen französischen Staatspräsidenten de Gaulle zurückgegriffen werden, der immer von „une certaine idée de la France" sprach, die ihn bei allen seinen politischen Entschlüssen leitete, und hier also sowohl von einer „certaine idée de l'Europe" wie einer „certaine idée des organisations non-lucratives" ausgegangen werden. Da es sich um eine *certaine idée* und nicht um eine *idée certaine* handelt, also nicht etwa um eine bestimmte, sondern nur um eine gewisse Idee, reicht eine Annäherung aus, ohne sofort eine endgültige Festlegung erforderlich zu machen. Eine gewisse Idee ist – wie im Sprachgebrauch ein „gewisser" Herr Krause – etwas, von dem man im Augenblick nur so und so viel sagen kann, obwohl mehr dahinter ist, und gleichzeitig eine Idee, der man so gewiss sein kann, dass man – wie de Gaulle – Folgerungen oder Maßnahmen aus ihr ableiten kann. In der juristischen Methodenlehre hat man vom Vorverständnis gesprochen[2].

Helios/Thorsten Müller, Vereinbarkeit des steuerlichen Gemeinnützigkeitsrechts mit dem EG-Vertrag, BB 2004, 233; *Thomas von Hippel*, Steuerrechtliche Diskriminierung ausländischer gemeinnütziger Nonprofit-Organisationen: ein Verstoß gegen die europäischen Grundfreiheiten? *ders.*, Fremdnützige Vermögenstransfers – ein Anwendungsfall der Kapitalverkehrsfreiheit? EuZW 2005, 7; *Dieter Birk,* Das sog. „Europäische" Steuerrecht, FR 2005, 121; *Rainer Hüttemann*, Gemeinnützigkeitsrecht und europäisches Beihilfenrecht, Beitrag zur Tagung „5. Hamburger Tage des Stiftungs- und Non-Profit-Rechts 2005" am 4./5. November 2005 in Hamburg (unveröffentlicht, Tagungsmappe S. 82 ff.); *Monika Jachmann*, Die Europarechtswidrigkeit des § 5 Abs. 2 KStG, BB 2003, 990; *Hanno Kube*, Die Zukunft des Gemeinnützigkeitsrechts in der europäischen Marktordnung, IStR 2005, 469; *Bernd-Otto Kuper*, Economie sociale – eine europäische Herausforderung an die Freie Wohlfahrtspflege?, NDV 1990, 307; *Thomas Lübbig*, Neue Entwicklungen im Beihilfenrecht der Europäischen Gemeinschaften, WuW 1999, 249; *Johannes Münder/Arne von Boetticher*, Auswirkungen des europäischen Beihilfenrechts auf die Finanzierung der Leistungserbringung im SGB VIII, SGB XI und BSHG, ZESAR 2004, 15; *dies.*, Gemeinnützigkeit und Gemeinschaftsrecht. Vereinbarkeit der Gemeinnützigkeitsförderung mit dem europäischen Beihilfenrecht am Beispiel sozialer Dienstleistungen, BBJ Consult 2003-I; *Ekkehart Reimer/Martin Ribbrock*, Gemeinnützigkeit auch für ausländische Körperschaften?, RIW 2005, 611; *Bernd Schult/ Steffen Meining*, Betätigung deutscher gemeinnütziger Körperschaften im Ausland, FR 2005, 977; *Otmar Thömmes/Katja Nakhai*, Aktuelle EG-rechtliche Entwicklungen auf dem Gemeinnützigkeitssektor, IStR 2006, 164.

[2] Siehe z.B. *Josef Esser*, Vorverständnis und Methodenwahl, 1970.

II. Certaine idée de l'Europe

Vorweg sei summarisch und in wenigen Sätzen das Vorverständnis skizziert, das sich hinter der hier vorausgesetzten „certaine idée de l'Europe" verbirgt; die so umrissene Idee wird konfrontiert mit einem vorläufigen Definitionsversuch des gemeinnützigkeitsrelevanten Dritten Sektors. Dabei wird sich herausstellen, dass der europarechtliche Bezug das traditionelle Wissen über die Non-Profit-Organisationen und ihren Handlungsradius in bestimmter Weise in Frage stellt. Das beeinflusst die Auswahl zwischen rechtspolitischen Optionen.

Die certaine idée zielt ab auf eine rechtliche Zweckbestimmung für die EU und das rechtlich noch ungefestigte Verhältnis zu den Nationalstaaten. Es geht u.a. – mit oder ohne neue Verfassung – um eine verbesserte Kompetenzabgrenzung zwischen der EU-Ebene und der nationalen Ebene, die aus Gründen der Legitimität Zentralisierungen nur dort fördert, wo die Bündelung der Kräfte einen für den Bürger ersichtlichen Mehrwert verspricht. Unter dieser Zielbestimmung sollten der EU in drei Fällen Kompetenzen zugesprochen werden:

a) dort, wo sie öffentliche Kollektivgüter[3] kostengünstiger bereitstellen kann als die einzelnen Mitgliedstaaten

b) dort, wo spürbare grenzüberschreitende Externalitäten[4] vorliegen

c) querschnittsmäßig dort, wo der Binnenmarkt gegen nationale Abschottung geschützt werden muss.

Ersteres spräche beispielsweise für eine gemeinsame Verteidigungspolitik oder für die Bündelung der Kräfte in Segmenten der Forschungspolitik. Mit dem Vorliegen von Externalitäten lässt sich eine teilweise Vergemeinschaftung der Flüchtlings- und der Umweltpolitik rechtfertigen. National abgeschottete Märkte sollte es allenfalls noch nach Maßgabe spezifischer europarechtlicher Zulassung geben[5].

---

[3] Kollektivgüter sind Güter oder Leistungen, die nicht für einzelne hergestellt werden und nicht von einzelnen unter Ausschluss aller anderen konsumiert werden können. Beispiele oben im Text.

[4] Externalitäten liegen vor, wenn an der Entscheidung über eine Maßnahme nicht mitentscheidende Dritte positiv oder negativ betroffen werden, ohne dass diese Betroffenheit in das Kalkül des Entscheidenden eingeht. § 906 BGB bietet dafür klassische Beispiele.

[5] In der Diskussion um eine Renationalisierung bestimmter Politiken wird häufig übersehen, dass die Frage, ob die Grenzen zulässiger Renationalisierung eingehalten sind, notwendig auf der übergeordneten Ebene verbleiben muss. Sollte z.B. die Landwirtschaftspolitik renationalisiert werden, bleibt die Frage, ob die Produktion von Traktoren zur Landwirtschaft gehört, auf europäischer Ebene zu entscheiden.

III. Certaine idée des Non-Profit-Sektors

Wie angekündigt, soll die „certaine idée de l'Europe" mit einer gewissen Idee des Non-Profit-Sektors konfrontiert werden.

1. Unterschiede von Land zu Land

Der Dritte Sektor bezeichnet einen rechtlichen Bereich mit variablen, perspektivisch sich verschiebenden Grenzen. Es gibt heftige ökonomische, soziologische und politikwissenschaftliche Debatten über sein Wesen und seine Grenzen[6]. Juristisch kann man sich von der Rechtsvergleichung her nähern und feststellen, dass die Abgrenzungen insbesondere zum Staat von Land zu Land verschieden verlaufen, in den Kernbereichen aber breite Überschneidungen aufweisen. An den Rändern tauchen seltsame Tiere auf: Quangos und Quanpos – quasi-nongovernmental organizations und quasi-nonprofit organizations. Sie sind der Form nach Nonprofit Organisationen, gehören aber ihrer Funktion nach als Quangos zum Staat und als Quanpos zum wirtschaftlichen Sektor. Beispiele für Quangos sind die Hamburger Museen oder die Universität Göttingen (mittelbare Staatsverwaltung), Beispiel für Quanpos sind Unternehmensverbände, Gewerkschaften[7] und die Lidl-Stiftungen[8]. Die entscheidende Frage ist hier: Wer finanziert und kontrolliert und mit welchem *vorwiegenden* Interesse – staatlich-hoheitlich, privatnützig-rentierlich oder gemeinnützig aus gesellschaftlicher Verantwortung?

2. Unterschiede aus der Perspektive verschiedener Rechtsbereiche

Man kann die Abgrenzung auch aus der Perspektive verschiedener Rechtsgebiete vornehmen. Das *Wettbewerbsrecht* entdeckt gerade, dass die Monopolrenten aus Kartellen von gemeinnützigen Organisationen weniger Auswirkungen auf den idealistischen Output haben als im For-Profit-Bereich und im Übrigen nicht zur Bereicherung des Monopolisten, sondern gesollt zur Querfinanzierung öffentlicher Güter verwendet werden[9]. Das hat möglicherweise

---

[6] Siehe statt vieler *Annette Zimmer*, Der deutsche Nonprofit-Sektor, Ein empirischer Beitrag zur Bedeutung von Nonprofit-Organisationen in der Bundesrepublik Deutschland, Non Profit Law Yearbook 2001, S. 7ff.

[7] Sie dienen letztlich der ökonomischen Einkommensverbesserung ihrer Mitglieder und gehören deshalb zum Zweiten Sektor.

[8] Der übergeordnete Zweck dürfte die Erhaltung des Unternehmens sein. Der gemeinnützige Zweck ist demgegenüber faktisch nachgeordnet.

[9] *Cristiana Cicoria*, Nonprofit Organizations Facing Competition, 2006. Aktuell ist der Streit um die Monopolisierung des Marktes für Blutspenden durch das Rote Kreuz – s. FAZ v. 16.3.2006, Nr. 69, S. 11.

Auswirkungen auf das wettbewerbsrechtliche Unrechtsurteil und das zugehörige Sanktionsbedürfnis. Das *Organisationsrecht* stellt herkömmlich auf bestimmte Rechtsformen (Verein, Stiftung, gGmbH), sowie aus steuerlichen Gründen auf die gemeinnützige Vermögensbindung, auf das Ausschüttungs- und das Thesaurierungsverbot ab. Für Besonderheiten im *Rechnungslegungsrecht* ist die *differentia specifica* des Dritten Sektors zum Unternehmensbereich die mangels direkter finanzieller Interessen der Investoren diffus bleibende Eigentümer-, Stakeholder- und Interessenstruktur[10]. Diese Organisationen dürfen keine Dividenden ausschütten und ihr Vermögen bleibt in der Regel auch bei Auflösung dem gemeinnützigen Sektor verhaftet, wird also nicht zurückgezahlt[11]. Das mangelnde finanzielle Eigeninteresse führt sektorspezifisch – aber nicht überall gleich intensiv – dazu, dass zentrale Stakeholder in Kauf nehmen, dass die Organisationen mit dem zur Verfügung gestellten Geld weniger effizient umgehen als Unternehmen, die für ihre Anteilseigner Renditen erwirtschaften sollen[12]. Der Spender, der an das Rote Kreuz spendet, das Einzelmitglied eines Wohlfahrtsverbands reagiert auf negative Nachrichten weit weniger flexibel als der typische Kapitalanleger. Das hat erhebliche Rückwirkungen auf die mögliche Funktion des Rechts der Rechnungslegung.

3. Certaine idée im Zusammenhang mit dem Wandel des Staates

Aus allen diesen Zugängen zum Dritten Sektor entsteht zwar noch keine *idée certaine*. Dazu fehlen eine verfassungsrechtliche Fundierung und die Entwicklung zentraler grundrechtlicher und staatsorganisatorischer Kategorien für privates Handeln mit nicht privater, sondern gemeinwohlzentrierter Zwecksetzung. Diese Grundlegung hätte die Entwicklung vom Interventionsstaat zum Gewährleistungs- und Kooperationsstaat mit der darin angelegten Veränderung des relativen Gewichts des staatlichen, privaten und Dritten Sektors auf den Begriff zu bringen[13]. Es entsteht aber doch eine *certaine idée*, deren Präzisierung das Recht des Dritten Sektors nicht als bloße Querschnittsmaterie unter

---

[10] *Keating/Frumkin*, How to Assess Non Profit Financial Performance, Working Paper 2001. *W. Rainer Walz*, Rechnungslegung für Nonprofit-Organisationen in: Hopt/von Hippel/Walz (Hrsg.), Nonprofit-Organisationen in Recht, Wirtschaft und Gesellschaft, 2005, S. 259 ff.

[11] Das ist bei Berufsvereinigungen steuerrechtlich anders, vgl. *Stephan Schauhoff*, Begründung und Verlust des Gemeinnützigkeitsstatus, DStJG 26, 133, 150; *Hardy Fischer*, Ausstieg aus dem Dritten Sektor, 2005, S. 171. Sie gehören nicht zum 3. Sektor.

[12] Zum strukturbedingten Desinteresse der Stakeholder *W. Rainer Walz*, a.a.O. (Fn. 10), S. 268 ff.

[13] Vgl. *Gunnar Folke Schuppert*, Gewährleistungsstaat, Zivilgesellschaft und Stiftungswesen, Non Profit Law Yearbook 2002, 47 ff. m.w.N.; *Wolfgang Hoffmann-Riem*, Finanzkontrolle als Gewährleistungsaufsicht im Gewährleistungsstaat, DÖV 1999, 221 ff.; Vgl. auch die Beiträge von *Eberhard Schmidt-Aßmann*, *Gunnar Folke Schuppert* und *Andreas Voßkuhle* in: Regulierte Selbstregulierung als Steuerungskonzept des Gewährleistungsstaats, Ergebnisse des Symposiums aus Anlass des 60. Geburtstags von Wolfgang Hoffmann-Riem, 2001.

anderen erscheinen lässt – wie etwa das Recht des Handwerks – , sondern als Normierung eines zwischen Staat und Gesellschaft mit Insignien der Legitimität versehenen Zwischenreichs, in dem eigenständige Spielregeln herrschen[14]: Privates, freiheitliches Handeln in den öffentlichen Raum hinein führt zu eigenartigen Organisations- und Finanzierungsformen, spezifischen Motiven, besonderen Bindungen und andersartigen Missbrauchsformen. Ich werde die These vertreten, dass von diesem Sinnzentrum her Veränderungsimpulse sowohl auf das in allen Mitgliedstaaten geltende Europarecht wie für das in Deutschland geltende Recht ausgehen.

4. Non-Profit-Sektor nicht identisch mit Daseinsvorsorge bzw. économie sociale

Bevor man sich auf dieses Terrain begibt, muss man den Dritten Sektor gedanklich trennen vom Konzept der Daseinsvorsorge, das auf Ernst Forsthoff zurückgeht und das unterfüttert durch die französische *économie sociale* in Art. 16 und 86 Abs. 2 EGV durch den Begriff der Dienste bzw. Dienstleistungen von allgemeinem wirtschaftlichen Interesse ersetzt worden ist[15]. Zu diesen Leistungen gehören Versorgung mit Wasser, Gas, Elektrizität sowie die Bereitstellung von Verkehrsmitteln, die Post, Telefon und Telegrafie, die hygienische Sicherung, die Vorsorge vor Alter, Invalidität, Krankheit, Arbeitslosigkeit und vieles andere mehr. Zwischen der Daseinsvorsorge, der *économie sociale* bzw. den Diensten von allgemeinem wirtschaftlichen Interesse und dem Non-Profit-Sektor gibt es nur Teilüberschneidungen. Sie liegen im Bereich der Gesundheits- und sozialen Dienste, der Bildung, Kultur und Freizeit. Im Bereich der Telekommunikation, des Verkehrs, Müllentsorgung, Rundfunk und Fernsehen werden Leistungen der Daseinsvorsorge außerhalb des Dritten Sektors erbracht, während die Bereiche Philanthropie, Völkerfreundschaft, Naturschutz, Religion keine Leistungen der Daseinsvorsorge sind, wohl aber von Non-Profit-Organisationen erbracht werden.

Nach Auffassung der Kommission und des EuGH sind nicht alle sozialbezogenen Dienstleistungen im Wettbewerbssystem zu erbringen, sondern nur dann, wenn sie über eine Teilnahme am Wirtschaftsleben funktional unternehmerisch agieren. Ohne diese Voraussetzung sind soziale Dienstleistungen nicht Bestandteil des wettbewerbsverfassten Marktes, sondern als Maßnahmen z.B.

---

[14] Diese These wird hier nur angedeutet. Sie steckt voller, hier nicht erörterbaren Voraussetzungen, die im Widerspruch zu vorherrschenden deutschen Auffassungen zur Ausschließlichkeit des Gegensatzes zwischen „öffentlich" und „privat" stehen.

[15] Anders als die Daseinsvorsorge haben die NPOs auf europäischer Ebene wenig Aufmerksamkeit erfahren, dazu überzeugend *Blankart/Gehrmann*, a.a.O. (Fn. 1). Die EU-Kommission zählt zur Daseinsvorsorge alle marktbezogenen und nicht marktbezogenen Tätigkeiten, die im Interesse der Allgemeinheit erbracht und daher von den Behörden mit spezifischen Gemeinwohlverpflichtungen verbunden werden können – siehe Mitteilungen über Leistungen der Daseinsvorsorge in Europa, (KOM 2000, 580) ABl. 2001, C 17/4, S. 42 (Anhang II).

gegen Armut, Krankheit, Alter, Pflegebedürftigkeit, Behinderung, Arbeitslosigkeit, Verwahrlosung Gestaltungsmittel nationaler Sozialpolitik[16]. Umgekehrt bedeutet aber nach der Rechtsprechung des EuGH die Tatsache der Zugehörigkeit einer Regelung zur Sozialpolitik nicht, dass ihr Gegenstand dem Anwendungsbereich des EGV generell entzogen wäre[17]. Es kommt nicht auf die sozialpolitische oder andere Absicht an, sondern auf die europarechtlich zu beurteilende Art und Weise ihrer Umsetzung.

Dienstleistungen, Daseinsvorsorge und Dritter Sektor (Blankart/Gehrmann)[18]:

	Dienstleistungen außerhalb der Daseinsvorsorge	*Leistungen der Daseinsvorsorge*
Dienstleistungen außerhalb des Dritten Sektors	1 Konsumgüter und Dienstleistungen des Zweiten Sektors ohne Regulierung	2 Telekommunikation ÖPNV Post Müll Wasser und Abwasser Energie Rundfunk und Fernsehen
Leistungen des Dritten Sektors	3 Philanthropie Völkerfrieden Naturschutz Religion	4 Gesundheitsdienste Soziale Dienste Bildung Kultur und Freizeit

B. Sinn und Zweck eines vorjuristischen interdisziplinären Problemzugangs

I. Einteilung nach Aktivitätsbereichen und Finanzierung

Um plausibel zu machen, dass es juristisch sinnvoll ist, von einem im Kern eigenständigen Dritten Sektor zu sprechen, muss man ihn einmal nach außen abgrenzen. Sodann muss man ihn nach innen gliedern, um auf die aus den Besonderheiten der unterschiedlichen Aktivitäten entstehenden juristischen Probleme angemessen differenzierend reagieren zu können. Beides kann hier nur stichwortartig geschehen und bedarf weiterer präzisierender Ausarbeitung.

---

[16] Darstellung bei *Münder/von Boetticher*, Gemeinnützigkeit und Gemeinschaftsrecht, a.a.O. (Fn. 1), S. 7 f.
[17] Siehe z.B. *EuGH* Urt. v. 12.7.2001, Rs. C-157/99 *(Smits und Peerbooms)*, Slg. 2001, I-5473, Rn. 25.
[18] Siehe oben Fn. 1.

Zunächst zur Abgrenzung gegen den *Ersten,* den *staatlichen* und den *Zweiten,* den renditegesteuerten wirtschaftlichen Sektor: Kernelement des *Dritten Sektors* – also im Wesentlichen des gemeinnützigen Non-Profit-Sektors – ist die *nicht gewinnorientierte Wahrnehmung* öffentlicher Aufgaben durch nicht-staatliche Akteure[19]. Den Akteuren des Dritten Sektors stehen deshalb strukturbedingt die typischen Finanzierungsoptionen des Ersten und des Zweiten Sektors nicht zur Verfügung: Sie können keine Steuern erheben und wegen des Gewinnauschüttungsverbots und der gemeinnützigen Vermögensbindung haben sie keinen Zugang zum Kapitalmarkt[20]. Hier liegt der eigentliche rechtspolitische Auslöser für die diesen Ausfall des Kapitalmarkts kompensierenden steuerlichen und anderen „Privilegierungen", die gemeinnützige Organisationen der beschriebenen Art in allen entwickelten Ländern genießen.

Nach innen kann der Dritte Sektor nach drei unterschiedlichen Hinsichten klassifiziert werden, nämlich einmal nach handelnden Subjekten, zum Zweiten, wie sie sich finanzieren und von den Investoren kontrolliert werden, und zum Dritten von den wahrgenommenen Aufgaben oder Funktionen im Gemeinwesen[21]. In Deutschland sind Juristen im Zivil- und Wirtschaftsrecht die Einteilung nach Akteuren gewohnt, also nach Rechtsformen: Vereine, Stiftungen, gemeinnützige GmbHs sowie die nichtrechtsfähigen Varianten der Stiftung und des Vereins sowie Sonderfälle der kirchlichen und der öffentlichrechtlichen Stiftungen. Was die Finanzierung (die Herkunft der Finanzmittel) angeht, unterscheidet man im Gemeinnützigkeitsrecht die vier Sphären ideeller Bereich, Vermögensverwaltung, Zweckbetrieb und wirtschaftlicher Geschäftsbetrieb, während im Rechnungslegungsrecht die notwendigen Differenzierungen noch völlig unterentwickelt sind.

Was die Funktionen (die wahrgenommenen Aufgaben) betrifft, so steht uns bisher nur der unübersichtliche, klar reformbedürftige und in sich inkonsistente Katalog der begünstigten Zwecke in § 52 ff. AO zur Verfügung[22].

Versucht man aus dieser Liste und der Kenntnis der sozialen Realität systematisierungsfähige funktionale Gesichtspunkte zu gewinnen und sie mit den subjekt- und finanzbezogenen Aspekten zu verbinden, helfen einem die

---

[19] Soziologisch werden fünf Kriterien genannt, die eine Organisation als zum Dritten Sektor zugehörig ausweisen: (1) Formelle Struktur; (2) organisatorische Unabhängigkeit vom Staat (3) nicht profitorientiert; (4) selbstverwaltet; (5) teilweise von ehrenamtlichem Engagement getragen; siehe Salamon/Anheier, The Emerging Nonprofit Sector, 1996. Subventionierte Privatunternehmen im Bereich der Daseinsvorsorge gehören also nicht dazu.

[20] *Blankart/Gehrmann,* a.a.O. (Fn. 1)

[21] Siehe dazu *Won-Woo Lee,* Entwicklungen und Spielarten des Dritten Sektors aus juristischer Sicht, Beitrag zur Tagung „Recht und Ökonomik des Dritten Sektors" in Hamburg vom 10./11. November 2005 (unveröffentlicht).

[22] Dazu aus der unübersichtlich gewordenen Literatur neuestens beeindruckend *Christian Waldhoff,* Regelungsstrukturen des deutschen Gemeinnützigkeits- und Spendenrechts – Kritik und Reform, Non Profit Law Yearbook 2005, S. 75 ff.

juristischen Textvorlagen nicht weiter. Die Suche nach ordnungspolitisch gehaltvollen Aussagen legt es jedoch nahe, sich bei der Gliederung durch diejenigen Nachbarwissenschaften anleiten zu lassen, die die ordnungspolitische Diskussion bestimmen. Auf dieser Grundlage wird hier vorgeschlagen, die NPO europarechtlich unter vier interdisziplinär anschlussfähigen Gesichtspunkten aufzugreifen: entweder sie erbringen ihre Leistungen im Rahmen der Daseinsvorsorge mit der Rechtfertigung eines nicht allein durch den Markt gewährleistbaren Mindeststandards (1), oder sie erbringen reine Infrastruktur (2) oder rein ideelle Leistungen als Themenanwälte, die bürgerschaftliches Engagement für bestimmte als wertvoll anerkannte Ziele bündeln (3), oder sie erbringen Finanzierungsmöglichkeiten jenseits von Staat und Kapitalmarkt als Förderinstitutionen für beide Bereiche (insbesondere die Stiftungen als „Banken" des Dritten Sektors) (4).

II. Methodische Aspekte des Zugangs zum Non-Profit-Sektor

Weder nach nationalem Recht noch europarechtlich lässt sich dieser Ansatz aus den Texten ablesen. Er lässt sich aber doch vorjuristisch interdisziplinär fassen und auf dieser Grundlage juristisch spezifizieren – vergleichbar dem Status allgemeiner Staatslehren im 19. und beginnenden 20. Jahrhundert[23]. Wichtigster interdisziplinärer Referent ist wie beim modernen Unternehmens- und Wirtschaftsrecht die Ökonomie, aber das methodologische Menü umfasst auch Politikwissenschaft und Soziologie. Dort finden wir eine Reihe von Theorien, die Entstehung und Existenzbedingungen eines Dritten Sektors erklären, auf die auch Juristen sich abstützen können[24] – wie sie es im Wettbewerbsrecht seit langem tun.

Der zentrale ökonomische Unterschied zwischen der Erbringung von entgeltfähigen Leistungen z.B. im Gesundheitsbereich und der Reproduktion und Pflege öffentlicher Werte, dem Engagement für sie, ist der, dass im ersten Fall ein Markt und – gegebenenfalls subventionierte – Marktpreise durchaus denkbar sind, im zweiten Fall – bei den Themenanwälten und der wissenschaftlichen Infrastruktur – nicht. Diese Unterscheidung ist ordnungspolitisch folgenreich. Zivilrechtlich und möglicherweise vom Rechnungslegungsrecht her dürfte auch der Unterschied zwischen operativen und bloß finanziell fördernden Akteuren

---

[23] So findet man etwa in *Georg Jellinek*s Allgemeiner Staatslehre, 3. Aufl. 1921, 7. Neudruck 1960 wissenschaftstheoretische, historische, philosophische und verfassungsrechtliche Konzepte in bunter Mischung.

[24] *Henry Hansmann*, Economic Theories of Nonprofit Organization in: Powell (ed.), The Nonprofit-Sector – A Research Handbook, 1987; *Weisbrod*, The Voluntary Nonprofit Sector, 1977; vgl. auch die Beiträge von *Stefan Toepler/Helmut Anheier*, Theorien zur Existenz von Nonprofit-Organisationen, *Jens Maßmann*, Zum Verhalten von Nonprofit-Organisationen, *Thomas von Hippel*, Typologie der Nonprofit-Organisationen, in: Hopt/von Hippel/Walz (Hrsg.), Nonprofit-Organisationen in Recht, Wirtschaft und Gesellschaft, 2005, S. 47 ff, S. 65 ff., S. 87 ff.

von Bedeutung sein. Schließlich ist der Finanzierungsaspekt insoweit wichtig und sektorspezifisch, als funktionstüchtige Alternativen zum Kapitalmarkt offen gehalten werden müssen, ohne unverhältnismäßige marktverzerrende Wirkungen auf den Zweiten Sektor auszuüben.

III. Funktionsbezogener Zugang zum Non-Profit-Sektor

Marktangenäherte Leistungen werden über Dienstleistungen erbracht und über Entgelte zumindest teilfinanziert. Sie sind grundsätzlich marktfähig. Die Reproduktion und Pflege öffentlicher Werte erfolgt durch politisch-ideelles öffentliches Themenengagement (religiöse, weltanschauliche, ethisch-wertbildende, ästhetische, bildungsbezogene oder Grundlagenforschung) oder durch Themenanwälte für Artenschutz oder Menschenrechte, Förderung von Kunst und Grundlagenwissenschaft[25]. Es handelt sich um öffentliche Güter im ökonomischen Sinn, deren Nutzer andere Nutzer dieser Leistung nicht ausschließen können – Beispiel Artenschutz. Destinatär ist die Allgemeinheit. Ein Markt für solche Güter kann sich nicht bilden. Es bedarf daher einer außermarktlichen Finanzierungs- und Organisationsstruktur.

Der Grund dafür, dass es daneben im Dritten Sektor auch Anbieter marktähnlicher Leistungen gibt, liegt einmal daran, dass entweder aus sozialen oder kulturellen Gründen jedermann ein Dienstleistungsangebot zu erschwinglichen Preisen und notfalls gratis gemacht werden soll[26]. Eine zweite, von Henry Hansmann[27] stammende Erklärung beruht auf Marktversagen bei besonders komplexen Gütern des Gesundheits- und Bildungsbereichs. Der Nutzer kann kaum erkennen kann, wie gut oder schlecht die ihm erbrachte Leistung ist – z.B. eine Operation. Die Leistung hat Vertrauensgutcharakter: Dies könnte gewinnmaximierenden Privatanbietern Spielräume verschaffen, die Leistung zu überhöhten Preisen anzubieten. Das gemeinnützigkeitsrechtliche Ausschüttungsverbot wirkt solchem opportunistischen Verhalten entgegen und signalisiert Qualität. Der Anbieter des Vertrauensguts kann sich den Informationsvorteil nicht zu Nutze machen. Durch das Ausschüttungsverbot werden die Akteure jedoch strukturell zu NPOs, die – ebenso wie die Anbieter reiner öffentlicher Güter – keinen Zugang zum Kapitalmarkt haben und deswegen auf kompensierende Finanzierungsvorteile, freiwillig-ehrenamtliche Mitarbeit, Spenden, Steuervorteile und Zuschüsse angewiesen sind.

---

[25] Hier wird z.B. auch – wie bei Attac oder Greenpeace – Dissens organisiert. Eine moderne Gesellschaft freier Individuen, die an wohlinformierten kollektiven Entscheiden interessiert ist, tut gut daran, ihren Mitgliedern die aufwändige Bürde der Bildung und Artikulation abweichender öffentlicher Meinungen zu erleichtern. Ausgezeichnet *Cass R. Sunstein*, Why Societies Need Dissent, Harvard University Press, Cambridge, Mass. 2005.

[26] Sog. *merit goods* nach der berühmten Konzeption des Finanzwissenschaftlers *Musgrave*.

[27] Siehe oben, Fn. 24.

C. Thesenentfaltung

I. Rechtliche Veränderungsimpulse nach zwei Richtungen

Nachdem nunmehr ein methodischer Zugang freigelegt ist, wie vom Non-Profit- oder Dritten Sektor geredet werden kann, soll die Anfangsthese wieder aufgegriffen werden, dass von diesem Sinnzentrum rechtliche Veränderungsimpulse ausgehen. Zu unterscheiden sind zwei Perspektiven:

– Änderungen in der Auslegung des primären und Ausgestaltung des sekundären Europarechts, das in allen Mitgliedstaaten gilt
– Über das Europarecht laufende Änderungen des in Deutschland geltenden Rechts

Auf der Ebene des in allen Mitgliedstaaten geltenden Europarechts muss es das Ziel sein, den gemeinnützigen Non-Profit-Sektor, der dort bisher nur in schüchternen Ansätzen angedacht wird, zu konstitutionalisieren und ihm den für seine Erhaltung notwendigen europarechtlichen Rahmen zu verschaffen. Auf der Ebene des in Deutschland geltenden Rechts[28] muss geklärt werden, was an dem bereits bestehenden und etablierten Non-Profit-Sektor Bestand haben kann, was verteidigt werden sollte und was angepasst werden muss.

II. Veränderungsimpulse für das in allen Mitgliedstaaten geltende Europarecht

1. Problemeinleitung

In der ersten Perspektive geht es darum, den Bereich der Non-Profit-Organisationen aus seiner Umklammerung von der *économie sociale* zu lösen und ihm eine Eigenberechtigung mit eigenständiger Handlungslogik zuzugestehen, die sich nicht in der Frage Markt oder Nicht-Markt erschöpft. Die bisherigen normativen Anknüpfungspunkte scheinen auf den ersten Blick spärlich. Im Primärrecht bleibt der Dritte Sektor unberücksichtigt; es lassen sich keine vertraglichen Vorschriften über die Stellung von NPOs im europäischen Binnenmarkt finden[29]. Anders ist die Lage im europäischen Sekundärrecht. Im Jahr 1997 hat sich die Kommission in ihrer Mitteilung zur Förderung der Rolle gemeinnütziger Vereine und Stiftungen in Europa erstmals mit den Angelegenheiten der NPOs mit Gemeinnützigkeitsstatus auseinandergesetzt. Betont

---

[28] Gedacht ist insbesondere an die Einwirkung des Europarechts auf Inhalt und Geltung nationaler Normen. Die Grundfreiheiten erwingen bekanntlich keine Harmonisierung des Rechts.
[29] Vgl. *Blankart/Gehrmann*, a.a.O. (Fn. 1), S. 6. Lediglich im Entwurf zu einem Europäischen Verfassungsvertrag findet sich in Art I-47 ein Hinweis auf den Dritten Sektor. Dort heißt es, dass die Zivilgesellschaft in einen offenen, transparenten und regelmäßigen Dialog mit der Union eingebunden und konsultiert werden soll.

werden die wichtige Rolle des Dritten Sektors und die Wünschbarkeit seiner verstärkten Integration in den europäischen politischen Dialog. Der Europäische Gerichtshof ist mit dem Dritten Sektor vor allem im Zusammenhang mit der Frage nach der Geltung der Marktfreiheiten in Berührung gekommen, im Fall Stauffer[30], aber auch mit der Frage der Beschränkung der nationalen Gemeinwohlkataloge auf inländische Sachverhalte.

2. Entfaltung einer sich vom deutschen Recht befreienden Systematik

Will man sich nicht mit isoliert vorhandenen *bits and pieces* zum Non-Profit-Bereich aus Brüssel, Straßburg und Luxemburg begnügen, bedarf es eines systematischen Netzes, einer sich nicht dem Vorwurf deutscher Einseitigkeit aussetzenden international anschlussfähigen Systematik. Ich entnehme sie einem sog. Framework, das [...] als Grundlage für die internationale Beratung von Regierungen und Gesetzgebern bei der Schaffung von Grundregeln einer funktionierenden Zivilgesellschaft gedient hat[31]. Danach sind vier Kapitel abzuarbeiten, die sich allerdings überschneiden:

a) Allgemeine konstitutionelle Grundlagen,

b) speziell auf den Dritten Sektor bezogene funktionsbegründende und funktionsfördernde Regulierungen,

c) funktionsausfüllende und funktionsbegrenzende Regulierungen,

d) Regulierungen, die die Nachhaltigkeit der Finanzierung des Dritten Sektors sicherstellen.

Zu den *allgemeinen konstitutionellen Grundlagen* gehört sicherlich Art. 11 der Europäischen Menschenrechtskonvention, wonach Beschränkungen der Vereinigungsfreiheit nur gültig sind, wenn sie durch Gesetz konkretisiert und in einer Demokratie (!) erforderlich sind (1) im Interesse der nationalen Sicherheit oder der Aufrechterhaltung der öffentlichen Sicherheit (2) zur Verhinderung von Unordnung und Verbrechen (3) für den Schutz der öffentlichen Gesundheit oder Moral oder (4) für den Schutz der Freiheitsrechte anderer. Dazu gibt es Rechtsprechung des Europäischen Gerichtshofes für Menschenrechte und eine lebhafte Diskussion, ob der Artikel auch auf Stiftungen anwendbar ist[32]. Zu den konstitutionellen Grundlagen gehört auch die Debatte, wie und auf Grund welcher Maßstäbe im Hinblick auf Organisation, Corporate Governance und Repräsentativität der vorgebrachten Interessen Nichtregierungsorganisationen privilegiert in den Brüsseler Entscheidungsprozess einbezogen werden sollen.

---

[30] Näher hierzu *Thomas von Hippel*, in diesem Band, S. 677 ff.
[31] www.icnl.org/gendocs/birmingham.htm - 51k.
[32] Vgl. dazu *W. Rainer Walz*, Grundrecht oder Menschenrecht auf Anerkennung der gemeinwohlkonformen Allzweckstiftung?, ZSt 2004, 133 ff.

Zu den *funktionsbegründenden Regulierungen* gehören die, die einen Dritten Sektor als Zivilgesellschaft ermöglichen, erleichtern und attraktiv machen. Für die Auslegung des Primärrechts stellt sich z.B. die Frage, ob es im Rahmen der Kompetenzabgrenzung zu den Nationalstaaten neben dem nationalen ein EU-weites Gemeinwohl gibt oder die Frage nach der internationalen Bewegungsfähigkeit nationaler Organisationen. Die zur Zeit auf europäischer Ebene geführte Diskussion über einen Code of Conduct zur besseren Abwehr einer Instrumentalisierung von Vereinen und Stiftungen für terroristische Zwecke gehört zum Kapitel der *funktionsbegrenzenden Regulierung*.

Ein solches framework bietet einen kontextuellen Rahmen, innerhalb dessen die einleitend skizzierten, bisher europarechtlich nicht verbundenen Erklärungen und Entscheidungen von Kommission, EuGH und Parlament auf einander bezogen werden können. Die deutsche Dogmatik würde von Systematisierung sprechen, aber in anderen Rechtsordnungen wird auf „System" ablehnend reagiert – deswegen die neudeutsche Wendung framework.

III. Veränderungsimpulse des in Deutschland geltenden Rechts

Kommen wir zu den über Europarecht laufenden Änderungen des in Deutschland geltenden Rechts [...]. Statt über das schulgerechte Prüfungsschema zur Europarechtskonformität deutscher Normen zu gehen, möchte ich die oben skizzierte Aufteilung des Non-Profit-Sektors in Produktion öffentlicher Güter, marktähnlichem Leistungsbereich, Förderungsaktivität und quer dazu in Finanzierung und Besteuerung aufgreifen[33] und mit zwei weiterführenden Fragen konfrontieren.

a) Wo kann sich Europarecht nicht einmischen oder soll sich nicht einmischen?

b) Wo mischt es sich ein und mit welcher funktional-systematischen Richtung?

1. Im Bereich der Themenanwälte

Wir denken dabei an Organisationen, politisches, religiöses, soziales oder sonst ideelles Anliegen durch Aktionen, Kampagnen, Dokumentationen auf die öffentliche Agenda setzen – Organisationen wie Attac, Greenpeace, WWF, Amnesty International oder Transparency International, den Evangelischen Kirchentag. Sofort wird fraglich, ob eigentlich die vorherrschende Rechtfertigung für die Gewährleistung von Steuervorteilen wirklich in der Staatsentlastung

---

[33] Siehe oben A. III. 4.

besteht[34]. Der Staat muss religiöse und ideologische Neutralität wahren. Viel überzeugender ist die Böckenförde-Formel, dass das staatliche Zusammenleben auf internalisierten Wertgrundlagen beruht, die der Staat nicht von sich aus generieren kann[35] – er kann sie nur unterstützen.

Diese Überlegung gewinnt Bedeutung, wenn neuerdings im Zusammenhang mit dem Fall der italienischen Stiftung Stauffer diskutiert wird, ob die Nationalstaaten eigentlich frei auswählen können, welche Aktivitäten sie gemeinnützigkeitsrechtlich fördern wollen. Die Frage stellt sich dann, wenn z.B. in Deutschland unter Berufung auf die Freiheit des Kapitalverkehrs der steuerliche Abzug einer Spende verlangt wird, die für einen im Ausland zu verwirklichenden Zweck gegeben wird, der zwar im Ausland, nicht aber in Deutschland begünstigt wird. Eindeutig, allerdings auch zu apodiktisch ist die Auffassung der Generalanwältin Stix-Hackl in der Sache Stauffer[36], der sich nunmehr auch der EuGH angeschlossen hat[37]: Es sei dem nationalen Recht vorbehalten, welche Interessen es zum Zweck der Anerkennung als gemeinnützig privilegieren wolle, ohne dass die Entscheidung eines anderen Mitgliedstaates hierfür Indizwirkung haben könnte. Zu weit geht aber die deutsche Finanzverwaltung[38], unter Allgemeinheit i.S.v. § 52 Abs. 1 AO sei entgegen der Auffassung des BFH[39] nur die Bevölkerung der Bundesrepublik Deutschland zu verstehen. Die Verfolgung gemeinnütziger Zwecke im Ausland werde nur insoweit von der Steuer befreit, wie die Tätigkeit positive Rückwirkungen auf die deutsche Bevölkerung hat. Hier wird man unter Rückgriff auf die Böckenförde-Formel differenzieren müssen: während es richtig und hinzunehmen ist, dass statt internationaler Kultur speziell deutsche und deutsches Brauchtum gefördert wird und nicht spanische Stierkämpfe, macht es keinen Sinn, bei Förderung der Krebs- oder Malariaforschung, der Wissenschaftsförderung oder auch der Entwicklungshilfe die grundsätzlich gewährte Gemeinnützigkeit auf national begrenzte Wirkungen zu beschränken.

---

[34] Vgl. insbesondere *Monika Jachmann*, in: Igl (Hrsg.), Rechtliche Rahmenbedingungen bürgerschaftlichen Engagements, 2002, S. 175 m.w.N.

[35] *Ernst-Wolfgang Böckenförde*, Die Entstehung des Staates als Vorgang der Säkularisation (1967) in: ders., Recht, Staat, Freiheit, 1991, 92 ff., hier S. 112. *Böckenförde* hat dabei an religiöse Werte gedacht. Seine Idee lässt sich „säkularisieren" und auf alle sozial relevanten Werthaltungen ausdehnen, die der Staat nicht schafft, die ihm aber zugute kommen. Der Bereich des Öffentlichen sollte nicht mit dem Begriff des Staatlichen gleichgesetzt werden, sondern nichtstaatliche gesellschaftliche Selbstverwaltung mit umgreifen.

[36] Schlussanträge der Frau Generalanwalt *Christine Stix-Hackl* vom 15. Dezember 2005, Rs. C-386/04, Rn. 94.

[37] Näher hierzu *Thomas von Hippel*, in diesem Band, S. 677 ff.

[38] BMF-Schreiben vom 20.9.2005, Az. IV C 4 – S 0181 – 9/05, ZEV 2005, 523 f.; dazu kritisch *Otmar Thömmes/Katja Nakhai*, Gemeinnützigkeitsrecht – Förderung der Allgemeinheit und Satzungsbestimmungen zur Ausschließlichkeit und Unmittelbarkeit, DB 2005, 2259.

[39] *BFH*, Beschluss vom 14.7.2004, Az. I R 94/02.

Im Rahmen der Binnenmarktregeln spielen Umweltschutzverbände, Menschenrechts- oder Opferverbände, Tätigkeiten religiöser Gemeinschaften, sofern sie sich in ihrem Kernbereich und nicht wirtschaftlich am Markt betätigen, keine Rolle[40]. Jedoch wird nicht auf die ideelle Zwecksetzung in der Satzung abgestellt[41], sondern im Rahmen eines funktionalen Unternehmensbegriffs auf die konkrete Art der Tätigkeit und des Produkts bzw. der Dienstleistung[42]. Allein die Erstellung öffentlicher Güter mit allgemeiner Destination (Nicht-Exklusion; Nicht-Exkludabilität)[43] sichert insofern vor Ingerenz der EG-Binnenmarkt-Regeln. Die auf Entgelte gerichtete Verwaltung des eigenen Vermögens und die Unterhaltung von Zweckbetrieben oder wirtschaftlichen Geschäftsbetrieben gehört schon nicht mehr dazu[44].

2. Im Bereich der fördernden Stiftungen

Anstöße anderer Art, nämlich weniger auf Regulierung, sondern auf Handlungserweiterung und Rechtsformenangebot gerichtete Bemühungen sind für den Bereich des Organisationsrechts zu erwarten. Da die nationalstaatlichen Traditionen zwar alle die Stiftungsform kennen, sie aber dennoch sehr unterschiedlich ausgestaltet haben, würde ein Harmonisierungsversuch für Länder wie Deutschland oder die Niederlande mit ihrem sehr liberalen Stiftungsrecht

---

[40] Das gilt, obwohl das primäre Gemeinschaftsrecht durch eine starke Ökologisierungstendenz geprägt ist – siehe die Art. 174 ff. EGV. Insbesondere ist darauf hinzuweisen, dass die Erfordernisse des Umweltschutzes gemäß der Querschnittsklausel des Art. 174 Abs. 3 EGV bei allen Tätigkeiten und Maßnahmen der Gemeinschaft zu berücksichtigen sind. Im Rahmen der Cassis de Dijon-Rechtsprechung des *EuGH* ist der Umweltschutz als zwingender Grund des Gemeinwohls anerkannt, der Beschränkungen im Rahmen der Art. 28 ff EGV zu rechtfertigen vermag.

[41] Auch auf die soziale Zwecksetzung wird nicht abgestellt.

[42] Im Rahmen des zentralen Schutzzwecks der Binnenmarktregeln erschließt sich die Tragweite des funktionalen Unternehmensbegriffs, wie er von der Rechtsprechung des *EuGH* seit *Poucet und Pistre* (Verb. Rs. C-159/91 und C-160/91, Slg. I 1993, S. 637) zugrunde gelegt wurde. Es kommt nicht darauf an, ob eine Tätigkeit mit Gewinnerzielungsabsicht unternommen wird, sondern ob eine Leistung erbracht wird, die grundsätzlich auch von Privaten mit Gewinnerzielungsabsicht ausgeübt werden könnte. Dieses Kriterium muss auf EU-Ebene kontrollierbar sein, wenn nicht den Nationalstaaten ein Spielraum zur Zurückdrängung des einheitlichen Binnenmarkts an die Hand gegeben werden soll. Zum funktionalen Unternehmensbegriff vgl. *Münder/von Boetticher*, Gemeinnützigkeit und Gemeinschaftsrecht, a.a.O. (Fn. 1), S. 20.

[43] Man kann auch sagen: Solche Güter sind gekennzeichnet durch Nicht-Rivalität zwischen potentiellen Nutzern und durch Nichtexklusivität beim Verbrauch. Klassisches (aber problematisches) Beispiel sind die Dienste, die Leuchttürme für die Schifffahrt erbringen. Oder man denke an die Erhaltung der Artenvielfalt. Darstellung bei *Hans-Bernd Schäfer/Claus Ott*, Lehrbuch der ökonomischen Analyse des Zivilrechts, 3. Aufl. 2000, S. 96 f.

[44] Am meisten Erfahrung liegt vor bei der Abgrenzung zu rein hoheitlichen Tätigkeiten und zur Aufgabenwahrnehmung mit rein sozialem Charakter; vgl. *Münder/von Boetticher*, Gemeinnützigkeit und Gemeinschaftsrecht a.a.O. (Fn. 1) S. 23. Die Abgrenzung dürfte für den Bildungs-, Kultur- und Sportbereich nicht unverändert übernehmbar sein.

nichts einbringen. Die Alternative besteht im Angebot einer Europäischen Stiftung nach Analogie zur Europäischen Aktiengesellschaft als Ergänzung zum jeweils nationalen Formenangebot. Im Jahr 2003 hat die Europäische Kommission diese Idee in ihrem Aktionsplan[45] aufgegriffen und ausgeführt, dass sie, bevor sie einen Verordnungsvorschlag in diese Richtung mache, eine ausführliche Machbarkeitsstudie abwarten wolle. Auch müssten dort die Lerneffekte berücksichtigt werden, die bei den anderen neu geschaffenen europäischen Rechtsformen, also der europäischen Aktiengesellschaft, aber auch der europäischen Genossenschaft und des europäischen Vereins, bis dahin gemacht sein werden. Eine Projektgruppe unter der Leitung von Professor Hopt und meiner Mitwirkung hat kürzlich ein Forschungsprojekt über die Chancen einer Europäischen Stiftung abgeschlossen[46]. Sollte es aufgegriffen werden, dürften zumindest indirekt Auswirkungen auf die Angleichung des Steuer- und Spendenrechts nicht ausbleiben.

3. Im operativen Leistungsbereich (Finanzierung über Zweckbetriebe)

Sehr viel intensiver wirkt Europarecht auf den Dritten Sektor dort ein, wo nicht Kampagnen oder Kirchentage organisiert, sondern entgeltfähige Leistungen erbracht werden[47]. Lassen Sie uns den Bereich noch aussparen, wo solche Leistungen nichts mit dem Hauptzweck der Organisation zu tun haben, sondern nur mit dem Ziel unternommen werden, Finanzmittel zu erwirtschaften. Fassen wir zunächst die Fälle ins Auge, wo die Erbringung einer entgeltfähigen Leistung Ausdruck der gemeinnützigen Zweckverwirklichung ist – Krankenhaus, Altenheim, Pflegestation – oder im Kultur- und Freizeitbereich: Theater, Opernhäuser, Museen und Sportveranstaltungen[48]. Der Kultursektor und auch der Sport sind bedeutsame Wirtschaftsfaktoren. Kultur und Sport[49] sind

---

[45] *European Commission*, Communication from the Commission to the Council and the European Parliament. Modernising company law and enhancing Corporate Governance in the European Union – a plan to move forward, COM (2003) 284 final.

[46] *Klaus J. Hopt/Rainer Walz/Thomas v. Hippel/Volker Then* (eds.), The European Foundation, 2006.

[47] Die zentrale Umsatzsteuerproblematik betreffend die Vereinsbeiträge bei mitgliedernützlichen Vereinen muss hier leider ausgeklammert bleiben. Einfallstor für das Europarecht sind hier nicht die Grundfreiheiten oder die Beihilfevorschriften, sondern vielmehr die Kompetenzen der Europäischen Gemeinschaft zur Harmonisierung der indirekten Steuern (Art. 93). Dazu eingehend *Wolfram Reiß*, Gemeinnützige Organisation, Leistungen im Gemeinwohlinteresse und harmonisierte Umsatzsteuer, Non Profit Law Yearbook 2005, S. 47 ff.

[48] Für die Bereiche Kultur und Sport hat mir mein wissenschaftlicher Mitarbeiter *Martin Mager* wertvolle Vorarbeit geleistet.

[49] Zum Sport vgl. jüngst *Monika Jachmann*, Gemeinnütziger Sport versus subventionierte Freizeitbetätigung, in: Klaus Tipke/Hartmut Söhn (Hrsg.), Gedächtnisschrift für Christoph Trzaskalik, 2005, S. 31 ff.

andererseits aber auch mehr als bloße Wirtschaftsfaktoren[50]. Sie sind – und insoweit unterscheiden sie sich von den oben genannten sozialen Einrichtungen – wesentliche Bestandteile der nationalen Identität, des nationalen Zusammengehörigkeitsgefühls, Träger und Multiplikatoren spezifischer nationaler Wertbildung. Aus diesem Grund erkennt die Gemeinschaft die Kulturhoheit der Mitgliedstaaten grundsätzlich[51] an und nimmt kulturell zu rechtfertigende Beeinträchtigungen des Binnenmarkts hin. So sieht Art. 30 S. 1 EGV den Schutz nationalen Kulturguts von künstlerischem usw. Wert als Rechtfertigungsgrund für mengenmäßige Ein- und Ausfuhrbeschränkungen sowie Maßnahmen gleicher Wirkung an.

Nicht gleich, aber ähnlich sind die Probleme bei der klassischen sozialen Daseinsvorsorge. Nicht gleich, weil sie sich zwar nicht so unmittelbar mit der nationalen Identität, um so mehr aber mit der nationalen Geschichte der Institutionen verbindet, über die die Lösung der Sozialprobleme mit und nach der Industrialisierung angegangen wurde (in Deutschland Stichwort Bismarck'sche Reformen und Korporatismus). Auch hier muss die Primärzuständigkeit der Mitgliedstaaten beachtet werden[52]. Das bedeutet aber nicht, dass die Organisationen der Wohlfahrt Europarecht getrost vergessen könnten. Soziale Aktivitäten unterfallen ebenso wie Kultur oder Sport dem Gemeinschaftsrecht, soweit sie sich als Teil des Wirtschaftslebens i.S.v. Art. 2 EGV darstellen; auf das ideelle Motiv dahinter kommt es nicht an. Nun scheint es für die Bewältigung der sozialen Daseinsvorsorge den Art. 86 EGV zu geben, der als Kompromiss zwischen den Mitgliedstaaten mit vorwiegend privat organisierter Wirtschaft und denen mit einem stark ausgeprägten öffentlichen Sektor in den Vertrag eingefügt wurde. Aus ihm geht der Grundsatz der Gleichbehandlung von öffentlichen und privaten Unternehmen im Wettbewerb hervor. Im Abs. 2 wird für Unternehmen, die mit Dienstleistungen von allgemeinem wirtschaftlichen Interesse betraut sind, das Beiseiteschieben der Wettbewerbsregeln erlaubt, wenn sie die ihnen übertragene besondere Aufgabe anders nicht erfüllen können. Das passt freilich nicht auf nichtstaatliche deutsche Non-Profit-Organisationen, da ihnen keine ausdrückliche Ermächtigung zur Wahrnehmung einer öffentlichen Aufgabe von Staats wegen erteilt wurde[53].

---

[50] Vgl. eingehend *Jachmann* a.a.O. (vorige Fn.).

[51] Art. 151 EGV (eingefügt durch den Vertrag von Maastricht) begründet allerdings erstmals eine Kulturkompetenz der Europäischen Gemeinschaft und bezeichnet zugleich Voraussetzungen und Grenzen dieser kulturpolitischen Tätigkeit. Die Maßnahmen der Gemeinschaft sollen die nationalen Kompetenzen nicht verdrängen, sondern ergänzen. Eine gewisse Eigenständigkeit begründet das Ziel der „Hervorhebung des gemeinsamen kulturellen Erbes", Abs. 1.

[52] *Münder/von Bötticher*, Gemeinnützigkeit und Gemeinschaftsrecht, a.a.O. (Fn. 1), S. 16.

[53] Der steuerrechtliche Freistellungsbescheid, durch welchen der Gemeinnützigkeitsstatus anerkannt wird, genügt nicht.

Festzuhalten bleibt also, dass es keine generelle Bereichsausnahme für die Erbringung sozialer Dienstleistungen gibt[54]. Sofern es sich bei den Leistungserbringern um Unternehmen im europarechtlich funktionalen Sinne handelt[55] und die gemeinnützigkeitsrechtliche Steuerprivilegierung als selektive Beihilfe gewertet werden muss[56], wofür die Rechtsprechung des EuGH und gute Gründe sprechen, kann das geltende Fördersystem über gemeinnützige Wohlfahrtsverbände als Leistungsträger allenfalls noch auf der Ebene der Rechtfertigung wettbewerbswidriger Beihilfen gerettet werden. Diese ist schon deswegen problematisch, als sie den von der neueren Rechtsprechung gesetzten Verhältnismäßigkeitsgrenzen nicht entspricht. Es fehlt an Feststellungen bezüglich der Kalkulierung der Kosten sozialer Mehrleistungen wie auch bezüglich der Steuervergünstigungen an konkreten Berechnungen hinsichtlich der Höhe ihres wirtschaftlichen Werts. Dabei scheiden die Ausnahmetatbestände des Art. 87 Abs. 2 und 3 EGV aus. Eine einschlägige Gruppenfreistellung liegt zum gegenwärtigen Zeitpunkt ebenfalls nicht vor. Im Juli und August 2005 hat allerdings die Kommission die Beihilfenkontrolle gelockert. In Bereichen der rein lokalen Daseinsvorsorge (Krankenhäuser, sozialer Wohnungsbau, bestimmte Verkehrsdienstleistungen) soll keine Beihilfenkontrolle mehr stattfinden. Das gilt allerdings mit großer Sicherheit nicht für die von den Wohlfahrtsverbänden unterhaltenen „sozialindustriellen Großkomplexe". Auch ist die bisherige Begrenzung der Förderung auf Körperschaften mit Geschäftsleitung oder Sitz im Inland europarechtswidrig.

Das legt die Frage nahe, ob die deutsche Tradition der Förderung der Wohlfahrtspflege über sog. Zweckbetriebe gemeinnütziger Verbände noch zukunftsfähig ist[57]. Rechtstechnische Alternativen zum Gemeinnützigkeitsrecht sind das Vergaberecht bzw. die projektbezogene Förderung privater Träger durch die öffentliche Hand[58]. Diese Alternativen werden im Pflege- und Jugendhilfebereich längst praktiziert, sie fördern einen effizienzsteigernden Wettbewerb im Bereich der sozialen Dienstleitungen und sind passgenau auf die Erfordernisse des Europarechts einzustellen. In diese Richtung zielt auch das 12. Hauptgutachten der Monopolkommission („Ordnungspolitischer Rahmen für Sozial-

---

[54] Siehe *Münder/von Bötticher*, Gemeinnützigkeit und Gemeinschaftsrecht, a.a.O. (Fn. 1), S. 17.; *Rainer Hüttemann*, a.a.O. (Fn. 1), S. 84; *Helios*, Steuerliche Gemeinnützigkeit und EG-Beihilfenrecht, 2005, S. 47 ff.

[55] Nur dann nicht, wenn rein karitativ gehandelt wird.

[56] So jetzt ausdrücklich *EuGH* in der Rs. C-222/04 *(Cassa di Risparmio di Firenze)*, Urt. v. 10.1.2006. Eingehend dazu *Marcus Helios*; Steuerliche Gemeinnützigkeit und Gemeinschaftsrecht, 2005, S. 73 ff.; *Hüttemann* a.a.O. (Fn. 1) S. 86 f.

[57] Zum Folgenden einleuchtend *Peter Fischer*, Gemeinwohl, Daseinsvorsorge und bürgerschaftliches Engagement – eine Gedankenskizze zum Zweckbetrieb, in: Klaus Tipke/Hartmut Söhn (Hrsg.), Gedächtnisschrift für Christoph Trzaskalik, 2005, S. 49, 55 ff.

[58] Im Gesundheitsbereich geht man den Weg über Leistungsverträge zwischen Leistungsträgern und Kassen.

systeme")[59], die den Gesetzgeber aufgefordert hat, im Wege einer grundlegenden Erneuerung auch des Gemeinnützigkeitsrechts einen gemeinschaftsrechtlich kompatiblen ordnungspolitischen Rahmen für Sozialsysteme zu schaffen[60]. Dass Krankenhäuser nicht unbedingt gemeinnützig betrieben werden müssen, zeigt die Welle aktueller Krankenhausprivatisierungen.

Wo ist dann allerdings noch Raum für gemeinnützigkeitsrechtlich privilegierte Zweckbetriebe? Dass ein akzeptierter Bedarf für ein komplexes Vertrauensgut wie die Gesundheitsfürsorge besteht, das der Markt nicht ausreichend zur Verfügung stellt, reicht offenbar angesichts effektiverer Fördertechniken nicht aus. Es muss – wie im Bildungs- und Sportbereich – hinzukommen, dass zur Füllung der Finanzierungslücke freiwilliges bürgerschaftliches Engagement sinnvoll und erwünscht ist. Es ist sinnvoll und erwünscht, wenn dadurch fremdnützige Werthaltungen gefördert werden, die für den Zusammenhalt von Gesellschaften als wesentlich angesehen werden. Dort wo die Gesellschaft auf die kreative Unruhe der Stifter, das soziale Engagement der Spender oder die Dankbarkeit der Alumni angewiesen bleibt, hat das Gemeinnützigkeitsrecht seinen angestammten Platz[61]. Wer diese Fördertechnik wählt, darf aber nicht zugleich der Marktlogik eine beherrschende Rolle einräumen. Letzteres nämlich ist ein Zeichen dafür, dass in der politisch-gesellschaftlichen Beurteilung funktionalen Gesichtspunkten der ökonomischen Effizienz der Aufgabenwahrnehmung der Vorrang zukommt vor der Generierung nicht marktbezogener gesellschaftlicher Werte und freiwilliger fremdnütziger Leistung samt der Einbuße an Effizienz, die durch das Außerkraftsetzen dominanter finanzieller Eigeninteressen der Investoren bewirkt wird.

4. Finanzierung über Spenden, Vermögensverwaltungserträge und Mittelbeschaffungsbetriebe

Kommen wir zum für den gesamten gemeinnützigen Sektor einheitlich relevanten Bereich der Finanzierung, soweit nicht die spezielle Zweckbetriebsproblematik involviert ist[62]. Im reinen Finanzierungsbereich sind die ordnungspoli-

---

[59] Monopolkommission, 12. Hauptgutachten, Marktöffnung umfassend verwirklichen, 1998.

[60] In Deutschland werden die sozialen Dienstleistungen der freien Wohlfahrtspflege zu ca 80 % aus Leistungsentgelten finanziert, also über Teilnahme am Wirtschaftsverkehr durch Unternehmen im europarechtlichen Sinn. 35 % aller Krankenhausplätze, 70 % aller Plätze für alte Menschen, 80 % aller Plätze in Kinder- und Jugendheimen, 70 % aller Kindestagestätten und 90 % aller Plätze in Werkstätten für Behinderte werden von freien Trägern verantwortet (Enquetekommission).

[61] Dass sie dort auch gegen die Ökonomisierung durch das Europarecht verteidigt werden sollten, ist das zentrale Anliegen von *Peter Fischer* a.a.O. (Fn. 57) S. 49, 64 ff.

[62] Hier ist es in den meisten europäischen Ländern wie bei uns, dass unter weiteren oder engeren Voraussetzungen Spenden beim Spender steuermindernd geltend gemacht werden können, dass Einkünfte aus Vermögensverwaltung z.B. durch Vermietung oder Kapitalanlage steuerbefreit sind und dass sonstige gewerbliche Betätigungen zwecks Mittelgenerierung unter bestimmten Voraussetzungen zwar ermöglicht werden, freilich aus Wettbewerbsgründen besteuert werden.

tischen Vorgaben des Europarechts regelmäßig nicht durch spezifische Politiken restringiert und deshalb besonders strikt. Zwei Fälle illustrieren das deutlich:

- Im Fall Stauffer[63] geht es um eine italienische Stiftung, die als Zweck die Pflege der Kunst, Saiteninstrumente auf italienisch klassische Weise zu bauen, angibt. Diesen Zweck übt sie im Wesentlichen in der Schweiz aus. Zugleich erzielte sie u.a. Einkünfte aus der Vermietung eines in Deutschland gelegenen Grundstücks. Solche Einkünfte aus Vermietung sind zwar für gemeinnützige Organisationen in Deutschland steuerfrei (§ 5 Abs. 1 Nr. 9 KStG). Dieser Vorteil wird aber nach § 5 Abs. 2 Nr. 2 KStG nur inländischen Organisationen gewährt. Der BFH ging davon aus, dass die Stiftung alle Voraussetzungen der deutschen Gemeinnützigkeit erfülle außer dem Merkmal der unbeschränkten Steuerpflicht im Inland. Deshalb hatte der BFH erhebliche Zweifel an der Europarechtskonformität des § 5 Abs. 2 Nr. 2 und legte sie dem EuGH zur Entscheidung vor.

- In ihren Schlussanträgen vom 15.12.05[64] bejaht die Generalanwältin Stix-Hackl die sachlichen Anwendungsbereiche der Grundfreiheiten, auch wenn es um Normen gehe, die zum Steuer- oder Sozialrecht gehören, also Materien, für die die Mitgliedstaaten zuständig sind. Für die Anwendbarkeit der Niederlassungsfreiheit fehle es an einer festen Einrichtung der Stiftung in Deutschland und somit an einem über bloße Vermögensverwaltung hinausgehenden eigenständigen Geschäftsbetrieb. Wohl aber fielen Immobilienanlagen im Ausland in den Bereich der Kapitalverkehrsfreiheit. Da Sinn und Zweck einer Immobilienanlage im Ausland das Ziel sei, Früchte in Form von Mieteinkünften zu ziehen, verschlechtert die Diskriminierung von beschränkt steuerpflichtigen Anlegern gegenüber inländischen Körperschaften die Rahmenbedingungen von Investitionen ausländischer Investoren gegenüber ähnlichen Investitionen einer inländischen Körperschaft. Es handle sich also um eine mittelbare Beschränkung des freien Kapitalverkehrs, die nach der Rechtsprechung des EuGH aber ausreiche, um eine Beschränkung des Kapitalverkehrs anzunehmen. Das gelte jedenfalls dann, wenn der von der Auslandsorganisation verfolgte Zweck auch in Deutschland die Voraussetzungen der Gemeinnützigkeit erfüllt und dort nicht ausdrücklich an Einrichtungen mit ausschließlichem Inlandsbezug geknüpft wird.

---

[63] *BFH*, Beschluss v. 14.7.2004, Az. I R 94/02; vgl. zu diesem Vorlagebeschluss *Hanno Kube*, Die Zukunft des Gemeinnützigkeitsrechts in der europäischen Marktordnung, IStR 2005, 469; *Otmar Thömmes/Katja Nakhai*, Aktuelle EG-rechtliche Entwicklungen auf dem Gemeinnützigkeitssektor, IStR 2006, 164.

[64] Rs. C-66-66/02.

– Nachzutragen ist, dass der EuGH in seiner Entscheidung vom 14.9.2006 sich dieser Begründung angeschlossen hat[65].

Am 10.1.2006 hat der EuGH in der Rechtssache Cassa di Risparmio di Firenze[66] die sehr weittragende Frage zu entscheiden, inwieweit die steuerliche Begünstigung einer gemeinnützigen Stiftung, die ihre Erträge über die Dividenden aus einer Mehrheits- oder Kontrollbeteiligung an einem Unternehmen erwirtschaftet, als verbotene Beihilfe qualifiziert werden muss[67]. Diese Entscheidung, in der es um die großen italienischen Bankenstiftungen geht, wird von den deutschen unternehmensverbundenen Stiftungen mit bangen Gefühlen gelesen werden. Der EuGH führt aus, eine Stiftung, die nicht selbst operativ, sondern nur fördernd tätig sei, betreibe grundsätzlich kein Unternehmen. Auf sie seien deshalb die Beihilfevorschriften des EGV nicht anwendbar. Das ändere sich auch nicht dadurch, dass der Stiftung umfangreiches Beteiligungskapital als Finanzierungsquelle zur Verfügung stehe, sofern sich die Stiftung passiv verhält und nicht anders Einfluss nimmt als über die typischen Aktionärsrechte[68]. Sobald aber Kontrolle tatsächlich durch unmittelbare oder mittelbare Einflussnahme auf die Verwaltung der Gesellschaft ausgeübt wird – spannend wird insbesondere, was mittelbare Einflussnahme heißen soll – wird die Tätigkeit zur unternehmerischen und der Steuervorteil zur Beihilfe, die verboten ist, wenn sie nicht ausnahmsweise gerechtfertigt werden kann. Besonders brisant ist, dass der EuGH u.a. darauf abstellt, dass die Stiftung in der Lage ist, der Beteiligungsgesellschaft finanzielle Unterstützung zu gewähren, die bei deutschen Unternehmensstiftungen üblicherweise darin liegt, dass auf Ausschüttungen in großem Maße verzichtet wird. Günstige Kapitalansammlung und Abschirmung vom Kapitalmarkt ist häufig geradezu der Sinn einer solchen Stiftung, auch wenn das nicht ausdrücklich als Zweck in den Statuten steht. Wenn aber nicht der Gemeinnutz, sondern der Erhalt und die Förderung des Unternehmens dominiert, mutieren die genossenen Steuervorteile – so kann man auf der Basis dieser Entscheidung argumentieren – zu verbotenen Beihilfen[69].

---

[65] *EuGH*, Urt. v. 14.9.2006, Rs. C-386/04, (nachgetragen von T.v.H.).

[66] *EuGH*, Urt. v. 10.1.2006, Rs. C-222/04.

[67] Vgl. zuvor die Entscheidung der EG-Kommission in Sachen italienische Bankstiftungen v. 22.8.2002 ABl. EG 2003, Nr. L 55, 56 ff.

[68] Es darf sich nur handeln um „die Ausübung der Rechte, die mit der Eigenschaft eines Aktionärs oder Mitglieds verbunden sind, und gegebenenfalls der Bezug von Dividenden einhergeht, die bloß die Früchte des Eigentums an einem Gut sind", *EuGH*, Urt. v. 10.1.2006, Rs. C-222/04, Rn. 111.

[69] Zuzugeben ist, dass sich der Gerichtshof nicht dazu herbeilässt, eine klare Linie zu definieren. Einerseits sagt er in Rn. 116, 117, dass der Bankenstiftung eine über die bloße Kapitalanlage des Investors hinausgehende wirtschaftliche Position zukomme. In Rn. 118 ist von der unmittelbaren oder mittelbaren Kontrolle die Rede. Das sei eine zu überprüfende tatsächliche Frage. In

D. Fazit

Rechtspolitischer Klärungs- und Veränderungsbedarf: besteht auf EU-Ebene insbesondere im Hinblick auf die Unterscheidung der Konzepte der *économie sociale* und des Non-Profit-Sektors. Gerade im Bereich der *économie sociale* scheinen andere Fördertechniken einer Förderung über das Gemeinnützigkeitsrecht deutlich überlegen.

Deutlicher als bisher zu trennen sind die europarechtliche Zuständigkeit für einen Handlungs- und Politikbereich, z.B. Umweltschutz oder Sozialpolitik von der Frage, ob auch die Binnenmarktregeln auf Umweltschutzverbände Anwendung finden. Auch bei ausschließlicher oder primärer Zuständigkeit der Nationalstaaten bleibt Europarecht zuständig für die Wahrung des einheitlichen Binnenmarkts. Das ist die Basis für den funktionalen Unternehmensbegriff des EG-Rechts. Für das in Deutschland geltende Recht geht es rechtspolitisch darum, die tradierten Finanzierungsformen über direkte und indirekte Subventionen, abzugsfähige Spenden und Entgelte aus wirtschaftlichen Tätigkeiten in einen ordnungspolitisch abgesichertes Verhältnis zu den Marktfreiheiten zu bringen. Dabei darf die aus der Subsidiarität erwachsende primäre nationalstaatliche Kompetenz z.B. im Kulturbereich nicht unverhältnismäßig unterlaufen werden.

Dabei vollzieht sich – andeutungsweise schon jetzt – eine Schwerpunktverlagerung: die aus der deutschen Sozialgeschichte kommende Dominanz der marktähnlichen Dienstleistungen insbesondere im traditionell korporatistischen Wohlfahrtssektor[70] nimmt ab (bzw. wird in den Zweiten Sektor abgedrängt), die zivilgesellschaftliche Komponente wird stärker für den gesamten Sektor leitbildgebend repräsentativ. Ökonomisch gesprochen findet eine Schwerpunktverlagerung weg von marktfähigen und hin zu öffentlichen Gütern statt. Dabei verliert die verfassungsrechtliche herrschende Begründung der Steuerbefreiung über die Staatsentlastungsthese an Plausibilität. Der eigentliche Grund der Förderung wird viel eher durch die Böckenförde-Formel erfasst.

Überraschenderweise dürfte das Gemeinschaftsrecht einen stärkeren Zwang dahingehend entfalten, den Kernbereich der nationalstaatlichen Gemeinnützigkeit, den Grund ihrer Privilegierungen neu zu definieren und das Recht der NPO stärker als bisher zu systematisieren. Das Europarecht kann bei ausreichend interdisziplinär unterfütterter Auslegung sowohl der Marktfreiheiten wie der Non-Profit-Funktionen für das Organisations- und Steuerrecht des Dritten Sektors eine ähnlich funktionalisierende Rolle übernehmen, wie sie der

---

Rn. 120 heißt es, dass wenn die Stiftung sich darin erschöpft, Geld an gemeinnützige Einrichtungen zu zahlen, sie nicht wirtschaftlich tätig ist. Die Argumentation in Rn. 114 macht es m.E. zweifelhaft, ob der *EuGH* die hierzulande als Lösung angepriesenen Doppelstiftungen (gemeinnützige Stiftung ohne Stimmrecht) akzeptieren würde.

[70] Siehe u.a. *Münder/von Boetticher*, Gemeinnützigkeit und Gemeinschaftsrecht, a.a.O. (Fn. 1) S. 8.

Kapitalmarkt und das Kapitalmarktrecht seit kurzem auch in Deutschland für das Gesellschaftsrecht wahrgenommen haben.

Steuerrechtliche Diskriminierung ausländischer gemeinnütziger Nonprofit-Organisationen: ein Verstoß gegen die EG-Grundfreiheiten?

THOMAS VON HIPPEL

A. Problemstellung
 I. Grenzüberschreitende Vermögensverwaltung
 II. Spendenabzug bei grenzüberschreitenden Spenden
B. Anwendungsbereich der Grundfreiheiten
 I. Anwendungsbereich der Niederlassungsfreiheit
  1. Definition der Niederlassungsfreiheit
  2. Tatbestandsmerkmal des Erwerbszwecks
  3. Keine Anwendbarkeit bei grenzüberschreitenden Spenden
  4. Anwendbarkeit auf grenzüberschreitende Vermögensverwaltung?
  5. Zwischenergebnis
 II. Anwendungsbereich der Kapitalverkehrsfreiheit
  1. Definition der Kapitalverkehrsfreiheit
  2. Funktion des Tatbestandsmerkmals der Anlageabsicht
   a) Beschränkungsfunktion
   b) Abgrenzungsfunktion
   c) Zwischenergebnis
  3. Definition der Anlageabsicht
   a) Restriktive Definition
   b) Extensive Definition
   c) Zwischenergebnis
  4. Argumente für und gegen eine Beschränkung der Kapitalverkehrsfreiheit auf Vermögenstransfers, die mit einer Anlageabsicht erfolgen
   a) Argumente für eine Beschränkung
   b) Argumente gegen eine Beschränkung
   c) Stellungnahme
   d) Zwischenergebnis
  5. Die EuGH-Entscheidungen „Erben von H. Barbier"
  6. Die EuGH-Entscheidung „van Hilten-van der Heijden"
  7. Vorschlag zur Definition der Kapitalverkehrsfreiheit
  8. Zwischenergebnis
C. Rechtfertigung und Vergleichbarkeit
 I. Rechtfertigung gemäß Art. 58 Abs. 1 lit. a EGV?
 II. Rechtfertigung nach den allgemeinen Voraussetzungen für eine Beschränkung der Grundfreiheiten
 III. Mangelnde Vergleichbarkeit ausländischer und inländischer gemeinnütziger Organisationen?
 IV. Zwischenergebnis
D. Fragen zum nationalen Recht
 I. Erforderlicher Inlandsbezug
  1. Das Tatbestandsmerkmal der „Allgemeinheit" im Sinne des § 52 Abs. 1 AO
  2. Praktische Konsequenzen
 II. Verengung de lege ferenda?
  1. Europarechtliche Zulässigkeit
  2. Rechtspolitische Erwägungen
 III. Zwischenergebnis
E. Ergebnisse

A. Problemstellung

International agierende Nonprofit-Organisationen sind längst keine Seltenheit mehr[1]. Viele moderne Themen, mit denen sich Nonprofit-Organisationen beschäftigen, haben einen Auslandsbezug (z.B. Umweltschutz, Dritte Welt, politische Verfolgung, Minderheiten). Andere Beispiele für grenzüberschreitende Tätigkeiten sind Stiftungen mit Vermögensgegenständen in verschiedenen Staaten und grenzüberschreitende Unterstützungen für Kultur- und Bildungseinrichtungen durch einen internationalen Liebhaberkreis oder durch ehemalige Alumni[2].

Gemeinnützige Nonprofit-Organisationen genießen verschiedene Steuerprivilegien[3]. Das deutsche Steuerrecht beschränkt – wie viele andere Staaten auch[4] – diese Vorteile auf inländische gemeinnützige Körperschaften. Lange Zeit ist dieser Rechtszustand nicht hinterfragt worden. Seit der Jahrtausendwende mehren sich indessen die Stimmen, die solche Beschränkungen für europarechtswidrig halten[5]. Die Frage steht spätestens seit dem Vorlagebeschluss des BFH an den EuGH vom 14.7.2004 in der Rechtssache „Stauffer"[6] auf der Tagesordnung[7].

Der folgende Beitrag konzentriert sich auf zwei besonders relevante Fälle, in denen ausländische gemeinnützige Organisationen schlechter gestellt sind als vergleichbare inländische gemeinnützige Organisationen, nämlich (I) die grenzüberschreitende Vermögensverwaltung und (II) grenzüberschreitende Spenden.

---

[1] *von Hippel*, ZSt 2004, 120 (122f.); *Schlüter*, Stiftungsrecht zwischen Privatautonomie und Gemeinwohlbindung (2004), S. 476.

[2] Nach einer Schätzung des *Deutschen Spendeninstituts Krefeld* aus dem Jahr 1999 gehen ca. 25% der deutschen Spenden an Projekte im Ausland; vgl. bsm-Newsletter 1/99, S. 11.

[3] Siehe näher zu den steuerlichen und sonstigen Vorteilen statt vieler *Schauhoff*, Handbuch der Gemeinnützigkeit, 2. Aufl. (2005), § 1 Rn. 46ff.; *Eicker*, ZErb 2005, 147 (148ff.).

[4] Siehe *von Hippel/Walz*, Generalbericht, S. 13 (112) in diesem Band; sowie die Länderberichte in *International Fiscal Association (ed.)*, Taxation of Non-Profit Organisations (1999).

[5] Siehe *Müller-Etienne*, Die Europarechtswidrigkeit des Erbschaftsteuerrechts: das deutsche internationale Erbschaft- und Schenkungsteuerrecht auf dem Prüfstand des EG-Vertrages und der Europäischen Menschenrechtskonvention (EMRK) (2003); *Zeininger*, Die deutsche Stiftung nach der Reform des Stiftungssteuerrechts durch Gesetz vom 14. Juli 2000 und ihre transnationale Offenheit anhand eines Vergleichs mit dem Stiftungsrecht in Österreich (2003); *Schäfers*, Die steuerrechtliche Behandlung gemeinnütziger Stiftungen in grenzüberschreitenden Fällen – Körperschaftsteuer, Erbschaft- und Schenkungsteuer – Zugleich ein Beitrag zum Recht der Nonprofit-Organisationen (2004); *Eicker*, Grenzüberschreitende gemeinnützige Tätigkeit (2004); *Helios*, BB 2002, 1893ff.

[6] BFH, IStR 2004, 752.

[7] Siehe die Anmerkungen von *Wachter*, FR 2004, 1220ff.; *Heger*, FR 2004, 1154ff.; *Schäfers*, IStR 2004, 755; *Helios/Müller*, BB 2004, 2332ff.; *Eicker*, ZErb 2005, 147ff.; *Schnitger/Papantonopoulos*, BB 2005, 407 (412); *Schiffer*, DStR 2005, 508 (509); *Kube*, IStR 2005, 469 (470); *Reimer/Ribbrock*, RIW 2005, 611ff. Die Entscheidung des EuGH ist am 14.9.2006 ergangen.

I. Grenzüberschreitende Vermögensverwaltung

Der EuGH hatte am 14.9.2006 den Fall „Stauffer" zu entscheiden, der ihm vom BFH zur Entscheidung vorgelegt worden war[8]: Eine italienische Stiftung mit Sitz in Italien ist Eigentümerin eines Geschäftsgrundstücks in Deutschland und erzielt daraus Einkünfte aus Vermietung und Verpachtung[9]. Gemäß § 5 Abs. 1 Nr. 9 Satz 1 KStG 1996 sind Körperschaften, die nach ihrer Satzung und nach der tatsächlichen Geschäftsführung ausschließlich und unmittelbar gemeinnützigen, mildtätigen oder kirchlichen Zwecken dienen (§§ 51 bis 68 der AO 1977), von der Körperschaftsteuer befreit[10]. Zwar erfüllt die italienische Stiftung diese Voraussetzungen. Weil es sich aber wegen des Sitzes und der Stiftungsleitung in Italien um Einkünfte im Rahmen der beschränkten Steuerpflicht handelt (siehe § 49 Abs. 1 Nr. 6 EStG i.V.m. § 21 EStG und § 2 Nr. 1, § 8 Abs. 1 KStG), greift die Ausnahmevorschrift des § 5 Abs. 2 Nr. 3 KStG 1996 (nunmehr § 5 Abs. 2 Nr. 2 KStG) ein, wonach die Steuerbefreiung für beschränkt Steuerpflichtige nicht gilt.

II. Spendenabzug bei grenzüberschreitenden Spenden

Gemäß § 10 b EStG sind Spenden zur Förderung mildtätiger, kirchlicher, religiöser, wissenschaftlicher und besonders förderungswürdiger gemeinnütziger Zwecke für den Spender unter bestimmten Voraussetzungen als Sonderausgaben abzugsfähig. Als Zuwendungsempfänger kommen gemäß § 49 EStDV ausschließlich inländische juristische Personen des öffentlichen Rechts, inländische Dienststellen oder als gemeinnützig anerkannte Körperschaften i. S. des § 5 Abs. 1 Nr. 9 KStG in Betracht. Wegen der Ausnahme für beschränkt steuerpflichtige Körperschaften (§ 5 Abs. 2 Nr. 2 i.V.m. § 2 Nr. 1 KStG) sind Spenden nicht steuerlich absetzbar, wenn sie (direkt) an ausländische Körperschaften und Körperschaften mit Sitz im Ausland spenden, selbst wenn diese Körperschaften alle anderen Voraussetzungen des Gemeinnützigkeitsrechts im Sinne der §§ 51ff. AO erfüllen[11]. Ähnliche Regeln sind auch in anderen Ländern üblich[12]. Das FG Münster hat in einer kürzlich veröffentlichten

---

[8] Siehe nunmehr EuGH, Urt. v. 14.9.2006 - Rs. 386/04, EuZW 2006, 625ff.

[9] Diese Tätigkeit geht nicht über den Rahmen der Vermögensverwaltung hinaus und ist damit kein wirtschaftlicher Geschäftsbetrieb.

[10] Die Ausnahme des § 5 Abs. 1 Nr. 9 Satz 2 und 3 KStG 1996) ist nicht einschlägig, weil kein wirtschaftlicher Geschäftsbetrieb vorliegt.

[11] Blümich/*Hofmeister*, § 10 b EStG (Loseblattsammlung, Stand: Mai 2005), Rn. 38; *Helios/Müller*, BB 2004, 2332 (2336); *Heger*, FR 2004, 1154 (1158).

[12] Siehe die Angaben in Fn. 4.

Entscheidung diese Regelungen für europarechtskonform gehalten[13]. Dies trifft aber nicht zu, wie im folgenden darzulegen ist.

B. Anwendungsbereich der Grundfreiheiten

Zu prüfen ist, ob die beiden Schlechterstellungen ausländischer gemeinnütziger Organisationen gegen die Grundfreiheiten des EG-Vertrags verstoßen, weil sie grenzüberschreitende Tätigkeiten erschweren. Die herrschende Ansicht hält die Diskriminierung bei der Vermögensverwaltung für gemeinschaftsrechtswidrig[14], nicht hingegen die Diskriminierung beim Spendenabzug[15].

Diskutiert wird bislang vor allem ein möglicher Verstoß gegen die Niederlassungsfreiheit. In Betracht kommt aber auch ein Verstoß gegen die Kapitalverkehrsfreiheit.

Im Folgenden wird zunächst geprüft, ob der Anwendungsbereich der Niederlassungsfreiheit (I) und der Kapitalverkehrsfreiheit (II) eröffnet sind, ehe dann (unter C) auf die Rechtfertigung eingegangen wird.

I. Anwendungsbereich der Niederlassungsfreiheit

1. Definition der Niederlassungsfreiheit

Nach Art. 43 Abs. 2 EGV umfasst die Niederlassungsfreiheit die Aufnahme und Ausübung selbständiger Erwerbstätigkeiten. Hierunter werden alle Tätigkeiten verstanden, die in eigener Verantwortung und weisungsfrei erfolgen („selbständig") und grundsätzlich entgeltlich sind („Erwerbstätigkeit")[16].

2. Tatbestandsmerkmal des Erwerbszwecks

Nach Art. 48 Abs. 2 EGV gilt die Niederlassungsfreiheit auch für juristische Personen und andere Gesellschaften, wenn sie einen „Erwerbszweck" verfolgen[17]. Nicht abschließend geklärt ist, wie das Kriterium des Erwerbszwecks zu verstehen ist.

---

[13] FG Münster, IStR 2006, 497f., kritisch hierzu mit Recht *Helios/Schlotter*, IStR 2006, 483ff.

[14] Siehe näher unten unter B I 4.

[15] Siehe näher unten unter B I 3 und B II 4 a cc.

[16] *Bröhmer*, in: Callies/Ruffert, Kommentar zu EU-Vertrag und EG-Vertrag, Art. 43 EGV Rn. 10; *Müller-Graff* in: Streinz, EUV/EGV (2003), Art. 48 EGV Rn. 3; *Tiedje/Troberg* in: von der Groeben/Schwarze, Kommentar zum EU-Vertrag/Gründung der EG, 6. Aufl. (2003), Art. 43 EG Rn. 62; *Scheuer*, in: Lenz/Borchardt, EU- und EG-Vertrag, 3. Aufl. (2003), Art. 48 EG Rn. 1; *Helios*, BB 2002, 1893 (1894).

[17] Art. 48 Abs. 2 EGV lautet: „Als Gesellschaften gelten die Gesellschaften des bürgerlichen und des Handelsrechts einschließlich der Genossenschaften und die sonstigen juristischen Personen

Denkbar sind drei Auslegungen:

a) Ein Erwerbszweck liegt vor, wenn die Gesellschaft Gewinne an ihre Mitglieder bzw. Gesellschafter ausschüttet. Vereine und Stiftungen, bei denen die Gewinnausschüttung an die Mitglieder bzw. den Stifter regelmäßig verboten ist, wären demnach nicht von der Niederlassungsfreiheit erfasst. Diese Ansicht wird bislang von niemandem vertreten.

b) Manche Autoren nehmen einen Erwerbszweck an, wenn es sich um eine unternehmerische Tätigkeit einer nichtgemeinnützigen Organisation handelt. Gemeinnützige Organisationen können sich demnach nicht auf die Niederlassungsfreiheit berufen, weil Wettbewerbsverzerrungen durch steuerbegünstigte gemeinnützige Einrichtungen vermieden werden sollen[18].

c) Die ganz überwiegende Ansicht hält es für entscheidend, ob die Organisation objektiv am Wirtschaftsleben teilnimmt. Unerheblich sei hingegen, ob die Tätigkeit der Organisation gemeinnützig oder primär auf Gewinnerzielung ausgerichtet sei[19]. Auch gemeinnützige Organisationen seien daher grundsätzlich von der Niederlassungsfreiheit erfasst, sofern sie unternehmerische Tätigkeiten ausüben. Ausnahmen werden nur bei Einrichtungen erwogen, die ausschließlich kulturell oder karitativ tätig sind[20].

3. Keine Anwendbarkeit bei grenzüberschreitenden Spenden

Grenzüberschreitende Spenden sind mangels Gegenleistung keine Erwerbstätigkeit und unterliegen daher nach einhelliger Ansicht nicht der Niederlassungsfreiheit im Sinne des Art. 43 Abs. 2 EGV[21].

---

des öffentlichen und privaten Rechts mit Ausnahme derjenigen, die keinen Erwerbszweck verfolgen".

[18] *Vollmer*, ZHR 157 (1993), 373 (380); *Ipsen*, Soziale Dienstleistungen und EG-Recht (1997), S. 55ff.; *Heger*, FR 2004, 1154 (1156); wohl auch *Radelzhofer/Forsthoff*, in: Grabitz/Hilf (Hrsg.): Das Recht der Europäischen Union (Loseblattsammlung), Art. 48 EGV, Rn. 8.

[19] BFH, IStR 2004, 752 (754f.); *Troberg/Tiedje* (Fn. 16), Art. 43 EG, Rn. 55; *Benicke*, in: Schauhoff, Handbuch der Gemeinnützigkeit, 2. Aufl. (2005), § 23 Rn. 30f.; *Helios*, BB 2002, 1893 (1895); ebenso die herrschende Ansicht in Dänemark, siehe *Sørensen/Nielsen*, EU-retten, 4. Aufl. (2004), S. 513.

[20] BFH, IStR 2004, 752 (754); *Müller-Graff* (Fn. 16), Art. 43 EGV Rn. 12, Art. 44 Rn. 3; siehe auch *Troberg/Tiedje* (Fn. 16), Art. 48 EG Rn. 5.

[21] Siehe die in Fn. 16 genannten Autoren, die sich darin einig sind, dass karitative Tätigkeiten nicht in den Anwendungsbereich der Niederlassungsfreiheit fallen.

4. Anwendbarkeit auf grenzüberschreitende Vermögensverwaltung?

Umstritten ist hingegen, ob eine grenzüberschreitende vermögensverwaltende Tätigkeit (wie im Fall „Stauffer") in den Anwendungsbereich der Niederlassungsfreiheit fällt.

Der BFH bejaht dies in seinem Vorlagebeschluss: auch vermögensverwaltende Aktivitäten von gemeinnützigen Organisationen – wie im Streitfall die Vermietung von Grundbesitz durch eine Stiftung – enthielten einen Erwerbszweck, wenn sie erwerbsorientiert und entgeltlich seien[22]. Die meisten Anmerkungen zu diesem Urteil stimmen dem zu, weil die italienische Stiftung insoweit in Konkurrenz zu den anderen Anbietern vergleichbarer Mietobjekte stehe[23].

Vereinzelt wird die Anwendbarkeit der Niederlassungsfreiheit abgelehnt, weil gemeinnützige Organisationen keinen Erwerbszweck im Sinne des Art. 48 Abs. 2 EGV verfolgten[24] oder weil die bloße Verwaltung eigenen Vermögens nicht wettbewerbsrelevant sei, wie auch die im deutschen Steuerrecht von Rechtsprechung und Literatur erarbeitete Abgrenzung von reiner Vermögensverwaltung und wirtschaftlichem Geschäftsbetrieb belege[25]. Selbst im ideellen Bereich nehme eine gemeinnützige Stiftung „in irgendeiner Weise am Markt teil" (z.B. bei der Anmietung von Räumen), ohne dass man diese Tätigkeit dem Anwendungsbereich der Niederlassungsfreiheit unterstelle[26]. Auch sei die Ansicht des BFH mit der Entscheidung der Europäischen Kommission unvereinbar, dass die beherrschende Unternehmensbeteiligung einer Stiftung nicht als wirtschaftliches Handeln anzusehen sei[27], wenn die Beteiligung weder

---

[22] BFH, IStR 2004, 752 (755), mit Verweis auf *Thömmes*, JbFStR 1999/2000, 123 (124); *Helios*, BB 2002, 1893ff.

[23] Siehe die (insoweit) zustimmenden Anmerkungen von *Wachter*, FR 2004, 1220 (1224); *Eicker*, ZErb 2004, 147 (153); *Helios/Müller*, BB 2004, 2332 (2334), *Schnitger/Papantonopoulos*, BB 2005, 407 (412); *Kube*, IStR 2005, 469 (470); sowie nunmehr auch *Jachmann/Meier-Behringer*, BB 2006, 1823 (1827f.) (tendenziell anders noch *Jachmann*, BB 2003, 990 (991f.)); ebenso mit abweichender Begründung *Schäfers*, IStR 2004, 755 (756), wonach eine Beteiligung am Wirtschaftsprozess auch ohne ein Konkurrieren untereinander denkbar sei, solange ein Entgelt verlangt werde.

[24] So *Heger*, FR 2004, 1154 (1156, 1158), im Anschluss an *Radelzhofer/Forsthoff* (siehe Fn. 18).

[25] *Schiffer*, DStR 2005, 508 (509).

[26] *Schiffer*, DStR 2005, 508 (509).

[27] EG-Kommission, Entscheidung v. 22.3.2003, AblEG 2003 Ziff. L 55, S. 56 (62) zu der Frage, ob und gegebenenfalls inwieweit die (in der Vergangenheit) gewährten Steuervergünstigungen für italienische Bankenstiftungen gegen das Europäische Wettbewerbsrecht verstoßen (haben). Die italienische Finanzverwaltung ist allerdings dieser Entscheidung nicht gefolgt – am 23.3.2004 hat der italienische oberste Gerichtshof einen Vorlagebeschluss beim EuGH eingereicht, der diese Frage am 10.1.2006 entschieden hat; siehe näher zur Rs. C-222/04, Cassa di Risparmio di Firenze, die Beiträge in diesem Band von *Walz*, S. 653 (673) und von *von Hippel/Walz*, S. 13 (135 f.); *dies.*, 215 (271).

direkte noch indirekte Eingriffe in die Geschäftstätigkeit ermögliche[28]. Schließlich spreche auch der Gedanke der steuerlichen Kohärenz dafür, den EU-rechtlich erforderlichen Erwerbszweck eng zu definieren[29].

Diejenigen Autoren, die im Fall „Stauffer", einen Eingriff in die Niederlassungsfreiheit ablehnen, halten teilweise keine andere Grundfreiheit für einschlägig[30], nach anderer Ansicht kommt ein Eingriff in den Anwendungsbereich der Kapitalverkehrsfreiheit in Betracht[31].

Der EuGH hat sich in seiner mittlerweile vorliegenden Entscheidung in der Rechtssache „Stauffer" (im Einklang mit den Schlussanträgen der Generalanwältin Stix-Hackl) der letztgenannten Ansicht angeschlossen[32]: Es handele sich zwar nicht um einen Eingriff in den Anwendungsbereich der Niederlassungsfreiheit, aber um einen Eingriff in den Anwendungsbereich der Kapitalverkehrsfreiheit[33]. Zwar sei eine Vermietung grundsätzlich eine auf Dauer angelegte selbständige Erwerbstätigkeit, die der Niederlassungsfreiheit unterfalle[34]. Indessen fehle es an einem weiteren (vom BFH und den verschiedenen Autoren nicht berücksichtigtem) Erfordernis, nämlich dass die italienische Stiftung eigene Geschäftsräume und somit eine feste Einrichtung in Deutschland unterhalte[35]. Die Dienstleistungen im Zusammenhang mit der Vermietung und Verpachtung des Grundstücks würden nämlich von einer deutschen Hausverwaltung erbracht, deren Tätigkeit nicht der Stiftung als ständige Präsenz zugerechnet werden könne.

Indessen sei ein Eingriff in die Kapitalverkehrsfreiheit gegeben, denn die Vermietung sei eine grenzüberschreitende Kapitalanlage.

---

[28] *Schiffer*, DStR 2005, 508 (509). Auf diesen Widerspruch weisen auch *Helios/Müller*, BB 2004, 2332 (2334f.) hin, die allerdings die Entscheidung der Kommission für unzutreffend halten.

[29] *Schiffer*, DStR 2005, 508 (509f.). Siehe näher zu diesem, die Rechtfertigungsebene betreffenden Argument, unten unter C II.

[30] So offenbar *Schiffer*, DStR 2005, 508 (509f.).

[31] So *Heger*, FR 2004, 1154 (1156, 1158), die im Anschluss an *Radelzhofer/Forsthoff* (siehe Fn. 18) die Niederlassungsfreiheit bei gemeinnützigen Organisationen ablehnt und kurz darauf hinweist, dass die Freiheit des Kapitalverkehrs auch gemeinnützige Organisationen schütze, weil es dort an einer Art. 48 Abs. 2 EGV entsprechenden Beschränkung fehle. Eigenartigerweise prüft die Autorin jedoch im Anschluss hieran hilfsweise, ob eine Beeinträchtigung gegen die Niederlassungsfreiheit gerechtfertigt wäre, statt zu prüfen, ob die (ihrer Ansicht nach gegebene) Beeinträchtigung der Kapitalverkehrsfreiheit gerechtfertigt ist. Für die Anwendbarkeit der Kapitalverkehrsfreiheit noch *Schäfers* (Fn. 5), S. 316; abweichend aber nunmehr *dies.*, IStR 2004, 755 (756), wonach die Niederlassungsfreiheit anwendbar ist.

[32] Die Entscheidung vom 14.9.2006 und die Schlussanträge der Generalanwältin *Stix-Hackl* vom 15.12.2005 sind im Internet abrufbar unter http://curia.europa.eu.

[33] *Stix-Hackl* (Fn. 32), Rn. 56-61.

[34] So eher knapp EuGH, EuZW 2006, 625 (626) unter Rn. 18; ausführlicher hingegen *Stix-Hackl* (Fn. 32), Rn. 44-49, unter ausdrücklicher Zurückweisung der anderen Argumente.

[35] EuGH, EuZW 2006, 625 (626) unter Rn. 19f.; siehe bereits *Stix-Hackl* (Fn. 32), Rn. 50-55.

5. Zwischenergebnis

(1) Grenzüberschreitende Spenden sind nicht von der Niederlassungsfreiheit erfasst, weil sie mangels eines Entgelts keine Erwerbstätigkeit sind.

(2) Umstritten ist, ob grenzüberschreitende vermögensverwaltende Tätigkeiten von der Niederlassungsfreiheit erfasst sind. Die herrschende Ansicht hält dies grundsätzlich für möglich, zu beachten ist allerdings, dass hierzu eine dauernde Präsenz im Aufnahmemitgliedstaat notwendig ist.

II. Anwendungsbereich der Kapitalverkehrsfreiheit

Art. 56 Abs. 1 EG-Vertrag enthält keine Legaldefinition des freien Kapitalverkehrs[36]. In der Literatur untersuchen mehrere steuerrechtliche Beiträge, inwieweit Erbschaften[37] oder Spenden[38] Anwendungsfälle des Kapitalverkehrs sind; demgegenüber findet sich in der allgemeinen europarechtlichen Literatur bislang keine ausdrückliche Stellungnahme zu der Frage, ob Spenden oder ähnliche fremdnützige Vermögenstransfers in den Anwendungsbereich der Kapitalverkehrsfreiheit fallen.

1. Definition der Kapitalverkehrsfreiheit

Die meisten Kommentierungen des EG-Vertrags erklären, der Anwendungsbereich der Kapitalverkehrsfreiheit erfasse jede „einseitige Wertübertragung von Sach- oder Geldkapital aus einem Staat in einen anderen Staat, die regelmäßig zugleich eine Vermögensanlage darstellt"[39], bzw. „primär zu Anlagezwecken erfolgt"[40], bzw. „anlagebezogen" ist[41], bzw. „die zu Forderungen und Verpflichtungen führt" und einen „Anlagecharakter" hat[42].

---

[36] Siehe zum Anwendungsbereich der Kapitalverkehrsfreiheit bereits *von Hippel*, EuZW 2005, 7ff.

[37] Siehe *Dautzenberg/Brüggemann*, BB 1997, S. 123ff.; *Kaass,* Europäische Grundfreiheiten und deutsche Erbschaftsteuer (2000).

[38] Siehe die in Fn. 5 genannten Autoren, sowie *Heger*, FR 2004, 1154 (1158).

[39] *Schweitzer/Hummer*, Europarecht, 5. Aufl. (1996), Rn. 1213; *Kiemel*, in: von der Groeben/Schwarze (Hrsg.), EUV/EGV-Kommentar, 6. Aufl. (2003), Art. 56 EG, Rn. 1; *Pajunk*, Die Bedeutung und Reichweite der Kapitalverkehrs- und Dienstleistungsfreiheit des EG-Vertrages (1999), S. 35.

[40] *Bröhmer*, in: Callies/Ruffert (Hrsg.), Kommentar zu EU-Vertrag und EG-Vertrag, 2. Aufl. (2002), Art. 56 EG-Vertrag, Rn. 8.

[41] *Dauses/Follak*, Handbuch des EU-Wirtschaftsrechts (Loseblattsammlung), F II Rn. 4.

[42] *Weber*, in: Lenz/Borchardt (Hrsg.), EU- und EG-Vertrag, 3. Aufl. (2003), Art. 56 EGV, Rn. 5; *Sedlaczek* in: Streinz, EUV/EGV (2003), Art. 56 EGV, Rn. 6.

Allen diesen Definitionen ist ein Tatbestandsmerkmal gemeinsam, das im folgenden als „Anlageabsicht" bezeichnet wird. Allerdings wird dieses Kriterium regelmäßig nicht genauer definiert und gemeinhin offen gelassen, welche Funktion es hat.

2. Funktion des Tatbestandsmerkmals der Anlageabsicht

Bei einer genaueren Betrachtung zeigt sich, dass dem Tatbestandsmerkmal der Anlageabsicht zwei verschiedene Funktionen zugeordnet werden können, die man schlagwortartig mit (a) Beschränkungsfunktion und (b) Abgrenzungsfunktion bezeichnen kann.

a) Beschränkungsfunktion

Prima vista liegt es nahe, die Anlageabsicht als ein Kriterium aufzufassen, das den Anwendungsbereich der Kapitalverkehrsfreiheit beschränkt und folglich bei allen Anwendungsfällen des Kapitalverkehrs vorliegen muss.

In der Tat gehen nahezu alle steuerrechtlichen Beiträge, die sich mit der Frage beschäftigen, ob das Erbschaftsteuerrecht gemeinschaftsrechtswidrig ist, ohne weitere Begründung davon aus, dass das Kriterium der Anlageabsicht eine solche beschränkende Funktion hat (bzw. ein Charakteristikum der Kapitalverkehrsfreiheit ist)[43] und diskutieren konsequenterweise, ob auch bei einem fremdnützigen Vermögenstransfer eine solche Anlageabsicht vorliegt.

b) Abgrenzungsfunktion

Indessen ist dieser Schluss nicht zwingend, denn das Kriterium der Anlageabsicht wird in der europarechtlichen Literatur auch im Zusammenhang mit der Abgrenzung zu anderen Freiheiten des EG-Vertrags (Warenverkehrsfreiheit, Dienstleistungsfreiheit und insbesondere Zahlungsverkehrsfreiheit) erörtert.

So hat der EuGH im Jahr 1984 in der bekannten Entscheidung „Luisi und Carbone" auf die Anlageabsicht als Kriterium abgestellt, um die Freiheit des Kapitalverkehrs von der Freiheit des Zahlungsverkehrs abzugrenzen. Zahlungen seien „Devisentransferierungen [...], die eine Gegenleistung im Rahmen einer dieser Leistung zugrundeliegenden Transaktion darstellen, während es sich beim Kapitalverkehr um Finanzgeschäfte handelt, bei denen es in erster Linie um die Anlage oder die Investition des betreffenden Betrags und nicht um die Vergütung einer Dienstleistung geht"[44].

In dieselbe Richtung geht auch der Hinweis einiger Autoren, die Kapitalverkehrsfreiheit erfasse „alle finanziellen Transaktionen, die nicht direkt durch

---

[43] Siehe die oben in Fn. 5 genannten Autoren.
[44] EuGH, Slg. 1984, 377 (404) unter Rn. 21 - Luisi und Carbone.

den Waren- oder Dienstleistungsverkehr bedingt" seien. Während es sich bei der Kapitalverkehrsfreiheit „im Gegensatz zum Waren- und Dienstleistungsverkehr" um eine „einseitige Wertübertragung aus einem Mitgliedstaat in einen anderen [...], der zugleich eine Vermögensanlage darstellt" handele, gehe es beim Zahlungsverkehr „demgegenüber um die Übertragung von Geldmitteln über die Grenzen zur rechtsgeschäftlichen Erfüllung einer Schuld [...]"[45].

Infolge der vollständigen Liberalisierung des Kapitalverkehrs im Jahre 1994 hat die Abgrenzung freilich mittlerweile viel von ihrer ursprünglichen Brisanz verloren[46].

c) Zwischenergebnis

(1) Die Funktion des Tatbestandsmerkmals der Anlageabsicht ist unklar.

(2) Der EuGH hat dieses Kriterium seinerzeit in der Entscheidung „Luisi und Carbone" nur deshalb in die Definition aufgenommen, um auf diese Weise die Kapitalverkehrsfreiheit von der Zahlungsverkehrsfreiheit abzugrenzen. Sofern sich die Abgrenzungsfrage nicht stellt (insbesondere bei unentgeltlichen grenzüberschreitenden Vermögenstransfers[47]), ist also die Kapitalverkehrsfreiheit anwendbar, ohne dass es auf darauf ankommt, ob eine Anlageabsicht vorliegt.

(3) Die einschlägige steuerrechtliche Literatur versteht hingegen das Tatbestandsmerkmal der Anlageabsicht so, dass es immer vorliegen muss („Beschränkungsfunktion").

3. Definition der Anlageabsicht

Im folgenden sei unterstellt, dass die Interpretation der steuerrechtlichen Literatur zutrifft. In diesem Fall ist zu klären, ob die beiden zu untersuchenden grenzüberschreitenden Tätigkeiten (nämlich Vermögensverwaltung und Spenden)

---

[45] *Kiemel* (Fn. 39), Art. 56 EG, Rn. 1; ähnlich auch *Bröhmer* (Fn. 40), Art. 56 EG-Vertrag, Rn. 14.

[46] Bis 1993 war der Kapitalverkehr nur teilweise liberalisiert, so dass die Abgrenzung zwischen der Kapitalverkehrsfreiheit und den anderen Freiheiten wichtig war; siehe Art. 106 EWG-Vertrag bzw. 73h EG-Vertrag; siehe hierzu *Kiemel* in: von der Groeben/Thiesing/Ehlermann, Kommentar zum EWG-Vertrag, 4. Aufl. (1991), Art. 73h, Rn. 2ff.

[47] Eine „Zahlung" ist nach einhelliger Ansicht die Gegenleistung aus einer zugrunde liegenden Transaktion, die regelmäßig in den Schutzbereich der Warenverkehrsfreiheit oder der Dienstleistungsfreiheit fallen wird; vgl. zur Definition statt aller *Geiger*, EUV/EGV, 3. Aufl. (2000), Art. 56 EGV, Rn. 5; *Ress/Ukrow*, in: Grabitz/Hilf (Hrsg.): Das Recht der Europäischen Union (Loseblattsammlung), Art. 56 EGV, Rn. 174; *Kiemel* (Fn. 39), 56 EG, Rn. 1.

mit einer Anlageabsicht erfolgen, wobei die Anlageabsicht restriktiv (a) oder extensiv (b) definiert werden kann[48].

a) Restriktive Definition

Eine Möglichkeit wäre, die (europarechtliche) Definition der Anlageabsicht durch einen Rückgriff auf andere europäische Dokumente zu ermitteln. Das derzeit wohl modernste einschlägige Dokument ist die Richtlinie 2004/39/EG vom 21.4.2004 über Wertpapierdienstleistungen und geregelte Märkte[49]. Ein „Anleger" wird in der Richtlinie mittelbar als eine Person umschrieben, die durch eine Vermögensanlage ihr eigenes Vermögen erhöhen möchte[50]. Die Anlageabsicht wäre dementsprechend die Absicht, das eigene Vermögen durch eine Vermögensanlage zu erhöhen[51]. Da sinnvollerweise auch schon vorbereitende Vermögenstransfers einzubeziehen sind[52], wäre im Ergebnis jede eigennützige grenzüberschreitende Vermögensbewegung von der Kapitalverkehrsfreiheit erfasst, solange keine andere Grundfreiheit einschlägig ist.

Demnach wäre der Erwerb eines Grundstücks, um es zu vermieten (wie im Fall „Stauffer"), als Anwendung der Kapitalsverkehrsfreiheit anzusehen. Auch die Vermietungstätigkeit selbst wäre, sofern man sie nicht der Niederlassungsfreiheit unterordnet[53], jedenfalls von der Kapitalverkehrsfreiheit erfasst, da sie ebenfalls mit der Absicht betrieben wird, Gewinne zu erzielen[54].

Nicht mehr von der Kapitalverkehrsfreiheit erfasst wären hingegen fremdnützige grenzüberschreitende Zuwendungen von Stiftern, Zustiftern oder Spen-

---

[48] In den allgemeinen europarechtlichen Abhandlungen zur Kapitalverkehrsfreiheit wird die Anlageabsicht nicht definiert.
[49] ABl. 2004 L 145, S. 1ff.
[50] Die Richtlinie enthält zwar keine Definition des „Anlegers"; vgl. aber die Begriffsbestimmungen in Art. 4 Abs. 1 Nr. 2, 10 und 12: Demnach ist ein „Kleinanleger" (Nr. 12) ein Unterfall des „Kunden" (Nr. 10), der dadurch definiert wird, dass ihm gegenüber „Wertpapierdienstleistungen" erbracht werden, die wiederum durch Nr. 2 im Anhang 1 aufgezählt werden.
[51] So *Eicker* (Fn. 5), S. 215; *ders.*, ZErb 2005, 239 (244), jeweils mit Verweis auf das folgende Zitat von *Freitag*, EWS 1997, 186 (187): „Der Kapitalverkehr zeichnet sich dadurch aus, daß mit Ausnahme des Immobilienerwerbs die Nutzung des Kapitals im Vordergrund steht, sei es im Sinne der Erzielung spekulativer Gewinne, sei es im Sinne von Zinserträgen und Dividenden"; ähnlich auch *Weber* (Fn. 42), Art. 56 EGV, Rn. 5: „Das Kapital ist ein Produktionsfaktor, der Ertrag ... bringt". Allerdings versteht nur *Eicker*, a.a.O., das Tatbestandsmerkmal der „Anlageabsicht" im Sinne einer „Beschränkungsfunktion"; während die beiden anderen Beiträge die „Abgrenzungsfunktion" dieses Tatbestandsmerkmals behandeln; vgl. zu diesem Unterschied oben unter B II 2.
[52] Zum Beispiel eine Überweisung auf ein ausländisches Konto, um im Ausland Aktien zu kaufen.
[53] Siehe hierzu näher oben unter B I 4.
[54] Zutreffend daher *Heger*, FR 2004, 1154 (1156, 1158); missverständlich hingegen *Schiffer*, DStR 2005, 508 (509f.), der nur die Niederlassungsfreiheit prüft.

dern[55], weil es sich insoweit nicht mehr um Vermögenstransfers im Zusammenhang mit einer eigennützigen Vermögensanlage handelt, sondern um die fremdnützige Übertragung eines Vermögens an eine andere Person[56].

b) Extensive Definition

Fast alle Autoren, die untersuchen, ob die Erbschaftsteuer mit dem Europarecht vereinbar ist, vertreten demgegenüber eine extensive Definition der Anlageabsicht, die auch fremdnützige Vermögenstransfers erfasst[57]. Dieses weite Begriffsverständnis wird im wesentlichen mit zwei Konstruktionen gerechtfertigt[58].

aa) Die erste Konstruktion dehnt die Anlageabsicht des Erblassers so weit aus, dass sie auch eine (potentielle) Belastung des Erben durch die Erbschaftsteuer einbezieht: Der Erblasser treffe eine Investitionsentscheidung, um „für sein Vermögen die optimale Rendite zu erzielen" und beziehe im Rahmen einer Vorteilsanalyse auch die Erbschaftsteuer in das Entscheidungskalkül ein[59]. Teilweise wird auch behauptet, die Kapitalverkehrsfreiheit bezwecke, durch den Wettbewerb auf Kapitalmärkten eine optimale Allokationseffizienz zu erzielen[60], und müsse daher auch fremdnützige Vermögenstransfers schützen[61].

---

[55] So konsequent *Eicker* (Fn. 5), S. 215; *ders.*, ZErb 2005, 239 (244), der freilich im Ergebnis einen Verstoß gegen das allgemeine Diskriminierungsverbot (Art. 12 EGV) i.V.m. dem Freizügigkeitsrecht (Art. 18 EGV) bejaht; a.A. insoweit *Heger*, FR 2004, 1154 (1158).

[56] Nicht überzeugend ist daher der Einwand von *Müller-Etienne* (Fn. 5), S. 134, dass die subjektive Renditeabsicht des Anlegers sich nur schwer ermitteln lasse und deshalb insgesamt untauglich sei – es ist offensichtlich, dass ein Renditeabsicht im restriktiven Sinne bei einem fremdnützigen Vermögenstransfer fehlt.

[57] Siehe die in Fn. 5 genannten Autoren. Ausnahmen sind nur *Zeininger* (Fn. 5), S. 181f., der das Kriterium der Anlageabsicht insgesamt verwirft, sowie *Eicker* (Fn. 5), S. 215; *ders.*, ZErb 2005, 239 (244).

[58] Vereinzelt geblieben ist die Ansicht von *Müller-Etienne* (Fn. 5), S. 135ff., dass der Begriff „Kapital" aufgrund verfassungsrechtlich geschützter Rechtspositionen des Erblassers und des Erben weit auszulegen sei, was nicht überzeugt; vgl. hierzu näher die zutreffende Kritik von *Schäfers* (Fn. 5), S. 344ff.

[59] So *Kaass* (Fn. 5), S. 66ff. Vgl. auch *dens.*, S. 76f. wonach auch der grenzüberschreitende Grundvermögenserwerb „im Rahmen einer inflationsbewussten und renditeorientierten langfristigen Anlagestrategie eine sinnvolle Alternative zu den herkömmlichen Anlageformen" darstelle und daher nicht durch erbschaftsteuerlich nachteilige Bestimmungen weniger attraktiv gemacht werden dürfe. Ähnlich auch die Anmerkung zu der EuGH-Entscheidung in der Rechtssache „Erben von Barbier" (ZEV 2004, 74ff.) von *Dautzenberg*, ZEV 2004, 78 (78), wonach es entscheidend sei, dass die Erbschaftsteuergesetze das wirtschaftliche Verhalten der betroffenen Menschen beeinflussten, wie bereits die bloße Existenz einer Erbschaftsteuerberatung beweise.

[60] So in der Tat die ganz überwiegende Auffassung in der Literatur; siehe hierzu näher unten unter B III 2 b.

[61] Siehe *Schäfers* (Fn. 5), S. 342: „Das Kapital ist der zentrale Produktionsfaktor; deswegen muss dessen grenzüberschreitender Transfer als solcher durch die Grundfreiheiten geschützt sein. Es darf keinen Unterschied machen, ob die Übertragung konkret dazu dient, Erträge zu erwirt-

bb) Die zweite Konstruktion dehnt die Anlageabsicht des Begünstigten so weit aus, dass sie bereits den fremdnützigen Transfer erfasst, durch den der Begünstigte das Vermögen erhält. Auch hier wird teilweise auf die Funktion der Kapitalverkehrsfreiheit verwiesen, durch den Wettbewerb auf Kapitalmärkten eine optimale Allokationseffizienz zu erzielen[62]. Als weiteres Argument wird eine Analogie zur Dienstleistungsfreiheit vorgeschlagen, die nach verbreiteter Ansicht auch den Empfänger der Dienstleistung schützt[63]. Zu einer effektiven und umfassenden Gewährleistung der Kapitalverkehrsfreiheit im Binnenmarkt könne es nur kommen, wenn auch die Freiheit geschützt sei, grenzüberschreitend Kapital zu empfangen[64]. Schließlich sei es oft nur eine Frage der Gesetzgebungstechnik, bei welcher der beteiligten Personen die für die Übertragung von Kapital nachteilige Regelung ansetzte[65].

cc) Beide Konstruktionen können nicht überzeugen, weil sie die Anlageabsicht überdehnen. Das Interesse des Kapitalanlegers, der sein eigenes Vermögen rentabel anlegen möchte, ist von anderer Natur als das Interesse desjenigen, der eine fremdnützige Zuwendung (Erbe, Schenkung, Spende, Stiftung) machen möchte, oder das Interesse des Begünstigten, der eine solche Zuwendung erhält. Nur beim Kapitalanleger kann man überzeugend von einer „Anlageabsicht" im Sinne eines eigennützigen Interesses sprechen, durch den Vermögenstransfer sein Vermögen zu erhöhen. Demgegenüber geht es dem Erblasser, Schenker, Spender oder Stifter, der sein Vermögen fremdnützig auf eine andere Person überträgt, nicht darum, hierdurch eine Rendite (zugunsten des Empfängers) zu erzielen, sondern darum, das Vermögen als solches möglichst ungeschmälert an den Empfänger zu übertragen. Eine solche Absicht ist keine eigennützige „Anlageabsicht" mehr, sondern eine fremdnützige „Vermögenserhaltungsabsicht"[66]. Auch das Interesse des Begünstigten, das ihm zugedachte Vermögen

---

schaften, oder ob eine Entscheidung, wie das Kapital verwendet werden soll, bereits vorliegt. Geschützt durch die Kapitalverkehrsfreiheit ist auch die freie Entscheidung darüber, ob und wie Kapital eingesetzt wird".

[62] Siehe *Müller-Etienne* (Fn. 5), S. 134, wonach aus Sicht des Kapitalempfängers, der das erhaltene Vermögen produktiv einsetzen könne, ein unentgeltlicher Empfang sogar vorteilhafter als ein entgeltlicher sei.

[63] Siehe *Schäfers* (Fn. 5), S. 345, wonach dann, wenn schon die personenbezogene Dienstleistungsfreiheit auch die Empfängerinteressen schütze, dies erst recht bei der objektbezogenen Kapitalverkehrsfreiheit gelten müsse.

[64] Siehe *Schäfers* (Fn. 5), S. 345, unter Hinweis auf die EuGH-Entscheidung „Luisi und Carbone" (Slg. 1984, 377ff.). Der EuGH habe dort zutreffend argumentiert, dass die Erweiterung auf den Empfänger eine notwendige Ergänzung zu dem Fall darstelle, dass der Erbringer der Dienstleistung die Grenze überschreite, weil das Ziel sei, jede gegen Entgelt geleistete Tätigkeit zu liberalisieren.

[65] Siehe *Schäfers* (Fn. 5), S. 346, mit Verweis auf *Cordewener*, Europäische Grundfreiheiten und nationales Steuerrecht (2002), S. 236.

[66] Hieran ändert sich auch nichts dadurch, dass diese fremdnützige Vermögenserhaltungsabsicht die Investitionsentscheidung eines „Anlegers" (mit-)beeinflussen kann: insoweit handelt es sich eben nicht (mehr) um eine renditeorientierte Anlage im Sinne der restriktiven Definition, son-

zu erhalten, betrifft das Vermögen als solches und nicht die Rendite, die es zukünftig erzielen kann[67]. Angesichts dieser Unterschiede überzeugt es nicht, zu behaupten, dass in allen diesen Fällen das Interesse an einer rentablen Kapitalanlage dominant sei; man sollte lieber offen zugeben, dass darüber hinaus fremdnützige Interessen schutzbedürftig und -würdig sein können.

Abgesehen davon führt die extensive Auslegung des Tatbestandsmerkmals der Anlageabsicht in der Praxis dazu, dass die Anlageabsicht bei jedem Vermögenstransfer anzunehmen ist (und keine beschränkende Funktion mehr hat). Der eine Vorschlag aus der Literatur hält es für ausreichend, dass sich diese Absicht auf einen Vermögenstransfer bezieht, der „potentiell ertragbringend" ist[68], was praktisch bei jedem Vermögen anzunehmen sein dürfte[69]. Der andere Vorschlag möchte nur diejenigen Vermögenstransfers einbeziehen, bei denen „im Zeitpunkt des Übertragungsvorganges nach außen eindeutig erkennbar ist, dass das betreffende Kapital dauerhaft nicht mehr dem Wirtschaftskreislauf zugeführt werden wird bzw. nach wirtschaftlichen Gesichtspunkten eingesetzt werden wird"[70]. Auch diese Definition ist aber so weit, dass sie in der Praxis immer eingreifen wird[71].

c) Zwischenergebnis

(1) Es ist umstritten, wie das Tatbestandsmerkmal der Anlageabsicht zu definieren ist.

---

dern um eine Maßnahme zur Vermögenserhaltung in fremdnütziger Absicht, die nicht mehr von dem Anwendungsbereich der Kapitalverkehrsfreiheit erfasst wäre.

[67] Es kann nach der hier vertretenen Ansicht dahingestellt bleiben, ob der Empfänger einer fremdnützigen Zuwendung in den Anwendungsbereich der Kapitalverkehrsfreiheit einzubeziehen ist. Die hierfür vorgebrachten Argumente sind nicht unbedingt zwingend: Für das Interesse an funktionsfähigen europaweiten Kapitalmärkten dürfte es ausreichen, dass der jeweilige Vermögensinhaber sich auf die Kapitalfreiheit berufen kann. Auch eine Analogie zur Dienstleistungsfreiheit dürfte abzulehnen sein, weil es an der hierfür notwendigen Vergleichbarkeit fehlt: der Empfänger einer Dienstleistung muss ein „Entgelt" entrichten und ist deshalb schutzwürdiger als der Empfänger eines fremdnützigen Vermögenstransfers, der ohne eine materielle Gegenleistung begünstigt wird.

[68] *Müller-Etienne* (Fn. 5), S. 134.

[69] Siehe zutreffend *Schäfers* (Fn. 5), 343 Fn. 1282, wonach man immer davon ausgehen könne, dass ein Kapitalvermögen objektiv geeignet sei, Erträge abzuwerfen.

[70] *Schäfers* (Fn. 5), S. 342f.

[71] Siehe auch *Schäfers* (Fn. 5), S. 342f., die kein Beispiel nennt und einräumt, dass diese Einschränkung „nur äußerst selten" eingreife. Geschützt sei z.B. eine Zuwendung an eine gemeinnützige Stiftung. Diskutabel wäre die Einschränkung, wenn nur ein einzelner Kunstgegenstand mit der Widmung zugewendet würde, ihn dauerhaft zu behalten und kostenlos auszustellen, wobei offen gelassen sei, inwieweit eine solche Widmung überhaupt verbindlich sein darf. Es erscheint jedenfalls nicht gerechtfertigt, wegen derartiger theoretischer Grenzfälle einen ernsthaften Bedarf für das Kriterium der „Anlageabsicht" anzuerkennen.

(2) Nach der restriktiven Definition handelt es sich hierbei um die Absicht, das eigene Vermögen zu erhöhen; bei fremdnützigen Vermögenstransfers liegt eine solche Anlageabsicht nicht vor.

(3) Demgegenüber vertritt die überwiegende Ansicht eine extensive Definition, die den Begriff der Anlageabsicht so weit auslegt, dass er auch Erbschaften und andere fremdnützige Vermögenstransfers erfasst. Diese Ansicht überzeugt jedoch nicht, weil sie die Anlageabsicht überdehnt.

(4) Außerdem führt die extensive Definition dazu, dass das Kriterium der Anlageabsicht stets vorliegt und damit überflüssig ist. Es wäre daher konsequenter, von vornherein auf das Kriterium zu verzichten.

4. Argumente für und gegen eine Beschränkung der Kapitalverkehrsfreiheit auf Vermögenstransfers, die mit einer Anlageabsicht erfolgen

Da sich die Frage auf einer rein begrifflichen Ebene nicht befriedigend beantworten lässt, ist zu prüfen, welche sachlichen Argumente dafür und dagegen sprechen, den Anwendungsbereich der Kapitalverkehrsfreiheit auf Vermögenstransfers zu beschränken, die mit einer Anlageabsicht (im Sinne der restriktiven Definition) erfolgen, d.h. auf die Mehrung des eigenen Vermögens bezogen sind.

a) Argumente für eine Beschränkung

Für eine Beschränkung des Anwendungsbereichs auf Vermögenstransfers, die mit einer solchen Anlageabsicht erfolgen, gibt es im wesentlichen drei Argumente:

aa) Erstens könnte man einen Umkehrschluss zu Art. 57 EGV erwägen[72]: Diese Norm ermöglicht bestimmte Beschränkungen der Kapitalverkehrsfreiheit „für den Kapitalverkehr mit dritten Ländern im Zusammenhang mit Direktinvestitionen, einschließlich Anlagen in Immobilien, mit der Niederlassung, der Erbringung von Finanzdienstleistungen oder der Zulassung von Wertpapieren zu den Kapitalmärkten"; alle diese Beispiele betreffen eigennützige Kapitalanlagen.

bb) Für eine Beschränkung auf eigennützige Kapitalanlagen spricht außerdem, dass die Kapitalverkehrsfreiheit nach Ansicht der wohl überwiegenden Literatur dazu dient, einen integrierten europäischen Kapitalmarkt und einen europaweiten Wettbewerb für Kapitalanlagen zu schaffen, indem eine unbeschränkte Mobilität des Produktionsfaktors Kapital ermöglicht wird[73]. Vor dem Hinter-

---

[72] So Dauses/*Follak* (Fn. 41), F II Rn. 4.
[73] Siehe statt vieler Schweitzer/*Hummer* (Fn. 39), Rn. 1210; Ress/*Ukrow* (Fn. 47), Art. 56 EGV, Rn. 6ff.; *Kiemel* (Fn. 39), Rn. 1; Dauses/*Follak* (Fn. 41) F II Rn. 2.

grund dieser Funktion wäre eine Beschränkung der Kapitalverkehrsfreiheit auf Vermögenstransfers, die mit einer Anlageabsicht erfolgen, folgerichtig[74].

cc) Schließlich lassen sich systematische Erwägungen heranziehen: Da im Rahmen der Niederlassungsfreiheit und der Dienstleistungsfreiheit anerkannt ist, dass nur „wirtschaftliche" Tätigkeiten erfasst sind (vgl. Art. 48 Abs. 2[75] und Art. 50 EGV[76]), könnte dasselbe auch für die Kapitalverkehrsfreiheit gelten. Als „wirtschaftlich" in diesem Sinne dürfte nur ein Vermögenstransfer anzusehen sein, der zum Zweck einer Mehrung des eigenen Vermögens vorgenommen wird. Als gemeinsames Grundprinzip könnte insoweit auf den Wortlaut des Art. 2 EGV verwiesen werden, der (nur) die Schaffung eines gemeinsamen „Marktes" als Aufgabe der Gemeinschaft nennt[77]. In der Sache entspricht dieses Argument der wohl herrschenden Meinung in der steuerrechtlichen Rechtsprechung und Literatur, wonach grenzüberschreitende Spenden nicht in den Anwendungsbereich der Grundfreiheiten des EG-Vertrags fallen, „da regelmäßig nicht die durch den EU-Vertrag geschützte Erwerbssphäre, sondern lediglich der vom Vertrag nicht erfasste ideelle Bereich der empfangsberechtigten Körperschaft begünstigt wird"[78].

---

[74] Anderer Ansicht allerdings *Schäfers* (Fn. 5), S. 342f., die diese Funktion so weit versteht, dass hiervon auch fremdnützige Vermögenstransfers erfasst sind; vgl. hierzu näher oben unter B II 1 b.

[75] Gemäß Art. 48 Abs. 2 EGV dürfen sich nur Organisation auf die Niederlassungsfreiheit berufen, die einen „Erwerbszweck" verfolgen. Im einzelnen ist umstritten, welche Tätigkeiten hiervon umfasst sind; siehe oben unter B I 2.

[76] Gemäß der Legaldefinition des Art. 50 EGV sind Dienstleistungen „Leistungen, die in der Regel gegen Entgelt erbracht werden, soweit sie nicht den Vorschriften über den freien Waren- und Kapitalverkehr und über die Freizügigkeit der Person unterliegen".

[77] Siehe *Troberg/Tiedje* (Fn. 16), Art. 43 EG, Rn. 55, die ihre unter Fn. 16 dargestellte Ansicht zur Reichweite der Niederlassungsfreiheit unter anderem damit begründen, dass gemäß Art. 2 EGV die „Entwicklung des Wirtschaftslebens" eine Aufgabe der Gemeinschaft sei.

[78] So *Kirchhof*, EStG Kompaktkommentar, 5. Aufl. (2005), § 10b EStG, Rn. 28; ebenso *Geserich*, Privater, gemeinwohlwirksamer Aufwand im System der deutschen Einkommenssteuer und des europäischen Rechts (1999), S. 114f; *Eicker* (2004), S. 215; *ders.*, ZErb 2005, 239 (244) (wonach es „an der für den Anwendungsbereich der Marktgrundfreiheiten zu fordernden Wirtschaftlichkeit" mangele); ähnlich *Heger*, FR 2004, 1154 (1158) („Da Spenden den ideellen Bereich und nicht die wirtschaftliche Betätigungen gemeinnütziger Organisationen betreffen, werden ... die Niederlassungs-, Dienstleistung- und Kapitalverkehrsfreiheit nicht berührt"); wohl auch *Helios/Müller*, BB 2004, 3223 (3226) („Da Spenden ... zum ideellen Bereich von gemeinnützigen Körperschaften gehören, ist im Einzelnen zu prüfen, ob dadurch überhaupt der Anwendungsbereich des EG-Vertrages eröffnet ist und nicht vielmehr eine nichtwirtschaftliche Aktivität gegeben ist"); anders mittlerweile *Helios/Schlotter*, IStR 2006, 483 (486), wonach die Kapitalverkehrsfreiheit einschlägig sei. Gegen eine Anwendbarkeit der Grundfreiheiten hingegen die bisherige nationale Rechtsprechung; siehe FG Berlin, EFG 1995, 1066 (1066); FG Münster, IStR 2006, 497; vgl. auch FG Düsseldorf, EFG 1997. 1166 (1167f.) in einer Entscheidung zur Erbschaftsteuer.

b) Argumente gegen eine Beschränkung

Allerdings gibt es auch Argumente, die für ein weites Verständnis der Kapitalverkehrsfreiheit sprechen, wonach auch fremdnützige Vermögenstransfers in den Anwendungsbereich der Kapitalverkehrsfreiheit fallen, ohne dass es darauf ankommt, ob eine Anlageabsicht vorliegt.

So findet sich sowohl in der ständigen Rechtsprechung des EuGH als auch in nahezu allen einschlägigen Kommentierungen zur Kapitalverkehrsfreiheit der Hinweis, dass als Auslegungshilfe zur Bestimmung des Umfangs der Kapitalverkehrsfreiheit auch auf die – teilweise überholten[79] – Richtlinien zum Kapitalverkehr (vom 11.5.1960[80], 18.12.1962[81], 12.2.1985[82], 17.11.1986[83] und 24.6. 1988[84]) zurückgegriffen werden könne[85], die jeweils in Anhang I eine „Nomenklatur für den Kapitalverkehr" enthalten, in der die Mitgliedstaaten in umfangreichen Katalogen die wichtigsten Wertbewegungen aufzählen, die sie als Beispiele für den Kapitalverkehr ansehen. Bereits in der ersten Richtlinie aus dem Jahr 1960 wird neben Anlagegeschäften (wie Direktinvestitionen, Immobilieninvestitionen und Wertpapiergeschäften) auch eine Kategorie „Kapitalverkehr mit persönlichen Charakter" erwähnt, die unter anderem auch ausdrücklich „Schenkungen und Stiftungen", „Mitgifte" und „Erbschaften" enthält[86].

Entsprechend verzichtet denn auch ein Teil der europarechtlichen Literatur auf das Erfordernis der Anlageabsicht und nimmt an, dass „alle auf Geld oder Sachkapital bezogenen Transaktionen, die nicht direkt durch den Waren oder Dienstleistungsverkehr bedingt sind", in den Anwendungsbereich der Kapitalverkehrsfreiheit fallen[87].

---

[79] Nur die letzte Richtlinie 88/361 gilt insoweit fort, als sie mit dem neuen Vertragsrecht vereinbar ist; siehe hierzu näher *Schweitzer/Hummer* (Fn. 39), Rn. 1215; *Kiemel* (Fn. 39), Art. 56 EG, Rn. 3, die jeweils darauf hinweisen, dass insbesondere die „Nomenklatur für den Kapitalverkehr" in Anhang I der Kapitalverkehrsrichtlinie weiterhin als Auslegungshilfe heranzuziehen sei.

[80] ABl. 921/60.

[81] ABl. 62/63.

[82] ABl. 1985 L 372/39.

[83] ABl. 1986 L 322/22.

[84] ABl. 1988 L 178/5.

[85] Siehe statt aller EuGH, Slg. 1984, 377 (403) unter Rn. 19; Slg. 1995 I-4827f., 4839; 2002, I-4830f., sowie *Schweitzer/Hummer* (Fn. 39), Rn. 1215; *Ress/Ukrow* (Fn. 47), Art. 56 EGV, Rn. 15ff.; *Schön*, GS Knobbe-Keuk (1997), S. 743 (747); *Pajunk* (Fn. 39), S. 35.

[86] Siehe Erste Richtlinie zur Durchführung des Artikels 67 des Vertrages, Anlage I Liste A Kapitalverkehr gemäß Art. 1 der Richtlinie, Positionen der Nomenklatur „X A", „X B" und „X C" in ABl. 921/60 (924/60). Entsprechendes gilt auch in der insoweit immer noch geltenden Richtlinie des Rates vom 24.6.1988 zur Durchführung von Artikel 67 des Vertrages (88/361/EWG) unter den Positionen „XI A", „XI B" und „XI C" siehe in ABl. L 178/5 (L 178/10).

[87] So *Geiger* (Fn. 47), Art. 56 EGV, Rn. 3; siehe auch *Schön*, GS Knobbe-Keuk (1997), S. 743 (748); sowie insbesondere *Zeininger* (Fn. 5), S. 181.

Nur vereinzelt wird hingegen versucht, zu differenzieren: Die Nomenklatur enthalte zwar „Schenkungen und Stiftungen", nenne aber nicht ausdrücklich „Spenden", die daher nicht erfasst seien[88].

c) Stellungnahme

Die Auffassung, dass die Kapitalverkehrsfreiheit nur Vermögenstransfers mit einer Anlageabsicht erfasst, ist abzulehnen, weil sie sich mit den Regelbeispielen in der Nomenklatur der Kapitalverkehrsrichtlinie nicht vereinbaren lässt, die nach einhelliger Auffassung des EuGH und der Literatur als Auslegungshilfe heranzuziehen ist[89].

aa) Die Kategorie „Kapitalverkehr mit persönlichen Charakter" enthält unter anderem auch „Schenkungen und Stiftungen", „Mitgifte" und „Erbschaften". Spenden sind hingegen nicht ausdrücklich aufgeführt. Es liegt freilich auf der Hand, dass auch Spenden erfasst sind. Es spricht schon dafür, eine lebzeitige Spende als „Schenkung und Stiftung" und eine Spende von Todes wegen als „Erbschaft" im Sinne der Nomenklatur anzusehen, denn die terminologische Unterscheidung zwischen „Stiftung", „Schenkung" und „Spende" kann bei einem europarechtlichen Dokument sinnvollerweise nicht mit derselben Schärfe vorgenommen werden wie im deutschen Recht[90]. Im übrigen wird im deutschen Zivilrecht die „Spende" nur als Unterfall eines Schenkungsvertrags im Sinne der §§ 516ff. BGB angesehen[91] und „Stiftungen" (genauer: Dotationen an eine Stiftung) sind ebenso steuerbegünstigte „Zuwendungen" im Sinne des § 10 EStG wie Verbrauchsspenden[92]. Selbst wenn man auf einer strikten begrifflichen Trennung beharrt, ist eine „Spende" den Regelbeispielen „Schenkung und Stiftung" sowie „Erbschaft" aus den genannten Gründen so ähnlich, dass es zwingend erscheint, sie ebenfalls durch die Kapitalverkehrsfreiheit erfasst anzusehen, um Wertungswidersprüche zu vermeiden[93].

bb) Demgegenüber sind die Argumente nicht durchschlagend, die dafür sprechen, den Anwendungsbereich der Kapitalverkehrsfreiheit auf Vermögenstransfers zu beschränken, die mit einer Anlageabsicht erfolgen.

---

[88] So ohne weitere Begründung *Eicker* (2004), S. 215; *ders.*, ZErb 2005, 239 (244).

[89] Diesem Ergebnis widerspricht auch nicht, dass der EuGH in der bereits zitierten Entscheidung „Luisi und Carbone" erklärt hat, dass auch ein in der Kapitalverkehrsrichtlinie aufgeführter Vermögenstransfer nicht „unter allen Umständen als Kapitalverkehr anzusehen" sei (EuGH, Slg. 1984, 377 (403) unter Rn. 20). Diese Aussage betraf eine andere Frage, nämlich die Abgrenzung der Kapitalverkehrsfreiheit und der Zahlungsverkehrsfreiheit; siehe hierzu oben unter B II 2.

[90] So spricht die englische Übersetzung von „Gifts" statt von „Schenkungen und Stiftungen".

[91] Siehe näher MK/*Kollhosser*, § 516, Rn. 96.

[92] § 10b Abs. 1a EStG enthält sogar ein rechtsformspezifisches Steuerprivileg für Zuwendungen in das Grundstockvermögen einer neuerrichteten Stiftung.

[93] Anderer Ansicht *Eicker* (2004), S. 215; *ders.*, ZErb 2005, 239 (244), der allerdings auf die hier angeführten Argumente nicht eingeht.

α) Zwar mag es aus volkswirtschaftlicher Sicht nahe liegen, den Begriff „Kapital" so zu verstehen, dass nur Vermögenstransfers mit Anlageabsicht erfasst sind. Indessen ist ein solches Verständnis nicht zwingend. Für die Gegenansicht spricht) entscheidend, dass die Mitgliedstaaten – wie bereits erwähnt – schon im Jahre 1960 in der Richtlinie zum Kapitalverkehr[94] im Anhang I eine Nomenklatur mit Regelbeispielen festgelegt haben, die auch fremdnützige Vermögenstransfers erfasst („Erbschaften und Schenkungen", „Stiftungen" „Mitgifte")[95].

β) Zwar geht die Einbeziehung fremdnütziger Vermögenstransfers über das Motiv hinaus, einen europaweiten Markt für Kapitalanlagen zu schaffen[96]. Dies schließt aber nicht aus, dass die Kapitalverkehrsfreiheit darüber hinaus weitere Ziele verfolgt und neben eigennützigen auch fremdnützige Vermögenstransfers schützen soll[97].

γ) Aus systematischer Sicht mag es prima vista überraschend sein, dass die Kapitalverkehrsfreiheit weiter zu verstehen ist, als die Niederlassungs- oder Dienstleistungsfreiheit[98]. Dieser Unterschied folgt indessen zwangsläufig aus der Entscheidung der Mitgliedstaaten, auch fremdnützige Vermögenstransfers in die Nomenklatur der Kapitalverkehrsrichtlinie aufzunehmen. Außerdem gibt es auch sachliche Unterschiede zwischen der Niederlassungs- und Dienstleistungsfreiheit einerseits und der Kapitalverkehrsfreiheit andererseits: Bei der Niederlassungs- und Dienstleistungsfreiheit geht es um wirtschaftliche Tätigkeiten, bei denen Wettbewerbsverzerrungen auftreten können, wenn steuerbegünstigte „ideelle" Organisationen grenzüberschreitend als Anbieter von Waren- und Dienstleistungen auftreten dürfen[99]. Demgegenüber werden durch fremdnützige Vermögenstransfers keine vergleichbaren Wettbewerbsverzerrungen bewirkt, weil sie nichts mit einer wirtschaftlichen Tätigkeit zu tun haben[100]. Es ist daher durchaus folgerichtig, dass die Mitgliedstaaten bei der

---

[94] ABl. 921/60.

[95] Hiermit ist gleichzeitig das Argument entkräftet, dass sich aus Art. 57 EGV ein Umkehrschluss folgern lasse, dass die Mitgliedstaaten nur Vermögenstransfers mit einer Anlageabsicht in den Kapitalverkehr aufnehmen wollten; siehe oben unter Fn. 72.

[96] Siehe zu diesem Motiv oben unter B III 1 b.

[97] Dabei ist zu berücksichtigen, dass bereits 1960 die erste Kapitalverkehrsrichtlinie mit der entsprechenden Nomenklatur geschaffen wurde. Angesichts dieses frühen Zeitpunkts überzeugt das Argument nicht, dass sich der Begriff der Kapitalverkehrsfreiheit im Zuge der vollständigen Liberalisierung des Kapitalverkehrs (Anfang 1994) erweitert haben könnte, in diese Richtung jedoch *Zeininger* (Fn. 5), S. 182.

[98] Siehe zu diesem Argument oben unter B III 1 c.

[99] In der Literatur wird denn auch teilweise die Gefahr von Wettbewerbsverzerrung als ratio legis der Beschränkungen der Dienstleistungs- und Niederlassungsfreiheit angeführt; vgl. *Radelzhofer/Forsthoff* (Fn. 18), Art. 48 EGV, Rn. 8; siehe aber auch die oben unter B I 2 dargestellte (von der herrschenden Ansicht) vertretene Gegenansicht.

[100] Eine andere, in diesem Zusammenhang nicht weiter zu behandelnde Frage ist, ob es zur Bekämpfung dieser Gefahren sinnvoller ist, unternehmerische Tätigkeiten von gemeinnützigen Organisationen bewusst außerhalb des Schutzes der Niederlassungs- und Dienstleistungsfreiheit zu stellen oder ob es vorzuziehen ist, diese Tätigkeiten bewusst als Dienstleistung anzuerkennen, mit

Kapitalverkehrsfreiheit großzügiger waren als bei der Niederlassungs- oder Dienstleistungsfreiheit.

cc) Anzumerken ist schließlich, dass keiner der Autoren, die sich aus europarechtlicher Sicht allgemein mit der Kapitalverkehrsfreiheit befassen, eindeutig die Ansicht vertritt, dass nur diejenigen Vermögenstransfers von der Kapitalverkehrsfreiheit erfasst werden, die mit einer Anlageabsicht vorgenommen werden: Die Autoren behandeln die Frage nicht ausdrücklich und verwenden zwar einerseits oft die verbreitete Definition, dass es sich bei dem Kapitalverkehr gemeinhin um eine grenzüberschreitende Vermögensbewegung handle, die mit einer Anlageabsicht erfolge. Andererseits verweisen dieselben Autoren aber auch einhellig auf die Nomenklatur der Kapitalverkehrsrichtlinie als Auslegungshilfe, obwohl dort fremdnützige Vermögenstransfers enthalten sind, bei denen keine Anlageabsicht vorliegt. Ein Teil der Literatur deutet immerhin an, dass insoweit ein Widerspruch vorliegen könnte, lässt aber offen, wie dieser Widerspruch aufzulösen ist[101]. Kein Autor vertritt jedoch die Ansicht, dass fremdnützige Vermögenstransfers nicht von der Kapitalverkehrsfreiheit erfasst werden, obwohl sie in der Nomenklatur der Kapitalverkehrsrichtlinie enthalten sind[102].

d) Zwischenergebnis

(1) Die Nomenklatur der Kapitalverkehrsrichtlinie spricht entscheidend dafür, dass auch Spenden und andere fremdnützige Vermögenstransfers von der Kapitalverkehrsfreiheit erfasst sind.

(2) Demgegenüber sind die Argumente nicht durchschlagend, die dafür sprechen, den Anwendungsbereich der Kapitalverkehrsfreiheit auf Vermögenstransfers zu beschränken, die mit einer Anlageabsicht erfolgen.

---

der Folge, dass die Steuerbegünstigung als Wettbewerbsverzerrung begründungsbedürftig wird. Siehe zur Frage, ob es sich insoweit um eine gemäß Art. 87 EGV unzulässige Beihilfe handelt, statt vieler *von Bötticher*, Die frei-gemeinnützige Wohlfahrtspflege und das europäische Beihilferecht (2003); *Helios*, Steuerliche Gemeinnützigkeit und EG-Behilferecht (2005).

[101] Siehe *Ress/Ukrow* (Fn. 47), die in Art. 56 EGV, Rn. 16 darauf hinweisen, dass die Kapitalverkehrsrichtlinie auch „Kapitalverkehr mit persönlichen Charakter" enthält, aber in Art. 56 EGV, Rn. 32, zusammenfassend feststellen, dass der Kapitaltransfer „nach bisheriger Konzeption regelmäßig zugleich eine Vermögensanlage darstellen musste"; die Autoren lassen offen, welcher Ansicht sie folgen und welche Gründe hierfür oder hiergegen sprechen.

[102] Zwar gibt es Ansichten, die im Ergebnis diese Ansicht vertreten; vgl. die Nachweise oben unter Fn. 78. Hierbei handelt es sich jedoch um steuerrechtliche Beiträge, die nicht auf Nomenklatur der Kapitalverkehrsrichtlinie eingehen, die das zentrale Argument der Gegenauffassung ist.

5. Die EuGH-Entscheidungen „Erben von H. Barbier"

In die Richtung eines weiten Verständnisses der Kapitalverkehrsfreiheit geht auch Entscheidung des EuGH aus dem Jahre 2003[103], in der der EuGH eine niederländische Regelung zur Erbschaftsteuer für Immobilien beanstandet und unter Verweis auf die Richtlinie 88/361 ausgeführt hat, dass auch die in der Richtlinie unter der Kategorie „Kapitalverkehr mit persönlichem Charakter" aufgeführten „Erbschaften"[104] in den Schutzbereich der Kapitalverkehrsfreiheit fallen[105].

Die niederländische Regierung hatte demgegenüber geltend gemacht, dass es sich bei dem Erwerb von Gütern von Todes wegen nicht um eine „wirtschaftliche Tätigkeit" handele[106], womit sie sich wohl auf fehlende Anlageabsicht des Erblassers berufen hat[107]. Der EuGH hat diesen Einwand im Ergebnis zurückgewiesen, wobei allerdings nicht klar wird, ob der EuGH bereits die Voraussetzung der wirtschaftlichen Tätigkeit für überflüssig hält oder ob er diese Voraussetzung für zwar notwendig hält, aber als erfüllt betrachtet[108].

Die insoweit zentralen beiden Erwägungen des EuGH lauten:

„58. Immobilienanlagen, wie sie vom Erblasser von Belgien aus in den Niederlanden vorgenommen worden sind, gehören aber offenkundig genauso zum Kapitalverkehr i. S. des Art. 1 Abs. 1 der Richtlinie 88/361 wie die Veräußerung der Immobilien einer Person, die Alleineigentümerin dieser Sachen ist, an eine private Gesellschaft, an der die betreffende Person sämtliche Anteile hält, und der Erwerb dieser Sachen von Todes wegen.

59. Die von dieser Richtlinie verliehenen Rechte hängen von keinen weiteren grenzüberschreitenden Anknüpfungspunkten ab. Bereits die bloße

---

[103] EuGH, ZEV 2004, 74ff. - Erben von Barbier.

[104] Siehe auch die Sachverhaltsschilderung in EuGH, ZEV 2004, 74 (74) unter Rn. 7, wo darauf hingewiesen wird, dass Erbschaften innerhalb der elften Kategorie („Kapitalverkehr mit persönlichem Charakter") der Nomenklatur der Richtlinie erfasst sind.

[105] Siehe EuGH; ZEV 2004, 74 (77) unter Rn. 58: „Immobilienanlagen, ..., gehören aber offenkundig genauso zum Kapitalverkehr i.S. d. Art. 1 Abs. 1 der Richtlinie 88/361 wie ... der Erwerb dieser Sachen von Todes wegen".

[106] Siehe die Wiedergabe in EuGH, ZEV 2004, 74 (76) unter Rn. 43. In diesem Sinne beispielsweise auch FG Düsseldorf, EFG 1996, 1066 (1067f.) unter Verweis auf Art. 2 und 3 EWGV sowie die Regelungen zur Freizügigkeit (Art. 48ff. EWGV) und Niederlassungsfreiheit (Art. 52ff. EWGV).

[107] Siehe oben unter B II 1 c und unter C I 2 c. Anderer Ansicht *Schäfers* (Fn. 5), S. 339, die diesen (zugegebenermaßen nur pauschal erhobenen) Einwand so versteht, dass die niederländische Regierung ein zusätzliches allgemeines Erfordernis aufstellen wolle, dass die Tätigkeit „abstrakt als wirtschaftliche anzusehen" sei, was die Autorin (zu Recht) ablehnt.

[108] Siehe auch die Wiedergabe der entsprechend alternativ formulierten Stellungnahme der Klägerseite in EuGH, ZEV 2004, 74 (76) unter Rn. 40: „Nach Ansicht der Kl. ist eine grenzüberschreitende wirtschaftliche Tätigkeit nicht erforderlich oder liegt schon deshalb vor, weil es sich um grenzüberschreitende Anlagen in Immobilien durch Einschaltung einer Gesellschaft handele".

Tatsache, dass eine nationale Bestimmung den Kapitalverkehr eines Anlegers, der Angehöriger eines Mitgliedstaats ist, nach Maßgabe seines Wohnsitzes beschränkt, begründet die Anwendbarkeit von Art. 1 Abs. 1"[109].

Der EuGH hat damit geklärt, dass die Erbschaft einer Immobilie in den Anwendungsbereich der Kapitalverkehrsfreiheit fällt und dass dieses Ergebnis nicht mit dem Argument abgelehnt werden kann, es fehle insoweit an einer Anlageabsicht im Sinne einer Absicht, sein eigenes Vermögen zu mehren. Unklar bleibt allerdings, ob der EuGH eine Anlageabsicht für entbehrlich hält oder ob er die Anlageabsicht so extensiv definiert, dass sie auch Erbschaften erfasst[110].

Ein Indiz für die letztgenannte Ansicht ist, dass der EuGH die Begriffe „Anleger" und „Immobilienanlagen" (im Sinne einer Investition in eine Immobilie) verwendet und vom „Erwerb dieser Sachen [d.h. der Immobilienanlagen]" spricht[111]. Hieraus folgt aber nicht zwingend, dass der EuGH eine Anlageabsicht verlangt. Vielmehr macht die Begründung des EuGH im Ergebnis das Erfordernis einer Anlageabsicht überflüssig. Wenn nämlich der EuGH mit Verweis auf die Nomenklatur der Kapitalverkehrsrichtlinie ausdrücklich erklärt, die Kapitalverkehrsfreiheit des Erblassers eingreife ein, wenn eine „Immobilienanlage" „von Todes wegen" übertragen wird, so muss dasselbe auch für alle anderen Vermögenstransfers gelten. Es leuchtet nicht ein, warum es darauf ankommen soll, ob das Vermögen als Immobilie, als Wertpapier, als Bargeld[112], oder in welcher Form auch immer vererbt wird[113]. Dasselbe gilt für die Frage, ob das Vermögen von Todes wegen oder unter

---

[109] Siehe EuGH, ZEV 2004, 74 (77).

[110] Auch die Anmerkungen des Urteils sind insoweit uneinheitlich: Während *Wachter*, DStR 2004, 540 (541), eher der ersten Auffassung zuzuneigen scheint (der EuGH habe der Ansicht, dass Erbschaften und Schenkungen mangels wirtschaftlicher Betätigung schon nicht in den Anwendungsbereich des EG-Vertrages fallen würden, eine klare Absage erteilt) geht *Dautzenberg*, ZEV 2004, 78 (78), davon aus, dass das Erfordernis der Anlageabsicht auch bei einer Übertragung von Todes wegen erfüllt ist.

[111] Ebenso auch die in der Entscheidung unter Rn. 47 und 48 wiedergegebene Ansicht der Europäischen Kommission (vgl. EuGH, ZEV 2004, 74 (76f.): „47. Die Kommission weist vorab darauf hin, dass die Mitgliedstaaten nach Art. 1 Abs. 1 der RL 88/361, der unstreitig unmittelbare Wirkung entfalte, jede Beschränkung des Kapitalverkehrs beseitigen müssten. 48. Außerdem werde der Nachlass des Erblassers dadurch beeinträchtigt, dass dieser bei seinem Tod Eigentümer von Immobilien in den Niederlanden gewesen sei, ohne dort zu wohnen. H.B. habe diese Güter nach seinem Wegzug aus den Niederlanden erworben und sich aus diesem Grund objektiv in derselben Lage befunden wie jeder andere, der als in einem anderen Mitgliedstaat Ansässiger eine in den Niederlanden belegene Immobilie erwerben wolle. Deshalb gehe es bei dem Rechtsstreit auch um den in Art. 1 der RL 88/361 verankerten freien Kapitalverkehr. Jede grenzüberschreitende Anlage stelle für sich genommen eine grenzüberschreitende wirtschaftliche Tätigkeit dar."

[112] Auch Bargeld kann in extremen Fällen eine sinnvolle Vermögensanlage sein, wenn alle anderen Vermögensanlagen (z.B. Aktien und Immobilien) an Wert verlieren.

[113] Entsprechend führt denn auch der Anhang I der Richtlinie 88/361 in Kategorie XII der Nomenklatur die „Ein- und Ausfuhr von Vermögenswerten (Wertpapiere, Zahlungsmittel aller Art)" auf; vgl. ABl. 1988, L 178/11.

Lebenden übertragen wird[114] oder für die Frage, ob das Vermögen an einzelne Personen, eine gemeinnützige Stiftung oder einen Spendenverein übertragen wird.

6. Die EuGH-Entscheidung „van Hilten-van der Heijden"

Der EuGH hat am 23.2.2006 in der Entscheidung „van Hilten-van der Heijden" die Entscheidung „Erben von Barbier" ausdrücklich bekräftigt und dabei die Anwendbarkeit der Kapitalverkehrsfreiheit auf grenzüberschreitende Erbfälle wie folgt begründet[115]:

„40. Erbschaften sind in der Rubrik XI des Anh. I der RL 88/361 genannt, die die Überschrift „Kapitalverkehr mit persönlichem Charakter" trägt. Wie der Generalanwalt ausgeführt hat, nennt diese Rubrik insbesondere die Transaktionen, mit denen das Vermögen einer Person ganz oder teilweise übergeht, sei es zu ihren Lebzeiten oder nach ihrem Tod.

41. Mit dem Erbfall geht nämlich das Vermögen, das ein Verstorbener hinterlässt, auf eine oder mehrere Personen über, d. h., es geht das Eigentum an den Sachen, Rechten usw., aus denen dieses Vermögen besteht, auf die Erben über.

42. Folglich handelt es sich beim Erwerb von Todes wegen um Kapitalverkehr i. S. von Art. 73b EGV (vgl. in diesem Sinne auch Urt. v. 11. 12. 2003, Rs. C-364/01, Barbier, Slg. 2003, I-15013); ausgenommen sind die Fälle, die mit keinem ihrer wesentlichen Elemente über die Grenzen eines Mitgliedstaats hinausweisen".

Diese Begründung stellt nunmehr mit der gebotenen Klarheit fest, dass der EuGH keine „Anlageabsicht" verlangt, sondern auch „Transaktionen, mit denen das Vermögen einer Person ganz oder teilweise übergeht" genügen lässt, um den Anwendungsbereich der Kapitalverkehrsfreiheit zu bejahen.

7. Vorschlag zur Definition der Kapitalverkehrsfreiheit

Vor diesem Hintergrund sollte die Definition der Kapitalverkehrsfreiheit sollte unmissverständlicher gefasst werden. Das Tatbestandsmerkmal der Anlageabsicht (mit seiner missverständlichen Funktion[116]) ist unnötig. Der Anwendungsbereich der Kapitalverkehrsfreiheit sollte besser mit der folgenden, in der

---

[114] Siehe auch Anhang I der Richtlinie 88/361 die im Rahmen der bereits angesprochenen Kategorie XI („Kapitalverkehr mit persönlichem Charakter") erwähnten Fälle „Erbschaften und Vermächtnisse" und „Schenkungen und Stiftungen".
[115] EuGH v. 23.2.2006, Rs. C 513/03, ZEV 2006, 461 (463) unter Rn. .
[116] Siehe oben unter B II 2.

Literatur vereinzelt verwendeten Definition umschrieben werden: Die Kapitalverkehrsfreiheit erfasst jeden Vermögenstransfer, der nicht direkt durch den Waren- oder Dienstleistungsverkehr bedingt ist[117]. Damit wird der Abgrenzungsfunktion[118] Rechnung getragen. Da die mit der Warenverkehrs- und Dienstleistungsfreiheit verbundene Zahlungsverkehrsfreiheit sich klar definieren lässt[119], ist diese Definition auch hinreichend bestimmt. Die Anlageabsicht ergibt sich in Abgrenzungsfällen von selbst als Gegenbegriff zur Zahlung.

8. Zwischenergebnis

(1) Grenzüberschreitende Spenden unterfallen der Kapitalverkehrsfreiheit.

(2) Grenzüberschreitende Vermögensverwaltungsaktivitäten unterfallen entweder der Niederlassungsfreiheit oder der Kapitalverkehrsfreiheit. Der EuGH hat die Abgrenzung in der „Stauffer"-Entscheidung präzisiert. Abgesehen davon ist diese Frage nur dann von praktischem Interesse, wenn es unterschiedliche Voraussetzungen auf der Rechtfertigungsebene gibt, was im folgenden untersucht wird.

C. Rechtfertigung und Vergleichbarkeit

Im folgenden wird zunächst auf mögliche Rechtfertigungsgründe eingegangen und sodann die Frage behandelt, ob eine Europarechtswidrigkeit mit der Begründung abgelehnt werden kann, die Sachverhalte seien nicht vergleichbar[120].

I. Rechtfertigung gemäß Art. 58 Abs. 1 lit. a EGV?

Nach dem Wortlaut des Art. 58 Abs. 1 lit. a EGV[121] scheint die Kapitalverkehrsfreiheit sich im Steuerrecht leichter beschränken zu lassen als die Niederlassungsfreiheit. Indessen ist Art. 58 Abs. 1 lit. a EGV wiederum durch Art. 58 Abs. 3 EGV eingeschränkt, der Maßnahmen verbietet, die eine willkür-

---

[117] So *Geiger* (Fn. 47), Art. 56 EGV, Rn. 3, sowie auch die in Fn. 47 genannten Autoren.
[118] Siehe oben unter B II 1.
[119] Siehe die Angaben oben in Fn. 47.
[120] Zwar ist methodisch an sich zunächst die Vergleichbarkeit zu prüfen, ehe auf Rechtfertigungsgründe eingegangen wird; siehe *Stix-Hackl* (Fn. 32), Rn. 88. Der hier gewählte Aufbau entspricht aber dem Verlauf der Diskussion besser, die zunächst nur die Rechtfertigungsgründe thematisiert hat und erst seit kurzem eine Prüfung der Vergleichbarkeit vornimmt.
[121] „Artikel 56 berührt nicht das Recht der Mitgliedstaaten die einschlägigen Vorschriften ihres Steuerrechts anzuwenden, die Steuerpflichtige mit unterschiedlichem Wohnort oder Kapitalanlageort unterschiedlich behandeln".

liche Diskriminierung oder verschleierte Beschränkung des freien Kapitalverkehrs darstellen. Der EuGH interpretiert die Schranke des Art. 58 Abs. 3 EGV so streng, dass für Art. 58 Abs. 1 lit. a EGV kein eigenständiger Anwendungsbereich mehr verbleibt. Art. 58 Abs. 1 lit. a EGV ist danach ein Ausdruck des allgemeinen Grundsatzes, dass eine Beschränkung der Grundfreiheiten nur durch zwingende Erfordernisse des Allgemeininteresses zu rechtfertigen ist[122]. In diesem Sinne legt auch die Generalanwältin Stix-Hackl in ihrem Schlussantrag in der Rechtssache „Stauffer" die Vorschrift aus[123]; der EuGH hat sich dem nunmehr angeschlossen[124].

Es besteht also kein unterschiedlicher Maßstab für Rechtfertigungen der Eingriffe, so dass in der Praxis eigentlich die Frage dahingestellt bleiben kann, ob die grenzüberschreitende Vermögensverwaltung im Fall „Stauffer" der Niederlassungsfreiheit oder der Kapitalverkehrsfreiheit unterliegt.

II. Rechtfertigung nach den allgemeinen Voraussetzungen für eine Beschränkung der Grundfreiheiten

Nach der ständigen Rechtsprechung des EuGH sind Beschränkungen der Grundfreiheiten nur zulässig, wenn sie (1) in nichtdiskriminierender Weise angewandt worden sind, (2) aus zwingenden Gründen des Allgemeininteresses gerechtfertigt sind, (3) geeignet sind, die Verwirklichung des mit ihnen verfolgten Ziels zu gewährleisten und (4) nicht über das hinausgehen, was zur Erreichung dieses Ziels erforderlich und angemessen ist[125].

Der EuGH hat zwar als zwingende Gründe des Allgemeininteresses das Interesse der Mitgliedstaaten an der Verhinderung von Steuerflucht[126] und an wirksamer Steueraufsicht anerkannt[127]. Allerdings verlange das Verhältnismäßigkeitsprinzip, dass die Mitgliedstaaten keine unwiderleglichen Vermutungen zu Lasten des Steuerpflichtigen aufstellen. Vielmehr müsse dem Steuerpflichtigen Gelegenheit gegeben werden, die Belege und Nachweise vorzulegen, welche die erforderlichen Feststellungen ermöglichen. Insbesondere lasse sich eine Beschränkung nicht damit begründen, durch den Auslandsbezug werde die Sachverhaltsaufklärung und der Vollzug erschwert, weil die Amts-

---

[122] Siehe EuGH, Slg. 2000, I-4071 = NZG 2000, 877 (879) unter Rn. 43ff. - Verkooijen; sowie zuletzt EuGH, IStR 2004, 680 (682) unter Rn. 26ff. - Manninen mit Anmerkungen von *de Weerth*, DStR 2004, 1992ff.; *Hahn*, IStR 2005, 145ff. und *Engel/Hammerschmidt*, IStR 2005, 405ff. Siehe zur Auslegung des Art. 58 Abs. 1 lit. a auch *Ribbrock*, RIW 2005, 130 (131).

[123] *Stix-Hackl* (Fn. 32), Rn. 69-77.

[124] EuGH, EuZW 2006, 625 (626) unter Rn. 31f.

[125] Siehe z.B. EuGH, Slg. 1996, I-4165 = NJW 1996, 579 (581) unter Rn. 37 - Gebhard; sowie allgemein *Schießl*, NJW 2005, 849 (850).

[126] Siehe z.B. EuGH, Slg. 2001, I-1727 unter Rn. 59 - Kommission/Belgien.

[127] Siehe z.B. EuGH, Slg. 1997, I-2471 = EuZW 1997, 443 unter Rn. 31 - Futura Participations u. Singer.

hilfe-Richtlinie und die Beitreibungs-Richtlinie insoweit einen hinreichenden Schutz böten[128].

Es war daher nicht anzunehmen, dass der EuGH sich der in der deutschen steuerrechtlichen Literatur gelegentlich vertretenen Ansicht anschließen würde, die Schlechterstellung ausländischer gemeinnütziger Organisationen nach § 5 Abs. 2 Nr. 2 KStG sei gerechtfertigt, weil die deutsche Finanzverwaltung ausländische Organisationen nicht (ausreichend) überprüfen und überwachen könne[129]. In der Tat hat sich nunmehr der EuGH in der Rechtssache Stauffer der Ansicht der Generalanwältin Stix-Hackl angeschlossen, die dieses Argument zurückweist[130]. Auch die Gefahr des Ausfalls von Steuereinnahmen und der Nutzung ausländischer Stiftungen zur Geldwäsche für Terroristen rechtfertigten keine Beschränkung[131].

Ebenso hat sich der EuGH erwartungsgemäß nicht von dem Argument beeindrucken lassen, es sei zur Aufrechterhaltung der Spendenbereitschaft in Deutschland unerlässlich, dass das Vertrauen der Bevölkerung in die Integrität gemeinnütziger Organisationen und deren wirksame Kontrolle durch den Staat erhalten bleibe[132]. Wenn nicht einmal die fiskalischen Interessen die Beschränkung rechtfertigen, können die Spendererwartungen a fortiori nicht ausreichen, zumal es die freie Entscheidung der Spender ist, ob sie an eine ausländischen Organisation spenden wollen.

Größeres Gewicht hat der anerkannte Rechtfertigungsgrund der Kohärenz des Steuersystems[133], dessen Inhalt und Reichweite allerdings nicht abschließend geklärt ist[134]. Demnach ist ein Eingriff gerechtfertigt, wenn Regelungen der nationalen Steuersysteme so miteinander verflochten sind, dass bei dem betroffenen Steuerpflichtigen zwischen dem steuerlichen Nachteil und einer steuerlichen Begünstigung, die diesen Nachteil kompensiert, ein unmittelbarer funktioneller Sachzusammenhang besteht.

In der Literatur wurde im Vorfeld der „Stauffer"-Entscheidung des EuGH teilweise angenommen, die Steuerprivilegien des Gemeinnützigkeitsrechts stünden mit den Beschränkungen für ausländische steuerbegünstigte Organisationen in einem derartigen kohärenten Zusammenhang[135]. Ratio legis der

---

[128] Siehe z.B. EuGH, Slg. 1992, I-249 = NJW 1992, 1874ff. - Bachmann.

[129] So aber *Bott* in: Schauhoff, Handbuch der Gemeinnützigkeit, 2. Aufl. (2005), § 7 Rn. 14; *Buchna*, Gemeinnnützigkeit im Steuerrecht, 8. Aufl. (2003), S. 20, jeweils in Bezug auf § 5 Abs. 2 Nr. 2 KStG mit Verweis auf das ältere Urteil BFH, BStBl. III 1967, 116 (zu grenzüberschreitenden Spenden).

[130] EuGH, EuZW 2006, 625 (628) unter Rn. 48-50; *Stix-Hackl* (Fn. 32), Rn. 108-113.

[131] EuGH, EuZW 2006, 625 (628f.) unter Rn. 58f.

[132] So aber *Heger*, FR 2004, 1154 (1159) und (ihr zustimmend) *Schiffer*, DStR 2005, 508 (510).

[133] Siehe grundlegend EuGH, Slg. 1992, I-249 = NJW 1992, 1874ff. - Bachmann, sowie die Darstellung bei *Stix-Hackl* (Fn. 32), Rn. 110-113.

[134] *Schießl*, NJW 2005, 849 (850); siehe ferner *Stix-Hackl* (Fn. 32), Rn. 110.

[135] Siehe *Jachmann* in: Igl/Jachmann/Eichenhofer, Rechtliche Rahmenbedingungen bürgerschaftlichen Engagements (2002), S. 73, (92f.); *dies.*, BB 2003, 990 (992); in dieselbe Richtung

Steuervergünstigungen für gemeinnützige Organisationen sei die Entlastung des deutschen Staats. Gemeinnütziges Handeln sei daher „strukturell inlandsbezogen", weil es die Förderung staatspolitischer Zwecke der Bundesrepublik Deutschland voraussetze, was bei einer inländischen (bzw. in Deutschland ansässigen gemeinnützigen Körperschaft) weitaus häufiger vorkomme als bei einer im Ausland ansässigen gemeinnützigen Körperschaft.

Indessen war nicht zu erwarten, dass der EuGH dieser Argumentation folgen würde, denn er stellt strenge Anforderungen an die Kohärenz und hat unter anderem betont, dass Vorteile und Nachteile bei demselben Steuerpflichtigen eintreten müssen[136]. Daran mangelt es hier sowohl im Fall der grenzüberschreitende Vermögensverwaltung als auch im Fall der grenzüberschreitenden Spende: So wird z.B. im Fall „Stauffer" die italienische Stiftung belastet, während die Steuerprivilegien nur bei deutschen gemeinnützigen Organisationen anfallen. Daher haben in diesem Fall der BFH[137], die Generalanwältin in ihren Schlussanträgen[138] und die herrschende Literatur die Kohärenz im Ergebnis zu Recht verneint[139]. Der EuGH ist dem nunmehr gefolgt[140].

Auch hat der EuGH in der „Stauffer"-Entscheidung erwartungsgemäß dem Hinweis kein Gewicht beigemessen, es liege an der jeweiligen Körperschaft, „ihren Sitz oder ihre Geschäftsleitung in das Inland zu verlagern"[141]. Entsprechendes gilt für die Erwägung, der Gebietsfremde werde im Ergebnis nur der Regelbesteuerung unterworfen und ihm werde lediglich eine „im Kontext des nationalen Rechts rechtfertigungsbedürftige steuerliche Ausnahme – nämlich die Steuerbefreiung – vorenthalten"[142].

Isensee, DStJG 26 (2003), 93, (111ff.), wonach das Gemeinnützigkeitsrecht „auf das Gemeinwohl der Bundesrepublik Deutschland" als „offener, europaintegrierter Nationalstaat" zugeschnitten ist; zustimmend *Schiffer*, DStR 2005, 508 (509f.) ebenso der Sache nach *Kube*, IStR 2005, 469 (473).

[136] EuGH, Slg. 2000, I-4071 = NZG 2000, 877 (880) unter Rn. 57f. - Verkooijen: „In den Rs. Bachmann und Kommission/Belgien ging es ... um ein und denselben Steuerpflichtigen, so dass ein unmittelbarer Zusammenhang zwischen der Gewährung eines Steuervorteils und dem Ausgleich dieses Vorteils durch eine steuerliche Belastung bestand, die im Rahmen einer einzigen Besteuerung erfolgten ... Im vorliegenden Fall besteht jedoch kein derartiger unmittelbarer Zusammenhang zwischen der Gewährung eines ESt-Freibetrags für erhaltene Dividenden an Anteilsinhaber, die in den Niederlanden wohnen, und der Besteuerung des Gewinns von Gesellschaften, die ihren Sitz in anderen Mitgliedstaaten haben. Es handelt sich um zwei getrennte Besteuerungen von verschiedenen Steuerpflichtigen".

[137] BFH, IStR 2004, 752 (755);
[138] *Stix-Hackl* (Fn. 32), Rn. 104-107.
[139] *Helios*, BB 2002, 1893 (1897); *Helios/Müller*, BB 2004, 2332 (2335); *Schäfers*, IStR 2004, 755 (757); *Schnitger/Papantonopoulos*, BB 2005, 407 (412); sowie *Kube*, IStR 2005, 469 (473), der sich aber dafür ausspricht, im Ergebnis die Diskriminierung zuzulassen.
[140] EuGH, EuZW 2006, 625 (628) unter Rn. 55-57.
[141] So *Isensee*, DStJG 26 (2003), 93 (113); ablehnend hierzu BFH, IStR 2004, 752 (755).
[142] So *Isensee*, DStJG 26 (2003), 93 (112); ablehnend hierzu BFH, IStR 2004, 752 (755).

III. Mangelnde Vergleichbarkeit ausländischer und inländischer gemeinnütziger Organisationen?

Der Vorlagebeschluss des BFH ist mit der überwiegenden Literatur (implizit) davon ausgegangen, ausländische und inländische gemeinnützige Organisationen seien hinreichend miteinander vergleichbar[143].

Während des Verfahrens vor dem EuGH haben jedoch das Finanzamt, die deutsche Regierung und die britische Regierung im Verfahren die Vergleichbarkeit abgelehnt[144]: Nur inländische Stiftungen seien in das deutsche soziale Leben integriert und übernähmen Aufgaben, die andernfalls von der Gemeinschaft oder von nationalen Behörden wahrgenommen werden müssten, was den Staatshaushalt belaste, während die klagende Stiftung nur in Italien und der Schweiz tätig sei. Ferner sei davon auszugehen, dass unterschiedliche nationale Voraussetzungen für den Gemeinnützigkeitsstatus bestünden.

Auch in der neueren Literatur ist die Vergleichbarkeit bisweilen bestritten worden: die „strukturelle Inlandsbezogenheit" ist demnach nicht (mehr) als Rechtfertigungsgrund (im Rahmen der Kohärenz) anzusehen, sondern es ist wegen dieser „strukturellen Inlandsbezogenheit" bereits die Vergleichbarkeit von ausländischen und inländischen gemeinnützigen Organisationen zu verneinen, so dass die strengen Voraussetzungen für die Rechtfertigung von Eingriffen in europäische Grundfreiheiten nicht mehr eingehalten werden müssen[145].

Der EuGH nimmt hingegen (mit der Generalanwältin) eine hinreichende Vergleichbarkeit an[146]. Dies gelte jedoch nur für Stiftungen eines Mitgliedsstaats, die alle Anforderungen des nationalen Rechts außer dem Sitz im Inland erfüllten[147]. Hingegen bestehe keine Verpflichtung der Mitgliedstaaten, Stiftungen als

---

[143] Zwar ist methodisch an sich zunächst die Vergleichbarkeit zu prüfen, ehe auf Rechtfertigungsgründe eingegangen wird; siehe *Stix-Hackl* (Fn. 32), Rn. 88. Der hier gewählte Aufbau entspricht aber dem Verlauf der Diskussion besser, die zunächst nur die Rechtfertigungsgründe thematisiert und erst später die Vergleichbarkeit problematisiert hat.

[144] Siehe die Wiedergabe in EuGH, EuZW 2006, 625 (627) unter Rn. 33-35.

[145] *Jachmann/Meier-Behringer*, BB 2006, 1823 (1827); tendenziell wohl auch *Kube*, IStR 2005, 469 (474f.): „Eine insoweit differenziertere, dabei unverändert am Maßstab der Wettbewerbsgleichheit orientierte Prüfung hat zu berücksichtigen, dass die Freistellung des § 5 Abs. 1 Nr. 9 KStG ... einen Nachteilsausgleich für die Erfüllung staatlich erwünschter, zuvor definierter, kostenträchtiger und als solches wettbewerbsneutraler Gemeinwohlaufgaben bewirkt. Erhalten steuerinländische Körperschaften, die die betreffenden Gemeinwohlaufgaben typischerweise erfüllen und dadurch finanzielle Nachteile erleiden, den Ausgleich, steuerausländische Körperschaften, die diese Aufgaben typischerweise nicht erfüllen und die korrespondierenden Nachteile deshalb nicht erleiden, den Ausgleich dagegen nicht, wird also – gerade auch unter dem Gesichtspunkt der Wettbewerbsgleichheit – wesentlich Ungleiches ungleich behandelt. Die Differenzierung durch §§ 5 Abs. 1 Nr. 9, 5 Abs. 2 Nr. 2 KStG ist danach grundsätzlich schon auf Tatbestandsebene grundfreiheitskonform. Sie weicht nicht von der Wettbewerbsgleichheit ab, sondern stellt sie vielmehr erst her".

[146] EuGH, EuZW 2006, 625 (627) unter Rn. 36, 42; *Stix-Hackl* (Fn. 32), Rn. 89-99.

[147] EuGH, EuZW 2006, 625 (627) unter Rn. 40.

gemeinnützig anzuerkennen, die zwar nach dem Recht eines anderen Mitgliedstaats gemeinnützig seien, nicht jedoch nach ihrem eigenen Recht[148]. Damit hat der EuGH entsprechende Überlegungen der EU-Kommission[149] und in der deutschen Literatur[150] eine Absage erteilt.

Die Frage, ob eine ausländische Stiftung die nationalen Anforderungen für die Gemeinnützigkeit erfülle, obliege den nationalen Gerichten[151]. Offengelassen hat der EuGH daher die Frage, ob die klagende Stiftung im Fall „Stauffer" wirklich alle Voraussetzungen des deutschen Gemeinnützigkeitsrechts erfüllt. Stattdessen verweist der EuGH an mehreren Stellen auf die Ansicht des BFH im Vorlagebeschluss, wonach die klagende Stiftung alle Voraussetzungen des deutschen Gemeinnützigkeitsrechts erfülle, da § 52 AO auch die Förderung der ausländischen Allgemeinheit erlaube[152].

Im Ergebnis besteht demnach im Fall „Stauffer" eine hinreichende Vergleichbarkeit, wenn die italienische Stiftung wirklich alle anderen Anforderungen des deutschen Gemeinnützigkeitsrechts (abgesehen von ihrem Sitz) erfüllt.

Angesichts der Argumentation in der „Stauffer"-Entscheidung ist davon auszugehen, dass dieselben Grundsätze auch für den Spendenabzug gelten, denn es sind keine Gründe ersichtlich, die eine unterschiedliche Behandlung erklären. Mit Recht hat daher die EG-Kommission im Jahre 2006 mehrere EG-Mitgliedstaaten im Rahmen einer Stellungnahme gemäß Art. 226 EGV aufgefordert, die Diskriminierung ausländischer gemeinnütziger Organisationen zu beenden[153].

IV. Zwischenergebnis

(1) Es kann dahingestellt bleiben, ob die grenzüberschreitende Vermögensverwaltung der Niederlassungsfreiheit oder der Kapitalverkehrsfreiheit unterfällt, weil sich die Diskriminierung beschränkt steuerpflichtiger Organisationen in keinem der beiden Fälle europarechtlich rechtfertigen lässt.

(2) Steuerrechtliche Diskriminierungen aufgrund des Sitzes einer gemeinnützigen Organisation sind gemeinschaftsrechtswidrig.

(3) Sie lassen sich weder durch Art. 58 Abs. 1 lit. a EGV rechtfertigen noch durch die allgemein anerkannten Rechtfertigungsgründe für die Beschränkung der europarechtlichen Grundfreiheiten.

---

[148] EuGH, EuZW 2006, 625 (627) unter Rn. 39; *Stix-Hackl* (Fn. 32), Rn. 94.
[149] Siehe die Darstellung bei *Stix-Hackl* (Fn. 32), Rn. 86, 94.
[150] *Thömmes/Nakhai*, IStR 2006, 164 (166).
[151] EuGH, EuZW 2006, 625 (627) unter Rn. 40.
[152] EuGH, EuZW 2006, 625 (625ff.) unter Rn. 10, 38, 45, 57.
[153] Siehe die Presseerklärungen IP 06/964 v. 10.7.2006 (Vereinigtes Königreich), IP 06/1408 v. 17.10.2006 (Irland und Polen) und IP 06/1879 v. 21.12.2006 (Belgien).

(4) Auch handelt es sich bei der Diskriminierung von ausländischen und inländischen gemeinnützigen Organisationen um vergleichbare Sachverhalte, sofern die ausländische Organisation die Voraussetzungen für inländische gemeinnützige Organisationen (abgesehen von ihrem Sitz) erfüllt.

D. Fragen zum nationalen Recht

Die „Stauffer"-Entscheidung hat mehrere der europarechtlichen Fragen geklärt. Offengeblieben sind jedoch Fragen zum deutschen Gemeinnützigkeitsrecht, nämlich die Frage, wie stark der Inlandsbezug einer gemeinnützigen Organisation und Tätigkeit sein muss (I) und die Frage, inwieweit strengere Anforderungen an einen Inlandsbezug de lege ferenda möglich und wünschenswert sind (II).

I. Erforderlicher Inlandsbezug

Der EuGH hatte im Fall „Stauffer" nicht darüber zu befinden, ob die Auslegung des nationalen Rechts durch den BFH zutrifft, die klagende Stiftung erfülle alle Voraussetzungen des deutschen Gemeinnützigkeitsrechts, da § 52 AO auch die Förderung der ausländischen Allgemeinheit erlaube. Diese Auslegung ist sehr umstritten. Das BMF hat sie in einem Schreiben vom 20.9.2005 ausdrücklich abgelehnt[154], und aus dem Kreis der BFH-Richter wird über eine Änderung der Rechtsprechung nachgedacht[155].

1. Das Tatbestandsmerkmal der „Allgemeinheit" im Sinne des § 52 Abs. 1 AO

§ 52 Abs. 1 AO verlangt die Förderung der „Allgemeinheit". Umstritten ist, ob hiermit die „deutsche Allgemeinheit" gemeint ist oder ob auch die Bewohner eines ausländischen Staates als „Allgemeinheit" im Sinne des § 52 Abs. 1 AO anzusehen sind.

---

[154] Siehe BMF, Schreiben vom 20.9.2005, ZEV 2005, 523f.; *Thömmes/Nakhai*, IStR 2006, 164 (166), bezeichnen das Schreiben als „vorgezogenen Nichtanwendungserlass" zu einem möglicherweise zu Gunsten des Steuerpflichtigen ausfallenden Urteils des EuGH in der Rechtssache „Stauffer".

[155] Siehe *Jachmann/Meier-Behringer*, BB 2006, 1823 (1829): „Da sich der EuGH im Tenor seiner Vorabentscheidungen darauf beschränkt, auszusprechen, was nach seiner Auslegung das Gemeinschaftsrecht ge- oder verbietet, bleibt es dem vorlegenden nationalen Gericht überlassen, daraus die zutreffenden Schlussfolgerungen für das nationale Recht zu ziehen. Insoweit könnte der 1. Senat des BFH entsprechend der zutreffenden systemimmanenten Rechtfertigung des steuerlichen Gemeinnützigkeitsrechts eine andere Auslegung des nationalen Gemeinnützigkeitsrechts wählen als im Vorlagebeschluss".

Viele Autoren gehen auf diese Frage nicht näher ein und begnügen sich mit der Feststellung, dass gemeinnützige Tätigkeiten im Ausland möglich sind.

Ein Teil der Literatur nimmt hingegen explizit an, dass auch die Bewohner eines ausländischen Staates als Allgemeinheit im Sinne des § 52 Abs. 1 AO anzusehen sind[156]. Der BFH hat sich (wie erwähnt) im Vorlagebeschluss in der Rechtssache „Stauffer" dieser Ansicht angeschlossen[157].

Nach anderer Ansicht meint § 52 Abs. 1 AO hingegen nur die „deutsche Allgemeinheit". Deshalb könnten ausländische Aktivitäten inländischer Organisationen nur anerkannt werden, wenn sich hieraus eine positive Rückwirkung auf die deutsche Allgemeinheit ergebe[158]. Das BMF hat sich in dem erwähnten Schreiben vom 20.9.2005 diese Ansicht zu eigen gemacht[159]: Unter „Allgemeinheit" im Sinne des § 52 Abs. 1 AO sei die Bevölkerung von Deutschland bzw. ein Ausschnitt daraus zu verstehen. Die Beschränkung auf die deutsche Allgemeinheit ergebe sich daraus, dass der Staat gemeinnützigen Organisationen deshalb Steuerprivilegien gewähre, „weil sie ihm – entsprechend dem Subsidiaritätsprinzip – Gemeinwohlaufgaben abnehmen, die er sonst selbst erfüllen und für die er Steuermittel aufwenden müsste". Hingegen gehöre es nicht zu den staatlichen Aufgaben, die Bevölkerung anderer Länder durch Maßnahmen auf allen Gebieten, die in Deutschland als gemeinnützig anerkannt sind, zu fördern. Allerdings dürfe eine steuerbegünstigte inländische Organisation ihre gemeinnützigen Zwecke grundsätzlich auch im Ausland verwirklichen, was insbesondere bei der Förderung der Entwicklungshilfe in einem Entwicklungsland und der humanitären Hilfe bei Katastrophen auf der Hand liege. Hieraus könne aber nicht geschlossen werden, dass die Bevölkerung des Entwicklungslandes oder einer Katastrophenregion als Allgemeinheit im Sinne des § 52 Abs. 1 AO anzusehen sei. Vielmehr würden die Entwicklungshilfe, die Hilfe bei Katastrophen und die Verwirklichung anderer gemeinnütziger Zwecke im Ausland nur deshalb steuerlich begünstigt, weil und soweit sie positive Rückwirkungen auf das Ansehen Deutschlands und die deutsche Bevölkerung (Allgemeinheit) hätten und weil die Bundesrepublik Deutschland mehr Steuermittel für solche Tätigkeiten im Ausland aufwenden müsse, wenn sich nicht inländische Organisationen entsprechend engagierten.

---

[156] *Thömmes*, JbFStR 1999/2000, 123 (125); Seifart/von Campenhausen/*Pöllath* (Fn. 161), § 43 Rn. 30 Fn. 79; *Buchna* (Fn. 129) S. 34; *Richter*, in: Meyn/Richter, Die Stiftung, (2004), Rn. 298; *Schauhoff* in Schauhoff (Fn. 129), § 8 Rn. 26; *Wallenhorst*, in: Troll/Wallenhorst/Halaczinsky, Die Besteuerung gemeinnütziger Vereine, Stiftungen und der juristischen Personen des öffentlichen Rechts, 5. Aufl. (2004), Abschn. D Rn. 4.

[157] BFH, IStR 2004, 752 (753).

[158] Siehe insbesondere *Schäfers* (Fn. 5), S. 131ff.; *dies.*, IStR 2004, 755 (757) mit Verweis auf entsprechende ältere Urteile des BFH; ähnlich Scholtz, FR 1976, 181 (184).

[159] Siehe zum folgenden BMF, ZEV 2005, 523f.

2. Praktische Konsequenzen

Der Streit über die Auslegung des Erfordernisses „Förderung der Allgemeinheit" verdeckt, dass die Positionen zu sehr ähnlichen Ergebnissen gelangen.

a) Geht man (wie der BFH) davon aus, auch eine Förderung der ausländischen Bevölkerung sei als Förderung der Allgemeinheit im Sinne des § 52 Abs. 1 AO anzusehen, so ist die Rechtslage eindeutig: Fördertätigkeiten im Ausland sind gemeinnützig, sofern sie den deutschen ordre public achten, das heißt „der Förderung staatspolitischer Ziele Deutschlands dienen oder sich zumindest nicht zum Nachteil für Deutschland auswirken"[160].

b) Zu einem ähnlichen Ergebnis kommt man indessen auch, wenn man (mit dem BMF) annimmt, nur die deutsche Bevölkerung sei als „Allgemeinheit" im Sinne des § 52 Abs. 1 AO anzusehen. Zu fragen ist dann nämlich, welche Tätigkeiten als „Förderung" der deutschen Allgemeinheit anzusehen sind. Wie sich aus dem Gesetz ergibt, können hierzu auch Tätigkeiten im Ausland gehören: so nennt § 52 Abs. 2 Nr. 1 AO u.a. Entwicklungshilfe und Völkerverständigung als steuerbegünstigte Zwecke, obwohl die damit verbundenen Tätigkeiten typischerweise im Ausland stattfinden und ausländischen Bürgern zugute kommen. Nach allgemeiner Ansicht ergibt sich hieraus, dass das deutsche Gemeinnützigkeitsrecht die Durchführung von Projekten im Ausland jedenfalls nicht ausschließt[161].

Das BMF erklärt die Steuerprivilegien für die Verwirklichung gemeinnütziger Zwecke im Ausland (wie erwähnt) damit, es ergäben sich hierdurch positive Rückwirkungen auf das Ansehen Deutschlands und die deutsche Bevölkerung (Allgemeinheit)[162].

Eine vergleichbare „positive Rückwirkung" auf das Ansehen Deutschlands besteht allerdings nicht nur bei Tätigkeiten im Ausland zur Förderung der Entwicklungshilfe oder Völkerverständigung, sondern auch in vielen anderen Fällen der Auslandsförderung (z.B. bei der Förderung der ausländischen Forschung, Kultur oder Umwelt). Noch hat niemand versucht, die verschiedenen gemeinnützigen Zwecke anhand ihrer positiven Rückwirkung auf die deutsche Bevölkerung zu unterscheiden. Eindeutig verworfen wird eine solche Rückwirkung bislang nur, wenn gegen den deutschen ordre public verstoßen

---

[160] So beispielhaft OFD München, v. 23.11.2001, S 2223 - 145 St 41, Anm. 1, DStR 2002, 806 (806).

[161] *Scholtz*, FR 1976, 181 (184); Seifart/von Campenhausen/*Pöllath*, Handbuch des Stiftungsrechts, 2. Aufl. (2002), § 43 Rn. 30 Fn. 79; *Schäfers* (Fn. 5), S. 129; *Uterhak*, in: Schwarz, AO, § 51 Rn. 13 (Loseblattsammlung). Siehe ferner OFD Düsseldorf v. 18.6.1997, S 2729-St 1312, Anm. 2; OFD München v. 23.11.2001, S 2223 - 145 St 41, Anm. 1, DStR 2002, 806 (806).

[162] So BMF, ZEV 2005, 523 (523) für die Entwicklungshilfe. Kritisch zur Unklarheit dieses Kriteriums *Wachter*, ZEV 2005, 524.

wird¹⁶³ (was zu denselben Ergebnissen führt wie die soeben unter a) vorgestellten Ansicht).

c) Das BMF nimmt nunmehr in dem besagten Schreiben eine restriktivere Haltung ein: bei Auslandstätigkeiten soll einen hinreichender „positiver" Effekt für die (von ihm verlangte) „deutsche" Allgemeinheit nur noch dann vorliegen, wenn die Tätigkeit von einer deutschen gemeinnützigen Organisation ausgeführt wird. Klammert man die europarechtliche Problematik dieser Ansicht einmal aus¹⁶⁴, so liegt es in der Tat nahe, dass die positive Rückwirkung für die deutsche Allgemeinheit größer ist, wenn eine deutsche gemeinnützige Organisation im Ausland als „Repräsentant" Deutschlands wahrnehmbar ist, als wenn eine ausländische Organisation dieselbe Tätigkeit ausführt. Allerdings lässt sich die Ansicht des BMF nicht überzeugend mit dem geltenden Gemeinnützigkeitsrecht vereinbaren. Wenn die Auslegung des BMF zuträfe, müssten auch deutsche sog. Förderkörperschaften im Sinne des § 58 Nr. 1 AO unzulässig sein, die zugunsten einer ausländischen gemeinnützigen Organisation agieren, denn solche Förderkörperschaften sind regelmäßig nur in Deutschland tätig, nicht aber im Ausland. Wie sich aus einem systematischen Vergleich mit § 58 Nr. 2 AO ergibt¹⁶⁵, sind Förderkörperschaften zugunsten einer ausländischen Organisation jedoch zulässig, in der Literatur allgemein anerkannt¹⁶⁶ und in der Praxis weitverbreitet.

II. Verengung de lege ferenda?

Wer einen stärkeren Inlandsbezug befürwortet, muss das Gemeinnützigkeitsrecht de lege ferenda entsprechend verengen. Zu fragen ist dann, ob eine solche Verengung auf europarechtliche Grenzen stößt und ob sie rechtspolitisch wünschenswert ist.

---

[163] Siehe die in Fn. 158 genannten Autoren.

[164] Näher hierzu sogleich unter D II 1.

[165] Während § 58 Nr. 1 AO das Sammeln einer „steuerbegünstigten Körperschaft" für eine „andere Körperschaft" ausreichen lässt, verlangt § 58 Nr. 2 AO für den Fall der teilweisen Weitergabe von Mitteln, dass die Mittel von einer „steuerbegünstigten Körperschaft" an eine andere „steuerbegünstigte Körperschaft" gegeben werden. „Steuerbegünstigte Körperschaft" im Sinne des § 5 Abs. Nr. 2 KStG bedeutet, dass ausländische Organisation ausgeschlossen sind. Der generelle Ausschluss ausländischer Organisationen in § 58 Nr. 2 AO lässt sich im Ergebnis ebenso wenig mit den europäischen Grundfreiheiten vereinbaren wie die anderen hier diskutierten Beschränkungen.

[166] Für die Zulässigkeit von Förderkörperschaften für ausländische Organisationen etwa *Schleder*, DB 1987, 2433; *König*, in: Pahlke/König, Abgabenordnung (2004), § 58 AO Rn. 6; *OFD München* v. 23.11.2001, S 2223 - 145 St 41, Anm. 6, DStR 2002, 806 (807); *Jachmann/Meier-Behringer*, BB 2006, 1823 (1824).

1. Europarechtliche Zulässigkeit

Der EuGH und die Generalanwältin sind im Rahmen der „Stauffer"-Entscheidung auch auf die Frage eingegangen, inwieweit nationale Regelungen gemeinschaftsrechtskonform sind, die einen Inlandsbezug des Gemeinnützigkeitsrechts enthalten. Allerdings werden die Fragen nicht abschließend geklärt, zumal es sich bei den Äußerungen nur um obiter dicta handelt.

a) Eindeutig ist, dass der EuGH und die Generalanwältin die Mitgliedstaaten nicht für verpflichtet halten, Organisationen als gemeinnützig anzuerkennen, die zwar nach dem Recht eines anderen Mitgliedstaats gemeinnützig sind, nicht jedoch nach ihrem eigenen Recht[167]. Damit haben sich die teilweise geäußerten Befürchtungen[168] bzw. Erwartungen[169] nicht bestätigt, das Gemeinnützigkeitsrecht könne dem Herkunftslandprinzip unterstellt werden.

b) Nicht ausdrücklich beantwortet hat der EuGH die Frage, ob die Steuervergünstigungen in der Weise begrenzt werden dürfen, dass sie nur deutschen Einwohnern oder Staatsbürgern zugute kommen, wie es von manchen Autoren erwogen wird[170].

Immerhin erklärt der EuGH, die Mitgliedstaaten dürften „verlangen, dass eine hinreichend enge Verbindung zwischen den Stiftungen, die sie für die Gewährung bestimmter steuerlicher Vergünstigungen als gemeinnützig anerkennen, und den Tätigkeiten besteht, die diese ausüben"[171]. Auch erscheine „der Wunsch, die Steuerbefreiung den als gemeinnützig anerkannten Stiftungen vorzubehalten, die politische Ziele dieses Mitgliedsstaats verfolgen, auf den ersten Blick als legitim"[172]. Allerdings komme es im Fall „Stauffer" nicht darauf an, ob eine solche Verbindung bestehe, weil § 52 AO nach Ansicht des Vorlagegerichts nicht voraussetze, dass diese Fördermaßnahmen den inländischen Bewohnern zugute kommen[173]. Diese Argumentation legt nahe, dass der EuGH eine Begrenzung auf inländische Bewohner grundsätzlich für tolerabel hält. In dieselbe Richtung gehen bereits die Schlussanträge der Generalanwältin[174].

Für die Möglichkeit einer solchen Begrenzung sprechen auch die fehlende europäische Harmonisierung des Steuerrechts und der Umstand, dass die

---

[167] EuGH, EuZW 2006, 625 (627) unter Rn. 39; *Stix-Hackl* (Fn. 32), Rn. 94.
[168] So wohl *Kube*, IStR 2005, 469 (476).
[169] *Thömmes/Nakhai*, IStR 2006, 164 (166).
[170] *Kube*, IStR 2005, 469 (474); *Jachmann/Meier-Behringer*, BB 2006, 1822 (1830).
[171] EuGH, EuZW 2006, 625 (627) unter Rn. 37.
[172] EuGH, EuZW 2006, 625 (628) unter Rn. 57.
[173] EuGH, EuZW 2006, 625 (627f.) unter Rn. 37f., 57.
[174] *Stix-Hackl* (Fn. 32), Rn. 96: „Es wäre mithin grundsätzlich mit dem Gemeinschaftsrecht zu vereinbaren, die Anerkennung der Gemeinnützigkeit einer solchen Einrichtung zu versagen, wenn es an einem entsprechenden tatsächlichen Inlandsbezug ihrer Tätigkeiten, wie offenbar im vorliegenden Fall, fehlt".

Gemeinwohlverantwortung des Mitgliedsstaats nur gegenüber seinen Bürgern besteht, nicht hingegen gegenüber allen Bürgern innerhalb der EU[175].

Ungeklärt ist allerdings, ob und gegebenenfalls inwieweit sich solche territorialen Beschränkungen mit dem Beihilfeverbot des Art. 87 EGV[176] vereinbaren lassen. Die Diskussion steht hier erst am Anfang. Vereinzelt wird eine territoriale Beschränkung mit der knappen Erwägung für unzulässig gehalten, das Gemeinschaftsrecht erfasse neben positiven Subventionen auch die sog. Verschonungssubventionen (Art. 87f. EGV) und bemühe sich um die Beseitigung aller Verzerrungen im grenzüberschreitenden Wirtschaftsverkehr; diese Wertung müsse auf die Auslegung der Grundfreiheiten ausstrahlen[177].

Das EuGH deutet immerhin an, dass Art. 87 Abs. 3 lit. d und Art. 151 EGV als Rechtfertigungsgrund in Betracht kämen, wenn es sich denn um eine Beihilfe handle, was jedoch angesichts der Auslegung durch den BFH abzulehnen sei[178].

In der Tat ist zweifelhaft, ob eine Eingrenzung des Begünstigtenkreises den Tatbestand einer europarechtlichen Beihilfe erfüllt. Nach einer verbreiteten Definition sind als staatliche Beihilfe i. S. d. Art. 87 Abs. 1 EGV dem Staat zurechenbare Maßnahmen anzusehen, die durch den Transfer staatlicher Mittel selektiv bestimmten Unternehmen wirtschaftliche Vorteile verschaffen[179]. Klärungsbedürftig ist auf der Tatbestandsseite insbesondere, ob die Steuerprivilegien als „selektive" Maßnahme anzusehen sind und ob bzw. in welchen Fällen die gemeinnützige Organisation als „Unternehmen" anzusehen ist. Auf der Rechtfertigungsebene ist insesondere zu klären, wann greift Art. 87 Abs. 3 lit. d EGV als Rechtfertigungsgrund eingreift. Im Ergebnis erscheint eine Differenzierung unumgänglich, auf die hier nicht näher eingegangen werden kann[180].

c) Ein stärkerer Inlandsbezug könnte auch in anderer Weise implementiert werden als durch eine territoriale Begrenzung. Nicht möglich wäre es allerdings, wenn man wegen dieses Ziels (wie das BMF in dem besagten Schreiben) ausländische Organisationen generell ausschließen würde, denn ein solcher pauschaler Ausschluss wäre unverhältnismäßig. Akzeptabel wäre hingegen die Auflage, bei Förderungen im Ausland in geeigneter und zumutbarer Weise auf die deutsche Finanzierung hinzuweisen (z.B. im Jahresbericht oder auf der Homepage).

---

[175] *Schäfers*, IStR 2004, 755 (757); a.A. *Thömmes/Nakhai*, IStR 2006, 164 (166).

[176] Näher hierzu statt vieler *Mestmäcker/Schweitzer*, Europäisches Wettbewerbsrecht, 2. Aufl. (2004), § 43.

[177] So *Reimer/Ribbrock*, RIW 2005, 611 (615).

[178] Siehe EuGH, EuZW 2006, 625 (627) unter Rn. 45.

[179] *Mestmäcker/Schweitzer* (Fn. 176), § 43 Rn. 3.

[180] Näher hierzu *Hüttemann*, DB 2006, 914ff.; *Helios*, Steuerliche Gemeinnützigkeit und EG-Beihilferecht (2005).

2. Rechtspolitische Erwägungen

Eine andere Frage ist freilich, ob die soeben diskutierten Beschränkungen de lege ferenda wünschenswert wären.

Dies ist zweifelhaft, weil es das deutsche Steuerrecht – wie auch die meisten anderen EU-Mitgliedsstaaten – seit jeher akzeptiert, dass auch im Ausland gemeinnützige Zwecke verfolgt werden dürfen[181]. Es wäre widersinnig, nunmehr auch inländischen Organisationen diese Förderung zu verbieten, weil man ausländischen Organisationen misstraut, zumal auch dann immer noch diejenigen ausländische Organisationen Steuerprivilegien erhalten müssten, die im Inland fördern.

Wenn man gleichwohl einen stärkeren Inlandsbezug für geboten hält, sollte man ihn behutsam einführen. Eine Möglichkeit wäre eine Differenzierung anhand der gemeinnützigen Zwecke: Bei der Förderung der Entwicklungshilfe und Forschung wäre eine Beschränkung auf deutsche Einwohner oder Staatsangehörige nicht sinnvoll, bei Freizeitaktivitäten wie Hundesport oder deutschem Brauchtum wäre eine solche Begrenzung hingegen plausibel.

III. Zwischenergebnis

(1) Nicht entscheiden konnte der EuGH die umstrittene Frage, wie das nationale Recht auszulegen ist. Vordergründig geht es dabei um die Frage, ob die Förderung der Allgemeinheit im Sinne des § 52 Abs. 1 AO nur die „deutsche" oder auch die ausländische Allgemeinheit betrifft. Bei näherer Untersuchung ergibt sich indessen, dass man selbst dann, wenn man die erstgenannte Ansicht vertritt, eine Förderung im Ausland weitgehend für zulässig halten muss, weil dies aufgrund der Systematik des Gemeinnützigkeitsrechts geboten ist. Nicht überzeugend ist daher der Versuch des BMF in einem Schreiben vom 20.9.2005, de lege lata Grenzen für Fördertätigkeiten im Ausland zu errichten, soweit diese über ein Zuwiderhandeln gegen den deutschen ordre public hinausgehen.

(2) Ebenfalls noch nicht abschließend geklärt ist die Frage, inwieweit der deutsche Gesetzgeber berechtigt ist, de lege ferenda weitergehende Grenzen für Fördertätigkeiten im Ausland einzuführen. Es spricht aber manches dafür, dass eine Beschränkung auf deutsche Einwohner oder deutsche Staatsangehörige als Begünstigte von Tätigkeiten gemeinnütziger Stiftungen europarechtskonform wäre.

(3) Aus rechtspolitischer Sicht wäre eine solche Beschränkung allerdings nicht wünschenswert, weil sie restriktiver als die langjährige großzügige Praxis in Deutschland und den anderen Mitgliedstaaten wäre und damit der europäischen Integration zuwiderliefe. Wenn überhaupt sollte daher eine solche Beschränkung

---

[181] Siehe hierzu *von Hippel/Walz*, Generalbericht, S. 13 (123f.).

nur in Randbereichen eingeführt werden.

E. Ergebnisse

(1) Grenzüberschreitende Spenden unterfallen der Kapitalverkehrsfreiheit, weil auch rein private Vermögenstransfers von der Kapitalverkehrsfreiheit erfasst werden.

(2) Diskriminierungen beim Spendenabzug aufgrund des Sitzes der Organisation sind gemeinschaftsrechtswidrig.

(3) Grenzüberschreitende Vermögensverwaltungstätigkeiten unterfallen entweder der Niederlassungsfreiheit oder der Kapitalverkehrsfreiheit.

(4) Es kann dahingestellt bleiben, welche dieser beiden Grundfreiheiten betroffen ist, weil die Diskriminierung beschränkt steuerpflichtiger Organisationen sich in keinem der beiden Fälle rechtfertigen lässt.

(5) Die einschlägigen EG-Grundfreiheiten führen zu einem Diskriminierungsverbot ausländischer Organisationen durch die einzelnen Mitgliedsstaaten. Das heißt zum Beispiel, dass Deutschland nur diejenigen Organisationen mit Sitz im Ausland den inländischen Organisationen gleichstellen muss, die auch die Voraussetzungen des deutschen Gemeinnützigkeitsrechts erfüllen.

(6) Umstritten ist, inwieweit das deutsche Gemeinnützigkeitsrecht einen Inlandsbezug verlangt. Die Systematik der Vorschriften spricht dafür, dass derzeit ein Inlandsbezug nur in sehr abgeschwächter Form verlangt wird.

(7) Eine Beschränkung auf deutsche Einwohner oder deutsche Staatsangehörige als Begünstigte von Tätigkeiten gemeinnütziger Stiftungen wäre zwar wohl europarechtskonform, aber aus rechtspolitischer Sicht nicht wünschenswert, weil sie restriktiver als die langjährige großzügige Praxis in Deutschland und den anderen Mitgliedstaaten wäre und damit der europäischen Integration zuwiderliefe. Wenn überhaupt sollte daher eine solche Beschränkung nur in Randbereichen eingeführt werden.

Die Zukunft der Finanzierung kirchlicher Arbeit durch die Kirchensteuer

JENS PETERSEN

A. Einführung
B. Kirchensteuer – Stärke und Schwächen
C. Herausforderungen der Zukunft
   I. Steuersystematische Entwicklungen
     1. Einkommensteuer als (bedingungslose) Bemessungsgrundlage für die Kirchensteuer
       a) Strenge Akzessorietät im Lichte der Besteuerung nach der Leistungsfähigkeit
       b) Überlegungen zu alternativen Erhebungsformen bei eingeschränkter Akzessorietät, insbesondere bei Steuerabzug an der Quelle (Zinseinkünfte)
     2. Ablösung der synthetischen Einkommensteuer durch Dual-Income-Tax oder Flat-Tax
       a) Kirchensteuer bei der Dual-Income-Tax
       b) Kirchensteuer bei einer Flat-Tax
     3. Kommunales Heberecht auf die Einkommensteuer
     4. Eine andere Bemessungsgrundlage zur Berechnung der Kirchensteuer
       a) Diskussion um Bemessungsgrundlagen für die Kirchensteuer
       b) Prämissen der Kirchenfinanzierung und zum zu versteuernden Einkommen
         aa) Prämissen der Kirchenfinanzierung
         bb) Das zu versteuernde Einkommen nach § 2 Abs. 5 EStG als Bemessungsgrundlage für einen kircheneigenen Tarif
       c) Überprüfung der Ansätze
         aa) Kircheneigener Tarif (1)
         bb) Kircheneigener Tarif (2)
         cc) Kircheneigener Tarif (3)
       d) Rechtlicher Standort eines kircheneigenen Tarifs
       e) Wertung: Bemessungsgrundlage zu versteuerndes Einkommen
     5. Kircheneigene Steuerverwaltung
     6. Zusammenfassende Würdigung und Umsetzbarkeit
   II. Soziodemographische Entwicklung
D. Finanzierungsergänzungssysteme
   I. (Orts-) Kirchgeld (Gemeindebeitrag) bzw. Kirchenbeitrag
     1. Hybride Finanzierungen
     2. Stiftung, Spenden, Sponsoring – Fundraising
     3. Exkurs: Änderung des Kirchensteuerhebesatzes
E. Schlußbetrachtung

A. Einführung[1]

Die Kirche bildet einen wesentlichen Faktor in der geistigen, kulturellen, pädagogischen und sozialen Infrastruktur unseres Gemeinwesens. Sie schafft Wertebewußtsein und bietet eine Voraussetzung für einen demokratischen Staat, die der Staat nicht aus sich selbst hervorbringen kann. Sie bildet eine Investition in ethische Werte, Leben, Lebenssinn, Gerechtigkeit, Frieden und Bewahrung der Schöpfung.

Die Kirche hat den Auftrag, das Evangelium in Wort und Tat zu verkündigen. Sie begleitet und berät die Menschen auf ihren Lebenswegen. Dies geschieht überwiegend in direktem Kontakt von Mensch zu Mensch und läßt sich nur sehr bedingt durch Medien oder sonstige Maßnahmen rationalisieren. Die Arbeit der Kirchengemeinden und der diakonischen Einrichtungen ist also entsprechend personal- und damit kostenintensiv[2].

Zu der Verkündigung und Seelsorge kommen die Aufgaben in den Bereichen von Aus- und Fortbildung, Schulen und Akademien, Jugend- und Frauenarbeit, Telefon- und Krankenhausseelsorge, Öffentlichkeitsarbeit, Publizistik, Mission und Ökumene sowie Entwicklungshilfe. Zu finanzieren sind ebenfalls die Unterhaltung von Gebäuden, Verwaltungsarbeit, Versicherungen und sonstiges.

Die diakonische[3] Arbeit (z. B. Kindergärten, Diakonie- und Sozialstationen, Suchtgefährdetenhilfe, Krankenhäuser) ist ein weiteres großes Feld, in dem die Kirchen tätig werden. Die Diakonie als tätige Nächstenliebe gehört zum Selbstverständnis der Kirche. Ebenso sind diese diakonischen Leistungen aber auch Angebote, die den Kirchen wie auch anderen freien Trägern im Rahmen des Subsidiaritätsprinzips überlassen wurden. Die Diakonie handelt stellvertretend für die öffentliche Hand. Darum wird sie aus den Mitteln unterstützt, die der Staat für diese sozialen Zwecke vorgesehen hat, um in freier Trägerschaft diese vom Staat für notwendig erachteten Aufgaben durchzuführen.

Um all diese Aufgaben wahrnehmen zu können, brauchen Kirche und Diakonie nicht nur die engagierte Mitarbeit von vielen Menschen sondern auch eine gesicherte Finanzierungsgrundlage. Diese solide Grundlage bildet die Kirchensteuer. Die kirchlichen Einnahmen, insbesondere die Kirchensteuer, gewährleisten die Unabhängigkeit der Kirche in einem sehr viel höheren Maß, als wenn sie auf das eigene Vermögen oder auf jeweils anzufordernde Umlagen oder Spenden angewiesen wäre[4]. Das Kirchensteuersystem gewährleistet eine

---

[1] Die nachstehenden Ausführungen geben z.T. die persönliche Auffassung des Autor wieder.

[2] Siehe für die evangelischen Kirchen/Diakonie: http://www.ekd.de/statistik/3217_hauptamt_ehrenamt.html, http://www.ekd.de/statistik/3217_diakonie.html.

[3] Die Ausführungen zur Diakonie gelten auch für die Caritas.

[4] Gleichwohl ist die Kirchensteuer per Definition in einigen Kirchen noch subsidiäre Finanzierungsquelle; siehe z.B. § 2 der Notverordnung der Evangelischen Kirche im Rheinland/ Gesetzesvertretende Verordnung der Evangelischen Kirche von Westfalen/Kirchengesetz der Lippischen Landeskirche über die Erhebung von Kirchensteuern (Kirchensteuerordnung - KiStO) vom 22.9.2000, 14.9.2000 und 28.9.2000 (ABl. Rheinl. 2000 S. 297), geändert durch 2. Notver-

gerechte Verteilung der Finanzierungslasten, es sichert ferner nicht nur die Unabhängigkeit der Kirche gegenüber dem Staat, sondern es bietet auch die Möglichkeit, die Unterschiede von „reichen" und „armen" Kirchengemeinden auszugleichen, überall ein möglichst breit gefächertes kirchliches Angebot bereitzuhalten.

Die kirchlichen Einnahmen[5] resultieren überwiegend aus der Kirchensteuer, insbesondere in ihrer Form des Zuschlags zur Lohn- bzw. Einkommensteuer. Diese betrugen im Jahr 2004 (brutto[6]):

Evangelische Landeskirchen		*Römisch-katholische (Erz-) Bistümer*	
Kirchenlohnsteuer	Kirchen-einkommensteuer	Kirchenlohnsteuer	Kirchen-einkommensteuer
3,217 Mrd. €	0,515 Mrd. €	3,632 Mrd. €	0,771 Mrd. €

Die Kirchensteuer sicherte den Kirchen zumindest bis Anfang der 90er Jahre[7] ein stetig steigendes nominelles Aufkommen. Ausschlaggebend hierfür waren die Beschäftigtenzahlen, die hinreichend gute Konjunkturentwicklung und der Anstieg der Löhne und Gehälter. Daß sie hinter der Entwicklung der Maßstabsteuer zurückblieb, wurde allenfalls zur Kenntnis genommen. Auch die Kirchenaustritte und sogar einschneidende Steuerreformen[8] vermochten ihr anscheinend nichts anzuhaben. Die kirchlichen Haushalte wurden daher auch mit immer neuen Aufgaben belastet, die im kirchlichen Umfeld begründet erschienen und man „es sich leisten" konnte. Mahnende Stimmen hinsichtlich der langfristigen Verpflichtungen insbesondere durch Personalkosten gab es nur wenige. Ihnen wurde nicht ausreichend Beachtung geschenkt.

---

ordnung vom 14.6./11.9./12.9.2002 (ABl. Rheinl. 2002 S. 306; BStBl. I S. 1041); § 2 der Kirchensteuerordnung für die Diözese Fulda (hessischer Anteil) vom 12.12.1968 (StAnz. 1/1969 S. 19), geändert durch 8. ÄnderungVO v. 15.6.2004 (StAnz. 2004, S. 2203); § 2 der Bekanntmachung der Neufassung der Verordnung über die Erhebung von Kirchensteuer in der Erzdiözese Köln für den im Lande Nordrhein-Westfalen gelegenen Gebietsteil (Kirchensteuerordnung) vom 10.11.1987 (ABl. 1987 S. 262), zuletzt geändert durch Änderungsverordnung vom 10.3.95 (ABl. 1995 S. 105); für die Ortskirchensteuer § 3 der Kirchensteuerverordnung für die Evangelische Kirche in Hessen und Nassau im Bereich des Landes Hessen vom 24.11.1970 (ABl. 1970 S. 193), zuletzt geändert durch Änderung v. 17.5.2003 (ABl. 2003 S. 331)

[5] I.e.S., d.h. ohne leistungsbezogene Erstattungen für z.B. Kindergärten. im Gesundheitswesen, Schulen etc.; s. i.ü. für den Bereich der evang. Kirchen: http://www.ekd.de/statistik/3217_36074.html.

[6] Ohne Abzug der Kosten für die Finanzverwaltung von ca. 3,3 %; ev.: - 8,3 %, kath.: - 7,6 % ggü. Vorjahr.

[7] Ev. und kath. Kirchensteuer in Mrd. €: 1975: 3,3; 1980: 4,8; 1985: 5,7; 1990: 6,8; 1993: 8,6; 2000: 8,8: 2004: 7,7.

[8] Z.B. Tarifreform und Abschaffung des Kinderfreibetrages durch EStG 1975 vom 5.9.1974, BGBl. I 74, 2165.

Seit dem durch die Sonderkonjunktur der Wiedervereinigung bedingten „Spitzenjahr" 1993 ist nicht nur durchweg ein nomineller Rückgang der Kirchensteuer zu verzeichnen. Insbesondere die Steuerreformen seit dem Jahr 2000 – auch unter Einbeziehung der Verbrauchsabgabenerhöhungen – und die beginnenden Auswirkungen der soziodemographischen Entwicklung führten zu einem signifikanten Rückgang der finanziellen Leistungsfähigkeit der Kirchen[9]. Allein durch die beiden letzten Stufen der Tarifabsenkung in den Jahren 2004 und 2005 wird das Kirchensteueraufkommen nominell um ca. 10% zurückgehen. Die Rückgänge konnten anfangs noch intern durch Rücklagenentnahmen und gleichmäßigen Kürzungen aufgefangen werden. Mittlerweile bedarf es aber einschneidender Strukturreformen[10] und auch Personalfreistellungen[11], soll der Kernbereich der kirchlichen Tätigkeit weiterhin aufrecht erhalten werden.

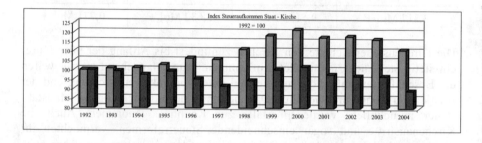

In der aktuell schwierigen Finanzsituation der Kirche[12] wird die Frage nach der Zukunftsfähigkeit ihres Finanzierungssystems aufgeworfen. Dieser Beitrag wird sich diesem Szenario widmen[13].

---

[9] ESt/LSt-Aufkommen 2004 Staat:110,83, Kirchen: 89,22 (Index 1992=100).

[10] U.a. Kirchenfusion Berlin-Brandenburg mit Schlesischer Oberlausitz; Konföderation KPS mit Thüringen; geplant: Mecklenburg und Pommern; Zusammenlegung EKU und VELKD mit EKD.

[11] S. auch Capital 26/2004 S. 40 ff.

[12] Eine recht ordentliche Darstellung in Capital 26/2004, S. 40 ff.

[13] Zur geschichtlichen Entwicklung vgl. u.a. *v. Campenhausen*, Staatskirchenrecht, S. 258; Übersicht bei *Hammer*, Rechtsfragen der Kirchensteuer, S. 4 ff. m.w.N.; Petersen, Die Anknüpfung der Kirchensteuer an die Einkommensteuer durch § 51a EStG, in Seer/Kämper (Hrsg.), Bochumer Kirchensteuertag, 2004, S. 101, 104 ff.; für davor liegende Zeiträume siehe u.a. die Nachweise bei *H. Marré*, Die Kirchenfinanzierung in Deutschland vom Ausgang des 18. Jahrhunderts bis zum Ende des Zweiten Weltkriegs in: Zeitschrift der Savigny-Stiftung für Rechtsgeschichte, 116. Band, 1999, S. 448, 451; *Huber*, Die Kirchensteuer als „wirtschaftliches Grundrecht", in: Linnemann (Hrsg.), Die Finanzen der Kirche, 1989, S. 130, 132 ff.

B. Kirchensteuer – Stärke und Schwächen

Ein kirchliches Finanzierungssystem sollte bestimmte Voraussetzungen erfüllen, die zum einen mit dem christlichen Bild übereinstimmen, zum anderen aber auch ökonomische, juristische und psychologische Grundsätze beachten. Da die Kirchensteuer ihrerseits durch die Akzessorietät zur Einkommensteuer in ein System eingebunden ist, lassen sich nicht alle Voraussetzungen idealiter in ihr vereinen. Sie hat ihre Stärken und Schwächen:
 Mitgliederbezogenheit, Gerecht, Akzeptiert, Transparent, Effizient, Unabhängig, Nachhaltig-, Ergiebigkeit, Konjunktur-, Arbeitsmarkt- und Gesetzgebungsabhängigkeit[14].

C. Herausforderungen der Zukunft

I. Steuersystematische Entwicklungen

1. Einkommensteuer als (bedingungslose) Bemessungsgrundlage für die Kirchensteuer

a) Strenge Akzessorietät im Lichte der Besteuerung nach der Leistungsfähigkeit

Durch die Anbindung der Kirchensteuer an die Einkommensteuer folgt sie (seit 1906) deren Besteuerungsprinzipien, insbesondere dem der Besteuerung nach der Leistungsfähigkeit. Dabei geht sie auf der Grundlage der synthetischen Einkommensteuer davon aus, daß alle Einkunftsarten gleichwertig und gleichgewichtig sind und die Leistungsfähigkeit der Steuerpflichtigen nach gleichen Maßstäben abbildet[15]. Die Zusammenfassung der die Leistungsfähigkeit determinierenden Elemente (die Einkünfte) im Einkommensteuergesetz ermöglicht eine kosteneffiziente und transparente Verwaltung. War die Anbindung der Kirchensteuer an die Einkommensteuer in der Anfangszeit eine – relativ – unbedingte, sind ab 1975 Korrekturen notwendig geworden, um diesen Grundsatz und den der Gleichbehandlung der Kirchensteuerpflichtigen unabhängig von der Art der von ihnen erzielten Einkünfte aufrecht zu erhalten. Mit der Einführung und der Weiterentwicklung des § 51a EStG (Berücksichtigung von Kindern; Korrektur beim Halbeinkünfteverfahren) ist auch dies weitgehend gelungen[16].

---

[14] Näher hierzu unten unter C I 4 b aa.
[15] *Hammer*, Rechtsfragen der Kirchensteuer, S. 222.
[16] S. *Petersen*, Die Anknüpfung der Kirchensteuer an die Einkommensteuer durch § 51a EStG, in Seer/Kämper (Hrsg.), Bochumer Kirchensteuertag, 2004, S. 101, 124 ff.

b) Überlegungen zu alternativen Erhebungsformen bei eingeschränkter Akzessorietät, insbesondere bei Steuerabzug an der Quelle (Zinseinkünfte)

Die Kirchensteuer bemisst sich seit ihrer Einführung nach dem Maßstab der Staatseinkommensteuer, welche sich aus den Einkunftsarten zusammensetzt. Jede Einkunftsart vermittelte im Sinne der synthetischen Einkommensteuer i.W. gleichwertige Leistungsfähigkeit. Dies konnte bis heute – wenn auch mittels § 51a EStG – für die Berechnung der Kirchensteuer beibehalten werden.

Aber bereits mit der Einführung des Halbeinkünfteverfahrens ist das Steuererhebungsverfahren für die in § 3 Nr. 40 EStG aufgeführten Einnahmen dual aufgegliedert worden. Vermögensmehrungen, wie z.B. durch Dividenden, werden teils mit Körperschaftsteuer, teils mit Einkommensteuer belastet. Die der Körperschaftsteuer unterliegenden Teile können für die Berechnung der Kirchensteuer im Sinne einer gleichwertigen Vermittlung von Leistungsfähigkeit (ohne Korrektur) nicht mehr nutzbar gemacht werden.

Weit schwerwiegendere Auswirkungen ergäben sich für die Kirchensteuer bei definitiven Quellenabzugssteuern, wie z.B. bei dem vom Bundesfinanzministerium im März 2003 vorgelegten Entwurf eines Gesetzes zur Neuregelung der Zinsbesteuerung und zur Förderung der Steuerehrlichkeit (Zinsabgeltungsteuergesetz)[17], in dem neben einer Amnestieregelung für nachzuversteuerndes Kapital auch die Zinseinkünfte neu besteuert werden sollten. Danach sollte, einer Initiative auf europäischer Ebene folgend, diese Einkunftsart an der Quelle mit einer Abgeltungsteuer[18] in Höhe von 25 % besteuert werden. Dies hätte zur Folge gehabt, daß diese Einkommensbestandteile für die Berechnung der Kirchensteuer nicht mehr zur Verfügung gestanden hätten. Ähnlich der Situation bei der Einführung des Halbeinkünfteverfahrens – aber mit einer weitreichenderen Konsequenz – wären Kirchensteuerpflichtige mit unterschiedlichen Einkunftsarten einmal steuerbelastet und das andere Mal – sofern keine anderen Einkünfte vorgelegen hätten – unbesteuert geblieben.

Der Referentenwurf hat diese Konsequenz für die Kirchensteuer gesehen[19]:

„Dem § 51a Abs. 2 EStG wird folgender Satz angefügt:
,Die nach den Sätzen 1 bis 3 ermittelte Einkommensteuer ist um 25 vom Hundert der Kapitalerträge nach § 45e Abs. 1 zu erhöhen; zu diesem Zweck sind diese Kapitalerträge in der Steuererklärung anzugeben.'"

Dabei erfordert die Akzessorietät nicht, jedwede Änderung der Einkommensteuer auch für die Berechnung der Kirchensteuer umzusetzen, *Petersen*, a.a.O., S. 148 ff.

[17] Referentenentwurf des BMF vom 17.3.2003.

[18] Allerdings mit einem Veranlagungswahlrecht, sofern der persönliche Durchschnittssteuersatz unter 25% liegt.

[19] Art. 1 Nr. 9 des Referentenentwurfs.

In ihrer Stellungnahme zu dem Gesetzentwurf[20] führten die Kirchen u.a. aus:

„1. Zu Art. 1: Änderung des Einkommensteuergesetzes 2002 – Zinsabgeltungssteuer
....
Die Kirchen begrüßen, daß durch eine Ergänzung des § 51a Abs. 2 auf die vom Zinsabschlag erfaßten Einkünfte Kirchensteuer erhoben werden kann.
Auch die Zinseinkünfte vermitteln dem Steuerpflichtigen Leistungsfähigkeit. Für die gleichmäßige Besteuerung der Kirchensteuerpflichtigen bedarf es deshalb in den Fällen einer Zurechnung, in denen der Durchschnittssteuersatz über 25% liegt und eine Einkommensteuerveranlagung nicht zwingend erforderlich ist. Eine Angabe der Zinseinkünfte in der Steuererklärung ist folglich unverzichtbar für eine gleichmäßige, den Grundsätzen der Besteuerung nach der Leistungsfähigkeit verpflichtete Kirchensteuererhebung.
.... Die Kirchen sind auf eine einheitliche, die Leistungsfähigkeit der Steuerpflichtigen gleichmäßig abbildende Bemessungsgrundlage angewiesen.
.... Mit dieser Regelung ist – de iure – sichergestellt, daß Zinseinkünfte auch weiterhin in die Bemessungsgrundlage für die Kirchensteuer einfließen. Die Kirchensteuer verbleibt somit im bisherigen Besteuerungssystem. Eine komplizierte Korrektur, wie bei den Halbeinkünften, ist entbehrlich.
......."

Der Entwurf wurde dann wieder zurückgezogen bzw. durch den Entwurf eines Gesetzes zur Förderung der Steuerehrlichkeit[21] ersetzt. Die Einführung einer Zinsabgeltungssteuer wurde verschoben, um im Gleichklang mit der europäischen Zinsbesteuerung[22] zu bleiben.

Die Reaktionen auf den Referentenentwurf die Kirchensteuer betreffend waren unterschiedlich. In zahlreichen Medienberichten wurde die Absicht, die ermittelte Einkommensteuer um 25% der Kapitalerträge zu erhöhen und diese in der Steuererklärung anzugeben, negativ bewertet[23]. Hintergrund war ein Stimmungsgefühl, die Kirchen würden „nicht genug bekommen".

Vom steuersystematischen Ansatz her betrachtet war der Änderungsvorschlag aber notwendig und durchaus angemessen. Auch Zinseinkünfte vermitteln Leistungsfähigkeit. Für die Berechnung der Kirchensteuer dürfen sie, um nicht gegen den Grundsatz der Gleichmäßigkeit der Besteuerung zu verstoßen, nicht außer Acht gelassen werden. Aber selbst bei einer dergestaltigen Zurech-

---

[20] Gemeinsame Stellungnahme des Bevollmächtigten des Rates der Evangelischen Kirche in Deutschland und des Kommissariates der Deutschen Bischöfe zum Entwurf eines Gesetzes zur Neuregelung der Zinsbesteuerung und zur Förderung der Steuerehrlichkeit gegenüber dem BMF vom 27.3.2003.

[21] BR-Drs. 543/03, BT-Drs. 15/1309; Strafbefreiungserklärungsgesetz vom 23.12.2003, BGBl. I S. 2928.

[22] Richtlinie 2003/48 - EG des Rates vom 3.6.2003 im Bereich der Besteuerung von Zinserträgen („Zinsrichtlinie"), Abl. L 157, s. 38 ff.

[23] Z.B. Wirtschaftswoche 17/03: Kirchen: Jüngstes Gericht.

nung erfahren diejenigen Steuerpflichtigen mit einem 25% übersteigenden persönlichen Durchschnittssteuersatz noch einen positiven Effekt gegenüber der Spitzenbelastung des Einkommensteuertarifs. Den übrigen Steuerpflichtigen blieb die Individualveranlagung möglich.

Die mit der Erhebung der Kirchensteuer verbundenen Grundsätze – nur von Mitgliedern und nach Maßgabe ihrer Leistungsfähigkeit – führte – im Spiegel von zur Zinsbesteuerung formulierten anderen Vorschläge – zu einer intensiven Diskussion innerhalb der Kirchen. Im Ergebnis stand sie Überlegungen, die Kirchen am anonymen Zins-Quellensteueraufkommen partizipieren zu lassen, reserviert gegenüber. Die wesentlichen Vorschläge und die damit in Verbindung stehenden Fragen werden nachstehend kurz skizziert.

Zur Aufrechterhaltung des (reinen) *Quellenabzugsverfahrens* ist vorgeschlagen worden, daß die Kirchensteuer zugleich mit der Zinsabgeltungsteuer und dem Solidaritätszuschlag von den Banken einbehalten und abgeführt wird. Der Kirchenangehörige hätte seine Zugehörigkeit gegenüber der Bank zu offenbaren gehabt.

Die Mitwirkung der Banken stellt für sie zweifelsohne eine zusätzliche faktische Belastung dar, stößt aber nicht auf verfassungsrechtliche Bedenken. Den Banken wird – als Erfüllungsgehilfe der verfassungsrechtlichen Pflicht des Staates – eine Mitwirkung beim Kirchensteuereinzug aufgegeben. Diese Mitwirkung erfolgt religionsneutral[24] und verstößt nicht gegen Art. 4 GG. Auch andere Grundrechte der Banken (aus Art. 1, 2, 14 GG) sind nicht tangiert; ihre Position ist vergleichbar dem der Arbeitgeber beim Kirchenlohnsteuerabzug[25]. Der Kirchenangehörige wäre wie gegenüber dem Arbeitgeber zur Angabe seiner Religionszugehörigkeit verpflichtet. Problematisch dürfte dieser Vorschlag aber im Hinblick auf die Verifikation sein. Im Zinsurteil[26] hat das Bundesverfassungsgericht die Verfassungsmäßigkeit einer Norm daran gemessen, ob neben dem Erklärungsprinzip ausreichende Kontrollmechanismen zur Verfügung stehen. Ist dies strukturell nicht der Fall, ist die Norm nicht verfassungsgemäß. Wer aber kontrolliert mit welchen Mitteln, ob der Steuerpflichtige gegenüber den Banken vollständige und wahrheitsgemäße Angaben gemacht hat. Und was geschieht mit Zinserträgen, zu denen keine Erklärungen vorliegen? Welche psychologischen Wirkungen hätte ein speziell für die Kirchensteuer eingerichtetes Kontrollsystem? Kann die Lösung im Sinne einer freiheitswahrenden Lösung in einer Kombination von Erklärungspflicht gegenüber den Banken und in der Steuererklärung gesehen werden?

Auch ist vorgetragen worden, nur die nicht einer steuererhebenden Religionsgemeinschaft angehörenden Bankkunden erklären gegenüber der Bank unter Vorlage einer Bescheinigung der Meldebehörde ihren *Negativstatus*.

---

[24] So BVerfGE 44, 103, 104.
[25] BVerfGE 44, 103, 104.
[26] BVerfGE 84, 239.

Hiergegen wurde vorgebracht, die negative Darlegungslast verstoße gegen die negative Religionsfreiheit und bedeute eine Diskriminierung dieser Personen.

Überhaupt laufen alle Vorschläge, Elemente der Leistungsfähigkeit für die Kirchensteuer wieder „einzufangen" gegen den mit der Abgeltungswirkung erklärten Willen des Gesetzgebers nach einem einfachen, anonymen Steuererhebungsverfahren. Psychologische Barrieren, für eine Steuerart dann doch die persönlichen Verhältnisse zu offenbaren, sind nur verständlich. In gewisser Weise widerspricht sich der Gesetzgeber dann aber auch selbst, wenn er die Veranlagung „nach unten" öffnet. Eine alle Parteien befriedigende und rechtlich belastbare Lösung ist (noch) nicht gefunden worden.

Ein weiterer Vorschlag beinhaltete die Erhebung einer „kombinierten Steuer"[27], wie sie bei den sog. Minijobs in § 40a Abs. 2 EStG geregelt ist (*einheitliche Pauschsteuer*).

Eine derartige Regelung ist weder mit der Kirchensteuer in Fällen der Pauschalierung der Lohnsteuer vergleichbar noch ist sie überhaupt eine Kirchensteuer. Der Arbeitgeber erhebt die Kirchensteuer entweder mit einem abgesenkten Steuersatz oder zum regulären Hebesatz, sofern die nicht der Kirche angehörenden Arbeitnehmer ihre Nichtzugehörigkeit nachweisen[28]. Damit bleibt der individuelle Charakter der Kirchensteuer, die Mitgliedsbezogenheit, gewahrt. Eine einheitliche Pauschsteuer wäre von allen Steuerpflichtigen mit Zinseinkünften zu entrichten. Eine Mitgliedsbezogenheit kann nicht hergestellt werden. Diese Abgabe wäre auch nicht von den kirchlichen Körperschaften beschlossen. Ihr fehlen somit die konstitutiven Merkmale der Kirchensteuer. Sie ist bestenfalls ein staatlicher Ersatz dafür, daß wegen des Abgeltungscharakters Kirchensteuer auf diese Einkünfte nicht mehr erhoben werden könnte, mithin eine staatliche Abgabe mit gesetzlicher Verwendungsbestimmung und letztlich eine unmittelbare Finanzierung kirchlicher Arbeit durch den Staat.

Im Verlauf der weiteren Diskussion um abgeltende Quellensteuern wird überlegt werden müssen, ob nicht die auszahlenden Stellen zu verpflichten sind, das *Identifikationsmerkmal gem. § 139a AO* zu erheben[29] und der Finanzverwaltung mit dem Ertrag zu melden. Die Finanzverwaltung identifiziert anhand des Merkmals den Steuerpflichtigen als kirchensteuerpflichtig und führt den Ertrag zur Kirchensteuerveranlagung hinzu.

---

[27] Siehe hierzu auch den Vorschlag des Hessischen Finanzministeriums vom September 2005 für „Eine neue Kapitalsteuer für Deutschland", Kapitalrenditesteuer, www.bankenverband.de/pic/artikelpic/092005/St272-Anlage.pdf.

[28] Gleichlautende Erlasse der obersten Finanzbehörden der Bundesländer vom 19.5.1999, BStBl. I S. 509 und vom 8.5.2000, BStBl. I S. 612.

[29] Die Banken würden damit eine dem Arbeitgeber ähnlich Position einnehmen.

2. Ablösung der synthetischen Einkommensteuer durch Dual-Income-Tax oder Flat-Tax

Bei den bisherigen, auch umfangreicheren Steuerreformmodellen[30] ist immer vorausgesetzt worden, daß sie zu mehr oder minder wesentlichen Bestandteilen im System der synthetischen Einkommensteuer verbleiben. Auf das zu versteuernde Einkommen als grundsätzlich bestehen bleibende Systemkomponente könnte zugegriffen werden.

Aber schon nach derzeitigem Recht kann von einem synthetischen Einkommensbegriff teilweise nur noch eingeschränkt gesprochen werden[31]. Durch zahlreiche Sonderregelungen mit Geltung für bzw. innerhalb einer Einkunftsart nähert sich das Einkommensteuergesetz in einigen Teilen einer Schedulenbesteuerung an. Es ist nicht undenkbar, daß sich diese Entwicklung verstärken und zu einer weiteren Herausgliederung einzelner Einkunftsarten aus dem Gesetz führen könnte[32]. Würde dies verbunden werden mit einem gesonderten Steuerbescheid und/oder einer abgeltenden, anonymen Wirkung, stünde der Kirchensteuer keine einheitliche Bemessungsgrundlage mehr zur Verfügung. Kirchensteuerpflichtige mit unterschiedlichen Einkunftsarten aber im Grunde identischer Leistungsfähigkeit würden ungleich belastet.

Nach der letztendlich – über die Anbindung an die Einkommensteuer – auch der Kirchensteuer zugrundeliegenden Markteinkommenstheorie[33] sind sämtliche durch die Betätigung am Markt erworbenen Vermögensmehrungen einheitlich zu behandeln, denn sie sind auf einem Markt, in einem Gesellschaftsgefüge erwirtschaftet worden. Sie alle vermitteln sowohl in ihren Teilbeträgen als auch in ihrer Summe dem Steuerpflichtigen Leistungsfähigkeit. Sie sind der Ermittlung der Kirchensteuer einheitlich zugrunde zu legen, ob nur originär oder durch eine Korrekturnorm.

---

[30] U.a. *Merz*, „Konzept 21"; www.stiftung-marktwirtschaft.de Kommission „Steuergesetzbuch".

[31] Dem EStG liegt zwar ein einheitlicher, grundsätzlich synthetischer Einkommensbegriff zugrunde. Dieses Einkommen wird aber nicht unmittelbar als einheitliche Größe, sondern auf dem Umweg über die 7 Einkunftsarten ermittelt. Diese Einkunftsarten betreffen jeweils Fallgruppen, die sich in tatsächlicher Hinsicht deutlich voneinander unterscheiden und daher auch vom Gesetzgeber seit jeher in vielfältiger Weise verschieden behandelt werden. Es bestehen Unterschiede hinsichtlich des grundsätzlichen Umfanges der zu erfassenden Einkünfte (etwa im Zusammenhang mit Veräußerungsgewinnen), hinsichtlich der sachlichen Steuerbefreiungen und Steuerbegünstigungen, der Ermittlungstechnik sowie schließlich der Erhebungsformen, die auch notwendigerweise zu unterschiedlichen Praktiken der Rechtsanwendung führen. Durch die in § 3 Nr. 40 EStG benannten Einkommen hat der Gesetzgeber die Synthetik der Einkommensteuer weiter ausgehöhlt. Dazu kommen die verschiedenen Einkunftsarten typischerweise im unterschiedlichen Maße offenstehenden Möglichkeiten, durch Wahl entsprechender Rechtsformen und Gestaltungen das Konzept einer homogenen Besteuerung von Einkommen zu durchbrechen.

[32] Wie bei den in § 3 Nr. 40 EStG genannten.

[33] Vgl. u.a. *Tipke/Lang*, Steuerrecht, § 9 Rz. 50 ff. m.w.N.

Ein Schwerpunkt der Reformdiskussionen ist – auch mit Blick auf die europäische Harmonisierung – die Frage nach der Notwendigkeit einer Reform der Unternehmensbesteuerung in Deutschland. Dabei wird die Auffassung vertreten, es reiche eine europaweit einheitliche Ermittlung der Bemessungsgrundlage aus. Mehrheitlich wird allerdings die Zukunft gesehen in der Trennung der Besteuerung zwischen Arbeitseinkommen und Kapitaleinkommen. In der Diskussion stehen dabei eine Dual-Income-Tax oder eine Flat-Tax[34].

Gänzlich ungeklärt ist die Frage nach der Berechnung der Kirchensteuer im Sinne der (althergebrachten) Grundsätze der Besteuerung der Kirchenmitglieder nach den Grundsätzen der Gleichmäßigkeit und der Leistungsfähigkeit für den Fall eines solchen vollständigen Systemwechsels.

Es müßten Antworten gefunden werden auf die Frage, welche Einkünfte mit welchen Begrifflichkeiten dann noch im traditionellen Beziehungsgeflecht von Einkommensteuer und Kirchensteuer verbleiben und verwaltungstechnisch erfaßbar sein würden. Sofern Einkünfte aus dem Einkommensteuergesetz herausgelagert würden, müßte geklärt werden, ob sie noch dem Leistungsfähigkeitsbegriff unterfallen und aus Gründen der Gleichmäßigkeit der Besteuerung für die Kirchensteuerberechnung nutzbar gemacht werden müßten. Verwaltungs- und erhebungstechnische Voraussetzungen müßten geschaffen werden, um weiterhin die Kirchenmitglieder als Steuersubjekte zu individualisieren. Es wäre zu klären, ob und inwieweit unterschiedlich belastete Einkünfte mit den kirchlichen Gerechtigkeits- und Ethikpostulaten vereinbar wären.

a) Kirchensteuer bei der Dual-Income-Tax

Die duale Einkommensteuer zeichnet sich grundsätzlich aus durch eine Trennung der Arbeitseinkünfte von den Kapitaleinkünften. Erstere werden weiterhin einem progressiven Tarif unterliegen. Zu den Kapitaleinkünften rechnen dann die verbleibenden Einkunftsarten, welche mit einem proportionalen Steuersatz belastet werden, wobei erhebungstechnisch auch der Quelleneinzug in Frage kommt (z.B. das Kapitaleinkommen bei Privatanlegern).

Diese recht einfache Trennung der Besteuerung von Arbeitseinkommen und Kapitaleinkommen wird in den Fällen problematisch, in denen sie im Verbund auftreten, wie es etwa bei Unternehmern und mitarbeitenden Gesellschaftern von Personengesellschaften und Kapitalgesellschaften der Fall ist. Hier bedarf es einer Gewinnspaltung in Arbeits- und Kapitaleinkommen, wobei vorab das

---

[34] Der Sachverständigenrat hat in seinem Jahresgutachten 2003/2004 die Dual-Income-Tax vorgeschlagen, *Sachverständigenrat* Jahresgutachten 2003/2004, 2003, Rdn. 584-601; Der wissenschaftliche Beirat im BMF hat sich mehrheitlich für die Flat-Tax ausgesprochen, meint aber, daß die Dual-Income-Tax gegenüber dem geltenden Steuerrecht zu erhebliche Verbesserungen führt, *Wissenschaftlicher Beirat beim BMF*, Flat Tax oder Duale Einkommensteuer?, Schriftenreihe des BMF, 2004; *Schreiber/Finkenzeller/Rüggeberger*, Reform der Einkommensbesteuerung durch die duale Einkommensteuer?, DB 2004 S. 2767 ff.; siehe auch die Überlegungen der Stiftung Marktwirtschaft: www.stiftung-marktwirtschaft.de

Kapitaleinkommen als Produkt eines steuerlichen Zinssatzes und des eingesetzten Kapitals bestimmt werden muß[35].

Die Arbeitseinkommen unterliegen dem progressiven Steuersatz. Sie sind auf die Person individualisierbar und können damit auch für Zwecke der Berechnung der Kirchensteuer herangezogen werden.

Differenzierter liegen die Dinge beim Kapitaleinkommen. Verbleibt dieses in dem Unternehmen (und verstärkt das Eigenkapital), ist es unternehmensbezogen und damit für die Kirchensteuer nicht verfügbar. Diesen Systemwechsel müßte die Kirche insofern wohl akzeptieren, da sie nur von kirchenangehörenden Personen Kirchensteuer erheben kann.

Wird allerdings z.B. bei einer Aktiengesellschaft das vorbesteuerte Kapitaleinkommen als Dividende ausgeschüttet und die Vor-Steuer als definitiv (ohne Möglichkeit der individuellen Veranlagung; Fortfall des Halbeinkünfteverfahrens) definiert, ergeben sich Zurechnungsschwierigkeiten bei Kirchenmitgliedern. Sofern dieser Quellenabzug individualisierbar ausgestaltet wird, sind diese Vermögensmehrungen auch für die Kirchensteuer verfügbar. Bei einem anonymen Einzug ist hingegen eine Re-Individualisierung erforderlich – mit den oben geschilderten Schwierigkeiten – verbunden mit einem Verwaltungsmehraufwand und psychologischen Barrieren.

b) Kirchensteuer bei einer Flat-Tax

Die Flat-Tax zeichnet sich durch eine möglichst vollständige Erfassung des wirtschaftlichen Einkommens, Vermeidung von Ausnahmen, relativ hohen Freibeträgen und einem niedrigen, einheitlichen Steuersatz für alle Einkunftsarten aus. Dies ermöglicht eine weitgehende Besteuerung an der Quelle mit abgeltender Wirkung.

Im Rahmen der Besteuerung der Arbeitseinkommen läßt sich die Kirchensteuer durch den Arbeitgeber mit erheben. Bemessungsgrundlage wäre die Flat-Tax (oder eine andere einfache Bemessungsgrundlage). Bei anderen erklärungsgebundenen Einkunftsarten wird die Kirchensteuer bei der Veranlagung mit festgesetzt. Dies entspricht dem bisherigen System.

Bei der Flat-Tax wird es auch zu einer Neuausrichtung der Unternehmensbesteuerung kommen (müssen). Die bisherige Unterscheidung zwischen Kapital- und Personengesellschaften entfällt, steuerliche Begünstigungen und Gestaltungsmöglichkeiten werden weitgehend abgeschafft. Die Unternehmen werden mit einem einheitlichen Satz besteuert, Ausschüttungen der Kapitalgesellschaften sind ebenso wie Gewinnentnahmen dann steuerfrei.

Bei einem Quellenabzug mit abgeltender Wirkung fehlt es an der Individualisierbarkeit des Steuerpflichtigen. Für die Berechnung der Kirchensteuer ergeben sich die bereits oben geschilderten Schwierigkeiten. Bei Personen-

---

[35] Einzelheiten: s. die Ausführungen des *Sachverständigenrates*, des *Wissenschaftlichen Beirates beim BMF* und *Schreiber/Finkenzeller/Rüggeberger*, a.a.O.

gesellschaften wäre die Kirchensteuer im Zeitpunkt der Erhebung der Flat-Tax zu berücksichtigen. Sind mehrere Personen beteiligt, müßte der Beteiligungsschlüssel der kirchenangehörenden Gesellschafter mitgeteilt werden. Auf den Zeitpunkt einer steuerfreien Entnahme kann nicht abgestellt werden, da sie erstens im Belieben des Unternehmers steht und zweitens zu hohen Kirchensteuerzahlungen führen würde, die zudem noch psychologisch ungünstig wirken könnten. Ausgeschlossen ist auch nicht eine entnahmerelevante Kirchenmitgliedschaftsüberlegung.

Es ist dabei natürlich denkbar, in alle Gesetze einen „§ 51a" einzubauen oder über einen zentralen „§ 51a" die einzelnen Einkunftsarten wieder zusammenzufassen. Eine solche Regelung dürfte aber mit nicht unerheblichem Verwaltungsaufwand und – wie die Medienäußerungen zu einem Entwurf einer Zinsabgeltungsteuer 2003 gezeigt habe – psychologischen Widerständen verbunden sein. Die staatliche Auftragsverwaltung der Kirchensteuer ist ein für beide Seiten vorteilhaftes, bewährtes System. Die gute partnerschaftliche Zusammenarbeit wurde auch durch die durch das Halbeinkünfteverfahren notwendige Änderung des § 51a EStG nicht beeinträchtigt. Sofern der staatliche Gesetzgeber Einkunftstatbestände anders regelt, als im oben skizzierten Sinne, definiert er die für die Besteuerung nach der Leistungsfähigkeit dienenden Einkünfte neu und ggfs. abweichend. Dieses würde aber als Folgewirkung zu einer Herausgliederung bei der Kirchensteuer führen. Die Anknüpfung der Kirchensteuer an die Einkommensteuer bzw. an die die Leistungsfähigkeit der Steuerpflichtigen bestimmenden Elemente wäre nur noch eingeschränkt oder mit unverhältnismäßig hohem Regelungs- und Verwaltungsaufwand möglich.

3. Kommunales Heberecht auf die Einkommensteuer

Ein unschätzbarer Vorteil des gegenwärtigen Kirchenfinanzierungssystems durch die Kirchensteuer ist die einfache Verwaltungshandhabung. Auf eine bundesweit einheitliche Bemessungsgrundlage wird die Kirchensteuer zugeschlagen. Die Einbindung der Arbeitgeber und der Finanzverwaltung ermöglichen einen durchgängigen Mittelfluß[36] und eine einfache Verwaltung „aus einer Hand".

Im Zuge der Diskussion um eine Reform der Gewerbesteuer[37] sind u.a. vom BDI[38] und von Schemmel[39] Modelle entwickelt worden, die Gewerbesteuer

---

[36] Als das Lohnabzugsverfahren noch nicht existierte (vor 1948) waren die Kirchen auf die Steuerveranlagung des Vorjahres angewiesen, s. *H. Otte* a.a.O.
[37] Reform der „Gewerbesteuer" als kommunale Zuschlagsteuer nicht umgesetzt, vgl. Art. 12 HBeglG 2004 v. 29.12.2003, BGBl. 2003 I, S. 3076; nunmehr Gesetzentwurf der FDP vom 14.1.2004, BT-Drs. 15/2349.
[38] Vom 12.7.2001 www.bdi-online.de Infothek.
[39] *L. Schemmel*, Kommunale Steuerautonomie und Gewerbesteuerabbau, Karl-Bräuer-Institut des Bundes der Steuerzahler (Hrsg.), Heft 94, 2002.

durch ein kommunales Zuschlagsrecht zur Einkommensteuer (und Körperschaftsteuer) zu ersetzen[40]. Dabei wird die Bemessungsgrundlage bundeseinheitlich festgestellt und Bund und Gemeinden wenden hierauf ihre Tarife an[41]. Denkbar ist auch ein gemeindlicher Hebesatz auf die (Bundes-) Einkommensteuer.

Je nach Ausgestaltung der einzelnen Modellvarianten gäbe es für die Kirchensteuer eine Reihe von Fragestellungen, welche an dieser Stelle (nur unvollständig) aufgeworfen werden sollen, so u.a.: ist der gemeindliche Zuschlag noch Bemessungsgrundlage im Sinne einer „Einkommensteuer"; welche Bemessungsgrundlage wird dem Arbeitgeber für den Kirchenlohnsteuerabzug zur Verfügung gestellt; gibt es ein zweifaches Zuschlagsrecht auf eine Bundessteuer und eine Gemeindesteuer; bleibt es bei einem einheitlichen Kirchensteuerbescheid; wie wird die Kirchensteuer in einer Kirche bei unterschiedlichen gemeindlichen Hebesätzen bemessen?

Eine letztendlich befriedigende, verwaltungsmäßig akzeptabel zu handhabende Lösung wird es nur anhand der bisherigen Grundsätze des Kirchensteuersystems geben. Es wird eine bundeseinheitliche Bemessungsgrundlage zu definieren sein, die alle Kirchensteuerpflichtigen nach gleichen und einheitlichen Grundsätzen zur Kirchensteuer heranzieht[42]. Keiner soll und darf hinsichtlich der Höhe seiner Kirchensteuer in die Abhängigkeit eines Steuerwettbewerbes zwischen den Gemeinden über die Höhe eines gemeindlichen Zuschlags zur Einkommensteuer und damit einer unterschiedlichen Bemessungsgrundlage geraten. Im FDP-Entwurf[43] sind diese Maximen gewährleistet, indem die Kirchensteuer vor der Aufsplittung der tariflichen Einkommensteuer von dieser berechnet wird. Für die Lohnsteuer hat entsprechendes zu gelten.

4. Eine andere Bemessungsgrundlage zur Berechnung der Kirchensteuer

Mit der im Zuge der Unternehmenssteuerreform vorgenommenen Absenkung des Einkommensteuertarifes auf letztendlich 15% Eingangssteuersatz und 42% Spitzensteuersatz im Jahr 2005 sind die Kirchensteuereinnahmen erheblich zurückgegangen. Die Änderung des Steuertarifes ist trotzdem von den Kirchen

---

[40] Lt. Pressemeldung des Handelsblatts vom 4.9.2003 offenbar auch Ansicht der CDU-Fraktion im Dt. Bundestag, Interview mit dem Fraktionsvorsitzenden *Friedrich Merz*.

[41] Dieses Modell kennt die Schweiz, wobei die Bemessungsgrundlage noch durch Zu- oder Abrechnungen modifiziert wird.

[42] Der Arbeitskreis „Administrierbarkeit" der Arbeitsgruppe „Kommunalsteuern" hat der Kommission zur Reform der Gemeindefinanzen über die Probleme bei der Kirchensteuer berichtet. Er schlägt vor, § 51a EStG dahingehend zu ändern, daß für die Kirchensteuer der Einkommensteuertarif i.S.d. heutigen Vorschrift des § 52 Abs. 1 Nr. 2 EStG anzuwenden ist, mithin festgeschrieben wird. S. Anlage 4.3 des Berichts des Arbeitskreises „Administrierbarkeit" vom 16.6.2003, S. 1 ff., 40 f., veröffentlicht unter: www.bundesfinanzministerium.de.

[43] BT-Drs. 15/2349 vom 14.1.2004.

mitgetragen worden. Um die damit verbundenen Einnahmeausfälle zumindest in Grenzen zu halten bzw. die Einnahmen zu stabilisieren sind vereinzelt Vorschläge für eine andere Bemessungsgrundlage als die Steuerschuld formuliert worden. Sie reichten von den Bruttoeinnahmen[44] über das gesamte Spektrum der „Einkunfts"begriffe des § 2 EStG.

Dabei war es – allerdings nur – auf den ersten Blick reizvoll, sich mit der Anknüpfung der Kirchensteuer an einer anderen Bemessungsgrundlage auseinanderzusetzen. Denn die Aussage, die Kirchensteuer übernehme mit der Anknüpfung an die Einkommensteuer auch deren Gerechtigkeitsmaxime, ist zwar für sich richtig. Kirchlich kann aber hinterfragt werden, ob der Finanzierungsethik und dem Finanzierungszweck der kirchlichen Arbeit alle – insbesondere Lenkungs- und Subventionstatbestände des Einkommensteuergesetzes dienlich und notwendig sind. So ließen sich mit gutem Grund sicherlich z.B. die steuerlichen Folgen von Beteiligungen für die Kirchensteuer hinterfragen. Reiche es – so eine der Fragen – für die Berechnung der Kirchensteuer nicht aus, grundsätzlich nur auf das objektive und subjektive Nettoprinzip abzustellen?

a) Diskussion um Bemessungsgrundlagen für die Kirchensteuer

Vor dem Hintergrund verschiedener Steueränderungsgesetze[45], der hohen und langfristigen Personal- und Versorgungslasten und den einsetzenden Auswirkungen der soziodemographischen Entwicklung wurde Ende der 90er Jahre die Finanzsituation bereits als bedrückend empfunden. Von den unterschiedlichsten Gruppen aus Kirche, Politik und Gesellschaft sind als Reaktion Anregungen formuliert worden, durch eine Änderung im und/oder des Kirchensteuersystems den Einnahmerückgängen zu begegnen. Beispielhaft benannt werden: Bemessung am „Brutto", Bemessung an der Summe oder dem Gesamtbetrag der Einkünfte, Anhebung des Kirchensteuerhebesatzes, selbstdefinierte Bemessungsgrundlage mit kircheneigener Verwaltung, Kultursteuer, Spenden- und Kollektensystem etc. Diese Vorschläge sind als nicht realistisch gewürdigt worden.

---

[44] Finanzminister Mittler in einem Brief an die Kirchen.

[45] Gesetze mit vorwiegend entlastender Wirkung für den Steuerpflichtigen. Durch die Elastizität >1 zur Einkommensteuer reagiert Kirchensteueraufkommen überproportional. Gesetze u.a.: Steuerentlastungsgesetzes 1999/2000/2002, Neuregelung 630-DM-Jobs, ökologische Steuerreform, Tarif- und Familienentlastung etc. Den systemimmanenten Änderungen (z.B. Tarif) wurde zugestimmt, bei den systemverändernden wurde eine Korrektur verlangt (arg.: Halbeinkünfteverfahren, Zinsabgeltungsteuer).

b) Prämissen der Kirchenfinanzierung und zum zu versteuernden Einkommen

Eine sehr intensive Diskussion wurde um das zu versteuernde Einkommen als Bemessungsgrundlage für die Kirchensteuer geführt[46]. Nur diese Möglichkeit ist überhaupt als eine mit realistischem Kern gewertet worden. Dabei sollten die unbestreitbaren Vorteile des praktizierten Kirchensteuersystems erhalten werden. Ein weiterer Ansatzpunkt war, das Kirchensteueraufkommen zu stabilisieren, indem im Zeitpunkt der Umstellung der bisherige Einkommensteuertarif als Berechnungsformel festgeschrieben wird, worauf der kirchliche Hebesatz Anwendung findet.

aa) Prämissen der Kirchenfinanzierung

Ziel der Kirchenfinanzierung ist es, ausreichende und planbare finanzielle Mittel einzuwerben, um damit kirchliche Arbeit zu ermöglichen und den kirchlichen Auftrag zu erfüllen, mithin die finanzielle Finanzkraft und Leistungsfähigkeit der Kirche zu sichern, den derzeitigen finanziellen Status – in etwa – zu erhalten und die unbestreitbaren Vorteile des bestehenden Systems nicht zu gefährden.

Ein kirchliches Finanzierungssystem sollte bestimmte Voraussetzungen erfüllen, die mit dem christlichen Selbstverständnis und der christlichen Lehre übereinstimmen. Darüber hinaus müssen ökonomische, psychologische und juristische Grundsätze beachtet werden.

- Mitgliederbezogen
  In erster Linie müssen die Mitglieder der Kirche die Aufgaben ihrer Kirche finanzieren. Das System muß also mitgliederbezogen sein.

- Gerecht
  Die Mitglieder sollten ihre Kirche im Rahmen ihrer Leistungsfähigkeit unterstützen, d.h., das System sollte differenziert, gerecht und sozial ausgewogen sein mit der Folge, daß Leistungsfähige mehr bezahlen als weniger Leistungsfähige, daß vergleichbare Sachverhalte auch gleich behandelt werden und daß sozial schwache Personengruppen angemessen eingestuft werden.

- Unabhängig
  Es sollten zwischen Zahlern und Empfängern keine Abhängigkeiten entstehen.

---

[46] Zu früheren Diskussionsbeiträgen mit vergleichbaren Argumenten u.a. *Eggert*, Bericht zum Entwurf eines eigenständigen Kirchensteuertarifs und der daraus abgeleiteten Kirchensteuertabelle, vom 18.3.1957, eigene Quelle; *G. Schmölders*, Kölner Grundsätze zur Berechnung der Kirchensteuer, Köln 1965, S. 74 ff.; *D. Kleinmann*, Probleme und Möglichkeiten bei der Ausgestaltung eines Kirchensteuersystems aus theologischer und ökonomischer Sicht, in: Lienemann, Die Finanzen der Kirche, S. 929 ff.; *J. Meuthen*, Die Kirchensteuer als Einnahmequelle von Religionsgemeinschaften, Diss. Köln 1993, S. 141 ff.

- Akzeptiert
  Das System sollte demokratisch legitimiert sein und von der Mehrheit der Mitglieder auch inhaltlich akzeptiert werden können.

- Transparent
  Es sollte in der praktischen Durchführung transparent sein, d.h., durchschaubar und nachvollziehbar.

- Effizient
  Es sollte effizient sein, d.h., es sollten bei der Einwerbung der finanziellen Mittel keine unnötigen Kosten entstehen. Hierzu gehört, daß bewährte Teile des Finanzierungssystems (z.B. Einbindung der Finanzverwaltung und des Arbeitgebers) nicht verändert werden.

- Nachhaltig
  Und schließlich sollte das System die Gewähr der Nachhaltigkeit bieten, damit Planungssicherheit gewährleistet ist.

Das bestehende Kirchensteuersystem, das seine Grundlage in der Anknüpfung an die bürgerlichen Steuerlisten gem. Art. 140 GG, 137 Abs. 6 WRV hat, erfüllt diese Voraussetzungen weitestgehend. Das Prinzip der Besteuerung nach Leistungsfähigkeit wird durch die Anknüpfung an die bürgerlichen Steuerlisten – aktuell in der Form der Anknüpfung an das Einkommensteuergesetz – erfüllt. Allerdings unterwirft sich die Kirche teilweise der staatlichen Wertung, wie Leistungsfähigkeit zu definieren ist. So bleibt das staatlich definierte Existenzminimum steuerfrei und nicht von der Einkommensteuer erfaßte Personengruppen (z.B. Rentner) können teilweise nicht von der Kirchensteuer erfaßt werden.

Auch staatliche Förder- und Lenkungspolitik wird, soweit sie über steuerliche Instrumentarien geregelt wird, z.B. Sonderabschreibungsmöglichkeiten und Tarifermäßigungen, von der Kirche im derzeitigen System mit nachvollzogen, obwohl es einige Kirchenvertreter für erwägenswert halten, wenn diese „sachfremden" Steuergestaltungsmöglichkeiten die kirchliche Bemessungsgrundlage nicht beeinflußten. Eine gewisse Abkoppelung von der staatlichen Tarifpolitik besteht bereits im Bereich der Spitzenbesteuerung. Mit der sog. Kappung wird der progressive Tarif auf der Basis der tariflichen Steuer gegen einen linearen Tarif auf der Basis des zu versteuernden Einkommens ausgetauscht. Die Bemessung des Kirchgeldes in glaubensverschiedener Ehe beruht ebenfalls auf der Basis des zu versteuernden Einkommens.

In einer Güterabwägung haben die Kirchen bisher die Vorteile des auf der Einkommensteuer aufbauenden Kirchensteuersystems als derart überwiegend angesehen, daß man gewisse Nachteile in Kauf genommen hat. Ein Herausrechnen von „sachfremden Einflüssen" wäre nur mit erheblichem technischen Aufwand durchführbar, ständigen Anpassungen unterworfen und würde sowohl für das Kirchenmitglied als auch für die Finanzverwaltung unter dem Aspekt der Verhältnismäßigkeit als belastend empfunden. Die Einfachheit der Besteuerung wurde höher bewertet als die absolute Einzelfallgerechtigkeit. Eine Wertung, die sich im Steuerrecht gerade bei Pauschalierungen und Typisierungen immer wieder findet.

Wenn die Kirchen überhaupt die Chance zur Bestimmung eines neuen Maßstabs für die Kirchensteuer wahrnehmen möchten, müßte aus dem Gesichtspunkt rein systematischer Überlegungen heraus der ausschließliche Zweck, den kirchlichen Finanzbedarf zu decken (Fiskalzweck), sichtbar werden. Dies bedeutete den Verzicht auf einkommensverfälschende Normen – so weit es geht –, welchen außerfiskalischen Zweck sie auch immer haben mögen. Das Befürworten einer breiten Bemessungsgrundlage bedeutet nicht eine universelle Erfassung von Wertezuflüssen; vielmehr könnten die praxisorientierten Einnahmebegriffe des Einkommensteuergesetz mit ihrem erforderlichen Veranlassungszusammenhang zu den sieben Einkunftsquellen in ihren Grundtatbeständen die geeigneten Wertzuflüsse festlegen.

Dieser Denkansatz erweist sich aber bei näherer Betrachtung der realen Gegebenheit nur als ein theoretischer. Je weiter die Bemessungsgrundlage sich dem Ausgangspunkt der Besteuerungssystematik, den Einkünften oder gar den Einnahmen, nähert, je weiter die bisherige Systematik verlassen wird, um so differenzierter und schwieriger vermittelbar wird ein Lösungsansatz, der eine unbestrittene, verwaltbare, verobjektivierte Größe ergibt.

Nur das zu versteuernde Einkommen als Bemessungsgrundlage für einen kircheneigenen Tarif wird daher folgend näher untersucht.

bb) Das zu versteuernde Einkommen nach § 2 Abs. 5 EStG als Bemessungsgrundlage für einen kircheneigener Tarif

Gelegentlich der Einführung des Halbeinkünfteverfahrens[47] ist sowohl aus dem kirchlichen als auch aus dem staatlichen Bereich angeregt worden zu überlegen, die Kirchensteuer nicht mehr nach der Einkommensteuer, sondern dem zu versteuernden Einkommen zu bemessen[48]. Es wurde argumentiert, das zu versteuernden Einkommen als neue Bemessungsgrundlage vermeide weitgehend die rechtlich, ethisch und politisch schwierigen und für die Kirchensteuer nicht wünschenswerten Diskussionen. Für sie wurden folgende Argumente vorgetragen:

– sie verbleibt in der Systematik des § 2 EStG,
– sie ist Ausdruck der Leistungsfähigkeit des Steuerpflichtigen,

---

[47] Gesetz zur Senkung der Steuersätze und zur Reform der Unternehmensbesteuerung v. 23.10.2000, BGBl. I 2000, 1433.

[48] Es gab auch Vorschläge zu anderen Anknüpfungspunkten innerhalb des § 2 EStG und sogar die Bemessung nach dem „Brutto" des Steuerpflichtigen. Diese sowie Hinweise auf das italienische oder spanische Finanzierungssystem bleiben hier unberücksichtigt.

- sie dient bisher schon als Bemessungsgrundlage für das besondere Kirchgeld in glaubensverschiedener Ehe und bei der Kappung,
- sie verbleibt in der Datenstruktur der Finanzverwaltung, gewährleistet weiterhin deren Einbezug und den der Arbeitgeber im Lohnsteuerabzugsverfahren,
- sie dient der Stabilisierung des kirchlichen Steueraufkommens,
- sie vermeidet technische und rechtliche Probleme im Zeitpunkt der Umstellung einschließlich der Einführung einer kircheneigenen Steuerverwaltung,
- sie führt zu identischer Belastung des Steuerpflichtigen,
- sie führt zur Unabhängigkeit gegenüber staatlichen Tarifänderungen und Belastungsverlagerungen auf indirekte Steuern,
- sie vermeidet schwierige inner- und außerkirchliche Gerechtigkeits- und Ethikdebatten, die bei anderen Anknüpfungspunkten unausweichlich werden,
- ein kircheneigener Tarif (in der Form der Festschreibung der bisherigen Tarifformeln des § 32a EStG i.V.m. dem kirchlichen Hebesatz) kann entsprechend den jeweiligen Rahmenbedingungen behutsam fortgeschrieben werden.

c) Überprüfung der Ansätze

Es fragt sich, ob diese Überlegungen und Schlußfolgerungen angesichts der zwischenzeitlichen Entwicklungen im Steuerrecht und in der Steuerpolitik, aus steuersystematischen, verwaltungstechnischen und kirchenpolitischen Gründen tragfähig sind. Gewürdigt werden hierbei Varianten eines kircheneigenen Tarifs und die Umsetzbarkeit.

aa) Kircheneigener Tarif (1)

Ziel war es, unter Beibehaltung der unbestreitbaren Vorteile des bisherigen Systems durch einen kircheneigenen Tarif das Steueraufkommen gegen Änderung des ESt-Tarifs zu stabilisieren.

Der kirchliche Hebesatz von 8% bzw. 9% knüpft an die festgesetzte Einkommensteuer an, die das Produkt ist aus zu versteuerndem Einkommen und staatlichem Einkommensteuertarif[49]. Bei einer Änderung des staatlichen Einkom-

---

[49]

	1998	1999	2000	2001	2004	2005
Eingangssteuersatz	25,9	23,9	22,9	19,9	16,0	15,0
Spitzensteuersatz	53,0	53,0	51,0	48,5	45,0	42,0

mensteuertarifs ändert sich auch die Bemessungsgrundlage der Kirchensteuer[50] bei i.W. gleichbleibender Leistungsfähigkeit der Steuerzahler.

Durch die Festschreibung des derzeitigen Tarifs könnte das Kirchensteueraufkommen – tarifänderungsfest – stabilisiert werden. Eine derartige Festschreibung würde einen kircheneigenen Tarif bedeuten, der in den meisten Kirchensteuergesetzen der Länder als Bemessungsgrundlage bereits benannt ist[51].

Ein dergestaltiger kircheneigener Tarif ist in zweifacher Form definierbar:

Die staatliche Tarifformel des § 32a EStG (Tarif 2005) wird als „kircheneigene" beibehalten; der Kirchensteuerhebesatz findet Anwendung.

Z.B. bei einem zvE in Höhe von 35.000 € beträgt die Kirchensteuer:

$$((228{,}74 * z + 2.397) * z + 989) * 9\% = 7.458 * 9\% = 671{,}22\ €.$$

Diese Variante dürfte insoweit unproblematisch sein, als sie einen Status quo beschreibt, der nicht verändert werden dürfte.

Der Tarif (2005) ist aber nicht nur durch eine untere und obere Proportionalzone bestimmt, sondern auch durch eine Zwischenstufe beim zu versteuernden Einkommen von 12.739 Euro. Er ist mithin nicht vollständig linear progressiv. In der Vergangenheit hat der Gesetzgeber die Determinanten des Tarifs zudem ständig geändert:

umgerechnet in €	1998	1999	2000	2001	2004	2005
Grundfreibetrag bis	6.184	6.681	6.902	7.235	7.664	7.664
1. Stufe	28.493	8.724	8.945	9.251	12.739	12.739
2. Stufe (1999)		33.932				
2. Stufe/3. Stufe (1999)	61.376	61.376	58.642	55.007	52.151	52.151
Höchststeuersatz ab	61.377	61.377	58.643	55.008	52.152	52.152

Der Tarif hat in den letzten 6 Jahren damit nicht nur eine 5-malige Änderung in den Stufen erfahren, sondern korrespondierend auch jeweils eine Änderung in der Tarifformel. Für einen gewissen (kurzen) Zeitraum kann ein solcher eigener Tarif für Kirchensteuerzwecke (s.o.) wohl unverändert festgeschrieben werden. Da mit dem Tarif aber zugleich Elemente der Besteuerung nach der Leistungsfähigkeit definiert werden, muß der Kirchensteuertarif durch Änderung folgen, soll die Kirchensteuer als Steuer i.S.v. § 3 AO nicht hinterfragt werden. Es ist

---

[50] Wegen der Aufkommenselastizität >1 verändert sich das Kirchensteueraufkommen überproportional zum Einkommensteueraufkommen.

[51] Z.B. § 2 Abs. 1 Ziff. 1 b KiStG Niedersachsen (nach Maßgabe des Einkommens).

nicht vollständig ausgeschlossen, daß der Tarif auch künftig (in kurzen) Abständen Änderungen[52] erfahren wird, zumal wenn dies verbunden ist mit einer Steuerstrukturreform. Das schlichte Festschreiben des staatlichen Tarifs scheidet somit auf Dauer aus.

Möglich ist auch, den kircheneigenen Tarif (ESt-Tarif * KiSt-Hebesatz) in eine eigenständige aber komplizierte Formel (Polynom n-Grades) umzuwandeln. Diese kann aber – mathematisch bedingt – den Ursprungstarif nicht vollständig nachbilden. Je nach gewählter Formel (Wurzel, logarithmisch oder rational) wird es daher in unterschiedlichen Bereichen des zu versteuernden Einkommens zu Minder- oder Mehrbelastungen kommen[53].

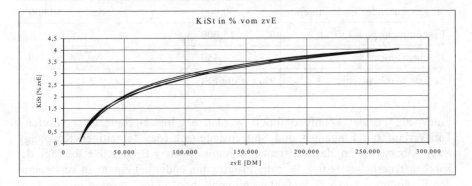

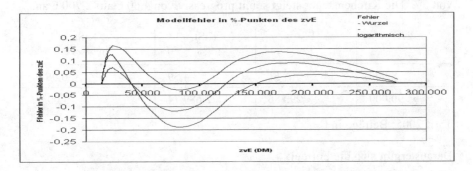

Auch diese (unten abgebildete) eigenständige Formel müßte eine gewisse Parallelität zum staatlichen Tarif aufweisen (arg.: § 3 AO). I.ü. gelten die vorgenannten Ausführungen entsprechend.

---

[52] Arg.: geplante Einführung einer „Reichensteuer"
[53] Eigene Berechnungen

bb) Kircheneigener Tarif (2)

Es wird eine vollständig eigene Formel für einen linear-progressiven kircheneigenen Tarif definiert, abgeleitet aus der Relation der Kirchensteuer zum zu versteuernden Einkommen nach dem geltenden Tarif.

Beispiel (vereinfacht)

	geltendes Recht	Vorschlag
Summe der Einkünfte	xxxx	xxxx
./. Freibeträge für Kinder	xxxx	xxxx
zu versteuerndes Einkommen	50.000	50.000
Einkommensteuer (30%)	15.000	
Kirchensteuer	1.350	1.350
%-Satz Kirchensteuer	9% auf die ESt	2,7% auf zvE

Eine neue Formel könnte definiert werden als linear-progressiver (Stufen-) Tarifverlauf mit Eingangs- und Spitzensteuersatz (der derzeitigen Kappung). Nach Überschreiten des Existenzminimums[54] von z.B. 8.000 € beträgt der Kirchensteuerhebesatz 0,06%[55]; die Progression endet bei einem zu versteuernden Einkommen von z.B. 90.000 € und geht über in einen proportionalen Tarif von 3%. Die Kirchensteuer steigt somit progressiv von 4,60 € auf 2.700 € an.

zvE	ESt	KiSt 9%	KiSt in % zvE
8.000	51	4,59	0,06
90.000	29.886	2.689,74	3,00

Tarif 2005; Beträge in €

Daraus ergibt sich die Formel:

f(e) = (2700-4,6)/(90000-8000)*e + 2700-(2700-4,6)/(90000-8000)*90000
wobei: e = zvE, f(e) = KiSt

---

[54] Kinder wären hierbei zu berücksichtigen.
[55] Bei einem zvE von 8.000 € beträgt die KiSt 4,59 €, gerundet 0,06% des zvE

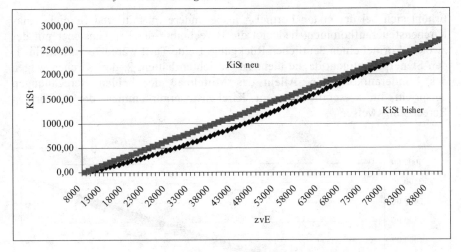

Denkbar ist auch ein kircheneigener Tarif, in dem bei jeder Stufe von z.B. 1.000 € zvE der Steuersatz, beginnend bei 0,06 % um 0,0358536 %-Punkte bis auf 3 % steigt.

Daraus ergibt sich die Formel:

f(e) = e*(0,06+((e/1000-8)*0,0358536))*0,01
wobei: e = zvE, f(e) = KiSt

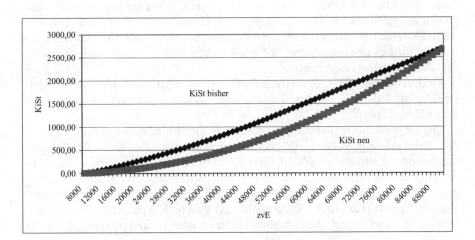

Erhöht sich bei der ersten Formel – insbesondere im mittleren Bereich – das Kirchensteueraufkommen, bedeutet die Berechnung der Kirchensteuer mit der zweiten Formel einen deutlichen Rückgang. Beide Tarif wären zu vermitteln: 1. den Steuerpflichtigen, da sie mehr zu entrichten hätten, 2. den Kirchen wegen des Minderaufkommens. Allein das Mittelmaß der beiden Berechnungen entspricht im wesentlichen dem Kirchensteueraufkommen der bisherigen Berechnungsweise.

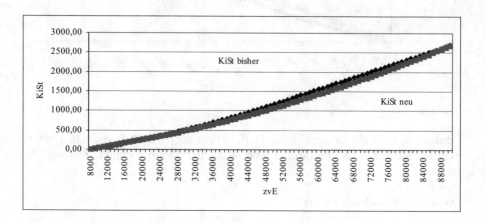

cc) Kircheneigener Tarif (3)

In der steuerwissenschaftlichen Literatur wurde und wird über einen gerechten Tarifverlauf bei der Einkommensteuer diskutiert[56]. Ohne sie hier nachzeichnen zu wollen, seien als Stichworte nur genannt: Opfertheorie, Grenznutzentheorie, Äquivalenztheorie, progressiver Staffel-, Stufen- oder Proportionaltarif. Letztendlich wird es *den* gerechten Tarif wohl nicht geben, sondern immer nur eine Entscheidung des Gesetzgebers.

Zu kircheneigenen progressiven Tarifverläufen ist vorausgeführt worden. Denkbar sind aber auch andere Tarifvarianten, wie z.B. ein proportionaler Tarif oder ein Stufentarif.

Ein *proportionaler Tarif* definiert sich als gleichbleibender Prozentsatz von der Bemessungsgrundlage, in welcher bereits alle die Leistungsfähigkeit mindernden Elemente berücksichtigt sein müssen[57]. Ein solcher Tarif ist natürlich einfach in der verwaltungstechnischen Handhabung. Der entscheidende Nachteil wird aber beim Vergleich mit der 1. Alternative des kircheneigenen Tarifs (2) deutlich (Anfangsstufe bei 0,06%, Kappung bei 3%). Wird er zu niedrig gewählt, ist das Steueraufkommen entsprechend gering; ist er zu

---

[56] U.a. *Tipke/Lang* a.a.O.
[57] Im geltenden ESt-Tarif ist das Existenzminimum in der Tarifformel berücksichtigt.

hoch, werden insbesondere die unteren Einkommensstufen – im Vergleich zur bisherigen Belastung – überproportional herangezogen. Diese Variante scheidet aus.

Bei einem *Stufentarif* werden n Stufen definiert, mit jeweils ansteigendem Steuersatz. Die nächsthöhere Stufe berechnet sich dabei immer ab Überschreiten des Stufeneingangs für diese Stufe. Die Teilsummen der Stufen werden zur Gesamtsteuerbelastung addiert[58].

Beispiel: das zvE des Steuerpflichtigen beträgt 45.000 €

zvE von - bis	Stufentarif	Steuer
0 - 12.000	0,5%	60,00
12.001 - 24.000	1,0%	120,00
24.001 - 36.000	1,5%	180,00
36.001 - 48.000	2,0%	180,00
Kirchensteuer		540,00

ø-Steuersatz 1,2%

Als kircheneigener Tarif ließe er sich von der Finanzverwaltung im Rahmen der Veranlagung verarbeiten. Dies gilt grundsätzlich auch für den Kirchenlohnsteuerabzug durch den Arbeitgeber mit EDV-Unterstützung. Eine Abstimmung innerhalb der Kirchensteuersystematik (z.B. bei Pauschalierung; besonderes Kirchgeld) wäre vorzunehmen. Auch müßte der neue Tarif kommuniziert werden, was bei einer geringeren Belastung zweifelsohne darstellbar ist.

Vorbenannte Ausführungen sind in gewissem Umfang unvollständig. Sie berücksichtigen nicht die besonderen Tarifberechnungen des § 32a Abs. 1 Satz 2 1. Hs. EStG (z.B. Progressionsvorbehalt). Ihr Einbezug würde einen eigendefinierten Tarif allerdings erheblich verkomplizieren. Auch andere, an die tarifliche Einkommensteuer anknüpfende Tarifermäßigungen des Abschnitts V, insbesondere der Ziffern 2b, 3 und 4, würden fortfallen oder müßten in einem gesonderten Verfahren kirchlicherseits berücksichtigt werden.

Die Formulierung eines eigenen Tarifs ist damit grundsätzlich möglich; es muß auch keine sehr komplizierte Tarifformel formuliert werden. Je nach Ausgestaltung kann er zu Mehr- oder Mindereinnahmen bei einer oder mehreren Einkommensgruppen führen. Sofern keine Mehrbelastung gewünscht wird, muß mit einem Aufkommensrückgang gerechnet werden. Die Stabilität des Tarifs ist nur insoweit gewährleistet, wie der staatliche Gesetzgeber die Tarifformel unverändert beläßt.

---

[58] Dies entspricht dem FDP-Modell für die Einkommensteuer.

Die vorstehenden Ausführungen zum kircheneigenen Tarif sind ausgerichtet am zu versteuernden Einkommen als Bemessungsgrundlage. Sie gelten mit Verkomplizierung entsprechend, sofern ein anderer Anknüpfungspunkt in der Systematik des § 2 EStG gewählt wird.

d) Rechtlicher Standort eines kircheneigenen Tarifs

Ein kircheneigener Tarif könnte in einer Zentralnorm oder den kirchensteuerlichen Normen auf Länderebene enthalten sein.

Als Zentralnorm böte sich § 51a EStG an. Sie hätte den Vorteil, mit Geltungsanspruch für alle kirchensteuererhebenden Religionsgemeinschaften nur durch ein Legislativorgan geändert werden zu müssen.

Durch die Einbettung des § 51a EStG in das Einkommensteuergesetz fällt die Regelungskompetenz in den Zuständigkeitsbereich der Bundesgesetzgebung. Hier fragt sich aber zunächst, ob der Bund überhaupt Neigung verspürt, bei einer Bundes-Zuschlagsteuer zur Einkommensteuer einen anderen als den Tarif des EStG zu definieren. Dies ist zu verneinen.

Ferner ist eine Gesetzgebungskompetenz des Bundes hierfür strikt zu verneinen. Das Grundgesetz weist dem Bund nur eine solche für die Einkommensteuer zu. Andere Körperschaften kann er nicht direkt in seinen Kompetenzbereich einbeziehen. Die Bestimmung des Kirchensteuertarifs ist Essential der den Kirchen eingeräumten Hoheit des Art. 140 GG i.V.m. Art. 136 Abs. 5 WRV. Nur sie können durch ihre Synoden rechtsverbindlich gegenüber ihren Mitgliedern Recht setzen, indem über den Tarif letztendlich die kirchlichen Bedürfnisse finanziert werden. Eine Tarifbestimmung steht deshalb in der unbeschränkten Entscheidungsbefugnis des kirchlichen Gesetzgebers. Eine Ableitung dieses elementaren Rechts durch Verweis auf einen einheitlichen (staatlichen) Tarif reicht dazu keinesfalls aus.

In jeder kirchlichen Steuernorm könnte der Tarif definiert werden. Die Kirchensteuergesetze der Länder ermöglichen es überwiegend, die Kirchensteuer nach eigenen Maßstäben zu erheben. Mit einer entsprechenden Rahmennorm wäre eine Tarifnorm in den Kirchensteuerordnungen bzw. Kirchensteuerbeschlüssen einzubinden. Für eine echte Steuer i.S.v. § 3 AO und damit einer Übernahme durch die Finanzverwaltung müßte der Tarif zumindest das subjektive Nettoprinzip und ein Übermaßverbot beachten.

Diese Regelung erfordert aber eine i.W. einheitliche Tarifgestaltung bei den kirchlichen Körperschaften und auch die Bundesländer übergreifend[59].

---

[59] BVerfG Beschl. vom 19.8.2002 2 BvR 443/01, NJW 2003, 2084; ZevKR 48, 510; NVwZ 2002, 1496.

e) Wertung: Bemessungsgrundlage zu versteuerndes Einkommen

Das zu versteuernde Einkommen erscheint von allen anderen alternativ benannten Anknüpfungspunkten als das – wenn überhaupt – am ehesten geeignete. Aus den Bereichen des Kirchgeldes in glaubensverschiedener Ehe und der Kappung ist es bereits bekannt. Es ist ferner wesentliche Ausgangslage für die ESt-Tarifanknüpfung.

Das zu versteuernde Einkommen als Bemessungsgrundlage verhindert aber nicht, daß nach wie vor Steuerlenkungs- und -Fördertatbestände des staatlichen Steuerrechts auf das kirchliche Steueraufkommen durchschlagen. Diese Tatbestände beeinflussen überwiegend die Einkünfte bzw. das Einkommen.

Ausgangslage des zu versteuernden Einkommens ist i.e.S. der synthetische Einkommensbegriff. Durch die 7 Einkunftsarten wird die Leistungsfähigkeit des Steuerpflichtigen definiert; der Staat partizipiert an dem durch Marktteilhabe erzielten Vermögenszuwachs in Höhe der durch den Tarif definierten Einkommensteuer. Das zu versteuernde Einkommen war über die Jahre hinweg ein i.W. berechenbarer Faktor. Es änderte sich durch die Normen zur Ermittlung der Einkünfte, den Sonderausgaben und Kinderfreibeträge bzw. a.o. Belastungen. Letztlich änderte es sich auch, sofern zur (teilweisen) Gegenfinanzierung bei Steuerreformen Steuertatbestände geändert wurden. Eine tiefgreifend grundlegende Veränderung könnte es erfahren, wenn im Zuge einer umfassenden und durchgreifenden Steuerreform die Bemessungsgrundlage für die Anwendung eines erheblich abgesenkten Tarifs verbreitert wird.

Ein konstanter kircheneigener Tarif i.S. der obigen Ausführungen hätte immer nur so lange Gültigkeit, wie sich die Ausgangsgrößen nicht wesentlich verändern. Sobald aber umfassender in das bestehende System eingegriffen wird, müßte nach diesseitiger Auffassung eine Anpassung des Tarifs erfolgen, will die Kirchensteuer weiterhin im Beziehungsgeflecht der Einkommensteuer (i.w.S.) verbleiben. Eine Änderung des kircheneigenen Tarifs dürfte aber innerkirchlich jeweils mit der Frage nach der „richtigen" Höhe der Kirchensteuer verbunden werden. Es dürfte noch eine lange Zeitspanne dauern, bis Parallelrechnungen nach altem Modell argumentativ einer Änderung entgegengehalten werden. Ferner bedarf es – je nach Tätigkeit des Gesetzgebers – einer fortwährenden Änderung der Tarifformel, um im System „Steuer" zu verbleiben.

Wird der Tarif hingegen nur aus der staatlichen Tarifformel abgeleitet, dürfte er auch mit der bisherigen Belastung verglichen werden. Ein auch nur geringes Überschreiten dürfte zu kritisch begleiteten Reaktionen führen.

Die derzeitige situelle Eingebundenheit der Kirchensteuer in das Rechts- und Öffentlichkeitsgefüge ermöglicht bei einer nicht geringen Zahl von steuerbelasteten Kirchenmitgliedern stillschweigende Akzeptanz. Größere systematische Umbrüche, verbunden evtl. mit einer auch nur partiellen Belastungserhöhung könnten negative Reaktionen auslösen, die nur schwer beherrschbar und umkehrbar sind.

Abgesehen von einer temporären Stabilisierung des Kirchensteueraufkommens hat das zu versteuernde Einkommen als Bemessungsgrundlage keine Vorteile gegenüber dem bisherigen System, die einen Systemwechsel rechtfertigen könnten. Insbesondere ist auch nicht erkennbar, daß alle steuererhebenden Religionsgemeinschaften einer notwendigen bundeseinheitlichen Regelung zustimmen.

5. Kircheneigene Steuerverwaltung

Seit 1941[60] wird die Kirchensteuer in Bayern durch die Kirchen selbst verwaltet. Aktuell geschieht dies durch die Kirchensteuerämter der evangelischen Landeskirche und röm.-kath. Diözesen. Über die staatliche Finanzverwaltung erfolgt lediglich der Einzug der Kirchenlohnsteuer. Sie liefert den Kirchen darüber hinaus die für die Durchführung der Veranlagung notwendigen Steuerdaten (neben den Grunddaten des Steuerpflichtigen u.a. Einkommensteuer, Bemessungsgrundlage für die Kirchensteuer nach § 51a EStG, einbehaltene Lohnsteuer, Kinderzahl, bei glaubensverschiedener Ehe das zu versteuernde Einkommen).

Am Beispiel einer Religionsgemeinschaft in Bayern lassen sich folgende Daten für das Jahr 2004[61] darstellen:

	2004	in %
Kirchensteueraufkommen brutto	450 Mio. €	
Erhebungskosten Finanzverwaltung	7.740 €	1,72
Erhebungskosten Kirche	8.460 €	1,88
Erhebungskosten insgesamt	16.200 €	3,60
Zahl der OFD-Datensätze (Veranlagung, Berichtigung, Vorauszahlung)	1.870.000	
Zahl der Steuerpflichtigen ca.	1.350.000	
Kosten pro Steuerpflichtiger	12 €	
Kirchenmitglieder	2.700.000	

---

[60] Nachweise u.a. Grethlein u.a., Evangelisches Kirchenrecht in Bayern 1994, S. 556.
[61] Angaben gerundet in Tsd. Euro; durch Verringerung der Zahl der Kirchensteuerämter, der Mitarbeiter sowie der Einführung eines neuen EDV-Programms soll der Gesamtkostensatz auf unter 3% geführt werden.

Von den insgesamt 1,87 Mio. OFD-Datensätzen sind ca. 60% Erstattungsfälle. Um die 80% der Fälle werden problemlos maschinell verarbeitet. Der Rest bedarf derzeit eines manuellen Eingriffs aus unterschiedlichen, u.a. in der veraltete Software liegen Gründen.

Dieses Verwaltungssystem als Ausgangspunkt eröffnet Raum für Überlegungen für grundsätzlich zwei unterschiedliche künftige Wege: Beibehaltung der Datenlieferung durch die Finanzverwaltung in der Form, die das Ertragsteuerrecht ermöglicht oder eine vollständig eigene Verwaltung mit eigener Kirchensteuererklärung.

Die *erste Alternative* ist den Bedingungen des staatlichen Steuerrechts ausgesetzt mit den sich möglicherweise ergebenden o.g. Schwierigkeiten. Der Staat kann nur diejenigen Daten liefern, die ihm gegenüber erklärt werden. Anonyme Steuerdaten – wie bei einem Quellenabzug mit Abgeltungswirkung – scheiden aus.

Die CDU / CSU hat in ihr Regierungsprogramm 2005-2009[62] eine Erhöhung des Grundfreibetrages auf 8.000 € für den Steuerpflichtigen und seine Familie aufgenommen. Bei einer Familie mit zwei Kindern tritt damit eine Kirchensteuerbelastung erst ab einem zu versteuernden Einkommen von mehr als 32.000 € ein, 5.000 € mehr als bisher. Im Zusammenspiel mit dem Abbau von Steuervergünstigungen und der Absenkung des Eingangs- und Spitzensteuersatzes auf 12% bzw. 39% stellt sich die Frage nach einer gleichmäßigen, leistungsfähigkeitsorientierten Finanzierung kirchlicher Aufgaben durch möglichst viele Kirchenmitglieder. Unter den Annahme, daß auch bei einem zu versteuernden Einkommen bis zu dieser Marke eine Leistungsfähigkeit besteht, müßten entsprechende verwaltungseffiziente Wege der Nutzbarmachung dieses Potentials gefunden werden.

Eine kircheneigene Steuerverwaltung könnte hierfür das richtige, da auch mitgliedsnahe Instrumentarium sein, insbesondere durch Verknüpfung mit der Mitgliederdatei[63]. Ferner wären von der Finanzverwaltung noch die Daten der Steuerpflichtigen zur Verfügung zu stellen, deren Veranlagung zu keiner Steuerbelastung führt (elektronische Lohnsteuerbescheinigung).

Rechtlich einzubinden wäre die Einbeziehung in die Finanzierung der kirchlichen Arbeit durch die so ermittelten Mitglieder als Kirchenbeitrag, welcher von der Kirche autonom verwaltet wird. Die Höhe des Beitrages richtet sich nach einem durch die Kirche festzulegenden Tarif. Um nicht die Nur-Kirchenbeitragszahler höher zu belasten als den regulär Steuerpflichtigen, der die Grenze zur Steuerbelastung gerade überschreitet, müßte ein Kirchenbeitrag für alle Kirchenmitglieder eingeführt werden (evtl. mit Belastungsunter- und Obergrenze), auf den die Kirchensteuer angerechnet wird.

---

[62] http://www.regierungsprogramm.cdu.de/, S. 17.
[63] Z.B. MEWIS NT s, www.KIGSt.de.

Beispiel (vereinfacht; Ehepaar mit 2 Kindern)

	Kirchenmitglied 1	Kirchenmitglied 2
zu versteuerndes Einkommen	26.900	35.000
Kirchenbeitrag 0,5%	134,50	175,00
Kirchensteuer 8%	0	134,46
Kirchenbeitrag Zahllast	134,50	40,54

ESt-Tarif 2005; zur Vergleichbarkeit werden die geltenden Grund- und Kinderfreibeträge angesetzt

Die *zweite Alternative* bietet umfassenden Raum, kircheneigene Besteuerungsvorstellungen umzusetzen. Diese Art der Kirchenfinanzierung wäre dann aber keine Steuer mehr i.S.v. § 3 AO, sondern ein kircheneigener Beitrag[64], welcher ggfs. – wie derzeit in Österreich – mit Hilfe der Gerichte geltend gemacht werden müßte.

Die rechtstechnische Umsetzung dürfte dabei das geringere Problem darstellen. Die Kirchen verabschieden eine Steuerordnung und die Kirchenmitglieder sind zur Abgabe einer Kirchensteuererklärung verpflichtet. Wer Kirchenmitglied ist, erfahren die Kirchen aus den eigenen und den staatlichen Melderegistern.

Definiert werden müßte von den Kirchen dann allerdings ein Regelwerk, nach welchen Maßstäben die Mitglieder zu einem Kirchenbeitrag herangezogen werden sollen. Dies könnte dann nicht nur ein Anknüpfungspunkt innerhalb des Einkommensteuersystems als Bemessungsgrundlage sein, sondern auch andere Personensteuern, in denen sich ein Ertrag oder die Leistungsfähigkeit widerspiegelt, oder auch feste/gestaffelte Beiträge pro Kopf bzw. pro Familie.

Die Einkommensteuersystematik als Ausgangspunkt hätte den Vorteil, daß diese Systematik bekannt ist und ein relevanter Teil der Mitglieder hierüber erfaßt werden könnte. Ferner wäre zu bestimmen, wo konkret ein dann kircheneigener Tarif anknüpfen soll. Dies könnte das zvE sein aber auch eine andere Begrifflichkeit innerhalb des § 2 EStG. Wollte man – weiterhin – staatliche Lenkungsnormen unberücksichtigt lassen, die innerhalb der Einkunftsermittlung Wirkung entfalten, müßte die Einkunfts- (oder Leistungsfähigkeits-) ermittlung von den Steuerpflichtigen offen gelegt und erklärt werden. Dies würde bedeuten, Gewinn- und Verlustrechnung und Bilanzen für kirchliche Besteuerungszwecke erstellen zu müssen. Dies wäre m.E. eine Überforderung der Steuerpflichtigen und des Verfahrens selbst. Auch würde hierdurch nicht das Problem gelöst, Leistungsfähigkeit außerhalb des Einkommensteuersystem nutzbar machen zu können.

---

[64] *v. Campenhausen*, Staatskirchenrecht 3. Aufl., S. 259 f.

Es verbliebe ein Beitragssystem mit festen oder gestaffelten Beiträgen für alle Kirchenmitglieder, wobei Abstufungen hinsichtlich des Familienverbundes und der finanziellen Leistungsfähigkeit zu definieren wären. Ob hierdurch allerdings die Mittel generiert werden könnten, die die Aufrechterhaltung des Leistungsangebotes der Kirchen ermöglicht, bleibt offen. Ferner wäre fraglich, ob eine derart gefestigte Kirchenzugehörigkeit angenommen werden kann, als daß den Anforderungen an die Mitwirkung in ausreichendem Umfang Verständnis entgegengebracht würde.

Zur Vervollständigung sei angeführt, daß der Abzug eines Kirchenbeitrages im Sinne der Kirchenlohnsteuer wohl weiterhin durch den Arbeitgeber sichergestellt werden könnte. Er müßte diesen an eine zentrale kirchliche Stelle abführen. Die Beitragsberechnung müßte aber einem einfachen Schema folgen. Der Sonderausgabenabzug des Kirchenbeitrages nach § 10b EStG wäre weiterhin gewährleistet.

6. Zusammenfassende Würdigung und Umsetzbarkeit

Die bisherigen Ausführen haben aufgezeigt:

Das *bisherige Finanzierungssystem* kirchlicher Arbeit durch die Kirchensteuer hat sich grundsätzlich bewährt. Aufkommensschwankungen durch Konjunktur, Arbeitsmarkt und Steuerrechtsänderungen werden im wesentlichen durch die Akzessorietät weitergegeben. Systemverändernden Änderungen der Bemessungsgrundlage ist bisher durch § 51a EStG begegnet worden. Bei weiteren wird darauf zu achten sein, daß die die Leistungsfähigkeit bestimmenden Elemente des Steuerrechts weiterhin für die Berechnung der Kirchensteuer durch den Staat verfügbar gestellt werden.

Ein *kircheneigener Tarif* nach Maßgabe des zu versteuernden Einkommens ist rechtlich möglich. Die Prämisse einer Stabilisierung des Kirchensteueraufkommens wird erfüllt, sofern die übrigen Rahmenbedingungen des Einkommensteuerrechts weitgehend unverändert bleiben. Dies ist aber nicht gewährleistet, da der Anknüpfungspunkt des Tarifes (zvE oder andere) durch Steuerreformmaßnahmen laufend und nachhaltig geändert werden dürfte. Je nach Änderung wirkt sich dies vor- oder nachteilig auf das Kirchensteueraufkommen aus. Der Tarif müßte entsprechend häufig angepaßt werden. Die Einbindung der Finanzverwaltung/des Arbeitsgebers, der Steuercharakter und die Akzeptanz bei den Steuerpflichtigen ist nicht einschätzbar.

Er ließe sich technisch umsetzen durch Festschreibung der Tarifformel (ESt-Tarif x 9%), Umformung in eine einheitliche Formel (Polynom 6. Grades) und Definition eines linear-progressiven Tarifs (Tarifformel mit Kappungsschwelle und Stufenfaktor). Neben der nur temporären Dauerhaftigkeit (s. vor) müßten kommuniziert werden: der Sinngehalt, die Technik der Formel, der Gerechtigkeitsanspruch, das innewohnende Leistungsfähigkeitspostulat sowie ein abweichendes, teilweise signifikant geringeres Aufkommen. Gewisse Tarifkomponenten wären nur sehr aufwendig einbindbar.

Alle diesbezüglichen Ansätze zeigen aber keinen Vorteil gegenüber dem bisherigen System und scheitern schließlich an einer notwendigen Bundesland und Religionsgemeinschaft übergreifenden fehlenden Akzeptanz und Einheitlichkeit.

Als *Handlungsperspektive* verbleibt realistisch betrachtet die Kirchensteuer innerhalb des bisherigen Systems, wobei die Änderungen in der Bemessungsgrundlage und im Tarif mitgetragen werden. Kernpunkt der Bemühungen wird es sein müssen, die die Leistungsfähigkeit des Steuerpflichtigen bestimmenden Elemente für die Kirchensteuer weiterhin nutzbar machen zu können, unabhängig davon, ob sie innerhalb des – traditionellen – Einkommensteuergesetzes oder in anderen Gesetzen verankert oder anonym mit Abgeltungswirkung an der Quelle erhoben werden. Sofern es hierzu einer Erweiterung des Identifikationsverfahrens bedarf, ist der Aufwand einmalig und angemessen. Zu überlegen wäre auch, Leistungsfähigkeit unterhalb der durch das Einkommensteuergesetz definierten Grenzen durch ein Kirchenbeitragssystem – in kircheneigener Verwaltung – ergänzend und im Sinne der Beitragsgerechtigkeit nutzbar zu machen.

II. Soziodemographische Entwicklung

Die Zukunft der Kirchensteuer ist neben den steuersystematischen Problemen von der Entwicklung der Bevölkerung in Deutschland geprägt. Ebenso wie staatliche Institutionen leitet die Kirche aus der 10. koordinierten Bevölkerungsentwicklung[65] einen Entwicklungstrend und daraus Finanzierbarkeitskriterien für die Arbeit der Kirche in der Zukunft her. Doch nicht nur die Ausrichtung in die Zukunft bestimmt die kirchlichen Haushalte, sondern auch Verpflichtungen, die sie in „guten Zeiten" eingegangen ist.

Die Bevölkerungsentwicklung in Deutschland insgesamt stellt sich für die Jahre 1950, 2001 und 2050[66] dar als Wandlung hin zu einem „umgekehrten Tannenbaum", d.h. die ältere Generation nimmt zu und die jüngere ab. Dabei ist die Entwicklung in den östlichen Bundesländer von einer wesentlich stärkeren Umkehrung gekennzeichnet, als im Westen. Dieser Trend bildet sich auch für die evangelischen Kirchen ab.

---

[65] Quelle: Statistisches Bundesamt http://www.destatis.de/basis/d/bevoe/bev_svg_var.php.
[66] Quelle: Statistisches Bundesamt http://www.destatis.de/basis/d/bevoe/bevoegra2.htm.

Die Zukunft der Finanzierung kirchlicher Arbeit durch die Kirchensteuer 747

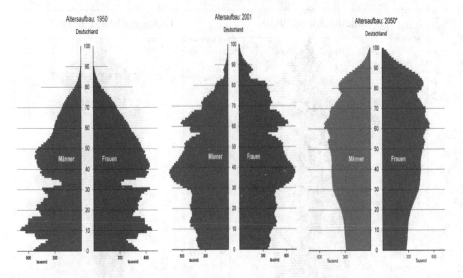

Entwicklung der Bevölkerung in Deutschland 1950 - 2001 – 2050

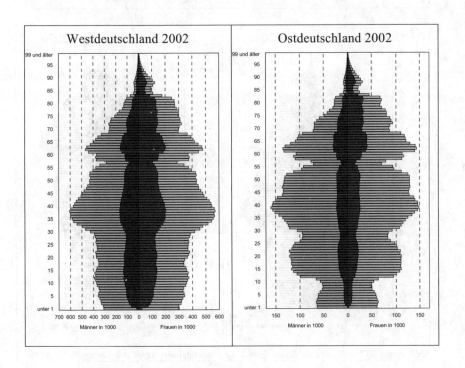

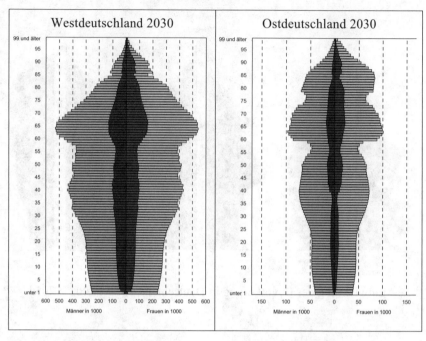

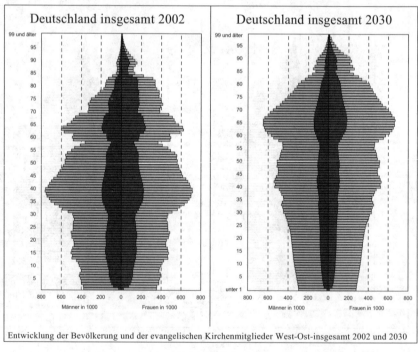

Entwicklung der Bevölkerung und der evangelischen Kirchenmitglieder West-Ost-insgesamt 2002 und 2030

Die Einzeldaten der 10. koordinierten Bevölkerungsentwicklung für die Jahre 2002, 2010, 2020 und 2030 dokumentieren diesen Trend eindeutig. So nimmt die Zahl der unter 20-Jährigen um insgesamt 24% und die der im erwerbsfähigen Alter (20 bis 60-Jährige) um 18,8% ab bei gleichzeitigen Zuwachs der über 60-Jährigen um 38,5% (bei einem Bevölkerungsrückgang von insgesamt 6%).

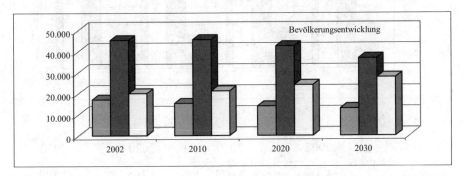

	2002	2010	2020	2030
unter 20	17.102	15.312	13.964	12.985
20 bis 60	45.354	45.599	42.519	36.827
über 60	20.066	21.271	24.142	27.797

in Tsd. Mitglieder

unter 20	20,7	18,6	17,3	16,7
20 bis 60	55,0	55,5	52,7	47,5
über 60	24,3	25,9	29,9	35,8

in %

Die Entwicklung der evangelischen Kirchenmitglieder[67] bis 2030 zeigt ein ähnliches, wenngleich wesentlich dramatischeres Bild. Bei einem Gesamtrückgang von 32,7% sinkt der Anteil der unter 20-Jährigen um 47,1%, der 20 bis 60-Jährigen um 41% und der über 60-Jährigen um 10,8%. Ihr relativer Anteil steigt aber von 31,3% auf 41,5%, mithin um 32,6%.

---

[67] Eigene Berechnungen; für den Bereich der katholischen Kirche dürfte sich tendenziell eine vergleichbare Entwicklung abzeichnen.

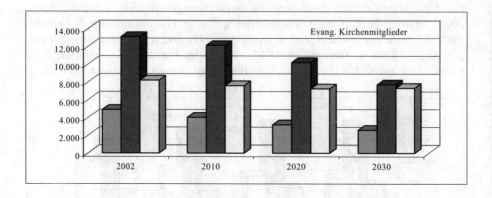

	2002	2010	2020	2030
unter 20	4.914	4.023	3.185	2.599
20 bis 60	13.089	12.117	10.201	7.718
über 60	8.206	7.590	7.251	7.321

in Tsd. Mitglieder

	2002	2010	2020	2030
unter 20	18,7	17,0	15,4	14,7
20 bis 60	49,9	51,1	49,4	43,8
über 60	31,3	32,0	35,1	41,5

in %

Am Beispiel von zwei Landeskirchen wird der Status des Jahres 2002 veranschaulicht. Dabei handelt es sich um durchschnittlich positionierte Kirchen aus dem Westen und dem Osten.

Die Westkirche liegt mit der Altersstruktur aktuell im vorgenannten Trend. Das Mitgliederbild zeigt sich als „Hecke" mit ausgeprägten Wölbungen im unteren und mittleren Bereich. Aus diesen Bereichen wird das aktuelle und zukünftige Kirchensteueraufkommen generiert. Rückt die jetzt junge Generation der bis 20ig-Jährigen in den nächsten 15 bis 20 Jahren in die Kirchensteuerpflicht, wird aber eine Verschmälerung der Finanzkraftbasis deutlich (hervorgehobene Markierung).

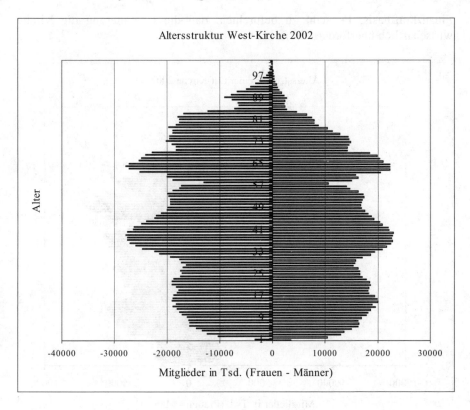

	absolut			in %		
Alter	Männer	Frauen	Gesamt	Männer	Frauen	Gesamt
bis 20	328.701	317.106	645.807	23,1	18,4	20,5
20 - 60	727.017	836.565	1.563.582	51,1	48,6	49,8
über 60	367.067	566.229	933.296	25,8	32,9	29,7
	1.422.785	1.719.900	3.142.685	100,0	100,0	100,0

Bei der Ostkirche zeichnet sich hingegen eine besorgniserregende Entwicklung ab. Schon aktuell liegt der Anteil der über 60-Jährigen um rund 8 Prozentpunkte über dem landeskirchlichen Durchschnitt, die beiden anderen Werte unterhalb. Mit der nachfolgenden Generation wird die Formation endgültig eine „Baumform" annehmen, mit sehr schmaler Kirchensteuerzahler- und damit

Finanzkraftbasis. Es steht zu befürchten, daß die Überalterung die Kirche wirtschaftlich überfordern dürfte.

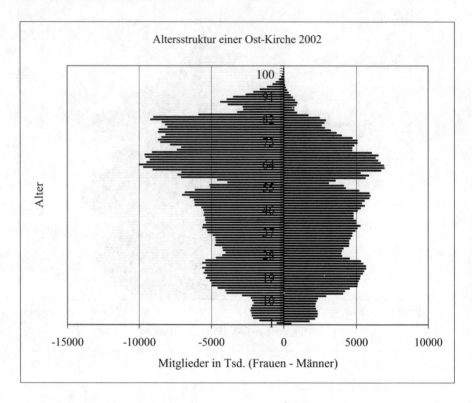

	absolut			in %		
Alter	Männer	Frauen	Gesamt	Männer	Frauen	Gesamt
bis 20	63.544	62.652	126.196	16,8	12,1	14,1
21 - 60	195.911	215.846	411.757	51,8	41,8	46,0
über 60	118.971	238.392	357.363	31,4	46,1	39,9
	378.426	516.890	895.316	100,0	100,0	100,0

Dieser deutliche Überalterungstrend bei fehlendem Nachwuchs hat gravierende Auswirkungen auf die finanzielle Leistungsfähigkeit der Kirchen. Bezogen auf das Bundesgebiet ist die Kirchensteuer seit 1993, dem Jahr des höchsten Kirchensteueraufkommens, real und steuerstrukturell rückläufig. Betrug das Kirchensteueraufkommen 1993 nominell 4.289 Mio. Euro, betrug es 2004 nur noch 3.800 Mio. Euro. Gleichzeitig ist das Steueraufkommen von zahlreichen

Steuerreformen bei der Einkommensteuer betroffen worden. Besonders betroffen waren die Kirchen dabei von den Tarifreformen und denen des Familienleistungsausgleichs, welche von ihnen aber ausdrücklich mitgetragen wurden.

Bezogen auf die Finanzkraft der Kirchen ist es nicht ausgeschlossen, daß bei einem Rückgang der Mitglieder um ein Drittel diese um die Hälfte zurückgehen könnte.

Anhand der Entwicklung des Kirchenlohn- und Einkommensteueraufkommens anhand von zwei evangelischen Landeskirchen

	1985	1992	1995	2000	2004
Kirche West	299	458	448	412	358
Kirche Ost	--	55	68	82	73

Netto in Mio. €

verdeutlich sich folgendes: Die Westkirche befindet sich in einem signifikanten Minustrend trotz noch relativ guter Mitgliederbasis. Der Ostkirche scheint es bis zum Jahr 2000 relativ „gut" gegangen zu sein. Der Zuwachs dürfte aber seinen überwiegenden Grund in der sich über einen langen Zeitraum hinstreckenden Berichtigung der Mitgliederlisten haben, so daß die Steuerpflicht der tatsächlichen Mitglieder nunmehr auch verwirklicht wird. Gleichwohl ist aber für alle Ost-Kirchen festzustellen, daß ihre Aufgaben allein mit der Kirchensteuer nicht zu finanzieren sind. Sie deckt sie nur zu signifikant unter 50%. Die nachwachsenden Kirchensteuer zahlenden Mitglieder werden nicht ausreichen, diese Situation zu verbessern; der Finanzausgleich West-Ost[68] wird weiterhin notwendig sein.

Die Leistungsfähigkeit der Kirche wird aber nicht nur durch die Kirchensteuereinnahmen bestimmt, sondern auch (zunehmend) durch Kirchenaustritte vorwiegend der Kirchensteuerzahler und durch langfristige Verpflichtungen.

Wurde ein Kirchenaustritt in früheren Zeiten durch den Anstieg des Steueraufkommens allenfalls bedauernd zur Kenntnis genommen, ist er heute ein finanzieller Faktor. Allein bei einem EKD-weiten durchschnittlichen Kirchensteueraufkommen von 141 € pro Mitglied und Jahr[69] und rd. 177.500 Kirchenaustritten summieren sich die Austritte rein rechnerisch auf rd. 25 Mio. €

---

[68] Volumen 1990-2005 ca. 3,08 Mrd. €; nicht bezifferbar sind regionale und Partnerschaftsprojekte bzw. Hilfen.

[69] Das Aufkommen pro Mitlied beträgt je nach Landeskirche zwischen 187 € und 51 € (2004).

(0,7%). Am Beispiel einer Landeskirche belaufen sich die Austritte bezogen auf die Steuerzahler auf ca. 5,6 Mio. €[70] oder 1,3%.

Diese dargestellten negativen Entwicklungen sind ergänzend zu spiegeln an den bestehenden und zukünftigen Verpflichtungen der Kirche. Die Entwicklungslinien Kirchensteueraufkommen, Theologen im aktiven Dienst und Kirchenmitglieder sind negativ. Gleichzeitig ist die Besoldungsbelastung gestiegen. Hinzu kommt eine Versorgungsverpflichtung für die Ruheständler, welche wenigstens bis zu 20 Jahren nach Eintritt in den Ruhestand zu einem nicht unerheblichen Teil aus dem laufenden Haushalt[71] beglichen werden muß.

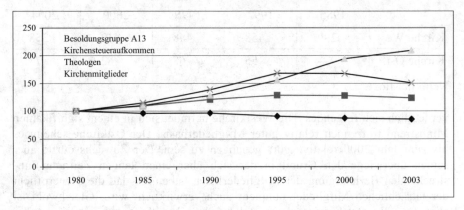

1980 = 100

D. Finanzierungsergänzungssysteme

Die Kirchensteuer in der Ausprägung eines Heberechts auf die Lohn- und Einkommensteuer ist zwar das primäre Finanzierungsinstrument kirchlicher Arbeit, aber nicht das einzige. Der Begriff der „Kirchensteuer" ist in einem weiteren Sinne zu verstehen. Prinzipiell werden hierunter nämlich die unterschiedlichen in den Kirchensteuergesetzen der Länder[72] und den Kirchensteuerordnungen genannten Kirchenfinanzierungsarten zusammengefasst. Die Kirchensteuer wird erhoben als Zuschlag zur Einkommensteuer (Lohnsteuer und

---

[70] Es wird unterstellt, daß zumeist Steuerzahler austreten. Pro Austritt im Durchschnitt 321 €. Dies dürfte die Untergrenze sein, da zumeist "Besserverdienende" ausgetreten.

Die Austritte betragen ca. 0,6% der Kirchenmitglieder. Dem stehen 0,06% Erwachsenentaufen und 0,1% Übertritte bzw. Wiedereintritte gegenüber (Angaben gerundet).

[71] Im Unterschied zu staatlichen Körperschaften haben die kirchlichen Körperschaften ihre Versorgungslasten allerdings langfristig aufbauend in Versorgungskassen – bis zu einem Sockelbetrag – i.W. abgesichert.

[72] Siehe: http://www.steuer-forum-kirche.de

veranlagte Einkommensteuer), als Kirchensteuer vom Einkommen, als Kirchensteuer vom Vermögen, als (Orts-) Kirchgeld und als besonderes Kirchgeld in glaubensverschiedener Ehe. Eine Kirchensteuer vom Grundbesitz ist für die neuen Bundesländer nicht vorgesehen, wird vereinzelt in den alten Bundesländern aber noch erhoben. Eine Kirchensteuer als Zuschlag zur Vermögenssteuer[73] wurde von den Kirchen nicht erhoben (mit Ausnahme der jüdischen Gemeinden in Berlin und Frankfurt).

Zur Kirchensteuer als Zuschlag zur Lohn- und Einkommensteuer und nach Maßgabe des Einkommens ist bereits ausgeführt worden.

Das besondere Kirchgeld in glaubensverschiedener Ehe ist in allen evangelischen Landeskirchen, zuletzt in der bayerischen zum 1.1.2004, eingeführt.

Die Kirchensteuer vom Grundbesitz wird von fünf Landeskirchen vorwiegend in ländlichen Gebieten erhoben. Ihr Aufkommen beträgt rund 1,8 Mio. € oder 0,046 % von der Kirchenlohn- und -Einkommensteuer. Eine Ausweitung ist nicht empfehlenswert.

I. (Orts-) Kirchgeld (Gemeindebeitrag) bzw. Kirchenbeitrag

Eine sinnvolle und notwendige Ergänzung zur Kirchensteuer bildet das (Orts-) Kirchgeld (Gemeindebeitrag), mit welchem i.d.R. Aufgaben auf gemeindlicher Ebene finanziert werden und das durch den Wiedervereinigungsprozess sowie seine Unabhängigkeit von der Einkommensteuergesetzgebung einen zusätzlichen Impuls erhalten hat. Das Kirchgeld kann und wird in vielen Kirchen als Ortskirchensteuer neben der Landeskirchensteuer vom Einkommen (Lohn) erhoben in der Form des freiwilligen oder obligatorischen Kirchgeldes. Eine Anrechnung auf die Kirchensteuer ist zur Vermeidung von Doppelbelastungen beim obligatorischen Kirchgeld i.d.R. vorgesehen. Das Kirchgeld kann von den kirchgemeindlichen Beschlussorganen, den Gemeinden, weitgehend frei festgesetzt werden. Für das feste Kirchgeld als einheitlichem Betrag oder für ein nach Leistungsfähigkeit und Einkommen gestaffeltes Kirchgeld bestehen meist keine landesrechtlichen Festlegungen einer Höchstgrenze. In der Praxis schwanken die Beträge zwischen 3 € und 120 € im Jahr. Das obligatorische Kirchgeld wird von zehn Landeskirchen erhoben und hat ein Volumen von rund 23,4 Mio. € (0,61 % des Gesamtaufkommens), davon allein in der Ev.-Luth. Landeskirche Sachsen 13,2 Mio. € (56,4 % des Gesamtkirchgeldaufkommens; 16,1% des dortigen Kirchensteueraufkommens). Das Aufkommen des freiwilligen Kirchgeldes ist nicht bekannt.

Die rechtlichen Grundlagen zur Erhebung eines Kirchgeldes sind in den Kirchensteuergesetzen der Länder und den Kirchensteuerordnungen vorhanden. Bis Anfang der 70er Jahre wurde dieses Finanzierungselement auch von vielen Landeskirchen in Anspruch genommen. Aufgrund der stetigen Zunahme der

---

[73] Die Vermögenssteuer ist zum 1.1.1997 weggefallen.

Kirchensteuer (von der Lohn- / Einkommensteuer) wurde es jedoch weitgehend nicht mehr erhoben bzw. zurückgeführt. Hauptsächlich in Bayern und Sachsen ist die Traditionslinie des Kirchgeldes aber mit sichtbarem Erfolg beibehalten worden. Die Reformierte Kirche hat es im Jahr 2005 wieder eingeführt (durch einen Kirchgeldbeschluß wiederbelebt).

Dem Argument, flächendeckend Kirchgeld auf der Grundlage des Mitgliederverzeichnisses zu erheben, steht vielfach der Einwand entgegen, man könnte die „regulären" Kirchensteuerzahler verärgern. Entweder käme es zu einer zusätzlichen Belastung oder der Nachweis der Kirchensteuerzahlung zur Anrechnung auf das Kirchgeld sei eine nicht akzeptable bzw. vermittelbare bürokratische Mehrbelastung. Zudem würden die Erhebungskosten ein Großteil der Einnahmen aufzehren.

Der soziodemographische Wandel (s. Ziffer 4.2) führt zu einem zunehmenden „Herauswachsen" der aktiven Kirchensteuerzahler in die Versorgungssysteme. Auch wenn durch das Alterseinkünftegesetz[74] zukünftig die Altersbezüge umfassender besteuert werden (ab 2040), verbleibt das Gros der Versorgungsempfänger weiter steuerlich unbelastet. Es darf aber unterstellt werden, daß auch der nicht Steuerbelastete über eine gewisse Leistungsfähigkeit zur Zahlung eines Beitrages verfügt. Hier könnte ein Ansatzpunkt für eine Finanzierungsergänzung liegen, die zudem der kirchenmitgliedschaftlichen Gesamtsolidarität bei der Finanzierung kirchlicher Aufgaben besser Rechnung trägt.

Bei einem Beitrag, den ein nicht kirchensteuerbelastetes Mitglied zu leisten hat, ist zwischen dem regulären Kirchgeld und dem Kirchenbeitrag zu differenzieren. Das Kirchgeld ist weithin eingebunden in die Steuerbegrifflichkeit und hat sich demnach in gewissem Rahmen an den grundsätzlichen Vorgaben auszurichten. Dies betrifft insbesondere die Frage, ob es erst oberhalb des in § 32a EStG definierten Grundfreibetrages erhoben werden darf. Der Kirchenbeitrag ist hingegen ein vollständig kircheneigenes Finanzierungsinstrument, welches dem Übermaßverbot verpflichtet ist, ansonsten aber von den Kirchen frei ausgestaltet werden kann, in eigener Verwaltung aber auch im Zivilrechtsweg geltend gemacht werden müßte.

Bedenkt man, daß allein durch die letzte Anhebung des Grundfreibetrages[75] ca. eine Million Steuerpflichtige[76] keine Lohn- bzw. Einkommensteuer mehr zahlen müssen und damit auch für die Kirchensteuer nicht mehr herangezogen werden können, wird ein mögliches – wenn auch vom Volumen her begrenztes – Potential sichtbar.

Es müßte über die Erhebung eines Kirchgeldes bzw. Kirchenbeitrags unter Einbezug der Versorgungsbezüge in kircheneigener Verwaltung nachgedacht werden. Hierzu wären die Daten der Finanzverwaltung aus der elektronischen

---

[74] Vom 5.7.2005, BGBl. I S. 1427.
[75] Im Jahr 2004 von 7.235 € auf 7.664 €.
[76] S. BT-Drs. 15/5466 S. 2.

Steuerbescheinigung, der Veranlagung und der zentralen Stelle (§§ 22a, 81 EStG, § 31 AO) unter Einbezug der kirchlichen Meldedaten nutzbar zu machen. Ob es auch denkbar sein könnte, daß bereits im Zeitpunkt der Auszahlung der Versorgungsbezüge[77] die auszahlende Stelle einen Kirchenbeitrag einbehält und an die Kirchen abführt, sie somit eine arbeitgeberähnliche Funktion einnehmen würde, bleibt zunächst offen.

1. Hybride Finanzierungen

Zuwendungen sind auf das in § 10b EStG beschriebene Maß begrenzt. Dabei darf man davon ausgehen, daß das Gros der Zuwendenden sich innerhalb dieser Abzugsgrenzen bewegt. Der „wahre" Mäzen schöpft sie aus und sucht nach anderen Möglichkeiten. Hier bietet sich die Form der hybriden Finanzierung[78] an, die der Körperschaft i.d.R. steuerfreie Erträge verschafft und dem Mäzen einen nicht durch Höchstbeträge beschränkten Abzug ermöglicht.

Hybride Finanzierungen stellen zivilrechtlich Fremdkapital verbunden mit wirtschaftlichen Kennzeichen von Eigenkapital dar, oder Eigenkapital mit starkem Fremdkapitalcharakter. Zu ihnen zählen z.B. typische und atypische Beteiligungen, das partiarische Darlehen, Genußrechte etc.

Denkbar wäre als Beispielsfall, daß ein Kommanditist einer Körperschaft an seinem Kommanditanteil eine typische stille Unterbeteiligung – entgeltlich oder unentgeltlich – einräumt. Bei der Körperschaft unterfällt die Beteiligung in den steuerfreien Bereich der Vermögensverwaltung, der Kommanditist kann die Aufwendungen als Sonderbetriebsausgabe geltend machen.

Dieses steuerlich interessante Finanzierungsmodell setzt aber eine starke Verbindung des Mäzens zur bestehende Kirchenstruktur voraus. Ihre Anzahl dürfte begrenzt sein.

2. Stiftung, Spenden, Sponsoring – Fundraising

Mit dem Gesetz zur weiteren steuerlichen Förderung von Stiftungen[79], welches auf politischer Ebene mit dem Gedanken der „Bürgerstiftung" in Zusammenhang gebracht wurde, sind die steuerlichen Rahmenbedingungen diesbezüglich erheblich verbessert worden (insbesondere § 10b Abs. 1a EStG[80]). Korrespon-

---

[77] Die persönlichen Daten des Versorgungsempfängers wären um das Religionsmerkmal zu ergänzen.

[78] Ausführlich Maier, Hybride Finanzierungen für gemeinnützige Körperschaften – Aspekte internationaler Konzernbesteuerung für Fundraiser und Mäzene, Der Betrieb 2005, S. 1708 ff.

[79] Vom 14.7.2000, BGBl. I S. 1034.

[80] Zusätzlicher, über § 10b Abs. 1 EStG hinausgehender Sonderausgabenabzug bis 307.000 Euro bei Neugründung einer Stiftung.

dierend dazu ist eine intensivere Beschäftigung mit dem Thema Fundraising im kirchlichen Umfeld zu registrieren gewesen[81].

Das Sammeln von Geldern in dieser Form wird bisher strukturiert von einigen Kirchen durchgeführt mit durchaus positiven Erfahrungen. Es ist das Ziel, durch ein professionelles Fundraising – insbesondere auf der Gemeindeebene – eine Fundraisingkultur zu schaffen, das Spendensammeln zu systematisieren, Mitglieder und der Kirche nahestehende Personen an die Kirche zu binden und auch der Aufbau einer weiteren (zweiten) Finanzierungssäule[82]. Erzielbare Einnahmen scheinen das Gemeindekirchgeld zu übertreffen, so daß eine Substitution dieses durch das Fundraising teilweise erwogen wird[83].

Diese ersten Ansätze sollten Mut machen, das Fundraising zu einem *haushaltsrelevanten* Finanzierungsinstrument auszubauen. Dabei sind die Begriffe, die Abgrenzungen und das strategisches Vorgehen zu definieren.

Fundraising (fund=Geld, Kapital; to raise=etwas aufbringen)
- ist das geplante und haushaltsrelevante Einwerben von Geld-, Sach- oder Zeitspenden, die freiwillig gegeben werden,
- ist eine Kommunikationsstrategie, die die Gewinnung, die Bindung und das Upgrading von Spendern sicherstellt,
- ist eine Form des Bindungs-Marketing,
- erfordert „unternehmerisches" Handeln.

Für ein haushaltsrelevantes Fundraising bedarf es eines strategisches Fundraisings, d.h. einer zentralen, mittel- und langfristig geplanten und umgesetzten Strategie zur Sicherstellung kontinuierlicher, haushaltsrelevanter Erträge durch qualifizierte Fundraiser. Die Abgrenzung ist hierbei zu treffen zum Projekt-Fundraising, welches als dezentrales, kurz- und mittelfristiges Instrument durch geschulte Laien umgesetzt wird.

Fundraising in der Form des haushaltsrelevanten Einwerbens von Mitteln erfordert aber auch ein neues Denken, einen teilweisen Paradigmenwechsel. Die Kirchensteuer bleibt ein wichtiges Finanzierungsinstrument. Die zweite Säule ist aber darauf angelegt, aktiv zu werden, auf die „Kunden" zuzugehen, sie zu pflegen, ihnen umfassend und verständlich Rechenschaft zu legen, langfristige Bindungen aufzubauen und zu erhalten, von der passiven Finanzierung durch die Kirchensteuer (arg.: Einzug über Finanzverwaltung) sich der aktiven Rolle als sammelnde Organisation zuzuwenden. Es bedarf hierzu professionel-

---

[81] Vgl. u.a. epd 02908/16.3.2005; Andrews, Eine vergleichende Studie zur Positionierung von Fundraising in den Gliedkirchen der Evangelischen Kirche in Deutschland (EKD), Abschlußarbeit zum berufsbegleitenden Studiengang Fundraising (Kurs 10) an der Fundraising Akademie in Frankfurt am Main, vorgelegt August 2005.

[82] Andrews, a.a.O. S. 13 f., 23.

[83] epd 029008/16.3.2005.

ler Instrumente in der Analyse- und Planungsphase, dem Marketing einschließlich Controlling, Etablierungsstrategien in der Kirche, etc.

Unterstellt, daß das Fundraising als haushaltsrelevantes Finanzierungsinstrument sich neben der Kirchensteuer dauerhaft zentral positionieren läßt, dürfte sich ein nicht nur unbedeutendes, ergänzendes Finanzierungsinstrument einrichten lassen. Die Kirche könnte sich in einer solch neuen Rolle und mit diesem neuen Verständnis als aktiv handelnde Einrichtung positionieren.

3. Exkurs: Änderung des Kirchensteuerhebesatzes

Bis zur Mitte der 70er Jahre betrug der Kirchensteuerhebesatz 10% und wurde auf die heute aktuellen Sätze von 9% gesenkt[84]. Um der derzeit angespannten finanziellen Situation der Kirchen zu begegnen, wird gelegentlich die Möglichkeit einer Anhebung des Kirchensteuerhebesatzes erwähnt. Dies ist zweifelsohne – zumindest bis zu einem Hebesatz von 10% – möglich[85]. Es darf aber hinterfragt werden, ob eine derartige Anhebung nicht durch korrespondierende Kirchenaustritte egalisiert wird. Durch den zunehmenden Anstieg sonstiger Abgaben, insbesondere gemeindliche Abgaben, Mineralölsteuer etc. und der psychologischen wichtigen Zweistelligkeit des Hebesatzes wurde hiervon kein Gebrauch gemacht. Dem steht nicht entgegen, daß für das Veranlagungsjahr 2003 in Bremen und Hamburg der Hebesatz nahezu „geräuschlos" von 8% auf 9% angehoben wurde[86]. Diese Änderung verblieb allerdings auch im einstelligen Hebesatz-Bereich.

Eine Anhebung des Hebesatzes ist rechtlich[87] möglich. Sie wäre von den Synoden zu beschließen und müßte vom Staat genehmigt werden. Ob eine Erhöhung aber nicht auf psychologische Widerstände bei den Steuerpflichtigen stößt, insbesondere wenn ein zweistelliger Hebesatz beschlossen wird, müßte sorgfältig bedacht werden. Mit Sicherheit ist auf jeden Fall eine innerkirchliche Auseinandersetzung und eine intensive Medienbegleitung zu erwarten.

---

[84] Z.B. Ev. Kirche von Kurhessen-Waldeck, KiSt-Beschluß 1974 vom 22.11.1973, KiABl. 1973, 152 und 1975 vom 12.12.1974, KiABL. 1974, 329.

[85] Z.B. Bay. KiStG, Loccumer Vertrag.

[86] Begründet wurde die Anhebung mit dem Erfordernis eines einheitlichen Hebesatzes für die Mitglieder einer Landeskirche, vgl. BVerfG Beschl. vom 19.8.2002 - 2 BvR 443/01 -, NJW 2003, 2084; ZevKR 48, 510; NVwZ 2002, 1496.

[87] Teilweise müßte mit dem Staat bei einem höheren Hebesatz als 10% das Kirchensteuergesetz bzw. die Staatskirchenverträge geändert werden (Bayern bzw. Niedersachsen).

E. Schlußbetrachtung

Zusammenfassend läßt sich festhalten:

Die finanzwirtschaftlichen Rahmenbedingungen für die Kirche sind enger geworden. Die Kirchensteuer ist und bleibt der Nukleus der Finanzierung kirchlicher Arbeit. Er sollte ergänzt werden um Möglichkeiten, außerhalb des reinen Steuersystems bestehende Leistungsfähigkeit nutzbar zu machen, was auch zu mehr Beitragsgerechtigkeit führt.

Die aktuelle finanzielle Situation hat ihre Ursache nicht im Finanzierungssystem. Selbst wenn durch eine sich belebende Konjunktur und die Zunahme von Arbeitsplätzen die Einnahmen wieder steigen sollten, bedarf es einer ergänzenden Finanzierung durch z.B. Kirchenbeiträge oder Fundraisingmaßnahmen sowie weiterer Strukturanpassung im kirchlichen Bereich.

Auch „Kirche" darf sich nicht einem Kostenstellenbewußtsein und wirtschaftlicher Denke verschließen. Dies erfordert das Begreifen als – partiell – am Markt agierende Institution und vor allem den Einsatz insoweit geübten Managements. Hier ist Handlungsbedarf.

Stiftungen im Iran

REZA RANJBAR

A. Geschichte der Stiftungen
B. Der Untersuchungsgegenstand
C. Unterteilung des Untersuchungsgegenstandes
D. Stiftungen im rechtlichen Kontext
  I. Traditionelle Stiftungen
    1. Das Wesen der Stiftung
      a) Der Begriff der Stiftung
      b) Stiftungsarten
      c) Rechtspersönlichkeit der Stiftungen
    2. Die Entstehung der Stiftung
      a) Rechtsnatur des Rechtsgeschäfts
      b) Stiftungserklärung
    3. Der Stifter
    4. Die Begünstigten (Destinatäre)
    5. Stiftungszweck
    6. Das Stiftungskapital
      a) Rechtsnatur des Kapitals
      b) Die Übergabe
      c) Kapitalerhaltung
    7. Stiftungsorganisation und staatliche Kontrolle
      a) Der Kurator
      b) Wahl des Kurators
      c) Abberufung des Kurators
  II. Stiftungskörperschaften
  III. Moderne Stiftungen
    1. Vorrevolutionäre Stiftungen
    2. Nachrevolutionäre Stiftungen
  IV. NGO
    1. Die Entwicklung der NGO seit 1997
    2. Die NGO-Verordnung
      a) Begriffe
      b) Genehmigungsvorbehalt
      c) Rechte der NGO

A. Geschichte der Stiftungen

Schon vor dem Erscheinen des Islams im siebten Jahrhundert sind im Kontext der Lehre des Zarathustra und der Glaubenspraxis der Menschen im Iran Spuren der Stiftungen zu finden[1]. Auch mit dem Islam wuchs zunehmend die Rolle der Stiftungen in der iranischen Gesellschaft. Der Koran selbst nennt die Stiftungen nicht. Das Islamische Recht aber folgert aus einer Vielzahl von Suren die religiöse Rechtfertigung der Stiftungen.

Die folgende historische Darstellung setzt bei der Dynastie des *Safaviden* (1502-1736) an[2]. Der Iran wurde nach dem Eintritt des Islams zunächst von den Türken und sodann von den Mongolen besetzt. Mit der Dynastie der *Safaviden*

---

[1] *Seyed Hossein Omidijāne*, „gāhanbār dar irane bāstan" (gāhanbār im iranischen Altertum), maǧale-je waġf mirāse jāwidān, Teheran 1372 (1993/94), Bd. 3; gāhanbār ist ein Fest der Zarathustria.

[2] Einen Überblick liefert *Nāder Rijāhi Sāmani*, „waġf wa sejre tahawolāte ġanungzar dar mouġufāt" (Stiftungen in der Entwicklung der Gesetzgebung), Teheran 1378 (1999/2000), S. 25 ff.

wurde das Land wieder zu einem Machtfaktor und *Schāh Abbas* konnte die Portugiesen, die Teile Irans unter ihrer Kontrolle hielten, aus dem Land drängen. Die *Safaviden* erklärten zudem die Schia zur Staatsreligion. In dieser Zeit wuchs auch die Zahl und die Bedeutung der Stiftungen. *Schah Abbas* selbst trat als Stifter auf, indem er weite Landflächen zu Ehren der Schiitischen Imame stiftete. Er erklärte sich selbst zum Kurator dieser Stiftungen und sah vor, dass die Verwaltungsbefugnis dieser Stiftungen mit seinem Tod auf seinen Nachfolger übergehen sollte.

Durch den Einfall der Afghanen in den Iran wurde die *Safaviden* Dynastie gestürzt. Aber bereits im Jahr 1736 gelang es *Nadir Schāh*, die Afghanen zurückzudrängen und die *Afshahr* Dynastie zu errichten. Er eroberte sodann Indien und stärkte die Position des Landes gegenüber den Nachbarn. Doch die Situation der Stiftungen verschlechterte sich dramatisch. *Nadir Schāh*, der die Schia als Staatsreligion beseitigen wollte, ordnete an, die Besitztümer aller Stiftungen in das Staatsvermögen zu überführen. Im Jahr 1747 wurde er jedoch ermordet und die Enteignung der Stiftungen wurde durch seinen Nachfolger rückgängig gemacht.

Die *ğāğār* Dynastie (1794-1925) leitete den endgültigen Zerfall Irans ein. In dieser Zeit verlor Iran den Kaukasus an Russland und mit der Entdeckung des Erdöls in den ersten Jahren des 20. Jahrhunderts geriet das Land unter ausländische Kontrolle. Der Zerfall des Landes ging einher mit dem Zerfall der Stiftungen. Die bestehende Rechtlosigkeit ermöglichte den Menschen, sich die Besitztümer der Stiftungen anzueignen und die Herrscher selbst nutzten das Vermögen der Stiftungen für die Deckung ihrer Ausgaben.

Im Jahr 1906 kam es zu der *konstitutionellen Revolution* im Iran[3]. Das Ergebnis war die erste iranische Verfassung. Durch die Revolution begann im Iran insoweit ein neues Zeitalter, als nun die Gesetzeskodifizierungen vorgenommen wurden. Die Kodifizierungsbemühungen berührten auch die Stiftungen, so dass in dieser Zeit erste Gesetze zu finden sind, die Stiftungen zum Gegenstand haben.

Unter der *Pahlavi* Dynastie (1925-1979) setzte sich die Kodifizierung von Gesetzen fort. Zugleich konnte die Staatsgewalt wiederhergestellt werden und die Stiftungen wurden der staatlichen Kontrolle unterstellt. Aber es kam auch zu der staatlich angeordneten Landreform, die auch das Vermögen der Stiftungen beeinträchtigte.

Mit der Revolution im Jahr 1979 rückten die Stiftungen in den Blickpunkt des Interesses. Der Islamische Staat sah nunmehr die Förderung der Stiftungen als eine religiöse Pflicht.

---

[3] *Mangol Bayat*, "Iran's First Revolution: Shi'ism and the Constitutional Revolution of 1905-1909", Oxford Univ. Press 1991.

B. Der Untersuchungsgegenstand

Fest steht, dass der Untersuchungsgegenstand nicht auf die Stiftung als privatrechtliches Institut beschränkt werden kann, da eine solche Vorgehensweise einer Verkürzung der Diskussion gleich käme. Vielmehr soll ein funktionaler Begriff der Stiftung angewandt werden. Damit erfährt der Untersuchungsgegenstand seine Grenze nicht in der Terminologie der Stiftung als Begriff des iranischen Zivilrechts, sondern es wird eine weitergehende und dem sozialen Geschehen gerecht werdende Definition zugrunde gelegt:

> Die Stiftung als eine privatrechtliche und/oder öffentlich-rechtliche, auf Dauer angelegte eigenständige Organisation, die mit eigenem Vermögen ausgestattet ist, dessen Erträge für festgelegte Zwecke im allgemeinen Interesse verwendet werden.

Auf den ersten Blick mag eine solche Definition der im Westen geläufigen Definition entsprechen. Doch die Alternative „öffentlichrechtlich" wird auf den westlichen Beobachter gerade im Hinblick auf die Stiftung fremd wirken.

Eine Verdrängung der öffentlichen Hand aus dem Untersuchungsgegenstand würde aber die Rolle des Staates innerhalb der Volkswirtschaft Irans nicht hinreichend berücksichtigen und hinterließe nur ein verzerrtes Bild über Stiftungen. Denn gemäß Art. 44 der Verfassung der Islamischen Republik besteht die Wirtschaft des Landes aus drei Sektoren: staatlich, kooperativ und privat. Die Verfassung selbst nennt große Teile der Wirtschaft, die dem staatlichen Bereich unterliegen sollen – beispielsweise Banken, Versicherungen, Telekommunikation, Post und Luftfahrt. Trotz der allmählichen Privatisierung im Iran bleibt der Staat weiter der herausragende Marktteilnehmer[4].

Aber auch die NGO sollen in den Untersuchungsgegenstand eingeschlossen werden, wenn auch der Begriff der NGO im Verhältnis zu den Stiftungen sich aus einem anderen terminologischen Umfeld erklärt und dieser Befund auch für den Iran gültig ist.

C. Unterteilung des Untersuchungsgegenstandes

Bei Zugrundelegung der oben genannten Definition sind im Rechtsverkehr des Iran vielfältige Formen der Stiftungen anzutreffen. Dennoch hat bis zum gegenwärtigen Zeitpunkt die Materie aus rechtlicher Sicht nicht ansatzweise die wissenschaftliche Behandlung erfahren, die ihr angesichts ihrer religiösen und wirtschaftlichen Bedeutung zukommt.

Ein Versuch der Unterteilung der verschiedenen Formen der Stiftungen kann einen Überblick über die verschiedenen Erscheinungsformen liefern. In der

---

[4] *Reza Ranjbar*, „Investitionsführer Iran", Deutsch-Iranische Industrie- und Handelskammer, 2. Auflage, Teheran/Hamburg 2005, S. 30 f.

deutschsprachigen Literatur ist eine solche Unterteilung in Bezug auf Stiftungen in den arabischen Staaten bekannt[5]. An diese aus politischer und sozialer Perspektive vorgenommene Unterteilung kann angeknüpft werden, wenn auch die Anforderungen des rechtlichen Blickwinkels und die nichtarabische und Schiitische Besonderheit des Iran zu einer Modifizierung zwingen. Hinzu kommt die Revolution im Jahr 1979, die wiederum einen Vergleich des Irans mit arabischen Staaten nur bedingt möglich macht.

Eine Unterteilung der Stiftungen in drei Kategorien bildet den Ausgangspunkt:

1. Stiftungen im engeren Sinne (traditionelle Stiftungen)
2. Moderne Stiftungen
    a) Vorrevolutionäre Stiftungen
    b) Nachrevolutionäre Stiftungen
3. NGO

Danach kann von Stiftungen im engeren Sinne gesprochen werden, wenn der Stiftungszweck in einer rein religiösen oder auch nicht religiösen Motivation (z.B. Förderung der traditionellen iranischen Architektur) liegt. Das Vermögen solcher Stiftungen besteht nicht selten hauptsächlich aus Immobilien (z.B. einer Moschee oder einer Schule), wobei die Stiftung ihre wirtschaftliche Tätigkeit meist defensiv, auf die bloße Erhaltung und den Betrieb des Stiftungsgegenstandes (Stiftungsvermögen), ausrichtet.

Dagegen sind die modernen Stiftungen offensiv ausgerichtet. Sie investieren und arbeiten mit dem Stiftungsvermögen und erzielen weitere Erträge aus getätigten Investitionen.

In ihrer Führung sind solche Stiftungen vergleichbar mit Kapitalgesellschaften, wobei im Ergebnis die Erträge ausschließlich dem Stiftungszweck zugute kommen.

Im Falle des Irans muss zwischen den schon vor der Revolution im Jahr 1979 bestehenden modernen Stiftungen und den nachrevolutionären modernen Stiftungen unterschieden werden.

Die vorrevolutionären modernen Stiftungen sind ursprünglich ausschließlich oder überwiegend religiös motiviert gewesen. Als Beispiel soll hier der *āstān ģods Razavi* (die Imam Reza Stiftung) genannt werden. Eine Stiftung, die über zahlreiche Kapitalgesellschaften verfügt und nach Schätzungen ein erhebliches Kapital verwaltet.

Die nachrevolutionären modernen Stiftungen sind das Ergebnis der Revolution im Jahr 1979 und des Iran-Irak-Krieges (1980-1988). Durch die Revolution kam es zur Enteignung von Personen und Unternehmen, die der *Pahlavi* Dynastie und damit den gestürzten Monarchisten nahe standen. Durch die Enteignun-

---

[5] *Sigrid Faath* (Hrsg.), „Islamische Stiftungen und wohltätige Einrichtungen mit entwicklungspolitischen Zielsetzungen in arabischen Staaten", Deutsches Orient-Institut, Hamburg 2003.

gen fand eine Übertragung von wirtschaftlichen Gütern auf die neuen Stiftungen statt. Zusätzlich traten die neuen Stiftungen die wirtschaftliche Nachfolge von ehemals durch die *Pahlavi* Dynastie kontrollierten Organisationen an und übernahmen entsprechend deren Vermögen.

Der Angriff des Irak und der Ausbruch des langjährigen Krieges forderte große Opferbereitschaft von der iranischen Bevölkerung, die aufgrund der waffentechnischen Unterlegenheit auf die Mobilisierung von Menschen setzen musste. Allein die Märtyrerkultur des jungen revolutionären Regimes konnte eine militärische Niederlage am Ende verhindern. In diesem Zusammenhang übernahmen Stiftungen die Sorge um die Hinterbliebenen der Verstorbenen.

Als Beispiel sollen hier *Bonyād-e Mostazafān wa Jānbāzān* (die Stiftung der Entrechteten und der Märtyrer) und *Bonyād-e Shahid* (die Stiftung der Märtyrer) genannt werden.

Aber auch NGO mit ihren auch in Europa bekannten Tätigkeitsfeldern (Umwelt, Frauenrechte etc.) sind zunehmend im Iran zu finden. Mit dem Sieg Präsident Xātamis im Jahr 1997 und seinem Aufruf zum Aufbau der iranischen Zivilgesellschaft haben die NGO ihre Position immer weiter stärken können, wenn auch die sich ergebenden Schwierigkeiten unübersehbar sind.

D. Stiftungen im rechtlichen Kontext

Stiftungsrechtlich relevante gesetzliche Regelungen sind unter anderem im iranischen Zivilgesetzbuch, Handelsgesetzbuch, Direktbesteuerungsgesetz und einschlägigen Sondergesetzen zu finden.

I. Traditionelle Stiftungen

Beruhen die modernen Stiftungen meist auf Sondergesetzen, die ihre Entstehung erst legitimieren, geht die rechtliche Existenz der traditionellen Stiftungen auf das Islamische Recht und dem allgemeinen Zivilrecht zurück.

Im Iran werden traditionelle Stiftungen im rechtlichen Kontext sowohl aus dem Blickwinkel des Islamischen Rechts als auch bei Zugrundelegung der nationalen Gesetzgebung diskutiert.

Das mag zunächst verwundern, wenn man bedenkt, dass gemäß Art. 4 der Verfassung der Islamischen Republik Iran alle Gesetze im Einklang mit dem Islam stehen müssen, so dass eine parallele Beschäftigung mit Islamischem und nationalem Recht überflüssig erscheinen könnte. Tatsächlich spiegelt das nationale Recht des Schiitischen Irans nur teilweise die Meinung der Islamischen Rechtsschulen wider.

Innerhalb der Sunniten sind vier bekannte Rechtsschulen anzutreffen, die jeweils in bestimmten Islamischen Regionen vorherrschend sind:

Die *Hanafitische* Rechtsschule, die *Malikitische* Rechtsschule, die *Shafiitische* Rechtsschule und die *Hanbalitische* Rechtsschule, aus der auch das *Wahabitentum* in Saudi Arabien hervorgegangen ist.

Die genannten Rechtsschulen unterscheiden sich von der *Schiitischen*, die im Iran vorherrschend ist und die sich als eine eigene Rechtsschule betrachtet.

Die Stiftung als Institut wird von allen Sunnitischen und Schiitischen Rechtsschulen ausführlich behandelt.

Das nationale Recht Irans trifft rechtliche Regelungen hinsichtlich der Stiftung im iranischen Zivilgesetzbuch (ZGB) – Art. 55-91 des ZGB –, das im Jahr 1928 kodifiziert wurde und mit einigen Änderungen die Islamische Revolution aus dem Jahr 1979 überlebte und folglich heute noch in Kraft ist. Daneben sind einschlägige Normen im öffentlichen Recht anzutreffen. Von besonderer Bedeutung ist dabei das Gesetz betreffend *Gründung der Organisation zuständig für Hağ-, Stiftungs- und Wohltätigkeitsangelegenheiten* (im Folgenden „Organisationsgesetz") vom 23.12.1985.

Einzelne Fragen werden teilweise lebhaft unter den verschiedenen Islamischen Rechtsschulen diskutiert, aber auch auf dem Gebiet des nationalen Rechts sind Meinungsverschiedenheiten anzutreffen, wenn es um Wesen und Verwaltung der Stiftungen geht.

1. Das Wesen der Stiftung

Im Zusammenhang mit der Frage nach dem Wesen der Stiftungen werden Themen behandelt, wie der Begriff, die verschiedenen rechtlichen Erscheinungsformen und die Rechtspersönlichkeit der Stiftungen.

a) Der Begriff der Stiftung

Die iranische Rechtssprache spricht von *Waġf*, was im allgemeinen Sprachgebrauch „stehen bleiben" oder „anhalten" bedeutet.

Entsprechend herrscht in der Schiitischen Rechtsschule die Meinung vor, von einer Stiftung könne gesprochen werden, wenn ein Gegenstand einem bestimmten Zweck gewidmet wird, wobei bei Erhaltung des Gegenstandes selbst nur der aus ihm hervorgehende „Gewinn" für den vorgesehenen Zweck verwendet werden kann. Hier tritt die im Westen bekannte Verselbständigung des Stiftungsvermögens deutlich hervor.

Art. 55 ZGB definiert zu Beginn die Stiftung. Danach liegt eine Stiftung vor, wenn ein bestimmter Gegenstand verewigt wird und der aus dem Gegenstand erzielte Gewinn zu einem bestimmten Zweck eingesetzt wird.

Folglich ist der Gegenstand selbst zu erhalten und kann nicht entsprechend der Widmung verwertet werden. Verwertet wird allein der erzielte Gewinn aus dem verewigten Gegenstand.

b) Stiftungsarten

Nach iranischem Recht kann eine Stiftung sowohl privat als auch öffentlich sein.

Öffentlich ist sie, wenn die Stiftung die Öffentlichkeit oder einen unbestimmbaren Personenkreis als Begünstigte (Destinatäre) vorsieht, etwa „Hilfsbedürftige", oder wenn ein öffentlicher Zweck verfolgt wird, etwa die Errichtung einer Moschee oder der Betrieb einer Schule[6].

Eine private Stiftung liegt vor, wenn die Destinatäre eingrenzbar sind, etwa die eigenen Nachfahren des Stifters (Familienstiftung)[7].

Eine andere Unterteilung unterscheidet zwischen der Stiftung, die keinen Gewinn beabsichtigt (*entefa'*) und der nach Gewinn strebenden Stiftung (*manfe'at*), wobei auch hier der Gewinn nicht etwa dem Stifter zukommt, sondern dem Stiftungszweck[8].

Beispiel für *entefa'* ist die Errichtung einer Moschee und Beispiel für *manfe'at* ist der Betrieb eines Unternehmens, dessen Gewinn zur Unterhaltung einer Moschee eingesetzt wird.

Der Regelfall einer Stiftung ist die unbefristete Stiftung, mit der Folge, dass der Stifter nach Entstehung der Stiftung den Stiftungsakt nicht widerrufen kann.

Innerhalb des Islamischen Rechts wird jedoch von einigen Juristen die befristete Stiftung insgesamt oder zumindest unter bestimmten Bedingungen zugelassen, während sich die Mehrheit aber für die Unzulässigkeit der befristeten Stiftung ausspricht[9]. So gilt in der Hanbalitischen Rechtsschule ausnahmslos das Verbot der befristeten Stiftung[10].

In der Schiitischen Rechtsschule wird diese Frage nicht einheitlich beantwortet. Nach *Ayatollah Sistāni* ist die befristete Stiftung unzulässig[11]. Dagegen ist nach *Ayatollah Xāmenei* die befristete Stiftung durchaus möglich[12].

---

[6] *Mohsen Jābari*, „farhange estelāhāte feġhe eslāmi dar bābe mo'āmelat" (Begriffswörterbuch der Islamischen Rechtslehre im Zusammenhang mit Verträgen), S. 182.

[7] *Ibid.*

[8] *Mohammad Al-kabisi*, „ahkāme waġf dar shariate eslām" (Regeln betreffend Stiftungen in der Scharia), edāre-je kole ouġāf māzandarān 1366 (1987/88), S. 114

[9] Eine Ausnahme bildet etwa *Abu jusef*, Nachweis bei *Al-kabisi* (Ibid.), S. 187 f.

[10] *Ibid.*, S. 189

[11] *Hazrate Ayatollāh haġ seyed Ali Hosseini Sistāni*, „touzih-ol masa'el", Nr. 2688; Ayatollāh Sistāni lebt gegenwärtig im Irak.

[12] *Hazrate Ayatollāh hāġ seyed Ali Xāmenei*, "resale-je ajwabe", Nr. 2086; Ayatollāh Xāmenei ist der gegenwärtige Revolutionsführer der Islamischen Republik Iran und damit das höchste Verfassungsorgan.

c) Rechtspersönlichkeit der Stiftungen

Es ist zunächst von entscheidender Bedeutung, dass das Entstehen einer Stiftung sich allein nach den Vorschriften des ZGB richtet. Eine Registrierung ist zumindest aus rechtlicher Sicht nicht erforderlich.

Insoweit ist für die Entstehung der Stiftung ohne Belang, ob die Stiftung eine eigene Rechtspersönlichkeit besitzt, mithin eine juristische Person ist.

Die Frage, ob die Stiftung juristische Personen sind oder nicht, hat ihren Ursprung in einer anderen Debatte: Wer wird nach dem Entstehen der Stiftung Inhaber des Stiftungsvermögens?

Dazu wurden drei Auffassungen vertreten:

1. Der Stifter bleibt Eigentümer.
2. Die Begünstigten erhalten die Eigentumsrechte.
3. Eine Organisation wird Eigentümer.

Die dritte Auffassung setzte sich allmählich durch, jedoch blieb zunächst unklar, was man unter der „Organisation" verstehen sollte. Erst in der neueren Zeit wurde diese Frage näher behandelt und nach Lösungen gesucht. Eine Lösung, die sich in der Wissenschaft durchgesetzt hat, stammt von *Katuziān*. Er verweist darauf, dass ursprünglich die Juristen die Frage nach dem Eigentum über das Stiftungsvermögen dadurch zu lösen versuchten, dass sie es Gott zusprachen. Dieser dogmatische Ansatz verdeutliche den Wunsch, die Eigentumsrechte dem Stifter zu entziehen, aber auch den Begünstigten nicht als neuen Eigentümer einzusetzen. Es wurde folglich nach einer dritten Instanz gesucht. Aus dieser Idee entsprang die Rechtspersönlichkeit der Stiftung als juristische Person, die auf diese Weise Träger von Rechten und Pflichten und Eigentümer des Stiftungsvermögens wurde[13].

Schließlich fand diese Auffassung auch Eingang in die Gesetzgebung. Im Gesetz betreffend Stiftungen aus dem Jahr 1354 iranischer Zeitrechnung (1975/76) wurde bestimmt, dass öffentliche Stiftungen juristische Personen sind, mithin über eine eigene Rechtspersönlichkeit verfügen. Die Einschränkung auf öffentliche Stiftungen wurde im nachfolgenden Organisationsgesetz aufgeben, mit der Folge, dass nunmehr jede Stiftung (privat oder öffentlich) als eine juristische Person gilt.

---

[13] *Nāser Kātuziān*, „ganune madani dar nazme houġuġ-je konuni" (Das Zivilgesetzbuch im Kontext der gegenwärtigen Rechtsordnung), 8. Auglage, Teheran 1382 (2003/04), § 55, Rdn. 4.

2. Die Entstehung der Stiftung

Die Entstehung der Stiftung richtet sich nach dem Zivilgesetzbuch.

a) Rechtsnatur des Rechtsgeschäfts

Uneinigkeit herrscht darüber, ob das zur Entstehung der Stiftung führende Rechtsgeschäft ein beiderseitiger Vertrag oder ein einseitiges Rechtsgeschäft ist[14]. Hierzu werden im Wesentlichen drei Auffassungen vertreten:

- a) Stiftungen entstehen durch beiderseitige Verträge (Angebot und Annahme).
- b) Stiftungen sind das Ergebnis eines einseitigen Rechtsgeschäfts.
- c) Öffentliche Stiftungen entstehen durch einseitiges Rechtsgeschäft, während private Stiftungen eines beiderseitigen Vertrages bedürfen.

Das Zivilgesetzbuch selbst schließt sich der zuerst genannten Auffassung an. Danach müssen bei der Entstehung einer privaten Stiftung die Destinatäre das Angebot des Stifters annehmen und im Falle der öffentlichen Stiftung ist die Zustimmung der zuständigen öffentlichrechtlichen Stelle erforderlich, die dann die erforderliche Annahme darstellt[15].

b) Stiftungserklärung

Ob nun die Stiftungserklärung einer Annahme bedarf oder nicht, in jedem Fall verlangt die Entstehung der Stiftung den Willen des Stifters, der durch eine entsprechende Erklärung nach Außen in Erscheinung treten muss. Diese Stiftungserklärung wird in der juristischen Literatur auch *Siġe* genannt.

Diskutiert wird die Frage, ob die Stiftungserklärung auch konkludent erfolgen kann. Beispielsweise, wenn jemand ein Gebäude baut und dieses dann der Stadt für den Betrieb einer Bibliothek zur Verfügung stellt, ohne ausdrücklich vom *Waġf* gesprochen zu haben.

Das Islamische Recht ist in dieser Frage uneinig. Die Hanifitische, Malikitische und Hanbalitische Rechtsschule vertreten die Auffassung, dass die Stiftungserklärung den Ausdruck *Waġf* nicht enthalten muss. Insgesamt schließen sich dieser Auffassung auch bedeutende Schiitische an[16].

Dagegen hält die Schafiitische Rechtsschule die konkludente Stiftungserklärung für unzulässig und verlangt stets den Ausdruck *Waġf*[17].

---

[14] Zum Stand der Diskussion *Nāder Rijāhi Sāmani* (Anm. 2), S 55 ff.
[15] § 56 des iranischen Zivilgesetzbuches (ZGB).
[16] Unter Ihnen auch *Imam Xomeini*, „tahrir-ol wasile", enteschārāte eslāmi. 1366 (1987/88), Bd. 2, S. 63; *Imam Xomeini* gilt als der Gründer der Islamischen Republik.
[17] Nachweis bei Nāder Rijāhi Sāmani (Anm. 2), S. 53.

Das nationale iranische Recht spricht sich für eine ausdrückliche Stiftungserklärung aus und schließt die konkludente Erklärung aus. Einige sehen das Gesetz auf der Argumentationslinie der Schiitischen Rechtschule[18]. Das kann aber bezweifelt werden.

Ein anderes Thema ist die Frage nach der bedingten Stiftungserklärung. Die Malikitische Rechtsschule hält eine solche Bedingung für zulässig, während die Mehrheit der Schiitischen Rechtsschule eine Bedingung für unzulässig hält[19]. Danach muss die Stiftung endgültig sein und kann daher nicht unter eine Bedingung gestellt werden.

Eine bedingte Stiftungserklärung kann aber im Zusammenhang mit erbrechtlichen Fragen entsprechend zugunsten der Destinatäre umgedeutet werden. Erklärt ein Stifter, sein Haus zum Zeitpunkt seines Todes zu stiften, dann ist das eine bedingte Erklärung und ist daher stiftungsrechtlich unzulässig, mit der Folge, dass die Stiftung nicht entsteht. Im Falle des Todes des Erklärenden aber kann diese Erklärung bei der Erbfolge berücksichtigt werden, dann aber mit den Einschränkungen des Erbrechts.

3. Der Stifter

Der Stifter muss nach Auffassung aller Islamischen Rechtsschulen diejenigen Voraussetzungen in seiner Person erfüllen, die er auch beim Abschluss anderer Rechtsgeschäfte aufweisen muss[20].

Eine andere Frage lautet, ob die Stiftungserklärung eines Unberechtigten, der nicht Eigentümer oder auf andere Weise Verfügungsberechtigter über das Stiftungskapital ist, nichtig oder lediglich schwebend unwirksam ist, mit der Folge, dass der an sich Berechtigte, die Stiftungserklärung rückwirkend genehmigen kann[21].

Es wird die Auffassung vertreten, dass eine solche Stiftungserklärung nichtig ist, da die Stiftung eines Unberechtigten mit dem Grundgedanken der Stiftung unvereinbar sei. Andere dagegen sehen die Möglichkeit als gegeben, dass der Berechtigte das Rechtsgeschäft genehmigt.

Die zweite Auffassung beschäftigt sich dann mit der Frage, wie der zwischenzeitliche Gewinn – von der unwirksamen Stiftungserklärung bis zur Genehmigung – des Stiftungskapitals zu behandeln ist und ob dieser Gewinn den Destinatären oder dem Berechtigten zuzusprechen ist.

Das iranische Zivilgesetzbuch selbst bestimmt in Art. 57, dass der Stifter zum Zeitpunkt der Stiftung Eigentümer des gestifteten Kapitals sein muss. An

---

[18] *Ibid.*, S. 55.

[19] *Ebrāhim Ĝanāti*, „Siġe-je waġf" (Die Stiftungserklärung), maġale-je waġf mirāse jāwidan, Teheran 1375 (1996/97), Bd. 9, S. 70 ff.

[20] *Ayatollāh Sistāni* (Anm. 11), Nr. 2691.

[21] Einen Überblick zu dieser Frage liefert *Nāder Rijāhi Sāmani* (Anm. 2), S. 66 ff.

anderer Stelle sieht das ZGB jedoch die Möglichkeit der Genehmigung bei Verfügung eines Unberechtigten vor. Im Hinblick darauf, dass das ZGB die Stiftung als ein Rechtsgeschäft betrachtet, muss die Möglichkeit der nachträglichen Genehmigung des Stiftungsaktes durch den Berechtigten auch für die Stiftung gelten[22].

4. Die Begünstigten (Destinatäre)

Die Hanbalitische und die Hanfiitische Rechtsschule lassen auch die Selbstbegünstigung im Falle der Stiftung zu. Diese Auffassung wird von der Schafiitischen, Malikitischen und Schiitischen Rechtsschule abgelehnt[23].

Innerhalb der Sunnitischen Rechtsschule wurde in früheren Zeiten intensiv die Frage diskutiert, ob auch Nicht-Muslime (*Kāfar*) Begünstigte sein können. Im Einzelnen wurde unter anderem unter Nicht-Muslime des Buches (Juden, Christen), die unter Schutz der Islamischen Gemeinde stehen und anderen Nicht-Muslimen unterschieden.

Eine solche Unterscheidung findet man weder im iranischen ZGB noch unter den führenden Schiitischen Geistlichen[24]. Vielmehr sind die Stiftungen der religiösen Minderheiten im heutigen Iran von der Steuerpflicht befreit.

5. Stiftungszweck

Das Islamische Recht verbietet eine selbstsüchtige Stiftung. Erschöpft sich der Stiftungszweck in selbstsüchtigen Motiven, dann kommt die Stiftung rechtlich erst gar nicht zustande. Zugleich kennt man auch im Islamischen Recht durchaus eine Unterscheidung, die auf die Trennung vom Stiftungszweck und etwaigen Motiven hindeutet. Danach ist eine mehrschichtige Interessenslage denkbar[25]. In der Konsequenz kann der Stifter zum Beispiel die Perpetuierung seines Namens bezwecken, was trotz der Weltlichkeit des Zwecks unschädlich ist, solange daneben auch fremdnützige Zwecke hinzutreten. Diese können mit dem Begriff des Gemeinwohls identisch sein.

Eine Übereinstimmung der beiden Begriffe ist jedoch nicht in jedem Falle gegeben, wie das Beispiel der privaten Stiftung in Form der Familienstiftung zeigt.

---

[22] So auch *Seyed Hasan emāmi*, „houġuġe madani" (Zivilrecht), Bd. 1, S. 75; a.A. *Ja'far Langerudi*, „houġuġe amwāl" (Eigentumsrecht), S. 210.

[23] *Mohammad Al-kabisi* (Anm. 8), S, 265 ff.

[24] *Ayatollāh Xāmenei* stellt die Stiftungen von Nicht-Muslimen den der Muslimen gleich. Sogar eine Unterscheidung zwischen Nicht-Muslimen des Buches und anderen Nicht-Muslimen findet man bei ihm nicht, Nachweis (Anm. 12), Nr. 2000.

[25] *Nāder Rijāhi Sāmani* (Anm. 2), S. 43.

§ 64 ZGB erklärt eine Stiftung, deren Zweck die Verfolgung eines rechtswidrigen Ziels ist, für ungültig. Ergänzend ist § 190 ZGB heranzuziehen, der Verträge, die einen rechtswidrigen Zweck verfolgen als nichtig erachtet.

Es ist fraglich, ob § 190 ZGB auf Stiftungen ergänzend angewandt werden kann, da – wie bereits dargestellt – keine Einigkeit darüber besteht, ob der Stiftung ein Vertrag oder ein einseitiges Rechtsgeschäft zugrunde liegt und § 190 ZGB allein auf Verträge Anwendung findet. In jedem Fall bleibt § 64 ZGB eine Norm, die dem Stiftungszweck Grenzen setzt. Als rechtwidrige Ziele im Sinne des § 64 ZGB gelten auch jene, die gegen das religiöse Gesetz verstoßen. Wird eine bebaute Immobilie gestiftet, damit man darin dem Glückspiel nachgehen kann, dann ist eine solche Stiftung nichtig. Hier findet der Begriff der öffentlichen Sittlichkeit Eingang in die Diskussion.

6. Das Stiftungskapital

Das Islamische Recht beschäftigt sich mit den Anforderungen, die an das Stiftungskapital gestellt werden.

a) Rechtsnatur des Kapitals

Danach muss das Kapital gegenständlich sein mit der Folge, dass etwa eine Forderung als Stiftungskapital ausscheidet[26]. Der Gegenstand muss derart ausgestaltet sein, dass bei Erhaltung der Substanz des Kapitals ein Gewinn erzielt wird. In diesem Zusammenhang wird darauf verwiesen, dass der Gewinn innerhalb der Islamischen Vorschriften erzielt werden muss. Daher scheidet eine Betriebsstätte, die alkoholische Getränke produziert und vertreibt, als Stiftungskapital aus.

Insgesamt bewegt sich auch das iranische ZGB innerhalb der Meinung der Islamischen Rechtsschulen und sieht vor, dass das Stiftungskapital gegenständlich sein muss und aus ihm die Möglichkeit der Gewinnerzielung besteht.

Das Islamische Recht thematisiert auch die Frage nach dem Zubehör. Am Beispiel des Schafes wird angeführt, dass wenn ein Schaf gestiftet werde, auch seine Wolle und seine Milch Gegenstand der Stiftung sei, denn nach allgemeiner Auffassung und der Sichtweise des Wirtschaftsverkehrs gehöre die Milch und die Wolle zum Schaf. Schließlich sei es auch unstreitig, dass im Falle des Verkaufs eines Schafes die Wolle und die Milch mitverkauft wird. Dem schließt sich das ZGB in § 68 an, in dem es dort bestimmt, dass alles, was aufgrund der Verkehrssitte als zugehörig zum Stiftungsgegenstand betrachtet werde, ebenfalls als gestiftet gelte, außer wenn der Stifter hiervon entsprechend der kaufrechtlichen Vorschriften eine Ausnahme gemacht hat. Das oben genannte Beispiel, das in der Islamischen Rechtslehre diskutiert wurde, mag

---

[26] *Ibid.*, S. 67 ff.

aus heutiger Sicht archaisch klingen. Aber gerade in rohstoffreichen Ländern wie dem Iran und den Islamischen Golfstaaten gewinnt diese Frage ihre Aktualität in der Moderne:

Unter einer Immobilie, die seit Jahrhunderten Stiftungsvermögen darstellt, werden Öl- oder Gasvorkommen entdeckt. Wie verhält es sich nun mit den Vorkommen und fallen sie in das Stiftungsvermögen der Stiftung?

§ 161 ZGB sieht vor, dass die Vorkommen, die sich innerhalb oder unterhalb einer unbeweglichen Sache befinden, dem Eigentümer der Immobilie zuzuordnen sind, wobei die Ausbeutung der Vorkommen sich aufgrund besonderer Gesetze gestaltet.

Ein solches Gesetz ist das am 18.05.1957 verabschiedete Bergbaugesetz. Dieses Gesetz unterscheidet drei Gruppen von Vorkommen:

- Stein, Gips/Kreide, Kalk, Marmor, Tonerde, Sand und ähnliche Vorkommen
- Steinkohle, Eisen, Nitrat, Grundwasser, Schwefel, Edelsteine und ähnliche Vorkommen
- Öl, Gas, Uranium usw.

Das Gesetz sieht vor, dass die Vorkommen im Grundsatz dem Eigentümer der betroffenen Immobilie zuzuordnen sind, wobei aber die Ausbeutung und Förderung der Vorkommen nur mit der Genehmigung des zuständigen Ministeriums gestattet ist.

In der Konsequenz werden die Vorkommen zum Bestandteil des Stiftungskapitals, wenn sie innerhalb oder unterhalb einer gestifteten Immobilie entdeckt werden und keine gesetzliche Ausnahme eingreift.

Trotz der eindeutigen Lage hat es auch hier im nachrevolutionären Iran Meinungsverschiedenheiten gegeben, die wiederum in eine Entscheidung des Wächterrates endeten. Hier – wie auch an anderer Stelle – fällt die Entscheidung zugunsten der Stiftungen aus: Sand, Kies und derartige Vorkommen seien Bestandteil des gestifteten Immobilie und erhöhen damit das Stiftungsvermögen und der Staat hat keinerlei Eingriffsrechte[27].

b) Die Übergabe

Die Islamischen Rechtsgelehrten sehen die Übergabe des Stiftungskapitals als eine unabdingbare Voraussetzung für die Entstehung der Stiftung an. Lediglich die Mehrheit der Juristen innerhalb der Schafiitischen Rechtsschule verlangt keine Übergabe[28].

Das iranische ZGB bestimmt in Art. 59, dass die Stiftung im Rechtssinne nicht entsteht, solange das Stiftungskapital nicht übergeben worden ist. In

---

[27] Entscheidung des Wächterrates vom 07.05.1987, Entscheidungsnummer 8444.
[28] Nachweis bei *Mohammad Al-kabisi* (Anm. 8), S, 152 ff.

einem Rechtssystem, das das Abstraktionsprinzip nicht kennt und mit dem Vertragsprinzip arbeitet, ist das eine Abweichung von der Regel.

c) Kapitalerhaltung

Es gilt der Grundsatz, dass das Stiftungsvermögen in seinem Bestand zu erhalten ist.

Das Islamische Recht diskutiert den Erhalt des Stiftungsvermögens unter den Begriffe *Ebdal* und *Estabdal*[29].

Ebdal meint den Verkauf des Stiftungsvermögens, wobei der aus dem Verkauf erzielte Erlös eingesetzt wird, um neues Stiftungsvermögen anzuschaffen.

Estabdal dagegen ist der Tausch des Stiftungsvermögens gegen ein anderes Vermögen, das dann als neues Stiftungsvermögen gilt.

In der Islamischen Lehre wird die Auffassung vertreten, dass die Begriffe des Verkaufs und der Stiftung sich widersprechen, da die Stiftung eine endgültige und für immer geltende Institution ist. Hiervon werden jedoch Ausnahmen zugelassen. Der Verkauf des Stiftungsvermögens ist zulässig, wenn

a) das Stiftungsvermögen ganz oder teilweise zerstört worden ist oder

b) wenn der Eintritt einer entsprechenden Zerstörung droht oder

c) wenn zwischen den Begünstigten ein Streit entsteht, der in Blutvergießen zu enden droht oder

d) wenn der Stifter im Augenblick der Stiftung den Verkauf zugelassen hat.

Konsequenterweise bestimmt Art. 349 ZGB (eine kaufrechtliche Vorschrift), dass der Verkauf des Stiftungsvermögens zwar im Grundsatz nicht zulässig ist, jedoch im Fall ihrer Zerstörung zugelassen werden kann. In diesem Zusammenhang bestimmt Art. 89 ZGB, dass der Verkauf sich im Falle der Zerstörung des Stiftungsvermögens nur auf den Teil des Vermögens erstrecken soll, das zerstört ist oder zerstört zu werden droht. Das gilt allerdings nur, wenn eine Teilung des Stiftungsvermögens möglich ist. Sind aber der zerstörte und der ordnungsgemäße Teil unzertrennlich miteinander verbunden, dann kann das gesamte Vermögen verkauft werden.

Art. 88 ZGB sieht vor, dass der Verkauf des Stiftungsvermögens für den Fall, dass die Zerstörung droht, aber noch nicht eingetreten ist, erlaubt ist. In der Lehre wird diese Vorschrift dahingehend konkretisiert, dass die Einschätzung, ob eine Zerstörung droht oder der Eintritt dieser Zerstörung durch einschlägige Maßnahmen noch vorgebeugt werden kann, einem Gutachter obliegt[30].

---

[29] *Nāder Rijāhi Sāmani* (Anm. 2), S. 137 ff.
[30] *Ibid.*, S. 139.

Durch den Verkauf des Stiftungsvermögens erlischt auch die Stiftung. Allerdings ist der auf den Verkauf erzielte Erlös im Geiste der ehemaligen Stiftung einzusetzen, so dass der Erlös nicht etwa den Begünstigten ausbezahlt wird.

Neben dem Verkauf des Stiftungsvermögens tritt die Enteignung derselben. Beide Formen (Verkauf und Enteignung) beeinträchtigen den Bestand des Stiftungsvermögens.

In den 60er Jahren führte der damalige Schāh *Mohammad Reza Pahlavi* die so genannte *weiße Revolution* durch. Diese „Revolution" sollte der Modernisierung Irans Antrieb verleihen. Ein zentraler Kern dieser *weißen Revolution* war die Landreform, die die Großgrundbesitzer im Ergebnis enteignete und das Land den Bauern zur Verfügung stellte, um den Iran aus dem Zeitalter des Feudalismus zu befreien. Diese Landreform berührt auch die Stiftungen und wurde von der Schiitischen Geistlichkeit heftig angegriffen. Insoweit war die Landreform auch eine Gelegenheit der Parteien, in Bezug auf die Rechtsfigur der Stiftung Position zu beziehen.

Mit der Revolution im Jahr 1979 und die Übernahme der Macht durch die Schiitische Geistlichkeit wurden Teile der Landreform rückgängig gemacht, insbesondere soweit die Landreform Stiftungen zum Gegenstand hatte. Auf diese Weise bezog die neue Elite eindeutig Position zugunsten der Stiftungen und sah sie als religiös wünschenswert und gerechtfertigt an.

Das Gesetz zur Landreform vom 17.05.1960 sah in § 2 vor, dass private Stiftungen im Verhältnis zur gesamten landwirtschaftlichen Fläche des Landes nur einen bestimmten Teil einnehmen konnten. Der darüber hinausgehende Teil sollte verkauft werden und mit dem Erlös hieraus andere Vermögenswerte angeschafft werden. Gemäß § 3 Abs. 9 galt dieser Grundsatz nicht hinsichtlich der öffentlichen Stiftungen und dem Landbesitz der *āstān ġods Razavi* (die Imam Reza Stiftung), deren Immobilien vom Gesetzgeber zunächst nicht angetastet wurden, weil man einem weitergehenden Widerstand der Schiitischen Geistlichkeit entgehen wollte.

Mit dem Gesetz vom 10.04.1971 wurde die Regelung teilweise auch auf die öffentlichen Stiftungen ausgeweitet.

Diese Maßnahmen stießen auf Widerspruch der Geistlichkeit, die die Stiftung als eine Initiative der Schiitischen Rechtsschule gefährdet sah.

Es war daher nur konsequent, dass nach dem Sieg der Revolution im Jahr 1979 die Landreform aus den 60er Jahren teilweise rückgängig gemacht wurde. Das Gesetz vom 17.04.1984 sah vor, dass alle Stiftungen, die ohne eine religiöse Genehmigung verkauft worden waren, nunmehr wieder als Stiftungsvermögen anzusehen waren, mit der Folge, dass die einst erloschenen Stiftungen rechtlich wiederbelebt wurden.

Das Parlament verabschiedete am 10.05.1992 wiederum ein Gesetz, das bestimmt, dass alle Stiftungsgegenstände, die in der Vergangenheit verkauft worden sind, wieder als Stiftungsvermögen gelten. Im neuen Gesetz war aber ausdrücklich allein von öffentlichen Stiftungen die Rede, im Gegensatz zum

Gesetz aus dem Jahr 1984, das allgemein von Stiftungen sprach und demnach die Wiederherstellung aller Stiftungen, einschließlich privater Stiftungen, anordnete.

Mit dem neuen Gesetz beabsichtigte das Parlament die Landreform der 60er Jahre aufrechtzuerhalten, soweit es um private Stiftungen ging. Das Erlöschen der privaten Stiftungen durch Verlust ihrer Immobilien sollte weiter gelten und allein die öffentlichen Stiftungen sollten wieder ihre Immobilien zurückerhalten, soweit sie diese durch die Landreform verloren hatten.

Das Gesetz wurde aber vom Wächterrat nicht angenommen. Der Wächterrat erklärte, dass es keinen sachlichen Grund für die Unterscheidung zwischen privaten und öffentlichen Stiftungen gebe.

Dieser Streit spiegelt die politische Situation Irans zum damaligen Zeitpunkt wider. Das politische Lager, das auch im Parlament des Landes vertreten war, versuchte eine Sozialisierung des Eigentums im Iran durchzuführen. Die konservativen Kräfte sahen aber das Eigentum als eine zentrale Institution der Islamischen Wirtschaft und wehrten in der Folge die Sozialisierungsversuche erfolgreich ab. Konsequenterweise existiert das politische Lager, das einst die Sozialisierung befürwortete, im heutigen Iran nicht mehr. Einige ihrer Führer gingen in das späteren Reformlager über, das nach Präsident Xātamis Sieg im Jahr 1997 die politische Bühne betrat, nun mit anderen Zielen.

Im gegenwärtigen Iran wird die Landreform der 60er Jahre auch in der geschichtlichen Perspektive kritisiert. Die Landreform sollte den Feudalismus im Iran beenden und den wirtschaftlichen Abstand zwischen Landbesitzer und Bauern verringern. Diese Ziele werden zwar im nachrevolutionären Iran als legitim angesehen. Jedoch vertritt die heutige Elite die Auffassung, dass die genannten Ziele auch ohne eine faktische Enteignung der Stiftungen erreicht werden konnten. Wieder muss darauf hingewiesen werden, dass die Schiitische Rechtsschule der Stiftung als Rechtsinstitut einen hohen Stellenwert einräumt und vor diesem Hintergrund auch nach mehr als 40 Jahren bei jeder sich bietenden Gelegenheit die Landreform angreift.

Aber auch die nachrevolutionäre Gesetzgebung wird im heutigen Iran kritisiert. Es wird die Auffassung vertreten, es hätten bei der Rückgängigmachung der Landreform Differenzierungen vorgenommen werden sollen, man hätte nicht alle Stiftungen gleich behandeln sollen, sondern im konkreten Fall die Fläche der betroffenen Immobilie und der Frage, ob es sich dabei um eine landwirtschaftliche der nicht-landwirtschaftliche Fläche handelt, in die Abwägung einbeziehen sollen. Denn die gleiche Behandlung der Stiftungen hätte dazu geführt, dass die finanziellen Aufwendungen bei der Wiederbelebung einiger kleinerer Stiftungen höher ausgefallen sind als der Nutzen der Stiftung für die Begünstigten.

Die Frage, ob die Landreform aus dogmatischer Sicht eine Enteignung der Stiftungen im Rechtssinne war, soll hier nicht diskutiert werden. Jedenfalls hatten die Landreform und ihre Gesetzgebung zur Folge, dass das Vermögen einiger Stiftungen auf Landwirte übertragen wurde.

Aber sowohl das vor- als auch das nachrevolutionäre Iran kennt einige Gesetze, die die rechtliche Enteignung der Stiftungen zum Gegenstand haben, und zwar im Interesse des Gemeinwohls.

Beispielhaft sollen einige hier aufgeführt werden:
- Das Gesetz betreffend der Stromorganisation des Landes aus dem Jahr 1967 bestimmt, dass das Stiftungsvermögen von betroffenen Stiftungen unter bestimmten Voraussetzungen enteignet oder langfristig an die Organisation vermietet wird.
- § 10 der Satzung der *National Iranian Oil Company* (NIOC) aus dem Jahr 1974 sieht vor, dass unter den dort genannten Voraussetzungen die Immobilien der betroffenen Stiftungen langfristig an die NIOC vermietet werden. Die Satzung der NIOC trifft auch Regelungen für den Fall, dass die Parteien sich nicht auf einen angemessenen Mietzins einigen können.
- Zu nennen sind auch das Gesetz betreffend Kauf von erforderlichen Immobilien durch die Gemeinden aus dem Jahr 1979 und das Gesetz betreffend Kauf und Enteignung von Immobilen durch die Regierung zwecks Durchführung öffentlicher und militärischer Projekte aus dem Jahr 1980.

Im Hinblick auf die stiftungsfreundliche Position der Schiitischen Geistlichkeit ist es nicht verwunderlich, dass den genannten Gesetze mit Misstrauen begegnet wird. Im Prinzip leugnet man die Erforderlichkeit der genannten Gesetze nicht. Jedoch wird eine restriktive Auslegung verlangt. Als Begründung für die restriktive Auslegung wird angeführt, dass das Gemeinwohl, wie es der Staat in seinen Gesetzen formuliert, sehr oft nicht hinreichend vom Stiftungszweck, insbesondere einer öffentlichen Stiftung, abgegrenzt werden könne. Daher bestehe die Gefahr, dass der Staat Stiftungen mit der Begründung enteigne, dass er damit das Gemeinwohl im Auge habe und sich damit innerhalb des Stiftungszwecks bewege, der schließlich auch das Gemeinwohl verfolge[31]. In einer solchen Argumentation sieht aber die Schiitische Geistlichkeit den Bestand der Stiftung und die Stiftung als Rechtsinstitut gefährdet.

Deshalb solle bei der Frage, ob ein Fall des Gemeinwohls vorliegt, auch die Interessen der Stiftung ausreichend berücksichtigt und in die Abwägung einbezogen werden. Zudem sei die Enteignung als letztes Mittel einzusetzen. Zuvor müsse versucht werden, mit der Stiftung in Bezug auf die betroffene Immobilie einen Mietvertrag abzuschließen, um das Eigentum bei der Stiftung zu lassen. Und bei der Verhandlung müsse der Mietzins angemessen bestimmt werden

---

[31] *Ibid.*, S. 151 f.

und dürfe allein mit der Begründung, dass es um das Gemeinwohl gehe, nicht zu niedrig ausfallen.

Im frühen nachrevolutionären Iran wurde am 05.06.1979 das Gesetz zur Klärung des Eigentums an Brachlandflächen verabschiedet. Dieses Gesetz sah die Rückführung aller Brachlandflächen in das Staatseigentum vor. § 11 der Verordnung, die aufgrund des genannten Gesetzes erlassen worden war, sah vor, dass auch die öffentlichen Stiftungen im Grundsatz unter den Anwendungsbereich des Gesetzes fielen. Jedoch würden diejenigen Immobilien ihre Eigenschaft als Stiftungskapital nicht verlieren, bei denen im Zusammenhang mit der Stiftung die Bewässerung der Brachfläche durch den Stifter vorgesehen ist.

Eine weitere Einschränkung zugunsten des Staates bestand darin, dass das Regierungskabinett befugt war, im Einzelfall eine andere Nutzung der betroffenen Fläche anzuordnen als die Nutzung, die der Stiftungszweck vorsah.

Diese Verordnung wurde am 13.12.1982 für nichtig erklärt, weil sie unvereinbar mit dem Islamischen Recht sei. Dies bedeutete damit einen Sieg für die Schiitische Geistlichkeit auf ihrem Weg zur Verfestigung und Schutz der Stiftungen.

Unterstützt wurde die Geistlichkeit durch zwei bekannte Fatwās des Staatsgründers der Islamischen Republik Imam *Xomeini*[32]. In einer Fatwā erklärt Imam *Xomeini*, dass Immobilien, die das Stiftungskapital einer Stiftung bilden, weiter als solche und im Rahmen des Stiftungszwecks verwendet werden müssen. Eine andere Fatwā besagt, dass auch Weideland Stiftungsvermögen bilden könne.

Die Tatsache, dass hier derart konkrete Fragen Gegenstand einer Fatwā geworden sind, zeigt zum einen, dass die neue politische Elite durchaus unsicher war, wie man mit dem Rechtsinstitut der Stiftung umgehen sollte und zum anderen, dass die Schiitische Geistlichkeit der Frage der Stiftung große Bedeutung zuspricht.

Im Kontext der oben genannten *weißen Revolution* der *Pahlavi* Dynastie wurde am 17.01.1963 das Gesetz zur Nationalisierung der Wälder verabschiedet.

Es stellte sich hier die Frage, ob auch Stiftungen, für den Fall, dass das Stiftungskapital aus einer Waldfläche bestand, von diesem Gesetz betroffen waren.

Im nachrevolutionären Iran kam es dabei zu politischen Auseinandersetzungen zwischen den jeweiligen regionalen Gouverneuren und den Organisationen, die den Stiftungen nahe standen. Naturgemäß beriefen sich die Gouverneure auf die Nationalisierung der Wälder, während die Stiftungsorganisationen auf die Fortgeltung der Stiftung auch in Bezug auf Waldflächen bestanden. Auch in diesem Fall trugen die Befürworter der Stiftungen einen Sieg davon. Aufgrund

---

[32] Nachweis bei *Nāder Rijāhi Sāmani* (Anm. 2), Anhang.

der Entscheidung der Justiz, gestützt auf ein Gutachten des Wächterrates, wurden die Stiftungen von der Nationalisierung der Wälder ausgenommen.

7. Stiftungsorganisation und staatliche Kontrolle

Eine zentrale Diskussion ist die Frage nach Führung und Verwaltung der Stiftung.

Das ZGB kennt nur ein singuläres Leitungsorgan (*Motawalli* – Kurator). Das Organisationsgesetz aber nennt in Art. 14 den Kurator, die Destinatäre und die Aufsichtspersonen als Stiftungsbeteiligte. Insoweit kann eine Stiftung durchaus über ein Aufsichtsgremium verfügen, was einem zweistufigen Führungsmodell entspricht.

Im Rahmen der Stiftungsorganisation gilt die Stifterfreiheit. Diese wird jedoch eingeschränkt zugunsten der Interessen der Stiftungen. Grundlage hierfür ist das Organisationsgesetz, das die staatliche Kontrolle über die Stiftungen regelt.

a) Der Kurator

Im Zusammenhang mit dem Kurator werden zwei Fragen im Islamischen Recht ausführlich diskutiert:

a) Wie ist zu verfahren, wenn der Stifter die Verwaltungsorganisation nicht bestimmt hat?

b) Welche Voraussetzungen muss der *Motawalli* (Kurator) in seiner Person aufweisen?

Hat der Stifter einen Kurator (Verwalter) nicht ernannt, dann obliegt nach einer Auffassung die Führung der Stiftung den Destinatären der Stiftung. Andere wiederum unterscheiden zwischen der öffentlichen und der privaten Stiftung. Während danach bei der privaten Stiftung die Führung bei den Destinatären liegt, sei die Lage bei der öffentlichen Stiftung anders, so dass hier die Verwaltung der zuständigen öffentlichen Stelle zustehe.

Auch Imam *Xomeini* knüpft an diese Auffassung an, modifiziert sie aber insoweit, als im Falle der privaten Stiftung zwischen grundsätzlichen und weniger wichtigen Fragen unterschieden werden muss, so dass die zuständige öffentlichrechtliche Stelle im Falle der grundsätzlichen Fragen betreffend der Stiftung zuständig ist, während bei anderen Fragen die Destinatäre die Führung ausüben können.

In allen Islamischen Rechtsschulen wird auch die Frage aufgeworfen, welche Voraussetzungen die Person des Kurators aufweisen muss, um die Führung der Stiftung zu übernehmen. Im Einzelnen werden unter anderem folgende Voraussetzungen untersucht: Vernunft, Volljährigkeit, Islam und Gerechtigkeit.

Die nationale Gesetzgebung Irans bestimmt in Art. 81 ZGB, dass die Führung einer öffentlichen Stiftung dem Revolutionsführer obliegt, wenn die betroffene Stiftung keinen Kurator hat. Und auch Art. 1 des Organisationsgesetzes besagt, dass im Falle des Fehlens eines Kurators die Verwaltung der öffentlichen Stiftung dem Revolutionsführer obliegt.

Das Zivilgesetzbuch trifft keine Regelung für die private Stiftung, die keinen Kurator hat. Dagegen sieht das Organisationsgesetz ein Interventionsrecht der staatlichen Wohltätigkeitsorganisation vor, wenn die Interessen der jeweils betroffenen Stiftung das verlangt.

b) Wahl des Kurators

Art. 61 ZGB sieht vor, dass mit der Übergabe des Stiftungskapitals die Stiftung entstanden ist und der Stifter anschließend jegliche Verfügungsrechte verliert. Vor der Entstehung der Stiftung kann jedoch der Stifter die Stiftungsorganisation selbst festlegen, wie aus Art. 75 ZGB zu entnehmen ist. Dabei kann er sich sogar selbst für eine bestimmte Zeit zum Kurator ernennen. Insoweit gilt im Grundsatz die Stifterfreiheit. Diese Stifterfreiheit findet aber ihre Grenzen in der staatlichen Kontrolle in Gestalt der staatlichen Wohltätigkeitsorganisation. Diese staatliche Kontrolle äußert sich zum einen in der unter bestimmten Voraussetzungen notwendigen Bestätigung der Person des Kurators durch die Wohltätigkeitsorganisation. Im Einzelnen gilt:

aa) Sind Stifter und Kurator personenidentisch, dann ist eine Bestätigung des Kurators durch die Wohltätigkeitsorganisation nicht erforderlich.

bb) Bestimmt der Stifter einen Kurator, so ist zu Lebzeiten des Stifters eine Intervention der Wohltätigkeitsorganisation ausgeschlossen, solange der Kurator entsprechend dem Stiftungszweck das Stiftungsvermögen ordnungsgemäß verwaltet. Verletzt der Kurator aber seine Pflichten, kann die Wohltätigkeitsorganisation ihn auffordern, sich eine Bestätigung der Organisation einzuholen, und zwar auch, wenn der Stifter selbst untätig geblieben ist.

cc) Für den Fall, dass der Stifter sich selbst zum Kurator ernannt hat und entsprechende Regelung in Bezug auf seine Nachfolger in der Position des Kurators getroffen hat, müssen die Nachfolger ebenfalls durch die Wohltätigkeitsorganisation bestätigt werden.

c) Abberufung des Kurators

Am Beispiel der Abberufung eines Kurators zeigt sich, dass das iranische Recht vom Grundsatz der Stifterfreiheit ausgeht, jedoch diese zugunsten der Interessen der Stiftung unter bestimmten Voraussetzungen einschränkt: Wenn der Kurator seine Aufgaben nicht ordnungsgemäß erfüllt und die Interessen der Stiftung gefährdet, kann die Wohltätigkeitsorganisation ihn gem. Art. 7 des

Organisationsgesetzes abberufen. Als milderes Mittel ist aber dem Kurator zunächst für eine bestimmte Zeit die Verwaltungsbefugnis zu entziehen. Damit soll der Stifterfreiheit und dem Willen des Stifters Rechnung getragen werden, denn dieser hat einen Kurator ernannt, so dass die staatliche Kontrolle dem säumig gewordenen Kurator nicht unmittelbar die Verwaltung entzieht, sondern erst in Form einer zeitlich befristeten Abberufung anmahnt.

II. Stiftungskörperschaften

Die oben dargestellte Stiftung ist eine rechtsfähige Stiftung des Zivilrechts. Sie kann auch als die geborene Stiftung bezeichnet werden.

Daneben kennt das iranische Recht auch die Stiftungskörperschaft, die als Körperschaft errichtet worden ist, jedoch im Rechtsverkehr im Verhältnis zu Dritten als Stiftung auftritt.

Liegt bei der Stiftung des Zivilrechts der Schwerpunkt auf der Verselbständigung des Vermögens, ist die Rechtslage bei der Körperschaft grundsätzlich insoweit entgegengesetzt, als sie hier mit (Vermögens-) Rechten der Mitglieder konfrontiert ist.

Dennoch findet man im iranischen Handelsgesetzbuch (HGB) die Rechtsfigur der *nicht-kaufmännischen Gesellschaft*. Damit scheidet jede kaufmännische Tätigkeit als Gegenstand der Gesellschaft aus, wobei hierbei auf den Begriff des Kaufmanns des iranischen HGB abzustellen ist, der mit wenigen Ausnahmen der Rechtslage des deutschen HGB entspricht. Nach § 584 des iranischen HGB haben die nicht-kaufmännischen Gesellschaften eine eigene Rechtspersönlichkeit, sind mithin juristische Personen.

Aufgrund einer Verordnung wurde die nicht-kaufmännische Gesellschaft unterteilt in nicht-kaufmännische Gesellschaften, die auf Gewinnerzielung zugunsten der eigenen Mitglieder gerichtet sind und solche nicht-kaufmännische Gesellschaften, bei denen eine Gewinnausschüttung an eigene Mitglieder ausgeschlossen ist.

Die Verordnung spricht ausdrücklich davon, dass Vereine, Kammern und Institutionen in Form einer auf Gewinnerzielung gerichteten nicht-kaufmännischen Gesellschaft organisiert werden können. In diesem Fall ist im Einzelfall eine Genehmigung erforderlich.

Dagegen muss im Falle einer nicht-kaufmännischen Gesellschaft, die keine Gewinnausschüttung vornehmen darf, ausnahmslos die Genehmigung der zuständigen Ordnungsbehörde eingeholt werden.

Nach der Verordnung ist im Grundsatz auch die Möglichkeit gegeben, dass vergleichbare ausländische Gesellschaften im Iran registriert werden können (allerdings ausschließlich in Teheran).

Diese Körperschaft kann folglich auch als Stiftungskörperschaft ausgestaltet werden, mit der Konsequenz, dass die Körperschaft Träger des Stiftungsvermögens ist.

So kann auch eine NGO sich dieser Gesellschaftsform bedienen, was aber mit dem erwähnten notwendigen Genehmigungsverfahren einhergeht.

III. Moderne Stiftungen

Die oben dargestellten Stiftungen des Zivilrechts sind insoweit als traditionelle Stiftungen einzuordnen, als ihre Entstehung auf zivilrechtlichem Boden stattfindet, wobei bei der Kodifizierung und späteren Reformierung der stiftungsrelevanten Normen des Zivilrechts das Schiitischen Recht zugrunde gelegt wurde. Wenn auch diese Stiftungen von der staatlichen Wohltätigkeitsorganisation überwacht werden, so sind sie doch kein unmittelbares Ergebnis der Staatsgewalt.

Die modernen Stiftungen sind dagegen oftmals ein Produkt der Sondergesetze und unterliegen damit diesen besonderen Gesetzen. Das zivilrechtliche Stiftungsrecht kommt bei ihnen nur subsidiär zur Anwendung.

1. Vorrevolutionäre Stiftungen

Die vorrevolutionären Stiftungen sind bereits vor der Revolution im Jahr 1979 entstanden und blicken teilweise auf mehrere Jahrhunderte geschichtlicher Tradition zurück.

Sie verdanken demnach ihre Existenz nicht ausschließlich der Islamischen Revolution. Schon vor der Revolution hat etwa die dargestellte Landreform mit ihrem säkularen Ansatz nicht gewagt, die Stellung dieser Stiftungen im Grundsatz anzutasten.

Aber es ist zugleich unverkennbar, dass diese vorrevolutionären modernen Stiftungen nach der Revolution an religiöser und wirtschaftlicher Bedeutung gewonnen haben und damit noch mehr als zuvor zu einem gesellschaftlichen Machtfaktor innerhalb der iranischen oder gar der weltweiten Islamischen Gesellschaft geworden sind.

Die im Nordosten Irans gelegene Stadt *Mashhad* ist für die Schiiten eine heilige Stadt, da sich hier das Mausoleum des achten Imams der Schiiten, *Imam Reza,* befindet. Gegründet auf diese Tradition ist *āstān ġods Razavi* (die Imam Reza Stiftung), eine Stiftung, die über eine mehr als 1200 Jahre währende Geschichte zurückblickt und damit die älteste bestehende Organisation im Iran ist.

āstān ġods Razavi verfügt über erheblichen religiösen Einfluss, und zwar weit über die Grenzen *Mashhads*. Das Ansehen, das diese Stiftung innerhalb der iranischen Gesellschaft genießt, ist unübersehbar. Mehr als 15 Millionen Pilger besuchen die Stadt *Mashhad* und spenden erhebliche Beträge.

Die Stiftung unterhält eine Wirtschaftsorganisation und eine sozial-kulturelle Organisation. Sie beschäftigt mehr als 18 000 Personen.

Die Wirtschaftsorganisation führt eine Vielzahl von Unternehmen. Diese Unternehmen sind meist als Kapitalgesellschaften organisiert und nehmen insoweit ohne weitere Besonderheiten am Rechts- und Wirtschaftsverkehr teil. Der erzielte Gewinn wird entsprechend dem Stiftungszweck verwendet.

Die Aktivität dieser Kapitalgesellschaften ist vielfältig. Zu nennen sind Landwirtschaft, Industrie, Bergbau und Dienstleistungen. Darunter findet man Investmentgesellschaften und Gesellschaften, die bestimmte Entwicklungsprojekte begleiten.

Auch das Tätigkeitsfeld der sozial-kulturellen Organisation ist weit gefasst. Die Stiftung betreibt unter anderem Universitäten, wissenschaftliche Institute, Bibliotheken, Schulen, Veröffentlichungen, Kultureinrichtungen und Museen.

āstān ģods Razavi unterstützt Hilfsbedürftige durch Gewährung von Geld- und Sachzuwendungen, sie vergibt zinslose Kredite, errichtet Schulen und Moscheen, organisiert und finanziert die Renovierungen von Mausoleen und spendet zugunsten anderer Stiftungen.

Insgesamt kommt dieser Stiftung innerhalb der iranischen Volkswirtschaft eine Schlüsselrolle zu.

2. Nachrevolutionäre Stiftungen

Wie bereits erwähnt, ist die Existenz der nachrevolutionären Stiftungen auf die Revolution im Jahr 1979 und den Iran-Irak-Krieg zurückzuführen.

Entsprechend ist ihre dogmatische Rechtfertigung nicht allein religiös, sondern auch politisch ausgestaltet.

In der iranischen Rechtsterminologie werden diese Stiftungen im Rahmen des Haushalts- oder Steuerrechts auch *öffentliche Nicht-Regierungsorganisationen* genannt. Übersetzt könnte man auch von einer *öffentlichen NGO* sprechen, was für den westlichen Beobachter kaum noch verständlich sein wird, schließen sich doch die Begriffe NGO und öffentlich aus. Der Widerspruch verstärkt sich, wenn man berücksichtigt, dass diese Stiftungen einen Teil ihres Haushalts über die Regierung finanzieren. In jedem Haushaltsplan der Regierung wird diesen Organisationen eine erhebliche Zuwendung zugesprochen. Zugleich sind diese Organisationen in der Regel der Aufsicht des Revolutionsführers unterstellt, der wiederum ein Verfassungsorgan ist.

Als Beispiel soll hier die *Bonyād-e Shahid* (Märtyrerstiftung) vorgestellt werden.

Die Märtyrerstiftung wurde am 12.03.1980 durch Anweisung des Staatsgründers der Islamischen Republik Iran Imam *Xomeini* gegründet. Mit Parlamentsgesetz vom 17.05.1998 wurde die Satzung dieser Stiftung verabschiedet.

In der Satzung werden die Ziele der Stiftung wie folgt definiert: Die Pflege und Verbreitung der Märtyrerkultur, die Erinnerung an die Märtyrer, geistige und materielle Unterstützung der Angehörigen der Märtyrer. Dabei liefert die

Satzung eine exakte Definition des Märtyrers und legt damit rechtlich den Kreis der Destinatäre fest.

In Bezug auf die Finanzverfassung unterscheidet die Satzung zwischen dem Vermögen und dem Einkommen der Stiftung.

Danach setzt sich das Vermögen der Stiftung zusammen aus:

- Beweglichen und unbeweglichen Sachen, Aktien, Wertpapieren, Bargeld und anderen Vermögenswerten, die aufgrund Richterspruchs der Stiftung zugesprochen worden sind oder in Zukunft zugewiesen werden. Damit ist auch die Enteignung von Personen gemeint, die das Land nach der Revolution verlassen haben.
- Vermögenswerten, die die Regierung der Stiftung zur Verfügung stellt.
- Spenden von natürlichen und juristischen Personen.

Das Einkommen der Stiftung besteht aus Spenden des Revolutionsführers, staatlichen Zuwendungen aufgrund des staatlichen Haushalts, Einkommen der Stiftung aus wirtschaftlicher Betätigung und Spenden natürlicher und juristischer Personen.

Die Organisationsverfassung der Stiftung kennt drei Organe: Treuhandkomitee, Vertreter des Revolutionsführers und ein geschäftsführendes Organ. Trotz des Begriffs der öffentlichen Nicht-Regierungsorganisation spielt der Staatspräsident neben dem Revolutionsführer auch im Rahmen der Organisationsverfassung der Stiftung eine wichtige Rolle, wenn auch eine Gesamtwürdigung der Zuständigkeitsbefugnisse zugunsten des Revolutionsführers ausfällt. So kann die Stiftung allein aufgrund der Anweisung des Revolutionsführers aufgelöst werden, wobei eine solche Befugnis dem Präsidenten nicht zugesprochen wird.

IV. NGO

Das Schicksal der NGO in Iran ist untrennbar mit dem Sieg Präsident *Xātamis* im Jahr 1997 und seiner Kampagne für die Zivilgesellschaft verbunden. Diese Zivilgesellschaft sollte sich vom Staat unabhängigen Organisationen bedienen können.

1. Die Entwicklung der NGO seit 1997

Im Februar 1998 trafen sich im Rahmen der ersten Veranstaltung dieser Art Vertreter der iranischen Regierung, der iranischen NGO und Vertreter der Weltgesundheitsorganisation. Gegenstand der Zusammenkunft waren die gängigen Themen der NGO: Gesundheit, Entwicklung, Frauen und Umwelt.

Schon bei dieser ersten offiziellen Veranstaltung wurden die rechtlichen Schwierigkeiten bei der Registrierung der NGO und der Rahmen ihrer rechtlichen Aktivität diskutiert.

Dennoch kam es in der Folge zu keiner einschlägigen Gesetzgebung.

Im iranischen Jahr 1378 (1999/2000) erließ jedoch das Regierungskabinett einen Erlass, der die Registrierung der NGO regelte und im Verhältnis zu der vorherigen Rechtslage erleichterte. In der Folge kam es zu einer Klage der Ordnungsbehörden gegen diesen Erlass, da diese ihre gesetzliche Zuständigkeit verletzt sahen. Mit höchstrichterlicher Entscheidung wurde jedoch die Klage der Ordnungsbehörden zurückgewiesen.

Anfang 2005 wurde bekannt, dass die Errichtung einer Dachorganisation der NGO geplant ist. Es soll sich dabei um eine Zwangsmitgliedschaft handeln.

Trotz der bestehenden Kritik hat die Zahl der NGO im Iran in den letzten Jahren dramatisch zugenommen. So waren im iranischen Jahr 1376 (1997/98) gerade einmal 55 NGO bekannt, die sich im Bereich der Frauenrechte betätigten. Diese Zahl lag im Jahr 1383 (2004/05) schon bei 480, was einem Wachstum von mehr als 700 % entspricht.

Daneben wurde im letzten Haushalt der NGO ein fester Betrag als Zuwendung für ihre Aktivitäten zugesprochen.

2. Die NGO-Verordnung

Im August 2005 trat schließlich nach langer Diskussion und Unsicherheit eine Verordnung in Kraft, die die NGO zum Gegenstand hat.[33]

Die Verordnung definiert die NGO und ihre Rechten und Pflichten. Zugleich werden die NGO einer Kontrolle unterworfen. Insgesamt bedeutet die Verordnung eine Besserstellung der NGO. Denn durch die Verordnung wird die Lage der NGO in einem rechtlichen Rahmen eingebetet, mit der Folge, dass die zuvor bestehenden Unsicherheiten beseitigt werden und damit auch den Behörden die Möglichkeit genommen wird, im Einzelfall die Unsicherheit zuungunsten der NGO auszulegen.

a) Begriffe

Die Verordnung definiert die NGO als eine durch natürliche oder juristische Personen und auf freiwilliger Basis gegründete Gesellschaft, deren Ziele nicht auf Gewinnzielung gerichtet und nicht politisch sein dürfen.

Legitime Ziele sind Wissenschaft, Kultur, Soziales, Sport, Wohltätigkeit, Frauen, Gesundheit, Umwelt, Entwicklung etc.

---

[33] Official Gazette Nr. 17600, 01.08.2005

b) Genehmigungsvorbehalt

Die Verordnung unterstellt die Errichtung und den Betrieb der NGO einem Genehmigungsvorbehalt. Danach muss ein entsprechender Antrag an die zuständigen Behörden gerichtet werden. Zuständige Behörden befinden sich auf drei Ebenen: Gemeinde, Provinz oder nationaler Ebene.

Eine Voraussetzung für die Erteilung der Genehmigung ist das Vorhandensein von mindestens fünf Gründungsmitgliedern. Diese müssen die iranische Staatsangehörigkeit besitzen und mindestens 18 Jahre alt sein. Und zumindest zwei der Gründer müssen über einschlägige Erfahrung auf dem Gebiet des von der NGO geplanten Tätigkeitsfeldes verfügen.

Die Satzung der NGO hat gewisse Anforderungen zu erfüllen. Hier trifft die Verordnung Aussagen betreffend Organisations- und Finanzverfassung der NGO. Unter anderem hat die NGO in ihrer Satzung ihr Tätigkeitsgebiet geographisch einzugrenzen.

Jede Satzungsänderung muss den Behörden angezeigt werden und anschließend veröffentlicht werden.

Über ein auf Errichtung einer NGO gerichteten Antrag muss innerhalb von zwei Wochen verbindlich entschieden werden.

Gegen die Entscheidung der Gemeinde können die Antragsteller auf Provinzebene Widerspruch einlegen. Und gegen die Entscheidung der Provinz kann der Antragsteller auf nationaler Ebene Widerspruch einlegen. Die Widerspruchsfrist beträgt jeweils einen Monat.

Nach Erschöpfen des Widerspruchsverfahrens steht den Antragstellern der Rechtsweg zu den Gerichten offen.

c) Rechte der NGO

Nach der Verordnung sind die NGO vor den Gerichten Parteifähig und können entsprechend Klagen erheben, um im Interesse der Allgemeinheit zu handeln. Insoweit sind die NGO ausdrücklich klagebefugt.

In diesem Kontext können auch die staatlichen Stellen die NGO in ihren Prozess der Entscheidungsfindung mit einbeziehen.

Die NGO haben das Recht, geeignete Maßnahmen zu ergreifen, um ihre Ziele zu erreichen. Darunter fallen auch das Recht zu publizieren und zu demonstrieren.

Die Verordnung gewährt den NGO ausdrücklich das Recht, von öffentlichen Stellen die Herausgabe von nicht geheimen Informationen zu verlangen. Korrespondierend hierzu wird die Pflicht der ersuchten Stelle zur Herausgabe der verlangten Information konstituiert.

d) Pflichten der NGO

Die NGO müssen bei der Ausübung ihrer Tätigkeiten und der Wahrnehmung ihrer oben genannten Rechten die Rechtsordnung Irans beachten. Entsprechend verpflichtet die Verordnung die NGO, den anfragenden Behörden alle einschlägigen Dokumente vorzulegen. Allerdings kann der Vertreter der Behörde die Dokumente nur bei Anwesendheit eines bevollmächtigten Vertreters des betroffenen NGO untersuchen, und zwar ausschließlich in den Räumen der betroffenen NGO.

Eine besondere Pflicht der NGO besteht darin, dass eine außerhalb Irans geplante Betätigung zuvor der Genehmigung der Behörden bedarf, wobei u.a. das iranische Außenministerium eingeschaltet wird.

e) Finanzen

Die Verordnung nennt folgende Einnahmequellen der NGO:

1. Schenkungen, Spenden etc.
2. Einnahmen, die im Zusammenhang mit dem Gegenstand der NGO erzielt worden sind.
3. Mitgliedsbeiträge der Mitglieder der jeweiligen NGO.

Eine Besonderheit besteht darin, dass die NGO ausländische Spenden nur annehmen können, nachdem sie den Vorgang den zuständigen Behörden angezeigt haben. Die Behörden wiederum teilen den Sachverhalt dem Nachrichtendienst und der Zentralbank mit. Innerhalb eines Monats müssen die genannten Stellen ihre Stellungnahme den Behörden mitteilen. Anderenfalls gilt ihr Schweigen als Zustimmung und die betroffene NGO kann die ausländischen Zuwendungen annehmen.

Ausdrücklich ausgenommen vom Genehmigungsvorbehalt sind die Unterorganisationen der Vereinten Nationen, deren Zuwendungen ohne weiteres angenommen werden können.

Die NGO sind verpflichtet, ihren Jahresabschluss vor dem Ablauf des zweiten Monats des betroffenen Geschäftsjahres den Behörden vorzulegen. Eine Zusammenfassung über die Finanzen der NGO muss jeweils veröffentlicht werden, und zwar derart, dass die Öffentlichkeit davon Kenntnis nehmen kann.

Die Verabschiedung der NGO-Verordnung ist als Ergebnis der zunehmenden gesellschaftlichen Bedeutung der NGO innerhalb der iranischen Gesellschaft zu sehen. Trotz der anfänglichen Zurückhaltung hat die Regierung die Notwendigkeit eines entsprechenden Rechtsaktes gesehen.

Die dargestellte NGO-Verordnung ist allerdings unter Präsident *Xātami* in Kraft getreten, dessen Position als eher NGO-freundlich eingeordnet werden kann. Wie die neue Regierung unter Präsident *Ahmadineğad* die NGO sieht, ist eine andere Frage. Zum gegenwärtigen Zeitpunkt kann das abschließend nicht beurteilt werden.

V. Steuerrecht

Die Förderung der Stiftungen innerhalb der Rechtsordnung der Islamischen Republik Iran äußert sich auch in der entsprechenden steuerrechtlichen Gesetzgebung.

Nach § 139 des Iranischen Direktbesteuerungsgesetzes (im Folgenden „Steuergesetz") unterliegen Spenden (Geld- und Sachspenden) und andere Unterstützungen, die die *āstān ġods Razavi* (Imam Reza Stiftung) erhält, nicht der Besteuerung.

Das gilt auch für die Einnahmen, die die *Organisationen der Islamischen Revolution* aufgrund von Spenden, erzielen. Die Konkretisierung der Frage, welche Organisationen unter diese Steuerbefreiung fallen, obliegt nach § 139 des Steuergesetzes dem Regierungskabinett.

Hierzu existiert aber auch ein Parlamentsgesetz vom 10.07.1994, das etwa die Märtyrerstiftung und die Stiftungen der Entrechteten als solche Organisationen anerkennt.

Auch die NGO, die rechtmäßig errichtet worden sind, unterliegen mit ihren aus Spenden erzielten Einnahmen nicht der Besteuerung.

In Bezug auf öffentliche Stiftungen sind diejenigen Einkommen und Erträge, die im Rahmen des Islamischen Rechts verwendet werden, von der Besteuerung befreit. Bei der Frage, welche Tätigkeiten sich im Rahmen des Islamischen Rechts bewegen, nimmt das Gesetz eine Aufzählung vor, die sehr weit gefasst ist. Legitim ist unter anderem die Förderung der Islamischen Kultur, der Gesundheit, der universitären Bildung, der technischen Erfindungen, der Erhaltung antiker Stätte und Unterstützung der von Naturkatastrophen betroffenen Bevölkerung. Hierbei kommt der Wohltätigkeitsorganisation eine Schlüsselstellung zu, da sie die Frage, ob die Ausgaben der Stiftungserträge mit dem Gesetz im Einklang stehen, bestätigen muss, da anderenfalls die Steuerbefreiung nicht zum Zuge kommt.

Die Steuerbefreiung wird auch auf Organisationen der religiösen Minderheiten (wie Juden und Christen) angewandt, solange diese offiziell vom Innenministerium anerkannt worden sind.

Unabhängig von der in § 139 des Steuergesetzes vorgenommenen Aufzählung der Steuerbefreiungen, bestimmt § 2, dass neben den Ministerien, staatlichen Instituten und Kommunen auch diejenigen Organisationen nicht dem Anwendungsbereich des Steuergesetzes unter fallen, die ihren Haushalt über die Regierung finanzieren. Darunter fallen folglich auch Organisationen wie die Märtyrerstiftung. Zugleich wird aber in § 2 des Steuergesetzes weiter klar gestellt, dass dieser Grundsatz nicht für Unternehmen und Gesellschaften gilt, deren Anteile vom Staat oder den genannten Organisationen gehalten werden, mit der Konsequenz, dass ein als eine Kapitalgesellschaft organisiertes Unternehmen der betroffenen Stiftung dem Steuergesetz unter fällt und grundsätzlich steuerpflichtig ist. Zusätzlich kam es am 21.03.2002 zu einem Erlass des

Präsidentenamtes an alle Ministerien und Organisationen der Islamischen Revolution, worin auf die Steuerpflichtigkeit der von diesen Organisationen gehaltenen Kapitalgesellschaften ausdrücklich hingewiesen wurde.

Zugleich wird aber wiederum eine Relativierung insoweit vorgenommen, als es dem Revolutionsführer vorbehalten ist, im Einzelfall eine vom Gesetz vorgeschriebene Steuerpflicht außer Kraft zu setzen.

VI. Ausblick

Die traditionellen und modernen Stiftungen im Iran haben eine herausragende religiöse, politische, wirtschaftliche und soziale Funktion innerhalb der Gesellschaft. Ihre Rolle wird zunehmend wachsen. Die allmähliche – aber zugleich unaufhaltsame – Privatisierung der iranischen Ökonomie wird die Rolle des Staates auch auf der Ebene der Fürsorge verringern. Dieses Vakuum werden die Stiftungen füllen wollen, weil sie religiöse und soziale Aspekte vereinen.

Die NGO werden eine unstreitig wichtige Rolle in der postrevolutionären iranischen Gesellschaft haben. Auch hier wird die zunehmende Privatisierung der Wirtschaft und der staatlichen Fürsorge die Gründung neuer NGO vorantreiben.

4. Teil: An den Grenzen des Altruismus

Zuwendungen an gemeinnützige Stiftungen und Erbrecht

ANNE RÖTHEL

A. Einführung
B. Zuwendungen an Stiftungen von Todes wegen
   I. Art und Umfang der erbrechtlichen Begünstigung einer Stiftung
   II. Stifterfreiheit und erbrechtliche Gestaltungsgrenzen
C. Lebzeitige Zuwendungen an Stiftungen
   I. Stiftungserrichtung und Pflichtteilsergänzung
   II. Lebzeitige Zuwendungen an Stiftungen und Pflichtteilsergänzung
     1. Lebzeitige Zuwendungen in Form der Zustiftung
     2. Lebzeitige Zuwendungen in Form der Spende
       a) Die Treuhandthese des OLG Dresden
       b) Treuhand, Zustiftung und Spende
       c) Richterliche Korrektur der §§ 2325 ff. BGB?
D. Rechtspolitischer Ausblick
   I. Versorgungs- und Ausstattungsfunktion
   II. Verteilungsfunktion
   III. Familienbindungsfunktion
   IV. Fazit

A. Einführung

Stiften, Spenden und Vererben stehen in Konkurrenz[1]. Nach einer jüngeren Studie der Gesellschaft für Konsumforschung und des Deutschen Spendenrates ist knapp ein Fünftel der Bundesbürger derzeit bereit, sein Vermögen – anstatt es zu vererben – ganz oder teilweise gemeinnützigen Organisationen zu überlassen[2]. Jede Freigiebigkeit des Erblassers – sei es zu Lebzeiten oder von Todes wegen –, schmälert allerdings die Vermögensausstattung der Erben und Pflichtteilsberechtigten. Und gerade in Zeiten, da der Staat angesichts leerer Kassen umso dankbarer sein muss, wenn Privatpersonen beachtliche Teile ihres Vermögens langfristig der Förderung des Gemeinwohls widmen wollen, mag es befremden, wenn die Hinterbliebenen später erfolgreich Pflichtteils- und Pflichtteilsergänzungsansprüche durchsetzen. Solche Fälle haben gerade in jüngerer Zeit die Gerichte beschäftigt. Und die Gerichte haben – um es vorweg

---

[1] So die plastische Formulierung von *O. Werner*, ZSt 2005, 83.

[2] FAZ vom 25. 9. 2005, S. 11. Ein weiteres Ergebnis der Studie ist, dass die Deutschen vom 1. 7. 2004 bis zum 31. 6. 2005 insgesamt 2,6 Milliarden Euro gespendet haben – so viel wie noch nie zuvor.

zu nehmen – fast ausnahmslos zugunsten der Pflichtteilsberechtigten judiziert[3]. Diese Entscheidungen sind nicht nur im Umfeld der Stiftungen auf Unverständnis gestoßen. Unversehens sind sie auch zum rechtspolitischen Gradmesser für die innere Überzeugungskraft des Pflichtteilsrechts geworden. Die ohnehin schwelende Akzeptanzkrise des Pflichtteilsrechts hat neue Nahrung erhalten, und wieder erschallt von vielen Seiten der Ruf nach dem Gesetzgeber.

Im Folgenden werden zunächst auf dem Boden des geltenden Rechts die Verflechtungen von Stiftungsrecht und Erbrecht erläutert, und zwar für Zuwendungen an Stiftungen von Todes wegen (unten B) sowie für lebzeitige Zuwendungen (unten C). In einem rechtspolitischen Ausblick wird schließlich diskutiert, inwieweit de lege ferenda Einschnitte in das Pflichtteilsrecht zugunsten gemeinnütziger Stiftungen geboten sind (unten D). Dabei wird gezeigt werden, dass der derzeitige Zuschnitt des Pflichtteilsrechts und die darin liegende Begünstigung der gesetzlichen Erben auch heute noch und auch gegenüber Zuwendungen an gemeinnützige Stiftungen nicht an Berechtigung verloren hat.

B. Zuwendungen an Stiftungen von Todes wegen

Besonders augenfällig sind die Verbindungen von Stiftungsrecht und Erbrecht bei Zuwendungen an Stiftungen von Todes wegen. Durch letztwillige Verfügung kann ein Erblasser eine bereits bestehende rechtsfähige Stiftung als Erbin einsetzen oder sonst durch Vermächtnis oder Auflage begünstigen. Darüber hinaus hat der Gesetzgeber des BGB die Möglichkeit eröffnet, eine Stiftung durch Verfügung von Todes wegen zu errichten (§ 83 BGB)[4]. Zur Stifterfreiheit gehört daher auch die Begünstigung einer Stiftung von Todes wegen.

Stiftungserrichtung und Zuwendungen an Stiftungen von Todes wegen setzen eine *wirksame Verfügung von Todes wegen* voraus, d.h. ein Testament (§ 1937 BGB) oder einen Erbvertrag (§ 1941 BGB)[5]. Es gelten also die persönlichen, sachlichen und formellen Wirksamkeitsbedingungen des Erbrechts (insbesondere §§ 2064, 2065, 2229, 2231 ff. BGB)[6]. Im Übrigen unterliegen

---

[3] Anders in jüngerer Zeit nur eine Entscheidung des OLG Dresden, die aber vom BGH aufgehoben wurde; dazu noch eingehend unten C II 2.

[4] Bereits im Gemeinen Recht wurde diese Frage, ob eine rechtsfähige Stiftung auch durch letztwillige Verfügung des Stifters entstehen kann, kontrovers diskutiert; vgl. Motive bei Mugdan, Die gesamten Materialien zum Bürgerlichen Gesetzbuch für das Deutsche Reich, 1899, Band I, S. 418; *Staudinger/Rawert*, 13. Bearbeitung 1995, § 83 Rn. 1.

[5] Errichten Ehegatten gemeinsam durch Erbvertrag eine Stiftung, die mit dem Tod des Erstversterbenden entstehen soll, so nimmt jeder Ehegatte ein Stiftungsgeschäft sowohl unter Lebenden als auch von Todes wegen vor; näher BGH, NJW 1978, 943 (944) sowie eingehend *Muscheler*, ZEV 2003, 41 ff.

[6] *Staudinger/Rawert* (Fn. 4), § 83 Rn. 2; *Hof*, in: Seifart/v. Campenhausen, 2. Aufl. 1999, § 7 Rn. 70; zur Auslegung des Stiftungsgeschäfts von Todes wegen etwa *O. Werner*, in: v. Campenhausen/Kronke/O. Werner (Hrsg.), Stiftungen in Deutschland und Europa, 1998, S. 243 (246 ff.). – Hierzu eingehend *Steffek*, Die Anforderungen an das Stiftungsgeschäft von Todes wegen, 1996.

Stiftungsgeschäft und Zuwendung von Todes wegen den Grenzen der erbrechtlichen Gestaltungsfreiheit. Dies gilt erstens für Art und Umfang der Begünstigung (unten I) und zweitens für Ausgleichsansprüche Pflichtteilsberechtigter (unten II).

I. Art und Umfang der erbrechtlichen Begünstigung einer Stiftung

Wird eine Stiftung durch Verfügung von Todes wegen als *Alleinerbin* eingesetzt, erwirbt sie das gesamte Vermögen des Stifters im Wege der Gesamtrechtsnachfolge (§ 1922 BGB). Dies gilt auch dann, wenn die zur Stiftungserrichtung erforderliche Genehmigung erst später erteilt wird (§ 84 BGB). Denkbar ist daneben die Einsetzung einer Stiftung als *Miterbin* (§§ 2032 ff. BGB), *Nacherbin* (§ 2100 BGB) oder *Ersatzerbin* (§ 2096 BGB). Im Falle der Miterbschaft ist eine Auseinandersetzung der Erben ausgeschlossen, bis die Entscheidung über die Genehmigung der Stiftung wirksam geworden ist (vgl. § 2043 BGB)[7]. Ist die Stiftung als Nacherbin eingesetzt, so wird die Genehmigungsbehörde die Genehmigung der Stiftung regelmäßig erst mit Eintritt des Nacherbfalles erteilen[8]. Bei zeitlich begrenztem Stiftungszweck erscheint auch die Einsetzung einer Stiftung als Vorerbin denkbar[9].

Besteht das Stiftungsgeschäft in einem *Vermächtnis*, liegt die Vermögensausstattung der Stiftung in dem schuldrechtlichen Anspruch auf Leistung der vermachten Vermögensgegenstände (§ 2174 BGB). Schließlich kann das Stiftungsgeschäft auch in der Auflage an den Erben oder Vermächtnisnehmer bestehen, ein vom Erblasser selbst vollständig determiniertes Stiftungsgeschäft zu vollziehen[10].

II. Stifterfreiheit und erbrechtliche Gestaltungsgrenzen

Die Vermögensteile, die der Erblasser durch Verfügung von Todes wegen einer Stiftung zuwendet, entzieht er den gesetzlichen Erben. Daher besteht heute grundsätzlich Einigkeit darüber, dass Abkömmlinge, Eltern sowie der Ehegatte

---

[7] *Hof*, in: Seifart/v. Campenhausen (Fn. 6), § 7 Rn. 78; *Bamberger/Roth/Schwarz*, BGB, 2003, § 83 Rn. 4 jeweils m.w.N.

[8] Ausnahmen sind allenfalls bei nicht befreiter Vorerbschaft denkbar; so *Staudinger/Rawert* (Fn. 4), § 83 Rn. 5; ähnlich *Hof*, in: Seifart/v. Campenhausen (Fn. 6), § 7 Rn. 79.

[9] Bejahend etwa *Schauhoff*, in: ders. (Hrsg.), Handbuch der Gemeinnützigkeit, 2. Aufl. 2005, § 3 Rn. 31; *Bamberger/Roth/Schwarz* (Fn. 7), § 83 Rn. 4; a.A. *Langenfeld*, ZEV 2002, 481 (482); zweifelnd auch *Staudinger/Rawert* (Fn. 4), § 83 Rn. 5; ähnlich *Hof*, in: Seifart/v. Campenhausen (Fn. 6), § 7 Rn. 81.

[10] So die heute h.M.; siehe *Schauhoff* (Fn. 9), § 3 Rn. 31, 33; *Staudinger/Rawert* (Fn. 4), § 83 Rn. 7 m.w.N.; *Erman/O. Werner*, 11. Aufl. 2004, § 84 Rn. 5; a.A. noch *Stinzing*, AcP 88 (1898), 392 (453 f.).

oder eingetragene Lebenspartner[11] des Stifters unter den Voraussetzungen der §§ 2303 ff. BGB *Pflichtteilsansprüche* haben[12]. Dies gilt jedenfalls dann, wenn Destinatärin eine gemeinnützige Stiftung ist[13]. – Anders mag man für Familienstiftungen[14] entscheiden, die verpflichtet sind, den Pflichtteilsberechtigten die Früchte des Nachlasses auszukehren, da die pflichtteilsberechtigten Destinatäre sonst doppelt bedacht würden[15].

C. Lebzeitige Zuwendungen an Stiftungen

Als weitaus problematischer hat sich das Verhältnis von Stifterfreiheit und Erbrecht bei lebzeitigen Zuwendungen an Stiftungen erwiesen. Diese Fälle spielen sowohl in der Rechtsprechung als auch im wissenschaftlichen Schrifttum die größere Rolle. Den maßgeblichen Berührungspunkt zwischen Stifterfreiheit und Erbrecht bildet der Anspruch der Pflichtteilsberechtigten auf *Pflichtteilsergänzung* gemäß § 2325 Abs. 1 BGB. Streitig war, ob die lebzeitige Begünstigung einer Stiftung – sei es durch Errichtung und vermögensmäßige Ausstattung einer Stiftung (unten I), sei es durch Zustiftung oder Spende (unten II) – als Schenkung i.S. des § 2325 Abs. 1 BGB zu bewerten ist mit der Folge, dass die Pflichtteilsberechtigten einen Anspruch auf entsprechende Erhöhung ihres Pflichtteils haben. Die Rechtsprechung hat dies inzwischen für beide Arten von Zuwendungen bejaht. Die wissenschaftliche Diskussion wendet sich daher zunehmend der rechtspolitischen Dimension der Frage zu (unten D).

---

[11] Siehe § 10 Abs. 6 LPartG; hierzu v. *Dickhuth-Harrach*, FamRZ 2001, 1660 (1666); zu Neuerungen *ders.*, FamRZ 2005, 1139 ff. sowie *Kaiser*, FPR 2005, 286 ff. – Im Übrigen zum Kreis der Pflichtteilsberechtigten siehe nur *Staudinger/Haas,* 13. Bearbeitung 1998, § 2303 Rn. 3 ff., 25 ff., 31 ff.

[12] Siehe nur *Gläser*, BWNotZ 1957, 100 (102); *Rawert/Katschinski*, ZEV 1996, 161; *Rawert*, ZEV 1999, 153; *Hof*, in: Seifart/v. Campenhausen (Fn. 6), § 7 Rn. 75; *Staudinger/Olshausen,* 13. Bearbeitung 1998, § 2325 Rn. 39; *Wachter*, Stiftungen, 2001, Rn. B 109; *Schewe*, Die Errichtung der rechtsfähigen Stiftung von Todes wegen, 2004, S. 279; *Pues/Scheerbarth*, Gemeinnützige Stiftungen im Zivil- und Steuerrecht, 2. Aufl. 2004, S 15 ff.

[13] Siehe nur *O. Werner*, ZSt 2005, 83 (85).

[14] Zum Begriff siehe *Staudinger/Rawert* (Fn. 4), Vorbem zu §§ 80 ff. Rn. 122 m.w.N.; dort auch kritisch zur Genehmigungsfähigkeit reiner Unterhaltsstiftungen (Rn. 132); für unbeschränkte Zulässigkeit allerdings die h.M.; siehe etwa *Pöllath*, in: Seifart/v. Campenhausen (Fn. 6), § 14 Rn. 29; *Erman/O. Werner* (Fn. 10), Vor § 80 Rn. 17; *Palandt/Heinrichs*, 64. Aufl. 2005, § 80 Rn. 8.

[15] So *O. Werner*, ZSt 2005, 83 (84 f.); für analoge Anwendung des § 2327 BGB *Rawert/ Katschinski*, ZEV 1996, 161 (163 f.); siehe auch *Lehleiter*, Die Familienstiftung als Instrument zur Sicherung der Unternehmenskontinuität bei Familienunternehmen, 1996, S. 160 f.; für teleologische Reduktion des § 2303 BGB *Steffek*, Die Anforderungen an das Stiftungsgeschäft von Todes wegen, 1996, S. 38; de lege lata gegen solche Korrekturen *Schewe* (Fn. 12), S. 280 ff. – Siehe aber auch die Überlegungen de lege ferenda unten, D III.

I. Stiftungserrichtung und Pflichtteilsergänzung

Hat der Erblasser zu Lebzeiten eine Stiftung errichtet und sie mit Vermögen ausgestattet, so besteht inzwischen weitgehend Einigkeit über die Anwendbarkeit des § 2325 Abs. 1 BGB[16]. Die unmittelbare Anwendung des § 2325 BGB scheitert allerdings daran, dass es bei der Errichtung einer Stiftung an dem für eine Schenkung typischen Vertragselement, der Einigung über die Unentgeltlichkeit fehlt: Der Stiftungsakt ist auch hinsichtlich seines vermögensrechtlichen Teils eine einseitige, nicht empfangsbedürftige Willenserklärung[17]. Bereits im Gesetzgebungsverfahren war dieses Problem erörtert worden. Von verschiedener Seite war eine Bestimmung vorgeschlagen worden, nach der auf die Stiftungserrichtung als „unentgeltliche Verfügung" die Vorschriften über den Pflichtteilsentzug durch Schenkung entsprechend anwendbar sein sollten[18]. Dieser Antrag wurde aber abgelehnt, da man darauf vertrauen dürfe, „die Praxis und Wissenschaft werde im Wege der Analogie zur Anwendung der Bestimmungen über die Schenkung von selbst gelangen". Schließlich liege lediglich ein „begrifflicher Unterschied" vor, während der „innere Grund" für die Begründung von Pflichtteilsergänzungsansprüchen genauso bei der Errichtung einer Stiftung zutreffe[19]. Diese Auffassung setzte sich – jedenfalls für die Errichtung gemeinnütziger Stiftungen[20] – schon in der Rechtsprechung des Reichsgerichts[21] und auch im wissenschaftlichen Schrifttum[22] durch.

---

[16] Siehe zum Folgenden die Darstellung bei *Fröhlich*, Die selbständige Stiftung im Erbrecht, 2004, S. 88 ff.

[17] OLG Karlsruhe, ZEV 2004, 470 (471); MünchKommBGB/*Reuter*, 4. Aufl. 2001, § 80 Rn. 3; *Erman/O. Werner* (Fn. 10), § 80 Rn. 3 f.; *Staudinger/Rawert* (Fn. 4), § 80 Rn. 2; *Rawert/Katschinski*, ZEV 1996, 161 (162); *Schauhoff* (Fn. 9), § 3 Rn. 40.

[18] Protokolle bei Mugdan (Fn. 4), Band V, S. 796 ff.; eingehende Darstellung bei *Rawert/Katschinski*, ZEV 1996, 161 (162 ff.); siehe auch *Medicus*, FS für Heinrichs, 1998, S. 381 (387 f.).

[19] Protokolle bei Mugdan (Fn. 4), Band V, S. 798.

[20] Anders für die Errichtung einer Familienstiftung KG OLGE 6, 330 (331); ebenso *Weißler*, DNotZ 1905, 497 (499); dagegen etwa *Rawert/Katschinski*, ZEV 1996, 161 (163): Die späteren Leistungen an die Destinatäre berühre nicht die Unentgeltlichkeit des Ausstattungsversprechens. M.E. greift diese Argumentation zu kurz, da es in diesen Fällen aufgrund des unterschiedlichen *wirtschaftlichen* Erfolgs der Stiftungserrichtung schon an der für die Analogie nötigen Vergleichbarkeit der Interessenlage fehlt; in diese Richtung wohl auch *Medicus* (Fn. 18), S. 380 (390 f.) sowie *O. Werner*, ZSt 2005, 83 (86).

[21] RGZ 54, 399 (400); siehe später auch OLG Hamburg, OLGE 38, 235 (237).

[22] MünchKommBGB/*Frank*, 4. Aufl. 2004, § 2325 Rn. 13; *Staudinger/Olshausen*, 13. Bearbeitung 1998, § 2325 Rn. 39; *Soergel/Dieckmann*, 12. Aufl. 1992, § 2325 Rn. 33; *Palandt/Edenhofer* (Fn. 14), § 2325 Rn. 16; *Ehricke*, in: Walz/Kötz/Schmidt/Rawert (Hrsg.), Non Profit Law Yearbook 2004, S. 1 (10 ff.); *Kipp/Coing*, ErbR, 14. Aufl. 1990, § 13 II 2 c (S. 92); *Lange/Kuchinke*, ErbR, 5. Aufl. 2001, § 37 X 2 e (S. 937); *Wachter* (Fn. 12), Rn. B 110; *Berndt*, Stiftung und Unternehmen, 7. Aufl. 2003, Rn. 191 ff., *O. Werner*, ZSt 2005, 83 (85 f.); *Rawert/Katschinski*, ZEV 1996, 161 (162 ff.); *Schauhoff* (Fn. 9), § 3 Rn. 38. Differenzierend *Staudinger/Ferid/Cieslar*, 12. Aufl. 1983, § 2325 Rn. 19; offen gelassen von *Klingelhöffer*, Pflichtteilsrecht, 2. Aufl. 2003, Rn. 344; einge-

Genauso entschied in jüngerer Zeit das OLG Karlsruhe[23] und bestätigte damit eine Entscheidung des LG Baden Baden[24]: Der Normzweck des § 2325 BGB gebiete eine Erstreckung auch auf die Stiftungserrichtung, da das Pflichtteilsrecht durch die Ausstattung einer zu Lebzeiten des Erblassers errichteten Stiftung ebenso ausgehöhlt werden könne wie durch Schenkungen an Privatpersonen[25].

Diese Auffassung verdient für die Vermögensausstattung gemeinnütziger Stiftungen uneingeschränkte Zustimmung. Sie steht wertungsmäßig im Einklang mit dem hohen Stellenwert, den der Gesetzgeber dem Pflichtteilsrecht eingeräumt hat[26]. Und auch in seinen einzelnen Argumenten ist dieser Analogieschritt überzeugend. Auf die teleologische Vergleichbarkeit von Stiftungserrichtung und sonstiger freigiebiger Drittbegünstigung ist bereits eingehend hingewiesen worden: In ihren wirtschaftlichen Folgen verkörpert die Vermögensausstattung einer Stiftung wegen der regelmäßig großen Beträge wahrscheinlich sogar eine noch größere Gefahr für den Nachlass und die Pflichtteilsberechtigten als Einzelschenkungen des Erblassers an Dritte. Diese Argumente sind bereits ausführlich dargelegt und diskutiert worden[27].

Allerdings liegt es in der Natur jeder freigiebigen, d.h. unentgeltlichen Zuwendung an Dritte, dass sie wirtschaftlich zum selben Erfolg, nämlich zu einer Schmälerung des Vermögens des Zuwendenden führt. Mit der Unterscheidung zwischen Schenkung und einseitiger freigiebiger Verfügung hat der Gesetzgeber aber einen zusätzlichen Regelungszweck verfolgt: Niemandem solle eine Zuwendung wider seinen Willen aufgedrängt werden, insbesondere könne nur der Vermögensinhaber sein Vermögen für eine rechtsbeständige Zuwendung „aufnahmefähig" machen[28]. Dieser Gedanke greift bei der Stiftungserrichtung nur deshalb nicht durch, weil die Stiftung als Rechtssubjekt erst mit ihrer Vermögensausstattung entsteht[29]. Auch wird der Schutzzweck des Einigungserfordernisses durch die Genehmigungsentscheidung der Stiftungsaufsicht verwirklicht. Das Erfordernis einer Schenkung als Vertrag in § 2325 Abs. 1 BGB hat also durchaus eigenständige Bedeutung. Infolgedessen ist es auch nicht der vergleichbare wirtschaftliche Erfolg allein, der eine analoge

---

hende Darstellung des Meinungsstandes bei *Fröhlich* (Fn. 16), S. 112 ff., die sich i.Erg. ebenfalls der h.M. anschließt (S. 134 f.).

[23] OLG Karlsruhe, ZEV 2004, 470 ff.
[24] LG Baden Baden, ZEV 1999, 152 f. mit zustimmender Anm. von *Rawert*, ZEV 1999, 153.
[25] So OLG Karlsruhe, ZEV 2004, 470 (471); LG Baden Baden, ZEV 1999, 152 f.
[26] OLG Karlsruhe, ZEV 2004, 470 (471).
[27] Siehe vor allem *Rawert/Katschinski*, ZEV 1996, 161 (163 ff.).
[28] Siehe Prot. II 4 ff. zu E I §§ 437, 438; zum Vertragscharakter der Schenkung etwa *Ennecerus/Lehmann*, 14. Bearbeitung 1990, § 81 III 1 a (S. 446); Larenz, SchR II/1, 13. Aufl. 1986, § 47 I sowie *Staudinger/Cremer*, 13. Bearbeitung 1995, § 516 Rn. 4 ff. m.w.N.
[29] Das Stiftungsgeschäft, also die Erklärung, eine Stiftung gründen und sie mit dem nötigen Vermögen auszustatten, ist Voraussetzung für die Entstehung der Stiftung i.S. des § 80 BGB; siehe nur *Erman/O. Werner* (Fn. 10), § 80 Rn. 3.

Anwendung des § 2325 Abs. 1 BGB auf die lebzeitige Stiftungserrichtung rechtfertigt, sondern darüber hinaus die Erkenntnis, dass der Zweck des Vertragserfordernisses – Schutz vor „aufgedrängter Zuwendung" – bei der Stiftungserrichtung bereits anderweitig verwirklicht wird[30].

II. Lebzeitige Zuwendungen an Stiftungen und Pflichtteilsergänzung

Bei der erbrechtlichen Beurteilung von lebzeitigen Zuwendungen an Stiftungen ist zwischen Zustiftungen (unten 1) und sonstigen Zuwendungen in Form von Spenden (unten 2) zu unterscheiden.

1. Lebzeitige Zuwendungen in Form der Zustiftung

Auch für die lebzeitige Bewirkung von Zustiftungen durch den Erblasser an eine bereits existierende gemeinnützige Stiftung stellt sich die Frage, ob solche Zuwendungen Pflichtteilsergänzungsansprüche auslösen können. Entscheidend ist abermals, ob Zustiftungen als Schenkungen i. S. von § 2325 Abs. 1 BGB zu verstehen sind.

Zustiftungen sind Zuwendungen, die der Stifter oder ein Dritter einer bereits existierenden Stiftung zuwendet mit der Maßgabe, dass sie dem unantastbaren Grundstockvermögen und nicht dem verbrauchbaren Verwaltungsvermögen zugute kommen sollen[31]. Im Unterschied zur Stiftungserrichtung stellt die Zustiftung also kein einseitiges, sondern ein zweiseitiges Rechtsgeschäft[32] dar: Sie setzt die *Aufnahme* der Zustiftung durch die Stiftung voraus[33]. Die für eine Schenkung stets erforderliche Einigung kann also für die Zustiftung unproblematisch bejaht werden. § 2325 Abs. 1 BGB ist daher nicht nur analog, sondern unmittelbar anwendbar. Auch im Übrigen sind Zustiftungen regelmäßig als Schenkungen an die Stiftung zu qualifizieren: Insbesondere ist mit Zuwendungen an das Grundstockvermögen unproblematisch eine bleibende Bereicherung der Stiftung verbunden[34]. Diese bleibende Bereicherung ist auch dann als

---

[30] Dies meint wohl auch *Medicus* (Fn. 18), S. 381 (387 f.) mit dem zutreffenden Hinweis, es sei nicht einzusehen, warum eine Zuwendung an eine bereits existierende Stiftung anders zu behandeln sei als eine Zuwendung im Rahmen der Stiftungserrichtung.

[31] Siehe etwa § 6 Abs. 2 S. 3 SaarlStiftG, § 4 Abs. 3 S. 2 SHStiftG; eingehend *A. Werner*, Die Zustiftung, 2003, insbes. S. 35 ff., 62 ff.; siehe auch *Erman/O. Werner* (Fn. 10), Vor § 80 Rn. 27; *Staudinger/Rawert* (Fn. 4), Vorbem zu §§ 80 ff. Rn. 16.

[32] *A. Werner* (Fn. 31), S. 124 ff.; *Erman/O. Werner* (Fn. 10), Vor § 80 Rn. 27.

[33] Zu den Anforderungen der Stiftungssatzung und der Stiftungsaufsicht (Genehmigungsvorbehalte und Anzeigepflichten) nach den Landesstiftungsgesetzen eingehend *A. Werner* (Fn. 31), S. 131 ff.

[34] *A. Werner* (Fn. 31), S. 128; siehe auch *Muscheler*, ZEV 2002, 417: Dass Zustiftungen zu einer Bereicherung der Stiftung führen, könne „ernsthaft nicht bestritten werden". Auf die Frage, wofür die Mittel nach dem Satzungszweck eingesetzt werden – insbesondere ob eine Bereicherung

unentgeltlich im Sinne des Schenkungsrechts einzustufen, wenn der Zuwendende die Zustiftung an Auflagen oder Bedingungen knüpft, die über den satzungsmäßigen Zweck der Stiftung hinausgehen[35].

Im Ergebnis haben Zustiftungen also regelmäßig Schenkungscharakter und lösen damit Pflichtteilsergänzungsansprüche aus[36]. Vor diesem Hintergrund rechtfertigt sich umso mehr die analoge Anwendbarkeit des § 2325 Abs. 1 BGB auf die lebzeitige Stiftungserrichtung (siehe vorstehend III. 1.), da es keinen Unterschied machen kann, ob eine Stiftung im Rahmen ihrer Errichtung oder erst später durch Zustiftung mit wesentlichen Vermögenswerten ausgestattet wird.

2. Lebzeitige Zuwendungen in Form der Spende

Den eigentlichen Zweifelspunkt im Verhältnis von Stifterfreiheit und Pflichtteilsrecht bildet die Einordnung sonstiger lebzeitiger Zuwendungen an Stiftungen in Form von Spenden. Hierbei handelt es sich um Zuwendungen, die nicht der Erhöhung des Grundstockvermögens zugute kommen, sondern unmittelbar zur Verwirklichung der satzungsmäßigen Stiftungsaufgabe verbraucht werden sollen[37]. Ob eine Zustiftung oder eine Spende vorliegt, ist durch Auslegung des Willens des Zuwendenden zu ermitteln[38].

a) Die Treuhandthese des OLG Dresden

Dass schon die Abgrenzung von Zustiftung und Spende im Einzelfall problematisch sein kann, beweist der prominente Fall, den das OLG Dresden im Jahr 2002 zu entscheiden hatte. Ein wohlhabender Gönner hatte der Stiftung Frauenkirche Dresden zu Lebzeiten ca. 4,7 Mio. DM im Rahmen der Aktion „Stifterbrief" zugewendet. Dafür wurde ihm ideell die Turmspitze des Treppenhauses A zugeordnet. Die Tochter und Alleinerbin des Gönners machte nach dem Tod ihres Vaters Pflichtteilsergänzungsansprüche geltend. Die Stiftung vertrat den Standpunkt, sie sei nicht beschenkt worden. Die Gelder seien nicht dauerhaft in

---

auch bei satzungsgemäßer Verpflichtung zu gemeinnütziger Verwendung vorliegt – kommt es hier wegen der dauerhaften Erhöhung des Grundstockvermögens gar nicht an; siehe aber unten C II 2 für den Bereich sonstiger Zuwendungen.

[35] So für die Zustiftung *A. Werner* (Fn. 31), S. 128 ff. m.w.N.; allgemein zum Schenkungscharakter der Zweck- und Auflagenschenkung *Staudinger/Cremer* (Fn. 28), § 525 Rn. 1, 12; *Staudinger/Olshausen* (Fn. 11), § 2325 Rn. 18, 20.

[36] So auch *O. Werner*, ZSt 2005, 83 (86); *Palandt/Edenhofer* (Fn. 14), § 2325 Rn. 16.

[37] Zur Abgrenzung von Zustiftung und Spende eingehend *A. Werner* (Fn. 31), S. 62 ff.

[38] *A. Werner* (Fn. 31), S. 96 ff., die im Übrigen empfiehlt, in der Stiftungssatzung die Bestimmung aufzunehmen, dass Zuwendungen, denen eine ausdrückliche Anweisung zur Mittelverwendung fehlt, immer dem Grundstock (Zustiftung) zuzuschlagen sind, um die Kontinuität der Stiftung sicherzustellen (S. 99).

das Stiftungsvermögen gelangt, sondern unmittelbar dem Stiftungszweck, also dem Wiederaufbau der Dresdner Frauenkirche, zugute gekommen. Das OLG Dresden schloss sich dieser Argumentation an und verneinte eine gemäß §§ 2325, 2329 BGB ausgleichspflichtige Schenkung, da die Stiftung mit der Zuwendung nicht bereichert worden sei. Vielmehr seien die Geldmittel der Stiftung lediglich treuhänderisch übertragen worden mit der Bestimmung, sie zweckentsprechend zu verbrauchen[39].

Mit dieser Bewertung der Zuwendung – keine Schenkung mangels Bereicherung, sondern lediglich treuhänderische Übertragung zum sofortigen Verbrauch – knüpft das OLG Dresden an einen bereits vom Reichsgericht vertretenen Standpunkt an. Das Reichsgericht hatte im Jahr 1905 entschieden, dass eine Spende für den Bau einer Urnenhalle (sog. Kolumbarium) an den Verein zur Förderung der „Einführung der fakultativen Feuerbestattung in Württemberg" keine Schenkung darstelle, sondern lediglich ein Treuhandverhältnis begründe, da es an der erforderlichen endgültigen und materiellen Bereicherung des Destinatärs fehle: Das Geld gehe zwar in das Eigentum des Vereins über, müsse aber zwingend für den Bau der Urnenhalle verwendet werden[40]. Diesen Standpunkt hat das Reichsgericht aber bereits vier Jahre später, im Jahr 1909, wieder aufgegeben. Zu entscheiden war über eine Zuwendung des Bonifatiusvereins an eine juristische Person, die den Zweck verfolgte, den Katholiken in Baden ein eigenes Gotteshaus und eine dazu gehörige Pfarrerwohnung zu beschaffen. Diese Zuwendung qualifizierte das Reichsgericht nun abweichend von seiner früheren Entscheidung als steuerpflichtige Schenkung. Dabei stellte das Reichsgericht entscheidend darauf ab, dass es sich bei dem Empfänger um eine juristische Person handelte: Weil eine juristische Person niemals um ihrer selbst willen, sondern um ihres Zwecks willen bestehe, bereichere derjenige, der ihr eine Zuwendung zur Verwirklichung ihres Zwecks mache, sie „nicht bloß formal, sondern materiell und endgültig."[41]

Diese Rechtsauffassung hat das Reichsgericht in der Folge mehrfach bestätigt[42], und auch das ganz überwiegende Schrifttum hat sich diesem Standpunkt angeschlossen. Seitdem ist anerkannt, dass Zuwendungen an juristische Personen, namentlich an Stiftungen, diese auch dann bereichern im Sinne einer Schenkung, wenn die Zuwendung ausschließlich dem satzungsmäßigen Zweck der juristischen Person zugute kommen soll[43]. Umso erstaunlicher war es also,

---

[39] OLG Dresden, NJW 2002, 3181 ff. = ZEV 2002, 415 ff. mit Anm. *Muscheler* = FamRZ 2003, 62 ff.; hierzu *Rawert*, NJW 2002, 3151 ff. sowie *Schiffer*, DStR 2003, 14 ff.

[40] RGZ 62, 386 (388 ff.); hierzu *Rawert*, NJW 2002, 3151 (3152).

[41] RGZ 71, 140 (143).

[42] Vgl. RGZ 112, 210: Schenkung an eine Kirchengemeinde mit Grabpflegeauflage; RGZ 70, 15 (17 f.).

[43] Siehe bereits vor der Entscheidung des OLG Dresden eindrücklich *Medicus* (Fn. 18), S. 380 (390); *Jauernig/Berger*, 10. Aufl. 2003, § 516 Rn. 7; *Staudinger/Cremer* (Fn. 28) § 516 Rn. 22 sowie § 525 Rn. 13; MünchKommBGB/*Kollhosser*, 3. Aufl. 1995, § 516 Rn. 8. Siehe im Übrigen *Erman/Seiler*, 11. Aufl. 2004, § 516 Rn. 6; *Palandt/Weidenkaff* (Fn. 14), § 516 Rn. 3; *Bamberger/*

dass sich das OLG Dresden gleichwohl der inzwischen – jedenfalls für Zuwendungen an juristische Personen – überholten Treuhandthese anschloss. Und nicht verwunderlich war es, dass die Entscheidung des OLG Dresden weder Zustimmung in der Literatur[44] noch Gefolgschaft beim BGH[45] finden konnte. Dabei hat die Entscheidung des BGH in vieler Hinsicht die nötige Klärung geschaffen, und zwar sowohl im Hinblick auf die vom OLG vertretene Treuhandthese (unten b), als auch im Hinblick auf die wertungsmäßige Berechtigung solcher Pflichtteilsergänzungsansprüche (unten c).

b) Treuhand, Zustiftung und Spende

Es ist das Verdienst des BGH, die grundsätzlichen Unterschiede zwischen einer Zuwendung an eine Stiftung und der treuhänderischen Übertragung von Eigentum herausgearbeitet zu haben[46]. Wer eine Zuwendung an eine Stiftung macht, möchte gerade nicht der wirtschaftliche Eigentümer der Zuwendung bleiben[47]. Vielmehr soll die Zuwendung endgültig in das Vermögen der Stiftung übergehen und dort satzungs- und bestimmungsgemäß eingesetzt werden. Die für eine Schenkung erforderliche Bereicherung der Stiftung wird also sicherlich nicht an einer Entäußerung des Zuwendenden scheitern. Der eigentliche Zweifelspunkt kann daher nur die Bereicherung der Stiftung im Hinblick auf die gemeinnützige Verwendung der Mittel sein.

Bei Licht besehen konnte allerdings auch dies bei der streitigen Zuwendung an die Stiftung Dresdner Frauenkirche nicht zweifelhaft sein. Vieles spricht dafür, dass es sich bei ihr sogar um eine Zustiftung handelte, d.h. um eine Zuwendung, die zu einer dauerhaften Vermehrung des Stiftungsvermögens selbst geführt hat. Entscheidend ist, dass die Dresdner Frauenkirche Gegenstand des Erbbaurechts der Stiftung ist, so dass jede Zuwendung, die dem Wiederaufbau der Frauenkirche zugute kommt, unmittelbar zu einer Erhöhung

---

Roth/Gehrlein (Fn. 7), § 516 Rn. 5; *Soergel/Mühl/Teichmann*, 12. Aufl. 1997, § 516 Rn. 8; eingehend *Fröhlich* (Fn. 16), S. 99 ff.

[44] Siehe insbesondere die kritischen Auseinandersetzungen von *Rawert*, NJW 2002, 3151 (3152 ff.); *Muscheler*, ZEV 2002, 417 f.; *Palandt/Edenhofer*, 62. Aufl. 2003, § 2325 Rn. 16; *Pues/Scheerbarth* (Fn. 12), S. 16; *Schauhoff* (Fn. 9), § 3 Rn. 38; *Lieder*, ZSt 2004, 74 ff.; *Fröhlich* (Fn. 16), S. 100 ff.

[45] BGH, NJW 2004, 1382 = ZEV 2004, 115 mit Anm. *Kollhosser* = JZ 2004, 972 mit Anm. *Otte*; zustimmend *Schiffer*, NJW 2004, 1565 ff.

[46] BGH, NJW 2004, 1382 (1383) im Anschluss an *Rawert*, NJW 2002, 3151 (3152). Zu den Charakteristika von Treuhandverhältnissen siehe nur *K. Schmidt*, in: Hopt/Reuter (Hrsg.), Stiftungsrecht in Europa, 2001, S. 175 (182 f.); kritisch zur Begründung, nicht aber zum Ergebnis des BGH *Kollhosser*, ZEV 2004, 117 (118).

[47] Jede andere Sichtweise widerspräche auch der Lebenswirklichkeit; so etwa *Schiffer*, NJW 2004, 1565 (1567) und *Rawert*, NJW 2002, 3151 (3152 f.); zur erb- und schenkungssteuerrechtlichen Qualifikation der Zuwendung *Hartmann*, ZErb 2004, 179 ff.

des Stiftungsvermögens führt[48]. Hierauf hat auch der BGH in seinen Entscheidungsgründen hingewiesen, allerdings ohne sich endgültig auf eine Qualifikation der Zuwendung als Zustiftung festlegen zu wollen[49]. Diese Zurückhaltung dürfte ihren Grund aber weniger darin haben, dass sich der BGH die Qualifikation der Zuwendung als Zustiftung oder Spende wirklich offen halten wollte. Vielmehr dürfte der Grund für diese Zurückhaltung darin liegen, dass er die Gelegenheit nutzen wollte, den Schenkungscharakter auch im Hinblick auf Spenden klarzustellen und der hier vielleicht noch näher liegenden Treuhandthese eine deutliche Absage zu erteilen[50].

Es ist also das etwas versteckte obiter dictum bzgl. des Schenkungscharakters von *Spenden*, das den eigentlichen Ertrag des BGH-Urteils ausmacht. Auch wenn die Stiftung Dresdner Frauenkirche gar nicht Erbbauberechtigte gewesen wäre und den Wiederaufbau der Frauenkirche daher ausschließlich zum Nutzen des Grundeigentümers, etwa der Stadt Dresden, gefördert hätte – so die in RGZ 61, 386 ff. entschiedene Konstellation –, wäre die Zuwendung als Schenkung zu qualifizieren gewesen: Darin, dass die Stiftung durch die Zuwendung in die Lage versetzt wird, *ihren* satzungsmäßigen Zweck – den Wiederaufbau der Frauenkirche – zu verwirklichen, liegt ihre Bereicherung. Und infolgedessen hätte auch in diesem Fall die übergangene Tochter Anspruch auf Pflichtteilsergänzung gemäß §§ 2325 Abs. 1, 2329 BGB.

c) Richterliche Korrektur der §§ 2325 ff. BGB?

Die Entscheidung des BGH ist aber noch aus einem weiteren Grund bemerkenswert. Gerade weil das OLG Dresden mit seiner Entscheidung eigentlich von vornherein auf verlorenem Posten stand, hätte es mit knappen rechtlichen Hinweisen sein Bewenden haben können. Damit hätte der BGH aber noch nicht das umso deutlicher spürbare wertungsmäßige Unbehagen des OLG Dresden ausgeräumt. Es handelt sich schließlich um einen Fall, an dem sich die Sinnhaftigkeit des geltenden Pflichtteilsrechts und die moralische Berechtigung von Ausgleichsansprüchen gegen gemeinnützige Stiftungen par excellence disku-

---

[48] So einzig *Muscheler*, ZEV 2002, 417; andeutungsweise bei *Kollhosser*, ZEV 2004, 117 (118), allerdings nur mit Blick auf § 818 Abs. 3 BGB; anders etwa die Anmerkungen von *Lieder*, ZSt 2004, 74 ff. sowie *Schiffer*, NJW 2004, 1565 (1566 f.).

[49] BGH, NJW 2004, 1381 (1382) sub. II. 5.; offen gelassen allerdings in II. 3.

[50] Im Hinblick auf Spenden judiziert der BGH daher eigentlich obiter dicta; dies ist im Schrifttum überhaupt nicht rezipiert worden; siehe nur *Lieder*, ZSt 2004, 74 ff. Allenfalls indirekt kommt es bei *Otte*, JZ 2004, 973 (974) zum Ausdruck, der mit Recht darauf hinweist, dass die Entscheidung RGZ 62, 386 ff. den abweichenden Fall einer Zuwendung für einen Bau auf *fremdem* Grund betraf. Hätte es sich bei der Empfängerin um eine Stiftung gehandelt, wäre diese Zuwendung daher sicherlich nicht als Zustiftung, sondern als Spende zu qualifizieren gewesen. In diese Richtung geht auch die Unterscheidung von *Soergel/Mühl/Teichmann* (Fn. 43), § 516 Rn. 8, der eine Bereicherung der Stiftung und damit eine Schenkung jedenfalls bei Zuwendungen für den Bau auf eigenem Grund (also Zustiftungen) annehmen will.

tieren lassen: Wenn der schon großzügig dotierten Tochter im Ergebnis Ansprüche zuerkannt werden zum Nachteil des Wiederaufbaus eines Weltkulturerbes[51], so stößt dies nicht nur bei juristischen Laien auf Unverständnis. Und von solchen durchaus achtenswerten Erwägungen mag auch das OLG Dresden geleitet gewesen sein.

Die Bestimmung von Grundsatz und Grenzen der Pflichtteilsberechtigung gegenüber gemeinnützigen Zuwendungen obliegt allerdings, wie der BGH völlig zu Recht betont hat, dem Gesetzgeber[52], der im Übrigen auch zahlreiche Ausnahmen formuliert hat: So besteht der Anspruch auf Pflichtteilsergänzung nicht, wenn zur Zeit des Erbfalls bereits zehn Jahre seit der Zuwendung verstrichen sind (§ 2325 Abs. 3 BGB)[53] sowie bei Schenkungen, durch die einer sittlichen Pflicht entsprochen wird (§ 2330 BGB)[54]. Darüber hinaus stünde einer in richterlicher Rechtsfortbildung entwickelten *teleologischen Reduktion* der §§ 2325 ff. BGB entgegen, dass der wirtschaftliche Erfolg einer Spende zu Stiftungszwecken und einer sonstigen Schenkung aus der Sicht des Pflichtteilsberechtigten identisch ist. In beiden Fällen wird der Nachlass geschmälert, so dass der Schutzzweck der §§ 2325 ff. BGB eingreift[55]. Diese Überlegung hätte vielmehr umgekehrt dem OLG Dresden Anlass geben müssen, eine *teleologische Extension* der §§ 2325 ff. BGB zu erwägen[56]. Und schließlich wird man die Gebotenheit einer richterlichen Einzelfallkorrektur auch nicht mit den konkreten Auswirkungen von Pflichtteilsergänzungsansprüchen für die Stiftung begründen können: Schließlich hätte sich die Stiftung dadurch absichern können, dass sie vom Zuwendenden den Nachweis eines entsprechenden Pflichtteilsverzichts (§§ 2346 ff. BGB) verlangt[57].

---

[51] Das Dresdner Elbtal ist seit Juli 2004 auf der UNESCO-Liste des Welterbes verzeichnet.

[52] BGH, NJW 2004, 1381 (1384) sub. II. 6. – Dies betonen auch *O. Werner*, ZSt 2005, 83 (87) sowie *Rawert*, NJW 2002, 3151 (3153) in ihren rechtspolitischen Erwägungen.

[53] Eingehend zur Bedeutung der Zehnjahresfrist bei Zuwendungen an Stiftungen *Fröhlich* (Fn. 16), S. 137 ff.

[54] Hierzu *Medicus* (Fn. 18), S. 380 (391 ff.); siehe auch *Fröhlich* (Fn. 16), S. 146 ff. – Auch wenn Zuwendungen an Stiftungen in Einzelfällen die Voraussetzungen des § 2330 BGB erfüllen, folgt aus § 2330 BGB nicht der generelle Ausschluss von Pflichtteilsergänzungsansprüchen. De lege ferenda für eine „konkretisierende" Erweiterung des § 2330 BGB für die Vermögensausstattung gemeinnütziger Stiftungen *Matschke*, in: FS für Bezzenberger, 2000, S. 521 (524 ff.); *ders.*, ZSt 2004, 263 f.

[55] Siehe nur BGH, NJW 2004, 1381 (1384) sub. II. 6.; *Rawert*, NJW 2002, 3151 (3153).

[56] So mit Recht *Rawert*, NJW 2002, 3151 (3153); ähnliche Erwägungen stellt *Lieder*, ZSt 2003, 74 (78 f.) für fiduziarische Zuwendungen an.

[57] Dies wird in der Beratungspraxis auch ausdrücklich empfohlen; siehe nur *Hof*, in: Seifart/v. Campenhausen (Fn. 6), § 7 Rn. 75; *Pues/Scheerbarth* (Fn. 12), S. 16; *Wachter* (Fn. 12), Rn. B 110; *Berndt* (Fn. 22) Rn. 192; siehe auch *Schiffer*, NJW 2004, 1565 (1567).

D. Rechtspolitischer Ausblick

De lege lata ist die rechtliche Einordnung von Zuwendungen an gemeinnützige Stiftungen mit Blick auf das Erbrecht damit wohl umfassend geklärt: Sowohl die Stiftungserrichtung durch Verfügung von Todes wegen (oben II.) als auch jede Form der lebzeitigen Vermögenszuwendung an eine Stiftung (oben III.) kann Pflichtteils- bzw. Pflichtteilsergänzungsansprüche auslösen. Die gemeinnützige Intention des Erblassers findet nach bestehendem Recht ihre Grenze an der gesetzlich gesicherten Teilhabe der Pflichtteilsberechtigten. In dieser Wertung sind die klassischen, vielfach auf das römische Recht[58] zurückgehenden Motive des Pflichtteilsrechts tradiert, insbesondere der Versorgungs- und Verteilungsgedanke sowie der Gedanke der Familienbindung[59]. Aber bereits die Verfasser des BGB haben das Pflichtteilsrecht als bedeutenden Einschnitt in der Testierfreiheit wahrgenommen und außerordentlich kritisch diskutiert[60]. Inzwischen ist zwar die Verfassungsmäßigkeit dieser Eingriffe in Eigentum und Erbrecht (Art. 14 GG) geklärt[61], doch das rechtspolitische Unbehagen gegenüber dem Pflichtteilsrecht ist vielleicht sogar noch größer geworden. Gerade derzeit findet eine lebhafte Kontroverse darüber statt, ob die historischen Motive das geltende Pflichtteilsrecht auch heute noch, angesichts veränderter sozialer, wirtschaftlicher und demographischer Befunde, zu rechtfertigen vermögen[62]. Diese generelle Akzeptanzkrise[63] des Pflichtteilsrechts

---

[58] Zu den historischen Grundlagen des Pflichtteilsrechts etwa *Gerken*, Rpfleger 1989, 45 (47 f.); *Staudinger/Haas* (Fn. 11), Vorbem zu §§ 2303 ff Rn. 6 ff.; *Schlüter*, in: FS 50 Jahre BGH Bd. I, 2000, S. 1047 (1048); zu den römisch-rechtlichen Wurzeln *Honsell*, Römisches Recht, 5. Aufl. 2002, § 72 II, S. 200 f.

[59] Zur Teleologie des Pflichtteilsrechts jeweils m.w.N. *Martiny*, 64. DJT 2002, A 67 ff.; *K.-W. Lange*, AcP 204 (2004), 804 (807 ff.); *Otte*, AcP 202 (2002), 317 (348 ff.); *Staudinger/Haas* (Fn. 11), Vorbem zu §§ 2302 ff. Rn. 17 ff.; siehe auch *Fröhlich* (Fn. 16), S. 119 ff.

[60] Siehe *Gerken*, Rpfleger 1989, 45 (48); abweichend zum inneren Gang der Gesetzgebung aber *Schröder*, Abschaffung oder Reform des Erbrechts, 1981, S. 27 ff.

[61] BVerfG, Beschluss vom 19. 4. 2005, NJW 2005, 1561 ff.; hierzu kritisch *Stüber*, NJW 2005, 2122 ff. sowie *Kleensang*, ZEV 2005, 277 ff.; zustimmend *Otte*, JZ 2005, 1007 ff. – Damit hat das BVerfG Grundlage und Umfang des verfassungsrechtlichen Schutzes des Pflichtteilsrechts geklärt; hierzu noch unten D III, sowie bereits *Otte*, AcP 202 (2002), 317 (318 ff.); *Staudinger/ders.*, 13. Bearbeitung 1999, Einl zu §§ 1922 ff. Rn. 68 ff., 71, 95 ff.; *Haas*, ZEV 2000, 249 ff. jeweils m.w.N.; abweichend etwa *Soergel/Stein*, 12. Aufl. 1992, Einl ErbR Rn. 7 ff.

[62] Siehe insbesondere *Dauner-Lieb*, DNotZ 2001, 460 ff.; *dies.*, FF 2000, 110 ff.; *Henrich*, Testierfreiheit versus Pflichtteilsrecht, 2000; *ders.*, DNotZ 2001, 441 ff.; *Gerken*, RPfleger 1989, 45 (48 ff.); *Kick*, JbJZivRWiss 1996, 167 ff.; *Leisner*, NJW 2001, 126 f.; *Schröder*, DNotZ 2001, 465 ff.; *Schlüter* (Fn. 58), S. 1047 ff.; *Strätz*, FamRZ 1998, 1553 (1556 f.); *Staudinger/Haas* (Fn. 11), Vorbem zu §§ 2303 ff. Rn. 17 ff.; zu einzelnen Reformvorschlägen *Martiny* (Fn. 59), A 84 ff.; *Otte*, AcP 202 (2002), 317 (355 ff.). Monographisch etwa *Linker*, Zur Neubestimmung der Ordnungsaufgaben im Erbrecht in rechtsvergleichender Sicht, 1999, insbes. S. 76 ff., 147 ff. Auch das europäische Ausland kennt zwar Reformdiskussionen, doch wird derzeit – soweit ersichtlich – nirgends die völlige Abschaffung des Pflichtteils gefordert; siehe *Martiny* (Fn. 59), A 77 ff., 80.

mag ein Grund mehr sein, gerade bei der hier interessierenden Fallkonstellation, d.h. einem gemeinnützig stiftenden Erblasser, zulasten der Pflichtteilsberechtigten zu plädieren[64].

I. Versorgungs- und Ausstattungsfunktion

So ist nicht zu übersehen, dass der Versorgungs- und Ausstattungsgedanke heute für sich allein das bestehende Pflichtteilsrecht nicht mehr zu rechtfertigen vermag[65]. Allerdings dürfte dieser Gedanke auch schon bei Inkrafttreten des BGH allenfalls ein Motiv unter vielen gewesen sein[66]. Dass die Pflichtteilsberechtigten heute aufgrund der demographischen Altersstruktur zumeist nicht mehr wirtschaftlich auf den Pflichtteil angewiesen sind, mag die Durchsetzung von Pflichtteilsansprüchen gerade im Verhältnis zu gemeinnützigen Stiftungen als eigennützig brandmarken – dieser Befund stellt die innere Berechtigung dieser Ansprüche aber kaum mehr in Frage als bereits vor 50 oder 100 Jahren.

Ist das Pflichtteilsrecht also offenbar primär anderen Zielen als denen der Alimentation und Versorgung verpflichtet und daher bedarfsunabhängig ausgestaltet, so spricht schon dieser Befund dagegen, Pflichtteilsansprüche an die Bedürftigkeit der Berechtigten zu knüpfen oder der Höhe nach zu begrenzen[67], und zwar unabhängig davon, ob der Erblasser aus persönlichen oder gemeinnützigen Motiven verfügte[68].

---

[63] Nachdrücklich *Dauner-Lieb*, DNotZ 2001, 460 ff.: „Akzeptanzverlust"; genauso *dies.*, FF 2000, 110 (112).

[64] Eindrücklich *Matschke* (Fn. 54), S. 521 (522 ff.); *ders.*, ZSt 2004, 263 f.; differenzierend *O. Werner*, ZSt 2005, 83 (87 f.).

[65] Siehe nur *Martiny* (Fn. 59), A 67 f.; *Kick*, JbJZivRWiss 1996, 167 (174); *Staudinger/Haas* (Fn. 11), Vorbem zu §§ 2303 ff. Rn. 19; *Papantoniou*, AcP 173 (1973), 385 (397 f.); *Leipold*, AcP 180 (1980), 160 (173 ff.); *Coing*, 49. DJT 1972, A 15; mit Blick auf Zuwendungen an gemeinnützige Stiftungen auch *O. Werner*, ZSt 2005, 83 (87).

[66] Zumal *Otte*, AcP 202 (2002), 317 (335 ff.) überzeugend nachgewiesen hat, dass die demographische Veränderung im Hinblick auf das Pflichtteilsrecht gar nicht so dramatisch ausgefallen ist wie vielfach angenommen. Daher wurde der „Alimentations- und Ausstattungsgedanke" auch schon im Gesetzgebungsverfahren zum BGB als „ungeeignet" für die Begründung von Pflichtteilsansprüchen begründet; so *Otte* a.a.O., S. 339 f. unter Hinweis auf eine Äußerung von *Gottfried von Schmitt*.

[67] Hierfür etwa *Henrich*, Testierfreiheit versus Pflichtteilsrecht, 2000, S. 15 f.; dagegen überzeugend *Otte*, AcP 202 (2002), 317 (349 ff.); zur Verfassungsmäßigkeit der geltenden Regelung *Haas*, ZEV 2000, 249 (256 f.). – Im Übrigen bliebe immer die heikle Frage, wo solche Grenzen zu ziehen sind; so ganz allgemein gegenüber der Forderung, Pflichtteilsansprüche auf einen Höchstbetrag zu beschränken, *Martiny* (Fn. 59), A 88 f.; im Zusammenhang mit „Kappungsgrenzen" hierzu noch unten bei Fn. 87.

[68] Inwieweit gerade die gemeinnützige Mittelverwendung eine Höhenbeschränkung rechtfertigt, dazu noch unten, D II und III.

II. Verteilungsfunktion

Einen größeren Beitrag zur inneren Rechtfertigung des Pflichtteilsrechts mag der Verteilungsgedanke leisten: Durch die Mindestteilhabe der Pflichtteilsberechtigten soll einer Konzentration von Vermögen in der Hand von Oligarchien entgegengewirkt werden[69]. Dieser Gedanke dürfte heute – angesichts steigender Vermögen[70] – vielleicht sogar noch größere Berechtigung haben als vor 100 Jahren[71]. Mit Recht wird allerdings darauf hingewiesen, dass die bloße Vermögensstreuung unter testamentarisch Bedachte und Pflichtteilsberechtigte für sich noch keinen wirtschaftlich oder gesellschaftspolitisch sinnvollen Verteilungsprozess darstellt[72]. Dies mag also dafür sprechen, gemeinnützige Stiftungen gegenüber den Pflichtteilsberechtigten zu privilegieren. Dass der Gesetzgeber gemeinnützigen Motiven des Erblassers einen gewissen wertungsmäßigen Vorrang vor den Ansprüchen der Pflichtteilsberechtigten einräumen wollte, lässt sich schließlich bereits an der Vorschrift des § 2330 BGB ablesen[73]. Allerdings ließe sich auf diesem Wege allenfalls eine gesellschaftspolitisch sinnvolle *Zuordnung* des Vermögens erreichen[74] – die mit dem Verteilungsgedanken eigentlich intendierte Aufsplitterung des Vermögens aber gerade nicht. Auch der Verteilungsgedanke legt daher eine Reform des Pflichtteilsrechts zugunsten gemeinnütziger Stiftungen nicht ohne weiteres nahe.

---

[69] In diese Richtung etwa *Coing* (Fn. 55), A 17 f.; ähnlich *Otte*, ZEV 1994, 193 (196 f.); *Schiemann*, ZEV 1995, 197 (199); zum historischen Hintergrund *Mertens*, Die Entstehung der Vorschriften des BGB über die gesetzliche Erbfolge und das Pflichtteilsrecht, 1970, S. 84. – Der Verteilungsgedanke steht in der Tradition des *Fideikommissverbots*; hierzu etwa die Darstellung bei *Staudinger/Rawert* (Fn. 4), Vorbem zu §§ 80 ff Rn. 126; eingehend *Fröhlich* (Fn. 16), S. 58 ff.

[70] Bis zum Jahr 2010 werden in Deutschland schätzungsweise etwa eine Billion Euro vererbt werden; so F.A.Z. vom 12. 8. 2005, S. 17. In diese Richtung bereits *Otte*, AcP 202 (2002), 317 (343 f.). – Langfristig dürfte es allerdings zu einer Trendumkehr kommen, da die ältere Generation zunehmend darauf angewiesen sein wird, ihr Vermögen zu Lebzeiten für ihre Altersversorgung anzugreifen.

[71] Dies betont auch *Rawert*, NJW 2002, 3151 (3153).

[72] Kritisch auch mit Blick auf die Zerschlagungswirkung des Pflichtteilsrechts etwa *K.-W. Lange*, AcP 204 (2004), 804 (810); *Lange/Kuchinke* (Fn. 22), § 2 IV 2 c (S. 27 f.); *Oechsler*, AcP 200 (2000), 603 ff.; *Martiny* (Fn. 59), A 68 f.; *Dauner-Lieb*, DNotZ 2001, 460 (463); *Staudinger/Haas* (Fn. 11), Vorbem zu §§ 2303 ff Rn. 20 jeweils m.w.N.

[73] So vor allem das Argument von *Matschke*, ZSt 2004, 263 (264); *ders.* (Fn. 54), S. 521 (525 ff.). – Für eine extensive Auslegung der Vorschrift *Schlüter* (Fn. 58), S. 1047 (1060); anders allerdings die Praxis der Rechtsprechung, siehe etwa BGH, NJW 1984, 2939 (2940).

[74] *Rawert*, NJW 2002, 3151 (3153) weist allerdings mit Recht auf die Ungereimtheiten hin, die bei der Beurteilung der Gemeinnützigkeit anhand der steuerlichen Abzugsfähigkeit entstehen. – Gleichwohl dürften die mit einer einzelfallbezogenen „Gemeinwohlnützigkeitsprüfung" verbundenen Inkonsistenzen und Unsicherheiten wohl noch größer sein.

III. Familienbindungsfunktion

Der entscheidende innere Grund für das Bestehen von Teilhabeansprüchen am Nachlass ist vielmehr der Gedanke der Familiengebundenheit des Vermögens[75]. Auch dieser Gedanke hat allerdings in den letzten 100 Jahren seine Wandlungen erlebt und ist heute in anderer Form wirksam als in der ersten Hälfte des 20. Jahrhunderts. So wird man familiäre Teilhaberechte heute nicht mehr damit rechtfertigen können, dass die Pflichtteilsberechtigten regelmäßig bereits am Aufbau des Vermögens beteiligt waren, indem sie im elterlichen Betrieb mitgearbeitet haben. Auch wird mit Recht darauf hingewiesen, dass das derzeitige Pflichtteilsrecht sogar umgekehrt dazu führen kann, dass Familienvermögen zersplittert wird anstatt erhalten bleibt[76]. Gleichwohl ist der Gedanke der Familienbindung von ungebrochener Aktualität, nämlich erstens als Bestandteil des Generationenvertrages[77], und zweitens als folgerichtige Fortführung familienbezogener Subventionierung der Vermögensbildung[78].

Dieses Verständnis des Pflichtteilsrechts als einer in erster Linie aus familiärer Solidarität resultierenden Teilhabe liegt auch den Ausführungen des BVerfG in seinem Beschluss vom 19. 4. 2005[79] zugrunde. Darin hat das BVerfG nicht nur die Verfassungsmäßigkeit des geltenden Pflichtteilsrechts außer Streit gestellt. Langfristig noch bedeutsamer dürften die Ausführungen zum „Sinnzusammenhang" zwischen dem Pflichtteilsrecht und dem Grundrechtsschutz der Familie (Art. 6 Abs. 1 GG) sein. Zwar hält das BVerfG daran fest, dass das Pflichtteilsrecht als Bestandteil der Erbrechtsgarantie bereits durch Art. 14 Abs. 1 GG geschützt ist[80]. Größere Aussagekraft misst das

---

[75] Hierfür namentlich *Schlüter* (Fn. 58), S. 1047 (1064, 1070); *Papantoniou*, AcP 173 (1973), 385 (396 f.); *Otte*, AcP 202 (2002), 317 (351 ff.); einschränkend *K.-W. Lange*, AcP 204 (2004), 804 (812): Familiengebundenheit „im Kern zu bejahen"; vgl. i.Ü. *Martiny* (Fn. 59), A 69 f.; *Staudinger/ Haas* (Fn. 11), Vorbem zu §§ 2303 ff Rn. 21 ff. jeweils m.w.N. Zum verfassungsrechtlichen Kern dieser Familiengebundenheit vgl. *Staudinger/Otte* (Fn. 51), Einl zu §§ 1922 ff. Rn. 68 ff., 91 f. – Kritisch hingegen *Kleensang*, DNotZ 2005, 509 (520); *ders.*, ZEV 2005, 277 (280 f.): „Rechtsfiktion".

[76] So besonders nachdrücklich *Dauner-Lieb*, FF 2000, 110 (113); *dies.*, DNotZ 2001, 460 (465).

[77] Und zwar weniger im Hinblick darauf, dass das betreffende Vermögen ebenfalls bereits ererbt sei – dies wird heute vielfach gar nicht der Fall sein –, sondern im Hinblick darauf, dass die „Erbengeneration" durch ihre Sozialversicherungsbeiträge erhebliche Transferleistungen zugunsten der Erblassergeneration erbringt. – In diese Richtung auch *K.-W. Lange*, AcP 204 (2004), 804 (814). Auch der 64. DJT hat sich mit dieser Frage beschäftigt. Der Vorschlag, das Pflichtteilsrecht auf Deszendenten zu beschränken, wurde allerdings mit 29 gegen 20 Stimmen abgelehnt, siehe Verhandlungen des 64. DJT 2002, L 114.

[78] So überzeugend *Otte*, AcP 202 (2002), 317 (345 ff.); *ders.*, ZEV 1994, 193 (195 f.).

[79] BVerfG, Beschluss vom 19. 4. 2005, NJW 2005, 1561 ff. mit Anm. *Stüber*, 2122 ff. = JZ 2005, 1001 ff. mit Anm. *Otte*; FamRZ 2005, 872 ff. mit Anm. *Mayer*, 1441 ff. = ZEV 2005, 301 ff. mit Besprechungsaufsatz *Kleensang*, 277 ff.

[80] BVerfG, NJW 2005, 1561 (1563) sub. C. I. 2.; siehe auch schon BVerfGE 91, 346 (360); 93, 165 (194).

BVerfG aber offenbar Art. 6 Abs. 1 GG zu. Das BVerfG erklärt das Pflichtteilsrecht als Ausdruck der „Solidarität zwischen den Generationen im Bereich des Erbrechts", das die Funktion hat, „die Fortsetzung des ideellen und wirtschaftlichen Zusammenhangs von Vermögen und Familie – unabhängig von einem konkreten Bedarf des Kindes – über den Tod des Vermögensinhabers hinaus zu ermöglichen."[81] Mit diesen Ausführungen hat das BVerfG den Zusammenhang zwischen Pflichtteilsrecht und Familienbindung grundrechtlich und damit auch rechtspolitisch vorgegeben.

Speist das Pflichtteilsrecht seine innere Rechtfertigung – und die damit verbundenen Eingriffe in die Testier- und Stifterfreiheit des Erblassers – maßgeblich aus dem Gedanken der Generationengerechtigkeit, so beschränkt dies den Gestaltungsspielraum des Gesetzgebers. Dies gilt zunächst für den immer wieder geäußerten Vorschlag, Pflichtteilsansprüche generell an die Bedürftigkeit der Anspruchsberechtigten zu knüpfen[82]. Darin läge ein empfindlicher Eingriff in den grundrechtlich gesicherten Anspruch auf *bedarfsunabhängige* Teilhabe, der sich wohl kaum rechtfertigen ließe. Gleiches gilt für Überlegungen, Pflichtteilsansprüche zwar nicht generell, aber doch bei Zuwendungen an gemeinnützige Stiftungen an einen konkreten Bedarf zu knüpfen oder sonst der Höhe nach zu begrenzen[83]. Auch hier ist der Gestaltungsspielraum des Gesetzgebers enger als vielleicht gedacht: Die über den Gedanken der Generationengerechtigkeit grundrechtlich geschützte Teilhabeerwartung der Pflichtteilsberechtigten lässt sich nicht nur unabhängig von der vom Erblasser getroffenen Vermögensverwendung rechtfertigen, sondern sie genießt auch unabhängig davon grundrechtlichen Schutz[84]. Ob der Erblasser der Geliebten seiner späten Jahre kostspielige Geschenke macht oder sein Vermögen einer Stiftung zu gemeinnützigen Zwecken zuwendet, ist für die Schutzwürdigkeit des Teilhabeanspruchs unbeachtlich, da er in der familiären Solidarität wurzelt. Aus grundrechtlicher Warte würden sich der Ausschluss oder die Beschränkung von Pflichtteilsansprüchen bei Zuwendungen an gemeinnützige Stiftungen vielmehr als *gleichheitswidrige Aufopferung* privater Rechtspositionen darstellen. Auch im Hinblick auf Art. 3 Abs. 1 GG unterliegt der Gesetzgeber also deutlichen Gestaltungsgrenzen.

---

[81] BVerfG, NJW 2005, 1561 (1564) sub. C. I. 3. b); in diese Richtung bereits *Haas*, ZEV 2000, 249 (260); gegen eine eigenständige Bedeutung von Art. 6 Abs. 1 GG bei der verfassungsrechtlichen Verortung der Familiengebundenheit des Vermögens aber etwa *Staudinger/Otte* (Fn. 51), Einl zu §§ 1922 ff Rn. 91, der dieses Gebot bereits als integralen Bestandteil der Erbrechtsgarantie versteht; kritisch zu der Begründung des BVerfG auch *Stüber*, NJW 2005, 2122 (2123 f.) und *Kleensang*, ZEV 2005, 277 (280 f.).

[82] Hierfür generell etwa *Henrich*, Testierfreiheit versus Pflichtteilsrecht, 2000, S. 15 f.; zu ausländischen Regelungsvorbildern etwa *Haas*, ZEV 2000, 249 (256 f.).

[83] Hierfür insbesondere *Matschke* (Fn. 54), S. 521 (524 ff.); *ders.*, ZSt 2004, 263 (264); vgl. auch *O. Werner*, ZSt 2005, 83 (87); vorsichtiger *Rawert*, NJW 2002, 3151 (3153): „verfassungsrechtlich vertretbar".

[84] Dies betont auch *Otte*, JZ 2005, 1007 (1009).

Auch wenn es dem Gesetzgeber verwehrt sein dürfte, Pflichtteilsansprüche generell auf das Unterhaltsminimum zu beschränken oder dabei nach der Gemeinnützigkeit der Zuwendung zu differenzieren, so verbleibt doch ein beachtlicher Gestaltungsfreiraum, der genutzt werden sollte. Dies gilt insbesondere für den Anspruch auf Pflichtteilsergänzung (§ 2325 BGB). Nach wie vor dürfte es dem Gesetzgeber frei stehen, die Frist, innerhalb der Geschenke zur Pflichtteilserhöhung berechtigten, insgesamt zu verkürzen, d.h. von derzeit zehn Jahren auf beispielsweise fünf Jahre[85]. Auch könnten solche Zuwendungen ausgenommen werden, die der Erblasser ohne Schmälerung des Stammvermögens vorgenommen hat, wie es in Österreich vorgesehen ist[86]. Hingegen werden sich „Kappungsgrenzen"[87] – sei es generell, sei es nur bei Zuwendungen an gemeinnützige Stiftungen – wohl nicht rechtfertigen lassen, da der grundrechtlich gesicherte Anspruch auf familiäre Teilhabe nicht mit der Größe des Vermögens an Schutzwürdigkeit verliert.

Wesentliche Gestaltungsaufgaben bestehen bei Zuwendungen an *Familienstiftungen*. In diesen Fällen wird der maßgebliche Schutzzweck des Pflichtteilsrechts – die Verwirklichung der Familienbindung – vielfach schon durch die stiftungsmäßige Begünstigung der Hinterbliebenen erreicht. Je nach Ausgestaltung der Begünstigung besteht dann kein Bedürfnis für weitergehende Pflichtteilsansprüche. Dies sollte der Gesetzgeber klarstellen[88].

IV. Fazit

Nach diesen Überlegungen mag sich das deutsche Pflichtteilsrecht zwar in einer Akzeptanzkrise befinden – eine rechtliche Motivationskrise ist jedoch nicht auszumachen. Sicherlich haben sich die Akzente verlagert, der Ausstattungs-

---

[85] Hierzu *O. Werner*, ZSt 2005, 83 (87 f.), der dankenswerter Weise auf die konkreten Auswirkungen einer solchen Änderung, etwa bei der Berechnung des Zugewinnausgleichs hinweist. – Rechtsvergleichend hierzu *Martiny* (Fn. 59), A 109, der allerdings lediglich für eine Gleichstellung von Schenkungen an Ehegatten und Schenkungen an Dritte plädiert. Generell für eine Verkürzung auf fünf oder auch drei Jahre *Schlüter* (Fn. 58), S. 1047 (1072 ff., 1075).

[86] Siehe § 785 Abs. 3 S. 1 ABGB; hierzu *Rummel/Welser*, ABGB, 3. Aufl. 2000, § 785 Rn. 12 f.; siehe im Übrigen zum Verhältnis von Privatstiftung und Pflichtteilsrecht *Schauer*, NZ 1993, 251 ff.

[87] Ungeachtet der politisch heiklen Frage, wo die Grenze zwischen „sozialer Sicherung" und „Luxusteilhabe", zwischen „geringem" und „großem" Vermögen zu ziehen ist; so auch die Bedenken von *Asche*, Stiftung & Sponsoring, 3/2001, 23 (25).

[88] Auch wenn vieles dafür spricht, dass sich die Destinatäre einer Familienstiftung ihre Erträge schon aufgrund § 2307 BGB – hierfür *O. Werner*, ZSt 2005, 83 (84 f.) – oder bei lebzeitiger Zuwendung gemäß § 2327 BGB – hierfür *Rawert/Katschinski*, ZEV 1996, 161 (163 ff.) – anrechnen lassen müssen, sollten die Voraussetzungen und Modalitäten der Anrechnung auf Pflichtteils- bzw. Pflichtteilsergänzungsansprüche gesetzlich klargestellt werden. Neben der bloßen Anrechnung käme auch der vollständige Ausschluss von Pflichtteilsansprüchen in Betracht; klärungsbedürftig ist insbesondere, ob ein klagbarer Anspruch der Destinatäre bestehen muss.

gedanke ist weiter in den Hintergrund, der Gedanke der Generationensolidarität in den Vordergrund getreten: Insgesamt steht das Pflichtteilsrecht aber nach wie vor auf sicherem, auch verfassungsrechtlich vorgegebenem Boden. Und es speist – wie das BVerfG nun klargestellt hat – seine innere Berechtigung maßgeblich aus dem Gedanken familiärer Solidarität. Als umso weniger dringlich erweisen sich denn auch die vielfach geforderten Einschnitte des Gesetzgebers zugunsten gemeinwohlnütziger Zuwendungen des Erblassers. Deutlicherer Handlungsbedarf besteht an anderer Stelle, nämlich dort, wo der Erblasser durch Errichtung oder Begünstigung einer Familienstiftung bereits selbst die nötige Generationensolidarität und Familienbindung des Vermögens sichergestellt hat. Hier sind Klarstellungen des Gesetzgebers erforderlich und wünschenswert. Im Übrigen bleibt natürlich der Auftrag an die Rechtsgestaltung, durch vorausschauende Beratung[89] – sowohl der Stiftungen als auch der Erblasser und Pflichtteilsberechtigten – zu bestandsfähigen und von der gesamten Familie getragenen Vermögenswidmungen zu gelangen.

---

[89] In diese Richtung auch *Asche*, Stiftung & Sponsoring, 3/2001, 23 (25).

Gemeinnützige Unternehmensstiftungen, Spenden, Sponsoring

ARNDT RAUPACH/DIRK POHL

A. Einführung: Zum wirtschaftlichen Hintergrund
B Spenden, Sponsoring, gemeinnützige Stiftung
  I. Spenden
    1. Begriff und Bedeutung von Spenden
    2. Gesellschaftsrechtliche Zulässigkeit von Spenden
    3. Steuerliche Behandlung von Spenden
      a) Voraussetzungen des Spendenabzugs
      b) Begrenzung der Höhe des Abzugs
    4. Europaverträglichkeit des deutschen Spendenrechts
    5. Steuervereinfachung vs. Beibehaltung des Spendenabzugs
  II. Sponsoring
    1. Begriff und Bedeutung des Sponsoring
    2. Steuerliche Behandlung des Sponsoring
  a) Ertragssteuerliche Behandlung
      b) Behandlung bei Umsatz- und Erbschaftsteuer
      c) Überblick über die steuerlichen Folgen
  III. Gemeinnützige Stiftung
C. Gemeinnützige Unternehmensstiftungen
  I. Begriff und Bedeutung von gemeinnützigen Unternehmensstiftungen
  II. Außersteuerliche Beschränkungen für die unternehmerische Betätigung (gemeinnütziger) Stiftungen
  III. Bedeutung des Status der Gemeinnützigkeit
  IV. Errichtung einer gemeinnützigen Stiftung
  V. Laufende Besteuerung einer gemeinnützigen Unternehmensstiftung
  VI. Versagung der Gemeinnützigkeit wegen unternehmerischer Betätigung bzw. Beteiligung
  VII. Doppelstiftung
  VIII. EG-Recht
  IX. Schlussbemerkung

A. Einführung: Zum wirtschaftlichen Hintergrund

In unserem Beitrag geht es um die verschiedenen Formen der Förderung gemeinnütziger Organisationen und dabei vor allem um die Beiträge, die Unternehmen dazu leisten. Unternehmen bekennen sich, nicht zuletzt mit dem Blick auf den eigenen Erfolg, in ihren Leitsätzen zu einer *good corporate citizenship*: „Erfolgreiche Unternehmer sind geborene Stifter"[1]. Der nachfolgende Beitrag behandelt die steuerlichen Fragestellungen getrennt nach zwei Bereichen unternehmerischen Handelns:

---

[1] *Rawert*, in: Kötz/Rawert/Schmidt/Walz (Hrsg.), Non Profit Law Yearbook 2003, S. 1.

In *Teil 1* (unter B) geht es um das Unternehmen, das als *good corporate citizen* seiner gesellschaftspolitischen Verantwortung gerecht werden will. Behandelt werden soll dazu nur das corporate giving, also die Bereitstellung von Geldmitteln[2], in Form

- der (altruistischen) Spende,
- des Sponsorings und
- der Dotation von gemeinnützigen Stiftungen.

Nicht behandelt wird das *corporate volunteering* für gemeinnützige Zwecke, d.h. das kostenlose Bereitstellen von Sachmitteln und Personalressourcen, die das Unternehmen durch Freistellungen unterstützt.

Teil 2 (unter C) beschäftigt sich mit der „gemeinnützigen Unternehmensstiftung". Dabei handelt es sich nicht um eine besondere Rechtsform[3], sondern um eine Stiftung, die ein Unternehmen führt bzw. an einem solchen beteiligt ist, und darüber hinaus die Voraussetzungen für die Anerkennung als gemeinnützig nach den §§ 51 ff. Abgabenordnung (AO) erfüllt, was zu bestimmten Steuerbefreiungen bzw. –begünstigungen führt.

Der Beitrag enthält eine Reihenfolge, bei der die Identifikation des Unternehmens mit dem geförderten gemeinnützigen Zweck und häufig auch die Intensität der Förderung schrittweise zunimmt:

- beginnend mit der *Spende*, die nicht selten spontan durch besondere Ereignisse ausgelöst wird,
- über das *Sponsoring*, das einen objektiven Zusammenhang mit dem Betrieb des Unternehmens voraussetzt und subjektiv (auch) dazu dient, den eigenen Betrieb zu fördern,
- bis hin zur *gemeinnützigen Stiftung*, bei der der Stifter den Förderungszweck selbst bestimmt und
- schließlich den Fall der *Unternehmensstiftung*, in dem der Stifter sogar sein Unternehmen und damit sein Lebenswerk einem gemeinnützigen Zweck widmet.

Die beschriebene Suche von Unternehmern nach zunehmenden Einflussmöglichkeiten auf den Förderzweck hat ihren Grund nicht zuletzt auch in der zunehmenden Kommerzialisierung des Spendenwesens: Die Nachfrage nach Spenden ist größer als das Angebot; um den „Spendentopf" von etwa € 3,6 Mrd. (1998) besteht ein heftiger Wettbewerb der etwa 40.000 spendensammelnden gemeinnützigen Organisationen, die inzwischen zur Erhaltung und Ausweitung ihres Spendenaufkommens professionelle Hilfe in Anspruch nehmen. Ein neuer Berufszweig der

---

[2] Siehe näher *Backhaus-Maul*, Corporate citizenship im deutschen Sozialstaat, in: Bundeszentrale für politische Bildung, Aus Politik und Zeitgeschichte, B 145/2004.

[3] *Pöllath*, in: Seifart/v. Campenhausen, Handbuch des Stiftungsrechts, 2. Aufl. 1999, § 13 Rn. 1.

Fundraiser mit unternehmerischen Marketing-Methoden, mit eigenem Berufsverband von über 1.000 Mitgliedern, einer Fundraiser-Akademie in Frankfurt und einem eigenen Lehrstuhl an der Fachhochschule Köln ist entstanden[4]. Die Inanspruchnahme professioneller Hilfe bei der Spendenwerbung durch Fundraising führt dazu, dass ein Teil des Spendenaufkommens zu diesem Zweck – also eigentlich „zweckentfremdet" – verwendet werden muss. Wenn dabei die in § 55 Abs. 1 Nr. 3 AO beschriebene Grenze zu einer „unverhältnismäßig hohen Vergütung" überschritten wird, gefährdet dies die Gemeinnützigkeit des Spendenempfängers. In einem BFH-Beschluss wird die Gemeinnützigkeit verneint, wenn mehr als 50 % der Einnahmen aus Geldspenden für Kosten der Verwaltung und der Spendenwerbung verwendet werden[5]. Verallgemeinerungsfähig ist dieser Prozentsatz allerdings nicht. Entscheidend sind die Umstände des Einzelfalls[6].

Inzwischen haben Unternehmen bestimmter Branchen sogar Wege entwickelt, das Spendenwesen gemeinnütziger Organisationen für eigene Unternehmenszwecke einzusetzen. So bieten Banken und Anlageunternehmen nicht selten Finanzprodukte an, die der Sparer oder Anleger mit Spenden verbinden kann, zu denen die Bank bzw. das Anlageunternehmen einen entsprechenden Betrag als Spende „drauflegt". Nicht selten sind diese Produkte unter Anlagegesichtspunkten (z.B. wegen niedrigem Zins) nur von zweifelhaftem Wert[7]. Die Tatsache, dass es auch Modelle gibt, bei denen eine Anlage statt mit einer Spende mit einer Lotterie verbunden werden kann, macht solche „Kombimodelle" nicht sympathischer.

B. Spenden, Sponsoring, gemeinnützige Stiftung

I. Spenden

Nachfolgend wird zunächst auf Begriff und Bedeutung einer Spende eingegangen (siehe unter 1.). Anschließend wird die gesellschaftsrechtliche Zulässigkeit von Unternehmensspenden (siehe unter 2.) und die derzeitige steuerliche Behandlung dargestellt (siehe unter 3.). Danach wird noch kurz auf die europarechtliche Zulässigkeit der derzeitigen steuerlichen Regelung (siehe unter 4.) und die in verschiedenen Steuerreformkonzepten vorgesehenen Spendenregelungen eingegangen (siehe unter 5.).

---

[4] Vgl. *Jost*, Die Kunst des Nehmens, SZ v. 10./11. Dezember 2005, S. 28.
[5] BFH vom 23. September 1998, I B 82/98, BStBl. II 2000, S. 320.
[6] BMF-Schreiben vom 15. Mai 2000, BStBl. I 2000, S. 814.
[7] Vgl. *Öchsner*, Sparen, Spenden, Spaß haben, SZ v. 10./11. Dezember 2005, S. 29.

1. Begriff und Bedeutung von Spenden

Die Spende ist in ihrer Reinform ein altruistischer Akt, nämlich eine unentgeltliche Zuwendung zur Förderung mildtätiger, kirchlicher, religiöser, wissenschaftlicher und der als besonders förderungswürdig anerkannten gemeinnützigen Zwecke. Die Spende ist freiwillig, wenn auch sozial erwünscht. Das Steuerrecht begünstigt die Verwendung des Einkommens für eine Spende unter bestimmten in § 10b EStG, § 9 Nr. 5 GewStG und § 9 Nr. 2 KStG normierten Voraussetzungen.

Auch eine Unternehmensspende, d.h. eine unentgeltliche Zuwendung aus den Mitteln eines Gewerbebetriebes, ist demnach keine Betriebsausgabe zur Einkünfteerzielung, sondern im Grundsatz eine Einkommensverwendung.

Nach ständiger höchstrichterlicher Rechtsprechung sind Spenden

> Zuwendungen, die freiwillig oder auf Grund einer freiwillig eingegangenen Rechtspflicht erbracht werden, kein Entgelt für eine bestimmte Leistung des Empfängers sind und nicht in einem tatsächlichen wirtschaftlichen Zusammenhang mit dessen Leistung stehen[8].

Für die Abgrenzung der Spenden von Betriebsausgaben ist demnach die Motivation des Zuwendenden entscheidend[9]. Betriebsausgaben sind gem. § 4 Abs. 4 EStG nur Aufwendungen, die durch den Betrieb und damit die Einkünfteerzielung veranlasst sind. Die Differenzierung zwischen *eigennützigen* Betriebsausgaben und uneigennützigen Spenden ist nur im Ansatz eindeutig, die Abgrenzung kann im Einzelfall Schwierigkeiten bereiten. Denn nur auf den ersten Blick haben Unternehmensspenden mit der Zielsetzung des Unternehmers nichts gemein bzw. laufen ihr gar zuwider. Bei näherem Hinsehen kann man aber feststellen, dass Gewinnstreben und Freigiebigkeit oft keine konträren, sondern vielmehr komplementäre Ziele sind. Denn mitunter lässt sich unternehmerisches Mäzenatentum durch eine geschickte Marketingstrategie in „klingende Münze" umwandeln. Als Beispiel wird im Schrifttum ein nicht näher identifizierter Pharmakonzern genannt, dem ein positives Image infolge einer großzügigen Spende von Medikamenten an afrikanische Staaten als Türöffner zur Erschließung neuer Märkte in Afrika diente[10].

2. Gesellschaftsrechtliche Zulässigkeit von Spenden

Der (Einzel-)Unternehmer kann auch aus den Mitteln seines Gewerbebetriebes für einen guten Zweck spenden. Es ist dann lediglich zu entscheiden, ob und in welcher Form diese Ausgabe bei der Einkommensteuer des Unternehmers und der Gewerbesteuer zu berücksichtigen ist.

---

[8] BFH vom 25. November 1987, I R 126/85, BStBl. II 1988, S. 220; vom 12. September 1990, I R 65/86, BStBl. II 1991, S. 258; vgl. dazu *Thiel*, Sponsoring im Steuerrecht, DB 1998, S. 842.

[9] BFH vom 9. August 1989, I R 4/84, BStBl. II 1990, S. 237.

[10] Vgl. *Fleischer*, AG 2001, S. 171/173.

Für den Geschäftsführer eines Unternehmens, z.B. den Vorstand einer Aktiengesellschaft, stellt sich aber eine andere Frage: Darf er im Rahmen seiner Kompetenzen im Namen des Unternehmens überhaupt spenden?

Vorstandsmitglieder einer Aktiengesellschaft verfügen nicht über eigenes, sondern über fremdes Vermögen und können deshalb nicht wie Inhaber eines (Einzel-)Unternehmens handeln. Sie unterliegen einer durch Strafrecht und Aktienrecht abgesicherten Treuepflicht gegenüber der Gesellschaft und den Aktionären[11].

Durch die Brille der Shareholder-value-Lehre mag man in Unternehmensspenden eine Verschwendung von Gesellschaftsvermögen sehen (zumindest wenn es sich um einen rein altruistischen Akt ohne die unter 1. a.E. beschriebenen Hintergedanken handelt)[12]. Auf der anderen Seite leitet der Vorstand die Gesellschaft nach § 76 Abs. 1 AktG unter eigener Verantwortung. Hieraus ergibt sich eine umfassende Geschäftsführungsbefugnis, die nur den Beschränkungen unterworfen wird, die die Satzung, der Aufsichtsrat, die Hauptversammlung und die Geschäftsordnungen des Vorstands und des Aufsichtsrats getroffen haben (§ 82 Abs. 2 AktG). Deshalb entspricht es der herrschenden Meinung im Schrifttum[13], dass die Entscheidung über Sozialaufwendungen – und damit auch gemeinnützige Spenden – unabhängig vom Grad der damit verbundenen Eigennützigkeit für die Gesellschaft grundsätzlich zu den dem Vorstand obliegenden Geschäftsführungsbefugnissen gehört[14]. Dem kann man zuzustimmen. Denn ein Unternehmen ist für ein dauerhaft erfolgreiches Wirtschaften auf die Rücksicht aller Bezugsgruppen (den sog. „Stakeholdern") und auch auf eine Verankerung in der Gesellschaft als good corporate citizen angewiesen. Auf welche Weise der Vorstand hierbei vorzugehen gedenkt, dafür gewährt § 93 Abs. 1 AktG einen breiten Spielraum unternehmerischen Ermessens[15]. Allerdings müssen sich die Spenden im Rahmen der Größenordnung und finanziellen Möglichkeiten des Unternehmens halten[16].

3. Steuerliche Behandlung von Spenden

Mangels betrieblicher Veranlassung (s.o. 1.) sind Spenden vom Betriebsausgabenabzug ausgeschlossen. Im Rahmen der Einkommensbesteuerung natürlicher Personen können Spenden jedoch bei Ermittlung des Einkommens innerhalb bestimmter Höchstgrenzen als Sonderausgaben abgezogen werden. Zwingend erscheint dies

---

[11] *Philipp*, AG 2000, S. 62.
[12] *Fleischer*, Fn. 10, S. 176.
[13] Vgl. *Hüffer*, AktG, § 76, Rn. 14; *Hopt*, in: Großkomm. AktG, § 93 Rn. 120 jeweils m.w.N.
[14] *Mertens*, AG 2000, S. 157/159 ff.
[15] *Fleischer*, Fn. 10, S. 175.
[16] *Hopt*, Fn. 13.

im Rahmen einer an der Leistungsfähigkeit orientierten Besteuerung nicht[17]; jedoch lässt sich der Abzug im Ergebnis rechtfertigen, da § 10b EStG als Sozialzwecknorm zu einem am Gemeinwohl orientierten Verhalten animiert[18]. Entsprechend sieht § 9 Nr. 2 KStG unter im wesentlichen gleichen Voraussetzungen den Abzug auch für Körperschaften (d.h. im vorliegenden Kontext insbesondere für Kapitalgesellschaften) vor. Ein Unterschied beim Spendenabzug zwischen Einkommen- und Körperschaftsteuer besteht für den Fall der Gründung einer Stiftung, worauf unter III. noch näher einzugehen ist. Bei der Gewerbesteuer greift ein entsprechender Abzug (§ 8 Abs. 1 Nr. 9, § 9 Nr. 5 GewStG).

a) Voraussetzungen des Spendenabzugs

Nicht jede Spende ist begünstigt, sondern nur Ausgaben zur Förderung mildtätiger, kultureller, religiöser, wissenschaftlicher und als besonders förderungswürdig anerkannter gemeinnütziger Zwecke, die in § 4 Abs. 1 EStDV i.V.m. § 51 bis § 68 AO und § 48 Abs. 2 i.V.m. der Anlage A EStDV näher definiert werden. Des Weiteren muss die Spende an einen der in § 49 EStDV genannten Empfänger geleistet werden. Neben inländischen juristischen Personen des öffentlichen Rechts oder inländischen öffentlichen Dienststellen sind dies die in § 5 Abs. 1 Nr. 9 KStG bezeichneten (gemeinnützigen) Körperschaften, Personenvereinigungen oder Vermögensmassen; das sind insbesondere gemeinnützige Vereine, Stiftungen und Kapitalgesellschaften[19]. Weitere materielle Voraussetzung für die Abzugsfähigkeit von Spenden ist eine ordnungsgemäße Bestätigung nach amtlichem Muster (§ 50 EStDV).

b) Begrenzung der Höhe des Abzugs

Die Höhe der steuerlichen Abziehbarkeit von Spenden ist für natürliche Personen und für Körperschaften weitgehend inhaltsgleich in § 10b EStG und § 9 Nr. 5 GewStG einerseits sowie in § 9 Abs. 1 Nr. 2 KStG andererseits geregelt. Für die Begrenzung wird an das Einkommen und an den Umsatz zuzüglich der aufgewandten Löhne und Gehälter angeknüpft.

Grundsätzlich können Spenden bis zu einer Höhe von 5 % des Einkommens abgezogen werden. Dieser Grundbetrag erhöht sich um weitere 5 %, wenn für wissenschaftliche, mildtätige und als besonders förderungswürdig anerkannte kulturelle Zwecke gespendet wird. Anstelle der einkommensbezogenen Grenzen kann auf die Summe der Umsätze und der im Kalenderjahr aufgewendeten Löhne

---

[17] Siehe zu dieser Problematik bereits die 1. Aufl. von *Tipke*, Die Steuerrechtsordnung, Band II 1993, S. 707/708 unter Verweis auf J.K. McNulty, Public Policy and Private Charity: A Tax Policy Perspective, Virginia Law Review, Vol. 3 (1984), S. 229 ff.

[18] *Tipke*, Fn. 17.

[19] Vgl. dazu *Raupach/Böckstiegel,* Umwandlungen bei der Rechtsformwahl gemeinnütziger Organisationen, in: Festschrift für Widmann, 2000, S. 459.

und Gehälter abgestellt werden; der Abzug ist auf 2 von Tausend dieser Summe begrenzt. Im Einzelfall ist zu prüfen, welche der beiden Berechnungsmethoden zu einem günstigeren Ergebnis führt.

Während das Steuerrecht früher keinen Unterschied danach machte, welche Rechtsform die spendenempfangende, gemeinnützige Organisation hatte, also gemeinnützige Vereine, Kapitalgesellschaften und Stiftungen gleichbehandelte, ist mit Wirkung vom 1. Januar 2000 eine Änderung eingetreten[20]:

Eingeführt wurden *zwei zusätzliche* einkommensunabhängige und kumulativ anwendbare Höchstbeträge speziell für Stiftungen des öffentlichen Rechts und steuerbefreite Stiftungen des privaten Rechts[21]. Dabei handelt es sich um

– den *Stiftungshöchstbetrag* nach § 10b Abs. 1 S. 3 EStG bzw. § 9 Abs. 1 Nr. 2 Satz 3 KStG; danach sind über die schon bisher bestehenden Höchstbeträge hinaus bei laufenden Zuwendungen an die genannten Stiftungen bis zu € 20.450 pro Jahr abziehbar;

– den *Gründungshöchstbetrag*, der die Neugründung solcher Stiftungen gem. § 10b Abs. 1a EStG begünstigt, wonach innerhalb von einem Jahr nach der Gründung in den Vermögensstock geleistete Zuwendungen bis zu einer Höhe von € 307.000 abziehbar sind. Diese Regelung gilt nicht für Zuwendungen von Körperschaften (siehe dazu noch III.).

Ziel dieser Gesetzesänderung war die „Förderung der deutschen Stiftungskultur"[22].

	Obergrenze: Einkommen	Obergrenze: Umsätze, Löhne u. Gehälter
Gemeinnützige Zwecke allgemein	5 %	0,2 %
Wissenschaftliche, mildtätige, als besonders förderungswürdig anerkannte kulturelle Zwecke	weitere 5 %	-
Stiftungshöchstbetrag	weitere € 20.450	weitere € 20.450
Gründungshöchstbetrag (gilt nicht im Körperschaftsteuerrecht)	weitere € 307.000	weitere € 307.000

---

[20] Kritisch, *Thiel*, DB 2000, S. 395 f.; siehe dagegen *Crezelius/Rawert*, ZIP 1999, S. 337, 346, die eine Bevorzugung der Stiftungen für verfassungsrechtlich unbedenklich halten, da Stiftungen „dem Zugriff von Mitgliedern oder Gesellschaften dauerhaft entzogen" seien; offen gelassen wird die Frage der Vereinbarkeit mit Art. 3 Abs. 1 GG von *Hüttemann*, DB 2000, S. 1584/1592.

[21] Vgl. *Schindler*, BB 2000, S. 2077 ff.; *Heinicke*, in: Schmidt, EStG, § 10b Rn. 63, 70.

[22] Siehe *Hüttemann,* Fn. 20, S. 1584; *Heinicke*, Fn. 21, Rn. 1.

Grundsätzlich können Spenden nur im Jahr der Zahlung im Rahmen der vorstehenden Höchstbeträge abgezogen werden. § 10b Abs. 1 Satz 4 EStG und § 9 Abs. 1 Nr. 2 Satz 4 KStG sehen jedoch eine Sonderregelung für Großspenden vor. Einzelzuwendungen von über € 25.565 können, soweit sie im Abzugsjahr die Höchstbeträge überschreiten, in den vorangegangenen Veranlagungszeitraum zurück- und die nächsten fünf folgenden Veranlagungszeiträume vorgetragen werden. Insgesamt können sich also Großspenden in bis zu sieben Veranlagungszeiträumen auswirken und bis zu den jeweiligen jährlichen Höchstbeträgen abgezogen werden. Besondere Relevanz hat diese Großspendenregelung für die Dotation von Stiftungen (siehe noch III.).

4. Europaverträglichkeit des deutschen Spendenrechts

Die in § 49 EStDV vorgenommene Begrenzung der Spendenadressaten auf *inländische* juristischen Personen, Dienststellen, Körperschaften, Personenvereinigungen und Vermögensmassen wird von Teilen des Schrifttums als Verstoß gegen die in Art. 43 des EG-Vertrags garantierte Niederlassungsfreiheit angesehen[23]. Beanstandet wird zum einen, dass ein EG-Ausländer bei einer Niederlassung als Selbständiger oder Unternehmer in Deutschland einer von ihm bevorzugten gemeinnützigen Einrichtung in seinem Herkunftsstaat keine Spenden mit steuermindernder Wirkung zukommen lassen kann. Darin sei eine versteckte Diskriminierung zu sehen, denn die Beschränkung der Spendenempfänger auf inländische Körperschaften wirke sich faktisch vor allem bei EU-Ausländern nachteilig aus. Beeinträchtigt seien zum anderen ausländische gemeinnützige Einrichtungen, da sie keine Zuwendungsbescheinigung für den Abzug einer Spende als Sonderausgabe ausstellen dürfen. Schließlich werde eine inländische gemeinnützige Körperschaft daran gehindert, ihren Sitz in einen anderen EU-Mitgliedstaat zu verlegen[24].

Dagegen wird insbesondere vorgebracht, dass der Fiskus, wenn er schon auf einen an sich begründeten Steueranspruch verzichte, die rechtliche und tatsächliche Möglichkeit haben müsse, die zweckgerichtete Verwendung der Zuwendungen wirksam zu überprüfen. Eine solche Überprüfungsmöglichkeit bestehe nur in Bezug auf inländische Körperschaften[25]. Dem ist entgegenzuhalten, dass u.a. die Amtshilferichtlinie dem deutschen Staat ermöglicht, die Verwendung der Spenden auch über die Grenzen hinweg zu überprüfen.

Ersten Aufschluss über die Frage wird das beim EuGH anhängige Vorlageverfahren in der Rechtssache „Centro di Musicologia Walter Stauffer"[26] geben, in

---

[23] *Eicker*, ZErb 2005, S. 239 ff. m.w.N.
[24] *Eicker*, Fn. 23.
[25] FG Berlin, Urteil vom 4. August 1995, III 318/94, EFG 1995, S. 1066.
[26] Rs. C-386/04, BFH-Beschluss I R 94/02 vom 14. Juli 2004.

dem es um die Steuerbefreiung nach § 5 Abs. 1 Nr. 9 KStG für eine ausländische Körperschaft geht (siehe dazu noch näher C VIII).

5. Steuervereinfachung vs. Beibehaltung des Spendenabzugs

Bisher scheint der Spendenabzug der Forderung nach einem möglichst einfachen Steuerrecht nicht zum Opfer zu fallen.

Der sog. Karlsruher Entwurf von *Paul Kirchhof* sieht z.B. trotz aller Bemühung um eine Vereinfachung des Steuersystems vor, die Abziehbarkeit der Spenden beizubehalten. Die Spende diene der Pflege der Verfassungsvoraussetzungen und der Pflege einer Grundrechtskultur. Ihre Abziehbarkeit entspreche daher dem Gebot austeilender Gerechtigkeit.[27] Der sog. *Gaddum*-Entwurf wollte dagegen alle Steuervergünstigungen bis hin zum Spendenabzug abschaffen.[28]

Nach dem Koalitionsvertrag zwischen CDU, CSU und SPD vom 11. November 2005 soll das Spendenrecht zwar „einfacher, übersichtlicher und praktikabler" gestaltet, aber nicht etwa abgeschafft werden.[29]

II. Sponsoring[30]

1. Begriff und Bedeutung des Sponsorings

Der Begriff des Sponsorings ist nicht eindeutig. Er hat sich mit den Veränderungen dieser Förderungsform gewandelt. In einem sehr weitem Sinne versteht der sog. „Sponsoringerlass" der Finanzverwaltung[31] den Begriff des Sponsorings wie folgt:

„Unter Sponsoring wird üblicherweise die Gewährung von Geld oder geldwerten Vorteilen durch Unternehmen zur Förderung von Personen, Gruppen und/ oder Organisationen im sportlichen, kulturellen, kirchlichen, wissenschaftlichen, sozialen, ökologischen oder ähnlich bedeutsamen gesellschaftspolitischen Bereichen verstanden, mit der regelmäßig auch eigene unternehmensbezogene Ziele der Werbung oder Öffentlichkeitsarbeit verfolgt werden…"

Dieser weite Begriff des Sponsorings umfasst auch den Begriff der Spende, wie wir ihn oben unter I. näher gekennzeichnet haben. Dagegen versteht man im engeren Sinne unter Sponsoring nur die Fälle, in denen die Förderung von Zwecken gemeinnütziger Organisationen mit den Zwecken des eigenen Unternehmens verbunden wurde. Besteht also für die Förderung eine betriebliche Veran-

---

[27] *Kirchhof*, in: Einkommensteuer Gesetzbuch, 2003, S. 50.
[28] *J.W. Gaddum*, Steuerreform: einfach und gerecht!, 1986, S. 76/79.
[29] S. 84 des Koalitionsvertrags, zu finden auf den Internetseiten der beteiligten Parteien.
[30] Vgl. *Raupach*, Zivilrechtliche und steuerrechtliche Fragen des Sponsoring, Non Profit Law Yearbook 2001, S. 169 ff.
[31] BMF-Schreiben vom 18. Februar 1998, BStBl. I 1998, S. 212.

lassung i.S.d. § 4 Abs. 4 EStG, dann handelt es sich bei den Sponsoringaufwendungen nicht um – nur im Rahmen der Höchstbeträge abzugsfähige – Spenden, sondern um Betriebsausgaben.

Von der Spende unterscheidet sich das Sponsoring im engeren Sinne dadurch, dass der Sponsor seine Förderung mit eigener Werbung verbindet oder den Gesponsorten für sich werben lässt.

Das „klassische" Sponsoring, das jahrzehntelang vor allen Dingen bei der Sportförderung zum Einsatz kam, ist dadurch gekennzeichnet, dass der Gesponserte eine Gegenleistung für die Leistung des Sponsors erbringt. In der Regel handelt es sich um Fälle, in denen der Sponsor damit für sich wirbt, dass er einen gemeinnützigen Zweck, z.B. eine bestimmte Sportart, fördert. Das Sponsoring zielt dabei auf einen „Imagetransfer", z.B. von einer bestimmten Sportart auf das Unternehmen des Sponsors. Bei der Gegenleistung des Gesponsorten lassen sich zwei Fälle unterscheiden:

– Der Gesponserte duldet lediglich die Benutzung seines Namens, eines Logos oder eines Zeichens, dies geschieht regelmäßig in Form von Lizenzverträgen, oder

– der Gesponserte erbringt seinerseits Werbeleistungen für den Sponsors oder beteiligt sich an dessen Eigenwerbung aktiv.

Jedoch ist das Sponsoring nicht auf den Fall begrenzt, in dem in einem Sponsoringvertrag eine entsprechende Gegenleistung des Gesponsorten geregelt ist. Insbesondere im Bereich des „Sozio-Sponsorings" hat sich eine Form des mäzenatischen Sponsorings entwickelt, bei der bewusst auf eine Gegenleistung verzichtet wird.[32]

Im Unterschied zur Spende begnügt sich hier der Sponsor jedoch nicht damit, allenfalls einen öffentlichen Dank vom Gesponsorten entgegenzunehmen, sondern möchte gezielt mit dem Umstand für sich werben, dass er einen gemeinnützigen Zweck fördert; häufig handelt es sich um einen sozialen Zweck (daher der Begriff „Sozio-Sponsoring").

2. Steuerliche Behandlung des Sponsorings

a) Ertragsteuerliche Behandlung[33]

Behandlung beim Sponsor: Sponsoring vollzieht sich in Erwartung beruflicher oder betrieblicher Vorteile, z.B. durch Verbindung mit eigener Werbung oder durch Werbung des Gesponsorten für den Sponsor. Die darin liegende betriebliche Veranlassung führt nach § 4 Abs. 4 EStG zum Betriebsausgabenabzug der Förder-

---

[32] Vgl. *Breuninger/Rückert*, Gegenstand und Besteuerung des Soziosponsoring, DB 1993, S. 503/504.

[33] Vgl. *Rückert*, Die ertragsteuerliche Behandlung des Sponsoring, Diss. 1999; *Raupach*, Fn. 30.

leistung, der betragsmäßig im Gegensatz zum Spendenabzug (s.o. I. 3. b) nicht begrenzt ist.

Der Betriebsausgabenabzug gilt also nicht nur für die beiden o.g. Formen des sog. *„klassischen Gegenleistungssponsorings"*, z.B. im Sport, sondern auch für das als Sozio-Sponsoring häufig anzutreffende *„mäzenatische Sponsoring"*. Die betriebliche Veranlassung kann sich also entweder aus der Gegenleistung, z.B. Werbung des Gesponsorten, oder auch ohne Gegenleistung, z.B. aus der Eigenwerbung des Sponsors, ergeben.

Behandlung beim Gesponsorten: Bei gemeinnützigen Organisationen, die Sponsoringleistungen empfangen, sind steuerlich verschiedene Bereiche zu unterscheiden:

- Der *ideelle Bereich*, der der gemeinnützigen Zweckerfüllung dient, ist unter der Voraussetzung der §§ 51 – 68 AO i.V.m. § 5 Abs. 1 Nr. 9 KStG und § 3 Nr. 6 GewStG steuerfrei.
- Die bloße *Nutzung des eigenen Vermögens* führt zu steuerfreien Einkünften aus Vermögensverwaltung, das gilt für Zinsen, Dividenden, Mieten und Zinseinnahmen.
- Ein *wirtschaftlicher Geschäftsbetrieb* führt dagegen zu steuerpflichtigen gewerblichen Einkünften; er liegt vor, wenn eine nachhaltige Tätigkeit entfaltet wird, durch die Einnahmen oder andere wirtschaftliche Vorteile erzielt werden und die über eine Vermögensverwaltung (s.o.) hinausgeht (§ 14 AO). Ausgenommen von der Steuerpflicht sind sog. *Zweckbetriebe*, wenn die gemeinnützigen Zwecke nur durch einen Geschäftsbetrieb erreicht werden können (§ 65 AO).

Während die beiden Formen des sog. „klassischen Gegenleistungssponsorings" ebenso wie das mäzenatische Sponsoring beim Sponsor zu Betriebsausgaben führen, deren Abzug im Gegensatz zum Spendenabzug höhenmäßig unbegrenzt ist, unterscheiden sich die Formen des Sponsorings auf der Ebene der Gesponsorten erheblich, soweit diese nach den §§ 51 - 68 AO als gemeinnützig und damit im Grundsatz nach § 5 Abs. 1 Nr. 9 KStG und § 3 Nr. 6 GewStG als steuerbefreit anzuerkennen sind:

- Fehlt es an einer Gegenleistung des Gesponsorten, fallen die Einnahmen in den ideellen Bereich.
- Die bloße Duldung der Nutzung von Namen, Logos oder Zeichen des Gesponsorten auf Grund von Lizenzverträgen ohne aktive Tätigkeit des Gesponsorten führt zu steuerfreien Einkünfte aus Vermögensverwaltung.
- Dagegen stellt die werbende Tätigkeit des Gesponsorten oder die Mitwirkung an der Werbung regelmäßig einen steuerpflichtigen wirtschaftlichen Geschäftsbetrieb i.S.d. § 14 AO dar.

Von Bedeutung ist jedoch, dass der Empfänger nach dem „Sponsoring-Erlass"[34] nicht völlig untätig bleiben muss, damit die Einnahmen im ideellen Bereich anfallen. Der bloße Hinweis auf den Sponsor auf Plakaten, Veranstaltungshinweisen, in Ausstellungsprospekten oder in anderer Weise ist unschädlich. D.h., es handelt sich auch insoweit nicht um eine Gegenleistung des Gesponsorten, die im Rahmen eines wirtschaftlichen Geschäftsbetriebes anfällt. Dabei kann der Hinweis auch unter Verwendung des Namens, Emblems oder Logos des Sponsors erfolgen, soweit hier keine besondere Hervorhebung bspw. durch zusätzlichen Abdruck eines Werbeslogans erfolgt.

b) Behandlung bei Umsatz- und Erbschaftsteuer

Der Unterschied zwischen Gegenleistungssponsoring und mäzenatischem Sponsoring hat auch Bedeutung für die Umsatzsteuer: Entsteht beim Gegenleistungssponsoring ein wirtschaftlicher Geschäftsbetrieb des Gesponsorten, dann entsteht Umsatzsteuerpflicht der Gegenleistung i.H.v. 16 %, bei den Fällen der bloßen Vermögensverwaltung nur von 7 % (siehe § 12 Nr. 8a UStG). Beim mäzenatischen Sponsoring entsteht, zumindest wenn kein Hinweis durch den Gesponsorten erfolgt, keine Umsatzsteuerpflicht.[35]

Im Fall einer Spende und auch beim mäzenatischen Sponsoring handelt es sich um unentgeltliche Zuwendungen, die aber gem. § 13 Abs. 1 Nr. 16 Buchst. b Satz 1 ErbStG schenkungsteuerfrei sind, wenn sie an eine kirchliche, gemeinnützige oder mildtätige Zwecke verfolgende inländische Körperschaft, Personenvereinigung oder Vermögensmasse erfolgt. Beim Gegenleistungssponsoring entsteht eine Schenkungsteuerpflicht schon deshalb nicht, weil eine Gegenleistung vorliegt. Daraus folgt, dass beim Sponsoring Schenkungsteuerpflichten nur in dem (unglücklichen und eigentlich kaum vorstellbaren) Ausnahmefall eines mäzenatischen Sponsorings entstehen, bei denen die Förderleistung in einen wirtschaftlichen Geschäftsbetrieb des Gesponsorten fällt.

---

[34] BMF-Schreiben, s. Fn. 31, S. 213.
[35] Siehe ansonsten OFD Karlsruhe vom 5. März 2001, DStR 2001, S. 853/854.

c) Überblick über die steuerlichen Folgen

Art des Sponsorings (im weitesten Sinne)	Inhalt	Abzug beim Sponsor	Steuerliche Behandlung beim Gesponsorten	USt	Schenk St
Spende	Unentgeltliche Zuwendung zu gemeinnützigen Zwecken	Spendenabzug (höhenbegrenzt)	Steuerfrei im ideellen Bereich	Keine[3]	Keine
Sponsoring (im engeren Sinne)	Werbung für den Sponsor				
(Klass.) Gegenleistungssponsoring	Bloße Duldung der Nutzung von Namen, Logos oder Zeichen des Gesponsorten	Betriebsausgabe[2]	Steuerfreie Vermögensverwaltung	7 %	Keine
	Aktive Werbung durch den Gesponserten	Betriebsausgabe[2]	Steuerpflichtiger wirtschaftlicher Geschäftsbetrieb	16 %	Keine
Mäzenatisches Sponsoring	Eigenwerbung des Sponsors unter Hinweis auf seine Förderung[1] des Gesponserten	Betriebsausgabe[2]	Steuerfrei im ideellen Bereich	Keine[3]/ 7 %	Keine[4]

[1] Unterstützung durch den Gesponsorten (z.B. auf Plakaten usw.) ist in Grenzen unschädlich (sog. Sponsoring-Erlass).

[2] Betriebsausgabenabzug im Gegensatz zu Spenden ohne Höhenbegrenzung.

[3] Keine Umsatzsteuer bei fehlender Gegenleistung. Nach OFD Karlsruhe vom 5.3.2001 (DStR 2001, S. 853/854) stehen Hinweise des Gesponsorten (z.B. auf Plakaten usw.) Duldungspflichten gleich, so dass 7 % USt anfallen sollen.

[4] Schenkungsteuer nur, wenn unentgeltliche Leistung des Sponsors (ausnahmsweise) für wirtschaftlichen Geschäftsbetrieb des Gesponsorten bestimmt ist, vgl. § 13 Abs. 1 Nr. 16 Buchst. b Satz 2 ErbStG.

III. Gemeinnützige Stiftung

Am Ende dieses ersten Teils ist noch die Gründung einer gemeinnützigen Stiftung durch ein Unternehmen anzusprechen. D.h., hier soll nur der Fall behandelt werden, in dem die Geldmittel von einem Unternehmen stammen, ohne dass die Stiftung ihrerseits an einem Unternehmen beteiligt ist. Gegenüber Einzelspenden und dem Sponsoring bietet eine solche Stiftung Vorteile für das Unternehmen, da sie eine Verstetigung der Förderung ermöglicht.

Als Beispiel dafür sei das Krombacher Regenwald Projekt 2004[36] genannt. Für das Engagement der Krombacher Brauerei zu Gunsten des WWF und des Regenwaldes in Afrika wurde in 2003 eine Regenwald Stiftung ins Leben gerufen und bereits beim Start mit € 1,8 Millionen dotiert. Auf der Webpage des WWF[37] wird dazu aufgeführt:

„Der WWF profitierte durch die finanzielle Unterstützung der Regenwaldprojekte. Und Krombacher konnte sich mit einem neuen Thema positionieren und seinen Absatz erhöhen."

Im Grundsatz stellt sich auch hier die Frage der Abgrenzung zwischen dem Sponsoring als Teil einer Werbestrategie und dem durch Höchstbeträge begrenzten Spendenabzug nach den zu I. und II. dargestellten Grundsätzen.

Wie bereits dargestellt, wird seit dem 1. Januar 2000 die Gründung einer Stiftung steuerlich zusätzlich durch einen erhöhten Spendenabzug nach § 10b Abs. 1a EStG gefördert. Dies gilt insbesondere – aber nicht nur – bei einer durch den Stifter selbst ins Leben gerufenen Stiftung. Danach können Zuwendungen, die anlässlich der Neugründung in den Vermögensstock[38] einer Stiftung des öffentlichen Rechts oder einer nach § 5 Abs. 1 Nr. 9 KStG steuerbefreiten Stiftung geleistet werden, im Jahr der Zuwendung und in den folgenden neun Veranlagungszeiträumen bis zu einem Betrag in Höhe von € 307.000 neben den allgemeinen nach § 10b Abs. 1 EStG als Sonderausgaben zu berücksichtigenden Zuwendungen und über den dort geregelten Umfang hinaus abgezogen werden.

Entscheidend ist danach ein zeitliches Moment. Die Spenden zur Stiftungsgründung müssen bis zum Ablauf eines Jahres nach Gründung der Stiftung (= Wirksamwerden der Anerkennung i.S.v. § 80 BGB) geleistet werden. Soweit diese Voraussetzung erfüllt ist, kann die „Stiftungs-Gründungsspende" bis zu dem Höchstbetrag von insgesamt € 307.000 beliebig auf das Jahr der Zuwendung und die neun folgenden Jahre verteilt werden.

Dagegen hat der „good corporate citizen" keine entsprechenden zusätzlichen Abgrenzungsmöglichkeiten im Rahmen seiner Körperschaftsteuerveranlagung.

Warum soll aber der Spendenabzug im Bereich der Einkommen- und Körperschaftsteuer nur teilweise kongruent laufen? Ist der good corporate citizen nicht förderungswürdig, obwohl auch er nach dem Grundsatz der Besteuerung nach der Leistungsfähigkeit veranlagt wird?

Steuersystematisch überzeugt diese Regelung zur Förderung des Bürgersinns auf Grund dieser Differenzierung nicht. Dies belegt auch die Regelung bei der Gewerbesteuer. Nach § 9 Nr. 5 Satz 5 GewStG ist ein Gründungshöchstbetrag bei der Gewerbesteuer nur für Einzelunternehmen und Personengesellschaften vorgesehen. Die Regelung für die Personengesellschaft gilt dabei unabhängig davon, ob

---

[36] www.wwf.de/sponsoring/unsere-partner/krombacher.
[37] Fn. 36.
[38] Darunter wird das Grundstockvermögen der Stiftung verstanden, das nicht dem Gebot der zeitnahen Mittelverwendung unterliegt; siehe *Heinicke*, Fn. 21, § 10b Rn. 71; *Hüttemann*, Fn. 20, S. 1590.

an der Personengesellschaft natürliche Personen oder Kapitalgesellschaften beteiligt sind, zum anderen wird bei der Gewerbesteuer nur eine einmalige Kürzung des Gewinns um insgesamt € 307.000 gewährt, während einkommensteuerlich jeder Gesellschafter Spenden bis zu € 307.000 nach § 10b Abs. 1a EStG abziehen kann[39]. Hier zeigt sich wieder einmal, dass gut gemeint nicht gleichbedeutend mit gut gemacht ist.

	gemeinnützige Stiftung
Art der Körperschaft	Vermögensmasse, staatliche Anerkennung erforderlich
Personelles Substrat	Keines, staatliche Aufsicht
Vermögensmäßige Beteiligung	keine
Willensbildung	im Vorstand; unter staatlicher Aufsicht
Einflussnahme auf die Geschäftsführung	weitgehende Unabhängigkeit der Geschäftsführung
Zweck	genau bestimmt; „verewigt"
Kapitalausstattung	Stiftungsvermögen muss die dauernde und nachhaltige Erfüllung des Stiftungszwecks gewährleisten
Einfluss zu Lebzeiten des Gründers	als Vorstand
Zwecksicherung nach dem Tod des Gründers	gesichert

C. Gemeinnützige Unternehmensstiftungen

I. Begriff und Bedeutung von gemeinnützigen Unternehmensstiftungen

Unter einer Unternehmensstiftung soll im folgenden eine Stiftung verstanden werden, die entweder selbst ein Unternehmen führt (Unternehmensträgerstiftung) oder an einem Unternehmen in der Rechtsform der Personengesellschaft oder Kapitalgesellschaft beteiligt ist (Beteiligungsträgerstiftung). Die Gründe für die Errichtung einer solchen Unternehmensstiftung sind vielfältig.[40] Insbesondere sind zu nennen:

- Sicherung der Unternehmenskontinuität durch den *„Ewigkeitscharakter"* der Stiftung,

---

[39] *Heinicke*, Fn. 21, § 10b Rn. 71.
[40] Siehe z.B. *Wachter*, Stiftungen 2001, Teil C, Rn. 1f.

- Absicherung des Unternehmens vor familien- und erbrechtlichen Ansprüchen, Ansprüche von Ehegatten auf Zugewinnausgleich bei Scheidung bzw. Tod (Pflichtteilsansprüche),
- Optimierung der steuerlichen Belastung,
- Imagegewinn für das Unternehmen.

Wegweisend für spätere Unternehmensstiftungen war die in 1889 gegründete Ernst-Abbe-Stiftung in Jena, die alleinige Inhaberin der Firmen Zeiss und Schott wurde.[41] Nach dem ursprünglichen Statut gingen die Überschüsse (abzüglich der Bildung von bestimmten finanziellen Reserven) an die Universität Jena. In § 40 des von Abbe ausgearbeiteten Statuts heißt es:

„Die geschäftliche Aktion hat unter dem wirtschaftlichen Gesichtspunkt als Ziel zu verfolgen, nicht sowohl möglichste Mehrung der Reingewinne oder Betriebsüberschüsse ihrer Unternehmungen als vielmehr die Steigerung des wirtschaftlichen Gesamtertrages, welches diese Unternehmungen dem ganzen in ihm vereinigten Personenkreis, die Stiftung als Unternehmer inbegriffen, mit Aussicht auf längeren Fortbestand noch zu gewähren vermögen."

Die beiden Stiftungsbetriebe hatten ursprünglich keine eigene Rechtspersönlichkeit, wurden jedoch nach dem Stiftungsstatut von selbständig handelnden Geschäftsleitungen neben der Stiftungsverwaltung und dem Stiftungskommissar geführt. Auch bei der Ernst-Abbe-Stiftung zeigte sich die besondere Problematik zwischen dem *„Ewigkeitscharakter"* einer Stiftung und den Bedürfnissen eines Unternehmens, sich an die dynamische Änderung des Marktes anzupassen und sich immer wieder zu behaupten und neu zu erfinden. Dazu wurde in 2000 durch die Stiftungsverwaltung beschlossen, die beiden Stiftungsunternehmen in Aktiengesellschaften umzuwandeln. Dieser Beschluss wurde von den Mitarbeitern der Stiftungsunternehmen in deren Eigenschaft als Destinatäre der Stiftung bis zum Bundesgerichtshof erfolglos bekämpft. Nicht jeder Stifter hat dabei die Weitsicht eines Prof. Ernst Abbes. Nach dem Stiftungsstatut waren Änderungen möglich, wenn sich eine offenbare Zweckwidrigkeit angesichts der erkennbaren Absichten des Stifters ergab.

Neben diesem Gegensatz von *„Ewigkeitscharakter"* und unternehmerischer Dynamik gilt es bei der Entscheidung für eine Unternehmensstiftung stets das Spannungsfeld zwischen unternehmerischer Betätigung und Gemeinnützigkeit abzuwägen. Diese steuerlichen Fragen sollen nachfolgend näher dargestellt werden.

---

[41] Siehe zur Entwicklung dieser Stiftung: *Berndt*, Stiftung und Unternehmen, 7. Aufl. 2003, Rn. 1411 ff.

II. Außersteuerliche Beschränkungen für die unternehmerische Betätigung (gemeinnütziger) Stiftungen

Hinzuweisen ist vorab noch darauf, dass die Errichtung einer Unternehmensstiftung früher Einschränkungen nach dem jeweiligen Landesstiftungsgesetz unterliegen konnte.

Verschiedene Landesstiftungsgesetze schränkten die Genehmigungsfähigkeit von Unternehmensstiftungen ein. In Bayern musste bei *ausschließlich* privatnützigen Unternehmensstiftungen ein wichtiger Grund für die Zulassung vorliegen. In Brandenburg, Mecklenburg-Vorpommern und Nordrhein-Westfalen stand die Versagung der Genehmigung im Ermessen, wenn ausschließlich oder *überwiegend* privatnützige Zwecke verfolgt wurden. In der Praxis waren diese Hürden aber regelmäßig überwindbar[42]. Mit der Reform des Stiftungsrechts mit dem Gesetz zur Modernisierung des Stiftungsrechts vom 15. Juli 2002[43] sind diese Regelungen durch die bundeseinheitliche und abschließende Regelung in den §§ 80 und 81 BGB aufgehoben worden. Es besteht nunmehr ein Rechtsanspruch auf Anerkennung[44].

III. Bedeutung des Status der Gemeinnützigkeit

Der Status der Gemeinnützigkeit führt zu verschiedenen Steuervergünstigungen für die Stiftung[45], insbesondere

– Befreiung von der Körperschaftsteuer (§ 5 Abs. 1 Nr. 9 KStG),
– Befreiung von der Gewerbesteuer (§ 3 Nr. 6 GewStG),
– Ermäßigter Umsatzsteuersatz (§ 12 Abs. 2 Nr. 8 UStG),
– Befreiung von der Erbschaftsteuer (§ 13 Nr. 16 Buchst. b, Nr. 17 ErbStG).

Die Voraussetzungen für diese Vergünstigungen sind in den §§ 51 ff. AO festgelegt. Von den Steuervergünstigungen der gemeinnützigen Körperschaft ist das Spendenabzugsrecht (siehe oben B I) zu unterscheiden. Nicht jede nach §§ 51 ff. AO gemeinnützige Körperschaft kann auch Empfängerin von steuerbegünstigten Spenden sein (siehe näher § 48 EStDV).

---

[42] *Pöllath*, Fn. 3, § 13 Rn. 137 ff.
[43] BGBl. I 2002, S. 2634.
[44] Siehe näher *Heinrichs*, in: Palandt, Bürgerliches Gesetzbuch, 64. Aufl. 2005, § 80 BGB Rn. 9.
[45] Siehe die Aufzählung bei *Tipke*, in: Tipke/Kruse, Abgabenordnung, Finanzgerichtsordnung, Kommentar, § 51 AO, Tz.1.

IV. Errichtung einer gemeinnützigen Stiftung

Die Errichtung einer gemeinnützigen Unternehmensstiftung durch unentgeltliche Übertragung eines Einzelunternehmens bzw. Mitunternehmeranteils[46] sowie der Beteiligung an einer Kapitalgesellschaft kann im Grundsatz steuerfrei erfolgen. Die Schenkung führt nicht zur Gewinnrealisierung bei dem Stifter; die Sicherstellung der Besteuerung der stillen Reserven des Betriebsvermögens erfolgt durch eine Buchwertverknüpfung nach § 6 Abs. 3 EStG[47]; auf den Steuerstatus des Bedachten kommt es für die Einkommenbesteuerung nicht an.

Jedoch unterliegt eine unentgeltliche Übertragung der Erbschaft- und Schenkungsteuer; es greift aber nach § 13 Abs. 1 Nr. 16 Buchst. b ErbStG eine Steuerbefreiung ein, soweit Zuwendungen an inländische Einrichtungen des privaten Rechts erfolgen, die nach Satzung und tatsächlicher Geschäftsführung ausschließlich und unmittelbar kirchlichen, gemeinnützigen oder mildtätigen Zwecken dienen.

Diese Befreiung wird auch nicht etwa dadurch ausgeschlossen, dass die Stiftung einen wirtschaftlichen Geschäftsbetrieb nach § 64 AO unterhält; siehe zu diesem Begriff sogleich näher unter V.

Auch wenn der Stiftung ein wirtschaftlicher Geschäftsbetrieb zugewendet wird, bleibt die Steuerbefreiung erhalten, wenn die erwirtschafteten Überschüsse des Geschäftsbetriebs an den ideellen Bereich gelangen[48].

V. Laufende Besteuerung einer gemeinnützigen Unternehmensstiftung

Die Steuerbefreiung der Einkünfte einer gemeinnützigen Stiftung greift jedoch nicht unbegrenzt, sondern – wie bereits zum Sponsoring ausgeführt – nur für den *ideellen Bereich*, in dem die Stiftung ihre gemeinnützigen Ziele verfolgt, und den Bereich der *Vermögensverwaltung*. Dagegen besteht eine Steuerpflicht für *wirtschaftliche Geschäftsbetriebe* (§ 64 Abs. 1 AO) mit Ausnahme der *Zweckbetriebe* (§§ 65-68 AO). Ein Zweckbetrieb liegt vor, wenn der gemeinnützige Zweck nur durch den Betrieb erreicht werden kann.

Ein wirtschaftlicher Geschäftsbetrieb ist jedenfalls die Fortführung eines Einzelunternehmens bzw. die Beteiligung an einer Mitunternehmerschaft. Die Stiftung konkurriert insoweit mit anderen Unternehmen am Markt, so dass eine Befreiung von der Körperschaftsteuer nach § 5 Abs. 1 Nr. 9 KStG und von der Gewerbesteuer nach § 3 Nr. 6 GewStG nicht gerechtfertigt ist. Vielmehr ist der Gewinn bei der Stiftung körperschaftsteuerpflichtig (25 % zuzüglich des Solidaritätszuschlags von 5,5 % auf die Körperschaftsteuer) zuzüglich Gewerbesteuer. Der

---

[46] Siehe § 15 Abs. 1 Nr. 2 EStG.
[47] Siehe näher *Pohl*, in: Hörger/Stephan/Pohl, Unternehmens- und Vermögensnachfolge, 2. Aufl. 2002, Rn. 514 ff.
[48] R 47 Abs. 2 Erbschaftsteuerrichtlinien.

Gewinnanteil an der Mitunternehmerschaft umfasst auch Vergütungen für die Überlassung von Wirtschaftsgütern an die Mitunternehmerschaft (§ 15 Abs. 1 Nr. 2 EStG), z.B. die Verpachtung eines Produktionsgrundstücks durch die Stiftung als Mitunternehmer an die Mitunternehmerschaft (sog. „Sonderbetriebsvermögen").

Die Beteiligung an einer Kapitalgesellschaft fällt an sich in den steuerbefreiten Bereich der Vermögensverwaltung der Stiftung. Der Gewinn der Kapitalgesellschaft wird bei dieser besteuert; Dividendenausschüttungen sind bei der Stiftung steuerbefreit. Insbesondere ist auch § 8b Abs. 5 KStG nicht anzuwenden, wonach 5 % der Dividende pauschal als nicht abzugsfähige Betriebsausgabe gelten und dadurch der steuerpflichtige Gewinn erhöht würde[49].

Die Beteiligung wird aber bereits dann zu einem wirtschaftlichen Geschäftsbetrieb, wenn seitens der gemeinnützigen Unternehmensstiftung tatsächlich entscheidender Einfluss auf die laufende Geschäftsführung genommen wird[50]. Bei einer Personenidentität der Geschäftsführungsorgane besteht eine kaum widerlegbare Vermutung in dieser Hinsicht[51]. Auch in Betriebsaufspaltungsfällen, in denen eine personelle und sachliche Verflechtung zwischen der Unternehmensbeteiligungsstiftung und einer Kapitalgesellschaft besteht, entsteht ein wirtschaftlicher Geschäftsbetrieb[52]. Ein solcher Fall liegt etwa vor, wenn die Stiftung eine wesentliche Betriebsgrundlage (z.B. ein Grundstück) an eine von ihr mehrheitlich beherrschte GmbH vermietet. Dann stellen die Mieteinnahmen keine steuerfreien Einkünfte aus Vermögensverwaltung dar, sondern steuerpflichtige Einnahmen der Stiftung im Rahmen eines durch die Betriebsaufspaltung begründeten, wirtschaftlichen Geschäftsbetriebs. Dies gilt sowohl für die Körperschaft- als auch die Gewerbesteuer[53].

VI. Versagung der Gemeinnützigkeit wegen unternehmerischer Betätigung bzw. Beteiligung

Bei den vorstehenden Ausführungen wurde vereinfachend davon ausgegangen, dass die Führung eines Einzelunternehmens, die Beteiligung an einer Mitunternehmerschaft (Personengesellschaft) bzw. an einer Kapitalgesellschaft für die Gemeinnützigkeit nicht schädlich ist, dass sich vielmehr die Auswirkung auf den

---

[49] Vgl. *Bott*, in: Ernst & Young, § 5 KStG Rn. 14.
[50] Anwendungserlass zur AO, vom 15. Juni 1998, BStBl. I, S. 670 mit späten Änderungen zu § 64, Rn. 3.
[51] *Jobst*, in Dötsch/Eversberg/Jost/Pung/Witt, Die Körperschaftsteuer, KStG n.F. Anh. 2 zu § 5 Abs. 1 Nr. 9 „Beteiligung an Kap.-Ges."; *Lex*, DB 1997, S. 349.
[52] Vgl. *Gluth*, in Herrmann/Heuer/Raupach, EStG, § 15 Rn. 794 ff.
[53] Vgl. dazu und zur Vermeidung gewerblicher Betriebsaufspaltungen *Raupach*, in: Kötz/Rawert/Schmidt/Walz (Hrsg.), Non Profit Law Yearbook 2003, S. 195/214.

steuerpflichtigen Bereich des wirtschaftlichen Geschäftsbetriebs i.S.v. § 64 AO beschränkt.

Durch den Betrieb eines wirtschaftlichen Geschäftsbetriebs wird die in § 51 AO geforderte ausschließliche Verfolgung begünstigter Zwecke im Grundsatz zwar nicht verletzt. Denn ein solcher Geschäftsbetrieb ist nicht Teil der Verfolgung der steuerbegünstigten Zwecke durch entsprechende Mittel*verwendung*, sondern dient der *Erwirtschaftung* von Mitteln für den steuerbegünstigten Zweck. Jedoch bedarf diese Aussage der Einschränkung. Hierzu hat der BFH mit Urteil vom 15. Juli 1998[54] entschieden:

„1. Eine Körperschaft verfolgt nicht allein deswegen in erster Linie eigenwirtschaftliche Zwecke i.S. des § 55 Abs. 1 AO 1977, weil sie einen wirtschaftlichen Geschäftsbetrieb unterhält und die unternehmerischen Aktivitäten die gemeinnützigen übersteigen.

2. Dem Gebot, dass Mittel der Körperschaft nur zu steuerbegünstigten Zwecken verwendet werden dürfen (§ 55 Abs. 1 Nr. 1 AO 1977), unterliegen grundsätzlich auch die Gewinne aus einem wirtschaftlichen Geschäftsbetrieb.

3. Das Gebot der steuerbegünstigten Mittelverwendung erfasst aber nur solche Mittel des wirtschaftlichen Geschäftsbetriebs, die bei vernünftiger kaufmännischer Beurteilung nic ht zur Sicherung des wirtschaftlichen Erfolgs des wirtschaftlichen Geschäftsbetriebs benötigt werden. Die Körperschaft hat nachzuweisen, dass die betriebliche Mittelverwendung zur Sicherung ihrer Existenz geboten war."

Schädlich ist es danach aber, wenn die wirtschaftliche Tätigkeit der Körperschaft bei einer Gesamtbetrachtung das Gepräge gibt[55]. Das FG Hamburg hat entschieden, dass eine Satzungsbestimmung, wonach die Beteiligung an nicht-gemeinnützigen Unternehmen zulässig ist, gemeinnützigkeitsschädlich sei[56]. In diesem Zusammenhang ist darauf hinzuweisen, dass in der Stiftungssatzung zu differenzieren ist zwischen dem gemeinnützigen Zweck und den dazu erforderlichen Mitteln, worunter auch das Halten von wirtschaftlichen Geschäftsbetrieben, die keine Zweckbetriebe sind, fallen kann. Das Unterhalten von Nichtzweckbetrieben um ihrer selbst willen wäre gemeinnützigkeitsschädlich[57].

VII. Doppelstiftung

Eine Möglichkeit, die Vorteile einer gemeinnützigen Stiftung mit den Interessen der Unternehmerfamilie zu verbinden, kann eine sog. „Doppelstiftung" darstellen.

---

[54] I R 156/94, BStBl. II 2002, S. 162; siehe auch die Anwendungsvorschriften des BMF vom 15. Februar 2002, BStBl. I 2002, S. 267.

[55] So BMF vom 15. Februar 2002, Fn. 54.

[56] Urt. vom 4. März 2005, VII 312/02.

[57] BFH vom 18. Dezember 2002, I R 15/02, BStBl. II 2003, S. 384; FG Hamburg vom 4. März 2005, VII 312/02, n.r.

Dabei werden die Anteile an dem Unternehmen teilweise auf eine Familienstiftung übertragen und zwar in dem Umfang, soweit dies für den Unterhalt der Familie erforderlich ist. Die restlichen Anteile werden einer gemeinnützigen Stiftung und damit erbschaftsteuerfrei übertragen. Gleichzeitig wird das Stimmrecht für die von der gemeinnützigen Stiftung gehaltenen Anteile ausgeschlossen oder zu Gunsten der Familienstiftung eingeschränkt[58]. Eine derartige Gestaltung erfolgte bspw. für die Hertie-Gruppe bis zur Veräußerung an Karstadt[59]. In Erinnerung dürfte noch sein, dass das Land Hessen der Hertie-Stiftung rückwirkend für die Jahre 1992 – 1997 die Gemeinnützigkeit aberkennen und ca. € 500 Mio. Steuern nachfordern wollte, da der Veräußerungsgewinn nicht für gemeinnützige Zwecke genutzt wurde, sondern über ein Darlehen an die privatwirtschaftliche organisierte Hertie-Familienstiftung in Hamburg weitergeleitet wurde. In diesem Zusammenhang kam es auch zur Einleitung von Strafverfahren. Am Ende wurde die Sache aber geräuschlos erledigt.

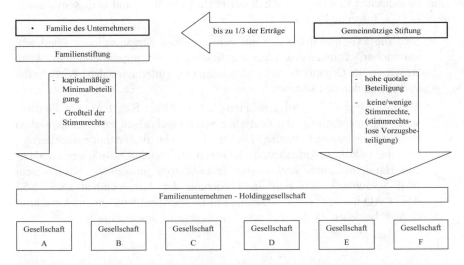

Quelle: *Herfurt/Dehesselles*, Stiftung – Verein – Verband, S. 33.

Die Unterstützung der Familie kann auch durch eine gemeinnützige Stiftung erfolgen, die zu maximal einem Drittel ihre Erträge „in angemessener Weise" zum Unterhalt des Stifters und seiner nächsten Angehörigen verwenden darf (§ 55 Nr. 5 AO). Besteht das Familienunternehmen aus mehreren Unternehmen, empfiehlt es sich, eine Holdinggesellschaft zwischenzuschalten, an der die Stiftungen dann wie oben skizziert beteiligt sind, um ggf. einen wirtschaftlichen Geschäftsbetrieb i.S.v.

---

[58] *Wachter*, Fn. 40, Rn. D 35.
[59] *Berndt*, Fn. 41, Rn. 1490.

§ 64 AO zu vermeiden[60]. Dabei dürfen Holding- und Stiftungsvorstand nicht in Personalunion geführt werden.

VIII. EG-Recht

Auch der Ausschluss beschränkt Steuerpflichtiger von der Steuerbefreiung gemeinnütziger Organisationen steht derzeit auf dem Prüfstand des EuGH. Mit Beschluss vom 14. Juli 2004[61] hat der BFH dem EuGH[62] die Frage zur Vorabentscheidung vorgelegt, ob es den Grundfreiheiten widerspreche, wenn eine gemeinnützige Stiftung privaten Rechts eines anderen Mitgliedsstaates, die im Inland mit Vermietungseinkünften beschränkt steuerpflichtig ist, anders als eine im Inland gemeinnützige unbeschränkt steuerpflichtige Stiftung mit entsprechenden Einkünften nicht von der Körperschaftsteuer befreit wird. Diese Problematik ist auf ausländische Unternehmensstiftungen übertragbar, die bspw. Dividenden von einer inländischen Kapitalgesellschaft beziehen. Umstritten sind in diesem Zusammenhang v.a. folgende Fragen:

- Sind die EG-Grundfreiheiten auf gemeinnützige Organisationen überhaupt anwendbar? Teilweise werden Wettbewerbsverzerrungen befürchtet, wenn steuerbefreite Organisationen unbeschränkt am (internationalen) Wirtschaftsverkehr teilnehmen könnten[63].

- Muss der Begriff der „Allgemeinheit" in § 52 Abs. 1 Satz 1 AO auf die deutsche Allgemeinheit i.S. der deutschen Staatsangehörigen bzw. der deutschen Bevölkerung bezogen werden? Dies wird im Schrifttum damit gerechtfertigt, dass die staatliche Aufgabenerfüllung substituierende Qualität gemeinnützigen Handelns einen strukturellen Inlandsbezug aufweise[64]. Nach einem BMF-Schreiben[65] soll sich die Förderung der Allgemeinheit i.S.v. § 52 Abs. 1 AO nur auf „die Bevölkerung in Deutschland bzw. einem Ausschnitt daraus" beziehen. Darin liegt ein Verstoß gegen Europäisches Recht[66].

---

[60] *Herfurth/Dehesselles*, Stiftung – Verein – Verband, 2000, S. 33 f.

[61] I R 94/02, DStR 2004, S. 1644.

[62] *Anmerkung*: Der EuGH hat mittlerweile den Fall entschieden; siehe näher hierzu *von Hippel*, in diesem Band, S. 659ff.

[63] *Heger*, in: Gosch, KStG, 1. Aufl. 2005, § 5 Rn. 361; a.A. *Schäfers*, IStR 2004, S. 755/756.

[64] *Jachmann*, BB 2003, S. 990/992; *Isensee*, DStJG 2003, S. 93/111; BMF-Schreiben v. 20. September 2005, Az. IV C 4 – S 0181 – 9/05; a.A. BFH v. 14. Juli 2004, I R 94/02, IStR 2004, S. 752/753 m.w.N.; differenzierend *Schäfers*, Fn. 63, S. 756 f.

[65] BMF vom 20. September 2005, IV C 4-S 0181-9/05, DB 2005, S. 2106.

[66] *Thoemmes/Nakhai*, DB 2005, S. 2259.

IX. Schlussbemerkung

„Tue Gutes und rede darüber". Das Motto jedes Fundraiser's mag man bei einer philanthropischen Weltsicht in Zweifel ziehen. Natürlich folgt ein Unternehmen den wirtschaftlichen Gesetzen des Marktes und handelt nicht aus reiner Nächstenliebe. Nachdem der Sozialstaat aber an seine Grenzen stößt und die weiter bestehende Erwartungshaltung an den Staat nur enttäuscht werden kann, ist mehr Privatinitiative und insbesondere auch Unternehmer- und Unternehmensinitiative für soziale Zwecke erforderlich. Wenn sich dabei in Zeiten der Globalisierung und dem damit verbundenen, extrem harten Wettbewerb Unternehmer durch Spenden, Sponsoring oder gar über eine Unternehmensstiftung zu einem good corporate citizenship und zumindest mittelbar auch zum Standort Deutschland bekennen, so kann man das nur begrüßen.

Bewertung und steuerliche Behandlung von Sachspenden, unter besonderer Berücksichtigung von Immobilien, Unternehmensanteilen und Kunstsammlungen

Claus Koss

A. Problemstellung
B. Volkswirtschaftliche Preistheorie
C. Betriebswirtschaftliche Wertkategorien
D. Bewertung von Sachspenden im deutschen Steuerrecht
E. Bewertung besonderer Sachspenden
  I. Immobilien
  II. Unternehmensanteile
  III. Kunstsammlungen
F. Fazit

A. Problemstellung

Dieser Beitrag beschäftigt sich mit der Bewertung schwierig zu bewertender Sachspenden, so Immobilien, Unternehmensanteilen und Kunstsammlungen. Neben der Schwierigkeit der Bewertung haben diese Sachspenden gemeinsam, dass sie geradezu „klassische" Zuwendungen an gemeinnützige Organisationen sind. Grundstock für die ältesten Wohlfahrtseinrichtungen sind Grundstücke, auf denen Krankenhäuser, Alten- und Pflegeheime oder ähnliche Einrichtungen entstanden. Museen entstanden aus öffentlich zugänglich gemachten privaten Sammlungen. Die Übertragung von Unternehmensanteilen gilt als gute Möglichkeit der Vermögensausstattung von Stiftungen.

Die genannten Vermögenswerte eignen sich somit in besonderer Weise für Sachspenden. Sie sind jedoch schwierig zu bewerten, da sich die Vermögensübertragungen auf ein bestimmtes Einzelstück beziehen. Andererseits ist eine Objektivierung des Wertes einer Sachspende gefordert.

Die Problematik betrifft sowohl den Zuwendenden wie den Zuwendungsempfänger. Auf Ebene des Zuwendenden bestimmt sich zum einen die gewährte Steuervergünstigung nach dem Wert der Spende. Aus Gründen der Gleichmäßigkeit der Besteuerung (Steuergerechtigkeit) können daher nicht beliebige Bewertungen angewendet werden. Zum anderen bestimmt der Wert der Sachspende den Wert der Entnahme, wenn die Sachspende aus einem Betriebsvermögen stammt. Der Wert der Sachspende beeinflusst somit die Bemessungsgrundlage für die Steuer. Auf Ebene des Zuwendungsempfängers bestimmt der Wert der Sachspende die Anschaffungs-/Herstellungskosten des zugewendeten Vermögensgegenstandes[1] und damit die Darstellung der Vermögens- und Ertragslage in der Rechnungslegung der Organisation.

Dieser Beitrag untersucht das Spannungsverhältnis zwischen der Schwierigkeit einer Bewertung der genannten Vermögenswerte auf der einen Seite und der Forderung des Fiskus einer Objektivierung auf der anderen Seite. Erster Ansatzpunkt sind die in der Volkswirtschaftslehre entwickelten allgemeinen Grundsätze zur Bewertung von Vermögen (Preistheorie). In einem zweiten Schritt werden die betriebswirtschaftlichen Vorstellungen zur Bewertung dargestellt. Es wird danach gezeigt, wie sich die von der Betriebswirtschaftslehre vorgenommene Kategorisierung im deutschen Steuerrecht wieder findet. Den Abschluss bildet der Versuch, wertbestimmende Faktoren für die genannten Sachspenden (Immobilien, Unternehmensanteile und Kunstsammlungen) zusammenzutragen. Denn der Versuch, allgemeine – praktisch anwendbare – Grundsätze herzuleiten, ist schon im Ansatz vergebens. Bei der Bewertung von Immobilien, Unternehmensanteilen und Kunstsammlungen handelt es sich stets um Einzelfallbewertungen. Selbst wenn es somit gelänge, allgemeine Grundsätze herauszuarbeiten, würden diese durch die Anwendung im Einzelfall *per definitionem* widerlegt.

B. Volkswirtschaftliche Preistheorie

Die Ökonomen sind sich einig, dass es keinen objektiven Wertbegriff gibt. Der Wert eines Gutes wird durch die individuelle Situation eines Anbieters oder Nachfragers bestimmt.[2] Die volkswirtschaftliche Theorie geht davon aus, dass sich Preise (= Werte) durch den Tausch von Gütern auf Märkten bilden (Preistheorie).[3] Die Grundannahme ist dabei, dass vollkommene Märkte vorliegen, d. h. insbesondere ein identisches Gut von allen Beteiligten angeboten und nachgefragt wird.[4] Beide Akteure (Anbieter und Nachfrager) versuchen jeweils, ihren Gewinn bzw. Nutzen zu maximieren. Ein kurzfristiges Gleichgewicht i. S. einer Markträumung stellt sich zu dem Gleichgewichtspreis ein, bei dem die Grenzkosten eines Produzenten gleich dem Grenznutzen des Nachfragers sind.[5] Mit anderen Worten: Nach der Theorie verkauft der Anbieter kurzfristig, wenn er gerade soviel erlöst wie ihn eine zusätzliche Einheit selber kosten würde. Langfristig entsteht ein Gleichgewichtspreis dort, wo der Preis nur noch die totalen Durchschnittskosten derjenigen Anbieter deckt, die die beste Produk-

---

[1] So die standardmäßige Behandlung in der Rechnungslegung gemäß IDW-Fachgutachten HFA 4/1995: Zur Rechnungslegung und Prüfung spendensammelnder Organisationen, unter B. I. 2. b).

[2] *Bofinger* [VWL] (2003), S. 37.

[3] Vgl. dazu: *Neumann* [VWL] (1982), S. 23.

[4] Vgl. dazu: *Neumann* [VWL] (1982), S. 27.

[5] Vgl. dazu: *Neumann* [VWL] (1982), S. 31.

tionstechnik verwenden.⁶ Anders herum formuliert: der Preis eines Gutes wird solange sinken, bis es keiner mehr billiger produzieren und anbieten kann.

Bereits die kurze Darstellung dieser wenigen wesentlichen Grundannahmen der Volkswirtschaftslehre zeigen, dass deren klassisches Modell für Immobilien, Unternehmensanteile oder Kunstsammlungen nicht anwendbar ist. So handelt es sich bei den genannten Vermögenswerten nicht um identische Güter. Selbst bei Grundstücken – wo noch eine gewisse Vergleichbarkeit gegeben ist – ist kein Grundstück wie das andere. Man denke nur an das Beispiel vom Vorder- und Hinterhaus, die jeweils unterschiedliche Werte haben. Des Weiteren sind die Grenzkosten der genannten Vermögenswerte entweder nicht feststellbar (und damit nicht vorhanden) oder marginal klein. Als Beispiel seien Kunstwerke der bildenden Kunst genannt. Natürlich verursachen Farben, Pinsel und Leinwand Kosten, aber es leuchtet ein, dass diese nicht den wesentlichen Wertfaktor eines Bildes ausmachen.

Als Zwischenergebnis bleibt festzuhalten, dass die klassische volkswirtschaftliche Theorie keinen wesentlichen Beitrag zur Bewertung dieser speziellen Sachspenden leisten kann.

C. Betriebswirtschaftliche Wertkategorien

In der Betriebswirtschaftslehre können folgende Wertkategorien unterschieden werden:⁷

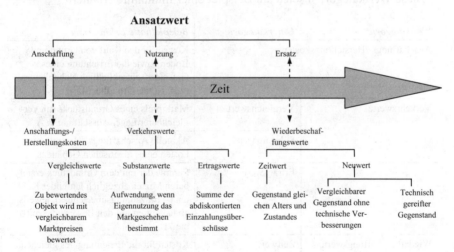

---

⁶ *Neumann* [VWL] (1982), S. 33.
⁷ Übersicht in Anlehnung an: *Doppik Hessen* [NKRS] (2005), S. 153

Den betriebswirtschaftlichen Wertkategorien liegt die Annahme zugrunde, dass sich der Wert eines Vermögensgegenstandes für den Nutzenden im Laufe der Zeit ändert.

Am Anfang bei der Anschaffung oder Herstellung wird der Nutzende nicht mehr für den Vermögensgegenstand ausgeben, als ihm dieser wert ist. Diese Anschaffungs-/Herstellungskosten werden buchmäßig fortgeführt. Dieser Buchwert ergibt sich beim Anlagevermögen aus den Anschaffungs-/Herstellungskosten abzüglich der Abschreibungen.

In der Nutzung müssen diese Anschaffungs- oder Herstellungskosten mit Verkehrswerten verglichen werden. Dies kann zum einen der Marktpreis sein. Dieser ergibt sich aus einem Verkauf des Vermögensgegenstandes – sei es im Rahmen eines Verkaufs der gesamten Einheit (Teilwert oder beizulegender Wert), sei es einzeln (gemeiner Wert). Der Substanzwert wird aus der Summe der Verkehrswerte der Einzelteile ermittelt, z.B. die Bausubstanz eines Gebäudes. Beim Ertragswert repräsentieren die zukünftigen Einzahlungsüberschüsse, abdiskontiert auf den Bewertungsstichtag, den Wert eines Vermögensgegenstandes.

In der Schlussphase der Nutzung, dem „Ersatz", bestimmt sich der Wert eines Gegenstandes nach den Kosten einer Wiederbeschaffung. Dies können die Kosten für die Wiederbeschaffung eines Gegenstandes gleichen Alters und Zustandes (Zeitwert) oder die Kosten für einen vergleichbaren oder technisch gereiften Gegenstandes (Neuwert) sein.

Diese Wertkategorien seien am Beispiel einer Immobilie erläutert:

Wertkategorie	*Unterkategorie*	*Beispielhafte Erläuterung*
Anschaffungs-/Herstellungskosten		Kosten für den Kauf von Grund und Boden sowie die Errichtung eines Gebäudes, einschließlich Nebenkosten (z.B. Notar, Grundbuch).
Verkehrswerte	Vergleichswert	Marktpreis eines Grundstücks mit vergleichbarer Lage, Ausstattung u. Ä.
	Substanzwert	Aktuelle Anschaffungs-/Herstellungskosten eines identischen Gebäudes
	Ertragswert	Summe der mit dem Grundstück erzielbaren Mieten abzüglich laufender Kosten (= Einzahlungsüberschuss), jeweils abdiskontiert auf den Bewertungszeitpunkt
Wiederbeschaffungswerte	Zeitwert	Kosten für die Errichtung des gleichen Gebäudes, aber bewertet mit aktuellen Preisen.
	Neuwert	Errichtung des gleichen Gebäudes oder eines Gebäudes mit besserer Ausstattung.

Das Beispiel zeigt, dass einzelne Werte zu bestimmten Zeitpunkten gleich sind und diese idealtypisch getroffene Kategorisierung in der Praxis nicht so scharf getrennt ist. Die Anschaffungs-/Herstellungskosten entsprechen im Zeitpunkt der Anschaffung oder Herstellung i. d. R. den Verkehrs- und den Wiederbeschaffungswerten. Denn im Zeitpunkt des Neubaus sind die Anschaffungs-/Herstellungskosten gleich den Kosten für die (Wieder-)beschaffung eines Gegenstandes gleichen Alters und Zustandes (hier: Neubau).

D. Bewertung von Sachspenden im deutschen Steuerrecht

Im deutschen Steuerrecht werden Sachspenden entweder mit den fortgeführten Anschaffungs-/Herstellungskosten oder mit Verkehrswerten bewertet. Nach § 10 b Abs. 3 S. 3 EStG, § 9 Abs. 1 Nr. 2 KStG ist grundsätzlich der gemeine Wert der gespendeten Wirtschaftsgüter anzusetzen. Der gemeine Wert wird durch den Preis bestimmt, der im gewöhnlichen Geschäftsverkehr nach der Beschaffenheit des Wirtschaftsgutes bei einer Veräußerung zu erzielen wäre. Dabei sind alle Umstände, die den Preis beeinflussen, zu berücksichtigen. Ungewöhnliche oder persönliche Verhältnisse sind nicht zu berücksichtigen (§ 9 Abs. 2 S. 3 BewG).[8] Der gemeine Wert ist auch bei Anteilen an einer Kapitalgesellschaft i.S.d. § 17 EStG (wesentliche Beteiligung) anzusetzen. Eine Sonderregelung zur Bewertung dieser Sachspende, vergleichbar dem § 6 Abs. 1 Nr. 4 S. 4 EStG, besteht für diesen Fall nicht.[9]

Sachspenden aus einem Betriebsvermögen sind mit dem Teilwert zu bewerten (§ 6 Abs. 1 Nr. 4 EStG, § 10 b Abs. 3 S. 2 EStG, § 9 Abs. 2 S. 3 KStG, § 9 Nr. 5 S. 7 GewStG). Dadurch kommt es jedoch zu einer Aufdeckung und Versteuerung der stillen Reserven.[10] Hier greift das sog. „Buchwertprivileg" gemäß § 6 Abs. 1 Nr. 4 S. 4 EStG ein. Demnach kann die Bewertung mit den fortgeführten Anschaffungs-/Herstellungskosten erfolgen. Damit steht dem Zuwendenden ein Wahlrecht („kann" - § 6 Abs. 1 Nr. 4 S. 4 EStG) bei der Bewertung der Sachspende zwischen den fortgeführten Anschaffungs-/Herstellungskosten oder dem Verkehrswert zu.

E. Bewertung besonderer Sachspenden

Im Folgenden werden Bewertungsmethoden und Werte für die besonderen Sachspenden Immobilien, Unternehmensanteile und Kunstwerke dargestellt. Die Darstellung beschränkt sich auf die von den (fortgeführten) Anschaffungs-/

---

[8] Zu den Nachweispflichten siehe: *Buchna* [Gemeinnützigkeit] (2003), S. 318.
[9] *Buchna* [Gemeinnützigkeit] (2003), S. 318f.
[10] Vgl. dazu: *Buchna* [Gemeinnützigkeit] (2003), S. 320.

Herstellungskosten abweichenden Werte, da sich die (fortgeführten) Anschaffungs-/Herstellungskosten aus der Buchhaltung des Zuwendenden ergeben.

I. Immobilien

Gegenwärtig werden für die Ermittlung des Verkehrswerts von Grundstücken hauptsächlich drei Verfahren verwendet:[11]

Verfahren	Methode	Ergebnis
Vergleichswertverfahren	Preisvergleichsrechnung: was kosten vergleichbare Grundstücke?	Vergleichswert (Verkehrswert)
Sachwertverfahren	Substanzwertberechnung: was kosten Grundstück und Gebäudesubstanz?	Sachwert
Ertragswertverfahren	Renditeberechnung: welcher Barwert ergibt sich aufgrund Miete, Restnutzungsdauer und Zinssatz?	Ertragswert

Beim Sachwert- und Ertragswertverfahren erfolgt jedoch ggfs. eine Korrektur durch den Marktpreis, sodass sich bei allen drei Methoden der Verkehrswert ergibt.[12]

II. Unternehmensanteile

Unternehmensanteile – unabhängig von der Rechtsform des Unternehmens – beinhalten zwei Wertkomponenten:[13]

(1) einen Anteil am Substanzwert und

(2) einen Anteil am Ertragswert (= anteiliger auszuschüttender Gewinn).

Dem Substanzwert kommt nach überwiegender betriebswirtschaftlicher Ansicht grundsätzlich keine eigenständige Bedeutung zu.[14] Der den Unternehmenswert und damit den Wert von Unternehmensanteilen bestimmende Ertragswert leitet sich somit aus der Eigenschaft des Unternehmens ab, finanzielle Überschüsse für die Unternehmenseigener zu erwirtschaften.[15]

---

[11] *Simon J./Simon Th.* [Grundstückswerte] (2004), Rz. 1.132.

[12] Vgl. *Simon J./Simon Th.* [Grundstückswerte] (2004), Rz. 1.132.

[13] Grundlegendes Standardwerk für die Unternehmensbewertung ist Abschnitt A im Wirtschaftsprüfer-Handbuch 2002 Band II, zitiert: WPH II 2002, A.

[14] So der einschlägige Standard des Instituts der Wirtschaftsprüfer in Deutschland e. V. IDW – IDW S 1, Rz. 5, ebenso in der neuen Fassung IDW ES 1 n. F., Tz. 6; zustimmend: WPH II 2002, A 5.

[15] IDW ES 1 n. F., Tz. 4; IDW S 1, Rz. 4.

Der Wert eines Unternehmensanteils ist demnach nichts anderes als der erwartete anteilige Barwert zukünftiger finanzieller Überschüsse (= Gewinnanteile) aus dem Unternehmen. Diese Überlegung soll beispielhaft an einem Anteil an einer börsennotierten Aktiengesellschaft gezeigt werden.[16] Nach der modernen Kapitalmarkttheorie ergibt sich der Wert einer Aktie aus dem anteiligen Unternehmenswert der Aktiengesellschaft.[17] Dieser wiederum ergibt sich grundsätzlich aus der Summe aller abdiskontierten Einzahlungsüberschüsse für die Aktionäre (= Dividendenzahlungen), in einer Formel ausgedrückt:

$$\text{Unternehmenswert} = \sum_{t=0}^{T} \frac{\text{Erwartungswert (Dividende}_t)}{(1+i)^t}$$

Der Börsenkurs hängt somit von drei Variablen ab:
- den Erwartungen der Marktteilnehmer (Erwartungswert),
- den zukünftigen Einzahlungsüberschüssen (Dividenden) und
- dem Diskontierungsfaktor (Kapitalmarktzins).

III. Kunstsammlungen

Der Wert von Kunstgegenständen und -sammlungen lässt sich betriebswirtschaftlich nicht fassen. Denn die Bewertung von Vermögensgegenständen in der Betriebswirtschaftslehre stellt typischerweise auf den Ertragswert ab. Für Sammlungen oder gar Kunstgegenstände lässt sich ein Ertragswert allenfalls über Eintrittsgelder ableiten. Hinzukommt:[18]

- Kunstwerke sind *per definitionem* heterogen;
- Der Markt für Kunstwerke ist wenig liquide;
- Kunstwerke haben keine laufenden Erträge, sondern nur Vermögenszuwächse bei Verkäufen; und
- Die Transaktionskosten sind hoch.

Außerdem ist der Kunstmarkt wenig transparent und die Wertbildung weitgehend von einem wenig objektivierbaren „Geschmack" abhängig. So berichtet die Wochenpresse, dass Galeristen die Preise von von Ihnen betreuten Künstlern nach oben trieben, indem sie Kunstwerke in berühmten Museen platzieren und diese dadurch vom Markt genommen würden. Die Verknappung verfüg-

---

[16] Die dargestellten Überlegungen gelten in entsprechender Weise für andere Rechtsformen. Allerdings hat die Bewertung von börsennotierten Aktien den Vorteil, dass die errechneten Werte anhand aktueller Börsenkurse überprüft werden können; vgl. dazu IDW S 1, Tz. 14 ff.; IDW ES 1 n. F., Tz. 14 ff.
[17] Siehe dazu: *Koss* [Finanzierung] (2006), S. 133.
[18] *Anonymus* [Art Market] (2004), S. 136.

barer Ware würde die Preise hochtreiben.[19] Auch könnten Sammler mit großer Finanzkraft Museen von sich abhängig machen und dadurch Preise beeinflussen.[20]

Als wertsteigernde Faktoren werden genannt:

- Gegenständliche Malerei;[21]
- „easy on eyes",[22] also „wohlgefällige Bilder" oder
- Bedeutung der Galerien, Sammlungen, Museen, in denen der Künstler gezeigt wird[23];
- Alter (bei Antiquitäten);
- Moden auf den Märkten, so sind nach Presseberichten früher eher als folkloristisch betrachtete Kunstgegenstände aus Afrika oder der australischen Aborigines im Preis gestiegen.

Bei Sammlungen kommt die „Paketpreisbildung" hinzu. Paketpreisbildung bedeutet die Berechnung unterschiedlicher Preise für unterschiedliche Verkaufsmengen oder Verkaufspakete.[24] Typischerweise führt die Abnahme größerer Mengen zu geringeren durchschnittlichen Preisen pro Stück (Mengenrabatt). Bei Sammlungen steigt dagegen der Preis pro Stück (Sammlungszuschlag).

Im Ergebnis wird man bei der Bewertung von Kunstsammlungen aber auf Vergleichsfälle zurückgreifen müssen. Nachdem es sich um Unikate handelt, wird jeder Vergleich mit Mängeln behaftet sein, aber die z.B. bei Auktionen erzielten Preise können einen Anhaltspunkt geben.

F. Fazit

Immobilien, Unternehmensanteile und Kunstsammlungen sind schwierig zu bewertende Sachspenden. Eine theoretisch richtige und praktisch durchführbare Bewertung wird sich nur in Ausnahmefällen verwirklichen lassen. Trotz dieser Schwierigkeit bedarf es einer Objektivierung. Dabei ist – soweit möglich – auf den Ertragswert eines Vermögenswertes abzustellen. Dieser (objektive) Ertragswert ist anhand von Vergleichswerten ähnlicher Objekte zu überprüfen.

---

[19] *Engeser/Schwarz* [Ware] (2005), S. 118.

[20] *Engeser/Schwarz* [Ware] (2005), S. 119.

[21] *Max Hollein*, Chef der Frankfurter Kunsthalle Schirn, zitiert nach: Engeser/Schwarz [Ware] (2005), S. 119.

[22] *Andreas Rumbler*, Deutschlandchef des Auktionshauses Christie's, zitiert nach: Engeser/Schwarz [Ware] (2005), S. 119.

[23] *Engeser/Schwarz* [Ware] (2005), S. 118.

[24] *Pindyck/Rubinfeld* [Mikroökonomie] (2005), S. 511.

Sachverzeichnis

Allgemeinheit, Förderung der - 8, 108f., 113, 117f., 120, 122, 131, 195, 222, 229f., 266, 290, 325, 348, 365, 400, 405, 425, 488, 528, 666, 708, 712, 834

Altruismus 10, 17f., 105, 171, 232, 326, 577, 614, 623-626, 633

Anonymisierung 30-32, 37, 48, 59, 72

Attorney General 182, 598-600, 602

Ausland, Förderung im - 112f., 123f., 163, 265, 280, 290, 425, 451, 489, 528, 712

Ausschließlichkeitsprinzip 119, 140, 160, 231f., 242, 325, 327-329, 332f., 338, 352, 373, 391, 397, 405, 540, 587, 697

Bankenstiftung 136, 271, 345-347, 350-352, 355, 370, 682

Beihilferecht, europäisches
 – Steuerprivilegien als Beihilfe 93, 126, 135f., 156f., 211, 224, 270-273, 355, 417, 670, 673, 711

Betriebsausgaben 162, 168f., 337, 360, 396, 398, 411f., 414f., 573, 576, 589, 816f., 822f., 825 s.a. Werbungskosten
 – Sponsoring s. dort

Bewertung
 – des Organisationsvermögens 10, 140, 221f., 262, 264, 274
 – von Sachspenden 178f., 308f., 414, 502, 837-844 s.a. Spende, Sachspende

Charitable trust 109f., 117, 121, 131, 133f., 144, 164, 170, 193, 256, 327f., 329-333, 337f., 578, 580f., 583f., 596, 601, 607

Charity, Public s. dort

Charity Commission 133, 138, 181, 188, 193, 204, 221, 260, 323-331, 333, 336-339

Charity Law 115, 120, 129f., 182, 231, 328

Corporate Governance bei steuerbegünstigten Organisationen 196, 199, 202, 204, 206, 216, 222, 224f., 236, 264, 267, 272f., 276, 664 s.a. Kontrolle

Dummy-Variablen 58-61, 64-68

Dauerspende 161, 257, 538, 543-545, 552

EG-Recht
 – Beihilferecht s. dort
 – Kapitalverkehrsfreiheit s. dort
 – Niederlassungsfreiheit s. dort

Einkommenselastizität 19f.

Einkommensverteilung 38

Einkünfte steuerbegünstigter Organisationen
 – Mitgliedsbeitrag s. dort
 – Spende s. dort
 – Steuerprivilegien als Beihilfe 93, 126, 135f., 156f., 211, 224, 270-273, 355, 417, 670, 673, 711
 – aus Vermögensverwaltung s. Vermögensverwaltung
 – aus wirtschaftlichem Geschäftsbetrieb s. wirtschaftlicher Geschäftsbetrieb
 – aus Zweckbetrieb s. Zweckbetrieb

Ein-Prozent-Regel 545, 553f.

Elastizitäten der Spendennachfrage s. Einkommenselastizität, Preiselastizität

Enquete-Kommission des deutschen Bundestags zur Zukunft des bürgerschaftlichen Engagements 1f., 92, 96

Entwicklungshilfe 2, 114, 207, 234, 255, 265f., 280, 359, 452, 455, 487f., 495, 649, 666, 707f., 712, 716

Erbschaftssteuer 97, 110, 147f., 197, 204, 276f., 368-371, 37f., 387-389, 391, 678, 685, 688, 692, 697, 824, 829, 833

FAST 30f., 33, 49
Finanzverwaltung 114-117, 121, 124, 126, 132, 15, 137f., 140f., 154, 184f., 187, 190, 216, 221f., 232, 249, 259-262, 265, 269-271, 273, 278, 286, 291, 293, 308, 311, 319, 344, 354f., 359f., 363, 403, 405, 408-410, 412, 414, 435f., 443-445, 455, 457, 460f., 473, 475, 481, 505f., 508, 513,545, 553f., 577, 666, 702, 723, 727, 731, 733, 739f., 742f., 745, 749, 756, 758, 821
Fiskalischer Gesamteffekt 22, 25-29, 69, 71
Förderung der Allgemeinheit s. Allgemeinheit, Förderung der -
Förderung im Ausland s. Ausland, Förderung im -
Förderorganisation 144, 234, 583f., 603
Fundraising 103, 153, 183, 199, 207, 262, 264, 268, 276, 332, 340, 370, 599, 604, 606f., 614f., 617, 629, 633, 757-760, 815

Gebot der zeitnahen Mittelverwendung 93, 122, 126, 134-44, 155, 177, 216f., 223f., 234-239, 269f., 273, 276, 295, 330, 352, 408, 428, 460, 491, 534, 826
Gemeinnützigkeit
 - Begriff 113-116, 122, 368f., 425, 450f., 462, 488f., 523-525
Gemeinwohl 121f., 194, 197, 203, 226, 244, 252, 254, 286, 305, 309, 313, 318f., 348, 400, 452, 457, 500, 522f., 530, 536, 614, 637, 639-644, 657-660, 664f., 707, 771, 777f., 793, 807, 811, 818
 - Gemeinwohlförderung s. Allgemeinheit, Förderung der -
 - Gemeinwohlverantwortung des Staates 194, 319, 641-643, 711
Genossenschaft 8, 108f., 213, 227, 288, 324, 344, 347, 382, 386, 389, 420, 423, 425, 427, 430, 449f., 454, 463,

465, 474, 487, 517, 523, 539, 542, 562, 668, 680
Gepräpetheorie 125f., 135, 154, 157, 216, 222-225, 266-271, 273, 276
Gewinnausschüttungsverbot 122, 129-132, 144, 165, 232f., 261, 276, 293, 328, 352, 403, 427, 458, 490, 532, s.a. Gewinnausschüttung, verdeckte
Gewinnausschüttung, verdeckte 8, 119, 131, 133, 156, 172, 232, 273, 403, 460, 469f., 482
Gewinnerzielungsabsicht 67, 100, 102f., 107f., 115, 126, 162, 168, 218, 288, 375, 381f., 385, 407, 607, 681, 722, 781, 785
Gini-Koeffizient 39f.
Give-As-You-Earn 162, 336
Grenzsteuersatz 19, 22-25, 27f., 54, 56-58, 69, 72
Grundfreiheiten, gemeinschaftsrechtliche
 - Kapitalverkehrsfreiheit s. dort
 - Niederlasssungsfreiheit s. dort

Hilfsperson 143, 234, 258, 406, 535
Holding-Organisationen 93, 124-126, 134-136, 142, 156, 158, 216f., 219, 223, 225, 235f., 239, 266-268, 270-272, 274, 332-334, 337, 399, 406, 453, 464f., 491, 539, 542, 588f., 604, 673, 814, 827, 830-834
Höchstgrenze (des Spendenabzugs) 8, 41-47, 74, 79, 159, 161, 165, 176-180, 195, 197f., 252-254, 303, 337, 358f., 414, 466, 469, 478, 480f., 544f., 584, 755, 817-820, 823, 825f.

Itemizer 48f., 606f.
Ideelle Genossenschaft 108

Kapitalverkehrsfreiheit 93, 164, 188, 240, 279, 648, 672, 680, 683-701, 705, 713
Kirche 9, 160, 164, 181, 187, 194f., 358f., 400, 422, 486, 521f., 525f., 528f., 533, 535, 543-546, 553, 582, 584, 586, 598f., 608, 622, 627, 632, 715-770

Kirchensteuer 48, 164, 620, 715-770
Kontrolle steuerbegünstigter Organisationen 112, 181-190, 217, 237, 258, 269, 277, 290f., 308, 311-315, 318, 325, 328, 330, 338f., 360-362, 387-390, 435-438, 473-475, 505-507, 513, 549-551, 596, 598-601, 762, 779-781, 785 s.a. Corporate Governance
- Kontrollinstanzen s. Attorney General, Charity Commission, Finanzverwaltung, Staatsanwalt, Stiftungsaufsicht

Körperschaften des öffentlichen Rechts 110, 303, 397-399, 517, 521, 525, 538f., 542f., 557, 559

Körperschaftssteuer 96f., 109, 111, 113, 147-149, 156, 158, 163, 170, 172, 197, 226, 254f., 284, 287, 296, 300-302, 308, 316, 332, 342, 354, 356, 360, 369, 379-382, 384f., 389, 401, 409, 413, 420, 484, 486, 493f., 497, 501-504, 506, 508, 537-539, 541-548, 560, 563, 670, 720, 728, 818f., 826, 829f., 834

Latente Variable 64

Leistungsfähigkeitsprinzip 105, 228, 250f., 453, 480, 485, 637, 643, 719-725, 727, 730-732, 734, 738, 741, 743-746, 752f., 755f., 760, 818, 826

Lorenzkurve 37-40

Mitgliedsbeitrag 8, 266, 401, 427, 514, 527, 540, 787
- Abzugsfähigkeit 8, 33, 124, 148, 165, 168-172, 177, 180, 220, 252, 304f., 323, 386, 395, 420, 430f., 433f., 467, 504, 508, 594f., 620, 646
- „echter" und „unechter" 169-172, 219, 239, 268, 308, 344, 353-355, 413
- Ertragsbesteuerung 148, 239, 353
- Umsatzsteuerbarkeit s. Umsatzsteuerrecht, Mitgliedsbeiträge

Mittelbeschaffung und Gemeinnützigkeit s. Geprägetheorie

Mittelverwendung
- im Ausland s. Ausland, Förderung im-
- Gebot der zeitnahen - s. dort.
- und Holding-Organisationen s. dort
- Rücklagenbildung s. Gebot der zeitnahen Mittelverwendung
- Gewinnausschüttung, verdeckte s. dort
- Gewinnauschüttungsverbot s. dort
- Unmittelbarkeitsgrundsatz s. dort
- Verfolgung des satzungsmäßigen Zwecks 118, 125, 129, 134, 143, 204, 236, 292, 376, 426f., 458, 487, 490, 530, 582, 801
- Zuwendungen s. Vergütung

Nachfrageelastizitäten s. Preiselastizität bzw. Einkommenselastizität

Nettokosten (einer Spende) 20-22, 24-26

Nichtrechtfähige Organisationen 109-111, 227, 287f., 324f., 347, 397, 399, 401, 422f., 447, 522, 568, 578, 670

Niederlassungsfreiheit 242, 648, 672, 680-684, 687, 692, 700f., 705, 713, 820

Non-Profit-Gesetz, ungarisches 118, 127, 204, 228, 425, 456, 516-521, 523f., 528-532, 534-539, 542, 544-550, 552-556

Nutzenfunktion 18

Offenheit, Gebot der - 116, 118, 422, 424f.

Öffentlicher Finanzierungssaldo 25f., 28, 77

Öffentliches Gut 17f., 26

ONLUS 102, 115, 144, 148, 160, 197, 204, 257, 277, 343-365

Optimal(itäts)bedingung 29f., 70-72, 77f.

Organisationen, steuerbegünstigte
- Anerkennung 176, 181f., 288f., 311, 314, 328, 435, 473, 487, 505, 549
- Corporate Governance s. dort

- Einkünfte s. dort
- Kontrolle s. dort
- Selbstregulierung s. dort
- Organisationsformen 105-113, 287f., 324f., 347, 396-399, 422f., 447-457, 486f., 516f., 578f., 657
- Rechnungslegung s. dort
- Steuerprivilegien s. dort
- wirtschaftliche Betätigung, zulässiges Außmaß s. Geprägetheorie
- Zwecke s. Zweck, steuerbegünstigter

Pauschbetragsnutzer 49

Preiselastizität 21-23, 26, 29f., 60, 62, 67f., 70f., 73, 76-78

Private Foundation 112, 138, 160, 166, 176, 179, 191, 203, 237, 263, 269, 276, 273-275, 591f., 595, 601-603, 605
- Ausschüttungsgebot 140-143, 191, 236, 239, 273f., 585
- Verbot herrschender Unternehmensbeteiligungen 142f., 274f.

Public Charity 139, 142, 160, 237f., 275, 584f., 591, 595

Publizität 8, 125, 185, 187, 216f., 222-225, 238, 262-264, 269, 273, 276, 334, 351, 363, 365, 599, 604

Rechnungslegung 8, 145, 185-187, 201, 204, 216, 222, 225, 261-264, 287, 295, 313f., 318, 339, 362f., 365, 417, 536, 550, 568, 584, 605, 657, 660f., 838

Reformen und Reformvorschläge 1-3, 6, 9, 14-16, 27-29, 33, 69, 71-75, 77, 94f., 194-205, 248, 251, 259, 262, 276-279, 316f., 319, 229f., 364f., 391, 417f., 437f., 449, 477-479, 508, 553f., 583, 602-609, 614, 669, 717f., 724f., 727f., 735, 741, 745, 753, 807, 815, 829

Rücklagenbildung s. Mittelverwendung, Gebot der zeitnahen -

Referentenentwurf für ein Gesetz zur weiteren Stärkung des bürgerschaftlichen Engagements vom 14.12.2006 2-4, 115, 124, 155, 160, 175, 193, 198, 205, 229f., 244, 253f., 256-258

Sanktionen
- bei Verstößen gegen das Gemeinnützigkeitsrecht 190-192, 201, 203f., 261, 277, 315, 331, 363, 390, 408, 437, 475f., 481f., 507, 551f., 601
- bei Verstößen gegen das Spendenrecht s. Spendenhaftung

Schätzung 29, 47f., 51f., 54, 58-60, 62-66, 68-73, 194, 381, 470, 614, 616, 622, 764, 807

Schenkungssteuer s. Erbschaftssteuer

Selbstlosigkeit 93, 113, 120, 122f., 130-132, 135, 143, 155, 164, 166f., 170, 216, 224, 228-230, 232f., 255, 266, 269f., 290, 293f., 300, 348f., 424, 451-459, 462, 467, 478, 485, 488f., 500, 504, 528, 623 s.a. Gewinnausschüttungsverbot

Selbstregulierung 205-209, 263, 274, 277, 391, 399f., 641
- Kodices 238, 264
- Spendensiegel s. dort
- „Watchdog"-Organisationen s. dort

Solidaritätszuschlag 30, 51-54, 57f., 73f., 722, 830

Spende
- Abgrenzung zum Sponsoring 168f., 174, 305, 360, 434, 467, 547, 593f.
- Abzugsfähigkeit s. Spendenabzug
- Begriff 32, 79, 123, 174f., 303f., 322-324, 384, 433, 467, 497, 546f.
- Ein-Prozent-Regel s. dort
- Give-As-You-Earn s. dort
- Grund der steuerlichen Förderung s. Spendenabzug, Rechtfertigung
- Parteispende 34, 179f., 220, 309, 337, 414, 434, 479, 504, 548, 643, 645f.
- Sachspende 7, 10, 16, 174, 176, 178f., 198, 286, 307f., 357, 359,

383f., 412, 414f,. 470, 478, 529, 547f., 591, 596, 600, 606, 788, 837-844 s.a. Bewertung von Sachspenden
- Steuerbarkeit beim Empfänger 145, 147f., 172, 218, 226, 297f., 332, 334, 353, 370, 379, 409f., 430f., 439, 463, 494, 538f., 588
- Zeitspende 162, 307f., 470, 596, 618, 758

Spendenabzug 6f., 14-16, 48f., 51f., 73f., 92, 173-175, 226, 259, 358, 368, 372, 374, 388f., 413, 421f., 431, 433, 438f., 443, 447, 486, 583, 590-593, 705, 818, 821
- Abzugsbegrenzungen s. Höchstgrenze d. Spendenabzugs
- bei Dauerspenden s. Dauerspende
- Organisationsform, Differenzierungen nach der - 110-112, 175-177, 252-259, 396f., 470, 547, 595, 829
- bei grenzüberschreitenden Spenden 93, 112f., 163f., 188, 279, 310, 386f., 455, 461, 472f., 505, 679f., 713, 820f.
- von Mitgliedsbeiträgen s. Mitgliedsbeiträge, Abzugsfähigkeit
- Methode 6, 15, 22-27, 73f., 158-161, 220, 250-252, 287, 301f., 383f., 414, 466, 501f., 543f., 578
- bei Parteispenden s. Spende, Parteispende
- Rechtfertigung 105, 370, 445, 485, 573-577
- bei Sachspenden s. Spende, Sachspende
- bei Spenden an steuerbegünstigte Mutterorganisation 156f., 221, 259
- und Zweck, Differenzierungen nach dem geförderten - s. Zweck, steuerbegünstigter, und Spendenabzug

Spendenbescheinigung s. Zuwendungsbestätigung

Spendenhaftung 192f., 315, 363f., 390, 411, 437, 476f., 507f., 552, 602

Spendenpreis 19-29, 47f., 52, 54, 58, 60-62, 64, 66f., 69-74, 77

Spendensiegel 205-207, 209, 263, 417, 480 s.a. Selbstregulierung

Spendenwerbung s. Fundraising

Sponsoring 100, 103, 126, 168f., 171, 174, 286, 305, 333f., 360, 385, 412, 422, 434, 467-469, 499f, 547, 593, 767, 814, 821-825, 830, 835 s.a. Betriebsausgaben, Werbungskosten

Staatsanwalt 182, 263, 390, 536, 549-552

Steuerabschlagsgesetz 28, 69-74

Steuergeheimnis 187, 201, 222, 263f.

Steuerprivilegien
- als Beihilfe s. Beihilferecht, europäisches
- direkt 145-158, 197-199, 239-250, 297-301, 332-335, 353-358, 411-415, 430-432, 462, 493-497, 537-543, 587-590
- indirekt s. Spendenabzug
- Rechtfertigung 4, 95, 104f., 125-127, 239f., 322, 369f., 391, 431f., 573-577, 644, 665f.
- Spendenabzug s. dort
- Verlust s. Sanktionen
- Voraussetzungen s. Organisationen, steuerbegünstigte, Anerkennung; Organisationen, steuerbegünstigte, Organisationsformen; Zweck, steuerbegünstigter

Steuerverwaltung s. Finanzverwaltung

Stiftung
- Bankenstiftung s. dort
- nichtrechtsfähige s. dort
- Unternehmensstiftung s. dort
- Zustiftung s. dort
- Zuwendungen an-, Privilegierung 111, 175f., 216, 253-259, 349, 694

s.a. Organisation, steuerbegünstigte; Organisationsformen

Stiftungsaufsicht 254, 260, 263, 429, 492f.

Stiftungszweck 145, 309, 408f., 411, 428, 452, 479, 492, 536, 650, 764, 771f., 777f., 780, 783, 795, 800f., 804, 827

Tax Reform Act 139, 142, 274

Tobit-Schätzung/Tobit-Methode 60-63, 68, 70, 73
Tochtergesellschaften s. Holding-Organisationen
Translogfunktion 60-63
Transparenz s. Rechnungslegung; Publizität
Trustrecht s. Charitable Trust

Umsatzsteuerrecht 97f., 168, 225, 244-250, 299, 334, 357f., 379, 402, 541, 572f., 587f., 824f.
– europarechtliche Vorgaben 100f., 220, 244f., 249, 278f.
– Mitgliedsbeiträge, Umsatzsteuerbarkeit von -n 100, 103f., 148, 171f., 219, 303, 413
– Steuerbefreiungen
  -- echte 98-101, 245-247
  -- unechte 98-101, 245f.
– Steuererstattung 101f., 245f., 250
– Vorsteuerabzug 98-100, 220, 244-249, 410, 465, 542
Uneigennützigkeit, s. Selbstlosigkeit
Unmittelbarkeitsgrundsatz 93f., 143f., 234, 257, 295, 330, 376, 406, 429, 461, 492, 524f., 535f.
Unternehmensstiftung s. Stiftung
Unternehmensstiftung
– Beteiligungsträgerstiftung s. Holding-Organisationen
– französische (fondation d'enterprise) 161, 175, 286, 291, 295-297, 302f., 305-308, 316
– Unternehmensträgerstiftung 827-829, 831

Vergütung 8, 131, 133, 232f., 292-294, 305, 331, 382, 384, 388, 404, 491, 534, 546, 550, 582f., 601, 605, 607-609, 685, 815, 831
Verein s. Organisationen, steuerbegünstigte; Organisationsformen
– mitgliedernütziger - s. Zweck, steuerbegünstigter
– Mitgliedsbeitrag s. dort

– Offenheit, Gebot der - s. dort
Vermögensanlage 139f., 223f., 269-271, 273f., 276, 378, 531, 684, 686-688, 696, 698
Vermögenssteuer 97, 285, 299, 415, 430, 530, 572f., 588, 755
Vermögensverwaltung 8, 113, 126, 134, 138-140, 145, 149f, 154, 156, 186, 217f., 223, 225, 227, 235, 240f., 267f., 271, 299f., 316, 355, 377f., 407, 410, 431, 464, 494f., 539, 585, 660, 671f., 678-680, 682, 686, 700, 703, 705, 713, 757, 823-825, 830f.
– Wirtschaftlicher Geschäftsbetrieb, Abgrenzung zum - 150, 157, 219, 223, 267f., 332, 830

Warm glow 5, 18
„Watchdog"-Organisationen 190, 205-207, 209, 263, 265, 607
Werbungskosten 53, 333, 414, 501, 503, 576 s.a. Betriebsausgaben
– Sponsoring s. dort
Wirtschaftlicher Geschäftsbetrieb 8, 102, 135, 146, 149, 154f., 186, 217f., 222f., 234, 240-243, 259, 267f., 270, 275, 301, 332, 356, 410, 413, 432, 453, 462, 465, 496f., 542, 660, 667, 672, 679, 682, 823f., 830-833
– Zweckbetrieb, Abgrenzung zum - 150-153, 198, 247, 249
wissenschaftlicher Beirat des BMF 2, 4f.

Zensierte Variable 64
Zustiftung 254, 257, 307, 339, 411f., 547, 796, 799f., 802f.
Zu versteuerndes Einkommen 19, 160, 575, 589, 715, 736, 741, 744
Zuwendungen
– Mitgliedsbeitrag s. dort
– Spende s. dort
– Zustiftung s. Stiftung
Zuwendungsbestätigung 185, 189, 192, 252, 286, 310, 312f., 315f., 475, 532, 551f., 820

Zweck, steuerbegünstigter 113, 290-292, 325-327, 347-350, 357-376, 423-426, 450, 458, 488-490, 523-530
- gesetzliche Definitionen 114-116, 228-230, 288-290, 325-327, 348-350, 372f., 423f., 450f., 488, 523-528
- inhaltliche Elemente s. Allgemeinheit, Förderung der -; Selbstlosigkeit
- mitgliedernützige Zwecke 118, 120, 127, 131f., 169, 232, 405, 453, 456, 459
- rechtswidrige oder inakzeptable Zwecke 8, 120f., 230f.
- satzungsmäßige Festlegung 129, 184, 327, 399, 402, 427, 490, 530, 599
- und Spendenabzug 126f., 177f., 186, 221, 252f., 399f.
- Sport als - 220f., 252, 326f., 348, 375, 401, 427, 454, 488, 524, 668

Zweckbetrieb 102f., 145, 150-154, 186, 188, 217-220, 234, 237, 241f., 278f., 300, 332, 356, 430-432, 464f., 495f., 539-541, 660, 667-671, 823, 830, 832
- wirtschaftlicher Geschäftsbetrieb, Abgrenzung zum - s. Wirtschaftlicher Geschäftsbetrieb